ZHEJIANG TONGZHI

浙江通志

第二卷

大事记

《浙江通志》编纂委员会　编

浙江人民出版社

图书在版编目（CIP）数据

浙江通志. 大事记 / 《浙江通志》编纂委员会编.
—杭州 ：浙江人民出版社，2019.9
ISBN 978-7-213-09483-5

Ⅰ. ①浙…　Ⅱ. ①浙…　Ⅲ. ①浙江-地方志②浙江-地方史-大事记　Ⅳ. ①K295.5

中国版本图书馆CIP数据核字(2019)第200525号

浙江通志·大事记

《浙江通志》编纂委员会　编

出版发行　浙江人民出版社（杭州市体育场路347号　邮编　310006）
　　　　　市场部电话:(0571)85061682　85176516
责任编辑　王福群
责任校对　姚建国　杨　帆
责任印务　程　琳
封面设计　王　芸
电脑制版　杭州天一图文制作有限公司
印　　刷　杭州富春印务有限公司
开　　本　889毫米×1194毫米　1/16
印　　张　52
字　　数　1158千字
插　　页　6
版　　次　2019年9月第1版
印　　次　2019年9月第1次印刷
书　　号　ISBN 978-7-213-09483-5
定　　价　180.00元

浙江省地方志编纂委员会

主　　任：吕祖善(2004.3—2011.9)
　　　　　夏宝龙(2011.9—2013.1)
　　　　　李　强(2013.1—2016.6)
　　　　　车　俊(2016.7—2018.5)
　　　　　袁家军(2018.5—　　　)

副 主 任：茅临生(2010.2—2012.8)
　　　　　张　曦(2011.4—2012.9)
　　　　　葛慧君(2012.8—　　　)
　　　　　郑继伟(2010.2—2017.3)
　　　　　成岳冲(2017.3—　　　)

(以下委员名单略)

《浙江通志》编纂委员会

主　　任：李　强(2016.2—2016.7)　车　俊(2016.7—2018.5)
　　　　　袁家军(2018.5—　　　)

副 主 任：葛慧君　郑继伟(2016.2—2017.3)
　　　　　成岳冲(2017.3—　　　)

委　　员：陈　新　王　纲　宋建勋　鞠建林　蔡晓春　王喜法
　　　　　孙耀铜　张学伟　来颖杰　胡庆国　刘　芸　孟　刚
　　　　　徐宇宁　王　杰　张伟斌　潘捷军　盛世豪　徐立毅
　　　　　裘东耀　姚高员　钱三雄　毛宏芳　盛阅春　尹学群
　　　　　汤飞帆　何中伟　张晓强　吴晓东　俞文华　王良仟
　　　　　童芍素　郑志耿　郑明治　王卫东　李志廷

总　　编：俞文华

副 总 编：张伟斌(2012.9—　　　)　潘捷军(常务)　王良仟
　　　　　童芍素　郑志耿　郑明治　王卫东　李志廷(兼总纂)
　　　　　林吕建(2011.9—2012.3)

浙江省地方志编纂委员会办公室

主　　任: 潘捷军
副 主 任: 陈　野(2007.6—2011.3)　章其祥(2011.5—　　　)
主任助理: 韩　锴(2011.9—2016.4)
成　　员: 汤敏华　董郁奎　颜越虎　周祝伟　张　勤　袁新国
吕克军　赵海良　段　愿　汤　敏　李迎春　林琼华
邴　波　王兆保　周修宇　赵鹏团　徐　鹏　杨云婷
王　林　汪　珏　阎乐民　葛立朝　葛旭鹏　翁友伦
徐由由　应秀敏　章　丽　葛　伟
吴玉权(2012.11—2017.12)　白效咏(2009.9—2015.9)

《浙江通志》总纂、副总纂

总　　纂: 李志廷(兼)
副 总 纂: 廖曰文　章其祥　董郁奎　颜越虎　周祝伟　王　林
吴铁卿(2018.4—　　　)　倪集华(2018.5—　　　)

《浙江通志》总编室(《浙江通志》编辑部)

主　　任: 董郁奎(2011.9—2012.7)　颜越虎(2018.1—　　　)
副 主 任: 颜越虎(2011.9—2018.1)　袁新国(2018.1—　　　)
王　林
责任编辑: 颜越虎　袁新国　王　林　汤　敏　李迎春　林琼华
邴　波　王兆保　周修宇　吕克军　赵海良　段　愿
赵鹏团　徐　鹏　汪　珏　阎乐民　葛立朝　葛旭鹏
翁友伦　白效咏(2011.9—2015.9)
刘志勇(2011.9—2012.7)　李恒悦(2011.9—2012.1)
曹爱光(2011.9—2014.9)　戴智勇(2012.7—2014.9)

《浙江通志·大事记》编纂委员会

主　　任：潘捷军

成　　员：章其祥　董郁奎　蒋文欢　姚晓东　赵降英　梅锦连　刘松洁　赵玲华　袁朝明　胡锡明　刘旭军　林明达　雷华英　汤敏华　颜越虎　周祝伟

《浙江通志·大事记》编辑部

主　　编：潘捷军

副 主 编：袁新国

主　　任：吕克军

成　　员：潘捷军　袁新国　汤敏华　吕克军　赵海良　段　愿　应秀敏

序

浙江是一片风光优美、令人神往的大地，是一个历史悠久、文化璀璨的家园，是一块创业创新、活力迸发的热土……在浙江人民波澜壮阔、跌宕起伏的奋斗历程中，浙江大地上涌现出无数勇立潮头的先进人物、可歌可泣的历史事件。这一切都真实准确、全面系统地记录在皇皇巨构《浙江通志》之中。《浙江通志》编纂工作自2011年9月启动以来，历届省委、省政府十分重视，各有关单位尽职尽责。《浙江通志》的出版，是全体编纂人员呕心沥血、辛勤耕耘的珍贵结晶，也是浙江文化强省建设的丰硕成果。

编纂地方志是我国源远流长的文化传统。地方志不仅能记述、反映历史的发展与社会的变化，而且还具有独到的“存史、资政、育人”等功能，在传承文明、开创未来的宏伟大业中具有不可替代的作用。浙江有着悠久的修志传统。早在东汉初年，被称为“方志之祖”的《越绝书》诞生在浙江；宋代，“临安三志”作为中国古代方志的定型之作，登上历史舞台；清代，浙江学者章学诚则以创立方志学闻名于世。千百年来，浙江佳志迭现，名家辈出。这些名志大家既是浙江作为“方志之乡”的最好见证，也是浙江成为“文化之邦”的重要支撑。

从上山文化、跨湖桥文化、河姆渡文化、良渚文化等史前文明，到越王勾践卧薪尝胆、雪耻复国的春秋霸业，从唐宋钱塘的富庶繁华，到明清两浙的文化昌盛，浙江先人展示的画卷光辉灿烂，令人赞叹不已。“一部民国史，半部在浙江。”民国时期，政治、经济、文化、教育、科技等领域的代表性人物成就卓著、各领风骚，推动了时代的发展和社会的进步。中华人民共和国成立后，浙江发生了翻天覆地的变化。特别是改革开放以来，经济社会全面发展，城乡各业蒸蒸日上，之江大地日新月异，人民群众安居乐业。浙江人民勇做时代弄潮儿，积极实施“八八战略”，努力践行“绿水青山就是金山银山”的发展理念，探索出了一条符合浙江实际、富有浙江特色的发展路子，形成了与时俱进的浙江精神，为今后可持续发展提供了强大的精神力量与广阔的提升空间。“盛世修志，志载盛世。”《浙江通志》把浙江人民所创造的辉煌业绩和奋斗精神记载下来，既可以激发当代浙江人励精图治、团结奋斗，更能够广泛宣传浙江，让全国乃至世界更加充分地了解浙江、认识浙江，作用巨大，意义深远。

“修志问道，以启未来。”今天，浙江人民在习近平新时代中国特色社会主义思想的指引下，按照统筹推进“五位一体”总体布局、协调推进“四个全面”战略布局的要求和习近平总书记对浙江提出的“干在实处永无止境，走在前列要谋新篇，勇立潮头方显担当”的新期望，积极投身高水平全面建设小康社会和高水平推进社会主义现代化建设伟大实践。《浙江通志》的编纂出版，既为我们提供了丰富宝贵的现实经验，也为我们提供了可资借鉴的历史启示。我们要充分重视用志工作，加强宣传力度，拓宽用志途径，采用各种形式，不断扩大地方志的服务功能，既要让方志成为决策者的案头书，又要让志书成为广大群众喜闻乐见的精神产品，使地方志在“两个高水平”建设的新征程中发挥更大的作用。

是为序。

浙江省人民政府省长 袁家军

2018年10月8日

凡 例

一、宗旨

以马克思列宁主义、毛泽东思想、邓小平理论、“三个代表”重要思想、科学发展观、习近平新时代中国特色社会主义思想为指导，遵循辩证唯物主义和历史唯物主义原理，全面、客观、系统地记述浙江省自然、政治、经济、文化和社会的历史与现状。服务当代，垂鉴后世。

二、起讫时间

上溯事物发端，下限为 2010 年 12 月 31 日，必要时以注释等形式作适当下延。

三、地域范围

以下限时浙江省行政区域为界，原则上越境不书。

四、体裁

采用述、记、志、传、图、表、录等体裁，以志体为主。

五、结构

以卷章结构为主。

卷的设置以科学分类与现实社会分工(现行管理体制)相结合。凡具有特别重要地位、文化积淀深厚且体量较大者，设为专志，各置为卷。

卷下设章、节，节下根据需要设目、子目与细目等。凡时代特征、地方特色显著，又难以在正文中展开记述者，设为专记。

六、文体

使用规范的现代语体文。直接引用资料使用原文文体。

七、文字

以经中华人民共和国国务院批准、1986 年 10 月 10 日国家语言文字工作委员会重新发表的《简化字总表》，1955 年 12 月 22 日中华人民共和国文化部、中国文字改革委员会发布的《第一批异体字整理表》及 2013 年 6 月 5 日中华人民共和国国务院公布的《通用规范汉字表》为准，异形词以 2001 年 12 月 19 日中华人民共和国教育部、国家语言文字工作委员会发布的《第一批异形词整理表》为准。

人名、地名、书名、文章篇名及引录的原著文句，凡可能引起歧义、误解者，仍用原繁体字或异体字。

八、标点符号

以 2011 年 12 月 30 日中华人民共和国国家质量监督检验检疫总局、中国国家标准化管理委员会发布的《标点符号用法》为准。

九、称谓

中华人民共和国成立前的国家、民族、地名、组织、机构、职官等名称，除明显带有歧视、污蔑含义者加以适当处理外，原则上仍用文献记载的原名称。

志书下限时的地名使用各级政府审定的标准地名，必要时括注俗称地名。地名古今不同者，各章首次出现时在其后括注志书下限时的标准地名；隶属地域变化者，注明志书下限时所属地域。

外国的国名、地名、人名、民族名，以及政府机构、党派团体、报刊等名称，主要依照《辞海》(第六版)译名及新华通讯社译名室常用译名。各章首次出现时，根据需要括注外文原名。

生物名称使用学名，记述自然资源涉及有关生物名称的，各章首次出现时采用二名法，必要时加注当地俗名。

十、简称

各种较复杂的名称重复出现时，各章首次出现时使用全称并括注简称，其后出现直接使用简称；有关机构、单位 2010 年的简称均以《有关机构、单位全称与规范化简称对照表》为准；有关机构、单位 2010 年前的简称及其他简称采用社会上通行、不产生歧义者，且全卷保持一致。

十一、纪年

干支纪年、年号纪年及其他非公历纪年等，以汉字书写，括注公历纪年；非公历纪年后有月日的，同时括注经换算后公历纪年的月日。

民国纪年以阿拉伯数字书写，括注公历纪年。

同一自然段中同一纪年多次出现时，只在首次括注公历纪年，其后不再括注。

括注公历纪年于年份后加“年”字；括注某一时间段，则只在后一个公历纪年后加“年”字。

括注公元前年份，年份前冠“前”字；括注公元元年后年份直接书写年份，不冠“公元”。

自 1949 年 10 月 1 日起，采用公历纪年。

公历纪年及公历的世纪、年代、月、日和时分，均以阿拉伯数字书写。

十二、数字

按 2011 年 7 月 29 日中华人民共和国国家质量监督检验检疫总局、中国国家标准化管理委员会发布的《出版物上数字用法》表述。凡一个数字与“以上”“以下”“以内”等连用的，均含该数字。

十三 、数据

中华人民共和国成立前的数据按文献记载入志。

中华人民共和国成立后的统计数据以统计部门公布数据为准。统计部门缺失者则采用相关部门经过核实的数据，并以注释形式说明资料来源。同一内容数据有不同者，也以注释形式加以说明。重要地理信息数据采用测绘部门公布的法定数据。

十四、计量单位

按 1984 年 2 月 27 日中华人民共和国国务院发布的《中华人民共和国法定计量单位》规定表述。行文中使用单位名称或单位符号视具体情况而定。

中华人民共和国成立前的计量单位根据需要沿用旧制。

十五、货币

中华人民共和国成立前的货币币值均按文献记载入志。

中华人民共和国成立后货币币值均指人民币币值。1955 年 3 月 1 日前后人民币各按当时币值记载，不作换算。

外国货币按文献记载入志，币值不作换算。

十六、地图

按 2015 年 11 月 26 日中华人民共和国国务院公布的《地图管理条例》和浙江省人民政府 2014 年 11 月 11 日公布、2015 年 12 月 28 日修正的《浙江省地图管理办法》的规定，采用经浙江省测绘行政主管部门审核的地图。

十七、注释

直接引用(引文)、地图、图片、表格及有关重要内容，均注明资料来源。其他需要说明者，亦酌情加以注释。

引用清代及清代以前编纂的志书，注明朝代、纪年、志书名称及卷次(或卷次与篇名)；引用民国时期编纂的志书，注明“民国”两字和志书名称、卷次(或卷次与篇名)；引用 1949 年 10 月 1 日(含)以后编纂、出版的志书，注明志书名称、出版单位、出版时间及页码。志书名称与篇名均用书名号。引用私修志书，除上述各项内容外，于志书名称前注明作者姓名。

十八、资料

取之于档案、书籍、报刊、网络及社会调查等，均经考订、核实。凡记载不一者，正文采其一说，其余说法以注释形式记述。

十九、大事记述

以编年体为主，兼用纪事本末体，专设《大事记》记载全省大事；其余各有关卷设置《大事年表》记载相关大事。

二十、人物

以“生不立传”为原则，专设《人物传》予以记载；其余各有关卷所涉人物按“以事系人”“人随事出”方法处理。

编纂说明

一、“编纂说明”以《浙江通志·凡例》为依据，对《浙江通志·凡例》中未涉及的《浙江通志·大事记》编纂特殊情况进行说明，其他未尽事宜可参见“编后记”。

二、《浙江通志·大事记》记述浙江省境域内发生的大事、要事、特事，以全面、客观、系统地展示浙江自古及今的史事要略。

三、记述时限上起浙江历史发端，下讫 2019 年 6 月 30 日。按国务院《地方志工作条例》对地方志书为“资料性文献”的规定，所记史事基本取自相关文献，文中不再一一注明资料来源。

四、采用编年体，在具体条目记述上兼用纪事本末体。

五、史前考古时期以新、旧石器时代为记述单元，以距今年代为序记事。历史时期（含先秦时期）一律以中央政权断代为记述单元。民国元年之前，采用中国历史纪年括注公元纪年的方法；涉及分裂时期浙江境内建立政权的，兼注当地政权的历史纪年。

六、所记史事一般限以浙江境内发生之史事为记述对象。一些全国性但事涉浙江地方的重要政令、制度等的颁布、实施，以及浙江籍著名人物在浙江境外有重要影响的活动等，也酌情适当予以记载。

七、对于事件发生的日期，如引自报刊而报刊又无确切发生日期记载的，则依报载日期记载，记如“×月×日，《×报》载”，或某月“上旬”“中旬”“下旬”“月底”“是月”，或“春”“夏”“秋”“冬”“年初”“是年”等。来自历史资料而无确切月、日的事情，根据可以确定的时间段排序，无法确定时间段的，则以“是年”置于该年记事之末。

八、有重要影响的历史人物，原则上以卒年记之，但亦有因人因事而根据历史人物实际情况，以生年或产生重要影响的活动记之。

九、外国人物，译名采用通行译名，如查无依据的，则用音译。对中国人物，一般用正名，不用字号；个别习惯称字号或其他的，则仍依习惯。所记人物，凡有官衔、职称者一般予以注明；如同月中出现次数较多，则酌情省略。

十、中华人民共和国成立后货币币值，除注明外，均为人民币新币币值。

目　录

新近纪

2300 万～533 万年前

闽、浙滨海山地下沉，汇聚在向斜盆地中的湖水，依地质构造上的向斜带及断层带向东北流注入海，钱塘江有了出海口。

旧石器时代

约 40 万年前

浙江省境内远古人类采用锤击法打片和修理石器。

约 100 万～12.6 万前

浙江长兴县泗安镇先民使用刮削器、砍砸器、手镐等打制石器。

约 10 万年前

浙江建德一带已经有人类繁衍生息。智人类型“建德人”学会以打制石器为工具。

约 4 万年前

东海陆架 120 米等深线以西为滨海平原。

约 3 万年前

东海发生海退。

约 2 万～1 万年前

桐庐有智人存在。

新石器时代

约 10000～8500 年前

浦阳江上游地区，先民已制作和使用以敞口盆为典型器的陶器和以石片石器及石磨盘、石磨棒、石球等砾石石器为特征的石质工具；建造房屋使用干栏式房基以及沟槽式房基；出现原始栽培稻。

约 8000～7000 年前

萧山城厢镇湘湖跨湖桥出现独木舟和“中药罐”。独木舟呈梭形，为松木材质，残长 5.6 米，宽 29～52 厘米，船舷厚 2.5 厘米，最大内深 15 厘米左右，是中国迄今发现的最早的独木舟，被誉为“中华第一舟”。“中药罐”实为侈口鼓腹尖圜底的陶釜，釜内盛有一捆经煎煮过的植物茎枝，这为中国中草药起源提供了重要资料。还出现大量陶器、石器、木(竹)器、骨角器等。

约 7000 前

浙江海域的海平面已接近现今之海平面。此后，海平面仍有过多次波动，波幅一般在±2.5 米之间。

约 7000～5000 年前

浙江东部的宁绍平原，特别是余姚河姆渡、田螺山和慈城傅家山等地，先民以稻作农业为主，兼营畜牧、采集和渔猎。开始人工栽培水稻，使用制作精巧的石、骨、木、陶质的各种生产工具，主要农用工具是骨耜。饲养业已经诞生，开始饲养家猪、家狗和水牛。狩猎和捕捞在经济中占有一定的地位。建房出现榫卯结构和干栏式建筑。

约 7000～5800 年前

浙江嘉兴南湖区城南街道马家浜先民已过着以稻作耜耕农业为主的定居生活，拔牙风俗流行，并已出现公共墓地。安葬死者的葬式以俯身直肢葬为主，其头部多偏向一方，少数为仰身直肢葬，偶有仰身屈肢葬，也有些将陶器覆盖在死者头部。

约5900～5200年前

浙江北部及宁绍平原先民发明中国最早的石犁，使原先间歇性的耜耕劳作演变成连续动作的犁耕，为扩大耕地面积、节省劳力、提高地力和工效创造了条件。先民也流行拔牙风俗，埋葬死者的葬式则以仰身直肢葬为主，口含玉琀以殓尸的葬俗也已出现。

约5300～4200年前

杭州市余杭区良渚镇先民以种植水稻为主，犁耕稻作农业有了长足的发展，手工业发达，如制陶、治玉、木作、髹漆、纺织、竹编、酿酒和造船等。玉器制作精美，采用切、割、挖、凿、划、钻、磨、琢、雕、刻和抛光等工艺；玉器品种丰富多彩，自成体系，是中华民族崇尚玉器的一大源头。社会变革激烈，形成了贵族、巫师、农民、工匠和奴隶阶层。当时的祭天祀地等原始宗教十分盛行，玉礼器中的琮、璧、钺，不仅是良渚文化重器，而且曾对夏、商、周三代文明产生了深远的影响；至如良渚"神徽"，更是蕴涵着神秘的天机。中晚期应已出现最初形态国家——良渚古国，其政治、经济、文化、军事和宗教中心，就在大观山果园遗址。

约4400～4200年前

湖州市城南潞村浙江先民处于新石器时代晚期，以种稻为主，兼营园圃作业；开始利用家蚕丝纺织，为世界丝绸之源。

约4300～3500年前

遂昌县三仁畲族乡好川先民有了私有制和阶级分化，并出现"礼器"，如朱红彩装饰的陶豆、亚腰形漆器和柄形漆器。

夏 代

夏禹时期(约公元前 21 世纪)

夏禹,又称大禹或帝禹,为中国古史传说时代的治水英雄和夏王朝的缔造者。曾巡狩江南,登茅山,以朝四方群臣,防风氏后至,禹杀而戮之,示天下悉属禹也。乃大会计治国之道,封有功,爵有德,遂更名茅山为“会稽山”,这便是绍兴会稽山得名的由来。大禹继而选贤任能,协和万邦,使人民安居乐业,为夏王朝的发展奠定下坚实的基础。传说帝禹长期劳累奔波,呕心沥血,且终生奉行节俭、大公无私,死后葬于会稽山下。今绍兴城南的大禹陵,据说便是夏禹的葬地。

无余立国(约公元前 20 世纪)

相传夏禹以下六世到了夏后帝少康之时,因恐大禹陵的祭祀断绝,便分封其一位庶子到会稽,以承禹祭。这位庶子抵达绍兴会稽,自号“无余”,立国名为“于(於)越”,“无余”也就是越国传说中的开山祖。无余始受封时,人民山居,“随陵陆而耕种,或逐禽鹿而给食”。无余质朴,不设宫室之饰,从民所居,春秋祠禹墓于会稽。

商　代

约公元前 18～前 8 世纪

据考古发掘资料表明，相当于中原地区夏、商、周三代之时的浙江物质文化遗存，为考古学界所称的“马桥文化”。浙江的杭嘉湖与宁绍平原等大部分地区，处于以印纹陶为主要特征的青铜器时代早期，生产工具主要是石器，也有骨器和青铜器。同时还出现了原始青瓷器，为中国瓷器的前身，它和青铜器的出现一样，都具有划时代的意义。在其早期遗存中曾见有河南偃师二里头文化因素，表明当时已同中原地区有一定的文化交往。

西周至春秋时代

周成王二十四年(约公元前11世纪)

相传於越入宾于周,表明越国已同西周王朝交往并朝贡。

周穆王三十七年(约公元前10世纪)

相传是年周王朝伐楚,大起九师,东至于九江,遂伐越,至于纡。

周定王六年(前601年)

是年　楚国兴师灭舒蓼。“及滑汭(在今安徽省巢县、无为之间),盟吴、越而还”。

周景王元年(前544年)

夏五月　吴人伐越,获俘焉,以为阍(守门人),使守舟。吴子馀祭观舟,阍以刀杀之。

周景王八年(前537年)

冬十月　楚以诸侯及东夷伐吴。越大夫常寿过率师会楚于琐(今安徽霍邱县东)。

周敬王二年(前518年)

冬十月　楚为舟师,以略吴疆。越大夫胥犴劳楚王于豫章江滨,越公子仓把座船赠给楚王,并同越大夫寿梦率师相随。楚平王到圉阳而还。吴人踵楚,而边人不备,遂灭巢及钟离而还。

周敬王十年(前510年)

夏　吴伐越,始用师于越也。越王允常御之于槜李(今嘉兴市南),越败。

周敬王十五年(前505年)

春　越闻吴王攻楚入郢,吴国空虚,乃伐吴。吴使别兵击越。楚告急秦,秦遣兵救楚击吴,吴师败。阖闾弟夫概见秦越交败吴,吴王留楚不去,夫概亡归吴而自立为吴王。阖闾闻之,乃引兵归,攻夫概。夫概败奔楚。

周敬王二十三年(前497年)

是年　越王允常卒,葬于“木客大冢”,子句践立。

周敬王二十四年,越王句践元年(前496年)

夏五月　吴王阖闾闻允常死,兴师伐越。句践御之,陈兵于槜李(今嘉兴市南)。句践患吴师整齐,遂用计谋,使罪人三行,属剑于颈,自刭于阵前。吴师皆注目视之,越乘机袭击,大败吴军。越国将领灵姑浮以戈击中阖闾大脚趾。阖闾还,卒于陉,去槜李七里。阖闾子夫差即位,誓不忘越王杀父之仇。

周敬王二十六年,越王句践三年(前494年)

三月　吴、越和议成,吴王夫差罢兵归国。

春　句践听闻夫差日夜勤兵欲报父仇,发兵伐吴。吴、越两军相遇于夫椒(今江苏吴县西南太湖之滨),“战于五湖”,越国惨败,吴师乘势攻入越地。

周敬王二十八年,越王句践五年(前492年)

五月　句践令文种守国,自己偕夫人及范蠡等入臣于吴。句践服务于夫差鞍前马后,身为臣,妻为妾。

周敬王三十年,越王句践七年(前490年)

是年　吴王释句践与范蠡等归国。句践获释归越后,卧薪尝胆,奋发图强。命范蠡选择在今绍兴市区兴筑“句践小城”(子城)和“山阴大城”(即廓城,因范蠡所建,故又称“蠡城”),作为越国都城,为越国霸业奠定了坚实的基础,这便是绍兴建城之始。

周敬王三十三年,越王句践十年(前487年)

二月　越王句践以越国已富而未闻敢死之士,或谓诸大夫爱其身、惜其躯者,乃登渐台观群臣有忧与否。相国范蠡、大夫文种、句如之属俨然列坐,虽怀忧患,不形颜色。句践即鸣钟惊檄而召群臣与之盟,并叹息“诸臣大夫易见而难使”。计然遂进言用人选贤之道。文种则进陈报怨复仇、破吴灭敌之“九术”,即:尊天地事鬼神;重财币以遗其君;贵籴粟稿以空其邦;遗之美好以劳其志;遗之巧匠,使起宫室高台榭以尽其财,疲其力;遗其谀臣,使之易伐;强其谏臣,使之自杀;邦家富而备器;坚厉甲兵以承其弊。

周敬王三十四年,越王句践十一年(前486年)

是年　越王句践向计然询问伐吴之策,计然以兴师举兵必内蓄五谷,实其金银,满其府库,励其甲兵,于是列陈七策,多为国家理财的方法。主要是:一、任人唯贤,有道者进;二、赏罚分明,奖励忠谏;三、实行“平粜法”,平衡谷价;四、流通物资,发展贸易;五、蓄积粮钱布帛,防备灾荒。句践用其策称霸。

周敬王三十五年，越王句践十二年（前485年）

是年　越王句践闻吴王夫差淫而好色，惑乱沉湎，不领政事，乃用文种破吴“九术”之一，遍访国中美女，得苎萝山（今浙江诸暨市南五里）卖薪女西施、郑旦，饰以罗縠，教以容步，习于土城，临于都巷，三年学服，乃使越相国范蠡进献于吴王夫差。夫差果然大悦。子胥进谏，吴王不听，遂受而宠之。

周敬王三十六年，越王句践十三年（前484年）

是年　越王句践从文种之谋，遣文种使吴，通过太宰嚭向吴王夫差陈述越国水旱不调，年谷不登，向吴国请籴借粮，答应来岁即还。吴王不听伍子胥谏言，乃与越粟万石。文种归国，越王句践即以粟赏赐群臣，及于万民。

周敬王三十七年，越王句践十四年（前483年）

是年　越国粟熟，越王句践令拣择其精者而蒸，还于吴，复还斗斛之数，亦使大夫文种归之。吴王夫差得越粟，长叹息，谓太宰嚭曰：“越地肥沃，其种甚嘉，可留，使吾民植之。”于是，吴种越粟，粟种杀而无生者，吴民大饥。

周敬王三十八年，越王句践十五年（前482年）

六月丙子　越国伐吴。当时吴王夫差率兵伐齐，又北会诸侯于黄池（今河南封丘县南），越王句践乘吴国空虚，“乃发习流二千人，俊士四万，君子六千，诸御千人”，分兵袭吴。越国先头部队先及吴都姑苏城郊，遭到吴师攻击，一时失利。后越王句践率军至。丙子，复战，大败吴师，获吴太子友、王孙弥庸、寿于姚。丁亥，句践率越军乘胜攻占吴都姑苏。

冬　吴以厚币与越平。先是，吴告急于夫差，夫差方会诸侯于黄池，恐天下闻之，即密不令泄。黄池之盟，晋定公让夫差先歃血为盟，吴王做了名义上的诸侯霸主，遂率军返国，回救姑苏城。但当时吴国财力空虚，连年不熟，士民疲敝，轻锐尽死于齐、晋，夫差归国后已无力与越对抗，乃使人向越请和，句践自度亦未能灭吴，乃许吴讲和。吴越议和之后，双方停战三年。

周敬王四十二年，越王句践十九年（前478年）

三月　越王句践再举兵伐吴。吴、越双方在笠泽（今江苏省吴江市附近）夹水列阵。句践分其师为左、右军，又以其私卒君子六千人为中军，使夜或左或右鼓噪而进；吴师以为越主力在左、右两路，亦中分其师，将以御越。句践乃令三军潜涉，袭攻吴师中军。吴师大乱，遂败之。

周敬王四十四年，越王句践二十一年(前476年)

春　越人侵楚，以误吴也，意在使吴不为备。

夏　楚公子庆、公孙宽追越师，至冥，不及，乃还。

秋　楚沈诸梁伐东夷，以报复越人侵楚。三夷男女及楚师盟于敖(东夷地，在浙江滨海)。

战国时代

周元王元年，越王句践二十二年（前 475 年）

十一月　越军进围吴国都城。先是，吴军主力在笠泽之役覆灭后，越又大举攻吴，败吴军于没（吴地），又败吴军于姑苏城郊。吴国三战三北，越师遂入吴国，围困吴都达三年之久。是时，晋赵襄子（无恤）以吴、晋先有黄池之盟，但自愧不能救吴，遣家臣楚隆使吴慰问。楚隆先至越军，向越王句践请求入见吴王夫差，越王许之。楚隆见吴王，吴王曰："寡人不佞，不能事越，以为大夫忧，拜命之辱。"且谓："句践将生忧寡人，寡人死之不得矣！"

周元王二年，越王句践二十三年（前 474 年）

夏五月　越王句践遣使聘鲁，始通于中原诸国，为灭吴后北上争霸作外交准备。

周元王三年，越王句践二十四年（前 473 年）

夏四月　邾隐公自齐奔越（前 487 年，吴因邾隐公无道而囚之，立太子革为政，后邾隐公奔鲁，又奔齐，今乃自齐奔越），向越王求助。越人送邾隐公返国，恢复其国君地位。邾太子革失去君位，又奔至越国，以求得句践的保护。

冬十月　越王围吴益急，吴国大困不能战，士卒分散，城门不守，越军遂入屠吴城。吴王率群臣逃往秦余杭山。越军追击，吴王又退栖于姑胥山，使王孙雒肉袒膝行而前，向越王请和。因范蠡等进谏，越王乃不许和议。

十一月　丁卯，越灭吴，欲迁吴王夫差居甬东，夫差辞曰："孤老矣，焉能事君？"遂自缢。越人归其尸。

周元王四年，越王句践二十五年（前 472 年）

秋八月　鲁君使叔青聘越。越王使诸鞅赴鲁报聘。

冬十月　越王句践选吴越将士向西渡河以攻秦，时雪霜隆寒，道路艰难，军士苦之。先是，越王遣使号令齐、楚、秦、晋皆辅周室，血盟而去。秦国不从越王之命，句践遂发兵讨伐。适因秦王怖惧，引咎自责，越乃还军。自越灭吴，中国皆畏之。

是年　句践以兵北渡淮，与齐、晋诸侯会于徐州，致贡于周。周元王使人赐句践胙，命为伯。句践已去，渡淮南，以淮上地与楚，归吴所侵宋地于宋，与鲁泗东方百里。当是时，越兵横行于江、淮东，诸侯毕贺，号称霸主。

周元王五年，越王句践二十六年（前471年）

夏四月　邾隐公复位后又无道，越人执之以归，而立太子革之弟公子何为君。但公子何亦无道。

闰十月　鲁哀公因三桓（指鲁国孟孙、叔孙、季孙三家）逼迫而逃奔至越国。

周元王六年，越王句践二十七年（前470年）

夏五月庚辰　卫侯辄因国内叛乱而奔宋，使祝史挥适越，向越王请师伐卫以平乱。

六月　鲁哀公离越归鲁。

周元王七年，越王句践二十八年（前469年）

夏五月　越大夫皋如、舌庸会合鲁叔孙舒，宋乐筏领兵护送卫侯辄返卫。侵入卫之外州，大肆劫掠。卫出兵抵御，越师大败之。卫公孙弥牟重赂越人，议定解甲送卫侯入城。然后大开城门摆出接纳卫侯之势，卫侯不敢进城，越师乃退。卫立悼公，把城钽割与越人。

是年　卫司徒期聘于越，卫侯辄攻而夺其聘越之币。司徒期告越王，越王命其取回，司徒期乃以众取之。卫侯怒，杀太子（因太子是司徒期之甥）。后卫侯卒于越。

周贞定王元年，越王句践二十九年（前468年）

二月　越大夫舌庸与鲁哀公及其卿季康子、叔孙文子、孟武伯盟于平阳（今山东邹县城市区），调和鲁国内部国君与卿大夫之间的矛盾。

春　越王句践使舌庸聘鲁，以霸主的身份对鲁国曾侵夺邾国土地一事进行责备，协定以骀上（今山东滕县东南）作为鲁国、邾国分界，并设立边界标志。

秋八月　鲁哀公欲以越师伐鲁而去三桓，被三桓所逼，避居于邾国，又出奔越国。

是年　句践迁都琅邪（今山东诸城县一带），琅邪东面靠海，越国有强大水军，可由海道运送军队达此，再由此向西控制中原各国，利于北上称霸。

周贞定王二年，越王句践三十年（前467年）

是年　鲁哀公卒（一说卒于越，一说哀公复归于鲁而卒）。越王句践对鲁国三桓迫害鲁哀公的行为不满，出兵攻鲁季氏的私邑费（今山东费县西南）及武城等地。

周贞定王四年，越王句践三十二年（前465年）

冬十一月　越王句践寝疾，将卒，谓太子鹿郢曰："吾自禹之后，承元常之德，蒙天灵之佑、神祇之福，从穷越之地，藉楚之前锋，以摧吴王之干戈，跨江涉淮，从晋齐之地，功德巍巍。自致于斯，其可不诚乎？夫霸者之后，难以久立，其慎之哉！"遂卒。鹿郢即位。

周贞定王十年，越王鹿郢六年(前459年)

是年　越王鹿郢卒，子不寿立。

周贞定王二十年，越王不寿十年(前449年)

是年　越王不寿被杀，子朱勾(出土或传世越国兵器鸟篆书铭文均作“州句”，实为通假字)立。朱勾是继句践之后最有作为的越王，拓土称霸达37年。

是年　越人迎女于秦。

周威烈王十一年，越王朱勾三十四年(前415年)

是年　越王朱勾灭滕国(今山东滕州市西南，滕后仍复国)。

周威烈王十二年，越王朱勾三十五年(前414年)

是年　越王朱勾伐郯国(今山东郯城县西南)，并俘虏郯国国君鸪以归。

周威烈王十四年，越王朱勾三十七年(前412年)

是年　越王朱勾卒，子翳立。

周威烈王二十二年，越王翳八年(前404年)

是年　越灭缯国(今山东峄城东)，以缯国恃齐而轻越。

周安王二十三年，越王翳三十三年(前379年)

是年　越王翳将越国国都自琅邪迁于吴。

周安王二十六年，越王翳三十六年(前376年)

七月　越太子诸咎弑其君翳。

十月　越人杀诸咎，吴人立孚错枝为君。越国陷入内乱。

周烈王元年，越无余之(即莽安)元年(前375年)

是年　越大夫寺区平定越乱，立无余之，是为莽安。

周显王五年，越无余之(即莽安)十二年(前364年)

是年　越大夫寺区弟思杀其君莽安。无颛立。

周显王十三年，越王无颛八年(前356年)

是年　越王无颛卒，弟无彊立。

周显王十四年，越王无彊元年（前355年）

越王无彊在位时，越国国力复兴，与齐、楚等诸侯争强。

周显王三十四年，越王无彊二十一年（前335年）

是年　越王兴师伐齐。齐威王使人说越王以伐楚之利，于是越王无彊遂释齐而伐楚。

周显王三十六年，越王无彊二十三年，楚威王熊商七年（前333年）

是年　楚威王围齐于徐州，遂兴兵伐越。楚军大败越师，杀越王无彊，尽取故吴地至于浙江，北破齐于徐州。而越国以此散，诸族子争立，或为王，或为君，滨于江南海上，服朝于楚，国势从此衰微。

周赧王三年，楚怀王十七年（前312年）

四月　越王（按：此越王当系越之余部称王者，史失其名）为联合魏国一起对抗楚国，派遣公师隅至魏，献舟300艘，箭500万支，以及犀角、象齿等物。

秦孝文王三年，楚考烈王十五年（前248年）

春申君黄歇置菰城县，以泽多菰草而得名。此为湖州建置之始。

秦王政二十五年（前222年）

是年　秦将王翦遂定江南地，降服百越之君，置会稽郡（郡治在吴，今苏州）。秦又进军东南越族地区，统一瓯越和闽越等地，建立闽中郡。

是年　改菰城县为乌城县。

秦 代

秦始皇帝二十六年(前221年)

是年 秦王嬴政以六国尽并于秦,自称始皇帝。分天下为三十六郡,析会稽郡西部置故鄣郡,郡置守、尉、监。

是年 灭楚后,秦始皇造道陵南,可通陵道,治陵水道到钱唐,通浙江。发会稽适戍卒,治通陵高以南陵道,以达诸县。

秦始皇帝三十七年(前210年)

十月癸丑 秦始皇南游,左丞相李斯从。少子胡亥爱慕请从,秦始皇许之。

十一月 秦始皇行至云梦,望祀虞舜于九嶷山。浮江下,观籍柯,渡海渚。过丹阳,至钱唐。临浙江,水波恶,乃向西一百二十里,从狭处渡江。乃上会稽山,祭大禹,望于南海,立石刻颂秦德,令李斯作文并书。秦始皇渡浙江时,项梁与项籍(字羽)俱往观之,项籍曰:"彼可取而代也。"项梁掩其口,曰:"毋妄言,族矣!"以此奇籍。

是年 秦始皇坏诸侯郡县城。

秦二世胡亥元年,楚隐王陈胜元年(前209年)

春 秦二世胡亥东巡碣石,南至会稽,李斯从。皆礼祠之,而刻勒始皇所立石书旁,以彰始皇之功德。

九月 项梁与侄项籍杀会稽守殷通,举兵于会稽郡。梁为会稽守,籍为裨将,占领会稽郡所属各县。

秦二世胡亥二年,楚隐王陈胜二年(前208年)

项羽在江子汇东北筑城,周1里367步,称项王城(今湖州市中心)。

西 汉

高祖三年(前 204 年)

是年　汉朝将领灌婴率部平定会稽等郡。

高祖五年(前 202 年)

是年　汉复立无诸为闽越王,王闽中故地,都东冶。闽越王无诸及越东海王摇者,其先皆越王句践之后,姓驺氏。秦已并天下,皆废为君长,以其地为闽中郡。及诸侯叛秦,无诸、摇率越归鄱阳令吴芮所谓鄱君者,从诸侯灭秦。汉击项籍,无诸、摇率越人佐汉。

高祖六年(前 201 年)

春正月　汉高祖刘邦大封同姓诸侯。丙午,将楚王韩信原来的属地分为二国,以淮东故东阳郡、鄣郡、吴郡 53 城封给其从兄刘贾,立为荆王,称荆国。

高祖十一年(前 196 年)

是年　淮南王英布起兵反汉,高祖刘邦领兵平反。荆王刘贾被英布杀于战乱之中,无后,荆国因而被除,郡制如故。

高祖十二年(前 195 年)

冬十月　刘邦患吴、会稽轻悍,无壮王以填之,诸子年少,于是将荆国改为吴国。辛丑,另立其兄刘仲之子沛侯刘濞为吴王,其属地为 3 郡 53 城。

惠帝三年(前 192 年)

夏五月　汉惠帝立越王句践之后、闽越君驺摇为东海王。驺摇曾跟从诸侯参加灭秦,战功颇多,且得民心,百姓多愿依附于他。东海王都东瓯,世俗号称“东瓯王”。

文帝五年(前 175 年)

四月　朝廷废除盗铸钱令,允许民间可以私自铸钱。当时吴王刘濞拥有豫章铜山,招致天下亡命者以铸钱,吴、邓钱遍布天下。刘濞又利用地临东海之便,煮海水为盐,以故无赋而国用饶足,民众富强,日益骄横,对朝廷构成威胁,以致形成后来尾大不掉的局面。

景帝三年(前154年)

春正月　汉景帝采纳御史大夫晁错“削藩”之谏,下诏削吴所属会稽郡、豫章郡及赵王刘遂、胶西王卬等诸侯属地。刘濞害怕削地无已,便谋叛乱。

二月　太尉周亚夫、大将军窦婴领兵击破吴楚等叛军。刘濞带领数千人东逃,沿途收聚散兵游勇至万余人,企图立足东瓯之地求自保。起初东瓯国跟从刘濞叛乱,后来汉廷利诱东瓯国人斩杀刘濞于会稽丹徒,吴太子刘驹逃至闽越,东瓯国因此免于追究。

六月　景帝下诏书赦免因刘濞叛乱而受牵连者,取消吴国封地,复为会稽郡,并迁汝南王刘非为江都王,统辖吴国旧地。

武帝建元三年(前138年)

七月　闽越发兵攻东瓯国。先是,刘驹怨恨东瓯杀其父濞,逃至闽越后,常劝闽越攻击东瓯。闽越于是年秋发兵围攻东瓯国,东瓯受困粮尽,派人向汉廷告急。武帝派遣中大夫严助持节发会稽兵,从海上救援东瓯,闽越人闻风而退。东瓯王广武侯望请求举国内迁,朝廷准之。于是便率众4万余人迁居江淮之间,东瓯国至此除去国号,前后立国54年。

建元六年(前135年)

八月　闽越王郢擅自发兵攻击南越边邑,南越王上书汉武帝。汉武帝派遣大行王恢和大司农韩安国为将军,前往征讨闽越。大行王恢领兵出豫章,大司农韩安国领兵出会稽。闽越王郢之弟馀善慑于汉朝之强,杀郢降汉,汉军乃罢还。汉武帝以馀善有功,封其为东越王。

武帝元狩二年(前121年)

是年　鄣郡更名为丹阳郡,治宛陵(今安徽宣城)。

元狩四年(前119年)

冬　有司言关东贫民徙陇西、北地、西河、上郡、会稽凡72.5万口,县官衣食振业,用度不足,请收银锡造白金及皮币以足用。会稽生齿之繁始于此,约增十四五万口。

武帝元鼎五年(前112年)

是年　南越叛乱,东越王馀善上书,请求率军8000人从楼船将军攻打吕嘉等。兵至揭阳,又借口海上风浪,驻军不前,暗中却与南越交通。及汉军攻破番禺,东越军队仍未抵达。当时楼船将军杨仆遣使上书,愿乘势迎兵讨伐东越。

元鼎六年(前111年)

秋　东越王馀善得知汉兵临境,便起兵谋反,杀汉校尉三人,刻“武帝”玺自立为王。武帝派遣横海将军韩说自句章出发,从海上东面进攻东越,楼船将军杨仆自武林出发,中尉王温舒从梅岭出发，领兵以击东越。

武帝元封元年(前110年)

冬　诸路汉军皆进入东越境内，故越衍侯吴阳等人杀馀善，以其众降汉。汉武帝以为东越地势复杂，闽越一带民风剽悍，屡次生事作乱，诏军吏将其民迁徙至江淮之间，东越地遂虚。

元封二年(前109年)

是年　汉武帝令建越祠。汉武帝喜好神仙之术，是时既灭南越，越人勇之乃言：越俗信鬼，其祠皆可见鬼，祭之多有效。昔东瓯王敬鬼，寿至160岁，后世慢怠，故衰耗。武帝信之，即令越巫建立越国样式的祝祠，安台无坛，祭祀天神上帝百鬼，并用鸡卜。越祠鸡卜始为全国仿效。

是年　於潜县属丹阳郡，治所在今浙江临安於潜镇。

元封五年(前106年)

是年　朝廷于郡国之上置十三州刺史部，今浙江隶扬州刺史部，分属会稽、丹阳二郡，共20县。属会稽郡的有乌伤、余暨、诸暨、山阴、余姚、上虞、海盐、剡、由拳、太末、乌程、句章、余杭、鄞、钱唐、鄮、富春、回浦；属丹阳郡的有於潜、故鄣。

昭帝始元二年(前85年)

是年　以东瓯地置回浦县，南部都尉治，属会稽郡，包括今仙居、临海、天台、文成、黄岩等地。回浦县治所即今台州市椒江区西北章安街道。

昭帝阳朔元年(前24年)

是年　朝廷徙会稽东部都尉治所于鄞县(今鄞州)。

哀帝元寿二年(前1年)

是年　富春县(包括今富阳、桐庐、建德等地)改置侯国，由朝廷直接管辖(新莽时改名诛岁县，东汉建武初复称富春县，顺帝永建四年后改属吴郡)。

[新]王莽天凤元年(14年)

是年　王莽托古改制，以《周礼》为依据，改变官名、地名，以方位定郡县名称。在今浙江境内改县名者十三县：钱唐改泉亭，余杭改进睦，故鄣改侯望，海盐改展武，余暨改余衍，诸暨改疏虏，上虞改会稽，太末改末治，鄞改谨，富春改诛岁，鄮改海治，剡改尽忠，乌伤改乌孝。

更始帝更始元年(23年)

是年　任延出任会稽都尉,年方十九。西汉末年,战乱迭起,割据称王者颇多,道路为之阻塞。中原地区南下避难者均不得北还,许多士人到会稽定居。任延到任后,聘请董子仪、严子陵等,敬待以师友之礼,同时赈济贫穷、礼遇士子,使民众得以安居乐业,长期留居会稽郡。

东 汉

光武帝建武四年(28 年)

八月戊午　光武帝派遣扬武将军马成,率诛虏将军刘隆等领会稽、丹阳等四郡兵卒围击淮南王李宪。

建武六年(30 年)

春　汉兵斩杀淮南王李宪,尽平江淮地,凯旋回郡。

是年　东莱人李忠被迁为丹阳太守。李忠认为越地习俗不好,嫁娶等礼仪衰于中原,便兴办学校,教习礼容,春秋乡射,选用明经,致使郡中风气大变,垦田增多,经济发展,人口增加。三年之中,仅外地迁来的流民即有 5 万余人。

建武十四年(38 年)

是年　会稽郡发生大疫,死者数万。

光武帝中元元年(56 年)

正月　京兆长陵人第五伦为会稽太守。其时会稽习俗多喜淫祀,好卜筮。民常以牛祭神,百姓财产以之困匮。其自食牛肉而不以荐祠者,发病且死,先为牛鸣。前后郡将莫敢禁。第五伦到任后,移书属县,晓告百姓:其巫祝有依托鬼神、诈怖愚民,皆案论之;有妄屠牛者,吏辄行罚。民初恐惧,或祝诅妄言,伦案之愈急。后巫风遂逐渐断绝,百姓以安,第五伦亦因此深得会稽郡民尊崇。

明帝永平十七年(74 年)

约是年　严光卒,享年 80 岁。严光,本姓庄,后人避汉明帝讳而改。光字子陵,一名遵,会稽余姚人。以隐士闻名当世,后人仰其高节,将严光垂钓处称为“严陵濑”。

章帝章和元年(87 年)

是年　郑弘卒。郑弘,字巨君,会稽山阴人。历任淮阴太守、尚书令、大司农、太尉等,所任皆有政声。

和帝永元元年(89年)

七月乙未　会稽发生山崩。

永元九年(97年)

约是年　王充卒。王充(27—约97年),字仲任,会稽上虞人。著《论衡》20余万言,释物类同异,正时俗嫌疑,是中国古代无神论的重要著作。王充在中国古代哲学史、思想史上占有十分重要的地位。

永元十四年(102年)

夏四月庚辰　赈贷会稽流民、下贫谷食,各有差。

和帝永元年间(89—104年)

成都人张霸为会稽太守,用会稽郡人处士顾奉、公孙松等。郡中争厉志节,习经者以千数,道路但闻诵声。霸始到越,贼未解,郡界不宁,乃移书开购,明用信赏,贼遂束手归附,不烦士卒之力。

安帝永初七年(113年)

九月　调丹阳、会稽等郡租米,接济南阳、广陵、下邳、彭城、山阳、庐江、九江饥民。

安帝元初六年(119年)

四月　会稽大疫。朝廷派遣光禄大夫带太医循行治病,并赐给棺木安葬死者,同时减除田租、口赋。

顺帝永建四年(129年)

是年　阳羡令周嘉上书,分浙江以西为吴郡,治吴县;浙江以东为会稽,治山阴(今绍兴市),此为浙江省境内的第一个郡级城市。其时浙江境内属于吴郡的有乌程、海盐、余杭、由拳、富春5县;属于会稽郡的有山阴、鄮、乌伤、诸暨、余暨、太末、上虞、剡、余姚、句章、鄞、章安、永宁13县。这是以浙江为界划分政区的最早记载。

顺帝阳嘉元年(132年)

二月　会稽郡人曾旌等暴动,自海上袭击会稽郡,杀句章、鄞、鄮(均在今宁波)三县长,攻击会稽东部都尉,诏沿海各县屯兵戍守。

三月　章河等人暴动,遍及扬州六郡的49县,杀伤官吏。

阳嘉二年(133年)

二月甲申　会稽发生饥荒,顺帝发布诏书,增调人力种粮。

顺帝永和三年(138年)

是年　分章安县东瓯乡为永宁县,此为今温州建县之始。

永和五年(140年)

是年　会稽太守马臻征发民工,在钱清到曹娥江的官塘上建立堤埂,开成堰闸,汇纳山阴等地三十六源之水,建成一座周围300多里的灌、蓄洪水库,称为镜湖(又称鉴湖、长湖),灌溉农田9000多顷,使这一带水旱灾害大为减少。马臻,字叔荐,茂陵人,是古代的水利专家。因修筑镜湖而遭土豪反对,被诬陷而死。

永和六年(141年)

十一月　九江、丹阳等地周生、马勉等人起兵,攻陷郡县。

顺帝汉安二年(143年)

五月　孝女曹娥卒。曹娥(130—143年),会稽上虞人。父盱能弦歌,为巫祝,五月五日于县江泝迎婆娑神溺死,不得尸骸。曹娥年十四,乃沿江号哭,昼夜不绝声,17日后投江而死。

桓帝建和元年(147年)

正月辛亥朔　日食。戊午,大赦天下,鳏寡孤独笃癃贫不能自存者粟人五斛,贞妇帛人三匹,灾害所伤什四以上勿收田租,其不满者以实除之。

二月　荆、扬二州人多饿死,朝廷派遣四府掾分行赈给。

灵帝熹平元年(172年)

十一月　会稽人许昭(或作"许昌")聚众起事,自称"大将军",立父生为"越王",攻破郡国,遣扬州刺史臧旻、丹阳太守陈寅讨击。熹平三年(174年)十一月,扬州刺史臧旻率丹阳太守陈寅,大破许昭于会稽,斩之。其间,吴郡司马、富春人孙坚招募精勇,得千余人,帮助州郡讨伐,臧旻列上功状。

熹平二年(173年)

是年　余杭县令陈浑筑两湖及湖塘30余处,灌溉县境内私田1000余顷,得其利者7000余户。

灵帝中平二年(185年)

是年　汉廷分丹阳郡故鄣县南立安吉县，此即为今安吉建县始。其时张角起义，荆、扬尤甚，唯此乡守险助国，帝嘉之，故分立为县。又分立原乡县(今浙江长兴县西南泗安镇)。

献帝初平二年(191年)

是年　孙坚卒。孙坚(155—191年)，字文台，吴郡富春(今浙江富阳)人。东汉末年著名将领，孙权之父。

初平三年(192年)

是年　朝廷分会稽郡乌伤县南乡置长山县，治今浙江金华金东区孝顺；分太末县立新安县，治今浙江衢州市南。此即为今金华、衢州建置之始。

献帝兴平二年(195年)

是年　朱俊卒。朱俊，字公伟，会稽上虞人。东汉末期名将。

是年　朝廷分诸暨县立吴宁县，治今浙江东阳市东北县城旧址，为今东阳市建置之始。孙氏析诸暨水门村置汉宁县，属会稽郡。

兴平年间(194—195年)

乌城严白虎聚众万余人起事，后被孙策消灭。

献帝建安元年(196年)

八月　孙策欲攻会稽，领兵渡浙江。会稽太守王朗发兵拒策于固陵。孙策数次渡江作战，不能胜。后用计谋取道查渎，袭击王朗，大破之，王朗被迫投降。孙策自领会稽太守，仍以虞翻留任会稽功曹，待以交友之礼。

建安二年(197年)

夏　由于孙策兵强势众，曹操遣使以诏书拜孙策为骑都尉，袭爵乌程侯，领会稽太守，使与吕布及吴郡太守陈瑀共讨袁术。策欲得将军号以自重，汉使便承制假策明汉将军。孙策治装行到钱唐，瑀阴图袭策，潜结祖郎、严白虎等，使为内应。策觉之，遣其将吕范、徐逸攻瑀于海西；瑀败，单骑奔袁绍。

建安三年(198年)

十二月　孙策遣其正议校尉张纮献方物，曹操欲抚纳之，表策为讨逆将军，由乌程侯进封吴侯，以弟女配策弟匡，又为子彰取孙贲女；礼辟策弟权、翊；以张纮为侍御史。袁术以周瑜为居巢长，以临淮鲁肃为东城长。瑜、肃知术终无所成，皆弃官渡江从孙策，策以瑜为建威中郎将。

建安四年(199年)

十二月　会稽功曹魏腾尝忤孙策意,孙策将杀之。策母吴夫人劝之以“优贤礼士,舍过录功”,策乃释腾。初,吴郡太守会稽盛宪举高岱孝廉,许贡来领郡,岱将宪避难于营帅许昭家。乌程邹佗、钱铜及嘉兴王晟等各聚众万余或数千人,不附孙策。策引兵扑讨,皆破之,进攻严白虎。白虎兵败,奔余杭,投许昭。程普请击昭,策曰:“许昭有义于旧君,有诚于故友,此丈夫之志也。”乃舍之。

建安五年(200年)

四月　孙策遭仇家刺杀身亡,年仅26岁。孙策(175—200年),吴郡富春(今浙江富阳)人。策带兵有术,所向披靡,依靠南北士族的力量,在江东地区建立了孙氏政权。

十月　曹操闻孙策死,欲因丧伐之。侍御史张纮谏曰:“乘人之丧,既非古义,若其不克,成雠弃好,不如因而厚之。”操即表权为讨虏将军,领会稽太守。操欲令纮辅权内附,乃以纮为会稽东部都尉。纮至吴,太夫人以孙权年少,委纮与张昭共辅之。纮思唯补察,知无不为。

是月　鲁肃将北还,周瑜止之,因荐肃于权。权即见肃,肃分析天下形势,以为“汉室不可复兴,曹操不可卒除,为将军计,唯有保守江东以观天下之衅耳”。又,孙权料诸小将兵少而用薄者,并合之。别部司马汝南吕蒙,军容鲜整,士卒练习。权大悦,增其兵,宠任之。

是年　庐陵太守孙辅恐孙权不能保江东,阴遣人赍书呼曹操。行人以告,权悉斩辅亲近,分其部曲,徙辅置之吴东。

建安十三年(208年)

是年　孙权分丹阳郡歙县为始新、新定、黎阳、休阳县,以六县为新都郡。现属浙江境内的有始新、新定二县。分歙县之南乡置新定县,即后之遂安县。新都郡郡治始新县,治今浙江淳安县(排岭镇)西约8公里新安江水库中。

是年　孙权、刘备联合击败曹操,取得赤壁之战的胜利,三国鼎立的局面逐渐形成。

建安十六年(211年)

是年　吴郡余杭民郎稚合众反抗孙吴,复数千人。贺齐出讨之,即得破稚,表言分余杭为临水县。孙氏遂分余杭县,置临水县,属吴郡。晋改临安县。

建安二十年(215年)

是年　孙瑜(177—215年)卒,时年39岁。孙瑜,字仲异,孙坚弟。

建安二十二年(217年)

冬　丹阳人费栈作乱,扇动山越。孙权遣陆逊领兵讨破之,遂部伍东三郡(指丹阳、新都、会稽），强者为兵，羸者补户，得精卒数万人；宿恶荡除，所过肃清，还屯芜湖。会稽太守淳于式表“逊枉取民人，愁扰所在”，陆逊后诣都，反而称赞淳于式为佳吏。权曰：“式白君，而君荐之，何也？”逊对曰：“式意欲养民，是以白逊；若逊复毁式以乱圣听，不可长也。”权曰：“此诚长者之事，顾人不能为耳。”

建安二十三年（218年）

是年　朝廷分太末县立遂昌县，属会稽郡，治所即今浙江遂昌县治妙高镇。

是年　孙权分信安县置定阳县，属会稽郡。治所在今浙江江山市西北南焦附近。

建安二十四年（219年）

是年　孙权征讨蜀前将军关羽。十二月，孙权军队获关羽及其子平于章乡，斩之，遂定荆州。此即关羽“大意失荆州”。曹操表权为骠骑将军、假节领荆州牧，封南昌侯。

献帝延康元年（220年）

十月乙卯　汉帝禅位于魏。改元黄初。

三国·吴

大帝黄武元年(222 年)

是年　吴王改元黄武。魏文帝黄初二年(221 年),曹丕封孙权为吴王。

黄武五年(226 年)

秋　丹阳、吴、会稽三郡山越起事,攻没所属县,孙权分三郡险地置东安郡,郡治设富春。任命绥南将军全琮为东安太守,平讨山越。全琮至,明赏罚,招诱降附,数年中,得万余人。全琮,钱唐县人。东汉末年,中州士人避乱南奔,投靠全琮者以百计,琮倾家财接济,遂显名远近。

黄武七年(228 年)

三月　孙权召全琮还牛渚(在安徽当涂西北长江边),遂罢东安郡。

是年　骆统卒,享年 36 岁。骆统(193—228 年),字公绪,会稽乌伤(今浙江义乌)人。汉末至三国时吴国将领、学者,陈国相骆俊之子。

大帝黄龙元年(229 年)

春　公卿百司皆劝孙权正尊号。

四月丙申　孙权南郊即皇帝位,建都武昌,国号吴,改元黄龙,史称东吴或孙吴。孙权追尊父破虏将军坚为武烈皇帝;母吴氏为武烈皇后;兄讨逆将军策为长沙桓王;吴王太子登为皇太子。将吏皆晋爵加赏。

黄龙二年(230 年)

春　吴主孙权遣将军卫温、诸葛直率甲士万人,自章安出发,浮海求夷洲及亶洲,欲俘其民以益众。

四月丙午　刘备即皇帝位于蜀,改元章武。孙权自公安都鄂,改名武昌。

黄龙三年(231 年)

春　卫温、诸葛直军行经岁,士卒疾疫死者什八九,亶洲绝远,卒不可得至,得夷洲数千人还。卫温、诸葛直坐无功,诛。

夏　由拳县因野稻自生，改为禾兴县（今浙江嘉兴市）。

大帝嘉禾二年（233 年）

是年　经学家虞翻卒。虞翻（164—233 年），字仲翔，会稽余姚人。三国吴官员、经学家。三国时初为孙策功曹，孙权即位，任为骑都尉。出自《易》学世家，精通《易》学。

嘉禾三年（234 年）

八月　孙权以诸葛恪为丹阳太守，讨山越。

大帝赤乌二年（239 年）

是年　分太末县地置平昌县，属会稽郡。

赤乌三年（240 年）

是年　朱桓卒。朱桓（177—238 年），字休穆，吴郡吴县人。东汉末从孙权，曾任余姚长。其任间疫疠流行，饥荒严重，于是分派良吏，在县内施医药、米粥，士民感戴。后任荡寇将军，在会稽郡、吴郡两地招抚流亡人口，期年之间，共得万余人。

赤乌五年（242 年）

正月　吴大帝孙权立其子孙和为太子，大赦，改禾兴县名为嘉兴。

赤乌六年（243 年）

冬　阚泽卒。阚泽，会稽山阴人，字德润。察孝廉，除钱唐长，迁郴令。孙权称帝，以泽为尚书。嘉禾中为中书令，加侍中，后拜太子太傅。以儒学勤劳，封都乡侯。泽以经传文多，乃斟酌诸家，刊约《礼》文，及诸注说，以授二宫。

赤乌八年（245 年）

是年　孙权分乌伤之上浦，立永康县，属东阳郡。

赤乌十三年（250 年）

八月　故鄣等县发生山体滑坡事件，洪水溢出。

大帝太元元年（251 年）

上虞县青瓷制作工匠袁宜在他烧制的青瓷虎子上刻有“赤乌十四年会稽上虞师袁宜作”等字。上虞与其南邻的始宁县，在孙吴时期青瓷制作业甚为发达（今已发掘烧瓷遗址多达 30 余处），烧制各种器皿及明器。

八月朔　大风，江海涌溢，平地深 8 尺。

十二月　孙权诏省徭役，减征赋，除民所患苦。

会稽王建兴元年（252年）

正月　吴立故太子和为南阳王，居长沙。子奋为齐王，居武昌。子休为琅邪王，居虎林。

四月　孙权卒，时年71岁。太子孙亮继位，改元建兴。孙权（182—252年），字仲谋，孙策弟，吴郡富春人。自黄龙元年称帝建吴，在位23年。

会稽王太平元年（256年）

是年　孙峻卒。孙峻（219—256年），字子远，孙坚弟，富春人。少便弓马，精果胆决。孙权死后，受遗辅政，领武卫将军，故典宿卫，封都乡侯。

太平二年（257年）

二月　分会稽东部置临海郡，治设章安。辖有章安、临海、（南）始平、永宁、罗阳、松阳、罗江七县，户1.8万。

八月　会稽南部发生暴乱，都尉被杀。新都郡民起事，钟离牧为监军使者率兵前往镇压。钟离牧，字子干，会稽山阴人。少爰居永兴（今浙江萧山），躬自垦田，种稻20余亩，年得米60余斛。

景帝永安元年（258年）

九月戊午　吴侍中、大将军孙綝召大臣会宫门，黜吴主孙亮为会稽王。

十月己丑　吴景帝孙休封孙皓为乌程侯，皓弟孙德为钱唐侯，皓庶弟孙谦为永安侯。

永安二年（259年）

十二月戊辰　吴景帝孙休诛杀孙綝，死时年28岁。孙綝（232—259年），字子通，富春人。始为吴偏将军，从兄孙峻死后为侍中武卫将军，领中外诸军事，并代知朝政。后迁大将军。吴主孙亮亲政后，以其专恣，与太常全尚、将军刘丞谋诛之，事败。黜亮为会稽王，立琅邪王孙休为帝，自为丞相。是年，被孙休与辅义将军张布、左将军丁奉密谋诛杀。

永安三年（260年）

秋　用都尉严密议，作浦里塘。会稽郡谣言王亮当还为天子，而亮宫人告亮使巫祷祠，有恶言。有司以闻，黜为候官侯，遣之国。道自杀，卫送者伏罪。以会稽南部为建安郡（今福建建安），分宜都置建平郡。

永安七年（264年）

四月　魏将王稚由海道入句章，掠去长吏和男女200余口及资财等。吴将孙越缴得一船，获30人。

七月　海盗破海盐，杀司盐校尉骆秀。使中书郎刘川发兵庐陵。豫章民张节等为乱，众万余人。魏使将军胡烈，步骑二万侵西陵，以救罗宪。陆抗等引军退。癸未，孙休卒，时年三十。是时，蜀初亡，而交阯携叛，吴国国内震惧，思得长君。由此孙权孙子皓得以继立，时年二十三，是为末帝。

末帝宝鼎元年(266年)

十月　永安民变。先是，因吴末帝孙皓迁都武昌，扬州诸郡之民溯流供给，劳役繁重。永安人施但见民劳怨，聚众数千人起兵，劫持皓庶弟、永安侯孙谦，出乌程，比至建业，众万余人。丁固、诸葛靓迎击至牛屯，大战，但等败走。吴遂分丹杨、吴郡地置吴兴郡，治设乌程。原吴郡的乌程、阳羡、永安、余杭、临水5县，及丹杨郡的故鄣、安吉、原乡、於潜4县属之。又分会稽西部置东阳郡，治设长山。原会稽郡的长山、乌伤、永康、丰安、新安、太末、定阳、平昌、吴宁9县属之。

宝鼎三年(268年)

吴末帝孙皓时，尝岁无水旱，苗稼丰美，而实不成，百姓以饥，阖境皆然，连岁不已。

末帝凤凰三年(274年)

是年　会稽谣言：章安侯孙奋当为天子。吴末帝遂杀孙奋及其五子。临海太守奚熙给会稽太守郭诞的书信非议国政，吴末帝遂将郭诞遣送建安郡造船，遣三郡督何植前往逮捕奚熙。熙发兵自卫，断绝海道，不久被其部曲所杀，送首建业，夷三族。

七月　吴遣使者25人，分至州郡，科出亡叛。

末帝天玺元年(276年)

是年　会稽太守车浚因会稽郡旱灾，饥荒严重，上表请朝廷赈贷。吴末帝认为车浚欲树私恩，即派人斩车浚，并割车浚头传递各郡示众。

末帝天纪四年(280年)

是年　降晋，吴亡。

西　晋

武帝太康元年(280年)

是年　晋灭吴,改新都郡名为新安、新定县名为遂安、安阳县名为安固、始平县名为始丰、新安县名为信安、平昌县名为遂昌、永安县名为武康、临水县名为临安、新昌县名为寿昌。根据《晋书》记载,其时会稽郡统县十(包括山阴、上虞、余姚、句章、鄞、鄮、始宁、剡、永兴、诸暨),人口3万户;吴兴郡统县十(包括乌程、临安、余杭、武康、东迁、於潜、故鄣、安吉、原乡、长城),人口2.4万户;新安郡统县六(包括始新、遂安、黝、歙、海宁、黎阳),人口5000户;东阳郡统县九(包括长山、永康、乌伤、吴宁、太末、信安、丰安、定阳、遂昌),人口1.2万户;临海郡统县八(包括章安、临海、始丰、永宁、宁海、松阳、安固、横阳),人口1.8万户。

太康三年(282年)

是年　相传释慧达至鄮山结茅盖舍,供养释迦牟尼真身舍利宝塔,是为鄞县阿育王寺之雏形。东晋义熙元年(405年),为了保护佛国珍品始建塔亭覆护,故亦有人将该年作为阿育王寺的创始之年。梁武帝普通三年(522年),又兴建殿堂楼阁,并赐寺额为"阿育王寺"。阿育王寺是中国国内现存唯一以印度阿育王命名的古寺,在中国佛教史和中外文化交流史上有重要地位。

太康四年(283年)

是年　会稽闹鼠患,老鼠覆野,大食稻为灾。

太康八年(287年)

十二月　吴兴人蒋迪聚党反,围阳羡县,州郡捕讨,皆伏诛。

太康九年(288年)

正月　会稽、吴兴地震。

惠帝永康元年(300年)

约是年　鄞县天童寺创建。高僧义兴云游至会稽郡鄞县南山之东谷,见此地山明水秀,遂结茅修持。

惠帝太安二年(303年)

七月　起兵反晋的张昌派部将石冰攻扬州,吴兴、会稽诸郡尽被攻陷。

十二月　吴兴郡阳羡县人、周处之子周玘等起兵,传檄州郡讨石冰,杀其所署将吏。山阴县人、前侍御史贺循亦起兵于会稽。石冰所置会稽相程超、山阴令宰与皆投降贺循,一郡悉平。贺循迎原会稽相张景还郡。

惠帝永安元年(304年)

三月　周玘斩石冰所置吴兴太守区山及诸长史,又与广陵度支陈敏联合,大败石冰于建康,石冰逃奔封云(封云,徐州起事应冰者),封云司马张统斩石冰及云以降,扬、徐二州平。周玘、贺循皆散众还家,不言功赏。此即周玘"一定江南"。

怀帝永嘉元年(307年)

陈敏败石冰之后,据有吴、会之地,而其刑政无章,不为英俊所附;子弟凶暴,所在为患,于是周玘起兵反陈敏。时陈敏弟昶为广武将军、历阳内史,以吴兴钱广为司马。钱广受周玘之意,杀陈昶作内应。是年二月,敏败死于建业,被夷三族。于是会稽等郡尽杀敏诸弟。此即周玘"二定江南"。

七月　琅邪王司马睿为安东将军、都督扬州江南诸军事、假节、镇建业。九月,戊申,司马睿至建业,以贺循为吴国内史,顾荣为军司,加散骑常侍,凡军府政事,皆与之谋议。自此,山阴县人贺循等为司马睿等渡江士族集团所引用。

永嘉四年(310年)

二月戊午　吴兴人钱璯反,自称平西将军、八州都督。劫孙皓子充,立为吴王,既而杀之。

三月　钱璯攻阳羡,晋遣将军郭逸、都尉宋典等讨之,并以兵少未敢前。丞相仓曹属周玘复率合乡里义众,与逸等俱进,讨钱璯,斩之,传首于建康。即周玘"三定江南"。周玘旋被朝廷任为建威将军、吴兴太守,封乌程县侯。吴兴兵乱之后,百姓饥馑,盗贼公行,周玘在任甚有威惠,期年之间,境内安谧。怀帝以玘频兴义兵,勋诚并茂,乃以阳羡及长城之西乡、丹杨之永世别为义兴郡,以彰其功。

愍帝建兴元年(313年)

十一月戊午　会稽大雨震电。庚午,大雪。

是年　琅邪阳都人诸葛恢出任会稽内史。临行,司马睿曾告诫他道:"今之会稽,昔之关中,足食足兵,在于良守。"恢答谢,因对曰:"今天下丧乱,风俗陵迟,宜尊五美,屏四恶,进忠实,退浮华。"司马睿深纳其言。

建兴三年(315 年)

正月　吴兴郡功曹徐馥受周玘之子周勰挑唆,杀吴兴太守袁琇,以讨王导、刁协等渡江士族为名,欲谋起兵,有众数千人。因周勰之叔周札反对,未敢起兵。不久,徐馥被其同党所杀。

东 晋

元帝建武元年(317年)

司马睿以建康为(今南京)都,重建政权,史称东晋。

元帝大兴元年(318年)

是年 元帝司马睿以诸葛恢政绩第一,特下诏"增恢秩中二千石",并引汉宣帝语"与我共安天下者,其惟良二千石",以励风教。

大兴二年(319年)

五月 吴、吴兴、东阳郡各地蝗灾,麦禾无收,大饥,百姓多饿死。

七月 贺循卒,时年六十。贺循(260—319年),字彦先,会稽山阴县人。其先庆普,汉世传《礼》,世所谓庆氏学。族高祖纯,避安帝父讳,改为贺氏。惠帝时,任会稽内史,主持开凿西兴运河工程。建武初,拜太常,朝廷疑滞皆咨之。卒,赠司空,谥曰穆。贺循博览群书,尤精礼传。晋氏南渡之初,以贺循为儒宗。

元帝永昌元年(322年)

正月戊辰 武康县人、龙骧将军沈充在吴兴起兵,响应大将军王敦武昌起事之举。

三月 朝廷以太子右卫率周莛为冠军将军,统水师3000讨伐沈充。兵未出发,石头城王师已败,讨伐军夭折。

明帝太宁元年(323年)

五月 吴兴大水。

十一月 会稽雨震电。

十二月 会稽、吴郡雷震电。

是年 分临海郡地置永嘉郡,此温州立郡之始。永嘉郡治设永宁,辖永宁、安固、横阳、松阳4县。而扬州统丹阳、吴郡、吴兴、会稽、新安、东阳、临海、永嘉、宣城、义兴、晋陵11郡。

太宁二年(324年)

正月 王敦诬周嵩、周莛与李脱谋为不轨,收嵩、莛,于军中杀之;遣参军贺鸾就沈充于吴，尽杀周札诸兄子；进兵袭会稽，札拒战而死。

七月　沈充帅万余人来会王含，攻逼建康。前宗正、余姚县人虞潭起义师于会稽，于本县招合族人，以及会稽郡中大姓，众以万数，自假明威将军，共赴国难。至上虞县，明帝诏潭为冠军将军、会稽内史。潭遣长史、山阴县人孔坦领前锋渡浙江，追蹑沈充。潭次于西陵，为坦后继。旋因沈充败归吴兴为故将吴儒所杀，乃罢兵。

十二月　沈充故将顾飏反于武康，攻烧城邑，州县讨斩之。

太宁三年(325 年)

三月癸巳　征处士临海任旭、会稽虞喜并为博士。

成帝咸和元年(326 年)

十月己巳　会稽郡大雨震电。

是年　梵僧慧理自西天竺来浙，登武林山，叹曰："此是中天竺国灵鹫山之小岭，不知何年飞来？佛在世日，多为仙灵所隐，今此亦复尔邪？"因挂锡造灵隐寺，号其峰曰"飞来"。

咸和三年(328 年)

二月　吴国内史庾冰因苏峻遣兵攻吴郡，奔至会稽，依会稽内史王舒。

五月　司徒王导密令张闿以太后诏谕三吴，使起兵救天子。于是，吴兴太守虞潭与庾冰、王舒等起兵讨苏峻。会稽内史王舒以庾冰行奋武将军，使将兵 1 万，西渡浙江。吴兴太守虞潭、吴国内史蔡谟、前义兴太守顾众等皆举兵应之。苏峻军攻吴兴，潭军败退，峻军掠东迁、余杭、武康诸县。王舒之子王允之与峻军战于武康，败峻军。又助潭军破韩晃于故鄣、长城。是时，临海、新安两郡诸县并起兵应苏峻，王舒分兵悉讨平之。

是年　苏峻之乱平定，虞潭转任吴国内史，孔坦任吴兴内史。遇饥荒，孔坦运家米用以赈济饥民。

咸和四年(329 年)

七月　会稽、吴兴大水。诏复遭战乱破坏郡县租税 3 年。

咸和五年(330 年)

六月癸巳　初税田，亩 3 升。

咸和八年(333 年)

四月　以束帛征处士寻阳翟汤、会稽虞喜。

咸和九年(334 年)

三月丁酉　会稽郡余姚、诸暨等县地震。

成帝咸康元年(335 年)

是年　大旱,会稽余姚县尤甚,米价每斗 500 钱,甚至于人有相鬻者。大约同时,何充任会稽内史。充在郡有政绩,选拔郡人谢奉、魏颢等为佐吏。约在此先后,山遐任余姚令,针对当时豪族多挟藏户口,以为私附的状况,绳之以法,到县八旬,即出豪族挟藏的人口万余。虞喜以藏户当弃市,山遐欲绳之以法。诸豪强莫不切齿于山遐,山遐遂被陷害免官离县。

咸康二年(336 年)

三月　旱,诏太官减膳,免所旱郡县徭役。戊寅,大雩。

七月　会稽饥荒,郡开仓赈济。

咸康六年(340 年)

约是年　虞预卒。虞预(?—约 340 年),晋会稽余姚县人,字叔宁。本名茂,犯明穆皇后母讳,故改。先后从平王含、苏峻之乱,除散骑常侍,仍领著作。预雅好经史,憎疾玄虚,其论阮籍裸袒,比之伊川被发,所以胡虏遍于中国,以为过衰周之时。

咸康八年(342 年)

是年　孔愉卒,时年 75 岁。孔愉(268—342 年),字敬康,会稽山阴县人。愉年十三而孤,养祖母以孝闻,与同郡张茂字伟康、丁潭字世康齐名,时人号曰“会稽三康”。司马睿为晋王,拜中书郎,出为司徒左长史,累迁吴兴太守。后转尚书仆射,出为镇军将军、会稽内史,加散骑常侍。卒,赠车骑将军、开府仪同三司,谥曰贞。

咸康年间(335—342 年)

会稽虞喜作《安天论》。

康帝建元元年(343 年)

六月壬午　以束帛征处士寻阳霍汤、会稽虞喜。

七月庚申　吴郡等地灾风。

穆帝永和九年(353 年)

三月初三　右将军、会稽内史王羲之与居住会稽的名士、高僧、谢安、谢万、支遁、许询及羲之之子献之、凝子等 41 人,宴集山阴兰亭。王羲之、孙统等 26 人当场赋诗,其中 11 人各赋 2 篇,15 人各赋 1 篇,共计 37 篇,编定为《兰亭集诗》。王羲之撰写《兰亭集序》。王羲之,字逸少,王导从子,东晋琅邪临沂(今山东费县东)人。羲之幼讷于言,人未之奇。及长,辩赡,以骨鲠称,尤善隶书,为古今之冠,论者称其笔势,以为飘若浮云,矫若惊龙。太尉郗鉴求女婿,以“东床坦腹”获选。起家秘书郎,官至右军将军、会稽内史,世称“王右军”。

永和十一年(355 年)

三月　王羲之辞去会稽内史职。先是,王羲之与扬州刺史王述有隙,羲之耻为之下,遣使诣朝廷,求分会稽为越州。行人失辞,大为时贤所笑。后王述检察会稽郡,辩其刑政,主者疲于简对。羲之深耻之,遂称病去郡,辞去会稽内史。羲之在任时,遇饥荒,辄开仓赈贷;针对朝廷赋役繁重,会稽、吴郡尤甚的情况,每上疏争之,事多见从。辞官后寓居剡县金庭,开始与会稽名士尽山水之游、弋钓为娱的生活。

永和十二年(356 年)

是年　会稽虞喜卒,时年 76 岁。虞喜(281—356 年),字仲宁,会稽余姚(今属浙江)人。喜少立操行,博学好古。著《安天论》,以非难浑天、盖天说,主张天高无穷,在上常安不动,日月星辰各自运行。

穆帝升平四年(360 年)

八月　谢安应征西将军桓温之请,自上虞县出任司马,桓温大喜,深礼重之。谢安(320—385 年),字安石,东晋梁国阳夏(今河南太康)人。永嘉之乱南渡,寓居会稽,常和王羲之、支遁、许询等游处于东山(今浙江上虞西南),"出则渔弋山水,入则言咏属文",无处世意。虽为布衣,时人皆以公辅期之,士大夫至相谓曰:"安石不出,当如苍生何!"及弟万废黜,安始有仕进之志,时已年 40 余。

废帝太和元年(366 年)

十月　以会稽王昱为丞相。

是年　高僧支遁卒。支遁(约 313—366 年),本姓关,字道林,人称支公、林公,东晋陈留(今河南开封市东)人。家世事佛,好谈玄理。作《即色游玄论》,宣扬"即色是空",为般若学六大家之一。

太和二年(367 年)

九月　以会稽内史郗愔为都督徐兖青幽四州诸军事、平北将军、徐州刺史。郗愔任会稽内史期间,六月大旱灾,郡治火烧数千家,延及山阴仓米数百万斛,炎烟蔽天,不可扑灭。

太和五年(370 年)

是年　山阴县人孔严因病辞吴兴太守职,卒于家。孔严(? —370 年),一作孔岩,字彭祖,会稽山阴人。少仕州郡,历司徒掾、尚书殿中郎。太和中,拜吴兴太守,加秩中二千石。善于宰牧,甚得人和。又甄赏才能之士,论者美焉。

太和六年(371年)

六月　吴兴、临海诸郡并大水，稻稼荡没，黎庶饥馑。

简文帝咸安二年(372年)

七月己未　以司马道子为琅邪王，食邑17651户，领会稽内史，摄会稽国59140户。

是年　三吴大旱饥荒，人多饿死，朝廷令所在赈济。

咸安年间(371—372年)

是年　吴兴郡太守谢安发民开城西官塘，民获其利，誉称“谢公塘”。

孝武帝宁康二年(374年)

四月壬戌　皇太后下诏曰：“三吴奥壤，股肱望郡，而水旱并臻，百姓失业，夙夜惟忧，不能忘怀，宜时拯恤，救其凋困。三吴义兴、晋陵及会稽遭水之县尤甚者，全除一年租布，其次听除半年，受赈贷者即以赐之。”

十一月　长城人钱步射、钱弘等起事，聚党百余人，藏匿原乡山，吴兴太守朱序镇压之。

是年　分永宁县地置乐成县，属永嘉郡。

是年　高僧竺潜卒。竺潜，原籍琅邪，王敦弟。西晋末年渡江隐迹剡山，拥有东岇山、沃州大片土地。

孝武帝太元二年(377年)

十月壬寅　王彪之卒。王彪之(305—377年)，字叔虎，一作叔武，晋琅邪临沂人。累迁尚书左丞、司徒左长史、御史中丞、侍中、廷尉，执法严明。转吏部尚书，主选人以才，不得以卜术兼进。为镇军将军、会稽内史，加散骑常侍。居会稽郡八年，任内当地豪右敛迹，亡户归者3万余口。

十二月　临海太守郗超卒。

太元六年(381年)

十一月　会稽人檀元之起事，自号安东将军，被朝廷所派镇军参军谢蔼之镇压。

太元九年(384年)

是年　王蕴卒，年55岁。王蕴(330—384年)，字叔仁，孝武定皇后父，东晋太原晋阳(今山西太原西南)人。起家佐著作郎，累迁尚书吏部郎，补吴兴太守，甚有德政。征拜尚书左仆射，迁丹阳尹，即本军号加散骑常侍。蕴以姻戚，不欲在内，苦求外出，复以为都督浙江东五郡、镇军将军、会稽内史。

太元十三年(388年)

谢玄卒。谢玄(343—388年),字幼度,谢安侄。有经国才略,太元八年,为前锋都督,率精锐八千大胜苻坚于淝水。加都督徐、兖、青、司、冀、幽、并七州军事,以勋封康乐县公。转授散骑常侍、左将军、会稽内史。时吴兴太守晋宁侯张玄之亦以才学显,自吏部尚书与玄同年之郡,而玄之名亚于玄,时人称为"南北二玄",论者美之。

太元十五年(390年)

八月　永嘉人李耽起兵,被太守刘怀之镇压。

太元十七年(392年)

六月甲寅　永嘉郡潮水涌起,近海4县人多死者。

太元二十年(395年)

五月癸卯　上虞雨雹。

太元二十一年(396年)

是年　戴逵卒。戴逵(约326—396年),字安道,谯国人。孝武帝时,以散骑常侍、国子博士累征,辞父疾不就。郡县敦逼不已,乃逃于吴国。后朝廷又屡次征召,终不起。曾为山阴灵宝寺作木雕无量寿佛一尊、胁持菩萨两尊,其艺术成就,绝妙当时。

是年　高僧昙光卒,寿110。昙光,或曰帛僧光。自永和初年游于江东,投剡县石城山创隐岳寺,处山53年。

安帝隆安元年(397年)

五月　前司徒长史王廞以吴郡反,王恭讨平之。

隆安三年(399年)

十一月　孙恩自海上起兵攻会稽。孙恩,琅邪人,世奉五斗米道。叔父孙泰曾任新安太守,以讨王恭为名,聚众密谋起兵,被会稽内史谢輶告发遭诛。孙恩遂逃入海上起兵。及会稽世子元显纵暴,吴、会百姓不安。孙恩因其骚动,自海上攻上虞,杀县令,乘势攻取会稽。会稽内史王凝之信奉天师道,认为可用鬼兵作战,不作防御之计,被孙恩所杀。于是会稽谢铖 、吴郡陆环、吴兴丘尫,义兴许允之、临海周胄、永嘉张永及东阳、新安等八郡纷纷响应,俱起杀长史以应恩,旬日之中,众数十万。吴兴太守谢邈、嘉兴公顾胤、永嘉太守谢逸、乌程令夏侯愔等皆被杀。临海太守、新蔡王司马崇弃郡遁走。孙恩据会稽,自号征东将军,号其党曰"长生人",宣令诛杀异己,民有不与之同者戮及婴孩,死者居十之七八。晋朝卫将军谢琰、辅国将军刘牢之东讨,牢之请刘裕参府军事。

十二月　刘牢之至吴，而孙恩军队沿路屯结，刘牢之率军推锋而进，攻下会稽。孙恩掳去男女 20 余万口，逃海上，朝廷忧孙恩再起，以谢琰为会稽内史，都督浙东五郡军事。

隆安四年(400 年)

四月　孙恩攻句章浃口(今定海虎蹲山外)。

五月　孙恩复攻余姚，破上虞，到刑浦(今绍兴市东北)，谢琰遣参军刘宣之拒战，孙恩退却。旋又攻刑浦，谢琰兵败被帐下都督张猛所杀，孙恩又转攻临海。朝廷遣高雅之等讨之。

十月　孙恩大破高雅之于余姚，死者十七八。十一月，刘牢之复率众东征，孙恩复还于海上。朝廷遣刘牢之屯守会稽，刘裕戍句章，沿海备防孙恩。时朝廷东伐诸将，士卒暴掠，百姓遭殃。唯刘裕军队法令明整，所至莫不亲赖。句章城卑小，战士不盈数百人，刘裕常被坚执锐，为士卒先。

隆安五年(401 年)

二月　孙恩屡次攻句章浃口，高雅之兵败。刘牢之进击，孙恩再次退还海上。

三月　孙恩北出海盐，刘裕出兵追击，筑城于海盐故治(在今乍浦附近海中)，孙恩败往沪渎。刘裕弃城追击，海盐令鲍陋遣子嗣之以吴兵 1000 人，请为前锋，但未获准。

五月　孙恩攻取吴郡，吴郡内史袁山松出战，为所杀，死者 4000 人。

六月　孙恩从海路率 10 余万众至丹徒(今江苏镇江)，当时刘牢之仍屯兵山阴，于是京师建康(今江苏南京)震动，内外戒严，营阵屯守，刘裕追破之，后刘牢之亦紧急回防京师。自此，孙恩见晋京师有备，被迫回撤。但沿路军事上连连受挫，加上瘟疫饥馑，人员损失大半，转攻临海。

安帝元兴元年(402 年)

正月　孙恩在临海人众饿死散亡，原来部众只剩数千人，自己遂投海自杀，其妓妾及部下投水从死者以百计。余众推孙恩妹夫卢循为主。卢循自称征虏将军，略有永嘉、晋安之地。

三月　太尉桓元欲抚安东土，乃以卢循为永嘉太守。卢循受命，但仍多有攻掠。

四月　会稽户口减十之三四，临海、永嘉尤甚，富家多衣罗纨，怀金玉，闭门相守饿死。编户饥馑，易子而食。

五月　晋再命刘裕东征，当时卢循从临海进兵东阳。

七月　大饥，人相食。浙江东饿死流亡十六七，吴郡、吴兴户口减半；又流奔而西者万计。

元兴二年(403 年)

正月　卢循姊夫徐道覆攻占东阳。

二月辛丑　建威将军刘裕破徐道覆于东阳。

八月　卢循攻永嘉。刘裕进讨，至晋安，卢循被迫从海路南奔番禺(今广州)。

安帝义熙三年(407 年)

二月己酉　东阳太守殷仲文、永嘉太守骆球谋反，欲建桓胤为嗣，曹靖之、桓石松、卞承之、刘延祖等潜相交结，刘裕以次收斩之，并诛其家属。

义熙五年(409 年)

是年　武康姚系祖率众起义，新人县令朱龄石佯与亲厚，召为参军。姚系祖受骗被杀。

义熙七年(411 年)

二月　会稽余姚人虞亮藏“亡命”千余人。刘裕诛虞亮，免会稽内史司马休之职。

义熙八年(412 年)

三月　山阴地陷 4 尺，有声如雷。

南 朝

宋武帝永初元年(420年)

六月己卯　改晋《泰始历》为《永初历》。

八月辛酉　开亡叛赦,限内首出,蠲租布2年。先有资状、黄籍犹存者,听复本注。诸旧郡县以北为名者,悉除;寓立于南者,听以南为号。

永初二年(421年)

正月己卯　禁丧事用铜钉。罢会稽郡府。

四月己卯朔　宋武帝诏曰:"淫祠惑民费财,前典所绝,可并下在所,除诸房庙。其先贤及以勋德立祠者,不在此例。"

永初三年(422年)

是年　吴兴郡长城、故鄣两县部分县地划入义兴郡绥安县。

宋少帝景平元年(423年)

二月辛未　富阳人孙法光聚宗亲起事,自号冠军大将军,永兴(今浙江萧山)人戴饰响应之,进攻山阴。会稽太守褚淡之遣山阴令陆劭抵抗,战于柯亭,孙军败走永兴。吴郡太守江夷进至富阳,徒孙余党数百家往彭城、寿阳、青山诸处;戴伏法,其家口亦被发遣青州。

宋文帝元嘉四年(427年)

三月壬寅　禁断夏至日五丝命缕之属,富阳令诸葛阐之之议也。

元嘉六年(429年)

七月　会稽大风折木。

元嘉七年(430年)

是年　吴兴大水。朝廷遣使巡行赈恤。

元嘉八年(431 年)

是年　吴兴大旱,米价数百钱,饿死者十有六七。

元嘉十年(433 年)

是年　谢灵运被文帝以"谋反"罪徙于广州,旋被杀。谢灵运(385—433 年),陈郡阳夏(今河南太康)人。少帝时,因非毁朝政,出为永嘉太守。元嘉中,召为秘书监,寻迁侍中,坐日夜游宴免官,东还。尝自始宁(今浙江嵊州北)南山伐木开道,直至临海,从者数百人。在会稽亦多徒众,惊动县邑。后为临川内史,终以事获罪,被杀。善诗能书,多作五言山水诗,写江南风光,为中国山水诗派的创立者。与颜延之齐名,并称"颜谢"。

元嘉十二年(435 年)

六月　吴、吴兴、丹阳、淮南、义兴五郡大水,京邑乘船。己酉,朝廷诏运徐、豫、南兖三州,会稽、宣城二郡米数百万斛赈济五郡遭水民。

是年　以诸郡大水,民人饥馑,钱唐等地每升米价 300 钱。朝廷以沈演之及尚书祠部郎江邃并兼散骑常侍,巡行拯恤,许以便宜从事。演之乃开仓廪以赈饥民,民有生子者,口赐米一斗,刑狱有疑枉,悉制遣之,百姓蒙赖。

元嘉十三年(436 年)

是年　苏南、浙江一带饥荒,朝廷遣扬州治中从事史沈演之巡行饥荒地区,后上表朝廷称赞钱唐令刘真道、余杭令刘道锡为二邦之首最,治民之良宰。宋文帝嘉之,各赐谷千斛,以刘真道为步兵校尉。

元嘉二十年(443 年)

是年　诸州郡水旱伤稼,民大饥。遣使开仓赈恤,给赐粮种。

元嘉二十一年(444 年)

正月己亥　南徐、南豫州、扬州之浙江西(吴郡、吴兴郡等地)禁酒。诸逋债在元嘉十九年以前,一切原除。去岁失收者,畴量申减。尤弊之处,遣使就郡县随宜赈恤。凡欲附农,而种粮匮乏者,并加给贷。

七月　因连年来水涝成灾,又以播植失宜,文帝下诏浙江西属郡除种稻外,自今推广种麦,以助阙乏,并拨运彭城下邳麦种贷给。

元嘉二十二年(445 年)

正月辛卯朔　改用御史中丞何承天《元嘉新历》。

九月乙未　开酒禁。

十月 起湖熟废田千顷。

是年 朝廷准从扬州刺史刘浚上表，吴兴郡就近征用乌程、武康、东迁3县民工，开凿谷湖，疏浚壅塞，防止水灾，但未筑成。

元嘉三十年（453年）

三月 太子刘劭分浙东的会稽、临海、东阳、新安、永嘉5郡为会州，省扬州，立司隶校尉，以随王刘诞为会州刺史。武陵王刘骏起兵讨劭，四方响应，是时刘诞以众兵驻扎西陵。

宋孝武帝孝建元年（454年）

六月 分扬州浙江东五郡，即会稽、东阳、新安、临海、永嘉为东扬州，治设会稽。

八月 会稽大水，平地8尺。

孝建二年（455年）

八月 三吴民饥。癸酉，孝武帝诏所在赈贷。

宋孝武帝大明元年（457年）

五月 吴兴大水，饥馑。乙卯，朝廷遣使开仓赈恤。

大明三年（459年）

二月 朝廷将扬州所统六郡为王畿后，即改东扬州为扬州，治会稽。西阳王刘子尚仍任刺史，由抚军长史、武康人沈怀文行府州事。

大明七年（463年）

正月癸巳 割吴郡属南徐州。

春 太湖边忽多鼠。

七月丙申 朝廷诏曰："前诏江海田池，与民共利。历岁未久，浸以驰替，名山大川，往往占固。有司严加检纠，申明旧制。"

九月己卯 孝武帝诏曰："近炎精亢序，苗稼多伤。今二麦未晚，甘泽频降，可下东境郡，劝课垦殖。尤弊之家，量贷麦种。"

十一月乙未 原放行狱徙系东诸郡大狱。壬寅，浙江东诸郡大旱。朝廷遣使开仓赈恤，受杂物当租。

是年 东土大旱，鄞县多曝田，孝武帝次子、扬州刺史刘尚上表至鄞县劝农。

大明八年（464年）

正月甲戌 孝武帝下诏，因上年东境（包括今浙境）稻谷不熟，应鼓励货物流通，各地贩卖米粟者，可就地征杂税，并准商贩以武器自卫，不必严禁。

二月　谷种付以东诸郡县。

十二月壬辰　因以王畿诸郡复为扬州，浙江东五郡由扬州复改为东扬州。

是年　会稽领县十（山阴、永兴、上虞、余姚、剡、诸暨、始宁、句章、鄮、鄞），户52228，口348014。吴郡领县十二（吴、娄、嘉兴、海虞、海盐、盐官、钱唐、富阳、新城、建德、桐庐、寿昌），户50488，口424812。吴兴领县十（乌程、东迁、武康、长城、原乡、故鄣、安吉、余杭、临安、於潜），户49690，口316173。东阳领县九（长山、太末、乌伤、永康、信安、吴宁、丰安、定阳、遂昌），户16022，口107965。新安领县五（始新、遂安、歙、海宁、黟），户12058，口36651。临海领县五（章安、临海、始丰、宁海、乐安），户3961，口24226。永嘉领县五（永宁、安固、松阳、乐成、横阳），户6250，口36680。

大明年间（457—464年）

武康境内多私铸钱；县令刘亮搜捕无不擒，所杀以千数。会稽带海傍湖，良畴数十万顷，膏腴上地，亩值一金。

会稽山阴人、丹阳尹孔灵符表徙无赀之家于余姚、鄞、鄮三县界，垦起湖田。时山阴县土境褊狭，民多田少，故孔灵符有此建议，然朝廷公卿多不赞同，认为应该徐行缓图。唯孝武帝从孔灵符之议，迁山阴县民于此三县界，遂成良业。后孔灵符自丹阳出为会稽太守。

宋前废帝永光元年、景和元年，宋明帝泰始元年（465年）

二月乙丑　减州郡县田禄之半。庚寅，铸二铢钱。

八月庚辰　罢东扬州，浙江东五郡并入扬州。丙戌，朝廷免除吴兴、吴郡等地大明八年以前逋租。

十月　会稽太守、山阴县人孔灵符（？—465年）因犯忤近臣，为所谗构，被鞭杀。其子湛之、渊之于都城赐死。孔灵符家本丰，产业甚广，此后又于永兴立别业，周回33里，水陆地265顷，含带二山，又有果园9处。为有司所纠，诏原之，而灵符答对不实，坐以免官。旋复旧任。是年，终被谗害。

十一月　前废帝使人杀沈庆之。沈庆之（386—465年），字弘先，南朝宋吴兴武康（今浙江德清西）人。太子刘劭杀文帝自立，庆之乃率军从孝武帝讨平之。后又平定南郡王之叛、竟陵王之叛，位至司空。孝武帝临终，遗命与尚书令柳元景等辅立前废帝。议开钱禁，许民私铸。由是钱货乱败，商货不行。

十二月　会稽太守、寻阳王刘子房起兵反明帝。随后，浙江东境其他诸郡也都相继起兵。宋明帝加萧道成（后为齐太祖）辅国将军，率众东讨。

泰始二年（466年）

正月　吴郡太守顾琛、吴兴太守王昙生、义兴太守刘延熙、晋陵太守袁摽、山阳太守程天祚并举兵反。镇东将军巴陵王休若统众军东讨。

二月乙丑　曲赦吴、吴兴、义兴、晋陵四郡。吴兴太守张永、右军将军齐王东讨，平晋陵。

癸未，曲赦浙江东五郡。丁亥，镇东将军巴陵王休若进号卫将军。建武将军吴嘉公率诸军平定吴、吴兴、会稽三郡。

十月乙卯　永嘉王子仁、始安王子真、淮南王子孟、南平王子产、庐陵王子舆、松滋侯子房并赐死。庚午，以吴郡太守顾恺之为湘州刺史。

十一月丙申　诏命东境各郡凡因灾荒流离失所之民，一律还乡务本，蠲免赋税两年。

泰始五年(469 年)

十二月　临海人田流，自号“东海王”，逃窜会稽鄞县边海山谷中，立屯营，分布要害，官军不能讨。明帝遣直后闻人袭说降之，授流龙骧将军，流受命，将党羽出，行达海盐，放兵大掠而反。是冬，杀鄞令耿猷，东境大震。

泰始六年(470 年)

是年　明帝敕周山图率兵东屯浃口，广设购募。田流为其部下暨挐所杀，别帅杜连、梅洛生各拥众自守。

泰始七年(471 年)

是年　周山图分兵镇压杜连、梅洛生。

是年　吴喜卒。吴喜(427—471 年)，吴兴临安人。历官河东太守、殿中御史。明帝初立，四方不附，喜率军东讨西征，位至骁骑将军、淮陵太守。因原囿东军将帅，明帝衔之。又尝言汉武、魏武本是何人，更为明帝所疑忌。及明帝有疾，疑其不能事幼主，赐死。

宋顺帝昇明元年(477 年)

十二月　吴郡太守刘遐据郡反，辅国将军张环讨斩之。

闰十二月癸巳　荆州刺史、武康人沈攸之起兵讨萧道成，攻围郢城，前军长史柳世隆固守。沈攸之弟登之于吴兴响应，道成命吴兴太守沈文季收斩之，并诛其宗族。

昇明二年(478 年)

二月　於潜县翼异山一夕 52 处水出，流漂居民。

昇明三年(479 年)

四月乙亥　桐庐县暴雨雷电，扬沙折木，水平地 2 丈，流漂居民。

齐高帝建元元年(479 年)

九月辛丑　因二吴(吴郡、吴兴郡)水灾，高帝萧道成诏“减今年田租”。

建元初　朝廷军用殷广。浙东五郡，丁税一千，乃有质卖妻儿，以充此限，道路愁穷，不可闻见。

建元二年(480 年)

六月癸未　高帝以去年水旱,下诏减免二吴“遭水尤剧之县”。

夏　吴、吴兴等郡大水灾。

建元三年(481 年)

是年　以山阴大邑,狱讼频繁,遂别置狱丞,与都城建康为比。

建元四年(482 年)

六月　吴兴、义兴遭水害之县,蠲除租调。

建元年间(479—482 年)

高帝萧道成尝因山阴户众难治,欲分为两县,萧赜(后为武帝)认为“县岂不可治,但用不得其人耳”。于是,任吴兴武康人沈宪为山阴令,政声大著。

约齐武帝永明二年(484 年)

会稽太守王敬则将民丁劳役按夫折合现值上缴,供修理塘坝桥梁之用的民间自筹的塘丁钱作为税收,收归政府。会稽边带湖海,民丁不分士庶皆保塘役。竟陵王刘子良启奏反对,武帝不纳。

永明三年(485 年)

是年　会稽上虞县大水。

是年　宋广州刺史王翼之子妾路氏酷暴,杀婢媵之,翼之子法朗告之,王敬则付山阴狱杀之。路氏家诉,为有司所奏,山阴令刘岱坐弃市刑。王敬则免去征东将军官衔,仍以寻阳郡公领会稽太守。

是时　连年检籍,百姓怨望。侨居桐庐的富阳人唐寓之,自称其家墓有王气,在山中得金印,辗转相传。于是年冬在新城聚党反,新城令陆亦奋、桐庐令王天愍弃县逃走。遂陷富阳。至钱唐,钱唐令刘彪、戍主聂僧贵遣队主张玗于小山拒之,力不敌,战败,彪弃县走。分兵出诸县,盐官令萧元蔚、诸暨令陵琚之并逃走,余杭令乐琰战败,乃奔。

永明四年(486 年)

正月　唐寓之于钱唐称帝,国号吴,年号兴平,置太子,以新城戍为天子宫,县廨为太子宫。弟绍之为扬州刺史。钱唐富人柯隆为尚书仆射、中书舍人,领太官令。柯隆献铜铁器数千,为寓之作殿下兵卫,加领尚方令。派遣部下高道度攻东阳郡,杀太守萧崇之、长山令刘国重。又遣其所任命会稽太守孙泓攻山阴。会稽郡丞张思祖遣浃口戍主汤休武与孙泓战于浦阳江,孙泓兵败。武帝遣禁军数千人、马数百匹前来钱唐镇压,寓之兵败被斩。

永明五年(487 年)

夏　吴兴、义兴水雨伤稼。

八月乙亥　武帝诏:今夏雨水,吴兴郡“田农多伤,详蠲租调”。

永明六年(488 年)

八月乙卯　武帝诏:“吴兴、义兴水潦,被水之乡,赐痼疾笃癃者口二斛、老疾一斛、小口五斗。”

永明八年(490 年)

十月丁丑　武帝下诏:“吴兴水淹过度,开所在仓赈赐。”癸巳,同时免除建元以前欠租。

永明九年(491 年)

八月　吴兴、义兴大水。乙卯,蠲二郡租。

齐明帝建武二年(495 年)

冬　吴、晋陵二郡水雨伤稼。

齐明帝永泰元年(498 年)

四月丁卯　大司马、会稽太守王敬则举兵反。敬则率兵甲过万人过浙江,百姓揭竿而起,相随达 10 余万众。

五月　明帝遣辅国将军刘山阳率军东讨。乙酉,敬则被斩,传首。朝廷曲赦浙东五郡。

是年　吴兴武康人沈瑀为建德令,教民一丁种 15 株桑、4 株柿及梨、栗,女丁半之,人咸欢悦,顷之成林。

齐东昏侯永元三年,齐和帝中兴元年(501 年)

是年　会稽山阴县人孔稚珪卒。孔稚珪(447—501 年),字德璋。永元年间,官至太子詹事,加散骑常侍。稚珪风韵清疏,好文咏。所著《北山移文》为传世名篇,对假隐士加以讽刺,文辞工丽诙奇。

梁武帝天监二年(503 年)

五月壬申　朝廷下令会稽军郡非本地所产物,不得进贡二宫。本地产奉献与各州同。

六月丁亥　诏以东阳、信安、丰安三县水潦,漂损居民资业,朝廷遣使遍访慰问,酌量免除赋税。是夏,多疠疫。

天监四年(505年)

正月癸卯朔　梁武帝诏曰:“二汉登贤,莫非经术,服膺雅道,名立行成。魏、晋浮荡,儒教沦歇,风节罔树,抑此之由。可置五经博士各一人,广开馆宇,招内后进!”于是以贺玚及平原明山宾、吴兴沈峻、建平严植之补博士,各主一馆,馆有数百生,给其饩廪,其射策通明者即除为吏。期年之间,怀经负笈者云会。贺玚,会稽贺循之玄孙也,晋氏南渡之初,以贺循为儒宗。又选学生,往会稽云门山从何胤受业,胤时隐云门山,今在会稽南31里,有云门寺。命胤选门徒中经明行修者,具以名闻。分遣博士祭酒巡州郡立学。

是年　松阳县溪水暴悍,詹、南二司马于松荫溪和瓯江汇合处附近(今丽水碧湖平原),横截松荫溪,筑拱形大坝(南宋后称“通济堰”),截溪水40里,溉田20万亩。

天监七年(508年)

十月丙寅　以吴兴太守张稷为尚书左仆射。

是年　丘迟卒。丘迟(464—508年),字希范,南朝梁吴兴乌程县(今浙江湖州)人。文学家。天监三年,出为永嘉太守,四年,拜中书郎,迁司徒从事中郎。所著诗赋行于世,其词采丽逸。时人钟嵘评其诗曰:“点缀映媚,似落花依草。”

天监九年(510年)

正月乙亥　以尚书令、行太子少傅沈约为左光禄大夫,行少傅如故。

六月癸丑　宣城郡吏吴承伯聚众攻杀宣城太守朱僧勇。闰六月,己丑,吴承伯众转战到吴兴,吴兴太守蔡撙讨平之。

天监十二年(513年)

二月辛酉　以吴郡太守兼尚书右仆射袁昂为尚书左仆射。

闰三月乙丑　沈约卒。沈约(441—513年),字休文,吴兴武康(今浙江德清西)人。齐时在竟陵王萧子良西邸,为“竟陵八友”之一。永明末,与琅邪王融、陈郡谢朓等人提出“四声八病”之说,创“永明体”。隆昌元年,除吏部郎,出为宁朔将军、东阳太守。明帝即位,进号辅国将军,征为五兵尚书,迁国子祭酒。迁左卫将军,寻加通直散骑常侍。永元二年,以母老表求解职,改授冠军将军、司徒左长史,征虏将军、南清河太守。梁天监中,官至特进、左光禄大夫、侍中、太子少傅。于政无得失。谥曰隐。好坟籍,聚书至2万卷,京师莫比。

天监十五年(516年)

是年　剡县石城寺弥勒像凿成。此尊弥勒大佛,始凿于齐永明年间,历时30年左右。主持雕凿的和尚先后有护、淑、祐,故称弥勒像,又称“三生石像”。坐落在寺北高达数十丈的悬崖峭壁上。大佛盘膝而坐,高13.2米,座底高2.4米,宽15.9米,两膝相距10.6米,耳长2.7米。

天监十七年(518年)

是年 南朝名臣傅昭任临海太守。郡有蜜岩,前后太守皆自封固,专收其利。傅昭在任与百姓共之,勿自封固。县令常饷栗,置绢于簿下,昭笑而还之。昭所莅官,常以清静为政,不尚严肃。居朝廷,无所请谒,不蓄私门生,不交私利。终日端居,以书记为乐,虽老不衰。博极古今,尤善人物,魏晋以来,官宦簿伐,姻通内外,举而论之,无所遗失。京师后进,宗其学,重其道,人人自以为不逮。

梁武帝普通元年(520年)

是年 吴均卒。吴均(469—520年),字叔庠,吴兴故鄣(今浙江安吉西北)人。家世寒贱而好学多才。均文体清拔有古气,好事者或学之,谓为"吴均体"。建安王萧伟为扬州,引兼记室,掌文翰。萧伟迁江州,补国侍郎,兼府城局。梁武帝有敕召见,使撰《通史》,起三皇,讫齐代,均草本纪、世家功已毕,唯列传未就而卒。

梁武帝中大通二年(530年)

春 吴兴郡因震泽壅塞,屡以水灾失收,朝廷遣使发吴郡、吴兴、义兴三郡民丁,开漕沟渠,导泄震泽。太子萧统以"吴兴累年失收,民颇流移;吴郡十城,亦不全熟",上疏劝谏不宜征发民丁,武帝优诏向太子解释,分析利害,还是要开渠。

八月庚戌 山民聚集攻会稽郡所属县。次月,朝廷遣超武将军湛海珍镇压。

中大通三年(531年)

秋 吴兴郡生野稻,饥民食此赖以生存。

梁武帝太清三年(549年)

三月 湘东王萧绎使全威将军会稽王萧琳送米20万石以馈军,至姑孰,闻台城陷,沉米于江而还。癸未,侯景遣于子悦等将羸兵数百向东攻打吴郡。新城戍主戴僧逷有精甲五千,劝太守袁君正拒守。土豪陆映公恐不能胜而资产被掠,皆劝君正迎之。君正怯弱,载米及牛酒降于子悦。子悦既至,掠夺财物、子女,毒虐百姓,吴人怨愤,皆筑堡垒抵抗。

五月 侯景又遣中军侯子鉴入吴郡,以厢公苏单于为吴郡太守,遣仪同宋子仙等率兵东屯钱唐,新城戍主戴僧逷率兵抵抗。御史中丞沈浚避侯景之乱东归,至吴兴,太守张嵊与之合谋,起兵讨侯景。东扬州刺史、临城公大连亦据州不受侯景之命。侯景号令所行,唯吴郡以西、南陵以北而已。

六月 宋子仙围戴僧逷,不克。丙午,吴盗陆缉等起兵袭吴郡,杀苏单于,推前淮南太守文成侯宁为主。侯景分吴郡海盐、胥浦为武原郡。

八月甲申朔 侯景遣中军都督侯子鉴等进攻吴兴。

九月癸丑朔 侯子鉴攻陷吴兴,太守张嵊被俘执送建康被杀。时吴兴兵力寡弱,张嵊书生，不习军旅。沈浚亦被杀。

十月　侯景将宋子仙自吴郡攻钱唐；刘神茂自吴兴攻富阳，前武州刺史、富阳人孙国恩以城降之。

十一月壬戌　宋子仙急攻钱唐，戴僧逷出降。宋子仙乘胜渡浙江，到会稽。邵陵王萧纶闻钱唐已败，遂自会稽出奔鄱阳。南郡王萧大连为东扬州刺史。时会稽丰沃，胜兵数万，粮仗山积，人恨侯景残虐，皆乐为用。而大连朝夕酣饮，不恤军事；司马东阳郡人留异，凶狡残暴，为众所恶，大连却以军事委于留异。是月，侯景以钱唐为临海郡，富阳为富春郡。

十二月庚寅　宋子仙攻会稽，大连弃城逃走，留异奔还乡里，旋以其众降于子仙。大连欲逃鄱阳，留异为子仙作向导，于信安擒大连。执送大连至建康。于是，三吴尽没于侯景。萧梁公侯在会稽者，俱南渡岭。侯景以留异为东阳太守，收其妻子为人质。

是年　会稽山民田领群聚众数万起兵，东扬州刺史萧大连命中兵参军张彪击斩田领群。

梁简文帝大宝元年(550 年)

十一月　南郡王前中兵参军张彪起兵于会稽若邪山，反侯景，有兵力数万，攻破浙东上虞、诸暨、永兴诸县。

大宝二年，梁豫章王天正元年(551 年)

正月辛亥　张彪遣其将赵棱围钱唐，孙凤围富春。侯景遣田迁、赵伯超救之，棱、凤败走。

八月乙丑　侯景使人杀南海王萧大临于吴郡，南郡王萧大连于姑孰，安陆王萧大春于会稽，高唐王萧大壮于京口。

九月己亥　湘东王萧绎以尚书令王僧辩为江州刺史，长城人陈霸先使持节，都督会稽、东阳、新安、临安、永嘉五郡诸军事，任平东将军，东扬州刺史，领会稽太守、豫章内史。

十月　侯景司空、东道行台刘神茂途闻景自巴丘败还，阴谋叛景，乃与仪同三司尹思合、刘归义、王晔、云麾将军元頵等据东阳以应江陵萧绎，派遣元頵及别将李占进据建德江口。尹思合收侯景新安太守元义，夺其兵。张彪攻永嘉，太守秦远降彪。新安民程灵洗起兵据郡以应神茂。于是浙江以东皆附萧绎。萧绎以程灵洗领新安太守。

十一月　侯景以赵伯超为东道行台，据钱唐；以田迁为军司，据富春；以李庆绪为中军都督，谢答仁为右厢都督，李遵为左厢都督，以讨刘神茂。己卯，加侯景九锡，汉国置丞相以下官。己丑，豫章王栋禅位于景，景即皇帝位于南郊。

十二月丁未　谢答仁、李庆绪等攻建德，元頵、李占被擒送至建康，侯景截其手足，经日乃死。

梁元帝承圣元年(552 年)

二月　谢答仁攻刘神茂于东阳，程灵洗、张彪皆勒兵将救之，神茂欲专其功，不许，驻营于下淮。王晔并据外营，降于答仁。刘归义、尹思合等弃城逃走。神茂孤危，亦降答仁。

四月　谢答仁讨刘神茂还，至富阳，闻侯景为王僧辩军所败，帅万人欲北出支援侯景，赵伯超据钱唐抗拒。侯景进至嘉兴，闻伯超叛，乃退据吴。己酉，侯瑱追及侯景于松江，侯景犹有船二百艘，众数千人，瑱进击，败之，擒彭隽、田迁、房世贵、蔡寿乐、王伯丑。侯景与腹心数十人单舸走，推堕二子于水，将入海，瑱遣副将焦僧度追之。侯旋被部下所杀。

是年　经侯景之乱，东境饥馑，会稽尤甚，死者十七八，平民男女，并皆自卖。

承圣三年(554 年)

正月　魏太师泰始作九命之典，以叙内外官爵，改流外品为九秩。

梁敬帝绍泰元年(555 年)

六月　王僧辩以吴兴为震州，用女婿杜龛为刺史。

十月　杜龛据吴兴，与义兴太守韦载同举兵反，兵众甚盛。杜龛在吴兴，持王僧辩之势，每以法绳陈霸先宗族，霸先深怨之。及霸先将图灭僧辩，密令弟陈蒨还长城，立栅以备龛。陈蒨兵才数百人，战备又少，龛遣其将杜泰领精兵 5000 人，乘虚奄至。将士相视失色，而陈蒨言笑自若，部分益明，于是众心乃定。泰知栅内人少，日夜苦攻。陈蒨激励将士，身当矢石，相持数旬，泰乃退走。

梁敬帝太平元年(556 年)

正月　陈蒨、周文育合军攻杜龛于吴兴。龛勇而无谋，嗜酒常醉，其将杜泰阴与陈蒨等通。时龛兵尚众，断据冲要，水步连阵相结。陈蒨命将军刘澄、蒋元举率众攻打，龛战败，泰因说龛使降。龛妻王氏私财赏募，复击败陈蒨。继而杜泰降于陈蒨，龛尚醉未觉，陈蒨入背出杜龛，于项王寺前斩之。龛从弟北叟、司马沈孝敦并赐死。东扬州刺史张彪素为王僧辩所厚，不附陈霸先。围临海太守王怀振于剡岩。

二月庚戌　陈霸先先遣周文育、陈蒨袭击会稽，讨彪。张彪长史谢岐、司马沈泰、军主吴宝真等举城降。张彪兵败逃入若耶山中。丙辰，若耶村人斩张彪，传首京师，曲赦东扬州。己未，罢震州，还复吴兴郡。癸亥，徐嗣徽、任约袭采石戍，执戍主明州刺史张怀钧，入于齐。甲子，以东土经杜龛、张彪抄暴，遣大使巡省。东阳太守留异因运粮食支援陈蒨，陈霸先用留异为缙州刺史。

三月丙子　罢东扬州，还复会稽郡。戊戌，齐遣水军仪同萧轨、厍狄伏连、尧难宗、东方老、侍中裴英起、东广州刺史独孤辟恶、洛州刺史李希光，并任约、徐嗣徽等，率众 10 万出栅口，向梁山，帐内荡主黄丛逆击，败之，烧其前军船舰，齐顿军保芜湖。陈霸先遣定州史沈泰、吴郡太守裴忌就侯安都，共据梁山以御之。

陈武帝永定元年(557 年)

十月　陈霸先进爵陈王，寻称皇帝，是为陈武帝。陈霸先，字兴国，长城县(今浙江长兴)人。

永定二年(558年)

闰四月庚寅　武帝诏曰:缙州去岁蝗旱,近已遣中书舍人江德藻衔命东阳,与令二千石问民疾苦,以入台仓见米分恤。

十二月壬申　割吴郡盐官、海盐、前京三县置海宁郡,治盐官,属扬州。寻废郡,仍属吴郡。

梁文帝天嘉三年(562年)

三月庚寅　侯安都由诸暨出永康,于桃支岭大败留异,留异及其子忠臣奔晋安依陈宝瑛,东阳郡平。武帝又以开国功臣程灵洗之子文季为新安太守,留异同党向文政据守新安,文季率精兵300进攻,文政出降。

四月癸卯　曲赦东阳郡。

六月丙辰　复置东扬州,下辖会稽、东阳、临海、永嘉、新安、新宁、晋安、建安八郡。

天嘉四年(563年)

十二月　文帝诏章昭达进军建安讨陈宝应,余孝顷督会稽、东阳、临海、永嘉诸郡军,自东道会之。

天嘉五年(564年)

十一月　章昭达擒陈宝应、留异,送建康市斩之。

陈宣帝太建年间(569—582年)

山阴县多豪猾,前后令皆以赃污免。朝廷以褚玠为山阴令。山阴县民张次的、王休达等,与诸豪吏贿赂通奸,全丁大户,类多隐没。县令褚玠锁次的等,具状启台,宣帝遣使助褚玠搜查,清理出军民800余户。县民陈信家富于财,其父持势横暴。褚玠遣使执其父,鞭之以百。于是吏民股栗,莫敢犯者。陈信谄事得宠于宣帝的舍人曹义达,遂谮褚玠。褚玠竟坐免官。玠在任岁余,守禄俸而已,去官之日,不堪自致,因留县境,种蔬菜以自给。

陈后主至德三年(585年)

是年　丰州刺史章大宝举兵谋反,而永嘉郡与丰州相接,素无备御。永嘉内史毛喜乃修治城隍,严饬器械,又遣所部松阳令周磻领千兵援建安。

陈后主祯明元年(587年)

十一月乙亥　分吴郡置钱唐郡,领钱唐、於潜、富阳、新城等县,属吴州。

陈时(557—589 年)

分山阴置会稽县,山阴、会稽两县同城而治。

隋 代

文帝开皇八年，陈后主祯明二年(588 年)

三月戊寅　隋文帝发布诏书，揭露陈朝后主的罪恶 20 条，声言征讨，并抄发了 30 万份诏书，在长江以南各地广泛散发。

十月甲子　任命晋王杨广、秦王杨俊、清河公杨素为行军元帅。隋朝南征大军凡总管 90 人，兵 51.8 万，皆受晋王节度。东接沧海，西拒巴、蜀，旌旗舟楫，横亘数千里。分 8 路大举攻陈。

开皇九年(589 年)

正月　隋军从采石、广陵渡过长江，攻克陈朝都城建康，俘虏陈后主，随即兵锋南向。王世积在蕲口，闻陈已亡，告谕江南诸郡，于是江州司马黄偲弃城走，豫章诸郡太守皆诣世积降。

二月丙申　制："五百家为乡，置乡正一人；百家为里，置里长一人。"隋军俘虏陈朝吴州刺史萧瓛，占领浙北；陈朝东扬州刺史萧岩也以会稽郡降隋，浙东各地平定，萧瓛、萧岩均被处斩。

四月　陈朝全境平定，隋文帝宣布原陈境人民免除赋役 10 年。晋王杨广之戮陈五佞(谓施文庆、沈客卿、阳慧朗、徐析暨慧景)，未知都官尚书孔范、散骑常侍王瑳、王仪、御史中丞沈瓘之罪，故得免；及至长安，事并露，乙未，文帝暴其过恶，投之边裔，以谢吴、越之人。

是年　隋平陈，废钱唐郡，置杭州，州治钱唐县，杭州之名自此始。领县六：钱唐、盐官、余杭、绥安、富阳、於潜。废吴兴郡，分属杭州、苏州。废金华、钱唐郡、临海郡、永嘉郡。并鄮、鄞、余姚入句章。置处州。改永宁县为永嘉县。

开皇十年(590 年)

十一月　隋统一南方后，陈朝旧官吏尽更换之，并谣传将移民入关，引起了各地豪强的武装叛乱。婺州汪文进、越州高智慧、乐安蔡道人、温州沈孝澈、杭州杨宝英等纷纷起兵反隋。隋文帝采取坚决镇压的政策，派遣杨素为行军总管，率军讨伐。浙江地方豪强的叛乱，遂被彻底平定。

开皇十二年(592 年)

是年　改处州为括州(今浙江丽水)。

开皇十五年(595 年)

七月甲戌　隋朝文帝派遣重臣邳国公苏威巡视江南，途经会稽南下。

开皇十七年(597 年)

是年　释智𫖮卒。智𫖮(538—597 年)，南朝陈、隋时代的一位高僧，世称“智者大师”。俗姓陈，字德安，荆州华容(今湖北潜江西南)人。智𫖮创建了中国佛教宗派史上第一个宗派天台宗，亦称为法华宗。强调止观双修的原则，发明一心三观、圆融三谛、一念三千、性具实相、性具善恶等哲学思想，形成天台宗的思想体系。以五时八教判释整体佛法。

开皇十八年(598 年)

是年　依僧智𫖮遗愿，在天台山创建天台寺。先是，智𫖮修禅于此，梦定光告曰:“寺若成，国即清。”大业中遂改名国清寺。天台山自智𫖮大师倡导宗风，后世寺院林立，为佛氏名胜。

文帝仁寿二年(602 年)

是年　置湖州，治乌程(今浙江湖州)，湖州之名始此。因地傍太湖而得名。又分乌程县置长城县仍属湖州。

仁寿三年(603 年)

是年　新安郡东部置睦州。复置桐庐、遂安县，桐庐县从杭州划出。治新安，领新安、遂安、桐庐三县。

炀帝大业元年(605 年)

是年　改吴州为越州，治会稽县，领会稽、句章、剡、诸暨四县。

大业三年(607 年)

四月壬辰　杭州改为余杭郡，治钱唐。
是年　越州改为会稽郡，睦州改为遂安郡，复置永嘉县。

大业六年(610 年)

正月　隋炀帝复遣朱宽招抚流求，流求不从。隋炀帝遂派武贲郎将陈稜、朝请大夫张镇周发东阳(今浙江金华)兵万余人，自义安(潮州)泛海，击流求国，月余而至。败之，斩其主欢斯渴刺兜，获其子岛槌，虏男女数千而归。

十二月　隋炀帝下令挖凿改造江南河，全长 800 余里，此即浙西运河，从京口(今江苏镇江)到余杭(今杭州)，运河广 10 余丈，使可通皇帝龙船。沿途还大兴土木，建造驿宫、草顿，欲东巡会稽。隋朝以洛阳为中心，先后开凿通济渠和永济渠，沟通黄河与淮河的交通，北通涿郡（治所在今北京市境内），并改造邗沟和江南河。自隋朝大运河开始全线贯通，经唐宋发展，最终在元代成为沟通海河、黄河、淮河、长江、钱塘江五大水系、贯通南北的交通大动脉。

大业七年(611 年)

四月庚午　隋炀帝至涿郡之临朔宫，文武从官九品以上，并令给宅安置。先是，诏总征天下兵，无问远近，俱会于涿。又发江淮以南水手 1 万人，弩手 3 万人，岭南排镩手 3 万人，于是四远奔赴如流。

七月　发江、淮以南民夫及船运黎阳及洛口诸仓米至涿郡，舳舻相次千余里，载兵甲及攻取之具，往还在道常数十万人，填咽于道，昼夜不绝，死者相枕，臭秽盈路，天下骚动。

大业九年(613 年)

六月　隋朝礼部尚书杨玄感(杨素之子)宣布起兵反隋。

七月癸未　余杭民刘元进起兵以应杨玄感。元进手长尺余，臂垂过膝，自以相表非常，阴有异志。会隋炀帝再发三吴兵征高丽，三吴兵皆相谓曰："往岁天下全盛，吾辈父兄征高丽者犹大半不返；今已罢弊，复为此行，吾属无遗类矣！"由是多亡命。郡县捕之急，闻元进举兵，亡命者云集，旬月间，众至数万。

八月　吴郡朱燮、晋陵管崇起事，拥众 10 余万，与刘元进会合。乙卯，陈瑱等众 3 万攻陷信安郡。

九月丁酉　东阳人李三儿、向但子举兵起事，众至万余。

十月　刘元进帅其众将渡江，会杨玄感败，朱燮、管崇共迎元进，推刘元进为主，据吴郡，称天子，燮、崇俱为尚书仆射，署置百官，毗陵、东阳、会稽、建安豪杰多执长吏以应之。隋炀帝遣左屯卫大将军代人吐万绪、光禄大夫下邽鱼俱罗将兵讨之。

十二月　刘元进军攻丹阳。隋将吐万绪率军渡过长江，击败刘元进军，死者以万数。元进挺身夜遁，保其垒。朱燮、管崇等屯毗陵，连营百余里，吐万绪乘胜进击，复破之。退保黄山，吐万绪围之，元进、燮仅以身免，斩崇及其将卒 5000 余人，收其子女 3 万余口，并解除了对会稽城的包围。鱼俱罗与吐万绪偕行，战无不捷，然百姓从乱者如归市，败而复聚，其势益盛。

恭帝义宁元年(617 年)

是年　隋朝东部洛阳为瓦岗农民军围困，粮食缺乏。隋朝派元善达到东阳郡催运粮食，被农民军杀死。

唐 代

高祖武德元年(618 年)

三月 隋朝将领司马德戡等人推宇文化及为首,在江都(今扬州市)发动兵变,勒死隋炀帝。隋湖州武康人沈法兴,世为郡著姓,宗族数千家,远近向服。法兴隋大业末为吴兴郡守,东阳人楼世干略其郡,炀帝诏与太仆丞元祐讨之。闻宇文化及杀了隋炀帝,法兴乃与祐将孙士汉、陈果仁执祐,以讨伐宇文化及为名,自东阳起兵,直指江都。沈法兴军攻下了余杭郡,到达乌程县时,已有部众 6 万余人。于是进攻毗陵、丹阳,均先后攻克。沈法兴占据了 10 多郡,自称江南大总管,承制设置百官。

武德二年(619 年)

九月辛未 李子通据江都,称天子,国号吴。沈法兴据毗陵,称梁王。丁丑,和州农民军首领杜伏威遣使降唐,授和州总管、东南道行台尚书令,封楚王。

武德三年(620 年)

是年 活跃于江淮之间的李子通农民军渡江南下,进击沈法兴。取京口。法兴奔吴郡。于是丹阳、毗陵等郡皆降于子通。子通以法兴府掾李百药为内史侍郎、国子祭酒。杜伏威遣行台左仆射辅公祏将卒数千攻子通,以将军阚棱、王雄诞为之副。子通大败,弃江都,保京口,江西之地尽入于伏威,伏威徙居丹阳。子通复东走太湖,收合亡散,得 2 万人,袭沈法兴于吴郡,大破之。法兴帅左右数百人弃城走,吴郡闻人遂安遣其将叶孝辩迎之,法兴中途反悔,欲杀孝辩,更向会稽。孝辩觉之,法兴窘迫,赴江溺死。子通军势复振,徙都余杭,尽收法兴之地,北自太湖,南到闽境,东包会稽,西距宣城,皆有之。整个浙江基本为李子通控制。

武德四年(621 年)

十一月 杜伏威使王雄诞击李子通,子通以精兵守独松岭。雄诞遣其将陈当将千余人,乘高据险以逼之,多张旗帜,夜则缚炬火于树,布满山泽。子通惧,烧营走保杭州;雄诞追击之,又败之于城下。庚寅,子通穷蹙请降。伏威执子通并其左仆射乐伯通送长安,高祖释之。其后,杜伏威军又平定汪华和闻人遂安,于是伏威尽有淮南、江东之地,南至岭,东距海。

是年 唐朝平定李子通后,在浙江设置杭州、湖州、越州、婺州、海州,在信安县设立衢州,又置处州。平定汪华后,将遂安郡改为睦州,领雉山、遂安二县。

是年　于桐庐县置严州，领桐庐、分水、建德三县。

武德五年(622 年)

七月　李子通从长安脱逃至蓝田，被捕获处死。

是年　海州改名为台州，取天台山为名。治临海县。领临海、章安、始丰、乐安、宁海县。

是年　置嘉州，领永嘉、永宁、安固、乐成、横阳五县。

武德六年(623 年)

七月壬子　杜伏威旧部辅公祏起兵反唐，杀王雄诞。雄诞善抚士卒，得其死力，又约束严整，每破城邑，秋毫无犯，死之日，江南军中及民间皆为之流涕。辅公祏称帝于丹阳，国号宋，修陈故宫室而居之，署置百官，以左游仙为兵部尚书、东南道大使、越州总管。

武德七年(624 年)

正月　依周、齐旧制，每州置大中正一人，掌知州内人物，品量望第，以本州门望高者领之，无品秩。

二月己酉　诏："诸州有明一经以上未仕者，咸以名闻；州县及乡皆置学。"是月，吴王杜伏威卒。

三月　唐朝派遣李孝恭、李靖等率军讨伐辅公祏。辅弃丹阳南逃，欲至越州就左游仙，李世勣追之。行至武康，为百姓抓获，押送丹阳。李孝恭奉命将辅斩首。浙江陷于战乱 11 年，此年开始，方进入和平时期。

是年　乐成并入永嘉县。废严州及分水、建德二县。以桐庐属睦州。废纲州及华川县，改乌伤为义乌，以县属婺州。废盐官县，省入钱塘县。废安吉县，省入长城县。废武州，县属湖州。复置嘉兴，属苏州。

武德八年(625 年)

是年　鄞州废为鄮县，属越州。废嘉兴，入吴县。

太宗贞观元年(627 年)

是年　废嘉州，以永嘉、安固二县属括州，省横阳入安固，隶江南道，时天下分为 10 道。

贞观八年(634 年)

是年　复置嘉兴县。属苏州。

贞观十二年(638 年)

正月乙未　吏部尚书高士廉等上《氏族志》130 卷。

五月壬申　虞世南卒。虞世南(558—638 年)，字伯施，越州余姚人。大业初，累授秘书郎，迁起居舍人。唐初授弘文馆学士，与房玄龄对掌文翰。转著作郎，兼弘文馆学士。贞观七年，转秘书监。唐太宗尝称世南有五绝：一曰德行，二曰忠直，三曰博学，四曰文辞，五曰书翰。与欧阳询、褚遂良、薛稷并称唐初四大书家。其行草书传真迹多收入《淳化秘阁法帖》。

是年　富阳县令郝某开阳陂湖，在县北10里26步，周16里64步，可溉田万亩。

贞观十三年(639年)

二月丙子　停世袭刺史。

贞观二十一年(647年)

八月戊戌　唐太宗李世民敕令宋州刺史王波利等，征召江南12州，包括省境内的杭、湖、越、婺、括、台等州的工匠，建造大船数百艘，准备征伐高丽。

贞观二十二年(648年)

八月丁丑　唐太宗敕令越州总管府及婺、洪等州建造海船及双舫1100艘，准备征伐高丽。

是年　越州水灾。

高宗永徽四年(653年)

十月戊申　睦州女子陈硕真在青溪(今淳安县)山村起事，自称“文佳皇帝”，攻陷睦州属县。这是中国历史上第一个称帝的农民起义女领袖。唐朝派遣扬州都督府长史房仁裕与婺州刺史崔义玄领兵镇压。起义军战败，被斩杀数百人，余众万余全部投降。

十一月庚戌　陈硕真、章叔胤被俘处死。

是年　杭州水灾。

高宗显庆元年(656年)

九月庚辰　括州海水泛滥，冲毁安固、永嘉二县县城，受损达4000余家。

显庆四年(659年)

是年　褚遂良卒。褚遂良(596—659年)，字登善，钱塘人。唐太宗时历任起居郎、谏议大夫，累官至中书令、尚书右仆射。太宗临终时他与长孙无忌同被召为顾命大臣。后因反对唐高宗立武则天为后，屡被贬职而死。褚遂良博涉经史，尤工隶书。其书法初学虞世南，后取法王羲之，与欧阳询、虞世南、薛稷并称“初唐四大家”。

高宗总章二年(669年)

九月庚寅　括州大风雨，海水泛溢永嘉、安固二县城郭，漂百姓宅6843区，溺杀人9070口、牛500头，损田苗4150顷。朝廷遣使赈济。

高宗咸亨四年(673年)

七月辛巳　婺州暴雨,水泛溢,漂溺居民600家,溺死者达5000人,唐高宗诏令赈恤。

高宗上元元年(674年)

是年　温州大旱,饥民交走,死无吊。州有官粟数十万斛,时温州长史李皋摄行州事,不暇禀命候旨,开仓散粮,赈济灾民,活数十万人。

上元二年(675年)

四月　朝廷将括州的永嘉、安固二县分出,设温州,是温州改今名之始;又将临海县分为乐安、永宁二县。

高宗仪凤二年(677年)

是年　分会稽、诸暨置永兴县。

睿宗文明元年(684年)

七月　温州大水,漂千余家;括州溪水暴涨,溺死百余人。

武则天光宅元年(684年)

是年　骆宾王随徐敬业在扬州起兵,讨伐武则天,写《讨武曌檄》,武则天见之,有"宰相安得失此人"之叹。骆宾王(约640—约684年),婺州义乌人。少善属文,尤妙于五言诗,尝作《帝京篇》,当时以为绝唱,与王勃、杨炯、卢照邻合称"初唐四杰"。唐高宗末,为长安主簿。坐赃,左迁临海丞,怏怏失志,弃官而去。后与徐敬业于扬州起兵。敬业败,骆宾王亦被杀害,或云投江死,或云落发为僧。

武则天垂拱四年(688年)

三月　雨桂子于台州,旬余乃止。
是年　分余杭、於潜,置临安县于废临水县。

武则天永昌元年、载初元年(689年)

是年　复分永嘉,置乐成县。

武则天证圣元年(695年)

六月　睦州陨霜,杀草。吴、越地燠而盛夏陨霜,昔所未有。

武则天万岁登封元年(696年)

是年　分括苍及婺州永康县置缙云县。

是年　富阳县令李浚筑阳陂湖南堤,距湖60步,东自海,西至苋浦,以捍水患。

武则天神功元年(697年)

三月　括州水,坏民居700余家。

中宗神龙元年(705年)

三月乙酉　睦州大风拔木。暴寒且冰。

中宗景龙二年(708年)

七月辛卯　台州地震。

睿宗景云二年(711年)

是年　唐分括苍置青天县。

玄宗开元元年(713年)

是年　盐官重筑捍海塘塘堤,长124里。

开元十年(722年)

是年　会稽县令李俊之增修当地的防海塘,在会稽东北40里,自上虞江抵山阴百余里,以蓄水溉田。此后累朝又屡次增修。

开元十七年(729年)

八月丙寅　越州大水灾,漂坏县城官衙及民居。

开元二十一年(733年)

是年　复分天下郡县,将原来10道分为15道,每道设采访使,检察非法,如汉刺史之职,定为常制。江南道分为江南东、西道。杭州、越州、衢州、婺州、温州、台州、湖州、睦州、明州、处州等皆属江南东道。

开元二十二年(734年)

二月十九日　初置十道采访处置使。以御史中丞卢绚等为之。

开元二十五年(737年)

十二月二十四日　命诸道采访使考课官人善绩,三年一奏,永为常式。

开元二十六年(738年)

七月庚辰　朝廷把越州鄮县划出，设置明州。

玄宗天宝元年(742年)

是年　唐朝改州为郡。湖州改为吴兴郡，杭州改为余杭郡，越州改为会稽郡，明州改为余姚郡(乾元元年，复为明州，取四明山为名)，台州改为临海郡，婺州改为东阳郡，衢州改为信安郡(乾元元年，复为衢州，又割常山入信州)，处州改为缙云郡(乾元元年，复为括州。大历十四年夏五月，改为处州，避代宗讳)，温州改为永嘉郡，苏州改为吴郡。

是年　永兴县改名为萧山。

天宝二年(743年)

十二月壬午　海盗吴令光掠永嘉郡。

是年　鄮县县令陆南金相度地势，开广县东25里之西湖，溉田500顷。此处西湖即东钱湖，古称“钱湖”，以其上承钱埭之水而得名。唐代时称“西湖”，当时县治在鄮山，湖在县治之西故名；宋代时称“东湖”，因宋代时县治在三江口，湖居其东故名。

天宝三年(744年)

二月　海盗吴令光转掠台州、明州，朝廷令河南尹裴敦复、晋陵太守刘同升、南海太守刘巨麟讨伐吴令光。

四月　南海太守刘巨麟击破海盗，擒获并处死吴令光，永嘉郡平。

天宝十四年(755年)

十一月　安禄山以讨杨国忠为名，正式起兵。安史之乱爆发，河北诸郡望风瓦解。

肃宗至德二年(757年)

是年　朝廷调任崔涣为余杭郡太守兼江东采访防御使。

肃宗乾元元年(758年)

四月十一日　诏以“每道分置节度。其管内缘征发及文牒兼使命来往。州县非不艰辛。仍加采访。转益烦扰。其采访使置来日久。并诸道黜陟使便宜且停”。其后，罢开元以来之十五道采访使，改置各镇观察处置使。此后或以节度兼观察，或以观察兼防御、经略，安史之乱以前采访使道与都督府两种不同区划，至是乃合而为一。名为一道而已非仅监察区域，名为一镇而已非仅军政区域，实际已成为统辖数州的高一级行政区划。隋初以来的州县二级行政区划制，乃变而为道(镇)、州、县三级制。

是年　复改郡为州。如吴兴郡复改为湖州。江南东道分为浙江东、西二道。浙江东道领越、睦、衢、婺、台、明、处、温 8 州，治越州。浙江西道领升、润、宣、歙、饶、江、苏、常、杭、湖 10 州，初治升州，后治苏州，唐末移治杭州。这是浙江作为行政区域名称之始。设置浙江东西道观察使，一度由苏州刺史兼任。

肃宗乾元二年(759 年)

是年　越州刺史独孤屿奏请于括州龙泉乡置县，以龙泉为名。

肃宗上元元年(760 年)

十一月　宋州刺史刘展调为江淮都统，移镇扬州，举兵反叛。渡江攻占润州(今镇江市)、升州(今南京市)，十二日派部将张景超、孙待封率军攻击节度副使李藏用于苏州。李藏用战败逃奔杭州，孙待封军攻占湖州，张景超军进逼杭州。李藏用派部将温晃屯兵余杭，以为掎角之势。

上元二年(761 年)

正月辛卯　温州刺史季广琛为宣州刺史，充浙江西道节度使。张景超军进攻杭州，败李藏用将李强于石夷门。孙待封也率军从武康南下，将与张军合击杭州。温晃军占据险要，击败孙军。孙待封脱身逃到乌程，听到刘展已被唐朝派田神功击败丧命，孙待封到李藏用处投降。张景超聚兵至 7000 余人，闻展死，将部众交托张法雷，使攻杭州，自己逃窜入海。张法雷继续进攻杭州，被李藏用击破，余党也被平定。平卢军大掠 10 余日。安史之乱，乱兵不及江、淮，至是，其民始罹荼毒矣。

九月　江、淮大饥，人相食。杭州、越州一带发生大瘟疫。

代宗宝应元年(762 年)

八月辛未　台州小吏袁晁本令捕捉抗赋农民，因同情农民而遭到上司鞭打，遂领导农民于翁山县(今定海县)起事，民疲于赋敛者多归之。农民军很快攻下台州，赶走刺史史叙，建立政权。初，朝廷派租庸使元载到江淮一带催缴赋税。他下令征收自天宝十三载到上元二年 8 年中农民所欠租调，将所有粮食布帛登记，征收一半，甚至征收十分之八九，称为“白著”。有不服者，严刑以威之。民有蓄谷十斛者，则重足以待命，或相聚山泽为群盗，州县不能制。

十月乙卯　袁晁军再攻陷温州、明州，逃亡无数。农民军很快达到 20 万人，攻克“江东十州”(即浙江的台、衢、温、婺、明、越、杭以及江苏的苏、常和江西的信州)，朝廷震惊，派遣李光弼率精锐前往镇压，同时诏命浙江州县官吏不得搜刮人民；人民病死无力埋葬者，官府为之埋葬，力图平息浙江农民起义。

十二月甲戌　李光弼部将张伯仪与袁晁农民军会战于衢州，农民军战败。

宝应二年，代宗广德元年(763 年)

四月庚辰　李光弼上奏已捕获袁晁，押送长安。袁晁弟袁瑛率农民军余部 500 人退入临海县西北20里的紫溪洞,坚持抵抗,被包围后,绝粮饿死。

广德二年(764年)

七月庚子　税天下青苗钱以给百官俸。

十一月癸丑　袁晁在长安被杀。唐代宗下诏免去越州人民当年一半田租,免去温、台、明三州人民一年徭役,以安抚浙江人民。袁晁举义前后,龚厉父子领导浙东农民起义,乘势起兵攻明州,控制了钱塘江入海口,在江岸活动。当地农民纷纷参加起义。官军伪装为商人,并预先埋下伏兵,诱使起义军出战。起义军战败,龚厉父子及全军尽皆战死。

是年　户部奏:户290余万,口1690余万。史言丧乱之后,户口减于承平十之七八。

代宗大历十年(775年)

七月己未夜　杭州大风,海水翻潮,漂荡州郭5000余家,船千余只,全家陷溺者百余户,死者400余人;苏、湖、越等州亦然。

大历十二年(777年)

四月癸巳　以前秘书监李揆为睦州刺史。揆故宰相,为元载所忌,20年流落丐食江湖间,载诛,方得为郡。召颜真卿于湖州,亦载所忌斥外也。

大历十四年(779年)

闰五月戊寅　诏山南枇杷、江南柑橘,岁一贡以供宗庙,余者皆停。癸未,改括州为处州,括苍县为丽水县。

大历年间(766—779年)

李泌出任杭州刺史。当时杭州城濒临钱塘江岸,水质咸苦,市民饮水困难。李泌发动人民用开阴窦的方法,埋设瓦管竹筒,在人口稠密之地,开掘了相国井、西井、方井、白龟池、小方井、金牛井六井,从钱塘门到涌金门一带,分置水闸,引西湖水灌入各井,从而改善了杭州城内的供水条件。

德宗建中元年(780年)

是年　茶圣陆羽在湖州纂成《茶经》。

建中二年(781年)

五月庚寅　唐廷将浙江东西道观察使升格为浙江东西道节度使,由润州刺史兼任,并把浙江西道命名为镇海军。

建中三年(782年)

是年　初榷酒,天下悉令官酿。斛收直3000,米虽贱,不得减2000。委州县综领。醨薄私酿,罪有差。唯以京师王者都,特免其榷。

建中四年(783年)

十一月　浙江东西道节度使韩滉闭关梁,禁牛马出境。

德宗兴元元年(784年)

正月戊子　唐德宗命宰臣萧复宣慰浙江东西道。此时两浙是唐代全国最富庶之地,镇海军节度使韩滉此年一次发米百万斛运交朝廷。

德宗贞元二年(786年)

是年　关中灾荒,朝廷命令韩滉把两浙的两税折米100万石运往长安。浙江东西道每年运米75万石上缴朝廷,因此当年两浙共运米175万石上缴朝廷,相当于开元、天宝时代关东地区年运米入关量。两浙米未到长安之前,关中仓储已竭。人情汹汹,兵变在即,浙米运到陕州,士兵高呼万岁。随后韩滉入朝,带来税外羡钱500万贯,极大地纾解了朝廷的财政危机。

贞元三年(787年)

二月　分浙江东、西道为三:浙西,治润州;浙东,治越州;宣、歙、池,治宣州。

贞元六年(790年)

夏　淮南、浙江东西道、福建等道大旱灾,井泉多干涸,百姓渴乏,病疫死者甚多。

贞元九年(793年)

是年　明州刺史任侗因故迹增修广德湖,湖在鄮县西12里,溉田400顷。

贞元十四年(798年)

十二月壬寅　明州镇将栗锽杀刺史卢云起兵反唐,攻占浙东诸州县。

贞元十五年(799年)

二月乙未　浙东观察使裴肃奏于台州擒栗锽以献,斩于独柳树。

贞元十八年(802年)

正月　浙东观察使裴肃卒于官,判官齐总代掌后务。初,裴肃大肆搜刮民财,以进奉而升官。齐总刻剥以求媚又过之。

三月癸酉　诏擢齐总为衢州刺史。给事中长安许孟容封还诏书，曰："衢州无他虞，齐总无殊绩，忽此超奖，深骇群情。若总必有可录，愿明书劳课，然后超资改官，以解众疑。"诏遂留中。

贞元二十年(804年)

九月　日本高僧最澄与弟子义真，到国清寺学习天台宗教义，次年学成回国。

贞元二十一年(805年)

夏　越州镜湖竭。

是年　陆贽卒。陆贽(754—805年)，字敬舆，苏州嘉兴(今浙江嘉兴)人。曾扈从德宗，得其信任，德宗贞元八年(792年)任中书侍郎平章事，为匡国救世谋划良多，被后世称为一代贤相。

宪宗元和元年(806年)

四月戊申　朝廷调米10万石赈济浙东灾民。

夏　浙东大疫，死者大半。

元和二年(807年)

十月庚申　镇海军节度使李锜叛乱，杀节度判官王澹、大将赵琦，并下令苏、常、杭、湖、睦五州驻军将领杀刺史，遣牙将庾伯良将兵3000治石头城(今南京市)，谋图称帝。但李锜叛乱未获得广泛支持。仅苏州刺史被叛军将领抓获，而湖、常二州驻军将领反而被刺史杀死。常州刺史颜防用客李云计，矫制称招讨副使，斩李深，传檄苏、杭、湖、睦，请同进讨。湖州刺史辛秘潜募乡闾子弟数百，夜袭赵惟忠营，斩之。乙丑，制削李锜官爵及属籍。以淮南节度使王锷统诸道兵为招讨处置使；征宣武、义宁、武昌兵并淮南、宣歙兵俱出宣州，江西兵出信州，浙东兵出杭州，以讨之。在李锜外甥、牙将裴行立的内应下，抓获李锜，押送长安。

十一月甲申　李锜被处死。

是年　李吉甫撰元和国计簿上之，总计天下方镇48，州府295，县1453。其凤翔、鄜坊、邠宁、振武、泾原、银夏、灵盐、河东、易定、魏博、镇冀、范阳、沧景、淮西、淄青15道71州不申户口外，每岁赋税倚办止于浙江东西、宣歙、淮南、江西、鄂岳、福建、湖南8道49州，144万户，比天宝税户四分减三。天下兵仰给县官者83万余人，比天宝三分增一，大率二户资一兵。其水旱所伤，非时调发，不在此数。

元和四年(809年)

正月　南方旱饥。庚寅，命左司郎中郑敬德等为江、淮、二浙、荆、湖、襄、鄂等道宣慰使，赈恤之。诏免除浙东本年赋税。

元和六年(811 年)

六月 榷酒钱除出正酒户外,一切随两税青苗据贯均率。

元和七年(812 年)

正月壬申 朝廷宣布撤销越州山阴县与衢州盈川县两县建制。

四月癸巳 敕天下州府民户,每田一亩,种桑二树,长吏逐年检计以闻。

五月庚申 宪宗谓宰臣曰:“卿等累言吴越去年水旱。昨有御史自江淮回,言不至为灾,人非甚困。”当时两浙因遭水旱灾,人民流亡者众,请求朝廷设法安抚,但宪宗有所怀疑。经宰相李绛上奏,方下诏免除人民赋税。

元和十年(815 年)

十二月甲寅 朝廷下令恢复越州山阴县建制。

元和十一年(816 年)

五月 衢州山水涌,深 3 丈,坏州城,民多溺死。浮梁、乐平溺死者 170 人,为水漂流不知所在者 4700 户。润、常、湖、陈、许等州各损田万顷。

是年 新罗饥,其众 170 人求食于浙东。

元和十二年(817 年)

是年 台、越州水,害稼。

元和十三年(818 年)

十一月丁亥 唐宪宗不顾大臣反对,任用柳泌为台州刺史,到天台山为朝廷采“仙药”。宪宗晚好神仙,诏求天下方士。山人柳泌遂谗言天台山神仙所聚,多灵草。故有是命。

元和十四年(819 年)

十月 柳泌到台州,驱使人民入山采药,但经一年余,一无所得。柳恐惧,举家逃亡入山,为浙西观察使捕获押送长安。

穆宗长庆元年(821 年)

三月丁酉朔 浙东观察使上奏,请把明州州治移到鄮县。

是年 天下户计 2375805,口 15762432,原不进户军州不在此内。

长庆二年(822 年)

七月壬寅 出中书舍人白居易为杭州刺史。白居易到任后大力兴修水利。当时西湖常淤塞，致使周围遭灾。白居易力排异议，组织人力，从钱塘门外石函桥北至余杭门之间，修筑了一条湖堤，其上建有水闸，以泄洪灌溉，杭州城北千余顷农田受益，成为良田。白居易又组织民工浚淘已被淤塞的六井，使人民重受其利。

八月　浙东处州大水，溺居民。平地深 8 尺，坏城邑、桑田大半。

九月戊子朔　浙西大将王国清谋叛。浙西观察使窦易直讨伐平定之，斩王国清与同伙 200 余人。

闰十月　因江淮一带旱灾，米价腾贵，唐穆宗下诏令淮南、浙江东西两道官吏在水旱灾区，将常平仓、义仓储粮，以半价粜与贫民。

长庆三年(823 年)

三月丁巳　敕应御服及器用在淮南、两浙、宣歙等道合供进者，并端午诞节常例进献者，一切权停。

十一月　唐穆宗下诏停止浙东上贡甜菜、海蚶。

十二月　浙西观察使李德裕奏请取缔浙西境内淫祠(即未得官府承认的庙祠)11015 所。

长庆四年(824 年)

正月　唐穆宗饵金石之药。壬申，崩于寝殿。

三月　唐敬宗令天下常贡之外不得进献。今后户账田亩，5 年一定税。

夏　苏、湖二州大雨，水，太湖决溢。

七月己酉　睦州青溪等六县大雨，山谷发洪水泛溢，漂城郭庐舍。

十一月　苏、常、湖等七州水伤稼。

敬宗宝历元年(825 年)

二月　浙西观察使李德裕献《丹扆六箴》，即“宵衣”“正服”“罢献”“纳诲”“辨邪”“防微”。

八月戊午　唐敬宗派遣太监往湖南、江南等道及天台山采药。时有道士刘从政者，说以长生久视之道，请于天下求访异人，冀获灵药。仍以从政为光禄少卿，号升玄先生。

文宗大和二年(828 年)

六月　越州海溢为灾。

大和五年(831 年)

六月辛卯　苏、杭、湖三州大雨成灾，庄稼受损严重。

是年　淮南、浙江东西道、荆襄、鄂岳、剑南东川并水，害稼，请蠲秋租。

大和六年(832 年)

二月　因上年苏、湖二州水灾，朝廷令赈贷粮食 22 万石，以苏、杭、湖州常平仓、义仓储粮充给。

春　自剑南至浙西大疫。

五月壬子　浙西丁公著奏杭州八县灾疫，赈米 7 万石。

是年　明州刺史于季友于鄮县西南 40 里处筑仲夏堰，溉田数千顷。

大和七年(833 年)

是年　明州鄮县县令王元暐兴修它山堰，在今浙江宁波鄞州区鄞江镇西南它山旁。它山堰堰面全部用条石砌筑而成，堰身为木石结构，堰体倾斜度、黏土夹碎石层、堰体平面布局以及多级护理消能防冲方式，创造了中国古水利工程的奇迹。该工程自修建之初即“规其高下之宜，涝则七分水入江，三分入溪；旱则七分入溪，三分入江”，溉田数千顷，经历代维修增益，至今继续发挥着阻咸、蓄淡、引水、泄洪等作用。1988 年，被国务院公布为第三批全国重点文物保护单位，与都江堰、郑国渠、灵渠并称为“中国四大古水利工程”。

大和八年(834 年)

九月　淮南、两浙、黔中水为灾，民户流亡，京师物价暴贵。

大和年间(827—836 年)

陆亘迁越州刺史、浙东团练、观察等使，以永嘉郡滨海，常陷寇境，增给太守以下俸禄。

文宗开成二年(837 年)

正月庚寅　户部侍郎、判度支王彦威进所撰《供军图》，略序曰：“至德、乾元之后，迄于贞元、元和之际，天下有观察者十，节度二十有九，防御者四，经略者三。掎角之师，犬牙相制，大都通邑，无不有兵，约计中外兵额至八十余万。长庆户口凡三百三十五万，而兵额又约九十九万，通计三户资奉一兵。今计天下租赋，一岁所入，总不过三千五百余万，而上供之数三之一焉。三分之中，二给衣赐，自留州留使兵士衣食之外，其余四十万众，仰给度支焉。”

开成三年(838 年)

夏　苏、湖、处等州水溢入城，处州平地 8 尺。

开成五年(840 年)

夏　福、建、台、明四州疫。六月，浙东蝗灾，并发瘟疫。

武宗会昌五年(846 年)

会昌年间　唐武宗发起一次废佛运动，这既与唐后期佛教寺院经济过分扩张，损害了朝廷经济有关，也与唐代佛、道相争，武宗宠信道教有关。此次废佛运动影响极大，佛教称为“会昌法难”，且与北魏太武帝、北周武帝、周世宗灭佛事件合称“三武一宗”。直到武帝去世，宣宗即位，方下令复兴佛教。

会昌六年(847年)

九月　敕："扬州等八道州府，置榷麴，并置官店沽酒，代百姓纳榷酒钱，并充资助军用，各有榷许限……浙西、浙东、鄂岳三处置官沽酒。"

宣宗大中六年(852年)

二月十六日　钱镠生。钱镠，字具美，杭州临安人。唐宣宗咸通十三年始从军。唐懿宗乾符二年隶石镜镇土团首领董昌麾下。累历石镜镇都知兵马使、杭州八都指挥使、两浙节度使、天下兵马元帅、开府仪同三司、尚父、尚书令、兼中书令、上柱国、吴越国王。后梁时正式建国，开五代吴越割据政权之基。后唐长兴三年(932年)三月卒，谥武肃。

大中九年(855年)

七月　以旱，遣使巡抚淮南，减上供馈运，蠲逋租，发粟赈民。庚申，朝廷下诏免去浙西冬至与元旦的常规贡品，以代下户租税。

是月　浙东军队动乱，驱逐浙东观察使李讷。

大中十三年(859年)

十二月　浙东裘甫率上百人揭竿起事。当时浙东官军兵力薄弱，农民军迅速攻下象山县，进逼剡县，官军屡战屡败，明州城门昼闭。浙东观察使郑祗德增募新卒派遣副使刘勍、副将范居植率兵三百，会合台州州兵前往镇压。

懿宗咸通元年(860年)

正月乙卯　郑祗德派遣浙东军与裘甫战于桐柏观前，范居植死，刘勍仅以身免。乙丑，甫帅农民军陷剡县，开府库，募壮士，众至数千人；越州大恐。时二浙久安，人不习战，兵器朽钝，士兵不满三百；郑祗德更募新卒以益之，军吏受赂，率皆得孱弱者。祗德遣子将沈君纵、副将张公署、望海镇将李圭将新卒五百击裘甫。

二月辛卯　郑祗德所遣官军与裘甫战于剡西，官军大败，三将皆死，官军几尽。于是四面云集，农民军众至3万，分为32队。裘甫自称"天下都知兵马使"，改元曰"罗平"，铸印曰"天平"。大聚资粮，购良工，治器械，声震中原。朝廷知祗德懦怯，议选武将代之。朝臣以浙东山海幽阻，可以计取，难以力攻，遂以前安南都护王式为观察使，征祗德为宾客。

三月　农民军分兵进攻衢州、婺州，婺州押牙房郅、散将楼曾、衢州十将方景深将兵拒险，不得入。农民军又分兵掠明州，明州之民乃自相率出财募勇士，治器械，树栅，浚沟，断桥，为固守之备。农民军遂遣兵攻台州，破唐兴县。己巳，裘甫自率大军万余人焚掠上虞；癸酉，攻下余姚，杀丞、尉；随即又攻克慈溪、奉化、宁海，分兵包围象山。裘甫农民军声势浩大，朝廷派遣名将王式，率大军前往镇压。

四月　王式到达越州，始修军令，并招降农民军。乃命宣歙将白琮、浙西将凌茂贞帅本军，北来将韩宗政等帅土团，合千人，石宗本帅骑兵为前锋，自上虞趋奉化，解象山之围，号东路军。又以义成将白宗建、忠将游君楚、淮南将万璘帅本军与台州唐兴军合，号南路军。同时号令官军："毋争险易，毋焚庐舍，毋杀平民以增首级！"癸卯，南路军攻破农民军主要据点沃州寨（今新昌县西南）。甲辰，又攻破新昌寨，进拔唐兴。

五月辛亥　浙东东路军败农民军于宁海。戊午，南路军大破农民军于唐兴南谷。自是唐诸军与裘甫军19战，农民军连败。官军克宁海，收逃散之民7000余人。裘甫欲逃亡海上，王式命军海口以拒之，又命水军巡海澨。农民军不虞水军遽至，皆弃船走山谷，官军得其船17，尽焚之。裘甫既失宁海，乃帅其徒万余人屯宁海西南60余里外的南陈馆下。辛未，东路官军破农民军于宁海西北上畽村，农民军将王皋投降。戊寅，官军大破裘甫于南陈馆。

六月甲申　裘甫自黄罕岭逃入剡县。辛卯，官军围裘甫。三日，凡83战，农民军战败，官军亦疲。后又三战。庚子夜，裘甫、刘晊、刘庆从百余人出降，遥与诸将语，离城数十步，官军疾趋，断其后，遂擒之。壬寅，甫等至越州，式腰斩晊、庆等20余人，械甫送京师。剡城犹未下，诸将见已擒甫，不复设备。农民军将刘从简率壮士500突围，转入大兰山，据险自守。七月，刘从简战败被杀。王式诸路军还越。八月，裘甫等被押到长安处死。

咸通十年(869年)

是年　两浙疫。

咸通十三年(872年)

四月庚子朔　浙东、西地震。

僖宗乾符二年(875年)

四月　浙西狼山镇遏使王郢等69人有战功，节度使赵隐赏以职名而不给衣粮，郢等论诉不获，遂劫持库兵反唐，王郢部队很快发展到上万人，攻陷苏、常二州，又乘船经长江入海，转掠两浙，南至于福建。

是月　临安石镜镇人董昌以捍卫乡里为名，募集土团军。钱镠应募为偏将。

五月　朝廷命宋皓为帅，率大军前往镇压。

乾符三年(876年)

五月庚子　朝廷以旱灾故，下令免除浙东、西一年赋税。

七月　唐朝廷以前严州刺史高杰充沿海水军都知兵马使，征讨王郢。王郢通过温州刺史鲁实请降，实屡为之论奏。唐廷封之为右府帅，其所掠财物尽赏之，敕郢赴京诣阙，郢拥兵迁延，半年不至。

乾符四年(877 年)

正月　王郢用计诱捉温州刺史鲁实，将士从鲁实者皆崩溃。唐朝廷以右龙武大将军宋皓为江南诸道招讨使，先征诸道兵外，更发忠武、宣武、感化三道，宣、泗二州兵，新旧合 1.5 万余人，并受皓节度。

二月　王军攻陷望海镇，并进攻明州，又陷台州。朝廷命两浙、福建驻军出兵镇压。王仙芝陷鄂州。黄巢陷郓州，杀节度使薛崇。

闰二月　镇海节度使裴璩，一方面严兵防守不与王军交战，一方面分化招降王军。王部将朱实投降裴璩，使王军损失六七千人、武器 20 余万件和大量船舰、粟帛。王郢率领余部退至明州，受到甬桥镇遏使刘巨容的狙击，王中筒箭阵亡，余众随之被镇压。

乾符五年(878 年)

三月　黄巢率军 10 余万渡江南下，进入江西，攻陷虔、吉、饶、信等州。

四月　原王仙芝旧部曹师雄自宣、润进兵两浙，攻打湖州，镇海节度使裴璩遣兵击破之。

六月　王仙芝余众转攻浙西，唐廷任命高骈为镇海军节度使，以为防御。

七月　黄巢寇宣州，不克，乃引兵东向，决定自浙东南下。苦无船只，遂于崇山峻岭中开出一条由衢州越仙霞岭至福建建州的山道，长达 700 里，沿此攻福建。

八月　黄巢军陷杭州。

九月　黄巢军占领越州。不久，镇海军将张潾又夺回越州。

十二月　时王仙芝部曹师雄进攻两浙，杭州官吏招集所属八县乡兵各千人以自保。临安人董昌因率“土团”镇压王郢有功，被提拔为石镜镇将。至此，董昌与钱塘刘孟安、阮结、富阳闻人宇，盐官徐及，新城杜稜，余杭凌文举，临平曹信，成为这些乡兵的统帅，“各为之都将”，号称“杭州八都”。临安人钱镠是董昌部下，作战勇敢，被都将提为石镜都知兵马使。同月甲戌，黄巢陷福州，观察使韦岫弃城走。

乾符六年(879 年)

五月　黄巢求天平节度使，朝廷不许。复上表求广州节度使，朝廷以广州市舶宝货所聚，亦不许。九月，黄巢急攻广州，即日陷之，转攻岭南州县。十月，黄巢军在岭南罹瘴疫死者什三四，决定北还。自桂州沿湘江而下，历衡、永州，攻陷潭州，乘胜进逼江陵。

十一月　黄巢北趣襄阳，遭官军埋伏，战败。巢收余众渡江东走，攻陷鄂州外郭，转攻饶、信、池、宣、歙、杭等 15 州，经江西折回浙江，队伍扩大到 20 万人。

僖宗广明元年(880 年)

六月庚寅　黄巢军占领睦、婺二州。

七月　黄巢军一支进入临安境，钱镠率兵阻袭。起义军意在渡江西进，无意周旋，遂退去。

僖宗中和元年(881 年)

正月　朝廷命刘汉宏为越州刺史兼浙东观察使,以防御黄巢军进入浙东。尔后黄巢军撤离浙江,渡长江北上。

六月　鄮人钟李文在明州起事。

八月　董昌率兵从石镜进入杭州。朝廷任命的杭州刺史路审中于赴任途中获知消息,不敢前进,转回长安,于是董昌自称杭州都押牙、知州事,派人向节度使周宝请求认可。周宝无力裁制,只得上表请朝廷授董昌杭州刺史。

九月　唐朝廷诏授董昌杭州刺史,钱镠都知兵马史、太子宾客。是月,浙江各地民众纷纷起事反抗朝廷,临海杜雄攻下台州,永嘉朱褒攻下温州,遂昌卢约攻下处州。

中和二年(882 年)

八月　浙东观察使刘汉宏遣其弟汉宥及部将辛约率兵 2 万屯驻浙江东岸的渡江要地西陵,谋图并吞浙西,并在沿江富阳、鱼浦一带烧杀。杭州刺史董昌派钱镠率军抗拒。钱镠乘雾渡过钱塘江,火烧其营,大败浙东兵,辛约等人逃走。

十月　刘汉宏又派登高镇将王镇率衢、婺等四州军 7 万余人,屯驻浙江沿岸。钱镠又一次乘夜渡江袭击,大败之,王镇逃奔诸暨。

是年　浙东观察使刘汉宏招抚永嘉人朱褒,因奏褒为温州刺史。此后,朱氏兄弟占据温州刺史之位长达 22 年,直至唐末。大顺元年(890 年),褒兄朱诞为温州刺史;乾宁元年(894 年),褒兄朱著为温州刺史;天复元年(901 年),褒再任温州刺史。天复二年四月,褒卒,兄朱敖自为温州刺史。

中和三年(883 年)

三月　刘汉宏分兵屯黄岭、岩下、贞女等三镇及山洞,凡 93 所,皆千余人,谋图大举进攻浙西。钱镠率领杭州八都兵,自富阳袭击刘军,攻破黄岭,生擒岩下镇将史弁与贞女镇将杨元宗。

四月　刘汉宏又屯兵诸暨,仍为钱镠击破,钱镠获粮 2 万余斛。

五月　钱镠破浙东排门军。时刘汉宏遣其将何肃、黄珪等率本道排门军屯于萧山、诸暨等处,钱镠率军攻打,歼万余人,生擒都虞候章公直。

十月　刘汉宏遣其弟汉容与辛约、巴立、李万敌等会温、处等州兵及白丁 10 余万,在萧山西陵集中大量战船,准备夜渡钱塘江。钱镠率军渡江,自新沙出渔浦发动攻击,杀死刘部将何肃、黄珪等人,直趋萧山。二十五日,钱镠亲与刘汉宏战,大破刘军,刘本人换装逃走。二十六日,刘汉宏复遣四万余众迎战,钱镠又破之,杀汉容、辛约、李万敌等人,缴获战舰 500 艘、马 4000 蹄、兵甲万计、俘虏千人。刘汉宏逃往越州。

中和四年(884年)

二月　刘汉宏部婺州镇将王镇逮捕刺史黄碣,投降钱镠。刘汉宏派部将娄赉杀死王镇,代王镇之职。

四月　浦阳镇将蒋环召引钱镠部队合攻婺州,生擒娄赉而还。未几,唐朝廷遣中使焦居璠为杭越通和使,试图调停董昌与刘汉宏之间的战争,但杭、越皆不奉诏。时刘汉宏据越州,复杀钱镠将,密征水师于温州刺史朱褒,褒出水师于望海应之,以史慧、施坚实、韩公玫领之,以图水陆并进。

七月　唐朝廷授钱镠国子祭酒兼御史大夫,右千牛卫将军。

是年　余杭镇史陈晟驱逐睦州刺史柳超,自领州事,唐朝廷因而任命陈晟为该州刺史。

僖宗光启二年(886年)

十月丙辰　杭州刺史董昌攻越州,浙东观察使刘汉宏奔于台州。

十一月丙戌　钱镠亲率师至曹娥埭,破韩公玫,因与朱褒遇,水兵战棹皆焚而溺之。镠攻克越州后,刘汉宏逃往台州。

十二月丙午　台州刺史杜雄诱捕刘汉宏,送交钱镠,钱镠斩之于会稽市。董昌从杭州移镇越州,自称知越州军府事,以杭州委钱镠治理。时浙西节度使周宝承制,以钱镠权知杭州军州事,兼杭、越管内都指挥使,未几,授检校工部尚书。

光启三年(887年)

正月辛巳　朝廷正式任命董昌为浙东观察使,钱镠为杭、越管内都指挥使、左武卫大将军、充杭州刺史。

三月壬辰　润州客司军将刘浩逐节度使周宝,出于毗陵,推度支催勘使薛朗为主,并焚毁其城。五月,钱镠命安东都将杜稜、浙江都将阮结、靖江都将成及率兵讨伐薛朗。六月,成及破润州兵于阳羡(今江苏省宜兴县南),获战船800艘。九月,成及等复败敌于禹城,浙师遂进围常州。是月,唐朝廷加钱镠检校户部尚书。

十月甲寅　浙师陷常州,成及等迎周宝归杭州,钱镠具礼郊迎之。

十二月癸巳　江西饶州刺史陈儒陷衢州。乙未,越州升格为威胜军。董昌任该军节度使。丙申,阮结等克润州,刘浩遁,擒薛朗而还。

是年　钱镠辟罗隐为钱唐令。

光启四年,僖宗文德元年(888年)

正月丙寅　钱镠斩薛朗于杭州。同月,钱镠命修筑嘉兴城,以固封守。

三月　唐昭宗即位,诏封钱镠检校司空。

七月七日　钱镠新修钱氏九州庙成,位于临安县西九州山。

九月　钱镠命从弟銶率兵讨徐约于苏州。约尝随黄巢起义,后降。光启三年四月,逐苏州刺史张雄，遂据苏州，唐以为苏州刺史。至是，钱镠遣师讨之。

昭宗龙纪元年(889年)

三月　钱球师破徐约于苏州，约奔入海，中箭而死。钱镠命昌都将沈粲权知苏州事。

四月丁丑　命筑安众营于临安。

七月　唐敕复置杭州防御使，授钱镠金紫光禄大夫、检校司空、本州防御使。

十二月　淮南孙儒遣其将刘建封率众攻陷润州，成及奔归杭州。

昭宗大顺元年(890年)

七月　杨行密将李宥陷苏州。沈粲奔归杭州，钱镠以其失地，将欲诛之，沈粲遂奔于淮南孙儒。

八月　唐朝廷加钱镠吴兴郡开国男。

闰九月　钱镠筑杭州新夹城，环包氏山，洎秦望山而回，凡50余里，皆穿林架险而版筑焉。镠尝亲劳役徒，因自运一甓，由是骖从者争运之，役徒莫不毕力。

十二月　唐朝廷遣使高品、王思诲赐钱镠官诰，加检校司空、同平章事。

大顺二年(891年)

正月　钱镠出师阻孙儒军南进。先是，孙儒陷苏州，欲乘胜图杭州，钱镠出舟师以御之，儒遂绝南进之望。

七月壬戌　杜稜奉钱镠命修筑东安城。钱镠以淮人数侵边境，命筑城以巩固北边。稜乃相险易，度支用，因山为城，环地为池，越10月而事讫。城在新登县东南，又曰杜稜城。

十二月　钱镠再次遣师攻陷苏州。

昭宗景福元年(892年)

二月　钱镠以从弟球为苏州招缉使。

四月乙酉　唐朝廷升杭州为武胜军，以钱镠为本军防御使。

六月　钱镠出师会宣州杨行密，共败孙儒于宣城。平定孙儒后，其将卒多奔浙西，钱镠爱其骁勇，以其降卒隶中军，建立武勇都，倚为腹心。武勇都的建立改变了钱镠军队的构成，提高了两浙军队的战斗力，并成为钱镠东征越州、北抗淮南、统一两浙、建国吴越的主力部队。但武勇都其后亦两次发动叛乱，几使后来钱镠建立的吴越覆国。

十一月　王坛攻陷婺州，刺史蒋环逃奔越州。明州刺史钟文季卒，部将黄晟自称刺史。

景福二年(893年)

五月　范晖弃福州城逃跑，董昌所发浙东兵还归。先是，王彦复、王审知攻福州，时范晖据福州，求救于威胜军董昌，昌发温、台、婺州兵5000救之。

闰五月　唐朝廷授钱镠本军团练使、苏杭等州观察处置使，进封彭城郡开国侯、食邑

700户。

七月丁巳　钱镠率十三都兵(原杭州八都外,再加上紫溪、保城、龙通、三泉、三镇五都)及役徒20余万众,新筑杭州罗夹城。自秦望山起,由夹东沿钱塘江岸直到钱塘湖、霍山、范浦一带,周长70里。南门曰龙山,东门曰竹车、南土、北土、保德;北门曰北关;西门曰涵水、西关。城中又有门曰朝天门、曰炭桥新门、曰盐桥门,后废。

九月丁卯　朝廷任命钱镠为镇海军(领润、常、苏、湖、杭、睦6州)节度使、浙江西道观察处置使等,兼润州刺史。

十一月　杭州罗城成,自七月迄今,凡历五月而毕功。经纬罗城,罗隐与有力焉。

昭宗乾宁元年(894年)

二月　钱镠命成及权苏州刺史。三月,唐朝廷授钱镠自光禄大夫、检校司徒、进充本道营田、招讨、盐铁、制置、发运使等。五月,唐朝廷遣使授镇海节度使钱镠开府仪同三司、同中书门下平章事。六月,唐敕使赐钱镠私门立戟。

十二月　董昌求封越王,朝廷不许。昌不悦曰:"朝廷负我矣。我累年贡献无算,而惜越王邪?"吏民遂有怂恿董昌称帝者。

乾宁二年(895年)

二月辛卯　威胜军节度使董昌自称皇帝,建元"顺天",国号"大越罗平",令群下谓己曰"圣人"。董昌移书钱镠,以钱镠为两浙都指挥使。钱镠遗昌书曰:"与其闭门作天子,与九族百姓俱陷涂炭,岂若开门作节度使,终身富贵邪?及今悛悔,尚可及也。"昌不听。钱镠乃将兵3万,诣越州城下。昌惧,致犒军钱200万,执首谋者吴瑶及巫觋应智等数人于镠,且请待罪天子。董昌将都指挥使马绰(余杭县人)、指挥使骆团出降于镠。镠迎兵还,以状闻于朝。是月,唐朝廷进封钱镠开国公、食邑1000户。

四月　唐廷以董昌有贡输之勤。谓其日前所为,类得心疾,诏释其罪,纵归田里。淮南节度使杨行密欲存董昌以制钱镠之后,亦遗书于钱镠,称"昌狂疾自立,已畏兵谏,执送同恶,不当复伐之"。又遣使上奏,谓昌已改过,宜释之。钱镠欲乘机并董昌,于是上表谓董昌僭逆,不可赦,请以本道兵讨之。

五月　朝廷诏削董昌官爵,委钱镠讨之。

六月庚寅　朝廷以钱镠为检校太傅、彭城郡王兼浙江东道招讨、制置、两浙盐铁发运使等。钱镠再次发兵击董昌。董昌向淮南节度使杨行密求救。

九月　杨行密遣泗州防御使台濛攻苏州,以救董昌。且向唐朝廷上表称昌引咎,愿修职贡,请复官职。

十月　淮南杨行密派遣宁国节度使田頵、润州团练使安仁义攻杭州镇戍,以救董昌。董昌派其镇守湖州的部将徐淑与杨行密部将魏约合兵围嘉兴。钱镠派武勇都指挥使顾全武(越州余姚人)领兵救援嘉兴,攻占乌墩、光福两要塞。

十一月　衢州刺史陈儒卒,弟岌代之。

十二月　唐朝廷加镇海节度使钱镠兼侍中。

是年　钱镠奏封胥山子胥祠为惠应侯。又奏乞追封临安县晋虞府君为济安侯。镠复余杭大涤山天柱观，以上清道士闾丘方远等30余人焚修于此。天柱山旧观，创于唐弘道元年(683年)。中宗时赐庄一所，又辟阔之。后渐寥落，道流困穷，二时不办，香灯竟岁全无。至是，钱镠命建殿堂，改观南向，以上清道士闾丘方远等人焚修于此。

乾宁三年(896年)

正月辛未　安仁义率水军到湖州，准备渡钱塘江救董昌。钱镠派武勇都指挥使顾全武、都知兵马使许再思守西陵，安仁义军不得渡江。董昌派部将汤臼守石城，袁邠守余姚。是月，唐朝廷授钱镠将镇海军水陆都指挥使，费州刺史高彦，诸军应援使、夷州刺史沈夏，并检校司空。高彦、沈夏，俱海盐人，归服钱镠。

二月戊辰　顾全武、许再思败汤臼于石城。唐昭宗准杨行密之请，赦董昌，复其官爵。钱镠不从。

三月己酉　顾全武攻余姚，明州刺史黄晟遣兵助之。董昌遣其将徐章率军救余姚，被顾全武军击溃，徐亦被俘。

四月　杨行密淮南兵与钱镠镇海兵战于皇天荡。镇海兵不利，杨行密遂围攻苏州。钱镠与洪州钟传、鄂州杜洪畏杨行密之强，皆求援于朱全忠。全忠遣许州刺史朱友恭将兵万人渡淮，听以便宜从事。董昌使人觇钱镠兵，有言其强盛者，辄怒斩之；言兵疲食尽则赏之。戊寅，袁邠以余姚降于钱镠。顾全武、许再思进兵至越州城下。

五月　董昌出战而败，婴城自守。顾全武等围之。昌始惧，去帝号，复称节度使。钱镠遣董昌故将骆团欺昌云："奉诏令大王致仕归临安。"昌乃送牌印出居清道坊。己亥，顾全武遣武勇都监使吴璋以舟载昌如杭州，至小江南斩之，并其家200余人，宰相李邈、蒋环以下百余人钱镠传昌首于京师，散金帛以赏将士，开仓以赈贫乏。

八月　唐朝廷加钱镠检校太尉、兼中书令，加食邑1000户，实封100户，赏平董昌之功也。

十月　钱镠令两浙吏民上表，请以镠兼领浙东。朝廷不得已，以钱镠兼任镇海、威胜两军节度使。钱镠自此跨有浙东、西。丙子，威胜军改名镇东军，仍以钱镠为节度使。进杜棱两浙诸军都指挥使、行军司马。

十一月　湖州刺史李师悦求旌节。唐朝廷诏置忠国军于湖州，以师悦为节度使。赐告身旌节者未入境，师悦卒。杨行密表师悦子、前绵州刺史彦徽知州事。淮南将安仁义攻浙东婺州，婺州刺史王坛坚壁固守。

是年　僧贯休投诗贺钱镠。贯休(832—912年)，唐末五代初卓越的书画家和诗僧，世称禅月大师。

乾宁四年(897年)

正月　钱镠使行军司马杜棱率兵救婺州。安仁义移兵攻睦州，夜遭大风雨，部众惊扰，于是撤去。

四月辛亥　钱镠派顾全武等将兵3000，自海道救嘉兴。己未，至嘉兴城下，击淮南兵，大破之。癸亥，复破其18营，俘虏杨行密部属魏约及士兵3000余人。顾军乘胜进攻田頵军于驿亭埭。甲戌，田军自湖州奔还，又为浙兵追败之，歼其众千余人。

六月己酉　钱镠到越州，正式接受镇东军节度使节钺。去年十月，钱镠已受敕命，以浙西战事紧张，至是方赴镇受职。

七月庚寅　钱镠自越州返回杭州，称越州为“东府”。镠又遣顾全武取苏州。乙未，拔松江。戊戌，拔无锡。辛丑，拔常熟、华亭。

八月　朝廷赐钱镠金板，免其九死，子孙三死，或犯常刑，所司不得加责。是月，敕封胥山惠应侯为吴安王。

九月　湖州刺史李继徽以州附杨行密，其众不服，部将沈攸以湖州归附钱镠。钱镠亲征湖州，收李继徽家属200余人而还。钱镠自此遂有湖州，并命海昌镇将高彦为湖州制置使。李继徽逃奔杨行密。顾全武进攻苏州。唐廷封钱镠为吴王。

十一月丙子　钱镠陷台州。

乾宁五年，昭宗光化元年(898年)

正月　两浙钱镠、江西钟传、武昌杜洪等皆遣使至唐廷，请以朱全忠为都统，讨杨行密。唐廷诏不许。

二月　钱镠请求朝廷把镇海军治所自润州移到杭州，朝廷许之。

三月　淮南将周本救苏州。两浙将顾全武击破之。淮南将秦裴以兵3000人拔昆山而戍之。

九月　婺州刺史王坛派兵攻东阳。钱镠想要与民休息，派使臣劝谕之，王坛不从。顾全武攻苏州。城中及援兵食皆尽。甲申，淮南所署苏州刺史台濛弃城逃走。援兵亦遁。全武再攻昆山，城坏食尽，秦裴降钱镠。苏州平。

闰十月　钱镠以其将曹圭为苏州制置使，并遣王球攻婺州。

十一月　衢州刺史陈岌请降于杨行密，钱镠使顾全武率军讨伐。

十二月　杨行密遣还陈岌归两浙，以易魏约等，钱镠许之。

是年　武义县乡民任留主持开凿长安堰，该水利工程位于县西2里湖山潭上，其下分而为三山堰、中堰、曹堰。溉田万余亩。

光化二年(899年)

正月　顾全武在龙丘大败陈岌。

四月　敕升杭州为大都督府。是月，杨行密派康儒等率军援救东阳王坛。钱镠派部将方密、罗聚等率援军到婺州及兰溪、义乌等县。

五月　康儒军败两浙军于龙丘，遂取婺州。

光化三年(900年)

三月　两浙兵败康儒军于轩渚,遂绝其粮,康儒等由清溪而遁。

五月　唐朝廷敕遣中使王金峰赍诏封钱镠为南康王,加食邑1000户,实封100户。钱镠上表陈让。

八月庚申　杭州有龙斗于浙江(按:此指飓风),因过于杭州郛郭,水溢,坏民庐舍,或吸居人,浮空而去,数里方堕,亦有死者。

九月　钱镠浙兵克婺州,王坛逃奔宣州。辛卯,钱镠亲自巡视婺州,命浙西营田副使沈夏权婺州刺史。壬辰,钱镠至东阳,处死东阳镇将王永。甲午,钱镠又至衢州,陈岌投降,钱镠以岌为浙东安抚副使,并命顾全武权知衢州事。

十一月己酉　钱镠葬其父宽于安国县(即今临安)锦北乡清风里。宽卒于乾宁二年四月。

是年　桐庐县自睦州割隶杭州,杭州辖境扩大。

昭宗天复元年(901年)

二月　钱镠归巡衣锦营,大会故老宾客,山林树木皆覆以锦幄,表衣锦之荣也。命指挥使陈章为衢州制置使。

四月丁丑　钱镠亲巡越州,时越州号为东府。

五月　唐廷敕钱镠守侍中,进封彭城王,加食邑1000户,实封100户,仍升钱镠所居衣锦营为衣锦城,封石镜山为衣锦山,大官山为功臣山。

八月　有人向杨行密报告说钱镠被盗匪杀死,于是杨行密遣步军都指挥使李神福等率军攻杭州。两浙将顾全武等列阵八寨以抵御之。

十月　李神福大败顾全武,斩首5000级,生擒全武。神福遂进攻临安,两浙将秦昶率部3000人投降。

十二月　李神福知钱镠死讯系谣传,且临安城池坚固,久攻不下,欲归恐为钱镠邀击。乃遣人守卫钱镠祖考墓地,禁樵采,又使顾全武通家信。神福于要路多张旗帜,虚张声势。钱镠以为淮南兵大至,遂请和。神福受镠犒赂而还。

天复二年(902年)

三月癸丑至乙卯　浙西降大雪,深过1丈,雪气如烟而味苦。

四月　杨行密放顾全武归杭州,交换被俘部将秦裴,钱镠大喜,遣裴还。

五月庚戌　温州朱褒卒,其兄朱敖自称刺史。唐昭宗进封镇海、镇东节度使、彭城王钱镠为越王。

八月　两浙武勇都叛乱。

九月　或劝钱镠渡江保越州,以避徐、许之难,杜建徽等叱之。镠以其子传璙为人质,与顾全武一起去广陵向杨行密求援。顾全武至广陵,说杨行密曰:“使田頵得志,必为王患,王召頵还,钱王请以子传璙为质,且求婚。”行密许之,以女妻传璙。

十一月　田頵急攻杭州，仍具舟，将至西陵渡江，钱镠遣其将盛造、朱郁拒破之。

是年　有白乌栖于安固县之集云山，事闻于朝，诏改安固为瑞安县，此为瑞安县改今名之始。

天复三年(903年)

四月　知温州事丁章为木工李彦所杀，其裨将张惠据温州。

是月　钱镠筑婺州城。

七月　睦州刺史陈询叛钱镠，发兵攻婺州兰溪县。钱镠派部将方永珍击之。

九月　田頵与安仁义举兵叛杨行密。淮将李神福破田頵军于皖口，获徐绾，行密以槛车载之，遗钱镠。

十月　杨行密求兵于钱镠。镠遣方永珍屯润州，从弟镒屯宣州，又遣指挥使杨习代永珍攻睦州。

十二月　田頵兵败被斩。初，頵每战不胜，辄欲杀钱传瓘，其母及宣州都虞候郭师从常保护之。頵败，传瓘归杭州，钱镠以师从为镇东都虞候。

昭宣帝天祐元年(904年)

三月　杨行密遣返钱传璙及其妇、并顾全武归钱塘。

闰四月　镇海、镇东节度使、越王钱镠求封吴越王，朝廷不许。朱全忠为之言于执政，乃更封吴王。

八月壬寅　朱全忠遣人杀唐昭宗。

十一月　钱镠潜遣衢州罗城使叶让杀刺史陈璋，事泄。

十二月　衢州刺史陈璋斩叶让而叛降于杨行密。

天祐二年(905年)

正月　两浙兵围陈询于睦州。杨行密遣西南招讨使陶雅将兵救陈询。钱镠遣其从弟镒及指挥使顾全武、王球御淮南军，为雅所败，俘获镒及球等人以归。

四月　淮南将陶雅会合衢州、睦州兵攻婺州，钱镠使其弟镖将兵救援。

八月　处州刺史卢约派其弟卢佶率军攻陷温州，张惠奔福州。

是月　钱镠遣方永珍救婺州。

九月　淮南将陶雅、陈璋攻克婺州，执刺史沈夏以归。杨行密以雅为江南都招讨使，歙、婺、衢、睦观察使；以璋为衢、婺副招讨使。璋攻暨阳，两浙将方习败之。习进攻婺州。

十一月庚辰　杨行密卒，以其长子杨渥为淮南节度使、东南诸道行营都统、兼侍中、弘农郡王。

十二月　陈询不能守睦州，为两浙兵所逼，奔于广陵。江南都招讨使陶雅入据其城。

天祐三年(906 年)

正月　淮南宣州观察使王茂章率众奔两浙,陶雅畏茂章断其归路,引兵还歙州。钱镠复取睦州,镠以茂章为镇东节度副使,更名景仁。庚辰,钱镠至睦州。陈璋闻陶雅归歙州,自婺州退保衢州。两浙将方永珍等取婺州,进攻衢州。

三月　钱镠命浙西营田副使马绰权睦州刺史。

八月　两浙兵取衢州。至此,睦、婺、衢三州归属钱镠。

九月　钱镠命方永珍为衢州制置使。

十一月　湖州刺史高彦卒,子澧代之。

是月　敕命钱镠本道建三代私庙。

十二月乙酉　钱镠表荐行军司马王景仁,诏以景仁领宁国节度使。

闰十二月　钱镠命弟镖为婺州制置使。

五代十国

后梁太祖开平元年(907年)

三月　吴王钱镠派其子传瑮(元瑮)、传瓘(元瓘)率军讨伐温州卢佶。

四月戊午　攻克温州,斩卢佶而还,钱镠以都监使吴璋为温州制置使,命传瑮等移兵讨卢约于处州。甲子,朱全忠即皇帝位。戊辰,改元开平,国号大梁,废唐昭宣帝为济阴王。

五月己卯　后梁太祖朱全忠封钱镠为吴越王。是月,卢约以处州投降吴越。

七月　以吴越王钱镠兼淮南节度使。

十二月　淮南兵攻信州,刺史危仔倡求救于吴越。

是月　筑温州子城,周长3里15步。

开平二年,吴越王钱镠天宝元年(908年)

正月　钱镠遣兵攻打淮南甘露镇,以救信州。

是月　梁敕改临安县为安国县,广义乡为衣锦乡。

六月　梁授钱镠检校太师、守中书令。

八月　因避后梁朱全忠父诚之讳,改新城县为新登县、长城县为长兴县、乐成县为乐清县。

是月　后梁太祖敕改杭州唐山县为吴昌县、台州唐兴县为天台县。又敕升杭州、越州等为大都督府。

是月　钱镠遣宁国节度使王景仁奉表诣大梁,陈进取淮南之策。景仁即茂章,因避梁讳改焉。淮南遣步军都指挥使周本、南面统军使吕师造击吴越。

九月　淮南兵围苏州。吴越将张仁保攻克常州东南、太湖之滨的东洲,淮南兵死者万余人。淮南以池州团练使陈璋为水陆行营都招讨使,帅柴再用诸将救东洲,大破仁保于鱼荡,复取东洲。

十月　梁太祖从吴越王钱镠请求,以亳州团练使寇彦卿为东南面行营都指挥使,击淮南。

十一月　寇彦卿出兵接连失利,遂引兵归。

是年　吴越自建元天宝,前此犹用唐天祐年号。

开平三年,吴越王钱镠天宝二年(909年)

四月　淮南兵围苏州。辛亥,吴越兵内外合击淮南兵,大破之。

五月甲寅　钱镠亲巡苏州。丁巳，明州刺史黄晟卒。晟乃明州鄞县人，在明州任内18年，至是卒，遗疏不请以子为嗣，钱镠叹其忠顺。辛酉，钱镠自苏州至越州。辛巳，钱镠又至明州，命城定海镇。

六月壬寅　钱镠发明州。戊申，自越州至杭州。

七月　信州危仔昌为其下应淮人而叛，遂奔吴越。钱镠以为淮南节度副使。

闰八月　后梁太祖下诏设置明州静安县，今定海县是也。

十月　湖州刺史高澧性凶忍，尝召州吏议曰："吾欲尽杀百姓，可乎?"吏曰："如此，则租赋何从出？当择可杀者杀之耳。"时澧纠民为兵，有言其咨怨者，澧悉集民兵于开元寺，给云犒享，入则杀之，死者逾半；在外者觉之，纵火作乱。澧闭城大索，凡杀3000人。吴越王镠欲诛之，戊辰，澧以州叛附于淮南，举兵焚义和临平镇，镠命指挥使钱镖讨之。

十二月甲戌　罗隐卒。罗隐(833—909年)，原名横，字昭谏，新城(今杭州富阳新登)人。以貌陋，应十举不中。乃愤而改名隐，自号江东生。光启三年(887年)返钱塘投靠雄踞东南的钱镠，对吴越国的建立和杭州城的扩建，都有重要影响。

是年　钱镠命改明州鄮县为鄞县，又命凿安吉县四龙湖。后百济王甄萱遣使使吴越，其船为新罗将王建攻夺。

开平四年，吴越王钱镠天宝三年(910年)

正月　吴越葬罗隐于杭州钱塘县定山乡居山里，沈崧为作墓志铭。

二月　高澧求救于吴，吴常州刺史李简等将兵应之，湖州将盛师友、沈行思闭城不纳；澧帅麾下5000人逃奔淮南。

三月癸巳　吴越王钱镠巡湖州，以钱镖为刺史。

五月　钱镠奏请改西府(杭州)富阳县为富春县、东府(越州)暨阳县为诸暨县、处州松阳县为长松县、婺州浦阳县为浦江县。原因是原县名中有杨谐音字，而钱镠憎恶淮南杨氏。

八月　钱镠调集大批民工修筑捍海石塘，广杭州城，大修台馆。由是钱唐富庶，盛于东南。钱镠命人"运巨石盛以竹笼"，在离岸2丈9尺的地方打下6层木桩以捍之，创造了"石囤木桩法"这一中国古代海塘建筑技术史上具有重要突破意义的新技术，即编竹为笼，笼内装石，积叠为堤，再在其堤外"又植大木十余行，谓之滉柱"，石塘因此维护益固。钱镠修建的这条捍海石塘十分坚固，直到300多年后的南宋嘉熙年间才再次被潮水冲溃。此外，钱镠还修建龙山、浙江两座水闸，以遏制钱塘江潮灌入内河。又凿平钱江中大石，开通航道，以利海运。

十月戊寅　钱镠亲巡衣锦军，制《还乡歌》曰："玉节还乡兮挂锦衣，碧天朗朗兮爱日晖。功臣道上兮列旌旗，父老远来兮相追随。家山乡眷兮会时稀，今朝设宴兮觥散飞。斗牛无孛兮民无欺，吴越一王兮驷马归。"

是月　钱镠给梁太祖朱温上《筑塘疏》，其谓："为筑塘御潮请复古基以卫民生。窃惟：江水之源，自衢、婺、睦州各道，汇入富春，奔腾而入；潮汐由杭州之盐官、秀州之海盐各路，汇入鳖子门而入。每昼夜两次冲激，岸渐成江。近年以来，江大地窄。……海飓大作，怒涛掀簸，堤岸冲啮殆尽。自秦望山东南十八堡，数千万亩田地，悉成江面。民不堪命，群诉于臣。臣目击平原沃野，尽成江水汪洋。虽承干戈扰攘之后，即兴筑塘修堤之举。……经始于开平四年八月，竣事于是年十月，功成计费十万九千四百四十缗，堤长三十三万八千五百九十三丈，以御海涛，外加土塘，内筑石堤……”

后梁太祖乾化元年，吴越王钱镠天宝四年(911年)

正月丙戌　日食。

四月　后梁制命钱镠守尚书令兼淮南、宣、歙等道四面行营都统，增食邑2000户，实封100户。敕遣刑部侍郎李光嗣建钱镠生祠于衣锦军，敕翰林学士李琪为碑文。

五月　钱镠命筑松江南北二城锁栅毕，备设险故也。

七月　后梁敕命淮南、两浙幕府将吏500人并赐赞政安国功臣。

十月辛亥朔　钱镖杀都监潘长(一作潘良)、推官钟安德，奔于吴。

乾化二年，吴越王钱镠天宝五年(912年)

闰五月朔　日食。

六月戊寅　后梁朱友珪弑朱全忠于洛阳。辛巳，自即皇帝位。

七月甲寅　后梁加吴越王钱镠尚父。

八月己丑　钱镠城西陵。增广牙城。

后梁末帝乾化三年(913年)

二月庚寅旦　后梁左龙虎统军、侍卫亲军都指挥使袁象先等帅禁兵杀朱友珪，均王朱友贞即位于大梁。敕遣供奉官杨彦宾来吴越宣谕。

三月　吴行营招讨使李涛率众2万出千秋岭，攻吴越衣锦军。吴越王钱镠以其子湖州刺史传瓘为北面应援都指挥使以救之。四月，吴军大败，虏李涛及士卒3000余人以归。

五月　吴遣宣州副指挥使花虔将兵会广德镇遏使涡信屯广德，将复寇衣锦军。吴越钱传瓘就攻之。

六月　吴越钱传瓘拔广德，虏花虔、涡信以归。

九月　吴越王钱镠遣其子传瓘、传璙及大同节度使传瑛攻吴常州，受到吴军夹攻，吴越大败。

是年　钱镠不再自建年号，改用后梁纪元。直至后唐革命，复自立正朔。

乾化四年(914年)

六月　后梁制授钱元瓘开国侯。

七月　广帅刘岩遣供军巡官陈用拙奉礼币，请兄事于吴越，钱镠许之。

九月　钱镠命子元瓘率兵攻常州无锡县，获将卒500余人而还。

是年　改温州横阳县为平阳县，此平阳改今名之始。

后梁末帝贞明元年(915 年)

正月甲午　钱镠亲巡衣锦军。

二月　后梁末帝以钱镠子传珍为驸马都尉。

闰二月己亥　钱镠自衣锦军返回钱塘。

十月　吴越王钱镠遣滕彦休通聘于契丹。

贞明二年(916 年)

五月　钱镠派浙西安抚判官皮光业向后梁进贡。由于淮南与后梁为敌,皮光业只得绕道今福建北部、江西、湖南、湖北等地,辗转千里至大梁。光业,皮日休之子。

六月　钱镠复遣滕彦休通聘于契丹。

七月　后梁末帝嘉吴越王钱镠贡献之勤,壬戌,加镠诸道兵马元帅。朝议多言镠之入贡,利于市易,不宜过以名器假之。翰林学士窦梦征执麻以泣,坐贬蓬莱尉。

十二月　吴越王钱镠子传珦娶王审知次女,自是吴越与闽通好。

是月　钱镠命其弟铧率官吏、僧众诣明州鄞县阿育王寺,迎释迦舍利塔,归于杭州,仍建浮图于城南以致之。浮图凡 9 层 8 面,高 370 尺,中外皆通旋绕。

贞明三年(917 年)

十月己亥　加吴越王钱镠天下兵马元帅。

贞明四年(918 年)

三月　吴越王镠初立元帅府,置官属。

十一月　吴军攻克虔州。先是,钱镠常自虔州入贡后梁,至是道绝,改走海道,从浙江乘海船至山东登州、莱州,再转陆路至开封。

贞明五年(919 年)

三月　后梁诏命钱镠大举讨淮南。钱镠以子传瓘为诸军都指挥使,率战舰 500 艘,自东洲击吴。四月,吴兵大败。传瓘俘吴裨将 70 人,斩首千余级,焚战舰 400 艘。

六月　吴人败吴越兵于沙山。

七月　吴越王钱镠遣钱传瓘将兵 3 万攻吴常州,徐温率诸将拒之,右雄武统军陈璋以水军下海门出其后。壬申,战于无锡。吴越兵乱,遂大败,斩首万级。

八月　吴徐温遣使以吴王书归无锡之俘于吴越;吴越王钱镠亦遣使请和于吴。自是吴国休兵息民,30 余州民乐业者 20 余年。吴王及徐温屡遗吴越王镠书,劝镠自王其国;镠不从。

九月丙寅　后梁命吴越王钱镠讨刘岩。镠虽受命,竟不行。

贞明六年(920 年)

七月　钱镠子传懿为婺州刺史。

十二月　吴越王镠遣使为其子传琇求婚于楚,楚王马殷许之。

后梁末帝龙德元年(921 年)

三月　吴人归吴越王钱镠从弟龙武统军镒于钱唐,镠亦归吴将李涛于广陵。徐温以涛为右雄武统军,镠以镒为镇海节度副使。

七月　潭州楚王马殷遣掌书记李岘、马匡送女归于钱镠子传琇。

十月　后梁制授钱元瓘检校太傅、同中书门下平章事、充清海军节度使,自是所赐诏书不名。

龙德二年(922 年)

七月　钱镠建天下元帅府于兴国门之右。

是年　吴越割钱塘、盐官二县各半置钱江县,又以富春县长寿、安吉二乡入钱江县。

龙德三年,后唐庄宗同光元年(923 年)

二月　梁册命吴越王钱镠为吴越国王。丁卯,镠始建国,仪卫名称多如天子之制,谓所居曰宫殿,府署曰朝廷,教令下统内曰制敕,将吏皆称臣,唯不改元,表疏称吴越国而不言军。以清海军节度使兼侍中钱传瓘为镇海、镇东留后,总军府事。置百官,有丞相、侍郎、郎中、员外郎、客省等使。

四月　唐庄宗李存勖即皇帝位于魏州。是月,后梁亡。

五月　后唐遣宣谕使、通事舍人吴韬走马自淮甸至杭,赐钱镠名马、玉带、香药等。先是,后梁诏敕不名,至是依前不名,亦曰吴越国王焉,一切典礼如故。

同光二年,吴越王钱镠宝大元年(924 年)

九月　钱镠派使臣向后唐庄宗李存勖贡献方物,请求赐与玉册金印。后唐以后梁所封钱镠官爵封之。

是年　吴越在嘉兴设开元府,辖华亭、海盐二县,开辟慈云岭,建立西关城宇。

是年　孔子四十一代孙孔桧,自阙里来温州,定居于平阳。

同光三年,吴越王钱镠宝大二年(925 年)

十一月　钱镠子传瓘、传璙向后唐进贡锦绮千件和九经书史 423 卷,又贡佛头螺子青一、山螺子青十、婆萨石蟹子四、空青四。

闰十二月　钱镠遣使照会吴国:后唐朝廷沿袭后梁仍封钱镠为吴越国王。吴国统治者认为吴越国与自己的吴国名字相近,地在越而兼有吴国之名,不接纳使臣,并不准吴越国使臣、商旅过境。

后唐明宗天成三年，吴越王钱镠宝正三年(928年)

六月　吴越大旱，蝗虫蔽天而来，白昼变为黑夜，房屋衣帐都为蝗虫充塞。钱镠亲自到都会堂祈祀。

八月　钱镠派袁韬向后唐进贡白银5000两、茶2.7万斤。

天成四年，吴越王钱镠宝正四年(929年)

七月　台州大水，钱镠以军储30万斛救济。

八月　余姚县修舜井，获古佛舍利数十粒，钱镠命迎之，定浮图于城北，一如城南之制。

九月癸巳　准后唐大臣安重诲奏，削去钱镠所受官爵，以太师虚衔致仕，吴越派来的进奏官、使臣、纲吏，尽遭逮捕。镠令其子传瓘上表讼冤，皆不省。初，吴越王镠居其国好自大，朝廷使者曲意奉之则赠遗丰厚，不然则礼遇疏薄。尝遗安重诲书，辞礼颇倨。故安重诲衔恨。

是年　所在地震，有坏庐舍者。

后唐明宗长兴元年，吴越王钱镠宝正五年(930年)

十月　钱镠乘后唐册封闽王的使臣北还之便，请他带去奏表，向后唐明宗李嗣谢罪。于是后唐明宗下诏释放吴越使臣与纲吏。

是年　吴越改台州乐安县为永安县。

长兴二年，吴越王钱镠宝正六年(931年)

三月乙酉　后唐封钱镠为天下兵马都元帅、尚父、吴越国王，并派使臣到杭州传谕：传前命钱镠致仕，乃系宰相安重诲矫制。

是年　钱镠令改衢州龙丘县为龙游县，因丘是墓，不吉利；又改须江县为江山县。

长兴三年，吴越王钱镠宝正七年(932年)

三月庚戌　吴越国王钱镠病死，享年81岁。钱镠第五子传瓘继位，改名钱元瓘，其兄弟名字中的传字也都改为元。钱元瓘宣称遵照钱镠遗命，撤销称国，仍称中原政权的藩镇。命处州刺史曹仲达权知政事。置择能院，掌选举殿最，以浙西营田副使沈崧领之。

四月　免除吴越统治境内荒田租税。

长兴四年(933年)

九月　后唐吏部侍郎张文宝泛海使杭州，船坏，水工以小舟济之，风飘至天长；从者200人，所存者5人。吴主厚礼之，资以从者仪服钱币数万，仍为之牒钱氏，使于境上迎候。

后唐末帝清泰元年(934年)

六月　后唐遣使册封钱元瓘为吴越王。

九月　钱元瓘向后唐进贡白银5000铤、绢5000匹;其弟钱元球等进贡白银7000铤、绢7000匹。

清泰二年(935年)

九月　钱元瓘向后唐进贡锦绮500匹,连金花食器2000两、金绫秘色瓷器200件。

后晋高祖天福二年(937年)

四月　后晋封钱元瓘为吴越国王,仍赐兵马副元帅金印。甲午,钱元瓘即王位,建国之仪一如同光故事,免除吴越境内当年赋税的一半。

十一月　吴越向后晋进贡大排方龙座金腰带1副、御衣13件,祝贺后晋高祖石敬瑭的生日。

天福三年(938年)

三月　钱元瓘将弟弟钱元球同钱元珦一同处死。当初,钱元瓘弟明州刺史钱元珦,曾因骄纵不法,被钱元瓘关押并撤职。钱元瓘最小的弟弟钱元球,数有军功,钱镠在世时赏赐给他兵仗。钱元瓘继位后,钱元球升为土客马步都指挥使兼中书令,增置兵仗多达数千件,国人拥戴,而为钱元瓘所忌。

十月丙戌　钱元瓘向后晋进贡谢恩。贡品包括金器500两、白银1万两、吴越异纹绫8000匹、金条纱3000匹、绢2万段、绵9万两,大茶脑源茶2.4万斤。又贡大排方通犀瑞象腰带1副。

是年　吴越将嘉兴县西的义和镇分出,另设崇德县。同年,建净空院于国城之北山,又建昭庆律寺。

天福四年(939年)

五月　置静海军于温州,从钱元瓘之请。

八月　吴越改处州长松县为龙泉县。后晋以温州为静海军节度,从钱元瓘之请。

九月　升婺州为武胜军,授钱元瓘兄元懿为节度使。

天福五年(940年)

三月　钱元瓘向后晋朝廷奏请设置秀州,嘉兴、海盐、华亭、崇德隶属之。

十月　钱元瓘向后晋进贡金器300两、白银8000两、金条纱500匹、绵5万两。

是年　吴兴、嘉禾大水灾。

天福六年(941 年)

七月甲戌　杭州丽春院火灾,延烧到内城,吴越国库藏几乎全部烧毁。

八月　钱元瓘病重,向内都监章德安(处州人)托付后事。辛亥,元瓘卒。章德安在钱元瓘死后秘不发丧,伏兵杀死内衙指挥使戴恽,逮捕戴所支持的钱弘侑(钱元瓘养子),立钱元瓘子钱弘佐为吴越国王。钱弘佐即王位后,命令免除境内人民 3 年赋税,减除各关口桥梁限制;又令过去隶属于佛道寺观但又纳税者,尽皆免税。

天福七年(942 年)

二月癸卯　钱元瓘葬于国城龙山之南原(今杭州南郊玉皇山下)。1965 年考古发现墓中有石刻星图,星和星之间用线连接,刻工细致,星象位置也相当准确,是中国已发现的最早的古代星图。

十一月　钱弘佐向后晋进贡铤银 5000 两、绢 5000 匹、丝 1 万两,又进细甲弓弩箭、扇子等物;又贡苏木 2 万斤、干姜 3 万斤、茶 2.5 万斤,及秘色瓷器、鞋履、糟姜、细纸等物。

后晋出帝开运二年(945 年)

七月乙巳　时钱弘佐年幼,内衙上统军阚璠弄权。章德辉与阚抗争,被贬到处州;右都监使李文庆不附和阚,也被贬到睦州。

十一月　程昭悦密告钱弘佐,说阚璠、杜昭达谋图拥钱仁俊作乱,因而阚、杜被处死,钱仁俊被撤职并囚禁于东府(越州),阚、杜党羽被处死或流放的达百余人。

十二月乙丑　加封吴越国王钱弘佐东南面兵马都元帅。

是年　吴越建鹫峰禅院于国城之北山,延伏虎光禅师居之。

开运三年(946 年)

十月　钱弘佐向后晋进贡白银 5000 两、绫 5000 匹、脑源茶 3.4 万斤、箭 1 万茎,还有大量苏木、乳香等。又贡金大排方座龙腰带 1 条、御衣 1 袭等,为后晋山帝石重贵祝贺生日。

是月　闽国大乱,南唐军乘机进攻闽国。闽国统治者李达向吴越请求派兵救援。钱弘佐派水丘昭券率军救援,统军张筠、赵承素率军 3 万水陆救援福州,战斗不利,后南唐军内讧攻城不克。

后汉高祖天福十二年(947 年)

三月庚寅　钱弘佐命弟弟弘俶出镇台州。戊戌,吴越又派水军,由余安率领,从海路救福州,与南唐军激战。南唐军大败,擒戮 2 万余众,器械数十万。余安入福州,李达以所控制地区交给余。吴越派鲍修让率部戍守福州,李达入朝杭州,受封兼侍中,被改名为李孺斌,旋又悔惧,仍归福州。

六月乙卯　钱弘佐病死。丙寅,其弟钱弘倧继位。七月,钱弘倧召弟台州刺史弘俶同参相府事。十月，弘俶自台州至。

十二月庚戌　胡进思等人发动兵变，废钱弘倧，立钱弘俶为吴越国王。钱弘倧性明敏严毅，未立时，常以弘佐性宽善，疑掌兵权者难制。即位后便处死杭州枉法官吏数人，又欲逐大将胡进思，终激起兵变。

后汉帝乾祐元年(948年)

三月　胡进思卒。时胡进思屡次请求钱弘俶处死钱弘倧，并派人谋害，均未成。

十一月　钱弘俶下令免除历年赋税尾欠。

乾祐二年(949年)

三月　后汉授钱弘俶东南面兵马都元帅、镇海镇东等军节度使、浙江东西等道管内观察处置兼两浙盐铁制置发运等使、开府仪同三司、检校太师、中书令、杭州越州大都督、上柱国、吴越国王。

四月　杭州城西上清宫火灾。

七月　钱弘俶命弟弘亿为明州刺史。

十月　钱弘俶下令招募农民垦荒，不取租税，一时境内无荒田。

乾祐三年(950年)

十一月　钱弘俶向后晋进贡绫绢2.8万匹、银器6000两、绵5万两、茶3.5万斤、御衣2袭、通犀带与戏龙金带各1围。

后周太祖广顺元年(951年)

正月庚辰　后周太祖郭威下诏：两浙停贡细酒、海味、姜瓜。

三月　后周加封钱弘俶诸道兵马都元帅。

四月　吴越王钱弘俶徙废王钱弘倧居东府(即越州)，为筑宫室，治园圃，娱悦之，岁时供馈甚厚。

是年　杭州建空律寺，舍旧苑为灵芝寺。

广顺二年(952年)

九月　吴越国内禁止酿酒。吴越之禁，自钱氏始。

广顺三年(953年)

二月　湖州所隶建州降卒郑怀嵩等11人以刺史散香于资福寺，遂率其党200余人作乱，即日被镇压。

是年　东阳有大象自南方来，因陷陂湖而被捕获。同年，吴越境内大旱，边境居民有鬻卖儿女者。钱弘俶下令官府拿出粟帛赎回被卖者，归还其父母；又令灾区开仓赈济。

后周世宗显德二年(955 年)

五月　后周世宗柴荣下诏:天下寺院,凡未经赐额者,一律取消。检校杭州寺院,存者凡480 所。

十二月　钱弘俶派元帅府判官陈彦禧向后周进贡。后周世宗柴荣下诏令吴越出兵配合后周进攻南唐金陵。是月,吴越军渡淮。

显德三年(956 年)

二月　后周军队入淮南,南唐静海军制置使姚彦洪率家属军士户口等 1 万余人投奔吴越。癸未,钱弘俶派丞相吴程,原衢州刺史鲍修让、中直都指挥使罗晟等,率军进攻南唐常州。

三月庚戌　吴程军俘获南唐常州团练使赵仁泽等 100 余人,押送杭州。壬子,南唐将领柴克宏援军救常州,大败吴越军,死者万计。吴程逃回杭州,钱弘俶免去其官。乙卯,吴越派去进攻南唐宣州的路彦铢军,攻城不下,听到吴程军战败,也退回吴越境内。

是年　吴越搜捕境内民丁以扩充军队,准备战事。钱弘俶弟钱弘亿谏止。

显德四年(957 年)

八月　后周世宗派使臣尹日就、崔颂从山东登州、莱州乘海船到杭州,赐钱弘俶生辰御服红袍 2 副。

显德五年(958 年)

二月　后周世宗到扬州。钱弘俶进献御衣、犀带,又供给后周军 20 万石稻米,并派邵可迁、路彦铢率战舰 400 艘、水军 2 万人与周军会师。江北诸州略平。

三月　南唐奉表于周,尽献江北地,后周军乃罢。

四月辛酉　杭州城南大火,延烧至内城,官府庐舍几乎尽毁,钱弘俶迁居都城驿。次日天明,火仍未熄灭,将焚烧到镇国仓。钱弘俶亲自带领左右侍从到瑞石山,令随从砍伐树木,以截断火路,火势方灭。是时,被火焚毁者凡 1.7 万家。

是月　吴越向后周进贡白金 1 万两,绫、绢各 2 万匹,答谢周世宗赐国信。闰七月,癸丑,吴越派使臣向后周进贡白金 5000 两、绢 2 万匹、细衣缎 2000 连。八月,吴越向后周进贡白金5000 两、绢 1 万匹。又贡龙舟 1 艘、天禄舟 1 艘,都以白银装饰,贺征讨南唐。十二月,吴越王钱弘俶向后周世宗进贡钱 1000 贯、绢 1000 匹,贺新年。

显德六年(959 年)

二月　钱弘俶派宰相元德昭,宁国军节度使吴延福到开封进贡。

四月　后周世宗下诏把湖州升格为节镇,称宣德军,以钱弘俶弟弘偡为节度使。

六月癸巳　周世宗卒。

宋 代

太祖建隆元年(960 年)

正月　宋太祖赵匡胤授禅,大赦,改元。封周恭帝为郑王,遣使来吴越宣谕。

三月乙巳　宋改天下郡县之犯御名、庙讳者。吴越王钱弘俶避宋宣祖讳,去“弘”字,改名钱俶。丙辰,遣使以御服、锦绮、金帛到汴京祝贺赵匡胤登位称帝。

四月　宋以天下兵马都元帅吴越国王钱俶为天下兵马大元帅。

六月　宋敕升明州为奉国军,授钱俶弟钱亿充本军节度使。

八月庚午　宋帝在广德殿宴请各位大臣,江南、吴越遣朝贡使参加这次宴会。自此以后,江南、吴越使臣来朝,即按此例办理。

是年　改台兴县为天台县。

是年　钱俶请延寿禅师到杭州重建灵隐寺,立石塔四。

建隆二年(961 年)

五月至七月　吴越国久旱无雨。

九月　吴越初榷酒酤。

十二月癸丑　宋廷遣使赐吴越马、羊、橐驼有差。

太祖乾德元年(963 年)

十月丁未　吴越国王钱俶向宋廷进郊祀礼,金银、珠器、犀象、香药皆万计。

乾德三年(965 年)

二月癸卯　吴越向宋廷进长春节御衣、金银器、锦绮以千计。

七月　杭州龙山发现老虎,伤数十人。捕之,逾旬而获。

八月癸卯　重建宝塔寺于杭州城北。

乾德四年(966 年)

九月丙午　宋诏吴越王钱俶立禹庙于会稽。复会稽县五户,管理禹冢,禁止百姓在禹冢内砍柴,春秋二季祠以太牢。

十月癸亥　宋诏诸郡立帝王陵庙,置户有差。

是年　以常山县地置开化场。

乾德五年(967年)

二月　壬申,宋廷敕祀禹祠于东府(今绍兴)。

太祖开宝元年(968年)

三月　宋封钱俶为吴越国王。

十月丙子　吴越王钱俶遣其子钱惟濬到开封朝贡。

开宝三年(970年)

九月　吴越王钱俶派钱惟濬到开封朝贡。

是年　吴越王钱俶在月轮山上建六和塔。智觉禅师延寿始于钱氏南果园开山建塔,因即其地造寺以镇江潮。塔原高9级,50余丈。内藏佛舍利。

开宝四年(971年)

十一月丙申　吴越王钱俶遣镇海、镇东节度使钱惟濬为郊祀到开封朝贡。

是年　吴越废王钱倧死。

是年　置市舶司于广州,后又于杭、明州置司。

开宝五年(972年)

正月丁酉　宋廷禁民间铸铁为佛像、浮屠及人物之无用者。宋太祖虑愚民多毁农器以邀福,故禁之。

六月二十八日　天台山德韶国师圆寂,寿八十二。德韶(891—972年),俗姓陈,处州龙泉人。德韶不仅光大了禅宗法眼宗,培养了永明延寿等高僧,而且为天台宗的重昌做了奠基性工作,促成了中、朝佛教文化的交流,在佛教文化史上有其重要的地位。

十一月一日　吴越王钱俶遣钱惟濬以郊祀到开封朝贡。癸亥,禁释道私习天文、地理。

开宝七年(974年)

五月　宋帝加吴越王钱俶为守太师。赐袭衣、玉带、玉鞍勒马各1事,金器200两、银器3000两、锦绣1000段。

八月戊寅　吴越国王钱俶遣使至开封,向宋廷朝贡。丁亥,宋谕吴越伐江南。

十月甲申　宋以吴越王钱俶为升州东南行营招抚制置使,赐战马200匹,并遣客省使丁德裕率禁军步骑兵1000人,为吴越国军队前锋,且监其军。庚申,钱俶亲率镇国、镇武、亲从、上直等都指挥使王谔等5万余人发兵,助宋攻打南唐。

十二月癸亥　钱俶亲率吴越军队攻拔城寨,杀南唐军2000余人,生擒600余人。辛未,又在常州城北打败南唐万余众。

开宝八年(975年)

四月丁巳　吴越军队攻取江南常州。

五月一日　以吴越国王钱俶守太师、尚书令,益食邑。

七月甲申　诏吴越王班师。

十二月丁卯　吴越王钱俶请以长春节朝觐,宋帝诏许之。

是月　永明延寿禅师圆寂。翌年正月初六塔于大慈山,并竖亭纪念,宋太祖赐其塔额曰"寿宁塔院"。永明延寿(904—975年),俗姓王,字仲元(玄),号抱一子,本籍江苏丹阳,后迁余杭,为五代宋初一代高僧。

是年　吴越王钱俶为庆贺王妃黄氏生子,在南屏雷峰上建塔,称黄妃塔、王妃塔,俗称雷峰塔。

开宝九年(976年)

二月　吴越王钱俶与妻孙氏及其世子钱惟濬等到开封朝见宋帝于崇德殿。先是,宋太祖以钱俶入觐,特遣供奉官张福贵等开古河一道,自瓜州口至润州江口,达龙舟堰,以待钱俶舟楫。

三月　宋命吴越王钱俶剑履上殿,诏书不名。钱俶献白金6万两、绢6万段为谢。甲戌,钱俶离开开封。初,宋太祖赏赐黄袱一束,命其途中启视,皆宋臣乞留钱俶的章疏,钱俶甚感恐惧。

四月丙辰　钱俶回到杭州。

八月一日　吴越国王向宋进射火箭军士。

太宗太平兴国二年(977年)

二月　吴越国遣使入贡宋廷。

三月　宋特授钱俶为尚书令兼中书令,天下兵马大元帅。

五月　钱俶下令悉除百御敌之制,境内诸州城有白露屋及防城物,亦令撤去。

是年　沙门赞宁随吴越王钱俶至开封,宋太宗赐号"通慧大师",敕住左街天寿寺,命修僧史。

太平兴国三年(978年)

三月　吴越王钱俶到达开封,朝见宋太宗赵光义于崇德殿。

五月　吴越王钱俶入表献地于宋,共13州、1军(杭、苏、越、湖、衢、婺、台、明、温、秀、睦、福、处、衣锦),86县。有户550686,兵115036。钱氏据两浙历经五主,逾80余年,至此亡。宋太宗封钱俶为淮海国王。

八月　宋太宗诏令钱俶缌麻以上亲属及管内官吏悉归京师开封,凡舟1044艘。杭州送钱俶乐人凡81人,宋太宗诏以36人还杭州,马迎恩等45人赐钱俶。

太平兴国四年(979年)

是年　改钱江县为仁和县。

太平兴国六年(981年)

四月戊辰　停废湖州织绫务,工20人送京师,女工58人悉纵之。

太平兴国七年(982年)

十二月庚午　宋廷蠲免两浙诸州自太平兴国六年以前欠租及钱俶统治期间无名赋敛。

太平兴国八年(983年)

十二月　淮海国王钱俶三上表乞解天下兵马大元帅、国王、尚书中书令、太师等官。罢元帅名,余不许。

是年　析湖州乌程县地置归安县。

太平兴国九年,太宗雍熙元年(984年)

秋　江南大旱。

十二月庚辰　淮海国王钱俶徙封汉南国王。

是年　宋廷令江、浙、荆湖、广南民输丁钱,以20成丁,60入老,并身有疾废者免之。

雍熙二年(985年)

八月　遣使按问两浙等地刑狱。

九月丙午　免除江、浙诸州人民欠租。己巳,禁海贾。

雍熙四年(987年)

正月己卯　遣使按问西川、岭南、江、浙等路刑狱。

二月丙申　以汉南国王钱俶为武胜军节度使,徙封南阳国王。甲寅,钱俶改封许王。

雍熙年间(984—987年)

遣内侍8人赍敕书金帛,分四路招致海南诸蕃。商人出海外蕃国贩易者,令并诣两浙市舶司请给官券,违者没入其宝货。

太宗端拱元年(988年)

二月庚子　钱俶进封邓王。

八月戊寅　太师、邓王钱俶卒,年六十。追封秦王,谥忠懿。

端拱二年(989年)

八月　先是,宋太宗遣使取杭州释迦佛舍利塔置开封,度开宝寺西北隅地,造浮屠11级以藏之,上下360尺,所费亿万计,前后逾8年。癸亥,开宝寺舍利塔工毕,巨丽精巧,近代所无。开封开宝寺塔由当时著名建筑家喻皓主持修建。喻皓,钱塘人,擅长营造,尤长建塔。所著《木经》一书,为中国古代重要的建筑专著,今已佚。

太宗淳化元年(990年)

二月一日　宋除两浙等诸州渔禁。

四月戊午　建婺州为保宁军节度。

是年　宋诏江南、两浙承伪制重赋流亡田废者,宜令诸州籍顷亩之数,均其赋,减十分之三,以为定制。召游民劝其耕种,给复5年,州县厚慰抚之。

淳化二年(991年)

八月一日　诏两浙诸州,先是钱俶募民掌榷酤,酒醨坏,吏犹督其课,民无以偿,湖州13349瓶,衢州17283瓶,台州1144石,越州2904石7斗,并毁弃之,勿复责其直。

淳化三年(992年)

四月庚午　移杭州市舶司于明州定海县(今宁波市镇海区),以监察御史张肃领之。

八月戊子　宋诏令吴越时杭州百姓2549人共欠息钱68800余贯,一律赦免。

是年　宋太宗诏令吴越将士复本姓,浙中刘氏改为金氏者,亦令还故。先是,武肃王钱镠与战士多赐己姓,钱俶纳土归宋后仍称同宗。

淳化四年(993年)

二月　宋以两浙等地连年旱灾,民多流失,遣使巡抚两浙。

十二月　宋以沿江、沿海多盗,影响漕运,诏以杨允恭督江南水运;又以允恭管理钩稽江淮、两浙都大发运,谋划茶盐。

约是年　宋将两浙市舶司从明州定海重新迁回杭州。

淳化五年(994年)

七月丙寅　诏免除两浙诸州百姓先前欠钱俶时官物,计钱117500缗。

十月　诏改杭州镇海军为宁海军。

太宗至道元年(995年)

是年　宋在杭州设置织务,专门管理与收购本州及附近州县的丝织品。

至道二年(996年)

闰七月庚寅　诏令两浙百姓因负债为奴者,一律释还其家。如胆敢有藏匿者,以法治罪。

九月丙申　诏废衢州治。

至道三年(997年)

十一月二十三日　诏台州天台山有54所寺院,行者每遇承天节与度20人。

是年　宋分天下为15路,浙江属两浙路,治杭州。

真宗咸平元年(998年)

是年　两浙等地大旱。

咸平二年(999年)

三月　两浙等地旱情严重,宋帝派官员前往两浙诸州,发廪粟赈饥民,免除其田租。

是月　福州言两浙伪命首僧2094人,准诏试经合格者给公凭,为僧者不还俗,欲望更不比试,止勘会见在数给公凭,仍旧为僧。宋廷诏从之。

闰三月丙午　诏"江、浙饥民入城池渔采勿禁"。

九月庚子　宋在杭州、明州各置市舶司,听蕃客从便。是月,江、淮、两浙卖茶盐总收钱397万余贯,比旧额增50.8万贯。

十月　以两浙大旱,令官员前往视察慰问,根据灾情轻重,赈济灾民。癸酉,又因杭州旱情严重,诏令免除杭州中等户本年度的丁身钱。

十一月　两浙转运使请出常、润州廪米10万石赈饥民。

是年　改白龙县为松阳县。

咸平三年(1000年)

三月　吏部郎中、直集贤院、知泰州天锡上疏说:两浙今年以来,十之八九的百姓处于饥饿当中。兼之今春仍少雨,浙地种麦亦稀少,使得饥荒疾疫更加严重。越州更甚,萧山县有3000余家逃亡他乡,死损并尽,今已无人生还。其余明、秀等州积尸在外沙及运河两岸也不少。

五月　诏令两浙路州民间经调发及新归业者,一律免除其去年所欠的租赋。天下逃田,乡县失于开破,均税在村保者,即与放免。

七月　宋真宗以两浙饥歉,派官员前往,问民疾苦,梳理狱讼。

咸平四年(1001年)

二月乙卯　盐铁使张雍上奏言:温州板税场吏拖欠高额钱200万。诏令免除。

七月　先是,江、浙、荆湖、广南远地,应强盗及持杖不死者,并部其属至京师,多殒于道路。是月，诏自今止决杖黥面，配所在本城500里外。

咸平六年(1003年)

一月戊午　诏禁江、浙造短狭缣帛。
十一月辛卯　停江、淮、两浙州军配市䌷绢。

咸平年间(998—1003年)

杭州保俶塔重建。

真宗景德元年(1004年)

是年　四明大法师知礼著《十不二门指要》2卷，开明南岳天台所证一心三观之妙。日本国僧寂照赍本国禅师源信所陈经论义目27条，问题于四明法师知礼，受教归国。

景德二年(1005年)

二月　江、浙、荆湖旱，遣使乘传祠其境内山川。
六月　司天言星文有灾，在吴、越之分。诏益升、洪、杭、福州屯兵，令六宅使康继英等4人分任驻泊都监，提举本路诸州兵马巡检事。癸未，诏诸州商税，年额及3万贯以上者，令审官院选亲民官监莅，仍给通判添支。
七月壬申　诏减江、浙等路得替官送还公人数有差。
十一月　江浙稻谷大丰收，谷价低贱，舳舻衔尾，入凑京都。

景德三年(1006年)

二月　诏复置江浙制置茶盐兼都大发运使。都大发运使自至道末省之，及是复置。
六月壬午　诏除两浙州军税鹅鸭年额数。

景德四年(1007年)

是年　改永安县为仙居县。

真宗大中祥符元年(1008年)

九月　全国包括两浙等地粮食大丰收，米斗七八钱。

大中祥符二年(1009年)

二月癸丑　太常博士、知温州李邈言："准诏，禁金银箔线装饰服用之物。伏见两浙僧求匄金银、珠玉，错末和泥以塑塔像，有高袤丈者。毁碎珍宝，寖以成俗。望严行禁绝，违者重论其罪。"从之。
八月　诏杭、明、广州市舶司，自今蕃商赍鍮石至者，官为收市，斤给钱500。以初立科禁也，三司定直，斤止钱200，特增之。

大中祥符三年(1010年)

四月壬子　诏两浙路赴京木筏职员、军士月给缗钱，温、台等州民献木助修玉清昭应宫者，优给其直。

十月　宋廷诏改明州保恩院为延庆院，传十方住持，奉祠山祀典神祇。

大中祥符四年(1011年)

七月一日　诏除两浙诸州五代以来所科的身丁钱。两浙、福建、荆湖、广南诸州循五代旧制输丁身钱，岁凡45万400贯，民有子者或弃不养，或卖为僮仆，或度为释老。

大中祥符五年(1012年)

正月　钱塘江坏堤300余丈，海水直逼杭州城。宋帝令杭州知州戚纶、转运使陈尧佐等策划防治。戚纶等"籍梢楗以护其冲"。

五月　两浙旱灾。真宗以江、淮、两浙路稍旱即水田歉收，乃派使去福建取耐旱的占城稻3万斛分给三路，令农民择地势较高的土地栽种。占城稻开始传入浙江。

是月　诏令杭州吴山庙春秋建道场。

大中祥符六年(1013年)

正月　两浙转运使陈尧佐，言杭、润等州米斗钱六十，盖淮泗不稔，行商贩鬻，致有增价，乞行禁止。诏不许，仍令发廪贱粜，以济贫民。庚申，诏两浙诸州军寺观及民家藏铜像，限两月内陈首，委本处依铜钟磬例勒知州、通判名衔，给令依旧供养。先是，知衢州宋为善言所部民有铜像者，依法区断，其铜像准犯铜例没官。虑伤崇奉之道，而陷刑者众，故条约之。

二月乙酉　诏自今诸寺院童行，令所在官吏试经业，责主首僧保明行止，乃得剃度。

七月癸丑　诏在京诸军选江、淮习水卒于金明池按试战棹，立为水虎翼军，置营池侧。诏令两浙诸州选习水之兵，建立水军。初，太祖立神卫水军，及江、淮平定，不复振举。上以兵备不可废，故复置焉。

是年　重建宁波保国寺大雄宝殿，"昂拱升斗，结构甚奇，为四明诸刹之冠"。该殿后虽历经沧桑，多次修葺，但原制未改，保留至今是中国江南地区最古老、保存最完整的木结构建筑之一。

大中祥符七年(1014年)

五月　杭州钱塘江海水溢堤，威胁杭城安全。发运使李溥、内供奉官卢守勤等用钱氏旧法，"实石于竹笼，倚叠为岸，固以桩木，环亘可七里"，动用数百万工，花了一年多时间才完成钱塘江捍海塘的修筑。

八月乙卯　诏除两浙今年遭灾民户的夏租及承前倚阁、赈贷拖欠者。

大中祥符八年(1015年)

正月　诏令全部免除两浙诸州因民田遭受水灾的民户赋税。

二月　两浙发生饥荒。

是年　大法师遵式讲于天台东掖山12年,至是始西渡,居杭州古灵岩寺,传天台教观。

大中祥符九年(1016年)

二月　诏明州自今有新罗舟船漂泊上岸,据人数给以粮食,给予优抚,待顺风时遣送回国。

三月　遣使巡抚温、处两州,发仓库中公粮周济灾民,并巡视杭州江岸。

真宗天禧元年(1017年)

二月癸巳　婺州民黄衮伐登闻鼓,讼州民袁象家藏禁书,课视星纬,妖妄惑众。诏殿中侍御史王奇,侍禁、阁门祗候李仲乘驿鞫治。象款承与州民童拱、进士吴昌言私课星历,讹言切害,又以术授徐赞、仲严,录事张亶、司理曹允恭尝令课命。诏象、拱、昌言处死,赞、严流海岛,亶、允恭除名,配隶恩、梧州,以衮补三班奉职。

三月丁巳　两浙提点刑狱官员以衢、润二州阙食,官设糜粥,民竞赴之,有妨农事。奏请下转运司2万石赈给,家不得过1斛。

五月　因两浙等地发生旱灾和蝗灾,饥荒严重。诏书常平仓赈济灾民。又诏两浙遭旱民户今年夏税免其折变,就便输送。丙辰,开封府及京东、陕西、江、淮、两浙、荆湖路130州军,并言二月后蝗蝻食苗。诏遣使臣与本县官吏焚捕,每三五州令内臣一人提举之。戊午,知明州刘绰言诸州天庆观圣祖殿,自今请令群官到任、得替泊朔望,并斋戒朝拜奉辞,从之。

六月己卯　根据明州官员奏请,诏永免明州城外濠池及慈溪、鄞县陂湖所纳课额,允许百姓灌溉田地,采摘菱芡。庚辰,发运使言真州等处转般仓及江、浙上供米220余万斛,欲留逐处以济阙乏,从之。

九月甲辰　三司奏请两浙诸路入钱粟买盐者,望依解州课盐例,预给交引付榷货务。俟有商旅算射,即填姓名,州军给付。从之。

十一月　两浙转运使言婺、处等州水田干涸,庄稼割后复生。诏两浙旧放生池废弃的一律加以兴修恢复。癸亥,诏选人本贯江南、两浙、福建者,许去本乡300里外注官。

是年　郡守李夷庚在明州鄞县对东钱湖进行浚治。

天禧二年(1018年)

四月己巳　诏两浙灾伤州军场务亏课者,主典并免科罚。

天禧四年(1020年)

二月一日　以江浙谷贵民饥,命都官前往安抚,发常平仓粟减直出粜以赈济百姓。民有以粮储济众者，第加恩奖。其乏食持杖盗粮者，并减等论罪。丙午，明州言高丽夹骨岛民阏达，以风漂舟至定海县岸。诏本州存问，给渡海粮遣还，自今有此类，准例给遣讫以闻。

四月丙戌　令杭州葺故吴越王钱氏庙，从其孙钱惟演之请也。

七月　判杭州王钦若酒榷增羡、狱空，诏令嘉奖。

九月　王钦若奏请两浙权罢和籴，听商旅人入中。从之。

天禧五年(1021年)

七月　审官院言，京朝官本贯在荆湖、江、浙者，望比类福建、淮南人，许任本路官，从之。

十月一日　诏蠲免两浙水灾州军民租。同月，诏奖淮南、江、浙、荆湖发运使周实，以其自春至冬运上供米凡600余万石。

是年　两浙煮海为盐的有杭州、秀州、温州、台州、明州5处。

真宗乾兴元年(1022年)

正月戊戌　秀州水灾，民多艰食，诏本州秋税钱欠一律免征。

二月癸卯　湖州、秀州暴雨成灾，民田被淹，百姓饥荒，诏出仓库中公粮以赈济灾民。

四月　置杭州清酒务指挥四百人，以隶酒官。酒官旧增取卖酒息钱20缗，雇民充役，于是改募兵士。

五月　诏发苏、湖、秀旁近州民疏导积水，仍令发运使负责其事。不久又遣职方员外郎杨及前往督促。

仁宗天圣元年(1023年)

正月　宋朝惟川峡、广南茶听民自买卖，禁其出境，余悉榷，犯者有刑。两浙则杭、苏、明、越、婺、处、温、台、湖、常、衢、睦12州，岁如山场输租折税，余则官悉市而敛之。两浙岁课127.9万斤。

十月　疏浚两浙运河。

十一月戊戌　诏两浙转运司：自今师巫以邪神为名，屏去病人衣食、汤药，断绝亲识，意涉陷害者，并共谋之人，并比类咒诅律条坐之。非憎嫉者，以违制失论。其诱良男女传教妖法为弟子者，以违制论。和同受诱之人，减等科之。情理巨蠹者，即具案取裁。

天圣三年(1025年)

五月己亥　两浙转运司言林逋有节行，居西湖20余年未尝入城，宋帝令赐隐士林逋粟帛。

九月　罢江浙都大提举捉贼司。

天圣四年(1026年)

二月己未　钱塘江抱余杭县，沿岸设有两个船闸，互相启闭，接纳温州、台州和衢州、婺州来的船只，后潮水冲破北闸，长久没有加以修复。两路船只为此堵塞。辛酉，侍御史方慎言奏请朝廷加以修复。

九月　两浙诸州大水成灾。诏两浙诸州军，对因雨水冲坏民田房屋的百姓由所在官府加以救济安抚。

十月庚辰　明州言日本国太宰府遣人来贡方物，而不持本国表章。诏却之。

是年　宋廷赐天台教部入藏。

天圣六年(1028年)

五月庚戌　以王曾奏请，诏温州等地，每年贡柑不得以贡余为名饷馈近臣，以轻民力。

七月　两浙诸州水灾，坏官民庐舍，诏令遣官员前往受灾县巡视，州军人兵被溺之家，三口以上者给粮二升，不及者半之。无力收敛者，由官府出面收埋。

八月甲戌　淮南江浙荆湖制置发运使、文思使、昭州刺史张纶知秦州。纶天禧末为发运副使，复置盐场于杭、秀、海三州，岁入课350万。居三岁，增上供米80万，为民兴利除害甚众。

十二月　林逋卒。林逋(967—1028年)字君复，钱塘人，少孤力学，好古，通经史百家。性孤高自好，喜恬淡，自甘贫困，勿趋荣利。长期隐居西湖孤山，不仕不娶，以植梅养鹤为乐，世称“梅妻鹤子”。

天圣七年(1029年)

七月　禁两浙诸县镇买扑酒户，因民有吉凶事，辄出引目，抑配沽酒，违者听民告，募人代之。

十月　宋帝闻两浙多载奇花异石送给京城中的官员，且馈赂权贵，诏令江浙制置发运使奏计京师，不准以土物馈送给要臣近官。

天圣九年(1031年)

二月己亥　禁民间造朱红器。

四月　置杭、越、秀三州巡检一员。

仁宗明道元年(1032年)

二月壬子　除明、温、台三州海蛤沙地民税。

三月己亥　除婺、秀州丁身钱。

五月壬午　罢杭州、秀州二地盐场。

明道二年(1033年)

正月己卯　诏淮南、江、浙、荆湖发运司比留上供米赈江、淮贫民，如闻流亡未已，今更以百万斛济之。

二月庚子　诏淮南、江南民被灾伤而死者，官为瘗埋，仍祭酹之。先是，南方大旱，种饷皆绝，人多流亡，困饥成疫气，相传死者十二三，官虽作粥糜以饲之，然得食辄死，村聚墟里几为之空。

七月　据范仲淹言，江、淮诸路，岁以馈粮，于租税之外，复又入籴，两浙一路 70 万石，以东南数路计之，不下 300 万石。

十一月　诏两浙路贫民流移而遗弃幼老不能自存者，由所在官司收养，勿令流离失所。

是年　复天禧元年(1017 年)制，听商人入钱粟京师及淮、浙、江南、荆湖州军易盐。

仁宗景祐元年(1034 年)

正月　民役之重者，自里正岁满为牙前，主典府库，或辇运官物，往往破产。有累世同居，因避役遂离析者。于是，中书议欲稍宽其法。癸酉，命龙图阁待制燕肃、天章阁待制张宗象同三司议，乃吴、越诸路仍旧制，余路募有版籍者为牙前，满三期，罪不至徒，补三司军将，勿复差乡县人。

闰六月一日　诏天下有能告杀人者，赏钱 5 万。赐杭州学田 5 顷。

七月乙巳　钱惟演卒。钱惟演(977—1034 年)，字希圣，杭州人，吴越王钱俶子。博学能文，辞藻清丽。从俶归宋。真宗时，为太仆少卿。仁宗时，拜枢密使。官终崇信军节度使。

九月庚子　诏仲淹复知苏州。初，范仲淹知睦州，不半岁，徙苏州。州比大水，民田不得耕，仲淹疏五河，导太湖注之海，募游手兴作。未就，又徙明州。转运使言仲淹治水有绪，愿留以毕其役。

十月庚申　罢江浙制置发运使。

景祐二年(1035 年)

二月丙寅　免两浙灾伤州军牛税。

十月　诸路岁以缗钱输京师，致四方钱重而货轻。丁卯，诏江东 5 万缗，自今并市䌷、绢、绵；福建、广东各 10 万缗，广西 8 万缗，并市银上供；淮南、湖北各 5 万缗，两浙 5.5 万缗输缗钱如故。

景祐三年(1036 年)

二月　复置杭州、秀州盐场。

四月　杭州暴风雨，钱塘江潮水大溢，冲坏江堤。

六月　诏许越州立州学，仍给田 5 顷。

景祐四年(1037 年)

六月乙亥　杭州大风雨，钱塘江江潮水溢岸，高 6 尺，坏堤千余丈。诏令杭州捍江军士，自今不得用于其他工程。

八月　越州大水，漂溺居民，朝廷诏根据灾情轻重施行救济。

景祐中　转运使张夏发动民工用巨石筑成自杭州六和塔到东青门的12里海塘。

景祐五年、宝元元年(1038年)

八月丁卯　复置江浙制置发运使。

仁宗宝元二年(1039年)

二月　诏许明州立学,仍给田5顷。
三月丁未　范仲淹知越州。兴办府学,又邀当时的著名学者李觏来越州讲学。

仁宗康定元年(1040年)

四月　诏淮南、江、浙州军造纸甲3万,给陕西防城弓手。

康定二年,庆历元年(1041年)

二月　诏两浙等路招置宣毅军,大州两指挥,小州一指挥,为就粮禁军。
五月辛未　以枢密副使右谏议大夫郑戬为资政殿学士、知杭州。

仁宗庆历二年(1042年)

六月　知杭州郑戬发属县丁夫数万人治理西湖,尽辟豪族、僧寺规占之地,民赖其利。杭州西湖灌民田数千顷,吴越国时曾置撩湖兵士千人,日夜开浚。入宋后,稍废不治,葑泥堙塞,兼之豪族、僧寺占冒,湖水益狭。郑戬疏浚西湖,仁宗降诏奖谕,仍命岁常修导。

庆历四年(1044年)

三月　两浙大旱,致使有的地方井泉枯竭、牛畜瘴死、鸡犬不存,百姓饥饿。丙寅,遣内侍诣两浙、江、淮祠庙祈雨。

六月　杭州大风驱潮,钱塘江堤岸土石啮去殆半。知越州杨偕与转运使田瑜急督人徒负土以置断防,卒免垫溺。遂相与议筑堤,条上方略,约工40万计,及籍吏之可使者,以驿闻。诏以堤事付之,兼命通判等分董其役。发江淮南、二浙、福建之兵,调十县丁壮,合5000人,辇石畚土持臿节杵之役相属于数十里之外,方苦盛寒,无一告劳者。

十二月　钱塘新堤成,重修石堤记。

庆历中　布衣毕昇发明活字印刷术。

庆历五年(1045年)

六月　温岭、临海、天台、黄岩等地发生大水,海溢,死人万余。台州被大水冲坏城郭,官署、寺庙、兵室、仓帑财积,化为涂泥。

庆历七年(1047 年)

是年　王安石知鄞县,并试行变法。

庆历八年(1048 年)

是年　王安石以孔庙为学堂,创立鄞县第一所县学,并聘请当时享有盛名的学者杜醇、楼郁等为师。从此明州学风大为改观。

仁宗皇祐元年(1049 年)

正月乙卯　两浙转运司请自今杭州专管勾一路兵马钤辖司事,如本路军人犯法,许钤辖司量轻重指挥,从之。辛酉,诏自今言事者,非朝廷得失,民间利病,毋得以风闻弹奏,违者坐之。殿中侍御史张裪言不当禁谏官,御史风闻言事,不报。张裪,余杭人。

三月　范仲淹奉命移知杭州。

是年　杭嘉湖地区发生严重饥荒,流民遍布。

皇祐二年(1050 年)

三月　两浙大旱,饥荒严重。宋帝诏令两浙流民,不管男女,没法活下去的,允许人们"收养",以后不得复取。

春　范仲淹在杭州"发司农之粟,募民兴利"。这一年,两浙诸州大水成灾,只有"杭州晏然,民不流徙"。

十一月丁酉夜　秀州地震,有声自北起如雷。

皇祐三年(1051 年)

一月　诏两浙水灾州军四等以下户税特与倚阁(缓征)。

八月　遣使安抚两浙饥民。

皇祐四年(1052 年)

二月　湖州大水成灾。庚子,诏蠲湖州民所贷官米 4 万斛。

皇祐五年(1053 年)

五月壬戌　诏杭、郓二州去年秋税已倚阁,其别州军灾伤者,令本路转运司约此施行。

皇祐六年、仁宗至和元年(1054 年)

二月戊午　诏乾元节度僧尼,自今两浙、江南、福建等路,率限僧百人度 1 人,尼 50 人度 1 人,京师及他路僧尼率 50 人;道士及女冠不以路分,率 20 人度 1 人。壬戌,授孙沔资政殿学士、知杭州。浙俗贵僧,或纵妇女与交,沔严察之,杖配者甚众。

仁宗嘉祐二年(1057 年)

九月　梅挚知杭州。临行前,宋仁宗称赞杭州是:“地有湖山美,东南第一州。”

嘉祐三年(1058 年)

是年　明教大师契嵩居杭州灵隐,撰《正宗记定祖图》,至是赍至京师开封,由开封府尹王公素仲仪以札子进上。

嘉祐四年(1059 年)

四月丁巳　诏浙东路越州并兼本路兵马钤辖,就置禁军、驻泊禁军指挥。其新招禁军以威果为额,请受如宣毅例,每指挥毋得过 400 人。浙东路选尝历任武臣一员为兵马都监。并置公廨于本州,以专训练,毋得差出。若招置不足,听拣本路厢军填之。

嘉祐五年(1060 年)

二月丙寅　礼部贡院请增江、浙、福建、川、广诸州军解额凡 135 人。从之。
七月　湖州大水成灾。
七月戊戌　翰林学士欧阳修等上所修《唐书》250 卷。杭州奉旨雕印。

嘉祐六年(1061 年)

七月　两浙大水成灾,民多乏食,往往群辈相聚,操执兵杖,贩卖私盐,以救朝夕,至有与官军拒斗相杀。丙戌,诏两浙路转运使就差本路官根据受水灾居户损失轻重,免其赋租,重视赈济,不要使百姓秋冬缺粮而逃亡他乡。

十月丙戌　诏两浙路安抚、转运、提点刑狱、钤辖司,加强水灾地区的治安工作,在交通、军事要道,相度增置都巡检,以防民变。

英宗治平元年(1064 年)

是年　杭州等地大水成灾。

治平二年(1065 年)

八月三日　都城开封大雨,水泛涨。宰相曾公亮敷陈知杭州沈文通奏天竺看经院观世音菩萨。蒙旨赐曰“天竺灵感观音院”。

治平三年(1066 年)

正月己卯　温州火,延焚官私舍屋 1.4 万间,死者 50 人。

神宗熙宁元年(1068年)

六月辛亥 诏诸路兴水利。

十一月 因明州大旱,鄞县知县张侁发动民工整治广德湖,次年二月完工。筑环湖之堤凡9134丈,其广1丈8尺,高8尺。广倍于旧,而高倍于旧三之二,用民力82792工。工程完成后,田不怕旱,舟不怕涸,鱼雁茭苇、果蔬水产都恢复到历史上最高水平,而其利益及于邻县旁州。

是年 秀州蝗。

熙宁二年(1069年)

五月 台州民延赞等9人,年各百岁以上,并授本州助教。

七月辛巳 宋廷在淮、浙、江、湖六路实行均输法。规定凡籴买、税敛上供之物,就近、就贱收购,使商贾不得擅轻重敛散之权。壬午,赈恤被水州军,仍蠲竹木税及酒课。

八月癸卯 因反对王安石变法,侍御史刘琦贬监处州盐酒务,御史里行钱顗贬监衢州盐税。

是年 命尚书都官郎中沈衡鞫前知杭州祖无择于秀州,内侍乘驿站追逮。命崇文院校书张载鞫前知明州、光禄卿苗振于越州。

熙宁三年(1070年)

一月乙卯 诏诸路散青苗钱禁抑配。

四月 给度僧牒五百,命两浙转运司分赐给水灾及民田薄收州军,召人纳米或钱赈济饥民。

五月 诏杭州洞霄宫、永康军丈人观、台州崇道观,自今并依嵩山崇福宫、舒州灵仙观置管勾或提举官。时以诸臣历监司、知州,有衰老不任职者,令与闲局,王安石亦欲以处异议者,故增宫观员。

十月 诏两浙等路添差弓手并放罢。

十二月 京东增置武卫军,分隶河北四路,后又以3000人戍扬州、杭州、江宁府,其后又团结军士置将分领,谓之将兵。

熙宁四年(1071年)

五月 两浙提点刑狱王庭老、提举常平仓张靓科两浙一路役钱至70万,至有一户出300千,民皆谓供一岁役钱之外,剩数几半。

七月甲午 两浙水灾。诏两浙水灾州军令转运、提点刑狱、提举常平司与州县当职官吏多方赈济。

十一月 苏轼因反对新法,被贬为杭州通判。

熙宁五年(1072年)

二月　两浙大水成灾,诏赐两浙转运司常平谷10万石,赈济浙西水灾州军,仍募贫民兴修水利。诏两浙西路去年经历伤州军检放不尽税租,令三司给予倚阁。

三月十五日　日僧成寻率徒众赖缘、快宗、圣秀、惟观、心贤、善人、长明等七人,乘宋商孙忠之船入宋。同月二十六日抵明州。四月至杭州,五月十三日登天台山。此后,巡礼五台山等地,历访诸方尊宿,宋神宗曾诏赐紫衣,授"善慧大师"称号。翌年成寻弟子赖缘、快宗、惟观、心贤等五人归国,携回400多卷佛经典籍。成寻留住中国9年,著有《参天台五台山记》8卷,是研究宋代中日关系及宋代社会各领域的重要史料,对研究北宋天台山文化具有重大价值。元丰四年(1081年),成寻圆寂于汴京开宝寺,敕葬于天台山国清寺院,并为建塔题称"日本善慧国师之塔"。

五月　发运司奏杭、越、湖三州不肯行新法捕盐,课利更亏,乞根勘。上从之。

闰七月甲戌　东南兵少,社会动荡,诏京东见官军马内以3000人屯戍扬州、杭州、江宁三地。

八月　废杭州南新县为镇。

十月　诏两浙等路如有谙晓耕种稻田农民犯罪该刺配者,除强盗情理凶恶及合配本州、邻州、沙门岛人外,一律刺配熙州,候及300人止。

十一月庚申　诏杭州选捍江兵400人为教阅捍江指挥,专习武艺,待教阅精熟,于屯驻京东1000人内减400人。

熙宁六年(1073年)

六月戊子　命沈括相度两浙路农田、水利、差役等事并兼察访。

七月　诏两浙置一铸钱监,以10万缗为额,给转运司。

是月　置明州昌国县(今浙江舟山),自鄞县析出。意其东控日本,北接登莱,南连瓯闽,西通吴会,实海中之巨障,是以昌壮国势焉。

九月　两浙发生灾荒,民多流移,百姓饥寒交迫,无法过冬。诏增赐两浙路常平粮斛3万石,募饥民兴修农田水利。

十月　诏两浙灾伤州军,如当职官员中有弛惰不力、不能存恤赈济饥民的人,选官对移,仍体量事状以闻。是月,根据转运司请求,诏湖州归安、乌程、长兴三县,各增丞一员;杭州盐官、於潜、湖州德清、武康、秀州崇德五县,各增主簿一员。又因盐法未行,盗贩者众多,两浙转运盐事司乞增兵千人。诏发开封府界、京东各兵500人前往两浙。壬辰,明州言高丽入贡。高丽自宋初皆由登州来朝,后来为了远避辽国,常取道明州。

十二月戊寅　新权发遣淮南西路提点刑狱陈枢言:"两浙第五等户约百万,出役钱裁五六万缗,钱寡而所敷甚众,且第五等旧无役,请得蠲免。"诏除之。

熙宁七年(1074年)

三月　两浙察访沈括言:“两浙上供帛年额九十八万,民间赔备甚多。后来发运司以移用财货为名,复增两浙预买绌绢十二万,乞罢之以宽民力。”从之。仍令两浙提点刑狱司根究配买因依,劾罪以闻。诏两浙、淮南、河北、京东西、陕西等路灾伤州军逋负官物,权停催理。

四月　浙东、浙西及转运副使、提点刑狱、提举官六员,分为两路:杭、苏、湖、润、常、秀、睦七州为浙西路,置转运、提举于杭州,提点刑狱于润州;越、明、婺、温、台、衢、处七州为浙东路,置转运、提举于越州,提点刑狱于温州。

六月　诏降杭州宣纸格式,岁造5万番。自今公移常用纸,长短广狭,毋得用宣纸相乱。

七月　赐度僧牒500为杭州市易本钱。

九月丁未　合浙东西为一路。以有司言供亿钱谷多在浙西,计置及水利事尽在苏、秀等州,分之必至阙事,故毋分路。

是年　高丽使臣金良鉴来说:为了远避契丹,请求改在明州登陆。

熙宁八年(1075年)

七月　两浙大旱,死者殆半。诏两浙路灾伤州军知州、通判,令监司、提举司详查上报。又因两浙今岁旱蝗成灾,私稼无望,民间缺粮,诏两浙转运司相度所须出粜及兴修水利斛斗之数,计会发运司截留上供谷以应急需。

是月　诏以新修经义付杭州镂板印刷。

八月　诏两浙路灾伤州军米价踊贵,其令发运司勘会斗钱80以上处,留上供米毋过百万石;量减市价于民,斗毋过80。

十月　诏江浙灾伤州军除用常平借贷兴利外,更赐上供米30万石赈济,令体量安抚司均给措置。

十一月壬申　令睦州铸钱监以神泉为名。

十二月　宋廷以浙江今岁灾伤较重,春季缺粮,贼盗可虞。诏下逐路转运、提点刑狱、钤辖司体量,巡检、县尉怯懦不称职者以名上报朝廷。

是年　江南、淮、浙等路饥荒。

熙宁九年(1076年)

正月　召三司,令江南、两浙路封桩上供钱20万缗,许商人入便于广南东路。

五月　应集贤殿修撰程师孟的奏请,诏罢杭州、明州市舶司,只留广州一司。丙寅,诏复分两浙为二路。初,从沈括分路之请,不半载复合之,于是复分,明年五月复有诏合为一路。盖以财赋不可分,又已责监司分定巡历诸州县岁遍故也。

七月　温州飓风大水。

九月　权发遣两浙转运副使苏澥言:“秀州华亭县有外国幸忠等二十人至青墩、南阳,语难辨问,令书字,与中国同,称高内国,以语音宜是高丽国人。及将文字仿佛辨认,因乘船遇风，漂泊海岸，止说金堤郡水军队纳米事。”诏秀州：“如参验实非奸细，即居以官舍，给食，候有本国使人，入朝取旨。”其后，王徽使至，因赐帛遣归。

十一月戊子　神宗批：高丽僧三人见寓杭州天竺寺，可令钤辖司差指使一名乘驿迎伴赴阙。

是年　杭、明、广三司舶，收钱、粮、银、香、药等540173缗(匹、斤、两、段、条、个、颗、脐、只、粒)，支238056缗(匹、斤、两、段、条、个、颗、脐、只、粒)。

熙宁十年(1077年)

五月　知越州、资政殿大学士赵抃移知杭州。抃知越州时，两浙旱蝗，米价踊贵，饿死者十之五六。诸州皆榜衢路，立告赏，禁止商人提高米价，唯赵抃张贴告示，令有米者任意价粜之，于是诸州米商争向运米来越，米价大跌，民无饿死者。

七月　温州大风暴雨成灾，漂城楼、官舍。

十二月乙酉　明州言，日本国遣僧仲回等六人贡方物。

神宗元丰元年(1078年)

二月　宋神宗派使臣安焘、陈睦往聘高丽，指令明州造万斛船2艘，一名凌虚致远安济神舟，一名灵飞顺济神舟。完工以后，“自定海绝洋而东”，到达高丽后，高丽人民欢呼出迎。

四月丙辰　诏增置两浙路提举官。

是年　贾人入高丽，赀及5000缗者，明州籍其名，岁责保给引发船，无引者如盗贩法。先是，禁人私贩，然不能绝；至是，复通中国，故明立是法。

是年　张先(990—1078年)卒。张先字子野，湖州乌程(今浙江湖州)人。工诗，词与柳永齐名，造语工巧，以“云破月来花弄影”等句，号“张三影”。

元丰二年(1079年)

四月　苏轼出知湖州，作《湖州谢上表》中写到“陛下知其愚不适时，难以追陪新进；察其老不生事，或能牧养小民”。以“讪谤朝廷罪”被捕入狱，后在御史台狱受审，世称“乌台诗案”。

元丰三年(1080年)

三月　诏自今岁降大小历本付川、广、福建、江、浙、荆湖路转运司印卖，不得抑配。其钱岁终市轻赍物，附纲送历日所。余路听商人指定路分卖。

四月　诏两浙路减罢耆户长、壮丁、坊正，并拨还支酬，衙前、度牒等钱120余万缗，其变市金帛输司农寺封桩。戊戌，诏杭州禁民毋以言涉边机文字鬻高丽人。庚子，诏明州象山县尉张中救接高丽人船有劳，落冲替。初，高丽船遇风，中往救之，坐尝与使人和诗冲替。至是，高丽使以语馆伴官，故释其罪。

七月　赐米3万石，开苏、杭州运河浅淀。

八月　太常博士、权发遣司农都丞吴雍言：“议定淮、浙两路役书，减冗占千三百余人，裁省钱二十八万四千九百余缗，会定岁用，有宽剩钱一百四万余缗，诸路役书多若此类。乞先近京三两路修定，下诸路依仿报应。”从之。令吴雍与司农寺主判详定。又因淮、浙连岁丰稔，权发遣司农寺都丞吴雍乞存留扬州转般仓充淮、浙常平都仓，欲乞委提举司辟官一员专管勾。每年广谋收籴，除年计外，常积万石，及受纳两浙转般粮斛与发运司上供额斛斗兑换。从之。

元丰四年(1081 年)

是年　苏州瑞光寺禅师宗本移住杭州净慈。禅子、道场甚盛。

元丰五年(1082 年)

三月　诏杭州岁修吴越王坟庙。

是年　张伯端(984—1082 年)卒。伯端一名用成，字平叔，号紫阳，天台人。熙宁中随陆师闵入蜀，授道于隐者，擅作诗。道教奉为南宗或紫阳派祖师，以谓学道之人不通性理，独修金丹，则性命之道未全。

元丰六年(1083 年)

九月庚戌　宋廷诏高丽国王王徽卒，令明州就本州或定海县择广大僧寺以僧 37 人做道场一月，罢散前夕，做水陆一会。

元丰七年(1084 年)

二月丁丑　明州官吏根据宋廷要求，准备招募商人往日本国市硫磺 50 万斤。

五月己酉　宋廷诏高丽人赍王子僧统书及金银遗秀州僧净源，源有答书，即明州移牒报之。

六月　瑞安、青田等地大水，冲坏河堤，淹没稻田。

元丰八年(1085 年)

五月甲午　高丽国王子、大觉国师僧统义天(1055—1101 年)随商船至密州板桥镇，上表乞游中国，宋廷诏朝奉郎杨杰为馆伴。同年冬抵达杭州，在慧因寺从净源法师受天台贤首观教义，并遍参诸寺，礼拜名僧。翌年携佛典经书随本国朝贺使自明州归国，使天台之教流布于高丽。义天是高丽王朝天台宗的代表人物，也是东亚佛教文化交流史上影响极为深远的一位杰出人物。杭州慧因寺创建于吴越国武肃王时期，因义天前来求法取经并捐资扩建寺宇、献华严经秘籍以藏，故俗称“高丽寺”。

哲宗元祐元年(1086 年)

八月己丑　杭州民俞举庆七世同居。

元祐三年(1088 年)

十一月己酉　杭州南山慧因寺法师净源示寂,寿 78 岁。先世泉之晋水人,故学者以晋水称师。受华严于五台承迁。

元祐四年(1089 年)

七月　苏轼因言时事遭人攻击,被罢朝中职务,出知杭州。

十一月三日　高丽国义天僧统遣其徒寿介至杭。祭晋水法师净源于坟塔。先是,杭州慧因禅院的行者颜显到高丽,带去晋水法师的真影及舍利。

是年　浙西大旱,饥疫并作。苏轼至杭州,立即采取各种赈济措施,并大胆上表朝廷,请求豁免杭州上供米三分之一,又"复得赐度僧牒百",易米以救百姓。同时,他还组织疏浚了茆山河和盐桥河。轼既浚二河,复以余力全六井,民获其利。

元祐五年(1090 年)

正月　宋廷诏温、明二州每年造船各以 600 只为额,数量之多居各地船场之首。淮南、两浙各 300 只。从户部裁省浮费所之请也。

是年　苏轼动员调集了 20 多万人浚治西湖,把挖出的湖泥葑草堆成长堤,"相去数里,横跨南北两山,夹植花柳",又在堤上筑六桥,后人称为"苏堤"。

元祐六年(1091 年)

六月　浙西诸州大水成灾。大风驾起海涨,壅障江湖,水势涨溢,内苏、秀、湖州泛入城中,渰浸居民庐舍。下户生计横遭漂荡,至有食生米,发疾而死者甚众。杭州淹死者甚多。

八月　汴京法云寺禅师法秀入寂,宋廷诏杭州净慈寺禅师善本继席住持。

九月二十日　杭州龙井山辩才法师入寂。师名元净,自仁宗嘉祐末历英宗、神宗、哲宗三朝。住上天竺 17 年,道满朝野。晚居龙井,饮食起居之际,眉间流光皆舍利。门下侍郎苏辙铭其塔,龙图阁学士知隶州苏轼祭之。

元祐七年(1092 年)

六月一日　诏以淮、浙积欠最多,累岁灾荒,人民流移相属。今淮南始得一麦,浙西未保收成,应淮南东西、两浙路诸般逋负,不问旧新、有无官本,并特与权住催理一年,内已有宽限者,即依元降指挥。初,苏轼请暂停催还两浙路欠赋。

是年　两浙嘉兴、杭州、越州、湖州等地发大风,海堤溢堤,淹没田庐。

哲宗绍圣元年(1094 年)

秋　湖、秀诸州发大风,海水溢堤,损坏民田。

绍圣二年(1095年)

十月十四日　奉圣旨,下杭州镂板《资治通鉴》。

是年　沈括卒。沈括(1031—1095年),字存中,钱塘人,北宋著名政治家,中国历史上杰出的科学家。

绍圣四年(1097年)

夏　两浙发生旱灾,饥荒严重,诏令移粟赈贷。

哲宗元符元年(1098年)

是年　东南旱。

元符二年(1099年)

六月　浙西久雨。湖、秀等州尤罹水患。

是年　钱塘高僧道潜以诗见知于苏轼。公号其为参寥子,凡诗词迭唱更和,形于翰墨。宰相吕公著奏为妙总师名。

元符三年(1100年)

二月　诏:"苏、湖、秀州,凡开治运河、港浦、沟渎,修垒堤岸,开置斗门、水堰等,许役开江兵卒。"

徽宗建中靖国元年(1101年)

是年　浙江衢州等地旱灾。

是年　宋以修宫观,诏令苏、湖二州采太湖石,是为后日花石纲之先声。

徽宗崇宁元年(1102年)

三月　诏命童贯置苏杭造作局,专制御器。其"造作器用,曲尽其巧,牙角、犀角、金银、竹藤、装画、糊抹、雕刻、织修诸色匠人,日役数千,而财务所须,悉科于民"。

七月　诏复置杭州、明州市舶司,官吏如旧额。

十二月　置提举淮、浙澳闸司官一员,掌杭州至扬州、瓜洲澳闸,凡常、润、杭、秀、扬州新旧等闸,通治之。

是年　两浙出现大旱灾。

是年　蔡京议大改茶法,谓宜荆湖、江、淮、两浙、福建七路所产茶,仍旧禁榷官买,勿复科民,即产茶州县随所置场,申商人园户私易之禁。

崇宁二年(1103年)

二月丙子　置诸路茶场。两浙茶叶恢复禁榷官买,于产地置场,其置场所在:湖州即其州及长兴、德清、安吉、武康,睦州即其州及清溪、分水、桐庐、遂安,婺州即其州及东阳、永康、浦江,处州即其州及遂昌、青田,苏、杭、越各即其州,而越之上虞、余姚、诸暨、新昌、剡县皆置焉,衢、台各即其州,而温州以平阳。

崇宁三年(1104年)

是年　杭、越、温、婺诸州因蝗、旱灾,秋苗不收。

崇宁四年(1105年)

十一月　诏令两浙路并铸当五钱。

是月　宋廷在苏州设置"苏杭应奉局",由朱勔总其事。该机构时称"东南小朝廷",专门向东南各地搜刮花石竹木和奇珍异宝,运往汴京,称"花石纲"。两浙人民对此既"畏之如虎",又恨之入骨,"欲食其肉"。

是年　湖州、秀州大水,赐乏食者粟,赈灾救济。

崇宁五年(1106年)

正月　复置两浙路常平仓。丙午,尚书省言:"当十钱东南私铸甚多,民间买卖阴滞。其荆湖、两浙、江南、淮南路已降指挥,并改作当五行使。尚虑民间盗铸不已,其当十钱并行罢铸,仰铸小平钱。"从之。乙巳,毁"元祐党人碑"。

四月丁丑　停免两浙水灾州郡夏税。

徽宗大观元年(1107年)

二月　诏:"两浙私铸钱,限一季自首缴纳。限满不自首缴纳者,并依私钱法。"

十月　湖州水灾。

十二月　以杭州、越州为帅府。

大观三年(1109年)

三月丙午　立海商越界法。

九月己未　赐天下州学藏书阁名"稽古"。

是年　两浙大旱。发粟赈之,蠲其赋。

大观四年(1110年)

闰八月　以张阁知杭州兼领花石纲。

徽宗政和元年(1111 年)

十月　诏苏、湖、秀三州治水,创立圩岸,其工费许给越州鉴湖租赋。

政和二年(1112 年)

七月　兵部尚书张阁言:“臣昨守杭州,闻钱塘江自元丰六年泛溢之后,潮汛往来,率无宁岁。而比年水势稍改,自海门过赭山,即回薄岩门、白石一带北岸,坏民田及盐亭、监地,东西三十余里,南北二十余里。江东距仁和监止及三里,北趣赤岸口二十里。运河正出临平下塘,西入苏、秀,若失障御,恐他日数十里膏腴平陆,皆溃于江,下塘田庐,莫能自保,运河中绝,有害漕运。”诏亟修筑之。

是年　淮南发运副使董正封言:“杭州都酒务甲于诸路,治平前岁课三十万缗,今不过二十万。请令分务为三,更置比较务二,毋增官吏兵匠,仍请本路诸郡并增务比较。”从之。

政和三年(1113 年)

是年　温州火灾。

政和五年(1115 年)

八月　苏、湖、常、秀诸郡水灾。

政和六年(1116 年)

闰正月　知杭州李偃言:“汤村、岩门、白石等处并钱塘江通大海,日受两潮,渐至侵啮。乞依六和寺岸,用石砌叠。”乃命刘既济修治。

是月丁未　置道学。

政和七年(1117 年)

正月　温州道士林灵素见宋徽宗,称徽宗是长生帝君,蔡京为左相仙伯。徽宗为其作通真宫以处之。

二月甲子　宋徽宗会道士 2000 余人于上清宝箓宫,诏通真先生林灵素谕以帝君降临事。乙亥,徽宗至上清宝箓宫,命林灵素讲道经。

四月庚申　宋徽宗册己为“教主道君皇帝”。辛酉,升温州为应道军节度,为林灵素也。

八月二十七日　改秀州为嘉禾郡。

是年　明州知府楼异以“应奉”为名,废鄞县西广德湖为田。明清之际顾炎武批评,宋政和以后围湖占江,而东南之水利亦塞,于是十年之中荒恒六七,而较其所得反不及于前人。

徽宗重和元年(1118 年)

五月丁亥　以林灵素为通真达灵元妙先生。庚戌,徽宗敕两浙转运使司,以权添酒钱尽给御前工作。

夏　两浙路发生特大水灾，百姓失业，流丐者众，分遣使者赈济。

九月丁酉　宋徽宗用蔡京言，集古今道教事为纪志，赐名《道史》。又诏视中大夫林灵素并特授本品真官。

闰九月庚申　宋廷诏两浙路监司，督责州县还集流民。

徽宗宣和元年(1119年)

正月乙卯　宋徽宗下诏："佛改号大觉金仙，余为仙人、大士。僧为德士，易服饰，称姓氏。寺为宫，院为观。"改女冠为女道，尼为女德。

是年　根据户部尚书唐恪(杭州人)对上供钱物的统计，两浙路为4435788贯匹量，是全国上供钱物最多的一路。

是年　湖、越诸州大水。升睦州为建德军节度。

是年　秀州开修青龙江浦，舶船辐辏，请复置监官。

宣和二年(1120年)

正月甲子　罢道学。

十月　因花石纲扰民，睦州青溪县方腊聚众反宋。农民军发展迅速，10余天内人数已达上万人，尊方腊为"圣公"，改元"永乐"，一时朝野震惊。宋廷任命谭稹征讨。

十一月　方腊率军杀死两浙都监蔡遵和颜坦，在息坑一战中歼灭官兵5000人，取得重大胜利。随后攻克青溪县城，知县陈光弃职逃跑，很快又攻克睦州(今建德梅城)。接着兵分两路，一路向杭州方向进军，一路向歙州(今安徽歙县)方向进军。

十二月二十日　方腊军一举攻陷歙州，进逼宣州。另一路农民军亦由桐庐、新城、富阳，直指杭州。杭州知州赵震闻讯潜逃，廉访使赵约被农民军处死。在短短的一个月里，农民军相继占领睦州、歙州、杭州三座重要城市，由此"东南大震""声摇汴都"。攻取杭州后，方腊又派大将北伐。宋徽宗以谭稹为两浙制置使，以童贯为江淮荆浙宣抚使，南下镇压方腊农民军。同时，下诏察访两浙民众疾苦。

是年　浙江境内各地农民军纷纷揭竿而起，响应方腊农民军，较有影响者如湖州归安陆行儿；婺州兰溪朱言、吴邦；越州剡县仇道人；台州仙居吕师襄；台州方岩山陈十四；温州永嘉楠溪俞道安；婺州东阳一带的霍成富等。

是年　宋、金签订"海上之盟"，约定联合灭辽。

宣和三年(1121年)

一月　方腊农民军攻克婺州、衢州。童贯至苏州，代徽宗为诏罪己，罢苏杭造作局及花石纲。

二月　宋宣布免除两浙路遭战争影响的民户公私逋负及三年田赋。初九日，宋廷降诏招抚方腊。方腊军继续攻陷处州。十八日，宋军攻破杭州城。

三月十日　方腊歙州失守；二十七日，睦州失守。

四月十九日　清溪失守。方腊率军在严家溪滩(今淳安县杨家畈村)与宋军交战后，被迫退守帮源峒。忠州防御使辛兴宗擒获方腊。诏两浙州县给复3年。

五月　宋廷诏杭、越、江宁守臣并带安抚使。改睦州为严州，其军号建德军为遂安军。

七月丁卯　因方腊战乱，朝廷赈温、处、杭、睦、衢、婺、台、歙等八州。童贯等俘方腊至京师开封。

八月甲辰　曲赦两浙诸路。丙辰，方腊在京师被杀害。

是年　周邦彦(1056—1121年)卒。邦彦字美成，钱塘人。先后任太学正、庐州(今安徽合肥)教授、国子主簿、校书郎等。徽宗时，提举大晟府，专事谱制乐曲。精通音律，工于填词，为北宋婉约词派宗师大家，对词的审订整理也多有贡献。

宣和四年(1122年)

正月　两浙东路钤辖司奏："乞将温、处、衢、婺州元管不系将禁军六指挥更招置，增为十指挥，以五百人为额，凡五千人，庶成全将。"从之。

是年　宋徽宗派使臣路允迪去高丽，在明州造两艘巨型海舶，一艘名鼎新利涉怀远康济神舟，一艘名循流安逸通济神舟。当这两艘神舟行驶到高丽时，高丽国人"倾国耸观而欢呼嘉叹"。

是年　诏越州招到敢勇300人，拨充两浙提刑司捉杀差使。

宣和五年(1123年)

春　秀州旱灾。

宣和六年(1124年)

六月壬子　诏以收复燕云以来，京东、两河之民困于调度，令京西、淮、浙、江、湖、四川、闽、广并纳免夫钱，期以两月纳足，违者从军法。

秋　两浙水灾，民多流移。其时秀州大水，洪皓为录事司，全活饥民95000余人，州人呼为"洪佛子"。

十一月乙酉　罢应奉局。

宣和七年(1125年)

十二月　金军分两道入攻。丙辰，罢浙江诸路花石纲、延福宫、西城租课及内外制造局。庚申，徽宗诏内禅。

钦宗靖康元年(1126年)

正月癸酉　金人犯京师，李纲御之。二月，戊戌，罢李纲以谢金人。壬寅，除元祐党籍学术之禁。

十月丁巳　高丽入贡，令明州递表以进，遣其使还。

是年　遂安倪从庆、缪罗领导农民军起事，杀死遂安县尉，势力扩展到衢、婺州界。

是年　两浙路酒价屡增，较熙、丰几倍，而岁稔米曲直贱，民规利，轻冒法，遂令罢所增价。

靖康二年、高宗建炎元年(1127年)

二月　金人废钦宗、徽宗为庶人，北宋灭亡。

五月庚寅朔　徽宗第九子、钦宗之弟康王赵构在应天府(今河南商丘)即帝位。

六月　宋廷诏令浙与淮、荆、湖诸路，以常平钱造衲衣20万，并购买竹枪箭弩椿运往应天府。

是月　宋廷诏省诸路提举常平司，两浙、福建提举市舶司。

七月辛卯　宋廷根据礼部请奏，籍东南诸路神霄宫田租及赡学钱以助国用。己亥，宋令两浙诸州，募豪民入献“钓鱼船”，每十五艘授迪功郎。显谟阁学士、知越州翟汝文贬秩二等。

八月　胜捷军校陈通以军士衣粮不足为由，在杭州发动兵变，杀死两浙转运判官吴昉及杭州副将白均等10余人，执帅臣叶梦得。事发后，宋帝遣京畿第二将刘俊往捕，又命御营统制辛道宗率西兵2000讨伐。丙子日，浙东安抚使翟汝文以兵7000渡江，围攻杭州，陈通等逼迫城中强壮男子为军，率众数万守城。丁丑，以龙图阁直学士钱伯言知杭州，节制两浙、淮东将兵及福建枪杖手，讨陈通。庚辰日，宋帝诏赐杭州黄榜，招谕参加叛乱的军民。建炎以后，以黄榜招安叛兵自此始。

九月　诏令浙江沿海诸州增修城墙，招训民兵。庚戌，始通当三大钱于两浙诸路。

是月　辛道宗兵溃于嘉兴县。

十月丁丑　宋诏东南诸州县所桩私茶盐矾赏钱，每处各以千缗记，纲赴行在应天府。

是月　知秀州兼权浙西提点刑狱赵叔近入杭州招抚陈通。丁卯，以王渊为杭州制置盗贼使，统制官张俊从行。

十一月己酉　婺州兰溪县僧居正乘乱据松山以叛，民不逞者争附之，其众渐盛。

十二月　御营使司都统制王渊和统制官张俊率兵到达杭州，设计擒获陈通等人，并腰斩兵变首领陈通等180余人，百姓庆祝。乙酉，张俊自杭州移兵讨伐兰溪僧居正，不久平定。

是年　知越州翟汝文奏：“浙东和预买绢岁九十七万六千匹，而越乃六十万五百匹，以一路计之，当十之三。望将三等以上户减半，四等以下户权罢。”寻以杭之和买绢偏重，均十二万匹于两浙。

是年　以明州守臣领沿海制置使，其职责是肃清海道、节制水军。

建炎二年(1128年)

正月　高宗闻开封缺粮，米斛12千，诏出榷货物钱50万缗付留守司，令两浙、江淮商人贩粮入市；两浙诸州郡霖雨成灾。

五月乙巳　资政殿学士、提举杭州洞霄宫许景衡卒。许景衡(1072—1128年)字少伊，温州瑞安人。博通经史百家书，著有《横塘集》。丁未，宋复置两浙、福建提举市舶司，赐度牒直

30 万缗为博易本。己酉，秀州发生军乱，茶酒卒徐明，因直龙阁知秀州朱芾残虐军民，率众囚芾，迎直龙图阁赵叔近复领州事。赵叔近抚定徐明等人，且向朝廷请求重择守臣。奏未至京师，诏御营中军统制张俊以所部讨之。

六月乙丑　张俊引兵进入秀州，杀赵叔近。秀州驻兵见赵叔近被杀，遂反戈屠城，纵火殴掠。翌日，张俊率兵捕获徐明等人，并处斩。是月，诏江浙州军措置精练水军，广造战舰，以防御金兵南侵，限一月完毕。

七月癸未朔　抗金名将宗泽去世。宗泽(1060—1128 年)，字汝霖，婺州义乌人。曾任衢州龙游县令等地方官，所在为国忘家，勤政爱民，治绩卓著。赵构即位后，泽与李纲同主抗金。旋任东京留守、开封府尹，与金兵隔黄河对峙。招聚义兵数百万，并提拔岳飞等能征善战之将才，屡次大败金兵。谥忠简。

九月　宋诏以杭州和买绢偏重，均 12 万匹于浙东西诸州。戊辰，诏出米 10 万斛，就杭、秀、湖、平江府，减价出粜东北流寓之人。庚午，右谏议大夫郑珏言："平江、常、润、湖、杭、明、越，号为士大夫渊薮，天下贤俊，多避地于此。"

十月壬戌　禁江、浙闭籴。甲子，命孟忠厚奉隆祐太后幸杭州。

十二月乙卯　隆祐太后至杭州，扈从统制苗傅以其军 8000 人驻奉国寺。

建炎三年(1129 年)

二月庚戌朔　命刘正彦部兵卫皇子、六宫如杭州。壬子，宋高宗自扬州被甲驰幸镇江府。癸丑，金人游骑至瓜洲。王渊请幸杭州。己未，次秀州。庚申，次崇德县。壬戌，至杭州，诏令改州治为行宫，以显宁寺为尚书省。癸亥，群臣朝于行宫。辛未，湖州民王永从献钱五万缗，以佐国用。高宗不纳，辅臣言版计无阙。或曰：曩已纳其 5 万缗，今却之，则前后异同。高宗乃命并先献者还之，仍诏自今富民毋得辄有陈献。是月，杭州大水成灾。

三月癸未　苗傅、刘正彦在杭州发动兵变，逼高宗让位给年仅 3 岁的皇子赵旉。己丑，改年号为明受。庚寅，置行在都茶场出卖茶引。壬辰，两浙转运副使王琮上奏，言本路上供和绌绢岁为 170 万匹有奇，请每匹折纳钱 2000，共计 305 万缗，省以助国用。东南折帛钱始于此。

四月　高宗复位。吕颐浩、张浚率张俊、韩世忠、刘光世等军至杭州。苗傅、刘正彦引兵 2000，开涌金门南逃。庚申，苗傅率兵进犯衢州城，守臣胡唐老据城拒敌。苗傅遂引兵去。丙寅，高宗令两浙转运司运封椿米 40 万斛赴江宁府，以便巡行。

五月戊寅　韩世忠引兵自杭州出发去衢州讨伐叛兵。庚辰，浙江制置使周望率兵到达衢州。苗傅率叛兵进犯江山县。后苗傅等被韩世忠捕杀。是月，高宗经常州、镇江府驻跸江宁府，改江宁府为建康。同月，杭、湖诸州霖雨。

六月戊午　命江、浙、淮南引塘泺、开浍沧，以阻金兵。乙亥，诏谕中外：官吏士民家属南去者，有司毋禁。

七月辛卯　升杭州为临安府，准备移跸迁都。

八月己酉　移浙西安抚司于镇江府，诏令临安知府改带管内安抚使。

九月　东南和预买绢，弊病甚多，高宗诏令江、浙减四分之一，以宽民力。

十月癸未　高宗返回临安。因金兵南侵，复如浙东。庚寅，渡浙江。壬辰，至越州。戊戌，初命东南八路岁收经制五项钱输行在。

十一月己巳　高宗发越州，次钱清镇。庚午，复还越州。以周望同知枢密院事，仍兼两浙宣抚使守平江，殿前都指挥使郭仲荀为副使守越州，右军都统制张俊为浙东制置使从行。

十二月己卯　高宗又逃至明州。己酉，兀术（即完颜宗弼）率金兵进犯临安府。知府康允之逃到赭山，钱塘县令朱跸率民兵数千迎战，兵败，朱跸等战死。己丑，金兵占领临安府，乘胜南下。戊戌，攻陷越州。张俊率兵自越州退至明州，纵兵掳掠。宋高宗乘海船逃往温、台沿海。癸未，时杨汝为在余杭径山寺，监寺僧为统领官，率强壮以拒敌，主僧梵仁从之。

是年　罢应道军节度军额，奉安太庙神主于温州。

建炎四年（1130年）

正月甲辰朔　高宗乘舟碇海中。乙巳，金人犯明州，张俊及守臣刘洪道击却之。丙午，高宗至台州章安镇。庚戌，金人再犯明州，张俊引兵去，浙东副总管张思政及刘洪道继遁。丙辰，诏原两浙州郡降金官吏。己未，金人陷明州，是夕，大雨雷电，金人乘胜破定海、昌国。金人以水师继续追击，企图活捉宋高宗，被宋枢密院提领海船张公裕所率战船打败，遂退回明州。辛酉，高宗发章安镇。甲子，泊温州港口。丁卯，台州守臣晁公为弃城遁。辛未，命臣僚条具兵退之后措置之策、驻跸之所。

二月乙亥　宋高宗避居温州江心屿江心寺，寺因此更名为"龙翔"，寺东有小轩，遂曰"浴日"，宋高宗亲手书额赐之。丙子，金兵留明州70日后，引兵回临安。明州城之始破也。庚辰，兀术下令纵火焚城，至癸未，火熄。丙戌，金人自临安退兵，由苏、秀取塘岸路行。分兵侵海盐，县尉朱良率射士百余拒之，卒力战以死。刘光世率兵追击金兵。己丑，奉安景灵宫祖宗神御于温州开元寺，时祭并官属岁费钱1.7万缗，皆以上供钱给之。庚寅，高宗移跸温州州治。浙东防遏使傅崧卿入越州。辛卯，金人攻陷秀州。甲午，尚书省言淮盐道路不通，商人皆自京师持引钞至两浙请盐，故温、台州积下引钞至多，有至二三年者。乞令行在货务换给新钞，赴闽广算请，每袋贴纳通货钱三千。从之。丙申，以高宗还温州，大赦天下徒刑，应士民家属有自金来归者，所在量给钱米，于寺院安泊，访还其家。

三月　金军北撤后，吕颐浩请高宗巡幸浙西。丙午，赵鼎言金兵去未远，遂缓其行。丁未，命发运司说谕两浙富民助米，以备巡幸。丁巳，金人至镇江府，韩世忠率军断其归路，取得黄天荡大捷。辛酉，宋高宗坐船从温州出发，前往越州。

四月癸未　高宗回到越州，驻跸州治。戊戌，出米7000斛，赈济遭金兵焚掠的明州兵民。己亥，以张俊为浙西、江东制置使。

五月丁巳　军将杨勍叛乱，引兵进犯婺州，逼近处州。癸卯，诏中原、淮南流寓人士，听所在州郡附试。戊辰，命江、浙州县祭战死兵民。

六月辛未朔　蠲绍兴府三县湖田米。诏侍从、台谏、诸将集议驻跸事宜。杨勍犯处州。癸酉，遣统制陈思恭征讨杨勍。合江南两路转运为都转运使。乙亥，宋军追袭杨勍于东阳县。丁丑，以刘光世部兵为御前巡卫军，光世为都统制。叛将戚方犯湖州安吉县，诏张俊捕之。戊寅，更御前五军为神武军，御营五军为神武副军。癸未，召刘光世赴行在越州。甲申，岳飞破戚方于广德军。丙戌，加强沿江防线，防止金兵再次南下，刘光世为两浙路安抚大使。庚寅，召韩世忠率兵赴越州。

七月癸卯　斩神武前军统领官胡仁参于越州市。乙巳，诏婺、衢、信、饶州豫蓄钱粮，以备巡幸。庚戌，杨勍受刘光世招安，时杨勍已聚众3000人，寻复叛去，迫泉州。丙辰，张俊合诸将戚方等兵万余赴行在越州。己未，禁闽、广、淮、浙海舶商贩山东，虑为金人向导。诏江、浙、福建州县，谕豪右募民兵据险立栅，防遏外寇。丁卯，金人立刘豫为帝，国号齐，统治河南、山东等地区，以作为宋、金之间的缓冲。

八月壬申　诏浙江温、台、明、越、秀等州，有海船民户及尝作水手之人，权行籍定五家为保，毋得发船往京东，犯者并行军法。庚辰，隆祐皇太后自虔州至行在越州。甲申，诏沿海诸州置水斥堠。庚寅，自分货务场于临安，而商人不复至行在越州。是日，诏废越州场务。丁酉，诏起左藏库细绢并赴温、明州寄桩，以避敌兵。

九月　高宗对朝臣曰："朝廷始行藩镇，当令遵禀号令。唐室之衰，不以他事，只是藩镇跋扈尔。"庚戌，统制官薛成有众2000，屯婺州。诏以其兵归神武左军。

十月辛未　秦桧携家眷自金人占领区逃归，后至行在越州。癸酉，命奉太庙神主如温州，月朔五飨，权用酒脯行礼。己卯，诏以久雨，放行在越州公私僦钱10天，自是雨雪亦如之。丙戌，以探报金人南侵，诏临安府、湖州措置防备。

十一月乙巳　朝臣议复天地日月星辰社稷之祀事，并于越州天庆观设位，免玉与牲，权用酒脯。丙午，秦桧入见，桧言如欲天下无事，须是南自南，北自北，建议讲和。辛亥，两浙转运副使曾纡请权增诸路卖酒钱，上等每斛增2800，下等增1800，从之。壬子，诏放散行在百司，令从便寄居，春暖赴越州。癸亥，秦桧上书请防备江淮及钱塘江、秀州等水道，以防金人南渡。初议者以为越州三江口系通接海道之所，遂命神武右军遣卒3000戍之。

是年　行在越州大军月费见钱50余万缗，银帛刍粟在外而诸路养兵之费不与焉。

高宗绍兴元年（1131年）

正月己亥朔　高宗在越州。蠲两浙夏税、和买细绢丝绵。初，户部侍郎孟庾上奏言："两浙路夏税及和买细绢一百六十万匹，半令输价钱，每匹两千。"宋帝从之。

二月壬辰　高宗在越州，雨雹震雷。杭、婺诸州大雨坏城。临安雨，坏城380丈。临安、越州及东南诸路郡国饥。

三月甲寅　宋室南渡后，国史散佚。是月，衢州布衣何克忠献《太祖实录》《国朝宝训》，诏授下州文学。后八九年而国史始备。

四月壬午　诏江、浙诸路上供细绢半折见缗3000，仍易轻赍送往行在。乙未，诏临安府、秀州亭户合给二税，依皇祐专法，计实值价钱，折纳盐货。先是，两浙转运司以罢给蚕盐，令输本色，提举茶盐公事梁汝嘉奏亭户以煎盐为生，未尝垦田，于是申明行下。汝嘉，丽水人。

八月　宋高宗赵构命内侍杨公弼至临安府，与徐康国共同措置行宫，务要简俭，更不得华饰。

十月丙戌晚　行在越州火灾，烧毁民居甚多。乙酉，临安府大火成灾。大片民房被烧，民多露天过宿。己丑，高宗应守臣陈汝锡之请求升越州为绍兴府，以示“绍继中兴”。

十一月戊戌　高宗以绍兴府漕不继为由，决定移跸临安。赵构留恋于杭州的江湖胜景，尝叹曰：“吾舍此何适！”

十二月　明州、绍兴府的鉴湖、白马、竹溪、广德等十三湖，自唐长庆中创立，湖水高于田，田又高于海，旱涝则递相输放，其利甚博。自政和、宣和年间起，楼异守明州，王仲嶷守越州，皆内交权臣，专事应奉。于是悉废二郡陂湖以为田，其租米悉属御前，民失水利而官失省税，不可胜计。于是，吏部侍郎李光请复东南诸郡湖田，诏户工部取会奏闻。既而上虞县令赵不摇以为便，遂废余姚、上虞二县湖田，而他未及也。

是月　绍兴府连火，民讹言相惊，月几望当再火。枢密院以军法禁之，乃定。秋冬，绍兴府辖年大疫，官募人能服粥药之劳者，活及百人者度为僧。

是年　宋廷命祠禹于越州，及祠越王句践，以范蠡配。

约是时　宋室南渡，江、浙、湖、湘、闽、广一带，西北流寓之民遍满。绍兴初，麦一斛至1.2万钱，农获其利，倍于种稻。

绍兴初　高宗次越，以上虞县梁湖堰东运河浅涩，令发6500余工，委本县令、佐监督浚治。既而都省言，余姚县境内运河浅涩，坝闸隳坏，阻滞纲运，遂命漕臣发1.7万卒，自都泗堰至曹娥塔桥，开撩河身、夹塘，诏漕司给钱米。

绍兴二年(1132年)

正月壬寅　宋高宗赵构一行君臣从绍兴出发，经钱清堰、萧山到达临安。己未，诏修内司召集湖、秀等五州役卒数千人，修复临安城损失的城墙。

二月癸亥朔　诏临安府近行宫高阜禁人毋得至其处，犯者徒2年，以其可以下瞰宫中。丙子，临安府大雨雹。

三月　诏两浙市舶司在秀州华亭县置司。瑞安大风雨雹，田苗树果荡禁，房屋、人员多有损坏伤亡。

闰四月己亥　诏将绍兴府榷货务都茶场移到临安。

是月　严州水灾，损害庄稼。

五月　以两浙转运司回易库苛刻，过于烦琐，诏罢。诏令温、台州募海船，杭、越、秀三州措置扩展瞭望敌方情况的土堡。己巳，废绍兴府余姚、上虞县湖田为湖，溉民田。庚辰，临安府发生大火，弥及六七里之远，延烧万余家。临安府守臣、兵官及三衙管府皆坐贬秩。

是月乙丑　进士及第张九成为左宣教郎、签书镇东军节度判官厅公事。九成，两浙路类试殿试均为第一，用升甲恩，特迁之。浙中久雨成灾，损坏庄稼无数。严州山洪暴发，漂没城郭民房。

六月戊午　诏江浙诸路各委漕臣1人，措置出卖官田。

七月初一日　两浙东路提举茶盐司公使库下绍兴府余姚县刊板《资治通鉴》。

八月　临安府火。

九月甲申　提辖榷货务张纯峻立淮、浙盐法，增其算。

十月丙辰　禁温、台二州士民结集社会。

十一月乙丑　初榷明州卤田盐。癸未，临安府大火。

十二月　福建农民军领袖范汝为余部范忠率千余人攻处州，后被官军击败，范忠与弟义等均被杀。

是月夜　行在临安府大火，焚烧吏部、工部、刑部、御史台及官府、民居、军垒等房屋甚众，大火至乙未熄灭。丙申，赈被火家。戊戌，诏临安民居中的席屋，一律进行改造，不准以茅草盖房。行宫皇城周围3丈之内必须留出空地，不准建造民房。

是年　由释净梵劝募，密州观察使王永从捐资，在归安县思溪圆觉禅院刊印《大藏经》5480卷，世称"思溪圆觉藏"，为我国佛学重要经典总集。

绍兴三年(1133年)

正月己未　诏婺州年额上供罗并权折价钱。自建炎以来，诏减婺罗数已达3万匹。壬戌，以仇悆为福建、两浙、淮东路沿海制置使。癸未，诏：民复业者，视垦田多寡定租额赋役。乙酉，减淮、浙蚕监钱。

是月　行都临安等地雨雹震雷，久雨成灾。

二月　减婺州上供额罗2.8万匹，著为定制。

三月戊午　诏两浙诸州和买物帛，听以三分折纳见缗。

是月　衢州开化县民以摩尼教徒余五婆、缪罗为首兴兵反宋。丁丑，诏衢州守臣汪思温率兵追捕余五婆等，施以重刑。

四月己丑　诏浙西募民开垦荒田，免租3年。辛亥，御前忠锐第七将徐文在明州反宋，率所部投奔伪齐政权。

五月　神武中军统制杨沂中率大军至桐庐县，缪罗等八人接受招安，衢州开化教民起义失败。

六月　诏江浙诸州丝帛及折帛钱，在七月中旬前一律都要送到行在。如有不足者，守臣降职，贬黜他地。丙戌，杭州设六部架阁库，保管六部文书档案。己亥，沿海制置司，以海船300交付明州守臣李承造总领。

七月　两浙诸州大旱成灾。

八月己丑　诏岳飞赴行在，留精兵万人戍江州。甲辰，雨旸不时，两浙发生地震，苏州、湖州两地尤甚。戊申，罢江浙等路都转运司。

九月戊午　诏：凡遇水旱灾异，监司、郡守即具奏毋隐。庚申，岳飞至临安。庚申夜，临安皇宫朝天门外民房发生火灾，焚毁民房多处。

十一月　临安府调集附近州郡厢军4000余人疏浚临安城外运河，一个月后竣工。

是月癸亥　诏监司、帅守察内外宗子病民害政者以闻。庚午，临安府火。

十二月乙酉　临安城内大火。戊子，城内又起火，烧毁大片民房。

十二月二十日　绍兴府余姚县刊板《资治通鉴》毕工，印造进入。

绍兴四年(1134年)

正月乙卯　增淮、浙路盐钞贴纳钱,每袋增加贴纳钱3000。诸州所收贴纳钱,全部送往行在。戊寅,行在临安城内失火,烧毁民房数千家。

四月戊申　罢婺州市御炉炭。令户部讲究更有似此之类,并行禁止。时两浙转运司檄婺州市炭,须胡桃文、鹁鸽色,会守臣王居正入为起居舍人,面奏而罢。

是月乙酉　诏明堂用皇祐典礼,兼祀天皇大帝、神州地祇以下诸神。庚寅,置孳生牧马监于临安府。乙未,诏诸路岁上户口。丁酉,罢诸州回易库。

六月　两浙淫雨不断,浙东西郡圩田多被雨水冲坏,蚕、麦、稻、蔬菜等遭到严重损害。苏、湖二州为甚。

七月戊午　资政殿学士、知衢州谢克家卒。谢克家吏治精明,人不敢犯。先是为谏议大夫,言蔡京事甚力,又明元祐党籍之枉,公论韪之。后参知政事,以资政殿学士知衢州,终于衢。

九月　因两浙久雨成灾,诏减两浙钞盐所增贴纳钱每袋3000。

十月戊戌　高宗以金与伪齐合兵南侵,遂与赵鼎定策亲征,御舟发临安,刘锡、杨沂中以禁兵扈从。丙申,命后宫自温州泛海如泉州。是月,借江、浙坊场钱一界,以备军费。

是月丁未夜　秀州华亭县大风电,雨雹,大如荔枝实,坏舟覆屋。

是月　令两浙居民悉纳折帛钱。是月,行都临安月费百余万缗,且调发军马,财无所从出,故令民输紬者全折,输绢者半折见钱,每匹5200省,折帛钱自此愈重。又令江浙丝并折见钱,绵半折钱,诸路各委漕臣一员计纲起发赴行在。

十二月　诏江、浙、荆湖14郡各募水军500人,名横江军。两浙10郡沿江海州县招捕巡检土军。

是年　李清照到金华避难,卜居陈氏第,在金华留下了脍炙人口的《武陵春》《题八咏楼》等作品。李清照(1084—约1151年),号易安居士,齐州章丘(今属山东)人,是中国古代杰出的女性文学家,诗文俱佳,为婉约词的代表人物。

绍兴五年(1135年)

二月壬午　高宗自平江府返回临安。戊子,临安太庙成,迎温州太庙神主赴行在所安奉。

三月戊子　诏两浙州郡买客船为运送纲粮之用。甲午,赵鼎等奏:近来两浙久雨,又加天气寒冷,蚕茧、麦损失严重。丁酉,浙西安抚司从镇海重新移回临安府。

三月　霖雨,伤蚕麦,行都雨甚。

五月癸未　诏江、浙四路共造五车十桨小船50,仍以贴纳盐袋钱5万缗为造船经费。时已造十三车、九车战舰,而言者以为缓急遇敌,追袭掩击,须用轻捷舟船相参,乃复为之。

是月　行都地震;两浙诸州先是不雨50余日,大旱成灾,人多饥渴而死。此后,婺州及山阴、诸暨两县大水成灾,溺死万余人。

六月　行都久旱。

八月　钱塘等县大水成灾；天目山山洪暴发，漂没居民 1500 余家；婺州旱蝗；太湖水溢为患。

秋　温州、处州饥。

九月甲戌　会稽诸葛行仁献家书籍 11500 卷。

十月　诏两浙转运司计本路每年当给职租实数，权行收籴一次，每石给省钱 5000，以上供钱偿其值。时兵食增广，故户部奏行之。

是月丁未夜　秀州华亭县大风电，雨雹，大如荔枝实，坏舟覆屋。

是年　浙中名医王克明卒。王克明（1069—1135 年），字彦昭，其始饶州乐平人，后徙湖州乌程。绍兴乾道年间以医术名世，术无不验，尤精针灸，救活病人数万人，不以为功。好侠尚义，常常数千里赴人之急。

绍兴六年（1136 年）

正月甲午　赈浙东饥民，命监司、帅臣分选僚属及提举常平官躬行检察。

二月甲辰　置行在交子务，管理交子钱引的印行。

是月　行在临安大雪连日。戊申，岳飞入见。

是月　行都临安屡次发生大火，烧毁居民 1000 多家。

三月　诏浙东州县守令，劝诱上户，广行出粜，如粜及 3000 石以上之家，依规定降旨等第补官。如有顽猾上户仍然闭籴之人，施以刑罚。仍令提举官亲自检察。

春　浙东、福建饥，湖南、江西大饥，殍死甚众，民多流徙，郡邑盗起。

五月乙酉　改交子为关子，罢交子务。

六月乙巳夜　行在临安地震，有声如雷。

八月甲辰　以金、伪齐来犯，诏谕将士将亲征。己未，户部乞依四年例，预借江、浙民户来年夏税绌绢之半，尽今折纳米斛，约可得 200 余万，庶几储蓄稍丰。诏户部勘当。于是两浙绌绢各折 7000。

九月丙寅朔　高宗发临安。癸酉，至平江。

十二月甲午　临安大火成灾，烧毁居民数万家，时高宗亲征刘豫，临安因无处住宿而冻死街头的灾民甚多。诏以米 1700 斛赐遭灾缺粮的居民。

是年　两浙转运使李迨取婺州、秀州、湖州、平江府岁计宽剩钱 22.8 万缗有奇，依折帛钱限起发。从此以后为例。

绍兴七年（1137 年）

正月癸亥朔　高宗在平江。三月，至建康。

春　杭州旱 70 余日。

四月癸巳　筑太庙于建康府，以临安府太庙为圣祖殿。

六月　又旱，江南尤甚。

八月　两浙大旱，庄稼受损严重，殍踣相望。

闰十月壬午　高宗诏“临安太庙，且令留存”。有“回跸”临安之意。

十一月丁酉　以知温州李光为江西安抚制置使。丁未，金帅挞懒、兀术入汴京执刘豫，废伪齐。癸丑，诏来春复幸浙西。

十二月癸未　王伦等使金还，言金国许还徽宗梓宫及高宗生母韦太后，又许还河南诸州。丁亥，复遣王伦等奉迎梓宫。绍兴以来，宋金军事力量对比趋于平衡，双方都有意推动和议。刘豫废后，宋金和议进程加快。

是年　临安府火。

绍兴八年(1138 年)

正月丙申　减临安府夏税折输钱。

二月　宋高宗自建康返回临安。诏示臣民以汉光武帝为榜样，“中兴”宋室。自是南宋正式定都临安，偏安江南。甲申，减绍兴府和市绢万匹。

三月　行都大雨连绵至四月，严重损害蚕麦庄稼。诏江浙州县回跸所曾经过者，民间欠绍兴六年年终税赋一律免除。

四月庚申　初置户部和籴场于临安。

六月壬戌　衍圣公孔玠避乱寓居衢州，诏赐田 5 顷，奉先圣祠事。此前，孔子第四十八代孙、衍圣公孔端友因靖康之难南迁，诏权以衢州州学校舍为孔子家庙，衢州南孔由此而来。绍兴二年，以第四十九代孙孔玠袭封衍圣公；其后，以搢，以文远，以万春，以洙，终宋世，皆袭封主祀事。

十一月　徽猷阁待制、知临安府张澄上奏，言“临安古都会，引江为河支流，于城之内外，交错而相遇，舟楫往来，为利甚博。岁久湮塞，民颇病之”，请朝廷派人加以疏浚。宋帝同意其请求。

十二月　金“诏谕使”张通古、萧哲到临安。临安军民愤恨，禁军将领杨沂中等见秦桧，谓高宗若亲向金使受诏，恐军民闹事，无法弹压。遂由秦桧见金使，受国书。

宗绍兴九年(1139 年)

正月丙戌　诏江浙诸路今年和预买细绢，每匹特免一贯文。是月，宋廷与金通和，以王伦同签书枢密院事，充奉护梓宫、迎请皇太后、交割地界使。

二月己卯　临安火。

三月己亥　以久雨放临安府公私僦舍钱 3 天。此后凡遇雨雪则按此例。

是月丙申　王伦受地于金，得东、西、南三京、寿春、宿、亳、曹、单州及陕西、京西之地。

五月　诏两浙转运司措置明州广德湖事宜，废田为湖，以蓄水灌田。湖在州西 10 里外，周回 50 余里，灌民田近 2000 顷，亩收谷六七斛。自政和末始废为田，得租米 1.9 万斛。

六月　临安府、秀州、绍兴府旱。江东西、浙东饥，米斗千钱。

七月壬寅　临安火。

十月戊辰　行都皇太后宫建成，命名为慈宁宫。

十二月辛未　秀州雨雹。

是年　以张澄奏请，命临安府招置厢军兵士200人，委钱塘县尉兼领其事，专一浚湖；若包占种田，沃以粪土，重置于法。

绍兴十年(1140年)

五月己卯　金人叛盟，第一次宋金和议破裂，兀术等分四道攻宋。

六月　刘锜率军以少胜多，大败金兵，取得顺昌大捷。当时岳飞、刘光世、韩世忠、张俊等各路宋军亦屡屡得胜，粉碎了金兵自两淮南下的企图。七月，岳飞郾城大捷后，以累奉诏班师。

七月辛酉　临安火灾，起于民居，延及省部官署仓库，烧毁城内外室屋数万间。

十一月丁巳　温州大火，燔州学、酤征舶等务、永嘉县治及民居千余。

十二月庚辰　秀州再雨雹。

是年　会稽、盐官等县旱。浙东、江南荐饥，人食草木。

绍兴十一年(1141年)

六月乙丑　明州僧王法恩等谋反，伏诛。

七月　临安、绍兴等地大旱，秋苗受损严重。庚子，宋高宗以临安久旱，诏决滞狱，释放轻罪犯人。癸卯，诏江浙折帛钱以十分为率，细折三分，绵折五分，细绢匹8000缗，绵每两500，以减轻人民负担。同月，婺州大火，燔州狱、仓场、寺观暨民居几半。

八月戊辰　立祚德庙于临安，祀韩厥。

九月　兀术见对宋战争受挫，复以“和议佐攻战”。丙申，宋廷遣刘光远等充金国通问使。

十月　下岳飞、张宪大理狱，命御史中丞何铸、大理卿周三畏鞠之。壬午，遣魏良臣、王公亮为金国禀议使。

十一月壬子　金使来临安入见，始定议和盟誓。是月，与金国和议成，立盟书，约以淮水中流画疆，割唐、邓二州界之，岁奉银25万两、绢25万匹，休兵息民，各守境土。

十二月癸巳　岳飞被高宗、秦桧等人以“莫须有”的罪名，害死于大理寺狱，其子岳云、部将张宪被斩于临安市中，家属流徙岭南。岳飞自20岁从军，至39岁遇害，在抗击金兵、伪齐和流寇的战场上，功勋卓著。他不仅是南宋杰出的抗金将领，也是中国历史上著名的民族英雄。

是年　秦桧秉政，谓讥朝廷，窜宗杲衡阳。

绍兴十二年(1142年)

三月丙申　临安府火。

四月　临安火。甲申，增修临安府学为太学。

五月乙卯　是举两浙转运司秋试举人共解208人，而温州占42人。

八月乙酉　宋徽宗梓宫还临安。

十月壬戌　诏修临安城。

十一月庚子　命内侍王晋锡在行宫中建造崇政、垂拱两殿。两殿规模相似，均为5间12架，长6丈，广8丈4尺。

是月　筑禖坛于临安府城东南。

绍兴十三年(1143年)

正月癸卯　诏以钱塘县西边的岳飞宅为国子监、太学，内设有斋舍12，生员300为额。

三月辛亥　明州言：自废广德湖田，年失官租3000余斛，请复湖为田。宋高宗从之。按绍兴九年已有废田为湖诏令，见前。

七月丙寅　处州兵士杨兴等谋作乱，事觉伏诛。

是月壬申　诏两浙民户丁盐钱欠公家较多，且负担重者，加以免除。是日雨雹。是月，临安太学大成殿落成，内藏高宗书写的经书碑帖。

八月壬子　宋廷增置捍江士兵2000人，专令采石修堤，以防钱塘江潮水为患。

是年　诏临安府及殿前司修建圆坛。

绍兴十四年(1144年)

正月甲子　临安府火。

二月辛卯　恢复教坊，共设各种乐工416人，以内侍充钤辖，至绍兴三十一年(1161年)六月废罢。

是月癸巳　蠲江、浙诸路逋欠钱帛。

三月乙卯　蠲江、浙、京、湖积欠上供钱米。

四月丁亥　初禁野史。

五月丙寅　婺州大水。乙丑，兰溪县水侵县市，丙寅中夜，水暴至，死者万余人。

六月　杭、严、衢、处、婺等州大水，死者数万，损失惨重。甲申，诏江浙等路县，凡因酒税欠折、坊场废坏、纲运沉失、仓库漏底，确非侵盗的皆予蠲免。

是月乙未　赈江、浙、福建被水之民。

八月庚寅　以李椿年权户部侍郎，仍治经界。初，绍兴十二年十一月，李椿年为两浙转运副使，专治经界。

九月癸酉　命临安府索蔡京子孙逮赴贬所，遇赦永不量移。

十月甲午　从右正言何若言，请戒内外师儒之官，黜伊川程氏之学。

十二月己卯　诏临安府及诸州郡复置漏泽园，埋葬无主尸体和因贫穷无钱埋葬者。

是年　薛尚功著成金石学名作《历代钟鼎彝器款识法帖》。尚功字用敏，钱塘(今浙江杭州)人，为南宋著名金石学家、文学家。

是年　始建宗学于临安，生员额百人：大学生50人，小学生40人，职事各5人。置诸王宫大、小学教授1员。

绍兴十五年(1145年)

正月辛酉　宋廷在临安城南郊设籍田千亩。戊辰,诏令权户部侍郎王铁措置两浙经界。辛未,初命僧道纳免丁钱。

二月戊寅　增太学弟子员百人。乙未,诏:州县科折之数,第五等户毋或均配。

五月戊午　命贫民产子赐义仓米1斛。

七月丁卯　免处州三县被水民家细绢一年。

九月甲子　行都火,经夕,渐近太室而灭。

是月　日商男女19人携带硫黄、布匹来温州贩卖,因遇大风,其船被漂入平阳仙口港。

绍兴十六年(1146年)

正月戊子　增太学外舍生额至千人。壬辰,高宗亲飨先农于临安东郊,行籍田礼,执耒耜九推,诏告郡县。

三月庚午朔　在临安建武学,置弟子员百人。辛卯,造秦桧家庙祭器。乙未,增建太庙。己亥,立淮东、江东、两浙、湖北州县岁较营田赏罚格。

五月壬申　因临安北城关门外河道堙塞,漕舟往来卸于门外,极为劳费,而商贩也阻。诏浚运河。命诸路漕臣兼提举学事。癸未,初作太庙佑室。

是年　秦桧弟、端明殿学士秦梓卒于湖州,恤典同参政。

是年　温州大雷电,震死六人于江心屿龙翔寺。

绍兴十七年(1147年)

正月庚辰　秀州雨雹。五月丙寅,又雹。浙西大水。

六月乙卯　禁招安盗贼。

七月乙丑　诏临安府更置库,造祠祭法酒。旧取水于西湖,高宗以军民环居,渠流混浊,乃命别酝。

九月丙戌　诏两浙见输折帛钱太高,百姓难以负担,令细帛各减价,每匹两浙7000两,和买6500;绵每匹两浙400,自明年开始。

是年　言者论会稽士大夫家藏野史,以诽谤时政,于是李光家藏图书万余卷皆被焚毁。

绍兴十八年(1148年)

夏　浙东、西旱,绍兴府大旱。

八月　绍兴府、明、婺州水。

是月丁亥　叶梦得(1077—1148年)去世。梦得字少蕴,号石林居士,江苏吴县人,久居杭州,晚年居乌程(今浙江湖州)。

闰八月庚申　秦桧奏两国通和,农民安业,垦田渐广,户部财赋粗足支用,乞免江、浙、湖南今岁和籴。甲子,命临安、平江二府、淮东西、湖北三总领所岁籴米120万石,以广储蓄。浙西年籴米 76 万石，行在省仓三界 35.5 万石，临安府场 20 万石。

十一月辛亥　赈绍兴府饥。

十二月乙卯朔　高宗谓大臣曰："闻绍兴饥民有渡江者，可令临安优给路费遣还。"时明、越、秀、润、徽、婺、饶、信州皆旱，民多流散，高宗命有司发粟减赋。至是，复令常平官亲往赈给，毋致失所。

冬　浙东、江、淮郡国多饥，绍兴尤甚。民之仰哺于官者 28.6 万人，不给，乃食糟糠、草木，殍死殆半。

绍兴十九年(1149 年)

二月辛巳　诏临安府每天发米赈济饥民。时浙东大饥，百姓行乞都市，时有冻饿而死之人。

春、夏　绍兴府大饥，明、婺州亦如之。

七月辛巳　临安知府汤鹏举主持浚治西湖。临安西湖乃民间灌溉所资，其利不细，岁久亦填淤，于是悉令修治。

八月辛未　刺浙东诸州强盗当配者充沿海诸军。

秋　永嘉大旱，饥荒严重。

绍兴二十年(1150 年)

正月　军校施全持刀刺秦桧于临安城中望仙桥，未成被捕。壬辰，施全被分尸于市内示众。

是月壬午　临安城南失火，延烧吏部官署，文书皆被烧毁。

四月壬子　以没入官田悉归常平司，禁募民佃种。癸酉，置力田科，募江、浙、福建民耕两淮闲田。

六月丙寅　禁民结集经社。

是月甲寅　海寇侵犯台州临门寨、章安镇，被军民击退。

七月丙子　罢招刺禁军。

绍兴二十一年(1151 年)

二月甲寅夜　临安雨雹。乙卯，诏诸州置惠民局，官给医书。

三月己卯　秀州雹伤禾麦。

是月丁丑　临安雨雹。丁亥，蠲江、浙、荆湖等路中户以下积年逋负。

闰四月辛卯　钱塘江石岸毁裂，每遇潮水漂涨，则民不安居；诏令漕司会同临安府加以修治。

七月辛亥　诏令减免临安商贩柴米税。

八月辛未　秦桧上重修诸路茶盐法。壬申，韩世忠卒。

九月戊戌朔　籍寺观绝产以赡学。乙巳，均科处州丁盐钱。丁巳，增筑景灵宫。

十月　高宗生母韦氏绍兴十二年自北归，至是于杭州皋亭山建新寺成，额曰崇先显孝。诏洞山下九世真歇禅师清了开山住持。召对称旨，赐金襕衣，未几而寂，尝作《无尽灯记》。

是年　改孤山寺为延祥四圣观，迁圆法师塔。

绍兴二十二年(1152年)

十月庚辰　以黄岩县令杨炜诽谤，除名，万安军编管；知台州萧振落职，池州居住。

十一月乙卯　杭州六和塔塌坏。又临安伍员祠以火废。

绍兴二十三年(1153年)

三月癸丑　军器监丞黄然面对，论福建、江浙贩牛屠卖，十百为群，乞重立赏格，许人告捕。诏各州县对贩牛屠卖者，从严施法。

五月庚寅　禁州县以私意籍罪人资产。

六月　湖、秀二州大水成灾，军垒、民田毁坏严重。

七月壬辰　诏湖州、秀州、平江府等遭水灾的贫乏下户，其未纳夏税之家，权住催理，待秋收后缴纳。

是月戊戌　从秦桧所请，命台州取綦崇礼草桧罢相制所受墨敕。

十二月丁巳　诏州县税额少者，罢其监官。癸未，禁民车服逾制。

绍兴二十四年(1154年)

四月　浙东、西大旱。台州不雨直至九月，五谷无收。

五月　衢州民俞八举兵起事，围州城，通判州事汪召锡拒却之，遂掠严州寿昌县，遣殿前司正将辛立将千人讨平之。

八月壬辰　禁百官避免轮对。甲午，温州平民黄元寿论官市柑子扰民，诏罢温州市黄柑。

是月　脔衢州起义军首领俞八等7人于都市，其次11人皆诛之。

九月乙丑　大理寺丞环周面对，言临安、平江、湖、秀四州低下之田，多为积水浸灌，有伤庄稼，望令有司相视解决。诏转运司措置。

十月壬午　蠲旱伤州县租赋。

是年　永嘉饥，民相诱为劫，稠树村尤甚。县尉不敢前。

是年　以永嘉民刘愈诉盐课积增之害，减岁额25.02万斤，尽免下户科抑，而上户所出亦轻。先是，永嘉盐课积增，至绍兴十九年，岁74.85万斤。有司艰于趣办，辄赋于民，寸产之家无免者。按月征敛，吏缘为奸，类略豪强，而增敷细民、系缧于官无虚日，因以破家者不可计。刘愈前后历时6年，费换家赀巨亿计，诉于监司、台省、户部等，阻挠非一，而截然无倦。最后州人龙图阁学士何公溥贵于朝，为其主张，终得减年额。

是年　衢州饥。

绍兴二十五年(1155年)

三月壬申　临安地震。

八月　蠲诸路身丁、免丁钱一年。

十月丙申　秦桧卒于临安府第。桧党多贬罢。命有司具上执政、侍从官居外任及主宫观与在谪籍者职位、姓名。

十二月丁酉　禁闽、浙、川、广贡珍珠、文犀。

绍兴二十六年(1156年)

正月　诏两浙诸路,自绍兴二十二年以前未起诸色钱物租税等,其形势并第二等以上有物力之家,根据所欠数目,一律给予除放,令州军日下销落簿籍,如有巧立名目加以催理之人,监司按法弹劾,施以重罚。

四月戊子　增温、台等16州解额。

六月　以秦桧卒,诏宗杲复为僧,住持阿育王山。

七月丙辰　诏临安府猪羊圈,和安抚司回易麻布连同竹纸增息出售。明、婺、严、衢所买发纳牛羊司羊口,令椿支合用官钱,根据市价合买,不得让往前一样抑配民户。应州县受税赋,随时销注,并只以县钞照用,不得索取户钞。

十月乙卯　初置临安府左、右厢官,分掌讼牒。

是月　起居舍人兼权给事中凌景夏言:临安府自从经过多次兵火洗劫之后,户口所存才十之二三。而西北流民因为临安为驻跸之地,辐辏骈集,数倍于当地居民。因此当时临安府的富室大贾,也往往多西北之人。丙寅,诏罢临安府岁贡御服绫。

绍兴二十七年(1157年)

正月甲午　诏两浙诸州买军器物料,皆以州县官钱补偿其价值,不得以人户物力钱上敷纳。

九月己卯　中书门下省奏言:两浙诸州,绍兴二十三年至二十五年凑额钱拖欠数甚大,其钱系转运司将日生酒税钱椿发,因此逐年所入不常,又致拖欠。诏给予减放一年。

十月辛丑　罢两浙漕司科籴马料,令本司出钱沿途顺便州置场收籴。

是年　绍兴府等地大水。

绍兴二十八年(1158年)

正月　诏禁止殿前马步军、三衙强刺平民为军。

三月癸未　浙东提举常平茶盐公事邵大受、浙西提举常平茶盐公事谢伋请求恢复诸州支盐仓。宋高宗从之。

四月辛亥　雨雹。严州遂安江大明率众反宋,进攻衢州,不久败亡。

六月甲寅　诏浙西沙田芦场,官户10顷、民户20顷以上的要增纳租课,其余依旧,仍然设置提领官田所掌之，不隶属于户部。

夏　浙东、西田损于风水。在法，水旱及七分以上者赈济，诏自今及五分处亦赈之。

七月　临安皇城东南的外城扩展约13丈，用30余万工。凡民居所占，以隙地偿之，每楹赐钱10千，为改筑之费。命领殿前都指挥使职事杨存中莅其事。

八月甲寅夜　临安地震。

九月　浙东、西沿江海郡县大风、水，平江、绍兴府、湖、常、秀、润为甚。癸未，诏免平江、绍兴、湖州等地遭水灾民户赋税。

十一月一日　诏出内库钱3.9万缗付户部，以代替平江府、常州、湖州遭水灾下户积欠租税。

是月　诏出御前钱，在临安修葺睦亲坊和重建学宫171区。

是年　秀州雨雹。

绍兴二十九年(1159年)

二月　大旱，行都临安不雨70余日。壬辰，除临安府岁供修内司钱3.6万缗。戊戌，秀州雹损麦。

三月辛未　诏因浙西州郡水灾。诏放临安府公私僦钱半月。又诏诸路四等以下户去年未纳税赋，两浙去年水灾赈贷物资，及浙东民田受害虫损害的民户，其租税一律免除。己卯，除湖州、绍兴流民公私逋负。

秋　浙东、江东西郡县旱螟。

十二月乙亥　户部言：昨令两浙、江、湖六路转运司市军储，今已籴到100万石，乞就整更籴25万石。高宗从之。丙子，金国派使者施宜生来临安。

是年　绍兴府荐饥。诏诸处守臣拨常平义仓米二分振粜，临安府拨桩积之米。

是年　张九成卒。张九成(1092—1159年)，字子韶，号横浦居士，又号无垢居士，钱塘人。绍兴二年(1132年)进士第一。历任著作郎、礼部、刑部侍郎等职。因反对宋金和议，触怒秦桧，谪居南安军14年。秦桧死后，起知温州。研思经学，多有训解发明，其思想对南宋心学一派有先导之功。

绍兴三十年(1160年)

五月辛卯　於潜、临安、安吉三县，山洪暴发，居民房室、田桑多被冲毁，溺死者甚多。诏转运司赈济安抚灾民，其田被水决为溪的民居，免其租税。

秋　江、浙郡国旱蝗交作，浙东尤甚。

十二月初　诏令临安府印造会子，许于城内外和铜钱一起使用。东南用会子从此开始。

绍兴三十一年(1161年)

正月丁亥　免湖州增丁所输绢。夜，风雷雨雪交作，数天后才停。茅舍及军寨垒舍多被压塌。临安城墙也多处被压坏。辛卯，诏江、浙官民户均输和市䌷帛。

是月　雪寒，民多艰食。诏临安府并属县以常平米减时之半，振粜十日；临安府城内外贫乏之家，人给钱200、米1斗及柴炭钱，并于内藏给之；凡遇寒、遇暑、遇雨、遇火、遇赦及祈祷、即位、生辰、上尊号、生皇太子、晏驾、大祥之类，临安之民暨三衙诸军时有赈恤，及放商税、公私房赁。辅郡之民，令诸州以常平钱依临安府赈之。

二月丙辰　设行在会子务，专门管理临安的会子印发事务。后隶都茶场。悉视川钱法，行之东南诸路。凡上供军需并同见钱，仍分一千、二千、三千，凡三等。

四月丁巳　行都久雨，庄稼受损，盗贼间发，命侍从、台谏条上弭灾除盗之策。出天申节银10万两加充户部籴本。

五月乙亥　诏调三衙兵卒增筑临安城墙。壬辰，选两浙、江东、福建诸州禁军弓弩手之半，部送枢密院按试。庚子，命两浙、江、湖、福建诸州起禁军弓弩手，部送明州、平江府、江池太平三州、荆南府军前。

六月　蠲临安府禁军阙额钱五年。同月，诏诸路监司节浮费以待他用，仍从两浙转运司、临安府开始。

七月丙子　命两浙、江东滨海诸州预备敌兵。诏诸路帅臣检阅士兵、弓手。乙未，行新造会子于淮、浙、湖北、京西诸州。是月，金主亮徙都汴京，命其臣刘萼由唐、邓瞰荆、襄，张中彦、王彦章据秦、凤窥巴、蜀，苏保衡、完颜郑家奴由海道趋两浙。

是月癸酉　诏王宪充温州总辖海船事务。先是，降空名告身六十道，下温、福诸郡造海舟。是月，司农少卿许尹言：两浙路应起行在和籴本钱，每年为172万缗，旧例分四季交纳，今年才交纳32万缗，乞命户部催缴，弹劾不力者。宋帝从之。

十月　命州县谕富民捐赀助国。诏起江、浙、福建诸州强丁赴江上诸军。

十一月　诏出空名官告下两浙等地，劝诱出卖，每县8员，如所卖收入达到二万缗，县令减一年磨勘。如诸县出卖数足额，则郡守减二年磨勘。

是月辛未　遣权吏部侍郎汪应辰诣浙东措置海道。

绍兴三十二年(1162年)

二月戊戌朔　罢借两浙、江、淮坊场净利钱。

是月　诏浙西、江东出常平米2万石赐两淮，以赈济从金、夏等国逃归宋朝的百姓。

五月　高宗内禅，孝宗即位。其时高宗56岁，禅位后移居德寿宫25年，至81岁去世。

六月中旬　两浙霖雨连日不断，浙西州郡山洪暴发，毁坏房屋舟楫，人多淹死。江东、淮南北郡县蝗，飞入湖州境，声如风雨；自六月癸巳至于七月丙申，遍于畿县，余杭、仁和、钱塘皆蝗。丙午，蝗入京城临安。

七月戊申　诏复岳飞原职，以礼改葬于临安栖霞岭下，即今岳坟。此举表明孝宗即位初志在恢复，故表彰岳飞这样的主战派将领。是日晚上，临安地震，大风拔木。温州飓风，坏屋覆舟。

是年　会纸取于徽、池，续造于成都，又造于临安。

孝宗隆兴元年(1163 年)

二月 临安府及越、湖、温、台、明、处等州因天气寒冷,庄稼苗种受到损害,蚕麦减产。

三月丙申夜 秀州雨雹。

七月 两浙蝗灾,庄稼严重受损。

八月壬申、癸酉 飞蝗过都城临安,蔽天日;徽、宣、湖三州及浙东郡县,害稼。

是月 浙东、西州郡大风暴雨成灾,绍兴府、湖州及崇德县受害为甚。

秋 浙东西郡国螟,害谷,绍兴府、湖州为甚。

是年 绍兴府大饥。

是年 径山宗杲禅师入寂。宗杲(1089—1163 年),俗姓奚,字昙晦,宣州宁国人。宋临济宗杨岐派高僧。宗杲圆寂后,孝宗诏蒋山大禅师了明住持径山寺,杨沂中重敬之,舍苏州庄田,岁入 2 万斛。径山由是增益。

隆兴二年(1164 年)

二月丁丑 秀州雹与霰俱。

是月辛未 蠲秀州贫民逋租。丙子,罢两浙诸路参议官。

春 台州旱。温州大旱,草根木实俱尽。刘愈诣匦论奏,乞发常平,卖度僧牒,转籴他州,词甚哀痛。孝宗诏如所请。

四月庚午 雹。是年六月、七月、十月、十二月、闰十二月多雨雹。

六月 两浙淫雨连日,民田、庄稼受损严重。辛酉,诏州县理滞囚。丁丑,赈江东、两淮被水贫民。

夏 行都畿县余杭等地蝗虫成灾。

七月 浙西湖、秀等众多州县大水成灾,浸城郭,坏庐舍、圩田、军垒等,操舟行市者累日,人溺死甚众。越月,积阴苦雨,水患益甚,饥民发疫病而死者尤众。于是,诏令各州县赈济饥民。

八月 两浙各地大水成灾。命江东、浙西守臣措置开决围田。

冬 淮甸流民二三十万避乱江南,流寓临安及附近州郡,结草舍遍山谷,暴露冻馁,疫死者半,仅有还者亦死。是岁,浙之饥民疫者尤众。

是年 秀州饥,华亭县人食秕糠。行都临安府及镇江府、兴化军、台、徽州亦艰食。淮民流徙江南者数十万。

孝宗乾道元年(1165 年)

正月壬申 诏两浙赈济流民。以绍兴流民多死,罢守臣徐嘉及两县令。

二月乙酉 遣官检察两浙州县,赈济饥民。庚寅,秀州雨雹。甲辰,宋孝宗以久雨避殿减膳,蠲两浙灾伤州县身丁钱绢,决系囚。

是月 行都临安及越、湖、温、台、明、处、常、润等九郡寒,败首种,损蚕麦。

春　行都、平江、镇江、绍兴府、湖、常、秀州大饥，殍徙者不可胜计。是岁，台、明州、江东诸郡皆饥。

六月　常、湖州水坏圩田。

七月辛亥　诏知州年70以上者与宫观。甲寅，借职田租二年，以裨经费。己未，铸当二钱。

十二月　婺州火。自是火患不息，人火之也。

是年　宋廷诏僧道年60以上，并笃废残疾之人，并比附民丁放纳免丁钱，自乾道元年为始，仍令州县榜谕。

乾道二年(1166年)

正月　两浙淫雨至三月，寒冻，绍兴府及钱塘、富阳等县蚕麦遭灾。

二月丙申　临安等地雪。丁丑，赈济两浙、江东饥民。戊寅，孝宗至玉津园宴射，遂幸龙井。

四月戊寅　以两浙大雨成灾，洪水泛滥，减大理、三衙、临安府及浙西州县杂犯死罪以下囚一等，释杖以下。庚辰，诏两浙漕臣王炎开平江、湖、秀围田。

五月癸丑　禁浙西修筑围田。丁卯，命监司、守臣预备水旱。

六月甲戌　两浙市舶司官吏言，两浙市舶司支出大于收入，遂罢两浙路提举市舶司，诏诸路监司、帅臣各察守令臧否以闻。自此海外贸易以泉州、广州为主。

八月壬午　诏诸州守臣兼训练禁军。丁亥，温州大风雨，海溢，漂民庐、盐场、龙朔寺，覆舟，溺死2万余人，江滨胔骼尚7000余。甲午，立中兴以来13处战功格目。

九月　遣官按视温州水灾，赈贫民，决系囚。

十月辛卯　秀州雨雹。

十一月己酉　尽出内藏及南库银以易会子，官司并以钱银支遣，民间从便。

是年　裁定内外军额。

乾道三年(1167年)

六月二十一日　诏湖州马墩镇行者祝道试，赐度牒并给紫衣剃度，以刑部侍郎方滋言，先任两浙漕臣被旨收埋运河遗骸，道试出力甚多，收埋1260人有余，勤实可取，故有是命。

六月　江南水，坏苗稼，漂人畜。

是月　减临安府新城县进际税赋之半。以知县耿秉言，曩钱氏以进际为名，虚额太重故也。

七月己酉　临安府天目山涌暴水，决临安县五乡民庐280余家，人多溺死。

八月　湖、秀州、上虞县水，坏民田庐。时积潦至九月，禾稼皆腐。甲寅，以久雨，命临安府决系囚。

十月乙未朔　占城入贡。

十一月　蠲临安府属县欠乾道元年三税、坊场课利、折帛、免丁等钱。

十二月乙巳　在临安建大米仓——丰储仓。增印会子。

是年　两浙水，其他各地或蝗或旱，赈之。

乾道四年（1168 年）

七月壬戌　有臣僚上奏：十多年来，临安居民喜穿边装，好听胡乐；夜晚，有人吹鹧鸪、拨扬琴，穿黑衣而舞于街头，围观者甚多。朝廷因此申禁异服异乐。

七月己丑　以久雨，御延和殿虑囚，减临安府、三衙死罪以下囚，释杖以下。

是月　衢州大水，败城 300 余丈，漂民庐，孳牧，坏禾稼。诸暨县大水害稼。戊寅，知衢州王悦以盛暑祷雨、蔬食减膳、忧勤致疾而死，赠直龙图阁。

九月庚午　宋孝宗从太上皇赵构至天竺寺。限品官子孙名田。

十二月甲辰　减两浙、江东、西路明年夏税、和市之半。

乾道五年（1169 年）

二月　临安知府周淙增设军兵 100 余人，委托钱塘县尉治理西湖。或有种植茭菱，因而包占，增叠堤岸者，坐以违制。

四月　两浙旱灾，衢、婺二州尤重。诏赈济衢、婺二州流民。

五月　温、湖、秀等州大水，江东城市有深丈余者，漂民庐，湮田稼，溃圩堤，人多流徙。

夏秋，温、台州连遭三次暴风雨，水漂民庐，坏田稼，人畜溺死者甚众，黄岩县为甚，郡守王之望、陈岩肖不以闻，皆黜削。

十月　台州大风水，坏田庐。赈济温、台二州遭水灾饥民。

是年　处州松阳县民创义役，众出田谷，助役户轮充，自是所在推行。

乾道六年（1170 年）

正月乙丑　增筑临安丰储仓。

三月己卯　宋复置江、浙等路都大发运使。

五月　提举浙西常平茶盐颜师鲁奏设劝课之法，欲重农桑、广种植。下诏不征收“乡民于己田连接闲旷硗确之地垦成田园”的税收。减行都临安至建康沿途商贩的税收。

夏　浙东旱灾，温、台二州尤重。

七月癸未　诏以沙田、芦场收租税 60 余万缗入左藏南库。辛丑，复置御前弓马子弟所，命吴挺兼提举。赐岳飞庙曰“忠烈”。

是年　临安府左右司理、府院三狱，杖直狱子以无所给，至为无籍。

乾道七年（1171 年）

二月庚申　罢会子库，仍赐户部内藏南库缗钱 200 万、银 90 万两以增给官兵之俸。甲子，诏寺观毋免税役。

三月乙酉　立沿海州军私赍铜钱下海船法。

春　浙婺、秀州皆旱。

四月庚申　诏诸路增收无额钱物，并输南上库。甲子，皇太子判临安府。辛未，皇太子领临安尹。

七月丙子　王十朋卒。王十朋(1112—1171年)，字龟龄，号梅溪，温州乐清左原(今四都梅溪)人。绍兴二十七年(1157年)中状元，后宦游15载，官至龙图阁学士致仕。为官清正廉明，政绩卓著，为南宋名臣，著名政治家、教育家、学者和爱国诗人。

七月　诏免两浙丁盐绢。先是，范成大言处州丁钱太重，遂有不举子之风，故诏有一家数丁者，当重与减免。不久，又蠲免旱伤路户税。

十月丁未　罢绍兴宗正行司，改恩平郡王赵璩判西外宗正。

十二月癸亥　罢太医局。

是年　朝廷诏两浙等地劝民种麦，务要增广。

乾道八年(1172年)

五月　余姚大风雨，漂没民居，庄稼损失殆尽。

夏　行都临安民疫，及秋未息。

十一月辛未　遣官将两浙等八路官田卖给平民百姓。

是年　蠲绍兴府增起苗米4.9万余石。

乾道九年(1173年)

正月戊寅　遣官鬻两浙营田及没官田，次及江东、西，四川如之。

闰正月戊申　以浙东西等地久雨，命大理、三衙、临安府及两浙州县决系囚，减杂犯死罪以下一等，杖刑以下释放。

九月　台州火，经夕，至于翌日昼漏半，燔州狱、县治、酒务及居民7000余家。

是年　婺州、处州、温州、台州等地皆久旱，无麦禾。

是年　薛季宣卒。薛季宣(1134—1173年)，字士龙，号艮斋，永嘉人。累进大理正。出知湖州，多有善政。为学主张"步步着实，言之比使可行，足以开物成务"，反对空谈义理，注重研究世务，开永嘉事功学派先声。

孝宗淳熙元年(1174年)

正月丙午　以交趾入贡，诏赐国名"安南"，封南平王李天祚为安南国王。

六月　两浙旱，台、处、湖等州尤重。

七月壬寅、癸卯　钱塘江发生大风暴，江潮冲坏临安府江堤1660余丈，漂没民居630余家，仁和县濒江二乡的田圃也多被潮水淹坏。

淳熙二年(1175年)

五月乙巳　诏知县3年为任。

八月　严州火灾。

秋　两浙旱，绍兴府尤甚。

闰九月戊辰　台州城重修毕工。该工程始于同年六月癸酉，工程累计 15376 工，大抵取具于壮城之籍，闻民愿即工者厚酬之。

十月庚辰　临安大风。

十一月庚戌　临安皇宫丽正门内东庑失火。

十二月甲午　太上皇赵构 70 岁，孝宗至德寿宫行庆寿礼。议放天下苗税三分之一，大臣言国用不足，乃止。

淳熙三年(1176 年)

四月丁亥　雨雹。癸巳，天台、临海二县大风雹，伤麦。

五月　淮、浙积雨，损禾麦。

夏　台州亡麦。行都旱。

七月乙丑　禁浙西围田。

八月辛巳　台州大风雨，至于壬午，海涛、溪流合激为大水，决江岸，坏民庐，溺死者甚众。癸未，行都临安大雨水，坏德胜、江涨、北新三桥及钱塘、余杭、仁和县田，流入湖、秀州，害稼。浙东西、江东郡县多水，婺州、会稽嵊、广德军建平三县尤甚。

九月　临安皇宫大内射殿失火，延及东宫门。

十月甲戌　以久雨，命中外决系囚。丁丑，命临安守臣严禁逾侈。庚辰，诏自今非歉岁不许鬻爵。

是年　绍兴府、台、婺州水，并赈之。

是年　风飘日本船至明州，众皆不得食，行乞至临安府者复百余人。诏人日给钱 50 文、米 2 升，俟其国舟至日遣归。

淳熙四年(1177 年)

九月丁酉、戊戌　大风雨驾海涛，败钱塘县堤 300 余丈，诏令两浙修复。余姚县溺死 40 余人，败堤 2560 余丈；败上虞县堤及梁湖堰及运河岸。明州大风驾海潮，坏海岸及田庐、军垒。定海县败堤 2500 余丈；鄞县败堤 5100 余丈。

十二月戊寅　前浙东提举何称言：本路措置水利，创建湖浦塘埭斗门 20 处，增修开浚溪浦埂堰 63 处，灌田 249266 亩。诏浙东提举姚宗之核实具奏。

淳熙五年(1178 年)

六月庚戌　蠲秀州民折帛钱。

八月戊寅　赐岳飞谥曰武穆。

十月戊午　以皇孙右千牛卫大将军赵扩为明州观察使，封英国公。

是年　湖州溪南乡盐贩起义。

淳熙六年(1179年)

三月壬申夜　临安雨雹成灾。

四月　衢州霖雨,发生水灾。

九月　行都临安连雨。

秋　宁国府、温、台、湖、秀、太平州水,坏圩田,乐清县溺死者百余人。

十月辛丑　除绍兴府民逋赋5万余缗。

十二月　诏免临安府征税一年。

是年　临安府守臣吴渊言:“准乾道令:人户纳二税,每贯收朱墨钱二十文足,不成贯者收十五文,不成百者免收。今自九百九十文至一百文例取十五文足,显有不均。乞一百文收二文足,每一百增二文,至七百文省,即收十五文足,委是利民,且不冲改条令。”孝宗曰:“畸零税赋纳钱不及一贯者,皆贫民下户,所当矜恤。”乃从之。

淳熙七年(1180年)

三月丁丑　再蠲临安府民身丁钱3年。

四月戊子　除明州积欠诸司钱15万缗。

七月　各地旱灾。临安自七月至九月久不雨。绍兴,台州,婺州皆大旱,婺州尤甚。

九月　诏增印会子100万缗,代江浙旱伤州县纳月桩钱,时会子与钱等价。是岁,二浙等路伤旱,检放并赈济,计合200万缗斛。

是年　台州、广德等地军民大饥。

淳熙八年(1181年)

正月　积旱始雨。庚午,知台州唐仲友言鳏寡孤独老幼疾病之人,请依乾道九年例,取拨常平、义仓赈给。帝曰:“常平米令低价出粜。若义仓米,则本是民间寄纳在官以备旱潦,既遇荒岁,自合还以与民。况台州自有义仓米,可令赈济。”

二月壬午　诏:“去岁江、浙、湖北、淮西路郡县,间有旱伤,已令多出桩积等米赈粜。今虽闻诸路米价低平,其间鳏寡孤独贫乏不能自存之人,仍无钱收籴。可令州县镇寨乡村,将义仓米赈济,至闰三月半止,务实惠及民。州县奉行不虔,本路漕臣及提举常平官觉察以闻。”戊子,禁止浙西民因旱设置围田。

四月　行都临安病疫流行,淫雨连绵。分命医官诊视军民。

五月壬辰　严州大水,漂浸民居19540余家、垒舍680余区。绍兴府大水,五县漂浸民居83000余家,田稼尽腐;鱼浦败堤500余丈,新林败堤通运河。辛卯,以久雨,减京畿及两浙囚罪有差,贷民稻种钱。

六月戊午　户部言去年两浙、江东、西、湖北、淮西旱伤,共检收米137万余石,诏与蠲放。庚申,户部乞拨还去年旱伤无收经总等钱26万余缗。

七月壬辰　绍兴大水,出秀、婺州、平江府米赈粜。丁酉,严州水,诏被灾之家蠲其和卖,三等以上户减半。

是月 吕祖谦卒。吕祖谦(1137—1181 年),字伯恭,称东莱先生,婺州金华人,系南宋浙东学派代表之一。中博学宏词科,调南外宗教。迁著作郎等官。为学主“明理躬行”,治经史以致用,反对空谈心性,开浙东学派先声。

八月丙午 以旱罢招军。壬子,诏绍兴府诸县夏税、和市、折帛、身丁钱绢之类,不以名色,截日并令往催。戊辰,言者请自今歉岁蠲减,经费有亏,令户部据实以闻,毋得督趣已蠲阁之数。从之。罢诸路补葺经界簿籍。

九月庚辰 命诸路提举司贷民麦种。又以江、浙等地旱,出爵募民赈济。

十一月 疏浚临安至镇江段浙西运河。同月,浙东提举朱熹入对,奏议浙东救荒事。乞劝谕推赏,又乞拨赐米斛给灾民,乞预放来年身丁钱。皆从之。

是月己亥 赈临安府及严州饥民。庚子,再诏临安府为粥食饥民。辛丑,以淳熙元年减半推赏法募民赈粜。

十二月 出南库钱 30 万缗,付朱熹赈粜。丁未,禁诸州营造。辛亥,蠲诸路旱伤州军明年身丁钱。又下朱熹社仓法于诸路。

是年 行都大疫,禁旅多死。宁国府民疫死者尤众。

淳熙九年(1182 年)

正月戊子 诏籴广南米运至临安。是时,临安饥荒严重,人食草木为生。庚寅,诏两浙旱伤州县贷民稻种,计度不足者贷以桩积钱。内出正月所种春麦,并秀实坚好,与八九月所种无异。诏降付两浙、淮南、江东、西漕臣,劝民布种。

五月 是月至七月久不雨,婺、温、处、嵊县等皆旱。

六月丁巳 给临安府贫民棺瘗钱。庚申,临安府蝗害成灾,诏守臣亟加焚瘗。乙卯,飞蝗过都,遇大雨,坠仁和县界。

七月 浙东诸州大旱。浙西州县发生蝗灾。

八月己亥朔 诏绍兴民户去岁已纳夏税应减者 30 万缗,理为今年之数。

是年 绍兴府、衢、婺、严、明、台、湖州饥。同年,衢州守臣制到木鹤觜弩 2000、箭 10 万。

淳熙十年(1183 年)

正月 先是朱熹行部至台州,知州唐仲友为其民所讼,熹按得其实。而仲友与王淮同里,且为姻家,已降江西提刑,未行,而熹论之。淮以论章及仲友辩疏并进,且微为仲友解,孝宗以为然。熹论益力,前后章六上,帝不欲穷其事,夺仲友江西新命以授熹。熹辞不拜,遂归,旋予祠。

四月丙申 再蠲临安府民丁身钱 3 年。

是月 禁止浙西豪民围田。

五月 浙东数郡水灾。

六月 两浙水灾,命赈济灾民。

是月　蝗遗种于淮、浙，害稼。

七月　两浙大旱。丙寅，孝宗到明庆寺祷雨。丁丑，诏除灾伤州县淳熙八年欠税。

十月　诏两浙义役听从民便。

是年　台州水，绍兴旱。

淳熙十一年(1184 年)

二月　临安府新城县深浦天雨黑水，终夕。

三月辛丑　罢秀州御马院庄，归其侵地于民。丁未，禁淮民招温、处两州户口。

四月　临安大雨成灾。

五月戊子朔　蠲崇德等 16 县小民淳熙十年欠税 14 万缗。

六月甲申　处州龙泉县大雨，水浸民舍，坏杠梁，汇田害稼。

是月　浙西大水成灾；婺州修治陂塘 837 所，溉田 2000 余顷。

七月癸卯　蠲减浙东败阙坊场酒课。癸丑，以浙西、江东水，禁诸州遏籴。

七月　两浙大水成灾。余杭漂流居民以万数；明州大风雨，山水暴出，浸民市，民房损坏严重，覆舟杀人。

八月辛酉　诏："浙西诸州府，各将管下围田明立标记，仍谕官民不得于标记外再有围裹。"

十一月戊子　知婺州洪迈请蠲丰储仓积欠米，从之。是月，两浙运副刘敏士，运判姚宪，交降官落职；新江东提刑王彦洪，别与差遣；并以温、台二州灾涝，失于按劾守臣也。

十二月　知台州熊克上《九朝通略》。

是年　洪迈知婺州，治婺军有度，特迁敷文阁待制。

淳熙十二年(1185 年)

正月　明州浚治东钱湖，禁止佃农垦殖葑地。

三月辛卯　临安禁习渤海乐。

六月　行都、富阳霖雨；婺州大水成灾，毁坏民房。

七月　黄岩县水败田潴。

是月　诏减两浙版账钱。

八月　湖州大水成灾。安吉县暴水发枣园村，漂庐舍、寺观，坏田稼殆尽，溺死千余人，郡守刘藻不以闻，坐黜。温州火，燔城楼及 400 余家。

是月丙子　诏蠲会稽借贷官米。

九月甲申　诏兰溪借过常平钱收买稻种，并蠲放。

是月　台州水。丙戌，诏赈济湖州、台州遭水灾民。

是冬　大雪。自十二月至明年正月，或雪，或霰，或雹，或雨水，冰冱尺余，连日不解。台州雪深丈余，冻死者甚众。

淳熙十三年(1186)

闰七月己酉　令淮、浙提盐约束逐州主管官:遇亭户纳盐,在官须管,即时称下,支还本钱,不得纵容官吏掊克。如听用花带等钱及上户兜请折除等事,并严觉察按劾,仍许亭户越诉。

九月乙巳　诏伪造会子凡经行用,并处死。

十二月乙未　赈临安府城内外贫乏老疾之民。

淳熙十四年(1187年)

春　都民、禁旅大疫,浙西郡国亦疫。

五月　两浙等地大旱。时临安、绍兴、严、湖、秀、衢、婺、处、明、台等州军皆旱,越、婺、台、处诸州尤甚,至是年九月方雨。

六月庚寅　临安府火,延烧700余家。减两浙路囚罪一等,释杖以下。

是月甲申昧爽　孝宗祷雨临安太乙宫,乘舆未驾,有大声自内发,及和宁门,人马辟易相践,有失巾屦者。

七月　二浙苦旱。秀州饥,有流徙者。临安府九县饥。镇江、绍兴、隆兴府、严、常、湖、秀、衢、婺、处、明、台州皆旱,越、婺、台、处、江州、兴国军尤甚。

是月　仁和县蝗。诏权减秀州经总制籴本钱半年。丙辰,命临安府捕蝗,募民输米赈济,除绍兴新产下户今年和市布帛2.8万匹。

八月辛未　赐度牒100道、米4.5万石,备赈绍兴府饥。

十月　太上皇赵构崩于临安德寿殿。翰林学士洪迈言大行皇帝庙号当称"祖"。甲申,用礼官颜师鲁等言,大行太上皇帝上继徽宗正统,庙号称"宗"。

是年　日僧荣西(1141—1215年)到天台山,从万年寺的虚庵怀敞学禅。

淳熙十五年(1188年)

四月　浙东永康陈亮上疏万数千言,大略欲激孝宗恢复中原。时孝宗已将内禅,由是在廷交怒,以亮为狂怪。

七月　黄岩县水败田潴。

十月丙寅　知湖州赵恩言:"湖州实濒太湖,有堤为之限制,且列二十七浦溇,引导湖水灌溉民田,各建斗门以为蓄泄之所,视旱涝为之启闭。去岁之旱,高下之田俱失沾溉,委官访求遗迹,开浚浦溇,不数日间,湖水通澈,远近获利,而于斗门因加整葺。请诏守臣,逐岁差官亲诣湖堤相视,开浚浦溇,补治斗门,庶几永久。"从之。

淳熙十六年(1189年)

正月戊午　免绍兴府和买绢四万匹之半。

二月壬戌　孝宗下诏传位皇太子。是日,皇太子即皇帝位。孝宗素服驾之重华宫。

四月甲戌　绍兴府新昌县山水暴作，害稼湮田，漂民庐。

是月乙亥　以两浙犒赏酒库隶诸州，岁入65万，寻减30万。

闰五月庚午　诏罢卖浙西常平官田。戊寅，蠲郡县第五等户身丁钱及临安第五等户和买绢各一年，仍出钱23万缗赈临安贫民。

六月　行都临安钱塘门启，黑风入，扬沙石。

八月丙申　诏减两浙月桩等钱岁25.5万缗。是月，观文殿大学士王淮卒。淮居台谏，论劾皆当；为相，能尽心事上，唯以唐仲友故，擢陈贾为御史，郑丙为吏部尚书，协力攻朱熹，启后来伪学之禁，大丧生平。

秋　温州螟。

九月癸亥　减绍兴和买绢岁额4.4万匹。

十一月乙丑　减江、浙月桩钱额16万余缗。

是年　僧怀敞主持天童寺，日本僧人荣西随侍左右数年，学习禅法。

光宗绍熙元年(1190年)

正月　免临安府民身丁钱三年。

二月丁酉　临安雨雹。辛亥，殿中侍御史刘光祖言：道学非程氏私言，乞定是非，别邪正。从之。

春　行都久雨至于三月。留寒至立夏不退。

五月四日　直秘阁张镃言，乞以临安府艮山门里所居屋舍为十方禅寺，仍舍镇江府本家庄田6300余亩供赡僧徒。礼部太常寺拟庆寿慈云禅寺为额。从之。

八月壬寅　处州火，燔数百家。

是年　洪迈知绍兴府。过阙奏事，言新政宜以十渐为戒。光宗以浙东民困于和市，望迈正之。迈至郡，核实诡户48300有奇，所减绢以匹计者，略如其数。

绍熙二年(1191年)

正月庚辰朔　临安大雨雪。河冰厚尺余，寒甚。是春，雷雪相继。冻雨弥月。

二月一日　大雨雪。乙酉，诏以阴阳失时，雷雪交作，令侍从、台谏、两省、卿监、郎官、馆职，各具时政阙失以闻。出米5万石赈京城贫民。权罢修皇后家庙。

三月癸酉　温州大风雨雹，大如桃李实，平地盈尺，损坏房屋5000余家，田苗、桑果等农作物皆被毁坏。瑞安县亦如之，坏屋拔木杀人尤甚。

七月　天童寺住持怀敞授给日僧荣西法衣、临济宗传法世系图以及拄杖、应器、宝瓶、坐具等，又向他传授菩萨戒，赠书送行。荣西于是年七月返回日本，传播临济宗，后被日本临济宗奉为祖师。

八月　行都、绍兴久雨成灾。甲申，诏宽两浙榷铁之禁。

九月乙丑　以两浙久雨，命大理、三衙、临安府及两浙决系囚，释杖以下。

十月丙子朔　诏罢经界。

绍熙三年(1192年)

正月庚戌　蠲秀州上供米4.4万石。

是月乙巳夜　临安城中失火,烧至天明,市区半被焚毁。

四月丁卯　蠲临安民绍熙元年、二年逋赋。

五月　仍以两浙犒赏酒库隶诸州,令户部郎官提领岁以45万缗为额。

六月辛丑朔　下诏戒饬风俗,禁民奢侈与士为文浮靡、吏苟且饰伪者。

七月甲戌　台州水。壬申,天台、仙居二县大雨连旬,造成水灾,漂浸民居560余间,坏田伤稼。

十月壬寅　修大禹陵庙。

十一月　临安又失火,烧500余家。

绍熙四年(1193年)

正月辛卯　蠲临安府民身丁钱3年。

四月　两浙霖雨,至于五月,浙东、西等郡县坏圩田,害蚕、麦、蔬、稑,绍兴、宁国府尤甚。临安及诸暨、萧山大水,冲坏庄稼。

是月　陈亮病逝。陈亮(1143—1193年),字同甫,学者称龙川先生,婺州永康人。他倡导经世致用的"事功之学",创永康之学,指摘理学家空谈"道德性命"。与朱熹友善,论学则多异,曾进行多次"王霸义利之辩",为南宋浙东学派的代表之一。

五月　两浙久雨,大水冲坏圩田,蚕麦蔬菜受损严重。诸暨、萧山等县大水,坏田稼。

六月癸丑　蠲临安增民税钱8万余缗。赈江、浙、两淮、荆湖被水贫民。

夏　绍兴府亡麦。

七月戊寅　命临安府及三衙决系囚,释杖以下。兴化军海风害稼。壬申,慈溪县水,漂民庐,决田害稼,人多溺死。乙亥,会稽、山阴、萧山、余姚、上虞县大风驾海涛,坏堤,伤田稼。

八月辛丑　钱塘、临安、新城、富阳、於潜县大雨水,余杭县尤甚,漂没田庐,死者无算。安吉县水,平地丈余。宁国府、明、台、温、严、常州、江阴军等皆水。丙申,蠲绍兴丁盐、茶租钱8.2万缗。

八月　两浙旱灾,诏赈济浙西旱伤灾民。

夏秋　镇江府、常、秀州、江阴军大旱。

十月　己酉夜,临安地震。庚戌,夜又地震。甲寅,临安落雨夹土。

绍熙五年(1194年)

正月丙戌　宽绍兴民租税。

四月壬寅　以不雨,使大理、三衙、临安府及两浙决系囚,释杖以下。

六月戊戌夜　孝宗崩。

七月甲子　太皇太后以光宗疾未能执丧,命皇子赵扩即皇帝位于重华宫之素幄,是为宁宗。尊光宗为太上皇帝，移御泰安宫。

十月辛丑　减两浙、江东西路和市折帛钱，蠲两浙路丁盐、身丁钱 1 年。

十一月　升明州为庆元府。

十二月　临安府南高峰山自摧。

冬　亡麦苗。行都临安、淮、浙西东、江东郡国皆饥。常、明州、宁国、镇江府、庐、滁、和州为甚，人食草木。

宁宗庆元元年(1195 年)

正月　两浙荒歉，诏诸州收养遗弃小儿。辛亥，以久雨，赈济临安贫民。

是月　常州、楚州等地饥荒，流民大批涌入临安。蠲台、严、湖三州贫民身丁折帛钱 1 年。

二月戊寅　右正言李沐奏赵汝愚以同姓居相位，将不利于社稷。罢赵汝愚为观文殿大学士、知福州。反对赵汝愚罢官者都陆续被放逐。癸亥，以久雨，释大理、三衙、临安府、两浙路杖以下囚。

是月　诏淮、浙诸州，劝民耕垦荒田。

四月戊辰　临安大疫，出内帑钱为贫民医药、棺殓费及赐诸军疫死者家。

五月辛亥　减大理、三衙、临安府杂犯死罪以下囚，释杖以下。

六月壬申　台州及属县大风雨，山洪、海涛并作，漂没田庐无算，死者蔽川，漂沉旬日。至于七月甲寅，黄岩县水尤甚。常平使者莫漳以缓于赈恤，坐免。

七月　行都临安大水成灾。霖雨不止，至于八月。

九月　浙西久雨，米价急剧上涨，诏蠲湖州被灾百姓丁绢。

十月乙丑　以秀州为嘉兴府。

庆元二年(1196 年)

正月庚子　赵汝愚卒。赵汝愚(1140—1196 年)，字子直，生于崇德县洲钱(今桐乡市洲泉镇)。南宋名臣、学者，南宋宗室。以策划实施“绍熙内禅”，功升右相。卒后赐谥忠定，追封周王，为昭勋阁二十四功臣之一。

二月辛未　再蠲临安府民身丁钱 3 年。

五月　行都不雨成旱灾，疫病流行。

六月壬申　台州暴风雨连夕。海潮倒涌，坏田庐。辛未，台州黄岩县大雨水，有山自徙 50 余里，大石自陨。雷雨甚至，山水瀵涌。其声如雷，草木、冢墓皆不动，而故址溃为渊潭。时临海县清潭山亦自移。

秋　浙东郡县大水成灾。

庆元三年(1197 年)

二月丁巳　以大理司直邵褒然请诏大臣自今权臣、伪学之党，勿除在内差遣，诏下其章。

三月乙未　建临安东华门。庚子，禁浙西围田。

是月　行都及淮、浙郡县疫。

四月丙午　临安雨土。壬子，以浙西久旱。祷于天地、宗庙、社稷。乙丑，雨雹。

闰六月甲戌　内出器付尚书省毁之，申禁临安等地私铸铜器。

九月　绍兴、婺州大水害稼。

秋　浙东萧山、山阴县、婺州，浙西富阳、盐官、淳安、永兴县、嘉兴府皆螟。

十二月丁丑　以大行太皇太后攒宫，蠲绍兴府贫民明年身丁、折帛绵绢。

是月　韩侂胄一派继续攻击赵汝愚、朱熹等道学人士。刘三杰入对，言前日伪党，今变而为逆党。侂胄大喜，即日除三杰为右正言，而坐伪学逆党得罪者59人。王沇献言令省部籍记伪学姓名，姚愈请降诏严伪学之禁，二人皆得迁官。施康年、陈谠、邓友龙、林采皆以攻伪学久居言路，而张釜、张岩、程松率由此秉政。

是年　浙东郡国亡麦，台州大亡麦，民饥多殍。

是年　绍兴府僧寺火，延烧数百家。

庆元四年(1198年)

正月　以两浙多苛征，诏申禁止；丁卯，又诏有司宽恤两浙流民。

三月己丑　以劳役，诏蠲临安、绍兴赋租税。

四月己丑　蠲临安、绍兴二府租税有差。

五月己酉　诏禁伪学。

八月　临安久雨。

十二月丙戌　再蠲临安府民身丁钱3年。

庆元五年(1199年)

五月丁酉夜　临安因久雨淋坍，人多有压死者。以久雨民多病疫，诏命临安府赈恤之。

六月　浙东西霖雨至于八月，大水成灾，人多溺死，财产损失严重。

秋　台、温、衢、婺水，漂民庐，人多溺死，衢守张经以匿灾吝赈坐黜。

庆元六年(1200年)

四月　杭州旱。

五月丙辰　以旱决中外系囚。除茶盐赏钱。丙寅，诏大理、三衙、临安府及诸路阙雨州县释杖以下囚。

是月　严、衢、婺三州皆大水成灾，漂庐害稼。同月，亡暑，气凛如秋。

九月甲子　婺州布衣吕祖泰上书，请诛韩侂胄、苏师旦，逐陈自强等，以周必大代之。诏杖祖泰，配钦州牢城。

秋　温州久雨成涝。

十月辛丑　临安雨土。

十二月　因恭淑皇后攒宫劳役，再蠲临安、绍兴府民赋。

宁宗嘉泰元年(1201年)

三月戊寅　行都临安大火，至于四月辛巳，燔御史台、司农寺、将作军器监、进奏文思御辇院、太史局、军头皇城司、法物库、御厨、班直诸军垒及民居58097家，城内外亘10余里。灼死之可知者59人，而践死者不可计。都城九毁其七，时百官皆僦舟以居。是夕火作于宝莲山御史台胥杨浩居舍，谏议大夫程松请戮浩以谢都民。再疏，始黥万安军，犹免决。自是都民讹自相惊，亡赖因以纵火为奸利。

四月辛巳　诏有司赈恤临安被灾居民，死者给钱瘗之。壬午，宁宗下诏自责。诏枢密院核禁卫班直及诸军营栅焚毁之数。癸未，避正殿，减膳。甲申，命临安府察奸民纵火者，治以军法。内降钱16万缗，米6.5万余石，赈被灾死亡之家。

五月　浙西郡县及台州皆大旱。

十二月庚寅　复免临安府民身丁钱3年。

是年　浙西郡国荐饥，常州、镇江、嘉兴府为甚。

嘉泰二年(1202年)

二月　佑贤、李澄浙西行视围田还，奏追毁临安、平江、嘉兴，湖、常开掘户元给佃据。

是月甲申　弛伪学、伪党禁。庆元党禁至今，赵汝愚、朱熹等人皆去世，其余道学人士也多被放逐，道学力量严重削弱。其时，韩侂胄又欲北伐抗金，为争取舆论，遂请弛学禁，“稍示更改，以消中外意”。戊子，颁《治县十二事》，以风厉县令。癸巳，禁私史。

是月壬午　疏浚浙西运河。

七月丁未　行都大风雨成灾。

是年　浙西春旱至夏秋。浙西诸县大蝗。自丹阳入武进，若烟雾蔽天，其堕亘10余里，常之三县捕8000余石，湖之长兴捕数百石。时浙东近郡亦蝗。

是年　洪迈卒。洪迈(1123—1202年)，字景卢，号容斋，饶州鄱阳人。父皓，其子洪适、洪遵、洪迈相继登博学宏词科，由是三洪文名满天下。

嘉泰三年(1203年)

三月丁丑　以浙西久雨，庄稼受损，诏大理、三衙、临安府决系囚。

五月庚辰　临安大旱，西湖鱼皆浮于水面。诏大理、三衙、临安府释杖以下囚。

是月　行都临安疫。

七月辛未　命殿前司造战舰，出封桩库钱10万缗给之。颁《庆元条法事类》。癸未，禁两浙州县抑纳逃赋。

八月　行都久雨。

是年　陈傅良卒。陈傅良(1137—1203年)，字君举，号止斋，温州瑞安人。授集英殿修撰，进宝谟阁待制，终于家，谥文节。为学重经世致用，反对空谈理性。

嘉泰四年(1204年)

二月壬子　蠲临安府逋负酒税。

三月丁卯　临安大火,迫太庙,权奉神主于景灵宫。翌日戊辰旦,火及和宁门鸱吻,禁卒张隆飞梯斧之,门以不焚。火起于临安粮科院后刘庆家,延烧粮料院、右丞相府、尚书省、中书省、枢密院、左右司谏院、尚书六部,南至清平山、万松岭、和宁门,西及太庙、三茅观下,军民7270余家,三昼夜乃灭。己巳,避正殿。时省部皆寓治驿、寺。庚午,命临安府赈焚室。辛未,诏修太庙。甲戌,下诏罪己。乙亥,诏百官疏陈时政阙失。庚寅,复御正殿。

五月　两浙不雨至七月,大旱成灾。

七月甲子　以旱,诏大理、三衙、临安府、两浙及诸路决系囚。辛未,免两浙缺雨州县逋租。

八月　蠲绍兴府攒宫所在民身丁钱绢绵盐。

十二月壬寅　禁州县挟私籍没民产。甲辰,再蠲临安府民身丁钱3年。

宁宗开禧元年(1205年)

正月癸酉　初置澉浦水军。

二月丙午　蠲临安府逋负酒税。

三月辛未　申严民间生子弃杀之禁,仍令有司月给钱米收养。

五月　金国以边民侵掠及增边戍来责渝盟。

夏　浙东西不雨达100多天。衢、婺、严、越等州大旱。

七月癸未　以韩侂胄兼国用使。以旱,诏大理、三衙、临安府、两浙州县及诸路决系囚。

八月丙戌朔　蠲两浙阙雨州县桩赏钱。

十月　行都淫雨至于明年春天。

十二月癸酉　诏永远免除两浙路、临安府身丁钱绢。

是年　江浙、福建、二广诸州旱,赈之。

开禧二年(1206年)

正月癸未朔　蠲两浙路身丁䌷绵。癸巳,再给军士雪寒钱。发米赈给贫民。

二月癸丑　临安寿慈宫火。甲寅,太皇太后移居大内。丁巳,以久雨,诏大理、三衙、临安府及诸路决系囚。乙亥,释两浙路杖以下囚。

春　行都久雨,至于三月。

四月　韩侂胄准备从两淮、京西、川陕三路对金发动全面进攻,意图恢复中原。

是月壬子　行都临安火灾,焚数百家。

五月丁亥　宋廷下诏伐金,对金战争正式开始,史称“开禧北伐”。癸巳,以伐金告于天地、宗庙、社稷。

是月庚寅　婺州东阳大水,山1730余处同夕崩洪,洪水冲毁村落540余所,淹田2万余顷,溺死者甚众。

十二月　复两浙围田,募两淮流民耕种。癸酉,吴曦始自称蜀王。

是年　绍兴府、衢、婺州亡麦。

开禧三年(1207年)

二月庚申　以旱,诏大理、三衙、临安府决系囚。丁卯,罢江、浙招军。乙亥,释两浙路杖以下囚。

四月己未　奉使金国通谢、国信所参议官方信孺发行在。

九月辛丑　遣王相持书赴金国都副元帅府。

夏、秋　浙西大旱,稻苗绝种。又发生蝗灾,飞蝗蔽天,浙西豆粟尽被食光。

十月乙巳　减临安、绍兴二府囚罪一等,蠲民缘攒宫役者赋。

十一月甲戌　诏:韩侂胄轻启兵端,罢平章国事。乙亥,礼部侍郎史弥远等以密旨命权主管殿前司公事夏震诛韩侂胄于玉津园。以诛韩侂胄诏天下。

是年　浙西旱蝗,沿江诸州水。

宁宗嘉定元年(1208年)

二月壬子　诏临安府赈济流民。

三月己丑　王柟自军前再还行在,议以韩侂胄函首易淮、陕侵地。辛卯,诏枭侂胄首于两淮。

闰四月乙未　蠲两浙阙雨州县贫民逋赋。命大理、三衙、临安府、两浙州县决系囚。丙申,幸太乙宫、明庆寺祈雨。

五月　两浙发生旱灾,蝗灾。

七月壬辰　台州大风雨驾海潮,坏屋杀人。

八月戊辰朔　发米赈贫民。

九月己未　诏以和议成谕天下,是为宋金"嘉定和议"。其主要内容为:依靖康故事,金、宋"世为伯侄国";增岁币各30万两、匹,另给犒军银300万两;疆界与绍兴时相同。

十二月　升嘉兴府为嘉兴军。

是年　淮民大饥,食草木,流于江、浙者百万人。

嘉定二年(1209年)

三月庚申　命浙西及沿江诸州给流民病者药。壬戌,皇宫内库拨钱10万缗,救济临安贫民与流入临安的外地饥民。

四月　浙西大旱,飞蝗成灾。至七月乃雨。临安病疫流行。

五月　忠义军统制罗日愿在行都临安浙江亭举行兵变失败,被磔于市中。

六月癸亥朔　命浙西诸州谕民种麻豆,毋督其租。己丑,诏命福建、江西、二广粜米运到临安,仍偿其费。

是月　行都畿县及湖州蝗灾。己卯，临安府火。

夏　都民疫死甚众。淮民流江南者饥与暑并，多疫死。

七月壬辰　台州大风暴雨海潮，漂没2280余家，溺死尤众；昌国海潮漂没民居；山阴、会稽、余姚大水，漂没居民5万余家，毁坏民田10万余亩。

冬　临安饥荒，城中死者到处可见，道多弃儿。

十一月　诏浙西诸州郡募饥民兴修水利。

是年　姜夔卒。姜夔（约1155—1209年），字尧章，号白石道人，饶州鄱阳人。姜夔以布衣终身，以词学显于世，异于豪放派之"直露"与婉约派之"软媚"，另辟"骚雅"一路，格律森严，字琢句炼，成为格律派或风雅派的开宗领袖。

嘉定三年（1210年）

三月　浙东西久雨成灾。阴雨60余日，首种多败，蚕麦不登。

四月乙丑　决临安系囚，释杖以下。丙寅，诏监司、守臣安集泰、吉二州民经贼蹂践者。戊辰，出内库钱23万缗赐临安军民。己巳，诏临安府给细民病死者棺椟。

四月　都民多疫死。丙申，临安府梵天寺火。甲子，新城县大水。

五月　两浙大水成灾，严、衢、婺、富阳、余杭、盐官、新城、诸暨、淳安等州县连日暴雨，被洪水溺死者无数。田地、房屋及市郭皆被大水冲坏。首种庄稼皆被水腐烂。行都临安也大水，漂没民舍5300余家，城外军寨垒舍一半被水淹没，西湖水外溢。是月，衢州饥，颇聚为剽盗。

是月癸丑　临安府发放丰储仓米赈济军民。

八月乙亥　临安大风拔木。临安府蝗灾。

是年　陆游卒。陆游（1125—1210年），字务观，号放翁，越州山阴人。工诗、词、散文，亦长于史学。陆游与尤袤、杨万里、范成大并称四大家。其诗歌常言恢复，声调激昂悲壮，多豪放之作。

是年　临安、绍兴二府、严、衢二州大水，赈之，仍蠲其赋。

是年　临安府蝗。

嘉定四年（1211年）

闰二月己卯　绍兴府嵊县浦桥火，燔百余家。

三月　临安府病疫流行。己未，临安府赈给病民，死者赐棺钱。

四月甲申　两浙等地州县禁科折盐酒。

七月辛酉　慈溪县大水，圮田庐，人多溺者。

八月　山阴县海水冲坏塘堤，漂流40里，淹田10万亩。

是年　徐照卒。徐照（？—1211年），字道琛，又字灵晖，自号山民（或作"天民"），永嘉人。南宋著名诗人，与徐玑（字灵渊）、翁卷（字灵舒）、赵师秀（字灵秀）号称"永嘉四灵"。

嘉定五年(1212 年)

正月己巳　诏诸路通行两浙倍役法，著为令。

三月戊辰　以久雨，诏大理、三衙、临安府、两浙州县决系囚。

夏　江、浙诸县多雨雹害稼。

七月戊辰　雷雨坏临安太庙屋。

九月己酉　有司上《续中兴礼书》。辛未，罢沿海诸州海船钱。

十一月　行都雨雪不断，积阴至明年春。

是年　国子司业刘爚，请以朱熹《论语孟子集注》立学。从之。

嘉定六年(1213 年)

四月　临安地震。

六月丙子　淳安地震。丁丑，淳安山涌暴水，陷清泉寺，漂五乡田庐 180 里，溺死者无算，巨木皆拔。丁亥，於潜县大水。戊子，诸暨县风雷大雨，山涌暴作，漂十乡田庐，溺死者尤多。钱塘县、临安、余杭、於潜、安吉县皆水。浙东、浙西雨至七月。

夏　江、浙郡县多雨雹害稼。

九月甲辰　蠲京、湖诸州逋负 28 万余缗。

是年　会稽山阴海塘被大风潮溃决，倒坍 5000 丈，造成民田荡室庐漂没转徙者 2 万余户，塘内 7 万多亩土地盐渍化，岁失两乡赋入以万石计者 4 年。后由当时的绍兴府太守赵彦倓主持修复，朝廷颁降缗钱殆 10 万、米 1.6 万石，又益以留州钱千余万。全长 6120 丈，其中三分之一改用石料建筑。

是年　楼钥卒。楼钥(1137—1213 年)，字大防，自号“攻媿主人”，宋明州鄞县人。尝知温州，开禧北伐失败后，起为翰林学士，官至参知政事。楼钥文辞精博，系当时著名文学家、藏书家。

嘉定七年(1214 年)

六月丙午　蠲两浙路诸州桩赏钱。壬子，释大理、三衙及两浙路杖以下囚。

是月　浙郡蝗灾。

九月丙戌　以久雨，释大理、三衙、临安府杖以下囚。

是年　徐玑卒。徐玑(1162—1214 年)，字文渊，永嘉人，诗人，“永嘉四灵”之一。

是年　台州大亡麦。

嘉定八年(1215 年)

春　两浙旱，至八月乃雨。衢州、婺州、温州、台州、明州等地为甚。行都临安草木枯槁，百泉皆竭，苗种不入。斛水百钱，暍死者甚众。

三月丙子　蠲临安府茶盐赏钱。释两浙诸州系囚。

四月　大批蝗虫从淮飞至临安一带，蚕食禾苗。官府以粟换蝗虫，饥民竞相捕杀蝗虫。诸道捕蝗者以千百石计，官以粟易蝗者千百斛。

五月乙酉　发米赈粜临安府贫民。

六月丙辰　诏两浙路谕民杂种粟麦麻豆，有司勿收其赋，田主勿责其租。戊申，赈济两浙水涝灾民。

七月癸酉　蠲临安、绍兴二府贫民夏税。

八月辛丑　湖州火，燔寺观，延烧300家。

九月乙亥　申严浙西围之禁。

是年　两浙、江东西路旱蝗。

嘉定九年(1216年)

正月辛巳　罢诸路旱蝗州县和籴。

四月　大霖雨，浙东、西郡县尤甚。

五月　行都及绍兴府、严、衢、婺、台、处、信、饶、福、漳、泉州、兴化军大水，漂田庐，害稼。

六月戊申　赈恤浙西被水州县，宽其租税。

九月甲申　诏两浙、江东监司核州县被水最甚者，蠲其租。

嘉定十年(1217年)

正月癸巳　临安雨土。乙未，大风拔木。

二月庚申　临安地震。

三月　行都霖雨至四月。

五月辛巳　以久雨，释大理、三衙、临安府杖以下囚，蠲茶盐赏钱。

七月　临安、会稽、东阳等地旱。

十月　霖雨害稼。钱塘江海潮溢堤，淹没大片民田。

十一月丁丑　临安大风，钱塘江潮水溢堤，江中船只多被江涛打没，船工溺死者甚多，潮水还冲坏田地房舍。甲申，诏浙东提举司拨米10万石赈给贫民。

冬　浙江涛溢，圮庐舍，覆舟，溺死甚众。

是年　台、衢、婺、饶、信州饥，剽盗起，台为甚。

嘉定十一年(1218年)

二月　临安火灾，烧毁数百家。

六月戊申　武康、吉安县大水，漂官舍、民庐，坏田稼，人畜死者甚众。

是月辛酉　诏湖州赈恤被水贫民。

九月己巳　临安万松岭民居失火，烧480家。

嘉定十二年(1219年)

正月初四日　诏令封椿库于见椿管度牒内支拨10道付上天竺寺,变卖价钱,专充修造殿宇使用。

是年　盐官海水失道,潮水冲平野30余里,至是侵县治,庐州,港渎及上下管、黄湾冈等场皆圮,蜀山沦入海中,聚落、田畴失其半,坏四郡田,后六年始平。

嘉定十三年(1220年)

八月庚午　庆元府火,燔官舍、第宅、寺观、民居甚众。

十一月庚戌　临安大风。壬子,临安府火,烧毁城内外民舍数万家,军卒寨房120区。

嘉定十四年(1221年)

正月丙戌朔　以雪寒,释大理、三衙、临安、两浙诸州杖以下囚。乙未,临安地震。

是月　临安雪寒。

是年　浙、闽、广、江西旱,明州、台州、衢州、婺州、温州为甚,蟊螣为灾。

是年　两浙路有户2220321、口4029989,江南东路户1046272、口2402038。

嘉定十五年(1222年)

七月　萧山县大水。当时浙东、浙西久雨成灾,衢州、婺州、严州暴流与江涛合,圮田庐,害稼。

约是年前后　植物学家陈景沂约在这段时间撰成世界上最早的植物学辞典《全芳备祖》。陈景沂,号肥遁,天台人,仕履未详。此书集花果草木凡400余门,书中对所列的各种植物,在形态、分类、生态以及栽培上,都有详尽生动的记载描述。

嘉定十六年(1223年)

五月　两浙郡县水灾。湖、秀尤甚,漂没民庐,损害庄稼,城墙堤岸多被毁坏,溺死甚众。

八月辛巳　诏州县经界毋增绍兴税额。

九月　钱塘江潮溢,冲坏民舍。余杭、钱塘、仁和等县大水,庄稼受损严重。

是年　叶适卒。叶适(1150—1223年),字正则,人称水心先生,温州永嘉人。历知泉州、权吏部侍郎、知建康府兼沿江制置使、宝文阁待制兼江淮制置使。在学术方面,叶适提倡功利之学,批评空谈心性之风气,对朱熹学说有所批评,后世推为永嘉学派的巨擘。

是年　宁宗时画院待诏有名画家马远(字遥父,钱塘人),人称"马一角";夏圭(字禹玉,钱塘人),称"夏半边";李嵩(钱塘人)等。马、夏与李唐、刘松年并称为南宋四大家。

是年　行都临安及闽浙郡国皆无禾麦。

嘉定十七年(1224年)

二月癸巳　蠲台州逋赋。甲午,命临安府赈粜贫民。

春　余杭、钱塘、仁和三县饥。

八月　行都霖雨;秀州海潮溢堤。

闰八月　申严两浙诸州输苗过取之禁。

十月戊戌　朝廷诏诸路提点刑狱以十一月按理囚徒。壬子,诏百官奉给按月给。

十二月甲午　雪寒,免京城临安官私房赁地、门税等钱。自是,祥庆、灾异、寒暑皆免。

是年　海坏畿县盐官地数十里。先是,有巨鱼横海岸,民脔食之,海患共六年而平。

理宗宝庆元年(1225年)

正月庚午　湖州盗潘壬、潘丙、潘甫谋立济王赵竑,竑闻变,匿水窦中,盗得之拥至州治,以黄袍加其身,守臣谢周卿率官属入贺。初,壬等伪称李全以精兵20万助讨史弥远擅废立之罪,比明视之,皆太湖渔人及巡尉兵卒,竑乃告于朝而率州兵诛贼。史弥远奏遣殿司将彭任讨之,至则盗平,又遣其客秦天锡托宣医治竑疾,谕旨逼竑死,寻诏贬为巴陵郡公。

二月甲午　诏鄂王岳飞谥忠武。戊午,出丰储仓米7.5万石赈济临安贫民,给犒马步军、皇城司守卫军有差。

三月癸酉　葬宁宗于会稽永茂陵。

四月　又发官廪赈济临安贫民。

七月乙酉　朝廷发行大宋元宝钱。

十月甲寅　朝廷诏:会稽攒宫所在,税赋尽免折科,山阴县权免3年。

十一月壬午　雪寒,在京诸军给缗钱有差,出戍之家倍之。自是祥庆、灾异、淫雨、雪寒咸给。

是年　杨简卒。杨简(1141—1125年),字敬仲,宋明州慈溪人,世称慈湖先生,南宋著名思想家。历任绍兴府司理、知嵊县等官,所在颇有政声。绍熙五年(1194年),召为国子博士。嘉定初,出知温州,首倡废除妓籍。以宝谟阁学士、太中大夫致仕。

是年　赵汝适撰《诸蕃志》成书。这是研究宋代中外交通与文化交流的重要文献。赵汝适(1170—1231年),宋太宗八世孙,寓居四明。历任卿、监、郎官等。南宋理宗宝庆元年,以朝散大夫提举福建路市舶兼权泉州市舶,遂根据见闻访问的有关海外诸国事迹,撰成《诸蕃志》。

宝庆二年(1226年)

三月癸酉　以久雨诏大理寺、三衙、两浙运司、临安府诸属县榷酒所,凡赃赏等钱,罪已决者,一切勿征,毋锢留妻子。自是霖潦、寒暑皆免。

六月壬寅　诏以孔子五十二代孙万春袭封衍圣公。

七月戊辰　临安雷电雨,昼晦,大风。遂安县界山裂,洪水坏公宇、民居、田畴。

十月辛丑　临安又雷。改湖州为安吉州。

宝庆三年(1227年)

正月己巳　诏:"朕观朱熹注《大学》《论语》《孟子》《中庸》,发挥圣贤蕴奥,有补治道。朕励志讲学,缅怀典刑,可特赠熹太师,追封信国公。"

六月戊申朔　日有食之。

七月丁酉　诏赈赡被水郡县,其竹木等税勿征。

是月　西夏灭亡,自李元昊于1038年称帝,西夏立国凡190年。去年春,成吉思汗铁木真西征归来,亲率蒙古大军自北路进攻西夏,自此西夏遂亡。同月,成吉思汗(1162—1227年)崩,临终前他提出向南宋"借道伐金"的策略,言讫而崩。其后蒙古又灭金、亡南宋,建立起庞大帝国。

八月癸亥　诏:凡试邑两经罢黜,更勿授知县、县令。

十一月甲辰　以雪寒籴贵,出丰储仓米7万石以纾民。

十二月己酉　日旁有如珥。壬申,发廪赈赡京城临安细民。

是月辛亥　诏两浙、江东、江西、湖南、湖北州县,申严遏米之禁。

理宗绍定元年(1228年)

正月丁亥　临安雷。丙申,出丰储仓米7万石以纾民。

三月　临安失火,烧600余家。

六月壬寅朔　日有食之。己酉,流星昼陨。

十月壬寅　李知孝言:"浙东仓司创余姚断塘盐灶,扰生聚,漂良田,请行废罢。"从之。

十一月庚辰　临安雷。丁酉,诏申严皇城司给符之制,照兰入法。

绍定二年(1229年)

四月庚申　诏:郡县官阙,毋令艺术人、豪民、罢吏借补权摄。

五月　诏:户绝者许立嗣,毋妄籍没。

是月　始修浙西运河岸塘。

九月　台州府大雨成灾,2万余人淹死。

是月壬辰　进知临安府赵立夫官一等,以和籴有劳也。

十月壬戌　诏:台州水灾,除民田租及茶、盐、酒酤诸杂税,郡县抑纳者监司察之。

十二月丙申　临安大雪成灾。蠲大理寺、三衙、临安府点检缴赏酒库所见监赃赏钱。给诸军薪炭钱,出戍官兵倍之。

是年　天台、仙居县大水。

绍定三年(1230年)

闰二月癸酉　逃卒穆椿夜窃入皇城,烧毁甲仗,卫士捕得之,诏磔于市。

三月癸丑　临安设立会子库，置监官。

四月癸酉　蠲绍兴府余姚、上虞县民户折麦 1 年，以水灾也。

五月　临安居民闻李全叛宋，将从海道攻打苏杭，纷纷逃避外地。

十二月己卯　慈明殿出缗钱 150 万犒诸军，赈赡在京细民。

绍定四年(1231 年)

三月　衢州民汪徐等起兵反宋，攻打常山、开化等县，不久败散。

四月乙丑　浙东提刑言温州司户参军赵汝骤权宰平阳，侵用官钱赃罪，抵死。诏赵汝骤追毁出身文字，除名勒停。丙子，以久雨，蠲大理寺、三衙、临安府点检赡军激赏酒库所见监赃赏钱。

五月庚戌　诏："今后行在遇暑虑囚，所差官将临安府三狱见禁公事，除情重不原外，余随轻重减降决遣。大理寺、三衙、两赤县一体裁决。"

七月　湖、秀、严州等地春霜损桑，水潦为沴，令监司郡守留意赈存，与减税色。

九月丙戌夜　临安府城南失火，延烧太庙、三省、六部、御史台、秘书省、玉牒所等官署。所烧逾万家，临安城为之一空。统制徐仪、统领马振远坐救焚不力，贬削有差。理宗素服视朝，减膳撤乐。诏太庙神主暂奉御于景灵宫，三省、枢密院暂就都亭驿，六部暂就传法寺治事。庚寅，诏：火后合行宽恤条例，悉令三省施行，其令学士院降诏出封桩库钱、丰储仓米，赈恤被火之家。蠲临安府城内外之征一月。辛卯，复出内藏库缗钱 20 万，赈恤贫乏之民。

十月甲子　以余天锡为户部侍郎兼知临安府、浙西安抚使。

十二月辛巳　诏出封桩库缗钱 20 万，下临安府赈恤。

绍定五年(1232 年)

正月壬寅　临安太庙遭火灾后，此时重新建成。

二月癸丑　宋理宗谒太庙。

三月乙酉　诏京城内外免征商 3 月。

八月甲戌　临安新作玉牒殿，奉安累朝玉牒。

绍定六年(1233 年)

三月丙辰　临安大雨雹。

八月　金哀宗遣使向南宋借粮，并告诫南宋朝廷："蒙古灭国四十，以及西夏，夏亡及于我，我亡必及于宋。唇亡齿寒，自然之理。"宋廷拒绝了金哀宗的请求。

九月壬寅朔　日有食之。辛亥，祀明堂。辛酉，经筵官请以御制敬天、法祖、事亲、齐家 48 条及缉熙殿榜、《殿记》宣付史馆。

十月　宋蒙联军合围金哀宗于蔡州。是月，权相史弥远死。弥远(1164—1233 年)，字同叔，鄞县人。为相 26 年，官至太师、左丞相兼枢密使。擅权用事，致使政事日益腐败。弥远死后，理宗始亲政，翌年改元端平，调整统治政策，缓和内部矛盾，史称"端平更化"。

理宗端平元年(1234年)

正月　宋蒙联合攻克蔡州,金亡。

三月己酉　以贾似道为籍田令。贾似道,涉子,贵妃弟也。帝以贵妃故,累擢至太常丞,益恃宠不检,日纵游诸伎家,夜即燕游西湖上不返。

六月　宋廷禁毁铜钱作器用并贸易下海。

是年　灭金之后,南宋军队出兵河南,欲收复原北宋东京开封府、西京河南府(洛阳)和南京应天府(商丘),最终被蒙古军大败。宋人所谓"端平入洛"遂以失败告终。

端平二年(1235年)

正月甲寅　诏议胡瑗、孙明复、邵雍、欧阳修、周敦颐、司马光、张载、程颢、程颐等10人从祀孔子庙廷,升孔伋十哲之间。

是月　诏知衢州蔡节削二秩,以本郡会价抵减故也。

四月丁卯　都城临安火。丁亥,太白昼见。戊子,大阅。有流星大如太白。

是月　都省言:"第十六、十七界会子,散在民间,为数浩瀚,会价日损,物价日昂,若非措置收减,无由增长。"诏:"令封桩库支拨度牒五万道,四色官资付身三千道,紫衣师号二千道,封赠敕告一千道,副尉减年公据一千道,发下诸路监司、州郡,广收两界会子。"

八月　诏浙西临安、嘉兴、安吉等地守臣,将未修复围田,许官民户承佃经理。

端平三年(1236年)

六月癸巳　理宗以庆元控制海道,令地方官留意施行招军造船、团结训练等事宜。戊申,直宝谟阁、知婺州陈庸熙,言当举皇祐典礼,以太祖、太宗、宁考并配于明堂。诏令礼部、太常寺讨论以闻。

八月癸巳　以临安久雨,诏出堂平仓米千石,赈粜以平市价。戊申,监察御史王极以二浙诸郡,雨水为沴,禾稼害于垂成,请下有司预桩钱米,赈赡灾伤,并下仓漕两司议蠲税赋,仍录贫乏,速议赈济之。

十一月壬申　诏蠲被水州郡新旧苗税、监系赃赏等钱及民间逋欠转息过本者。

理宗嘉熙元年(1237年)

五月壬申　临安大火,延烧城内外民房官舍53万间。诏蠲京城内外征税1月。丙子,出内库缗钱20万给被焚之家。

六月　临安又大火,烧毁3万余家。

九月　先是理宗欲在临安建内小学,令选宗子10岁以下质美者以闻。丁巳,遂建学,置教授二员,选宗室子俾就学。

十二月丙午　出丰储仓万石,赡临安贫民。

嘉熙二年(1238年)

三月戊辰　发行都会子200万,并湖广会子900万。下都督参政行府犒师。会子充斥市场,物价不稳。

七月壬午　临安霖雨不止,烈风大作。

秋　钱塘江潮由海门捣月塘头入,日侵月削,民房僧舍40里内皆被潮水冲坍。

十月己酉　户部尚书赵与懽奏言:“暴风淫雨,害于粢盛,浙江东、西,室庐漂荡,愿下哀痛之诏,遣赒恤之使,遍行诸道许以便宜施惠。”朝廷从之。

嘉熙三年(1239年)

三月癸未　出丰储仓米20万石,赈粜临安贫民。

四月　诏修建钱塘江堤岸,部分泥岸改为石堤。

五月己亥朔　诏以钱塘江江潮为沴,命赵与懽知临安府、浙西安抚使,专任修筑塘岸,以防冲决,仍令两浙运副曾颖秀极力协助。

九月辛卯　以浙东等地旱伤,诏诸路提举常平司,核所部州县常平义仓之储,以备赈济。仍敕制、总司,今后毋辄移用,违者坐之。

十月己未　出祠牒百给济处州。

嘉熙四年(1240年)

二月戊申　诏督府、制置司,沿江南、北郡,举行便安流民之政。

四月辛卯　以绍兴府荐饥,蠲免当年夏税。

六月辛丑　初置国用房。江、浙、福建旱、蝗。

七月甲子　出封桩库缗钱20万贯赈临安贫民。

十月丙申　诏禁平江府、嘉兴府、安吉州贩米下海,鼓励商人将大米贩运至临安。

是年　绍兴府荐饥,临安府大饥,严州饥。

理宗淳祐元年(1241年)

二月壬子　乔行简卒。乔行简(1156—1241年),字寿朋,婺州东阳人。官至左丞相,拜平章军国重事,加少师、保宁军节度使,封鲁国公。行简历练老成,识量弘远,居官无所不言。

六月丙寅　两浙旱,蝗灾严重。

淳祐二年(1242年)

六月　临安府及邻近浙西州郡大水。

七月　两浙绍兴府、处州、婺州等地大水成灾,诏赈济水涝灾民。

八月丁卯　诏出封桩库十七界楮币10万,赈绍兴、处、婺水涝之民。丁丑,殿中侍御史濮斗南,言浙四郡民生荡折,乞抚集流离,蠲减秋赋;从之。

十一月乙巳　蠲三衙、大理寺、临安府及属县点检赡军犒赏酒所赃赏钱。

淳祐三年(1243年)

六月戊午　资政殿学士、知温州赵与懽请废并诸寨，增置镇海寨兵，以备仓促；从之。
八月辛亥　诏户部申严州县纳苗多取之禁。壬午，诏申严郡县社仓科配之禁。

淳祐四年(1244年)

四月壬午　诏两浙漕司下属部郡邑，将今年夏税折帛之半，令民间以楮币准钱供输。

九月　右丞相史嵩之告父亡假满回临安时，太学生144人、武学生67人、京学生94人、宗学生34人相继上书，力言“起复”违礼及史氏三世(浩、弥远与嵩之)执政专权误国，乃止。范钟等大臣恶学生言政事，谓皆出游士鼓倡。诸生闻之，益不平，作《卷堂文》。临安府尹因此削游士籍。

十一月戊午　以祷雪，出封桩库十八界楮币20万赈临安细民，犒三衙诸军亦如之。庚申，诏释大理寺、三衙、临安府并两浙路州、县杖以下系囚。辛酉，以雪寒，给诸军钱，出戍者倍之。

淳祐五年(1245年)

五月　诏两浙制帅漕司，造轻捷战船，置游击军壮士，以御蒙古军南下。
七月乙巳　出封桩库楮币赈临安细民。
八月　诏求通天文、历学之人。

淳祐六年(1246年)

二月壬申　临安久雪。蠲大理寺、三衙、临安府并属县点检赡军酒库所赃赏钱。以雪寒，出封桩库十界楮币10万缗，犒三衙诸军。

十一月丁丑　以雪寒，出封桩库楮币赈临安府细民。

淳祐七年(1247年)

正月戊寅　诏淮、浙发运司给米200万石，济建宁、邵武诸郡被水之民。

二月　出封桩库十八界会子5万贯，付临安府津遣三边请举士人归里。以不允所乞省试，故有是命。

六月　两浙遇“百年未见”之大旱。甲辰，临安出丰储仓米30万石以平粜价。是月，以西湖之水尽涸，临安知府主持疏浚西湖。自六井至钱塘门上船亭西林桥北山第一桥高桥苏堤三塔南新路柳洲寺前，凡菱荷茭荡，一切薙去之。

七月癸酉　诏赏浙东、西、福建路监司、州郡所申官士之家济粜者凡9人，补转官资有差。

十月　以严州旱，诏丰储仓给米万石赈粜。甲寅，以镇江府旱，诏两浙转运司检核蠲租7.4万石有奇。

淳祐八年(1248 年)

二月丙午　周垣请申明十七、十八界会子并永行用,以坚民信;左司赵汝暨请更造十九界;太常博士黄洪请不用会子,停卖盐钞。狂言惑众,宜正妄诞之罪,诏各罢所居官。

五月辛未　诏西湖北山护国寺后龙洞,泉源澄深,灵异感格,可赐“护国龙祠”为额,永充祈祷。

十二月辛巳　以严寒,出封桩库十八界官楮 20 万,令三衙赈军。

淳祐九年(1249 年)

正月癸亥　知临安府请以没官田 500 亩有奇付本府创慈幼局,以养遗弃婴儿,置药局以疗闾阎之疾病;从之。辛未,给临安府官田 300 亩付表忠观,以旌钱氏之功德。

三月癸酉朔　以衢州等地旱,给丰储仓米 5000 石赈之。癸未,以贾似道为宝文阁学士、京湖安抚制置大使。

九月丙子　临安创置新仓 370 间,贮米 120 万石,以淳祐为名,及照丰储仓例辟官四员。

十月　临安府、诸路提刑司严居民销凿现钱私铸铜器之禁。

淳祐十年(1250 年)

春　创新寺于西湖之积庆山,内司分遣吏卒市木于州县,旁缘为奸,望青采斫,鞭笞追逐,鸡犬为之不宁。三年始落成,后赐为阎贵妃功德院,靡费无算。

八月　台州、安吉、余杭、临安等地大水,有许多居民被溺死。

九月　严州大水成灾。

十月　给度牒千道,下临安府易民间两界破会。

淳祐十一年(1251 年)

正月丁亥　诏江、浙沿流郡县,刷具流民口数,于朝廷桩管钱米内赈济,仍许于寺观及空闲官舍居止。

四月壬辰　赐殿前司十七界会子 10 万贯,绢千匹,步军司 5 万,绢 500 匹,令桩留济给贫乏累重官兵。郑清之等上敕令所《淳祐条法事类》。

五月癸酉　以久雨,蠲大理寺、三衙、临安府属县见监赃赏钱。辛巳,出封桩库十八界会子 10 万贯给诸军。

七月甲戌　理宗谕辅臣曰:“近闻外间多有关节之说,关系风俗不小,若不禁戢,蛊坏世道。令御史台觉察,仍下帅漕两司访缉,究治如律。”

闰十月丁巳朔　侍御史陈垓言:“朱熹近世大儒,有功斯道。曾任浙东常平使者,适值旱歉,讲荒政,立义仓,流风善政,逮今未泯。帅臣马天骥,规创书堂,请广其未备,招延名儒,以重教育。”从之。

十一月壬寅　以隆冬凝寒,出封桩库十八界官会子 20 万贯赈都民。癸卯,蠲大理寺、三衙、临安府属县见监赃赏钱。庚戌，宰相郑清之去世。郑清之（1176—1251 年），字德源，明州鄞县人。尝同史弥远定策拥立理宗，官至右丞相，封魏郡王。

淳祐十二年（1252 年）

五月乙巳　有人于玉山起事反宋。

六月癸酉朔　反宋军队逼衢州境，命孙子秀知衢州。孙子秀谓捕贼之责虽在有司，亦必习土俗之人，乃能翦其凭依，截其奔突。乃立保伍，选用土豪，疏奏常山县令陈谦亨、寓士周还淳等捍御之劳，人心竞劝。未几，擒 48 人，玉山平。癸亥，赈衢州饥。

是月　严、衢、婺、台、处等处大水，城郭被大水淹没，漂没民居，民死者以万计。

七月甲申　严州水势可骇，移拨米赈济。衢、婺庐舍亦多漂荡。括苍亦水。庚寅，以诸路水灾，遣使分郡赈恤诸军，计院师舆往建宁、南剑，国子监簿叶隆礼往严、衢、信，登闻检院胡大昌往婺、处，合告敕凡 100 道，分遣有差。

八月己巳　出封桩库十八界楮 40 万赈行在军民。

十一月丙申夜　临安火。丁酉夜，乃熄。

理宗宝祐元年（1253 年）

二月己巳　再蠲两浙漕司、临安府竹木税 1 月。

四月辛巳　省罢处州税官二员，置丽水县西尉。

七月庚寅　温、台、处三州大水，诏发临安丰储仓米并各州义廪赈济。

十月丙午朔　出封桩库楮 40 万，赈行都军民。

宝祐二年（1254 年）

六月壬寅朔　罢临平镇税场。

是月　浙西获浦盐民起事，逾 3 月败散。

九月甲辰　以临安久雨，出封桩库十八界楮币 30 万贯赈三衙诸军。

十二月　诏整饬赋籍，行自实法，先试于两浙等地，三月后废罢。

宝祐三年（1255 年）

二月　内侍董宋臣迎奉理宗，扩建佑圣观，大兴土木，建造海堂、芙蓉阁、香兰亭等。豪夺民田，招权纳贿，无所不至，人称"董阎罗"。

四月　临安及两浙诸州县大水成灾。

五月　诏出封桩库十八界会 20 万贯给三衙诸军，赈临安府民户亦如之。

十月　永免除绍兴府和买绢。

宝祐四年（1256 年）

二月戊辰　临安雨雹。庚午，以久雨，诏临安府发平籴仓米 2 万石赈粜。庚辰，再拨平籴仓米2万石，损价接粜。出封桩库楮币20万贯，令殿、马、步司给犒。其大理寺、三衙、临安府属县诸酒军所见监桩赏钱，悉蠲之。

六月辛巳　钱塘江堤岸建成。凡朝廷科拨，约费钱1350990余缗、米33100余石，而临安府之费不与焉。

宝祐五年(1257年)

正月丙午　禁奸民作白衣会，监司、郡县官失觉察者坐罪。

六月癸卯　出封桩库十八界楮币20万贯赈临安民。

八月丙戌　台州火。

九月壬子朔　以久雨，出封桩库十八界楮币20万贯赈都民。戊寅，史嵩之去世。嵩之字子由，鄞县人。官至右丞相兼枢密使。

十月己酉　以雪，出封桩库十八界楮币20万贯赈都民，三衙诸军亦如之。

秋　蒙古军队大举侵宋。宗王塔察儿率诸军南征，围樊城，霖雨连月，乃班师。

宝祐六年(1258年)

春　蒙古蒙哥汗自将伐宋，由西蜀以入。命张柔从忽必烈征鄂，趋杭州。命塔察儿攻荆山，分宋兵力。宋四川制置使蒲泽之攻成都。纽邻率师与战，败之，进攻云顶山，守将姚某等以众相继来降。

八月　都省言："倭船入界，禁令素严；比岁庆元舶司但知博易抽解之利，听其突来泄贩铜钱，为害甚大。"癸卯，诏沿海制司于滨海港汊严切禁戢。

九月丁卯　诏出平粜仓米29900石有奇，赈粜以收敝楮。己巳，诏："京城敝楮不堪行用，于封桩库支拨两界好会，尽数收换。"

十一月　蒙哥汗命忽必烈统诸路蒙古、汉军伐宋。江淮流民渡江，大批涌入浙西及临安。出浙西、江东路五州米3万石，命各郡守臣赈之。

理宗开庆元年(1259年)

五月　婺、严、湖、明诸州大水成灾，淹没民田。

是月　婺州发义仓赈济灾民。

七月　蒙哥汗久攻合州钓鱼城不能取胜，被迫留精兵三千守之，余悉攻重庆。是月，蒙哥汗崩于钓鱼山。此后不久，忽必烈从鄂州前线返回燕京，争夺汗位。此前，贾似道曾暗中遣使向忽必烈求和。

十月　临安团结义勇，增筑绍兴、庆元(今宁波市)城堡，以拒元兵，朝野震恐。内侍董宋臣请帝迁都四明以避锋镝。

闰十一月癸酉　临安雪。出封桩库楮币20万贯赈都民，三衙诸军亦如之。

理宗景定元年(1260年)

三月　忽必烈继承汗位。此后,与阿里不哥为争夺汗位展开了四年多的激烈战争。为稳定汗位,忽必烈认为有必要暂时与南宋改善关系,遣翰林侍读学士、国信使郝经等持书申好息兵。贾似道惧怕暴露鄂州之战中主动求和一事,命李庭芝将郝经拘留在真州仪真。直到德祐元年(1275年),南宋灭亡前,贾似道才命人将拘留了十六年之久的郝经等人以厚币放归。拘留郝经为其后元侵宋提供了更多借口。

景定二年(1261年)

六月　两浙及临安府水涝成灾。

九月辛酉　诏:"湖、秀二郡水灾,守令其亟劝分监司申严荒政。"

景定三年(1262年)

正月庚午　诏给贾似道缗钱百万,建第于集芳园,就置家庙。

二月　临安、安吉、嘉兴大水,民溺死者甚众,饥民充斥城内。附近畿县又发生兵变。

八月　两浙蝗。

九月丁丑　温州布衣李元老,读书安贫,不事科举,今已104岁,诏补迪功郎,致仕,本郡给俸。

景定四年(1263年)

五月丁酉　诏以婺州布衣何基授本州府教授。

六月　安吉、嘉兴等浙西六郡括买公田350多万亩,浙中大扰。

是月乙卯　临安火。

十月　发缗钱140万,命浙西六郡置公田庄。

是年　绍兴府火。

景定五年(1264年)

三月　以安吉、嘉兴公田隶属两浙运司。每岁租输之官仓,特与饶减二分,或水旱则别议放数,仍立四分司以主管公田系衔。平江、嘉兴、安吉各1员,镇、常、江阴共1员。每乡置官庄1所,民为官耕者曰官佃,为官督者曰庄官。庄官以富饶者充,应两岁一更。每租1石,明减2斗,不许多收。

七月丙戌　临安大火。

九月　贾似道请行经界推排法于诸路,由是江南之地,尺寸皆有税,而民力益竭。似道又以物贵由于楮贱,楮贱由于楮多,乃更造银关,每一准十八界会之三,出奉宸库珍货,收敝会于官,废十七界会不用。其制,上一黑印如"西"字,中三红印相连如"目"字,下两旁各一小长黑印,宛然一"贾"字也。自银关行,物益贵而楮益贱。

十月辛亥 诏十七界会浸轻，并以十八界会易之，限一月止。乙丑，诏行关子铜钱法，每百作七十七文足，以一准十八界会之三。丁卯，理宗崩，后葬于会稽之永穆陵。遗诏皇太子禥即皇帝位。

度宗咸淳元年(1265 年)

闰五月乙巳 以久雨，京城减直粜米 3 万石。自是米价高，即发廪平粜，以为常。丁未，发钱 20 万赡在京小民，20 万赐殿步马司军人，2.3 万赐宿卫。自是行庆，恤灾或遇霆雨、雪寒，咸赐如上数。

八月 以度宗立为皇太子时，曾进封永嘉郡王，故州升为府，改温州曰瑞安府。

咸淳二年(1266 年)

六月壬午 以衢州饥，命守令分劝诸藩邸，发廪助之。

咸淳三年(1267 年)

是年 临安米价踊贵。强勒平江府运米入京，不从者鞭笞囚系，死于非命者十之七八。

咸淳四年(1268 年)

闰正月丁巳 临安大风雷雨，居民屋瓦皆动。

六月 罢浙西诸州公田庄，募民自己耕种，减租十分之三。

是年 何基卒。何基(1188—1267 年)，字子恭，号北山，婺州金华人。为学主张立志贵坚，规模贵大，治经当谨守精玩，不必多起疑义，人称“朱学津梁”。

咸淳五年(1269 年)

三月 浙西六郡公田设官督租。

是年 都人以碾玉为首饰，宫中簪琉璃花，都人争相仿效，时有诗云：“京城禁珠翠，天下尽琉璃。”识者以为流离之兆。

咸淳六年(1270 年)

五月 行都临安大雨成灾；萧山大风溢堤，淹没大片民田。

八月甲申 瑞安府乐清县嘉禾生，诏荐士增 4 名。

九月 台州水灾。

十月己卯 诏台州发义仓米 4000 石，并发丰储仓米 3 万石，赈遭水家。

闰十月己酉 浙西水灾，嘉兴、安吉等地尤甚，免安吉公田租 44080 石。

十一月 嘉兴水灾。

咸淳七年(1271年)

正月辛未　绍兴府诸暨县湖田水,免租2800石有奇。

四月　绍兴府大雨水。

五月甲申　绍兴府大风,诸暨县大水,漂庐舍。

八月　临安府水,安吉、武康县水。

九月己丑　度宗子㬎生于临安府大内。

咸淳八年(1272年)

八月丁未　绍兴府六邑水,发米赈济遭水家。

九月辛未　行都临安明堂礼成,祀景灵宫。

十月　绍兴府言八月一日会稽、余姚、上虞、诸暨、萧山五县大水,诏减田租有差。辛亥,以秋雨水溢,诏减钱塘、仁和两县民田租什一,会稽湖田租什三,诸暨湖田租尽除之。

十一月乙卯　诏以隆寒,殿、步、马司诸军贫穷并阵没孤遗者,赈以钱粟。

咸淳九年(1273年)

三月庚申　贾似道言边遽日闻,请身督师以励将帅,诏不允。壬午,诏机速房,以革枢密院漏泄兵事、稽违边报之弊。贾似道累疏请身督师,诏勉留。

五月乙卯　以黄万石权户部尚书兼知临安府、浙西安抚使。

九月乙未　以洪焘为浙东安抚使。

十一月　度宗子㬎授左卫上将军,封嘉国公。

十二月甲子　以马廷鸾为浙东安抚使、知绍兴府。

咸淳十年(1274年)

三月乙卯　免郡县侵负义仓米74.8万石。

四月乙卯　度宗子赵昺授左卫上将军,进封永国公。

七月癸未　度宗崩于行都临安福宁殿,遗诏年仅4岁的太子㬎即位柩前,谢太后临朝称诏。甲申,兄赵昰进封吉王,弟赵昺进封信王。命平章贾似道独班起居。戊子,命临安府赈赡细民。壬寅,除浙西安抚司、两浙转运司、临安府见追赃赏钱。

八月癸丑　大霖雨,天目山崩,水涌流,安吉、临安、余杭民溺死者亡算。

九月戊寅　发米赈余杭、临安两县水灾。余杭灾甚,再给米2000石。戊子,免被水州县今年田租。

十一月甲午　括邸第戚畹及御前寺观田,令输租。

十二月　诏钱塘、仁和两县民年七十以上者,赐帛及酒米。癸亥,诏贾似道都督诸路军马,以步军指挥使孙虎臣总统诸军,所辟官属皆先命后奏。诏天下勤王。庚午,度宗梓宫发引至浙江上,俟潮涨绝江,潮失期,日晡不至。是月,元伯颜亲自率大军东下,直指临安。

恭帝德祐元年(1275年)

正月癸酉　元兵入黄州。戊寅,诏浙东邸第出米,减价粜民。壬午,葬度宗于绍兴永绍陵。戊戌,赦临安府京畿罪囚。元兵入安庆。

二月庚申　宋孙虎臣与元兵战于丁家洲,败绩。贾似道、孙虎臣单舸奔扬州,诸军尽溃,翁应龙以都督府印奔临安。元兵势如破竹,贾似道上书请迁都。乙丑,张世杰将兵入卫临安。诏募兵,并征两浙、福建诸郡厢禁兵之半入卫。令长吏给经过兵民钱米,一切勿征税。放免浙西公田逋米及诸处见监赃,诸文武官在谪籍者,并放自便与叙复改正,放参亲民。诏罢贾似道平章、都督,予祠。

三月壬申朔　复茶盐市舶法。先前贾似道所行诸法,次第更除,以公田给佃主,令率其租户为兵。殿前指挥使韩震请迁都,执政陈宜中杀之。韩震部下李大时等兵叛,攻行都临安嘉会门,射火箭至皇宫大内。朝廷急发兵搜捕,皆散走。元兵入建康府、无锡县,宋廷发兵戍独松岭、铜岭等关隘。诏谕遣使和议息兵。丙子,恭帝下罪己诏。以陈宜中为右丞相兼枢密使。捕贾似道党人翁应龙下临安府狱,其余党人多罢官。元军步步进逼,南宋官员多遁。辛卯,命在京文武官并转两官,其叛官而遁者,令御史台觉察以闻。阎顺战于安吉县,复取凤平。张濡部曲杀元朝行人严忠范于安吉独松关,执廉希贤至临安,重创死。乙未,免安吉县今年夏田租,有战没者,县令、丞恤之。

四月乙卯　以福王赵与芮为武康、宁江军节度使、判绍兴府。召夏贵提兵入卫临安府。

五月己卯　赐婺州处士何基,谥文定。丙申,诏张世杰、张彦、阮克己、仇子真四道出兵,遣使告天地、宗庙、社稷、诸陵、宫观。

六月丙辰　疏决在京罪人。

七月甲戌　迁贾似道居婺州,丁丑徙建宁府。丙戌,令权籴公田今年租,每石以钱十贯给佃主,十贯给种户。庚寅,谪贾似道至循州,籍没其家。籴浙西邸第、寺观田米十之三。监司、郡守避事不即到官者,令御史台觉察以闻。

八月己亥朔　总制毛献忠将衢州兵入卫。辛丑,决临安府罪人。戊申,试太学上舍生。甲子,以文天祥为浙西、江东制置使兼知平江府。

九月丙戌　命文天祥为都督府参赞官,总三路兵。会稽县尉郑虎臣部送贾似道之贬所,至漳州杀之。贾似道(1213—1275年),字师宪,台州天台人,南宋权相。

十月癸卯　临安府玉牒殿灾。丁未,城临安。征绍兴府处士陆应月为史馆编校文字。壬戌,元兵发建康,趋安吉独松关。

十一月丁亥　独松关告急,急令文天祥入卫。戊子,调民兵出守余杭、钱塘。己丑,元军攻破独松关,邻邑望风皆遁。权礼部尚书王应麟、左丞相留梦炎等临安朝官多遁去。赐余杭、武康、长兴县民钱,并免今年田租。

十二月甲辰　嘉兴府告急,给封椿库钱为兵备。命宗室赵与侲戍缙云县。遣官往龙泉县募兵。乙巳,以陈景行为浙东安抚副使,戍处州。起方逢辰戍淳安县。丁未,出安边封椿库金付浙东诸郡为兵备。起吴君擢为太府少卿,提点临安民兵。戊申,张世杰入卫。乙酉,括临安府州县马。癸丑，遣宗正少卿陆秀夫等人使元军。

德祐二年、端宗景炎元年(1276 年)

正月己巳　嘉兴守刘汉杰以城降。以谢堂为两浙镇抚大使，文天祥知临安府，全永坚浙东抚谕使。日午宣麻慈元殿，文班止六人。诸关兵尽溃。遣使奉表称臣。己卯，元兵入安吉州，知州赵良淳自刭死。十八日，元军至皋亭山，游骑至临安北关。遣使奉传国玉玺及降表至元军。是夜，丞相陈宜中遁，张世杰、苏刘义、刘师勇各以所部兵去。乙酉，以文天祥为右丞相兼枢密使、都督。丙戌，命文天祥同吴坚使大元军。贾余庆同签书枢密院事、知临安府。戊子，知建德军方回、知婺州刘怡、知处州梁椅、知台州杨必大皆降。

二月辛丑　率百官拜表祥曦殿，诏谕郡县使降。元使者入临安府，封府库，收史馆、礼寺图书及百司符印、告敕，罢官府及侍卫军。壬寅，罢遣文天祥所部勤王兵，以贾余庆为右丞相兼枢密使，刘岊同签书枢密院事，与吴坚、谢堂、家铉翁并弃祈请使，诣元大都。是日，元兵屯钱塘江沙上，临安人方幸波涛大作，一洗空之，而潮三日不至。丁未，元军入皇宫，收宋衮冕、圭璧、符玺及宫中图籍、宝玩、辇乘等物。赵昰、赵昺自临安嘉会门出，渡浙江而南。元遣范文虎将兵追之。是月，元军索宫女、内侍及诸乐宫，宫女赴水死者数百。元军于两浙路得府 8、州 6、军 1、县 81，户 2983672，口 5693650。

三月丁卯　元军伯颜巡视临安，观潮于浙江，又登狮子峰，观临安形势。部分诸将以安吉独松关守将张濡尝杀廉希贤，斩之，籍其家。乙亥，元军伯颜部发兵北还，宋帝、全太后及官署被俘从行者数千人。太学生徐应镳与其二子琦、崧、女元娘同赴井死。

闰三月　益王赵昰走温州，召故丞相陈宜中于清澳，张世杰自定海以兵来会，相率哭于江心寺高宗御座下，与陆秀夫等人奉益王为天下兵马都元帅，广王赵昺副之。元军以太皇太后旨，遣二宦者以兵 8 人来，召王还，陈宜中等沉其兵江中，遂入闽。

四月　南宋丞相文天祥辗转到达温州，招集温、台、处三地豪杰组织义军，准备北上抗击元军。

五月　宋陈宜中、张世杰等奉益王昰即帝位于福州，改元景炎。改福州为福安府，温州为瑞安府。文天祥自镇江亡归，庚辰，以为右丞相兼知枢密院事。遣其将吕武入江、淮招豪杰，杜浒如温州募兵。时衢、婺诸州皆复为宋守，旋被元军攻克。赵孟垒复明州，战败被俘，不屈磔死。赵孟松谋举兵绍兴，事泄，被执至临安，被杀，杭人为之陨涕。

六月壬申　罢两浙大都督府，立行尚书省于临安。

七月　文天祥欲还温州进取，陈宜中不从，命天祥开府南剑。是月，元翰林侍读学士郝经卒。经为人尚气节，为学务有用，拘宋 16 年，从者皆通于学。

八月　宋出兵浙东。

九月　衢州守将魏福兴出战福星桥，死。

十月　元将哈喇岱引兵至温州青澳门，遇宋兵，夺船五艘，遣使谕温州守臣，守臣家之柄以城降。守将火城中，逃，董文炳追擒斩之。

是月　元将伯颜遣孟古岱等攻占湖州城，太守赵良淳自缢死。

十一月　阿剌罕在处州，知州李珏降。元军分水陆两路，攻打瑞安府，守将降元，秀王赵与罴等人被害。

十二月　改瑞安府仍为温州。元廷命地方官招集逃移民 10 万余户。至此，元军安定浙西、浙东。置浙东海右道提刑按察司，领婺州、绍兴、温州、台州、处州五路。

是年　置浙东宣慰司于庆元路。又创置庆元路杂造局，设官置吏，监造军器解送行省。

是年　忽必烈用左丞吕文焕言恢办茶课，以宋会子 50 贯准中统钞 1 贯，是为元代江浙榷茶之始，当年征得中统钞 1200 余锭。此后茶法屡有变更，不断增加原有课额。

是年　元军入临安，即籍江南民为工匠凡 30 万户，后经拣汰，仍筛选出有艺业者 10 余万户。

元　代

世祖至元十三年(1276 年)

是年　元廷改安吉州为湖州路安抚司。次年改湖州路总府。

至元十四年(1277 年)

正月初六日　以江南平,百姓疲于供军,免诸路是年所纳丝、银。嗣汉天师张宗演赐号演道灵应冲和真人,领江南诸路道教。二十四日,敕宋福王赵与芮在杭州、越州部分的家资,有司辇至京师,付其家。

是月　增置浙东海右道和江南浙西道置提刑按察司,分别治婺州、杭州。

二月　诏以僧杨琏真伽为江南释教总摄,免僧租赋,禁扰寺宇。

三月二十四日　江淮行中书省承制,以温州、处州、台州等郡降官,仍各治其郡。以浙西道宣慰使阿塔海为平章政事,行中书省事于江淮。

四月　禁止江南行用铜钱,准铜钱三贯兑换中统钞一贯。

九月　浙东道宣慰陈祐(一名天祐)检核庆元、台州民田。东阳县民张念九、强和尚等聚众 500 多人,劫富济贫,杀陈祜于新昌。衢婺招讨使高兴捕斩之。

十月　宋处州兵复温州,元将率兵复取之。

十一月十六日　改南宋行在所为杭州,分置四隅录事司。

是年　设两浙都转运盐使司于杭州,并置仁和等盐场 34 所。

是年　始设市舶提举司于庆元、澉浦。

是年　改建德、嘉兴、台州等府为路。置庆元路总管府,治鄞县、象山、慈溪、定海、奉化、昌国等六县。户 241457,口 511113。后奉化、昌国二县俱升为州。

是年　江南初附元,元军俘虏温州、台州民男女数千口,浙东宣慰使陈祐悉夺还。处州青田县季文龙、章焱率张世杰旧部淮军起义,杀赵知府,自署两浙安抚使,据处州天庆观,处州路所属七县响应。处州路总管府达鲁花赤赵贲亨领兵围城。起义军突围后又集众 2 万余人与元兵会战与恶溪南岸。季文龙战败溺死。

是年　元镇国上将军、浙东宣慰使怀都讨伐台州、庆元反抗者,战于黄奢岭,又战于温州白塔屯寨,转战至福建漳、泉等地,始平定。

至元十五年(1278 年)

正月　赐湖州长兴县金沙泉名为瑞应泉。

四月二十七日　遣使至杭州,取在官书籍版刻至京师。

四月二十九日　以浙盐课直隶行省,宣慰司勿预。追江南工匠官虎符。

五月二十九日　制授张留孙为江南诸路道教都提点。

六月丙寅　以江南防拓关隘 13 所,设官太冗,选军民官廉能者各 1 人分领。庚辰,处州龙泉县张三八聚众 2 万人起义,杀庆元县达鲁花赤也速台儿。其将郑先锋、陈寿山率 3000 人与赵赍亨战于浮云乡,伤亡 300 多人。张三八亦于县西三战三败。既而衢州陈千二聚众 20000 人、遂昌叶丙六聚众 3000 人起义,援张三八,均为赵赍亨镇压。

七月　定江南俸禄、职田。三十日,禁江南、浙西等处非理征科扰民。

十一月　建宁路政和县黄华集结盐夫,并联络建宁、括苍民众及畲族首领许夫人起义,起义军发展至 4 万人。二十八日,行中书省自扬州移治于杭州。

十二月十二日　江南释教总摄杨琏真伽发掘钱塘、绍兴宋诸帝后及大臣陵墓 101 所,戕杀平民 4 人,受人献美女宝物无算,且攘夺大量金银财物与侵占田地 23000 余亩。后义士唐珏、林景熙拾诸帝后骨葬于兰亭山。

是年　置杭州路总管府,治钱塘、仁和,领九县,后升盐官县为州。

是年　温州林大年等起义,元宣武将军管军石兴祖领兵围剿,斩首千余级,招缉南溪山寨归农者 3 万余户。

至元十六年(1279 年)

二月　命万户孛术鲁敬领其麾下旧有士卒守湖州。先是,以唐、邓、均三州士卒 288 人属敬麾下,后迁戍江陵府,至是还之。

是月初七日　移绍兴宣慰司于处州。

九月初六日　诏行中书省左丞忽辛兼领杭州等路诸色人匠;以杭州税课所入,岁造缯缎 10 万以进。杭、苏、嘉兴三路办课官吏,今后月给食钱,额外多取者治罪。

十月十五日　千户脱略、总把忽带擅引军入婺州永康县界,杀掠吏民。

是年　日本商船四艘至庆元港口,沿海左副都元帅、庆元路总管府达鲁花赤哈剌带与之贸易。海盗贺文达、顾润等进掠庆元海岛,哈剌艄寸下令降服,得舟 60 余艘。

是年　处州富大王反,浙东道宣慰使高兴进讨,擒富大王。

至元十七年(1280 年)

四月初二日　定杭州宣慰司官四员,以游显、管如德、忽都虎、刘宣充之。十六日,立杭州路金玉总管府。

六月初七日　颁行钞法于江淮等处,废宋铜钱。

七月乙丑　罢江南财赋总管府。己巳,遣使历江南名山访求高士。

十一月　诏江南诸盐场增拨灶户。

十二月初二日　江淮行省平章政事阿里伯、左丞崔斌以擅易命官八百员，及违命不散防守军等罪而伏诛。

至元十八年(1281年)

正月初十日　敕江南州县官兼用蒙古人、回回人。

二月十九日　浙东饥，发粟1270余石赈之。

八月　左丞相阿剌罕统蒙古军40万征日本，行至庆元，卒于军中。

十一月　诏以征东留后军，分镇庆元、上海、澉浦三处上船海口。

是年　置蒙古提举学校官，秩从五品。提举一员，从五品；同提举一员，从七品。唯江浙、湖广、江西三省有之，余省不置。

至元十九年(1282年)

正月甲午　庆元地震。

二月己酉　徙浙东宣慰司于温州，分军戍守。后罢宣慰司所带相衔。

四月壬子　罢江南诸司自给驿券。

五月己巳　遣浙西道宣慰司同知刘宣等清查各盐运司及财赋府、茶场、都转运司出纳之数。

六月戊戌　唆都率领江浙、福建、湖广兵5000人、海船100艘、战船250艘，循海道征占城。

十月丁亥　增两浙盐价，每引四贯。

十一月　以孔子第五十三代孙、衍圣公孔洙为国子监祭酒，兼提举浙东学校事。时元世祖令孔洙载爵重返曲阜奉祀。孔洙以先祖庐墓在衢州，且衢州已建家庙，不忍举家北上为由，让其爵于曲阜宗弟孔治。元世祖称其"宁违荣而不违亲，真圣人之后也"，同意孔洙让爵之请，遂任官给俸。自是曲阜之后世袭为公，而孔子嫡派之在衢州者遂无世禄。

至元二十年(1283年)

八月　浙西道宣慰使史弼以东征日本船500艘科诸民间，民不堪苦，改征取阿八赤所有船只，并在沿海雇募水手。

九月　象山县海盗尤宗祖等聚众剽掠海上。戊午，哈剌带等招降之，凡9592人。

十二月　以海道运粮招讨使朱清为中万户，赐虎符，张瑄子文虎为千户，赐金符。

至元二十一年(1284年)

正月　江浙行省平章政事忙忽带进珍珠百斤。遣王积翁赍诏使日本，由庆元航海，中途为从行舟人所杀。

二月　江淮行省自扬州徙治于杭州，改称江浙行省。江浙行省辖30路、1府、2州，属州

26，相当于今苏皖长江以南、浙闽两省及赣东北隅地。在今浙江省者有11路、12州、54县。

是月　浙西宣慰司自杭州徙治于平江。命江浙行省调兵征讨福建漳州民变。

四月　籍江南盐徒军，藏匿者有罪。

五月乙丑　减免江南今年田赋十分之二，并免至元十八年以前拖欠之数。先前，于江南民户中拨匠户30万，其无艺业者多，除已选定诸色工匠，余190900余户放为民。

闰五月丙戌　江南行御史台自扬州迁于杭州。诏清查江南诸行省造征日本船隐蔽，按察司毋得阻挠。

九月　福建并入江浙行省，任中书省右丞、行省事忙兀台为行中书省平章政事，行省左丞忽剌出、蒲寿庚、参知政事管如德分省泉州。丙申，以江南总摄杨琏真伽发宋陵冢所收金银、宝器修天衣寺。

十二月甲辰　令江南豪民、寺观自首所侵官田，逾限为人所告者，征以其半奖给告发者。

至元二十二年（1285年）

正月　罢杭州之江南行御史台。壬午，设市舶都转运司于杭州，备船并给资金，选人入蕃贸易。徙江南乐工八百家于京师。诏禁私酒。

二月　诏改江淮元帅招讨司为上、中、下三万府，杭州翼为中万户，湖州、处州翼为下万户。丙辰，诏罢开凿胶、莱新河，以军万人隶江浙省习水战。复立江南行御史台，自杭州徙治于江州（今九江）。置江浙都转运使司。统管课程。以江浙行省参知政事冯圭专领课程事。

五月　复徙江南行御史台于杭州。

秋　庆元大水，伤人民795户，坏庐舍3090区。

十月二十日　以江淮行省平章政事忙兀台为江浙行省左丞相。二十五日（丁卯），括佣江、淮民船，备征日本。

十一月二十五日　遣阿八剌督江浙军需，敕漕运江淮粮米百万石，泛海贮于高丽合浦，备征日本。丙申，赦囚徒，黥其面，及招宋时贩私盐军习海道者为水工，以征日本。

至元二十三年（1286年）

二月　命荆湖、占城行省将江浙、湖广、江西三行省兵6万人伐交趾。江南诸路学田昔皆隶官，诏复给本学，以便教养。

三月甲辰　江南行御史台自杭州徙建康。统淮南、淮西、湖北、浙东、浙西、江东、江西、湖南八道提刑按察司。

六月　杭州、平江二路属县水灾，坏民田17000余顷。

七月己巳　以江南隶官之田，多为强豪所据，立营田总管府，其所据田仍履亩计之。以置省杭州，两淮、江东诸路财赋、军饷转输往返不便，江浙行省还治扬州。

八月　婺州永康县民陈巽四等起事，聚众于普济寺内造衣甲、军器，铸印玺，号称天降大王，为浙东宣慰使斡罗思密所杀。

是月　湖州、苏州多雨，伤稼。依浙西按察使雷膺请，发廪米20万石赈之。

十月 徙浙西按察司治杭州。癸丑,谕江南各省所统军官教练水军。

是年 高兴为江淮得省参知政事、浙东道宣慰使,平婺州施再十民变。

至元二十四年(1287年)

正月 复改江浙行省为江淮行省。诏发江淮、江西、湖广等省军队分道征交趾,并令海道运粮万户张文虎等运粮17万石。

闰二月 设江南各路儒学提举司。罢江南竹木柴薪及岸例鱼牙诸课。停不给之务。

四月甲申 发新钞110600锭、银1593锭、金百两,付江南各省与民互市。

五月 搜括江南诸路匠户。这些匠户一部分被送往京师,大多数则由地方便宜设官管理,分属于各地方局院,对元朝手工业的发展影响较大。括江南僧道马匹。

八月 置江南四省交钞提举司。

十二月 免浙西鱼课3000锭,听民自渔。

是月 以杭州、扬州盐引50万道兑换民粮。

是年 浙西路水灾,湖州等地饥荒,因免是年田租十分之二。

是年 下诏缉捕江南"盗贼"。江淮行尚书省参知政事高兴捕斩婺州柳分司。

至元二十五年(1288年)

正月 杭州连年大水,赈济特别困难户。诏两浙无得沮坏岁课。发海运米10万石,赈辽阳省军民之饥者。募民耕江南旷土及公田,免其差役三年,输租免三分之一。

三月 淞江民曹梦炎愿岁以米万石输官,乞免他徭,且求官职,桑哥以为请,遥授浙东道宣慰副使。

四月癸酉 尚书省臣言:近以江淮饥,命行省赈之,吏与富民因缘为奸,多不及于贫者,今杭、苏、湖、秀四州复大水,民鬻妻女易食,请辍上供米20万石,审其贫者赈之。

六月丙子 给兵50人卫浙西宣慰使史弼,使任治盗之责。癸未,处州民柳世英起事,攻青田、丽水等县,不久被浙东道宣慰副使史耀平定。

十月庚申 遣中书省、枢密院、御史台官12人审核江淮等六省钱谷。桑哥请明年海道漕运江南米须及百万石。尚书省臣请令集贤院诸司,分道钩考江南郡学田,所入羡余,贮之集贤院,以给多才艺者。从之。

是月丙子夜 杭州大地震,始如暴风驾海潮之声,自西南来,鸡犬乱鸣,窗礫礫有声,屋瓦皆摇。十一月庚寅辰时,杭州又地震。

至元二十六年(1289年)

正月 畲民邱大老集众千人攻长泰县,福、漳二州兵讨平之。

二月辛亥 诏清查江南户口,凡北方诸色人寓居者亦就地入籍。丁卯,绍兴大水。免地税十之三。徙江淮省治杭州。丙寅,尚书省臣言:"行泉府所统海船万五千艘,以新附人驾之,缓急殊不可用,宜招集乃颜及胜纳合儿流散户为军,自泉州至杭州立海站15站,置船5艘、水军 200，专运番夷贡物及商贩奇货，且防御海道为便。”从之。玉吕鲁奏：江南盗贼凡 400 余处，宜选将讨之。

是月 台州宁海人杨镇龙聚众反元，据玉山县二十五都龙兴山，称大兴国皇帝，以厉某为右丞相，楼蒙才为左丞相，建号“安定”元年。农民军号称 12 万，以兵 7 万攻取东阳、义乌、余姚、嵊、新昌、天台、永康，浙东大震。

三月 诸王翁吉带与浙东宣慰使史弼调兵平定杨镇龙，进逼龙兴山，纵火焚杀，农民军败。杨镇龙在东阳被俘杀。事平后，在天台湖窦寨置寨设巡检司，驻军以防民变，有弓兵、慰司弓兵各 30 名。

四月戊午 禁江南百姓带弓矢，犯者入籍为兵。绍兴路余姚设浙东木棉提举司，责民岁输木棉。

八月 台州、婺州饥，免是年田租。甲戌，诏两淮、两浙都转运使司及江西榷茶都转运司诸人毋得沮办课。徙浙东道提刑按察司治婺州。

九月 增浙东道宣慰使一员。

十月 增设浙东 2 盐司，合原有者共 7 司，官知盐法者 56 人。

闰十月 婺州民叶万五起事，率众万人攻武义县，杀千户 1 人。江淮行省平章政事不怜吉带将兵平之。

十一月丁未 禁江南、江北权要之家毋沮盐。

十二月 绍兴路总管府判官白絜矩言：宋赵氏族人散居江南，百姓敬之不衰，久而非便，宜悉徙京师。桑哥以闻，请擢絜矩为尚书省舍人，从之。

至元二十七年(1290 年)

正月 复设兴文署，掌经籍板并管理江南学田钱谷。

二月 浙东诸郡饥，给粮九十日。

三月 设江南营田提举司，秩从五品，掌僧寺资产。放寿、颍屯田军 1959 户为民，撤江南戍兵代之。甲子，杨镇龙余众攻浙东，总兵官镇反者，多俘掠良民，行御史台拣放民 1695 人。

四月初一 婺州螟害，雷雨大作，螟尽死。

五月乙巳 括江南阑遗人杂畜钱帛。婺州永康、东阳，处州缙云吕重二、杨元六等起事，为浙东宣慰使史弼俘杀。括天下阴阳户口，仍立各路教官，有精于艺者，岁贡各一人。

六月 杭州唐珍等起事，旋败被杀。

七月丁卯 用桑哥言，诏遣庆元路总管毛文豹搜括宋时民间金银诸物，已而罢之。

九月丁卯 命江淮行省钩考行教坊司所总江南乐工租赋。

十一月 复置三万户府镇守浙东道，以哈喇岱(亦作合剌带)一军戍沿海庆元、台州，伊奇哩(亦作亦怯烈)一军戍温州、处州，札古岱(亦作札忽带)军戍绍兴、婺州。以杭州为行省、诸司、府所在地，置四万户府。钱塘控扼海口，旧置战船 20 艘，今增置战船百艘。

十二月己亥 处州青田民刘甲乙等，集众万余人攻温州平阳。

是月 搜集江南民间兵器。

是年　元浙东宣慰使高兴讨处州詹老鹞、温州林雄等领导的武装力量。高兴潜由青田捣其巢穴，战于叶山，擒获詹老鹞及林雄等200余人，斩于温州市。

是年　松江府(原华亭府)脱离嘉兴路管辖。

是年　元廷户口调查数据显示，杭州、嘉兴、婺州、台州等四路人口数均已超过100万，其中杭州路360850户，1834710口；嘉兴路426656户，2245742口；婺州路221118户，1077540口；台州路196450户，1003833口；其他如湖州、庆元、温州、绍兴、处州、衢州、建德诸路人口也均在50万上下。

至元二十八年(1291年)

正月　罢江淮漕运司，并于海船万户府，由海道漕运。并浙西金玉人匠提举司入浙西道金玉人匠总管府。升各处行省理问所为四品。免江淮贫民至元十二年至二十五年所逋田租2976000余石，及二十六年未输田租13万石、钞1150锭、丝5400斤、绵1430余斤。罢淘金提举司。立江东两浙都转运使司。

二月　设立江淮行枢密院，治广德军。遣官发粟赈杭州路临安、余杭、於潜、昌化、新城等县饥民。

三月　杭州等五路饥，发粟赈灾，仍弛湖泊蒲、鱼之禁。

四月庚辰　弛杭州西湖禽鱼禁，听民网罟。丙戌，诏凡负斡脱银者入还，皆以钞为则。乙未，以沙不丁等米赈江南饥民。

五月　遣脱脱、塔剌海、忽辛3人至杭州追究僧官杨琏真伽盗用官物之罪。以杭州饥，免当年田租。

七月　禁屠宰马牛。敕江南重囚依旧制闻奏处决。罢江南诸省买银提举司。遣官招集宋时涅手军可充兵者83600人，以蒙古、汉人、宋人参为万户、千户、百户领之。募民耕江南旷土，户不过5顷，官授之券，俾为永业，三年后征租。遣憨散总兵讨平江南盗贼。

八月　罢自泉州至杭州海道水站15所。婺州水，免田租41650石。以杭州饥，免当年田租。

九月丙午　立行宣政院，治杭州。

十月　罢各处行枢密院，事入行省。

十二月　改江淮行省为江浙等处行中书省，治杭州。

是年　改江南浙西道、浙东海右道提刑按察司为肃政廉访司。

是年　户部上天下户数，内郡1999444，江淮、四川11430878，口59848964，游食者429118。司农司上诸路所设学校21300余，垦地1983顷有奇，植桑枣诸树22527700余株，义粮99960石。宣政院上天下寺宇42318区，僧、尼213148人。断死刑55人。

至元二十九年(1292年)

正月　禁商贾私以金银航海。癸卯，以汉天师张宗演男与棣嗣其教。甲辰，诏：江南州县学田，其岁入听其自掌，春秋释奠外，以廪师生及士之无告者；贡士庄田，则令核数入官。敕用汉语谕江浙官吏。

六月甲子　平江、湖州，常州、镇江、嘉兴、松江、绍兴等路水，免至元二十八年田租184928石。戊辰，诏听僧食盐不输课。己巳，日本来互市，风坏三舟，惟一舟达庆元路。癸未，以征爪哇，暂禁两浙、广东、福建商贾航海者，俟舟师已发后从其便。丁亥，湖州、平江、嘉兴、镇江、扬州、宁国、太平七路大水，免田租1257883石。

闰六月　湖州等路民饥馑，发粟赈济。中书省臣言：今岁江南海运粮至京师者105万石，至辽阳者13万石，比往岁无耗折不足者。

八月　讨伐浙东孟总把之乱。敕诸军之驻福建者，听平章政事阇里节度。

九月　因征爪哇会军庆元，福建行省平章政事史弼等赴泉州，高兴率辎重自庆元登州涉海，次年还军。

十月　日本舟至四明求互市，舟中甲仗皆具，恐有异图。诏立都元帅府，令哈剌带将之，以防海盗。诏浚浙西河道，导水入海。

是年　杭州酒课岁办27万余锭，而同一年湖广、江西龙兴等处岁办酒课都才有9万锭。由于课额明显轻重不均，在丞相完泽等大臣的建议下，朝廷不得不减损杭州酒课的五分之一，改由湖广、江西诸省分摊。

是年　庆元大饥，庆元路治中拜降躬诣行省，力请发粟4万石赈灾民，民赖全活。

至元三十年(1293年)

二月己丑　从阿老瓦丁、燕公楠之请，以杨琏真伽子宣政院使暗普为江浙行省左丞。减河南、江浙海运米40万石。江西行院官月的迷失言：江南豪右多庇匿盗贼，宜诛为首者，余徙内县。从之。申严江南兵器之禁。

四月己亥　定市舶抽分法。先前，杭州、上海、澉浦、温州、庆元、泉州等市舶司凡七所，惟泉州物货三十取一，其余皆十五抽一。此后以泉州抽分为定制，各市舶司货物皆三十取一。并温州市舶司入庆元，杭州市舶司入税务。

五月　诏以浙西大水，冒田为灾，令富家募集佃农输决水道。辛未，敕僧寺之邸店，商贾舍止，其物货依例收税。

六月　江浙行省言：各路递运站船，若止以六户供船一艘，除苗不过十四五石，力寡不能当役。请令各路除苗不过元额二十四石，自六户之上，或至十户，通融签拨。从之。

至元年间　著名的意大利威尼斯商人马可·波罗游历杭州，称杭州是一座“天城”，是“世界上最美丽、最华贵之城”。

至元三十一年(1294年)

四月十四日　奇渥温铁穆耳即皇帝位，是为元成宗。大赦天下。诏除大都、上都两路差税一年，其余减丁地税粮十分之三，系官逋欠一切蠲免，民户逃亡者差税一律免除。

六月　免江淮以南夏税之半。

八月　令军士复浚浙西太湖。诏诸路平准交钞库所贮银936950两，除留192450两为钞母,余悉运至京师。

十月辛巳　江浙行省臣言:陛下即位之初,诏蠲今岁田租十分之三,然江南与江北异,贫者佃富人之田,岁输其租,今所蠲特及田主,其佃民输租如故,则是恩及富室,而不被于贫民也;宜令佃民当输田主者,亦如所蠲之数。从之。

是年　两浙各地盐场由原先的44所并为34所,盐场数量仍列各省之前。

成宗元贞元年(1295年)

正月庚午　以江浙行省平章阿老瓦丁为参知政事。诏饬诸道盐运司。

二月壬午　罢江南茶税,以其数三千锭添入江西榷茶都转运司岁额。

五月　杭州路盐官、湖州路长兴、庆元路奉化、嘉兴路海盐、崇德、婺州路兰溪、绍兴路余姚、诸暨、温州路瑞安、平阳、台州路黄岩等十一县为州,仍各属本路。是月,湖州乌程县水灾。

六月　江浙行省大水无禾,民乏食,弛江河湖泊之禁,听民采取。

七月乙亥　诏江南地税改缴钱钞。壬寅,诏易江南诸路天庆观为玄妙观,毁所奉宋太祖神主。是月,湖州大水。

十月　给江浙、河南巡逻私盐南军兵仗。

元贞二年(1296年)

正月己卯　诏江南毋捕天鹅。甲午,授嗣汉三十八代天师张与材太素凝神广道真人,管领江南诸路道教。

二月初一日　分江浙行省军万人戍湖广。浙西嘉兴、江阴,江东建康溧阳、池州水、旱,并赈恤之。丙辰,诏江南道士贸易、田者,输田、商税。

是月二十日　温州永嘉人周达观奉谕从温州下海,出使真腊(今柬埔寨)。

四月己亥　台州路黄岩州饥。杭州大火,烧770家,并赈之。发庆元粮5万石,减其直以赈饥民。江南、山东、江浙、两淮、燕南属县150处蝗。

六月　绍兴蝗灾,发粟赈济。绍兴水。

八月初一日　禁舶商毋以金银过海,诸使海外国者不得为商。初六日(壬寅),命江浙行省以船50艘、水工1300人沿海巡禁私盐。

九月　始定浙东夏税,规定秋税只令输租,夏税则据税粮输钞。

是月　罢民间盐铁炉灶。

十一月辛未　徙江浙行省拨都军万人戍潭州。遣枢密院官整饬江南诸镇戍军,凡将校勤怠者列实以闻。增海运明年粮为60万石。乙酉,枢密院臣言:江南近边州县,宜择险要之地合群戍为一屯,卒有警急,易于征发。诏行省图地形、核军实以闻。

是年　王应麟卒。王应麟(1223—1296年),字伯厚,号深宁居士,一号厚斋,庆元鄞县人。淳祐进士,以当时学风空疏固陋,发愤致力于典章制度之学。宝祐四年(1256年),再应博学宏词科,中第。官至礼部尚书兼给事中,后辞官回乡,专事著述20年。宋亡不出。

成宗大德元年(1297 年)

二月甲申　诸军民相讼者,命军民官同听之。

三月　江浙行省镇守军合并为 227 所。

四月　平阳州陈空崖同嫂苏锦娘以坐禅说法等方法号召民众兵反元,树罗平国正治元年旗帜,旋为州吏林朴所俘,十月被杀。

八月十二日　周达观等自真腊返回,于四明港登陆。周达观将出使沿途所见,撰成《真腊风土记》一书,内容包括城郭宫室、人物风俗、山川物产、饮食器用等方面,为当时的中外关系史留下了重要的材料。另据该书记载,在真腊国内有"温州之漆盘""明州之席"。

是月己丑　增海漕为 65 万石。以彻里为江浙行省平章政事。江浙税粮甲天下,平江、嘉兴、湖州三郡,当江、浙十六七,而其地极下,水钟为震泽。震泽由吴淞江入海,岁久,江淤塞,豪民利之,封土为田,水无所泄,由是浸淫泛溢,败诸郡禾稼。朝廷命行省疏导之,发卒数万人,彻尔董其役,凡四阅月毕工。

九月　温州暴雨,平阳、瑞安海溢。坏民田 44000 余亩。毁屋 2000 余处,溺死 6800 余人。行省拨官粮 2885 斛,赈济灾民 5160 口。

十月　温州陈空崖等以妖言伏诛。建德、温州大水,赈之。

十一月　因河南行省缺粮,命江浙行省运米 20 万石补给。己亥,杭州火,江陵路蝗,并发粟赈之。

大德初,地方酿酒事务往往由豪民包办。如杭州路豪民 10 家,入赂于官,大为酿务,高其估而专其利,致使酒日醨恶。

大德二年(1298 年)

二月乙丑　立浙西都水庸田司,专主水利。赈恤浙西嘉兴等地水灾居民。

四月　发庆元粮 5 万石,减其直以赈饥民。江南、山东、江浙、两淮、燕南属县 150 处蝗。

是年　昌国州涂田已增到 498 顷,比南宋末几近翻了一倍。

是年　并澉浦、上海市舶司入庆元市舶提举司,直隶中书省。

大德三年(1299 年)

正月庚寅　诏遣使问民疾苦,除本年内郡包银、俸钞,免江南夏税十分之三,增给小吏俸米,置各路惠民局,择良医主之。辛卯,命御史台审办浙西廉访使王遇贪赃之罪。

二月壬戌　诏谕江浙行省军民。壬申,加浙西盐官州海神曰灵感弘祐公,吴大夫伍员曰忠孝威惠显圣王。

三月　命妙慈弘济大师、江浙释教总统补陀僧一山赍诏使日本。

四月二十日　申严江浙、两淮私盐之禁。

五月壬午　罢江南诸路释教总统所。

六月戊午　申禁海商以人马兵仗往诸蕃贸易者。

七月　厘正江南诸寺冒入寺籍佃户50余万为民。

十一月初三日　置浙西、平江河渠闸堰78所。二十日(丁酉),浚太湖及淀山湖。

十一月二十二日　杭州火,发粟赈之。

是年　定产盐之地,立场有差,仍于杭州、嘉兴、绍兴、温、台等处,设检校四所,专验盐袋,毋过常度。

大德四年(1300年)

三月　台州临海县风雹。

七月十八日　杭州路贫民缺粮,以粮万石减价平粜。

十二月　赈建康、平江、浙东等处饥民粮229300余石。

自大德元年迄于是年,杭州等路发现印造伪钞的案件88起,系囚共274人,可见当时造伪风气之盛。

大德五年(1301年)

二月　增江浙戍兵。己亥,凡军士杀人奸盗者,令军、民官同鞫。

七月十六日　诏禁畏吾儿僧、阴阳、巫觋、道人、咒师,自今有大祠祷必请而行,违者罪之。浙西积雨泛滥,大伤民田,诏役民夫2000人疏导河道。

十月初一日　以畿内岁饥,增明年海运粮为120万石。

是年　海盐人杨枢被委任为官本船代理人,赴印度洋经营海外贸易,至波斯湾忽鲁模斯港(在今霍尔木兹海峡),并载波斯合赞王使臣那怀等到中国。成宗大德八年(1304年),杨枢又载那怀等回波斯。

大德六年(1302年)

正月丁未　命江浙平章阿里专领其省财赋。海道漕运船令探马赤军与江南水手相参教习,以防海寇。江南僧石祖进告朱清、张瑄不法十事,命御史台诘问之。

六月二十二日　湖州、嘉兴、杭州、婺州、庆元、绍兴等路饥,赈粮251000余石。

十月初五　徙浙东宣慰司治庆元,镇遏水道,改为宣慰司督元帅府。南人林都邻告浙西廉访使张珪收藏禁书及推算帝五行,江浙运使合只亦言珪阻挠盐法,命省、台官同鞫之。

十一月　诏江南寺观凡续置民田及民以施入为名者,并输租充役。

大德年间　湖州濮院濮明之立四大牙行,收积机产,乘时射利,使该地逐渐成为丝绸贸易的集散地,远贾汇聚,商贸兴盛,遂有“永乐市”之称。

大德七年(1303年)

二月甲戌　减杭州税课提举司冗员。罢江南财赋总管府及提举司。罢江南都水庸田司、行通政院。

闰五月丁卯　平江等15路民饥,减直粜粮354000石。辛巳,诏僧人与民均当差役。癸未，各道奉使宣抚言，去岁被灾人户未经赈济者宜免其差役。从之。命江浙行省右丞董士选发所籍朱清、张瑄货财赴京师，其海外未还商舶，至则依例籍没。

六月　浙西淫雨，民饥者14万，赈粮一月，免是年夏税及各户酒醋课。

是月　台州风、水大作，宁海、临海二县民死550人。

七月　罢江南白云宗摄所，其田令依例输租。

八月己丑　罢护国仁王寺元设江南营田提举司。

十月　因江浙年谷不登，减海运粮40万石。

十二月　命江南、浙西官田奉特旨赐赉者，许中书省回奏。七道奉使宣抚所罢赃污官吏凡18473人，赃45865锭，审冤狱5176事。

是年　浙江衢州开化人郑介夫上奏《太平策》“一纲二十目”，分析元朝钞法种种弊端，批评当时纸钞十分之九皆伪钞，极力建议开放铜钱。

是年　金履祥卒。金履祥（1232—1303年），字吉父，号次农，人称仁山先生，婺州兰溪人。宋亡，讲道郡城，不仕元朝，潜心治学，门生达数十百人。

大德八年（1304年）

正月　江南佃户私租太重，以十分为率减二分，永为定例。仍弛山场、河泊之禁，听民采捕。

二月　以江南海口军少，调蕲县王万户翼汉军100人、宁万户翼汉军100人、新附军300人守庆元，乃颜蒙古军300人守定海。

四月丙戌　置千户所戍定海，以防岁至倭船。命僧道为商者输税。

五月辛酉　以所籍朱清、张瑄江南财产隶中政院。中书省臣言：吴江、松江实海口故道。潮水久淤，凡湮塞良田百有余里，况海运亦由是而出，宜于租户役万五千人浚治，岁免租人十五石，仍设行都水监以董其程。从之。

八月　杭州火，燔400家，发粟赈之。

十一月壬子　诏：内郡、江南人，凡为盗黥三次者，谪戍辽阳，诸色人及高丽三次免黥，谪戍湖广，盗禁籞（即禁苑）马者，初犯谪戍，再犯者死。增海漕米为170万石。

大德九年（1305年）

二月甲午　免天下道士赋税。江淮以南租税及佃种官田者均免十分之二。致仕官只有一子应承荫者，其傔使并免之，家贫者给半俸终其身。

五月戊午　改各道肃政廉访司为详刑观察司，听省、台辟人用之。

八月　嘉兴、海盐蝗灾。

大德十年（1306年）

正月十七日　罢杭州江南白云宗都僧录司，其民划归州县，僧归各寺，田悉输租。

四月二十五日　日本商人有庆等抵庆元贸易，献金铠甲。

五月壬午　增河间、山东、两浙、两淮、福建、广海盐运司岁煮盐25万余引。嘉兴等路水灾，伤稼。

是年　朱齐任衢州总管。衢州西南有黄陵堰，可溉田数万顷，然岁久弗治，水溢为害。朱齐主持修复完善。

是年　邓牧卒。邓牧（1247—1306年），字牧心，杭州人。入元后隐居屏迹，居余杭洞霄宫之超然馆，人称“文行先生”。

大德十一年（1307年）

七月初十日　奉诸王秃剌为越王。江浙水，民饥，诏赈粮三月，酒醋、门摊、课程悉免一年。

八月　浙东、浙西郡县饥，遣官赈济。江南饥，以十道廉访司所储赃罚钞赈之。

九月　江浙饥，中书省臣上奏，请令本省官租，于九月先输三分之一，以备赈给。又两淮漕河淤塞，官议疏浚，盐一引带收钞二贯为佣费，计钞28000锭，今河流已通，宜移以赈饥民。杭州一郡，岁以酒糜米麦28万石，禁之便。制可。敕弛江浙诸郡山泽之禁。

十月　中书省奏，常岁海漕粮145万，今江浙岁检不能如数，请仍旧例湖广、江西各输50万石，并由海道达京师。从之。是月，杭州等地水灾，民饥，发粟赈之。

十一月丁亥　杭州等处大饥，发粮501200石赈之。

十二月　江浙饥荒，禁民酿酒。

是年　以钞14700余锭、盐引5000道、粮30万石赈绍兴、庆元、台州三路饥民。

是年　温州路瑞安州民户吴瑞状告本州王同知“下乡体覆折收木绵，取受钞锭”。

是年　浙东饥荒，定海商人乐大原“发巨艘贩泉南、广东之米，平价使人就籴”。

武宗至大元年（1308年）

正月丙寅　从江浙行省请罢行都水监，以其事隶有司。己巳，绍兴、台州、庆元、广德、建康、镇江六路饥，死者甚众，饥户46万有奇，户月给米六斗，以没入朱清、张瑄物货隶徽政院者鬻钞30万锭赈之。己酉，中书省臣言，江浙行省海贼出没，杀虏军民。

二月　淮安等处饥，从河南行省言，以两浙盐引10万贸粟赈之。

春　绍兴、庆元、台州大疫，死者26000余人。

五月　禁白莲社，毁其祠宇，以其人还隶民籍。

六月　江浙行省管内饥，赈米535000石、钞154000锭、面4万斤。又，流民户1390950有奇，赈米536000石、钞197000锭、盐折直为引五千。令行省、行台遣官监视。辛丑，以没入朱清、张瑄田产隶中宫，立江浙财赋总管府、提举司。

十一月庚申　增官吏俸，以至元钞依中统钞数给之，止其禄米，岁该40万石。绍兴、庆元、台州等地大旱，诏免田租。绍兴被灾尤甚，今岁又旱，凡佃户输田主十分之四。山场、河泺、商税，截日免之。

闰十一月丙申　罢江南进砂糖，止富民输粟赈饥补官。以杭州、绍兴等路饥馑，免是年酒课十分之三。

是年 江南饥疫，其科差、夏税一并给予免除。其中庆元路饥死者甚众，另发钞 10 万锭赈之。

至大二年(1309 年)

正月丙申 诏：天下弛山泽之禁，恤流移，毋令见户包纳差税，被灾百姓内郡免差税一年。

二月 罢行泉府院，以市舶归之行省。

三月辛卯 罢杭州白云宗摄所。

四月 中书省大臣上奏称，江浙杭州驿，半岁之间使人过者 1200 余，有桑兀、宝合丁等进狮、豹、鸦、鹘，留二十有七日，人畜食肉 1300 余斤；请自今远方以奇兽、异宝来者，依驿递，其商人因有所献者，令自备资力。从之。

六月乙亥 宣政院奏免僧、道、也里可温、答失蛮租税，江浙等省地方官以为“田有租，商有税，乃祖宗成法，今宣政院一体奏免，非制”，诏依旧制征之。

七月 去年日本商船焚掠庆元，官军不能敌。江浙省言，请以庆元、台州沿海万户府新附军往陆路镇守，以蕲县、宿州两万户府陆路汉军移就沿海屯镇。

九月丁酉 御史台臣言：比者近幸为人奏请，赐江南田 1230 顷，为租 50 万石；乞拘还官。从之。

十月 令州县正官以九年为任，诏天下。又以行铜钱法诏天下。以江南富室有蔽占佃户万家者，自今有岁收粮满 5 万石以上者，令石输 2 升于官，仍质一子而军之，其所输之粮移其半入京师以养御士，半留于彼以备凶年。辛酉，弛酒禁，立酒课提举司。

约是年 设行诸路金玉人匠总管府，秩从三品。至大间，始置于杭州路。

至大三年(1310 年)

四月 立江浙等处财赋都提举司，秩从五品。

五月 给嘉兴、松江等处管民总管府铺马圣旨各三道。

是年 以福建、浙东船户至平江载粮者，道远费广，通增为至元钞 1 两 6 钱，香糯 1 两 7 钱。

至大四年(1311 年)

二月乙巳 命和林、江浙行省依前设左丞相，余省唯置平章二员，遥授职事勿与。戊申，罢运江南所印佛经。罢阿老瓦丁买卖浙盐供中政食羊。罢江南行通政院、行宣政院。御史台臣言：白云宗总摄所统江南为僧之有发者，不养父母，避役损民，乞追收所受玺书、银印，勒还民籍。从之。立淮安忠武王伯颜祠于杭州，给田以供祭祀。

九月 都水监卿木八剌沙传旨给驿，往取杭州所造龙舟，省臣谏止。

十月十四日 以蕲县万户府镇庆元，绍兴沿海万户府镇处州，宿州万户府兼镇台州。戊子，省海道运粮万户为 6 员，千户为 7 所。元初，海运万户府下设 11 个千户所，在浙江的有杭州、嘉兴、温台等3所。是年，重新调整裁并为7所，分别是平江香糯所、常熟江阴所、昆山崇明所、松江嘉定所、杭州嘉兴所、温台所和庆绍所。

十二月　浙西水灾，免漕江浙粮四分之一，存留赈济。

是年　以浙东船户至平江载粮者，道远费广，又增为二两，香糯二两八钱，稻谷一两四钱。

是年　遣官至江浙议海运事。以嘉兴、松江秋粮，并江淮、江浙财赋府岁办粮充海运。

仁宗皇庆元年(1312年)

正月　赐卫王阿木哥庆元路定海县65000户。

二月二十四日　遣官同江西、江浙行省整治茶、盐法。

四月庚午　命浙东都元帅郑祐同浙江军官教练水军。

九月丁酉　增江浙海漕粮20万石。

十月　罢造船提举司。

十二月庚辰　省海道运粮万户1员，增副万户为4员。己丑，宗王女班丹给驿取江南田租，命拘还驿券。

皇庆二年(1313年)

十二月甲申　诏饬海道漕运万户府。

是年　朝廷更定江南茶法，增至192866锭。

仁宗延祐元年(1314年)

六月戊申　增置两浙盐运司判官一员。

是月　诏开下番市舶之禁。申饬私盐之禁。

八月　台州等路水灾，诏发廪减价赈粜。温州城内大火。

九月　建德、杭州等路水，发廪减价赈粜。

十一月　诏检核浙西田租。

十二月壬辰　诏定官员士庶衣服、车舆制度。

是年　以浙东等船户至平江载粮者，斟酌远近，复增其价。福建船运糙粳米每石13两，温、台、庆元船运糙粳、香糯每石11两5钱，绍兴、浙西船每石11两，白粳价同，稻谷每石8两，黑豆每石依糙白粮例给焉。

是年　改立泉州、广东、庆元3所市舶提举司。

是年　盐官州海溢，毁坏民居，陷地30余里。

延祐二年(1315年)

正月　禁民炼铁。敕以江南行台赃罚钞赈恤饥民。禁南人典质妻子，贩卖为驱。

二月甲午　诏禁民转鬻养子。

三月丁丑　以中书平章张驴为江浙行省平章政事。

八月　赣州民蔡五九攻下汀州宁化县，称王。诏遣江浙行省平章张驴等率兵镇压。是月，诏江浙行省印《农桑辑要》1万部，颁降有司，遵守劝课。

延祐三年(1316年)

正月　赐上都开元寺江浙田200顷、华严寺100顷。

三月　因至大元年江浙省令史裴坚建议，开始疏浚杭州龙山河道，河长九里362步，造石桥八，自钱塘江直通运河。计工157566，日役5252，用钞163锭23两余。丞相脱脱总治其事，三月初七日开工，至四月十八日竣工。

十二月壬午　授嗣汉三十九代天师张嗣成太玄辅化体仁应道大真人，主领三山符箓，掌江南道教事。

是年　江浙行省举童子俞傅孙、冯怙哥。

延祐四年(1317年)

二月甲辰　敕郡县各社复置义仓。

十月戊午　海外婆罗公之民往贾海番，遇风涛，存者14人，漂至温州永嘉县，敕江浙省资遣还乡。

十二月　江浙行省遣王克敬至四明，监察与日本商人之间的互市贸易。

是年　部议：江浙行省各路见役司吏，已及两考，选充仓官，5万石之上，比同考满出身充典史，一考升吏目；5万石之下者，于典史添一考，依例迁叙。

延祐五年(1318年)

二月十九日　敕杭州官员，春、秋两次祭祀淮安忠武王伯颜祠。

三月　以湖州路为安主兀都思不花分地。

九月癸亥　大司农买住等进司农丞苗好谦所撰《栽桑图说》，命刊印千帙，散之民间。己卯，以江浙行省所印《大学衍义》50部赐朝臣。丁亥，立行宣政院于杭州，设官8员。

十月　敕：僧人除宋旧有及朝廷拨赐土田免租税，余田与民一体科征。

延祐六年(1319年)

九月戊戌　增海漕10万石。

十月　罢四检校所。置杭州、嘉兴、绍兴等处盐仓6所、盐场34所，每场设监运官一员，岁办盐50万引。

延祐七年(1320年)

正月辛卯　江浙行省丞相黑驴言：白云僧沈明仁，擅度僧4800余人，获钞4万余锭，既已辞伏，今遣其徒沈崇胜潜赴京师行贿求援，请逮赴江浙，并治其罪。从之。

二月丁卯　白云宗总摄沈明仁为不法坐罪。诏籍江南冒为白云宗僧者为民。辛未，括民间系官山场、河泊、窑冶、庐舍。

四月　罢市舶司，禁贾人下番。课回回人散居郡县者，户岁输包银二两。

十一月戊寅　以海运不给，命江浙行省以财赋府租益之，还其直，归宣徽、中政二院。

十二月　江浙行省平章政事伯颜察儿坐贪墨免官。

是年　两浙运司改立杭州等 7 仓，设置部辖，掌收各纲船户，运到盐袋，贮屯在仓，听候客人，依次支盐，俱有定制。

英宗至治元年(1321 年)

六月二十三日　遣使往铨江浙官选。

七月二十九日　诏江浙流民复业。

至治二年(1322 年)

三月庚辰　敕征江浙僧寺田税，宋永田业及世祖赐田除外。复置市舶提举司于泉州、庆元、广州，禁子女、金银、丝帛入海。

闰五月癸卯　禁白莲佛事。

六月　建德路水灾，赈之。

十二月　赐杭州淮安忠武王伯颜祠祭田 20 顷。

是年　赵孟頫卒。赵孟頫(1254—1322 年)，字子昂，号松雪道人，湖州人。出身宋朝宗室，曾任地方官。元世祖时，为兵部郎中。后官至翰林学士承旨。为元代著名书画家，书法兼善篆、隶、行、草诸体，绘画兼善山水、竹石、人物、鞍马、花鸟等。

至治三年(1323 年)

正月丙辰　泉州留应总起兵反元，命江浙行省遣兵捕讨。辛酉，禁故杀子孙诬平民者。

二月　格例成定，凡 2539 条，内断例 717、条格 1151、诏赦 94、令类 577，名曰《大元通制》，颁行天下。

三月甲辰　台州路黄岩州饥，赈粮两月。辛亥，以圆明、王道明之乱，禁僧道度牒、符录。丙辰，敕：医、卜、匠官居丧不得去职，七十不听致仕，子孙无荫叙，能绍其业者，量材录用。

七月　减海道岁运粮 20 万石。

是年　江浙省臣方以为言，就委嘉兴路治中高朝列、湖州路知事丁将仕同本处正官，体究旧曾疏浚通海故道，及新生沙涨碍水处所，商度开涤图呈。

泰定帝泰定元年(1324 年)

二月癸未　绍兴、庆元二路饥，发粟赈之。

五月　杭州路属县水，民饥，赈粮。

八月癸未　杭州等十二郡饥，赈粮有差。

九月　绍兴路饥，赈粮。

十二月十一日　杭州盐官州海水大溢，屡坏堤岸、侵城郭，有司以囤木柜捍御。

是月二十三日　温州路乐清县盐场患水，民饥，发义仓粟赈之。两浙及江东诸郡水、旱，坏田64300余顷。

泰定二年(1325年)

二月　庆元路象山诸县饥，赈粮二月。

四月　杭州路饥。

五月　浙西诸郡霖雨，江湖水溢，命江浙行省及都水庸田司兴役疏泄之。

十月　衢州路饥，赈粮二月。

十一月　杭州路火，赈贫民粮一月。

十二月　杭州等处饥，赈济有差。

泰定三年(1326年)

七月　遣日本僧瑞兴等40人还国。

八月　诏道士有妻者悉给徭役。盐官州大风，海溢，捍海堤崩，广30余里，徙居民1250家以避之。是月，杭州火，烧470余家，赈粮一月。

九月　建德路诸属县水灾，民饥，赈之。

泰定四年(1327年)

正月　盐官州海潮大溢不止，决捍海塘2000余步。

三月庚申　遣使往江南求奇花异果。

四月　盐官州海溢不止，侵地19里，命都水监张仲仁发工匠2万余人治理，沿海30余里下石囤143300余，木柜470余塞之，犹不止。直至文宗即位，水势才渐平，并罢工役。

是月　衢州诸路属县路饥，赐粮、钞有差。

六月　以海溢，发义仓粟，赈盐官州民。

七月　衢州大雨、水灾，发廪赈饥者，给漂死者棺木。

八月　建德、杭州、衢州属县水灾。

十二月　杭州火，燔670余家。

泰定帝致和元年、幼主天顺元年、文宗天历元年(1328年)

三月甲申　遣户部尚书李家奴往盐官祀海神，仍集议修海岸。丙戌，诏帝师命僧修佛事于盐官州，仍造浮屠216座，以厌海溢。

四月壬寅　李家奴以作石囤捍海议闻。庸田司与各路官同议，东西接垒石囤10里，其60里塘下旧河，凡取土筑塘，凿东山之石以备崩损。

九月丙寅　命造兵器，江浙、江西、湖广三省6万事。

十月　调江浙兵万人西御潼关。

十一月　日本舶商至福建博易者，江浙行省选廉吏征其税。甲戌，杭州火，命江浙行省赈灾受灾之家。调河南、江浙行省兵五万去湖广。

十二月　杭州、嘉兴、平江、湖州、镇江、池州、太平、广德等路水，没民田14000余顷。

是年　江浙行省共产铁245867斤，课钞1703锭14两。高居各省首位。元代庆元、台州、衢州、处州等路均产铁矿，故岁课亦多。

文宗天历二年(1329年)

正月　复盐制每400斤为引，引为钞3锭。

二月　颁行《农桑辑要》及《栽桑图》。调河南、江浙、江西、山东兵11000人，讨四川。

四月　池州、广德、宁国、太平、建康、镇江、常州、湖州、庆元诸路及江阴州饥民60余万户，赈粮143000余石。

六月　绍兴、庆元、台州、婺州诸路饥民，饥民凡118090户。

八月　浙西湖州旱。

九月二十日　命江浙行省明年漕运粮280万石给京师。二十二日(丙子)，立温州路竹木场。

十月十三日　命江西、湖广分漕米40万石以纾江浙民力。

十二月戊戌　以淮、浙、山东、河间四转运司盐引六万为鲁国大长公主汤沐之资。命江浙行省印佛经二十七藏。

是年　江浙行省缴纳商税269027锭30两。

是年　盐官州改海宁，以文宗即位，水势始平，乃罢役，故改。

是年　江浙旱灾。

天历年间　绍兴州同知阿尔斯兰迪延开浚诸暨下西江，俗称新江。

文宗至顺元年(1330年)

正月　遣使赍黄金1500两、银500两，到杭州书写佛经。

二月初六日　僧道输己粟者加以师号。征江浙等省赈粜粮价钞赴京师。十四日，以江浙民饥，减是年海运米为200万石，其不足者来年岁补运。二十七日，以嘉兴路崇德州民4万户所输租税，供英宗后妃岁赐钱帛。三十日，杭州火，赈粮一月。

四月　台州路临海等县饥，各赈粜五千石。诏江浙、河南、江西三省调兵2万讨云南。

六月　杭州、常州、庆元、绍兴、镇江、宁国等路，望江、铜陵、长林、宝应、兴化等县水，没民田13500余顷。

七月己巳　命江浙行省拨钞10万锭给云南，增其军需。

闰七月　杭州、常州、庆元、绍兴、镇江、宁国诸路及常德、安庆、池州、荆门诸属县皆水，没田13580余顷。松江、平江、嘉兴、湖州等路水，贫民庐，没田36600余顷，饥民405570余户，诏江浙行省以入粟补官钞3000锭及劝率富人出粟10万石赈之。

九月　因江浙水灾，税粮锐减，令明年海运止200万石，其余缺额由他省补运。

是年 江浙间运粮装泊船只数目总计为1800只，要占到全部装泊艘数的三分之一强。

至顺二年(1331年)

二月 嘉兴饥。

同月初三日 立广教总管府，以掌僧尼之政，包括浙西江东道、浙东福建道等16所。

三月 浙西诸路比岁水、旱，饥民85万余户，中书省臣请令官私、儒学、寺观诸田佃民，从其主假贷钱谷自赈，余则劝分富家及入粟补官，仍益以本省钞10万锭，并给僧道度牒1万道。从之。赈浙西盐丁5000余户。监察御史劾江浙行省平章童童荒泆宴安，才非辅佐，诏免其官。以儒学教授在选数多，凡仕，由内郡、江淮者，注江西、江浙、湖广。

四月 越王秃剌在武宗时，以绍兴路为食邑，岁割赐本路租赋钞4万锭。今其子阿剌忒纳失里袭王号，岁给其半。

七月二十二日 杭州火，赈被灾民190户。丁酉，湖州安吉县大水暴涨，漂死190人，人给钞20贯瘗之，存者赈粮两月。

八月 明年海运粮240万石，已令江浙运220万石，河南20万石。复增江浙20万石。是月，江浙湖州等路水潦害稼，计田188738顷。

九月 湖州安吉县久雨，太湖溢，漂民居2890户，溺死167人，命江浙行省赈恤之。

十月甲寅 杭州火，命江浙行省赈其不能自存者。是月，吴江州大风雨，太湖溢，漂没庐舍资畜1970家，命江浙行省给钞1500锭赈之。

是年 温州路永嘉县秋水暴溢，且将席卷县治所在城郭，于是“列巨木为柱而设栿栭其上，内攒众木围之三周，外施其芒以拨浪，次填以石，次积以瓦砾而实土”，“费不益于旧而功倍焉”。

至顺三年(1332年)

五月二十九日 杭州大灾，受灾91户，命江浙行省赈之。

十月丙辰 命江浙行省范铜造和宁宣圣庙祭器，凡百三十有五事。

是年 国子监牒浙东道宣慰使司都元帅府分派庆元路儒学召工开雕王应麟《玉海》一书。顺帝后至元末年，书成，凡204卷，计板4774片。

顺帝元统元年(1333年)

三月戊子 绍兴萧山县大风雨雹，拔木仆屋，麻麦受灾，毙伤人民。

四月 绍兴旱灾，自四月不雨至于七月。

六月 杭州大灾。

十一月二十一日 江浙复立榷茶运司。二十五日，江浙旱、饥，发义仓粮、募富人入粟以赈之。

元统二年(1334年)

正月二十五日　革罢广教总管府16处,置江浙行宣政院于杭州。

二月初一日　诏内外兴举学校。

三月十二日　杭州、嘉兴水旱成灾,疫病流行,敕有司发义仓粮赈饥民。赈饥民572000户。十九日,调河南行省左丞相阿里海牙为江浙行省左丞相。丁巳,诏:"蒙古、色目犯奸盗、诈伪之罪者,隶宗正府。汉人、南人犯者,属有司。"

四月二十二日,复立杭州四隅录事司。

五月　江浙大饥,以户计者590564户,发米60700石、钞2800锭,及募富人出粟、发常平义仓赈之,并存海运粮780370石,以备不虞。

九月　以徭民起事陷贺州,发河南、江浙等军击之。

是年　禁私创寺、观、庵、院,僧道入钱50贯,给度牒,方听出家。

顺帝后至元元年(1335年)

六月　罢江淮财赋总管府所管杭州、平江、集庆三处提举司,以其事归有司。

是年　杭州、绍兴饥。

是年　台州人泰不华以礼部侍郎除绍兴路总管,革除吏弊,令民"自实田"以均赋役,经理之后入册耕地面积亦有较大增加。仅余姚一州即查处各地隐漏田土数万亩,使田土总数增为553700亩。

后至元二年(1336年)

四月丁亥　禁服麒麟、鸾凤、白兔、灵芝、双角五爪龙、八龙、九龙、万寿、福寿字、赭黄等服。

九月　台州路饥,发义仓、募富人出粟赈之。

十二月　庆元路慈溪县饥荒,命官府救济。

是年　诏整治驿传。江浙旱,自春至于八月不雨,民大饥。

后至元三年(1337年)

二月辛卯　发钞40万锭,赈江浙等处饥民40万户,开所在山场、河泊之禁,听民樵采。是月,绍兴路大水,民饥,发义仓米赈之。

四月癸酉　禁汉人、南人、高丽人,不得执持军器,凡有马者拘入官。是月,诏:省、院、台、部、宣慰司、廉访司及郡府幕官之长,并用蒙古、色目人。禁汉人、南人,不得习学蒙古、色目文字。

五月辛丑　民间讹言朝廷拘刷童男、童女,一时嫁娶殆尽。

六月　温州蝗。衢州常山县大水。

九月　置江浙行枢密院。

十月乙亥　命江浙行省丞相搠思监提调海运。

后至元四年(1338 年)

正月己未　江浙海运粮数不足,拨江西、河南 50 万石补之。

二月　罢江浙行枢密院。

六月　诏江浙行省平章别不花,总浙闽、江西、广东军讨漳州路南胜县民李志甫。

后至元五年(1339 年)

四月乙未　加封孝女曹娥为慧感灵孝昭顺纯懿夫人。

十月壬辰　禁倡优盛服,许男子裹青巾,妇女服紫衣,不许戴笠乘马。

是年　湖州归安花溪沈氏家塾曾刻赵孟頫《松雪斋集》10 卷、《外集》1 卷、《附录》1 卷。

后至元六年(1340 年)

五月　选官整治江浙盐法。

是月　庆元奉化州山崩,水涌出陆地,溺死人甚多。

六月　处州松阳县、龙泉县积雨,水涨淹城,溺死 500 余人。遂昌山崩,压死 360 余人。

十一月　处州、婺州饥,以常平、义仓粮赈之。

顺帝至正元年(1341 年)

三月乙未　杭州火灾,毁官民房屋、公廨、寺观 15755 间,烧死 74 人。给钞锭赈之。

四月辛卯　台州火。丁酉,以两浙水灾,免岁办余盐 3 万引。

夏　温州饥。

十月　中书省臣奏以海运不给,令江浙行省于中政院财赋府拨赐诸人寺观田粮,总运 260 万石。

十二月　增设嘉兴等处盐仓。

至正二年(1342 年)

二月壬寅　颁《农桑辑要》。

三月　杭州路火灾,给钞 1 万锭赈之。

四月一日　杭州又发生重大火灾,尤甚于去年。

五月　调江浙行省平章政事只而瓦台为河南行省平章政事。

六月　命江浙拨赐僧道田还官,征粮以备军储。

九月己巳　诏遣湖广行省平章政事凡卜班领河南、江浙、湖广诸军讨平道州民变。

十月甲子　杭州、嘉兴、绍兴、温州、台州等路各立检校批验盐引所,直隶运司,专掌批验盐商引目,均平袋法称盘等事。

是年　江浙行宣政院设崇教所,拟行中书省理问官,以理僧民之事。

至正三年(1343年)

二月　绍兴大水。

是年　柯九思卒。柯九思(1290—1343年),字敬仲,号丹丘生,台州仙居人。官至奎章鉴书博士。精画墨竹,擅书法,能诗文。

至正四年(1344年)

七月戊子　温州飓风大作,海水溢,水溢平路二三十里。漂民居,溺死者甚众。又地震。衢州西安县大水。

九月辛亥　以南台治书侍御使秦从德为江浙行省参知政事,提调海运。

十二月　庆元海啸,命官府赈济饥民。

至正五年(1345年)

夏　温州饥。

十月　江西行省左丞忽都不丁、吏部尚书何执理奉诏巡行两浙江东道,江浙行省参知政事秦从德巡行江南湖广道。

至正六年(1346年)

八月丙午　命江浙行省右丞忽都不花、江西行省右丞秃鲁统军和讨汀州义军罗天麟。

是年　庆元奉化州旱。

是年　脱脱之子达识帖睦儿为江浙行省平章,再次疏浚杭州龙山河道,恢复舟楫来往,但仍未能完全通达于钱塘江。达实特穆尔还曾主持开挖了候潮门以南运河。

至正七年(1347年)

四月乙亥　命江浙省臣讲究役法。

五月庚戌　台州路黄岩州海滨无云而雷。

七月甲寅　诏征隐士,以秘书监著作郎召温州李孝光,至元大都,进《孝经图说》。

八月壬午　杭州午潮退而复至。

至正八年(1348年)

三月二十三日　遣使到江浙、江西等行省考铨闽广等地少数民族地区的官员人选。

五月乙卯　钱塘江潮比八月高数丈,沿江居民皆迁居。永嘉大风,海舟吹上平陆二三十里,死者千数。

十一月　台州黄岩民方国珍因拒捕格杀巡检,遂与兄国璋、弟国瑛、国珉聚众数千人起兵,入海劫掠漕运粮,执海道千户德流干实。江浙行省参知政事朵儿只班总舟师讨捕,追至福建五虎门,军溃被执。

是年　张可久卒。张可久(约1270—1348年),字仲远,号小山,庆元人。工散曲小令,为元人散曲存世作品最多者。

至正九年(1349年)

三月　温州大雪。

六月　台州地震。

至正十年(1350年)

九月　以祭三皇敕江浙行省造雅乐。

十二月二十八日　方国珍攻温州及沿海诸县。

至正十一年(1351年)

正月庚申　命江浙行省左丞相孛罗帖木儿讨方国珍。孛罗帖木儿率兵至庆元,调泰不华为浙东道宣慰使都元帅,分兵温州,使夹攻方国珍。

六月　方国珍攻黄岩,沿海翼百户尹宗泽战死。孛罗帖木儿与泰不华约定乙未合兵进讨国珍。壬辰,孛罗帖木儿先期至大闾洋,被方率劲兵纵火击溃,溺死者过半。孛罗帖木儿被执。

七月　命大司农达识帖睦儿、江浙行省参知政事樊执敬,浙东肃政廉访使董守悫至黄岩,招谕方国珍,至黄岩,方国珍就降。

十月癸未　置江浙等处宝泉提举司,辖铜冶场3处。

是月　衢州东北大暴雨。

十二月　台州大雨雷电。

至正十二年(1352年)

三月戊辰　调江浙行省左丞相亦怜真班为江西行省左丞相,领兵收捕饶、信义军。是月,以朝廷征徐州,命江浙省臣募舟师守大江,方国珍疑惧,复下海攻掠,入黄岩港,犯马鞍诸山。台州路达鲁赤泰不花发兵进击,战死。

闰三月辛巳　以台州路达鲁花赤泰不花为江浙行省参知政事,行台州路事。命下,泰不花已死。乙酉,徐寿辉将陈普文取吉安府,乡民罗明远起兵收复。壬辰,以大都留守兀忽失为江浙行省添设右丞,讨饶、信义军。是月,以浙东宣慰使恩宁普代江浙行省左丞左答那失里守芜湖。以方国珍不受招安之命,命江浙行省左丞左答那失里讨伐。诏江西行省左丞相亦怜真班、淮南行省平章政事晃火儿不花、江浙行省左丞左答那失里、湖广行省平章政事也先帖木儿、四川行省平章政事八失忽都及江南行台御史大夫纳麟与江浙行省官并以便宜行事。

四月　台州不雨,直到七月。

五月戊寅　命江南行台御史大夫纳麟,召台州民陈子由、杨恕卿、赵士正、戴甲,集民丁夹攻方国珍。

六月　方国珍遣兵攻占黄岩州、乐清县、瑞安州。

七月庚辰　徐寿辉部项普略由饶、徽州攻昱岭关。攻犯余杭，杀江浙行省参知政事樊执敬。十一日，克钱塘，入杭州城。九月，徐寿辉部陷湖州。浙东宣慰副使董抟霄移军江南奉诏讨伐，转战于杭、湖等地，凡七战，才收复杭州，攻克昱岭关，并在独松、百丈、幽岭三关，挫徐锐势。

是月　衢州西安县大水。

八月　方国珍率其众攻台州城，浙东元帅也忒迷失、福建元帅黑的儿击退之。

十一月辛未　命江浙行省平章政事庆童收捕常州义军。癸未，命江浙行省右丞帖理帖木儿总兵讨方国珍。

十二月辛亥　诏以杭州、湖州等路皆克复，蠲其夏税、秋粮，命有司抚恤其民。

是年　浙东绍兴旱。

是年　海运不通，立都水庸田使司于汴梁，掌种植之事。

至正十三年(1353年)

正月丙子　方国珍复降。庚辰，立分司农司，于江浙等处招募能种水田及修筑围堰之人，各1000名为农师，教民播种。降空名添设职事敕牒12道，遣使赍往其地。有能募农民100名者，授正九品，200名者正八品，300名者从七品，即书填流官职名给之，就令管领所募农夫。不出四月十五日俱至田所，期年为满，即放还家。其所募农夫，每名给钞十锭。

三月己丑　以各衙门系官田地并宗仁等卫屯田地土并付司农分司播种。是月，命江浙行省左丞帖里帖木儿、江南行台侍御史左答纳失里招谕方国珍。

五月乙未　泰州白驹场亭民张士诚及其弟士德、士信起事，陷泰州及兴化县，遂陷高邮据之，称国号“大周”，自称“诚王”，建元“天佑”。

十月癸卯　提升江浙行省参知政事买住丁为江浙行省右丞，提调明年海运。庚戌，授方国珍为徽州路治中、其兄国璋为广德路治中、弟国瑛为信州路治中，国珍疑惧不受命。立水军都万户府于昆山州，以浙东宣慰使纳麟哈剌为正万户，宣慰使董搏霄为副万户。

十二月　温州戍卒韩虎杀副元帅吴世显，据城起事，推千户所吏陈安国为首，揭书有“代天拯民，与国除害”的旗帜。行省命宣慰使恩宁普来讨，遣辩士入城，说服众人杀韩虎，陈安国以城降。

是月　江浙行省平章政事卜颜帖木儿与江南行台御史中丞蛮子海牙等合军击败徐寿辉于蕲水。

是年　处州吴成七起事，攻青田，处州路总制孙炎、胡深等率叶良器兵讨之。

是年　浙东庆元、衢州、婺州皆大旱。

至正十四年(1354年)

正月　温州张希伯、金翁瑞等数万人起兵反元，扎寨平阳州治。州官招安，厚馈之。希伯复纵火焚公廨、民居、寺观、祠宇，既而攻瑞安、永康等地。

二月 立镇江水军万户府，命江浙行省右丞佛家闾领之。建清河大寿元忠国寺，以江浙废寺田归之。

春 浙东台州大饥，人相食。

四月 御史台臣纠言江浙行省左丞帖里帖木儿等罪。先是，帖里帖木儿与江南行台侍御史左答纳失里奉旨招谕方国珍，报国珍已降，乞立巡防千户所，朝廷授以五品流官，令纳其船，散遣徒众，国珍不从，拥船1300余艘，仍据海道阻绝粮运，以故归罪二人。以江浙行省参知政事阿儿温沙升本省右丞，浙东宣慰使恩宁普为江浙行省参知政事，皆总兵讨方国珍。

六月丙申 达识帖睦迩以兵讨张士诚，败绩，诸军皆溃。诏江浙行省参知政事佛家闾会达识帖睦迩复进兵讨之。

九月 方国珍陷台州，拘执元帅也忒迷失、黄岩州达鲁花赤宋伯颜不花、知州赵宜浩以俟诏命。

十一月 诏：江浙应有诸王、公主、后妃、寺观、官员拨赐田粮及江淮财赋稻田营田各提举司粮，尽数赴仓，听候海运，以备军储，价钱依本处十月时估给之。

十二月己酉 绍兴路地震。

是年 青田黄坛、吴德祥起事，转战处、婺、温三州。处州治中叶琛率兵付之。

是年 台州人黄草堂煽动黄岩民聚众起事。副都元帅石抹宜孙以计收斩为首六人，余党皆散为民。

是年 黄公望卒。黄公望(1269—1354年)，字子久，号太痴道人、一峰等。本姓陆，名坚，原籍江苏常熟，后出继永嘉黄氏为义子，故更姓名。工书法，通音律，能散曲。擅画山水，传世名作主要有《富春山居图》等。

是年 吴镇卒。吴镇(1280—1354年)，字仲圭，号梅花道人、梅花和尚，嘉兴人。工草书，能诗。

至正十五年(1355年)

二月己未 刘福通等自砀山夹河迎韩林儿至，立为皇帝，又号小明王，建都亳州，国号宋，改元龙凤。壬申，听富民愿出丁壮义兵5000名者为万户，500名者为千户，100名者为百户，仍降宣敕牌面。

四月 中书省奏请：江南等地因农民起义隔绝，江浙行省阙官，三年一次迁调。

六月 听从江浙省臣建议，减本年海运粮，以苏民力。其不敷粮，拨至元折中统钞150万锭，于产米处籴150万锭，贮濒河之仓，以听拨运。是月，江浙行省参知政事纳麟哈剌统领水军万户等军，会本省平章政事定定，进攻常州、镇江等处。

七月 升台州海道巡防千户所为海道防御运粮万户府。

八月戊辰 以中书平章政事达识帖睦儿为江浙行省左丞相，便宜行事，赐钞1000锭。

是年 闽、括之寇蔓延于温州平阳，浙东道宣慰使恩宁普来镇。以海口场盐司令周嗣德摄行平阳州事，平定叛乱。

至正十六年(1356年)

二月　高邮张士诚陷平江路据之，改平江路为隆平府，遂陷湖州、松江、常州。

三月丁酉　立行枢密院于杭州，命江浙行省左丞相达识帖睦儿兼知行枢密院事，节制诸军，省、院等官并听调遣，凡赏功、罚罪、招降、讨逆，许以便宜行事。戊申，方国珍复降，授以海道漕运万户，兼防御海道运粮万户。其兄方国璋为衢州路总管，兼防御海道事。

四月壬子　张士诚部将赵打虎、潘原明攻下湖州，改湖州为吴兴郡，由潘原明镇守。

六月甲寅　江浙行省平章政事三旦八、参知政事杨完者以兵守嘉兴路，御张士诚。

六月　青田潘惟贤、华仲贤聚众，攻克龙泉县。

七月　张士诚遣兵陷杭州，江浙行省平章政事左答纳失里战死，丞相达识帖睦儿遁，杨完者及万户普贤奴击败之，复其城。

九月　诏以太尉纳麟复为江南行台御史大夫，迁行台治绍兴。

是年　婺州、处州大旱。

至正十七年(1357年)

正月己丑　杭州降黑雨，河池水皆黑。是月，杭州发生疫病。

二月　朱元璋部将耿炳文、刘成自广德攻克长兴，击败张士诚部将赵打虎，获战船300余艘。次月改长兴为长安州，立永兴翼元帅府，并重修长兴城墙。

春　丽水之浮云、泉溪，缙云之黄村，松阳之白岩，遂昌之大社，无籍之民俱反，势联结不可遏。

六月癸酉　温州有龙斗于乐清江中，飓风大作，所至有火光如球，死者万余人。

八月乙丑　升江浙行省参知政事杨完者为江浙行省左丞。升方国珍为江浙行省参知政事，仍兼海道运粮万户。方国珍遂据有温州、台州、庆元三路之地。张士诚请降，诏以士诚为太尉。

十二月丁酉　庆元路象山县鹅鼻山崩，有声如雷。

是年　黄溍卒。黄溍(1277—1357年)，字晋卿，婺州义乌人。历任翰林应奉文字、江浙等地儒学提举。元代浙东金华学派的主要代表之一，在金华学派中拥有十分突出的地位。在散文方面，其与虞集、柳贯、揭傒斯称为“元四杰”。

至正十八年(1358年)

二月　朱元璋遣李文忠败苗军于於潜、昌化，尽杀所俘妇女，焚其辎重。

三月丙辰　朱元璋将邓愈克建德路。改建德路为建安府，立德兴翼元帅府。

五月戊戌　升方国珍为江浙行省左丞兼海道运粮万户。

六月癸酉　吴李文忠率兵攻下浦江县。义门郑氏，举家避兵山谷间，文忠重其累世雍睦，访得之，悉送还家，禁兵士无侵犯。

八月丁卯　江浙行省平章政事三旦八以贪财玩寇遁于福建，为廉访佥事般若帖木儿所劾，拘之兴化路。

是月 胡深讨平遂昌周天觉、方友元起义，斩首数千级。

九月 处州路总管府治中叶琛率兵讨黄坛、吴德祥。吴德祥屡战不利，自缢于百丈林。

十月 朱元璋将胡大海克兰溪州，立宁越翼元帅府，分兵守其要害，遂进攻婺州。

十一月 张士诚以江浙行省枢密副使吕珍镇绍兴。方国珍以节钺镇浙东，开治于鄞，据地庆元，南兼台州、温州，北至余姚、上虞，与张士诚接境。

十二月初 胡大海攻婺州，久不下，朱元璋亲征围城。婺州路达鲁花池赤僧住、浙东廉防使杨惠战死，都使李相开城门降。朱元璋入婺州。下令禁军士剽掠。

是月 朱元璋取婺州，召见当地儒士王祎，用为中书省掾史。王祎(1321—1372年)，婺州义乌人。以文章名世。旋授江南儒学提举司校理，累迁侍礼郎，掌起居注。入明以后，与宋濂同为《元史》总裁官。书成，擢翰林待制，同知制诰兼国史院编修官。后朝廷以祎招谕云南，遇害。

是年 平阳周嗣德、周诚德领民众从处州攻山寨，擒降张希伯、吴成七。青田吴英聚众起义，攻婺州金华、永康、东阳诸县，屡战皆败，其党张贵被捕，李兴甫出降。

是年 处州山谷中小竹结实如小麦，饥民采食之。

是年 朱震亨卒。朱震亨(1281—1358年)，字彦修，号丹溪，义乌人。震亨医学大行，时称为丹溪先生。其医学学说对后世影响很大，远传日本，后人称“养阴派”，为金元四大家之一。

至正十九年(1359年)

正月甲午 庆元地震。

是月乙巳 朱元璋谋取浙东未下诸路。庚申，胡大海败张士诚，取诸暨州，遂改诸暨州为诸全州。

二月 朱元璋立枢密分院于诸全州，置明海翼元帅府。又派胡大海攻绍兴，自二月至五月百计攻城不得下而退。派邵荣攻湖州。

三月癸巳 陈友谅遣兵由信州略婺、衢州。丁巳，方国珍遣使因刘辰向朱元璋奉书，献黄金50斤、白金百斤、金织文绮百端，且以次子关为质。朱元璋不受，遣还方关，方国珍复献纳温、台、庆元三郡籍，愿输金助朱元璋军守土，事遂定。

四月 朱元璋立枢密分院于宁越府。

六月 平阳、台州、嵊县、新昌守将皆率众降于朱元璋。

七月 任张士信为江浙行省平章政事。张士信大发松江、嘉兴、湖州、杭州民夫修筑杭州府城，方6400丈，高3丈，昼夜开工，逾三月而成。

九月 朱元璋授方国珍为福建等处行中书省平章政事、方国璋为福建行中书省右丞、方国瑛为福建行中书省参政、方国珉为江南行枢密院佥院，各给符印，仍以本部兵马守城，俟命征讨。朱元璋将常遇春围城两月余而陷衢州，擒宋伯颜不花。改衢州路为龙游府，立金牛翼元帅府。

是月　遣兵部尚书伯颜帖木儿、户部尚书齐履亨等由海道至庆元，抵杭州，征太尉张士诚、江浙行省平章政事方国珍海运粮11万石。

十月庚申　元廷以方国珍为江浙行省平章政事。

十一月癸卯　胡大海攻下处州七县，与陈友谅接壤。改处州路为安南府，立安南翼元帅府。

十二月甲子　张士诚遣将据杭州新城县三溪，朱元璋部元帅何世明击破之，歼灭1000余人，焚其营。自是士诚不敢窥严、婺。

十二月　常遇春围攻杭州，杭州城被围三月有余，各路粮道不通，至有合家父子、夫妇、兄弟结袂把臂，共沉于水，一城之人，饿死者十六七。军既退，而又大半病疫而死。

是年　王冕卒。王冕(1287—1359年)，字元章，诸暨人。会稽韩性录为弟子，遂称通儒。每大言天下将乱，携妻孥隐九里山，树梅千株，桃杏半之，自号梅花屋主，工墨梅，能诗。

是年　高明卒。高明(1307—1359年)，字则诚，以字行，号菜根道人，元温州瑞安人。解官寓居鄞县之栎社，撰南戏《琵琶记》，为元代南戏艺术的代表作。

至正二十年(1360年)

正月　复改宁越府为金华府，属浙江布政使司。朱元璋复遣杨宪等往谕方国珍。

三月　青田刘基、金华宋濂、龙泉章溢、丽水叶琛至应天府，归朱元璋。常遇春至杭州。

夏　绍兴山阴、会稽二县大疫。

五月　张士诚输海运粮11万石。由方国珍备舟海运至京师。

六月　耿再成败石抹宜孙于庆元，宜孙战死。

八月庚戌　诏江浙行省左丞相达识帖睦迩加太尉兼知江浙行枢密院事，提调行宣政院事，便宜行事。

至正二十一年(1361年)

二月　朱元璋改枢密分院为中书分省。始议立盐法，置局设官以掌之，令商人贩鬻，二十分而取其一，以资军饷。

三月　方国珍遣使于朱元璋，以玉饰马鞍舆以献，朱以所需乃人才而却之。是月，张士诚再海运粮11万石至元大都。

五月　朱元璋任命同佥朱文忠城严州。时杭州为张士诚所据，距严密迩，故筑城为守备。胡大海为中书分省参知政事，镇金华，总制浙东诸郡兵马。

十一月戊申朔　温州乐清县雷。

是月戊午　常遇春率兵救长兴。先是，张士诚遣其司徒李伯升以众10余万攻长兴，水陆并进，城中兵少，不能御。华高、费聚等率三路兵往援，而诸军战皆不利。耿柄文婴城固守，左副元帅刘成出战死。张士诚军复围城，结九寨，为楼车下瞰城中，取土石填壕隍，放火烧水关，城中昼夜应敌，凡月余，内外不相闻。故朱元璋复命遇春往救。

至正二十二年(1362年)

二月癸未　金华苗军元帅蒋英杀金华守将胡大海，处州苗军元帅李祐之闻变亦反。典吏李斌，怀省印缒城走严州，告变于朱文忠，文忠遣元帅何世明、掾史郭彦仁等率兵讨之。至兰溪，英等惧，乃驱掠城中子女西走，降于张士诚。吴命左司郎中杨元杲至金华，总理军储事，文忠亦率将士至，镇抚其民。壬寅，吴命平章邵荣率兵讨处州之乱。

三月初　张士诚闻蒋英之乱，遣其弟士信率兵万余围诸全州。吴守将谢再兴昼夜鏖战，告急于浙江行省右丞朱文忠。文忠自度兵少，不能应援。闻邵荣将至，乃扬言右丞徐达与荣领大军至严州，克日进击，使谍者揭榜于义乌之古朴岭。士信兵见之，果惊，谋夜遁。同佥胡德济觇知之，密与再兴谋，癸丑，发壮士夜半开门出击，鼓噪从之，寇兵乱走，自相蹂践及溺死者甚众。

四月初四日　朱元璋将邵荣光复处州。是月，绍兴路大疫。

七月　西湖书院旧有经史书版，兵后零落，行省左右司员外郎陈基白平章张士诚出官钱补刊，从之，明年而工毕。

十月　朱元璋定浙东税率盐货十分之一，他物十五分之一。

十二月　元遣户部尚书张昶航海至庆元，欲与朱元璋议和，授朱元璋为江西等处州行省平章政事，朱不受。

是年　吴改长安州为长兴州，建德府为严州府。

是年　绍兴山阴、会稽二县大疫。

至正二十三年(1363年)

闰三月丁丑　吴处州翼总制胡深请关市之征仍从二十取一之例，从之。

四月　诸全州朱元璋部将枢密院判谢再兴叛，杀知州栾凤，奔绍兴降于张士诚。

五月己巳　张士诚海运粮13万石至京师，此后元海运断绝。

六月甲寅　诏授江南下第及后期举人为路、府、州儒学教授。

是月　杭州、平江二路属县水，坏民田17200顷。

七月乙酉　有陨石坠于庆元路西北，声如雷，光芒数十丈。

九月　吴诸全叛将谢再兴，以张士诚兵犯东阳，左丞朱文忠率兵御之，部将夏子实、郎中胡深为前锋，与其兵遇于义乌。再兴大败，遁去。深因建策，以为诸全乃浙东藩屏，诸全不守则衢不能支，请去诸全50里，于五指山下筑城，分兵戍守，文忠从之。未几，士诚将李伯升大举来寇。兵号60万，顿于城下，城坚不可拔，乃引去。

十二月丁巳　台州地震。

是年　朱元璋始置浙东提刑按察司。

至正二十四年(1364年)

正月　朱元璋即吴王位，建百司官属，置中书省左右相国。以李善长为右相国，徐达为左相国，常遇春、俞通海为平章政事，汪广洋为右司郎中，张昶为左司郎中。

四月己酉　吴命中书省，凡商税三十税一，多取者以违例论。改在都官店为宣课司，府、州、县官店为通课司。

八月乙卯　张士诚自以其弟张士信代达识帖睦迩为江浙行省左丞相。张士信既为江浙丞相，建第宅东城下，号丞相府。未几，士信令潘元明守杭州而自还苏州。

九月　土豪周宗道以平阳附朱元璋。乙酉，方明善攻平阳，周宗道求援于明元帅胡深，胡深遣兵击退之，遂攻取瑞安，进兵温州。明善惧，请岁贡银2万两，朱元璋下令班师。

十一月辛巳　吴命平章汤和率师救长兴。师至，张士信以兵拒战，自巳至申，不解，杀伤相当。耿炳文自城中出兵，内外夹击，败之俘其士卒8000余人，获马2万余匹，和乃还。

是年　台州路黄岩州海溢，飓风拔树，稻禾受损严重。

至正二十五年(1365年)

二月　福建行省平章政事陈友定攻处州，胡深击败之。张士诚将李伯升集兵20万攻诸全州新城，败绩，逐北10余里，死者以万数。

三月癸未　吴起居注宋濂乞归省金华，朱元璋赐金币而遣之。

五月癸未　吴浙东元帅何世明，败张士诚兵于新溪，又败之于柴溪。

六月壬子　朱元璋大将胡深克温州乐清，擒方国珍镇抚周清、万户张汉臣、总管朱善等人，械送建康。又率军讨陈友定，攻建宁，中伏兵被执而死。

是月　朱元璋下令："凡农民田五亩至十亩者，栽桑、麻、木棉各半亩，十亩以上者倍之，其田多者，率以是为差。有司亲临督率，不如令者有罚，不种桑，使出绢一匹，不种麻及木棉，出麻布、棉布各一匹。"

九月　元以方国珍为淮南行省左丞相、衢国公，分省庆元。

十二月庚子　张士诚遣将以兵8万攻安吉，吴将费聚所部仅2000人，坚壁拒守，射杀其骁将2人，张士诚军败去。

至正二十六年(1366年)

二月　绍兴大水。

四月戊辰　方国珍遣经历刘庸等贡金绮于吴。

六月　绍兴山阴县卧龙山裂。

八月　朱元璋命徐达、常遇春率师20万大举攻张士诚，败张天麟于湖州。士诚婿潘元绍，时驻兵于乌镇之东，吴师乘夜击之，元绍亦遁，遂填塞沟港，绝其粮道。复败张士诚于皂林。

九月　元改方国珍为江浙行省左丞相，弟国瑛、国珉、侄明善并为江浙行省平章政事。

是月乙未　朱元璋命李文忠率军攻杭州，以掣制湖州。

十月辛亥　吴徐达以所获张士诚将士徇于湖州城下，城中大震。壬子，吴常遇春兵攻乌镇，徐义、潘元绍等拒战不胜，复退走。是夕，王晟亦降。吴朱文忠率指挥朱亮祖、耿天璧攻桐庐，降其将戴元帅，复遣袁洪、孙虎略富阳，擒其同佥李天禄，遂合兵围余杭。

十一月甲申　徐达、常遇春克湖州，守将张天骐降。李文忠总水陆军下浙江。旋取杭州路，又克绍兴路。辛丑，华云龙攻嘉兴，守将宋兴以城降。时杭、嘉、湖、绍诸路原为张士诚占据。

是月　朱元璋改杭州路为杭州府。

十二月　吴罢浙东行省，设浙江等处中书省于杭州。

是年　吴改绍兴路为绍兴府，诸全州为诸暨县。龙游府为衢州府，又改湖州路为湖州府。

至正二十七年(1367年)

二月壬子　茗洋降贼周瑞卿叛，吴浙东按察佥事章溢，遣其子元帅存道合平阳、瑞安总制孙安兵讨之，斩瑞卿，获其党60余人。吴置两浙都转运盐司于杭州。

四月丁卯　吴江浙行省平章李文忠，言嘉兴、海宁、海盐等沿海州县，皆边防之所，宜设兵镇守，朱元璋命文忠调兵戍之。

七月　朱元璋遣使责方国珍贡粮。初，方国珍降吴，约杭州下即入朝，已而据地自若，且使通于闽，图为掎角。朱元璋闻之怒，遣使责方国珍贡粮23万石。

九月辛丑　朱元璋命朱亮祖讨方国珍，取台州路。时台州、温州、庆元三路皆为方国珍所据。朱亮祖下天台，克台州，方国瑛以巨舰载妻子乘夜败走黄岩。

是月辛巳　吴大将军徐达克苏州，执张士诚，后送至建康，自缢死。

十月　朱亮祖进兵黄岩。方国瑛烧庙宇民居，复遁海上，其守将哈儿鲁即以黄岩城降。朱亮祖分兵下仙居等县，进兵温州，方明善拒战。癸丑，朱元璋再命御史大夫汤和为征南将军，吴祯为副将军，率常州、长兴、宜兴、江淮诸军讨方国珍于庆元。己巳，朱亮祖克温州，方明善弃城登舟遁，朱亮祖遂取瑞安、乐清等州县。

十一月丙申　朱亮祖兵至黄岩，方国珍及其兄子明善率家降。

十二月　方国珍遣其子明完奉表谢罪。辛亥，方国珍及其弟国珉率部属谒见汤和于军门，得士马舟楫数万计，汤和送方国珍等于建康朱元璋处。浙东悉定。

是月　吴以汤和、廖永忠、吴祯率舟师自明州乘东北风径赴福州，以伐陈友定。庚午，吴征南将军汤和率师克福州。吴定各县为上、中、下三等，税粮10万石以下为上县，6万以下为中县，3万以下为下县。减金华田租。初，得金华时，军食不给，知府王崇显请增民田租以足用，民颇病之。至是浙江平章李文忠以其事闻，遂下令免所增之数。

是月　吴改庆元路为明州府。

至正二十八年(1368年)

正月甲申　明遣使核实浙西田，定天下卫所之制。

三月　杭州、平江、镇江、广德、太平、徽州饥。

八月庚申　朱元璋军入元大都，元亡。

是月　婺州水。

明 代

太祖洪武元年(1368 年)

是年　浙江杭、嘉、湖和江苏苏、松、常等地田赋特重。

是年　置浙江市舶提举司,以浙东按察使陈宁为提举。

是年　置两浙都转运盐运司。下设嘉兴、松江、宁绍、温台 4 分司,管辖盐场 35 处,灶丁共 7.44 万人。岁办 22.04 万引(每引 400 斤),仅次于两淮。

洪武二年(1369 年)

三月　禁沿海私自出海贸易。

是年　日本倭寇掠夺台州渔民。

是年　方国珍及张士诚余党亡命入海,勾结倭寇,掳掠永嘉、乐清、玉环及中界山(今洞头)等沿海村庄。

洪武三年(1370 年)

三月　免严州、金华、衢州、处州当年租税。

六月　明廷迁徙嘉兴、湖州、杭州无业民众至临濠开垦田地,拨给资粮牛种,免田租 3 年。

是月　诏延安侯唐胜宗督浙江属卫官军造海船、修城隍庙。

是年　潮水圮毁海盐县塘岸,明廷遣署令监筑石塘 2370 丈,是为海盐县最早的石塘。

洪武四年(1371 年)

四月　免两浙本年夏税秋粮。

六月　绍兴府诸暨大风雨,人多溺死。

十月　日本国遣僧祖至明州,送回倭寇从明州、台州掳去的男女 70 余人。

十二月　户部奏浙江民 148.7 万户,岁输粮 93.3 万石,设粮长 134 人。

是月　明廷命靖海侯吴祯将方国珍旧部(温、台、庆元三府)军士 11 万余人隶各卫所为军。并禁止居民私自出海。明、台、温三府官吏乘机拉民丁为兵,民大扰。宁海知县王士弘奏准制止。

是年　礼部定议,合祀帝王 35 人。其中,浙江 2 人:会稽祀夏禹、宋孝宗。

洪武五年(1372年)

五月　倭寇侵犯海盐澉浦。

六月　指挥使毛骧在温州下湖山击败倭寇,追击至石塘大洋,获得船只10艘,生擒113人等,送至京城。

八月　明廷下诏浙江、福建濒海九卫造海舟606艘,以防御倭寇。

是月　嵊县、义乌、余杭大风,引起当地水灾。

十一月　诏浙江沿海诸卫改造多橹快船,以防备倭寇。

洪武六年(1373年)

五月　嘉兴县、诸暨县遭受雨雹。

七月　台州官兵出海追捕倭寇,擒获74人,船2艘。

九月　诏直隶府、州及浙江、江西二行省本年秋粮,令以棉布代输,以补给边戍。

洪武七年(1374年)

二月　浙江等行省并直隶府州县,皆以山川险易图来献。

五月　以苏、松、嘉、湖四府今年所籍之田租税太重,明廷特令户部计其数,如亩税7.5斗者除其半,以纾缓民力。

是年　方国珍卒。方国珍(1319—1374年),又作方谷珍,名珍,黄岩人。世代以贩盐为业。至正八年(1348年),聚众数千人,在海上劫夺海运粮。后受元招降,接受元朝封职,成为东南一隅的割据势力。至正二十七年,朱元璋出兵攻方国珍,方氏被迫投降。明洪武二年(1369年),领广西行省左丞,留居京师,直至病死。

洪武八年(1375年)

正月　温州飙风雷雨大作,海水冲垮住处、船只,百姓多有死亡。

六月　绍兴府置织染、杂造2局。

十二月　湖州、嘉兴、杭州水灾。

是年　改建德府为严州府。

是年　刘基卒。刘基(1311—1375年),字伯温,青田人。元至正二十年(1360年),被朱元璋聘为谋士。明朝建立后,官至御史中丞兼太史令,封诚意伯。后遭诬陷,忧愤成疾而死。刘基精通天文、兵法、数理等,尤以诗文见长。其文与宋濂齐名。

洪武九年(1376年)

三月　免浙江本年夏秋税粮。

七月　免除嘉兴、湖州二府遭受水灾民户当年田租299490余石。

十二月　湖州、嘉兴、杭州水灾,明廷派遣主事赵乾赈灾。

是年　置浙江等处承宣布政使司，领 11 府、1 州、75 县。明、清两代浙江省地方行政格局由此正式确定，影响迄今。

洪武十年(1377 年)

二月　赈济嘉兴、湖州上年遭受水灾者，户米 1 石，凡 131255 户。

四月　赈济钱塘、仁和、余杭遭水灾者，户给米 1 石。

七月　浙江布政使安然率民夫伐石筑江堤。

九月　赈济绍兴、金华、衢州水灾。

是月　免除浙西遭受水灾者本年的田租。

洪武十一年(1378 年)

五月　嘉兴、湖州等府水灾，赈饥民 6.28 万户，每户米 1 石，并免田租 65 万余石。

是年　台州海溢，人多溺死；嘉兴、湖州民屡被水患。

是年　余姚、慈溪海溢决堤，居民漂没无算，明廷著修海塘。

洪武十二年(1379 年)

正月　永嘉县地震。

五月　青田县大雨，山洪爆发，冲没县治。严州府大雨 3 日，冲坏官民廨舍，人多溺死。

洪武十三年(1380 年)

三月　明廷减苏、松、嘉、湖重租粮额。于是旧额田亩科 7.5 斗至 4.4 斗者，减十之二；4.3 斗至 3.6 斗者，俱只征 3.5 斗。

十一月　复置处州府庆元县。

洪武十四年(1381 年)

二月　鄞县人单仲友因明州同国号，乞明廷改名。朱元璋谕旨，郡有定海县，海定则波宁，因改为宁波府，宁波名称始此。明州卫亦改为宁波卫。

三月　设立各道提刑按察司并各道按察分司，浙江为分司四：宁绍、温台、金处、严衢。

是月　平阳县地震。

十月　青田叶丁香与青田黄坦(今属文成)吴达三(一作连三)以平阳吴岩山为据点，聚众起事。

是年　宋濂卒。宋濂(1310—1381 年)，字景濂，号潜溪。由金华潜溪移居浦江。累官至翰林院学士承旨、知制诰。后因长孙宋慎牵连胡惟庸党案，全家流放四川茂州，途中病死于夔州。明朝立国，朝廷礼乐制度多为宋濂所制定，朱元璋称他为“开国文臣之首”。

洪武十五年(1382 年)

四月 浙江都指挥使司奏言:杭州、绍兴等卫原先在嘉兴澉浦、松江金山防御倭寇,后聚泊在绍兴钱清,但实不便,请求仍在澉浦、金山防御。至于台州、宁波两卫舟师,则在海门、宝陀巡御;温州舟师在楚门海口防备。明廷从之。

四月十二日 免浙江税粮。

是年 以直隶嘉兴、湖州二府隶属浙江。

洪武十六年(1383 年)

四月 倭寇扰平阳金乡(今属苍南)及县城。

洪武十七年(1384 年)

正月 信国公汤和巡视浙江、福建沿海城池,为了防止倭寇,禁止百姓入海捕鱼。并在千里海岸上设立九卫及诸所、诸巡司,北起乍浦,南到蒲门,总有百城,营寨烽堠,彼此联络援应,血脉贯通。

七月 命苏、松、嘉、湖四府以黄金代输本年田租。

是年 定两浙盐工本钞 2 贯 500 文。

洪武十八年(1385 年)

是年 令两浙及京畿官田,凡折收税粮钞,每 5 贯准米 1 石,绢每匹准米 1.2 石,金每两准米 10 石,银每两准米 2 石,棉布每匹准米 1 石,苎布每匹准米 7 斗;夏税农桑丝,每 18 两准绢 1 匹,重 16 两。

是年 明廷因“倭寇扰边,徙海中居民,以虚其地”。洞头居民内迁,列岛被废弃。后倭患稍平,又有人返回居住。

是年 王蒙卒。王蒙(1301—1385 年),字叔明,号黄鹤山樵,又号香光居士,吴兴(今浙江湖州)人。因“胡惟庸案”牵累,死于狱中。王蒙与黄公望、吴镇、倪瓒合称“元四家”。

洪武十九年(1386 年)

是年 开始采掘银矿。明代浙江为主要银矿产地之一,在温、处所属平阳等县设有场局。明代金银课多采用包税制,即规定矿场的年纳税额即可,洪武年间所定者称岁办。

是年 朝廷又遣国子监太学生等来浙江核实田地并编造鱼鳞图册。

是年 汤和尽遣昌国县秀、兰、岱、剑、金塘五岛上封禁地的居民入内地,壮丁编伍入宁波卫。

是年 汤和奏请徙舟山居民入内地。普陀境在迁徙之列,普陀山殿宇被毁 300 余间。

洪武二十年(1387年)

六月　废除宁波府昌国县,迁徙其民为宁波卫卒。

九月　建筑台州健跳、桃渚二城,各置千户所以防御倭寇。

十二月　命浙江布政使司修治绍兴等府桥梁道路。

是年　汤和在浙江选丁壮筑卫所城59座。

是年　暹罗贡船来温州互市,温州人购其沉香诸物。

洪武二十一年(1388年)

是年　庆元山寇石抹申陷城,大肆劫掠,知县曾寿被杀。

是年　萧山北海塘坏,潮抵县城,人畜淹死甚多。次年修复,自坎山至荏山40余里堤塘砌石以固。

洪武二十二年(1389年)

四月　徙江南(湖、杭、温、台等诸郡)民众至淮南开垦,拨给钱钞以及农具。

是年　观海卫与福建福宁卫驻军调防,福建官兵调入者5630人。后守军有留下落户者,至今当地方言中带有闽语。

洪武二十三年(1390年)

七月　海盐海溢,溺死灶丁2万余人。

洪武二十四年(1391年)

四月　修筑宁海、奉化两县海堤成。宁海筑堤3900余丈,用工凡7.6万。奉化筑堤480丈,用工凡5600。

八月　海盗张阿马带领倭寇入侵,官军斩之。

洪武二十五年(1392年)

九月　疏凿嘉兴等府银墅东坝河道,自十字港至沙子河,凡3960丈;又沙子河至胭脂坝,凡360丈,计役嘉兴等府民丁35.97万人。

洪武二十六年(1393年)

二月　倭寇侵掠浙东,都督杨文、刘德等巡视浙江。

闰六月　山阴、会稽大风海溢,坏田庐。

洪武二十七年(1394年)

三月　为了防备倭寇,魏国公徐辉祖、安陆侯吴杰往浙江训练沿海军士。

是年至三十年(1397年) 工部奉命每年遣官至浙江建德、余杭等12县修筑水塘、河渠、堤塘、田圩、堰坝等水利工程。

洪武三十年(1397年)

四月 禁止沿海居民私自出海与外国互市。

洪武末(1397年前后) 丽水、平阳等7县设银场局,岁课银2800余两。

洪武三十一年(1398年)

二月 浙江都指挥使陈礼奏言:近日,倭寇2000余人,船30余艘,侵犯海澳寨,楚门千户王斌、镇抚袁润等防御,皆战死。明廷诏命发兵追捕。

惠宗建文三年(1401年)

十月 倭寇在温州炎亭登陆。金乡卫指挥佥事戴顺战死。

是年 倭寇犯象山,钱仓所千户易绍宗出击,殉职。

建文四年(1402年)

是年 燕王朱棣将即帝位,建文帝时文学博士、宁海人方孝孺拒草登极诏书,遭磔杀,株连灭十族,死873人,横尸宁海县城。县人马子同等检尸投于井,后称义井。谪戍而死者亦1000余人。方孝孺(1357—1402年),字希直,人称正学先生,宁海人。

成祖永乐元年(1403年)

四月 户部尚书夏原吉治杭、嘉、湖水患。

九月 明廷命浙江观海卫造捕倭海船36艘。

十月 修筑杭州江岸。

是月 日本源道义遣使臣坚中圭密至明朝贡,到达宁波港,经杭州赴应天府。明廷复置宁波市舶司。

是年 命平江伯陈瑄督运海运粮赴北京。

永乐二年(1404年)

四月 琉球山南王遣使朝贡,使者至处州购瓷器。兵部尚书李至疏报成祖,成祖允其出口。

六月 户部上奏:嘉兴、湖州等郡遭受水灾,民饥。

十一月 日本第一期首次勘合贸易船至宁波港,后在永乐三年(1405年)、永乐四年、永乐六年(2次)、永乐八年连续6次抵宁波。

是年 嘉兴、湖州饥荒。

是年 日本遣明使僧人明室梵亮经杭州赴南京,商定勘合贸易。

永乐三年(1405年)

六月　命浙江等都司造海舟1180艘。

夏　浙西大饥,命夏原吉、俞士吉往赈,发粟30万石。

八月　杭州府仁和等县遭受水灾,冲垮庐舍1082间,溺死男女441口。

十一月　日本第二次勘合贸易船到达宁波港。宁波建"安远驿"以安置"诸番贡使"。

是月　日本国遣使押解扰掠穿山所的倭寇20名献于明廷,并贡方物。明廷赐冕服、钱钞嘉奖;还倭人,令其自行处理。使者押至宁波,置大甑,尽予蒸杀。

永乐四年(1406年)

闰七月十八日　诏以明年五月建北京宫殿,分遣大臣采木于四川、浙江等地。

闰七月　海盐县暴雨,风潮冲决堤岸。

是年　浙江饥荒。

是年　象山县人俞士吉以礼部侍郎衔出使日本,启航于石浦。

永乐五年(1407年)

六月　杭州沿江江堤沦于江。

永乐六年(1408年)

十二月　罢处州、温州银矿60处。

是年　海宁海决,陷没赭山巡检司。

永乐七年(1409年)

七月　丽水县山水聚涌,坏田庐,漂人畜;南浔大水。

八月　台州大风雨,拔木,没禾稼,暴流冲毁临川桥;黄岩飓风,坏官舍。

永乐八年(1410年)

七月　平阳县暴雨,风潮冲没庐舍,民众多溺死。

十月初五　倭寇犯乐清蒲岐,千户杨文战死。同日,千户崔兴等在下堡海面与倭船相遇,力战而死。

永乐九年(1411年)

三月　罢免温州上贡白矾数千斤。

五月　倭寇掠温州磐石卫。

七月　湖州乌程等县大雨,淹没农田1.3万多顷,明廷命户部免除本年田租。

十月　令浙江临山、观海、定海等卫造海船48艘。

十一月　修仁和、海宁和海盐土、石塘共 11185 丈。此后，成化十年(1474 年)、弘治五年(1492 年)、嘉靖七年(1528 年)、万历三年(1575 年)，均因水势北趋，冲陷海宁南部之沙，修塘后又复故道，史称“海凡五变”。

永乐十年(1412 年)

四月　户部上奏：浙江海盐县遭受水灾，民众困苦。

春　湖州乌程多雨，田地多废。

是年　浙西水灾，田苗无收。

永乐十一年(1413 年)

五月　绍兴籍回族人马欢首次随郑和下西洋，后又两次随从，归国后著《瀛涯胜览》。

六月　乌程、归安、德清三县瘟疫，男女死者 1.05 万人。

七月　宁波府属鄞县、慈溪、奉化、定海、象山五县爆发瘟疫，死者 9100 余人。

是月　浙江布政使宁良等人议论钱塘门、涌金门其间有渠，应该疏浚为河，河上造桥，以通湖水。外置一水闸，按需开闭。工部复奏疏浚杭州西湖，明廷许之。

八月　赈济仁和、嘉兴二县饥民 33780 余口。

是年　大风潮，仁和县十九都、二十都没于海，命工部侍郎张某调集杭、嘉、湖、严、衢诸府军民 10 余万，重筑十九、二十都海塘，历时 3 年而成。

永乐十二年(1414 年)

十一月　蠲免嘉兴、湖州、苏州等五郡水灾田租 47.99 万石。

安吉广苕乡乡民吴贵归率众起义，县内鱼池、太平等乡以及长兴部分乡民纷起响应，朝廷命阳武侯薛禄率兵镇压。

永乐十三年(1415 年)

十二月　蠲浙江等州县水旱田租。

是年　杭州、嘉兴、湖州漕粮不再实行海运。

是年　浙江旱。

永乐十四年(1416 年)

七月　衢州、金华等府俱溪水暴涨，坏城垣房舍，溺死人畜甚众。

是年　倭寇始犯乍浦。次年六月侵扰金家湾，至嘉靖三十五年(1556 年)，倭寇侵犯县境达 26 次之多。

永乐十五年(1417 年)

五月　倭寇侵扰松门、金乡、平阳等卫。

八月　嘉兴府倪弘三伏诛。倪弘三聚众至数千，往来苏州、湖州、常州、镇江诸郡，杀害官民不可胜数。浙江按察使周新全力搜捕，终平息。

是年　明使吕渊从宁波押遣俘获倭寇去日本。

是年　倭寇陷乐清城，居民被杀甚众。朝廷以失机之罪，杀指挥千户、百户等30余人。

永乐十六年(1418年)

正月　倭寇陷松门卫，浙江按察司佥事石鲁逃遁。

十二月　遣派将领在海上练兵以防备倭寇。

是年　因浙江沿海诸县，风潮冲击堤岸，居民多有溺毙，连年修治，未有成效，明廷派保定侯孟瑛等以太牢祭东海之神。

是年　慈溪县县印遗失。重铸时恐失印复出，致滋奸利，改印文为慈谿(1956年汉字简化，重新写作慈溪)。

永乐十八年(1420年)

夏秋　仁和、海宁潮溢，没海塘2600丈，延及吴家岸坝，岸坝沦海1500余丈，逃徙9100余户。

永乐十九年(1421年)

是年　明廷派遣御史查办浙江银课。

永乐二十一年(1423年)

是年　温州自秋至明春不雨，晚禾无收，旱秧亦不能下，民大饥，草根木皮，食之殆尽，死者枕藉于道。

永乐二十二年(1424年)

二月　湖州长兴吴贵归等就戮。吴贵归聚众千余人，劫杀乡民，知府邓忠率民兵捕之，但未平。明廷命阳武侯薛禄率兵300人讨伐，旋即平息。

七月　黄岩飓风大作，海潮高涨，淹没庐舍7843户，溺死者800余人，淹没田地256多顷。

十月　因嘉、湖等府遭受水灾，明廷著今岁秋粮悉令折输布、钞，照永乐五年(1407年)恤民之例，每石输布1匹或钞6锭。

是年　倭犯象山，县丞宋真等死难。

永乐年间(1403—1424年)

平阳天井垟、赤岩山及后属泰顺之焦溪、龟伏、净水等地开采银矿。

仁宗洪熙元年(1425年)

七月 乌程知县黄启宗奏:去年雨大,至七八月间连雨不止,淹没田地1610多顷。

八月 大理卿胡概、参政叶春巡抚南畿、浙江。浙江设巡抚自此始。

宣宗宣德元年(1426年)

正月 明廷遣派礼部侍郎黄宗载整顿浙江军务。

五月 温州府永嘉、乐清两县暴雨,冲垮庐舍廨所,民多溺死。

宣德二年(1427年)

是年 浙江归安知县华嵩上书朝廷:泾阳洪渠堰溉五县田8400余顷。洪武时长兴侯耿炳文前后修浚,未久堰坏。请朝廷派员协治,明廷从之。

宣德三年(1428年)

四月至六月 浙江旱灾。

十二月 巡抚浙江大理寺卿胡概等押送平康党徒300人至京师。平康活动在崇德县,聚集流民800余人,夺民船50余艘,掠夺乡民。明廷遣锦衣卫与浙江官军剿灭,平康逃脱,党徒俱被擒获。

宣德四年(1429年)

是年 杭州设北新关,征收船税。后在成化四年(1468年)撤。弘治六年(1493年)复设。正德六年(1511年)兼征商税。

宣德五年(1430年)

三月 增设嘉兴府秀水、嘉善、桐乡、平湖4县。

十一月 巡按浙江监察御史杜时奏:会稽、余姚两县夏、秋旱灾,田苗无收,民人饥困。

是年 浙江巡抚侍郎成均筑捍海堤。

宣德六年(1431年)

六月 温州府飓风大雨,淹没公廨、祠庙、仓库、城垣。

九月 宁波知府郑珞奏请废除出海捕鱼禁令。明廷不许,谕令:往者倭寇频繁劫掠,皆由奸民捕鱼导引。海滨之民,屡遭劫掠。

是年 允许温州府商税收钞。

宣德七年(1432年)

四月、五月 湖州乌程、归安、德清、长兴、武康五县以及嘉兴府嘉善县久雨,淹没田禾

6300余顷。明廷命户部复视，蠲租。

宣德八年(1433年)

四月　浙江都指挥司、布政司、按察司奏：金华、处州等府，永康、武义、丽水等县盗贼陈初等，劫掠人财，杀伤永康县丞朱俊。明廷敕三司发兵捕之。

六月　日本第二期第一批勘合贸易船5艘抵达宁波，次年回国时，明使春雷等五六百人带勘合底簿同往。同年七月，明廷重申禁商民出海贸易的“海禁令”。

宣德九年(1434年)

是年　浙江等省旱并饥。

宣德十年(1435年)

七月　明廷为防止导引倭寇登岸，严格禁止私自下海捕鱼。

八月　富阳县奏，濒江田土遭受潮水冲决，共8724亩。

英宗正统元年(1436年)

是年　始在浙江等省实行以银折纳税粮的办法，即：米麦1石，折银2.5钱。南畿、浙江、江西、湖广、福建、广东、广西税粮米麦共400余万石，折银百万余两，入内承运库，谓之“金花银”。其后概行于天下，自起运兑军外，粮4石收银1两解京，以为永例。

正统三年(1438年)

五月　巡按福建监察御史周铨奏：温州、处州二府，青田等县无赖之民，迁入福建福安县，聚众数千，采取银矿，劫掠民财，屡次围剿，散而复聚。明廷敕浙江三司派遣官军至福安等县，会同围剿。

闰九月　开处州银场。

十一月　金华、绍兴、台州等府奏：五月以来，旱灾严重，秋粮不能征纳。

正统四年(1439年)

二月　户部侍郎王沧奏：去年浙江亢旱无收，民众难食。

四月　倭寇焚掠台州、宁波和昌国卫。

五月　巡按浙江监察御史房盛奏：五月初一，倭贼登岸，侵犯桃渚千户所。

七月　萧山县境内蝗灾，明廷命官员率民众扑灭尽绝。

正统五年(1440年)

五月　湖州、绍兴二府各奏自正月以来，雨水伤麦。

十月　杭州、台州、严州、绍兴、宁波等地奏报，自五月至今，水旱伤稼，秋粮不能征收。明廷命户部勘实。

是年　确定浙江每年额办盐课，为444769引。

正统六年(1441年)

夏、秋　嘉兴、台州、宁波、绍兴四府亢旱，禾稼枯槁。

是年　江南巡抚周忱兼抚嘉、湖两府，奏立民与军兑运并加收耗米之法。耗米亦称平米，每正粮1石收平米1石7斗，候起运时酌量支拨，于是民众免除自运漕粮之苦。

正统七年(1442年)

四月至七月　金华府未有雨水，禾稼旱伤。明廷命户部勘实。

五月　倭寇侵掠浙东，攻陷宁波大嵩千户所，杀官军百人，掠男女、粮食、军器甚多。

六月　户部侍郎焦宏往浙江整饬军务，以防备倭寇。

十二月　锦衣卫校尉陈以节言：丽水县民陈善恭等纠集青田县民叶宗留等，聚众2000人，时往福建宝峰场银矿盗挖。明廷命浙江、福建官军剿灭。

是年　巡抚侍郎周忱修筑浙江下塘堤岸，从杭州北新桥修筑至崇德县境，修筑堤岸1.32万丈，造桥72座，水陆通行，漕运更便。

正统八年(1443年)

五月十七日　倭寇侵犯海宁卫地方，被官军击退。

八月　台州、松门、海门海潮泛溢，坏城郭、官亭、民舍、军器。

九月　倭寇犯浙东，复犯临海桃渚，浙江按察司佥事陶成击退之。

十一月　浙江绍兴山移于平田。

正统九年(1444年)

七月　处州庆元县人叶宗留及丽水人陈鉴胡等数千人，因在福建福安开银矿遭禁止，遂起事，杀参议竺渊。

闰七月　侍郎王质前往福建、浙江重开银场。

是月　嘉兴、湖州、台州俱大水。

八月九日　黄岩县奏：春秋之际，民间大疫，死者9869人。

冬　绍兴、宁波、台州瘟疫大作，及明年，死者3万余人。

是年　嘉兴、湖州水，免被灾田粮14.6万石。

正统十年(1445年)

三月　浙江宁波府疫，军民死者6600余人。

四月　浙江等银场原先诏书罢免，后又派遣户部侍郎焦宏查勘。焦宏奏道：银场可以继开，但需廉洁能干之人巡视。明廷许之。

七月　因瘟疫流行，赈济绍兴、宁波、台州三府民众。浙江道监察御史黄裳言：绍兴、宁波、台州三府属县去冬以来瘟疫大作，死者达3.4万口，死者所负租税，宜为蠲免；饥病者，宜加抚恤。明廷命户部按此实行。

正统十一年(1446年)

二月　增置处州府丽水、青田、缙云、庆云、松阳、龙泉六县县丞各1员，专营银场。

三月　明廷遣御史柳华督福建、浙江、江西兵，镇压叶宗留起事。

四月　倭寇犯海宁、乍浦。

五月、六月　杭州、湖州、嘉兴三府大雨连绵，淹没田苗。

正统十二年(1447年)

是年　浙江听选官王信言：绍兴东小江南通诸暨72湖，西通钱塘江。近为潮水涌塞，江与田平。请求疏浚，明廷从之。

是年　余姚县连续两年大饥疫，按元至元二十七年(1290年)在册43847户计，到此耗减为21447户。

正统十三年(1448年)

二月　邓茂七在福建沙县起事，八月攻平阳和瑞安东界。

三月　巡按浙江监察御史李宾等奏：宁波、绍兴二府属县自去年旱灾，至今民众缺乏食物。

四月　免浙江、江西、湖广被灾地区秋粮。

十月　调遣浙江漕运军2万人，跟随总兵、宁阳侯陈懋，征讨福建叛乱。

是月　宣慈银矿矿工无以为生，推举陈鉴湖、陶德义为首，配合叶宗留起事，夜袭武义县城。

十一月　处州叶宗留自称大王，流动于金华、武义、崇安、建县、铅山等地，与明军作战。

是年　命浙江漕粮加耗，每石3斗6升。

正统十四年(1449年)

正月　监察御史罗澄奏：因“盗贼”猖獗，去年秋冬二季，银矿未采，现若追征银课，恐激民变，请求暂停。明廷从之。

二月　福建总兵官、左提督刘聚等奏：叶宗留攻烧庆元、丽水等县。明廷令立即进军围剿。

四月　巡抚浙江大理寺右少卿张骥等奏：遂昌县“贼首”苏才、俞伯通等，伪称王号，聚众千余人，行劫乡村。金华府知府石瑁率官军擒拿“从贼”俞伯友等11人，斩百余人。明廷命凌迟俞伯友等人，官兵俱有奖赏。

春　陈鉴胡破松阳、龙泉，攻青田、武义、东阳、义乌，自立为王，国号太平，建元泰定。五月，浙江巡抚张骥劝降，陈鉴胡出降。陶得二不降，杀使者，并攻陷遂昌，杀县丞张智。

代宗景泰元年(1450年)

十一月　镇守浙江的兵部左侍郎孙原贞等督率官兵擒处州陶得二部众240余人，招抚3600余人等。明廷奖谕，仍令继续搜捕。

景泰二年(1451年)

七月　命都察院揭榜招谕浙江、福建“贼盗”遁藏山谷者，限3个月内赴官自首，免罪。

九月　兵部左侍郎孙原贞率军于浙南围剿陶得二部众，俘斩陶得二。

景泰三年(1452年)

是年　复开浙江处州府松阳等县银场。

是年　分丽水县浮云乡及元和乡之半置云和县，隶属处州府。

景泰四年(1453年)

六月　日本第二期第一次勘合贸易船5艘抵宁波港。八月，明廷重申海禁令。海外商旅不通。

景泰五年(1454年)

十二月　明廷根据户部员外郎陈汝言的奏请，免除杭州、嘉兴、湖州三府今年被灾粮51.6万余石，马草27万余束。

是年　按察使陈璇奏以军余攒运漕粮。先是，杭嘉湖地区民力艰辛，陈璇奏以浙江各卫军余攒运，军余如不足，于操守屯田军内选补。户部商议，不动用屯军，允许使用卫军。

景泰六年(1455年)

三月至于六月　海宁卫、嘉兴诸府不雨；南浔旱；石门旱。

是年　浙江等地饥荒。

景泰七年(1456年)

四月　开丽水县岩泉山银坑。

八月　浙西自四月至六月，大雨淹没田地；七月至八月，遭受旱灾。

九月　定浙江嘉、湖、杭官民田则例：官田每亩科米1石至4斗8升8合、民田每亩科米7斗至5斗3升者，俱每石岁征平米1石3斗；官田每亩科米4斗至3斗、民田每亩科米4斗至3斗3升者，俱每石岁征平米1石5斗；官田每亩科米2斗至1斗4合、民田每亩科米2斗7升至1斗者，俱每石岁征平米1石7斗；官田每亩科米8升至2升、民田每亩科米7升至3升者，俱每石岁征米2石2斗。

十月　台州、嘉兴府奏：夏四月不雨，旱伤禾稼。湖州、绍兴等府奏：五月以来，天雨连绵，淹没禾田。

是年　尚书孙原贞奏：杭州西湖旧有二闸，近皆倾圮，湖遂淤塞。湖小浅狭，闸石毁坏。今民田无灌溉资，官河亦阻塞。乞敕有司兴浚，禁侵占以利军民。明廷从之。

英宗天顺元年(1457年)

七月　杭州、嘉兴诸府各奏蝗虫众多，伤害庄稼。

夏　杭州、宁波、金华等地旱。

是年　于谦卒。于谦(1398—1457年)，字廷益，钱塘人。永乐朝进士，宣德年间任御史，升兵部右侍郎，巡抚山西、河南，整顿军备。明廷危亡之际，于谦反对迁都，力主抗战，升任兵部尚书，率军击败瓦剌军，取得京师保卫战的胜利。景泰八年(1457年)正月，英宗借夺门之变重登帝位。二十二日，于谦遭诬陷被害。后沉冤昭雪，赠太傅，谥肃愍，又改谥忠肃。

天顺二年(1458年)

二月　明廷准开云南、福建、浙江银场。

四月　明廷同意太监福安奏，浙江银矿岁课银21250两。

是年　海盐海溢，溺死万余人。

天顺三年(1459年)

八月二十日　英宗按明代祭告之制，遣使致祭禹陵。此后遣使致祭禹陵者有：天顺六年(1462年)八月十二日，成化十三年(1477年)八月十五日、十九年八月十一日，弘治十四年(1501年)八月十八日、十七年八月十八日，正德八年(1513年)八月二十日、十二年八月十八日，嘉靖七年(1528年)九月初七日、十九年八月初六日、二十五年八月二十日、二十八年八月二十七日、三十一年八月十五日、三十七年九月十一日。

九月　湖州府奏：今年夏四月、五月，天雨连绵，田苗淹烂。杭州、严州、宁波、金华等府奏：六月、七月，旱灾，禾苗枯死。

天顺四年(1460年)

四月、五月间　杭州、嘉兴、湖州、绍兴、宁波、金华、处州诸府，阴雨连绵，江河泛滥，麦禾俱伤。明廷令户部查勘。

五月　倭船40艘，连破台州桃渚、宁波大嵩、昌国卫等地，大肆烧杀劫掠，无恶不作，尸体堆积如山。

天顺五年(1461年)

十月　两浙都转运盐使司奏：七月中暴雨，海水上涨，泛滥下砂四场，冲垮民居、公舍3250余间，溺死2310余人。

天顺六年(1462 年)

五月　巡按浙江监察御史张鼒奏:去年七月,浙江大水,冲没盐运司所辖的下沙等场,淹没盐共 60240 余引,请蠲其课。明廷从之。

是年　戴进卒。戴进(1388—1462 年),字文进,号静庵,杭州人。出身画工家庭,山水取法宋元,用笔劲挺方硬,水墨淋漓酣畅,发展了马远、夏圭传统。人物画师法唐宋传统,兼长写意。在当时影响极大,追随者甚众,人称浙派,成为明代前期画坛主流。

天顺七年(1463 年)

三月　复遣中官督苏、杭织造。

宪宗成化元年(1465 年)

是年　浙江等省饥。

成化二年(1466 年)

四月　倭寇侵掠浙东。

成化三年(1467 年)

三月　复开浙江、福建、四川、云南银场,以内臣领之。

是年　嘉兴海溢败稼,溺死万人。

成化四年(1468 年)

是年　日僧、画家雪舟随勘合贸易船至宁波,求法习画,绘有宁波港图、育王山图。宪宗赐号为“天童山第一座”。次年归国。

成化五年(1469 年)

十二月　台州知府阮勤奏:析台州府黄岩县地设太平县(今温岭市)。明廷许之。

成化六年(1470 年)

是年　令浙江漕粮加耗每石 4 斗。

成化七年(1471 年)

三月　增置芜湖、荆州、杭州三处工部官。初抽分竹木(十分之一),只取钞,其后易以银,至是渐增至数万两(是为工关或竹木关,充工部缮造舶经费)。

九月二日　风潮冲决钱塘江岸 10 余丈,近江居民房室田产皆淹没。工部尚书请照永乐事例,遣大臣往祭海神、修江堤。明廷派遣官员李颙前往浙江,李颙奏修工料需用银 7.3 万两，以布政司留存粮银支给充用。明廷从之。

九月　余姚海溢，溺死 700 余人。又大饥，粮种几绝。

是年　析金华、兰溪、龙游、遂昌四县之边地置汤溪县。以附近有汤塘，因名。

是年　罢除江南民运，由官军雇江船交兑。

成化八年（1472 年）

七月　杭州、绍兴、嘉兴、宁波、湖州、扬州、苏州、松江属县大风雨，淹没田禾，溺死 2.84 万余人。

是年　定浙江漕运正耗米 105 万余石，嘉兴府各县为 43 万余石，占全省的 41%。嘉兴田赋之特重，累于漕粮。自唐历宋元，嘉兴所收赋粮，绝大部分须转输朝廷所在，称为漕粮。

是年　确定攒运漕粮 400 万石，其中浙江定额 60 万石。

成化九年（1473 年）

是年至成化十八年（1482 年）　绍兴知府戴琥开碛堰，修麻溪坝，导浦阳江全流入钱塘江；建柘林、新灶、扁佗、夹蓬、新河、龛山、长山诸闸以蓄泄山阴、会稽、萧山三县之水；立山会水则碑以控制河网水位，适时启闭水闸，以利农灌与航运；并就府境八县山川水利写成专文，绘制全图，勒石立碑以告后人，通称戴琥水利碑。

成化十年（1474 年）

六月　湖州乌程等 6 县因夏天水灾，明廷命免去上年秋粮 11.22 万石、马草 8.8 万包。

成化十一年（1475 年）

是年　浙江布政使宁良、按察司副司杨瑄佥议：杭州钱塘门左、涌金门右，其间有九渠之一，宜疏浚为河，构石为桥，以通湖水，并设立一水闸，以御横流，庶水利可复。镇守浙江太监李义上其议，其事得行，民颇称便。

成化十二年（1476 年）

八月　浙江风潮大水。

是年　划乐清县东部山门乡 3 都及玉环桃花溪以北 3 都，共 6 都 30 里入太平县。

成化十三年（1477 年）

正月　由于水灾，免除绍兴、宁波、台州、杭州四府及卫上年秋粮、子粒 41.38 万石，马草 3.12 万包。

二月　海宁堤坝决堤，逼近城邑。

是年　浙江按察副使杨瑄在海盐用竖石斜砌，内垒碎石支撑，筑坡陀塘 2300 丈。这是钱塘江最早的石砌斜坡塘。

成化十四年(1478年)

三月　免浙江被灾秋粮。以浙江饥罢采花木。

九月二十日　嘉兴府地震,至酉时始定;湖州九月地震。

成化十六年(1480年)

八月　令浙江户口盐钞折米给官军俸粮。当时浙江岁用84万余石,每年存留130余万石。后只存留其半,旋即因南京缺粮,令在成化十六年、十七年存留粮内,每年拨10.3万石补运。于是,浙江以岁用不足为请。户部议先令补运南京者,仍留本处,更以户口盐钞折粮给之为便。

成化十八年(1482年)

是年　纪念文天祥就义200周年,温州江心屿兴建宋文信国公祠。

成化十九年(1483年)

五月　减浙江银课三分之一。先是明廷饬令处州府7县银课按照天顺六年(1462年)额数3万多两。地方官奏矿脉细微,明廷命暂时按照成化三年额数办理,岁为银21250两。

六月十九日　大水冲毁景宁民居200余家,死亡百余人。

成化二十年(1484年)

是年　泰顺瘟疫流行,死者十之三四。

成化二十一年(1485年)

是年　金华大旱;汤溪大旱;青田、宣平饥。

成化二十三年(1487年)

四月　由于旱灾,免除台州等府属临海等21县并台州、温州2卫秋粮共16.5万石。

十一月　设立湖州府孝丰县,割安吉、长兴等地隶之。

成化年间(1465—1487年)

处州铜矿发明火爆破碎法采矿,龙泉也以烧爆法开采银矿,是采矿技术史上的创新。

余杭塘栖一带蚕桑生产十分发达,一些富户与商人便兴办雇人缫丝织绸的工场。缫丝生产开始脱离农家副业,形成独立发展的手工业,部分农民成为劳动力出卖者。

孝宗弘治元年(1488年)

五月　因浙江多有暴乱,命刑部侍郎彭韶巡视浙江。

七月　减两浙银课1万余两，罢除管理银锡官。

十一月　嘉兴陈辅叛乱被平息。陈辅原为百户，后贩卖私盐，聚众攻打嘉兴府治，劫获府印，库银数千两。

是年　浙江饥。

弘治二年(1489年)

四月　减免处州府银矿岁课10230余两，温州泰顺银课140多两。

是年　令两浙各场灶丁，离场30里内全数煎办，30里外者全准折银(工本银)，每年十月以里征送运司解部。其折银则例，每1大引，浙西6钱，浙东4钱。

弘治四年(1491年)

是年　嘉兴、湖州、杭州水灾，嘉兴大疫，民流移。明廷免嘉、湖、杭府属夏税秋粮。

弘治五年(1492年)

正月　填塞温州、处州两府银矿。

夏秋　南畿、浙江水灾。

弘治七年(1494年)

七月　命侍郎徐贯与都御史何鉴经理浙西水利。明年四月告成。

是年　礼部尚书倪岳等奏：湖州等府县天雨连绵，河水泛滥，禾苗淹没，房屋多被冲垮。

弘治九年(1496年)

六月　山阴、萧山两县同日大雨，冲垮庐舍2000间，死者300余人。

弘治十一年(1498年)

是年　浙江右参政周本在杭州凤凰山万松岭建万松书院。

是年　日使至宁波府城，以伪券贸易。自京城返，又用伪币。通判沈希达召集日本人，谕以善恶征应，大书“人心天理，万里海面”八字悬之。日人气慑，吐露实情，并以实值赎偿伪币。

弘治十二年(1499年)

冬　严寒，姚江冰合。

是年　沈杰修葺衢州城垣，引石室堰水入城濠，环城储水，虽旱不涸。

弘治十三年(1500年)

五月　余姚县南城大火，焚3000余家，伤108人，流火越江，又焚龙泉山下200余家。

是年　令各处兑运衙门解送粮米，浙江限七月以内到部。

弘治十六年(1503 年)

六月　减免苏、杭织造三分之一。

九月　减杭州等地税银,活饥民 160 万人。

弘治十八年(1505 年)

七月　杭州余杭等县暴雨,淹没禾稼,冲垮房屋,民有死者。

弘治年间(1488—1505 年)

油桐在浙江各地种植。

武宗正德元年(1506 年)

六月　授孔子五十九代孙孔彦绳为翰林院五经博士,主衢州朝祀。衢州孔氏后代世袭官职并主祀由此始。

十一月　改湖州安吉县为安吉州。

正德二年(1507 年)

十二月　国库紧张,续开采浙江银矿。

是年　山阴飓风大作,海水涨溢,顷刻高数丈,濒海居民漂没,男女枕藉,毙者万计。

正德三年(1508 年)

二月　闭浙江温、处银矿。明廷令布政司措置赃罚等银,岁输 2 万两。

六月　杭州知府杨孟瑛以西湖久不浚治,且被侵占十之九,经奏准集资兴工,废田撤荡还湖 3481 亩,用银 23607 两,培固苏堤,修六桥,为宋代以来浚湖规模最大的一次。

六月至十二月　宁波不雨,禾麦无收。冬大雪,冻饿至死甚众。

正德四年(1509 年)

七月　绍兴、余姚、嘉善大水;七月七日,嘉兴、平湖大雨如注,至十月不霁,禾稼腐烂。

正德五年(1510 年)

四月　日本使臣宋素卿来贡,其人本名朱缟,鄞县人。弘治年间,随日本使臣汤四五郎去日本。至是,充正使来贡。有人告发其事,礼部议:素卿以中国之民,潜从外夷,法当究治;但既为使臣,恐失外夷来贡之心。宜遣之还国。明廷从之。

十月　因水灾,免除湖州、嘉兴、宁波三府夏税麦及丝绵有差。

正德六年(1511 年)

十二月　旱灾，免长兴、嵊县、天台、兰溪、汤溪、象山诸县税粮。

是年　日贡使率千人至府城，市舶司官索贿无厌，几致激变。知府张津处置得法，才免事端。

正德七年(1512 年)

十月　由于水灾，免除绍兴、宁波、嘉兴、金华、严州、台州、温州等府所属税粮。

是年　宁、绍濒海地区飓风大作，居民漂没万数。

是年　嘉兴、金华、温、台、宁、绍六府饥荒。

正德八年(1513 年)

三月　因开化民众叛乱，明廷准许支兑军米价并京库银已征未解者 10 万两，以供军饷。

四月　王浩八率众万余屯开化，进攻婺源、休宁等县。直隶巡抚都御史王缜等奏兵力寡弱，请调南京官军 2000 人会剿。明廷从之。

十月　由于地方遭受旱灾及盗匪，免除开化、江山、西安、龙游、遂安等 6 县本年之税。

正德九年(1514 年)

二月　明廷戮杀王浩八、艾茹七等，平息正德三年(1508 年)以来在衢州等地的叛乱。

是年　明廷确定浙江盐每引 200 斤，准许带余盐 50 斤，连包索 50 斤，共 300 斤为 1 引。

正德十年(1515 年)

八月　遣王云凤清理两浙、福建盐法。

十月　温州府地震。

十一月　因水灾，明廷免杭州府 8 县、湖州府 6 县、台州府 1 县夏税。

是年　江西饶州叛军进入开化、常山地区，知府宋毓率军剿平。

正德十二年(1517 年)

二月至七月　金华皆数震。

四月　永嘉、乐清、平阳地震。四至七月，金乡续震 15 次。

正德十四年(1519 年)

六月　南昌宁王朱宸濠称帝，攻九江、安庆，入常山，与金华同知张齐、宁波通判王驾战于球川碧石坞。

正德十六年(1521年)

是年　温州重修为风潮所坏之浦州埭。埭在八都,内蓄河水,外捍江潮,灌溉温、瑞农田24万亩。

世宗嘉靖元年(1522年)

是年　浙江旱。
是年　杭州久晴无雨,河渠干枯。官府勘查郡城内外,开通河道。

嘉靖二年(1523年)

六月　日本宗设谦导等前来进贡,旋即瑞佐、宋素卿等亦至,俱停泊在宁波,互不承认对方的正使地位,瑞佐被杀死,宋素卿窜入慈溪,纵火大掠,杀指挥刘锦等,又在宁波、绍兴间出入,遂夺船出海去。明廷令官兵即刻追捕。

嘉靖三年(1524年)

是年　闽人李光头、歙人许栋至宁波双屿港,与葡萄牙人、日本人和中国沿海走私官员、商人,私相贸易,一时船舶云集,多至港塞,结聚至万人。葡萄牙人占双屿港后,筑馆舍、教堂,岛上住户3000人,葡人有1200人。葡人在“货尽将去之时,每每肆行劫掠”。但双屿客观上也发展成为最繁华的对外贸易港口。

嘉靖五年(1526)

夏秋　温、台、处、衢、金、绍、宁、湖诸府旱或大旱。台州草木皆尽,死者相枕。

嘉靖七年(1528年)

七月　浙江定海诸卫地震,城堞尽毁。
九月　赈嘉兴、湖州灾。

嘉靖八年(1529年)

六月　温州海贼颇多,军队不稳,给事中夏言奏请设立都御史巡视浙江。明廷从之。
是年　令浙江官军兑运者,限3月内过淮河。
是年　王守仁卒。王守仁(1472—1529年),字伯安,余姚人。一度隐居绍兴阳明洞中,世称阳明先生。由任庐陵知县相继升迁,以平定“宸濠之乱”有功,封新建伯,至南京兵部尚书。他是心学发展的集大成者,认为“心外无物,心外无理”,心是天地万物的“主宰”,提出“致良知”。在明代中期以后,形成了阳明学派,影响很大。

嘉靖九年(1530年)

夏秋　绍兴府各县皆亢旱无收。冬,瘟疫大作,及明年,死者甚众。

嘉靖十一年(1532年)

是年　因原定浙东盐额52056引,引少盐多,浙西盐额146004引,引少盐多,明廷规定浙西数内改出46974引,与浙东疏通盐法。

嘉靖十二年(1533年)

十月　温州、台州、宁波等府并沿海都有海盗劫掠,官军出剿,多不利,盗势日炽。明廷命巡按官克期督剿。

嘉靖十五年(1536年)

是年　绍兴知府汤绍恩创建三江闸,翌年建成,共28孔,应二十八宿之数,故又名应宿闸,蓄泄山、会、萧三县之水,保护农田80多万亩,得良田4万多亩,无水旱之忧。三江闸为浙江古代最大之御潮排涝闸,使用达400多年之久。

嘉靖十六年(1537年)

秋　浙江遭受水灾。

是年　明廷令两浙僻邑,官商不行之处,山商每百斤纳银8分,给票行盐。其后多侵夺正引,官商课缺,引壅至200万,候掣必五六载。于是有预征、执抵、季掣之法。

嘉靖十七年(1538年)

是年　锦衣卫太监至宁波观海卫浪港山监开银矿,后因石崩死人作罢。

嘉靖十八年(1539年)

七月十八日　台州飓风大作,洪潮暴涨数丈,死者无数。

闰七月　日本源义晴复遣使来贡。嘉靖二年(1523年),日本使臣入贡回去时掳掠中国民众而去,自此后,不通贡者17年。至是恢复进贡。

九月　同意巡按御史傅凤翔奏报,添设湖州府通判一员于乌镇,主缉捕盗贼兼管治水利。

嘉靖二十年(1541年)

七月十八日　洪潮又溢,台州湾两岸民死数万。

嘉靖二十一年(1542年)

是年　浙江水利佥事黄光升在海盐创筑五纵五横鱼鳞大石塘,顺塘开备塘河以排水,塘工体系趋于完备，成为后世筑塘楷模；并首创以《千字文》字序为海塘编号，每字号塘长20丈，海塘编号总长2800丈。

是年　宁波知府曹浩以“通番船招致海寇”，取缔海上走私贸易，逮押通番商人，但地方士绅多为之说情解脱。次年，海道副使张一厚率兵往剿，反为所败。

嘉靖二十二年(1543年)

十一月　修建平湖、萧山、奉化三县县城。

嘉靖二十三年(1544年)

夏秋　嘉兴府各县大旱，平湖、海盐尤甚。

嘉靖二十四年(1545年)

四月至六月　嘉兴旱；杭州大旱；湖州旱，太湖水缩；绍兴合郡连年大旱，湖心皆为赤地；宁波合郡大旱；处州旱，台州大旱，各邑俱荒；浦江、武义、桐庐、永康各县俱旱；天下十荒八九，浙江百物腾涌。

是年　因旱灾免除浙江所属州县及其诸卫田粮，改征折色(银两)。浙江改征折色，始于本年。

嘉靖二十五年(1546年)

是年　倭寇掠宁波、台州，焚毁官兵庐舍。翌年十二月，倭寇又犯宁波、台州，大肆杀掠。

嘉靖二十六年(1547年)

五月　日本第二期第十一批勘合贸易船4艘到达舟山，次年三月获准进宁波港，八月返回。中日勘合贸易到此结束。

六月　巡按御史杨九泽奏请在浙江重新设立重臣巡视制度。明廷从之，上谕：浙江，天下首省，又当倭夷入贡之路，如议设巡抚，兼辖福建福、兴、泉等处提督军务。嘉靖二十七年，改巡抚为巡视。嘉靖二十八年罢。嘉靖三十一年复设。

是年　倭寇百艘久泊宁、台，数千人登岸焚劫。浙江巡抚朱纨访知舶主皆贵官大姓，市番货皆以虚值，转鬻牟利，以是构乱。于是严格执行海禁措施，并奏请镌谕戒大姓。

是年　钱塘江自夏至冬潮汐不至，水源干枯，18里江面成为一线之水。

嘉靖二十七年(1548年)

四月　朱纨遣都指挥卢镗进攻双屿港，擒获李光头、许栋，俘获日本人稽天破等，击杀数百人。许栋余党歙人王直率众遁。卢镗尽毁岛上建筑，并用木石填塞双屿隘口水道，尽驱葡萄牙殖民者出港。

六月　日本贡使周良等600余人，驾海舟百余艘入浙江界，求进贡。巡抚朱纨奏报，礼部言:倭夷入贡,旧例以 10 年为期,来人无得逾百人,舟无得逾 3 艘。明廷令朱纨按照嘉靖十八年体例,起送 50 人赴京,余者留守。

嘉靖二十八年(1549 年)

五月　朱纨至双屿港巡视填塞及毁平实情。旋即朱纨遭诬罢官,饮鸩自尽,倭势复张。王直盘踞日本五岛列岛,拥有大批海舶,自称五峰舶主,勾引倭寇,扰掠浙东。

嘉靖三十一年(1552 年)

二月　倭寇突入定海,夺船。

四月　倭寇大掠浙江舟山、象山等地,复登岸流劫温州、台州、宁波、绍兴,浙东骚动。自此,连年侵扰不绝,东南军民死伤不计其数。

五月　倭寇万余人破黄岩,焚县治,居 7 天而去。

七月　明廷以倭警,命都御史王忬巡视浙江兼辖福建滨海诸府。王忬命参将俞大猷、汤克宽募温、台兵充实边防,以御倭寇。

嘉靖三十二年(1553 年)

闰三月　海盗王直勾结倭寇大举入侵,连舰百余艘,浙东、浙西多处同时告警。

四月　昌国卫失守,倭寇屯守 5 天后被俞大猷击退。

五月　倭寇攻陷乍浦。

八月　给事中王国桢议添设杭州、嘉兴二府守备一员,备倭都司驻扎定海,兼辖海宁。

嘉靖三十三年(1554 年)

三月　参将俞大猷督率官兵剿普陀山倭寇,明军中埋伏,死 300 余人。

四月　倭寇攻陷嘉兴县,尽焚沿河运船。都司周应桢等战死。

十月　浙江续至倭寇万余人,分掠乐清、黄岩、东阳、永康等县。

嘉靖三十四年(1555 年)

正月　倭寇侵犯海宁,三日掠夺袁花镇,焚烧硖石,时值岁初,居民未有防备,死伤无数。九日,倭寇攻陷崇德后转掠塘栖。

五月　张经督师俞大猷、卢镗等于嘉兴王江泾大败倭寇,斩倭 1980 人。

七月　戚继光从山东调至浙江,任都司佥事,次年任参将,镇守宁波、绍兴、台州三府,以御倭寇。是月,张经为严嵩同党赵文华所陷,以抗倭不力被斩。

九月　杭嘉湖兵备副使刘焘督兵 5000 人攻倭,被倭寇击败。倭寇有 3 舟泊台州螺门,为备倭指挥王沛、参将卢镗击灭。

十月　倭寇约 200 人自乐清登陆,流劫宁、绍、台 50 余天,至嵊县被明军歼灭。

十一月　倭寇犯青田、温州、平阳,流劫黄岩、奉化、余姚等地,屡败明军。

十一月　倭寇5000余人侵犯平阳县，由大澳登岸，杀协守指挥祁嵩等人。又，倭寇80余人进犯舟山，屯谢浦。

十一月　减免两浙盐课。

是年　设镇守浙江总兵官1人，总理浙直海防。三十五年，改镇守浙直。四十二年，改镇守浙江，旧驻定海县，后移驻省城。分守参将4人，曰杭嘉湖参将，曰宁绍参将，曰温处参将，曰台金严参将。游击将军2人，总捕都司1人，把总7人。

嘉靖三十五年(1556年)

二月　海宁民钱灿作乱，在硖石与数百人揭竿起事，被官兵追剿后逃入太湖，依附倭寇。

三月　倭寇万余人攻乍浦，企图侵犯杭州。

四月　倭寇侵入慈溪。当时全浙遭受倭寇侵犯，浙东慈溪祸害最大，余姚次之；浙西柘林、乍浦、乌镇、皁林等受祸较重，当时倭寇前后至者2万。明廷诏胡宗宪即刻剿灭之。

九月　杭州府大火，延烧民舍数百家。

是月　以平浙江倭，明廷祭告郊庙社稷。

嘉靖三十六年(1557年)

十月　乌镇有人号称马祖师，流寓湖州乌镇沈松家，以幻术迷惑百姓。聚集党徒，约定九月甲子起兵，事泄漏，官军急捕之。官兵追击双林，尽歼其众，独马祖师逃逸。明廷令胡宗宪等急捕马祖师。

十一月　胡宗宪奏闻擒获海寇王直。

嘉靖三十七年(1558年)

四月　倭寇集数千人攻临海三石镇。胡宗宪击败之。

五月　戚继光在乐清磐石卫大败倭寇，五战五胜，救出被掳300多人。

六月　倭寇从瑞安进犯永嘉，岭南兵备佥事王德偕族叔王沛等人抗倭战死。朝廷特降旨嘉奖。

七月　明廷令俞大猷、戚继光平宁波岑港之倭。后倭寇放弃岑港。

嘉靖三十八年(1559年)

三月　倭寇犯象山等府县，被海道副使谭纶、参将戚继光等击败。

四月　戚继光率军解倭寇围桃渚1月之困。

七月　倭寇自闽流劫平阳、泰顺。

九月　戚继光至义乌等地招募3000余名农民、矿工，后经严格训练，组建戚家军，在抗倭斗争中屡建功勋。

嘉靖三十九年(1560年)

三月　命都察院左都御史鄢懋卿清理两浙等处盐法。

是年　凤阳巡抚唐顺之议复三市舶司。部议从之。四十四年,浙江以巡抚刘畿言,仍罢。

嘉靖四十年(1561年)

四五月间　倭寇大举进犯浙东。戚继光大败倭寇于台州等地,九战皆捷。他根据抗倭经验,在浙写成著名兵书《纪效新书》。

九月　总督浙直、福建尚书胡宗宪奏:浙江倭寇自四月以来,屡犯宁波、台州、温州等境。官军海战6次,陆战12次,前后擒斩1426人,焚溺者无数。其中参将戚继光功劳最著。明廷嘉奖各官。

是年　兵部右侍郎、鄞县人范钦解官归里,至嘉靖四十五年(1566年)建天一阁藏书楼,后储书至7万卷,为全国所存最古私人藏书楼。

是年　由浙江总督胡宗宪修,提学副使薛应旗等纂的《浙江通志》(第72卷)编成付印。

嘉靖四十一年(1562年)

冬　总督浙直、福建军务兼太子太保、兵部尚书胡宗宪在衢州指挥东南沿海剿匪事务。闻闽中倭寇悉数平定,胡宗宪在烂柯山欢宴三军将士,幕僚徐渭、沈明臣陪宴,各赋凯歌4首刻石。

嘉靖四十二年(1563年)

三四月间　浙江巡抚赵炳然统都指挥晏继芳、把总胡震率三关兵船,配合俞大猷、戚继光,会剿流窜福建倭寇船70余只,斩首数百级,救回被掳女子100余人。自此倭患稍息。

是年　浙江霪雨为灾。

嘉靖四十四年(1565年)

四月　倭寇侵犯温州、台州境,官军出海,击败之于坞口竹屿,将之逐出外洋。

是年　庞尚鹏任浙江省巡按御史,积极倡导和推行"一条鞭法",全省普遍实行。

嘉靖四十五年(1566年)

二月　开化、江西德兴矿工叛乱,进攻婺源县。三月,明廷命浙江巡抚刘畿总督浙、直、江西军务,征三省官兵剿贼。

三月　遂安矿民叛乱,都司陈大成率部镇压,屠杀2700余人。五月,钦差总督立"告示牌",将各山矿场封禁。

九月　巡按御史庞尚鹏禁止占塞杭州西湖,并在城门立石。

嘉靖年间(1522—1566年)

长兴的煤炭开始挖掘,后盛于清康熙、乾隆年间和太平天国时期。

穆宗隆庆元年(1567年)

是年　实行出洋贸易“引票制”,制订新的税收条例;允许民间进行海外贸易。

是年　在杭嘉湖地区添加御史一员,专管漕运。

隆庆二年(1568年)

正月　浙江省城火灾,毁室庐舟舰以千计。

五月　谭纶奏议,遣派锦衣卫2人往浙江,募集宁、绍、温、金、衢等处鸟铳手3000人,由杭嘉湖参将胡守仁带领。明廷从之。

七月　台州府飓风大作,海潮袭来,天台诸山水合流,冲入台州府城,3日才退,溺死民众3万余人,冲决田地15万余亩。

是年　浙江、福建、四川、陕西及淮安、凤阳大旱。

是年　始设浙海钞关于宁波,征收船舶钞税。

隆庆三年(1569年)

闰六月　浙江、江南俱大水。

冬　免浙江等地税粮。

是年　令两浙巡盐御史兼督浙江杭、嘉、湖三府漕运。

是年　因杭、嘉、湖三府水灾,明廷谕旨,改折湖州漕粮6分、杭嘉3分。

隆庆四年(1570年)

八月　湖州山崩,成湖。

十一月　以水灾免除湖州武康、归安、乌程秋粮有差,启兑漕粮暂派成熟邻邑代运,仍发仓米赈济。

是年　确定浙江省通额,设立民壮16390名,除去4221名看守各州县城池、仓库、监狱外,其余之人,在今年开始,挑选精壮之人,每名日给银3分,设立队伍,由杭、湖、严、宁、绍、台六府分派一总;在金、衢、嘉、处四府分派二总,官与军民合营操练。

隆庆六年(1572年)

十月　以台州水灾,免除本年秋粮之半。

神宗万历元年(1573年)

是年　令官军兑粮,浙江限2月过淮河。

是年　玉米在杭州一带也多有栽种。

万历二年(1574 年)

是年　倭寇犯浙东宁、绍、台、温四府。

是年　浙江巡抚都御史方宏静复题令编立艘纲纪甲,并立哨长管束,发兵舡数只,由官员统领,于渔舡下网处巡逻,遇贼即剿。此法称为“督汛”。

万历三年(1575 年)

五月　飓风大作,海啸,民溺死百余人,田地损失 8 万余亩。

夏六月　杭州大风潮,海溢。是月初一日,怪风震涛,冲决钱塘江岸,坍塌数十余丈,漂流官民船千余只,溺死人无数,海宁也然。咸水涌入内河,自上塘来者至断河(头),自下塘来者至北关运河。南岸定海(镇海)溺死兵民万余人。海盐海大溢,邑中死者数千人。

万历六年(1578 年)

是年　确定鱼课征收额,浙江省共合钞 182969 贯,就当时的比价,钞百贯折银 1 两,折课银 1829 两余。

是年　赵士桢(乐清人)潜心于火器的研究与制造,仿制噜密番铳成功,威力胜过倭乌铳。他撰有《神器谱》《火攻挈要》《续神器谱》等书,是明代有名的军械制造专家。

万历七年(1579 年)

是年　浙江大水。

万历十年(1582 年)

三月二十一日　倭寇船两艘在坎门洋面与温处参将沈思学、黄华关总哨王龙船相遇,发生激战,王龙战死。后倭寇船进逼灵昆,标营把总冯汝员率兵迎击,生擒倭寇 20 人、从贼 19 人,获倭寇船两艘。

三月至五月　杭州驻军争饷兵变,杭州市民因反徭役发生民变,史称杭“二乱”。明廷以兵部右侍郎张佳胤巡抚浙江,旋即事平。

五月　淳安、开化、常山、西安、龙游、江山同时遭受大水。

万历十一年(1583 年)

正月　嘉兴、湖州地震。

七月　减免织造费用。浙江巡抚张佳胤疏言:织造袍服等需银众多,尽括库藏,尚不足用,乞将税银存留,漕粮改折。部覆宜减织造。明廷诏下所司。

八月　确定徭役额度。浙江巡抚张佳胤、张文熙各疏言:浙江省徭役之法,刻成《均平录》,经久可行,近编经制书,裁削太过,以致酿变兵民。自万历十一年为始,每年派银 449531

两零，以《均平录》为准，永为遵守。明廷从之。

是年 王畿卒。王畿（1498—1583年），字汝中，别号龙谿，绍兴人。王守仁主要弟子之一。曾任南京武选郎中之职，后讲学40余年。王畿的学术思想以王守仁的致良知说为核心，主张在心体上立根，自称这是先天之学。其特点是融合更多的佛、道思想，使其理学更加接近于佛、道。

万历十三年（1585年）

正月 减杭州织造及尚衣监料银。

五月 诏改折浙江漕粮十分之三，并免行粮。

是年 明廷诏释因方孝孺案而谪戍者后裔1300余人。

万历十四年（1586年）

夏 浙江大水。

是年 意大利耶稣会会士罗明坚、麦汉东来浙江绍兴传播天主教。

万历十五年（1587年）

五月 浙江大水。杭、嘉、湖三府江湖泛溢，数百里间一片汪洋，舟行田亩间。七月又飓风大雨，杭、嘉、湖连片成湖；平湖、海盐海溢，宁波舟行城上。

万历十六年（1588年）

正月至五月，山阴、会稽、萧山、余姚、上虞淫雨，合郡大饥；宁波春淫雨，麦苗尽萎；杭州、嘉兴春大雨水，自三月中连绵至五月，嘉兴饿殍遍野；严州大饥；衢州春淫雨，伤麦；开化春淫雨数月，黄豆无种，二麦淹没。四月，庆元大水，坏城；兰溪大水入城。秋，长兴大风雨，太湖溢；海盐大水；宁海飓风，屋舍塘围尽没。

三月 浙江等地大饥疫。

五月 巡按御史傅好礼动用漕粮折银1万两赈济。明廷责令如数抵解，并申敕擅动之罚。

万历十七年（1589年）

六月 浙江飓风大作，海水上涨，杭州、嘉兴、宁波、绍兴、台州等府属遭受水灾，溺死者200余人。

是月 浙江大旱，太湖水涸，明廷发帑金40万两赈灾。

七月 杭州、温州、绍兴地震。

万历十九年（1591年）

七月 宁、绍、苏、松、常五府滨海潮溢，伤稼淹人。

是年　杭州、嘉兴、湖州天雨连绵，明廷同意巡抚请求，漕粮过淮河时间宽限至三月中。

万历二十一年(1593年)

八月　大学士王锡爵等奏：江南财富甲天下，相传国初，太祖愤恨百姓为张士诚固守，遂将富民租簿定为粮簿，200余年田租只有加增，并无宽减。即使水旱频仍，每年蠲缓之令，而蠲租止于存留，缓征并于别年，反滋扰累。

是年　赈浙江饥。

是年　闽人试种甘薯成功。自闽江入苍南地的沿海居民，亦开始种植。

是年　徐渭卒。徐渭(1521—1593年)，字文长，晚号青藤，绍兴人。他是文学家兼书画家，诗文、戏曲著作丰富。

万历二十四年(1596年)

七月　始遣中官开矿于畿内。旋即，在浙江等地悉令开采，以中官领之。群臣屡谏不听。

秋　杭、嘉、湖三府大水。

是年　潘季驯卒。潘季驯(1521—1596年)，字时良，湖州人。嘉靖末至万历中，4次任总理河道，主持治理黄河、运河，在理论和实践上都有重要贡献。

万历二十五年(1597年)

二月　杭州大火，仁和县焚毁2900家，钱塘县焚毁1200家。

万历二十六年(1598年)

九月　免浙江被灾田租。

万历二十七年(1599年)

二月　分遣中官领浙江、福建、广东市舶司。

万历二十九年(1601年)

是年　茅坤卒。茅坤(1512—1601年)，字顺甫，号鹿门，湖州人。他是"唐宋派"代表作家，反对前后七子"文必秦汉"的主张，提倡学习唐宋古文，作品内容应能阐发"六经"之旨。

万历三十年(1602年)

是年　仁和人李之藻翻译刻制利玛窦《坤舆万国全图》并加文字说明，向国人传播地球形状知识，有五大洲和热带、温带、寒带之分别。

是年　胡应麟卒。胡应麟(1551—1602年)，字元瑞，号少室山人，兰溪人。诗文主张复古模拟，后由重视格调转向于神韵。

万历三十二年(1604 年)

十一月初九夜　福建泉州地震，波及嵊县、新昌、诸暨、上虞各县，房屋倾倒。

万历三十三年(1605 年)

正月　朝廷赐普陀山宝陀观音寺“护国永寿普陀禅寺”额，并拨款重建圆通等殿。翌年，赐海潮寺“护国永寿镇海禅寺”额。万历间，普陀山寺庵 200 多处，香火兴旺，始与峨眉、五台山齐名。

万历三十五年(1607 年)

三月　缓浙江织造岁运，依万历二十四年五运分作十运、春秋起解之例。

六月　严州等府山水大涌，漂人口甚众。

是年　有浙江省引入番薯的最早记载，见于《普陀山志》：“番薯如山药而紫，味甘，种自日本来。”

万历三十六年(1608 年)

四至五月　浙西淫雨 50 日，苕溪、南湖堤决，大水漂屋伤稼，陆地行舟；杭州江水、湖水入城，人称为 200 年仅见之灾。

八月庚辰　赈济南畿及嘉兴、湖州饥民。

是年　浙西水灾，湖州知府陈幼学请求抚恤，明廷令改折漕粮。

万历三十七年(1609 年)

七月　因浙西灾重，免除杭州、嘉兴、湖州三府本年协济，省银 1.9 万有奇。

万历三十八年(1610 年)

二月　户部疏请修理浙江余杭县南湖，需要钱粮 4 万余两。因湖水有利于杭、嘉、湖三府，明廷令此三府供办兴工。

万历三十九年(1611 年)

是年　安南国商人 120 人分乘 3 艘海舶前来进行走私活动，被温州磐石卫查获。

万历四十一年(1613 年)

十月　嘉兴县民陈仰川、杭州杨志学等百余人潜通日本，贸易财利，为官兵所获。明廷严禁浙江等地私造双桅沙船，并使浙江之船不得越过定海，各地的船只仅在规定海域驾驶。

万历四十二年(1614年)

七月　浙江完成土地经界,较以往增土地16146顷。钱塘有土地64.67万亩,余杭有65.27万亩。

是年　浙江、江西、两广俱水。

万历四十三年(1615年)

是年　莲池大师圆寂。莲池(1535—1615年),俗姓沈,生于望族世家,法名佛慧,世称莲池大师,杭州人。明代净土宗大师。

万历四十六年(1618年)

九月　辽饷缺乏,明廷加派天下田赋,浙江等省每亩权加3厘5毫。次年十二月复加3厘5毫;后年三月,命各省直田地每亩加派2厘。

万历年间(1573—1620年)

嘉兴、湖州等地有烟草种植。

光宗泰昌元年(1620年)

八月　海门卫驻军以欠饷激变,入县城,劫大姓80余家,开狱放囚。抚军题报,擒为首4人,杖毙之。全营军士仍缟素临丧,建祠塑像奉祀。

熹宗天启元年(1621年)

三月　杭州大火,延烧6100家,死者35人。

五月　因杭州火灾,蠲免本年春运织造。

八月　杭州又火灾,城内外延及万余家,明廷停织造。

天启六年(1626年)

闰九月　巡抚浙江佥都御史潘汝桢请建魏忠贤生祠,明廷许之。嗣是建祠几遍天下。

是年　杭城诸生和市民反对宦官专权,捣毁太监魏忠贤生祠。

天启七年(1627年)

七月　明廷同意浙江巡抚潘汝桢请求,浙江水灾异常,命巡抚查勘,议定抚恤事情。

十一月　明廷著停办杭城织造。

思宗崇祯元年(1628年)

七月　杭州、嘉兴、湖州、绍兴大风潮,海水上涨,淹没田地,冲垮民居数万间,死伤居民数万人。

是年　皖人张小泉来杭州设张大隆剪刀铺。清康熙二年(1663 年)改名张小泉剪刀店。

崇祯三年(1630 年)

是年　李之藻卒。李之藻(1565—1630 年),字振之,号我存,杭州人。其娴于历算,与徐光启齐名。万历四十一年与利玛窦合作编译的《同文算指》(8 卷),是中国编译西方数学的最早著作。所译《名理探》一书是名学中的最早译本。

崇祯四年(1631 年)

闰十一月　海门卫兵李芬、张华、王珙等激变,攻郡城,知府傅梅击退之。

崇祯五年(1632 年)

十一月　苏松巡按林栋隆上言:闽寇刘香老率百艘万余众,乘风突犯宁波,沿海一带残毁甚惨。并且进入内地,攻犯昌国、石浦二城。

是月　浙江巡抚罗汝元疏奏:近日刘香老侵犯台州健跳,复攻温州黄华、磐石,直逼府城。请督令郑芝龙协力并剿。明廷令速剿灭。

崇祯六年(1633 年)

六月　余姚、慈溪、定海各县飓风暴雨,民屋倒塌,战船十之八九漂没,巡兵溺死不计其数。

是年　意大利人李类思至宁波传播天主教。

崇祯七年(1634 年)

闰中秋　张岱(绍兴人)与曲友 700 余人聚集于绍兴蕺山亭,举办曲会,同唱《澄湖万顷》(散曲),后又命家班演剧 10 余出,拥观者千人。此举极大地促进了昆曲的传播,扩大了影响。

崇祯九年(1636 年)

五月至八月　金华大旱;武义、龙游旱;宣平夏旱;丽水夏苦旱;永康、东阳大旱;浦江旱;宁波、慈溪、象山大旱;天台、宁海大旱;嵊县、萧山大旱。

十二月　明廷在全国加派银共 2993790 两,浙江加派银 420272 两。

崇祯十年(1637 年)

是年　浙江大饥,父子、兄弟、夫妻相食。

崇祯十一年(1638 年)

是年　温体仁卒。温体仁(1573—1638 年),字长卿,湖州人。累官礼部侍郎,与周延儒入阁并出任礼部尚书、东阁大学士。后出任首辅。是崇祯皇帝当政期间最长的阁辅。温体仁为政期间，阴结党羽，陷害异己，使得明末朝政进一步败坏，崇祯十年被崇祯帝罢免。

崇祯十二年(1639年)

二月　以司礼太监崔琳清理两浙盐课、各项赋税。

十二月　浙江霪雨，阡陌成巨浸。

是年　浙江旱。

是年　郑芝龙、郑成功父子在杭州设立金、木、水、火、土五家商号，经营丝绸等外贸商品，有海船百余艘，水手上千人，贩销日本、印度等国。

崇祯十三年(1640年)

五月　浙江大水。

是年至崇祯十七年(1644年)　浙江各地连年大旱，太湖干枯，杭、嘉、湖、宁、绍、台、衢、严诸府民食草根树皮，飞蝗蔽天，饿人相食，饿殍无数，村落成废墟。

崇祯十六年(1643年)

是年　东阳人许都组织白头兵起事，有众数万人，攻克东阳、义乌等县。浙江巡按御史左光先率官军围剿，次年被镇压。

清　代

世祖顺治元年(崇祯十七年,1644年)

是年左右　花生从广东、福建传入浙江。

是年　西班牙天主教徒到金华传教。

是年　倪元璐卒。倪元璐(1593—1644年),字汝玉,号鸿宝,上虞人。历官至户、礼部尚书。李自成入京,自缢而死。

顺治二年(1645年)

六月初六日　嘉兴民众千余人起兵反清,两日内聚众万余人,附近各县响应,史称"乙酉兵变"。十五日,清军自杭州回攻,二十六日,城破,起义军及居民死伤甚众。

闰六月初八日　清廷得知豫亲王多铎占领南京后,随令贝勒博洛、固山额真拜尹图、阿山等率领官兵,直趋杭州,持檄招抚浙省。明潞王率众开门投降。浙西湖州、嘉兴、严州与浙东绍兴、宁波等府亦皆降清。明绍兴淮王渡江来见,又遣人至湖州,收执明周王眷属,移杭安置。

闰六月十二日　鄞县原明朝刑部员外郎钱肃乐起兵宁波抗清,与定海总兵王之仁共同守城,同时派举人张煌言赴台州,表迎明鲁王监国。督饷佥都御史张国维亦起兵于东阳。

闰六月二十八日　明朝鲁王朱以海在绍兴称监国。

七月初三日　摄政王多尔衮令和硕豫亲王多铎等招抚苏州、杭州、绍兴等四府。

九月初二日　浙闽总督张存仁奏报:方国安、王之仁从富阳渡江进攻杭城。已派出副将张杰、王定国督兵往剿,斩首4000级,余部复盘踞富阳,追至小岭20余里,斩获无算。疏下兵部。

十一月十九日　平南大将军勒克德浑等奏报,左翼梅勒章京朱玛喇等在余杭击败明总督马士英,右翼梅勒章京和讬等在富阳击败明总兵方国安。后马士英、方国安佯装渡钱塘江以便窥探杭州,守杭州梅勒章京济席哈同总督张存仁、总兵田雄等率领官兵击败之。

十二月二十九日　浙江总督张存仁疏报,"逆叛"方国安、马士英聚集江东、赭山、杭州、朱桥、范村等处,梅勒章京朱玛喇、总兵官田雄、副将张杰等分兵进剿,尽歼方国安水师数万。清廷下所司察叙。

是年　刘宗周卒。刘宗周(1578—1645年),字起东,号念台,山阴人。历任礼部主事、右通政,因劾魏忠贤、客氏,削籍而归。

顺治三年(1646年)

二月二十九日　多罗贝勒博洛为征南大将军，同固山额真图赖率师往征福建、浙江。

六月初一日　清兵攻下绍兴。鲁王逃至台州，又自海上赴舟山。鲁王走前，命大学士张国维留下，以图后举。张国维返东阳，知势不可支，作《绝命词》，赴水死。总兵方国安、阮大铖降清，马士英逃至太湖及浙东等地，后俘而死。

六月二十二日　博洛等奏报：大军五月二十日抵杭州，适"贼兵"营于钱塘江东岸，绵亘200里，清军涉江大败方国安部，方国安逃往绍兴，江东底定。

八月三十日　户部议覆浙江巡抚萧起元疏言：杭、嘉、湖三府岁造绢匹，若责成官造，分派民造，俱恐滋弊，请归并督织，工部侍郎兼造进供，公私两便。清廷从之。

十一月二十六日　以浙东全闽荡平，遣官祭告天地、宗庙、社稷，免行庆贺。

是年　西安、江山、常山大旱，五月至九月不雨，斗米银8钱，饥民以树皮、观音土为食。

顺治四年(1647年)

十二月初七日　浙江巡按秦世祯疏报："逆贼"黄斌卿率船进攻宁波，总兵官张杰堵截夹攻，斩级无算。

顺治五年(1648年)

二月二十六日　浙江巡按秦世祯疏报：武义县"贼"何士祯等入城，杀官劫印，旋率兵剿平。

三月二十八日　确定浙江经制官兵，督标兵3000名，中军副将1员，兼管中营，抚标兵2000名，提标兵3000名。

春　慈溪士民王翊聚众万余人，扎寨大岚山(今余姚南)。三月，攻上虞，杀县官。后清军来袭，王翊等败走。

春　永嘉方岙生员何兆龙聚众反清，人数发展到10万余人，以头裹白巾为号，称"白头军"。次年，白头军陷瑞安、泰顺及平阳金乡，并进攻温州。

六月　钱肃乐等集数万人抗清，后因战事失利，悲愤而死。

七月二十七日　浙江巡抚萧起元疏报：擒获衢州"贼魁"赵之超银印一颗，又招抚临安县"贼渠"高自生等千余人。清廷下部知之。

是年　固山额真金砺统率满洲、蒙古、汉军旗兵3920人驻防杭州，始建驻防兵营(旗营)，周约9里，占地1436亩，并建都统衙署1所，副都统衙署3所。

顺治六年(1649年)

正月　杭州设关榷税。

春　浙东大岚山抗清武装破上虞，占四明山方圆800里，屡败清军。九月，南明定西侯张名振等占舟山岛。次月，奉鲁王居住。

十二月二十六日　浙江巡抚萧起元奏报:宁波、绍兴、台州等处“土寇”平。

是年　设浙江制钱局于杭州大仓前,铸制钱。

顺治七年(1650 年)

十月　清军击溃大岚山抗清武装,张煌言等败走舟山。

顺治八年(1651 年)

八月二十八日　浙江巡抚萧起元奏报:固山额真金砺等同督臣陈锦、提督田雄等率满汉战船乘潮出关,擒获“伪荡湖侯”阮进于横洋,并获“伪敕伪印”,军队直抵舟山。疏入,下所司知之。

八月　清将陈锦、金砺等追击鲁王于舟山。次月,取舟山,鲁王遁走福建。

是年　王翊领导的大岚山寨抗清武装被清军围攻,王翊在突围去天台募兵途中被俘战死。

顺治九年(1652 年)

是年　顺治帝诏恤绍兴明季殉难诸臣,赐地 70 亩,春秋永祀。

是年　陈洪绶卒。陈洪绶(1598—1652 年),字章侯,号老莲,诸暨人,画家。

顺治十年(1653 年)

六月十二日　免浙江鄞县、慈溪、奉化、定海、象山等县水灾额赋。

九月　抗清武装张名振与张煌言率师北上,涉舟山大洋,复入长江,抵瓜洲,战不利,复还。

十月初一日　清廷命浙江提督田雄移驻定海。

十二月初七日　免浙江金华府属 8 县九年份旱灾额赋有差。

顺治十一年(1654 年)

正月　抗清武装张名振、张煌言率部复入长江,至京口(今镇江),战不利而还。八月,郑成功授张名振为元帅,遣水军统制甘辉等应援,再次进军吴淞,遭风阻,旋移师攻入舟山,清军镇将巴成兴举城降。不久,张名振卒,遗言以所部归张煌言。至是,张煌言有兵 3 万,战船 200 余艘。

八月初八日　浙闽总督刘清泰疏报:浙江亢旱为灾,河竭井涸,禾稻尽枯。清廷著所司确查速议。

顺治十二年(1655 年)

五月　郑成功遣洪旭等率水师入长江,占领宁波、舟山。

六月初一日　免浙江杭州、宁波、金华、衢州、台州 5 府,钱塘等 21 县及海门卫上年旱灾额赋。

十一月初八日　浙江台州、金华、处州三府属亢旱伤禾。

十二月十三日　免浙江仁和、钱塘、临安、归安、乌程、长兴、德清、武康、孝丰、安吉等州县本年份水灾额赋。

十二月二十四日　清廷命固山额真伊尔德为宁海大将军，同固山额真王国光、护军统领车尔布率官属兵丁前赴宁波府，会同总督屯泰、巡抚秦世祯、提督田雄、总兵官张杰计议进剿舟山。同日，免浙江临海、天台、仙居、黄岩、宁海、金华、兰溪、东阳、义乌、永康、武义、浦江、汤溪、丽水、缙云、松阳、龙泉、宣平等县本年份旱灾额赋。

是年　颁布全面禁海命令，严禁沿海官民与郑氏同谋结聚，规定凡造成大船，图利卖与番国，或持大船赁与出洋之人，分取番人货物者，皆交刑部分别治罪。浙江巡抚下令沿海地方，凡居民濒海船只，总不许假借采捕为名色，擅自出海，以滋奸衅。

顺治十三年(1656年)

正月十九日　浙闽总督屯泰奏报：自舟山失守，"海寇"猖狂，兵舰千余直泊台州，驻防副将马信叛变献城。清廷命兵部速议剿灭事宜。

正月二十五日　免浙江富阳、西安、龙游、江山、常山、开化等县上年水旱灾荒额赋。

四月二十二日　浙江巡抚秦世祯以造战船需材，伐宋陵树木，清廷谕旨：前代陵木，不许采伐，原有明禁，著将秦世祯议处，其伐过树木，仍照数栽补。

七月　清军攻陷舟山，毁城迁民。

顺治十四年(1657年)

正月　清廷以舟山不可守，毁官署、民舍，迫令百姓一律内迁至定海(今镇海)、鄞县。数日间，驱赶溺海死者无算。舟山空废，张煌言复率部进驻。

六月十九日　浙江杭嘉湖、宁绍等府属州县，大风霪雨，坏城郭庐舍，漂涨人畜甚众。

八月二十六日　郑成功遣兵攻台州府，分巡绍台道蔡琼枝、副将李必及府县等官俱降。

顺治十五年(1658年)

六月二十七日　浙闽总督李率泰疏报，"郑逆"拥众直犯温郡，平阳、瑞安俱陷，全浙震动，请敕就近调发江宁满兵援剿，以固疆围。清廷下所司议。

七月二十四日　清廷又谕吏部：浙闽旧设总督1员，今海氛未息，幅员辽阔，势难兼顾，除现任总督外，著再设1员，分理两省军务。其各驻扎地方，一并议奏。

十一月　郑成功部攻克乐清磐石卫，以此为总指挥部驻地。

十二月二十三日　免浙江山阴、会稽、萧山、诸暨、余姚、上虞、嵊县、定海等县上年水灾额赋。

是年　驻防杭州地区的八旗兵由7年前近3500名增加到约4000名。

顺治十六年(1659 年)

二月初六日　浙江总督赵国祚疏报:“海逆”犯温州,官兵击败之,获贼船 95 艘、器械并伪印札票 500 余件。

三月十七日　浙江巡抚佟国器疏报:“海逆”谋犯太平,官兵击之,斩首 700 余级,俘获百有余人,并获器械 600 余件。下所司察叙。

八月十七日　浙江总督赵国祚奏报:七月初九日,台温郡城黄岩、太平、宁海 3 县,海门、松门、磐石 3 卫,前所、新河、楚门、健跳 4 所,同日飓风,损坏城楼、炮台、民房甚多。下所司知之。

是年　朝廷建造战船,大量征购木材。开化县将木材 2 万株运宁波造战船。

顺治十七年(1660 年)

八月初四日　内大臣商议是否放弃舟山。清廷谕旨:议政王贝勒、大臣会议具奏。

顺治十八年(1661 年)

四月十九日　严查地方官员摊派钱物。

夏、秋　金、宁、绍、台、严、嘉诸府大旱,吴、越数千里草木均枯死。

十月十四日　以浙江定海县舟山地方人民内徙,免其顺治九年至十二年未完额赋。

十二月初六日　命浙江总督从温州府移驻杭州府。

是年　“庄廷𨱔明史狱”案发。庄廷𨱔系南浔人,因编纂的《明史》称努尔哈赤为建州都督,不书清帝年号等被人告发。康熙初年,庄被戮尸,其家籍没,庄氏家族及为书作序、校阅、刻印、卖书、买书者及地方官吏 70 余人被处死,百余人被遣戍。

是年　郑成功收复台湾。清廷为阻遏郑成功,迫令江、浙、闽滨海民户迁入内地 30 里,并严禁出海捕捞,“片板不许下海,粒货不许越疆”。府属各县滨海民户离田园,废庐舍,流离失所。

圣祖康熙元年(1662 年)

六月二十四日　谕兵部:京口水师船发往浙省定海,与浙省水师船合并,著设提督 1 员,总兵 2 员。

是年　改崇德县为石门县。

康熙二年(1663 年)

二月初一日　停差江宁、苏州、杭州制造工部,拣选内务府官各 1 员,就任监造。

二月二十六日　浙江总督赵廷臣疏言:浙省钱粮逋欠不清,多由征解繁杂。请以一条鞭征收之法,即应用为一条鞭起解之法。清廷从之。

五月　始定浙江驻防将军一员,驻杭州,称杭州将军。

六月初九日　浙江总督赵廷臣疏言：杭、嘉、湖三府易于藏奸。请造快船，拨兵巡哨。陆路有盗，责成陆路官兵；水路有盗，责成水路舟师。清廷下部议行。

是年　浙江沿海灾，缺粮，诏令湖广运米10万石、江南10万石、江西6万石，运交浙江巡抚平粜。

康熙三年(1664年)

七月　张煌言于南田悬岙(今象山南，一说舟山六横以东悬山岛)被清军所执，九月于杭州就义。张煌言(1620—1664年)，字玄著，号苍水，鄞县(今宁波市鄞州区)人，南明儒将、诗人，著名抗清英雄。

康熙四年(1665年)

四月十九日　浙江巡抚蒋国柱疏言：浙省地狭民稠，驻防满兵樵采，未免病民。请于额饷外，每月加给柴价银两。清廷下部议。

是年　浙江省田土奉敕清丈，至康熙六年，全省田、地、山、荡、塘、滩、河、池、溪、湖、潭、坎、屯田、沙地等，均经清丈完竣。

康熙五年(1666年)

十月二十一日　因谷价低廉，清廷同意漕粮征用实物。

是年　陈之遴卒。陈之遴(1605—1666年)，字彦升，号素庵，海宁盐官人，进士。清顺治二年(1645年)降清，授侍读学士，历官弘文院大学士。

康熙六年(1667年)

六月　严禁浙江等5省采办楠木官役，以至于累民。

八月初七日　令浙江等地现驻官兵开垦荒地，自康熙七年始，每名给50亩，预支本年俸饷，以为牛种，次年停给，3年后照例征租。

十月十七日　命杭州北新关、南新关事务归杭州府同知管理。

是年　特准乍浦与日本通商，采办铜斤。

康熙七年(1668年)

是年　康熙帝遣周之桂致祭禹陵。

康熙九年(1670年)

九月十六日　浙江巡抚范承谟疏言：嘉兴、湖州二府水灾，本年漕粮22.4万石，请每石折银1两征解，粮既停运，则耗润米8.96万石，帮贴银10.5万两，俱可免征。清廷从之。

是年　设置温处道，管辖温州、处州二府，治温州府。

是年　浙江总督刘兆麒及巡抚范承谟主持整修杭州下塘河及运河堤塘，历时1年，筑石塘 4383 丈、桥 623 洞。

康熙十年(1671 年)

十月二十七日　浙江巡抚范承谟疏言:临海、太平、平阳、石门、乌程五县,温州一卫,未完康熙元年、二年、三年等项银两,积逋年久,叠罹凶荒,请援赦蠲免。清廷从之。

是年　两浙旱蝗,金、严、杭、嘉、湖、台、丽诸府均大旱。

康熙十一年(1672 年)

六月十四日　户部题:浙江所征妇女小口钞银,改为食盐课银,应将《赋役全书》更正遵行。清廷从之。

闰七月初八日　因两浙灾荒,浙江巡抚范承谟上疏,言白粮加派耗米多寡不一,请嗣后一律以加耗 4 斗 5 升为限。是日,户部议复,刊入《赋役全书》遵行。

十月十二日　停两浙等地巡盐御史差,盐法事务归并巡抚管理。

十一月十九日　以浙江杭、嘉、湖、绍四府连年遭灾,清廷命发币银赈济。

是年　令浙江所属食盐钞银均摊入地丁征收。

康熙十三年(1674 年)

五月十九日　清廷据浙江杭州将军图喇疏报:平阳兵变,总兵官蔡朝佐被执。又,叛将曾养性与司定猷等会兵围瑞安、衢州一路。清廷令将军赖塔、图喇,总督李之芳,提督塞白理,会商平阳、衢州等处,并令驻扎江宁将军阿密达,所辖包衣佐领官兵,令副都统喇哈,领赴浙江,听赖塔调度。

六月十四日　浙江总督李之芳疏报请敕副都统喇哈,统兵亟进,以壮声援。清廷上谕:喇哈不必留驻杭州,速赴衢州,与将军赖塔,并力剿御。将军喇哈达、侍郎达都、副都统马哈达、雅塔理等,仍驻杭州防守。副都统纪尔他布之兵,视何处警急,即往应援。

六月十七日　浙江提督塞白理疏报:总兵官祖弘勋在温州叛变。清廷谕令驻江宁副都统纪尔他布,率右翼察哈尔全军,及每佐领甲兵 1 名,赴浙江,会同提督塞白理守御。

七月二十日　清廷命苏驻江宁喀喇沁土默特兵,由副都统苏朗等率赴浙江。至是,浙江兵乱蜂起,衢州告急,将军喇哈达奏闻。清廷以衢州正在危急,令副都统伯穆赫林率喀喇沁土默特兵,自江宁速赴浙江,与将军喇哈达等会同剿灭。将军喇哈达、赖塔、侍郎达都、总督李之芳既同任剿抚之事,一应军务须公同商酌,毋分彼此。如浙江何处有警,即相机应援。

八月十八日　浙江提督塞白理疏言:黄岩围困,请援甚急。又宁海、象山、新昌、余姚四县,叛军蜂起,请速救台州,保守宁波。清廷谕旨:黄岩围急,杭州将军喇哈达已发兵赴援。今大将军康亲王已领兵赴浙,无庸别遣。救台保宁之策,康亲王未到之先,听将军赖塔、喇哈达等商酌以行。

九月十七日　浙江提督塞白理疏报:黄岩失陷,总兵官阿尔泰叛变。清廷谕令康亲王杰书先剿灭温州、黄岩诸处叛军,平定地方,然后进剿福建。

是年　嵊县刘双期、罗万里，诸暨王善长、何九、朱成龙等各拥军数千至数万，响应吴三桂、耿精忠反清，攻占诸暨、新昌、嵊县等县城，配合耿军作战。清巡道许宏勋率军镇压，民军连营结寨，节节抵抗，与清军大战于枫桥、紫阆。至康熙十五年被平定。

康熙十四年(1675年)

十二月十一日　浙江招抚温、台等处耿精忠叛军将领200余员、兵4000余名，转移难民11万余口。清廷下部议叙。

康熙十五年(1676年)

十月二十一日　清军收复温州、处州。

是年　查继佐卒。查继佐(1601—1676年)，字伊璜、敬修，称东山先生，海宁人。南明鲁王时授兵部职方主事，参与抗清斗争，后因庄廷𨱔明史狱案被牵连入狱，经粤提督吴六奇奏辩得免。

康熙十六年(1677年)

六月初十日　浙江提督常进功疏报：台湾郑克塽盘踞舟山造船。官兵自黄岩赴定海，在螺头门洋面击沉郑部船13只，获船8只。官兵后又连破木城木寨，杀2160余人，烧毁所造船只无算。清廷下部议叙。

是年　陈确卒。陈确(1604—1677年)，字乾初，海宁人，明诸生。与黄宗羲、祝渊同受业于刘宗周。明亡后，隐居著述。

康熙十七年(1678年)

闰三月初三日　浙江总督李之芳疏报：浙省陆地叛军虽经剿抚，而沿海一带郑克塽船只，风潮来往，不可胜计。

六月初四日　清廷免除遭受兵灾的温州、衢州等地百姓上年未缴纳的钱粮。

是年　朱彝尊编成《词综》，其创作开“浙派词”端绪，在全国产生重要影响。

是年　定安徽、浙江等卫所屯丁照州县人丁例一体编征。

康熙十八年(1679年)

八月　黄宗羲弟子万斯同受明史总裁徐元文敦请，赴京以布衣参史局。

十月二十九日　浙江巡抚陈秉直疏言：杭属田少山多，依靠桑麻竹木养生办课。今驻防厮卒以樵采为名，任意砍伐，请行禁止。清廷谕旨：驻防兵丁及家人等，有违禁扰民者，该督抚即指名参奏。如不参奏，别经发觉，将该督抚一并议处。

是年　定海总兵牟大寅率兵遍搜诸岛屿，见舍俱焚。

康熙十九年(1680 年)

二月十七日　以浙江杭州等府上年旱灾，岁收歉薄，恐米价腾贵，清廷命户部檄巡抚李本晟，动支库银 4 万两，往湖广、江西籴米平粜。

是年　李渔卒。李渔(1610—1680 年)，字谪凡，号笠翁，兰溪人。戏曲家。入清后，居南京，名所居曰芥子园，开设书铺，编刻图书。

康熙二十年(1681 年)

九月　温州府城大火，烧毁民居 5000 余家。

是年　增定台、衢、温、处四府契税，大县 100 两，中县 60 两，小县 30 两。

康熙二十一年(1682 年)

正月二十三日　清廷谕户部：漕粮定例，官收官兑，独浙江民兑，另立私截之名，困苦百姓，著檄巡抚严禁，违者即行参劾。

二月初九日　浙江巡抚李本晟疏言：浙省漕粮旧例，每石贴给漕截银 3 钱 4 分 7 厘，前因筹饷，每石裁银 1 钱 4 分 7 厘，以佐军需。今天下尽已平定，各省钱粮俱行酌复，请将浙省所贴给漕截银给还弁丁。清廷从之。

八月初六日　康熙与杭州副都统部凤翔谈到：朕闻杭州驻防官兵，将地方民人商贾，甚加刻害。官兵驻防省会，原以镇守地方，使民生有益，乃反行刻害，是何理也。

九月初四日　浙江总督李之芳疏言：据杭严道王樑详报北关门外居民罢市，声称被土棍勾结旗兵放债，不能安生。而在公衙门会审时，有旗兵王和沿等率数百人，辱骂行凶，辱毁道员，大干功令。清廷谕旨：旗丁土棍，放债害民，逞凶辱官，大干法纪，著该督等严究。

十一月十三日　清廷谕旨：和硕康亲王杰书率领大兵前往浙江，不能剿灭贼寇，平定地方，却在杭州、金华优游驻扎数年，徒费粮饷，著削去军功，罚俸一年。

是年　淫雨九旬，冲决西江塘，潮水直入，山阴、会稽、萧山三邑禾苗尽淹。免税粮。

是年　朱之瑜卒。朱之瑜(1600—1682 年)，字鲁屿，号舜水，余姚人。曾于舟山组义师抗清，兵败流亡日本，欲乞师图恢复。后见事不可成，遂定居日本。

康熙二十二年(1683 年)

十月十九日　清廷允许沿海居民耕种采捕。

是年　姚启圣卒。姚启圣(1624—1683 年)，字熙止，号忧庵，绍兴人。清顺治初年，投入清军自效，籍隶镶红旗汉军，授广东香山知县，后升福建总督。与施琅一起，为统一台湾作出了极大贡献。

是年　吕留良卒。吕留良(1629—1683 年)，字用晦，号晚村。崇德人。早岁曾与里人结社，工制举文，图谋复明。后知事不可为，遂归，以讲学致盛名。后削发为僧。雍正年间因为曾静狱牵连，被戮尸。

是年　万斯大卒。万斯大(1633—1683年),字充宗,别字褐夫,自号跛翁,鄞县人。他深研诸经,为浙东学派之骨干人物。

是年　由浙江总督赵士麟等监修,张衡等纂的《浙江通志》(50卷)编成付印。

康熙二十三年(1684年)

四月十六日　规定浙江沿海500石以下船只出海贸易、捕鱼,并需登记备案,发给印票后验放。

是年　裁浙江总督,衢州归福建总督统辖。

康熙二十四年(1685年)

是年　正式开放"海禁",允许商民下海交易。设置浙海关行署于宁波府内。英国商船前来舟山等地停泊。

是年　浙江巡抚赵士麟力行开浚杭州城河,工程为6个月,费白银2万余两、20余万工,杭州水系沟通,颇有成效。

是年　曹溶卒。曹溶(1613—1685年),字秋岳,号倦圃,浙江嘉兴人。崇祯朝进士,官御史。家富藏书,自为词亦工,开浙派词先河。

康熙二十五年(1686年)

是年　浙江巡抚线一信开局鼓铸制钱,设立督局官一员。

是年　黄宗炎卒。黄宗炎(1616—1686年),字晦木,号立溪,余姚人。积极参加抗清活动,两次被捕,得不死。入清不仕,以制砚为生。精研易学,工诗善画,诗学宋人,为世所称。

康熙二十六年(1687年)

五月　改定海县为镇海县,定海县之名历经后梁、宋、元、明至清康熙二十六年,计770余年。次年,在昌国故址置定海县。

康熙二十七年(1688年)

十一月十二日　兵部题称:杭州将军郭丕、巡抚金鋐以旗兵搅民事,互相参计,请敕部院大臣勘问。康熙命礼部尚书熊赐履、工部尚书苏赫前往察审。

是年　有32艘商船从宁波港赴日贸易,5艘从普陀出海赴日贸易。

是年　毛先舒卒。毛先舒(1620—1688年),字稚黄,号四福先生,钱塘人。一生不出里门,以著作终老。时人以之与毛奇龄、毛际可并称"浙中三毛"。

康熙二十八年(1689年)

二月初九日　康熙至杭州,驻跸杭州府城。

二月十一日　康熙颁布谕旨,涉及祭祀大禹,赦免罪犯,增加生员学额,奖励旗军,简便商民过关卡等诸项。

二月十六日 康熙要求地方修葺大禹陵。

二月十七日 康熙自杭州回銮，舟泊石门县石门镇。康熙谕扈从部院诸大臣等：南人习俗奢靡，家无储蓄，务使敦本与让，兵民日益协和，风俗日益淳朴，词讼日益减少，积储日益丰盈。

二月二十日 因浙江巡抚金鋐以杜光遇的名义捏造条陈兵丁扰民10条，清廷将其流徙奉天。

六月十二日 增加江南、浙江生员入学名额。清廷规定增加府学、大学各5名，中学、小学各4名，著为令。

十二月十七日 命建造浙江定海县城。

康熙二十九年(1690年)

二月初九日 户部议复：浙江巡抚张鹏翮疏言，定海山即古之昌国县，原有富都、金塘、蓬莱、安期4乡，至明代去3乡，止存富都，即今之定海山。兹据民人金廷清等，认垦金塘、蓬莱二乡田地，应准其开垦成熟，照例征用田租。清廷从之。

三月初三日 浙江巡抚张鹏翮疏请建造定海县城垣、学宫、仓库、监狱。从之。

十月二十五日 因绍兴、宁波大水，受灾颇重；余姚大水，平地水深丈余；诸暨、上虞皆被水，田禾尽淹，清廷发浙江宁波府、绍兴府仓米赈济二府属被灾饥民。

康熙三十年(1691年)

是年 浙江乡民已广泛运用去顶打叉技术，以提高烟叶的产量和质量。各地制作烟丝，普遍用火酒喷制。石门成为全国主要烟叶产地之一。

康熙三十一年(1692年)

是年 陆陇其卒。陆陇其(1630—1692年)，字稼书，平湖人。官至监察御史。学宗朱熹，以居敬穷理为本，为著名理学家，兼擅诗文。以清廉爱民著称于世，乾隆初追谥清献。

康熙三十二年(1693年)

九月十八日 蠲免浙江今年漕粮。浙江巡抚张鹏翮疏言：浙省今岁旱后得雨，所收之米不堪办供，请移免三十二年之额征。清廷从之。

康熙三十四年(1695年)

是年 黄宗羲卒。黄宗羲(1610—1695年)，字太冲，号梨洲，又号南雷，余姚人。其从刘宗周游，在浙东组义军抗清，依鲁王入海，授左副都御史。清兵定浙，遂间行归里，从事著述、讲学，以遗老终。其学虽源自刘宗周，远绍王守仁，然以慎独为宗，实践为主，恢弘博大，与王夫之、顾炎武并为清初三大思想家。尤精于史学，开史家浙东一派。

康熙三十五年(1696 年)

是年　杭州外港乍浦成为对日贸易主要口岸之一，采办日本铜，设官、民二局，各有船3 艘。

康熙三十六年(1697 年)

十一月二十二日　因浙江巡抚线一信居官甚劣，清廷将其革职。

康熙三十七年(1698 年)

三月十三日　因湖广、浙江、福建、陕西、山西等 9 省米价上涨，粮食紧张，清廷重申严禁造酒令。

七月十三日　自是日起至十四日，浙江海面飓风大作，海潮呼啸，冲决海宁县塘 1600 余丈、海盐县塘 300 余丈。

是年　设立定海红毛馆。海关监督张圣诏以定海水势平缓，堪容远洋大船，可通各省贸易，奏准建署往来巡视，以就商人之便。另设红毛馆一座，安置洋船洋商，往来人众，以增税额。

康熙三十八年(1699 年)

三月二十六日　康熙谕吏部：朕自江南巡历浙省，地方官料理夫船等项，一无缺误，殊属勤劳，此等官员有因公失误而罚俸、降级革职、留任者，著察明后悉从宽免。即遵谕行。

是日　康熙谕户部：除康熙三十三年以前恩诏赦免外，其康熙三十四、三十五、三十六年奏销未完民欠地丁钱粮、米豆麦杂税，著一概免征。

是日　康熙谕刑部：浙省各属地方，有罪犯，见在监禁者，除十恶死罪及诏疑不赦等罪，与官吏犯赃不宥外，其余自康熙三十八年三月二十六日以前，死罪以下，已未结，悉著宽释。

四月初二日　康熙谕礼部：江南浙江，人文称盛，入学名数前已酌定增额，今著于府学、大学、中学、小学各增 5 名以示奖励。

四月十九日　命减浙江监课加征银 3.13 万两。

是年　姜宸英卒。姜宸英(1628—1699 年)，字西溟，号湛园，慈溪人。以荐入明史馆，纂修《刑法志》，又入《一统志》局为分纂。三十六年成进士，授翰林院编修。后充顺天乡试副考官，被劾罢，卒狱中。工古文辞，与朱彝尊、严绳孙称“江南三布衣”。

康熙三十九年(1700 年)

是年　英国东印度公司派商人喀恰浦率商船来到舟山，要求设馆开港。

是年　彭孙遹卒。彭孙遹(1631—1700 年)，字骏孙，号羡门，海盐人。康熙年间授编修，历官吏部侍郎，兼翰林院学士，充经筵讲官、《明史》总裁。

康熙四十年(1701 年)

正月二十七日　康熙谕大学士等:张鹏翮任浙江巡抚七载,历年钱粮俱照数清完,并无亏欠。今浙江钱粮甚无头绪,故先将巡抚张敏更换。刑部员外郎赵申乔,人甚敬慎,著补授浙江布政使。

是年　英船 3 艘由凯切普尔率领到达舟山,进行贸易后回广东。

康熙四十一年(1702 年)

闰六月二十七日　依从浙江巡抚赵申乔奏请,清廷增浙江省乡试中额 12 名,照江南例共 83 名,并增同考官 3 员。

十一月二十五日　清廷命以杭州织造历年节省钱粮修葺禹帝陵。

是年　英国东印度公司派代表团乘船至宁波,要求开放贸易,被拒绝。

是年　万斯同卒。万斯同(1638—1702 年),字季野,号石园,鄞县人。精通诸史,尤熟明代事。康熙十八年,徐元文延请他修《明史》。他不署衔、不受俸,以布衣参与,对《明史》的编撰功绩甚著。门人私谥贞文。

康熙四十二年(1703 年)

五月十六日　浙江官员遣商人持土产至日本长崎,欲往江户以结邻好,为日本关差官阻止。

是年　高士奇卒。高士奇(1644—1703 年),字澹人,号瓶庐,又号江村,祖居余姚,以钱塘籍补杭州府学生员。入国子监,试后留翰林院办事,供奉内廷,为康熙帝所宠幸,入值南书房。卒于家,谥文恪。其平生学识渊博,善书法,精考证,能鉴赏,藏书画甚富。

康熙四十三年(1704 年)

十月十六日　朝鲜将行商日本遭风漂流该国的闽浙商人 100 余人资送回中国。

是年　洪昇卒。洪昇(1645—1704 年),字昉思,号稗畦,钱塘人。出身望族。康熙二十八年,招伶人演《长生殿》,名动京师。擅戏曲创作,以《长生殿》传奇享盛誉,在中国文学史上占有重要地位。

康熙四十四年(1705 年)

四月初三日　康熙至杭州府,驻跸杭州府城内。

康熙四十五年(1706 年)

十月十五日　以杭州、江宁、西安三处驻防满洲官兵闲居日久,恐今后不耐劳苦,命每年各选年少善骑射者 24 人(每旗 3 人),于四月到京,随至热河行围。

康熙四十六年(1707年)

六月　浙江巡抚、布政使欲向下属州县加派租赋,时值干旱少收,省城百姓数千人聚至巡抚衙门请愿。督抚出告示安民,事件才得以平息。

七月十六日　浙江巡抚王然疏报仁和等州县亢旱情形。

十月初三日　黄岩总兵官仇机与前任总兵官、现任京口副都统许柱国互揭贪赃丑行,经闽浙总督梁鼐查实,诏将许国柱革职,解部枷责;仇机革职,发边卫充军。

十月二十四日　康熙上谕大学士等曰:浙省被灾州县亦照江南,著总漕桑额亲身会同该抚,于被灾各州县截留漕粮,赈济饥民,不必实行捐纳。

是年　委任温处道高其佩开浚杭嘉湖水道,建立小闸64座,费银3万多两。

康熙四十七年(1708年)

正月　大岚山僧一念(即张念一)奉朱三太子举兵起事。

二月十五日　清廷著户部侍郎穆丹前往浙江,会同巡抚王然迅速详审大岚山反清武装成员。

二月二十日　康熙上谕穆丹:速往会同将军督抚严审,若与江南干涉,便同江南督抚会审,务须决断,勿得柔弱。一到即将"贼首"张念一所供朱三太子及其子等追拏,并将现获贼犯速行审结。巡抚王然卸过武官,委罪下属,身为封疆大臣,地方有盗,谓之不知可乎?

二月二十一日　康熙谕户部侍郎穆丹:拏"贼"时毋得恐吓良民,以致失所。除贼犯正身外,株连人等用刑,尤宜谨慎。南方寺庙僧徒,如获一念,即令解送。倘窝藏不首,一经发觉,概作党羽治罪。

闰三月二十四日　杭州织造孙文成奏报浙江海盗猖行之事。奏称:有一船驶往福建,船上有福建提督蓝理家人田福、定海镇总兵官标下中军王天贵之弟王思,以及商人、水手共计80人。闰三月十七日,船泊浙江温州属南九山,遇海盗船3只,80人内田福、王恩及商人、水手共73人为盗所杀。清廷令其继续密查。

四月十二日　山东巡抚赵世显奏:改名王老先生之"朱三太子"已被缉获。康熙接奏后,即谕赵世显速将朱三太子解往浙江,交予穆丹。赵世显接旨后立即起程,约于二十二日将朱三押解至杭州。在杭州贡院内,穆丹会同杭州将军、闽浙总督、两江总督、浙江巡抚、江苏巡抚共6人对朱三进行质审。先是,朱三太子在浙江一带蓄发藏匿。近年来风声渐急,朱三情急之下于上年十二月携子往山东,在山东一李姓大户中教书为生,本年四月初三日被捕拿。

六月二十日　"朱三太子"案结案。"朱三太子"是指以明朝皇族后裔为名义反清复明的事件。其时以此为名反清复明的案件甚多。王士元(即"朱三太子")及其子朱尧、朱壬、朱坤、朱在,其孙朱钰宝等解押至京,问明正法。江南案犯内钱保等4人凌迟处死,张世俊、徐四、施先等49人立斩,其余40人连同妻子发往宁古塔;浙江案犯内张念一、张念二等7人凌迟处死,朱兆琦等22人立斩,其余26人连同妻子发往宁古塔。

七月十五日　工部议复疏浚杭嘉湖水道,共需银4.18万两。清廷从之。

十月初一日　康熙谕大学士等：去年已有旨蠲免江、浙两省丁银，及被灾州县田地银米，今年又遭水灾。江浙是财赋要区，著查明浙江等地康熙四十八年丁银及被灾州县田地银米，亦应照去年蠲免例，一概蠲免。

十月二十八日　以浙江杭州、湖州等处水灾，清廷命内阁学士黄秉中前往会同督抚，动支库帑仓谷，速行赈济。

康熙四十八年(1709年)

四月　浙江处州府同知及云和县官员联名告示，禁止矿工于浙江处州与福建建宁交界地铁矿区开采。然矿工以“无所衣食，相煽为盗”，多达110余人。杭州织造孙文成连奏两折，呈报衢州、处州、温州、宁波四府杀人抢劫情形。

七月初十日　户部议复：浙江巡抚黄秉中等疏言，浙省宁波、绍兴二府人稠地窄，连年薄收，米价腾贵。台州、温州二府上年丰熟，米价颇贱。请给殷实商民印，照将台州、温州之米从内洋贩运入宁波、绍兴。清廷从之。

七月二十二日　因湖广、江西之米商贩，由江而下者多，而江浙米价不减，康熙谕旨湖广、江西督抚，将有名码头、大镇店、买卖人名姓及米数一并查明，每月终一次奏闻。并将奏闻之数，即移知江浙督抚。以此禁止商人囤积粮食。

十月十五日　因灾患，停止处决犯人1年。康熙谕大学士九卿等：江南、浙江连岁灾荒，地方困苦。念灾荒疾病之余，复将数十罪犯，一时正法，殊为不忍。江、浙两省应处决情实人犯，俱著停止一年。

是年　朱彝尊卒。朱彝尊(1629—1709年)，字锡鬯，号竹垞，又号金风亭长，秀水人。康熙十八年举博学鸿词，授检讨，充《明史》纂修、日讲起居注，典江南乡试。2年后被劾罢官，归后成《经义考》。其文以雅洁胜，词为浙派词首领，以清空醇雅为归。

康熙四十九年(1710年)

四月初七日　因绿旗之兵训练不善、乏战斗力，康熙谕兵部：全国绿旗兵唯直隶及西北沿边者略有可观外，其他各省之兵俱属不堪，江浙之兵最差。各省绿营俱有吃空粮者，而浙省兵千名，吃空粮者竟达半数，其余半数亦充数而已，平时不操练，俱非可用之兵。

八月　署福建浙江总督黄秉中、提督王世臣合奏：有盗劫龙游县村庄，为官兵追逐后逃至遂昌县。处州右营都司张朝臣率兵搜剿，遇盗六七十人抵拒，以枪刺腹而死。随有金、衢两协官兵齐至捕盗，斩杀殆尽。疏中未提官兵伤亡事，康熙怀疑隐报情弊，乃遣员往查。得知，随张朝臣之兵丁张斌同时阵亡，潘文彩重伤致死，并有鸟枪兵5人因失火而药发焚死。清廷著张朝臣等死难者给恤如例，隐匿情弊各官治罪有差。

是年　英商船10艘至舟山贸易。

康熙五十年(1711年)

是年　邵廷采卒。邵廷采(1648—1711年)，字允斯，又字念鲁，本名行中，余姚人。少从毛奇龄、黄宗羲学，耻为应举之文。游京师，诏入《一统志》馆，以老病辞归。平生于学尤长于《易》及《诗》。

康熙五十一年(1712 年)

七月十六日　杭州织造孙文成奏报兵船与海寇交战全部失败。

八月初八日　苏州织造李煦于六月二十二日密报：本年五月间，浙江台州府燕海坞地方海盗窃发。至是又报，台州事件系两任黄岩总兵于海边向渔民征税，每船收银 4 两，致渔民激愤，聚众对抗官兵。

九月二十六日　拒杀官兵、毁焚战船之黄岩一带海寇被擒获，余众逃往闽粤。

康熙五十二年(1713 年)

九月二十七日　清廷因浙省今岁歉收，著将 10 万石俱留备用。

十月初二日　因闻浙江海贼多为内地渔人不堪官吏勒索而成，康熙责问该管地方官：防汛官兵横索钱财，逼苦不聊生之穷人演为海贼，此风断不可长。

是年　全省人口为 2710649 人。

康熙五十三年(1714 年)

五月　钱塘江上游大雨连月，下游风雨海啸，沿江诸府大水，上江顺流漂尸无数。

七月初十日　因江南、浙江、山东、河南等省旱灾，勒令拨漕粮 35 万石运往。其中杭州得 5 万石。

十月二十四日　护理奉天将军事务、前锋统领伯唐保住以奉天战船系年久旧船，船底朽烂，已不堪用，奏请将其拆除并由浙江巡抚采买，解送木料、桅杆至奉天，另造新船。清廷以盛京木料最多，不必需浙江采买解送，桅木著于通州购之。

十一月初一日　诏免浙江钱塘等 14 县所本年度旱灾额赋有差。

十二月二十二日　浙江巡抚徐元梦陛辞。康熙谕徐元梦：浙江有满洲将军驻扎，当与将军协同训练满洲兵。浙江钱粮亏空不多，即略有之，尔宜清理，无累百姓。

是年　胡渭卒。胡渭(1633—1714 年)，字朏明，号东樵，德清人。诸生。曾与阎若璩、黄仪帮助徐乾学修《大清一统志》。康熙南巡，其献颂一篇，被赐“耆年笃学”四字。

康熙五十四年(1715 年)

八月十四日　浙江巡抚徐元梦得知朝廷明年将攻策妄阿拉布坦，与司、道、府、县等员合捐私银 8 万余两，以助军需。

是年　日本国公布《正德商法》，限清朝赴日商船每年 30 艘，每船营业 6000 贯，其中宁波商船 11 艘。

康熙五十五年(1716 年)

六月初三日　钱塘县属洪门局外织匠谢世嘉住房因点灯失火,致周围居民 95 户受火灾,烧毁楼房 98 间、瓦房 137 间。

七月初八日　杭州城内钱塘县太平坊以北地方,民人华卫臣之裁缝铺失火,致 12 户居民受火灾,烧毁楼房 20 间、瓦房 5 间。

是年　毛奇龄卒。毛奇龄(1623—1716 年),字大可,萧山人。康熙十八年荐举博学鸿词,授检讨,充明史纂修官、会试同考官。经术湛深,通乐律,工诗文词。

康熙五十七年(1718 年)

三月二十九日　浙江巡抚朱轼奏准以木柜装石为基,以大石筑海宁海塘 958 丈。康熙五十九年正月竣工。这是清代大规模兴建石塘的开端。

六月二十五日　福建浙江总督觉罗满保奏报查审乡试舞弊案情形。先是,上年浙省乡试公榜之日,武举吴之杞、生员吴起等率众生员控告新科举人陈凤墀请人作文。有旨令该督抚严查具奏。满保本日奏:陈凤墀与其教书先生段志宏密商,于考场内互换试卷作文,陈凤墀中举之卷为段志宏所作。清廷有旨令满保继续查审。

八月十九日　刑部等衙门会审,原任浙江黄岩总兵官革职,仇机潜往京师,讹诈官民罪款昭著,应将仇机照光棍为首例,论斩立决。清廷从之。

同日　福建浙江总督觉罗满保疏参浙江黜革举人陈凤墀科场作弊一案。察审陈凤墀,口供涉及正主考索泰,请差部院堂官往浙江审理。清廷著礼部左侍郎王思轼、大理寺少卿金应璧前往会同该督严审,定拟具奏。

康熙五十八年(1719 年)

五月十四日,刑部等衙门议复:差往浙江审事吏部侍郎王思轼等疏言,浙江正考官编修索泰应允侍读学士陈恂嘱托,将陈凤墀中式,陆续借陈恂银 1500 两,应拟斩,监候秋后处决。陈凤墀应拟绞,监候秋后处决。陈凤墀之父陈文炽,往陈恂之子陈钰家取回关节。陈钰接受银两,俱应拟绞,监候秋后处决。清廷从之。

八月　会稽、上虞等县飓风大雨,蠲免受灾县税银 9.8 万两,并予赈济。

九月十四日,浙江提督学政汪漋疏言:浙江衢州府西安县之孔氏,乃先师嫡裔。查兖州曲阜县岁科两试,将孔氏子孙乡试另编耳字号,中式 2 人。今衢州孔氏后裔繁衍,仰请格外加恩,于岁科两试,西安县入学额数外,将孔氏子孙另编字号,每次额取 2 名。清廷从之。同日,改浙江金华府武义县小学为中学。从提督学政汪漋请也。

康熙五十九年(1720 年)

正月三十日　因浙江巡盐御史哈尔金贪纵不法,清廷处以枷责。先是,浙江巡抚朱轼疏参哈尔金贪纵不法,清廷著刑部尚书张廷枢去浙江查实,张廷枢奏称:哈尔金纵容家人挟妓饮酒，殴打民人，轻罪不议外，其收受商人朱永宁等馈银 700 两，应拟绞监候。但系不枉法赃，又事犯康熙五十七年恩诏以前，请照律减等枷责。清廷从之。

七月初五日　福建浙江总督觉罗满保、浙江巡抚朱轼奏准，在杭州、嘉兴、绍兴三府各设海防同知 1 员，专司钱塘江海塘岁修。这是清代设专职官员管理海塘之始。

七月　觉罗满保和朱轼奏准，建海宁浦儿兜至姚家堰西段海塘。工程 2 年后竣工，计筑鱼鳞大石塘 500 丈，草塘 1055 丈。这是海宁、仁和两县最早的鱼鳞大石塘，也是清代首次兴筑鱼鳞石塘。

康熙六十年(1721 年)

十二月初十日　因江浙一带近年私盐盛行，清廷令江宁、杭州、京口等处将军派兵查拿。

是年　将原定江、浙、皖、闽、赣、湘、鄂、粤八省办铜改为江、浙两省办铜，以八省俱从江、浙海关购办东洋铜条故也。两省办铜分工为：江南办江、皖、赣、闽、粤五省之数，而浙江办浙、湘、鄂三省之数。

是年　诏令六部经承皆不许专用绍兴师爷。

康熙六十一年(1722 年)

是年　陈诜卒。陈诜(1642—1722 年)，字叔大，号实斋，海宁盐官人。历官至左副都御史、工部尚书，转礼部尚书。卒谥清恪。

世宗雍正元年(1723 年)

九月二十日　废浙江绍兴府堕民丐籍。先是，两浙巡盐御史噶尔泰奏情废除绍兴府堕民丐籍，雍正命礼部议奏。礼部反对除籍，雍正谕旨，除籍当系好事，遂令堕民脱离丐籍，改业为良。

雍正二年(1724 年)

二月十六日　清廷根据浙闽总督觉罗满保奏请，改浙江大荆营参将为游击，瑞安营陆路副将为水师副将。镇海营陆路参将为水师参将，磐石陆路游击为水师参将。其温州镇右营水师弁兵，俱为陆路。添设乍浦游击 1 员，守备 1 员，千总 1 员，把总 2 员。

六月初九日　清查浙江民欠钱粮数额。户部遵旨议奏：自康熙十八年起，至康熙四十五年止，应与应免之例相符。其康熙四十六年至六十年未完，仍系近年欠项。毋庸议免。得旨。

七月十二日　浙江巡抚黄叔琳疏报，象山等 6 县，开垦雍正元年分田地共 1100 顷有奇。清廷下部知之。

七月　余姚海溢，死 2000 余人。

八月二十四日　查勘浙东沿海海灾详情，修复冲垮堤岸。雍正谕户部：前因江浙督抚等折奏七月十八、十九等日，骤雨大风，海潮泛溢，冲决堤岸。沿海州县、近海村庄、居民田庐，多被淹没。著该督抚委遣大员，踏勘被灾小民。即动仓库钱粮，速行赈济，务使灾黎不致失所。

其应免钱粮田亩，即详细察明请蠲。凡海潮未至之村庄，不得混行滥冒。至于紧要堤岸冲决之处，务须速行修筑，无使咸水流入田亩。

九月初十日　命赏给会试举人盘费，浙江每人银 7 两。

九月十二日　增加浙东沿海水师力量。兵部议复：浙闽总督觉罗满保疏言，嘉兴乍浦与江南洋面交界，增设兵 500 名，拨定海镇战船 10 只，以副巡防。其兵数在水路各营内酌量抽拨。再磐石营马兵，既改为水师，应将该营马兵 73 名月饷，改添为水战兵 146 名。其磐石营陆汛，请改归乐清营管辖。再镇海、瑞安二营，俱改水师，请将二营马兵 224 名，改为水战兵 448 名。其镇海营陆路穿山、岷亭各汛，请改归提标左营管辖。瑞安营陆汛，请改归温镇平阳营管辖。

是年　福建浙江总督觉罗满保、浙江巡抚黄叔琳会题请开水利以赡民生，以杭州西湖为民生利赖，宜加疏浚。清廷从之。2 年后，工程完工。

雍正三年(1725 年)

三月十八日　批准吏部尚书朱轼提出的杭州等府海塘修筑方案。吏部尚书朱轼疏言：杭州等府全赖海塘捍御潮汐。查绍兴余姚县，自浒山镇西至临山卫 60 里，旧有土塘 3 道。内一道为老塘，距海三四十里，或 10 余里，系百姓自筑。其二道为外塘，询据土人云，潮水从不到塘，若加高三四尺、厚五六尺，即过风潮亦不致冲溢，系民间灶户修筑。今被灾之后民灶无力，应令地方官动用公帑兴修。又海盐县东自三涧寨，西至演武场，石塘 2800 丈。年久桩木朽坏，共塌 80 余丈，今应移就实地修筑。又去秋风潮冲溃 7000 丈，其附石土塘亦应照式修筑。自演武场至平湖县雅山炮台一带土塘，地方官加修。通共估计石价夫将土方杂费，应用银 10.57 万两有奇。清廷从之。

七月初六日　两江总督查弼纳、福建浙江总督觉罗满保疏奏江西、福建、浙江三省棚民安辑事宜：一、各县棚户请照保甲例每年按户编册，责成山主、地主、保长、甲长出结送该州县，有愿编入土著者准其编入，有邑中多至数百户及千户以上者。添拨弁兵防守；二、编册后续到流移，不得容留，有欲回本籍者，准其回籍；三、棚民有膂力可用及读书向学者入籍 20 年，准其应试，于额外酌量取进。清廷从之。

十月十九日　增浙江省各学取进文童额数。仁和、钱塘、海宁、嘉兴、秀水、嘉善、海盐、平湖、乌程、归安、德清、鄞县、慈溪、山阴、会稽、诸暨、余姚、临海、金华、兰溪、西安、建德、淳安、永嘉、丽水 25 县向系大学，今照府学额，各取进 25 名。奉化、新昌、嵊县、天台、永康、常山、瑞安、平阳 8 县向系中学，升为大学，各取进 20 名。於潜、昌化、汤溪、江山 4 县向系小学，升为中学，各取进 16 名。定海县向取进 11 名，今改为小学，取进 12 名。

十二月二十日　署浙江巡抚福敏疏言：绍兴府海塘工程原议皆用条石，后以条石不易购致，限期已迫，遂用条石托外，碎石填中。今恐日后坍塌，仍改用条石，请宽限期。雍正谕旨：海塘工程关系民生，最为紧要，必须一劳永逸。若因条石一时难以购置，从前便当申明缘由，奏请展期，何得草率从事？著交与新任巡抚李卫，悉心查勘指示，更改修理，务期永远坚固。张楷在江南修理塘工，用木桩密钉，似为有益。可否仿行，并令李卫酌量。

雍正四年(1726年)

五月三十日　浙江巡抚李卫奏:浙省为江闽咽喉,向设炮位甚少,请增设子母炮48位,分给满汉驻防兵。清廷从之。

七月初九日　因福建自本年春夏以来,雨多天冷,禾苗兴发甚晚,米价腾贵,命除每年按例所发台湾仓米5万石之外,再运台湾米10万石存贮福建沿海地方,许商人贩卖台湾米至漳、泉等府贸易。又拨浙江温州、台州二府仓谷7万石运往接济。

八月二十日　浙闽总督高其倬奏请裁留浙江漕粮10万石,用谷物20万石运往福建济用。清廷许之。

八月二十七日　浙江巡抚李卫疏报:杭州、嘉兴、绍兴三府属海塘,修筑告竣。清廷下部知之。

九月二十六日　礼部侍郎查嗣庭(海宁人)主考江西,试题"维民所止"句,被诬去"雍正"头。雍正上谕:查嗣庭受朕格外擢用之恩,而伊逆天负恩,讥刺咒诅,大干法纪,著革职拿问,交三法司严审定拟。

十月初六日　设浙江观风整俗使。雍正上谕:浙江汪景祺、查嗣庭之流肆行讪谤,毫无忌惮,可见浙省风俗浇漓。朕意专遣一官,前往省问风俗,稽查奸伪,劝导绅衿,惩治士庶,使有所儆戒,尽除浮薄嚣凌之习,归于谨厚,以昭一道同风之治。九卿议奏:唐贞观间设观风俗使巡省天下,今委员前往,应号观风整俗使。寻命河南学政、光禄寺卿王国栋为浙江观风整俗使。

十月初九日　清廷同意大学士朱轼奏请,添设浙江杭、嘉、湖三府分巡道1员。

十一月二十七日　停止浙江参加乡试、会试资格。

十二月十七日　杭州建立盐义仓,以便平抑粮价。户部遵旨议复:两浙盐商输银积贮,应照两淮盐义仓之例,于杭州府地方建仓,买米积贮,随时平粜。从之。

是年　户部定浙江田赋银1两,均摊丁银1钱4厘5毫。浙江各地具体实行摊丁入地的时间,前后不同。嘉兴、湖州两府早在康熙年间即已实行,绍兴、萧山继之,宁波、台州最晚。

是年　置杭嘉湖道,领杭州、嘉兴、湖州三府,治嘉兴府。置宁绍台道,领宁波、绍兴、台州三府。

是年　浙江原报人口294万多口,实在人口291万多口。

雍正五年(1727年)

二月初九日　令杭、嘉、湖三府灾民以工代赈。

三月初五日　整顿绿营训练。谕兵部:浙江绿旗兵丁懦弱,骑射生疏,营伍不整。山陕兵丁,人才壮健,弓马娴熟者颇多。将陕西各标营兵丁内,拣选100名,移驻浙江,分拨各标,教习训练。

五月初七日　查嗣庭狱结案。以查嗣庭已在监病故,令戮尸枭示,其子查沄斩监候,兄查嗣瑮及次子查长椿、查大梁和侄查开、查学等俱流3000里,家产变价,充海塘工程之用;兄查慎行父子因不知情，且南北相隔甚远，俱宽免释放回籍。

九月十二日　因浙江水灾，雍正著浙江巡抚李卫动用库银1万两，于应用之处散赈，令穷民均沾实惠。

十月二十七日　减免额征银比例，并确定官员养廉银额度。雍正谕户部：浙俗渐次转移，改而迁善，朕心甚慰，用沛恩膏。查嘉兴府额征收银47.29万余两，湖州府额征银39.99万余两，俱著减十分之一，二府共免银8.72万两有奇，永著为例。

是日　增加浙江官员养廉银额。除嘉、湖二府钱粮已减免外，著将杭州、宁波、绍兴、台州、金华、衢州、严州、温州、处州9府额征银205万两，按十分之一内存半计算，得银10万两，赏给各官以为养廉。合之州县耗羡，则有24万两。从雍正六年为始，俱著提解司库。

十一月　裁闽浙总督衙门，重设浙江总督衙门及其督标。

是年　浙江总督李卫，在杭嘉湖大规模修筑海塘，整治运河塘河，并檄府县浚河建闸，广兴水利。

是年　查慎行卒。查慎行(1650—1727年)，字悔余，号初白，海宁人。康熙朝进士，官编修。雍正时，因弟嗣庭得罪被逮，诏特许放还乡里。诗学宋，尤致力于苏轼。所作多写行旅之情，也有反映民生疾苦之作。为"清初六家"之一。

是年　查嗣庭卒。查嗣庭(1664—1727年)，字润木，号横浦，查慎行弟，海宁人。康熙朝进士，累官至内阁学士兼礼部侍郎。雍正四年为江西乡试主考官。雍正帝为铲除隆科多一派的势力，借口他所出的试题"讽刺时事，心怀怨望"，定为隆科多死党。狱中病死后，仍遭戮尸枭首。亲族、弟子多人受株连。

雍正六年(1728年)

八月十七日　设立乍浦满洲水师营。挑选水师兵丁2000名，分为左、右二营，设副都统1员，移驻管辖。

八月二十九日　复浙江士子乡会试。

是年　令浙江征收漕米，无论红白籼粳，概行收纳。

是年　湖南曾静案发，引发崇德吕留良文字狱。

雍正七年(1729年)

二月二十六日　减免本年地丁钱粮。雍正谕内阁：浙省为财赋重地，绅士庶民咸能知朕教养之殷怀，踊跃完纳正赋，可以见其感恩迁善之诚、浙省向善之速，甚属可嘉。将雍正七年额征地丁钱粮，蠲免十分之二，共计60万两，著浙江总督李卫转饬各属，属遵奉行，务使闾阎均沾实惠。

五月二十一日　雍正谕斥吕留良：狎侮圣儒之教，败坏士人之心，真名教中之罪魁也。

六月十三日　雍正谕责严鸿逵，曰：伊貌作曲谨之态，浮薄之士簧鼓其虚舆，致有廷臣以纂修《明史》荐举及伊者，伊乃自鸣得意，以死力拒，竟视朝廷如儿戏，等征召于弁髦，其罪不容于死！

六月十五日　雍正谕斥沈在宽：沈在宽年未满四十，而亦效其师之狂悖，肆诋本朝，且与逆贼曾静之徒张熙千里论交，赋诗赠答，意同水乳。其处心积虑以叛逆为事，其罪实无可逭。

八月十八日　命浙江省开局铸钱。

雍正八年(1730年)

正月十四日　令于杭州、江宁满洲余丁报甲者内各挑选800名，派驻浙江乍浦地方。

二月十八日　浙江嘉兴、秀水二县义田还社免粮。

四月初五日　赐梁诗正等3人进士及第，二甲蒋溥等100人进士出身，三甲钱志遥等296人同进士出身。其中70人皆为浙江人，而且一甲3人皆来自浙江。

十二月十九日　刑部等衙门议奏对吕留良等人的处理结果：将伊及子吕葆中剉尸枭示，伊子吕毅中斩决，其所著文集、诗集、日记及他书已经刊刻印刷或抄录者尽行焚毁。雍正谕旨：著将廷臣所议行文各省学政，通询各学生监等对此持何种意见，须秉公据实，取具该生监等结状具奏。其有独抒己见者，令其自行具呈，该学政一并具奏，不得阻挠隐匿。

是年　浙江总督李卫建立宝浙局开铸制钱，委监督鼓铸官一员、协理鼓铸官一员等。

雍正九年(1731年)

是年　禁止西人办教堂。武林门内天主堂改为天后宫。

雍正十年(1732年)

十二月十二日　审结吕留良案。先是，法司、廷臣、翰、詹、科、道、督、抚、藩、臬等合词奏请照大逆之例，治吕留良之罪。至是，各省学政又奏称，所属读书生监各具结状，咸谓吕留良父子之罪罄竹难书，律以大逆不道，实为至当。雍正谕旨：普天率土之公论如此，则国法岂容宽贷！吕留良、吕葆中俱著戮尸枭示，吕毅中著改斩立决。其孙辈俱从宽免死，发往宁古塔给披甲人为奴。吕留良之诗文书籍不必销毁。其财产没官，充浙省工程用费。寻又有旨惩治案内其他人员：沈鸿逵已死狱中，仍戮尸枭示，其孙发遣宁古塔给披甲人为奴。沈在宽斩立决。自称吕氏私淑门人之黄补庵已故，其妻、妾、子、女给功臣家为奴，父、母、祖、孙、兄、弟流3000里。吕著刊刻者车鼎臣、车鼎赍，收藏吕著者周敬舆及吕留良之友孙用克，俱应斩，待秋后处决。吕氏门人房明畴、金子尚革去生员，金妻流3000里；陈祖陶、沈允怀等11人革去教谕、举人、监生、生员，杖100。

雍正十一年(1733年)

正月初六日　命内大臣海望、直隶总督李卫前往浙江，会同浙江总督程元章筹划修筑海塘事宜。

四月初一日　奉命查助浙江海塘之海望、李卫议奏：应在海宁尖、塔两山间建石坝，使海潮外趋，并在仁和、海宁两县境改建大石塘。有旨命程元章相度遵行。

十月十四日　因上年浙江杭、嘉、湖三府发生水灾及蝗灾，清廷将去年应完漕米分年带征，发带赈恤灾民。又将杭、嘉二府本年额征漕米各截留5万石，存贮备用。

十一月二十日　恢复擢拔杭州汉军的开户、户下人等。

十二月二十三日　令浙江督抚迅将海塘查勘修筑。

是年　海宁等51州县水、虫灾，赈米2.58万石、谷250石、银4210两，受赈贫民40.6万人。

是年　龚翔麟卒。龚翔麟(1658—1733年)，字天石，号蘅圃，仁和人。康熙朝副贡生，由工部主事迁御史。工于诗文，与朱彝尊等人称"浙西六家"。富藏书，有藏书楼"玉玲珑山馆"。

雍正十二年(1734年)

二月十九日　雍正重申浙江海塘的重要性，令浙江总督程元章将海塘工程转由隆升负责。

十月十六日　废除浙江总督一职，仍照旧制，授郝玉麟为浙闽总督，程元章以总督衔专管浙江巡抚，并两浙盐政事务。

十二月初七日　置金衢严道，领金华、衢州、严州三府，治衢州府。

十二月十七日　增设衢州总兵官，并相应在金、衢、严三府重新规划军事布局。

雍正十三年(1735年)

正月初二日　增设浙江海塘工程工役钱粮。雍正谕内阁：朕闻浙江海塘工程，现修理尖山，已堵筑三分之一，人心甚是踊跃。但夫役每日给工银3分6厘，稍觉不足。今当初春之月，水浅潮平，赴筑工程之候，著照引河挑夫例，每日加足5分之数。又闻从前采运石块，每方给银8钱9分有零，今运送多资人力，著每方增银6分，俾夫役等工食宽裕。

六月初二日　海潮来袭，浙省海塘决口甚多。

七月十五日　雍正训斥修筑浙江海塘工程的负责人。谕内阁：朕为浙省海塘，宵旰焦劳，无时或释，且不惜多费帑金，年来所降谕旨，不下数十百次。隆升、程元章、汪漋、张坦麟皆朕特简之大员，委以防川之巨任，岂料伊等私心蔽固，意见参差，但分彼此之形，全无公忠之念，安有身在地方，目睹堤岩空虚，而不督率属员，先事预防，急为修补者。隆升、程元章、汪漋、张坦麟俱著交部严察议奏。

八月二十三日　乾隆登基后不久，令大学士朱轼回京。命内阁大学士、江南河道总督嵇曾筠总理浙江海塘工程事务。

十月二十九日　处罚修筑浙江海塘工程相关人员，不准海塘捐纳。

十二月初二日　乾隆指责巡抚程元章处置浙江海塘不当，令嵇曾筠严加审理。

是年　由浙江总督李卫等修、张衡等纂的《浙江通志》(280卷，首3卷)编成付印。

高宗乾隆元年(1736年)

正月二十九日　大学士管浙江巡抚嵇曾筠奏：中亹引河应停止疏浚，尖山水口俟旧塘坦水修竣之后，设法堵截。

二月二十四日　重设浙江总督，由嵇曾筠担任，并令其稽查盐务。

三月初一日　免绍兴府山阴、会稽、萧山、余姚、上虞五县民修堤岸工程。其堤岸工程遇有应修段落，著地方大员委员确估，于存公项内动支银两兴修，报部核销，永著为例。

三月初六日　赦汪景祺、查嗣庭亲族回籍。

七月二十九日　大学士总理浙江海塘嵇曾筠奏请毛城铺迤下河道疏浚，并在仁和、海宁等处酌建鱼鳞石塘6000余丈以固工程，以及疏浚杭州、湖州二府水利，以裨民生。乾隆一一从之。

八月二十四日　乾隆上谕：浙江滨海向来盐价甚贱，居民称便，10余年来，盐价增长，近则加至二三倍不等。今酌定增斤改引之法。将杭、嘉、绍三所引盐，循照两淮旧额，每引增盐50斤，连包索共重335斤。至松江一所，原属滨海产盐之区，向因额设季引9万余道，分别上、中、下三则，征收正课公费银54000余两，遂使近场州县多有盐贵之苦。今循照沿海温、台等处之例，改行票引9万余道，每引给盐400斤，令商人设店住买。著大学士嵇曾筠遵照谕旨办理。

十月二十日　豁免仁和、安吉等地四县遭受水灾农户漕粮。

是年　嵇曾筠请于仁和、海宁二县酌建鱼鳞大石塘及疏浚杭、湖水利，均从之。至翌年四月完成海宁绕城大石塘505.2丈；接着兴筑老盐仓至尖山大石塘6097.68丈，历8年建成，用银112.7万两，是清代筑鱼鳞大石塘规模最大的一次。

是年　陈元龙卒。陈元龙(1652—1736年)，海宁人。康熙朝进士，授编修，直南书房。后累迁侍读学士。乾隆五十年，迁吏部侍郎，又授广西巡抚。雍正十一年，以老乞休，加太子太傅致仕。

乾隆二年(1737年)

正月初四日　颁给浙江佐杂官养廉银。

四月初六日　命改减江南、浙江白粮。

七月初十日　立法稽查沿海小艇。其新造小船采捕售卖者，亦一律报官办理，私造私卖及偷越者，照违禁始罪。澳甲不举连坐。

八月二十六日　许可嵇曾筠提出的海塘工程长度及所需费用。工部议复：大学士管浙江总督事务嵇曾筠疏言，浙省海塘自浦儿兜大石工尾起至尖山段塘头止，建筑鱼鳞大石塘5930丈，勘估物料夫工银106.96万两零，请支帑项，次第趱修。清廷从之。

夏秋之际　有两艘小琉球国、中山国船只满载粟米、棉花，遭受飓风，漂到定海、象山之处。乾隆谕旨大学士嵇曾筠查明人数，给足衣粮，修补船只。并规定以后凡是发生此等外洋船只遭受飓风漂到境内，当地督抚都应动用存公银两，赏给衣粮，修理舟楫，并将货物查还遣归本国，以示朝廷怀柔远人之心。并规定将此谕旨永著为例。

乾隆三年(1738年)

六月二十九日　确定浙江海塘工程土方规制标准，循照河工宽长1丈、厚1尺之例。

同日　海宁沿海涨沙地，除留护塘沙100丈之外，余地定以七分归灶，三分归民。

九月十三日　撤销浙江总督。仍循照旧制改归闽浙总督管辖，郝玉麟著改给闽浙总督敕书关防。浙江巡抚员缺著福建巡抚卢焯调补，兼管盐政。

九月三十日　决定祭祀海神以庆祝浙江海塘即将顺利完工。

十一月三十日　动用动盐法道库盐义仓项下5万两，赴外省买米运至浙江省灾区粜卖。

十二月初八日　动用本年地丁银3万两，委员赴江西买米救灾。

是日　决定将福建从外省所购4万余石米，移济浙江、江南救灾。

乾隆四年(1739年)

四月二十五日　将朱轼、嵇曾筠入祀浙江贤良寺，以表彰两人对浙江的功绩。

五月二十三日　改海宁土塘为石塘。

乾隆五年(1740年)

二月三十日　浙江巡抚兼管盐政卢焯奏：江海塘工一切修筑事宜将次告竣，目睹涨沙较前愈远，回溜比前更平。

闰六月二十三日　长兴、萧山县学名额由20名增至25名。

八月二十六日　浙江巡抚卢焯奏：堵筑海宁县尖山坝口，自本月十三日开工，于五月十一日合龙，闰六月初四日告竣。清廷下部知之。

九月十五日　赈恤余杭、临安、安吉、会稽、诸暨、上虞、临海、黄岩、太平、天台、仙居、兰溪、庆元13州县并玉环厅、台州卫、湖州所本年遭受水灾饥民，并予缓征。

是年　浙江巡抚每月向清帝上报雨情、水情和水旱灾害，此后形成定制。

乾隆六年(1741年)

三月十四日　浙江巡抚卢焯受贿事发。清廷据奏参，浙江巡抚卢焯营私受贿，处理嘉兴府桐乡县汪姓分家一案，该府杨景震转送巡抚卢焯银5万两。时督臣德沛檄委嘉湖道吕守曾查访该府劣迹，卢焯闻讯后，担心事情败露，先将杨景震题参，又参劾湖州府乌程县革职道员费谦流轻信诬奸，幕客得银500两，听其贿嘱，颠倒是非等。乾隆谕旨：若有实据，一面奏闻，一面具本严参。

六月十六日　浙江巡抚卢焯著解任，清廷著总督德沛、副都统汪扎勒逐一查审所有参奏情节。

八月初三日　更定浙江绿营提标营制。将右营全改水师，以中营水师弁兵，与右营陆路彼此更调，并拨定提标中右2营赶舟船2只、右营快哨船1只，玉环营只篷舟船2只、快哨船1只，归提标右营管驾，接编巩字六、七、八、九、十、十一号，稽察巡查。

八月二十八日　浙江巡抚卢焯革职刑讯。闽浙总督宗室德沛、副都统旺扎勒奏查审浙江巡抚卢焯受贿营私一案，卢焯狡饰支吾，供词闪烁，请革职刑讯。清廷著照所请行。

十月二十七日　赈恤嵊县、东阳、义乌、武义、丽水、宣平6县旱灾，安吉州、玉环厅、仁和、钱塘、海宁、余杭、归安、乌程、长兴、德清、武康、萧山、永嘉、乐清、瑞安、平阳 14 县及杭前、右二卫,湖州所等处被水潮灾贫民。

十月三十日　乾隆询问浙江晚稻收成。

是日　沈近思卒。沈近思(1671—1741 年),字位山,仁和人。累官吏部右侍郎、都察院左都御史。以敢于直谏,名著一时。谥“端恪”。

乾隆七年(1742 年)

四月二十五日　乾隆谕军机大臣等浙江柴塘改建石塘有无利益,果否可垂久远,确勘具奏。

四月二十八日　审结浙江巡抚卢焯一案。刑部等部会题,参革浙江巡抚卢焯等营私受贿一案,据调任闽浙总督宗室德沛、钦差副都统汪扎尔疏称:卢焯等事后受财,求索借贷。乾隆谕旨:卢焯、杨景震俱依拟应绞者监候,秋后处决。

九月二十九日　闽浙总督那苏图奏:拟于十月初旬,自福州起程,由温、台、绍等府阅看沿海形势、水陆营汛。俟到杭日会同抚臣常安,将柴塘改建石工有无益处,确勘具奏。乾隆令其与常安和衷详酌。

十月初六日　闽浙总督那苏图奏:浙江提督裴鉽等扣克侵欺、狡诈营私,应请革职严审。乾隆谕旨:所参裴鉽、李士宏、卓林俱著革职,其克扣侵欺、狡诈营私各款,及本内有名各犯,著侍郎彭维新前往,会同巡抚常安,一并严审追拟具奏。

十一月十二日　修葺玉环城垣。浙江巡抚常安奏称:玉环城垣于乾隆六年七月,遭飓风塌坏城身垛口城楼。该地孤悬海外,非同内地,城垣最关紧要,亟宜修整,以资捍卫,请动支经费银兴修。清廷从之。

十二月十七日　太湖营游击改由湖州协管辖。

乾隆八年(1743 年)

二月初九日　翰林杭世骏(仁和人)上《时务策》,言及满汉畛域这一敏感问题。乾隆以杭世骏怀私妄奏,依溺职例革职。

七月十八日　补行浙江省乾隆七年份大计,不谨官 5 员,罢软官 2 员,浮躁官 2 员,才力不及官 1 员,年老官 3 员,有疾官 4 员,分别处分如例。

九月初六日　浙江巡抚常安奏报:海宁县鱼鳞塘工告成。查海塘自雍正十一年起,至乾隆八年止,各案工程共用银 230 余万两,去销各款在清查,其历年效力人 75 员,拟一并送部引见,听候部议。乾隆谕旨:知晓。

十二月初三日　除浙江温、台海洋鱼船涂税。

乾隆九年(1744 年)

二月三十日　不许百姓赴外洋岛屿开垦采捕。浙江巡抚常安奏:查勘宁波府沿海地方抵镇海县,复由镇海抵定海,巡视海面,凡涉外洋之山,最易藏奸,虽膏腴之区,必须严行饬禁,毋许开垦、采捕、煎烧等类，以滋事端。乾隆谕旨：所奏俱悉。

七月二十九日　浙江巡抚常安奏报：杭、嘉、湖、宁、绍、严、台、温、处九府，雨水及时，早禾已收，粮价平减。唯金华、衢州二府属自六月以来，雨泽稀少，早禾不无伤损，业经委员勘验，量借籽种，俾令乘时补种杂粮。乾隆谕旨：所奏俱悉。

九月初八日　赈济浙江水灾。浙江巡抚常安疏报：浙省七月初三等日，风雨骤作，山溪江水，一时陡涨，又海潮泛溢，所有杭属之仁和、钱塘、海宁、富阳、余杭、新城、於潜、昌化，湖属之安吉、归安、乌程、长兴、德清、武康，绍属之山阴、会稽、萧山、诸暨、余姚、上虞，金属之兰溪、汤溪，衢属之西安、龙游、常山、开化，严属之建德、淳安、遂安、桐庐、分水等31州县，及杭州前、右二卫，湖、严二所，仁和之曹娥、钱清处，浸没田禾花豆，冲塌城垣堤岸、仓敖衙署、营房民舍，恳请一体赈恤。其淳安、建德、常山、开化等四县，被灾更重，业经照例动去公项银米查勘抚恤外，至被水各州县新旧漕粮地丁，亦请暂停征比。清廷从之，著依议速行。

九月十三日　乾隆指责浙江巡抚常安不能如实奏报浙江灾情：奏报灾伤，显有粉饰，其办理赈务亦为草率。乾隆传谕申饬，令其加意抚绥，毋使小民失所。

九月十三日　乾隆谕令督标将弁前往被灾各县巡查，并饬驻防弁兵，约束灾民。

乾隆十年(1745年)

二月十二日　因严州、衢州、绍兴等府县水灾严重，乾隆谕旨再加赈一月。

三月二十一日　浙江巡抚常安疏称：浙属上年被水，请将成灾之仁和、钱塘、海宁、富阳、余杭、新城、於潜、昌化、安吉、归安、乌程、长兴、德清、武康、山阴、会稽、萧山、诸暨、余姚、上虞、兰溪、西安、龙游、常山、开化、建德、淳安、遂安、桐庐、分水30州县应完乾隆九年钱粮，分别蠲免。未受灾之金华、汤溪2县，及仁和、钱清、曹娥、金山、石堰5场，湖州、衢州、严州3所，应完地赋场课，统请缓征。清廷许之，著依议速行。

五月二十七日　刑部右侍郎彭启丰条奏浙省事宜：一、官湖宜实力开浚；二、征收漕粮宜划一；三、请定官员往来夫役人数；四、禁兵役巡盐借端扰民。清廷从之。

七月十七日　浙江巡抚常安奏：浙西嘉、湖二府向有一种奸匪，迷拐幼孩，肆行残害，惨毒难言。今据嘉善县知县陈以纲详称，拏获拐犯富大、陈大2名，讯认实情不讳，又究出各处余党多人。乾隆谕旨：此案应彻底详查，不可使一人漏网。

乾隆十一年(1746年)

四月二十二日　乾隆谕军机大臣等：浙江拏获采生、折割等犯，穷凶极恶，最为惨毒。此等恶犯不但邪药迷人、伤残童稚，而逆天悖理，聚众肆虐，竟有谋为不轨者。从前朕已屡次批谕常安弗使疏忽，以致漏网。今看办理情形，常安先有宽纵之意，以图草率了事。而属员承办，种种不妥，常安亦不究诘，全不计及贻患于将来。除恶务尽之道，不应如是。

八月二十一日　清廷谕：浙江处州府居万山之中，士习强梗，不知礼义，罔识法度，各属尽然，而松阳、青田为尤甚。此皆因闻见浅陋，锢蔽日深，是以习于愚顽，难以牖迪。唯在地方大吏加意整饬，而职司文教者尤宜悉心化导，以挽颓风。著该督抚学政等，实力训迪，开其知识，泽以诗书，化其愚鲁。俾咸知礼法，蒸蒸向善，庶几积习渐除，士风丕振，以无负朝廷教育人才之至意。

乾隆十二年(1747 年)

七月二十一日　乾隆谕：今岁浙江被水各县，其淳安、寿昌、遂安等处，受灾较重。该省本年钱粮，俱已蠲免，而漕项尚应征收。若照例令其完纳，民情未免拮据。著加恩将被水严重地方，应征本年漕项，俱行缓征，以纾民力。

八月二十四日　赈济浙江水灾最重的寿昌等三县。乾隆上谕：浙江今年被水州县，已令该督抚分别绥济。其严州府属之寿昌、淳安、遂安，被水尤重。著将三县田地不能垦复之乏食贫民，于常例抚恤正月外，再赈给两月。

十月初六　因严州牛疫流行，清廷照乾隆五年借给牛本之例，动支司库银两。照各地方牛疫之轻重，定借银之多寡，并按各户所种田数，少者借银一二两，多者借银二三两，俟来岁麦秋两熟后归款。清廷报闻。

十月二十三日　继续赈济寿昌等三县。乾隆上谕：浙江严州府属之寿昌、淳安、遂安三县，所有极贫户口，已于常赈之外，加赈两月，俾糊口有资。但思其中极贫之民，觅食维艰，著加恩添赈正月，以资接济。

是年　徐本卒。徐本(1683—1747 年)，字立人，钱塘人。历任提督贵州学政、江苏按察使、刑部尚书等。乾隆元年授东阁大学士兼礼部尚书，三年授军机大臣，二十二年，徐本入浙省贤良祠，五十一年命入祀京师贤良祠。

乾隆十三年(1748 年)

二月三十日　福州将军新柱、闽浙总督喀尔吉善奏："老官斋"一教传自浙江处州府庆元县姚姓。讹言其远祖普善，初世姓罗，二世姓殷，三世姓姚，现为天上弥勒，号无极圣祖，凡入会男妇，俱以普字为法派命名。入会吃斋之人，乡里皆称为老官，各处皆有聚会斋堂。清廷令继续缉拿。

三月二十九日　查拿绍兴"子孙教"。

十月二十四日　清廷议奏：原署江苏巡抚安宁奏称，西洋路西亚国人王安多尼、意大利亚国人谭方济各在江苏昭文县行教，往来江苏、安徽、浙江三省各属，煽惑男妇。

乾隆十四年(1749 年)

正月二十八日　浙江巡抚方观承奏：定海县普陀山远隔大洋，进香男妇杂沓，恐有覆溺之虞，且恐挟带违禁之物，盗犯因之潜匿，严行示禁。乾隆谕旨：知晓。

三月初四日　允许商贾从乍浦海运粮食至温州。

十月十八日　闽浙总督喀尔吉善、署浙江巡抚永贵奏请乾隆临幸浙省，阅视海塘。乾隆降旨谕允。定于辛未春南巡，便道前至浙省临视塘工。

十一月二十九日　修建镇海县城。署浙江巡抚永贵奏：浙江海塘各处工程，西自萧山县起，东至镇海县招宝山止，逐加勘视，无亟需兴举之工。唯镇海县城年久倾圮，经前抚臣常安请修，又经方观承奏准，先修北城一面，与塘工并力兼修。旧城即在塘上，势重难捍，工程愈固。乘此冬余兴修。

乾隆十五年（1750 年）

二月初一日　酌裁各省衙所武员，分隶州县事宜。军机大臣等议奏：杭州前卫与右卫同城，请并右归前，为杭州卫，裁守备一。海宁卫与嘉兴所同隶嘉兴，请并嘉兴所归海宁，即改海宁卫为嘉兴卫，裁千总一。俱应如所请，其裁缺俸工养廉，各充饷归公。地方分隶州县，即未裁缺卫所，凡命盗、户婚、田土事件，归州县管理。

十月三十日　决定为明年乾隆南巡勘定副河，相关人员和物资从副河运输。

十二月二十九日　浙江布政使升任江苏巡抚王师奏报：浙省半年额征地丁 214 万两零，已完解司银 130 万两零，其余未完各属，现在源源征解。乾隆谕旨：浙省年清年款，实属可嘉。

是年　开浙江温、处两郡采铁之禁。

乾隆十六年（1751 年）

二月十八日　乾隆上谕：南巡江浙，所有江苏、安徽、浙江三省府学及州县大学，著增取 5 名，中学增取 4 名，小学增取 3 名。

三月初六日　祭钱塘江。乾隆谕：杭州驻防兵丁少于江宁 2000 有余，而额设副都统却多 1 员，且汉军兵丁只 1600 名，亦不必设两副都统，著将杭州汉军副都统裁去 1 员。是日，乾隆驻跸绍兴府西。

五月十九日　浙江巡抚永贵奏上年被灾之黄岩、永嘉、太平等县男妇赴县署请粜各情形。乾隆谕军机大臣等：永贵或亲自前往弹压，否则再派一大员，协同绥辑，务令民情安帖，地方宁谧。又谕：永贵所奏温、台二属平粜亟须米石，现札商闽、江二省通融办理。

五月二十日　因米价昂贵，台州、温州等地民众闹事。乾隆谕责地方官员和将领失责。

六月十二日　杭州旱情渐重，清廷商议赈灾事宜。浙江巡抚永贵奏：浙西杭、嘉、湖三府，小暑后仍未得雨，且燥烈亢旱；金、衢、严等八府，得雨终未十分沾足，议筹灾赈事宜。乾隆谕军机大臣妥善处置。

六月十八日　杭州旗民纠纷，乾隆谕以严惩。乾隆谕军机大臣等：闻杭州兵丁因角口细故，与民人斗殴报复，抢夺铺户，竟至罢市，即严查究惩，不可因循姑息，以长刁风。

六月二十七日　因旱情严重，乾隆谕以暂弛海禁。

七月十五日　赈济浙东受灾民户。

七月二十九日　谕军机大臣等：浙省今年被灾较重，赈粜诸务需米迫切，现在多方筹划，令邻省商贩米船运浙售卖，以资接济，不得存此疆彼界之心。

十二月初十日　因处理旱情不当，革除永贵巡抚一职。著雅尔哈善补授，即驰驿前往，妥协经理灾务。

是年　清廷缓海宁、富阳、余姚、临安、昌化、安吉、乌程、长兴 8 州县本年旱灾应征粮银，并分别蠲缓漕项米折等银及未完旧欠。

乾隆十七年(1752年)

正月初九日　浙江各县旱情轻重不一,清廷分别予以赈济。

二月初九日　按照受灾轻重,赈济浙江灾民。

三月初七日　定议安置外出饥民。乾隆谕:浙东各府上年受灾特重,业经多方筹办,冀无失所。近闻饥民四出觅食,流入省城者甚众,以致杭城居民薄暮即扃户自保,人有戒心。至外出饥民,咨查邻省,如有亲族可依,与佣工糊口者,随宜安插,或系老弱妇女,酌量资送回籍收养。

是年　厉鹗卒。厉鹗(1692—1752年),字太鸿,号樊榭,钱塘人。学问渊博,诗词兼工,尤熟于辽史、两宋朝章典故。诗词为朱彝尊以后浙西诗派和浙西词派的代表作家。

乾隆十八年(1753年)

六月初三日　闽浙总督喀尔吉善奏称:浙省各属米粮充裕,温、处二郡价最平贱,遂有奸民贩运出洋,现已拿获数起。乾隆上谕:前岁温、台被旱成灾,米价昂贵,遂至闹赈抢粮,罹重典而不恤。今年年谷顺成,附近之江南、江西各省,米价亦大势平贱,是元气稍复。

十二月二十日　审结杭州驻防兵七达儿等与民人翁岐周等互殴一案。乾隆谕军机大臣等:各省驻防旗民皆同城居住,从未有争忿互殴事,唯杭州近年屡经犯案,此风断不可长。旗民同为国家臣庶,各应安分守法,何致动辄相争,此所关于风俗人心者甚大。七达儿等一案,该抚仅拟照常办理,不足示惩,著将在场斗殴人犯,不论旗民,按名拘提,研讯确实,俱行发往吉林乌拉当苦差。嗣后该处旗民互殴一案,无分曲直,俱著照此办理。

是年　真腊(今柬埔寨)船载客商51人至温州,当地政府接待后上报。清政府命水师送至厦门,令贩吕宋商船顺便带回去。

乾隆十九年(1754年)

是年　雍正年间所设的杭嘉湖道从嘉兴移治至杭州。

乾隆二十年(1755年)

六月　英船荷达奈斯号驶至宁波港外,装有大炮20门,并有鸟枪40杆、火药4担等。

十月初八日　按照受灾轻重状况,赈济杭州、湖州、绍兴等遭受水灾民户。乾隆谕:浙江杭、湖、绍等府属,今秋雨水过多,令该督抚截漕备用。现今已届冬令,灾民口粮维艰。著将被灾较重之山阴、会稽、余姚、上虞、安吉五州县,极贫加赈3个月,次贫加赈2个月。仁和、归安、乌程、德清、长兴、武康、诸暨、萧山八县,曹娥、金山、鸣鹤、下沙四场,湖州守御一所,被灾稍轻之处,极贫加赈2个月,次贫加赈1个月,并准其银谷兼赈。该处现在粮价未免稍贵,若照例折给,犹恐贫民不敷买食,加恩将每谷1石折银7钱,每米1石折银1两4钱。

十月十二日　赈济嘉兴、湖州、宁波、绍兴等遭受水灾民户。乾隆谕:其该省本年应运漕粮，前已有旨截留10万石，著再加恩截留5万石，分发存贮备用。

是年　英国总商喀剌生乘英船霍德尼斯号抵港，请求贸易。允在定海验税，运货至宁波销售。

是年　全祖望卒。全祖望（1705—1755年），字绍衣，号谢山，鄞县人。承绪黄宗羲经世致用之学，为浙东史学大家。三笺《困学纪闻》，补辑《宋元学案》，晚年七校《水经注》。记明末遗民志士事迹，尤有价值。

乾隆二十一年（1756年）

正月十二日　原浙江巡抚鄂乐舜受贿案事发。乾隆派侍郎刘纶为钦差，赴浙江会同尹继善会审原浙江巡抚鄂乐舜收受盐商银6000两一案。后经查实，令鄂乐舜自尽，而周人骥、同德与鄂乐舜同城，漫无觉察，俱革职，发往军台效力。以杨廷璋补授浙江巡抚。

四月三十日　严禁踩曲酿酒。乾隆命浙江、河南、山东等省一体严禁，“毋令射利之徒，托迹邻疆，肆行糜耗”。浙江现在赈济，尤当严拿饬禁。

六月十五日　英吉利商船“噶喇吩”号到达宁波港，照例办理交易。七月初九日，乾隆降旨：“国家绥远通商，原与澳门无异，但于此复多一市场，恐积久留居内地者益众。滨海要地，殊非防微杜绝之道。”因命督抚“时加体察”。

闰九月初十日　加重宁波海关税，以此阻挠外国来此贸易。

是年　闽浙总督喀尔吉善以钱塘江水势南趋，北塘稳固，南塘临险，经请准于山阴一带修鱼鳞大石塘400丈，南岸始有鱼鳞大石塘。

乾隆二十二年（1757年）

正月初二日　乾隆以今春南巡，将江苏、安徽、浙江三省乾隆二十一年以前积欠未完地丁银两概予蠲免。

正月十一日　乾隆奉皇太后南巡，车驾发京师。二月二十七日，驻跸于杭州行宫，次日阅兵。二十八日，驻跸圣因寺行宫，一直到三月初五日。三月初六日，奉皇太后自杭州回銮。

八月初八日　乾隆批准英吉利商船来浙江定海贸易。

十月　乾隆改变开放定海对外贸易的初衷，倾向于广州通商。

十一月初十日　确定广州一口通商，不准外商赴宁波贸易。

是年　废定海红毛馆，关闭宁波港，封浙海关。自从康熙三十九年始至此闭关，前来宁波定海贸易的英国商船共29艘次，其中以康熙四十九年最多，有10艘次之多。

乾隆二十三年（1758年）

是年　陈世倌卒。陈世倌（1680—1758年），字秉之，号莲宇，海宁盐官人。历任山东、广东、顺天乡试主考官，后擢内阁学士。乾隆元年任左副都御史，累迁至工部尚书。乾隆六年，授文渊阁大学士。乾隆二十二年，以老乞休。谥文勤。

乾隆二十四年(1759年)

二月二十八日　浙江商众输银20万两,以佐屯饷之需。乾隆以两浙商力素薄而踊跃急公,允其所请,令杨廷璋委员解银甘肃,交总督吴达善以备用。该商交部议叙。

四月十二日　英商驾船至宁波,声称为英人洪仁辉后船。浙江巡抚庄有恭令其回粤,并饬内地商民不得私与交易。乾隆谕旨:所办好。

闰五月　琉球贡使从台州登陆。

六月二十七日　浙江巡抚庄有恭奏报英商洪仁辉驾船来浙贸易,已命其速回广东。乾隆命将此奏折抄寄两广总督李侍尧,令其传集夷商,告知禁止往浙江贸易。

十二月十六日　浙江巡抚庄有恭奏:署杭州将军伊灵阿、副都统刘扬咨行布政司取给轿役工食,被驳回。乾隆谕:将军、提镇乘舆久经饬禁,只有进京途中,或地方无马,或天雨,量为区别。伊灵阿、刘扬擅自乘用,著革职来京候旨。庄有恭能破除情面,秉公据实奏闻,交部议叙。

乾隆二十五年(1760年)

二月十六日　浙江巡抚庄有恭奏称:杭州驻防兵茔地现有改捐义地派拨。唯乍浦驻防须置民地,请动用司库备公银,其地粮豁除。清廷从之。

五月十八日　严格规定渔民填写照票。

乾隆二十七年(1762年)

正月初二日　乾隆以今春南巡江浙,命将江苏、安徽、浙江三省自乾隆二十二年起至二十六年止,所有灾田缓征及未完地厂各欠项概予蠲免。

三月初二日　乾隆至海宁,阅海塘。次日,阅海塘石堤。

三月初四日　乾隆驻跸杭州。三月初九日,登上观潮楼,检阅福建水师。十三日,自杭州回京。

三月初九日　乾隆谕称:各处旧有行宫,所驻不过数日,但须扫除洁净足矣。此后,凡届巡幸之年,江浙各处行宫及名胜处所,均无庸再事增葺。

是年　王又曾卒。王又曾(1706—1762年),字受铭,号谷原,秀水人。以诗享有盛名,毕沅举秀水诗人朱彝尊、钱载与其并列为三家。后人以其与厉鹗、严遂成、钱载、袁枚、吴锡麒合称"浙西六家"。

是年　金德瑛卒。金德瑛(1701—1762年),字汝白,号桧门,仁和人。乾隆元年一甲一名进士,授修撰,入直南书房,充福建、江苏、江西考官,提督江西、山东、顺天学政。由侍读学士、内阁学士,迁至都察院左都御史。淹贯经史,爱才若渴。

乾隆二十八年(1763年)

七月初四日　查办"天圆教"。顺治年间,浙江兰溪人舒思砚创立该教,以《天圆万善经》

为主要经典。是年五月，尹继善、庄有恭先后拿获传教之生员徐筠、杨惟中等人。乾隆谕旨：将首先传播邪教之犯按律严惩，若只系吃斋祈福，并无聚众授徒情事，原可照例完结，不可使实在传教者幸逃法网，亦不可将事外之人展转根究，以致株连滋扰。后尹继善等将杨惟中、舒敬分别拟绞候、斩候，其余信徒遵旨发往乌鲁木齐。

是年　梁诗正卒。梁诗正(1697—1763年)，字养仲，号芗林，钱塘人。雍正朝进士，授编修。历官侍读，内阁学士，刑部、户部侍郎，诸部尚书，掌院学士，协办大学士。以父丧归，复起后进东阁大学士。谥文庄。

是年　金农卒。金农(1687—1763年)，字寿门，号冬心，钱塘人。为“扬州八怪”之一，擅书法，楷书号“漆书”，自成一家。

乾隆二十九年(1764年)

二月初七日　商议乾隆上谕：出洋之丝本系土丝及二、三蚕粗糙之丝，非腹地绸缎好物料可比。徒立出洋之禁，则江浙所产粗丝转不得利。是无益于外洋，更有损于民计，何如照旧弛禁，以天下之物供天下之用，尤为通商便民乎？旋即命部臣定议，并征求地方督抚意见。

三月　开放浙江丝禁。乾隆以江浙情形如此，他省皆可概见，因命弛禁，俱照旧例行。寻命各督抚定出章程。此后，各省陆续作出规定。

是年　清廷下令，规定出海闽、浙商船，每船只准带土丝千斤、二蚕粗丝千斤，禁止头蚕湖丝和缎匹出口；琉磺只准进口，不准出口；棉花禁止进口。

乾隆三十年(1765年)

正月初二日　乾隆以即将南巡江浙，将浙江乾隆二十六、二十七、二十八年因灾未完地丁银两，并二十七年屯饷沙地公租，乾隆二十六、二十七年未完漕项等银13.25万两，又二十八年借给籽本谷1.37万石，悉行蠲免。

正月十六日　乾隆南巡江浙。闰二月初五日，阅视杭州绕城石塘。石塘共有530余丈，向来只建两层，唯于极险处加建三层坦水60余丈。乾隆命一律普筑三层坦水，其二层内有桩残石缺者，亦查明补换，以保障全城安全。十九日，乾隆奉皇太后自杭州回京。

七月十一日　浙江巡抚熊学鹏奏：浙江商船往南洋咖喇吧等处贸易者，每船准带土丝、二蚕丝各1000斤。其往闽粤内地者，部议未及，请照江苏省例，每船准带糙丝300斤。收税验放，俱照洋船定例。从之。

是年　丁敬卒。丁敬(1695—1765年)，字敬身，号砚林，钱塘人。生平不习举子业，笃好金石，尤工篆刻，为“西泠八家”之首，浙派大师。

乾隆三十一年(1766年)

正月初二日　乾隆效法康熙帝，定于本年为始，各省应输漕粮按年份蠲免一次。乾隆三十四年免浙江，各省以次递免。

是年　浙江省社仓存谷量达26.05万石，常平仓储谷量达65.05万石。

乾隆三十二年(1767年)

四月初九日　浙江布政使觉罗永德奏:浙省仁和、海宁二邑塘工请仍照旧编号立碣,造具字号清册送部。凡有应修工程文册,均令指明某号塘工,原修系何人,何日完工,报部存案。清廷许之。

乾隆三十三年(1768年)

春　江浙一带传言起建桥座,因而偷割头发及妇女衣襟等物,垫于桥桩以为厌胜之物。此风逐渐波及山东、直隶、河南、湖广、江西、山西等省,或在京城稠人广众之中,或在群众观戏场所,不断有人秘剪头发,甚至于传言深居之妇女被剪头发、被割衣襟而不知。乾隆虑及由此引发一系列不同形式之治安问题,连降谕旨数十道,严命各督抚查拿。后各省陆续抓获多人,但未供出由谁主使。七月二十四日,乾隆命将诸人正法。

十二月初二日　清查江浙勋田。御史虞鸣球奏:明勋臣产业散在江浙诸省,其田赋较别项为轻,且不纳漕米,殊为未协。户部议准,饬各督抚按册立限,饬各州县清查,并令民户首报,布政司核实,一体输赋。

是年　清廷为加强沿海控制,颁布了商船、渔船管理办法,规定商船、渔船建成时,须报地方官府,发给执照后方许使用,执照一年一换;海船的篷帆,按省分色,浙江的船帆为白篷黑字;船只出租须由邻甲保结;不出洋的海船,一概造报入册,5年一核;渔船不得装载货物。

是年　齐召南卒。齐召南(1703—1768年),字次风,号息园,天台人。历官中允、侍读、侍读学士、内阁学士、礼部侍郎。精舆地之学,著有《水道提纲》。诗文与同时浙江名家厉鹗、杭世骏鼎足齐名。

乾隆三十四年(1769年)

十月初三日　定议根治余杭南湖水患。侍郎曹秀先奏请照绍兴修筑南塘例,按亩出钱,官收民办。清廷许之。

是年　英武装商船驶至镇海峙头进行贸易。

是年　董邦达卒。董邦达(1699—1769年),字孚存,号东山,富阳人。乾隆朝典试陕西,充会试副总裁,实授礼部侍郎,署翰林院掌院学士,迁工部尚书,转礼部,复转工部。谥曰文恪。

乾隆三十五年(1770年)

九月二十二日　浙江巡抚熊学鹏疏称:嘉善县斜塘镇地方商贾凑集,民情健讼,请将该县县丞移驻斜塘镇。又,永嘉县永嘉场大使一员,不过专司盐务,例不管理民事。遇有棍徒滋扰,乡民赴县具控十分不便,查永嘉县有南溪县丞一员,其地与该场接壤,请即令就近弹压。清廷从之。

是年　浙江屯田1773顷80亩,收赋银18630两。清初曾准许每位佐领拨壮丁10名、牛

4头于旷土屯田。顺治元年(1644年)时定《荒地屯种条例》,准州县卫所将荒地无主者分给流民与官兵屯种。

乾隆三十六年(1771年)

十一月三十日　为恭逢皇太后八旬万寿,浙江等处商人来京恭办庆典。乾隆准许浙江盐商每引加余盐5斤,3年为限,以示恩典。

乾隆三十七年(1772年)

三月十二日　乾隆召见侍郎周煌,询及浙江海塘事。前此,浙江巡抚熊学鹏曾奏请于萧山南岸修建捍海石塘,乾隆未予批准。周煌奏称:南塘自井亭至富家池去海甚近为最险,自富家池至长山头为次险,宜建石塘。又称:建石塘之说非倡自地方官,乃该处民人自愿捐修,赴省具呈。乾隆命富勒浑确查,据实具奏。富勒浑旋即上奏:绍兴府属山阴、会稽、萧山、上虞、余姚等县石土塘工,遇有残缺,即当修筑。至于萧山县应修塘工,该处士民情愿合力增改捐修。自井亭至长山头,坚土板沙,较海宁北塘浮沙不同。经丈量,此处土塘共长860丈,该处士民加高墙厚者410丈,镶砌条块石工者250余丈,其余接续趱办,可冀克期竣工。乾隆谕示:知晓。

是年　下诏修《四库全书》,令各地献书。次年下诏,点名浙江嘉兴项氏天籁阁、朱氏曝书亭、杭州赵氏小山堂、宁波范氏天一阁等著名藏书楼献书。浙江在这3年中,共献书12次,计进书4588种,进书数为全国之冠。

是年　沈廷芳卒。沈廷芳(1702—1772年),字畹叔,号椒园,仁和人。乾隆元年以监生荐举博学鸿词,授编修,升监察御史,直言敢谏。历官山东登莱青道,河南、山东按察使,有政声,与陈鹏年、陆陇其齐名。

乾隆三十八年(1773年)

八月十五日　浙江巡抚三宝奏请升海宁县为海宁州,仍属杭州府,改安吉州为安吉县。清廷许之。

九月二十四日　浙江巡抚三宝奏称:浙江商人何永和等捐助饷银100万两。乾隆命照例议叙。

是年　杭世骏卒。杭世骏(1696—1773年),字大宗,号堇浦,仁和人。乾隆元年举博学鸿词,授编修,校勘《二十四史》《十三经》,纂修《三礼义疏》。后改御史,以言"朝廷用人,宜混满汉之见",得罪罢归。晚年主讲安定、粤东书院。

乾隆三十九年(1774年)

五月十四日　乾隆阅所进各家书目,其最多者为浙江鲍士恭、范懋柱、汪启淑,两淮之马裕四家,为数多至六七百卷。乾隆命各赏《古今图书集成》1部,以为好古之劝。进书100种以上之浙江吴玉墀、孙仰曾、汪汝瑮等,命赏给内府初印之《佩文韵府》各1部,以示嘉奖。

六月二十五日　清廷派人来宁波学习天一阁藏书规制。乾隆闻宁波府范懋柱家天一阁设计甚佳，不畏火烛，自前明相传至今，现办《四库全书》，欲仿其藏书之法，以传久远。命寅著前往看其房屋建造之法并书架样式，详细询察，做成模型后呈览。

是年　塘栖烟市极盛。塘栖烟与济宁烟、衡烟、川烟齐名。

是年　钱陈群卒。钱陈群(1686—1774年)，字主敬，号香树，嘉兴人。历官赞善、庶子、侍讲学士、侍读学士、右通政兼顺天学政、太仆寺卿、詹事、内阁学士、刑部侍郎。以病乞归，清高宗赐诗送之。钱陈群历事康熙、雍正、乾隆三朝，为政平和，特得乾隆尊宠，倚为元老儒臣，谥文端。

乾隆四十年(1775年)

三月初八日　查禁"无为教"。乾隆上谕：邪教传播惑众，最为风俗人心之害，不可不尽力根求。

闰十月二十五日　因朱璘所撰《明纪辑略》以附三王纪年，为浙江抚臣等所奏毁。

闰十月二十九日　毁《焚余续草》刻版。乾隆上谕：此书系赵维寰所作，语多悖谬。但查赵维寰系浙江人，其书作于前明，其子孙及藏书之家，屡奉恩旨宽宥，自当免其深求。其所镌板片，严查送毁。

乾隆四十一年(1776年)

十月十五日　浙江巡抚三宝奏：石门县，地当孔道，事务殷繁，应改为冲繁难要缺。德清县，赋重事繁，幅员绵亘，应改为繁疲难要缺。瑞安县，原定海疆，在外拣调，查所辖并非外洋，应删去海疆字样，改为冲繁中缺。慈溪、诸暨两县，丞本无专司，止供差委，亦请改归部选。清廷从之。

乾隆四十二年(1777年)

十月初一日　镇压佃民抗租。闽浙总督钟音奏称：永嘉佃民胡挺三等倡议减租，聚众抗租。温州镇总兵孟兆熊正值在洋巡察，闻信即亲至该地方，协力督拏。乾隆谕：迅速严讯，重治其罪，并查缉余党，不使漏网，一面奏闻，一面正法。

十二月二十九日　浙江巡抚王亶望奏：浙江收漕，向多弊窦。又浙西晚禾，收获较迟。十月开征，花户上仓，多在十一月望后，粮船冬兑冬开，征收开兑，同期并迫。粮户最畏守候，奸胥藉多刁难，或劣衿地棍包揽上仓，或仓夫侵扣剩米。现饬粮道，巡历各府，严密查察。至粮艘现已兑竣，于十二月二十四日开行，催趱前进。乾隆谕旨：好。行之以实，而要之以久可也。

乾隆四十三年(1778年)

四月　严惩民户拖欠官府钱粮。浙江嵊县民人王开经等拖欠官府钱粮，典史何光曙带同书役前往催征，双方发生冲突。知县吴士映闻讯亲往，王开经聚集50多人将知县殴打。乾隆命：不使一人漏网，从重多办数人，毋得稍存姑息。

十一月十一日　浙江巡抚王亶望奏：浙江巡抚衙门额设养廉银 1 万两，已敷用度，兼管盐政添有养廉银 4800 两，掣盐路费：赏赉公费银 5000 两，请一并裁减，拨充海塘经费。清廷从之。

十二月初一日　于盐库项内拨银 10 万两，以为浙江办差之用。

乾隆四十四年(1779 年)

十一月　杭州将军嵩椿耽于逸乐，被夺职，并通谕申戒。

乾隆四十五年(1780 年)

正月十二日　乾隆第五次南巡。

三月初二日　乾隆到海宁观看潮水。初三日，到尖山，命将海宁城之鱼鳞石塘内之 20 余丈失修者及城东八里七段塘工约计 150 余丈，均改建鱼鳞石工。且原先的柴塘 4200 余丈虽现在尚为完好，但终久石塘坚固，令据实逐段勘估，改建石塘。

三月初五日　乾隆至秋涛宫检阅水师。

三月初八日　乾隆上谕：浙江省于此次南巡时增建屋宇，点缀灯彩，兼多华褥，未免徒滋繁费。三宝、王亶望均著传旨申饬，如再有过费者，必加严谴。

三月初十日　浙江进献诗册，考取一等之马履泰、沈飏等 4 人特赐举人，授为内阁中书学习行走，与考取人员候补挨次补用；考取二等之吴纯等 13 名，俱赏缎 2 匹。

三月十三日　因王亶望丁忧，李质颖调补浙江巡抚。

六月初三日　浙江巡抚李质颖奏报：日本国难民汉昭禄等 13 人于上年十一月漂至闽省霞浦县星澳口，经福建抚臣咨送到浙，现已搭乘铜商范清济等船，资送回国。

十二月二十四日　乾隆上谕：浙江海塘工程关系重大，必得广集众思，才能经理妥善。命陈辉祖于清江浦会同大学士阿桂前往海塘，与富勒浑等履勘筹酌。

是年　汪师韩卒。汪师韩(1707—1780 年)，字抒怀，号韩门，钱塘人。雍正朝进士，任编修，充湖南学政，后主讲莲池书院。善治经，诸经皆有著述，于《易》尤精，为学者所重。

乾隆四十六年(1781 年)

正月二十九日　杭嘉湖道王燧不法事案发。阿桂参奏杭嘉湖道王燧骄纵不法，于本管地方建造私宅，拆毁民居，添盖花园、屋宇，民怨沸腾。并与市井小民合伙开银号牟利。清廷著将其革职拿问，交阿桂等严审具奏。乾隆上谕：王燧由王亶望保荐擢，不思洁已奉公，历任督抚未能察觉，依赖阿桂查勘海塘，才访查确实。

二月初九日　阿桂奏：浙江海塘工程，老盐仓一带 1700 多丈土质沙性，难以下桩，其余地段应建石塘共 2200 丈，如一律改建鱼鳞石，费用甚高。如果采用条块石塘，费用只及鱼鳞石塘三分之一，施工易而成事速，一年后就能完工。乾隆上谕：阿桂等履勘确实，速办理紧要工程。又上谕：阿桂等查抄王燧家产，查出银 24 万余两，而每年养廉银不过数千两，著阿桂严切查问。

二月十六日　乾隆上谕：上年南巡时，王燧、知府陈虞借办差为名，肆意侵蚀，外博见长之巧，阴遂贪纵之私。大约此事是王亶望主张，三宝竟无主见，堕其术中，所谓无能而可悯者也。

八月二十三日　闽浙总督陈辉祖奏：海塘改建鱼鳞石塘工程，订桩分限办理，每限石400丈，桩6万根。现在四限工程将竣，五限业经开潜槽赶办。乾隆勉之。

乾隆四十七年(1782年)

二月十三日　查处卓天柱、卓长龄文字狱。闽浙总督陈辉祖等奏：仁和县监生卓天柱收藏先人卓长龄诗集，内有“发短何堪剃，厌此头上帻”及“彼都人士，通绝黍米”等语。乾隆上谕：卓天柱生于本朝，将本朝制度作诗指斥，不法已极，实为人心风俗之害；卓天柱等人于此等悖逆诗集，不即行首缴，且挖去违碍字迹，有心隐藏，自有应得之罪。陈辉祖拟定罪卓长龄戮尸，卓天柱斩立决。乾隆因卓长龄为康熙时人，免其戮尸；又因卓天柱两目失明，未曾见过诗集，谕令改为斩监候，秋后处决。

三月十四日　查勘藩库所存银两。先是，陈辉祖奏：浙江藩库自乾隆四十六年正月起至十二月底止，经收各年各款，除支销外，实存银229844两。乾隆令陈辉祖将新旧正杂各项实存银详查，迅速复奏。本日收到浙江布政使盛住奏报，内称至本年正月止，计存新旧正杂钱粮共银1010808两。

七月十三日　江苏巡抚闵鹗元奏：浙江海塘初次所办条石13.6万丈，业经全部启运赴浙；其接办之9.66万丈，至明年三四月间，可以一律办完。清廷令陈辉祖督率工员赶紧办理。

是月　《四库全书》编纂完成，后续缮3部，其中1部于杭州圣因寺行宫内建文澜阁珍藏。

九月初二日　陈辉祖奏报改建文澜阁，原所建之地玉兰堂地势潮湿，难以藏书，拟于玉兰堂东迤下藏书堂后改建，盐商自愿承担改建费用及其雇佣书手缮写费用。乾隆令盛住赴京时，将文渊阁式样带到浙江，再行办理。

是日，乾隆又上谕：陈辉祖奏续估海塘鱼鳞石工一折称，前经题拨、恩赏并赔剿查抄各项留为塘工应用，共银142.18万两，除拨给原估、续估工料银外，尚余银39万两，著赏给该省为四十九年南巡修葺行宫等项开支。

九月初七日　清廷勘查闽浙总督陈辉祖等人侵吞所查抄的王亶望家产一案。乾隆谕旨：案情重大，命阿桂为钦差大臣，赴浙江办理此案。又命将陈辉祖革职拿问，以富勒浑为闽浙总督；命将国栋解职，押赴浙江，交阿桂严审。乾隆认定陈辉祖查抄入官之物，侵吞抽换，行同鼠窃，与国栋之罪尚有区别，实为一盗臣。因命将陈辉祖判处斩监候，秋后处决。参与抄家之前布政使国栋，知府王士翰、杨仁舆，判斩监候；知县杨先仪、张翥，发往新疆充当苦差；布政使李封、陈淮革职，发往河南河工效力赎罪。乾隆四十八年二月初三日，乾隆命陈辉祖自尽。其间又命清查浙江省仓库钱粮，责成属下官员速行弥补。后查出各属仓库钱粮亏空达130余万两白银，至五十一年初弥补达100万两左右，仍有33万两亏空。

十月十二日　两浙商人何永和等表示愿捐银8万两，用于河南兰阳等处开挑引河。清廷著交部照例议叙。

十二月二十七日　停止修葺王亶望为迎接乾隆而建造的葛岭庭院。

乾隆四十八年(1783年)

五月二十一日　浙江巡抚福崧奏《严除漕弊,酌定章程》,清廷从之。

乾隆四十九年(1784年)

三月十六日　乾隆遣官祭大禹陵、南镇之神、海潮神庙、江潮神庙以及唐代陆贽祠、五代钱镠祠、宋臣岳飞墓、明于谦祠、故大学士徐本墓、梁诗正墓、尚书徐潮墓、钱陈群墓。乾隆亲临阅视海塘工程,责备所办工程多有不妥,命于范公塘一带一律接做石工,拨给部库银500万两,限5年完工。

三月十七日　乾隆驻跸杭州行宫,检阅浙江驻防兵。二十五日,从杭州回京。

是年　郑虎文卒。郑虎文(1714—1784年),字炳也,号诚斋,秀水人。乾隆朝进士,改庶吉士,授编修。先后任湖南、广东学政,后主讲徽州紫阳书院,杭州紫阳书院、崇文书院。

乾隆五十年(1785年)

十一月　浙江巡抚福崧奏:浙西杭、嘉、湖三府因旱歉收,米粒未纯,请将三府应征粳米之11州县,一体红白兼收,籼粳并纳。清廷许之。

乾隆五十一年(1786年)

正月初三日　缓征浙西杭、嘉、湖三府属之仁和等17州,以及杭、嘉、湖2卫地丁漕银米。

四月二十日　乾隆命户部尚书曹文埴、刑部左侍郎蒋晟、工部右侍郎伊龄阿为钦差大臣等查办浙省仓库钱粮案,并派阿桂赴浙省督办此案。九月,核定案情,乾隆命将阿桂、曹文埴、蒋晟、伊龄阿俱交部严加议处。乾隆以窦光鼐所奏有三款属实,三款属虚,并有"不要性命,不要作官"之语,亦殊乖大臣之礼,不得谓无过,命署理光禄寺卿。福崧不据实参查,不可再任封疆之寄,命其来京候旨。盛柱、伊龄阿俱交部严加议处。其余失察各上司亦受到不同处分。

是年　梁国治卒。梁国治(1723—1786年),字阶平,号瑶峰,会稽人。历官左副都御史、吏部侍郎、湖北巡抚、署湖广总督兼荆州将军。乾隆三十八年召还,命在军机处行走。次年授户部侍郎,迁尚书。乾隆四十八年,协办大学士。乾隆五十年,授东阁大学士,兼户部尚书。卒谥文定。

是年　浙江人口2147.3万人。

乾隆五十二年(1787年)

是年　浙江人口2171.9万人。

乾隆五十三年(1788年)

正月十四日　浙江巡抚琅玕奏:两浙商人何永和等愿捐银40万两助剿灭台湾林爽文。乾隆准其解闽备用,查明咨部,照例分别议叙。

是年　宁波港开往日本贸易商船10艘。

是年　浙江人口2196.9万人。

乾隆五十四年(1789年)

是年　浙江人口2223.3万人。

乾隆五十五年(1790年)

八月初二日　浙江巡抚琅玕处理漕粮诸案不当被调离,以海宁调补浙江巡抚。

十月二十五日　海宁在赴任途中病故,著以福崧调补浙江巡抚。

是年　浙江人口2252.2万人。

乾隆五十六年(1791年)

八月初九日　浙江巡抚福崧奏:朝鲜国难民金客赞等于本年二月十九日由本国开船,三月初一日在洋面遭风,漂泊至平阳县,已照例抚恤,咨送到京。礼部照查,照旧例遣回本国。

十二月十三日　浙江巡抚福崧奏报:原任浙江巡抚琅玕任期内,办理海塘工程,或延误工期,或未能坚实。乾隆命琅玕赔补一半,计银11.3万两,其余一半由承办司、道、厅员分赔。

是年　浙江人口2282.9万人。

乾隆五十七年(1792年)

二月二十四日　浙江巡抚福崧奏报:两浙商人何永和等闻大兵进剿廓尔喀,情愿捐银100万两。乾隆准其捐50万两,并命于本年纲盐引内起捐,分作年半完纳。

十二月十二日　命福崧来京候旨,以长麟调补浙江巡抚缺。乾隆上谕:浙江盐道柴桢到任后1年,亏空银17万两,必另有隐情。浙江巡抚福崧兼管盐政,岂能毫无所见?如果交福崧查办柴桢案件,必然始终维护,此事仍然难以水落石出。现在将长麟调任浙江巡抚,接印后,务将柴桢在任期间事项据实参奏。

乾隆五十八年(1793年)

正月初五日　严查原任浙江巡抚福崧受贿一案。经过钦差尚书庆桂和新任浙江巡抚长麟的审讯,浙江盐道柴桢供认福崧曾向其婪索金银等,通共用去银11.5万两。

二月初六日　福崧、柴桢一案审结。庆桂审明福崧、柴桢侵婪22万两之外,福崧侵用掣规、月费等银6万余两。现据军机大臣、会同大学士九卿核议,柴桢著交长麟,即于浙省处决示众。福崧著无庸解京,即令庆桂在押送福崧所到地方监视正法。归景照身为藩司大员,于福崧种种贪劣各款,并不据实劾参,著发往伊犁效力赎罪,不准捐赎。

二月十八日　浙江巡抚长麟奏:查明乾隆五十一年浙江因灾,借给仁和等州县并嘉兴、湖州2卫贫民籽种、口粮银,节次征还及豁免二成外,至今尚有未完银26.43万两,经查确系贫民实欠。清廷令乾隆五十一年以后,经征各州县分赔一半,历任抚、藩、道、府分赔一半。福崧应赔款项，无可著追，令曾任浙江巡抚伊龄阿代赔。

三月十八日　因福崧一案，处罚浙江籍言官。乾隆上谕：福崧在浙江巡抚任内，骄纵乖张，胆敢向盐道婪索，以致柴桢亏缺库项。该省科道虽在京服官，但本省地方大吏似此任意妄为，其亲友往来，断无不互相传说，何以总未据一人参奏。国家设立言官，原令职司纠察，虽本籍地方事件，不便越职干涉，若督抚等似福崧之恣意贪纵，款迹昭然，自当据实纠参，居然始终缄默。所有籍隶浙省杭州府属之给事中、御史，俱著停升二年。其籍隶浙省外府者，俱著停升一年。

三月二十二日　乾隆传旨严行申饬闽浙总督伍拉纳，因其虽然兼管浙江，却未能及时参奏浙江巡抚福崧，又在乾隆派钦差大臣处理福崧案件时，未具折请罪。

十月初三日　英吉利马噶尔尼使团起程回国，由内河水路至定海，前赴澳门，乾隆派侍郎松筠护送至浙江。英国贸易船只由海道回国，在定海等待该国使臣。

是年　英派专使马戛尔尼来华，提出开放宁波、舟山等处通商。并要求取得舟山附近一处小岛作为英商仓库，被清政府拒绝。

是年　钱载卒。钱载（1708—1793年），字坤一，号萚石，秀水人。历官中允、礼部侍郎等。诗学黄庭坚，险入横出，崭然成一家。同县王又曾、万光泰辈相与唱酬，号秀水派。又与厉鹗、严遂成、王又曾、袁枚等并称为“浙西六家”。

乾隆五十九年（1794年）

六月初四日　严查义乌何世来等人的反清活动。浙江巡抚吉庆奏报：义乌县何世来、楼德新等人散布言论，纠合信徒抢夺富户财物。何世来号称楼德新曾得天书，宣布为教主。官府陆续缉获党徒30余名。乾隆谕旨：务必搜查净尽，并将现获各犯严讯供情，速行定拟具奏。旋即，闽浙总督伍拉纳奏报何世来等人密谋反清，乾隆训斥吉庆并未将此类供词上奏，著交部严加议处。

乾隆六十年（1795年）

二月十五日　豁免浙江积欠未完银559195两，未完米6341石。又豁免两浙积欠灶课银69292两。

四月十三日　本年会试榜发，第一名王以铻，第二名王以衔，皆系浙江人。乾隆认定同籍联名，俨然兄弟，殊觉可疑，派和珅为钦差大臣查验复试。王以衔复试列二等第四，王以铻列三等七十一名。乾隆以为王以铻卷子错谬处多，根据和珅的奏请，将副考官刘跃云、瑚图礼及荐卷不当之同考官等交部议处，会试总裁即刻解职，听候部议。

四月　福建米价大增，福建巡抚浦霖咨会浙江购买米10万石。当时浙省亦处青黄不接之时，如福建采买10万石，恐致物价腾贵，然浙江仍准备碾米10万石，咨会闽省前来支取。寻江西巡抚陈淮愿从海道运米10万石接济福建，清廷命将陈淮交部议叙。

六月十二日　浙江洋面海盗猖獗，劫案频发，乾隆谕令严加缉捕。

是年　卢文弨卒。卢文弨（1717—1795年），字召弓，号抱经，余姚人。历官左中允、侍读学士、湖南学政。为清代著名校勘家、藏书家，所校诸本汇刻为《抱经堂藏书》。

仁宗嘉庆元年(1796年)

正月　“洋盗”骚扰东南海面。“洋盗”者，始于安南。安南阮光平父子夺取其国政权后，兹因财匮，乃招濒海亡命，资以兵船，诱以官爵，令劫内洋商舶以济国用。自是“洋盗”出没，踪迹飘忽。继而内地土盗附之，遂深入闽、浙。初十日，谕令福州将军魁伦、两广总督吉庆等于岛岙处所巡缉擒拿。

二月十二日　析玉环厅之石塘、石板殿地往属台州府太平县。

是年　孙士毅卒。孙士毅(1720—1796年)，字智治，号补山，仁和人。历官内阁中书，户部郎中，广西、山东布政使，云南、广西、广东巡抚，两广、四川、两江总督，兵部尚书，协办大学士。谥文靖。

是年　邵晋涵卒。邵晋涵(1743—1796年)，字二云，号南江，余姚人。乾隆朝进士，选庶吉士，授编修，入《四库全书》馆任编校，迁左中允，侍讲学士等职。长于经史小学。

是年　陈端生卒。陈端生(1751—1796年)，字云贞，钱塘人。工诗，擅文词，创作弹词《再生缘》。陈寅恪《论〈再生缘〉》称之“为弹词中最杰出作品，堪与希腊罗马之有名史诗相比”。

嘉庆二年(1797年)

正月初九日　规定所擒获的海盗，虽有安南封号，但为免纠纷，审明后即刻正法。

是年　浙江学政阮元选各府高才生，在西湖孤山编纂《经籍籑诂》，次年成书，计116卷。

是年　福建同安人蔡牵等聚众海上进行武装走私活动，多次与清水师战于温州洋面。

嘉庆三年(1798年)

十二月二十七日　福州将军魁伦等奏报：“洋盗”沈振元等率伙投首，并呈交船只器械。清廷著照前例，将其押送赴京安插。至于首领蔡牵，仍潜匿浙江洋面，仍著浙江玉德严饬各舟师，抓紧查拿。

是年　袁枚卒。袁枚(1718—1798年)，字子才，号简斋，钱塘人。论诗主性灵，能达他人欲达而不能达之意，士多效其体。与赵翼、蒋士铨称“三家”。平生毁誉参半，章学诚、潘德舆对之抨击最力。

嘉庆四年(1799年)

正月二十九日　浙江巡抚玉德奏报《浙省缉盗章程》，清廷许之。

是年　桐乡、石门遍地栽种烟草，远商来贩者成市，资为恒业。

嘉庆五年(1800年)

正月初八日　实授阮元为浙江巡抚。先是，浙江海面有安南夷艇及凤尾帮、水澳帮、箬黄帮“盗船”数百只，出没为患。阮元赴温、台督饬定海镇总兵李长庚率兵攻剿，并捐廉添设大船、大炮，陆路兵按三成挑选，专司训练。得旨嘉奖。

六月　安南盗船30余艘，水澳帮、凤尾帮各六七十艘，皆聚于浙，进逼台州。定海镇总兵李长庚总统三镇水师击之，获安南伪侯伦贵利等四总兵，杀之，以敕印掷还其国。不久，安南为农耐王阮福映所灭，接受清廷册封，守朝廷约束，尽逐国内奸匪，由是“洋盗”无所巢穴，其在闽者皆为蔡牵所并。

是年　浙江巡抚阮元疏浚杭州西湖，堆土成墩，后人称阮公墩。

嘉庆六年(1801年)

是年　阮元在杭州孤山创立诂经精舍，收受士子入学。

是年　章学诚卒。章学诚(1738—1801年)，字实斋，号少岩，会稽人。官国子监典籍。性好读史籍，不甘为章句之学，常就南北各地方志馆之聘，主修和州、永清、亳州、天门等志。所著《文史通义》，倡“六经皆史”“道不离器”之说，责乾嘉经学家专事考据而不能贯通。后被公认为中国方志学的主要创始人和集大成者。

嘉庆八年(1803年)

正月　蔡牵率部抵定海，进香普陀山。适浙江水师提督李长庚率舟师掩至，蔡牵不敌，仅以身免。官军水师追击于三沙、温州。事后，蔡牵因官军水师霆船甚厚，遂赂闽商订造大于霆船之船，先后载货出洋。

是年　丽水、松阳、青田等县畲民由丽水畲民雷起龙首倡，发起反对科举考试排挤畲民的斗争。青田县畲民钟正芳代表畲民呈文浙江巡抚阮元会同学使文宁，咨准畲民一体考试。

嘉庆九年(1804年)

六月初七日　蔡牵率船驶至鹿耳门海口，突入北汕木寨滋扰，杀死清将武克勤、王维光2员，又率船至温州浮鹰海面，掷火焚烧温州镇总兵胡振声坐船，该总兵及同船官兵均毙命。时玉德已亲往督办，嘉庆上谕令所有捕盗舟师，由提督李长庚统一指挥，并著知会浙江、江南各督抚、提镇，派拨弁兵，于所在洋面一体缉捕。

六月十一日　减各关盈余额税。定浙海关4.4万两。

八月　蔡牵、朱濆联合，共110艘战船，攻入浙江。李长庚合诸镇迎击于定海北洋。蔡、朱结百十艘为一阵，李长庚督兵冲贯其中，断之为二。令诸镇击朱濆，而己急击蔡牵，逐至尽山，沉其二副船，又断其坐船篷索。会风雨骤起，蔡、朱乘机逃走。

嘉庆十一年(1806年)

三月　严禁浙江、江苏等省贩米出洋。

嘉庆十三年(1808年)

七月二十七日　闽浙总督阿林保奏《蔡朱二逆贼情及现饬舟师分路剿捕缘由》一折,据称蔡牵由粤洋窜回。清廷著浙江巡抚阮元先行札饬温州、黄岩、定海三镇总兵,在浙洋严密防备。仍一面探听确信,俟"蔡逆"窜近,该巡抚即亲自驰往海口、督饬办理。催令三镇官兵、合力追剿,以期收两面夹攻之效。

八月初八日　清廷严谕浙、闽、粤各省督抚严查贩米出洋,务使盗源禁绝,民食日充,以期海洋宁谧,地方丰裕。

八月二十二日　查办刘凤诰科场舞弊案。刘凤诰为浙江学政,上年乡试监临时,江西同乡盐库大吏严廷燮前来游说,请将仁和县廪生徐步鳌与沈晋联号,以得照应,并许中后报恩。刘凤诰入场,即违例于三场试卷印用联号。事发,众士子纷纷不服,御史陆言上奏参劾,刘凤诰亦供认属实。嘉庆谕令将其革职拿问,解京交刑部复审,后令发往黑龙江效力赎罪。旋又以巡抚阮元为其搪塞袒庇,有负君恩,著即革职;徐步鳌、严廷燮均著发边远充军。是日,调江苏巡抚蒋攸铦为浙江巡抚。

嘉庆十四年(1809年)

八月十七日　福建提督王得禄、浙江提督邱良功率闽、浙舟师合歼蔡牵。至是,蔡牵海上起事14年,遂归于失败。奏闻,嘉庆欣慰之至,诏封王得禄二等子爵,邱良功三等男爵。

嘉庆十六年(1811年)

十月初四日　浙江巡抚蒋攸铦奏请:以海宁州南沙地方隶萧山县,并移绍兴府同知驻赭山为盐捕同知,赭山巡检驻河庄为河庄巡检。清廷从之。

嘉庆十八年(1813年)

六月二十五日　赏给生员鲍廷博举人。鲍廷博,安徽歙县人,流寓浙江桐乡乌镇,藏书极富。乾隆三十八年《四库全书》馆开,进书600余种并所刊《知不足斋丛书》。至是,浙江巡抚方受畴代进丛书第二十六集。嘉庆以鲍廷博年逾八旬,好古积学,老而不倦,著加恩赏给举人。《知不足斋丛书》刊至第二十七集,鲍廷博卒,其子鲍士恭续刊至第三十集而止。

嘉庆十九年(1814年)

五月二十二日　嘉庆向内阁学士钱樾询问江浙地方情形。钱樾称近数年来,杭、嘉、湖及苏、常等府,每届秋冬之间,有江北淮徐海一带游民,所到乡村索要饭食,铺户等聚钱资送,必须满其所欲始去,否则恃众强取,富民铺户有畏其滋扰,先期徙避者。又称:近海口之松江、嘉兴、宁波、绍兴各府,洋钱盛行。街市交易,不用银两制钱。嘉庆降谕旨,著百龄、张师诚、陈预各于所属地方,留心查办。

嘉庆二十年(1815 年)

二月十八日　清廷借银给漕粮运丁。浙江巡抚颜检奏请漕粮运丁积困，恳请借本银以纾丁力。据称浙江省各帮粮船向来有恩借银两的惯例，后由于积久量多，停止借给。近年运丁等旧欠公项已扣清，而运道浅阻，起剥费繁，丁力困乏。清廷许之，按照乾隆年间之例，在道库报剥项下提银 10 万两，分别借给，于下年运费内扣还，借银 6 个月，计算 1 分利息，年借年还，等收足息银 10 万两即将原本归还，仍以息银作本出借，以调剂而纾丁力。

二月三十日　在福州、泉州等四府近海各厅县存仓拨谷 10 万石给浙江，以赈济浙西灾民。

嘉庆二十一年(1816 年)

是年　英国派阿美士德使团到北京，向清廷提出开辟宁波、天津两港等要求，遭清廷拒绝。

嘉庆二十二年(1817 年)

七月二十六日，严禁茶叶海运。闽、皖商人贩运茶叶，向由内河行走，自嘉庆十八年逐渐由海道贩运，近年则日益增多。因洋面辽阔，漫无稽查，难保不夹带违禁货物，私行售卖。清廷著福建、安徽、浙江三省巡抚严饬所属，广为出示晓喻，所有贩茶贩粤之商人，但仍照旧例，令由内河过岭行走，永禁出洋贩运，违者治罪，茶叶入官。

是年　王昙卒。王昙(1760—1817 年)，字仲瞿，秀水人。应进士试屡被抑不售，以诗著名于世，法式善以其与舒位、孙原湘并称为“三君”。

嘉庆二十三年(1818 年)

正月二十九日　令浙江巡抚杨頀查明瑞麟能否胜任布政使一职。嘉庆上谕:闻浙江藩司瑞麟年老多病，声名平常。藩司职位关系紧要，著杨頀秉公确查。如该藩司有贪污劣迹，即行据实参奏，毋稍徇隐。若一时查无实据，而瑞麟精神操守，如有不胜浙江藩司之任，亦即据实密陈。

是年　董诰卒。董诰(1740—1818 年)，字蔗林，富阳人。董邦达子。历官编修、内阁学士、《四库全书》馆副总裁、军机大臣、户部尚书、东阁大学士、刑部尚书、实录馆总裁、文华殿大学士、国史馆正总裁等。曾谋划助嘉庆歼除权臣和珅。卒谥文恭。

是年　吴锡麒卒。吴锡麒(1746—1818 年)，字圣征，号谷人，钱塘人。乾隆朝进士，授编修，历官赞善、侍讲、侍读、祭酒。归里后，曾主讲扬州安定书院。诗与严遂成、厉鹗、袁枚、钱载、王又曾合称“浙西六家”。

嘉庆二十四年(1819 年)

二月十七日　免江、浙两省各县民户积欠款项。

十一月初二日　浙江查明各州县垫解民欠地漕银米。嘉庆著照巡抚陈若霖之请，所有自嘉庆元年至二十二年止，民欠银及米谷折价银共95408.5两，在全省各州县分10年按数摊赔归款。

十一月二十四日　免浙江仁和等17州县及嘉湖卫水灾本年额赋，并缓带征银米。

是年　浙江人口2731.3万人。

嘉庆二十五年（1820年）

十月十七日　缓征浙江萧山等33县被旱被水新旧额赋，予贫民正月口粮，并冲塌房屋修费。

十一月二十七日　两浙所有每年应交玉贡折价银10万两，清廷著停其交纳，其节年末解玉贡折价银35万两并著加恩豁免。

八月　浙江巡抚帅承瀛奏：两浙盐引滞销，停止盐斤加价。

是年　浙江人口2741.1万人。

宣宗道光元年（1821年）

正月十八日　定议逐渐消除漕运陋规。道光谕令漕督、巡抚等实力通行，不可阳奉阴违，仍期递年量减，渐符旧制。如有例外多索之事，各据实严参惩办。

七月二十八日　闽、浙、赣三省连界之封禁山，乾隆年间有人两次奏请开禁皆未获准，近有游民盘踞山内，伐木作炭、建棚垦地，使封禁成为虚设。清廷令三省督抚派员晓谕驱逐，确实封禁。

九月十五日　浙江巡抚帅承瀛奏呈《两浙盐务章程》，下军机大臣等议行。其中议定：运使各官，勿复旧制；巡抚兼管盐政，勿庸另给养廉；灶课钱粮，仍由场员征解；正引未经销竣，不准请配余引；缺销引盐，改拨畅地销售；卯折月报，由库官造册申送盐政综核；严查加斤夹带、灌包飞渡、一程两运；禁革掣规、供应等弊；按照旧例，夏、冬两季掣验；杭、嘉、绍、松四所，各留甲商1名，以资办公，勿得增设。

是年　台州始种罂粟。民间吸大烟逐渐成风。

道光二年（1822年）

四月十八日　清廷准浙江巡抚帅承瀛奏，令修葺年久坍塌之钱塘县境开化寺六和塔。

六月十四日　因本年浙江蚕丝甚旺，商贩携带银两，换钱交易，以致钱价增昂。帅承瀛奏请量为调剂。清廷著暂于宝浙局存款内借支钱8万串，饬发杭州府督同仁和、钱塘二县，在省城设厂收换银两，以平市价而便民生。如市价刻就平减，立即停止。

是年　陈鸿寿卒。陈鸿寿（1768—1822年），字子恭，号曼生，钱塘人。历官溧阳、荆溪知县，海防同知。工书画。善设计陶壶，有“曼生壶”之称。尤精篆刻，为西泠八家之一。

道光三年(1823 年)

九月初二日　杭州、嘉兴、湖州三府遭受水灾,清廷准支借盐库银 30 万两。

九月初四日　购买台湾大米以平籴灾区。本年浙江雨水过多,又猝遇山水,低田被淹,各属米价增长。唯福建早收丰登,台湾余米可以出卖。准许暂弛海禁,免征税科,招商给照,赴台贩米,以济民食。待米价稍平,即行截止,仍遵旧制。

十月十九日　清廷不许浙江商人捐资赈灾。先是,本年杭州府及仁和横浦等盐场水灾歉收,经巡抚帅承瀛勘明情形奏报,已降旨分别蠲缓抚恤。该抚复奏称:商人情愿公捐银两,备济灾民口食。道光谕旨不许。

道光四年(1824 年)

五月十六日　棚民照保甲例编排户口。近来浙江、江苏、安徽等省州县,凡深山穷谷之区,棚民占据山场,垦种山薯,并植麻、靛,造纸,借资生计。命各该督、抚等,饬该府、州、县,将棚民逐细查察,按 10 户设立甲长,每年递换门牌,随时抽验。

闰七月二十八日　修浙江筵、设、伊、尹、佐、时 6 号塘工,并改建鱼鳞石塘。

八月初二日　查勘江浙水利。时江南苏州、松江、常州三府,太仓一州与浙江杭州、嘉兴、湖州三府,河道多有垫淤,海口未能畅达,兼以塘闸损废,偶遇异涨,时有泛滥。清廷据两江总督孙玉庭奏请,派江苏按察使林则徐综办江、浙水利。

道光五年(1825 年)

正月初十日　拨银 17.7 万两修浚浙江水利。

二月初五日　商议漕粮海运。先是,嘉庆十五年(1810 年)二月,因河决漕阻,命试办海运。后两江总督勒保等奏不可行。上年江南高堰决口,河道浅阻,于本年船大有妨碍。道光命江、浙试办海运,著两江总督魏元煜、漕运总督颜检、江苏巡抚张师诚、署浙江巡抚黄鸣杰等,各就所属地方情形,广咨博采。后魏元煜等奏,会议海运情形,诸多窒碍,以盘坝较之海运为稳妥,海运之议复寝。

三月十六日　清廷命程含章迅速赴任浙江巡抚,确加查访漕帮械斗一案,据实严参惩办。

九月二十一日　浙江巡抚程含章奏请将浙江盐政衙门节省工食银两拨给敷文、崇文、紫阳三书院,作为生童膏火、奖赏之用。清廷允之。

十一月二十七日　严禁监生抗欠漕粮。

是年　更定浙海关税例。羽缎一项,上等照哆罗呢例每丈作 8 尺 9 折算,税 1.8 钱。

是年　戚学标卒。戚学标(1742—1825 年),字翰芳,号鹤泉,太平人。历官涉县、林县知县,后改宁波府学教授,未几归。精于考证,诗宗李、杜。

道光六年(1826 年)

正月初八日　整顿浙江海塘。杭州府属东西海塘靠近省城,为保护民间田庐而设,以往承修工员办理不认真,以致旋修旋坏。浙江巡抚程含章奏呈整顿海塘章程6条后,道光谕允所奏,令嗣后所有海塘工程著杭嘉湖道每逢大汛及修筑工作时,到工驻扎,就近督率稽查。东、西两厅同知、守备均驻扎工所,亲身修防,无许潜回省城居住,违者以擅离职守论。所有石工著保固4年,柴埽工著保固2年,以验收之日为始。

道光七年(1827年)

是年　姚文田卒。姚文田(1758—1827年),字秋农,号经田,归安人。先后提督广东、河南、江苏学政,历任祭酒,兵部、户部、礼部侍郎,左都御史,礼部尚书。卒于任,谥文信。学宗程朱,亦究心汉学。

道光八年(1828年)

八月初二日　严查嘉兴、台州漕帮械斗。嘉兴白粮帮水手与台州前帮水手在通州刘格庄聚众械斗,各持枪刀,伤毙多命,将尸身抛弃,并伤及无辜平民。迨官兵往拿,凶犯均已逃逸。命屠之申、讷尔经额严饬所属,即将械斗水手全数拿获,奏交刑部严行究办。

道光九年(1829年)

十月十四日　蠲缓浙江仁和、海宁、归安、乌程、长兴五州县遭受旱灾田亩正差额赋。

十月二十日　查禁温州、台州等地赌博。闽、粤二省聚赌,向有"花会"名目,浙江温、台等府尤甚。

是年　张云璈卒。张云璈(1747—1829年),字仲雅,钱塘人。嘉庆朝选为湖南安福县知县,后调湘潭。理政有魄力和才干,为官清正,政绩突出,有"张佛子"、"张青天"之称。

道光十年(1830年)

六月二十四日　严禁鸦片种植、售卖。江南道监察御史邵正笏奏:鸦片除由外洋进口,奸商夹带销售外,内地奸民种卖者亦不少。以其家乡浙江为例,台州府属各县种罂粟最多。宁波、绍兴、严州、温州等府次之。道光命各省督抚严饬所属各地府县,确切查明,据实复奏,倘有奸民种卖,责成地方官立即究明惩办,并将应如何严禁之处,妥议章程具奏。如不实力查禁,仍致有名无实,一经发觉,唯该省督抚是问。

十月十三日　闽浙总督孙尔准复奏:曾赴温、台遣人四处密访,查得道光元年温州永嘉县之南溪、乐清县之西城堡、平阳县之湖里麻洋,台州黄岩县之路桥、乌岩等处,俱有栽种罂粟,仙居县尤多。经地方官查知拔毁,并报藩司核准,按照荒芜田地计分科罪。因处分太轻,近年又有人冒禁栽种。各府县先行剖明利害,剀切晓谕,等待明春亲赴各乡查验拔除,严加治罪。道光批示刑部等议奏。

是年　清廷颁令,规定对日本贸易仅限于宁波一地,清朝赴日本商船,限制在10船以内。

是年　浙江人口2807.1万人。

道光十一年(1831年)

八月　以浙江米价增昂,准暂弛海禁贩运台米。

秋　杭、嘉、湖三府大水成灾。命仁和、钱塘、乌程、安吉、德清、武康六县灾区同日兴工修圩,官督民办。

是年　浙江人口2808.0万人。

道光十二年(1832年)

四月　英船阿美士德号闯入甬江口,东印度公司代表林赛乘小船入府城,以要求贸易为名,窥察防务,收集情报。

是年　浙江人口2817.4万人。

道光十三年(1833年)

正月二十日　因英国船只近年不时至闽浙、江南、山东等地洋面滋事,命各省水师提镇严督舟师官兵实力巡察,一遇夷船东驶,立令舟师严行堵截,并飞咨上下营汛及沿海州县,一体阻拦,务令折回粤洋收口。倘进入闽、浙、江南、山东等者,即著将疏玩之提镇将弁,据实参奏,分别从重议处。该备弁兵丁等如有贿纵等弊,即行参革治罪。

四月初六日　因给事中孙兰枝奏浙江、江苏二省钱贱银昂,商民交困,两江总督陶澍、江苏巡抚林则徐奏上利民除弊事宜。本日谕令:嗣后夷钱价值,一以纹银为准,不准改铸银钱;严查夷船,不许夹带鸦片,并明定纹银出洋例禁,收缴小钱、银钱。

六月十一日　浙江巡抚富呢扬阿奏:为塞洋银来源,断纹银外流,定例:嗣后内地民人赴粤贸易,只准以货易货,或以洋银易货;外洋商人在粤贸易,亦只准以货易货,或以纹银易货,不准以洋银易货。清廷许之。

十月初四日　以浙江杭州有举监生员及捐职人等结为"靴党",派员密察。旋即抓获钱塘举人龚润等多人,令发往边地充军。

十一月二十二日　命修浙江海塘。

十二月二十八日　严禁江浙沿河设卡讹诈商船。

是年　宁波饥,饿殍相望,免征钱粮。次年,设慈善机构体仁局。

是年　浙江人口2830.1万人。

道光十四年(1834年)

正月　以浙江杭州等地灾,免外商及浙民运米关税。

四月十九日　浙江巡抚富呢扬阿奏查勘海塘情形。并请另建鳞塘一道,需银90.2万两。唯工段绵长,物料人夫骤难凑集,应俟按年陆续请拨。其改建坦水、接筑条块石塘、加帮土戗各工,共需银50余万两,请迅即照数筹拨。清廷从之。

七月初五日　浙江海塘工程缺少条石,由江苏协办。

八月十七日　浙江巡抚富呢扬阿奏《浙江北海塘工冲坍，商民摊捐改修》一折。萧山、山阴、会稽三县民田商灶，全赖北海塘工捍卫。现在被潮冲坍，情形危险。当地绅士等请将土塘改筑条石塘，以资抵御，或将土塘增高培厚，共约需工料银5.7万两，计钱7.4万串，请在三县境内按亩摊捐，共钱6万余串。尚不敷钱1.3万串，约需银1万两，已据各盐商等捐足，以济工用。清廷著照所请，准令摊捐改建，免其造册报销。

十一月十四日　以盛京工部侍郎乌尔恭额为浙江巡抚。浙江巡抚富呢扬阿为盛京工部侍郎，兼管奉天府府尹事。

是年　浙江人口2839.4万人。

道光十五年(1835年)

五月初九日　浙江巡抚乌尔恭额奏准浙江温州府属之永嘉、双穗、长林等地试行票盐，票引兼行。清廷从之。

七月二十六日　浙江巡抚乌尔恭额遵旨议奏：纹银出洋，本于例禁，近奉部议，黄金、白银概定出洋治罪之例。唯洋银一项，未便一并禁绝客商携带。清廷从之。

八月　英人梅兰脱率战船3艘侵扰乐清沿海。

是年　衢州府属西安、龙游、常山、开化大旱，以龙游为甚，自四月初至九月，180天未下雨，溪井皆干，人民逃荒。

是年　余姚、慈溪飓风海啸，永德塘、晏海塘决，庐舍、禾棉尽毁，死数千人。

是年　浙江人口2853.7万人。

道光十六年(1836年)

二月初七日　查禁“花子会”。清廷据奏，江西、福建、浙江毗连山区有“花子会”，系由各处无赖之徒组成，专门扰害居民。受到他们索诈，必须要满足，否则就有祸害。其会有大会首、副会首、散头目等名，大会首潜往浙江金华府义乌、永康二县一带地方。道光命三省督抚严饬所属协力搜拿，认真查办。旋即，署闽浙总督魏元煜奏报，拿获花子会老周等25犯，供认传授暗号情形，虽与原参互异，而纠众入会属实。除会首老熊业已畏罪自尽外，其他人分别拟发回城为奴及杖徙。清廷从之。

三月初十日　浙江海塘大工报竣。自道光十四年八月开工，至道光十六年二月工程完竣。统计修筑各工共1.7万丈，动用工料银共157.2万两。此项工需共计拨银191.86万两。除动用外，尚余银7.2万两，著报部拨用。又节省存银27.4万两，著准其留为改修坦水及发商生息修塘之用。

是年　浙江人口2866.1万人。

道光十七年(1837年)

四月十四日　清廷派员来浙查访票盐试行效用。清廷据奏，浙江温州府前经仿照淮北票盐之法，一律改票。该府试办年余，行过票盐7.49万引，较原额800引，几增百倍。唯票盐一行，该商等无所牟利，竞造浮言，屡控运司，意图阻挠。清廷著闽浙总督钟祥酌量情形，查勘浙江试行票盐效用。

是年　浙江人口2876.1万人。

道光十八年(1838年)

正月二十二日　浙江巡抚乌尔恭额奏：浙省短绌仓谷共57万余石，俟年谷顺成，赶紧陆续买补。

十二月二十九日　清廷据奏，浙江水师操防巡缉极为废弛，战船亦多缺损，盗贼劫夺频闻。本年夏间有盗船数十只，停泊温州、宁波等处海口，该道府均驰赴查看，而水师提督任意迁延。虽经该抚行催，并不督兵前往。清廷著闽浙总督钟祥严密查访。

是年　浙江人口2885.8万人。

道光十九年(1839年)

正月初十日　浙江巡抚乌尔恭额奏：获鸦片烟犯，并铲除台州府属罂粟花苗。道光谕旨：严行查缉，万勿生息。至栽种罂粟花，尤属可恶，必当刻即严禁，实力铲除。

四月十四日　查禁私盐。御史许乃安奏《枭私充斥，官引滞销，请饬江浙两省实力查拏》一折，内称：两浙行盐引地，半隶江南。上海、南汇等县私贩甚多，其江阴地面，枭徒聚集，肆行无忌。浙西引地废坏，实由于此。清廷著两江总督，江苏、浙江各巡抚会同妥议章程。一面将各该县著名枭犯拏获严惩，一面严管守口巡弁。

十月初三日　将吸食鸦片官员革职。乌尔恭额奏《严审文武职官吸食鸦片》一折，内称：浙钱塘县主簿苏盛春、嘉兴县县丞王协卜、平湖县乍浦巡检李志铭、镇海汛外委周斌，曾经吸食鸦片，现已戒除，唯身任职官，究属不知检束。苏盛春、王协卜、李志铭、周斌，均著即行革职。

是年　浙江人口2893.2万人。

道光二十年(1840年)

正月初九日　浙江学政李国杞被参诸事澄清。先是，御史高枚奏参浙江学政李国杞恣情怠逸，出题后即行退堂，且杭州府属入学多系富家子弟。清廷派遣恩桂、何汝霖前去查办。至此查明，所参事件并无此事。

是日，因浙江上年雨水过多，导致各地禾稻米色不能一律白洁。清廷著照历年例案，准令红白兼收、粳籼并纳，俾民便于输将，得以随收随兑。

三月二十日　御史沈鹏奏报：台州、温州偏僻地区栽种罂粟、熬煎烟土，台州知府潘观藻吸食鸦片，任听百姓栽种。清廷著祁寯藻、黄爵滋查办福建事件后，顺道奔赴浙江，在温州、台州偏僻处严密访查，据实具奏。

四月二十六日　浙江巡抚乌尔恭额奏：浙江温州、台州向有种植罂粟之事，官军去天台村庄查处私种罂粟，竟然被村民聚众抗拒。清廷著台州府知府潘观藻、署天台知县高振宛摘去顶戴,勒限两个月抓获要犯,偏僻乡村私种罂粟一律铲除。

六月初四日　清廷同意浙江巡抚乌尔恭额奏请,修造温州、宁波两府巡洋船只。

六月初五日　英军舰船5艘,驶进定海南道头港水面,实施侦察和航道勘测,后即离去。

六月初八日　英军攻陷定海,总兵张朝发受重伤,知县姚怀祥投水死。清廷命福建提督余步云立即驰赴浙江定海,剿办英军。

六月二十二日　清廷著定海镇总兵张朝发等革职查问,乌尔恭额、祝廷彪著先行革职,暂留本任,戴罪立功。署定海县知县姚怀祥、典史全福不屈投水,著加等议恤。

六月　嘉兴县丞龚振麟调赴宁波军营,仿造英国轮船两艘。

七月初六日　杭州将军奇明保奏报乍浦海口有英军船只出现,现已选派官兵200余名令协领等管带随同前往,会同长喜设法剿灭。清廷著奇明保一面派遣官军前赴乍浦,一面妥善防护杭州。

七月初七日　清廷著邓廷桢携带印信,驰赴镇海筹办堵事宜。浙江巡抚著邓廷桢兼署,其到浙江后,宣旨将乌尔恭额革职,仍令随营效力。

七月初八日　清廷上谕:乌尔恭额督率无能,糊涂不晓事,著即革职,仍令随营效力。浙江巡抚著刘韵珂补授,未到任前,著邓廷桢兼署。

七月初九日　清廷上谕:福建军务紧要,邓廷桢不能远离,本日颁给伊里布钦差大臣关防,前往浙江办理军务。

七月十二日　清廷上谕:英吉利攻陷定海,传闻进攻原因各异,一说是因断绝贸易,一说是烧毁鸦片所致,著伊里布到浙江后,密行察访。

八月初十日　清廷谕令伊里布,同英军不可在海上作战,如果登陆,即行痛剿。

八月二十三日　御史许乃安奏称:杭州居民纷纷迁徙山阴、会稽等县。而官用印票,索借民间银两三五千至1万两不等,省垣捐助未定章程。清廷著伊里布一面晓谕居民各安本业,毋令惊窜,一面密查地方官员有无勒捐事项。次年四月,刘韵珂奏报并无此事。

十月二十六日　清廷因乍浦洋面无英国船只,该处官兵足资防守,著杭州官兵200余名撤回杭州,副都统恒兴回省城本任。防守潮神庙的满洲营、绿旗官兵一律撤回。

十一月二十二日　因乌尔恭额担任浙江巡抚期间,不能事先筹划,致使定海失陷,清廷定其罪为绞斩候,归入明年朝审情实。

十二月初七日　清廷根据琦善奏报军务紧急,著令伊里布急为防范,倘若英军进入口岸,痛加围剿,但不能入海交仗。

十二月十四日　清廷同意浙江巡抚刘韵珂奏请,添铸杭州、嘉兴、绍兴、台州、温州五府海口炮位。

十二月二十五日　清廷根据伊里布奏请,著裕泰、吴其濬派遣湖北绿营兵1800名、湖南绿营兵1000名奔赴浙江,听从伊里布调遣。又著裕谦、程楙采派安徽绿营兵1200名奔赴浙江,由伊里布调遣。

是年　浙江人口2890.9万人。

道光二十一年(1841年)

正月初三日　清廷上谕:镇海防兵已近万人,著伊里布乘北风,或潜师暗渡,或据险出奇,恢复定海,万勿观望,坐失良机。

正月十三日　浙江巡抚刘韵珂奏:定海逃难民众现有6000余名,均经府县查明,设立门牌,定期5日一次散给口粮。又奏分派人员购买铁斤铸造炮位,捍卫沿海各险要之处。清廷著不可迟延,愈早愈妙。十六日,清廷同意刘韵珂奏请,著宝浙局酌提铜四五万斤,赶紧督工铸造,以资防御,铜斤价本由军需款内拨还。

正月十五日　清廷著伊里布体察具体情形,遇到可乘之机,即行进剿。十九日,伊里布奏请浙江军务,暂缓进兵。道光十分愤懑,著裕谦为钦差大臣兼程驰赴浙江镇海军营接印,会同余步云专办攻剿事宜,等到所调遣的安徽、湖北、湖南官兵到达后,一鼓作气,克复定海。

二月十四日　伊里布奏报:定海收复,英船全部撤回。清廷著裕谦妥为办理。同日,因伊里布观看迟延,株守数月,懦弱无能之极,著革去协办大学士、拔去双眼花翎,革职留任两江总督。

二月十六日　浙江巡抚刘韵珂奏明杭州、嘉兴二府海口情形,履勘扼要处所,或酌添炮位,增筑炮台营房,或堆砌土堡,遮护兵丁。清廷著照所请,即饬该管各府督同州县确加估计,购料兴修。

三月十五日　裕谦奏报:诱擒白人1名,并杀伤3名,夺取船只、军器等物,审讯知其为运输粮食进行接济后,已将其正法。清廷许之,并著赶紧铸造炮位,训练士兵,探有敌人船只踪迹,炮力能及,即行轰击,以示国威。

三月二十五日　海龄奏请将沿海通商码头全数关闭。清廷谕旨:有碍于本分商渔船,实不可许。

闰三月初一日　裕谦奏报:浙江附近洋面并无英船,一切平静。现定海有兵士5000余名,大小炮有70座,均准备妥当。清廷著裕谦严加防范,如有英船驶入,痛加剿洗。

四月初七日　清廷赏给林则徐四品卿衔,令驰赴浙江军营帮忙效力。

四月二十日　清廷上谕:裕谦现已担任两江总督职务,镇海军务著刘韵珂、余步云办理,并著林则徐暂行协同筹办。倘若浙江省城有应办之事,刘韵珂回到省城后,即著余步云与林则徐等会商妥办。

五月二十六日　浙江巡抚刘韵珂奏报:定海洋面缉获鸦片烟犯78名,杀死2名,获得烟土2.043万两。清廷著刘韵珂严讯确供,尽法惩办。

六月十一日　清廷上谕奕山在广东屡次烧毁英船,英船退出虎门。著裕谦体察情形,镇海等处调防官军,有酌量裁撤之处,迅速奏闻。

七月初九日　刘韵珂奏报:浙江兵勇数量,镇海、定海及乍浦等处防守兵丁1.5万余名,官弁400余名。清廷著裕谦、刘韵珂在镇海、定海紧要处酌留弁兵外,其余酌量裁撤。

七月二十日　萧山县四字等号塘身塌陷,缺口甚宽,深几十丈。清廷著浙江巡抚刘韵珂相度地势,妥议筹办,以期巩固。刘韵珂旋即回奏,该塘塌陷过深,不能原处恢复,须选择坚实地段改建。所有淹毙人口 23 名，沉陷民房 24 间，已查明分别抚恤。

八月初一日　因厦门失守，清廷著裕谦将所有前撤各兵，未启程者一律缓撤，已启程者概行截回。

八月十六日　裕谦奏报：英船在双岙登岸，被官军击退，乍浦英船亦被击退。清廷著裕谦激励将士，劝谕居民，坚壁清野。

八月二十三日　刘韵珂奏报：浙江洋面英船日增，前拨银两支用已尽，现在镇海等处添兵雇勇，请再行拨给银 100 万两。清廷允之。

八月二十四日　裕谦奏：八月十二日，英船 29 只启航侵犯定海，先入竹山门，又绕入大渠门，经葛云飞等人冒死抵抗，英军退出，我兵无一人损伤。清廷赏葛云飞著加恩赏加提督衔，先换顶戴。

八月二十七日　裕谦奏报：英军在八月十七日进攻定海，葛云飞亲自开炮，击中英船火药，船只随即燃烧。无奈连日风浪极大，策应之兵不能东渡，定海失守。清廷上谕，裕谦著交部议处，阵亡总兵王锡朋、郑国鸿、葛云飞等均著交部照例赐恤。

九月初四日　杭州将军奇明保奏报：英军进犯镇海，钦差大臣裕谦殉难，镇海失守。清廷命协办大学士、礼部尚书奕经为扬威将军，正蓝旗蒙古都统哈哴阿、固原提督胡超为参赞大臣，前往浙江办理军务。参赞大臣后改为文蔚、特依顺。

九月初十日　杭州将军奇明保奏报：八月二十九日，英船 8 只驶进宁波郡城，宁波失陷。清廷著刘韵珂、奇明保等竭力保守各地，等待大兵到来。

十一月十五日　浙江巡抚刘韵珂奏报：浙江海口封闭已久，商民失业，请求照旧开港。清廷上谕：乍浦、温州、台州等处海口准修开港，商、渔船均著其照旧出入，仍责成地方官协同守口，实力稽查。

是年　龚自珍卒。龚自珍(1792—1841 年)，字璱人，号定盦，仁和人。与魏源齐名，世称“龚魏”，讲求经世致用。其政治倾向要求改革，其学术出入于九经七纬诸子百家，对近代思想界有启蒙作用。诗歌又能开拓新宇，对晚清“诗界革命”诸家和南社作者有较大影响。

是年　浙江人口 2753.9 万人。

道光二十二年(1842 年)

正月十二日　扬威将军奕经等奏报：现在率河南兵驰赴杭州省城，并拨兵乍浦，兼资防备。清廷著奕经预为筹备，乘机进攻。十八日，清廷根据奕经等奏：调取浙江省局所制各样器械，逐一演试。其鸟枪试放时，每多炸裂。腰刀质体尤多薄脆，或致弯曲如环。著浙江巡抚刘韵珂饬监造各员赶紧赔修，务期一律坚利适用。

二月初三日　浙江巡抚刘韵珂奏：金华等府及永康县承办鸟枪、腰刀各件多未合用，验收委员亦未能严加检验。清廷上谕：金华知府崇福、温州知府于鼎铭、嘉兴知府刘荣熙等著交部议处。

二月十一日　清廷拨户部及山东等省地丁盐课银 200 万两，解往浙江，以备军需。

二月十三日　清廷拨浙江军需截留漕粮 30910 石，协放海宁、嘉善、乌程、归安、德清、武康六州县缓缺南米。

三月二十七日　奕经等奏：三月初四日，郑鼎臣等招集水勇，率火攻船，进攻定海，烧沉大敌船 4 只，三板船数十只，杀死英军三四百人。道光大为欣慰，奕经著加恩赏换二眼花翎等，其他人等各恩赏有加。

四月初二日　清廷以浙江海盐船民，名为发潮老大，熟悉海路，准全数雇觅来省，日给养赡，俾英人无指引之人，不致肆行闯入。至各场卤船，因场灶需要紧迫，准予开禁，俾运卤供煎。

四月十七日　耆英等奏：本月初九日，英军进犯乍浦，由灯光山等处登岸，乍浦失守。清廷著奕经等查明是日情形究竟如何，严加防堵。

四月二十二日　因浙江提督余步云弃守定海、宁波，清廷上谕著将余步云革职，押解送京审讯治罪。

六月二十九日　清廷免浙江商贩米税。

七月初二日　清廷以英人蹂躏江、浙两省沿海州县，农民失所，输将无力，除定海、鄞县、镇海三厅县本年钱粮本经豁免外，其被兵各州县本年钱粮漕米，均著悉予豁免。至邻近州县虽未遭受兵祸，并著该督抚等分别查明请旨，酌减十之二三。

七月二十二日　清廷闻浙江拿获一旅居国外 20 余年的粤人，以造船为生，英船多其所造，与内地造船多不相同，著扬威将军奕经、浙江巡抚刘韵珂详悉查明，据实具奏。

八月十六日　清廷从浙江巡抚刘韵珂奏，两浙行盐引地多为侵扰，且邻近私盐乘机侵入，引目益行停滞，而银钱每两易钱一千六七百文，较前增至十分之五六，商人转运出纳，亏折甚多，此次两浙盐价，免其议增。

九月初八日　清廷拨户部银 60 万两，解赴浙江，以济军需。

十一月二十四日　浙江巡抚刘韵珂奏：已拒美国商人在宁波报税通商的请求。清廷著该抚确查，美国商船是否已驶往粤东，倘仍希图在浙贸易，务当再行晓谕，并严行饬谕内地商民，毋许潜向该国私售货物。

十二月十二日　两江总督耆英等奏：请造同安梭船。清廷著俟造成一二只后，即于浙江省江海之交先行演试，如驾驶便利，安设炮位施放得力，再行派定只数，奏明兴办。嗣后江、浙制造船只，即责成浙江提督李廷钰一手经理。

十二月二十三日　军机大臣会同三法司会议，将余步云正法。

是年　浙江人口 2904.6 万人。

道光二十三年(1843 年)

四月十七日　浙江巡抚刘韵珂奏请修建仁和、海宁两州县海塘。清廷从之。

五月初四日　查禁私盐入浙。刘韵珂奏请饬堵缉私盐，并借款予商人。清廷著江南提督酌派水师移驻海门，在各港口巡哨堵缉，以遏淮私盐侵浙之路。

六月二十三日　清廷同意刘韵珂请求，改浙江萧山县土塘为柴塘。

闰七月初七日　查禁浙江洋面海盗。浙江布政使管遹群奏报：浙江洋面海盗盛行，温州、黄岩、定海三镇在半年之间，已擒获、格杀百人，但仍有商民报告被劫案件。清廷著实力严捕。

十一月十二日　宁波正式对外开埠，划定江北岸为外国人通商口岸，江东浙海关重新开关。

十一月十三日　耆英奏报五口通商情形，并希冀由李廷钰办理浙江通商事务。清廷谕旨：李廷钰已被刘韵珂参奏，办理浙江通商事务不妥，著耆英与刘韵珂、程楙采赶紧会商，选派可靠、熟悉外务的大员前往。

是年　从定海输入鸦片货值187万西班牙元。

是年　严可均卒。严可均（1762—1843年），字景文，号铁桥，乌程人。他对辑佚贡献尤著，编有《全上古三代秦汉三国六朝文》，又校辑经佚注及佚子书等数十种。

是年　浙江人口2915.5万人。

道光二十四年（1844年）

二月二十三日　清廷同意浙江巡抚梁宝常请求，修建山阴、会稽、上虞三县海塘。

三月十四日　捉拿湖州盗匪并编查棚户。梁宝常奏报：湖州府属白龙山濒临太湖，匪徒出没劫掠，曾擒获匪徒蔡锡斗等8名，后陆续擒获胡阿三等20余名。清廷著严行惩治，编查棚户。

七月　嵊县大风雨，溺死70余人。

八月初三日　清廷同意梁宝常奏请，修理仁和、钱塘、海宁三处海塘。

是年　英、美、法等国争相在宁波开办邮政。舟山一带鸦片每月走私入口100～200箱，运往温州、台州等地。从宁波输入鸦片货值50万西班牙元。

是年　浙江巡抚梁宝常据省城绅士张鉴等呈请查禁所谓淫书事，发布禁毁淫词小说的告示。

是年　英国东方女子教育协进会会员、传教士爱尔德赛（Miss Aldersay）在宁波创办女塾。课程内容有圣经、国文、算术等，并学习缝纫、刺绣。这是近代外人在华设立最早的教会女学。

是年　浙江人口2925.7万人（其中定海县人口没有造报）。

道光二十五年（1845年）

十月初三日　因奉化抗粮事件，奖罚官员。清廷谕旨，该提督詹功显拨兵迅速，调度有方，百胜等奋勇前进，以致身受重伤，均属可嘉。詹功显、百胜、邓凤翔俱著交部从优议叙。而该县知县王济先因增加粮价，酿成京控；宁波知府李汝霖审讯此案，又擅责生监，以致人心不服。将李汝霖、王济即行革职拏问。而宁绍台道陈之骥不能弹压抚谕，实属懦怯无能，著暂行革职。

十一月二十三日　耆英与英国约定交还舟山，委派江苏常镇道咸龄赴浙江接收。

是年　美国长老会在宁波设立崇信义塾，招收学生30人。（1867年迁至杭州，易名育英义塾，后又改名育英书院，分为正、预两科。此为之江大学的前身。）

是年　美国基督教长老会在宁波开设花华圣经书房(后改名美华书馆),制铅活字排版,为国内现代印刷业之始。

是年　浙江人口2939.1万人(其中定海县人口没有造报)。

道光二十六年(1846年)

三月初五日　闽浙滨海之区,盗贼出没,定海镇左营游击罗建猷于所辖洋面,失事至8起之多,该总兵郑宗凯未能先事督率,均著暂行革职,仍各留本任。勒限3个月,严拏各案逸盗,务期悉数获解,如届限无获,即行从严参办。黄岩镇中营游击陈观德,庸懦无能;署瑞安协左营千总、黄岩镇右营把总徐光耀,缉捕懈弛,均著革职。

六月初三日　英军撤出舟山。

八月二十五日　清廷同意浙江巡抚梁宝常奏请,修建奉化县城垣。

八月二十六日　浙江巡抚梁宝常奏报:乍浦城垣衙署重建。清廷著赶紧修建,所需工料等银14万两,在善后捐输银钱内支用。

九月二十六日　筹办浙江军备。浙江巡抚梁宝常密奏《练兵储饷各事宜,事事认真讲求》一折。道光谕旨:练兵储饷,为边防要务。况浙省兵力素弱,加以舟山善后,及浙西续办各工,均应及时筹议赶办。各处现办船只及炮位炮台阵式一切事宜,均应认真核实。

是年　浙江人口2956.4万人。

道光二十七年(1847年)

正月初八日　清廷以本年浙西各属成熟田亩,因先后遭受水、旱灾害,禾稻受伤,导致米色未能一律纯洁,著准其援照成案,红白兼收、籼粳并纳,以便输将而速兑运。

正月十九日　浙江温州镇总兵汪士逵于游击赵凤翔辄私函属令商办,并在该游击巡洋时,不允兵粮而从中牵制,以致赵凤翔自戕身死。清廷著汪士逵先行革职,并交梁宝常严审确情,据实奏办。

七月初七日　浙江巡抚梁宝常奏请浙江省清查各属仓库,自道光二年七月至二十五年六月止,正杂各款存垫错杂,册籍繁多,原定期限难以完成,请求宽限一年。清廷准其请求。

七月二十七日　署理杭州将军固庆奏:现因裁汰马匹,其原先的6万余亩牧地业经荒芜,恳请一律召佃开垦。清廷著梁宝常督同藩司悉心体察,妥议具奏。

秋　永嘉大疫,丽水大旱。

十二月初二日　因仁和等地灾情,浙江巡抚梁宝常提出捐养廉银以便补运漕运,道光不予应允。是年,中国出口生丝几乎全部产于杭州、湖州、嘉兴三府。

是年　浙江人口2979.6万人。

道光二十八年(1848年)

三月初四日　因漕粮海运,为防止海盗截获,清廷著浙江提督等严行堵截,并允许士绅捐造水师大船,以加强兵备。

春　永嘉大疫。

六月　绍兴府属各县大雨弥月，洪水猛涨，平时舟行河中，今则船摇宅上。农室尽坍，市店闭歇，浮尸累累，哀鸿嗷嗷。

夏　江南淫雨大水，杭、嘉、湖属灾情严重，湖州民以榆皮为食。

九月初三日　布政使刘喜海奏：本年江苏淮扬一带遭受水灾，灾民入浙有1万余名，现已酌给口粮，资送回籍。清廷谕旨：嗣后如有续行赴浙灾民，劝谕回籍领赈。

十二月十四日　道光著浙江巡抚吴文镕认真巡缉海面，整顿吏治。

是年　浙江人口2989.4万人。

道光二十九年(1849年)

正月十四日　清廷命浙江巡抚吴文镕将所有漕运帮费名目概行革除，应照松江府属部议成案，每船装米千石，帮费至多不准过银400两，以统一标准。

闰四月二十六日　钦差大臣、仓场侍郎季芝昌和浙江巡抚吴文镕奏《遵旨会议两浙盐务，酌筹变通章程》：一、杭、嘉、绍三所引盐，宜分别加斤。所加之盐，止令完交正课；二、松所宜酌减科则；三、虚悬口岸，宜选商接办；四、缉私应定立章程，分别责成官商，并由运司审核；五、缉获私盐；六、地方官向有盐店陋规，嗣后应严行裁革；七、严行浮冒杭、嘉、松三所巡缉经费。清廷从之。

五月初十日　季芝昌、吴文镕奏报浙江各属仓库情形，亏空垫银4万以上的富阳、嘉兴、嘉善、秀水四县知县均著先行革职。浙江自道光二年至今，挪垫正杂钱粮并漕南等米，以银作价，现查明共银284.68万两，仓谷110.95万石、米3000余石之多。清廷著季芝昌、吴文镕将历任巡抚、藩司自上届清查以后，确切查明何人挪垫数目最多，有无偏袒属员等事，据实参奏。

五月二十八日　清廷同意定郡王载铨等会奏，议复浙江清查仓库章程10条：一、严定追补处分及其期限；二、上司分赔属员亏空，按未完银数六成分赔；三、书差积欠，严追著赔；四、军需案内垫办工程，除例准报销外，与分别捐廉摊外；五、流抵房屋什物，勒限变价；六、仓库钱粮盐课等款，一律由藩司勒追；七、米价核定追缴；八、交代勒限速结；九、钱粮严密查提；十、公用酌量节省。

六月十七日　清廷以浙江、湖北等省被灾情形与江苏、安徽皆同，所有藩关各库银两概准该督抚酌留备赈，商贩米船亦准一体免税。

六月二十二日　道光谕内阁：兹据查明道光二十年以前，虽有挪移，尚不甚巨。唯自二十三四年至二十五、六、七等年，核计征存未解银，自三四十万两递年增加至六七十万不等。其间尤以二十六年为最甚。虽由银价日增，帮费日重，以致挪愈多，而似此年甚一年，漫无收束，总由该管巡抚、藩司查提不力，稽核不严，实属颟顸疲玩。任内挪数最多为前任浙江巡抚梁宝常，著革去盐知事职衔，由直隶总督派员解京；候补三品京堂前任浙江布政使存兴著即革职，一并交军机大臣会同户部刑部查讯明确。

六月二十八日　清廷以本年江苏、浙江、安徽、湖北等省被水灾区较以往尤为宽广，除拨给款项饬部议行外，著发内府银100万两，交户部查明被灾各区，分别配搭拨款，迅即解交该督抚,督率司道严饬承办各员,核实认真散放。

八月初三日　军机大臣会同户部、刑部审讯已革浙江巡抚梁宝常、藩司存兴任内催征钱粮亏数较多一案。清廷因梁宝常所提供银米亏短数目,多与季芝昌、吴文镕参折内不符,著吴文镕、督饬藩司汪本铨迅即查明具奏,以凭核办。

八月十八日　因浙江漕粮停运较多,商议遣散游帮水手。清廷著陆建瀛、吴文镕会同杨殿邦迅速妥商。

十一月初三日　御史赵东昕奏《遣散水手恐滋事端,请饬豫防》一折:本年江浙各帮水手,前经陆建瀛等会议奏准,将浙省各帮与苏松军船册内无名及游帮短纤人等,在济宁一带概行遣令回籍。兹据该御史奏称:该水手等遣散之后,未必安分谋生。人数既多,最易滋事。清廷著各相关督抚不分畛域,严密稽查。务于镇市地方交界处所及近海口岸,加意防范,妥为资遣安插。

是年　浙江人口 2996.8 万人。

道光三十年(1850 年)

七月二十七日　英国外交大臣训令文翰,赞同开苏州、杭州、镇江为口岸,以代替福州、宁波。

八月　杭、嘉、湖、宁、绍、台属大水。曹娥江出现可调查到的最大洪水,嵊县舟行城堞上,上虞塘决 17 处。

九月二十五日　浙江巡抚吴文镕奏报:浙江风潮涨溢,州县被淹。清廷著速行勘办。清廷并从吴文镕奏请,修建浙江沿海塘工。

十月二十三日　清廷命浙江巡抚吴文镕饬属严查未开垦的各山,永禁容留棚民私买私开。其现有棚民垦山各处,亦宜查看情形,设法处理。事关民田水利,务须认真查办。

十二月二十二日　浙江巡抚吴文镕奏:杭州、嘉兴、湖州三府属需要缴纳漕米的州县,因本年秋禾遭受各种灾害,米质未能一律纯洁,请照例红白、籼粳兼纳。

是年　浙江人口 3002.7 万人。

文宗咸丰元年(1851 年)

五月初一日　清理棚户,并疏浚浙江水利。浙江巡抚常大淳覆奏清理棚民情形及筹办章程:因浙省棚民开山过多,以致沙淤土壅,有碍水道田庐,亟应查禁。而年久难迁者,亦须安插编查。清廷著照该抚所议章程各条,督饬地方官实力奉行。而浙西余杭县南湖骤难浚复,先议开支河,修石闸,以资蓄泄;浙东则绍兴之三江闸口外,沙停水阻之处,既据筹挑,鄞县、象山等县河溪也已兴办,著浙江巡抚与各属一体认真疏导。

五月　浙江学政吴钟骏奏称:宁波府城诸夷杂处,百姓易惑,现饬各学教官于乡镇中劝立义学,以正人心。

九月　定海、黄岩、温州三镇总兵遇广东布良带盗船,从椒江退入王林洋。盗船形如蚱蜢,涂绿色,人称“绿壳”。从此台州人称土匪为“绿壳”。

十月十二日　清廷准浙江巡抚常大淳奏报：设局收买定海、岱山等处所产盐斤，招商配运，以堵私盐进入浙江松所。绍所销盐，设卡改巡，试行官运。

十二月十七日　常大淳奏：浙江漕粮碍难海运，请仍循照旧章办理。清廷著暂停试办。

是年　浙江人口3010.7万人。

咸丰二年（1852年）

四月初三日　浙江奉化、鄞县乡民要求豁免民欠、减完粮银价，毁坏府县衙署，拆毁盐商公所。清廷诏令查拿，并将两县知县撤任。

十月初七日　清廷准浙江巡抚黄宗汉奏，所有明年新漕粮，改由海运，以期迅速，并将原办河运各费，并归海运支销。

十一月初八日　清廷以明年浙江漕粮海运系属创始，所需船只除由该省自雇北运商船外，其不够之处应由上海雇佣。著两江总督、江苏巡抚派员帮同办理，所有江苏、浙江海运事宜，责成按察使倪良耀总司其事。

十一月十九日　浙江巡抚黄宗汉奏议浙省海运章程，清廷许之，并著两江、江苏、直隶各督抚于上海、天津各处，遴员妥为经理。

十一月　浙江定海发生传教纠纷。先是，在道光二十四年（1844年）时，法国天主教士顾铎德即在定海城内建起一所教堂，由华人教徒方安之驻此传教。此后入教之人屡将乡间各庄寺庙庭院献予教堂，各庄士民屡被欺扰。是年十一月间，各村群众聚集一处，与方安之及教民理论争执，逐出教徒，收回被占寺院。法国领事见众怒难犯，始允撤走方安之，将所占寺庙6处交还，对滋事教徒听地方官查拿究办，不加庇护。浙江巡抚即令于收回各处寺庙内分设义学，讲习《圣谕广训》及《钦定四言韵文》各书。

是年　浙江人口3017.6万人。

咸丰三年（1853年）

二月初一日　清廷免税以激励各地商人运米来浙江贩卖。

二月　清廷命在籍前兵部侍郎戴熙等督办浙江团练事宜。

五月二十六日　浙江临安县乡民图免钱粮，聚众滋事。清廷革除知县陈钟彦等人职。

六月十八日　是日起，温州府狂风大雨历八昼夜，山水涨发，江潮泛滥入城，低洼田庐及城厢内外铺户均遭淹没。

六月十九日　台州府风雨大作，山水下注，江潮泛溢，四乡民舍、田禾均遭淹没。至二十一日，雨势愈大。西门城墙被水冲塌，城内水深丈余。衙署仓狱，几被淹没。受灾百姓，死伤枕藉。七月十七日，咸丰著浙江巡抚专派道府大员亲往抚恤，并将积水消退。

六月二十六日　景宁大雨、山崩，压毙73人。

十月二十三日　清廷得奏：近日江浙滋事日多，如浙江临安、新城、於潜、长兴等县，均因钱漕浮收折色，民苦不堪，致拆毁衙署，聚众戕官。著两江总督怡良等按照所奏各节秉公确查，务将各衙门陋规概行裁革，从严参办。

十月　镇海洪世贤领导双刀会会众响应上海小刀会，举行暴动，以鄞县仙岩寺为根据地。次年，洪世贤在奉化被俘牺牲。

是年　湖州人张福僖和英国学者艾约瑟（Toseph Edkins）合译《光论》（底本及作者不详），是国内最早的较系统的近代光学译著。

是年　浙江继江苏之后，推行厘金，烟酒厘金附入百货厘金项下，设卡向行商征收。厘率为值百抽一。

是年　因太平军与清军作战，商贾不通，平湖木棉布大贱，质优者300钱，次者不及200钱，约值平时六折。

是年　浙江人口3028.9万人。

咸丰四年（1854年）

正月十六日　清廷以浙江海运改由江苏刘河口受兑放洋，著两江总督怡良等立即委派大员并熟谙海运之员驻扎刘河，会同浙江委员设局妥速筹办。

七月初一　清廷从浙江巡抚黄宗汉奏请，修建浙江海宁、仁和二县海塘各工。

是月　浙江巡抚黄宗汉派杭州知府徐荣等带兵分赴安徽徽州、宁国防堵太平军。

闰七月初　台州大风雨海溢，太平漂没居民3万余人，黄岩淹死男妇五六万；绍、处、金、杭所属大风大雨大水。

闰七月　浙江仁和等50余州县复迭被风雨，田禾受伤，秋收歉薄，并因山水暴涨，洪潮漫溢，冲塌房舍，淹毙人口。

十二月十七日　乐清瞿振汉起事，十八日攻入县城，斩清副将姚武成。据城7天后，被清军镇压，瞿振汉战死。

十二月　浙江巡抚黄宗汉奏：浙江开设大美官钱总局。

是年　临海桐峙山蒋世绵聚众数千人起义，头缠白布，号白头军。旋即被镇压。

是年　《中外新报》在宁波创刊，此为浙江最早的近代报刊。美国浸礼会传教士玛高温、应思理先后任主编。初为半月刊，每期4页。所载为宗教、科学、文学、新闻等类。2年后改为月刊。咸丰十一年（1861年）停刊。

是年　浙江人口3040.0万人。

咸丰五年（1855年）

二月十八日　浙江巡抚何桂清奏：宝浙局广铸制钱，增铸大钱，自本月起，兵饷每钱1000搭大钱20文，文武官员俸薪搭放大钱7成，地丁常捐搭收大钱2成。

二月二十三日　浙江巡抚何桂清遣金华知府石景芬带兵攻陷太平军驻地徽州。次日，又攻陷安徽休宁。

二月　浙江巡抚何桂清奏：将官票发商承领，凡交粮税先向商以银易票，银八票二上兑；兵饷银八票二搭发。

三月二十八日　太平军范汝杰部自江西玉山入常山。此为太平军入浙之始。2天后，入开化华埠，旋退皖南。

七月四日　“广艇”13 艘犯象山墙头、西周、淡港诸村，索欧、王、孔三家银数万两。次月，大批“广艇”入象山石浦港。段光清募外国轮船，命清军水师掩击。

是月　丽水、云和大水；景宁山水爆发，田庐尽坏。

十月初九日　户部奏请饬湖南、浙江巡抚将该省盐茶互运，以充军饷。清廷著浙江巡抚何桂清、湖南巡抚骆秉章筹办，湖南收买民间存茶 10 余万道，浙江筹盐 10 余万引，均运至江西樟树镇，互相交卸，分路销售。

十二月十七日　清廷准浙江杭、嘉、湖等府属受灾州县漕粮籼粳各色兼收。

是年　浙江人口 3046.9 万人。

咸丰六年(1856 年)

二月十三日　浙江巡抚何桂清奏：淮盐运楚必须借资商力，私贩仍难杜绝，且恐停滞浙河，随处洒卖，又与浙省饷盐同途并运，亦有拥挤之虞。清廷著两江总督怡良饬运司即行停办，毋庸另议章程。

八月二十七日　因江浙受灾，清廷同意怡良、何桂清、赵德辙奏请，暂弛海禁，招徕台湾大米，远至上海、乍浦、宁波等海口售卖，由台湾道发给执照，准其免税，以期商情踊跃。

是年　汤金钊卒。汤金钊(1772—1856 年)，字敦甫，萧山人。嘉庆朝进士，历官内阁学士、侍郎、尚书、协办大学士等，卒谥文端。为政廉明，所学以治经为务、立敬为本。

是年　浙江人口 3054.2 万人。

咸丰七年(1857 年)

三月二十一日　因江南大营急需用款，清廷命两江总督怡良、江苏巡抚赵德辙、浙江巡抚晏端书实行“捐借兼行”之法，派委省城士绅和官员分赴各州县，查明各地绅士家产状况，汇报该督抚。然后让公正绅士委婉劝导地方捐资，随时请奖。其有力可多捐而又不愿请奖者，即由该督抚等饬由藩司按数给予借资印帖，自咸丰八年起分年给还。

五月初四日　余杭胡万成起事，攻入县城，有众数万人。十二日，杭嘉湖道叶坤率兵镇压，胡万成战死。

五月初五日　葡萄牙船在宁波横暴异常，任意勒索屠杀。宁波渔民按惯例以 5 万两保镖银托庇于葡船，实则恨之。是日，粤海盗布良带、布兴有兄弟与葡萄牙护海船剧斗，初为葡人所败，寻以短兵袭破葡船，葡人死伤众多。

九月初二日　御史王茂荫奏：江浙银价向来每两换制钱 2000 文有零，自英人在上海收买制钱，钱价上涨，现每两仅易制钱 1100 余文，兵民交困，而英人竟据为利薮。请饬于江、浙两省广铸制钱，以济目前之急。清廷命江浙督抚各就地方情形，酌量核办。至于外国人收买铜钱，应如何杜渐防微、设法阻止之外，亦著悉心筹议具奏。

九月初三日　清廷得奏：浙江省前办厘捐、茶捐尚无扰累。唯近年添设江运局、船捐局、房租局、串捐局等名目，委员董事多至百余人，所得无多而商民交困。咸丰命浙江巡抚晏端书详加查核，除厘捐、茶捐业已著有成效者仍照旧章办理外，其余添设各捐局，酌量一律裁撤。

是年　浙江人口 3059.6 万人。

咸丰八年（1858 年）

二月十五日　因石达开太平军到江西铅山，清廷命浙江巡抚晏端书拨劲兵驰往广丰，又命闽浙总督王懿德派大员率兵一二千人，与江西兵勇联络一气，与太平军作战。

三月初二日　石达开率军进占浙江江山，此后先后攻衢州，占处州。

四月二十六日　清廷著和春即驰赴浙江，督办江南、浙江两省军务，总兵周天受帮办浙江军务。所有江南、安徽、江西、援浙各军，均归该大臣节制。而李续宾带领九江之师，赴浙援“剿”，亦著归和春调度。

五月二十一日　清廷谕命曾国藩速赴江西，并督率湘军旧部萧启江、张运兰、王开化等星夜驰援浙江。

五月二十四日　浙江巡抚晏端书奏请展缓乡试。清廷准其至咸丰九年特开一科，补行文武乡试。又因浙江省米价昂贵，福建、广东等处商人持照运米赴浙，经由水路关口，准其暂免纳税。

五月二十九日　鄞县渔民史致芬起事，率众数千人，连续两次攻宁波，不克，退守东钱湖一带，大败来犯官军，斩练总李厚建及其部下 130 余人。至十一月，起义被镇压。

六月二十五日　督办皖南军务张芾参奏提督衔、总统浙江军务周天受调度乖方、纵兵骚扰。清廷谕命将周天受革去提督衔，毋庸总统浙江军务，以浙江衢州镇总兵李定太帮办钦差大臣和春军务，总统浙江“剿匪”事宜。

七月初十日　以石达开军由浙入闽，命曾国藩以援浙之师改援福建。

七月二十九日　以浙江全境肃清，赏候补三品京堂、督办皖南军务张芾花翎，总兵周天培提督衔，余各升叙有差。

九月初八日　临海林大广、王彝牙率众攻克宁海县城，杀县令邹全节，据城 6 天始退。二十八日，林、王率 3000 人围攻台州府城，不下，退至白莲寺，抗击官军。至十一月，林、王降清，起事失败。

十二月二十三日　余姚黄春生领导“十八局”佃农，攻入县城，冲进县署，打开牢狱。

是年　浙江人口 3033.0 万人。

咸丰九年（1859 年）

是年　浙江人口 3039.9 万人。

咸丰十年（1860 年）

正月十八日　查处关卡扰民及州县官员不法事。清廷得奏：近因鸦片收税，浙江关津处所多设海役巡查，往往一衣一履之漏报，罚至盈千累百，且有得钱卖放之事，而税款仍难足额。其弊各关皆然，杭关尤甚。再地方水旱遍灾，虽有蠲缓谕旨，州县官必先期加紧催科，故意迟贴誊黄，以便侵蚀。清廷谕命浙江巡抚罗遵殿按照所参情节，严密查访。

二月初八日　太平天国忠王李秀成军攻占浙江安吉县。钦差大臣和春急派总兵郑魁一、参将罗希贤率水陆兵勇7000驰往湖州堵击。

二月十二日　李秀成、李世贤攻占浙江长兴县，斩清军都司李培基。

二月十七日　李秀成攻克浙江武康县。李世贤进攻湖州。

二月十九日　李秀成先锋千余人，突至杭州城武林、钱塘门外，冒充清军进城未果。时清军援军未至，杭州城内共有兵勇7000人。

二月二十七日　李秀成部先锋军在杭州清波门轰塌城垣30余丈，守军溃散，遂攻克杭州。浙江巡抚罗遵殿、署布政使王友瑞、盐运使缪梓、杭嘉湖道叶堃、宁绍台道仲孙懋、杭州知府马昂霄及知县、副将、候补道等多人皆亡，杭州将军瑞昌、副都统来存等退守满城。

三月初三日　李秀成鉴于清总兵张玉良统兵抵达杭州武林门外，诱分江南兵之计谋已获成功，且满城尚未攻下，湖州、宁国尚有清军，恐归路被阻，即在城上遍插新制旗帜，用作疑兵，引兵退出杭州西走。张玉良率军进入杭州。

三月十二日　杭州失守消息到京，命钦差大臣和春兼办浙江军务，肃州镇总兵张玉良专办浙江军务，总统援浙诸军。以江苏布政使王有龄署理浙江巡抚。

三月十三日　李世贤撤浙江湖州之围，西返安徽广德州。

三月十四日　李秀成军经余杭、临安入孝丰。是日退出孝丰，前往安徽广德州。

三月三十日　脱离石达开部之先锋谭星、林彩新等军，自广东经江西入浙江。是日占领遂安县。

闰三月初一日　法国人葛罗再次出任来华特使。是日，英法大小兵船18只驶赴舟山定海，联军登陆，分驻寺院，并遍贴告示。

闰三月二十二日　浙江巡抚王有龄分别致函两江总督何桂清及上海道吴煦，建议利用洋兵以救目前之急。

闰三月二十八日　清廷以候补运使金安清督办皖饷，在浙江设局劝捐，所得无几，徒滋扰累，有碍本省饷源，所有金安清在浙督办之皖饷局，著即撤销。唯皖饷需少此一款，仍著浙江巡抚王有龄于浙饷内酌量拨解，协济皖省。

四月十八日　太平天国杨辅清率军自江苏宜兴进占长兴，旋分兵进攻湖州。

四月二十六日　太平军进攻嘉兴，提督江长贵兵溃，知府张玉藻逃走。

四月二十九日　清廷命江西、福建各省督抚速筹饷银，解往浙江，以备需要。

六月十四日　占据舟山之英法军强向定海厅索取巡费每月800两，定月底付清。

六月十九日　陈玉成军占领余杭县。次日，进至杭州城北新关、拱宸桥一带。

七月二十三日　清廷以浙江需米甚殷，现经浙江巡抚出示，招商购买台米、洋米，并咨闽、粤等省一体招商运米赴浙，所有经由水路各关口，著准其一律免税，以广招徕。俟该省米粮充裕，即行停止。

是年　徐有壬卒。徐有壬(1800—1860年)，字君青，乌程人。为四川道台，署按察使，迁广东盐运使，咸丰八年升任江苏巡抚。咸丰十年，太平军攻破苏州，被杀，谥庄愍。其幼喜数学，在数学上有一定建树。

是年　戴熙卒。戴熙（1801—1860年），字醇士，钱塘人。官赞善、侍讲学士、兵部右侍郎等。太平军进入杭州，战死，谥文节。诗书画皆所擅长，画尤有名。

是年　浙江人口1921.3万人（仁和等29州县因为战事没有造报）。

咸丰十一年（1861年）

二月二十八日　清廷得奏：浙江巡抚王有龄新创捐缺名目，上缺5000两，中缺三四千两不等，有捐助者，不问贤否，辄行委署，正月之间，更换知县20余员。清廷著浙江学政张锡庚严密访查，据实具奏，毋稍徇隐。

三月初九日　太平军攻下乍浦，击毙清军副都统锡龄阿，进占平湖县。清军已革总兵米兴翱等退至泖径。

三月二十九日　英国驻华海军司令何伯闻太平军占领浙江乍浦，疑其将进攻宁波，乃训令英舰长丢乐德克前往宁波，阻挠太平军进攻该城。是日，李世贤部太平军占领遂安县。

三月底　李世贤部自江西入浙。四月十九日，占领金华。九月，李世贤在金华修建侍王府。

三月　英军水师开始协助宁波清军布置防务，抵御太平军进攻。

四月二十五日　清廷同意浙江巡抚王有龄奏请，宁波外国贸易进口税钞向由上海关代征。现宁波已设立新关，且有外国人帮同税务，税钞自应各归各口，各自征收。

四月二十九日　英舰长丢乐德克偕翻译自上海到浙江乍浦，警告当地太平军勿攻宁波。太平军头目陈某表示：不会进攻宁波，且愿与英人和好，保护英国船货，购买英国枪弹。

五月十八日　李世贤部太平军退出浙江处州府，同日占领浙江永康县。是日，因瑞昌、王有龄督办浙江军务，连失郡县而屡次奏报从未自请处分，咸丰均著革职留任，以示惩儆，并命曾国藩派左宗棠率军援浙。

五月二十二日　浙海洋关在宁波设立，首任税务司是英人费士来·华为士。

六月初一日　英使普鲁斯照会总理各国事务衙门，声称乍浦失守后，宁波地方官未能用心设防。查上海、宁波现皆吃紧，带兵管饷之员，必须智勇兼全、中正廉明，方能得当。

六月十八日　清廷以浙江巡抚王有龄调署知县各缺至20余员之多，实属任意纷更，有乖政体，著交部议处。

六月二十六日　平阳金钱会首领赵启、朱秀三等在钱仓起事，率3000余人进军瑞安林垟。

六月二十七日　恭亲王奏报：宁波地方官吏劝百姓捐银50万两雇英法兵船代守宁波。清廷著浙江巡抚王有龄确切查明，严饬该地方官认真防守，倘有借端侵蚀情弊，即行严参惩办。

七月三十日　清廷因浙江采买米石，免商船经过江苏各关厘税。

八月初一日　清廷以浙江太平军日逼，各地防饷月需银50万两，本省入不敷出，兵勇哗溃堪虞，著两广总督劳崇光、广东巡抚耆龄、福州将军文清等将应解浙饷由海道赶紧解浙，以固军心。

八月初　李秀成自江西入浙，围攻衢州，后撤围。二十九日，李秀成部占领绍兴。

八月二十日　清廷上谕：浙省自咸丰三年至本年止，支应本省及徽宁饷需约计不下二千数百万两，款目繁多，限30月内赶紧一体奏报请销，不得饰词迟延。

八月二十七日　金钱会起义军2000余人进军瑞安、温州，攻瑞安未下。次月初二日，攻克温州。

十月十八日　清廷谕令曾国藩统辖江苏、安徽、江西、浙江四省军务，浙江军务著杭州将军瑞昌帮办，并著曾国藩速饬左宗棠驰赴浙江，浙江提镇以下各官均归左宗棠调遣。

十月二十三日　因李秀成军攻杭州，清廷谕命曾国藩迅饬左宗棠迅速赶赴浙督办军务。

十月二十四日　英国商人到绍兴晤太平军将领陆顺德，陆顺德致书在宁波外国人，给予门牌，令其钉挂门上，太平军到时即不会侵扰。

是日　太平军范汝增占领浙江奉化，规定田赋5亩以下者免征，5亩以上者每亩纳米2斗。

十月二十六日　英国驻华海军司令何伯派大佐科贝特乘舰至宁波，与宁波英领事夏福礼、美领事卜维廉、法舰长奥卜剌、英舰长赫克斯汉会商对待太平军行将进攻宁波之法，拟定同太平军交涉四项条款：一、要求双方不伤害、不干扰，否则必须给予全部、充分的赔偿；二、力劝太平军在其控制区或到宁波以后，不要征收过分税收；三、不要进入外国租界区；四、不论城内城外居住之外国人，太平军不得有任何微小的伤害和干扰。

十月二十七日　宁波英领事署翻译有雅芝等赴浙江余姚会晤黄呈忠，投递英、法、美议定之照会。黄呈忠致书三国领事及水师统领，答允将尽力保护外人生命财产，防止侵扰，但外人不得帮助清军。

十一月初一日　李世贤占领台州。

十一月初八日　太平军殿左军主将黄呈忠、讨逆主将范汝增分由浙江奉化、慈溪两路攻占宁波，清军护理提督陈世章、宁绍台道张景渠、知府林钧等航海逃走。太平军以陆心兰为总制，管理鄞县、慈溪、镇海、奉化、象山五县监军；改镇海关为天平关，派潘起亮管理。太平军未加害外人，英法兵争售军火，并供应食物。

十一月初九日　宁波英、法、美领事划定外人居住通商区域，禁止太平军和清军进入。除外人外，华人避难者多达7万。

是日　清总兵文瑞部各营在杭州清波、钱塘门外向李秀成军投降。太平军将领童容海遣人劝城内清军投顺。

十一月初十日　法国水师提督卜罗德、英国舰长科贝特入宁波城，晤黄呈忠、范汝增。黄呈忠等表示愿与外人和好相处，恢复商贸。科贝特谓宁波为英国口岸，彼此能否和好唯视英人地位利益是否受太平军侵犯。同日，杭州城内兵勇抢掠民宅，兵民结仇。

十一月十一日　宁波英领事夏福礼晤黄呈忠、范汝增，谈保护外侨事。黄呈忠答以此后遇事当商量，并告知太平军将取上海。

十一月十七日　以浙江萧山、诸暨、绍兴相继失守，清廷谕命将前任左副都御史、帮办团练王履谦革职拿问，并命曾国藩迅饬左宗棠等军入浙，以解杭州之围。

十一月二十五日　曾国藩接奉统辖江苏、安徽、江西、浙江四省军务后，是日上奏辞谢节制浙江，请以左宗棠专办浙省。并奏复遵旨确查江、浙抚臣情形，称王有龄办理杭州防务，尚费苦心，唯用人或尚巧滑，取财间有怨言；薛焕偷安一隅，物论繁滋。苏、浙财富之区，贼氛正炽，该二员似均不能胜此重任。

十一月二十八日　忠王李秀成督主将谭绍光、邓光明、陈炳文、部永宽、童容海等攻占杭州。浙江巡抚王有龄自缢，按察使宁曾纶、学政张锡庚、提督饶廷选、总兵文瑞、副将继兴、盐运使庄焕文、仁和知县吴保丰等均死之。布政使林福祥、已革提督米兴朝、织造恒起、杭嘉湖道刘齐昂、钱塘知县袁忠清等被擒。当日，李秀成停兵未攻满城，请杭州将军瑞昌全军退去，保证不加伤害，而瑞昌不肯。

十二月初一日　李秀成军攻破杭州满城，杭州将军瑞昌、副都统关福、杰纯自杀。李秀成令改抚署为招贤馆，大小文武官员皆准投顺，或授以官职，或给予护照令其自行。

十二月二十一日　清廷谕命所有江苏、浙江、安徽“失陷”郡县，一概蠲免同治元年(1862年)钱粮漕米，以纾民力。

十二月二十五日　据薛焕奏报杭州失守情形，咸丰命将援救不力之闽浙总督庆瑞革职，暂留本任；两江总督曾国藩有节制浙江之责，亦著交部议处。并命曾国藩、庆瑞、左宗棠将瑞昌、王有龄殉难情形及在城文武官员下落查明具奏。

十二月二十九日　以宁波、镇海失守，太平军搜集海船。清廷恐其取海道北上，命直隶总督文煜、通商大臣崇厚赴天津海口察看设防。

是年　邵懿辰卒。邵懿辰(1810—1861年)，字位西，号半岩，仁和人。历官内阁中书、刑部员外郎，入值军机处。后太平军攻破杭州，被杀死。

是年　浙江人口2353.6万人。

穆宗同治元年(1862年)

正月十五日　左宗棠率湘军自安徽婺源入浙，进入开化，攻打太平军。

三月初七日　太平天国志天义何文庆以法人阻挠浙江镇海通商，不容关卡稽查，照会宁波法国领事，请嗣后各不相犯，永远通商营业。

四月初九日　清已革道员苏镜蓉等攻台州，太平军何文庆部退出府城。

四月十二日　英、法侵略军与清军攻陷太平军占领的宁波。从此，英、法军以宁波为基地组织中外联军，丢乐德克募集1500人，组成中英混合军，分为“常安军”和“定胜军”。宁波税务司、法人日意格募集二三千人，成立中法混合军，又称“常捷军”，他们伙同“常胜军”，向太平军进犯，先后陷余姚、慈溪、奉化等地。

五月初三日　太平军谭绍光部攻占湖州。在此前后，太平军占领杭、嘉、湖所属各县。

八月二十八日　“常胜军”头目、美国人华尔在慈溪被太平军击伤，次日毙命。

闰八月二十日　恭亲王等奏：宁波海口吃紧，应法国使臣哥士耆之请，愿将伊国副将勒伯勒东所练之“常捷军”1500人赴宁波筹防。清廷命该副将受中国职任，受浙江巡抚及宁波道节制。一俟左宗棠等克复金华，兵力足以兼顾宁波，即行察看情形，将该副将撤回法国，仍用中国官兵防守。

九月二十六日　清廷同意总署奏请，谕令在都司以下武弁中择其才堪造就者在上海、宁波学习外国兵法，以便接替统领外国人所练兵勇，并自行训练中国勇丁；其中国内地兵丁，仍应勒令随时训练中国兵法，不可偏废；上海、宁波、广州、福州各口除学习洋人兵法外，仍应认真学习洋人制造各项火器之法，务须得其密传，能利攻"剿"，以为自强之计。

是年　浙江巡抚左宗棠在衢州设牙厘总局，征收盐茶厘金，以次推行于浙东各郡。税率初定为值百抽一，继增至值百抽六七。是年，美国旗昌洋行开通沪甬航线，其后外国轮船公司垄断浙江航运业。

是年　信局业大盛。其业主伙友多为宁波籍，东南西北城市乡镇皆有其足迹。寄递书函之外，银物投递也是办理范围。遗失赔偿。

是年　黄式三卒。黄式三(1789—1862 年)，字薇香，号儆居，定海人。学不拘门户之见，博览经史诸子，40 岁起考究历代典章制度，50 岁后专治《尚书》，晚年好言礼。

是年　沈兆霖卒。沈兆霖(1801—1862 年)，字尺生，号朗亭，钱塘人。道光朝进士，历官司业、侍讲学士、詹事、内阁学士、侍郎、左都御史、尚书、军机大臣等职。英、法联军入侵，力主抗战。同治初署陕甘总督，率军征西宁，回师途中，遇山洪冲没而去世，谥文忠。

是年　浙江人口 2010.4 万人。

同治二年(1863 年)

正月初二日　太平军击败侵犯绍兴的英法侵略军，击毙"常捷军"统领、法国人达尔第福。二十五日，太平军撤离绍兴。是月，太平军退出金华。

二月十二日　清廷以浙江收复失地渐广，需兵愈多，添募新勇即将到齐，但银库早空，无以为计，且积欠各军之饷已 9 个月，时有哗溃之虞，亟应速筹接济，著湖广、闽浙、两广总督迅速筹拨，解赴浙江巡抚左宗棠军营，以后仍然按月报解。

二月二十八日　清廷蠲免浙东新复各府州县地方钱漕 2 年。

三月十八日　清廷授左宗棠为闽浙总督兼署浙江巡抚。

十二月二十一日　光禄寺少卿郑锡瀛奏请设屯田养兵，以节经费。清廷命两江、闽浙、陕甘各总督，并江苏、安徽、浙江等地巡抚各就地方情形，分别酌拟章程，妥议具奏，并一经克复地方，先行办理，如实系无主荒田，即可募民屯种。

十二月二十四日　清廷命闽浙总督左宗棠剔除浙东地丁积弊。

是年　浙江人口 1667.3 万人。

同治三年(1864 年)

正月初二日　清廷谕旨：翰林院侍读学士孙锵鸣在局办团激变，以致温州兵乱，而辄行诿过于地方官，徇私挟嫌，居心险诈，著即勒令休致。

二月十八日　淮军程学启等人攻下嘉兴。

二月二十四日　太平军比王钱桂仁降，太平军杭州守将听王陈炳文弃城走德清，浙江布政使蒋益澧等陷杭州。道员康国器陷余杭。

三月初二日　闽浙总督左宗棠入驻杭州，整顿军纪，严申禁令。

三月十三日　闽浙总督左宗棠奏：进驻杭州巡视，城内仓库、衙署俱已荡然无存，街市房屋亦大半拆毁，城内外居民平时共有81万余口，现仅剩数万口。

三月十四日　清廷蠲免杭州、嘉兴两府属新复各州县同治二年及三年之应征钱漕。

三月二十日　以克复杭州出力，赏"常捷军"统领、法将德克碑头等功牌，并赏银1万两。

三月二十七日　闽浙总督左宗棠奏：浙江八府，绍兴浮收为甚，绅户每正耗银1两，完银1两6分至一两三四钱，民户则完至钱2800文或3000文、4000文者，绅轻民重。现将绍属8县6场正杂钱粮统照银数征解，其一切摊捐名目及道府各属陋规，概行禁革。

四月十一日　闽浙总督左宗棠奏报：浙东绍兴征数钱粮浮收之弊最甚，经查明核减，除正耗仍照常征解外，共减除钱22万文有奇、米360余石，民困稍苏。清廷命该督抚嗣后并著为定章，永远遵行。其地方官吏尤当洁己奉公、剔除积习，倘敢阳奉阴违，及大户不遵守章程完纳者，即著核实查参惩办。

四月二十三日　清廷同意左宗棠奏请，修补浙江海宁州石塘。

四月　浙江将衢州牙厘总局移设于杭州。并于嘉兴、湖州、绍兴、宁波、台州、衢州、温州、处州八府设府局。金华、严州不设府局，由省局直辖兼办。各府局于要津设卡，见货抽厘，兼综百货。

七月二十六日　清廷准许闽浙总督左宗棠奏请，核减宁波府属浮收钱粮，共减去钱10.4万有奇、米800余石，嗣后并著为定章。其从前以钱数收纳者，悉令统照银数收纳，不准有大户、小户之分。

是日　清廷以金华等处水灾，饬闽浙总督左宗棠分别抚恤。

七月二十七日　太平天国堵王黄文金等率部突围退走广德，湖州被清军和"常捷军"攻陷。此前，杭、嘉、湖所属各县皆为清军所占。此后，太平军在淳安、开化、江山等地与清军作战，均失利。

八月二十五日　太平军余部自江山进入江西广丰。至是，太平军全部退出浙江。

十一月十一日　以全浙肃清，赐封闽浙总督兼署浙江巡抚左宗棠一等恪靖伯爵，赏浙江布政使蒋益澧骑都尉世职。

十二月初二日　缓开北新关，并暂停关卡征税以恢复民力。

十二月初七日　护理浙江巡抚蒋益澧奏报筹修海塘要工，清廷著即将近水缺口，妥速督率堵筑，务须料实工坚，一律稳固。

十二月二十日　清廷以浙江海塘工程查出尤险工3800余丈，最险工4300余丈，估计需要白银四五十万两，著江苏巡抚李鸿章劝谕苏松太属殷实之户，量力捐助，俾得早日兴工，于江、浙两省均有裨益。

是年　闽浙总督左宗棠寻觅匠人在杭州仿造小轮船1艘，试之西湖，效果不佳。

是年　闽浙总督左宗棠奏：浙江杭、绍、嘉、湖四属地漕银182万余两，核减浮收银57万余两。

是年　浙江以丝为行销外洋的大宗货物，外商得于此货享子口半税之利，为弥补漏卮，浙江确定先捐后售办法。凡是乡丝到行销卖，先由行户扣缴捐款，填给捐票，每丝1斤捐洋2角，捐出卖户，不涉行商。俟行商起运，再将零星捐票倒换护照，沿途查验，不再收捐。

是年　浙江人口1324.1万人。

同治四年(1865年)

正月　闽浙总督左宗棠奏：两浙盐务拟请自本月为始，于杭、嘉、绍、松四所试办票盐1年。所收课银，全数提作正课，解充军饷，内外杂课概行停支。

二月初七日　清廷准户部议奏，核减浙江嘉兴府属各州县历年浮收钱粮，统计共减去浮收钱255638串，即著永为定章。其从前以钱收纳者，悉统照银数收纳，不准再有大户、小户之分。

四月初三日　清廷蠲免浙江临安等11县被兵地方本年暨来年额赋。

四月二十五日　闽浙总督左宗棠奏：遵查杭、嘉、湖三府漕额甚重，请按科则轻重，统减三分之一。部议后认定原减数目过多，拟请于30分中减去8分。清廷从之。

五月二十五日　浙江之杭、嘉、湖、严、绍五府所属各县，大雨连下七昼夜。绍兴府山洪陡发，海塘冲塌，萧山县沿江地方，水与屋齐，居民淹毙者万余人。严州府城外，江水时亦骤发，其苏、松、杭、嘉、湖五府及太仓州低田尽被洪水淹没。

闰五月十一日　清廷以浙江迭遭兵燹，减杭、嘉、湖三属漕米26万余石。

十月初九日　浙江巡抚马新贻奏请：核减漕粮浮收，禁革陋规，以肃漕政而纾民困。清廷许之。

十一月二十五日　浙江巡抚马新贻奏：嘉兴、湖州二属兵燹之后，复被水灾虫灾，请将应征白粮，按照漕粮成熟分数收运。清廷下部知之。

是年　浙江人口981.0万人。

同治五年(1866年)

二月初十日　禁止民间溺女。御史林式恭奏：民间溺女积习未除，近来广东、福建、浙江、山西等省仍有溺女之风，请严行禁止。清廷命各省督抚饬所属地方官出示严禁，并责令各州县劝谕富绅，广设育婴堂处所，妥为收养，俾无力贫民不致因生计艰难，再蹈恶习。倘仍不知悔改，即治以应得之罪。

二月二十六日　浙江巡抚马新贻奏：改造红单广艇30号，加上张其光原带广艇10只，共计40号，分派温州等处各要口。并购买外国轮船一两只，以为游击兜“剿”之用。清廷从之。

九月二十九日　清廷蠲免新昌等16县同治二年未完成额赋。

十一月二十二日　御史王书瑞奏：浙江水港淤塞，亟须开浚，而此工程与苏、松等处密切相关。清廷著浙江巡抚马新贻会同江苏督抚会筹妥办，赶紧兴修。

十二月初二日　清廷以近年海运漕粮均系借资商船，往返动逾半年，费用加增，每多赔累，著准照浙江巡抚马新贻所请，此次海运所雇各商船，于例给船费外，每石酌增银1钱5分，以资津贴。

十二月 宁波洋面梁彩起事，斩清总兵刚安泰等。旋被乍浦副将张其光镇压，梁彩战死。清廷命浙江巡抚马新贻赴宁波镇压梁彩余部。

是年 太平县盐民数千人暴动，反对盐厘，旋被镇压。

是年 浙江人口637.8万人。

同治六年(1867年)

六月二十日 清廷以畿内亢旱，被灾甚重，除江苏、浙江厘金银30万两业经提拨外，再添拨广东、福建、江西厘捐银35万两，浙、闽关洋税银35万两备赈需。

是年 浙江巡抚马新贻在杭州设浙江官书局。

是年 宗稷辰卒。宗稷辰(1792—1867年)，字涤甫，会稽人。道光朝举人，历官内阁中书、军机章京、员外郎、监察御史、给事中、山东运河道等。为学宗王守仁、刘宗周，为文主桐城派。

是年 浙江人口681.5万人。

同治七年(1868年)

正月初三日 浙江省拟裁水陆额兵13829名，添嘉兴、湖州两协水师500名。清廷准之。

四月十八日 禁止火葬。翰林院侍读学士钱宝廉奏请严禁火葬。清廷上谕：火葬之习，久干例禁。近来浙江嘉、湖等府尚有此弊，实与地方人心风俗大有关系，亟宜严禁，以挽颓风。

六月二十九日 浙江海塘工程竣工。

七月二十五日 浙江巡抚马新贻奏请，予宋儒袁燮(鄞县人)从祀文庙。清廷许之。

九月二十五日 清廷谕旨：两浙自试行票盐以来，征收课厘，并未按年报销，办理毫无成效，亟应妥议章程。著新任浙江巡抚李瀚章体察情形，详细定议。

是年 浙江人口728.3万人。

同治八年(1869年)

八月十三日 清廷以浙江杭州、嘉兴、湖州各属遭受水灾，谕浙江巡抚李瀚章加意抚恤。

八月 德国地质学家李希霍芬沿富春江、新安江作地质调查。

是年 太平天国革命失败后，浙北大批土地荒芜。清廷颁布《招垦法》，招民去开荒。温、台等府不少无地、少地农民前往杭、嘉、湖一带开垦。

是年 英国基督教派麦杜医师在杭州横大方伯行医传教，西医开始传入杭州。

是年 浙江人口778.2万人。

同治九年(1870年)

八月初九日 清廷命浙江巡抚杨昌濬兴修湖州府属水利。

十一月十二日　清廷命杭州、江宁、苏州织造赶办彩绸10万匹,其中杭州织造赶办4万匹,在明年四月一日前完成,为同治皇帝大婚之需。

十一月二十五日　清廷饬江、浙两省拨银39万余两,织办同治帝大婚之彩绸。

是年　吴振棫卒。吴振棫(1792—1870年),字毅甫,号仲云,钱塘人。嘉庆朝进士,历官知府、道台、按察使、布政使、巡抚、总督。

是年　浙江人口831.6万人。

同治十年(1871年)

二月至三月间　浙江省城猝然遭受暴风雨雹,倒塌民房,压毙人口;余杭县风雹尤其严重,衙署仓廒民房均有倒塌。严州、金华、绍兴、湖州各府亦各被风雹,山阴、会稽二县并坍塌庙宇民房,伤毙人口。

四月十六日　清廷以浙江省城及各府属迭遭风雹,影响春耕,著浙江巡抚杨昌濬饬令各该地方官查明被灾轻重情形,妥为办理,农田受伤较重之处,并著查明暂缓征收。

六月十六日　浙江巡抚杨昌濬等奏:江西铅山人李怀东率"斋徒"数百人攻入严州府城,被击溃,并访获"斋匪"头目周帼良(即朱葛亮)。清廷著其严查。

是年　浙江人口888.6万人。

同治十一年(1872年)

十一月二十九日　浙江巡抚杨昌濬奏:浙省明年新漕白粮米共45.375余石,由海运津,因商船缺乏,议以轮船装载。清廷著直隶总督李鸿章饬令天津道县,届期多备船只,赶紧驳运。

是年　宁波直接对外进出口贸易货值首次超过百万海关两,达到124.41万海关两,其中出口仅1.9万海关两。

是年　浙江人口949.6万人。

同治十二年(1873年)

闰六月初四日　新昌县王成继为首,拥众数千人,攻围县城,旋被官军击败,被捕者百余人;逃往关岭之人,亦被守弁击散,唯王成继等逃脱。

十月　余杭县发生葛品连中毒暴死案,冤及杨乃武和葛妻毕秀姑(又名小白菜),杨、毕受酷刑被迫招认,杨姐菊贞上京申冤。

是年　有4名浙江籍幼童参加第二批留美计划,仅次于广东。

是年　浙江人口1014.7万人。

同治十三年(1874年)

三月十八日　上海法租界拟筑路通达四明公所墓地,旅沪宁波人一致反对,发生暴动,攻公董局,法、美军队开枪,华人死7人,伤12人。暂罢筑。

是年　有 3 名浙江籍幼童参加第三批留美计划，位列广东、江苏之后。

是年　浙江人口 1084.3 万人。

德宗光绪元年(1875 年)

正月二十六日　浙江巡抚杨昌濬奏：筹修浙江自仁和等县境内至江苏交界一带桥梁塘路，以速邮传。清廷下部知之。

四月十五日　江苏招商局福星轮船装载浙江海盐等县粮米并木料货物由上海赴天津，二月二十八日行驶至撩木洋面，被怡和洋行澳顺轮船撞坏，淹死 65 人，损失白米 7000 余石。江浙委员司事人等因公丧命，石师铸已经杨昌濬具奏按照知府阵亡例议恤，同知蒯光烈等均交部照阵亡例，各自按照原品升衔官阶分别从优议恤。石师铸、蒯光烈等并准于上海、天津两处捐建专祠，由地方官春秋祭祀。

六月初六日　浙江巡抚杨昌濬奏：修复海盐县坍损石塘工程完竣。清廷报闻。

八月初四日　浙江巡抚杨昌濬奏：杭州府属东塘念汛，建复鱼鳞石塘 146 丈 5 尺，拆修鱼鳞石塘 32 丈，一律告成。又断陷石塘 100 余丈，亦经加高理砌，西头工段共建复鱼鳞石塘 218 丈，先后办竣。清廷报闻。

十月初九日　左宗棠奏称："浙江巡抚杨昌濬如能去浙度陇，可资臂助"。清廷谕旨：西疆军事紧要，襄办须人，但杨昌濬作为封疆大吏，如果令他奔赴军营，应安排何种职务，著令左宗棠现行奏明，请旨办理。

十月十六日　浙江巡抚杨昌濬奏《浙省沿海南田岛请旨开禁》一折，内称：浙江省象山、宁海两县的交界处南田岛，地方向来都是封禁。现附近居民因该处土壤肥沃，经常潜入搭寮开耕。清廷著令按照杨昌濬所请，即刻开禁。

十二月二十三日　清廷据浙江巡抚杨昌濬奏，浙江省南、北二新关，著暂缓开设。

是年　有 2 名浙江籍幼童参加第四批留美计划，位列广东、江苏之后。

是年　浙江人口 1136.1 万人。

光绪二年(1876 年)

正月二十六日　浙江学政胡瑞澜、巡抚杨昌濬等奏"请审明科场定例，严除积习"。清廷命礼部商议。

二月二十三日　豁免浙江同治十年以前民欠缓带地漕等款银钱米谷。

三月二十一日　漕运总督文彬奏：浙江荒歉，所有的漕项钱粮展限 3 月造报。清廷批准。

四月二十五日　浙江巡抚杨昌濬奏请款项修理大禹陵祠宇。清廷下部知之。

七月初八日　浙江巡抚杨昌濬奏请停海塘捐输。清廷下部知之。

七月二十六日　李鸿章与英国公使威妥玛在烟台签订《烟台条约》，其中规定温州为开放商埠。

八月初八日　查缉永嘉"教匪"。文煜、杨昌濬奏《拿办传教匪徒情形》一折，内称：温州府永嘉县双隔田施鸿鳌等人持斋设教，捏造符录印信，设立军师、将军等名目，经相关镇、道先期访闻，立将施鸿鳌及其同党潘阿士拿获正法。清廷著令文煜、杨昌濬饬属严拿惩办。浙江温州镇总兵吴鸿源、温处道方鼎锐查拿此案尚属得力，均著交部从优议叙；查获出力的知府杨鼎勋著赏给该员祖父母、父母两代正四品封典。

八月十九日　浙江巡抚杨昌濬奏《杭州等属被水被风情形》一折，内称：本年入夏以来，浙江杭州等属的余杭等县雨水过多，田地房间多被淹没，并有人员死亡。台州府属的临海等县猝然遭受飓风袭击，海潮猛涨，平地水深数尺，居民淹毙不少。清廷著令杨昌濬督饬有关地方官确切查勘，妥为抚恤，勿任失所。

十月二十日　江南织造锡奎等奏：本年洋商购丝较多，丝价尤昂，请仍饬浙江抚臣确查时价，取结报部，以免赔累。清廷著户部咨行江浙督抚，查明现行丝价，再行议奏。

十二月十六日　将余杭知县刘锡彤革职。刑部奏《承审要案、覆验明确》一折，内称：浙江余杭县民人葛品连身死一案，该县原验葛品连身死系服毒丧命，现经刑部复验，实因病身死。相验不实的余杭县知县刘锡彤即刻革职，并著令刑部提集案证，讯明有关情节。

十二月二十七日　御史王昕奏《大吏承审要案任意瞻徇，请予严惩》一折，内称：浙江余杭县民人葛品连身死一案，原来审办的巡抚杨昌濬、复审的学政胡瑞澜瞻徇枉法，捏造供词，请旨严惩。清廷著令刑部彻底追究，以期水落石出，杨昌濬、胡瑞澜等应得处分等刑部定案时再降谕旨。

是年　浙江人口 1141.4 万人。

光绪三年(1877 年)

正月二十三日　浙江巡抚杨昌濬上奏：请将南、北两新关暂缓开办，以纾民力。清廷许之。

二月初六日　沈葆桢奏：哨弁罗登榜因浙江省相关衙署委派缉私，却在江南竖积洪地方将 1 只平民海船拦住，并搬运客民洋钱过船等事项。清廷认定其中牵涉某些商人与缉私官员勾结，勒收陋规事情。著令杨昌濬将有关资料交给沈葆桢归案办理。

二月十六日　余杭葛品连一案，刑部审明定拟具奏，清廷著令已革知县刘锡彤刑逼葛毕氏、杨乃武，枉坐重罪，从重发往黑龙江效力赎罪；前杭州知府陈鲁、宁波府知府边葆诚、嘉兴县知县罗子森等人承审此案，未能详细讯究，草率定案，均革职；巡抚杨昌濬不能查处冤情，等到京控复审又不能据实平反，学政胡瑞澜未能究诘根由，详加复验，两人俱即行革职。

二月十七日　清廷任江宁布政使梅启照为浙江巡抚。

二月十八日　温州海关成立。八月改称瓯海关(新关)，英人好博逊为首任税务司。瓯海关内设邮政处，兼办内部邮递业务。

八月二十一日　浙江巡抚梅启照奏：杭州曹籀刊刻谤书，诬蔑挟制，请派员审办。清廷著令督饬按察使秉公审讯，按律定拟。

是年　浙江人口 1146.6 万人。

光绪四年(1878 年)

四月二十九日　清廷以道员胡光墉捐输巨款,历年购办西征军火,筹运饷项劳绩,著赏穿黄马褂。

五月十五日　整顿杭州旗兵。杭州旗兵与商民冲突之事现已查清,清廷著令果勒敏、济禄均交部议处,并仍勒拿逃犯归案,分别严惩。旗营需严定营规,饬令各营官按照保甲章程设立门牌,勿任兵丁再滋事端。

六月十二日　清廷谕旨:杭州驻防营房素尚整齐,因拨补各处兵丁,不能遵守营规,竟然发生滋事案件,著令西安将军广科调补杭州将军。广科到任后务必约束兵丁,整顿营伍,如遇到旗民交涉之事,著与巡抚和衷商办,务使兵民相安。

七月十八日　梅启照奏:本年五月间,金华、衢州、严州三府属地遭受水灾,淹毙人口,冲毁田地房屋。清廷著令梅启照设法拯救,并开仓平粜,拨给钱米。并趁现天气晴好,水势消退,应立即补种秋谷,确切查明被灾户口,妥为抚恤。

八月初九日　因浙江盗案日多,整顿防营。清廷得奏:浙江营勇滋扰,盗案迭出。清廷著令梅启照将各处被抢案件逐一查明,迅速将各案盗犯拿获,按照律例惩治,留防各营务必大加整顿,严行约束。朱明亮如果不能得力,并有徇庇情事,据实参奏。

十一月十一日　浙江巡抚梅启照奏报:浙江省裁去留防严州楚军副前营勇丁五成,其余水路各营,均减去十分之一,统计浙江防营员 9749 名,实际裁去 1023 名,连同上年所裁的红单船广勇,节省饷银在 10 万两以上。清廷下部知之。

十二月十二日　蠲缓仁和、钱塘、海宁、浦江、龙游、新昌、瑞安等 49 个州县及杭、严、嘉、湖、衢等灾难地区钱漕杂粮不等。

十二月　山西,河南旱灾极重,居民死亡百数十万。浙江等地士绅纷纷捐资捐物以帮助灾民。

是年　浙江人口 1150.0 万人。

光绪五年(1879 年)

二月初八日　海宁、宁波等地厘局偷漏苛罚,与百姓发生冲突。清廷根据浙江巡抚梅启照请求,将办理海宁县西塾厘局的候补同知邹孙树革职,办理宁波城外壕河厘局的候补知县方观澜交相关部门处理。

春夏　杭州等府各属遭受旱灾、蝗灾、风灾等,绍兴等地多处田地被淹。

九月二十九日　查禁浙江鸦片种植。闽浙总督何璟奏报:福建泉州等地私种罂粟,且浙江等省烟土入福建销售。清廷著浙江官员认真查禁。

十一月初八日　御史章乃畲上奏:长兴、孝丰等地招垦荒田,而外省流民乘机侵夺,业主逃避而不敢认领,以致客民愈多,土著愈少,江南各省或也有此事。清廷令地方官府认真查处,从严惩办。

十二月十六日　蠲缓浙江仁和、钱塘、海宁、富阳、余杭、临安、於潜、新城、昌化、嘉兴、秀水等40州被水被风地方本年额赋。

是年 由于山西等地旱灾，浙江拨浙江漕米4万石，赈直隶省灾民。

是年 浙江人口1154.1万人。

光绪六年(1880年)

正月二十一日 命沿海各督抚严密布置防务，防备俄国。

二月初十日 给事中楼舆普奏报：浙江省民间私买监照，有数千钱或千余钱而买一监照者，亦有不费一钱而买监照者，此等监生数目庞大，应该划定年份，酌令补缴实银。清廷令户部议奏。

二月二十六日 给事中郭从矩奏议，将杭州、扬州等地绅士设立赈灾善局，救济山西、河南等省旱灾事迹纂入各本籍地方志。清廷许之。

是日 清廷要求浙江巡抚谭钟麟认真筹办海防，妥善布置，以期有备无患。

三月十二日 清廷据浙江巡抚谭钟麟奏，换铸海宁、平湖、德清、慈溪、黄岩等14州县印信。

三月二十三日 浙江长兴县农民反对增加田赋。是年浙江巡抚谭钟麟通令各府县勘查熟荒征收钱粮，长兴县官绅协议将田赋一律增二成五征收，农民激愤，几千农民到县城请愿，与官府发生冲突，将知县衣箱焚毁。

五月二十二日 宁夏满营修复工程计划由浙江省拨解厘金3万两，但只解到1万两。清廷命令浙江省迅速把2万两筹拨。

六月初五日 因钱塘县库书何秉仁勒折浮收，民愤极大，清廷将其正法。

六月初八日 清廷据奏余姚县征收钱粮，私肥害公，每银1两外增收钱二百数十文，为害百姓等事，令谭钟麟通饬浙江各州县征收钱粮时，不得任意浮勒。

六月二十六日 李鸿章上奏：北洋海防经费由各省分摊，但浙江省半年以来并未解送。清廷令浙江省抓紧办理。

九月初九日 清廷命浙江巡抚谭钟麟认真清查浙江荒地。

是日 湖南巡抚李明墀奏报：前浙江提督黄少春在原籍奉旨招募士兵，已成军，即将开赴浙江。

十月初三日 清政府谕旨：本年宣平等处遭受冰雹，已由地方官员抚恤；金华等地田间近期遭受水灾，有关官员应迅速处理，并著浙江省在年底封印前把受灾情况上报，安排减免钱粮事项。

十二月二十六日 蠲缓浙江仁和、钱塘、海宁、富阳、余杭、临安、新城、於潜、黄岩、武义等66州县以及杭、嘉、严、湖、衢、台各卫所遭受水灾虫灾地方新旧钱漕不等。

是年 截拨浙江、江苏漕米共10万石，分赈顺天、直隶各州县灾民。

是年 杭州城内和城外开业的织绸机实际共有3000部，每年产绸71560匹(每匹平均重量约38.50两)。绍兴城内及附近共有织绸机越1600部。

是年 夏同善卒。夏同善(1831—1880年)，字子松，仁和人。咸丰朝进士，授编修，累迁右庶子，迁少詹事。光绪元年，与翁同龢两人共同授读光绪帝。光绪四年，担任江苏学政。谥号文敬。

是年　浙江人口1155.8万人。

光绪七年(1881年)

二月三十日　浙江巡抚谭钟麟奏请起解盐课京饷，并请由浙江拨给提督雷正绾的防营月饷5000两，依旧由山西河东道就近拨给，以减轻浙江民力。清廷下户部议。

三月十二日　清廷谕旨：浙江塘工所需费用极大，命李鸿章、刘坤一让招商局所领取的塘工款在本年承运的漕运费用下，由浙江省粮道扣还本银6万两，以帮助塘工。

五月初八日　因短征收漕米，清廷革除德清县知县程国钧职务。

七月十二日　招商局奏：今年所承运的江浙漕粮掺杂破碎过多，清廷命江浙巡抚责成粮道严加督查各办理漕运的委员，在上海、天津与招商局兑米时，加意查看，务必使米色一切干圆清净。

闰七月十四日　浙江巡抚谭钟麟奏报：今年六月间，有"匪徒"10余人持械入狱，劫逃重犯19名。清廷大为震惊，斥责地方管理实属玩亵已极，著将署理临海知县杨崇钦革职留任，署理台州府知府陈乃瀚交部议处，并勒令严缉劫狱"匪徒"及其在逃各犯，逾期不获则严惩不贷。

闰七月二十六日　翰林院侍讲学士陈宝琛奏：浙江临海县"匪徒"金满焚烧衙署，四处劫掠，请饬令官军擒拿。清廷著令谭钟麟调派得力官军相机追捕。

八月初九日　给事中楼誉普奏报：近年台州"土匪"四起，抢劫迭见，原因在于一是捐厘重征，一是税契苛索。另外，据说七月间临海、黄岩、太平散县近海处地方洪潮为灾，晚稻无收。收到奏报后，清廷震怒，令谭钟麟速派得力官军前往剿灭。至于抽厘税契各弊端，需查明后分别裁革。至于地方遭受洪潮之处，妥为抚恤。

九月十二日　抚恤宁海、黄岩灾民。谭钟麟奏：宁海东乡沿海潮水暴发，淹死棚户40余人，此外黄岩、临海等处都遭受灾害。清廷著饬妥为抚恤，不使百姓流离失所。

十月十六日　浙江巡抚谭钟麟奏报修复杭州文澜阁，请颁发匾额及《方略》，并嘉奖搜求遗书的士绅。清廷著南书房翰林书写文澜阁匾额，并著武英殿颁发《剿平粤匪方略》1部，主事丁申赏加四品顶戴。

是年　鄞县人金雅妹赴美留学。光绪十一年以优秀成绩毕业于纽约医院附属女子医科大学，为国内第一位获大学毕业证书的女留学生。

是年　浙江人口1157.2万人。

光绪八年(1882年)

六月十二日　浙江巡抚陈士杰奏金华、衢州、严州等府属突遭水灾，情形甚重。清廷著陈志杰迅将一切应办赈抚事宜，妥为办理，动用款项准其作正销。

七月初二日　浙江巡抚陈士杰奏报：浙西的苏州、松江、常州、镇江、太仓五地引盐，销数浙旺，成本过重，拟请酌加引额。清廷著在原定 6.6 万盐引外，加认 3.4 万引。

七月初六日　给事中楼誉普奏报：本年五月下旬，余杭县苕溪水势骤涨，冲塌堤岸，田庐被淹；临安、於潜等地，均有大水；仁和、钱塘两县农田亦被侵灌；湖州、嘉兴等地多有水灾。清廷著陈志杰迅速派官员会同各州县勘明被灾地区，妥为抚恤。

七月十七日　浙江慈溪县北乡、五都地方，有农田 40 余万亩，全依赖杜、白两湖蓄水灌溉。同治九年，巡抚杨昌濬将占湖民田给价而平毁，禁止耕种。但从上年开始，有人在此种植桑麻，知府宗源瀚也有开禁的谕令。内阁侍读陈景墀担心水利日坏，诉于都察院。清廷著陈志杰确切查明。

七月二十一日　两月以来安徽、浙江、江西遭受水灾最重，清廷著户部各拨银 6 万两，以资赈济。即将本年中秋应进宫内款项，拨抵应用，毋庸呈进。各省应解京饷项就近划扣。

八月初三日　浙江巡抚陈士杰奏报：浙江水灾甚重，请将赈灾款项作正开销。清廷允许。

是年　李善兰卒。李善兰(1810—1882 年)，字竞芳，号秋纫，别号壬叔，海宁人。自幼喜好数学，道光间陆续撰成《四元解》《麟德术解》《弧矢启秘》《方圆阐幽》及《对数探源》等。后入京任同文馆算学总教习，历授户部郎中、总理衙门章京等职，对促进近代科学的发展作出卓越贡献。

是年　浙江人口 1158.9 万人。

光绪九年(1883 年)

三月初八日　给事中楼誉普奏报：浙江大岚山连接宁、绍、台三府，有人在此开办矿场，聚众设局，情势严重。清廷著刘秉璋确切查明，严行禁止。

四月二十七日　杭、嘉、湖各府客民开垦荒地，与土民经常发生冲突。浙江巡抚刘秉璋奏报嘉兴府土客仇杀事宜。清廷著刘秉璋督饬属员将地亩详细清查，酌议章程，妥为办理。

七月十三日　金满投诚，台州士绅恳请朝廷网开一面。清廷著金满从宽免死，准其留营效力，余众百人均著一并留营。

七月十八日　清廷著何璟、刘秉璋对金满严加约束，随时查察，如果再有不法事，立刻正法。

八月初八日　浙江巡抚刘秉璋奏报：奉派织务料工银数过巨，请暂从缓办。清廷应允，所有传办之件已核减，由造办处传知。

八月二十日　浙江山阴、会稽、萧山江塘为三县田庐保障，同治四年，东、西两塘坍塌，借款修筑，后在三县按亩摊捐，分年归还。太仆寺少卿钟佩贤奏报当时塘工用钱 27 万余串，多捐的钱 10 余万串，官绅迄未交出，请饬清厘。清廷著刘秉璋逐一清厘，妥为经理。

八月　浙江巡抚刘秉璋筹建杭州机器局。

九月十五日　御史郑训承奏：浙江杭、嘉、湖三府本年春夏阴雨连绵，蚕种受伤，丝收歉薄。六七月间，雨多晴少，水灾迭起。清廷著刘秉璋派员确实查勘，妥筹赈济。

九月二十六日　御史章耀廷奏：浙江海塘工程紧要，宜在冬季一律修筑。清廷著刘秉璋督饬各员认真修筑，如有偷减工料情弊，立即从严参办。

十一月十二日　浙江巡抚刘秉璋奏参庸劣不职人员。盐运使衔浙江候补道王维圻著革去盐运使衔，以同知归部铨选。试用同知揭裕镕、候补知县张升猷、试用县丞彭应丞、试用盐大使杨永馨均著即行革职。

十一月二十八日　清廷以上海阜康商号闭歇，亏欠公项及其各处存款为数甚巨，该号商江西候补道胡光墉，著先行革职，并著两江总督左宗棠饬提该员，严行追究，勒令将亏欠各处公私等款，赶紧逐一清理。据闻胡光墉有典当20余处，分设各省，卖丝若干包，值银数百万两，存置浙省，著该督咨行各该省督抚，查明办理。

十二月十九日　时有法军侵犯舟山等处之谣，清廷著刘秉璋必须严密设备，务将镇海、定海等处妥为布置。

是年　浙江创办茧捐，另行设局，于每年丝茧上市时设立，事竣即裁。以后每年如此。

是年　浙江人口1160.6万人。

光绪十年(1884年)

正月初七日　两江总督左宗棠奏：阜康号商已革江西候补道胡光墉，商号闭歇，亏欠部款及其江苏公款，业经封产备抵。清廷著查明该革员所欠公私各款，饬提追究，毋任宕延。

二月初四日　浙江巡抚刘秉璋奏报沿海形势，并请拨轮船。清廷著左宗棠、何璟、张兆栋、何如璋酌量分拨兵船或者蚊子船4艘，前赴定海驻泊。

三月十七日　浙江巡抚刘秉璋奏："台匪"金满投诚以来，现经调赴粤东，万不可仍令回浙，以致别生枝节。请饬彭玉麟俟海防事竣，或者就近安插，或留长江水师营内差委。清廷著彭玉麟妥为办理，勿使金满回浙，再生事端。

三月　浙江巡抚刘秉璋以中法战争吃紧，亲至镇海布防，并在金鸡山添筑天然、自然两炮台，招宝山添筑定远、安远两炮台。

四月初一日　浙江巡抚刘秉璋奏报：筹办海防，添募营勇，加挑练军、炮兵，遵照新章，详请立案。清廷下部知之。

四月初七日　户部奏：新疆南路应修衙署等工程，需款项目巨大，请饬浙江将胡光墉侵取西征借款等银106784两，于该革员备抵产业内，迅速变价，照数解交甘肃粮台应用。

七月二十二日　清廷得奏，有外国船六七艘驶至宁波江北岸，著刘秉璋饬属确查系何国船只，如系法船，即行攻击。

八月初五日　浙江巡抚刘秉璋奏：办理防军饷不继，请停解京协各饷。清廷下部议。

八月二十三日　浙江巡抚刘秉璋奏：来岁浙江新漕，难运本色，请饬部核议变通章程。清廷下户部速议。

九月初七日　宁绍台道薛福成照会浙海关税务司，称以后凡法国人只准在浙海关出关，不准入关。

十月初二日　杭州锡箔砑工因业主发给工资掺用小钱，要求付给大钱，举行罢工。嗣悉箔作有自设砑石，乃聚众前往拆除，并捣毁作坊三四十家。本日，该业行首包姓又令砑工减少工资，再次激怒箔工六七百人，捣毁包姓箔庄。

十二月　清援台舰船在浙江洋面遇法舰，即退避镇海口和石浦。

是年至十六年　浙江厘金收入最高年份为2117024两，最低年份为1990976两。浙江历年厘金收入俱在200万两左右，在全国14省中仅次于江苏，居第2位。

是年　浙江人口1163.7万人。

光绪十一年(1885年)

正月十六日　清廷著浙江巡抚刘秉璋会同欧阳利见督饬防军11营，在法国军队窥伺镇海口时，实力堵截。一旦法军登岸，就痛加剿袭。

正月十七日　清廷著刘秉璋督饬各统领与吴安康联络筹防，在法军进攻镇海口失败退泊后，同心御侮。镇海本驻军11营，炮兵500人，宁波亦有6营可以策应。

正月二十日　清廷著左宗棠、杨昌濬在省防军各军酌拨五六营，取道温州、台州等地，迅速赴宁助剿。

正月二十六日　清廷著曾国荃迅速解运后膛枪1500杆至浙江。

正月二十八日　曾国荃奏报：拟将后膛枪1000杆解运福建，1000杆解运浙江。清廷谕旨：法军屡次侵犯镇海口，浙江军务紧急，立刻把全部的后膛枪2000杆解运至浙江。

二月初四日　浙江巡抚刘秉璋奏报：在正月十五日至十九日，法军船只进犯镇海口，提督欧阳利见率水路营勇合力轰击，敌舰败退。清廷著刘秉璋仍饬各将领严密防守。

二月十九日　浙江巡抚刘秉璋奏：宁波通商口岸堵塞，常洋关税无征，请饬部立案，准其尽征尽解。清廷下所司知之。

六月初五日　浙江巡抚刘秉璋奏请加收鸦片厘金，留作海防经费。清廷下部知之。

七月初一日　浙江巡抚刘秉璋奏：本年五月，浙江台州府属有外来哥老会人员勾结仙居“土匪”，谋为不轨事。地方文武与防营前往剿办，先后擒获首要“会匪”，分别正法。清廷著所有出力员弁，准其酌保。

八月初三日　据《北华捷报》杭州通讯，由德国人孔恩监督兴建的杭州机器局业已落成，全部厂房、机器共费银约10万两。

八月十九日　清廷得奏：浙江杭、嘉、湖三府属各州县征收南米，向有拨发满营兵米、织造衙门匠粮及减兵余米等款，该州县折解每石不过3000多文，乃辄借南米名目，任意折收五六千文。著浙江巡抚刘秉璋确切查明，饬令各属各州县按照原定数目，随漕分征，不得丝毫浮收。如查有前项情弊，即著从严参办。

十二月初五日　浙江巡抚刘秉璋奏：浙江明岁漕粮，仍请全数由海运津，以免迟误。清廷许之。

十二月十八日　浙江巡抚刘秉璋奏：青田县幅员辽阔，原设县丞在乾隆二十七年移往龙泉县，现拟移回黄坛旧治，以资佐理。

是年　浙江人口1168.5万人。

光绪十二年(1886 年)

正月初十日　浙江巡抚刘秉璋奏报:请从缓旗兵加饷,应以创立海军为急务。清廷十分不满,原折著即掷还。

四月十七日　御史殷季尧奏:浙江每届乡试,即有买荐、传递、乱号等弊端。上年乡试查号,士子纷纷逃出号舍等。清廷著刘秉璋按照所参各节,于下届乡试时,认真整顿,并严定章程。

六月初十日　浙江巡抚刘秉璋奏:镇海口小金鸡山与招宝山下添改炮台炮位,需要银 40 多万两。清廷下部知之。

七月初七日　清廷得奏:浙江省征收厘金,积弊甚多,其利半归中饱,急需整顿。清廷上谕:此等弊端总由该督抚不能破除情面,一听该员等以多报少,蒙混侵吞。一省如此,他省亦不免如此,著各省督抚力矫积习,认真稽核。

是年　中国共出口茶叶 221.7 万担,其中绍兴和杭州所出茶叶约占 20%。

是年　浙江人口 1169.1 万人。

光绪十三年(1887 年)

六月初九日　浙江巡抚卫荣光奏报炉铸机制制钱工本情形,并呈上钱样二匣。清廷著卫荣光即按照炉铸分两工本,循旧鼓铸,务期新钱早日充足,赶紧分批解京。

是日　浙江巡抚卫荣光奏报富阳遭受水灾情形。清廷著妥为抚恤;应修塘工,并著赶办。

九月二十四日　浙江巡抚卫荣光奏:浙江征收鸦片加捐,现由护海关宁绍台道薛福成与税务司议定,凡是鸦片进出口时,一律查照洋药税率减半收税,每百斤征银 15 两。由厘局征收,留充本省饷需。清廷下所司知之。

十二月初二日　浙江巡抚卫荣光奏请,将防营长夫全部裁撤,以节省饷银。清廷下部知之。

是年　严信厚创办国内第一家机器轧花厂——通久源轧花厂。光绪二十年扩建为通久源纺纱织布局。

是年　浙江人口 1170.3 万人。

光绪十四年(1888 年)

三月初五日　清廷豁免浙江省光绪五年以前民欠钱粮。

十月十七日　清廷调任江苏巡抚崧骏为浙江巡抚。

是年　孙衣言、孙诒让父子在瑞安城东金带桥边建玉海藏书楼。

是年　浙江巡抚卫荣光奏:浙江炉铸制钱试办以来,共铸成 12 万余串,因洋铜货缺价昂,从本年起暂行停止铸造。

是年　温州菜油每斤需钱 120 文,火油每斤仅钱 65 文,民间照明遂舍弃植物油而用火油。

是年　浙江人口 1172.0 万人。

光绪十五年(1889 年)

二月二十七日　浙江巡抚崧骏奏:海盐县传字等号新建石塘临水孤立,拟于塘外加筑坦水坝 195 丈,俾资捍卫。清廷下部知之。

三月二十六日　浙江巡抚崧骏奏:浙江奉拨北洋经费力难解足,酌定本年解数 20 万两,并筹补两年旧欠 4 万两。清廷下所司议。

五月初六日　清廷得奏:浙江杭、嘉、湖三府漕粮,折价太多,同治四年(1865 年)折价每石约需钱 3800 文,今则米价日减,折价日增,竟增加到 5000～7000 文不等,官民交困,请求仍归本色征收。清廷著崧骏确切核议。

五月二十日　清廷上谕:浙江科场场规废弛,种种弊端不可枚举,亟应及早严禁,力挽颓风。著崧骏先期筹议,破除积习,实力办理。

十月初七日　是年秋,杭州、嘉兴、湖州等府属雨水过多,灾情甚重,饥民困苦流离,崧骏已酌拨银谷,动放仓米,分别赈灾。清廷著崧骏饬属认真筹办,所放银米,准其作正开销。

十月十五日　清廷上谕:本年浙江大雨,各地都遭受水灾,杭、嘉、湖三府最为严重,著于浙江藩库提银 5 万两。并从宫中节省内帑,发去银 5 万两,交给崧骏妥速赈济。

十月二十二日　浙江巡抚崧骏奏:浙江各地水灾严重,请于藩库提银 12 万两、运库提银 3 万两,作为冬春办理赈灾之用。清廷著照所请。

十一月二十四日　御史杨晨奏报:天台、仙居、临海、黄岩、太平近山沿海各乡均遭受水灾,请将台州府城的常平仓万余石及早散放;同治年间设立的培元局存钱 10 余万钱,请酌提放赈。清廷著崧骏办理,不准劣绅把持。

十二月十三日　清廷上谕:浙江本年水灾甚重,所有杭州、嘉兴、湖州三府应征的本届漕白米,即著全行蠲免。其应征的地丁一捐,浙东各属被灾较轻,著照例征收。杭、嘉、湖三府被灾极重之区,应征地丁并著一并蠲免。

十二月二十二日　清廷得奏:浙西荒田多招外来客民垦种,一遇到荒歉,难保不借端滋事,宜承放赈查户之便,另编棚户保甲,以消弭隐患;余杭县南湖关系浙西 3 府水利,宜仿以工代赈之法,浚河培堤,即用客民之强壮者,任以力役。清廷著浙江巡抚崧骏妥筹办理。

是年　吴兴富绅庞元济与杭州士绅丁丙等集资 40 万两,在杭州拱宸桥筹建通益公纱厂(杭州第一棉纺织厂前身),光绪二十三年正式开工,有纱锭 15000 枚,工人 1200 人。

是年　浙江人口 1174.5 万人。

光绪十六年(1890 年)

六月初八日　浙江巡抚崧骏奏:嘉兴、湖州上年遭受水灾,应办白丝、丝绵两项,请暂照应届减半之数办解。清廷从之。并允许在杭州西湖为已故兵部尚书彭玉麟设立专祠,在衢州府为西安将军福兴设立专祠。

七月二十六日　浙江巡抚崧骏奏:挑浚苕溪、南湖,以工代赈。清廷下部知之。

是年　浙江人口1177.4万人。

光绪十七年(1891年)

正月初二日　定海城大火，毁店铺、民宅3000栋，万余人流离失所。

十月初三日　杭州等府水灾，台州府旱灾。清廷著地方查勘，迅速办理赈灾。

十二月十八日　浙江巡抚崧骏奏：挑濬余杭南湖苕溪工程完毕。清廷下部知之。

是年　浙江人口1179.2万人。

光绪十八年(1892年)

正月初五日　清廷予杭州、乍浦满营阵亡殉难官兵妇孺1.6万余名，入同治年间所建昭忠祠，列入浙江祀典。

七月初三　护理浙江巡抚刘树棠奏：浙江海盐县绕城石塘，屡次战争后大半塌坏，自当急筹修建。查有塘工加抽丝捐充岁修余款，累年积存洋10万元，尚够工程用款，拟就现有之数先行开办。清廷下部知之。

十一月　宁波城区江北岸引仙桥佘使君庙祀神演戏失火，踏死和烧死三四百人。

是年　杭州石印局在杭州设立，有印刷机器2台、小发动机1台，约30名工人。

是年　台湾人戴生昌在杭州设立戴生昌轮船公司，资本银12万两，航行于沪、苏、杭间，有小汽船25艘。

是年　洋纱从外地运入461担，从去年开始运入温州时仅仅为54担，大半分运平阳、台州作织布之用。温州雨伞边网原用麻线，今亦改用棉纱，如此可以多省工费。

是年　浙江人口1181.2万人。

光绪十九年(1893年)

二月初四日　清廷得奏：普陀、温州、台州等地洋面，屡有盗匪虏船劫货、杀害商人之事，而地方官员并未缉拿，巡洋师船安居内港，请认真整顿。清廷著闽浙总督谭钟麟、浙江巡抚崧骏严拿。

七月初三日　浙江巡抚崧骏奏：海盐县境塌陷石塘，择要分别修砌，并筑随塘坦水等工。又东塘埽工险要，循旧改建。清廷下工部知之。

九月初二日　御史褚成博奏：浙江正考官殷如璋行抵苏州，有人投递信封，内有考生5人姓名，并银票1万两，嘱其取中。殷如璋将其人扣留，交给苏州知府王仁堪看管，转解浙江审讯。清廷著崧骏严切根究。

十二月二十五日　刑部奏：周福清(绍兴人)在殷如璋(浙江乡试主考官)途中，传递信函，求通关节，当场发现，较已成未中者情节稍有区别，拟以杖100，流放3000里。清廷谕旨：其案判罚过轻，著改斩监候，秋后处决。

是年　浙江人口1182.5万人。

光绪二十年(1894年)

二月二十七日　御史杨晨奏报:浙江衢州、严州、温州各卫租银原定核减七成,但胥吏仍多照旧征收,并且由于卫田散落在各县,册籍混淆,不法之人有贿包办的弊端,请饬严禁。清廷著廖寿丰确切查明。

六月二十四日　清廷电谕刘秉璋饬令参将吴杰迅速前往浙江。不准廖寿丰提出的英国船只保护定海的提议。

九月十二日　据称定海洋面时有兵船游弋,形迹可疑。清廷电寄廖寿丰,著督饬各防营严密守御,遇到日本船只驶近炮火可及之处,即应痛击。

九月二十八日　浙江巡抚廖寿丰奏抓获日本奸细藤峻武彦、高见武夫。清廷著即行正法。

十月初九日　御史王鹏运奏:漕运关系甚重,请将江、浙漕粮一并由河运北上,于寿张、章丘一带设法翻过岸坝。清廷著户部核议具奏。旋即户部奏称:江浙全漕米石,专恃运河挽运,办理恐无把握,现拟以十成之三四交洋轮包运,以十成之五六改征折色。依议行。

十月二十八日　清廷得奏:浙江防军,多半虚额,此次新募的营勇,只足补旧营的虚额,新加的练军也不足数。宁波防勇仅部署在官署,且骚扰地方。清廷著廖寿丰严加整饬。

十一月十一日　浙江巡抚廖寿丰奏:两浙盐斤一律照章加价,并另筹盐商报效海防经费。清廷下部知之。

十二月二十七日　浙江巡抚廖寿丰奏:遵筹饷银,请将钱典烟酒等业于将输常额外,酌量捐资,仍照海防例分别给奖。清廷下部议。

是年　孙衣言卒。孙衣言(1815—1894年),字劭闻,号琴西、逊学老人,瑞安人。道光朝进士,任编修、安庆知府、江宁布政使、太仆寺卿等职。诗文并工,辑《永嘉丛书》,撰《瓯海轶闻》诸书,存乡邦文献。

是年　李慈铭卒。李慈铭(1830—1894年),字炁伯,号莼客,会稽人。光绪朝进士,任监察御史。平时读书所得,按日记述,成《越缦堂日记》数十巨册,内容涉及经史百家与时事,影响颇大。

是年　陆心源卒。陆心源(1834—1894年),字刚甫,号存斋,晚号潜园老人,归安人。咸丰朝举人,官至福建盐运使。生平嗜书,先购有上海郁松年"宜稼堂"藏书,又获周星诒等诸家余书,遂名其书堂曰"仪顾堂";又建"皕宋楼",专贮宋元旧椠及名人精抄、手校本,是晚清四大藏书楼之一。

是年　朱一新卒。朱一新(1846—1894年),字蓉生,号鼎甫,义乌人。光绪朝进士,任监察御史,以疏劾李莲英,诏责降主事。张之洞官两广总督,建广雅书院,聘为主讲。重宋儒理学,务通经以致用,与康有为争辩今古文经真伪。

是年　浙江人口1184.3万人。

光绪二十一年(1895年)

正月二十九日　清廷令浙江巡抚廖寿丰解决浙西土著、客民土地纠纷。

二月十七日　浙江巡抚廖寿丰奏:浙江本届新漕,酌议本折兼解,暂雇洋轮包运,并会订保险章程。清廷下户部知之。

三月　清政府被迫与日本政府签订的《马关条约》,规定开辟杭州等地为通商口岸。

四月初四日　户部奏:浙江加抽烟酒酱缸等捐,各省也有如此做法,并在漕粮项下加收钱文,请旨饬下各省督抚,嗣后捐输一项,务须遵照奏章,只准向绅富劝谕,不准按州县勒派。清廷从之。

春　宁海尤田鸡、王幗昌于上年起事后,势力达鄞县、舟山、奉化等地。五月,王幗昌在奉化栖凤被俘。七月,尤田鸡在临安被俘。同月,尤、王在宁波被杀害。

闰五月十一日　清廷得奏:浙江盗风四起,劫案迭出。如去年岱山洋面盗匪抢劫台州渔户;舟山航船亦被行劫;鄞县、奉化、慈溪皆有盗犯。清廷著廖寿丰妥为办理。

闰五月二十六日　浙江巡抚廖寿丰奏:浙江息借商款,遵部议停止;另陈分别捐奖办理情形。清廷下户部知之。

七月初四日　浙江巡抚廖寿丰奏筹议浙西客民章程,清廷报闻。

七月十九日　清廷据奏:江浙交界,浙江嘉兴、秀水、嘉善、乌程、归安等县,江苏吴江、震泽,盗风日炽,著廖寿丰等妥为办理。

同日　清廷得奏:归安县知县沈宝青在任日久,总计发生盗案百数十起。该县向有捕费、茶捐两项,为数甚巨,捕费则取赔事主,茶捐则半饱私囊。著廖寿丰逐款查明,从严查办。

七月二十日　浙江巡抚廖寿丰电奏:机器厂获利不多,小轮船流弊甚大,并拟于苏、杭设洋关,置税司,厘税并征。清廷著总署斟酌办理。

十一月二十五日　清廷得奏:宁波、温州、台州各处洋面,商船被劫者不下数十起,轻则抢掠财物,重则杀人焚船,然缉捕船只未闻破获一案。清廷著边宝泉、廖寿丰严饬水师认真巡缉。

十一月十六日　清廷得奏:台州府属土匪充斥,劫掠频发。清廷著廖寿丰从严缉办,不准轻议招抚。

是年　庞元济和丁丙等从英国订购纺纱机器,在杭州拱宸桥畔创建世经缫丝厂,购置意大利直接式坐缫机,生产"西泠"牌生丝。次年,自备发电机发电,开浙江省电力生产之始。

是年　浙江人口1185.2万人。

光绪二十二年(1896年)

三月初七日　浙江巡抚廖寿丰奏复清廷,糖、烟、酒遵办加厘,唯局卡薪费碍难再减。清廷下部知之。

三月初八日　浙江巡抚廖寿丰奏报购置小轮船4只,并奏杭州开设商埠,该处关务请以杭嘉湖道兼任。

三月 日本驻杭领事馆在宝石山东麓石塔儿头设立。八月二十一日，清政府地方当局与日本驻杭领事签署了杭州通商场地址和《日本商民居住塞德耳门章程》(后称《杭州日本租界原议章程》)，正式确定杭州拱宸桥一带为通商场地，面积约1800亩，其中北半部辟为日本租界，面积约900亩。

六月初三日 浙江学政徐致祥奏报：浙江推广学额之处，所有缺进学额请归下届计算取进。清廷下部议。

七月 总理衙门咨行江海关，确立轮船来往苏杭沪通行试办章程19款。

八月二十七日 清廷得奏：沿海各县渔民成立渔团，领牌给照都需缴费，请禁止温州洋面官轮营船牌照等费。清廷著廖寿丰确切查明。

十月 增设杭州等4关。

十二月 设立杭州邮政总局。

是年 浙江人口1186.6万人。

光绪二十三年(1897年)

三月初四日 近年以来浙江筹办海防，陆续添募勇营30余营，后裁去18营。清廷著廖寿丰迅速将海防添募各营一律全裁。

五月初四日 闽浙总督奏：裁嘉兴乍浦协副将，以嘉兴协合并乍浦，改为嘉乍协副将，仍驻扎乍浦海口。统计嘉兴、湖州两协共裁大小官弁22员。清廷允之。

七月初四日 浙江巡抚廖寿丰奏：浙江省城专设求是书院，兼课中西实学。清廷下所司知之。

七月 《经世报》创刊，由浙江人章炳麟、陈虬、宋恕等任撰述。该报为旬刊，馆设杭州，上海设分馆，内容分学政、农政、工政、商政、兵政、格致、中外近事等12栏。

九月二十日 御史陈其璋奏报：浙江杭州铁路有害无利，请饬抚臣迅速停止。清廷著廖寿丰体察情形，据实具奏。

十月十七日 浙江巡抚廖寿丰奏：宁波海关药厘短绌，税拨防饷，请由杭、宁两关分筹任解。清廷下部知之。

是年 绍兴徐树兰捐款创办绍郡中西学堂，第一任监督何琪，学生名额定40名，学习课程为国学、算学、外国文。次年冬，蔡元培任监督。

是年 浙江巡抚廖寿丰奏：设武备学堂于杭州，于各镇哨长营书男丁内挑选年25岁以下、粗识文字、身体结实者，定额40名，到堂肄业。

是年 浙江巡抚廖寿丰奏《请专设书院兼课中西实学折》：创办求是书院，委派杭州知府林启为总办，以普慈寺后现有房子为校舍。

是年 四品京堂庞元济等于杭州设立通益公纱厂，资本53万余元，是年竣工，有纱锭1.5万枚，翌年产纱200万磅。

是年 浙江人口1188.4万人。

光绪二十四年(1898年)

三月　杭州知府林启创办之蚕学馆开学。林启自兼总办,聘江生金任总教习,旋聘日人轰木长为总教习,西原德太郎为教习。课程有理化、动植物、蚕体生理、病理、解剖、气候、土壤、显微镜、饲育植桑、采种、实习等,两年毕业。所取学生以秀才为多,学额定30名,供应伙食。馆址在杭州西湖金沙港。

闰三月二十九日　浙江巡抚廖寿丰奏:筹议饷需,请改折南漕,岁省运费及其修补仓廒,当可得七八十万两。清廷下户部议。

四月　浙江求是书院选派高才生何燏时(夑侯)、钱承志(念慈)、陈榥(乐书)、陆世芬(仲芳)赴日留学。他们是浙江省官费派出的第一批留日学生,亦为各省派遣留日学生之嚆矢。

七月初四日　候补道高尔伊创设浙东公司,借用惠工公司洋款500万两为资本,请办浙江衢州、严州、温州、处州各府煤铁矿务。

九月初一日　中英订立苏杭甬铁路借款草约。

九月初三日　浙江巡抚廖寿丰奏:浙江士绅高尔伊请设立公司,筹借洋款,开采浙东矿产。清廷下所司议之,准其开矿,唯所拟章程未尽明,著按照通行章程妥筹厘正。

九月二十日　清廷据廖寿丰奏:宁波府属镇海、奉化、象山,台州府属之宁海、太平等县均有铅矿,已派委署鄞县知县毕诏策督令宝兴、宝华两矿务公司妥筹陆续开办,期收成效。

十一月初五　杭州水仙阁火药局突然爆炸,焚烧数百家,伤千余人。

是年　浙江人口1190.0万人。

光绪二十五年(1899年)

三月初三日　浙江巡抚刘树棠奏:改两浙新军11营、18旗为前、后、左、右、中5军,余5旗为工程队、护勇、长夫各军,选派将领更番调练。清廷著刘树棠实心实力办事。

四月初五日　刘树棠奏:浙江盐商请免加价,愿自光绪二十五年起,再报效银15万两,分作5年缴清。

四月初六日　清廷电寄刘树棠,意大利公使协同军官到吴淞,据闻将要强索三门湾,著刘树棠严密防备。

四月十九日　浙江巡抚派员在三门湾戒备。刘树棠奏:已派委钟念祖带队赴宁波。清廷著刘树棠在三门湾海滩相度形势,预挖地营。

七月十四日　意大利驻华公使马丁诺在提出租借三门湾的同时,要求开办浙江矿务,承修浙江海港、铁路,遭拒绝。

七月十六日　给事中张嘉禄等奏:上虞县属曹娥江各塘冲决,会稽各县同时被灾。清廷著刘树棠迅速查明,分别赈济。

八月二十八日　浙江巡抚刘树棠奏:杭州关监督与外国交涉,事宜最为紧要,原由杭嘉湖道兼任,现是否改为替缺,将在省候补、熟悉外国事务之员中选任。清廷下部议。

九月二十九日　清廷上谕:风闻意大利暗调兵舰,欲截三门湾,著刘坤一、刘树棠飞饬各军严密防范。

九月　英商伊德设立惠工公司，拟开采浙江衢、严、温、处四府煤矿。美国钦使康格来杭州考察政教、商务。

十一月初二日　浙江巡抚刘树棠奏：修筑杭州府属西塘大龙头一带柴坝埽坦各工，需动用银两。清廷下部知之。

是年　日本派人擅自勘测浙赣、杭广（州）和杭福（州）3条铁路线，屡提承建，被拒绝。

是年　杭州知府林启在大方伯之圆通寺创办养正书塾，自兼塾正，聘陈黼宸为总教习。其后，聘杨文莹为塾正。当时所设科目，为国文、小学、经学、修身、算学、历史、地理，后添格致、体操、英文、音乐等科。

是年　黄以周卒。黄以周（1828—1899年），字元同，号儆季，定海人。同治朝举人，任训导、教授等职。讲学南菁书院，不少学者出其门下。他撰《礼书通故》100卷，具有较高的学术价值。

是年　王棻卒。王棻（1828—1899年），字子庄，号耘轩，黄岩人。同治朝举人，博学通经，一生著作等身，台州近代首推第一。其方志学成就尤大，先后纂修多部地方志；修志思想提倡"贵因不贵创"，是清代后期方志理论集大成者之一。

是年　丁丙卒。丁丙（1832—1899年），字嘉鱼，号松生，晚号松存，钱塘人。他曾多方搜集、补抄受战火影响散佚的杭州文澜阁《四库全书》，亦重视实业，于办学赈灾，兴修水利，亦多有建树。

光绪二十六年（1900年）

正月初三日　浙江巡抚刘树棠奏：查明浙省厘金、关税、盐政，厘剔中饱，提充公用银30.5万余两。清廷下部知之。

同日，因刘树棠奏捕获著名"会匪"黄存周，清廷准其酌保出力人员。

正月初五日　清廷据奏，以求是书院改为省城大学堂，养正书院改为杭州府中学堂，又以崇文、紫阳两书院改设钱塘、仁和两县小学堂。委任劳乃宣为大学堂总理，杨文莹为中学堂总理。

正月十二日　清廷上谕：候补知府经元善纠众电致总理衙门，危词要挟，复私挪电局公款潜逃，著即行革职。并著刘树棠即行转饬上虞县，将该革员家产严密查抄。

五月三十日　两江总督刘坤一、湖广总督张之洞派上海道余联沅与各国驻沪领事在上海商定《东南保护约款》，规定长江及苏、杭内地均归各省督抚保护，上海租界由各国共同保护，以保护中外商民人民产业为主。

六月　衢州教案发生。江山会党首领吴嘉猷和福建浦城会党首领刘嘉福共同起事。刘嘉福率部占江山，队伍发展至5万人。后克常山，围攻衢州。浙江巡抚刘树棠派兵镇压。是月，西安县群众响应刘嘉福起事，毁教堂，英教士汤明心等11人被杀。又杀西安知县吴德潇及其家人等30人。

七月十五日　清廷准浙江巡抚刘树棠奏，饷需奇绌，将丝捐及外省赈捐，改作本省防饷。

七月十六日　浙江巡抚刘树棠奏：浙江报解京饷，因海运梗阻，改由通商银行汇解。清廷著户部查明办理。

七月二十八日　因反对轻率对外国宣战，官员许景澄（嘉兴人）、徐用仪（海盐人）、袁昶（桐庐人）被慈禧太后杀于北京。

八月十五日　浙江巡抚刘树棠奏：粮道督运漕粮赴津，交兑未竣，兵端猝起，由陆折回，筹办河运。得旨：仍著督饬该粮道等将河运事宜妥速筹办，务趁秋汛期间设法起运。

闰八月初一日　浙江巡抚刘树棠奏：丽水、青田、龙泉、云和等县遭受水灾，拨款赈济。清廷著妥为抚恤。

十月十九日　清廷上谕：衢州教案发生，恽祖翼已升任浙江巡抚，必妥为处理，何至预存成见、深恨洋人，所言并无实据。饬恽祖翼迅速持平办结。

是年　藏书家邵章在杭州菜市桥畔东城讲舍旧址创办浙江图书馆的前身、中国第一座面向公众开放的杭州藏书楼，使浙江图书馆成为全国建立最早的省级公共图书馆。

光绪二十七年(1901 年)

正月初八日　盛宣怀电称：衢州教案，英使欲在北京办理，不在上海商议。公使并欲诛镇道府营及绅士，将前巡抚刘树棠、前布政使荣铨革成查抄。清廷谕旨：公使此举实属过甚，著奕劻、李鸿章切实将此案从速了结。

三月十一日　清廷上谕：衢州教案事件，教堂焚烧，教士教民受到伤害，地方官保护不力，衢州城守营都司周之德，著斩立决。浙江巡抚刘树棠著革职，永不叙用，饬令回籍。布政使荣铨、金衢严道鲍祖龄均著发往极边充当苦差。衢州知府洪思亮著革职，永不叙用。

三月二十日　署理浙江巡抚余联沅奏：衢州教案后，地方并未安宁，温州、台州一带，散勇、饥民乘机煽动；宁海等处，又有美国兵轮登岸，洋人欲在此开矿，百姓激愤。故请求清廷将今年的乡试推迟到明年秋天举行。

四月十七日　清廷上谕：衢州停止文武考试 5 年，作为轻信“拳匪”及闹教滋事者的惩罚措施。

五月二十五日　清廷电寄刘坤一等：意大利官员乘舰至宁波，未详来意，据报探其意在三门湾，著任道镕迅赴新任。

六月十一日　清廷允署浙江巡抚余联沅电奏，浙漕再改折二成。

八月十三日　浙江巡抚任道镕奏：杭州等 5 府遭受水灾。清廷著任道镕督饬各员速筹赈抚。

是年　根据《辛丑条约》，全国增 4.5 亿两赔款，户部奏定分派各省摊还。浙江派银 140 万两，并奉准单开粮捐。浙江省当即酌定于各州县应征地漕、盐课、河工等粮项每征正银 1 两，加捐制钱 300 文。自光绪二十八年始，全省每年约收捐钱 70 余万串。

是年　中国留学日本人数，共 269 人，其中浙江 39 人（官费 18 人，自费 21 人）；另外中国女留学生共 3 人，其中浙江 2 人。

光绪二十八年(1902年)

二月初八日　更换仁和、石门、海盐、萧山、余姚、江山等县印信。

二月二十日　杭州将军常恩等奏：杭州驻防阵操枪炮队改练常备，续备各军；满营设立武备学堂，挑选八旗兵丁学习操演。清廷著认真训练，务求实效。

三月初八日　宁波地方谣传挖目，互相惊疑，以致有聚众毙命之案件。清廷著任道镕饬文武各官实力弹压。

三月二十一日　浙江巡抚任道镕奏，浙江为筹措赔款加税增赋项目：一、粮捐，每两银加收钱300文；二、盐斤加价，每斤加价4文；三、盐引加课，每引加银4钱；四、房捐值百抽十；五、膏捐，售银1两收钱20文；六、酒捐，制酒50缸缴洋10元，售酒100斤收捐2角，售与外路加收2角。

四月初一日　浙江新城县昌西地方因捐重米贵，千余人骚动。

四月初七日　浙江巡抚任道镕奏：兰溪三月朔日，雷雨成灾。清廷著妥为抚恤。

四月二十八日　宁波蚕丝增税10倍，机户及丝铺商人聚众捣毁境内铁路。

四月　浙江从全省旧巡防营中挑选兵勇编成浙江武备练军第一营。兵员除部分由旧防军改编外，基本上是按照清政府颁发的《陆军营制饷章》规定招募。

六月初十日　改铸义乌县印信。

十二月初三日　护理浙江巡抚诚勋奏：采办徐州等地硝斤，制造火药，请准沿途免予完厘，俾资接济。清廷下部知之。

十二月十八日　翰林院侍读王荣商奏：闽、浙两省人稠米少，每年依靠江苏贩运接济，按照惯例，令闽、浙米商前赴江苏仙女庙等处采买，可以两获其利。清廷著署两江总督张之洞等酌量办理，仍严禁奸商私贩出洋，以重民食。

是年　杭州成立同益公司，资本为20万两。

是年　徐树兰等创办古越藏书楼，为中国近代公共图书馆之始。

光绪二十九年(1903年)

正月二十日　留日浙江同乡会主办的《浙江潮》于日本东京创刊，孙翼中、蒋智由、蒋方震等编辑，以“输入文明”“发其雄心”“养其气魄”、掀起“革命潮”为宗旨。为月刊，共发行12期，年底停刊，每期印销5000册。

四月十五日　前护理浙江巡抚诚勋奏：浙江遵旨仿铸银圆，以维护钱法。清廷下部知之。

五月二十日　杭州成立巡警局；闰五月初一，成立警察军。

闰五月十八日　浙江镇海县群众抗酒捐。

七月二十一日　清廷从户部奏，令浙江本年仍办漕米，并修复仓廒，以备存贮。

八月十一日　护理浙江巡抚翁曾桂奏：钱塘县共开垦地1000亩，定海厅共开垦地199亩有奇，照例升科。清廷下部知之。

八月十二日　浙江巡抚翁曾桂奏：协济公司加增彩票，报效洋圆100万元，请准试办。下户部议。

十月初一日　杭州烟匠向来规定每块刨工 102 文，现因物价腾贵，行会会议加价 15 文，烟铺不允。目前众工匠遂相率停工要挟，各铺禀控县署，由知县批饬照价酌加，各匠始各开工。

十月初二日　杭州铜圆局工人因争工价罢工。翌月二十九日开始重新开工。

十一月二十七日　浙江巡抚聂缉椝奏：南龙等处堤工险要，请拨款防修。清廷下部知之。

是年　户部报告全国合计盐课收入银 11269865 两、钱 224 万 44 串，其中浙江省盐课收入银 698353 两。

是年　浙江高等教育学堂创办。

光绪三十年(1904 年)

四月初五日　浙江鄞县鄞江桥石工数百人罢工，要求提高工资。

四月二十六日　浙江宁波染坊工人罢工，要求增加工资。

十月二十二日　商部奏：浙绅捐建农工小学堂，收教堕民。恳请去堕民籍，准入学堂，毕业者予以出身。清廷从之。

十月　光复会成立。该会又名复古会，绍兴人蔡元培任会长，会员以浙江人为骨干，总部设在上海新闸路仁和里，嗣迁三马路保安里。该会以“兴复汉族，还我河山，以身许国，功成身退”为纲领，会员最初为四五十人，后发展到六七百人。

十一月二十日　浙江巡抚聂缉椝奏：在籍原任兵部侍郎朱智，分年捐修钱塘县境内捍江塘并六和塔工程，现已一律完竣，请予销案。清廷报闻。

是年　敖嘉熊在嘉兴成立嘉兴温台处会馆，一度成为浙江会党的革命联络机关。

光绪三十一年(1905 年)

四月初四日　浙江巡抚聂缉椝奏：浙江省城试办工艺传习所，先将织、染、造纸等项分科传授，召集合格生徒 160 人，将来于本所附设工厂，令卒业生徒充当工匠，仍随时察度情形，酌量扩充，妥筹办理。清廷下部知之。

四月二十日　宁波城区民众乘甬江小轮去镇海观看迎神赛会，船因超载倾覆，溺死 400 余人。

六月二十日　浙江巡抚聂缉椝奏：海宁、海盐二州县境内念尖盐三汛，应行加高修砌各塘坦石工。拟将念尖汛兹稼等 13 号，先行筹款兴修，其他工程接续办理。清廷下部知之。

六月　浙人举行会议，商议筹办铁路。决定拒绝外国借款，推举汤寿潜为总理，刘锦藻为副理。并电致清廷，废除苏杭甬铁路草约，改归自办。

七月二十六日　商部奏：浙江绅士筹办全省铁路，公举在籍前署两淮盐运使汤寿潜为总理，请赏给卿衔。清廷著赏汤寿潜四品卿衔。

八月二十五日　御史朱锡恩等奏：浙江自办铁路，请将旧订苏杭甬草合同迅速撤废。命盛宣怀赶紧磋商，将前与英商所订苏杭甬铁路草合同撤废，交浙江绅民自办。

八月　光复会首领徐锡麟、陶成章等设立绍兴大通学堂。后改为大通师范学堂，设体育专修科，6个月毕业。陶成章招收各处会党头目入学堂练习兵操。

九月十二日　清廷以浙江巡抚聂缉椝不避嫌疑，偏信属吏，且于吏治新政，均未讲求，以致绅民颇有怨言，命著即开缺。

十月二十二日　在杭州设立浙江全省学务处，暂时借宁绍分司衙署办公，经费由藩司筹拨洋3000元。嗣后浙江全省所设学堂、学塾，无论官立、民立，统归该处，随时稽查考核。

十一月二十八日　宁波因铜圆贬值，改行银圆计价，民众损失甚大。小商贩殴打拒用铜圆之鲜咸货行经理，数千人逼令商店罢工。

是年　浙江巡抚张曾敭奏：创办全浙师范学堂，裁撤敷文、诂经、学海三书院，以省城贡院旧址改建。

是年　美国各地发生排斥并虐待华工事件。杭州商务总会通知全市商界，绝不买美货，不吸美国产卷烟，提倡吸国烟。

光绪三十二年(1906年)

二月二十五日　浙江巡抚张曾敭奏：浙江装运去年冬漕，查照仓场定章，一律装袋，变通筹款备办。清廷下所司知之。

四月初九日　清廷得奏：浙江铁路前经勘定城外轨线，穿过内城，恐酿成巨祸。著浙江巡抚张曾敭确切察明，妥慎办理。

四月二十九日下午　杭州城内米店相约不卖食米。民众搜查米店，将各店存粮抛洒路面。继之抢风大作，全城混乱。后由官吏出示平价，禁止米商闭粜，风潮才告平息。此风潮影响周边各县，萧山、新城、仙居等县农民纷纷出动，而且扩散邻省江苏、安徽各县。

春　浙江成立全省巡警总局，撤销警察军建制。张曾敭奏准设立浙江巡警学堂。

闰四月初八日　清廷准两江总督周馥等奏：浙江米价逐日上涨，民情惶急，请将镇江及仙濠两口运米出口之处，先期禁止。

闰四月十八日　杭州机户工匠万人因物价高涨，生活困难，联合罢工，向绸缎庄店主索加工资。

夏　陶成章联络浙、闽、皖各省同志，成立“光复军”。陶自称五省大都督，计划下分浙东、浙西、江南、江北、江左、江右、皖南、皖北、上闽、下闽10军。

七月二十六日　浙江德清县饥民数千人进城捣毁库总、库书数家。

八月初一日　乌程、武康、德清等县水灾，饥民抢谷仓及县署吏役多家。

八月二十四日　清廷电寄浙江巡抚张曾敭，著赏帑银2万两以赈济湖州府属水灾。

八月　浙江劝业道饬府县办手工艺传习所，劝导贫民入所，分授木器、油漆、缝衣、织布、制皂等工艺。府属各县次第建立。

十一月　商办浙江省铁路有限公司经营杭州市内人工交换电话，是浙江城市市内电话之始。

是月　苏杭甬铁路浙路江墅线(江干闸口至拱宸桥新埠)正式开工，全长16.1公里。设拱宸桥、艮山门、城站、南星桥、闸口5站。次年八月二十三日竣工通车。（1944年，江墅铁路全线拆除。）

十二月初四日　杭州商会请农工商各界阻止日商在杭州设店。

是年　浙江省设提学使司，隶属于学部，统辖全省学务。

是年　开工建沪杭甬铁路江墅段。1909年8月，沪杭段竣工通车。

是年　台州成立甬利汽船局，资本10.5万两。

光绪三十三年(1907年)

二月十四日　浙江巡抚张曾敭奏请将本届漕粮缓运20万石，令各属平粜。清廷著度支部速议具奏。

四月初二日　浙江巡抚张曾敭奏：本省漕粮征本解折，辗转亏耗，与江苏以钱折银不同，请将上两年折价，概免加价，以示体恤。清廷下部知之。

四月二十八日　杭州将军瑞兴等奏：勘察萧山县境六围牧地，拟招垦集资，备练兵兴学之用。清廷下部知之。

五月十五日　乌程、临安、平湖、长兴等县浮征去岁秋灾蠲缓粮赋共数十万斤之巨。

六月初五日　秋瑾响应安庆徐锡麟起事，于绍兴大通学堂被捕。次日凌晨，于轩亭口遇害。秋瑾(1875—1907年)，字璿卿，又字竞雄，号旦吾，别署汉侠女儿、鉴湖女侠，山阴人。同盟会成立，由冯自由介绍入会。创办《中国女报》，宣传反清革命。后任绍兴大通学校校长，与徐锡麟谋武装起义，事败被捕遇害。为近代民主主义革命烈士、妇女解放运动先驱。

六月十二日　海宁州长安镇农民因路局征购土地，遂聚众万余人捣毁铁路工程，并殃及学堂、教堂。

七月　蒋篆飞率众4000人在东阳南马起事，大败清参将沈棋山，斩清兵数十人。起事旋即失败。九月，再度聚众起事于浙东马陵山，竖大旗，书“光复军”，2月后失败。

八月二十五日　清廷以舞弊营私，革除浙江铜圆局委员知县黄霈、董秉清，同知赵增恪、府经历胡廷溥等人职务，黄霈、赵增恪等并永不叙用。

九月十四日　清廷命外务部派员与英人商定苏杭甬铁路借款详细章程。

九月十八日　江浙铁路公司咨呈两江总督端方，仍反对苏杭甬铁路借款。

十月初六日　英国驻华公使朱尔典抗议苏杭士绅争苏杭甬铁路事。

十月初七日　清廷电谕两江总督端方等：因苏杭甬铁路添借英款一事，各处商民颇怀疑惧，纷争不已，著与江浙各巡抚、杭州将军劝谕绅民，勿轻信谣言。前此办法，实系迫于万不得已，外顾邦交，内保路权，舍此则无两全之道；并喻令严防“乱党”从中煽惑。

十月初十日　江浙铁路股东在上海举行拒款会。

十月　会党首领裘文高率台州义勇数百人攻嵊县，东阳龙华会首领僧大开率部相助，与清军大战于白竺村，全歼清军，军威大振。浙江巡抚调动大批清军围攻，裘文高退军东阳，入仙居。

十一月初八日　开缺大学士王文韶奏：苏浙铁路准旨商办，集股已足，不必借款。清廷下部知之。

是日，浙江教育总会在杭州正式成立，推举张元济为会长。

十二月初二日　浙江海宁漕折苛刻，激成民变。农民万人捣毁学堂、铁路工程处、邮局、轮局、警局、厘卡、汛署及店铺、钱庄、布行等多家，烧毁天主堂1所。

十二月初十日　命甘肃提督姜桂题统率12营，限半月内开拔驰往浙江，会同江浙督抚办理"剿"抚"枭匪"事宜。

是月　桐乡、海宁农民六七千人联合攻破桐乡县城。孝丰、安吉等处群众响应起事。

是年　湖州陆树藩以10万两银之价将其父陆心源全部藏书售予日本静嘉堂文库。陆心源建皕宋楼、十万卷楼及潜园藏书楼，为清末全国四大藏书楼之一。

是年　杭州丁丙、丁申后人将全部藏书售予江南图书馆。丁氏有祖传八千卷楼藏书楼，为清末全国四大藏书楼之一。

是年　日本黑松引种至舟山花鸟岛，后在沿海各县逐步推广，现已成为沿海和岛屿主要造林树种。

是年　全省有浙江高等学堂1所，学生268人；文科学堂1所，学生40人；法科学堂2所，学生278人。总共4个学堂，人数586人。

是年　俞樾卒。俞樾（1821—1907年），字荫甫，德清人。晚清著名经学家。道光朝进士，曾任河南学政，被劾罢归，遂侨居苏州，购地建"曲园"。曾主讲苏州紫阳书院及杭州诂经精舍，黄以周、章炳麟等出其门。

光绪三十四年（1908年）

二月初四日　外务部奏：苏杭甬铁路改苏为沪，外务部与邮传部同英国中英公司订立《中英沪杭甬铁路借款合同》，款额为150万镑。

三月初三日　浙江各界士绅代表为了收回铁路权自办，在杭州召开全体铁路保存会。

四月十三日　宁波各店户罢市，反对征收清道税。

四月　浙江两级师范学堂在贡院旧址开学。

七月十一日　政务处奏《请详勘象山港折》，内称：闽浙总督崇善密陈象山港形势足为军港一折，较为可行。只是创设军港，规模宏大，事体繁重。拟请饬练兵处商同南北洋大臣，派员详细勘度具奏，再为经营布置。

十二月三十日　浙江巡抚增韫奏：浙省蚕学馆改设蚕桑学堂，由各府保送中学毕业生入堂补习，循序推升，以育人才而维实业。清廷下部知之。

是年　杭州成立钱江轮船公司，资本金6万两。

是年　浙江高等学堂1所，学生248人；文科学堂1所，学生40人；法科学堂2所，学生474人。总共4个学堂，人数762人。

是年　孙诒让卒。孙诒让（1848—1908年），字仲颂，号籀庼，瑞安人。少受家学，治学广泛，对经学、史学、诸子学、文字学、考据学、校勘学等方面都有卓越的成就，著有《周礼正义》《墨子间诂》《契文举例》等20余种。他还筹措资金在温处等地16个县先后成立学堂300余所，为浙南近代教育奠定了良好的基础，极大地推动了地方启蒙运动。

恭宗宣统元年（1909 年）

正月二十日　浙江巡抚增韫奏：苏杭甬铁路借款亏耗，请由盐斤加价内提拨。清廷下部议。

二月　浙江巡抚增韫奏请设立巡警道，请以嘉兴府知府杨士燮署理。清廷从之。

三月十六日　学部奏请浙江蚕业学堂应改为高等农业学堂，并增设中等、初等实业学堂。

三月二十六日　浙江巡抚增韫奏：浙西苏五属盐务系由商人认办，其课项加价向用银洋分别解缴，唯盐斤售价则以钱合计。近来铜圆充斥，洋价日涨，银价亦与之俱增，商人暗中赔贴，所亏甚巨。拟请将所售盐斤，照现价暂改洋码，俾拯商困。下度支部议。

三月　翰林院侍读荣光奏请于浙江三门湾、舟山、定海筹建军港。

四月十二日　上海至嘉兴铁路通车。

五月十四日　度支部奏：近来淮、浙等处场产日衰，借运东盐、芦盐以济岸食，而各岸销市，亦颇有疲滞之区，售价增昂，而民间亦困，私枭乘之，现两淮、两浙盐务颇形疲敝。拟由臣部遴派专员驰赴两处产盐销盐及引界毗连各地，择要调查，并知照陆军部及其治理总督饬员会同前往。从之。

五月二十八日　德清乡民暴动，捣毁吞没历年积谷之绅士、书吏房屋。长兴、归安亦发生骚动。

五月　沪杭铁路浙江段完工，杭州闸口至松江枫泾通车，长 125 公里，在枫泾与苏路接轨。至此，该路自上海南站至杭州闸口全线完工，同年 9 月通车。

六月二十五日　浙江巡抚增韫奏：钱塘、余杭、嘉善、平湖、安吉、孝丰、武康、山阴、会稽、余姚、淳安等县水灾甚巨，秧苗多遭霉烂，迭经委派人员赴县，分别查勘，或设法补救，或摊款赈抚，以免小民失所。得旨：该抚即委妥员切实赈抚。

六月二十六日　浙江巡抚增韫奏请象山县境南田岛设立南田抚民厅，以宁波府水利通判移驻，定为海疆冲繁要缺，仍归宁波府管辖，并拟添设管狱官。清廷下部议。

六月　杭嘉铁路竣工，沪杭铁路全线接轨，八月通车运行。

九月十五日　杭州商界代表数千人要求蠲免警捐，赴抚署示威。

十月　出使意大利公使钱恂奏请于三门湾建立军港。

十二月初一日　乌程、归安民众抗纳漕粮。

十二月初七日　桐乡县农民因为受灾甚重，被逼抗漕，并与江北饥民五六百人抢吃大户。翌日，增至 3000 余人。几日后，数千人攻入县城，拆毁便民仓及县署，后又割断电线，焚烧县城东门。

十二月二十七日　浙江台州因盐商横暴，激起民变。官军前往镇压，杀死乡民 34 人。

是年　全省各府州县设置小学堂 1890 所，学生 71219 人，其中高等小学堂 116 所，学生 6034 人；两等小学堂 418 所，学生 20013 人；初等小学堂 1288 所，学生 42850 人；半日学堂 65 所，学生 2219 人；蒙养学堂 1 所，学生 18 人；女子学堂 2 所，学生 85 人。

是年　浙江对绿营兵开始大规模裁撤，翌年裁撤完毕，绿营士兵停止招募补拨。绿营兵制宣告结束。

宣统二年(1910年)

二月初一日　温州因禁烟，乡民发生暴动。

二月十四日　杭州大井巷日商福寿堂蛋饼店主等殴打宏裕布庄伙计，激起民众公愤，导致外交交涉。浙江谘议局开会商议，力请浙抚查禁外商在租界外营业。与此同时，杭城商绅、市民呼声日高，坚持迁店拘凶。徐定超、沈钧儒等7人联名致电外务部，重申按约撤店的要求。在这种情况下，日使只得电令日领事和平了结。同年四月，浙江洋务局改设为浙江交涉司，凡关洋务，均由交涉司办理。

二月二十九日　浙江巡抚增韫奏：织造工料，需款甚巨，拟请将奉办诰轴，仿照敕书改写纸幅，以节靡费。清廷下部议。

三月初五日　浙江巡抚增韫等奏：前请截留新漕4万石，经部议令如数赶运。查上年浙江灾歉甚重，请仍截留以济平粜，俟下届如数补运。下度支部议。

三月二十九日　浙江巡抚增韫电奏：浙省米价奇昂，请再截留漕米2万石，接济平粜。清廷著照所请。

三月　浙江慈溪民众反抗征捐办学，聚众焚毁学堂。

四月二十五日　禁止他省彩票来浙江销售。

夏　绍兴、金华、严州等府属水灾。

七月十九日　军机大臣呈递开缺江西提学使浙路总理汤寿潜来电。据称：盛宣怀为苏浙路罪魁祸首，不应令其回任，请收回成命，或调离路事以谢天下。清廷上谕：措辞诸多荒谬，狂悖已极。朝廷用人，自有权衡，岂容率意妄陈？汤寿潜著即行革职，不准干预路事。八月十日，浙江铁路股东连次集会，坚留铁路总理汤寿潜，并请浙抚增韫奏恳销去“不准干预路事”字样。十三日，增韫奏请留汤寿潜在路自效。清廷传旨申饬。

九月初七日　浙江巡抚增韫奏：浙江各卫所屯田钱粮，改归坐落各州县征收，并通饬清查编造，改征科则，拟议妥章，咨部查照。清廷下度支部议。

九月　浙江新军第二十一镇成立。

十二月十二日　浙江巡抚增韫奏创办高等医学堂等。

十二月二十七日　浙江巡抚增韫奏变通部章，准予私立学堂专习法政，请求废除管学大臣《奏定学堂章程》学务纲要内载“私学堂禁止专习政治法律”一条，并由部通行各省准私立法政学堂，一切教授设备及用人管理诸事，仍归提学司严行监督，毕业后一体给奖，以适合预备立宪的需要。

宣统三年(1911年)

四月初八日　浙江巡抚增韫电奏：杭、嘉、湖各属民食不敷，请将上年新漕截留5万石，以济平粜，仍缓至本年冬漕补运。清廷著度支部议奏。

四月十三日　清廷以浙江省城居民因购米起事，聚众捣毁米铺，并殴官毁署，击伤兵警，著增韫即认真弹压惩办起事群众。

五月初五日　宁波府城居民捣毁审判厅、米店。清廷命浙江巡抚增韫查明情形。

六月初一日　温州饥民捣毁米店，抢富户，全城罢市。初三日，又有万人哄闹厅署，拆毁法庭。

六月初九日　浙江巡抚增韫奏：浙江谘议局议决缩短本省禁烟期限，非禁种、禁吸、禁运三者相辅而行，不易著有成效。清廷下外务部、度支部议。寻得奏：该省销售烟土，为数尚多，吸户亦非甚稀，应请饬该抚速筹认真禁吸办法，然后施行禁运。清廷从之。

六月初十日　浙江巡抚增韫奏：地方自治经费支绌，请将全省官方荒地，拨充城镇乡自治财产，提出议案，经谘议局议决可行。清廷下内阁会议具奏。

七月初四日　镇海县山北东绪乡农民反抗征收肉捐，千余人捣毁自治公所，围城、毁学及其各绅董家，各行罢市。

七月初六日　江苏圩堤溃决成灾，浙江杭、嘉、湖、绍四府亦一片汪洋。

七月十七日　清廷以钱塘等县风雨成灾，灾民聚集，要索米粮，著拨运库银 30 万两，平粜赈济。

八月初三日　浙江巡抚增韫奏：浙省禁烟事宜，现计本年温、台两府铲除烟苗 30 余万亩，杭、嘉、湖、金、衢、严、宁、处八府铲除 8000 余亩，绍兴府私种已绝。唯温、台等处，急宜筹善后之策。现饬改种小麦暨菜籽等类，并由富商设立磨麦榨油公司收买，以广销场。清廷下部知之。

八月　革命党人陈其美由沪抵杭，与浙江新军中革命党人顾乃斌、褚辅成、吕公望、朱瑞等策划响应武昌起义。是月，顾乃斌、吕公望、朱瑞等再次集会，决定派员策动王金发在绍兴、吕逢樵在富阳先行起事，以牵制清军兵力。

九月十五日　杭州第八十一标代理标统朱瑞和第八十二标标统周承菼发动新军起义，一举攻下抚署。浙江巡抚增韫被俘，浙江光复，推汤寿潜为都督。

九月二十一日　江苏都督程德全、浙江都督汤寿潜联合致电沪督陈其美，倡议由各省旧谘议局和新成立之都督府各派 1 名代表常驻上海，两省以上代表到会，即行开会。翌日，他们即用苏、浙二省代表名义，电请各省派代表来沪，协商组织临时政府。同时，江浙联军在镇江组成，举徐绍桢为总司令，筹划进攻南京。十月十二日，江浙联军攻克南京城。

十月　浙江陆军第六师成立，朱瑞任师长。

十一月　蒋尊簋任浙江水陆军总统。

十二月二十五日　溥仪退位，清朝灭亡。

是年　浙江人口 1781.2 万人。

中华民国时期

民国元年(1912年)

1月1日　孙中山在南京就任临时大总统,宣告中华民国成立。

1月2日　中华民国通电各省废旧历,改用阳历,以黄帝纪元四千六百零九年十一月十三日为中华民国元年元月元日。

1月3日　中华民国联合会成立,章炳麟当选会长,浙江省蔡元培、应德闳2人当选参议员。3月2日,中华民国联合会改组为统一党,后与民社等合并为共和党。

1月3日　《越铎日报》在绍兴创刊。该报是辛亥革命后绍兴出版的历史最长、影响最大的民间报纸,1927年改组为《绍兴民国日报》而终刊。

1月11日　浙江省十一府代表在都督府用记名投票方式选举浙江都督,蒋尊簋以多数票当选。

1月14日　光复会领袖陶成章在上海法租界广慈医院遇刺身亡。陶成章(1878—1912年),字焕卿,号匋耳山人,绍兴人。

1月17日　杭州上城凤山门李德顺铁铺因学徒半夜工作,遗火灶下。时当积雪初晴,北风甚劲,延烧市屋30余家。

1月21日　浙江省教育会召开成立会,选举章炳麟为会长,沈钧儒为副会长。4月7日,省教育会开会,因沈钧儒担任行政官,辞去副会长职,增选经亨颐为副会长。

1月22日　浙江省临时议会制定《中华民国浙江省约法》。这是浙江省第一部具有资产阶级性质的约法。

1月22日　嘉兴人谢雪(女)捐资在杭州开元桥下创办浙江女子实业学校,设染织专修科、缝纫速成科各1班。

1月24日　徐锡麟、马子畦、陈伯平、陶成章四烈士灵柩由沪专车送杭,浙军先锋队全军由张伯岐统率到站迎接,标兵、巡警、民团、商团排队前往,浙江都督蒋尊簋也冒雨戎装出迎。全军一律举枪,送入殡舍而散。

1月28日　南京临时参议院成立,议员到会者计17省38人。浙江议员为王正廷、黄群、陈毓川、殷汝骊。

1月28日　陆军部下令随同浙军北伐光复南京的女子北伐军暂行解散,每人发洋10元作为解散费。

1月31日　石门县(今属桐乡市)鸽子滨乡民因地主逼租并扣押佃户,聚众千余反抗。

县署派军警镇压，开枪打伤乡民多人。

是月　海盐县澉浦乡民千余人抗租，军政府派兵镇压。

2月2日　浙江都督府遵照南京临时政府通令，限令民间一律剪辫。8日，萧山县设剪辫子会，限期规定城乡男子一律剪去辫子。

2月3日　慈溪人钱保杭、陈训正，鄞县人陈谦夫等创办私立效实中学。该校是民国时期浙江的著名私立中学。

2月19日　陆军部通电各省撤销军政分府，并裁撤军队。

是月　裁杭州府，并附郭钱塘、仁和两县为杭县，改海宁州为海宁县；裁嘉兴府，并附郭嘉兴、秀水两县为嘉禾县；裁湖州府，并附郭乌程、归安两县为吴兴县；裁宁波府，留附郭鄞县，改南田厅为南田县，定海直隶厅为定海县；裁绍兴府，并附郭山阴、会稽二县为绍兴县；裁台州府，留附郭临海县；裁金华府，留附郭金华县；裁衢州府，改附郭西安县为衢县；裁严州府，留附郭建德县；裁处州府，留附郭丽水县；裁温州府，留附郭永嘉县，改玉环厅为玉环县。

3月5日　南京临时政府公布《大总统令内务部晓示人民一律剪辫文》，规定：凡未去辫者，于令到之后，限20天内一律剪除。

3月6日　孙中山令南京临时政府内务部通告各省都督严禁鸦片，以根除百年之流毒。

3月6日　由程子候发起组织的中华民国工党杭州支部召开成立大会。此后，在浙江的嘉兴、吴兴、宁波等地都成立了支部。这几个支部都倡导“振兴工艺，挽回利权，尊重人权”，旨在调解劳资矛盾。中华民国工党于1912年1月21日在上海成立，主张劳资调和。

3月10日　袁世凯在北京就任临时大总统，蔡元培代表南京临时政府大总统孙中山致祝词。北洋军阀统治开始。

3月13日　南京临时政府颁布《大总统令内务部通饬各省劝禁缠足文》。

3月17日　南京临时政府临时大总统孙中山下令解放浙江堕民，使其一律享受平等待遇。

3月30日　南京陆军部任命朱瑞为浙江陆军第五军军长。

4月1日　浙江省立两级师范学校开学复课，经亨颐任校长，提倡人格教育，以“勤慎诚恕”四字为校训。秋，该校增设高师图画手工专修科，学制3年，聘李叔同、樊羲臣、姜丹书等为教师。此为浙江省有艺术专修教育之始。

4月2日　浙江省临时议会开会投票选举参议院参议员，当选者为陈时夏、殷汝骊、周珏、王家襄、莫永贞5人，候补当选者为王文钦、金兆棪、王正廷、范贤方、阮性存、余名铨、张翅、蔡汝霖、黄群等10人。次日，电告北京政府。

4月6日　参议院将全体参议员名单送大总统袁世凯，其中浙江省参议员为王正廷、殷汝骊、黄群3人，王正廷为参议院副议长兼法律审查长。

4月13日　浙江宁波人厉汝燕在江苏宝山江湾赛马场试演飞艇，在场中外人士莫不赞叹称善。

是月　浙江督军蒋尊簋设陆军测量局。该局成立后至民国21年(1932年)止，完成全省三角测量和地形测量，制成全省1∶50000地形图、沿海地区为1∶25000地图。

5月1日　浙江开征田赋地丁。田赋是以土地为对象征收的赋税，地丁是实行“摊丁入地”办法后田赋和丁税的合称。

5月5日　浙江省以浙江丝捐作抵，向德商礼和洋行签订借克虏伯炮厂600万马克借款合同，其中规定200万马克用于购买克虏伯炮厂炮尊，由陆军部购备他省军事之用；其余400万马克则分别拨为收兑钞票及军饷、平粜、工赈、防疫等项经费。

5月10日　驻宁波第二十五师师长周承菼致电临时大总统袁世凯，倡言由中央速定裁兵计划宣布实行，以舒财政危机。

5月18日　杭城太平坊惠民巷口开泰纸店失火，延烧商号40余家，损失约有百万之巨。

5月24日　义泰来煤矿股份有限公司创办人潘景夔获准在桐庐县至德乡杏源庄探采煤矿，探采面积为72亩6分2厘1毫。

6月1日　浙江省立医学专门学校（浙江大学医学院前身）在杭州成立，学制4年，首期招收医科学生60名。次年添设药科，改名为浙江公立医药专门学校。民国20年（1931年），改组为浙江省立医药专科学校。该校由慈溪人韩清泉创办，是当时国内由中国人自己创办的唯一一所医学专门学校。

6月25日　浙江省财政司电复财政部，经临时省议会议决并奉都督核准，将茶捐中的附捐三成一项裁去。

6月25日　宝兴煤矿公司王廉获准在桐庐皇甫村探采煤矿，探测面积105亩1分。

7月12日　北京政府正式任命蒋尊簋为浙江都督。

7月15日　《新世界》第5期上全文译载了恩格斯的《社会主义从空想到科学的发展》，译文题目为《理想社会主义与实行社会主义》。《新世界》系中国社会党绍兴支部于是年5月19日在上海创刊。

7月19日　秋瑾烈士祠建成，并在杭州西湖凤林寺开追悼大会。10月27日，秋瑾灵柩由湘运抵杭州入祠暂厝。1913年6月6日，秋瑾安葬西湖凤林寺东邻。

7月22日　杭州开始拆除钱塘门至涌金门城墙，建为湖滨公园。次年，拆除旧旗营城墙，开辟新市场，西湖与杭州城区被城墙分割的历史结束，使商业和旅游业得以互相促进。

7月23日　临时大总统袁世凯令准浙江都督蒋尊簋辞职，任命朱瑞继任。

8月8日　北京政府任命吕公望为浙江陆军第六师师长，仍兼第十一旅旅长。

8月8日　广利煤矿有限公司获准在建德县西乡十一都一图西小洋庄之东铜官埠探采煤矿，探测面积27亩1分2厘2毫。

8月29日　处州（今丽水）、温州大水灾。其中处州府属的青田、缙云、云和等5县漂没无存，计淹毙人口22万余人，水灾之重为处属数百年来所未有。尤以青田、缙云两县为最重，死伤人口28万余人，其未经淹毙者数百万，但家室荡然，饥寒交迫，无住无食。

是月　吕公望、沈钧儒等在杭州创办私立浙江体育专门学校，是浙江创办体育专业学校的开端。

是月　石浦厅并入象山县。

9月3日　教育部公布《学校系统令》。规定：初小4年，为义务教育，毕业后入高小或实业学校;高小3年,毕业后入中学或师范学校或实业学校;中学4年,毕业后入大学或专门学校或高等师范学校;大学本科3年或4年毕业,预科3年;师范学校本科3年,预科1年,高等师范学校本科3年,预科1年;实业学校分甲、乙两种,各3年;专门学校本科3年或4年,预科1年。此学校系统也称为《壬子学制》。次年又陆续颁布各种学校令,补充本年公布的《学校系统令》,全称为《壬子癸丑学制》。

9月4日　北京政府公布《省议会议员选举法》,共7章99条。规定省议会议员选举年限以3年为一届,每届选举年限以7月1日为初选日期,8月1日为复选日期,临时选举日期由本省行政长官决定。

9月13日　教育部通电各省,规定自民国元年始,以公历10月7日为孔子诞辰,全国各校届时均举行纪念会。

9月19日　《申报》以"宁波极大之风灾"为题刊载通讯,谓是日接宁波来电:"据谓溺毙者共有5万人,无家可归者共有10万人之众。"

9月23日　临时大总统袁世凯授浙江都督朱瑞为陆军中将,并加陆军上将衔。

9月28日　临时大总统袁世凯明令公布《国庆日、纪念日案》,以10月10日为中华民国国庆日,以1月1日为开国纪念日,2月12日为清帝退位、民国统一纪念日,国庆日、纪念日均放假休息。

9月28日　临时大总统袁世凯授浙江第六师师长吕公望、第二十五师师长周承菼为陆军中将。

10月10日　全省各地举行中华民国周年庆典。

10月16日　浙江第一新模范剧团在杭州组建。班内有筱奎官、侯双臣、赛彩霞等南北名角,在拱宸桥天仙茶园演出京剧《莲花河》《滑油山》《白良关》及文明戏《妻党同恶报》等。

10月17日　蒋尊簋被授予陆军中将,加上将衔。

10月24日　教育部颁布《大学令》22条,规定"大学以教授高深学术,养成硕学闳材,应国家需要"为宗旨,设文、理、法、商、医、农、工等科。大学各科的修业年限为3年或4年,预科为3年,并规定大学以文、理二科为主。

10月25日　浙江都督朱瑞联合江苏、安徽等15省都督致电参议院,主张省长简任,反对民选省长。

11月6日　北京政府陆军部咨浙江省都督《改定陆军小学校教授历史地理学科办法》,将前定《陆军中小学校章程》中西历史地理兼授,改为小学校兼授中国历史地理,所有前定在中学校应授之中国历史地理均应在小学校授毕,方合毕业程度。至外国历史地理,俟升入预备学校再行教授。

11月26日　临时大总统袁世凯通令各省都督、民政长暂行划一官吏名称,府、厅、州、县官名一律改称知事。

11月28日　浙江省呈报全省众议院选举人数为1184629名,省议会议员选举人总数为1185114名。

12月3日　北京政府任命张榈为两浙盐运使。

12月8日　全国铁路督办孙中山抵杭州，随行者有陈其美及中国社会党代表王文典等。9日上午，孙中山一行出城致祭光复诸先烈，在秋社参加秋瑾追悼会，面允担任秋社名誉会长，又撰挽秋瑾联："江户矢丹忱，重君首赞同盟会；轩亭洒碧血，愧我今招侠女魂。"下午，孙中山在欢迎会上以《国为民有，人人应负担义务》为题作了长篇演说。10日上午，孙中山到钱塘江沿岸察看铁路建设路线。12日，孙中山离杭返沪。

12月12日　北京政府公布《各省陆军测量局编制大纲》，其中规定各省陆军测量局负责该省陆地测量、印制兵要地图并掌关于丈量地面一切事宜，应设三角、地形、制图三课，三角课实行三角测量及水准测量，以定地形测图之基础；地形课实施地形测量，绘成原图；制图课实施绘图、制版、印刷诸事业。

12月16日　北京政府任命胡翔林为杭州关监督，任命孙宝瑄为浙海关监督，任命冒广生为瓯海关监督。

12月22日　浙路宁慈(宁波至慈溪)段竣工通车。

是月　浙江省农会成立，会长范运枢，会址设省城吴山祝公祠。

是月　浙江都督朱瑞在杭州吴山西麓小螺丝山开办兽医养成所。这是浙江第一所畜牧兽医学校。

是月　浙江省开办陆军军医养成所，以本省现役军医轮流调入该所学习并选派陆军士兵入所，教以看护学术，养成看护士兵之用。

是年　全省有电报局所28处(分局3，子局5，支局6，报房14)。线路长2968.5里，员役301人。

是年　浙江人口为21440151人。

民国2年(1913年)

1月7日　鑫泰公司虞和德获准在淳安县严家庄剑门山探采锑矿，探采面积23亩7分3厘6毫。

1月8日　北京政府公布《划一现行各省地方行政官厅组织令》，规定省以民政长为行政长官，未设民政长的省份以都督兼任民政长，下设内务、财政、教育、实业四司。

1月8日　北京政府公布《划一现行各道地方行政官厅组织令》，规定现设巡道各省份该道官名均改为观察使，各道观察使管辖区域仍以该道原管区域为准，依现行法规办理该道行政事务及该省行政长官委任之事务，各道观察使设观察使公署，下设内务、财政、教育、实业4科，以科长、科员任之。

1月8日　北京政府公布《划一现行各县地方行政官厅组织令》，规定原各府、厅、州划一名称均改为县，县以知事为行政长官，其下人员称科长、科员，并得酌设技士办理技术事务。

1月8日　北京政府公布《划一现行地方警察官厅组织令》，规定省会及商埠设警察厅，置厅长；县设警察事务所，由县知事监督指挥之。

1月8日　北京政府公布《现行都督府组织令》，规定于领域内划分若干师区，合二或数师区设都督1人，在未经划定前，各省得暂设都督1人，统辖各省军队。都督府设参谋长、参谋、副官长、副官、书记、课长、课员等职务。都督并可兼任地方行政长官。

1月10日　临时大总统袁世凯发布命令，浙江等未任命民政长的省，民政长由各该都督暂行兼署。

1月30日　温、台各属种烟农民聚众抗拒铲烟。1912年，温岭县督铲境内烟苗2000余亩，自动铲除者1000余亩，受罚烟犯104名，罚款银洋11万余元。而外人则在通商口岸开设土行，烟馆所在皆是，破坏禁政，就曾引起烟农的不满。

是月　温州大水，冲毁民房2296所，淹毙1075人。

2月18日　浙江省议会正式开幕，议员到者148人。选举莫永贞、刘焜为正副议长。

2月23日　绍兴府城内洪福泰油烛店失慎起火，延至堵长弄口，烧毁房屋1700余间。

3月12日　北京政府内务部通令各省民政长，本于信教自由，禁止父母送子女为僧尼及官吏勒令僧尼还俗。

3月25日　浙江图书馆孤山馆舍开放，定为总馆。

3月27日　德清地震。

4月1日　北京政府交通部公布各区电政管理局所辖各局之区域及其等次，其中浙江省各局属于闽浙管理局所辖，杭州为一等乙级电报局，绍兴、温州、宁波为二等甲级电报局，兰溪、台州、湖州、衢州、嘉兴、余姚、金华、缙云、南浔为三等甲级电报局，海门、镇海、乍浦、平湖、宁海、桐乡、塘栖、诸暨、黄岩县为三等乙级电报局，拱宸桥、莫干山为甲级报房。

4月1日　《之江日报》创刊。该报由张树屏等集资筹办，经理李乾孙，主笔徐文蔚，每日附有画报。《之江日报》是杭州早期的民营报纸，对民国初年当局中的贪官污吏时有抨击，因而多次遭到北洋政府查禁。1924年，报纸经过改革，政治立场更加鲜明。1937年12月，该报停刊。

4月2日　北京政府公布《省议会暂行法》，共6章41条，其中规定议员任期以3年为限，任满改选再被选者得连任。

4月8日　各官署悬挂国旗，各学校放假1日，以庆祝是日中华民国国会成立。

4月16日　北京政府以浙江徐锡麟、陈伯平、马子畦、陶成章、秋瑾等烈士功绩迥异寻常，同意浙江都督兼署民政长朱瑞所请，提前给予优恤。

4月25日　奉化人王正廷以127票(出席议员212人)当选为北京政府国会参议院副议长。

4月28日　浙江省议会通电反对北京政府善后大借款。此前，大总统袁世凯于4月26日与英、法、德、日、俄5国银行团签订《善后借款合同》。

5月25日　省城警察厅以5月24日《浙报》"本省新闻"栏内刊载《咄咄戒严期内之征兵》消息一条，透露浙省戒严、征兵乃为防止反袁之"二次革命"，遂加该报违反袁世凯禁令、"捏造谣言"、"煽惑军心"、"有意扰乱治安，居心叵测"等罪名，强令自5月25日起停版三星期。

5月29日　浙江省颁发特别戒严令，发临时口号，凡卫戍步哨遍及全城，宪兵警察巡逻等队，一律荷枪实弹，佩用红绿号灯，各机关木栅于晚10点钟概行上锁。

是月　钟学书等人获准在长兴县南皋村四亩墩探采煤矿，探测面积27亩5分。

是月　省议会通过《筹设省立师范学校决议案》，规定在每一旧府各设立师范学校1所。

6月1日　浙江省正式颁布戒严令，自是日起查禁集会结社，取缔报纸言论，搜查私藏军火，取缔商民迁徙等。

6月7日　浙江都督朱瑞核准杭州城规复栅门旧制，酌定在上、中、下三城要冲地点，分段支配，计共应设137处。

6月9日　中国近代著名法学家、清末法制改革的倡导者沈家本逝世。沈家本（1840—1913年），字子淳，别号寄簃，浙江吴兴（今湖州）人。历任刑部左侍郎、大理寺正卿、法部右侍郎、修订法律大臣、资政院副总裁等职。是清末立宪运动中修订法律的主持人和代表者。

6月9日　杭城有洋商创设彩票，在拱埠商场悬挂日旗，大张晓谕，并以重利诱致城厢杂货店及钱摊流氓代为分销，每打售洋两元，每条两角，得头彩者约计1800余元，可类推，无知商民辗转标榜，营业异常发达。省城警察厅密令各分署严行查拿。

6月20日　百余名旗籍妇女群集省议会，抗议省议会反对创办贫民女子工厂一事。后因省城警察厅派员弹压，旗妇含泪散归。浙江光复后，旗民生计断绝，妇女、儿童十有八九沦为乞丐。武问梅女士恻然怜悯，决拟创办女子贫民工厂，专收旗籍妇女，以解决其生计，商请都督朱瑞同意，将旧有旗营马价生息款项拨充该厂年金作为成立经费，但在省议会因议员周琮、王廉、朱吉成等群起反对而致是案撤销。

是月　陈德溶获准在诸暨县东乡梅溪区探采锌矿，探测面积18亩9分8厘5毫。

7月20日　浙江都督朱瑞电各省都督、民政长并岑春煊、黄兴，宣告浙江“中立”。

7月20日　章炳麟与蔡元培联合通电，宣布浙江都督朱瑞劣迹。

7月20日　为反对袁世凯独裁统治，响应“二次革命”，在独立第四十九旅旅长顾乃斌、鄞县知事沈飚民等领导下宁波宣布独立。8月8日，宁波取消独立。

7月24日　浙江都督朱瑞遵照袁世凯从严处分“乱党肇事”的命令，下令查封《平民报》《浙报》《天钟报》《浙江民报》《浙声》五报馆，各报被迫停刊。

7月27日　浙军六十一团所部之第三营营长曹广锷率领全营官兵进驻吴淞，预备保护炮台，抵御北军。

7月31日　晚7时许，杭州闹市区保佑坊大街甘泽坊巷起火，延烧近3小时，焚毁房屋商店百余所，损失近百万元。

下旬　浙江水师营全体官兵致电黄兴、陈其美等，告以“决意独立，脱袁关系，并担任保全浙省安宁秩序。兹特举代表陈天荡君来沪接洽”。

8月10日　浙江都督朱瑞以“扰害治安”罪逮捕杭州《汉民日报》编辑邵飘萍，并查处《汉民日报》。

8月15日　袁世凯令浙江都督朱瑞查办省议员莫永贞等上书要求宣布独立一案。

8月21日　浙江都督朱瑞以卫道者自居，通电赞成以孔教为国教。

8月28—29日　风雨交作，山洪陡发，由青田下泻，经永嘉、瑞安，城镇村落，多被淹没，田园庐墓，损失尤多，死亡约以十数万计。

是月　浙江吴兴织绉机工数千人，为要求增加工资，举行罢工。

是月　根据教育部颁布的《实业学校令》和《实业学校规程》，浙江中等蚕桑、工业、农业、商业学校分别改为浙江省立甲种蚕桑、工业、农业、商业学校。

9月10日　临海县人屈映光被袁世凯任命为浙江民政长。

9月17日　教育部致电各省都督、民政长，内称："旧历八月二十七日为孔子生日，应定是日为圣节，令各学校放假一日，并在该校行礼……请即转饬所属一体遵照。"并谓："嗣后各校应永依旧历八月二十七日行礼。"

9月19日　北京政府内政部下令禁止京师及各地方警察官吏加入政党，并饬已入党者迅即宣告脱党。

9月23日　袁世凯以"内外财力艰窘万分"，下令裁撤各省司法筹备处，"由司法部就高等审检两厅长中遴员呈请兼任"。

9月28日　北京政府下令将参加宁波独立的浙江第四十九旅旅长顾乃斌先行褫职交浙江都督朱瑞查办。

10月3日　温州民众为驱除瘟疫，在东瓯王庙建醮七日七夜兼迎神赛会，将木偶10座出巡街市，并禁屠7天。温州永嘉、平阳、瑞安各县自旧历中秋后瘟疫骤发，死亡甚多。永嘉一县罹劫尤惨，一家传染，连毙多命，城厢内外，半月以来瘟毙2000余人，且传染甚速，病发时吐泻交作，不到数时肉落眼陷，旋即毙命。

10月9日　孙中山到杭州，省城51个团体在国民公所开特别欢迎大会，孙中山发表即席演说。

10月10日　袁世凯正式就任大总统。杭州城内举行盛大国庆典礼。

10月27日　北京政府下令惩治参与宁波独立诸人，顾乃斌因朱瑞呈请，且取消独立后维持地方秩序，业经褫职，免予置议；鄞县知事沈绵祖即沈飏民应即褫职；浙江司法筹备处处长范贤方，通令各省严拿解案。

10月29日　浙江都督朱瑞、民政长屈映光通电附和袁世凯，认为宪法起草委员会所拟草案，扩张立法，束缚行政，主张予以修改。

11月4日　袁世凯下令解散国民党，并撤销国民党籍之国会议员资格，追缴该党议员证书、徽章。被取消议员资格的浙江籍议员：参议院有王正廷等5人，众议院有褚辅成等23人。

11月12日　国务院奉袁世凯令，电各省都督、民政长，著迅即查明自湖口之役起"所有省议会议员隶籍国民党者，一律追缴议员证书"。

12月　陆仲良获准在汤溪县银坑银山探采铅矿，面积10亩3分9厘5毫；陈素子获准在定海县聚坑岙探采铅矿，面积19亩5分。

是年　由北京临时政府稽勋局第一批派赴欧洲的浙籍留学生计10人。当时，浙江省留欧学生共18人，计德国9人、法国3人、英国4人、比利时2人。

是年　浙江人口为21882052人。

民国3年(1914年)

1月1日　浙江分别成立外海、内河水上警察厅，将原水师官兵改编为水上警察。

1月1日　实行新邮区制。新邮区制按省区划分，每省为一邮区，于省城之内设邮务管理局，管理本区全省邮务，直隶于交通部邮政总局，派邮务长管理之。所辖省境内各局分为一、二、三等邮局、支局及邮寄代办所。

1月3日　北京政府大总统袁世凯批准内务部改定各省重复县名。其中浙江省与他省重复的县名有石门县、临安县、嘉禾县、寿昌县、新昌县、宁海县、奉化县、开化县、昌化县、建德县、永康县、龙泉县、太平县、新城县14县，根据“凡两县同名者，存其先置；新名从同，仍还故称”的原则，石门县改名崇德县，嘉禾县改名嘉兴县，太平县改名温岭县，新城县改名新登县，共4县改名，10县保留原县名不变。

1月10日　袁世凯宣布停止参、众两院议员职务，一律遣资回籍。

是月　浙江省民政长屈映光颁订《房捐征收章程》，计18条，规定房租自1元起，一律征收。

2月6日　浙江省议会议长莫永贞、副议长刘焜，议员许祖谦、毛云鹏、王嘉谟、许炳堃、任凤岗等18人致函朱瑞，要他宣布独立。袁世凯令朱瑞查办。省议员许祖谦、任凤岗被捕，判刑一年半，4年内褫夺公权，省议员资格撤销。莫永贞在逃被通缉。

2月7日　袁世凯通令各省崇祀孔子，以春秋两丁为祀孔之日，行祀孔子。

2月8日　浙江各商会组织赴日观光团，集团员30余人前往参观日本定于大正三年(1914年)3月举行的大正博览会。

2月12日　袁世凯特任杭州人孙宝琦代理国务总理。

2月22日　上海《申报》公布浙江省公署新订《编审户粮办法》，共8条。

2月25日　北京政府公布《各省荐任以上文官赴任凭限规则》共12条，其中规定凡经中央任命浙江省荐任以上文官由北京至浙江赴任期限为25日。

2月28日　北京政府下令解散各省省议会。

3月3日　北京政府教育部通令各省民政长于该省设法推广高等小学及初等、高等并设之小学。

3月28日　浙江实业观光团乘“春日丸”放洋赴日。观光团于4月29日返抵上海回国。

4月1日　浙江省实行经财政部核准的《浙江征收货物附加税暂行章程》。章程规定：货捐及烟、酒、茶、糖等，按统捐捐率附加20%；丝、茧两项，照捐率的30%附征。宁镇船货捐、宁波闽货捐，均属地方税范围，不再加征。

4月1日　浙江学校用品公司正式成立。浙江各学校用品一向至上海购用，经由美术家沈镜山、朱企熹等组织学校用品公司，择定清河坊前戈文洋行地址，自行设厂，专门制造，是日正式开幕，其中用品计分理科器械、化学药料、博物标本、恩物奖品、各种文具、体操器械等。

4月11日　交通部与商办浙江铁路公司股东代表议定，将杭州至枫泾、曹娥至宁波两段铁路及杭州江干至湖墅支线交归国有，公司所有股本由政府偿还。6月16日，交通部派员管理。9月19日，在北京签订《收回沪杭甬浙段铁路议订条款》。

4月19日　余杭南乡乡民在传统民间节日举行迎神赛会活动，遭余杭县当局弹压并逮捕2人，千余人拥入县署，将审判庭、各科办公室暨知事帮审员卧室尽行捣毁。后以官方放人始告结束。

4月25日　北京政府公布总税务司1914年2月份各关征收税钞数目表，其中浙江杭州关23856.972两（比上年2月份增4046.487两）、浙海关26088.393两（比上年2月份增5181.221两）、瓯海关2926.632两（比上年2月份增1112.931两）。

5月8日　杭县留下镇茶商，因县署派员勒派学捐罢市。茶农因新茶上市销路无门，聚集千余人捣毁收捐委员住所，警察厅惧事态扩大，派员劝说各店照常开业。

5月8日　财政部批准浙江省国税厅筹备处所呈《浙江省征收丝捐章程》。章程规定：丝捐除委托统捐征收局征收外，特设杭县艮山门、富阳等专局征收。捐率为：运丝每包80斤，征正捐22元、沪捐3.2元；经丝每包80斤，征正捐31.6元、沪捐3.2元；用丝每包捐银15.6元。

5月20日　袁世凯公布《地方保卫团条例》，规定各县未设警察地方可建立之，各县原有“乡保甲”按此条例整顿。县内划分区团，各团按户指定一人编入保卫团，负责“清查户口”“搜捕盗匪”。

5月23日　北京政府下令改各省民政长为巡按使，同时裁撤各省内务、教育及实业各司长。又令各省国税厅筹备处及财政司亦行裁撤。

6月2日　北京政府公布《各省所属道区域表》。浙江省分为钱塘道、会稽道、金华道、瓯海道4道，钱塘道下辖杭县、海宁、富阳、余杭、临安、於潜、新登、昌化、嘉兴、嘉善、海盐、崇德、平湖、桐乡、吴兴、长兴、德清、武康、安吉、孝丰20县，会稽道下辖鄞、慈溪、奉化、镇海、象山、南田、定海、绍兴、萧山、诸暨、余姚、上虞、嵊县、新昌、临海、黄岩、天台、仙居、宁海、温岭20县，金华道下辖金华、兰溪、东阳、义乌、永康、武义、浦江、汤溪、衢县、龙游、江山、常山、开化、建德、淳安、桐庐、遂安、寿昌、分水19县，瓯海道下辖丽水、青田、缙云、松阳、遂昌、龙泉、庆元、云和、宣平、景宁、永嘉、瑞安、乐清、平阳、泰顺、玉环16县。

6月10日　浙江于本日起禁止印土（即印度鸦片）运入浙境以巩固禁烟成绩，浙江省各地方均于本日举行庆贺。

6月29日　浙江省呈准所属各道尹驻在地，钱塘道驻杭县，会稽道驻鄞县，金华道驻兰溪县，瓯海道驻永嘉县。

6月29日　浙江巡按使屈映光电呈北京政府，1914年度浙省预算可超收500万元，并定自7月份起，每月划分25万元解济中央。袁世凯特晋授屈映光勋4位，以示殊奖。

6月30日　袁世凯裁撤各省都督名称，在北京建将军府并设立将军诸名号，有督理各省军政者在所驻省开府建牙。浙江都督朱瑞改称为兴武将军，督理浙江军务。

6月30日　浙江诸暨人、前浙江都督蒋尊簋被特任为宣威将军。

是月　象山潮溢灌入内地，冲毁塘田，淹田禾、民居。秋，慈溪风潮骤起，坍海堤数里。

夏　浙江久晴不雨，富春江、新安江沿岸及金华一带亢旱成灾，禾稻多枯死。

7月1日　浙江省实行统捐新章。

7月1日　北京政府核定浙江省本年军费3510415元，政费2820188元，共6330603元。

7月12日　浙江都督朱瑞通饬各军事机关以及师旅团营，浙江都督府改称兴武将军督理，并定于7月15日取消浙江都督名称，改用兴武将军。

7月13日　杭州望江门外二凉亭至五堡沿江一带沙地，出现狂风大潮，致使该处所种棉花、瓜果、花生、络麻等物，全部覆没殆尽。近江房屋冲坍者十之八，计被害之处约30余里，损失之数约20余万。又拱宸桥开往三都之西瓜船1艘，行至三里洋亚细亚油池地方，亦遭覆没并溺毙2人。

7月25日　天台人周永广率千余民军围攻仙居县城，自北、西、南三方发起猛攻，激战两昼夜未克，旋被迫撤围。

是月　宁波天一阁藏书被窃，上海来青阁、六艺书局购入1300余册，范氏家族告官究办。

是月　美国教育学博士杜威来浙江做学术讲演，宣传其平民主义教育思想。他提出的“教育即生活，学校即社会”口号，在中国教育界广为流传。此后数年，浙江省教育上的若干实践，如新学制、学生自治制、设计教学、道尔顿制、选科制等，均受其平民教育思想的影响。

8月1日　杭州联桥街发生大火，延烧2小时，火烧地盘东至上八街巷口，西至联桥脚下，南至皇诰儿巷，北至大福清巷及小福清巷口，门牌计40余号，房屋计一百六七十间，所损失财产约三四十万金，并烧死9人。

8月24日　定海北风怒起，海潮奔腾高涌数丈，超过塘闸，晚禾棉豆等被卤斥浸渍，坨岙、芦蒲、狗山等处被灾尤甚。

是月　吴兴织绉机工数千人为要求增加工资而罢工。

是月　刘长荫于长兴创办长兴煤矿。后以资金不敷，1918年3月与朱葆三、刘万青组织股份有限公司，资本150万元，总店设上海。

9月1日　孙中山发表宣言，通告海内外，宣布中华革命党成立，所有国内外国民党组织未经解散者，一律改组为中华革命党。

9月24日　绍兴朱家坞300余户扎花铺，其中200多扎花工人反对富绅强以原料抵债，持械反抗。

是月　周庆云在杭县创办虎林丝织股份有限公司，资本30万元。

10月2日　北京政府下令，应由各省地方长官将民国成立后所有阵亡将士，及其他因战事效死之人，详细查明，在10月10日民国国庆日一体致祭，以后每年均在国庆日举行，永著为例。

10月5日　杭州艮山门外吊桥畔延德堂药店不慎失火，延烧左右邻及吊桥四拐角。自夜10点钟烧至翌日2点钟，始克扑灭，计焚去吊桥1架，小石桥1座，房屋280余间，店面70余户。

10月11日　革命党人周永广率讨袁军数千人攻占东阳县城，释放被囚百姓，并缴库银，焚县署，不久退出东阳。

10月15日　浙江巡按使屈映光为浙省清史征书委员。此前中央特设专馆编纂清史，曾由总统下令要求各省巡按使派委专员办理征集关于清史之书籍，以为编纂之材料。

10月22日　有革命党人多人陆续由沪入浙，暗设机关，定本日起事。先期为军警侦知，捕20余人，均被枪决。

是月　高懿丞在杭州创办鼎新纺织公司，纱锭20360枚，资本20万元。

11月23日 杭州革命党人所设秘密机构被破，革命党人夏之麒等出走日本。

12月11日 人和锌矿公司陈德濬获准在诸暨县小东乡梅溪区高大村街坞坑探采锌矿，探采面积365亩。

是年 浙江兴业银行移总行于上海。浙江兴业银行开办于清光绪三十二年(1906年)，系浙江铁路公司所发起，股本初为100万元，杭州为总行，上海为分行之一，以樊时勋为经理，开办时即有发行钞票之权。

是年 之江大学教授周耀先在杭州创办哑童学校，为中国人自己创办的第一所哑校。

是年 浙江最早的大中华电池厂在宁波市江北岸创建，有职工16人，是全国最早创办的干电池厂之一。

是年 浙江人口为22125752人。

民国4年(1915年)

1月13日 长兴煤矿公司刘长荫获准在长兴县合溪乡至德区地方探采煤矿，探采面积3574亩3分。

1月19日 浙江萧山人、已故施徐氏因上年江宁赈抚，遗命其子捐助棉衣裤1600件，临时大总统袁世凯题写“饥溺为怀”匾额以示褒奖。

1月24日 中华革命党总理孙中山委夏尔玙为浙江革命军司令长官。

2月15日 昌化地震。

2月17日 兴武将军督理浙江军务朱瑞、署浙江巡按使屈映光呈准将浙江全省定为《惩治盗匪法施行法》施行区域，以加强对浙江省境内革命党人的镇压。

3月1日 沪杭甬铁路局在杭州闸口首设潮位站，观测钱塘江潮位。

3月3日 北京政府因浙江省上年叠加水旱风雹致成灾歉，着将宣平等县应征上年分之地丁、粮租各款按照分数分别蠲免、缓征。

3月10日 绍兴船户千余人至警署请求免捐，岗警开枪恐吓，船民一拥入署，捣毁器物，折断枪支。旋被县署派军队镇压。

3月18日 经兴武将军督理浙江军务朱瑞、署理浙江巡按使屈映光会衔呈请，北京政府颁给在浙江行医多年的英国英格兰人梅滕更医士四等嘉禾章。梅滕更自清光绪初年来浙江省城，创设大英医院，由英国教会募款补助，凡遇贫苦疾病，类皆随宜施诊施药，不取重赀，以是多受其惠。各项慈善事业，亦时悉力赞助，近更于院内设立学校，收养贫寒子弟，授以生业。浙人皆道其人之善。

3月18日 仁益公司矿商赵之华获准在宁海县沙地村老鼠沿探采铅矿，探测面积106亩。

4月12日 参政院参政钱恂以浙江文澜阁《四库全书》经同、光年间浙绅丁丙等创议用善后款补抄后尚缺200余种，拟予以补抄完全，以昭稽古右文之治。经北京政府批准，至文津、文溯二阁传抄。于是年竣工，谓“乙卯补钞”。

是月 浙江省财政厅颁布《浙江钱业捐输简章》，规定：省内各钱铺以资本额的大小分为上、中、次、又次 4 等缴捐。上等每年捐银 150 元(按原订捐钱数每两折合银圆 1.5 元计算),中等 120 元,次等 90 元,又次等 60 元。钱业捐限于当年 10 月完清,逾限加罚。

5 月 7 日　北京政府褒扬辛亥革命杭州光复时被革命党人处决的清协领贵林等人,谓“民国缔造之初,赞助共和,保全杭城生命财产,其功实不可没”云云。次月 6 日,更进一步下令将贵林所谓“死难事迹”宣付国史馆立传。

5 月 19 日　浙江省证券抵押所在杭州上祠堂巷正式开幕。

6 月 2 日　革命党人、前绍兴军政分府都督王金发被朱瑞杀害于杭州。

6 月 16 日　象山大风雨,海溢,坏塘田。

6 月 17 日　常山大雨,洪水暴涨,房屋倒塌,人畜死无数。22 日,开化连日大雨,山洪陡发。衢县、龙游、汤溪等县亦患水灾,淹毙人畜颇众。

6 月 28 日　全浙当业工会成立。会长王湘泉,副会长许玉农、谢虎成。

是月　定海飓风雨甚,潮沸,坏海塘,稻棉摧残殆尽。

7 月 1 日　中华民国浙江银行改组,易名浙江地方实业银行,资本 100 万元,官六商四,总行设在杭州太平坊,在上海北京路设分行。

7 月 27、28 日　浙江发生飓风灾害,镇海、绍兴、萧山、余姚、上虞等县淹没漂失所损甚多,统计各地受灾人民在万户以上,田庐、牲畜、器具损害不可胜数。台州温岭县沿海居民死伤数万。海宁、海盐、平湖一带塘工损毁十分严重。

8 月 1 日　全国银圆改用袁世凯头像银币,从此银币统一。

8 月 2 日　浙江萧山县绅施凤翔,遵其父亲遗命,捐拨银两庄田,共计银 10.7 万余元,设置义庄,惠及同族,北京政府特颁给“承先裕后”匾额。

8 月 13 日　浙江省通志局开始办理局务。

8 月 26 日夜　余姚海溢,潮入利济塘,高五六尺,受灾甚巨。

8 月 31 日　北京政府以浙江省学校增至 6000 余所,比之清季增加两倍,学生 30 余万,特于是日奖叙浙江办学出力人员经亨颐、阮性存、许丙堃等。其中给予经亨颐等 8 人五等嘉禾章,周锡经等 15 人六等嘉禾章,朱作桀等 18 人七等嘉禾章。

9 月 10 日　以浙江海宁、海盐、平湖一带塘工出险,风水为灾,袁世凯准浙江巡按使屈映光所请,着财政部拨银 10 万元,赶速汇浙赶修塘工。

9 月 29 日　浙江通志总局征集续纂材料,分为三大宗:(1)以各县现行志书为修编根据;(2)摘录官衙公牍,以便采择之需;(3)设置访员,搜罗遗闻轶事。

9 月 29 日　浙江体育专门学校设童子军,是为浙江省对青少年进行德、智、体教育之始。

11 月 9 日　张云雷获准在浙江遂安县北乡十六都麻田探采煤矿,探测面积 110 亩。

11 月 19 日　叶绪耕获准在浙江象山县西乡大溪蒋探采铜矿,探测面积 53 亩 7 分 5 厘。

11 月 22 日　英国医士梅滕更所建麻风病院举行正式开院典礼。

12 月 6 日　浙江商绅虞和德、吴作谟等兴办实业,颇著效绩,北京政府分别给予奖励。其中给予虞和德三等嘉禾章,吴作谟等 4 人四等嘉禾章,盛炳伟等 3 人五等嘉禾章,朱光焘等 3 人六等嘉禾章,金溶熙等 4 人七等嘉禾章,王泽南等 9 人八等嘉禾章,方俊杰等 5 人九等嘉禾章。

12月20日　吴涤宣获准在浙江昌化县西乡九都石盆庄东山坪探采锑矿，探测面积823亩9分5厘3毫6。

12月21日　袁世凯于12月13日称帝，准备元旦登位。是日，北京政府以拥护帝制有功封朱瑞为一等侯爵、屈映光为一等伯爵。

12月24日　协成矿务公司丁兆淦获准在浙江诸暨县小北乡七都长澜庄探采煤矿，探测面积515亩1分2厘5毫。

12月31日　浙江巡按使屈映光电请袁世凯海陆并进讨伐唐继尧。

是月　《浙江公立图书馆年报》创刊，为中国最早的图书馆专业刊物。

是年　在巴拿马万国商品博览会上，湖州辑里丝、绍兴加饭酒、金华寿生酒、东阳雪舫蒋腿、景宁惠明茶、丽水麦秆剪贴画等获金质奖；青田石雕、富阳昌山纸和京放纸、平湖夏念先五加皮酒、乍浦农会牌绿豆等获银质奖；龙泉雕制文具盘、花榈木刀和花榈押字板楹联等获铜质奖；江山新塘坞村石灰也获奖。

是年　德商爱礼司洋行将“狮马”牌肥田粉（硫酸铵）运销浙江，为浙江农民使用化学肥料之始。

是年　浙江省人口为22471812人。

民国5年（1916年）

1月1日　袁世凯复辟帝制，以是年为“洪宪元年”。

1月11日　朱瑞、屈映光电告袁世凯浙江境内“一切安谧，决不至发生他故……即使小有不靖，兵事布置甚密，当可立即戡平”，积极支持袁世凯称帝。

2月5日　镇海地震。

2月22日　中华革命党总理孙中山委派陈其美为中华革命军江浙皖赣四省总司令。

3月5日　杭州菜市桥一带发生大火，延烧60余户，并有2名儿童葬身火海。

3月21日　浙江将军朱瑞与江苏将军冯国璋等密电袁世凯，要求取消帝制以平滇黔之气。次日，袁世凯接受要求，申令撤销帝制。

3月23日　袁世凯申令废止“洪宪”年号，仍以本年为中华民国5年。

4月11日　浙军第二旅旅长童保暄、警察厅厅长夏超等在杭州起义反袁，攻下将军府，将军朱瑞化装潜逃。

4月12日　浙江宣布独立。

4月14日　浙江巡按使屈映光伪示独立，袁世凯申令加屈映光以将军衔兼署督理浙江军务。于是，童保暄等推原巡按使屈映光为浙江临时都督，童保暄为总司令。但屈映光对独立并无诚意，仅以浙江巡按使兼总司令名义发表模棱两可之文告，并密电向袁世凯报告。

4月14日　浙江参议会在都督府开成立大会，并选举正、副议长。王文钦当选议长，莫永贞、张翅当选副议长。

4月14日　浙江各界纷纷诘责屈映光伪示独立，并谓屈“在浙四载，平时唯知竭浙民脂膏，以固一己荣宠，辄复俯首称臣，首先劝进”，“祸害民国，厥罪尤深”。

4月17日　浙江省参议会开会，决定不得沿用巡按使旧称，改称都督。是日，屈映光被迫改称浙江都督。

4月20日　自天津南驶之运兵船“新裕”与护航之军舰“海容”在温州海面因遇雾相撞，“新裕”号沉没，船内官佐士兵700余人，机师、水手、伙夫20余人，悉数溺死，军饷银10万元、机关枪4挺、山炮6尊及军衣等也都沉没海底，遇救者仅外国船员2人及士兵20余人。

5月1日　中华革命党浙江司令长官夏尔玙遇害于杭州梅花碑。夏尔玙，字次岩，浙江青田人。时年45岁。

5月5日　屈映光辞浙江都督职。次日，浙江军民公推嘉湖镇守使吕公望为都督，即日就职，通电反袁。

5月18日　陈其美在上海遇刺身亡。陈其美（1878—1916年），字英士，吴兴人，是同盟会主要骨干之一，曾任沪军都督。孙中山高度赞扬陈其美的革命精神，称赞他是“革命首功之臣”。次年5月18日安葬于湖州。

5月25日　绍兴机坊工人聚众三四百人，反对苛捐，捣毁税务局。

6月6日　袁世凯暴毙。次日，黎元洪继任大总统。

7月6日　北京政府改各省督理军务长官为督军，民政长官为省长。同日，任命吕公望为浙江督军兼署省长。

是月　东阳人邵飘萍在北京创办新闻编译社，为中国自办通讯社之始。

8月3日　前浙江都督朱瑞卒于天津。

8月16日　应浙江督军吕公望之请，孙中山偕胡汉民、朱执信等由上海抵达杭州。17日，孙中山在杭州督军署宴会上发表演说，强调建设以修治道路为第一要着。18日，孙中山在浙江省议会的欢迎会上发表演说，着重演讲办理地方自治为人民之责任；是日，孙中山出席杭州陆军同袍社公宴并发表演说，阐发了五权宪法的内容和意义：“主张五权分立……即立法、司法、行政三权之外，加入弹劾、考试。”

8月19日　黎元洪令各省军民两署划清陆军和巡防营管辖权限。陆军归督军管辖，警备巡防各营队归省长管辖。

8月20日　孙中山游览绍兴，往东湖祭陶成章。21日，在觉民舞台绍兴各界欢迎会上发表内容为国家之强在群策群力之演说，指出：“国家之兴亡，人人有责。”后由绍兴赴宁波，途经上虞百官，是日宿旌教寺，为该寺书写“博爱”匾额。22日，抵宁波，在省立四中发表演说，对宁波提出3点希望：振兴实业，讲求水利，整顿市政。24日，孙中山离宁波，乘“建康号”军舰在舟山群岛视察形势，以判断该处有无建港条件，指出：“得此地自开商场，必胜宁波矣。”游普陀山，撰《游普陀山志奇》一文。次日，离浙返上海。

是月　全浙教育会联合会召开第一、第二次会议，议决国民学校注重单级教授、推广单级国民学校、筹办单级教员讲习所、推广半日学校等案。

9月15日　是日为农历八月十八，孙中山偕夫人宋庆龄以及张静江、蒋介石、朱执信等人，由上海抵海宁盐官观潮，应地方人士之请，题写“猛进如潮”横额。孙中山一行当日返上海。

10月5日　北京政府将台州镇守使移驻宁波，改称宁台镇守使，并任命顾乃斌为镇守使。

10月10日　省长吕公望通令废止浙省防务条例。

10月11日　省议会议长沈定一，副议长秦炳汉、朱益敷于上午9时至11时召集省会军政商学各界开谈话会，纪念浙江光复，并定是日为浙江光复纪念日(阴历九月十五)。

10月27日　省长吕公望提出修筑省道并成立省道筹备处的议案。省议会讨论通过，于11月4日复请省长筹备施行。

11月2日　浙江省长吕公望通令各县知事转行所属中学校，所有附设预备学校，应废止，酌量改为高等小学校或国民学校。

11月6日　浙江省中等学校第一次联合运动大会举行。大会由浙江省教育会会长经亨颐等发起，省长吕公望为会长、政务厅厅长王文庆为副会长。大会于8日结束。

11月8日　浙江省番薯捐一项，由省长吕公望训令财政厅免予纳税以恤贫民。

11月15日　省长吕公望电陈省官制意见，主张省官制仍以民国2年度颁布之制为宜，反对《暂行省官制草案》中所拟之省“内务、财政、教育、实业四司均系独立机关，直隶中央政府各部”的做法。

11月22日　北京政府教育、内务二部共同呼吁续修各省县志。

11月22日　浙江省道筹备处召开会议讨论省道修筑路线。会议拟俟浙赣线测竣后，先于本年冬令农隙之时，着手修筑浙皖、浙闽二线，亦为交通之要道，概于阴历年内完工测竣，所有工程款项，除预算列入数目外，并责成各县知事随时就地劝募。

11月24日　北京政府农商部咨请浙江等沿海各省酌设水产试验场，研究渔捞制造及养殖新法。

12月1日　浙江烟酒公卖局正式成立。

12月1日　杭州大关北星桥一带发生大火，烧毁店铺40余家，计房屋百余幢。

12月9日　沪杭甬铁路与沪宁铁路接轨工程竣工，实行通车。

12月18日　浙江省选举第一班改选参议员，浙江省参议员第一班额定改选3人。

12月26日　浙江军警发生变乱，督军兼署省长吕公望被迫离杭出走。

是年　中国留学生从日本兴津园艺场引入蜜柑，在温州西郊九山村试种成功。此后至民国26年(1937年)又先后从日本引入多个温州蜜柑品系，分别在黄岩园艺场、鄞县横溪园艺场和象山石浦柑橘场试种。

是年　浙江省人口为22690494人。

民国6年(1917年)

1月1日　北京政府任命杨善德为浙江督军，齐耀珊为浙江省长。原任督军兼署省长吕公望免职。2日，浙江省军警长官及省议会、教育总会、总商会分别集会，议决电请中央收回杨、齐任浙成命。4日，杭州各界4000余人召开公民大会，要求浙人治浙，一致拒绝杨、齐。

公推章炳麟等为代表，分赴北京、南京请愿，要求收回成命。8日，全浙公民大会以杨善德派军队一混成旅入浙，再开大会，一致通过致电总统，坚阻杨、齐。

1月11日　新任浙江督军杨善德入浙，于次日接任视事。此为北洋军阀势力直接进入浙江之始。

1月19日　北京政府特任原浙江督军兼署省长吕公望为怀威将军。

1月23日　新任省长齐耀珊到杭。次日，兼署省长杨善德移交印信、文卷，齐耀珊接任视事。

1月25日　定海、建德、寿昌地震。

1月28日　吴兴冰雹，大粒如蛋。

1月31日　浙江省修正公布《浙江省征收屠宰税施行细则》，规定：屠宰税征收范围限猪、羊两种，原各县征收的肉捐、屠捐及类似各捐一律归并改名屠宰税。征收办法采调查营业额确定税额，每年认定，按月匀缴。

2月　建于杭州紫阳山麓严官巷的杭州私立普成女校附设女子体操讲习科开学，培养女子体育教师，有学生60余人。

3月1日　景宁地震。

3月12日　浙江裁撤各县审检所。浙江在1916年宣布独立后，在各县知事署内一律设立审检所，以为筹备司法独立之基础。是日由省电令裁撤。

4月22日　北京政府公布《暂行各县地方分庭组织法》，共14条。其中规定凡已设地方审判厅的地方，得于附近各县设立地方分庭，称某处地方审判厅某县分庭。各县地方分庭得设于县知事公署。

5月19日　浙江省督军杨善德附和北洋系督军团解散国会要求，是日督军团正式呈请黎元洪大总统解散国会，浙江督军公署参谋长赵禅作为杨善德的全权代表在正式呈文上签字。

5月30日　浙江督军杨善德、省长齐耀珊宣告浙江独立，脱离黎元洪之中央政府（时段祺瑞被黎元洪免职，独立系受段之策动，前一日安徽、奉天等省已独立）。

6月2日　浙江督军杨善德、省长齐耀珊率同第一师师长童保暄、第二师师长张载阳等，致电中央及各省，宣告与中央脱离关系，要求解散国会，另行选举。

6月6日　前浙江都督汤寿潜在绍兴病逝，享年61岁。汤寿潜（1857—1917年），原名震，字蛰先，萧山人。汤寿潜是立宪派的领袖之一，曾任浙江谘议局议长、浙江都督、南京临时政府交通总长等。其于1890年刊行《危言》一书，主张变法，被称为浙江最早的、影响较大的维新思想家。

6月21日　浙江通电声明取消独立。

7月1日　张勋等拥护清废帝溥仪在北京宣告复辟，发布上谕，任命杨善德为浙江巡抚。2日，浙江督军杨善德、省长齐耀珊通电否认参与复辟，并致电副总统冯国璋，表示反对复辟。5日，浙江督军杨善德通电宣布已将浙江省第一、二、四各师抽编混成一旅队，听候会师讨逆。6日，浙江督军杨善德、省长齐耀珊通电拥护冯国璋及段祺瑞。是日，冯国璋在南京就任代理大总统，段祺瑞在天津设国务院办公处。

7月4日　孙中山自上海乘应瑞舰至舟山，访宁台镇守使顾乃斌，促其据舟山树讨逆旗帜。顾不敢发，孙中山即返沪。

7月6日　浙江督署开军事会议，议决编组“混成支队”出师讨逆。越二日，支队开抵上海转赴南京，编入南路北伐军，受倪嗣冲节制。

8月5日夜　杭州艮山门外鸭税桥浙江火药库爆炸，房屋倾倒，压伤守库员数人。

秋　奉化县虫灾遍及八乡，重者颗粒无收。嘉善、平湖2县晚稻发生虫害，白穗遍野，灾情奇重。

10月10日　全国教育联合会在杭州举行会议。各省教育会代表列席者19人，由浙江省教育会会长经亨颐任会议主席，会议讨论议题包括联合会改组法、女子教育、职业教育、体育、大学、改良语言、教育行政7个方面。会期达半月之久，直到26日始结束。

10月13日　嘉兴县新丰乡农民到县告荒，遭拒。农民愤激，群起捣毁县署民庭桌案。21日，该乡农民一二百人再至县署告荒，遭警队弹压。

11月24日　北京政府鉴于土布及其他棉织物关系贫民生计，经国务会议议决，自明年1月起，免除税厘3年。是日，由财政、农商二部通令各省区遵照办理。

11月26日　驻宁波第三旅旅长叶焕华、宁台镇守使顾乃斌及前浙江都督蒋尊簋、前都督署参谋长周凤岐在宁波通电宣布自主，与浙江省军、民两署脱离关系。蒋尊簋任浙军总司令，并由甬绍铁路派兵至绍兴，在百官车站驻扎。是日，温州也随同宣告自主。

11月28日　温州、处州宣布独立，与宁波取一致行动。绍兴、台州、严州等处亦分别独立。

11月29日　浙江第一师师长童保暄率师至绍兴，在百官与宁波自主军开战，自主军败回宁波后由宁波商会给资遣散，省军进驻宁波。温、台、处、绍、严等地亦随之取消独立。

11月29日　浙江财政厅以近来杭州市银根甚紧，现水飞升，要求杭州商会通告各业：自本日起两周内，凡装运现洋数在500元以上者一律禁止出境。并分函省警厅、杭关税务司、铁路管理局、各轮船公司，一体协助查禁。

12月3日　浙江督军杨善德派代表吕兆熊参加是日在天津举行的直、鲁等省督军会议，会议决定以武力进攻南方护法军。

是月　在严州建立浙江省立甲种森林学校，在临海县葭芷镇建立省立甲种水产学校。

是年　义乌县佛堂镇开办浙江第一个小型机制糖厂。

是年　湖州城区天宁寺经幢拆毁，发现吴越王钱俶所刻经卷，题款为周显德三年(956年)。

民国7年(1918年)

1月4日　由浙江督军杨善德、省长齐耀珊呈请，北京政府下令褫夺浙江蒋尊簋、周凤岐、徐乐尧、叶焕华、高尔登等参与上年宁波自主运动者的勋位勋章，并通缉拿办。

1月5日　上海轮船招商局开往浙江温州之“普济”轮，在吴淞口与从福州回沪的“新丰”

轮相撞,“普济”轮沉没,乘客200余人遇难。

是月　浙江省教育厅通令各县:劝学所内一律附设小学教员研究会,以该所长为会长,各小学职教员为会员,其办法以通函研究为主。

2月9日　北京政府教育部咨浙江省长,给予浙江省立甲种工业学校匾额及校长许炳堃奖章,匾文为“琢磨道德”。

2月13日　杭州、衢州、湖州、德清、宁波、镇海、象山、绍兴、余姚、汤溪、寿昌、松阳、景宁等地发生地震。杭城地大震。衢州城地震,屋倒人伤,约5分钟始定。

2月17日　北京政府公布《修正中华民国国会组织法》《修正参议院议员选举法》《修正众议院议员选举法》。其中规定,各地方选出众议院议员的名额,根据人口多少而定,人口每满100万选出议员1名,但人口不满700万的省得选出议员7名。并确定了在人口总调查完成前的议员名额分配,浙江省为26名,在全国各省中数量仅次于江苏,居第二。参议院议员每省5名。

4月17日　浙江陆军第一师由师长童保暄率领,由温州航海赴闽援助(1917年冬,广东军政府派兵向闽南方向进展,福建督军李厚基向北京政府求援,北京政府电浙督杨善德派浙军援闽)。6月4日,援闽浙军向粤军陈炯明部发动总攻,连占饶平等地。7月19日,援闽浙军童保暄部在闽粤边境攻占大埔,陈炯明援闽粤军退守三河坝。7月24日,闽、浙两省军队向潮州进攻,战事甚烈。

4月29日　浙江省议会以《中日军事协定》日本条件太过严酷,电请北京政府严拒与日本签订协定。

4月30日　北京政府教育部制定公布《省视学规程》及《县视学规程》,规定各省设省视学4人至6人,承省教育行政长官之命,视察全省教育事宜;各省设县视学每县1人至3人,秉承县知事视察全县教育事宜。

5月6日　浙江省议会发表时局通电,请北京政府停战议和,与民休息。

5月11日　全国大学生运动会在杭州举行。

5月15日　鲁迅的第一篇白话小说《狂人日记》在《新青年》上发表。后收入《呐喊》,是中国现代文学史上第一篇白话短篇小说,是打倒“孔家店”的战斗檄文,也是五四文学革命的进军宣言。

7月　金华、诸暨、庆元、汤溪、永康、宣平等县水灾严重,饿殍载道,省署财政支绌,无力赈济。

8月19日　著名音乐家、书法家与近代中国话剧先驱、浙江第一师范学校美术及音乐教师李叔同在杭州虎跑大慈寺落发出家,法名演音,号弘一。

8月25日　前浙江都督吕公望、浙军第一支队长陈肇英等通电加入西南护法。29日,广东军政府任命吕公望为援闽浙军总司令,王文庆为参谋长,陈肇英为混成旅旅长。

是月　杭城发生疫病。其症初起时,手足厥冷,腹痛不止,朝触夕毙。尤以下城一带为盛,旬日来,调查疫死人数已达200余名。

9月2日　浙江省长齐耀珊通电各县知事,禁止奸商私运米谷出境。

是月　萧山、诸暨等10余县发生蝗灾，纷纷报灾请赈，省署束手无策。

秋　余姚、上虞、慈溪等县3个月不雨，大旱，受灾重。

11月2日　浙江侨工事务公局成立，择定蒲场巷前陆军小学堂旧址为局所。

11月11日　第一次世界大战结束，协约国与德国签订休战条约。17日，欧战胜利庆祝大会在杭州西湖公园举行。

12月20日　北京政府任命嘉善人钱能训为国务总理。

年底　杭州鼎新纱厂1000余名工人为反对厂长兼工头汪癞痢的残酷压迫，罢工4天，迫使汪离厂，取得胜利。

是年　浙江省人口为24377298人。

民国8年(1919年)

1月21日　浙江人王正廷、施肇基二人被派作为巴黎和会全权委员。

3月1日　北京政府准浙江省被灾地区豁免银米粮额负担。

3月11日　北京政府以浙江海盐县故绅朱丙寿孝思纯笃，义闻宣昭，恳请特褒，准予题给“孝义可风”匾额，并加给褒辞。

3月20日　英驻华公使朱尔典，就温杭铁路许由美商裕中公司承建一事，再次向北京政府外交部提出抗议，谓该路系英国承建之沪杭甬路支线，应由英一并包建。

3月中旬　宁波伞业工人因生计艰难，要求增加工资，遭资本家拒绝，举行同盟罢工。

3月31日　浙江通志局原定本年6月撤局，因通志事关全省文献，非仓促所能，故向省议会提出展期两年，以便从容编订。后省议会予以同意。

3月下旬　杭州绒经料房织工为要求增加工资，举行同盟罢工。后资方被迫认可酌加工资，月底罢工胜利结束。

4月中旬　杭州绸业女工为要求增加工资举行同盟罢工。各厂主勾结警厅拘捕工人，工人不为所惧。厂方被迫增加工资二成，罢工胜利结束。

5月4日　北京13所大专院校学生3000余人，齐集天安门广场，要求“取消二十一条”，高呼“外争国权，内惩国贼”口号，示威游行。是为反帝反封建的五四爱国运动。运动迅速波及全国。6日，之江大学召开全校学生大会，报告了北京学生运动情况，并派出代表到浙江省立第一师范、第一中学、甲种工业学校、女子师范、法政学校等中等以上学校联络，采取一致行动声援北京学生运动。

5月8日　全浙旅沪同乡会电浙江各团体，请驱逐章宗祥、陆宗舆家族。吴兴商界集会，致电巴黎和会代表，反对签订对德和约。

5月9日　嘉兴、绍兴、吴兴各校学生召开国耻纪念会。

5月12日　杭州中等以上各校学生3000多人在湖滨公园集会，宣布“杭州学生联合救国会”正式成立，并宣读致北京政府和出席巴黎和会的中国代表，要求坚决拒绝签字的电文。杭州学生联合救国会致电出席巴黎和会美、英、法、意四国政府首脑，要求“主持公理，将青岛直接交还中国”“中日密约作废”等主张。13日，杭州中等以上各校学生4000余人列队游行，并举代表往见浙江督军杨善德、省长齐耀珊递交请愿书，要求力争青岛。杨、齐应允代达北京政府。

5月13日　海宁硖石镇召开万余人国民大会，公决“以后不认陆宗舆为海宁人，以为卖国者戒”。次日并将此决议通电全国。不久，吴兴各界也召开大会，开除卖国贼章宗祥的宗籍，驱逐出族，并查封其家产，作为地方公益事业经费。

5月17日　杭州17所学校的学生代表在省立第一中学开会，讨论抵制日货、提倡国货问题，决定由省立一中选派学生分赴各县联络，要求各县学生一致行动。不久，宁波、绍兴、嘉兴、湖州、温州、台州、金华等地学校先后成立了抵制日货、提倡国货的各种组织。

5月18日　杭州学生联合救国会组织各校，于新市场、城站两处同时焚毁私人所有之日货。各界往观者不下万人。在场学生先后演讲，劝用国货，并当场散发劝用国货传单20余种。

5月18日　浙江青年团筹备会成立，推经亨颐为理事长。

5月22日　浙江省议会发生议员加薪饷风潮。省议会集会，部分议员提议增加“岁费”，交议会讨论。事为“一师”学生获悉，全体出动，反对议员自动加薪，要求将议案取消，其中有数人被殴。

5月22日　北京学生代表来杭报告军阀政府镇压学生爱国运动等情况，进一步激起了浙江学生的反帝爱国怒潮。

5月25日　杭州印刷工人成立“救国十人团”。是日，浙江印刷公司工人田恺、倪忧天等人在西太平巷组织“救国十人团”，分赴城站、荐桥、羊坝头、羊市街、三元坊、保佑坊等地，手拿写着“救国讲演团”的三角旗，宣传抵制日货与反对卖国的“二十一条”。同时，城区的旅店工人规定，概不接待日人投宿。

5月26日　宁波举行农工商学大会，焚烧宁波真武宫侧新章洋货店经理朱树森私自购进的日本洋纱37包。

5月27日　北京政府追赠浙江第一师师长童保暄为陆军上将衔勋三位，给予治丧费1万元，其遗缺由张载阳接充。童保暄(1887—1919年)，字伯次，浙江宁海人。

5月27日　浙江各县各界代表千余人在台州(今临海)集会，议决呼吁三事：“一、抵制日货；二、留日学生全体归国；三、南北宜速统一。”

5月27日　吴兴中等各校学生一律罢课并发表宣言。声明：“一、促中日两国之亲睦，以打破日本军阀政治之势力；二、研究国民外交必备之常识，以灌输国民”，“关于抵制日货讲演传单，尤积极进行。”

5月27日　宁海各界3000余人开国民大会，宣言与京、津、宁、沪各地一致行动。演说毕，举行爱国示威游行。要求“还我青岛”“惩办国贼”，呼吁“毋忘国耻”“抵制日货”。

5月28—29日　杭州学生联合会开紧急会议，“决于二十九日起一律罢课，宣誓救亡”。旋发出罢课宣言，指责北京政府“邪正不辨，功罪颠倒”，“直以国贼应予优容，教育无足轻重”。浙江省长齐耀珊28日晚以“爱护学生，保持治安”为词，令各校校长，高中生即日一律放假。29日，再发训令：“如有学生抵抗放假情事、当处死刑。”警厅竟出动军警，迫令学生限日出校，并知照各旅馆，不准容留学生。杭州学生联合会为此发表宣言，通告全国，重申："五月二十九日，敝处中等以上十七校学生三千余人实行罢课，与全国同学诸君一致行动。"

5月28日　平湖乍浦各界开国民大会，到者千余人。会间20余人进行爱国演说。

5月31日　宁波中等以上各校学生，因北京政府对北京学生所提各项爱国要求迄无完满答复，决定自即日起一律罢课，以为声援。

是月　由浙江青年团筹备会主办的《浙江青年团月刊》于杭州创刊。该刊系由《浙江青年团五日刊》改组而成。声称以"灌输青年团思想，确定青年团宗旨，研究团的筹备手续、组织方法、设施程序，并报告国内外青年团状况为责任"。同年8月，浙江省会青年团正式成立。随之，全省各地亦先后成立青年团。

6月6日　宁波罢市。7日，沪宁、杭甬铁路总机厂工人全体罢工。8日，临海、海门罢市。9日，杭州罢市。10日，沪宁、沪杭两路工人全体罢工，交通断绝。

6月8日　北京政府致电浙江督军杨善德、省长齐耀珊，要求迅速命令商人开市。

6月10日　浙籍驻日公使章宗祥、币制局总裁陆宗舆在全国一片"卖国贼"的骂声中被免职。

6月13日　北京政府令杭州自7月1日开始试办邮政储金。

6、7月间　梅雨连旬，山洪暴发，淹没田亩数万顷，冲决塌埂、桥梁、道路数百处。水灾之外，复加以风、虫各害，被灾共26县。其中以吴兴、长兴、德清、桐乡、嘉兴、嘉善、崇德、安吉、平湖、定海等县为尤重。

7月18日　嘉兴县知事张昌庆被迫辞职。至此，嘉兴县各界反对县当局压制学生爱国运动的斗争取得了胜利。

7月25日　永嘉新学会在温州成立。该会由郑振铎、姜琦等人发起，宗旨是："培养德性，交换知识，促进思想之改革。"次年1月，该会创办了《新学报》，曾发表郑振铎《新文化运动者的精神与态度》和《俄罗斯文学的特质及其略史》等文，介绍马克思和列宁，宣传俄国十月革命的胜利和社会主义制度的优越性。

8月14日　北京政府总统徐世昌令淞沪护军使卢永祥兼署浙江督军。

8月15日　中国科学社在杭州召开年会。到会社员37人，来宾数十人，竺可桢担任主席，并由浙江教育会会长经亨颐致欢迎词。

8月15日　中华农学会在杭州召开第三次年会，各省到会会员39人。

8月25日　苏、浙两省各埠700余只米船船工，因要求增加水路运输费用，举行同盟罢工。米船工人持续17天拒不装船。后各米行资本家被迫让步，罢工取得胜利，于9月11日始解缆装运。

是月　陆宗舆家乡海宁县民众建立陆宗舆卖国石碑。陆闻讯，竟重贿海宁县知事为其毁碑。9月，北京政府内务部咨署浙江督军卢永祥，诬指此碑"既妨国体，又伤乡谊，请转令海宁知事设法销毁"。海宁民众不服，奋起护碑，并电斥内务部"竟甘为卖国贼作辩护"。10月，徐世昌再就此事电卢永祥，竟谓"该公民等擅自私立石碑，殊与国家体制有碍……显系有意诬蔑，应速销毁并惩办首倡"。

9月3日　北京政府核准浙江省嘉善、平湖、南田、临海、仙居、瑞安6县1918年份灾歉地亩蠲缓银米，计蠲除银13074.954两、米9822.809石，缓征银66144.624两、米50429.708石。

9月22日　北京政府公布开办邮政储金业务的各一、二等邮局及邮务支局，其中浙江邮区有一等邮局宁波、温州、绍兴，二等邮局嘉兴、杭州(通商场)、嘉善、硖石，及杭州城站支局。

10月9日　北京政府拨款赈济浙江水灾。入夏以来浙江省淫雨连旬，河流并涨，吴兴、长兴、德清、桐乡、嘉兴、嘉善、崇德、安吉、平湖、定海等县田庐淹没，浙江省长齐耀珊电请拨款赈济。是日，北京政府拨款2万元赈济。

10月10日　孙中山改组中华革命党为中国国民党。

10月10日　浙江省立第一师范学校学生施存统、省立第一中学学生查猛济及甲种工业学校沈端先等创办《双十》半月刊。次月1日，改为《浙江新潮》周刊。因第2期发表施存统《非孝》一文，引起了轩然大波。第3期在上海印刷，旋为反动当局查封。《浙江新潮》是当时浙江宣传新思潮的一面旗帜。

是月　浙江省财政厅奉财政部令，将浙江出口茶捐核减五成，每百斤征捐0.85元。

11月4日　北京政府财政部颁布《厘金制度条例》，规定除沿各铁路线通行已久的通过税制外，一切商品已在一省厘卡纳税的，可自由通行该省其他各厘卡、不再纳税。

11月13日　北京政府特派钱能训督办苏浙太湖水利工程事宜。

11月15日　《宁波工厂周刊》创刊。内容着重反映民族资产阶级利益与要求，鼓吹振兴实业、广开工厂，幻想以此摆脱帝国主义、封建势力控制，发展资本主义。

11月16日　浙江省立第一师范学校学生自治会成立。以后，学生自治会成为各中等以上学校的学生自治团体。

是月　西藏章嘉活佛一行朝拜普陀山。

12月2日　杭州中等以上各校学生4000余人，为声讨日本帝国主义残害福州人民暴行，举行示威游行。沿途高呼“救我福建”“抵制日货”等口号，散发传单20余种，并举代表分赴军署、省署及省议会递交请愿书，要求转致北京政府与日本政府交涉。

12月6日　嘉兴各界8000余人为福州事件举行大会，议决发奋救国，不用日货，并要求北京政府与日方严重交涉。会后，举行示威游行。

12月12日　杭州各界2万余人为福州事件于公共运动场召开国民大会。省议会议员90人亦旷会前往参加。会间通过决议10条，除要求解决闽案外，还要求誓死力争山东主权、禁止衣食原料出口等。旋举各界代表16人组成国民大会委员会，交涉一切。会后，各校学生当场焚毁日货。

民国9年(1920年)

1月1日　《钱江评论》周刊创刊。该刊宣称为“迎接世界的新潮流”“适应中国时势的趋向”和自由“发表新思想”而创办。在5月2日出版的第9期上，发表了《浙江学生联合会答俄国劳农政府书》，这是对1919年7月25日苏俄发表的第一次对华宣言的反应。该刊作者均不署名。至6月20日停刊,共出刊13期。

1月4日　嘉兴各界联合会举行成立大会。联合会宗旨:联合会之组织,所经集合群会,共谋国是,为外交后盾,为人民造福。会议决定该会加入全国各界联合会。

1月12日　北京政府教育部通知各省,自本年秋季起,国民学校一、二年级起改国文为语体文。

1月17日　北京政府教育部分发《注音字母发音图说》作为国语科参考书,并通知各学校练习语音办法。

是月　浙江省印花税款被军事机关截留抵作本省军饷,财政部以此停发印花税票。浙江省决定自印印花,并改由省委派印花税处处长。

2月2日　北京政府教育部通咨各省令所属各学校采用新式标点符号。

2月9日　省长齐耀珊、教育厅长夏敬观因敌视经亨颐的教育改革措施,下令免去经亨颐所任浙江省立第一师范学校校长职,而改任教育厅高等顾问及省视学,并规定所有原任教师都必须经过新任校长的聘请,方能继续任教。经表态"校事遵即交卸",但拒绝接纳新职。

3月15日　省立第一师范学校学生为挽留校长经亨颐,拒绝新校长金布到任,并发表宣言,坚请教育厅长夏敬观收回成命。18日,省长齐耀珊勒令解散省立第一师范学校。

3月28日　省立第一师范学校全体学生至省署请愿,遭到军警凶殴,学生受重伤者2人,轻伤无数。29日,当局派军警包围第一师范,绝其粮食交通,封闭浙江学生联合会。女校、女职、蚕桑等校学生,纷纷赶到现场,声援"一师"的正义斗争。由此爆发了震动全国的"一师风潮"。旋经人调停,将军警撤退,暂由旧教职员维持校务。

3月31日　浙江省督军卢永祥与其他各省的鲁籍军官联名发表通电,力争"鲁案",反对与日本进行直接交涉,主张提交国际联盟解决。

4月10日　北京政府以浙西各属赋额偏重,颁令酌减浙西各县赋则,规定将科米在9升以上的嘉善、吴兴、德清、平湖、崇德等县赋则分别酌减,科米以1斗为最高率,并以每亩科征正赋银米合计至多不逾银圆5角为度。

4月10日　北京政府因浙江丝茧上市需用现银致使银圆缺乏,下令在浙江设立杭州造币分厂。

4月12日　上午9时,杭州各校学生2000余人手执小旗,上书"还我青岛""抵制日货""还我山河""大众速醒"等字样,列队游行。并至省督军署与省议会递交请愿书。

4月13日　绍兴学生宣布于是日起罢课,以声援杭州"一师风潮"。

4月14日　北京政府下令以浙江三门湾为试办模范自治农垦区域,作为回国侨民安置之所。1921年4月6日　浙江省三门湾模范自治农垦区域筹备处撤销。

4月14日　杭州学生联合会致电上海各报馆、各地各界联合会、学生联合会,表示响应全国学生联合会关于14日起,全国罢课,共争外交的号召,"与全国军政商学一致行动"。

4月21日　杭州学生5000余人,齐集公众体育场,发起驱逐镇压爱国学生运动和新文化运动的省长齐耀珊、教育厅长夏敬观的斗争,遭到1000多军警的阻拦、殴打,受伤84人(其中重伤18人),造成流血惨案。

4月23日　浙江督军卢永祥通电提议废除督军制度，各省督军复电赞同和否定意见各半，后经北京政府议定暂从缓议。

6月16日　省议会通过弹劾省长齐耀珊案。齐被迫辞职，次日离开杭州。

6月24日　北京政府任命沈金鉴为浙江省省长。

是月　宁海飓风侵袭历四昼夜，东、南、北三乡受灾殆遍，田地尽成泽国，漂流300余户，淹毙数百人。

7月2日　大总统徐世昌特任卢永祥为浙江督军。

7月13日　嘉兴新篁镇贫民一千五六百人，拥入8家米店。其时该镇绅董周嘉禄家见势不妙，将门关闭。贫民破墙入内，抢取食米100余担，警察前往镇压。15日，东栅口镇，贫民五六百人拥入鸿盛米行，县知事、警长亲往弹压派兵驰往保护。

7月15—17日　台风入浙，大雨倾盆，山洪暴发，海潮暴涨。临海县大水入城，深丈余。温岭县平地水深数尺。海门镇水深丈余，江岸市屋漂去十之八九，大小船只撞失100余只，淹毙1000余人。宁海县吴都、蒲峰、大周、晏站4塘（今属三门县）均被冲毁。天台县毁田2935亩、地11995亩，倒屋1503间，死23人。

7月29日　北京政府下令拨银1万元赈恤浙江水灾。先是，浙江临海、黄岩、温岭、宁海、丽水、缙云等县，连日大雨，港潮冲激，山洪暴发，田庐人畜，多被淹没，灾情奇重，浙江督军卢永祥电请北京政府拨款赈济。

是月　浙江印刷公司工人成立浙江印刷公司工作互助会，这是浙江省第一个受马克思主义影响的工人团体。在成立大会上，倪忧天被推举为总干事，通过了工作互助会草章。会后，根据互助会草章的规定，组成了互助会的民主领导机构——评议会。评议会先后领导工人将包工分工制改为包工统工制，降低了工人的劳动强度并提高了工人工资，创办了工人自己的报纸《曲江工潮》半月刊和工余补习学校。次年11月，由于公司资方挑起事端，互助会被迫解散。

是月　宁波大风暴雨日夜不止，四明诸山石崩岩裂，洪水数道并下，毁庐舍道路，冲溺人畜不可算数。后两月，暴洪又作。

8月10日　宁海县大雨暴作，西、北二乡之溪流一带田地冲没，受灾约20万亩，毁塘倒屋，死64人。

8月23日　临海县大水入城。

8月27日　督办苏浙太湖水利工程事宜钱能训辞职，北京政府任命王清穆督办苏浙太湖水利工程事宜。

是月　浙江义乌人陈望道在家乡义乌翻译的《共产党宣言》，经陈独秀等人审核后，由上海社会主义研究社出版。此书是中国最早的《共产党宣言》中文全译本。

9月3—5日　台州飓风大作，山洪暴发，平地水深四五丈，田庐人畜，淹没无遗。各邑被灾人民，共有数十万之多。

是月　温岭县虫灾，受害农作物3.2万亩。

10月6日　旅京浙人和湘、鄂、苏、闽等省代表组成“自治运动同志会”，讨论恢复地方自治问题。

是月　沈定一、俞秀松、宣中华、刘大白等人在杭州组织成立“悟社”，讨论研究社会主义。

是月　杭州人张东荪在《时事新报》上发表时评《由内地旅行而得之又一教训》，提出了发展资本主义、反对社会主义的主张，该文引起了关于“社会主义”的论战，受到当时的共产主义者李大钊等的极力反对。这是五四时期历时最长、规模和影响最大的一场有关中国前途的论战。

12月1日　《新青年》第8卷第4号汇辑《关于社会主义的讨论》，内收张东荪7篇文章，和陈望道《评东荪君底又一教训》等，记录了马克思主义者与中国的基尔特社会主义者关于社会主义论战的情况。

12月2日　北京政府改定各省区印花税处名称，此前财政部内附设印花税处，各省区设印花税分处，自此各省区印花税分处一律改称某省区印花税处。

是年　全省首家蔬菜加工厂如生笋厂在鄞县创办，生产清汁笋、油焖笋、油焖大头菜等罐头。

民国10年(1921年)

1月21日　全国17省赴法勤工俭学学生经费困难，北京政府教育部通咨各相关省酌予接济。浙江省有80人，人数仅次于湖南、四川、直隶3省。

是月　浙江省省道筹备处正式成立。随后开始展开了省道浙闽正线、浙皖正线的查勘测量工作。

2月9日　浙江督军卢永祥致电北京政府，请缓行国会选举。

2月15日　浙江、江苏、安徽华东三省基督教教育会在上海召开年会，会期3天，于17日闭幕。会议讨论各种教育问题，各教会大、中学中西代表百余人到会。

3月3日　浙江省督军卢永祥以滇黔粤川湘五省占议员总数四分之一以上缺席为由，通电主张国会缓行选举。

3月19日　镇海地震。

3月23日　北京政府下令将杭州造币分厂收归中央接办。

是月　上海的共产党早期组织成员沈定一回到浙江省萧山衙前开展农民运动。他先后在航坞山、坎山等地作《农民自决》《谁是我们的朋友》等讲演，受到当地农民欢迎。

5月1日　浙江工人首次纪念五一国际劳动节。宁波、杭州等地工人以不同方式冲破警察厅禁令，自动休工一天，以示庆祝。其中杭州工人以操作休息不涉官厅之事为由，停止工作一天。

5月8日　杭州2000余名布厂女工举行总罢工，要求改善生活、增加工资。

5月24—30日　杭州280余家理发店千余名工人举行同盟罢工，以反对雇主剥削，要求增加工钱，反对雇主毒打工人。这次罢工后，杭州理发工人开始着手组织理发工会。

6月4日　浙江督军卢永祥致电各省区，主张自定省宪，实现地方自治。

6月15日　浙江省宪起草委员会成立，选举王正廷为委员长。

6 月 20 日　各省代表在杭州与浙江督军卢永祥磋商联省自治问题。会议主要讨论三项问题：(1)为召集省治会议，研究省宪，组织委员会，实行起草；(2)为筹备联防，共编联防军，每省出兵 5 营至 10 营；(3)为共筹会议用款及各种招待费。派代表与会的省达 10 余个。

6 月 23 日　北京政府颁布《省参事会条例》，共 18 条，规定省参事会由省长及参事员 12 人组成，其中省长委任 3 人、聘任 3 人，省议会选举 6 人，以省长为会长。参事会职权为筹划关于省地方应行兴革及一切行政事项；筹划整理省有之不动产营造物公共设备及其他财产事项等。

6 月 30 日　浙江督军卢永祥通电所属，主张从速制定省宪。

7 月 29 日　浙江省因对省宪、省选问题争执激烈，督军卢永祥通电所属，暂将省议会复选延期。

是月　宁海洪水泛滥，毁田庐，淹溺人，凫溪为甚。

8 月初　中国共产党第一次全国代表大会在嘉兴南湖胜利闭幕，通过了中国共产党的第一个纲领和第一个决议，选举了中央领导机构——中央局，庄严宣告中国共产党正式成立。中国共产党的诞生，开辟了中国历史发展的新纪元，中国的反帝反封建斗争从此进入了一个崭新的阶段。

8 月 3 日　浙江女界联合会成立，王璧华任会长。

8 月中旬　浙江连日狂风暴雨，鄞县、慈溪、奉化、绍兴、余姚、上虞、新昌、临海等县塘堤溃决，山洪暴发，人口田庐冲没多处。其间受灾尤烈者为鄞县之鄞江桥，仅梓村一处人口 150 人，死伤即达 117 人之多。房屋倒塌殆尽，道路桥梁大半断绝。其他各村，类此者尚多。

是月　中国共产党领导下的工人运动总机关——中国劳动组合书记部北方分部负责人罗章龙派沈干城担任该部驻沪杭铁路特派员，设法进闸口机厂当钳工，开展铁路工人运动。

9 月 9 日　浙江公布《中华民国浙江省宪法》，共 18 章 158 条，俗称"九九省宪"。又公布《中华民国浙江省宪法施行法》，共 23 条，其中确定女子也同样拥有投票权。21 日，选举蔡元培、卢永祥、虞和德、王正廷、朱庆澜、沈金鉴、陈榥、叶焕华、黄郛 9 人为省宪法执行委员；褚辅成、王廷扬、王文庆、阮性存、陈时夏、吕公望、沈钧儒、周继潆、俞炜 9 人为候补执行委员。

9 月 16 日　北京政府拨款 1 万元赈济浙江水灾。

9 月 19 日　江、浙、皖 3 省水灾义赈会在上海仁济善堂开成立会，推何丰林为名誉会长，朱葆三为会长，史量才、徐静仁为副会长，叶慎斋为坐办。22 日，致电北京江、浙、皖同乡，吁求赈济。

9 月 26 日　沈定一在衙前创办衙前农村小学，招收学生 100 余人。学校教员由杭州师范学校毕业生担任。该学校是沈定一等开展农民运动的基地。

9 月 27 日　萧山县衙前农民举行农民协会成立大会。会上，通过了《衙前农民协会宣言》和《衙前农民协会章程》，提出了土地归农民的要求，规定了农协的宗旨、性质和机构。同时选出李成虎、陈金水、金如涛等 6 人为农民协会委员，领导农民开展减租反霸斗争。衙前农民协会是中国共产党人发动和组织的全国最早的农民协会。

10 月　鄞县暴风雨竟夕，洪水披山而下，鄞江桥尤甚，近山塘圮岸崩，田庐人畜随流而尽，津梁断绝，沙石雍障，处处皆是。

是月　郁达夫的短篇小说集《沉沦》出版，为中国现代文学史上第一部白话小说集。

12月4日　鲁迅小说《阿Q正传》开始在《晨报副刊》连载发表。《阿Q正传》是中国现代文学史和世界文学史上的一篇杰出作品，发表后在社会上产生了强烈的反响。

12月6日　杭州中等以上学校学生游行反对鲁案直接交涉。学生手执白旗，写"外交后援""国民速起""力争青岛""不用劣货"等字样。

12月18日　浙江省警察厅和绍兴官府派出大批军警包围衙前镇，镇压正在参加减租大会的群众，逮捕了农民运动领袖李成虎等人，用武力强行解散了农民协会。

民国11年(1922年)

1月8日　浙江督军卢永祥致电北京政府，请宣布胶济铁路案，"以释群疑"。

1月11日　杭州大有利电灯公司董事长俞丹屏集资40万元(银圆)，筹建武林造纸厂。该厂于1924年1月竣工投产。这是浙江省第一家机械造纸厂。1931年，该厂更名为华丰造纸厂。

1月25日　督军卢永祥、省长沈金鉴致电北京政府表示：继任内阁须实行(一)不借外债；(二)财政公开。旋得上海淞沪护军使何丰林通电支持。

是月　浙江农民协会代表宣中华和杭州工人协会代表倪忧天，出席在苏联莫斯科召开的远东各国共产党和民族革命团体代表大会，聆听列宁作的开幕词和政治报告，并在大会宣言上签字。

2月2日　浙江省长沈金鉴通电将全省75县划为自治区域，筹备县自治大会。

2月14日　督军卢永祥、省长沈金鉴联名通电主张财政公开，一切内外债数目用途以及契约文件，均须分年、别类，登载公报，并由各省法团选派财政委员二三人，组织全国财政委员会，研究清理方案；募债增税，须交该会议决，至国会成立为止。旋获张作霖、张凤台、孙传芳、冯玉祥等响应。

3月1日　北京政府司法部电令各省区恢复初级法庭，限7月1日一律成立。

3月22日　浙江省道筹备处改为省道局改组就绪，省道建设着手进行，浙闽干线工程人员一律出发。

4月4日　湖畔诗社在杭州西子湖畔成立。这是中国第一个新诗社，由应修人、汪静之发起，潘漠华、冯雪峰等参加，后又有魏金枝、谢旦如加入。他们致力于新诗创作和诗艺研究，以爱情诗作为反抗封建的武器，表达五四时代青年的心声，成为当时有一定影响的"湖畔诗派"。1925年2月，创办社刊《支那二月》。"五卅"运动后，诗社活动停止。

4月16日　全国银行公会在杭州举行联合大会，讨论救济国家财政及维持社会经济各项问题，并讨论维持公债办法。

4月19日　中国社会主义青年团杭州支部成立。临时团中央负责人俞秀松于4月13日来杭州筹建团组织。14日，召开筹备会议。19日，在杭州皮市巷3号成立团支部，发展团员27人，俞秀松兼任书记。6月7日，根据团中央指示，扩组为团地委，以韩伯画任书记。这是浙江省第一个青年团组织，也是全国最早建立的17个团组织之一。

4月21日　浙江督军卢永祥通电曹锟、张作霖，以调停人身份建议定期在天津会晤，“共商国是，以息兵争”。

4月24日　浙江督军卢永祥致电江苏省议会、上海总商会等，责苏督齐燮元不以地方为重，与吴佩孚联名通电，倾向一方，苏省治安将受影响，“苏有不靖，浙难独安”。

5月1日　浙江各地工人纪念五一劳动节。4月23日，杭州印刷工人集会，讨论纪念五一节事宜，决定五一停工放假一天，并致函省内各地同行，建议采取一致行动。绍兴印刷工人接函后，马上由王承纬等人发起召开全行业工人大会，一致决议响应。宁波印刷、机械工人和店员也举行纪念活动。这是浙江工人有组织有准备地纪念五一劳动节的开始。

5月9日　浙江督军卢永祥致电大总统徐世昌，陈述召开统一会议之意见：(1)取平等会议形式，无所谓南北对等和议；(2)由各省人民为会议主体，不受任何方面操纵；(3)会议目的不限于立法、行政一部，在谋制度上根本改造，以图民治之实现。是日，孙中山在广东韶关举行北伐誓师典礼。

5月9日　浙江督军卢永祥通令各县知事，谓浙江省会因铜圆充斥，时价失平，即经规定旅人入境每人准带铜圆以千枚为限，余则扣留充公。

5月9日　宁波学生联合会、工商友谊会等团体4000余人，在小教场举行“五九”国耻纪念大会，会后游行。宁属各县城区的学校都在同一天举行了国耻纪念会并游行。

5月15日　杭州人都锦生创办的都锦生丝织厂开工，专业织造丝织工艺品。

6月3日　浙江督军卢永祥通电反对前总统黎元洪复职。

6月13日　督军卢永祥致电黎元洪，承认黎为“事实上之总统，而非法律上之总统”，并赞成废督裁兵。(按：黎元洪于11日入京就职暂行大总统职权。)

6月14日　奉化山洪暴发，受淹农田14万亩，死亡297人。

6月15日　督军卢永祥邀集浙江省议会及各团体在陆军同袍社举行联席会议，宣布废除督军。次日，在省教育会继续开会，推沈金鉴为善后委员会委员长，推卢永祥为军务善后督办，卢仍以第十师师长名义维持全省治安。

6月16日　湖州数千机织工人为反对资本家扣减工资而举行罢工。

6月19日　沪杭铁路局“杭州”号轮船经北京政府交通部核准注册，运营由杭州拱宸桥至湖州莫干山之三桥埠航线。

6月20日　卢永祥以第十师师长名义电告北京政府，就任浙江军务善后督办之职，并宣布《善后纲要》，其中有：(1)浙江省境内不受任何方面非法干涉；(2)所部各军防地，暂仍其旧；(3)在合法政府未成立前，各机关均仍旧；(4)合法政府成立，全国裁兵计划确定后，再实行裁兵；(5)各军饷项及关于军事各项军费，仍在国税下开支。

6月30日　陈独秀在以中共中央执委会书记的名义给共产国际的报告里，报告了浙江“组织80个农村的农民协会反抗地主，被军警解散，死伤数人”的情况。

7月2日　浙江省军务善后督办卢永祥电告北京政府交通部，称已将浙省电政改组，以后所有收入，悉归浙省支用。

7月7日　浙江旅京同乡会致电卢永祥，促其先撤退客军（北洋军）。10日，卢复电谓：撤防须由北京政府指定地点，方可实行。该会又集会，决定推代表与北京政府交涉，坚决要求撤客军。

7月14日　浙江省军务善后督办卢永祥发表通电，赞成联省自治。

7月26日　浙江教育行政研究会在省教育会开会，会长叶谦、教育厅长马叙伦致词。大会决议：(1)以增加关税拨充教育实业案，公决付审查。(2)请预定“庚子赔款”退还后，充教育基金案，亦付审查。(3)指定学校试行新学制。(4)改校长委任制为聘任制。

是月　少年中国学会在杭州召开第二届年会。参会者30余人，邓中夏、恽代英、刘仁静等参加，会上邓中夏等人提出少年中国学会应注重政治活动。

是月　浙江体育师范学校在杭州雄镇楼建立，浙军第三师师长周凤岐兼任校长。首期招生64人，学制1年。民国14年(1925年)停办。

8月7日　金华飓风暴雨。12日，又大作。灾民约达14万人。

8月9日　定海风雨交作，瓦飞石走，近海草屋，大都揭得寸草无存。不日飓风又作，计七次，人畜被害，百年来所无有。

8月11日　台州发生飓风，历30小时，毁坏甚大，城厢内外，一片汪洋。

8月29—30日　中共中央执行委员会根据共产国际的建议，在杭州西湖召开特别会议（史称“西湖会议”），讨论国共合作问题。参加会议的有陈独秀、李大钊、蔡和森、张国焘、高君宇、张太雷和共产国际代表马林等。会议确定：只要国民党能够根据民主主义原则进行改组，并取消入党时打手模和向孙中山本人宣誓等封建主义的形式，共产党员可以加入国民党，以实现两党的合作。会议决定，党的少数负责人加入国民党，同时劝说全体党员加入国民党。这次会议所确定的原则，补充和发展了中共二大关于建立“民主的联合战线”的思想，为中共三大正式确定建立国共合作统一战线的策略方针，从思想上、理论上和组织上作了必要的准备。

8月30日至9月1日　安吉、孝丰连续暴雨，洪水泛滥，梅溪水位高达10.12米，两县河堤、塘坝、桥梁冲毁殆尽，淹死百余人。

月底　中共上海地方兼江浙区执行委员会书记徐梅坤（字行之，萧山人）来杭开展建党工作，亲自发展当时闸口铁路机厂（杭州机务段前身）钳工沈干城入党。沈干城是杭州铁路、也是浙江省产业工人中发展的第一个党员。

是月　杭余省道公路动工修建，次年完成。这是浙江省最早建成的一条公路。

9月上旬　徐梅坤代表中共上海地委到杭成立浙江第一个共产党组织——杭州小组。在杭州皮市巷3号成立中共杭州小组，归属上海地委领导，有党员于树德（法政专科学校教员）、金佛庄（浙江陆军第二师连副）、沈干城（铁路工人）3人，于树德任组长。

9月11日　晚7时至夜半温州全境大风，所有对外交通全部断绝。一百多艘大船沉没，小船约千只丧失。学校、教堂亦毁坏甚巨。

9月11—12日　台州遭狂风暴雨，温岭县房屋倒塌不计其数，临海县大水入城，钓鱼亭民房多遭漂没。

9 月 28—30 日　连下大雨，临海县城内水深五六尺，黄岩、温岭二县晚稻无收。

10 月 4 日　浙江女权运动大同盟成立。选举王璧华为会长，孙朗玉为副会长，侯明为干事。

10 月 10—11 日　温岭县暴雨，洪水泛滥，淹没农田 11.7 万亩。

10 月 14 日　浙江自治协会开理事会，决定截留盐税赈灾。

10 月 26 日　浙江省教育会、杭州总商会、浙江省农会、杭府银行公会、杭县律师公会联名致电北京政府，反对邮电加价。

10 月 28 日　北京政府令浙江省长沈金鉴进京另候任用，以张载阳接任浙江省长。

10 月 31 日　浙江省议会开紧急会议，并致函张载阳，反对其出任浙江省长，以维护军民分治。

是月　中共杭州党小组成员沈干城在闸口铁路电厂，仿照京汉铁路长辛店劳动补习学校，团结工人出身、有进步意识的厂长康钜今，创办了工人自修夜校。参加夜校学习的大都是青年工人和学徒工，夜校从中培训了工运骨干，为成立工会作了准备。

11 月 3 日　沈金鉴交卸省长赴京，张载阳接任浙江省长。

11 月 13 日　卢永祥寿辰，各省代表赴杭祝寿。孙中山派汪精卫抵杭，意为联卢北伐。

11 月 29 日　北京政府总统黎元洪特任汪大燮（今杭州人）署国务总理。汪大燮得悉曹锟谋划反对其出任国务总理，遂于 30 日通电请辞国务总理署职。

12 月 2 日　浙江各法团以卢永祥任军务善后督办 6 个月期将满，通电仍推卢永祥继续办理浙江省军务。

12 月 6 日　北京政府总统黎元洪以浙江水灾募集赈款大会会长资格招待中外人士，共同筹款赈助浙江灾民。会上，黎元洪发表演说，并自捐 1 万元以为之倡。与会者外国方面有外交团 15 国公使、武官使馆员及各夫人 167 人，外国新闻记者 48 人，外国银行家 24 人，外国绅商 29 人，外国顾问及其他洋员 48 人，各教会会员 317 人，中国方面有国务院各部院局署其他机关参事秘书、司长，参众两院正副议长等。

12 月 11 日　北京政府令准署国务总理汪大燮辞职，以王正廷（奉化人）兼代。王正廷嗣于 14 日通电就职。

12 月 12 日　浙江各法团联合会通过筹备省自治大纲。

12 月 22 日　王正廷辞兼代国务总理职。次年 1 月 4 日，北京政府免去王正廷兼代国务总理职。

民国 12 年（1923 年）

1 月 6 日　浙江丝商 60 余人赴法，谋发展华丝在法国市场上之销路。

1 月 13 日　浙江省巡按使公署公布《浙江省户口登记暂行条例》，规定省、县设立户口登记事务所。

1 月 13 日　浙江各团体因省议会选举参议员有贿买选票情事，特开公民大会议决请愿撤销选举并提起诉讼。21 日，杭州再次举行浙江公民大会，反对贿选。

1月17日　浙江军务善后督办卢永祥派郝国玺率军开驻衢州，监视孙传芳入闽军队，以防犯浙。

2月　军阀吴佩孚制造“二七”惨案，正在绍兴活动的中共上海地方兼江浙区执行委员会委员长徐梅坤，发动以绍兴印刷工人为主体，联合锡箔工人参加的罢工斗争，声援京汉铁路工人的斗争，提出“反对帝国主义”“反对北洋军阀”“要求增加工资，要求改善生活”等口号，并举行示威游行，捣毁了资本家创办的“越社”。

3月1日　华商金清轮船公司之金清轮，晚6时驶至台州三山头岛附近洋面时因超载沉没，淹死500余人，仅救起40余人。

月初　杭州印刷工人俱乐部成立。中共杭州支部党员倪忧天，利用担任杭州文化印务局协理的公开身份，邀请武林、弘文等印刷所和《全浙公报》的排字工郑卓吾、沈传福等50余人，在琵琶街文化印务局楼上，发起成立了杭州印刷工人俱乐部，倪忧天当选为俱乐部部长。为扩大政治影响，俱乐部还成立了新文化书报贩卖部，公开向社会出售《新青年》等传播新思想的书刊，和秘密出售《向导》《中国青年》等党、团刊物。1924年7月，杭州文化印务局失火被焚，俱乐部被迫中止活动。

3月10日　省立第一师范学校学生200余人晚膳中毒，死学生22人、校役2人，全城学界、官厅及沪杭医界派人赶往救治。

3月15日　胡汉民、汪精卫、邹鲁、林直勉、林焕庭、胡毅生等一行由沪至奉化，敦促蒋介石赴粤策划军事。19日，胡汉民等人偕蒋同抵上海。

3月17日　孙中山大元帅任命蒋介石为大本营参谋长。蒋于次月15日由沪启程赴粤。

3月18日　浙江地方实业银行召开股东大会，决议将官股划出，以杭州、海门、兰溪三行划归官股，改名为浙江地方银行。商股部分另行招股补足200万元，就上海、汉口原有两行继续营业，并即日推设分行于杭州等处继续营业，改名为浙江实业银行。

3月29日　美国丝商团抵湖州南浔考察辑里湖丝，为期一周。

是月　蔡元培、陈大齐、蒋梦麟等人联名提出《筹办杭州大学之意见》。

4月19日　杭州各界公决，宣布对日经济绝交，停进日货。

是月　苏、浙、皖三省师范附属小学联合会在杭州举行第一次大会。到会有苏、浙、皖3省38校103人。

是月　中华全国道路建设协会浙江分会成立。浙江省军务善后督办卢永祥任名誉会长，省道局局长周凤岐任会长，阮性宜任总干事。中华全国道路建设协会于1921年10月在上海成立，成立后即组织会员分赴各地宣传，建议兵工筑路、拆城筑路、国民筑路、省县筑路。浙江分会成立后，于是年10月出版《浙江道路》杂志，至1924年9月停刊。

5月1日　浙江教育厅拟订施行新学制标准及规定事项，经呈报教育部准予试办。其主要内容为：各县自(民国)12年度起，至少筹设一所幼稚园；原设蒙养园改为幼稚园。原设国民学校一律改为初级小学，高等小学国民高小之学校改办完全小学或初级小学；凡省立之普通中学、初级师范、甲种实业，将其全部或一部分别改组。

5月9日　杭州、嘉兴、湖州、金华、温州等地集会游行，纪念“五九”国耻，一致要求废除

“二十一条”，收回旅大，实行对日经济绝交。

5月18日　绍兴印刷工人联合会成立。该会由中共党员王承纬等发起组织，成立后创办了工人业余学校，聘请何赤华等人为教员，对入学的工人进行文化和阶级斗争教育。

5月29日　杭州职工联合会成立。在中共杭州支部党员倪忧天的领导下，杭州各业工人代表近300人，借省教育会召开杭州职工联合会成立大会。

6月12—20日　中共第三次全国代表大会在广州召开，浙江代表于树德、金佛庄出席了会议。会议决定全体共产党员以个人名义加入国民党，同时保持共产党在政治上、思想上和组织上的独立性。会后，为执行党的决议，浙江有20余名党团员以个人名义跨党加入了国民党。

6月27日　浙江军务善后督办卢永祥发表赞成国会迁地制宪通电，黎元洪代表、段祺瑞代表、政学系代表、奉系代表及西南代表均集于杭州，浙沪成为反直中心。

7月15日　浙江各法团代表通过省自治大纲七条：一、浙江省应时势需要，宣布自治，特制定本大纲，在本区宪法未实施以前实用之；二、浙江省设临时议会，为临时立法机关，临时议会法另定之；三、浙江省军务善后督办、浙江省长以下各机关，均仍其旧；四、浙江宣布自治后，应设执行省宪筹备处，筹备省宪进行事宜，筹备程序及实行日期由临时议会定之；五、已在本省施行之各法令，除与本大纲抵触及由临时议会修正或废止者外，悉属有效；六、本大纲自宣布之日起发生效力；七、本大纲需修正时，由临时议会修正之。

7月20日　浙江籍离京议员褚辅成致电颜惠庆、王正廷、顾维钧等，忠告其万勿为曹锟所用，以堕国民人格，而当向外人宣扬国民声讨军阀之壮志。

是月　中共绍兴(党团)支部成立。有共产党员6人和共青团员3人，何赤华任书记。

8月7日　浙江海门、温岭沿海一带发生特大风潮灾害。温岭东乡淹毙人口有姓名可查者2018人，无家可归之灾民有4735户，计16560人。南乡淹毙人口有姓名可稽者1102人，无家可归之灾民有3582户，计13153人。其残缺无可辨认的尸骸及随潮卷入大海者尚不在内。海门所有轮埠码头5个及靠近沿江一带的市街房屋，均被大浪卷入海中，城内外未被海潮冲去者，屋瓦墙垣亦皆被风吹倒。海门江面被毁船只数以千计。生命财产损失严重。

8月11日　台风暴雨，温岭县海堤决口，内陆水深数尺，淹没16.7万亩，减产五成以上。黄岩县大树连根拔倒，金清镇一带积尸载道。

8月14日　美国驻华公使舒尔曼、法国驻华公使傅乐犹、英国驻华公使麻克类、日本驻华公使芳泽谦吉以江浙情势紧张，联合向北京政府提出警告：若在该区发生战争，中国政府应负完全责任；若中国方面有保护不周时，各国必将使用一切可能之手段及方法，对侨居上海及附近地方外人之生命、商务及财产，作适宜之保卫。

8月19日　苏浙当局齐燮元、韩国钧与卢永祥、张载阳，及淞沪护军使签订江浙和平公约。

9月1—8日　日本关东大地震，日军警、社会青年团及在乡军人等乘社会混乱之机屠杀温州、处州旅日华工700余人，其中死639人、伤61人。

9月20—25日　全浙教育会联合会在鄞县举行会议，通过“促进平民教育”“组织全浙教育参观团”“普设阅报社”等13项决议案。

9月27日　浙江军务善后督办卢永祥通电反对北京当局贿买大选、非法选举总统。

10月3日　浙江公民大会发出通电，强烈反对曹锟贿选总统。

10月5日　北京摄政内阁通电全国，宣布曹锟当选总统。10日，曹锟在北京就大总统职。

10月8日　安徽督军马联甲、省长吕调元与浙江军务善后督办卢永祥、省长张载阳联名签订《皖浙和平公约》4条，规定两省所属军队各仍驻原防，两军民长官负责不令客军侵入或驻扎两省区域。

10月8日　浙江各团体纷纷集会，通电反对曹锟贿选总统，主张严惩受贿议员。杭州大街小巷遍贴“内乱犯曹锟贿选总统，浙人誓不承认”之标语。

10月9日　温岭县台风暴雨，海潮泛溢，淹死人无算，无主棺876具。

10月10日　杭州救国大会、市民大会合开露天大会于公共运动场，与会团体有救国会、市民会、县议会、青年协进会、民生协进会等约五六千人，声讨贿选总统。

10月10日　旅沪浙人团体全浙公会、嘉兴同乡会、旅沪浙江地方自治协会、浙江省宪协进会等参加上海各界举行的反对曹锟大游行。

10月10日　新南社在上海成立，柳亚子当选社长。浙江籍的邵力子、陈望道均是发起人之一。邵力子、陈望道还当选为该社编辑员，出版有《新南社社刊》一册。其《成立布告》称：“新南社的精神，是鼓吹三民主义，提倡民众文学，而归结到社会主义的实行。”(按：原南社系宣统元年在江苏成立之文学团体，其社友大多为革命志士，以江苏、浙江两省人士为多。1917年后，因内部纠纷，陷于停顿状态。)

10月12日　浙江军务善后督办卢永祥通电不承认曹锟为总统，宣布即日起浙江停止与北京政府公文往来。

10月12日　杭州学生救国团电各总司令、督军、督理、护军使、镇守使及各师、旅长，请共举义旅，誓师讨曹。

11月28日　杭州青年会召开“性教育研究会”，由周建人讲演性教育重要性，开国内男女性教育之先河。

12月4日　许崇智、叶恭绰、廖仲恺、汪精卫由沪同抵杭州，会晤卢永祥，谋联卢讨曹。

12月5日　中共党员王承纬在绍兴《越铎日报》上发表《宜设工会之刍言》，倡议各业工人团结起来，组织工会，改变各业工人各守门户、各自为政而致力量薄弱的缺陷。

12月16日　赣督兼江西省长蔡成勋与浙督卢永祥、省长张载阳签订《赣浙和平公约》，规定：一、两省军民长官，以保境安民为职志；二、两省军队各驻原防，不相侵越；三、若客军侵入两省区域，应由两省军民长官各自负责，设法防止；四、该公约经两省军民长官签字后，由两省绅民公证宣布。

12月26日　孙传芳由闽向浙边增兵，闽浙间战云密布，杭州军政要人纷纷将家眷送上海租界安顿。

是月　绍兴万余箔工为反对延长工时举行历时15天的大罢工，斗争取得了胜利。

年底　海宁县硖石、伊桥、广云桥一带农民进行轰轰烈烈的抗租斗争，并将前往抓人的警察拘留，后被镇压。

年底　王任叔(巴人)的散文诗集《情诗》出版，是中国第一本散文诗集。

是年　《浙江省修筑省道地方团体及商人承筑条例》公布。

是年　浙江省教育厅长张宗祥发起募捐补抄文澜阁《四库全书》，于是年就京、杭二地，分途抄补，历时逾二载，耗银16600余元，计抄得缺书缺卷211种，凡2046册。是役始于民国12年癸亥(至15年4月竣事)，故称癸亥补抄。

是年　宣平县大雨雹，积地盈尺。

民国13年(1924年)

1月6日　浙江国民党在杭州西湖刘庄召开党员会议，选举出席国民党第一次全国代表大会代表。除沈定一、戴季陶、杭辛斋由孙中山直接指定外，另选宣中华、戴立夫(戴任)、胡公冕为浙江代表。

1月6日　苏、浙、赣、皖、闽旅鄂同乡会在汉口举行联合恳亲会，号为"弭兵大会"，即日分电各省当局请息兵以安民。

1月6日　浙江省公布省自治程序法及省自治法会议组织法。

1月12日　杭州人孙宝琦被曹锟任命为国务总理。

1月20日　中国国民党第一次全国代表大会在广州召开，会议确定了联俄、联共、扶助农工的三大政策。会议标志着第一次国共合作的正式形成。浙江代表戴季陶、沈定一等6人出席大会，戴、沈二人分别当选为国民党中央执行委员和候补执行委员。

1月23日　孙传芳以"和平公约为疆吏私订盟约，不便擅行，当候呈中央核准"为借口，反对签订闽浙和平公约。

1月24日　苏浙接洽和平代表集议，要求苏、浙两方及皖省客军定期同时撤防。

1月26日　苏、浙两省当局发表和平声明书。

1月27日　北京公使团向曹锟政府要求将派联合舰队保护苏、浙外侨。

1月31日　中国国民党在上海成立执行部，直辖苏、皖、浙、赣4省。指定沈定一为浙江省筹备员。

是月　中共宁波小组成立。张秋人在上海介绍周天僇、汪维恒、杨眉山、许汉诚加入共产党。不久，周天僇、杨眉山、许汉诚3人组成中共宁波小组，组长周天僇；汪维恒赴台州活动。

2月10日　黄埔军校拟定招生324名，分配浙江省12名。由国民党一大代表回籍秘密代为招生。

12日　中俄交涉督办王正廷以浙人身份抵杭州与卢永祥会晤，欲促进江浙和平运动。

2月24日　旅沪浙绅代表赴杭州会浙江军务善后督办卢永祥，磋商撤防事宜。

2月25日　中共党员王承纬等在绍兴创办《觉悟》半月刊，宣传马克思主义。

2月28日　浙江省教育厅通令全省各县筹办公众运动场与通俗图书馆。

3月1日　前山东省长屈映光由津抵沪，进行江浙和平运动。

3月30日　国民党浙江临时省党部在杭州召开成立大会，大会选举沈定一、宣中华、戴任（立夫）、沈尔乔、沈肃文、俞秀松、安体诚、经亨颐、陈惟俭9人为执行委员；倪忧天、唐公宪、应山三、刘无畏、陈为人5人为候补执行委员。临时省党部设在杭州荐桥街严衙弄。标志着国共合作在浙江的形成。

是月　宣侠父在海门浙江省甲种水产学校发展党员，建立中共海门小组，为台州第一个共产党组织。

4月14日　印度诗人泰戈尔由徐志摩陪同，由沪抵杭，游西湖，并在一处海棠花下赋诗，与陈三立相会，留浙两天，16日返沪。

4月16日　史学家夏曾佑逝世。夏曾佑（1863—1924年），字穗卿，一作遂卿，号碎佛，笔名别士，浙江杭州人。

4月30日　苏、浙、皖3省师范附属小学联合会在安徽芜湖举行第二次大会。共有36校代表89人与会。会议至5月2日闭会，通过了有关师范教育及实验小学等案多起。

是月　沪杭铁路闸口铁路机修工厂工人在沈干城领导下为增加工资举行罢工，取得胜利。

5月1日　杭州各界在湖滨公众运动场举行纪念五一国际劳动节大会，宣中华、沈定一、倪忧天、张秋人等在会上发表演讲，号召劳动者联合起来，反对帝国主义，会后举行了游行。

5月3日　蒋介石被孙中山任命为陆军军官学校（即黄埔军校）校长兼粤军司令部参谋长。

6月4日　北京政府内务部通令，自7月1日起裁撤各省道尹。浙江省未予响应。

6月10日　省财政调查会函军务善后督办卢永祥及省长张载阳，请截留全部盐余年收四百万两，以救济浙省财政。

6月10日　北京政府褒恤前国务总理钱能训，事迹宣付史馆立传。钱能训（1869—1924年），字干丞，浙江嘉善人。

6月25日　孙中山追赠已故浙江讨袁军司令夏尔玙为陆军中将，7月24日复追赠为陆军上将。

6月26日　省议会就浙江军务善后督办卢永祥收编由福建、江西转道入浙之臧致平、杨化昭部为边防军一事，警告卢宜慎重行事，以免挑起江、浙战争。

是月　社会主义青年团中央执行委员恽代英在宁波四中演讲革命问题，指出青年学生的任务是学习马列主义，开辟中国革命道路，为被压迫的劳苦大众求解放。

7月2日　北京政府国务总理孙宝琦（杭州人）与阁僚意见不协，以病体难支为借口辞职。

7月13日　社会主义青年团宁波地方委员会成立。宁波于是年春建立社会主义青年团支部，7月13日团宁波支部扩建为团宁波地委，隶属团江浙皖区兼上海地方执行委员会领导。1925年2月，属团中央领导，更名为共产主义青年团宁波地委，1926年4月隶属江浙区委领导。

7月15日　孙中山派蒋介石为各军军事训练筹备委员会委员长。

7月23日　杭州《新浙江报》因登载外籍传教士、广济医院院长梅藤更汽车横冲直撞新闻，于是日深夜遭警厅封闭，主笔朱采真被捕。次日，该报代电各团体请求声援。

7月23日　余姚县庵东(今属慈溪市)盐民为反对每日缴盐“公仓”的规定，聚众万人举行罢工并示威游行，盐警开枪打死盐民5人，受伤数人。这一流血惨案激起了盐区各界的公愤，整个盐场近10万盐民随之举行总罢工。在各界声援下，当局被迫抚恤死难工人，收回设立公仓成命，罢工取得胜利。余姚盐区10万盐民反公仓斗争是当时浙江最大的一次罢工斗争。它不仅是浙江工人运动复兴的起点，也是全国工人运动从二七罢工之后的低潮走向复兴的重要标志之一。

8月1日　省自治法会议开幕，代表毛蒙正等百余人出席。2日，选褚辅成为主席，叶焕华、莫永贞为副主席。11日，选举沈钧儒、经亨颐等49人为起草委员，成立省自治法起草委员会，以殷汝骊为委员长。12月2日，自治法起草工作告竣。

8月4日　各省联军齐集各路准备攻击浙江卢永祥，江浙面临战争。是日，直军第一路由宫邦铎、马玉仁统领指向上海；第二路由陈调元统领，驻宜兴；第三路由皖省旅长王普统领，指向广德；第四路由孙传芳统领指向仙霞关。厦门海军由杨树庄统领，开向镇海附近洋面。

8月15日　江苏督军齐燮元以浙江卢永祥收容客军臧致平、杨化昭破坏江浙和约为由，在南京召开军事会议，下全省动员令，集中全省军队4万余人于沪宁铁路沿线及太湖附近，以谋总攻浙江。

8月18日　海军总司令杜锡珪密令厦门杨树庄率领应瑞、海容、永健、楚同、楚观各舰由闽驶沪，以助四省攻浙。杨于是日晚入福州，集合各舰驶向浙海，31日抵浙东镇海附近。

8月19日　浙江省因军事关系经费不继，省署令教育厅径行停办教育。

8月24日　浙江善后军务督办卢永祥召开军事会议，部署军事。全浙分为两路。北路，卢自任总司令，防备苏、皖，又分三路，上海、松江方面为右路，取守势，司令何丰林；长兴、合溪方面为中路，取攻势，司令陈乐山；泗安方面为左路，由王宾率领。南路，防备赣、闽，以张载阳、潘国纲为正副司令。兵力共10万之众。

8月24日　各国驻沪领事团讨论江浙问题，决定：一、请北京外交使团照会外交部设法保障苏、浙及上海一带外人之生命财产；二、如决裂后未能保障，各国将自行派舰保护；三、设法阻止沪宁路运兵；四、临时维持上海治安，并召集商团、外舰人员为万一之准备。

8月25日　孙传芳编组闽赣联军，自任总司令，卢香亭为前敌总指挥，分3路向浙边挺进，以助齐燮元会攻浙江卢永祥。

8月下旬　浙江省议会议决改组浙江省立甲种农业学校为浙江公立农业专门学校。

是月　浙江省筹备西湖博览会，发行定期债券200万元，以开征盐斤加价每年45万元为担保。

9月1日　卢永祥致电孙中山，请即日出师，以牵制直军，又派其子卢小嘉赴奉天向张作霖求援。孙中山于大本营集议，决定先派军队5万人入赣，以助浙江卢永祥。

9月3日　齐燮元命宫邦铎进兵昆山。上午10时许，苏军以一旅多兵力向黄渡浙军林兰亭团一营发炮进攻，浙军司令朱声广下令发炮还击。江浙战争正式爆发。

9月3日　卢永祥通电成立浙沪联军，并在上海龙华设立联军司令部，自任浙沪联军总司令，通电讨曹锟、齐燮元。

9月4日　卢永祥通电，请讨伐直系军阀，奉天张作霖及广东孙中山均先后复电响应。

9月5日　浙江省长公署布告发行金库券兑换券50万元，委托浙江地方银行收付，并饬将基本金筹足，以昭信用。此项兑换券准抵缴赋税，发放军政各费及一切公项出入之用。发行后，无论何人均一律收用。

9月7日　曹锟褫夺卢永祥、何丰林官勋，并下讨伐令。

9月8日　孙传芳军孟昭月旅进攻仙霞岭。浙军第二师四旅炮队团团长张国威暗与孙通款，并将仙霞关险要炮台上之机器卸下。是日，孙部卢香亭派先锋队随张国威入关侦察如实，乃遣大队由张引导自间道入仙霞关。守军仓促应敌，全军覆没。

9月10日　杭州板儿巷口发生大火，东至清泰街，南至板儿巷，西至章家桥直街，北至石牌楼，延烧房屋数百间。

9月12日　孙传芳闽赣联军入浙后，接连攻占庆元、龙山、常山。

9月17日　卢永祥闻江山失守，又闻潘国纲退出衢州，疑潘国纲等浙军全变，乃在省署召开会议，宣布将浙省交还浙人自治。本人移沪督师。张载阳声明卸职，委警务处长夏超代理省长，所兼第二师师长委警备队总参议周凤岐代理，浙江督办关防交王锡等接收。浙江地区战事遂告结束。

9月20日　北京政府任命孙传芳督理浙江军务善后事宜兼闽浙巡阅使，浙江省督军一职裁撤。

9月22日　曹锟特任夏超为浙江省长，原浙江省长张载阳免职。

9月23日　浙沪联军虑孙传芳军接踵追至，将沪杭路嘉兴车站东之78号桥及嘉善、嘉兴间之71号铁桥炸毁，损失近百万元。25日，孙军卢香亭旅占嘉兴。

9月25日　下午1时半，西湖十景之一雷峰塔自行倾圮。（按：此塔始建于宋开宝八年，已历950年之久，高13层，后改7层，以5层8面存世。）适孙传芳部将入，引为奇谈。

10月4日　曹锟以孙传芳督师进兵全浙，浙已底定，特下令奖励，并责成巡阅使孙传芳、省长夏超办理军事收束、地方绥抚事宜。

10月8日　宁波士绅李征五、一师旅长郝国玺、伍文渊等一致主张实行浙江自治，草定浙江临时自治政府组织大纲，决定组织浙江自治委员会，推蒋尊簋为委员长，吕公望为自治军总司令，屈映光任自治民政长等。

10月9日　孙传芳任陈仪为浙江第一师师长，周凤岐为浙江第二师师长，夏超为浙江省长兼浙江保安队统制。

10月13日　浙江军务善后督办卢永祥以战事失败，通电下野，偕何丰林、臧致平雇日轮上海丸出亡日本。江浙战争历时40天，宣告结束。

11月19日　浙江驻沪劳工总会致电段祺瑞，呼请速令孙传芳部离浙，还政于浙人。该会又发表敬告浙民书，要求“浙民治浙”，实现民治主义。

11月24日　中华民国临时执政府在北京成立，段祺瑞就任“临时总执政”。

11月30日　上海全浙公会开干事会议，褚辅成任主席，要求请段祺瑞明令撤孙传芳。12月1日，上海全浙公会通电促孙下野。

12月4日　省国民会议促成会成立，并派安体诚(中共党员)等4人出席国民议会促成会全国代表大会，与善后会议对抗。

12月25日　在恽代英、贺威圣的发动下，宁波青年四五百人举行反基督教示威游行，在英国领事馆门前高呼"打倒英帝国主义"等口号。

是月　中共温州独立支部成立，胡识因任书记，属中共中央直接领导。

是月　萧山县衙前村创办信用合作社，为浙江省最早之农村信用社。

民国14年(1925年)

1月5日　闽浙巡阅使兼浙江督理孙传芳致电北京政府临时执政段祺瑞，反对奉军南下。

1月8日　全浙公会致电段祺瑞，揭露孙传芳联名齐燮元"占松窥沪"，请明令罢免，饬其率队离浙。

1月11日　齐燮元联合孙传芳对淞沪护军使张允明部发起攻击，张逃入租界。孙、齐组成江浙联军，齐为第一路总司令，孙为第二路总司令，联衔宣布占领上海，宣言拒绝奉军南下。

1月16日　北京政府临时执政段祺瑞令：特任孙传芳督办浙江军务善后事宜。

2月3日　孙传芳由杭州到上海与张宗昌会晤，经陆军总长吴光新调停，订立江浙二省和平协议，孙军3天内撤退至松江，奉军退到昆山，双方一律停止军事行动。至此，第二次江浙战争宣告结束。

2月6日　上海《申报》等各报载文报道江浙战争损失情况：上年9月至本月止，各地被害损失总额至少当在20亿元以上，以沪杭路沿线城镇损失尤大。

2月14日　江浙两省旧八府(苏之镇江、常州、苏州、松江、太仓，浙之杭州、嘉兴、湖州)人士，激于战祸绵延，酝酿联合自治运动，一面呼吁政府从速撤退域内各路军队，一面举办民团以谋自卫。3月14日，江浙两省旧八府人士联合进行自治运动。

是月　杭州棉织业万余工人举行同盟总罢工。

3月12日　孙中山在北京逝世。

3月24日　中共宁波地委机关刊物《火曜》杂志创刊，潘念之任主编。该刊成立后成为宁波党团组织与宁波国家主义派进行斗争的阵地。

是月　浙江省各界民众在国民会议促成会的主持下，陆续召开孙中山逝世追悼会，并和国民会议运动结合在一起，形成了广泛的政治宣传活动。

是月　中共嘉兴独立支部成立，顾作之任书记。

4月12日　国民党临时浙江省执行委员会致电中央执行委员会广州执行部，以唐继尧勾结陈炯明等，企图破坏广东革命政府，请声罪致讨。

4月20日　国民党浙江临时嘉兴县执行委员会致电中央执行委员会及沪、穗、京执行部，主张第二次全国代表大会在广州举行，反对在北京举行。

5月1日　班禅喇嘛抵杭，孙传芳、夏超前往车站欢迎。

5月18日　杭县塘栖农民500余人举行抗议示威，捣毁土地发照处，焚烧纳税印花和册据。

5月27日　杭州女界国民会议促成会通电反对安福系包办国民会议，要求全国同胞反抗军阀的假国民会议，自己起来促成真正的国民会议。

5月31日　上海“五卅”惨案消息传到杭州，中共杭州支部和国民党浙江省临时党部动员各界声援“五卅”运动。

6月2日　浙江全省各界为上海英捕惨杀学生事在省教育会开国民大会，组织杭州“上海惨案后援会”。次日，在湖滨公众运动场开露天大会，工商学界共计5万余人参加会议。会后游行，群众高呼“反对帝国主义”“实现国民革命”“惩凶抚恤”“收回租界”“反对印刷附律”“废除不平等条约”等口号。

6月2日　孙传芳为“五卅”惨案致电段祺瑞，要求特派专员赴沪视察，相机交涉，并饬主管外交官吏，严重抗议，“庶免酝酿因循，激成意外之变”。

6月4日　孙传芳、夏超为“沪案”会衔发出布告，要求各界各安其业，并宣称：“倘有不法暴民，假借名义，乘机思逞，即着军警严行究办。”

6月5日　宁波各界召开市民大会，声援上海被害同胞，到会10万人，会后举行游行。游行时，宁波第四中学一演讲者咬破手指，血书“良心”二字，激励国民。大会并致电虞和德，谓：“先生主持是案，为国为乡，务须坚持到底，切勿让步，特为警告。”

6月6日　绍兴学生会发起在大善寺内举行民众演讲，各界到会万余人。会后出发游行，高呼“打倒帝国主义”等口号。

6月6日　温州各校万余人举行游行演讲，全城罢市。

6月7日　镇海开全城市民大会，游行示威，商店一律罢市。严州学生联合会亦举行游行大会。

6月10日　平湖各界万人游行演讲，全城罢市，声援“五卅”惨案。

6月22日　英国人控制的宁波海关日籍职员殴打中国车夫魏阿来及市民4人，引起群众公愤。众人冲进海关，将室内器物掷至外滩焚毁。事件发生后，军阀当局派军警捕去9人，英、日军舰相继驶入甬江进行威胁。宁波外交后援会向当局交涉，要求惩办凶手、赔偿、道歉并释放被捕群众。浙江省军阀政府就宁波涉外事件进行调查，但结果不了了之。

6月30日　鄞县东乡七十二庙农民二三千人，为反对甬埠肥料公司垄断肥料，至城内捣毁该公司，并手执小旗，上书“打倒帝国主义”“取消不平等条约”等口号。

6月30日　奉化、余姚分别举行游行示威，奉化到会者达三四万人之多。

7月1日　中华民国国民政府在广州成立，采合议制，设委员16人，浙江籍的张静江、戴传贤名列其中。

7月4日　临安发生地震。

7月5—11日　在萧山衙前召开国民党浙江临时省党部执行委员会全体会议(衙前会议)。戴季陶以国民党中央特派员身份与会发表反共演说，反对国共合作。沈定一也在会上公开反对三大政策。以宣中华为首的共产党员回击了右派的进攻，并挫败了他们在选举出席国民党二大代表人选问题上企图排斥共产党的阴谋，选举宣中华、经亨颐、蒋介石为浙江出席国民党第二次全国代表大会代表。

8月3日　北京临时执政府特任孙宝琦（杭州人）为驻苏联共和国特命全权大使。孙宝琦为中国驻外大使第一人。

9月26日　浙江、江苏、安徽、直隶、山东、河南等13省电报局员生，联合组织电报公会，致电北京临时执政府交通部，要求加薪，未获得答复，遂提出总辞职。后北京交通部令上海电政监督，与公会代表协议办法，各地电报局员工于10月4日复工。

是月　国民党浙江临时省党部中共党团建立。党团书记先后由华林、宣中华、潘念之担任，隶属上海区委领导。

10月7日　浙、闽、苏、皖、赣五省代表在杭州开会，议决五省联盟，举孙传芳为“浙闽苏皖赣联军”总司令，以闽督周荫人为副司令，“拥段反奉”，兵分五路。

10月8日　陆宗舆奉段祺瑞命南下赴苏、浙，劝孙传芳、杨宇霆各自谅解，并促进苏、浙、皖3省重订和约。

10月15日　孙传芳通电就任浙闽苏皖赣五省联军总司令职。同日，浙军在长兴、宜兴、湖州一带防地业已布置妥帖，前锋卫队后力达2万以上，并下总攻击令。

10月15日　北京临时执政府召开国务会议，讨论江浙时局，议决分电阻止孙传芳、杨宇霆用兵。

10月15日　上海奉军因开拔运兵需要，将沪杭火车扣留。孙传芳即令杭州火车不得驶近上海。沪杭交通中断。16日，孙传芳、夏超、周荫人以奉方违反上海永不驻兵协议为借口，联名通电讨奉。浙奉战争开始。

10月17日　北京临时执政段祺瑞以苏省已撤回暂驻淞沪邢士廉各部，电令孙传芳所部各回原防。孙传芳至沪布置完军事，即回驻嘉兴。奉军由苏州继续退至常州，联军五路水陆齐进，追击奉军后队。

10月17日　浙闽苏皖赣联军总司令部发布戒严令。

10月17日　江苏第一、三、四、十各师师长白宝山、马玉仁、陈调元、郑俊彦，江宁镇守使朱熙，通海镇守使张仁奎，第一旅旅长杨赓和，第二旅旅长李启佑等致电段祺瑞及全国各省军民，宣布：“响应浙军，会师宁镇，驱逐奉军。”并电请吴佩孚、孙传芳主持大计，听其指挥。

10月19日　孙传芳自常州电浙江驻沪办事处处长宋日琴，告以冯玉祥及苏、皖、豫、鄂、湘各省友军群起响应讨奉。

10月19日　孙传芳在常州召开军事会议，讨论会攻南京计划。午后即下总攻击令。卢香亭攻紫金山，周凤岐攻雨花台，杨惠东、谢鸿勋夺幕府山，陈仪取道六合沿江攻宁。当日，苏军第四、十两师宣布独立，奉军不战而退。浙军占领南京。

10月20日　孙传芳抵南京，令谢鸿勋率第二路军渡江追击奉军，并派陈调元为苏军总司令。谢鸿勋率部偕同陈调元渡江占领浦口，奉军退往蚌埠。

10月20日　中国共产党中央委员会、中国共产主义青年团中央委员会发出反奉战争宣言。指出:“此次反奉战争虽掺和一些军阀势力,在客观上却是一种民族解放的战争。”号召爱国民众,“组织人民自卫军,积极参加战争”。

10月21日　五省联军谢鸿勋部进抵滁州,奉军退守张八岭。是晚,卢香亭、陈调元部相继到达,会攻张八岭,激战数小时,奉军再退蚌埠,联军又占张八岭。

10月31日　北京赵尔巽、王士珍等召集闽、浙、苏各省代表协商和平办法。

11月8日　浙、闽、苏、皖、赣联军占徐州。9日,孙传芳由南宿州进驻徐州,联军总司令部亦移设徐州。

11月15日　孙传芳抽调徐州前敌浙军第三军南下,转赴沪浙驻扎。

11月19日　浙奉战争结束,奉军退出徐州,苏、皖、浙、赣、闽5省均为孙传芳所占据。

11月19日　广州国民政府东征军总指挥蒋介石派戴任赴浙,与孙传芳接洽。

11月21日　孙传芳通电由徐过宁回杭,将前敌指挥作战事宜委前敌总指挥卢香亭、白宝山,徐州防务委第一军军长陈仪,分别担任。

是月　褚辅成等发起“五省废督运动”,计划第一步由浙绅章炳麟、蒋观云、虞和德等列名发起五省士绅联席会议,第二步要求五省军事当局废除督办名义,并公推总司令一人,专负军事之责,民政则由人民选举省长,然后再进行大规模裁兵运动。

12月1日　在杭州召开省自治法会议,由褚辅成任主席,代表共73人,讨论通过《浙江省自治法》及《浙江省自治施行法》。

12月3—5日　苏、浙、皖3省师范附属小学联合会第三次大会在无锡第三师范学校举行,决议小学课本由文言改用国语。并焚毁文言教科书,以示推行国语之决心。

12月7日　为西山会议派沈定一操纵的“国民党临时浙江省执行委员会”,以省党部执行委员俞秀松、宣中华、安体诚,候补委员倪忧天、唐公宪等皆属中共党员,议决取消他们的党籍。国民党内部左、右派斗争公开化。

12月15日　以宣中华为首的共产党员和国民党左派,邀集全省各县市党部,在海宁硖石镇东山召开浙江省各县市党部联席会议(史称“东山会议”),通电全国,声讨西山会议的叛卖行径;决议成立浙江省各县市党部联席会议,代行被右派把持的临时省党部职权。至此,两个国民党省党部同时活动,斗争激烈。

12月25日　杭州召开国民大会,反对日本出兵满洲,并电段祺瑞,要求“速饬外部严重抗议,限令日本军队、兵舰克日退出中国国境”。

是年　浙江省农事试验场引进意大利蜂并改进养蜂设备和技术。

民国15年(1926年)

1月1日　浙江省自治会议公布《浙江省自治法》《浙江省自治法施行法》。

1月13日　浙江代表宣中华在国民党二大全体大会上报告浙江党务。全会决议对参加西山会议兼有违犯党纲行为的沈定一书面警告,对于戴季陶,则“由大会予以恳切训令,促其反省,不可再误”。

1月15日　《邮学新声》创刊。该刊由新光邮票研究会主办。新光邮票研究会于1925年在杭州成立，是中国历史最久、会员最多的集邮和邮学群众团体。

1月19日　卢香亭奉孙传芳令任浙军总司令，率部赴杭州就职。

是月　中共宁波地方委员会成立，上海区委派华林任宁波地委书记。4月，杨眉山接任地委书记。

是月　中共杭州地方委员会成立，中共上海区委派顾作之任杭州地委书记。7月，贺威圣接任地委书记。

3月1日　浙江省第一条省营公路路线萧绍段全线通车。萧绍段自杭州钱塘江南岸江边起，经过西兴、萧山至绍兴北海坂，路长48.58公里，是浙闽干线起点，沟通杭绍两地交通的要道。

3月6—10日　国民党浙江省第一次代表大会在杭州召开。会议通过完全接受国民党第二次全国代表大会决议案，并通过全省党务进行计划等10余个决议，选举中共党员宣中华等9人为执行委员，唐公宪等5人为候补执行委员，王贯三为秘书长，正式成立国民党浙江省党部。

3月19—26日　杭州各大丝绸厂工人举行同盟罢工。在杭州党团组织领导下，成立了罢工领导机构，组织临时职工联合会，提出增加工资、减少劳动时间、承认工会有代表工人权利、不得无故开除工人和惩罚工人须得工会同意等18项条件。直至26日，由资方绸业公会宣布接受工人条件，才逐渐复工。

4月1日　绍兴下方桥、华舍两镇机业工人联合280余村和2.5万机工、帮工，为增加工资举行同盟罢工。坚持了一星期，以厂方答应要求，罢工胜利结束。

4月9日　由共产党员主持的宁波学生联合会，向广东国民政府致函，请求“从速北伐”，并“愿以全力作后援”。

4月26日　邵飘萍被害。邵飘萍(1884—1926年)，名振青，浙江金华人，中共党员，近现代新闻学家，著名新闻工作者。

是月　浙江省科学院筹备处成立，推蔡元培为主任。

5月2日　中共绍兴地方委员会成立，梁茂康为书记。

5月3日　浙江学员参加第六届农民运动讲习所学习。这届由毛泽东主办的农讲所招收了来自全国20个省区的300多名学员，浙江选送竺清旦、金绍勣、王国桢(化名王洪涛)、张植(张培农)等人去学习。他们学习了毛泽东讲授的《中国农民问题》等课程。9月11日，讲习所结束，他们回到浙江，积极开展农民运动，成为浙江农民运动的骨干。

6月5日　国民政府特任蒋介石为国民革命军总司令。

6月下旬　钱塘江水陡涨，杭州沿江地区自一堡至海宁低洼之处已水浸屋檐，为数十年所未有。

7月　杭州总工会筹备委员会在清泰街城头巷同善堂秘密成立。以中共杭州地委职工运动委员会书记蒋仁东为委员长。是月29日，蒋仁东、章松寿被捕，杭州总工会的筹备工作被迫停顿。

是月　中共金华独立支部建立，书记钱兆鹏。早在“五卅”运动中，宣中华介绍金华第七中学学生千一(千家驹)加入中国共产党。随后,千一介绍钱兆鹏等人入党,成立了党小组。

是月　共青团金华支部成立。

8月7日　孙传芳封禁中国国民党浙江省党部,缉拿党员。

8月19日　孙传芳致电苏、浙、皖、闽、赣5省当局,呼吁联防自保,抵制国民革命军。

8月31日　北京政府因是年夏秋之交浙江省淫雨连绵,山洪暴发,冲决堤坝,漂没田庐,人民牲畜淹没无算,由财政部拨帑银2万元赈济。

是月　大风雨,临海县城水深四五尺,黄岩县平地水深六七尺,温岭、玉环等县均遭严重水灾,晚季歉收。

9月7日　孙传芳致电蒋介石,限国民革命军24小时内退回粤境,湘政还之湘人,否则以武力对抗。

9月8日　孙传芳致电奉系军阀张作霖表示"愿追随左右,共挽颓局"。

9月8日　全浙公会在上海召集常务董事紧急会议,陈其采、蒋尊簋、褚辅成等联合各方士绅开展和平运动,酝酿发起组织民间团体以提倡自治。

9月13日　慈溪县山北农民2000多人到县警察局报荒,和警察发生冲突,缴了警察的枪,并焚毁了警署,随后转到乡绅地主家"吃大户"。后遭武装军警镇压。

9月17日　蒋介石电复孙传芳,应先撤援赣之兵,以表示求和诚意。孙传芳曾于15日致电蒋介石求和。

10月9日　杭州举行市民拒毒大会。

10月10日　由全浙公会发起之东南和平运动联合会发表宣言,呼吁各省政权还归地方。

10月15日　国民政府发表讨伐孙传芳宣言,指出:"孙传芳利用保境安民之名义,承军阀割据之风,行鱼肉人民之实。"号召东南人民共起讨伐,扫清军阀余毒,促成中国统一,实现人民自由。

10月15日　省长夏超在杭州召集紧急军事会议,各道尹、厅长、统带等均参加,决定即日宣布浙江自主。次日,夏超宣布就任国民革命军第十八军军长兼浙江省民政长职,并荐蔡元培、马叙伦等13人为政务委员会委员,又派吕公望、李书城赴汉口和国民革命军联络,并电广州拟组织省府委员会,请加任命。国民党中央和国民政府随复电嘉奖。

10月15日　东南和平运动联合会人士、旅居上海之浙籍士绅褚辅成、虞和德、王晓籁、殷铸夫等分别致电蒋介石及孙传芳等,呼吁立即停战,划地缓冲,并要求孙传芳将全部浙军调回浙江。

10月18日　杭州总工会宣布成立。

10月19日　杭州各界联合会宣布浙江自治,通过浙江省政府组织法,推选蔡元培、褚辅成等及原浙江省长陈仪为省务委员。

10月20日　孙传芳宣布免夏超省长职务,另任驻防徐州之浙军第一师师长陈仪为浙江省长。陈即在徐州宣布就职。

10月中旬　夏超"独立"后,驻宁波的浙军两个团宣布起义。在中共宁波地委的组织下,召开起义军代表和各界联席会议。会后，宁波铁路工人欢送起义军向绍兴、杭州进发。当起义军进至萧山时，获悉夏超“独立”已失败，遂撤回宁波。

10月21日　夏超之保安队被孙传芳之宋梅村部败于嘉兴，夏乘车奔杭州，旋避走余杭。由于未阻断沪杭铁路交通，孙部遂长驱前进。

10月21日　宁波总工会成立。

10月22日　孙传芳部宋梅村旅进入杭州，夏超由余杭易服回杭，至西湖之滨被哨兵所拘，当晚即遭杀害，浙江响应国民革命的举动遂暂告顿挫。

10月25日　毛泽东以润之具名，在中共中央机关刊物《向导》周报上发表《江浙农民的痛苦及其反抗运动》一文，以浙江省慈溪县及江苏省崇明、江阴等县地主剥削农民的大量残酷事实，证明江浙农民并非如一般人想象的那样太平富庶、没有多大痛苦。

11月1日　浙军第一师师长陈仪，带一营军队从徐州赴抵杭州，正式就职浙江省长。

月初　在中共宁波地委领导下，宁波城区1800余名黄包车夫为反对资本家增加车租，连续两天集队到警察厅请愿，迫使资本家答应了工人的要求。

11月3日　中共杭州地委书记贺威圣被捕。13日，遭杀害。中共杭州地委被破坏。

11月7日　孙传芳以五省联军总司令名义颁布戒严条例，宣布浙、闽、苏、皖、赣五省一律戒严。

11月10日　国民政府公布《修正省政府组织法》，共13条。其中规定，省政府职权由国民政府任命省政府委员7人至11人组织省政府委员会行使之，省政府下分设民政、财政、建设、教育、司法、军事各厅，于必要时得增设农工、实业、土地、公益等厅，分管行政事务。

11月14日　苏浙皖三省联合会在上海举行成立大会，三省知名人士褚辅成、沈钧儒等50余人出席，通过了联合会章程，通电主张划三省为民治区域，一切军政、民政由人民分别推举委员，组织各委员会处理；每省推干事3人分任会内事务，浙江省为王晓籁、沈钧儒、魏伯桢。

11月14日　国民党安徽省党部、江苏省党部、浙江省党部、上海特别市党部为苏浙皖问题发表联合宣言，提出：“（一）本主权在民主义，应将3省及上海军民政权交还当地人民，由人民组织省民或市民会议管理一切；（二）拒绝奉、鲁军南下；（三）保障人民集会、结社、言论、出版之自由，废除一切苛捐杂税；（四）召集国民会议，解决国事。”

11月17日　蒋介石函复苏浙皖三省联合会，告以欲谋和平统一，独立自由，舍革命与三民主义外无其他途径可走，要求该会“毅然变计，加入革命，合作救国”。

11月23日　苏浙皖三省联合会召开第二次委员会，由褚辅成代蔡元培为主席，组织军事、外交两委员会，宣布孙传芳所有行动与3省无涉；反对鲁、奉军南下；三省军队赞护民治者，供其给养，否则视为公敌。

11月24日　苏浙皖三省联合会致电英驻北京公使，反对英商借款给北京政府，认为此借款助长内乱，无异直接对三省人民作战。

11月28日　苏浙皖三省联合会开第五次委员会，会中发表两个重要通电：一电3省将领，敦促表示赞助民治之态度；二电张作霖，劝令鲁军撤回原防，留三省为缓冲地点。

月底　中共上海区委书记罗亦农到宁波指导工作。罗亦农在中共宁波地委会议和宁波党团员骨干会议上，传达了中央和上海区委的指示，要求坚持掌握党在统一战线中的领导权，放手发动群众，迅速发展工农运动，保卫人民胜利果实。他还指出，入浙的北伐军可能是国民党右派部队，对此要提高警惕。

是年　温州百亨大药房经理吴百亨在瑞安马屿区荆谷乡沙坪墙村创办百好炼乳厂，生产“白日擒雕”牌炼乳，为国内最早出口的炼乳。与当时垄断中国市场的英商纳司尔英瑞公司开展竞争。

12月3日　苏浙皖三省联合会发出通电，声讨孙传芳北上乞师，邀奉、鲁军南下。

12月9日　国民革命军总司令蒋介石电令东路军总指挥何应钦由闽入浙。

12月11日　浙军第二师师长周凤岐在衢州扩师为军，就任国民革命军第二十六军军长职，宣布参加国民革命。

12月13日　浙江省议会议长沈钧业偕蒋尊簋在杭州邀各界人士会议，陈仪亦列席。咸主浙省即日宣布自治，与国民革命军合作。陈仪表示愿下野以谢浙人。翌日，各界联合会成立，举蒋尊簋等25人为委员，负责主持一切。

12月13日　孙传芳命孟昭月、白宝山、冯绍闵等相继率部入浙，并命孟昭月继卢香亭任第三方面军司令，负责浙江军事。

12月15日　国民党浙江省党部筹组浙江省临时政府，设政治会议为最高权力机关，设政务委员会和财务委员会为执行机关；提名张静江为政治会议主席，褚辅成为政务委员会主席，陈其采任财政委员会主席。

12月17日　国民革命军总司令蒋介石电任陈仪为国民革命军第十九军军长。此前时任浙江省长的陈仪已密派其参谋长赴南昌向国民革命军输诚，请求给予名义。

12月19日　浙江各界联合会积极推进浙江自治事宜，通过《浙江省政府组织大纲》，选蒋尊簋、陈仪、张载阳、蔡元培、周承菼、褚辅成、黄郛、周凤岐、陈其采9人为省府委员，选蒋尊簋为军政长，陈仪为民政长。

12月20日　浙江各界联合会开第五次会议，发表自治通电及通过《浙江省政府监察会条例》10条，并选出王孚川等29人为监察员，汪大燮等为候补监察员。“自治宣言”宣布：(1)浙人治浙，组设人民自治政府；(2)反对任何军人假自治名义割据；(3)政治公开；(4)现有军队服从省政府；(5)集会、结社、言论、出版绝对自由；(6)废除苛捐杂税。

12月21日　“安国军”各将领在南京集会决定，由孙传芳全力对付浙江。

12月22日　孟昭月部趁周凤岐师退往富阳之机，乘虚突入杭州，将陈仪原浙军第一师驻杭州两营缴械。陈仪被孟昭月所扣，其在浙东的主力部队闻变即公开加入国民革命军，与杭州孟昭月部隔江对峙。

12月23日　孙传芳饬淞沪戒严司令李宝章、警察厅长严春阳，取缔苏浙皖三省联合会及全苏公会、全浙公会、全皖公会等团体集会，缉拿其领袖蔡元培、褚辅成等70余人，声称提倡自治即是“赤化”。

12月29日　孟昭月在杭州就任孙传芳所委任的浙军总司令职，其所部与周荫人部向富阳及绍兴发动攻势。

12月30日　国民革命军第一军进至衢州。浙军第一师在绍兴正式改编为国民革命军第十九军，因陈仪被拘在南京，由石铎代理军长。

是月　宁绍台农民协会在宁波成立，竺清旦任会长。

是年　杭州关进出口贸易总值29640420关两，其中进口15966747关两（洋货10720563关两、土货5226184关两）、出口13997295关两，入超1969452关两，进口贸易渐以洋货为多。

是年　都锦生丝织厂生产的丝织风景画在美国费城国际博览会上展出，获金质奖。

民国16年(1927年)

1月1日　奉化县松岙等地数千农民进城，大闹县公署，赶走县知事沈秉诚。

1月3日　国民革命军第二十六军周凤岐部与孙传芳部孟昭月军激战于富阳，周部失利，向桐庐、严州后撤。

1月7日　国民革命军东路军与孙传芳部周荫人部队在浙江缙云发生激战，双方伤亡惨重。国民革命军撤至永康边境。

1月8日　浙江临时政治会议在宁波成立。张静江、周凤岐、韩宝华、陈其采、经亨颐、宣中华、蔡元培、褚辅成、戴任、马叙伦、蒋梦麟11人为浙江临时政治会议委员，张静江为主席，张未到任前暂由蔡代理。

1月20日　北伐军东路军前敌总指挥白崇禧自江西抵衢州，召集在浙各将领举行军事会议，拟定浙西攻击计划，白崇禧亲率第一军薛岳、刘峙、严重、陈继承师任中路；第二军副军长鲁涤平任左翼；第二十六军周凤岐任右翼，分兵挺进。

1月21日　孙传芳任命蔡朴为浙江省长。次日，蔡由杭赴宁与孙商决处置浙事办法，23日晚回杭接事。

1月27日　国民革命军东路军在浙南开始发动总攻击。29日，浙国民革命军东路军分三路进击，攻占游埠、汤溪。孟昭月部由兰溪向严州、桐庐、浦江、诸暨方向溃逃。

是月　中共上海区委决定重建中共杭州地委，由庄文恭任书记。

2月1日　国民革命军东路军攻克兰溪。2日，国民革命军东路军攻克金华。3日，国民革命军东路军进军浦江、严州。

2月3日　上午11时55分、中午12时58分，嘉兴、平湖、澉水等地发生地震。

2月8日　国民革命军东路军第十七军曹万顺部进驻温州，温州各界召开欢迎大会和各界军民联欢大会。

2月14日　孟昭月率第八、十三、十四师3个师及孙传芳之卫队旅与国民革命军东路刘峙、严重、谭道源师激战于桐庐，第二十一师（师长严重）乘胜占新登，第一师（师长刘峙）占富阳，逼近杭州。次日，孟昭月逃回杭州勒款300余万元，夜，大掠杭垣。17日向嘉兴、松江溃退。

2月16日　国民革命军东路军攻克富阳、诸暨。17日，国民革命军东路军至杭州闸口，孙传芳部队开始撤离。18日，国民革命军东路军中路军（戴岳、刘峙师）占领杭州；右路周凤岐军占领萧山，次日入绍兴；左路鲁涤平军占领余杭、临安。杭州市民集会庆祝，欢迎北伐军。23日，国民革命军东路军占领嘉兴，其余各部相继进入浙北并挺进苏南。至月底，北伐军克复了浙江全境，推翻了军阀孙传芳在浙江的统治。

3月1日　浙江临时政治会议在杭州正式行使职权，张静江任主席，由蔡元培代理。

3月1日　宁波《民国日报》创刊。该报系第一次国共合作时期国民党宁波市党部机关报，“四一二”反革命政变时遭封闭。

3月11日　浙江省政务委员会成立教育科，以省府委员朱兆莘兼科长。

3月12日　杭州《民国日报》创刊。该报是国民党浙江省党部机关报，省党部宣传部长宣中华（中共党员）任主任委员，杨贤江（中共党员）、戴定邦、唐公宪（中共党员）等先后为主任编辑。报纸大力宣传孙中山三大政策，揭露军阀豪绅的罪行，斥责国民党右派分子分裂革命阵线的言行。1934年6月，该报更名为《东南日报》。1949年5月，该报停刊。

3月14日　中国国民党浙江省党部召集省县市党部联席会议。议决浙江省最近政纲，包括教育与学生两项。其中教育方面：确定党化教育原则、普及义务教育、增设女子中学、兴办大学及收回外人所办之学校；学生方面：规定学生得加入政党、参与社会运动与学校行政，及淘汰不良教育方法，铲除反动教育。会议至16日结束。

3月15日　为配合上海工人第三次武装起义，沪杭甬铁路全线罢工。

3月15日　杭州召开第一次全市工人代表大会，正式成立杭州市总工会。

3月19日　省政治会议第六次会议据杭州郑宗衔等函控章炳麟于上年8月间通电全国，依附孙传芳，请剥夺其公权，并将财产没收。议决宣布章炳麟罪状。褫夺公权，没收其财产，但不牵涉亲属，交政务委员会执行。

3月20日　宁台温防守司令王俊指使流氓烧毁宁波总工会，并捣毁店员总工会，史称“三二〇”事件。次日，全市工人举行总罢工，并举行有6万多人参加的集会。在各界压力下，市政府、省防军和群众团体组成人民裁判委员会，对纵火犯进行了判决。

3月22日　沪杭甬铁路总工会在国民党浙江省党部礼堂召开成立大会。大会推选丁继曾等13人为执行委员，选举共产党员丁继曾为委员长、共产党员薛暮桥为事务委员会主席。大会议决向两路（沪宁、沪杭甬）局长孙鹤皋提交《改善工人政治地位生活待遇三十条》。同年3月28日，在上海成立了沪宁、沪杭甬铁路总工会，由孙津川为委员长，沈干城为副委员长，总工会会所设在杭州，仍保留沪宁铁路总工会和沪杭甬铁路总工会的组织体制。4月15日，被国民党军队封闭，从此停止活动。沪宁、沪杭甬铁路总工会，是第一次国内革命战争时期沪宁、沪杭甬铁路工人的革命组织。

3月22日　余姚县庵东盐场召开有万余盐民参加的会议，正式成立了盐民协会，有会员2万余人。

3月26日　沪杭甬铁路总工会5名执委沈干城、钟鼎祥、薛暮桥、王汝高、许重平，因叛徒告密被捕，关押于杭州柴木巷拘留所。

3月30日　国民党右派杜震卿等组织的“职工联合会”在杭州小校场集会游行，攻击由共产党控制的杭州总工会纠察队，史称“三三〇”事件。

3月31日　共产党领导下的杭州总工会在公众运动场集会，参与的学生、工人达10余万人，会后进行游行。驻杭东路军总指挥部留守处主任罗为雄及市公安局长章烈派军警弹压，并拘捕游行工人数名。当晚总工会发出罢工令。4月4日，杭州当局答允总工会要求，始复工。浙江省经此事件后，遂进入“清党”。

是月　浙江省总工会筹备处成立。

是月　杭州工人封闭了英国人在杭州经营之广济医院及附属学校广济医专，接管了位于平湖秋月的犹太人哈同的别墅。

是月　国民党金衢严农民运动处成立。

是月　浙江省农民协会筹备处宣布成立。

4月9日　宁台温防守司令王俊奉蒋介石密令，借口《民国日报》发表了题为《蒋介石欲效军阀故智耶》的社论，逮捕该报经理、国民党左派庄禹梅。接着，扣留了前往质问的中共宁波地委民运委员、国民党宁波市党部常委杨眉山和中共宁波地委工运委员、总工会委员长王鲲。同时派军警占领宁波市国民党党部、总工会、农民协会及民国日报社。11日，借“国民党宁波市党部”名义，发出通令，命令重新登记国民党党员，重新组织国民党各区党部，开除共产党员杨眉山、王鲲等42人的国民党党籍，开始在宁波实行“清党”。

4月11日　杭州市公安局长章烈宣布反共“清党”。国民党省党部、总工会及其纠察队被解散，党务养成所遭封闭，逮捕共产党员及革命人士30余人。

4月12日　蒋介石在上海发动反革命政变。杭州、宁波等处工人纠察队被军队缴械，并大肆逮捕工会活动分子。

4月14日　湖州全城戒严，实施“清党”。

4月15日　中共温州独立支部的陈仲雷、戴树棠、苏中常被捕。接着，大批军警包围各中学，搜捕共产党员和共青团员。温州开始“清党”。

4月17日　南京国民党中央政治会议议决：任命张静江、蒋介石、蔡元培、何应钦、周凤岐、庄崧甫、陈其采、马叙伦、蒋梦麟、邵元冲、朱家骅为中央政治会议浙江分会委员；马叙伦、蒋介石、邵元冲、蒋梦麟、朱家骅、徐鼎年、张世杓、黄人望、孙鹤皋、蒋伯诚、周佩箴、程振钧、周觉、陈希豪、陈屺怀、阮荀伯、陈其采为浙江省务委员；马叙伦、陈其采、蒋梦麟、朱家骅、周佩箴、程振钧、阮荀伯(性存)等为浙江省政府委员。马叙伦等17名省务委员于5月13日获南京政府任命。

4月17日　宣中华在上海龙华就义。宣中华(1898—1927年)，诸暨人，五四运动时期杭州著名的学生运动领袖，第一次国内革命战争时期浙江杰出的革命活动家。

4月18日　国民政府正式定都南京。南京国民政府以秘字第一号命令，通缉共产党重要领导人及其他左派人士197人，其中浙籍的有汪寿华、沈雁冰、施存统、胡公冕、杨贤江、潘枫涂、杨眉山、徐白民、唐公宪、查人伟、宋云彬、郑恻尘、王鲲等。

4月27日　中共第五次全国代表大会在武汉召开，浙江代表赵济猛、卓兰芳出席大会。会后，中共中央决定成立中共浙江省委。

5月4日　中国国民党浙江省党部发出通电，拥护南京国民政府，拥护“清党”。

5 月 16 日　南京国民政府委周凤岐兼任浙江省戒严司令，即日宣布戒严令。

6 月 2 日　清华研究院教授王国维在北京自沉于颐和园之昆明湖，享年 51 岁。王国维(1877—1927 年)，浙江海宁人，有“中国近三百年来学术的结束人，最近八十年来学术的开创者”之誉。

6 月 8 日　浙江省务会议通过省教育厅提出的《收回外人所办教育事业办法》及《县教育局暂行条例》。其中规定，在浙江省境内外国人所办教育，无论属于个人或团体，均应于 1927 年 9 月 1 日以前移交省政府，或有中华民国籍之人民，或浙江省政府承认之中华民国籍人民所组织之团体接办。

6 月 9 日　南京国民政府训令各省政府，县行政一律用县长制。

6 月 9 日　南京国民党中央清党委员会议决，任命张静江、蔡元培、陈希豪、沈定一、姜绍谟、蒋伯诚、卢仲英、洪陆东、李超英为浙江省清党委员会委员。

6 月 14 日　杭州各界举行反对日本出兵大会。蒋介石出席作反共演说，对日本出兵事未置一词。大会发电两通：一致日本内阁，反对日本出兵。一致日本国民，宣布中国民众将实行以下步骤：一、一致抵制日货；二、在日军撤退后，如日方工厂船只仍顽抗，则实行罢工；三、若日本仍坚持帝国主义对华政策，则海关拒收日货，直至断交。

6 月 16 日　国民党浙江省党部彻底改组，张静江、蔡元培等 9 人任省党部改组委员。

6 月 17 日　浙江省政府政务委员会通过民政厅长马叙伦提议，减轻佃农佃租 25%。按此减轻佃租办法，是以收成的一半先归佃农，而在地主所得的一半收成中，再减 25%归佃农所有，地主实得收成的 37.5%。因此这一减租办法也称“三七五减租办法”。浙江省主其事者是沈定一等人。

6 月 17 日　在中共党员张植、吴信直、叶廷鹏等领导下，平阳县的宜山、白沙、钱库等地 200 多农民、盐民，手持大刀、长矛、火药枪等，攻打平阳县城。晚上，队伍在接近城门时被敌方发现，双方发生战斗，暴动武装边打边退，最后化整为零。

6 月 23 日　南京国民政府财政部通令各省财政厅，将卷烟统税税率划一定为值百抽五十，自 7 月 1 日起实行。凡卷烟旧有一切税捐概行废除。浙江此前实行公卖制度，故不在此例，海关出口税、内地税仍照旧征收。

6 月 25 日　浙江省政府训令各县自 7 月 15 日起减轻田租 25%，所减系照原有额征数计算，若原纳实数已达于减轻 25%定率或超过者不在此例。

6 月 27 日　南京中央政治会议议决，8 月份起，浙江等 6 省厘金及与厘金性质相同之通过税一律裁撤。入口税除特定物品烟酒等依特定税征收，奢侈品值百不过三十，普通值百抽十二点五，由财政部切实进行，俟各省统一陆续办理。

6 月 28 日　南京国民党中央政治会议议决在浙江设立第三中山大学，以原浙江省教育厅长蒋梦麟为校长。

6 月 28 日　南京国民政府公布《太湖流域水利工程处章程》，规定太湖流域工程处负责太湖流域即东至东海、南至钱塘江、西至宜兴天目山脉、北至扬子江这一区域的防潦工程、海塘工程、航运工程、农田灌溉工程、水利兼顾之水电工程及其他有关水利之工程。

是月　中共浙江省委在杭州正式成立。书记庄文恭，常委赵济猛、卓兰芳、王嘉谟，组织部主任张叔平，宣传部主任赵济猛，农民部主任卓兰芳，工人部主任张叔平兼，妇女部主任邬因明(凤英)，秘书处负责人马吉良。

是月　共青团浙江省委成立，华岗任书记。

7月3日　杭州举办平民识字运动。为消除文盲，浙江在全省范围内开展了识字运动，设立民众学校、民间问字处等辅助机构，以达到人人识字的目的。

7月5—6日　国民党浙江省当局残杀省、县党部中的中共党员及左翼分子，在杭州陆军监狱遭秘密杀害的政治犯就达22人。

7月6日　南京国民政府咨复中央政治会议同意大学区制首先在浙江、江苏两省试办。根据《大学区组织条例》规定，全国依现有的省份及特别区，定为若干大学区，以所在省或特别区之名命名，如浙江大学、江苏大学等，每大学区设校长一人，总理区内一切学术及教育行政事宜。

7月8日　南京国民政府公布《财政部民国十六年盐余国库券条例》，规定向财政部发行盐余国库券6000万元，以补助国库。盐余国库券分万元、千元、百元、十元及五元5种，月息8厘，以全国盐余为基金，在全国统一前以江苏、浙江两省盐税全部收入作抵。

7月11日　南京国民政府训令财政部，自8月1日起，裁撤粤、桂、苏、浙、闽、皖6省厘金及与厘金性质相同的通过税，并制定征收入口关税税则。

7月11日　杭州对日经济绝交同盟成立。

7月14日　南京中央政治会议决议：浙江省政务委员会应即改组为浙江省政府，任命张静江、蒋介石、马叙伦、颜大组、蒋梦麟、程振钧、阮性存、李伯勤、周凤岐、蒋伯诚、陈希豪、陈屺怀、邵元冲、马寅初为浙江省政府委员。25日，浙江省政府成立，张静江、蒋介石等14名委员就职。下午，第一次省务会议选张静江为省政府主席。

7月19日　南京国民政府训令各省省政府，即饬所属各县遵照《规定县党部县政府关系条例》，办理党政关系。《条例》规定，县党部对县政府有监督之权和建议之责，但不得强制县政府执行；县政府对县党部有维护之责，不得干涉党务，双方若对对方不满均须经上一级机关转咨办理，不得直接行动。

7月23日　南京国民政府布告：定9月1日裁撤厘金，宣告关税自主，并先在江苏、安徽、浙江、福建、广东、广西6省内实行。

7月27日　宁波召开收回航权运动大会，并上电南京国民政府，请即行收回内河航运权，禁止外轮入口。

是月　中共浙江省委组织部和秘书处遭破坏，张叔平等被捕。

8月1日　浙江省省务会议议决，将前省甲种工业专门学校、甲种农业专门学校分别改组为国立第三中山大学工学院(院长李熙谋)、劳农学院(院长谭熙鸿)，另筹文理学院(院长邵裴子)，合三院组成国立第三中山大学。并接收浙江省政府教育厅行政职权，浙江大学区正式成立。

8月3日　南京国民政府严令禁止溺毙女婴，并通令各省市政府饬所属一体遵办，并呈报办理情形。

8 月 6 日　南京国民政府教育行政委员会通令各省区教育行政机关，所有学校采用校长制，废除委员制。

8 月 13 日　国民革命军总司令蒋介石在上海发表辞职宣言。下午，乘轮船赴宁波奉化溪口“退隐”。南京中委张静江、蔡元培等人于是日赴沪挽留蒋介石，因蒋已发表辞职宣言且已抵奉化，于是也在沪上通电辞职。

8 月 16 日　南京国民政府下令改革司法制度，自 10 月 1 日起一律裁撤检察厅(将原有检察官酌置各该级法院内行使检察职权)，将各省高等审判厅改称高等法院，其分厅改称为分院，地方审判厅改称地方法院，其已设地方分厅分庭者亦照改。

8 月 19 日　中共浙江省委决定在国民革命军第二十六军军长(上海戒严副司令)周凤岐未到浙江主政前，发动城市、乡村大暴动。是日晚，省委委员、杭州总工会负责人冯树棠、袁立夫从上海回杭，擅自以省委名义阻止暴动，号召工人群众去火车站“欢迎周凤岐来浙江主政”，破坏了整个暴动计划。

8 月 20 日　南京国民党中央政治会议议决，准陈希豪、马叙伦辞浙江省政府委员职，任庄崧甫、陈其采、斯烈为省府委员，张静江未回任前，由周凤岐暂代省政府主席。

8 月 20 日　中国国民党中央党部致电慰留蒋介石，晋、滇、川、黔等省也派代表到奉化挽蒋复职。

8 月 23 日　杭州受南京政局变动影响发生政潮，周凤岐系渐占优势，杭州市长邵元冲乘南京政局变动之际，将公款 7 万余元汇沪保存，被公安局扣留，交省府查办，是日邵元冲呈请辞职。

8 月 24 日　中共浙江省委书记庄文恭以身体有病和能力弱为主要理由，在上海向中央临时政治局提出辞职。并为王嘉谟、赵济猛、卓兰芳、邬因明代拟了《浙江省委总辞职书》，要求“全局改组”。9 月 9 日，中共中央批准浙江省委书记庄文恭辞职，由王家谟代理书记。

8 月 28 日　中共浙江省委决定于是日以召开市民大会的形式发动第二次暴动，并拟定了行动大纲、宣传口号等。是日下午 1 时，国民党军警事先包围了会场，并封锁了各工厂，暴动计划流产。

8 月 31 日　南京国民政府通令各省一律通用中山新币。

9 月 18 日　浙江省政府咨请南京国民政府财政部收回中央兑换券。

9 月 19 日　国民党中央特别委员会召开第三次大会，会议决定中央政治委员会或称政治会议及各地政治分会一律取消，其职权分别由中央党部、省党部、国民政府、省政府执行，各地政治分会限 10 月 1 日前取消。

9 月 20 日　浙江省政府下令严缉萧澄等 84 名共产党人。

9 月 22 日　蒋介石由奉化至宁波换船赴上海，表示要出洋作 1 年的环球考察。浙江省政府委员会议决拨蒋出洋资助旅费 5 万元。

9 月 25 日　省总工会在杭州举行“浙民救党运动大会”，参加者约 5000 人，国民党省、市党部代表演说，并通过“否认南京特别委员会之议决事项”之提案。

9月26日　曾于1915年11月7日在上海刺死辛亥革命志士夏之麒的凶手夏湘兰在青田被拘获。10月24日提解浙江省政府拘押于陆军监狱，11月21日南京国民政府下令讯明枪决。

9月26日　中共中央特派员王若飞在杭州向浙江省委传达中共“八七”会议的各项决议和新政策的要点，批判了陈独秀的右倾错误，阐述了土地革命在中国革命中的重要意义。

9月27日　共产党活动分子会议在杭州召开，选举产生新的省委委员和候补委员。次日，省委召开全体会议，选出常委并进行分工：书记兼宣传部主任张秋人，常委、组织部主任王嘉谟，常委、农民部主任卓兰芳，常委、职委主任陈之一，常委、军事部主任贝介夫，妇女部主任石爱云，秘书长江少怀。为加强党的指导，省委将全省划分为11个市委和县委。至月底，成立正式市、县委的有：杭州、宁波、嘉兴、临海、建德、湖州、绍兴、奉化和诸暨；建立临时县委的有：永康、武义、宁海、兰溪和海宁。

9月28日　周凤岐电南京国民政府，辞省政府主席(代理)兼军事厅长各职。29日，周凤岐又电军事委员会辞二十六军军长职。10月9日，南京国民政府军事委员会准周凤岐辞去第二十六军军长职务，任命陈焯为该军副军长、代理军长。

9月29日　中共浙江省委书记张秋人在杭州西湖三潭印月被捕(次年2月8日在浙江陆军监狱遇害)。当日下午，省委召开紧急会议，决定请中央立即派省委负责人来浙江，在此之前由陈之一代理省委书记，宣传部主任由江少怀代理，增补林居为省委常委。

是月　交通部在杭州建成无线电台，地址在西大街大教场。次月，开始通讯。此后，交通部又于1928年、1930年先后在浙江建宁波无线电台、定海无线电台。

10月5日　南京国民政府任命蔡元培、何应钦、朱家骅、陈其采、程振钧、蒋伯诚、蒋梦麟、马寅初、阮性存、陈屺怀为浙江省政府委员，以何应钦为主席。

10月10日　中共浙江省委发出《双十节告革命民众书》，提出了没收地主土地、实行耕者有其田、实行11小时工作制、废除不平等条约等口号。

10月中旬　中共浙江省委军事部组织“红色恐怖团”，指挥贝介夫，团长胡友生。

10月6日　浙江省政府通令各县政府及公安局、中等以上学校，严防学生接受共产党从事反对活动。次日，又下令军警各机关严密侦缉防范学生运动。

10月28日　中共中央就组织农民武装暴动致信浙江省委。指出：浙江反动统治极不稳定，内部冲突无法解决，浙江应马上准备一个广大的农民暴动夺取武装，占据县城。在暴动区域要坚决肃清一切反动势力，施行“红色恐怖”。同时强调，在农民暴动时绝对不许不管城市的工人斗争。根据中共中央的这一指示，省委成立暴动指挥机关——浙东工农革命委员会。机关拟设宁波，王嘉谟任总负责人。

10月28日　南京国民政府下令裁撤各省司法厅。

是月　永康、东阳、上虞3县农民分别在党员领导下，进城向当局提出实行二五减租要求，取得胜利。

11月3日　国立第三中山大学严禁浙江省各小学采用古文言文教学。

11月3日　浙江省政府令各县严禁各寺院收受僧尼。

11 月 3 日　夏曦受中共中央委派来浙江，改组省委，夏曦任中共浙江省委书记，王嘉谟、卓兰芳、梅电龙、陈之一、贝介夫、沈乐山为常委。江少怀等 7 人为委员或候补委员。

11 月 3 日　浙江农民要求国民党党部兑现"解放工农"口号，实行减租。

11 月 6 日　中共浙江省委常委、军事部长贝介夫在杭州被捕，省委"红色恐怖团"被彻底破坏。

11 月 7 日　中共浙江省委机关被破坏，在杭州先后被捕者达 116 人。

11 月 18 日　中共浙江省委常委、浙东工农革命委员会主要负责人王嘉谟在温州遇害，省委特派员周定和郑敬衡也同时遇害。

11 月 21 日　浙江省当局以"谋危党部政府罪"在杭州大捕学生。是日，省政府致函第三中山大学，请缉各校学生，所开工学院、医专等校名单计 150 余人。

11 月 24 日　据《新闻报》讯：国民党浙江省党部与省府训令各地严密防范缉获共产党。嗣在绍兴破坏中共机关，搜获全省共产党员 1300 余人之总名册，其中大部分为青年学生，142 名已被捕。

11 月 29 日　吴昌硕在上海逝世，享年 84 岁。吴昌硕(1844—1927 年)，名俊、俊卿，初字香补，中年更昌硕、仓石，浙江孝丰县(今安吉县)人，近代书画篆刻大师，曾任西泠印社社长等职。

是月　中共浙江省委会议在上海召开。

12 月 8 日　省政府令绍兴等县解放浙东堕民，要求通过设立独立的完全小学，津贴贫寒子弟升学，与普通平民同受中等或高等教育。

12 月 10 日　中共杭县县委遭破坏，书记沈资田等被捕。

12 月 16 日　国民党浙江省党部临时执行委员会电请南京国民政府即速下令镇压张太雷等领导的广州起义，并表示愿率浙江省党员民众声援。

12 月 17 日　国民党浙江省党部临时执行委员会电请蒋介石、吴稚晖、胡汉民出山主持国民党党务。

12 月 18 日　中共中央发出由周恩来起草的致中共浙江省委信，要求中共浙江省委今后工作重点应致力于党和工会及农民间组织的迅速恢复和建立，同时指导这些组织发展广大的乡村游击战争和城市工人的日常斗争。此前，中共浙江省委曾于 3 日制定《浙江目前工农武装暴动计划大纲》，报送中共中央临时政治局审议。

12 月 27 日　国民党浙江省党部发布《共产党自首条例》，规定："共产分子如有确被诱惑而无破坏本党事实者，准其自首，予以自新"，"自首应备下列手续：(一)自首状；(二)悔过书；(三)最近四寸半身照片；(四)声明此后行径；(五)亲属保证；(六)殷实商铺具保；(七)详细住址；(八)罚誓。"

12 月 29 日　程潜、白崇禧等自武汉通电，反对浙江省截留中央税款，并请南京国民政府整饬纲纪，严加惩办。

是月　中共浙江省委机关在杭州无法立足，暂时迁往宁波。1928 年 4 月 1 日，中共浙江省委机关由宁波迁回杭州。

是年　宁波市采用沥青表面处理技术，修筑省内第一条城市沥青道路。

民国17年(1928年)

1月8日　蒋介石被南京国民政府任命为国民革命军总司令。

1月8日　国民党浙江省党部中央特派员蒋伯诚、蒋梦麟致电中央党部，要求函请浙江省政府及浙江省党部一律暂停民众运动，严禁散发传单，张贴标语，聚众开会，结队游行，各地农工团体亦暂停活动，并取缔抗租、罢工，以防止共产党在浙江暴动。

1月9日　浙江特种刑事法庭在杭州杀害中共党员8名。20日又杀害中共党员7名。

1月18日　中共中央再次发出由周恩来起草的致浙江省委信，再次告诫"浙东的情形还不是一个暴动割据的成熟局面"。

2月1日　省政府通令各属，凡民众运动，非经政府核准，不许举行。

2月6日　省政府议决令公安局即日封闭各级工会。同日，杭州市公安局长章烈奉命发出布告，将所辖400余工会于下午5时前一律封闭。

2月6日　国民政府大学院决定改国立第三中山大学为浙江大学，蒋梦麟任校长。

2月8日　省政府委员会会议通过省财政厅提出的修订捐率案。修订案以浙江省原统捐捐则为基础，将百货捐率一律增加五成。应征货物分为25类，凡捐率未载者，按估本值百抽五征收。

2月9日　南京国民政府电令各省市政府严密防范共产党，称：共产党"自厉行清党以后，竟有怙恶不悛之徒，潜去各方，阴谋复煽，除恶务尽，防范宜周，仰各省市政府转饬所属，严密查拿"。

2月13日　南京国民政府公布军事委员会常务委员及主席人选，蒋介石为军事委员会主席。

2月13日　南京国民政府财政部长宋子文抵杭州解决浙江省财政问题，即日与省府各委员磋商，达成浙江省每月解部款由50万元增至70万元等5项有关国税、省税协议。

是月　龙游南乡与遂昌北乡340多个纸槽4000余工人罢工取得胜利，人均日工资从2角2分增加至3角3分。

3月2日　国民党中央执行委员会电告各省政府，提倡造"中山林"，确定每年3月12日，全国各地一致举行植树典礼。

3月2日上午　蒋介石到杭州检阅军队及磋商浙省党政纠纷问题，希望杭州各界尽力帮助北伐，拥护省党部与省政府。

3月7日　蒋介石被推为中央政治会议主席。

3月10日　《新月》杂志创刊，徐志摩主编。

3月12日　杭州举行国父孙中山逝世3周年纪念大会，是日各机关停止办公，悬半旗志哀，商界停止营业，会后游行、植树。

3月14—16日　中共浙江省委在上海召开扩大会议，周恩来代表中共中央出席。会议通过了《浙江党部目前政治任务决议案》《浙江职工运动决议案》《农民运动决议案》《关于改造党的组织决议案》。会议还改组了省委，夏曦任书记，张松生、邵荃麟、卓兰芳为常委，张静三、龙大道、卓阿德、俞伯良、梅电龙、任旭为委员，陈兆龙为候补委员。

3月26日　国立艺术院在杭州成立。该校系今中国美术学院前身，由蔡元培倡建，首任校长为林风眠。是中国第一所国立艺术学院。

3月27日　浙江省县长考试在杭州举行。这是自《浙江省县长考试条例》公布后进行的第一次县长考试，有400多名考生应试，其中包括一些女性。至4月份考试结束，共录取32人。

是月　浙江省长途电话筹备处成立，负责兴办全浙长途电话事业。

4月1日　南京国民政府财政会议议决，由苏、浙、皖3省向中央按月解款924.3万元。

4月10日　省道局改名为省公路局，仍隶属建设厅，兼管县道（公路）建设事宜。从此时起，凡通行汽车的省道和县道，均称公路。

4月10日　省政府下令启封各级工会。

4月11日　奉化县在卓兰芳领导下，发动莼湖区农民暴动。国民党“宁绍台温剿匪指挥部”调集省防军三营分五路进攻，农民暴动失败。

4月22日　中共浙江省委常委卓兰芳在兰溪乌龙庙主持召开浙西各县负责人会议，传达省委3月扩大会议的精神，规划浙西各县工作。会上建立了浙西特委，下辖东阳、遂昌、兰溪、武义、宣平、永康、龙游、建德、缙云、义乌10个县委，管辖金华、兰溪、永康、武义、宣平、缙云、东阳、义乌、浦江、汤溪、建德、寿昌、龙游、衢县、江山、常山、开化、遂昌、遂安、淳安、桐庐、分水共22县党的工作。由省委特派员卓兰芳兼任书记。同年12月20日撤销，各县党组织归中共浙江省委领导。

4月23日　国民党浙江省党务指导委员会成立。

4月26日　日军出兵山东，由青岛开赴济南。浙江各界在杭州成立“民众反对日本出兵山东委员会”。

是月　省政府会议通过《浙江省公路债券条例》，发行浙江省公路公债，总额250万元，分8年偿还。以本省地丁抵补金带征一成附捐，约每年60万元，作为公债还本付息基金。

5月初　因中共浙江省委书记夏曦赴莫斯科参加中共六大，中共中央对中共浙江省委进行调整，卓兰芳任省委书记，增补龙大道、李硕勋、张静三、曹晓时（曹策）为常委，陈兆龙为委员。因卓兰芳尚在浙西，由龙大道代理省委书记。

5月5日　省政府通电全国，谴责日军5月3日制造济南惨案。要求国民党中央确定外交方针，以资应付，全国民众一致奋起，为外交后盾。

5月26日　宁海亭旁（现属三门县）暴动爆发。是月24日，中共浙江省委特派员管容德和宁海县委书记卢经训（王逸仙）、县委特派员杨毅卿在亭旁开会，正式成立亭旁区革命委员会及红军指挥部，包定任革命委员会主席兼红军总指挥，梅法金、任畴任副总指挥。26日拂晓，暴动队5000余人开进亭旁街，在数千群众参加的大会上，宣告成立亭旁区苏维埃政府。这是浙江省第一个苏维埃政府。亭旁暴动震动了全省，省政府随即调省防军向亭旁进攻。农民军因腹背受敌，弹尽援绝而最终失败。

是月　省政府通过《浙江省修筑公路计划大纲》，总计 8000 里，分四期进行。

6 月　永嘉、瑞安、平阳 3 县联合暴动失败。

7 月 4 日　中共浙西特委发表《为反对日本在山东屠杀民众宣言》，抗议日本在山东济南制造“五三”惨案，号召人民起来反对日本帝国主义和蒋介石国民党的卖国政策。

7 月 22 日　遂昌县委和湖山区委领导发动湖山暴动，捣毁区公所，斗争土豪劣绅，并将粮食、白洋分给群众。县委还作出了攻打遂昌县城、建立苏维埃政府的部署。后在反动武装镇压下，暴动失败。

是月　省政府公布《浙江省信用合作社暂行条例》。是年，全省有信用合作社 18 个，萧山县还成立了东乡蚕丝合作社、浦萝运销合作社和义桥运销合作社。

8 月 7 日　省道基本线即杭州拱宸桥至三廊庙公路完成通车。

8 月 13 日　中共浙西特委代理书记严汝清发动兰溪农民暴动，持续七天，震动了浙西地区，省政府代主席、省防军司令蒋伯诚到兰溪指挥镇压。在优势兵力的镇压下，暴动失败。

8 月 22 日　杭州省防军军械库爆炸，焚烧 2 小时，毁子弹 10 余万发。

8 月 28 日　沈定一在萧山衙前汽车站遇刺身亡。沈定一（1883—1928 年），字剑侯，号玄庐，萧山人。中国共产党的最早党员之一。

是月　热带病研究所在杭州成立，蔡元培被推为董事长。

9 月 14 日　台风暴雨。临海县城水深五六尺。温岭县水深丈余，淹没 14.3 万亩，晚稻减收五六成。黄岩县南郊晚稻无收。临海、黄岩、仙居、宁海 4 县有灾民 7.54 万人。

9 月 15 日　南京国民政府公布《县组织法》，规定县以下实行区、村（里）、闾、邻制。百户以上之乡村地方为村，市镇地方为里，村里居民以 25 户为闾、5 户为邻。翌年 6 月 5 日，南京国民政府修正公布《县组织法》，将原县以下区、村（里）、闾、邻制改为区、乡（镇）、闾、邻制。

9 月 20 日　中共浙江省委发出《浙江省委目前政治任务决议案》，指出：浙江党目前的政治任务主要是争取群众的问题，一方面要反对和平发展，一方面又要纠正盲动主义。

是月　中共浙南特委成立，书记管容德。特委机关设在海门，领导温属四县和台属六县的工作，下辖永嘉、瑞安、临海、黄岩、宁海、天台、温岭 7 个县委。12 月，特委机关被破坏。

10 月 8 日　国民党中央常务会议通过蒋介石为国民政府主席。

10 月 10—11 日　中共永康、武义县委联合举行秋收暴动，旋即失败。

10 月 19 日　中共浙江省委在接到中共浙西特委关于永康、武义将要联合暴动的报告后，致函中共浙西特委转永康、武义县委，认为暴动是“盲目行动”。应把工作路线转到发动群众日常斗争方面，在斗争中组织群众、教育群众、提高群众阶级觉悟，培养群众斗争力量，这才是正确的工作路线。

是月　中共浙江省委书记卓兰芳辞职，由李硕勋代理省委书记。常委调整为：卓兰芳、龙大道、刘峻山、周志康。刘峻山任宣传委员会书记兼秘书长，李硕勋兼军事委员会书记，周志康任职工运动委员会书记。

是月　浙江省广播无线电台开始播音。播音台设在杭州，全省 75 县同时装设收音机。这是浙江省第一座广播电台，也是当时省市地方政府所办的最早的广播电台之一。

11月7日　南京国民政府明令改组浙江省政府:准何应钦辞省府主席,任张静江、朱家骅、钱永铭、程振钧、叶琢堂、蒋伯诚、黄郛、陈其采、何辑五、周骏彦为委员,并指定张静江为主席。

是月　中共杭州市委建立。市委负责指导诸暨、於潜、昌化、宁国、临安、余杭、绍兴、萧山、富阳、嘉兴等县的工作。

是月　吴兴电气股份有限公司技术员试用电犁耕田,为国内首次试用。

12月25日　南京国民政府行政院第九次会议,议决修筑6条干线国道,浙省境内有南京至杭州线;杭州经衢州至南昌线;衢州经延平至福州线;杭州经徽州至安庆线。

是年　开始兴建钱塘江南岸护岸工程,至民国23年(1934)完成。萧山坍江起自清光绪二十五年(1899),至是年岸线已退移约30公里,坍失耕地38万亩。

是年　浙江省人口为20632701人。

民国18年(1929年)

1月4日　中华教育文化基金董事会在杭州召开第三次常委会,修改该会章程,选举蔡元培、蒋梦麟为正副董事长,任鸿隽为秘书。

1月5日　前北洋政府国务总理汪大燮在北平病故。汪大燮原名尧俞,字伯唐,一字伯棠,浙江钱塘(今杭州)人。晚清至民国时期外交官,政治家,北洋政府国务总理。

1月16日　中共浙江省委召开扩大会议,改组了省委,书记徐英,代理书记罗学瓒,常委康平、周志康、邵桂根、王金娒、郑馨,委员卓兰芳、李硕勋,秘书长兼组织部长李硕勋、宣传部长罗学瓒、职委书记周志康、农委兼军委书记管容德。

1月19日　南京国民政府指令行政院,准财政部取缔各省县属地方钱庄商号不得再发行兑换纸币或类似纸币之票券,已发行者限1个月内呈查。

是月　省民政厅通令各市县,重申省政府解放"贱民"政策,饬各县长依照迭令认真办理,毋得再视同具文,并将遵办情形,按月于政治工作报告中一并呈报。据本年9月省民政厅调查,全省尚有"惰民"和"九姓渔民"20157人,其中"惰民"18318人,"九姓渔民"1839人。

2月　浙江省政府会议通过《浙江省各县修筑道路暂行规程》,公布实行。

4月15日　黄岩县盐民聚众数千人反对新盐政。宁波外海水警局派永平舰前往镇压。

4月16日　国民党浙江省执委会第二次常会,反对省政府取消二五减租的决定,决议函请省政府复议。

4月17日　中共中央在上海召集中共浙江省委及浙江各重要地域负责人会议,作出《浙江问题决议案》,决定暂时取消中共浙江省委,加强直达地方的巡视工作,划分6个中心县委(杭州、宁波、温州、台州、湖州、兰溪)直属中央。全省各县的党组织,分别由这些中心地方党委就近负责联系和指导。

4月28日　南京国民政府教育部布告,规定现有中医学校一律改称中医传习所。

4月28日　大帮太湖土匪抢劫嘉兴中国银行,劫去钞票9.6万元(一说10万余元),同时当地兵轮与警察所枪支亦被抢劫,并有多人受伤。6月15日,抢劫犯陈必哥等4人被枪毙。

4月30日　省政府因杭州《民国日报》登有反对省政府取消二五减租文字，于是日勒令该报停刊，并逮捕总编辑胡健中。国民党省党部召开执委会紧急会议，议决弹劾省政府，电请中央释胡。杭州记者联合会亦电请各地记联会援胡，并电胡慰问。

4月30日　中共浙江省委代理书记罗学瓒在杭州被捕。

是月　浙江省建设厅制订全省公路网计划，定为6条经线、3条纬线、1条沿海线及40条支线，总长6748公里，经省政府会议通过。

是月　中共杭州中心市委成立，书记江平，直辖21个支部，同时负责指导萧山、绍兴、富阳、嘉兴、临海、海宁、长兴、於潜、诸暨等县党的工作。

是月　中共宁波市委成立，林去病任书记。

是月　乐清县发生流行性脑膜炎，死3000余人。

5月1日　南京国民政府饬行政院通令查禁《共产党宣言》及《国家主义问答》两种书刊，要求各地严密防范，勿稍疏懈。

5月1日　浙江长途电话开始营业。

5月2日　南京国民政府外交部长王正廷发表谈话，各省地方交涉员限年底撤销，外交事务由外交部直接办理。

5月4日　国民党中央委员会制定处置浙江省二五减租纠纷办法数项，训令浙江省党部遵行。6日，国民政府又令浙江省政府照中央委员会所提办法办理，即准浙江省暂停二五减租，而非取消二五减租之原则；已经实行又未发生纠纷的地方不得再将租额复旧；浙江省应在两年内做好各项准备，以便施行。

5月5日　杭州寿安路大火，三元路、新民路、崔家巷、里仁坊等8处俱付一炬，共焚商店188家，遭灾住户113户，损失达600多万元。

5月17日　国民党中央、南京国民政府分别令浙江省党部、省政府，谓关于取消二五减租及因此引起之杭州《民国日报》案，中央对该省政府与省党部过去之错误已一一加以妥慎之纠正，嗣后省政府与省党部应互相爱护，互相砥砺，互相尊重其职权。省政府如有对于全省兴废关涉本党政纲政策事宜，应先呈明中央，并不得直接干涉党报；省党部如遇与政府施政见解有不合时，亦应呈明中央，静候解决，不得直接以文字攻击，转滋纠纷。

5月19日　省建鄞奉公路（自鄞县至奉化及溪口入山亭）完成通车，在宁波举行通车典礼。

5月25日　南京国民政府训令浙江省政府，不许预征钱粮以充建设经费。此前，浙江省政府第二一七次会议提议，常年分上下两忙开征时，拟借征一年田赋，专充铁路、电力、水利等建设特捐外，所有省县附税，并一律借征。浙人庄松甫、陈肇英等反对并上书中央党部、国民政府、行政院要求制止。

是月　中央银行杭州分行正式成立。

是月　中共台州中心县委成立，书记曹珍，下辖温岭、黄岩、宁海3个县委及天台、仙居的部分党组织。

6月6日　杭州西湖博览会正式开幕。博览会设革命纪念及博物、艺术、农业、教育、卫生、丝绸、工业8馆，又另设参考陈列所，陈列外国物品以资参考，设特种陈列所以表现各种行政状况及各项事业统计。开幕当天，观众即逾10万之众，在浙江及全国产生重大影响。

6月25日　南京国民政府行政院举行第二十七次会议，议决暑假期内停止浙江、北平两个大学区之试行。7月30日，浙江大学区结束。

6月25日　浙江省商业联合会呈请工商、铁道两部，制止沪宁、沪杭甬两路局查禁私运钞票。沪宁、沪杭甬两路局此前订定《查禁私运钞票办法》，规定凡客商自带500元以上者须交承运银洋公司代运，否则即须处罚，定7月1日施行。

是月　中共湖州中心县委成立，瞿绥如任书记，辖6个区委和4个直属支部，一度辖德清县委。

7月10日　浙江大学农学院对浙江金华、兰溪、嵊县、绍兴、衢县、东阳、江山和崇德8县作农户调查，历时52天，至8月31日结束。

7月13日　南京国民政府公布《县保卫团法》，共7章31条，其中规定：各县保卫团之编制每闾为一牌，以闾长为牌长，每乡或镇为一甲，以乡长或镇长为甲长；每区为一区团，以区长为区团长；县为总团，以县长为总团长。凡20岁以上、40岁以上男子（家无次丁及残废等除外）均有入保卫团受训练的义务。

8月10日　定海风水为灾，一片汪洋，尽成泽国，淹毙人畜。

8月18日　温州大旱至11月5日持续79天，又有铁甲虫为害，许多乡村晚稻颗粒无收，温属6县饥民达40万人以上。

8月20日　中共永康中心县委成立，书记金丁亥，下辖永康、东阳、缙云、义乌、武义、宣平6个县委。

8月21日　南京国民政府训令浙江省政府遵照《浙江省佃农二五减租暂行办法》施行。

9月5日　台州大雨，温岭县平地水深五六尺，晚稻颗粒无收。天台、宁海二县平地大雨持续五昼夜，山洪暴发，人畜伤亡甚重。玉环县水灾严重。

9月17日　南京国民政府公布《清乡条例》32条，规定各省于省政府所在地设省清乡总局，各县于县政府所在地设县清乡局，限期以文到之日起3个月内将清乡事务办理完竣，至多不逾6个月。

9月18日　新昌下州、石门坑、风岩山等村数百农民在张万成领导下手执马刀、锄头等，齐集龙岩井，举行暴动。暴动队伍迅速发展到万余人，后在省保安团的镇压下失败。

9月25日　南京国民政府训令各省政府速筹安置灾民垦辟荒地办法，以化瘠土为沃壤而惠灾黎。

10月1日　杭长路（杭州经武康、吴兴、长兴至父子岭）全线贯通。杭长路是京（南京）杭（杭州）国道的浙江境内段。

10月2日　南京国民政府公布《县组织法施行法》17条，规定各县政府奉到县组织法施行日期命令后应于2个月内划定各自治区，编定各自治乡镇，限浙江省于民国19年6月终完成。

10月5日　南京国民政府为切实推行国历训令直辖各机关，从民国19年1月1日起，凡商家账目、民间契约及一切文书簿据等，一律须用国历上之日期，并不得附用阴历，方有法律上之效力。

10月11日　西湖博览会历时4月，是日闭幕。孔祥熙代表南京国民政府致训词，希望民众协助政府及工商界，以促进中国工商业之猛进。

10月12日　南京国民政府教育部通令各省教育厅将筹备大学之款，移作普及教育及整顿中等教育改设专科学校之用。

10月22日　南京国民政府公布施行《民国十八年浙江省建设公债条例》，共16条，规定浙江省发行公债1000万元，用于杭江铁路(628万元)、杭徽公路(58万元)、电气事业(198万元)、钱江水利(116万元)，定于民国18年11月1日按公债票面九八折发行，年息八厘，用抽签法分九年偿还。

11月13日　永嘉西溪农民4000多人暴动，捣毁昆阳警察分局，焚毁地主豪绅住房9座。后遭驻温省防军和民团镇压。

11月19日　永嘉成立红军游击队。

11月25日　南京国民政府训令行政院转饬浙江省政府严禁奸商运米出洋，以维民食。

12月17日　中共浙江省委书记徐英在宁波被捕。1930年8月27日在浙江陆军监狱遇害。

12月31日　南京国民政府外交部通令撤销浙江等省地方交涉署。

是月　浙江省政府决定成立西湖博物馆(今浙江省博物馆和浙江省自然博物馆前身)。

是年　浙江卫生试验所建立，为国内最早的卫生检验机构。

是年　吴兴电厂办电灌；翌年，杭州电厂在湖墅区建立20马力、25马力电灌站两座。这是省内开办最早的电力灌溉。

是年　衢州江山县牛瘟大流行，死牛数以千计。死牛抛于江中，江山港上游至峡口、礼贤30多里的江面上漂满牛尸，疾病沿江传播，殃及江山至建德沿江两岸。次年，浙江省民政厅制定《处理死亡畜禽办法须知》，规定畜禽尸体处理及有关消毒之职责等。

民国19年(1930年)

1月6日　浙江省1929年度人口调查与粮食统计数据见报。分录如下：全省人口20633120人。全省土地总面积计21607万余亩，可耕田地4060余万亩，占总面积1/5，除去宅地、坟地、道路、电杆、牌坊、田塍、地沼、井及其非种植施用地等，计160余万亩，实际耕种田地约计3900万亩，其中桑叶、烟叶、棉花、果木、甘蔗、杂粮、靛青、药类、杂木、花圃等合计1300万亩，实际产米之田为2590万亩。

1月22日　浙江省为办理特种建设事业，发行建设公债1000万元，由上海商务印书馆承办印刷，票面分10000元、1000元、100元、50元、10元、5元等。

是月　浙江省师范教育研究会在杭州成立。

是月　永康县四十四坑一带的农民举行示威游行，反对南京国民政府强迫推行“土地陈报”。定海县六横岛农民和渔民万余人为反对“土地陈报”及各种杂税，举行武装暴动，国民党当局调集8艘军舰和400余军警前往镇压,暴动群众400余人被捕。

2月7日　南京国民政府变更编遣划区办法。全国划为7个区,其中以苏、浙、皖、闽、赣为中央编遣区,由中央直接处理。

2月12日　杭州市县正式划定区域。市区仍照原定划为6区,县区缩小范围,划为6区,分别为:调钦区、西五区、皋乔区、上四区、临平区、瓶窑区。

2月13日　浙江省民政厅通令各市县筹备新仓。

3月7日　中共中央军委派胡公冕及刘蜚雄、金国祥(蓝尘侣)等,在永嘉县白岩与王国桢等领导的农民武装会合。9日,胡公冕率部到永嘉、仙居交界的黄皮寺,成立了浙南红军游击总指挥部,胡公冕任总指挥,刘蜚雄任参谋长,王国桢、李振声负责政治工作,下辖3个支队,400余人。支队长分别由雷高升、胡协和、谢文侯担任。

3月19日　胡公冕率红军游击队四五百人到达处州城,与敌军展开巷战。后因弹药不济,退出战斗。22日,部队退至青田县梅溪,击退追军后,回师永嘉县楠溪的五尺村。

3月20日　蒋介石偕宋美龄检阅沪宁、沪杭甬沿线部队,次日到上海,22日返奉化原籍,检阅镇海要塞。

3月28日　京杭长途电话接通。

3月29日　鄞县名刹阿育王寺失火,损失20余万元。

是月　日本渔轮姬岛丸于1月26日在温州洋面捕鱼,撞沉中国渔船,复将船长朱阿良押赴长崎,至是月底释放回上海。上海市摊贩等30余个团体具文呈请外交部提出严重交涉,要求赔偿一切损失。

是月　中共宁波市委成立,下辖镇海、奉化、鄞县3个特别支部,徐敏畅任书记。1932年4月,因书记杨仁梓叛变,宁波市委及下属3个特别支部被破坏。

4月1日　第四届全国运动会在杭州开幕。蒋介石莅会致训词并观礼。参加这次运动会的有湖北、广东、香港、青岛、安徽、江西、绥远、辽宁、福建、湖南、北平、天津、南京、河南、江苏、上海、四川、山东、河北、浙江等22省市区2000余运动员。

4月6日　杭州举行国货流动展览大会。沪杭国华广商参加者共80余家,大会推国民党浙江省党部为大会主席团。

4月9日　浙江省民政厅组织杭县、绍兴县两县500余人赴东北开垦荒地。

4月中旬　中共永嘉县委召开扩大会议。会议决定:温州游击队暂编为浙南红军第一独立团;台州游击队暂编为浙南红军第二独立团;永康游击队暂编为浙南红军第三独立团。

4月21日　沪杭长途电话试听通话。

4月22日　诸暨县爆发有3000多人参加的暴动。

4月30日　杭州米价上涨,浙江赈务会采办平米分发给新登、富阳、诸暨、衢县、德清、临安、桐庐、余杭8县,各份领300包;三仓委员会,份领1000包;同时,昌化等9县也开始请求每份具领,以资平粜。

4月30日　中共中央特派员卓兰芳到杭州,将中共杭州市委改为中共杭州市行动委员会,由郑馨任书记。6月,杭州市行动委员会改为杭州市委,负责指导杭县、於潜、昌化、宁国、富阳、萧山、湖州、长兴、德清、绍兴、嘉兴、诸暨等县党的工作。

5月9日　浙江工程师陈绍琳发明长途电话桥接法。

5月9日　南京国民政府任命熊式辉为苏浙皖三省"剿匪"总指挥。后蒋介石任命李明扬、朱思明、卫立煌分别为苏、浙、皖指挥官。

5月14日　浙江省航政局取消各区原设船舶事务所，改在宁波、温州等处设立4个航政分局，委任周小山、钱之江等为分局长。

5月19—21日　余杭2000多农民暴动，攻打"保卫团"和地主宅院，开仓分粮。22日，遭国民党军警镇压。

5月23日　南京国民政府第77次国务会议通过《杭州市自来水公债条例》，28日公布条例，总额250万元，年息8厘，自是年7月1日起按票面九八折发行，分20年偿清。

是月　为了实现"发动群众以诸暨为中心的浙西暴动"总计划，中共中央巡视员卓兰芳到建德发动农民暴动。

6月9日　南京国民政府公布《民国十九年浙江省赈灾公债条例》，总额100万元，年息8厘，定于7月1日按票面九八折发行，从12月起分9年偿清本息。

6月18—22日　中国共产党浙南第一次党代表大会在瑞安县渔潭中村召开。参加会议的有永嘉、瑞安、平阳、乐清、临海、黄岩、温岭、天台、仙居、永康等县党的代表和工人、妇女、游击队及红军的代表。会议通过了《目前浙南革命形势和党的任务》以及组织、军事、工农运动等决议案，提出发动地方暴动，夺取地方政权，争取一省胜利的前途。会议选举产生浙南特委，书记为王国桢。下辖永嘉、瑞安、平阳3个县委和永康、台州2个中心县委。

是月　沪、杭等地火柴工会因瑞典商人在上海周家渡收买日商燧生火柴厂，并扩大经营，致使中国火柴业有破产危险，百万火柴工人行将失业，特递文南京国民政府请愿严行制止。

7月28日　钱塘江飓风，船只被撞沉或倾覆者数十艘，溺水死者四五十人。

是月　温(州)、处(州)包商食盐课额减为全年60万元。

8月1日　招商局内河轮船因受英、日商轮排挤已辍业，浙江省航政局将该局停航轮船全部租下，于是日恢复苏浙21条航路。

8月18日　浙江省财政厅向金融界续借现款30万元，以全浙布捐作抵押，分5次均摊还清。

8月20日　浙江省政府决定成立经济委员会，确定本省会计制度。

8月22日　浙江省财政厅接财政部令，财政部所发行的关税短期库券5000万元，浙江省厅应派募250万元。25日，财政厅决定应派募的关税库券250万元，由本省建设公债划解中央。

8月22日　因大批日茧运沪廉价竞销，致使中国茧业大受影响，浙江省内各县茧商联名电呈南京国民政府请求严密取缔，或课以重税，寓禁于征，称"若不禁止，则源源运华，我国蚕桑事业，从此破产"。

8月26日　浙江省电气局为扶植各地民营电气，决定建设全省电气网，由该局办理全省发电输电的工程任务售电事项由经营电气事业人分地承办。

8月27日　杭州浙江陆军监狱发生“八二七”大屠杀。国民党为对付共产党和红军，在全国制造白色恐怖，加紧屠杀共产党人和革命志士。8月27日，中共浙江省委书记徐英，省委代书记、中央特派员罗学瓒，团省委代理书记裘古怀等19人在浙江陆军监狱被害。

是月　中共浙南特委改为中共浙南总行动委员会，所属各会也改为县行动委员会。红军第十三军的第一、二、三团分别改称为第一、二、三师。同月，杭州组建浙北总行动委员会，9月，浙南总行委恢复为浙南特委，撤销浙北总行委。

9月1日　浙皖两省勘察休(宁)、开(化)两县界，决定按民国12年两省会勘县界为依据。

9月23日　张学良请南方代表转请南京国民政府：(1)中止攻击郑州；(2)平津一带由东北军收拾残局，以于学忠部警备；(3)促阎、冯下野，其部队部分改编。浙江省政府主席张静江通电响应张学良，主张“务使阎、冯早日下野，以谢国人”。

是月　中共浙北总行委撤销后，另组建浙北特委，书记郑馨，负责指导杭、嘉、湖、宁、绍和金华地区党的工作。半个月后，浙北特委改组为杭州中心县委，书记何达人(后宣坤松)，负责指导萧山、富阳、嘉兴、吴兴、诸暨、长兴等县党的工作。11月初，中心县委遭破坏。重建后，次年2月再遭破坏。

是月　核准玉泉、黄岩、杜渎、三江等盐场废煎办法，付之实行。

是月　中共浙江省委书记卓兰芳在杭州被捕，后被杀害。

10月3日　浙江省商统会召集会议，决定正式成立浙江省商会。

10月14日　浙江省建设厅决定改良提炼浙东各县所产桐油，筹款创办炼油厂。

10月25日　浙江省政府决定裁撤省财政审查委员会及省决算委员会，两会原办事宜合并另设浙江省政府审计处掌理。

10月28日　浙江省布类捐税归官办以后，布类捐总局因比额关系，往往滥征及于绸税，妨害绸税收入，杭州认捐公所决定自行拟订绸、缎、布界限。

是月　江山、衢县及江西广丰士绅集资兴建衢江广公路，预计于1932年6月通车。

11月2日　蒋介石在奉化溪口发表对于中央大学风潮之意见，谓：“中大校务废弛，国家主义派、改组派、共产党混迹其间，余两年来早有所闻，并非蒋(梦麟)部长报告，学风如此败坏，校长应负全责。”

11月8日　宁波、苏州、福建、湖北、湖南等27个旅沪同乡会，为舢板船夫忻鼎香被法国水兵推落黄浦江溺毙一案发表宣言，要求惩凶、赔偿、道歉、保证以后不再发生同样事件，并严办私纵凶犯之警捕，进而撤退驻华外兵，废除不平等条约，收回租界。

11月17日　浙江永嘉统捐局与温州洋广货税捐局合并，宣布废止旧章，洋广货捐改征统税。各商家以洋广税轻，一经认征统税，负担即须增加20%至30%，决定一致反对，是日起发生罢运风潮，运输完全阻断。29日统捐局决定废止改征统税，各业始恢复装运。

11月26日　浙江省政府主席张静江辞职。

12月2日　据上海《申报》载，浙江省公路第一期，杭长、杭平、鄞奉已先后完成，杭昌不日完工。新(昌)临(海)奉(化)临(海)温(岭)三线公路已经测量，并招商投标，定于明年元月动工。

12月4日　南京国民政府改组浙江省政府，准浙江省政府委员兼主席张静江辞职；任命张难先为省政府主席并兼民政厅长。

是月　中共温州中心县委成立。11月下旬，浙南特委改组，曹珍被捕，浙南特委遭破坏。根据江南省委指示，建立温州中心县委，书记王国桢(后朱绍玉)，下辖平阳县委、瑞安县委、乐清区委及永嘉党组织。次年10月，由于领导人被捕牺牲，中心县委解体。

是年　中央卫生试验所派医生至萧山，检查儿童姜片虫感染率。经查，萧山南乡儿童患病达96%。

民国20年(1931年)

1月1日　浙江省厘金及类似厘金的捐税一律裁撤。

1月11日　浙江省农铁处移交建设厅接管。农铁处附属机关有农林蚕丝渔牧棉场等10余处，建设厅将农铁各种事宜编为第四科，公开办公。

1月12日　浙江省三门湾开辟商埠兴工，由三门湾商民许廷佐以资产向政府抵借公债50万元承办开辟该湾。

1月14日　省政府于366次省会议决定准将宁波市政府取消，由鄞县县政府接管。

1月15日　浙江省民政厅统计民食产量，计平时产额百分比：米70.8，小麦9.11，大麦6.0，荞麦1.6，甘薯3，玉蜀黍3.5，粟0.7，并查上年分销费总额5.157万石、生产总额12.963万石，计须亏少总额1.194万石。

1月16日　据省建设厅统计，浙江省煤油类输入总额，计汽油、石蜡油、偏苏油等输入10026美加仑，价值27海关两；煤油输入10820196美加仑，价值1833392海关两；润油输入196309美加仑，价值70065海关两；柴油输入2292吨，价值174575海关两；石蜡输入14340担，价值181242海关两；沥青6担，价值14海关两。总计全年输入之总额价值为30216001海关两。

1月17日　宁波垦业银行开幕。

1月22日　南京国民政府财政部令浙江省烟酒事务局与印花局合并，改组为浙江印花烟酒税局。

1月23日　浙江省暂停续请欧美留学津贴。

1月30日　因苏浙两省开办营业税，所定税率超过中央所颁布之大纲，上海各业公会派代表赴南京请愿，请求减轻。为使各省行政经费及商民负担两无妨碍，南京国民政府财政部决定审查苏浙营业税率。

是月　浙江省裁并7个盐场：许村场并黄湾场，海沙场并鲍郎场，东江场并三江场，大嵩、穿长两场并清泉场，鸣鹤场并余姚场，上望场并双穗场。

是月　浙江省政府颁订《浙江省营业税条例》。规定：(1)凡经营列举的制造业等11种行业，均应依照条例登记领照，缴纳营业税；(2)课税标准及税率，规定按资本额征收的，税率为2‰，按营业税额征收的为2‰至10‰(其中物品贩卖业按营业额征收的税率为1‰至20‰；贩卖业属于整卖的，得按规定税率1/4征收)；(3)一户兼营数种营业的，其税率应分别计算；

(4)税款按月缴纳。

2月2日　海宁、武康、余杭等7县发生流行性脑脊髓膜炎。

2月2日　红军方志敏部自赣东进入浙边，占领玉山临江湖一带，常山县县长急电浙江省政府及驻杭第四师师长徐庭瑶乞求增援。

2月5日　嘉兴黄包车夫罢工。

2月5日　南京国民政府内政部派员处理皖浙休宁、开化及昌化、绩水四县界务纠葛。

2月7日　浙江籍左翼作家柔石、殷夫被秘密杀害于上海。柔石(1902—1931)，原名赵平复，宁海人，小说家。殷夫(1909—1931)，原名徐伯庭，又名徐祖华，笔名殷夫、白莽，象山人，革命诗人。

2月13日　杭州内河小轮宣告停航。

2月21日　杭江铁路接轨通车，并于3月26日试车。

2月26日　杭州市大方伯广济医院，原系英国人梅藤更所创办，产权亦为梅所有。1927年后，该医院经浙江省政府收回交杭州市政府保管后，改为省立医院。奉中央明令，此屋产权仍归原有人收业。

3月3日　浙江省公路局计划兴筑三路公路干线，分别为：(1)沿海线，自宁波起，经奉化、宁海、临海、海门、黄岩、乐清、永嘉、瑞安、平阳、越闽境，长约900里；(2)杭景线，自杭州起，经萧山、诸暨、东阳、永康、缙云、丽水、景宁而达闽省之寿宁，长约900里；(3)常永线，自常山起，经遂昌、松阳、青田至永嘉，长约300里。

3月3日　浙江省财政厅以新办营业税收入作抵向银行钱业商借短期借款150万元，按月1分起息，逐月摊还25万元，6个月偿清。

3月7日　海军部次长陈绍宽偕海容舰长及美国工程师，前往浙江象山视察建筑海军学校基础工程。

3月11日　浙江省煤田蕴藏量数据见报，分别为：(1)长兴煤田40万公里，东至稻堆山，南至牛头山，西至广德，北至张家口，产煤量4000万吨；(2)和平镇煤田，煤层甚厚，地面在1000米左右，有2000万吨之储量。附近山谷之煤田苗露头，估计在100万吨以上。(3)吴兴横山桥煤田14万公里，所含煤量有4000万吨，易采掘，煤层佳。

3月31日　浙江省清乡总局成立后，定于4月1日起实行清查全省户口。

4月5日　南京国民政府财政部下令浙江大学经费从浙江省营业税项中拨发，在营业税务局未开征以前，自3月份起，每月由部拨发3万元，不足之数，由省方拨发。

4月6日　舟山群岛沈家门渔栈公所报称，200余艘日本渔轮侵入中国领海，强行捕捞，并撕毁中国渔民的渔具，破坏渔场，儿戏中国人性命，要求政府明令禁止。

4月14日　浙江大学文理、工、农三学院学生因反对财政部关于该校经费由地方营业税所出的命令，是日三院学生五六十人向省政府请愿。

4月15日　因日本渔轮非法潜侵江浙海岸案，外交部向日本驻中国大使重光葵照会请饬令日渔轮退走，日政府反派员来华交涉，要求维持，中国政府除严拒外，即令海关自5月1日起，令在华一切外国渔轮概行退出中国海岸。

4月16日　中央航空学校在杭州笕桥成立。

4月28日　教育部令解散浙江省各县市小教研究会。

是月　两浙缉私营队由运署移交稽核分所管辖，称为税警；缉私局改为两浙区盐务税警局。

是月　浙江省教育厅召开省教育设计委员会，订立《整理浙江省师范教育方案》，决定恢复师范独立，添设师范4所。

是月　浙江省政府会议通过《浙江省商人同业公会认办营业税办法》。规定：一、同业会认办营业税时，先将各户全年营业额估计数及应纳额详细列报，经当地商会证明，由本业公会负责人收解税款；二、认办时须缴纳2个月税额作为押款；三、认办营业税开支，不得超过税额的8%；四、认额以外的盈收，以五成解库，三成作同业公会基金，二成奖励经办人员。

5月1日　江浙各渔业团体电南京国民政府，务请政府限制外国渔轮进入中国港口，并严令上海海关水警，是日禁止日本渔轮进口。

5月4日　国民党中央委员张道藩向中央党部报告视察浙江省党务情况，略谓：该省下属党部59人，直属区党部16人，区党部222人，区分部957人，党员11421人。党员最多为杭县，共801人，最少为余姚，仅18人。

6月1日　全国律师协会在杭州召开第三届代表大会。5日，代表大会末次大会决议：司法院长王宠惠总揽司法3年，成绩毫无，措置失当，电请监察院即日专案将王提出弹劾，并请国民政府明令将王免职。

6月9日　省财政厅决定于是月11日开征营业税。

6月19日　上海中南银行杭州分行筹备开幕。筹备处设于柳翠井巷布业会馆，资金40万元。

6月25日　浙江省夏季卫生运动大会在省立民众教育实验学校举行开幕典礼。

7月1日　衢(州)广(丰)公路全路通车。

7月15日　杭县、宁海、淳安、遂安、武康等县洪水为灾。

7月20日　浙江省清乡办理结束。清查工作完成后，决定于7月31日裁撤，各项案件分别移交保安处法院办理。

7月29日　浙江省新设杭州师范学校，由教育厅委章愿年筹办，定于9月开学上课。

7月31日　南京国民政府财政部函请江苏、浙江省政府纠正营业税由商会代征或同业公会认缴办法，并指出代征认缴属包税性质，与营业税第九条规定相抵触。

8月7日　浙江省发行整理旧欠公债，额定800万元，由各机关及各县政府分数派募。

8月16日　杭州市自来水筹备委员会，于上月28日全部试水后，是日起开始正式供水。用户在供水前报装及照章缴付保证金者，免收水费1个月。

8月21日　浙江省建设厅据水利局呈报称，因现时各种工作无须留用外籍人员，省府决议裁撤洋员，取消该局总工程师及其他奥籍人员的合同。

8月24—25日　连续飓风大雨，富阳、新登、昌化、桐庐、淳安、萧山等县水灾。

9月3日　国民党中央委员蔡元培应中国经济社社长马寅初之请到宁波演说。

9月12日　浙江全省第二届运动会在杭开幕。

9月29日　杭州省立高中学生抗日救国会700余人到省教育厅请愿，要求发给枪械，并请转呈国民党中央对日宣战，随后到日领事馆前游行示威。同日，杭州各报刊登交通部部长王伯群及女眷中秋节来杭在其别墅赏月消息。游行队伍群情激愤，将王之别墅玻璃及屋内日本瓷器什物打毁，但未伤及人员。

10月13日　杭州市商人发起救国义勇军，拟订章程，编制采用三三制：以10人为1班，3班为1排，3排为1连，3连为1营，3营为1团，3团为1师，3师为1军，军无定额。凡在本市经营商业，无论店主、店员、学徒，年在18岁以上40岁以下具有牺牲精神者，均有从军资格。

是月　杭州至南京公路建成通车。

11月1日　杭州妇女组织救国抗日大游行，到会5000余人。由省立女中许碧筠主席报告宗旨，国民党浙江省党部代表项定荣、教育厅厅长代表徐元璞等发表演说，并电请京粤和平会议代表决定对日方策，通电全国女同胞共起救国两提案。

11月6日　浙江大学发生风潮。该校工、农两院学生600余人，因经费问题向校长邵裴子请愿，言语冲突，邵宣称辞职。工学院长李熙谋，以在场未能阻止学生行动，亦引咎提出辞职。

11月19日　徐志摩从上海乘飞机去北平，在济南附近失事遇难。徐志摩(1897—1931)，原名章垿，海宁人。现代诗人、散文家。

11月21日　杭州市反日救国联合会登记封存日货，数量达千万余件，总封存日货共值洋190159元。

11月23日　杭州13所学校学生1600余人到南京请愿，要求政府对日宣战。蒋介石接见，要求青年安心求学，以学术救国。

12月10日　杭州市学生全体罢课，组织示威游行，捣毁国民党浙江省党部及省教育厅厅长张道藩私宅，殴伤省党部委员胡健中、许绍棣等。张道藩致电教育部辞职。

12月11日　杭州市梅东高桥大营原有飞机场，宽约308米，长约500米。是日中央航空署派员来杭，与保安处会商，将该大营扩充建筑，以备该署迁来后为停放飞机之用。

12月15日　南京国民政府明令改组浙江省政府：任命鲁涤平、吕苾筹、周骏彦、陈布雷、曾养甫、蒋伯诚、蒋锡侯、王澂莹、陈绵仲为浙江省政府委员，鲁涤平兼省府主席。

12月16日　全浙公会电南京国民政府，反对鲁涤平以现役军人任该省主席，并电原省政府主席张难先勿向鲁移交。

是月　中共赣东北省委决定在开化、婺源、德兴3县毗邻地区组成特区，成立中共化婺德特区委员会。

是年　长兴县煤山葆青的晚二叠纪灰岩，被国际地质学家命名为“长兴灰岩”。

民国21年(1932年)

1月1—3日　全国医师联合会第二次全国代表大会在杭州青年会召开，各省市县共到代表100余人，列席医师200余人，大会陈列药厂计20余家。会议议题主要是关于救国及促进学术、提倡国民健康等问题。

1月8日　杭州中等以上学校学生抗日救国联合会请愿团代表47人向南京国民政府、行政院及外交部请愿，要求即日出兵收复失地，实行革命外交，宣布对日方针，惩办张学良，保护民众救国运动。

1月11日　何应钦、张继到沪转奉化促蒋介石入京。

1月13日　蒋介石由奉化抵杭州。次日向记者发表谈话，谓：政治环境不容许本人负责，身虽在野，仍尽国民天职，如汪（精卫），胡（汉民）推诚入京，愿从其后。

1月13日　浙江省派专员往萧山追缴各县旧欠1927年、1928年、1929年、1930年旧赋。

1月16日　蒋介石接见省党部委员7人谈话，并表示有日内返奉化意。17日，汪精卫来杭晤蒋介石、宋子文共商时局，并电请胡汉民北上，电孙科愿协助支此危局。18日，孙科、何应钦等应蒋介石之召飞杭州，蒋介石、汪精卫、孙科、张静江、张继等在西湖烟霞洞密商外交、财政、军事要政，并决定共同入京。21日，蒋介石抵南京主政。

1月23日　浙江省政府向杭甬金融界借款100万元，其中，杭借55万元，甬借45万元，月息1分，以屠宰税、宿税抵押，按月息摊还。

1月24日　浙江省政府派员晋京，领赈灾公债300万元抵款修塘。

1月28日　日军进攻上海，并派飞机轰炸杭州笕桥机场。驻上海中国军队奋起抗敌，驻杭州的第八十八师也赴沪参战。浙江各界民众积极支援抗战，广泛开展募捐，慰问前线抗日将士。

1月31日　省政府电外海水警局长、宁波炮台司令，沿海各县严密布防。

1月31日　日机至浙江海宁、海盐、乍浦沿海侦察，半小时始去。

2月1日　浙江省政府布告：日本挑战，淞沪沦为战场，时局严重，国难紧张，水陆交通要塞，均经严密布防，民众各宜镇静。

2月3日　杭、绍、甬各行纸币挤兑，省政府下令暂禁兑现，一律通用，不得拒绝或折扣。各商会均通告照常使用，买卖一律。

2月5日　京杭公路客车停驶，12日恢复。

2月5日　浙江省宣布临时戒严。

2月9日　杭州市民组织抗日敢死队，加入者有百人。

2月11日　中央、交通两银行运款到杭州，以调剂金融。

2月11日　浙江省政府主席鲁涤平致电国民党洛阳军委会，所部第九路军愿自赣参加前线，与日军作殊死战。

2月12日　浙江省戒严司令部实行检查各报新闻。

2月12日　浙江省筹解财政部盐税80万元，烟酒税30万元。

2月13日　刘大白在杭州病逝。刘大白（1880—1932年），原姓金，名庆棪，字伯桢，辛亥革命后改姓刘，名靖裔，字清斋，号大白，绍兴人，现代诗人、教育家。

2月22日　浙江省政府转咨苏、皖、闽、赣各省，停止签发日人来浙游历执照。

2月22日　浙江省政府成立民食委员会，采运调济民食。23日，浙江省民食委员会向各县采购平价米2.6万石，调剂民食。

2月26日　日机10余架在杭州笕桥掷弹20余枚，并至市区侦察多时，市政府以日对华尚未宣战，特电日本领事米内山庸夫，严重抗议。29日，中国军队在萧山附近创日机1架。

3月2日　日机飞杭州笕桥侦察。8日、11日，日机又飞杭州侦察。12日，日机扰杭州，机关枪扫射伤人。13日，杭州市政府函驻沪日总领事馆及驻杭日本领事米内山庸夫提出抗议，此后如再发生同样入侵事，“本府为保护全市民众及各国侨民起见，当为合理之御击”。18日，日机第8次飞杭州。21日，日机第9次飞杭州侦察。24日，日机第12次飞杭州。28日，日机3架飞杭州市低空侦察。

3月4日　日机飞至嘉兴侦察。

3月5日　浙江省政府征收国难特捐，店家住户按房租征二成，电灯、电话按营业数征二成，火车、汽车、轮船、电报、报馆、娱乐场均按营业数加二成。

3月6日　杭江铁路杭州至兰溪段建成通车。

3月9日　日舰集中于舟山群岛。

3月26日　京、沪、杭长途电话正式通话。

3月31日　鄞县救国基金6万元全数解军政部购飞机，作抗日用。

4月2日　浙江省建设厅召开丝绸救济会议，丝绸金融界领袖20余人到会，决定：(1)规定卖价；(2)设推销库存丝绸弥补损失；(3)增加人造丝原料及织物进口税；(4)劝杭农会勿卖叶养虫；(5)政府设法代为烘干；(6)组织丝绸救济会。

4月4日　浙江蚕种业救济会在杭州召开大会。实业部派谭熙鸿、李安出席，到会50余人，通过划一种价、限制输入蚕种等19个提案。

4月7日　浙江省为救济财政，决定发行省库流通券，数额700万元。

4月7日　浙江省建设厅厅长曾养甫向上海金融商借巨款，救济浙江丝绸业。

4月8日　临海农民广植烟苗，省政府派兵前往铲除。

4月16日　中共赣东北省委军事委员会主席邵式平、军长周建屏率领红十军5000人，攻克浙西战略要地开化县华埠镇，毙伤国民党军警30余名。

4月17日　日机侦察嘉兴、海盐。

4月20日　国民党中央协助浙江省拨款每月15万元，3月起从监印烟税项内拨给。

4月22日　浙江省历年欠赋达2000万元，省政府决定组织整理田赋研究会追缴。

4月24日　浙江省国难特捐原议6个月，缓不济急，决定取消，改5月份收房租1月。

4月27日　行政院会议通过救济江浙丝业办法：(1)减免生丝出口税；(2)增加人造丝入口税率；(3)发行兑换券1000万元。

4月29日　浙江省财政厅向上海商人借款30万元，以清理旧欠公债60万元作抵押。

5月6日　浙江省营业税税率，经省政府决议由2‰增至10‰，令财政厅饬令各区营业税征收局照办。春期税款仍依照原定税率征收。改定税率定于4月份起实行。

5月9日　浙江省停发金库流通券。

5月14日　美国教育专家罗格莅杭。15日，参观浙江大学与省立民众教育实验学校。

16日，访问在杭艺术家，并接见学生代表。

5月15日　浙江省市第三届识字运动会召开。省政府官员以及杭州市各区公所、各学校、各机关等50余团体到会。会议报告了三年来识字运动情形，称浙江省人民共2064.3万人，依全国教育方案实施成年补习教育计划的计算方法，全浙民众应受民众学校教育的有960万余人，以每级5000人，每校办三级计算，须6.4万余所，每年增设697所，须13年始可普及。

5月18日　安吉县雷雨飓风冰雹交加，房屋倒塌无数，拱宸门大石桥被折断。

5月23日　浙江保安第四团在永嘉岩头制造"东宗事件"。红十三军指战员23人遭枪杀。

5月25日　南京国民政府行政院核准《浙江省营业税征收章程》。章程规定：对物品贩卖、转运、交通等10个行业，按营业总收入额征收10‰的营业税；印刷出版、文具教育用品制造、钱庄、货栈等行业，按资本额征收10‰的营业税。

5月27日　为主持反对增加营业税机关，杭州市各业同业公会主席委员、常务委员召开联席会议，推举徐行恭为主席，讨论反对营业税增加10‰的办法，决定是日起组织杭州市各业同业公会联合会。

5月27日　江浙救济丝茧库券共400万两，浙江省决定于6月1日发行220万两，月息5厘，50个月偿清，以中央协款作基金。

5月28日　浙江省主席鲁涤平致电行政院，要求将烟酒牌照税划归省办理。电文指出，烟酒牌照税依营业税法规定，以九成归省，其主体已属省税性质，由本省财政厅接管。

5月28日　萧山大雨为灾。

5月31日　浙江省实行改革县制。划全省为12区，每区各设县政督促专员指挥，各县行政人选由民政厅择有才望县长兼任，除十一个旧府属各设一员外，处属地方辽阔，添设一员，分驻丽水、龙泉。

6月7日　浙江戒严司令部通令中等以上学校学生不得擅自集会。

6月12日　浙江省政府公布《征收不动产移转契税章程》。规定除按《契税条例》征收卖、典契税外，还对赠与、遗赠不动产征税6%、继承析分不动产征税2%，由取得产权人缴纳。

6月23日　浙江营业税由10‰核减为5‰，零卖营业税则分类征收，化妆耗物品之类，则加重征收。

6月26日　钱塘江水大涨，杭州、海宁、萧山一带沿江滩田塌陷3万余亩，禾秧尽遭淹没。

6月27日　杭州出台救济蚕业办法。根据民政厅长吕苾筹、建设厅长曾养甫的提议，划定萧山县之南沙及绍兴县之南沙，设立改良蚕桑模范区，先行试验栽桑养蚕等改良方法。

6月30日　杭州造币厂因乏银停铸，奉财政部令结束。

是月　兰溪至衢县公路建成。

是月　中共杭州特别支部成立，书记朱剑农（后屠伯乐），负责组织领导杭州的左翼文化抗日社团，进行反帝抗日活动，发展共产党组织。8月，特别支部被破坏。

7月4日　海宁2000余农妇因灾向米商索米，军警开枪镇压，伤妇孺5人。

7月6日　上海市国药业工潮发生后，国民党党政机关召集劳资双方谈话，杭州药业工会代表叶滋芬、王永俭等以第三者地位，调停此次工潮。

7月9日　上海兵工厂迁杭，厂址设在闸口。

7月11日　浙江省公布征收营业税暂行办法：(1)凡依营业总额收入额课税之各业，向征2‰者，改征5‰；向征5‰者，改征8‰；向征10‰者，照旧征收。(2)凡依资本额课税之各业，向征4‰者，改征5‰；向征5‰者，改征8‰；向征10‰者，照旧征收；向征20‰者，改征10‰。(3)物品贩卖业中之属于整卖者，依本办法第二项所定税率，减收1/2。

7月15日　浙江嘉兴、桐乡交界之濮院镇农民结队向米行抢米。是日，镇海人民因田赋附加超过正税一倍多，举行抗捐运动。余姚盐船200余艘要求酌加运价，资方拒绝，举行全体大罢运，盐运全停。

7月16日　中央依照国民会议决议，在苏、浙试办训政实验县制。

7月19—22日　萧山发生难民抢劫财物事件。

7月20日　两浙盐务稽核分所为节省经费，将宁波稽核支所及各局场警一并裁撤，交由岱山、余姚两释放局接管，宁、温、台三属各局场警共计400余名，一律解散。

7月21日　杭州市小学变更免费办法。由原来家境贫寒、每月收入不满10元者之子弟得予免交，改为不满30元给予免除学费。

7月26日　杭州树范中学创立。由邵力子、马寅初等10人组织校董会，邵力子为主席校董，许绍棣为校长。

是月　财政部调整长芦、山东、淮北、扬州、松江、两浙、河东7区近场轻税地区税率，对各省邻接地税率轻重悬殊者，有所增减，使逐步平衡，以杜侵销。并决定统一盐税税目名称，凡在产区征收的场税及中央附税，称“正税”；在销岸征收的岸税及中央附税，称“销税”；地方加征的附税，称“附税”。

8月6日　浙江省政府再次修订公布《浙江省征收营业税暂行办法》。规定：(1)按营业收入征收的行业，除原征10‰者照旧外，原征2‰的改征5‰；原征5‰的改征8‰。(2)按资本额征收的行业，原征20‰者，减为10‰；原征10‰者，照旧；原征4‰者，改征5‰；5‰者改征8‰。(3)贩卖业整卖者，按贩卖业税率折半征收。

8月28日　浙江省财政厅发行金库券600万元，是月起各机关俸给及经费每月平均搭二成。

9月9日　杭州笕桥军政部航空学校飞机失事，2架练习机坠地，死2人。航校举行追悼会，陈立夫到会。同时，航校为纪念因航空而牺牲的士官，在离笕桥10里处购地10余亩，捐筑航空烈士公墓。

9月10日　两浙稽核分所经理冯汝良接管全浙缉私事宜，改称税警。上月冯奉令兼任浙运使，管理盐务行政，所属23场场地公署均于是月1日以前裁撤，裁汰人员共达300余人，各场场警亦悉数开除。

9月15日　浙江图书馆大学路馆举行开幕典礼。

9月16日　第九届中国经济学社年会在杭州举行，马寅初等到会。

9月21日　杭州航空学校改归中央直接办理，蒋介石自兼校长，以原校长毛邦初为副。

9月26日　浙江省偿还旧欠公债发行额为600万元，以盐斤附加税为基金。

9月27日　沪杭公路建成。

9月30日　浙赣交通完成。其中，浙江段铁路路线系由杭州起至江山止，由江山至玉山段路线，计长155公里，在赣境一段约长16公里，由浙江省建筑。

是月　中共江山县委成立，并建立浙东苏维埃革命委员会暴动指挥部。

10月8日　浙江第一区全区运动会在省立体育场举行开幕典礼，到会5万余人。

10月20日　全浙公会鉴于米价惨落，农村经济崩溃，是日举行董事常会，决定救济办法：(1)请财政部罢借美麦；(2)请浙江省政府通令各县尽数办理积谷；(3)劝告各乡镇组织公仓；(4)劝告农民尽一年食米。

10月24日　浙江省政府中英庚款董事会借款20万英镑，向英国购买铁路材料，以备修筑杭江铁路之用。是日，借款合同由庚款会董事长朱家骅签字。

是月　温州、处州所属18县取消食盐包商制度，改为自由贸易。

11月19日　浙江省举行募捐援助东北义军运动，捐款由省救国义捐会委托中国银行地方银行代收。

是月　兰溪、杭州、金华、建德之间长途电话开通。

12月1日　杭州市电厂正式发电，电力主要供给邻近各县。

12月2日　中华化学工业会第八次年会在杭州举行。

12月3日　浙西钱塘江口一带海塘因年久失修，风雨连朝，怒潮骤至，尤其是海宁县属第八、九、十、十一等四堡塘岸，险象迭出。浙江省建设厅饬令省水利局办理抢险，将最险要之铭、磻、义、密、禹、迹、颇、牧、秦、井、狱、宗等字号，拆筑完竣，共耗费25万元。是日，在磻铭字号杭海段险塘临时工程处举行完工典礼。

12月12日　沪杭甬铁路各站职工因加薪不平等，经派代表赴总局请愿，未得圆满结果，是日举行罢工，要求当局迅予解决。京沪、沪杭甬铁路管理局局长陈兴汉向铁道部辞职。

12月12日　鄞县天童寺大火，焚毁寺宇三分之一。

12月13日　蒋介石电浙江省政府，限年内肃清各县“盗匪”。

是年　在杭州设立税警教导队，训练官佐120名，加强缉私警力。

民国22年(1933年)

1月7日　鄞县人张寿镛刊印《四明丛书》共8集184种，计120册。

1月9日　杭州市全体小学教师400余人以政府拖欠薪金而实行总请假。后获市政府允诺：免除折扣，月薪按时发给；上期年底加俸未发，于寒假前发给；1932年12月经常费，准本月14日发放，本月先发半数。

1月13日　台州开往宁波的新宁台轮触礁沉没，死300余人。

1月14日　航空署正式移杭，南京改为航空署办事处，置办事处正副主席各1人，航员3人。

1月29日　浙江省建设厅召开江浙蚕丝会议，到会者有上海银团代表、江苏省建设厅代表及浙江省建设厅厅长曾养甫、蚕业界代表俞州屏等。会议讨论彻底改良江浙蚕丝业问题，改良制种无代价发给农民，作茧出售厂商后，再提成偿还种款。

1月30日　浙江省教育厅令各县每乡镇设初级小学，实现每乡镇至少设立初级小学1所。

是月　中共中央决定，在杭州成立中共浙江省临时工作委员会，由沈先定（显庭）、马少卿、梁茂康、骆止正组成，指定沈先定为书记，并决定由骆止正负责宁绍地区，陈振麟负责金兰地区，统一领导恢复和发展党的工作。同年3月，沈先定叛变，省临工委遭彻底破坏。

2月2日　浙江省会戒严司令部奉省政府令，以国难期发表消息与治安关系颇大，规定于是日起，派员每晚检查各版新闻。

2月2日　浙江省财政厅召集民政、建设、教育三厅代表会议，开始限制增加田赋附捐。

2月9日　浙江省开征遗产税。

2月11日　浙江慈溪县三北农民千余人反对县基干队驻扎该乡，将基干队物件焚毁。县府增派基干队前往镇压，拘捕农民7人。

2月13日　浙江省第一次治虫讨论会开幕，各县出席代表66人，昆虫局参加者15人。

2月13日　浙江镇海农民与城镇居民二三千人举行元宵赛会，因遭警察阻止，起而暴动，将公安局捣毁。翌日，县府紧急会议决定严禁迎赛集会，城厢戒严，并拘捕群众7人。

2月17日　浙江省立杭州师范学校，为推广小学教育的理论与方法，设推广教育部，筹办小学教育函授。修业期限规定两学期，科目分小学复式教学法、小学国语教学法、小学算术教学法。

2月20日　浙江省政府下令民政、财政、建设、教育四厅职员不准吸食鸦片、红丸、吗啡及代用品，以盖章保证，如保不实，愿受法律制裁处分。

3月3日　浙江省教育厅据本年度省立中学附属小学会议，议决"请省教育厅订定生产教育实施方案颁发各附小以为教学之依据"一案，提倡生产教育，并令省立中学及附属小学参酌办理。

3月5日　浙江省教育厅长陈布雷为推行本省职业教育并其他急要事项，请求拨款以便实施。经过省政府第五次会议通过，先拨金库券40万元，以资领用。

3月5日　浙江省金库原来由中国银行办理，经省政府议决，交地方银行办理。

3月11日　浙江飞机捐款收管会成立。

3月12日　浙江省会植树节在杭州万松岭举行典礼，参加者5000余人。

3月16日　江、浙两省合建的京杭直达电线竣工，自南京经溧阳、宜兴、长兴、湖州、德清达杭州，计长690余里。

3月16日　浙江萧山县县长张宗海强迫农民使用改良蚕种，不顾农民损失，派警员至七区弥南乡挨户强缴，土种焚毁。农民愤而聚众，达千余人，砸毁乡、镇公所多处。张亲率基干队前往镇压，农民坚持斗争。18日，省保安队开到，农民始散。事后，县府将农民丁芳勋、高德瑞等拘捕。

3月22日　浙江省保安处改组，添设正副处长，设参谋、军法、军需、副官、政治5科。全省水陆警保卫团，统归指挥训练。

3月24日　浙江省政府会议决议，将内河、外海两水警局缩编为两大队。

3月24日　浙江余杭县农民为反对省县政府强迫推行改良蚕种，聚众2000余人将该县西湖改良种场焚毁。翌日，县政府成立取缔土种事务所，张贴布告，声言土种不得有一粒遗留。26日，省政府派保安队前往镇压。4月5日，东乡农民向县政府请愿，被县基干队开枪打伤3人。群情激愤，各乡农民纷集县城达五六千人，捣毁取缔土种事务所及第二区区公所。4月7日，全城商店罢市支援，迫使省政府张贴暂缓取缔土种布告后始散。

3月26日　蒋介石下令浙江省改订田赋科则标准，照地价税相近路径为标准，将来改征地价税时，不致多所捍格。

3月29日　浙江全省捐款购机情况见报，共收到捐款80余万元，可购机7架；全省党员、商会及杭医药、律师两公会，各议决购机1架；杭、绍等13县反日会决议将各地没收日货，全数拍卖，购浙反日号飞机。

3月29日　浙江省划分4保安区，设置保安处、副处长各一人，负责各地方治安。

3月30日　浙江余姚二区染衙乡民众因反对烟酒税局强征酒捐，烧毁稽征员宿舍，县政府将乡民张徐良拘捕，并查缉"余犯"。是日，乡民吕能贵等率众进县城请愿，要求释放张徐良，免除酒捐。团丁开枪镇压，打死群众1人，伤2人。后群众聚至千人，县政府被迫缓征酒捐，释放被捕者及抚恤死伤民众。5月3日，浙江省主席鲁涤平报行政院称："此案系酒捐按缸征收未能合法，自应责由该县切实查报，依法惩处。至该乡民聚众入城要求释犯免捐，其行动亦属不合，应由该县法院择尤惩治一二。"

是月　浙江杭县乡镇长劳勤余等24人联名呈请行政院减免田赋附税，略称："省县府违背附税不得超过正税之明令，田赋附税竟达12种之多，每亩正税仅需5角1分，而附加税竟至6角有奇"，"（农民）自16迄21年中历5年之久，每户欠额竟达正税13倍之巨"。要求浙江省政府将旧欠田赋附加税并罚金一概豁免。

4月2日　国民党浙江省党部以杭州市人口已增至52万人，呈准中央组织杭州市国民党党部，并派郑异接收杭县党部。

4月9日　临安农民1000余人暴动。士兵开枪打死群众1人，捕2人。是日晚，省政府临时会议决定令军警下乡梭巡，抢劫杀人放火者枪决。10日，杭县县长冯世范进省，报告农民暴动经过，临安风潮平息。

4月9日　杭州市政府规定：市各小学教师子女一律免费入学。

4月17日　浙江护渔队改为海上巡检队，直隶水警总局。

4月17日　江浙渔业建设费征收处划区，设9个征收分区，淞沪区由该处自兼，此外为宁镇处、定沈区、宁象海区、温台区、杭嘉绍区、湖太苏区、崇通区、海州区、京常区。

4月20日　浙江省政府拟具《征收永佃契税章程》。规定对耕地、畜牧地有永佃性质者，征收契税，每亩银圆0.5元，由永佃人缴纳。

4月21日　浙江省政府公布《各县市自治机关协助税契办法》。规定：各县、市以各乡镇公所为官契纸发行所;不动产的移转,以所在地乡镇公所长为法定公征人,并由原有中资内提取20%为公征费;各乡镇公所,应就辖区内不动产的价值每年调查一次,列表报县、市政府备作估价征税的参考。

4月24日　永嘉、遂昌发现锡矿1000余亩。

4月24日　浙江省建设厅招集各县合作行政人员,召开全省合作事业会议,陈逸凡主席作报告。会议于25日闭幕。浙江省合作事业自1928年办起,已有合作社共836个,其中信用778个、运销18个、生产15个、消费14个、供给保险各2个,社员22387人,资本109709元。

4月25日　浙江省官民厉行禁烟,一年来,已枪决制造红丸犯约20人。民政厅决定设调验烟官,肃清官吏吸烟。

4月26日　浙江省政府奉令更调杭、嘉、宁、台、温等沿海各县县长。

4月26日　浙江省政府决定从1933年7月起,开始发行特种防务公债1000万元。

4月27日　杭州地价税决定从6月1日开征。

是月　杭州左翼文化总同盟成立。7月,被国民党破坏。

5月6日　蒋介石密令浙江省政府主席鲁涤平扣押第二十一师师长刘珍年。刘前奉蒋令自鲁入赣"剿共",因蒋策动该师驻福建浦城独立旅脱离该师,直隶中央军交鲁涤平指挥,刘不服,离江西河口防次到杭州。蒋借口刘未遵令及时返防,乃有此举。19日,南京国民政府以"破坏法纪,违抗命令"为由,明讼将刘革职查办。军政部令该师副师长梁立柱代理师长。

5月6日　据报载,杭州丝绸业因受农村衰敝、金融呆滞及北方市场断绝之影响,全市机房6000余张织机、大小绸石灰石厂130余家大部分停工,失业工人达一万五六千人。

5月9日　杭州造币厂奉中央令改为中国造币厂杭州第二分厂,鼓铸新币。

5月15日　日舰3艘抵乍浦。

5月19日　行政院令财政部及江、浙两省,发行1931年度封存未发之丝业公债200万元,由财政部认付利息,江、浙两省政府分担还本。

5月20日　闽浙赣军区红军方志敏部向福建浦城及浙江江山一带挺进。

5月21日　裁撤浙江省第二行政特区。

是月　宣(城)长(兴)公路建成,6月25日举行通车典礼。

6月7日　萧山渔民8000余人向省政府请愿,要求撤销地方士绅对西乡白马湖的认养。

6月15日　国民党中央派员迁葬浙江省阵亡将士忠榇,运送到京,候期公葬至国民革命军阵亡将士公墓。

6月18—23日　钱江水涨,上江各县山洪暴发,沿江桐庐、富阳、兰溪、龙游、衢州各县城内,水满为患。23日,钱江水势续涨,三廊庙水位达24尺余,北岸沙地坍塌。27日,浙江各县水灾,已向省报灾者有安吉、建德、桐庐、龙游等县,灾情奇重。

6月19日　财政部核准浙江省咨送的《杭州市筵席捐章程》。章程规定:筵席捐征收范围为中西菜馆、旅馆兼售酒菜者、承办缝席的包厨、承办香客筵席的寺、院、庵、庙,其捐率按原价征收5%,原价未满2元者免征。

6月20日　杭州市人力车夫2万余人,因要求减低车租、反对公共汽车在市区多设车站,是日起实行总罢工。经省会公安局及戒严司令部会同妥善处置后,21日晨起复工。

6月28日　苏(州)嘉(兴)公路竣工,是日在苏州举行通车典礼。

6月30日　浙江省教育厅变更各县地方教育经费审核程序,办法如下:(1)各县地方教育经费预算仍照向例,由各县政府转呈教育厅审核,并由县编入全县经费总预算中,县行政会议对于是项预算不再加以审议;(2)教育厅将审核意见签送财政厅会核后,令各县遵照。

7月1日　国民党浙江省党部召各界代表,召开国际合作纪念会。

7月6日　省教育厅决定在温州设立师范学校。

7月6日　东北航空学校奉国民党军委会令,归并至中央航空学校,全体官生77人送杭训练。

7月11日　行政院会商救济江浙财政,鲁涤平、周骏彦奉召晋京,浙江省决定发行国防公债1000万元。

7月20日　浙江省自治实验县确定经费约每年30万元,不设县长委员会,县政府各局改科。

7月22日　浙江省各项公债借款截至1932年度末,尚欠各种公债2153万元、各项借款254万元,共欠2413万余元。

7月28日　杭江铁路江山至兰溪段完成通车。

是月　永嘉县建江心水上机场。

8月3日　浙江省民政厅为整顿全省警察,划杭县、嘉兴等28个县为实施县份,派警官学校毕业生为训练官。

8月4日　萧山瘟疫盛行。

8月5日　上海市商会、宁波旅沪同乡会等5个团体函中国航空协会,声明所捐购飞机5架不供内战,要求将“不供内战”四字漆于机上。

8月18日　中国航空协会定购驱逐机18架,先到6架。20日,12架驱逐机运杭装配。

8月20日　浙东近山各县,如绍兴、安吉、上虞旱灾严重。

8月24日　浙江省筑杭江路及公路路线,所过民田强制收归国有,现决定收买民田。

9月4日　省教育厅令各县市改进乡村民众学校,推广乡村教育。

9月4日　国民党杭州市党部成立。

9月6日　定兰溪县为实验县。1937年4月15日,撤实验县仍为普通县。

9月9日　浙江省棉业改进会在建设厅礼堂举行成立会,京、沪棉业专家50余人到会,共产生提案30余件。11日,省棉业改进会决定全省垦荒植棉方案,以全省荒沙523.5万亩招失业人民均价给地,从事植棉,以救济农村经济。

9月11日　绍兴、上虞飞蝗为灾。

9月17日　红十军攻克开化县,次日,红军撤出开化。

9月20日　浙江省公路局为节省经费与时间,便利交通,特在京杭铁路行驶柴油汽车。

9月21日　浙江省民众捐助于政府的“浙江救国号”飞机命名典礼在笕桥机场举行。

9月25日　浙江省会戒严司令部奉国民党军委令结束后,仿镇压公安成例,设立杭州警备司令部，由俞济时兼任司令。10 月 1 日，杭州警备司令部正式成立。

9 月 30 日　中国国民党革命军空军特别党部第一次全体代表大会在中央航校大礼堂举行开幕典礼。

是月　浙江省立实验农业学校创建于金华。次年，改为浙江省金华农业学校。

10 月 4 日　浙江省采取绥靖地方政策，包括调剂民食、严厉禁烟、整顿吏治、编练保卫团、修筑地方等。

10 月 4 日　杭州市上空飞蝗过境。

10 月 11 日　中国水利工程学会三届年会在杭举行。交通部、建委会、各省建设厅机关代表及个人会员共 30 余人到会。

10 月 17 日　萧山县 4 区农民 100 余人向党政机关联名请愿，要求实行二五减租。

10 月 20 日　杭江铁路金山段灵山江铁桥完成，全部造价达 11 万元。

11 月 1 日　杭江铁路正式通至衢州。4 日，杭江路金(华)玉(山)段完成。

11 月 8 日　俞济时奉蒋介石电兼任浙江省保安第一纵队指挥官，统辖保安三、四、五各团。蒋志英充副指挥官，并代理指挥职务。

11 月 13 日　浙江省保卫团奉令改编。

11 月 13 日　由中国科学化运动协会杭州分会主办的科学化运动宣传周，于是日开始。

11 月 15 日　浙江省旧处属两公路完成，两公路为近防干路，于上年 12 月 28 日开工，历时十余月时间始告完成。

11 月 17 日　浙江省建设厅裁撤全省农林机关，改设 11 个农区，组织 11 个农场。

11 月 26 日　杭徽公路通车。杭徽公路起于浙江杭州，止于安徽徽州，全长 215 公里，为皖、浙两省交通要道。

12 月 1 日　浙江省政府以财政困难，决定于是日起，将政费一律对折发放。

12 月 9 日　浙江省政府制定 1933 年追缴民欠办法。规定 1927 年至 1931 年止均为旧赋，3 个月内追缴，顽抗者拘捕。是日，孔祥熙将此办法报请行政院备案。

12 月 18 日　江山至浦城公路全部完成。

12 月 23 日　蒋介石自南昌飞抵杭州。25 日，自杭州乘机至衢州，经江山、仙霞，至福建浦城指挥进攻福建人民革命政府。

12 月 28 日　杭江路全线通车礼在金华举行。杭江铁路是浙江省第一条由省政府出资兴筑的铁路。此线由杭州钱塘江对岸的萧山西兴江边至江西玉山，长 359 公里，于 1930 年 3 月 9 日开工建设。1937 年钱塘江大桥建成后，改称浙赣铁路。

是月　永嘉县建南塘机场。翌年建中央涂机场。1937 年抗日战争爆发后，次第停航废弃。

是年　浙江省岱山、清泉、余姚、定海等盐场先后风潮为灾，仓堆存盐及晒板损失严重。

民国 23 年(1934 年)

1 月 1 日　福建人民革命军第一军沈光汉部、第五路军谭启秀部及福建农民自卫军等，继续分别进攻闽浙边平阳、庆元、泰顺等地，以求攻入浙江，突破蒋介石军队重围。翌日及3日，浙边庆元、八都、泰顺等地战斗均烈。

1月9日　日本驱逐舰在距定海县属舟山10里大匮洋面上，侦察中国沿海地形。

1月19日　蒋介石派浙江建设厅厅长曾养甫任闽赣浙皖道路建筑处处长，在军务工程专家协助下，调集工兵万人，工人数千，开始赶筑浦城、建宁线。并计划筑建宁、延平线，接至水口，使闽北各主要城市以汽车大道联成一气。

1月24日　浙江省财政厅从上海中央银行领到中央拨助浙江省编遣关税公债20万元。

1月28日　国民党浙江省党部召开各界代表及杭州市党员举行"一·二八"纪念会。

1月28日　红新十军方志敏部第二十、二十一、二十三师等3个师由江西紫湖口向浙江常山县球川镇出击。翌日，在江西玉山、德兴两县边界之大桥与当地驻军发生激战，常山县球川军前往增援，红军撤回。

2月1日　蒋介石自南京到杭州，部署福建军善后事宜，张学良同时亦由上海至杭州谒蒋。

2月3日　蒋介石、孔祥熙、宋子文、张学良在杭州开会，商定扩充空军之经费，以实现其四中全会通过于本年内向英美购买大量飞机的决定，以备"剿共"和对粤作战。翌日，续商"剿共"军事，蒋立促孔、宋速筹军费。

2月5日　浙江省政府在大礼堂举行党政联合扩大纪念周，蒋介石出席训话。

2月8日　红新十军方志敏部再次集中紫湖口，进攻浙边王板、华埠地带。翌日，红军一部与浙江保安纵队指挥蒋志英部遭遇，即以主力绕道常山，将蒋部截为三段，溃其一营。10日，红军返回赣边玉山。

2月15日　红新十军方志敏部进攻浙边开化县大桥头，浙江保安纵队蒋志英部由华埠增援，红军与之激战至夜。翌晨，红军撤回江西德兴县紫湖口、马岭。

2月15日　杭州全浙新闻通讯社创立，李志正主办。

2月21日　浙江省政府确定减免田赋附税办法，规定建设特捐俟整理债务案完竣再行减免。

2月21日　浙江省政府为灌输民众常识及表扬浙江省训政建设计划，举行省情展览会。

3月2日　蒋介石担任浙江童子军大会会长。

3月3日　浙江省政府公布并通令全省，定本年为提倡国货年。

3月5日　杭州市成立新生活运动协会，开始推行"新生活运动"。

3月8日　红新十军方志敏部由紫湖口进攻浙边大桥头，浙江保安纵队总指挥蒋志英率部追至。红军绕攻常山，蒋部分三路夹击，红军撤退。10日，红军复攻玉山，仍以一部佯攻球川镇，蒋部追抵贲口北部，红军撤回葛源。

3月14日　浙赣铁路联合公司在南京开第一次会议，以浙江省建设厅厅长曾养甫任理事长。4月20日在杭州开第二次会议。通过理事会章程，资本额6000万元，正式成立理事会。设理事11人，下设浙赣铁路管理局，以杜镇远为局长，侯家源为副局长。

3月15日　因杭州市自来水厂方欠市府款项甚巨，杭州市政府决定发行自来水公债250

万元。

3月17日　蒋介石密令浙江省政府解散平阳县农会，并严拿其领袖。

3月19日　萧山第四区下邓乡抽查壮丁，训练保安团丁。乡民起而暴动，后被警察镇压。

3月21日　浙江省教育厅举办电影巡回队，巡回路线注重农村，不征收参观费。

3月21日　浙江省政府会议议决，组织委员会负责办理兴筑钱江大桥，聘茅以升等为委员，并通过组织章程。

3月22日　红新十军方志敏部再次攻占常山球川镇。次日，浙江保安团队由紫湖口进攻葛源根据地。红军撤出球川镇回援葛源。

3月22日　杭州丝织工人5000余人捣毁兴湖报社。

3月23日　浙江省政府决议：因浙东永康、东阳、仙居、天台、缙云5县交界之大盘山时有盗匪出没，决定由5县合设大盘山管理局管理一切。

3月29日　钱江上游山洪暴发，公路沿线悉遭毁坏。

是月　日本驻沪海军第三舰队司令今村中将率二十六、二十七两队驱逐舰侵入舟山海面演习。

4月2日　湖州机织工人上月13日因反对减低工资举行罢工，30日千余工人赴省政府请愿，由省方派员召集双方调解未成。是日，罢工工人与零机户冲突，县署基干队开枪镇压，打死工人2人、伤1人，3000名工人遂捣毁县署，保卫团又枪杀工人2人，全市商店罢市1日支援。次日，在省政府派兵压制及派员调解下始息，8日起各厂陆续复工。

4月2日　杭州国货展览会开幕，参加者沪、杭厂商共70余家。

4月16日　上海绸业银行杭州分行开幕。

4月18日　杭州中国国强新闻社开办，主办人为王乐水。

4月23日　航校学生曾启安驾驶12号战机试飞时，飞机失事。

4月23日　浙江省政府奉蒋介石电，筹设游民教养所，收集各县难民及市区乞丐，教以手艺。

4月25日　杭州绅商金润泉、上海名人张啸林等发起成立杭州证券交易所。

4月26日　九世班禅额尔德尼·曲吉尼玛来杭，在灵隐寺启建“时轮金刚法会”，会期40天，发起人为戴季陶、汪精卫等人。28日，“时轮金刚法会”正式开场，班禅在灵隐市设置道场，以诵经宣扬“拔苦、祈福、消灾、超死”等观念，以“祈世界和平，消国内灾害”。5月11日，蒋介石派员来杭向班禅致意，希望班禅早日回藏，主持政教，希望汉藏关系日趋密切。13日，金刚法会举行灌顶礼。18日，结束。22日，班禅离杭赴沪回藏。

5月1日　中国航空工程学会在杭州成立，航空署技术处处长钱昌祚为会长。

5月4日　浙江省财政厅为废除苛捐杂税，通令各县，饬市择优大减免并整顿。并令以后各县政府，不得再行呈请征收妨碍农村之任何捐税。

5月7日　杭沿江一带发现蝗蝻。

5月9日　国民党浙江省党部举行国耻纪念会，到各界代表200余人。全市停止娱乐活动。

5月9日　国民党浙江省党政当局为表扬浙江省全部历史文化与训政建设所，筹设省情展览会，于是日在杭开幕。

5月11日　浙江省建设厅厅长曾养甫等鉴于浙江省无大规模的国货公司，决定组建浙江国货公司，投资40万元。

5月13日　杭州天花、水痘流行。

5月16日　日银团代表调查浙江省经济情形，为日货倾销内地做准备。

5月21日　浙江省保安队召开团务会议，讨论保卫团训练编练编制等事，23日闭幕。

5月24日　江浙丝业公会代表褚辅成请求财政、实业两部救济丝业。次日，行政院核准实业部救济丝厂办法：(1)豁免地方一切蚕茧及丝厂捐税；(2)由铁、交两部减轻丝茧运费；(3)从速成立丝业统制委员会，筹发公债救济。

5月25日　浙江省召开民政会议，议决自治事项，遵照中央令改为两级制。

5月31日　杭州佛教会警告各寺赴日僧众，如有擅自前往日本参加太平洋佛教青年大会者，以违反党国之罪严加处分。

6月4日　浙、赣、皖三省边区公路完成，在婺源城西站举行婺(源)白(沙)段通车典礼。至此，浙、赣、皖三省公路接通。

6月5日　浙江省改进地方自治，裁撤区长区公所，改县与乡镇两级制，同时结束专为训练区长而设的地方自治专修学校。

6月7日　杭州市土地面积由市府土地科核算完结，计纵长23.24里，宽36里。

6月10日　铁道部与浙江省决定合作兴筑钱江大桥，全部建筑工程费用500万元，向中央庚款会借材料费250万元，沪银行借200万元，铁道部负担100万元。

6月11日　杭州市政府为扩充改良自来水，向中国交通、兴业、农工银行借款20万元，以自来水公债票面40万元作抵押。

6月11日　浙江高院派徒刑较轻监犯240名，试行筑全华门内至北山的公路，监犯主要从杭州第五监狱、永康、金华等地抽调。

6月13日　万国中法储蓄会以巨额奖金为诱饵，收取国人资金近亿元，国民党浙江省党部以影响国计民生至大，电请中央，取消万国中法储蓄会。

6月16日　浙江省民政厅饬各县办理积款。自本年至1936年至积款700万石，就各县田亩总数比例分配，按亩摊派。

6月16日　蚕丝改良会在浙江省举办秋蚕示范所100所，以资推广改良蚕种，全部经费由改良会负担。

6月18日　浙江省立各中等以上学校设立奖学金、助学金，奖励好学上进及贫寒之学生。

6月18日　新红十军方志敏部一支由赣东玉山至大留、紫湖口与浙江保安队发生遭遇战。红军击溃敌军两连，挺进浙西开化，又在梅川打败保安团两队。

6月22日　浙江省政府设统制经济委员会，统治全省经济。聘马寅初、寿毅成等为委员，设商管处，执行统制管理事宜，并统治对外贸易。

6 月 22 日　蒋介石在杭州与黄郛商谈对日问题，黄郛因对日妥协已招致国人的强烈反对，以“难胜艰巨”力辞北行。翌日，蒋以华北无人坐镇，再次敦促，黄始应允。

6 月 28 日　杭（州）屯（溪）客车办联运。

6 月 29 日　杭州旱灾。

6 月 30 日　杭州时疫日盛。

是月　浙江省公布《修正浙江省商人同业公会协收代缴营业税办法》。规定协收代缴公会应由全体同业具结负责，并将各户全年营业额及应纳额先行报经征收机关核定后，再予转呈核办。

7月初　太虚法师在奉化县雪窦寺为蒋介石讲佛法。太虚向蒋谈及日本将举行泛太平洋佛教青年会，蒋表示理应参加。是日，太虚派其弟子哲音由上海前往东京，出席 22—23 日大会。

7 月 5 日　浙江省亢旱日趋严重，省政府设临时防旱委员会，由曾济宽、张衡等 14 人组成，通令各县协助，集中力量抗旱。8 日，防旱委员会同机电厂，进行抽放江水。省政府通令各县购置水机，准备耐寒种物，提倡两季作物，力保秧田作物。

7 月 6 日　为调查全省现存粮食及产量实行统制，以调节粮食价格计，成立浙江省粮食管理局。

7 月 10 日　海宁县长安镇发生抢米潮。

7 月 14 日　江南地区连日酷热，为 60 年来所罕见，是日，杭州气温高达华氏 112 度。

7 月 17 日　国民党浙江省党部通令各县党部，一致协助县政府，斟酌当地情形，集中力量筹谋防旱救旱办法。

7 月 17 日　浙江省旱灾各县呈报情形较重者为海宁、余杭、德清 3 县，较轻者杭县、富阳等 36 县，未据详报者 23 县，报告无旱象且早稻可丰收者温属永嘉各县。21 日，省政府派人晋京，向中央赈务会请赈。

7 月 17 日　桐（庐）建（德）白（沙）公路、建（德）淳（安）公路建成通车。

7 月 24 日　南京国民政府财政部咨浙江省政府税务署案：5 月 24 日、6 月 5 日、7 月 4 日，英美烟公司几次来函，称浙江鄞县、嘉善地方仍有排斥外国卷烟宣传标语，请予设法切实取缔，财政部令浙江省迅饬鄞县、嘉善等严行制止。

7 月 28 日　南京国民政府财政部训令浙江印花烟酒税局：绍兴酒业公会呈请查照核准划一容器，改一器一证，以省手续，转饬各分局，将加印之 3 种完税证，克日实行。

8 月 5 日　浙江省建设厅为救灾旱决分各县大量哺育秋蚕，挽救农村经济。改良种每张减收 2 角 5 分，规定张数 60 万。此外又向银行界借款 24 万，以赈灾公债 3000 做抵。

8 月 10 日　浙江省因财政困难，决定于 7 月份起，政费一律对折发放，事业费、行政费一律减发。各市、县政府亦同样办理，以 3 个月为期。

8月上旬　杭州飞机场失火，数十架飞机被焚毁。蒋介石命军政部航空处长兼杭州空军学校校长徐培根立赴庐山，将徐以“通匪”罪枪毙，并令逮捕有关事件之南昌行营航空司司长唐文仪等人。

8月11日　浙江省政府会议通过废除各县市苛捐杂税457种，捐款额247511元。7月1日起，一律停收。

8月15日　杭州市决定将西湖水全部开放，灌溉农田。

8月15日　浙江省政府会议通过发行地方公债2000万元，票面分10000元、1000元、100元、10元四种，利率过年6厘，10月1日起发行。该项借款部分用来整理地方债务，部分用来办理旱灾后各项工作。

8月17日　浙江省政府组设全省粮食管理处。

8月21日　浙江省政府会议通过减免田赋及田赋附加暨废除苛杂捐税数约400万元。财政会议决定：(1)将印花税归省成数拨给；(2)灶田划给省管。

8月22日　中央政治会议决议：准许浙江省发行本年地方公债2000万元，以为救灾之用。

8月23日　浙江省开始普遍裁员减政。

8月25日　因太湖水干涸，显出古城遗址。

8月26日　浙江省奉令组设全省保安司令部。司令一职，由省政府主席兼任，为全省军事最高指挥。司令部成立后，保安处归其节制。

8月28日　寻淮洲、乐少华红军抗日先遣队由闽东革命根据地进入浙江庆元县。30日，红军挺进竹口、小梅、源尾乡一带，在竹口与浙江保安队蒋志英部作战，溃其一团，蒋志英受伤。31日，红军又击败由浦城、衢州两部来援之敌。

9月2日　大沪银行杭州分行开幕，分行设于杭州太平坊，聘杭商界巨子马叔平为经理，陈生春为副经理。

9月4日　临安县旱情严重，该县县长暨公团代表6人向省政府请愿，请求拨发地方公债50万元，抵现款办工厂。

9月5日　杭平粜会派人赴沪，购湘米3300石。

9月14日　寻淮洲、乐少华红军抗日先遣队由浙、赣、闽交界地二十八都、仙霞岭、石人殿进至江山县清胡镇及贺村，与浙江保安团激战。战后，红军冲破浙赣铁路攻入常山城，浙江保安处长俞济时率保安二团尾追，红军由东门出城。翌日，王耀武旅李团由广丰向常山堵截。16日，红军越十里山绕常山城，在常山城郊与王部李团接战数小时，再次攻入常山城。

9月18日　红军北上抗日先遣队占领遂安县白马，拟占领遂安县城，并建立以遂安为中心的游击根据地，但由于各路“追剿”的国民党军队逐渐形成合围之势，先遣队跳出合围圈，于25日离开浙西，进入安徽省境内。

10月1日　浙江名胜导游局成立。

10月4日　南京国民政府公布施行《民国二十三年浙江省地方公债条例》，定于1934年10月1日发行国币2000万元公债，以票面九八折发行，利率周年6厘，于1949年9月30日全数还清。

10月6日　南京国民政府任命省政府主席鲁涤平兼省保安司令。

10月10日 建德下二都建飞机场，征用土地913.024亩。

10月14日 浙江省农业总场预防下年水旱，决定全省三大植林计划：(1)依各大河流设六水源林区；(2)全省沿公路植林；(3)对钱塘、金华等经济林区各设一经济林导造林。

10月15日 杭州市天气异常。6月中旬，杭州市天气酷热，气温高达华氏105度，至7月12日增至华氏108度。至8月28日，杭州市大雷雨，天气转凉。至10月10日，杭州市天气又转热，高达华氏93度以上。10月14日晚，杭城温度突降，至15日降至华氏68度以下。17日，连日天气转寒，浙江省各县高山多降雪数分钟。

10月20日 由全国经济会蚕丝改良会组织的江浙联合丝厂指导委员会在杭成立，薛寿萱主席决定统制管理丝厂及改良技术等办法。

10月21日 浙江省政府会议公布《浙江省试办人民义务服役办法》，规定全省各县市自1935年起，试办人民义务服役，凡在乡镇坊居住满一年，年龄在20岁以上、40岁以下者除现役军警、公务员、学校教职员、在校学生及肢体残废或确有疾病不胜工役者外，均须承担义务服工役之义务。

10月24日 浙江省各县地方自治改二级制。

10月28日 四省农民银行在杭筹设分行。

10月30日 杭州市商会各业同业公会因财政部发行新印发、废旧印发一案，商人损失巨大，一致反对，特召集各业公会联席会议，公推代表向政府请愿，要求仍将旧印花通用。

是月 苏、浙、皖、京、沪5省市公路网建设已卓有成效，长江以南、钱塘江以北联络通车者已达千余公里，其中与杭州有关的有2条：(1)自南京至宜兴、吴兴，与苏、浙各县而达杭州，长320余公里；(2)沪杭线经乍浦而杭州，长216公里。

11月1日 杭州银行公会组织联合准备库及票据交易所，库所设于浙江兴业银行内。

11月11日 钱塘江铁桥开工。该工程由省政府与铁道部成立钱塘江大桥工程处，茅以升任处长，罗英为总工程师。

11月13日 著名报人、上海《申报》总经理史量才在浙江遇害。

11月22日 红新十军方志敏部进至常山县芳村，浙江保安处派兵两营赶往堵截，并电令常山、开化两县驻军及保安队防范。翌日，红军经芙蓉镇向西北入皖。

12月12日 南京国民政府命令改组浙江省政府，黄绍竑任省政府主席兼民政厅长。

12月28日 南京国民政府任命黄绍竑兼浙江省保安司令。

12月30日 杭州航空学校第三期学生举行毕业典礼，蒋介石到会，以“空军学生应负起国家兴亡之责”为题发表演说。

是月 衢州飞机场开始筹建。

是年 成立浙江省全省盐场整理委员会，开始测量余姚场，同时查勘其余各场，草拟建场计划。

是年 中国著名地质学家李四光经实地研究，提出天目山存在第四纪冰川。

是年 慎微之在湖州市城南发现钱山漾遗址。

民国24年(1935年)

1月1日　蒋介石在杭州监誓省政府主席黄绍竑及委员、各厅长就职典礼,并发表讲话,宣布是年为“新生活运动年”。

1月15日　中共苏区中央分局向闽浙赣省委发出指示电,命令以红军北上抗日先遣队的先头部队和突围部队为基础,迅速组成中国工农红军挺进师,进入浙江长期行动。2月初,挺进师组建,粟裕为师长,刘英为政治委员,王蕴瑞为参谋长,黄富武为政治部主任。挺进师成立后,决定由闽浙赣根据地的上饶地区南下,先到闽北根据地,然后进入浙江,首先创立以仙霞岭为中心的浙西南游击根据地。挺进师在浙江坚持了3年艰苦卓绝的游击战争,开辟了浙西南、浙南游击根据地。

1月25日　浙江省政府以地方公债票面334万元六折向上海的中国、交通、上海等银行抵押借款200万元。

1月31日　五省交通委员会第九次常会在杭州举行。

2月7日　浙江省建设厅为推广造林,将全省已成公路2576公里一律种植行道树,约植30万株。

2月21日　杭州各机关、学校新运分会先后改组为新生活服务团。

2月23日　杭州警备司令部被撤销。

3月1日　南京国民政府以在浙江的孔子嫡系南宗裔孙为南宗奉祀官。

3月9日　浙江省改革县政,拟在金华、浦江两县实行裁局改科,并令该两县直接受兰溪实验县长胡次威指导。

3月23日　浙江省政府拨款35万,办理春赈。

3月23日　浙江省捐税监理会开三次常会,通过废除各县苛杂案等数件。

3月23日　中国文化建设浙江分会任命徐绍隶为该会干事长,刘湘女为副干事长。

3月26日　江浙合作发展渔业。

4月3日　杭州拱宸桥日本租借地期满,南京国民政府准许日本续租30年。

4月6日　浙江省财政厅决定江浙箔税实行垄断专卖。

4月11—26日　浙江全省县长讲习会召开。

4月11日　财政部派员调查浙江印花税并与省商联会,商洽废用旧花问题。

4月18日　浙江省财政厅向杭银行界商借工赈款200万元,浙江省建设厅同时向杭银界商借收茧借款300万元。

4月21日　嘉兴发生地震。

4月28日　中国工农红军挺进师在庆元县斋郎击退了国民党浙保第一团、闽保第二团和大刀会共3000余人的分进合击,毙伤俘敌500余人,迫使龙泉溪以南之敌转攻为守,而龙泉溪以北地区的敌人兵力空虚,为挺进师建立浙西南游击根据地创造了有利条件。

4月29日　浙江各机关实行审计。自5月起,凡各预算及支付命令等,概须事先送审机处审核签可,方能生效。

4月30日　闽浙边境红军粟裕、刘英两部共600余人，在浙江庆元与国民党军接触后，经龙泉南、庆元西北入闽北松溪境。

是月　永嘉地政处成立，进行地籍登记整理工作，为全国5个试点县之一。

5月5日　电影协会第四届年会在杭州图书馆举行，教育部、内政部、中央宣传部等中央各部代表、省党部代表等百余人到会，省政府主席黄绍竑致辞。

5月7日　浙江省政府通过要案，准富阳、浦江、崇德、萧山等县在屠宰税项下加征教育附税。

5月28日　浙江省政府通过三要案：(1)准泰顺县加征屠宰税，充作教育经费；(2)修正通过各市县乡村规定公葬场所办法；(3)水警大队巡轮及无线电1935年度经常费2.8万元准列入1935年度预算。

6月2日　萧山脑膜炎症蔓延。

6月3日　美国经济考察团到杭州。马寅初乘杭各界招待美国经济考察团之际，草就《我国银本位应放弃乎？抑应维持乎？》一文，说明中国所受美国白银政策影响，并谓："美国政策损人未必利己"，"长此以往，恐中美贸易将全部停顿"。5日，美驻华商务参赞安主德及美经济考察团团长福勃斯向马寅初索取该文英文稿本。

6月5日　浙江省政府决议，取缔省内商业银行吸收存款运放外埠，以维持地方金融。

6月11日　浙江省政府通过两要案：(1)修正通过浙江省督察专员公署，暂行组织规程；(2)准奉化县加征屠宰税补助教育经费。

6月11日　黄绍竑赴金华及浙东各县，以兼至省保安司令资格，就地指挥"剿匪"军事。

是月　浙江丝绸业衰落，杭州市机坊倒闭已达数百家，丝织品大幅度跌价达2/3。

7月1日　浙江各级法院实行三级三审。增设宁波高三分院，各县地方分院及县法院一律改称地方法院，宁、绍、台三属审案件，由高三分院受理。

7月1日　浙江省实行改革新制，所有上年度未实行裁局改科各县，是日起一律撤局成科。

7月4日　余姚县六庵塘、东镇一带农民，因该县清理沙田办事处勒缴丈量地价及测绘等费用，激起众愤，聚众捣毁清理沙田办事处。

7月16—19日　胡庆余堂发生工潮。杭州市胡庆余堂国药号，为清时胡雪岩所手创，历年营业达数百万，为著名大商号之一。共有工友200余名，因营业不振、实行紧缩、工友不满等，发生风潮。19日，工潮解决。

7月22日　浙江省财政厅为通知专卖江、浙两省箔类，令分箔商联合组织箔类专营公司统治专卖。

7月23日　浙江省1934年度因旱灾豁免欠赋200余万元，以及各项捐税短收400余万元，同时办赈各种支出，增400余万元，又偿还1933年度亏欠的600余万元，合计1400余万元，以2000万元地方公债抵现，1200万元移补，实际尚不敷200多万元。

7月29日　浙江省各县一律实行新会计制度，杭县、嘉兴、吴兴、绍兴等40县设立会计稽核主任办事处。

是月　浙东各县水灾严重，萧山、兰溪、龙游、浦江、汤溪、建德、桐庐、寿昌、衢县等纷电省政府请求救济。

8月1日　红军挺进师政委会组织于“八一”前后开展大规模的缴枪扩军竞赛。先后破坏龙泉、浦城、松阳、遂昌、云和、宣平等县的大部分公路及电话线，缴获一批武器，筹款数万元，扩充新战士400多名。在同一时期，还成立了龙、松、遂游击总指挥部，以及松阳的竹溪、玉岩、遂昌的王村口、龙泉的住溪等区苏维埃政府。随着政权建设和土地革命的开展，以挺进师为主力的武装力量也有很大发展，连同游击队和地方工作人员约有2000人；建立起以江山、浦城、龙泉、遂昌、松阳等县边境地区为中心的、纵横百余公里的浙西南游击根据地。

8月2日　宁波市信源等11家银号前已停业，景源、汇源、裕源、元亨、裕丰、瑞余6家银号是日又告清理。

8月7日　浙江省发行金库流通券600万元。

8月9日　省政府为弥补上年度亏空并筹措本年度不敷经费，决定发行短期金库流通券600万元，流通市面，以中央拨补省之一部分盐税作为发行基金，6个月后偿还本息。

8月10日　中共淳安县委领导金竹暴动。

8月13日　浙江省商务管理局举办商业总登记，调查各商店组织内容、资本确数等等。

8月14日　浙江省政府决定省库券改发400万元，分1元、5元两种，第一批10月发行，由浙江地方发行，随时兑现。

8月16日　浙江省政府定期发行借款200万元，弥补1934年度亏负，至1940年11月底还清。

8月18日　美国特派中国经济视察员卜凯赴华南调查经济货币情况，由沪来杭，将转宁波、绍兴等地调查。

8月21日　兰溪纱厂女工千余人，因厂方擅用旧秤，侮辱女工，酿成罢工，引起冲突，女工多有受伤纷往法院请验，城内秩序大乱。

8月28日　省政府通令各县，以各县政府改局为科，所有县政佐治人员一切晋级、降级奖惩事项，今后应由各县长专程报告全管厅核定。

是月　蒋介石电令包括浙江在内的6个省政府，速照行营征工条例，除老幼妇女外，不论何人，每年服劳役3日，从事浚河筑堤工程，并招难民以工代赈。

9月3日　浙江省建设厅农业管理委员会附设畜牧实验区，以开垦浙东荒山，播种油桐、蓖麻子及稻麦棉花等发展生产，同时解决肥料问题。

9月11日　浙江省建设厅向中国交通、兴业、上海、大陆、金城、盐业、中南等10家银行，借收茧款60万元，年息1分，12日在杭签约成立。

9月11日　浙江省政府救灾准备金总额为30万元。

9月21日　京剧表演艺术家梅兰芳在杭义演7天，净余2万余元，用以赈灾和拨助乞丐收容所筹款。

9月24日　浙江省建设厅向银行借款14万元，收买改良棉稻种子。

9月25日　杭州各界召开禁烟宣传大会。

9月30日　浙江省财政厅整顿税款，通令各县，凡县府经管款项应悉数缴入县金库，不得向征收处提用税款。

是月　余姚盐场廒商借口资金短绌，实行六折收盐，盐民聚众示威。10月，盐民纵火焚烧席包，并派代表赴京沪呼吁。南京当局迫于舆论，下令全额收盐。

10月25日　浙江省建设厅农业管理委员会奉蒋介石令，饬查报各县市500亩以上之荒山地，经督饬各县市，除奉化一县未报外，其余各市县所报荒山面积共计2581363亩，荒地面积共计133501亩，决定从明春起一律推广种植油桐，增加地方生产，挽救农村经济。

10月27日　全浙工会在上海西藏路宁波同乡会召开第十一届会员大会，出席会员200余名，通过要案10余件，并电蒋委员长拥护禁烟、禁毒治罪法规。

11月7日　中共闽浙边临时省委和闽浙边临时省军区在泰顺县白科湾正式宣布成立。闽浙边临时省委，书记刘英，组织部长粟裕，宣传部长兼少共(团)临时省委书记叶飞；闽浙边临时省军区，司令员粟裕，政委刘英。1937年10月，闽浙边临时省军区撤销。1938年5月，中共浙江临时省委成立，闽浙边临时省委撤销。

11月7日　全国律师冤狱赔偿运动会在杭召开二次全体会议，主席沈钧儒。会议决议通电全国，一致呈请政府实施冤狱赔偿法，并推代表向五次全会请愿。

11月19日　中央、中国、交通3家银行拨法币30万元，交浙江地方银行各县27支行办事处，代为收掉现银。

11月24日　浙江省训练乡、镇长，并开展全省保甲长训练。

11月29日　浙江省渔民借款，经浙江省财政厅厅长徐青浦函宁波旅沪同乡会主任张中之，继续向中国、中央、交通等6家银行借款。

12月1日　浙江省各银钱业以六成现金、四成公债，向中央、中国、交通三行换领法币办法，是日开始实行。

12月7日　杭州市铜圆过剩，中央银行收押500箱，约为2万元，因无库存放，决定是日起由中国、交通等行轮流收押。

12月11日　浙江省政府规定，凡旅客出省入省，每人携带银角不得超过50角；当10铜圆，不得超过1000枚。其有超过此项数目，应饬就地兑换法币，否则即予没收充公。

12月11日　杭州中等以上学校学生万余人示威游行，声援北平学生，反对“华北自治”。

12月14日　杭州市各银行自实行新币制政策后，一元法币因须流通市面，需要数量突增，中央、中国、交通3行因新钞票须明年2月印就，特先借用各商办银行已印未发钞票，以资调剂，计中央银行借用中国农工行一元券，已运杭50余万元，尚待续领30万元，中国银行借用四明银行一元券已运到40万元左右，交通银行借用中国实业一元券已到约10万元，流通市面。

12月15日　浙江国民冬令劳动服务，是日晨在杭运司河下补行开工典礼，省市府各机关公务人员500余人，由黄绍竑率领参加，由黄亲行破土礼后，全体乃开始作填塞运司河工程。

12月18日　规定辅币十进兑换。

12月20日　浙江大学自治会代表20余人被捕。学生冲出校园齐集车站，要求赴南京请愿，后当局释放被捕学生，并由省政府将被捕代表送至车站，学生整队返校。校长郭任远辞职。

12月24日　杭州《东南日报》《浙江商报》等5家文化团体举行以青年爱国运动为中心的时事问题座谈会，宣称青年"出路有四"：即"到实验室去，到图书馆去，到运动场去及加紧军事训练"。

是年　杭州笕桥航空学校在萧山建造辅助机场，占地900余亩，供教练机用。

是年　余杭、杭县螟虫严重为害。余杭受灾7万余亩。

是年　税警改为区、队编制。两浙编为6个区，下辖18个队，计68个分队。

是年　《严州民报》创办，至1943年结束。

民国25年(1936年)

1月8日　浙赣路南(昌)玉(山)段试车。13日，浙赣铁路南玉段举行通车典礼。

1月10日　浙江公路局实行紧缩，五区并为四区，营业所并入一区。

1月13日　浙江建设厅为实行紧缩，裁撤所属农业管理委员会，归并为科，其余公路、电话、水利等局，亦令竭力核减经费。浙江名胜导游局归并杭州市政府办理。

1月22日　蒋介石带宪兵亲临浙大，召集教师学生训话。学生坚持斗争，罢课延续30多天，迫使行政院免去郭任远校长职务。4月7日，竺可桢继任校长。

1月29日　杭州兑换银辅币，遵照部定每法币1元兑换辅币12角，而上海北市每法币1元，只兑银辅币10角、铜圆20枚左右，相差甚巨。杭州市府通电上海请取缔辅币兑换差价。

2月1日　浙江省建设厅茧丝统制委员会经省政府委员会议决，改归省政府直辖，仍由曾养甫任委员长。是日起实行改组成立后，大量推广春茧。

2月9日　浙江省建设厅为撙节建设经费，下令将所设各区技术专员办事处，各区以农场及严、衢、处三旧府属治虫办事处，一律裁撤，原办事业由县继续负责办理，其全部资产由各场处所在地县府先行接管，另候处置，所有各县原拨建设局改科后截余经费，嗣后悉数解厅，作为农业推广经费。

2月12日　浙江省建设厅为改良农业增加生产起见，划定杭县、海宁、义乌、余杭、桐乡、临安、於潜、长兴、绍兴、德清、嘉兴、慈溪为稻麦推广区；杭县、镇海、慈溪、鄞县、定海、萧山、余姚、上虞、海盐为棉业推广区。

2月17日　浙江省建设厅为发展农业生产，救济农村，规定农业为本年中心建设，并召开各县农业推广会议。杭县、海宁、海盐、余杭、於潜、余姚、上虞、慈溪、镇海、定海、鄞县等19县县长到会，讨论稻麦棉业及其农业推广计划。

3月5日　杭州钱业联合准备库成立。其票据交换等手续，大致与银行准备库相同，并特约中央、中国、交通、农民4家银行为准备库特约银行。其中，各钱庄向准备库特约银行缴纳准备金者，计有义昌、元泰、泰生、顺昌等，共达20余万元。

3月11日　浙东各厂停收盐斤事件纠纷已达10月，盐民代表不断向财政部运署请愿。

财政部下令两浙运署督促各厂恢复十足收盐，并将1935年份未收足之四成额盐按数补收。同时，针对余姚盐民发生吃大户风潮，运署决定将盐民移一部赴赣省垦殖，由政府建屋给以住宿。

3月16日　中央储蓄会在杭州设支会，派张少甫为主任，地址在珠宝巷诚昌钱庄内前万国储蓄会原址。

3月20日　浙江省政府会议通过要案：(1)准在前农业管理会积余项下，指拨化学肥料制造厂，筹费1500元；(2)准追加省会施粥厂不敷经费8000元；(3)修正通过各县地方积谷款项，指定举办米谷抵押放款办法。

4月2日　杭州市为厉行新生活运动，取消各旅馆、茶酒楼、饭馆额外小账。

4月13日　杭州中国银行本年办理各县春耕农民贷款，其中，吴兴2万余元、海盐7000余元、诸暨2万元，并将为萧山、海宁、嘉兴继续提供放款。中国农民银行决定为安吉、临安、德清3县农民放款。

4月15日　浙江省蚕丝统制委员会决定本年春茧放弃统制，由政府登记管理后，准商人尽量收买，以维护农民利益。自上月间始登记以来，于是日截止，计分8区，共120余号，丝厂80余家。

4月22日　行政院通过浙江省发行整理公债。

4月27日　浙江公债6000万元定5月1日发行，以偿还旧欠公债、公路公债、建设公债，清理旧欠公债、省地方公债等。公债分甲、乙、丙、丁四种：甲种450万元，期限14年，利息9厘；乙种1700万元，期限16年，利息7厘；丙种1050万元，期限18年，利息6厘；丁种2800万元，期限20年，利息6厘。

4月28日　浙江省建设厅向中国农民银行借款100万元，建筑各县农业仓库，分3年完成，10年偿清借款，借以举办农产品抵押放款，调剂农村经济。

5月4日　中英庚款董事会三十八次常会在杭举行。主席董事长朱家骅通过重要提案两项：(1)请拨导准会三闸借款18万镑；(2)草就粤汉路26万镑借款。

5月7日　浙江第五届全省运动会在梅东高桥省立体育场举行开幕典礼，参赛者1937人。

5月23日　赣省特产在杭展览。至6月13日结束，参观人数共达40万人，计售出瓷器3.6万元，夏布2.3万元，其他樟木箱药材等3万余元，总计为8.9万元。

5月27日　温州中学生为要求校方保释被捕之爱国学生郑梅迪等4人，举行罢课。校方表示，如不立即复课，决将学校解散。

是月　永(嘉)瑞(安)公路通车。

是月　杭州老和山第一公墓附近发现新石器时代石壁16件。

6月2日　浙、赣谋求经济合作，设两省经济合作促进会。

6月14日　著名民主革命家、学者章炳麟在苏州病逝，享年69岁。7月9日，南京国民政府明令国葬。章炳麟(1869—1936年)，初名学乘，字枚叔，后改名绛，号太炎。余杭人。中国民主革命家、思想家、学者。

6月17日　实业部筹办植物油料厂，函请浙江省合股筹备，设筹备分处于浙江省建设厅。浙江省应负股款30万元，经省政府议决半数由财政厅筹拨，尚余15万元由浙江省建设厅筹划招募商股加入。

是月　中共江(山)浦(城)县委成立。

7月8日　浙赣边红军攻占开化县城，开狱释囚30余人，当日向高坑转移。

7月13日　浙江舟山渔民反对盐斤加价和渔盐变色，聚众2000余人，包围岱山盐场，与税警发生冲突，双方共死伤200余人。

7月14日　浙江省财政厅向中央、交通、地方三行借款400万元。

7月15日　苏(州)嘉(兴)铁路建成通车。

7月25日　浙江省建设厅为集中农业，流通农村经济起见，决议成立农仓管理委员会。由民、财、建三厅长为当然委员，伍建扬为主任委员。农仓采取公有民营制，办理农仓贷款。

7月30日　浙江地方银行发行部经财政部令由中国银行接收。

8月3日　红军2000余人分六路袭击开化县五、六、七、八、九、十、十一、十五、十六、三十都各大村庄。次日，退回九龙山。

8月10日　徐青甫代理浙江省政府主席。

8月10日　浙江农林改农场，场长由浙江省建设厅厅长伍廷飏兼任，下设稻场、麦场、棉场、菜场、园艺场5场及昆虫研究所、土壤调查所、家畜保育所3所。

8月12日　浙江省财政厅与杭州银行业公会、杭州钱业公会、杭州商会组织整理公债基金保管委员会。21日，公布新公债调换办法。

8月13日　中共开婺休中心县委在开化县福岭山进行改组，建立中共浙皖特委。书记赵礼生，同时成立浙皖军分区和红军独立营，邱老金任军分区司令兼独立营营长。

是月　中共浙南人民革命委员会成立，郑丹甫任主席。

是月　开化县苏维埃政府成立。

9月5日　浙江省新发行之整理公债甲种债券，于是日起开始调换。凡持有偿还旧欠、公路两公债及定期借款3种债券，除已中签者不再换偿外，其余均可向中央、中国、交通、浙江地方四行填具请书，开始换偿。

9月7日　浙江省为建筑公路，向中国农民银行借款180万元，以公债300万元作抵，并再以浙东数线公路收入为担保，向盐业、中南、金城、大陆四行借款120万元。

9月8日　浙江省建设厅会订邮运办法。规定长途汽车代运邮件，自本月10日起至11月9日止，为邮运试办期；邮件价按每50公里每公斤1分计算，轻重件混合补装，其免费轻件之成数暂以三成为标准；包裹运价每公斤50公里1分2厘。

9月12日　全国经委会蚕丝改良会因海外丝价跌落、蚕业不振，是日在杭州召集会议，研究救济办法。

9月19日　浙江地方银行除办理各项农业贷款外，试办渔民贷款，并推及全省。

9月29日　日机6架由宁海过宁波飞杭州湾，后又有轰炸机3架，在宁波栎社投弹12枚。

10月3日　浙江整理公债第三类开始换偿。凡持有1931年清理旧欠公债未中签债票及1932年金库券者，在本年11月10日内，赴中央、中国、交通地方银行，及其分支行或办事处，申请换领整理公债第二类债票。

10月19日　鲁迅在上海病逝，享年56岁。鲁迅(1881—1936年)，原名周树人，字豫才，绍兴人。现代文学家、思想家、新文化运动旗手。22日，中共中央、中华苏维埃人民共和国中央政府为追悼鲁迅发表告全国同胞和全世界人士书，号召全国民众继承鲁迅遗志，为中华民族解放和世界和平而奋斗。

10月26日　浙赣闽边区清剿总指挥部自江山迁衢州，12月24日由第十集团军总司令刘建绪接替张发奎，并改为"闽浙皖赣边区绥靖主任公署"。调兵10万"围剿"红军与游击队。

11月1日　杭州市各界妇女团体组织妇女救国抗日大游行。

11月1日　由浙江省教育厅主办的浙江文献展览会开幕。经各公共机关及各地耆宿学者之赞助，集征品多种，内容包括图书、书画、遗像、古物、金石拓片及革命文献，共得各种文物6000余种，2万余件。

11月2日　浙江省蚕丝统制委员会，为改良各县茧行烘茧设备，向中国农民、浙江地方两银行进行烘茧借款60万元。

11月8日　浙江省农林改良场为改良小麦生产，在杭州市艮山门外尧典桥设立小麦示范区，划地210亩，为示范之用，并派指导员数人，前往指导农民温水浸种及防除病虫害方法，又为改良黄岩柑橘，在该县筹设示范橘园，举办肥料培植试验，防治果树虫害。

11月13日　杭州西湖灵隐寺罗汉堂，因香客烧香不慎失火，清初所建500尊罗汉全部焚毁，损失共达10余万元。

11月22日　浙江省建设厅整理桐建、建界、建兰、淳华四线公路。

11月26日　浙江省各线公路原划分三区，设管理处管理，为节省经费、集中事权、便利调剂起见，决定变更组织。各管理处职权重行规定，每区根据辖区之大小，划分十路段，每段设管理员负管理之责，各区管理处内之总务营运会计各股均撤销，仅设一会计室，所余人员，一律调省工作，12月1日起实行。

11月30日　浙赣路发行铁路股票2000万元。

是月　"闽浙赣皖四省边区绥靖"主任刘建绪调集第四路军8个师"围剿"浙南革命根据地和闽浙皖边区。

12月1日　浙江省政府委员兼主席黄绍竑另有任用，免本兼各职，任命朱家骅为浙江省政府委员兼主席。

12月7日　日机4架由海宁方向飞杭，3架在南星桥第一码头投弹6枚；一架经余杭、武康、富阳、临浦，飞绍兴，在火车站投2弹。后又有2架日机由海宁方向飞经杭州至萧山，在江边车站投弹3枚，同时在钱江南岸码头投4枚，又在汽车站附近投3弹，后向杭州湾飞去。

12月20日　浙鄂长途电话通话。

12月21日　红军皖浙赣独立团270多人，由宁(国)昌(北)游击队作向导，远道奔袭，突然猛攻冲进昌化县城，毙、俘守敌三四十人，从监狱中救出宁昌游击队领导人和战士多名，焚毁县政府的全部档案。下午,主动撤回鄣公山根据地。

是年　两浙盐区因盐斤地方附税名目过多,征收烦琐,自本年7月1日起简并税率,地方附税除外债附税、整理费两项外,一律并入中央附税征收。

是年　原西湖博物馆(今浙江省博物馆)的施昕更在良渚进行三次考古发掘,出土了大量的石器和陶器,成为良渚遗址的第一个发现者。1938年,出版了《良渚—杭县第二区黑陶遗址初步报告》。

民国26年(1937年)

1月7日　浙江保安队名称改为保安警察,每县设总团部,由县长兼任总团长。

1月13日　宋子文陪同张学良赴溪口谒见蒋介石,张旋遭软禁于溪口雪窦寺。9月24日去黄山。1936年12月12日,东北军将领张学良与西北军将领杨虎城等爱国志士,在中共抗日民族统一战线政策和全国人民抗日救亡运动的影响下,在西安毅然率部扣留了蒋介石及其军政要员10多人,发动了西安事变。当天,张、杨通电全国,提出"停止内战,一致抗日"为主旨的八项主张。后事变得以和平解决。12月25日,张学良送蒋介石回南京,后遭蒋扣留。

1月18日　浙闽赣三省各项所得税,自财政部派张森分别筹备开征后,已顺利进行。浙江省党部为扩大所得税意义宣传起见,是日举行所得税宣传大会。

2月5日　国民党军3000余人向泰顺县峰文进犯。红军挺进师与敌军激战3天,歼敌数百。国民党当局于1月15日调集重兵,开始向浙南游击区进攻,企图在6个月内"肃清"红军挺进师和游击队。为粉碎敌人"清剿",中共闽浙边临时省委决定避开国民党重兵,化整为零,将主力转移到国民党军侧后开展游击战争。省委书记兼挺进师政委刘英率省委机关和短枪队到泰(顺)、平(阳)、瑞(安)、永(嘉)一带活动;挺进师第一纵队回浙东行动;师长粟裕率主力经泰顺、瑞安,取道青田,北上杭(州)江(山)铁路以南行动。挺进师以组为战,以人为战,使国民党的"清剿"部队找不到挺进师主力作战。挺进师则在分散游击中不断打击"清剿"军。9月,在全国抗日形势的浪潮下,国民党军停止对浙南游击区的"清剿"。

2月15日　浙江省建设厅为调剂农村金融,办理农产品抵押,划定兰溪、嘉兴、临海等三区筹建省农仓16所。后继续兴筑县仓,其中17县已核定建仓预算,勘定县仓址67处。

2月23日　财政部为防止统税应税货品的走私漏税,令两浙盐务税警局在杭州防区代为招募的税警4个区队(共260人),经训练后分别开赴苏、浙、皖、鲁、豫等5省,划区分驻,执行查缉任务。

3月15日　实业部筹组中国茶叶公司,在浙江省设置模范茶场。

3月25日　黄先河等在温州以中共闽浙边临时省委和闽浙边临时省军区司令部的名义,拟写了一份《停止内战,一致抗日,致国民党闽浙皖赣四省主任公署和闽浙两省当局》的"快邮代电",呼吁国民党当局停止内战,一致抗日,派代表进行合作抗日的和平谈判。4月30日,国民党方面在《浙瓯日报》上刊登"紧急启事",要求与中共闽浙边临时省委谈判。5月7日,中共闽浙边临时省委代表与国民党方面代表在平阳县北港山门畴溪小学举行第一次和平谈判。由于国民党当局提出苛刻条件,致使和谈破裂。国民党军队继续大举"围剿"。红军挺进师和浙南、浙西南游击根据地军民坚持反“清剿”斗争。

3月下旬至4月初　周恩来代表中共中央与蒋介石在杭州就国共合作举行谈判。其中心议题是边区政权和红军改编问题。周恩来重申中共中央提出的15项谈判条件，并提出几点具体要求：陕甘宁边区作为一个整体不能分割；红军改编后人数要达到4万余人；设总指挥部指挥红军队伍，领导人不变；红军防地须增加等。蒋介石承认中共有民族意识、革命精神，是新生力量，但要中共检讨过去的决定，不必谈与国民党合作，只是与他合作，拥戴他为领袖；蒋还说具体问题好解决。4月初，周恩来回延安，在中共中央政治局扩大会议上汇报了“杭州谈判”情况。会议认为杭州谈判“结果尚好”。会后，周恩来起草《中共中央关于与蒋介石谈判经过和我党对各方面策略方针向共产国际的报告》。

4月1日　杭州禁烟公署成立。

4月12日　浙边平(阳)、泰(顺)、龙(泉)、庆(元)、云(和)、景(宁)等各线公路，因多属崇山峻岭，施工困难，经费巨大，除由省府库券筹一部分外，决定设处属筑路筹款委员会，征收竹木炭捐，以应付筑路用途。

4月24日　浙江省政府为整理财政，向沪杭金融界借款3500万元，除偿还旧欠款外，余400万元充政费。

是月　财政部令将两浙盐务稽核分所改组为两浙盐务管理局，经理改称为局长，同时取消两浙盐运使职称。

5月7日　中共闽浙边临时省委代表吴毓与国民党浙赣皖边区绥靖主任公署代表在平阳举行第一次和谈。

5月21日　萧山四乡地亩被浙赣杭甬铁路及绍萧公路征用后，准以所征用田地按亩给价。萧山县政府于是日开会召集各机关法团及地方绅商，讨论地价问题，主张分等给价，自江干起至尖山、东至钱清，每亩最高额为80元，最低额为40元。

5月28日　江、浙两省丝织绸业联合请愿团抵京，请愿变更丝织品进口税。

6月4日　浙江省政府会议决议设立浙江省地政局。

6月9日　浙赣路以钱江大桥9月底可完成通车，为与沪杭路接轨，举办客货联运，呈准省政府在候潮门外征用土地200余亩，建筑货栈及敷设双轨。

6月23日　浙江省政府发布《契税征收章程》，自本年7月1日施行。章程规定绝卖照契价征6%、活典征3%。随正税附征的置产捐以半数为限。纳税限期为立约后3个月内。

6月30日　建德县境山壁倒塌，杭淳公路交通受影响。杭富段高桥以上山水暴涨。浙赣铁路诸暨至湄泄段水势继涨，交通瘫痪。3日，浙赣路、诸暨与直埠间客货运均恢复。

7月4日　浙江省政府筹办5万锭大规模纱厂，预定资金700万元。其中，300万元向英商接洽购办机器，分期付款，15年偿清；300万元由沪银团及省府合作投资；军政部加入股本100万元。厂址确定为萧山县境。

7月6日　浙江省公路管理局变更组织，改组为纯营业性机关。所有新修工程由另设公路工程处办理。

7月6日　杭州市举行第三次防空演习。

7月7日　“七七”卢沟桥事变发生后，全面抗战爆发，杭州文化界举行劳军公演，浙大全体师生致电南京国民政府，誓作抗日后盾。

7月8日　中共闽浙边临时省委发出通电，敦促蒋介石政府，“国难已到了生死存亡最后关头，应无条件地首先停止内战”，一致抗日。

7月12日　沪杭甬铁路杭曹段铁路工程已结束，沿线大小桥梁共77座。

7月19日　浙赣路全线通车。

7月24日　是年因气候关系，各县春夏两期蚕汛不佳，茧收歉折，省当局为补救农村经济，大量推广秋蚕，向苏省各种场订购改良种55万张，省内各种场供给84万张，支配于蚕桑区域各县。

7月25日　浙江省本年度预计扫除文盲30万人，按照各县市成年人口比例分配。所需经费通令各县市尽力筹措，列入各县市教育文化经费，预算总共约计20万元。开办民校师资训练所、设置实验区民众教育指导员，除由省筹措外，教育部拨补是项经费5万元。

7月31日　江浙交界金山卫附近海面，是日晨发现日舰5艘，旋向外海驶去，31日金山卫高空发现日机3架侦察。

8月10日　国民政府警方接受拱宸桥日租界，清查界内户口。

8月11日　省主席朱家骅是日晚宴请银行界领袖，商讨稳定杭州市金融办法，中国、中央、交通、农民四行应尽量接济筹码，稳定杭州市整个金融。

8月11日　萧山各界成立抗敌后援会，各乡镇如闻堰、义桥、临浦、坎山等纷纷响应，并向民众征集废铁，以贡献国家。萧山民国日报社为代收废铁处。

8月14日　“八一三”上海淞沪抗战爆发后，日机13架于是日由台北起飞，下午4时15分，进袭笕桥机场，中国空军第四驱逐大队长高志航等率部迎击，击落敌机6架(另有两说为4架、3架)。此为中日首次空战中的大胜利。南京国民政府把这一天定为空军节。

8月16日　蒋介石电派宣铁吾兼杭州戒严司令，是日就职，同时宣布戒严。

8月21日　浙江省政府为救济非常时期杭州市商业市面，与中央、中国、交通、农民四行商借500万元。

8月24日　浙江国共双方代表在温州进行第二次谈判。9月16日，中共闽浙边临时省委书记刘英直接与国民党军方刘建绪派来的代表进行谈判，双方就闽浙红军改编、集中地点、军需给养、集中时间、无条件释放政治犯等方面内容达成协议。在浙西南的粟裕得知国共谈判后，也于此时派代表与国民党遂昌县政府代表举行谈判，并达成协议。至此，浙江国共谈判正式结束，实现了浙江的国共第二次合作。

是月　中央、中国、交通、农民银行在杭州成立联合总办事处杭州市分处。

9月4日　浙江省蚕丝统治委员会向中央、中国、交通、农民四行借款850万元转贷蚕商，收买秋蚕。后又向四行贴放千万元，转贷谷县棉区，合作社或互助会及花商收花救济棉农。

9月8日　日舰由北驶泊象山港外，炮口对衡山市镇示威，并强检来往船只，石浦洋面亦发现日舰1艘。

9月8日　浙江洋面有日舰往来，恐吓渔民，抢劫盐船及食粮，一如明代倭寇。

9 月 19 日　日机轰炸长兴机场。

9 月 26 日　钱塘江大桥建成，先通火车，继通汽车。

9 月 26 日　日机轰炸金华火车站，死 12 人，伤 22 人。

是月　在浙江境内被击毁日机十余架，包括轰炸机、战斗机及水上机等，拆卸装运后，由杭用火车运京。

是月　浙大、艺专、之江、医专等校联合组织慰问团，杭州青年会组织伤兵服务队，赴淞沪前线劳军。

10 月 2 日　镇海洋面发现日机 4 架，飞至宁波，投弹 8 枚，毁屋 1 间，即向杭州湾飞去。下午，日机 3 架飞往上海方向。

10 月 2 日　在屠甸寺被击毁降落的 3 架日机，中午由嘉兴运往江苏转南京。

10 月 10 日　国民党浙江省党部举行庆祝仪式，庆祝国庆，并通告各界扩大募集棉衣，购救国公债，共赴国难。全杭学生组织募捐。

10 月 12 日　浙江省蚕丝统治委员会向中国、中央、交通、农业四行借款 850 万元购买秋蚕，同时，组织 1937 年秋期收蚕管理委员会。

是月　根据国共谈判协议，红军挺进师改番号为“国民革命军闽浙边抗日游击总队”，粟裕任总队长，刘英任政治委员，张文碧任政治处主任。后又根据东南局的指示，改编为新四军第三支队第七团，开赴皖南抗日。

11 月 5 日　日军以 3 个师团的兵力，集结军舰 80 余艘，在杭州湾的漕沿镇、金山卫和全公亭登陆。

11 月 5 日　沪杭甬铁路工人发表《告全世界铁路工人书》，呼吁各国工人抵制日货，拒绝运输日寇的军火及原料，以支持中国反对日本帝国主义侵略的斗争。

11 月 5 日　日机轰炸浙境各地。

11 月 6 日　日机轰炸临平、乔司、塘栖等镇，死伤 10 多人，房屋多间被毁。

11 月 11 日　浙江大学教师学生分 3 批出发，在杭州江干码头乘船前往建德。由于日军进逼杭州，浙江大学校长竺可桢率全校师生员工，携带大批图书资料和仪器西迁。初迁西天目、建德，再迁江西吉安、泰和，又经广西宜山，转辗两年，最后迁至贵州遵义，行程 2600 余公里，被称为“文军长征”。1939 年 7 月，在浙江龙泉设立浙东分校。1946 年 9 月，浙江大学遵义总校复员返回杭州，浙东分校裁撤归并。

11 月 14—21 日　嘉善、嘉兴、吴兴相继沦陷。

11 月 25 日　长兴沦陷。日军杀害 200 余人，大部分民房被毁。

11 月 27 日　中国军队 1 个师在长兴县境内的大松岭阻击日军，战争持续至 12 月 2 日。其间，师长饶国华以下大部殉难。

11 月 30 日　日机 28 架次轰炸萧山城厢镇，死亡近 200 人。

12 月 16 日　王文林、彭林在安吉递铺镇建立抗日战争时期浙西第一个中共支部。

12 月 21 日　武康沦陷。23 日，余杭失陷。24 日，杭州、杭县沦陷。中国军队撤出杭州，省主席黄绍竑离杭，撤离时炸断钱塘江大桥，以阻止日军前进。

民国 27 年(1938 年)

1 月 20 日　浙江省第一个战时政治工作队——兰溪县战时政治工作队成立。政工队是浙江省独有的组织,其性质是抗战的、进步的青年政治干部组织。由中共浙江党组织建议和倡导,并在国民党浙江省主席黄绍竑支持下建立,以开展抗日救亡运动为宗旨。至 9 月,全省各地普遍建立了政工队。到 1939 年底,全省共有 75 个县政工队、3 个区政工队和 5 个省政工队,干部和队员 3000 余人。政工队建立后,中共浙江党组织派大量党员和骨干参加,并担任领导工作,使全省绝大部分政工队成为推动国共合作、团结抗日的重要力量。1940 年夏,国民党省政府借三青团浙江支团筹备处成立之机,将各县区政工队划隶三青团,加以统一训练后予以改组,大批共产党员和进步青年被迫撤出。

是月　杭州市日伪组织"杭州市治安维持会"成立。

2 月 16 日　省政府筹设浙江省战时食盐运销处,收运余姚、钱清两场尚未收购的存盐。

2 月 18—20 日　日军在杭县乔司进行大屠杀,杀 1300 余人,烧屋 7000 间。1941 年,乡人拾集遗骸筹建公墓,俗称"千人坑",又称"戊寅公墓"。

2 月 20 日　中国空军一队飞杭州笕桥机场,投弹 30 余枚,毁日机 10 架。

2 月 20 日　日机侵入永嘉县城,在南塘机场投弹 30 多枚,炸死、炸伤各 2 人。

2 月 24 日　浙江省政府机关刊物《浙江潮》半月刊在金华创刊,主编严北溟。该刊是黄绍竑任省主席期内的省政府机关刊物,后因受到 CC 派的排挤,于 1940 年 10 月停刊。

是月　根据中共东南局书记项英指示,建立中共浙江省工作委员会,书记顾玉良,组织部长邢子陶,宣传部长张崇文。机关设在金华。

3 月 21 日　日军在长兴城东河制造"大村惨案",杀害村民 59 人。

3 月 26 日　财政部为防止法币无限流入战区,明令包括温州在内的各处海关,限制现钞由各处运往上海、香港数额,并制定限制办法。

是月　浙江省政府恢复杭县沦陷区的政权建制,开始时称行动委员会,到 6 月份改称杭县县政府。

4 月 16 日　浙南挺进师主力 500 余人,由粟裕率领,由平阳出发,经青田、丽水、金华、开化至皖南,改组成新四军第二支队,粟裕任二支队副司令员。

4 月 25 日　日军"扫荡"德清龙溪,杀害百姓 1300 余人。

4 月 26—30 日　日军"扫荡"余杭双溪一带,杀害百姓 80 余人。

是月　日军 1 万余人进犯天目山,遭中国军队 108 师和 79 师阻击,双方在板桥乡一带发生激战。

5 月 7 日　中共浙江临时省委在平阳县北港凤卧乡玉青岩成立,书记刘英,设浙南、处属、台属、宁绍和金衢 5 个特委。中共浙江省工作委员会和闽浙边临时省委同时撤销。随后,临时省委机关迁至温州。9 月,临时省委转为正式省委。1939 年 7 月,中共浙江省第一次代表大会选举产生了中共浙江省委员会。1942 年 2 月,省委机关遭国民党破坏,浙江省委停止活动。直到解放前夕,一直没有浙江省委的建制,各地党组织活动直归中央或大区领导。

5月13—26日　日机多架次在永嘉县城南郊一带连续轰炸扫射，投弹49枚，炸死7人。

是月　中共温州中心县委成立，黄先河为书记，领导永嘉、乐清、玉环、青田等县党的工作。县委机关驻永嘉县城(今温州鹿城区)。

是月　中共宁绍特别委员会成立。

6月5日　全国战时儿童保育总会浙江分会(简称浙江保育分会)在金华成立，推举蔡凤珍为理事长。浙江保育分会是浙江妇女的一个抗日救亡组织，其内部成立了中共地下党小组。在中国共产党的领导下，该分会在抢救、保育难童，组织难童走向社会，积极参加抗日救亡活动等方面，做了大量工作。

6月10日　伪杭州市自治维持会撤销，成立日伪杭州市政府。

6月19日　伪浙江省政府成立，伪省长为汪瑞闿。

7月1日　改组浙江省战时食盐运销处，由财政部、浙江省合力成立浙区战时食盐收运处。除继续收运余姚、钱清两场存盐外，并将收购原盐范围扩及全省尚未被日军占领的各场，运往省内各地及湘、赣寄销。

7月12日　浙江省以新《危害民国紧急治罪法》已将旧法规定“宣传与三民主义不相容之主义”罪一项删去，今后宣传共产主义是否合法无明文规定，不加处罚，于6月12日呈请行政院核示。是日，行政院指令称：宣传共产主义仍按《危害民国紧急治罪法》严加取缔，不必函中央核示。

是月　经中共金衢特委决定，改兰溪县委为中心县委，领导兰溪、建德、寿昌等县党组织。

是月　经济部资源委员会与浙江省建设厅合办浙东电厂成立。该厂系将浙江原碧湖、丽水两厂改组并合并若干小厂而成，资金总额120万元，共7个分厂，发电容量500千瓦。

8月13日　钱塘江沿岸游击队收复富阳。

是月　省教育厅将内迁浙南的省立杭高、杭初、杭女中、杭师、民众教育实验学校与省立湖州中学、嘉兴中学等7校合并，在丽水碧湖成立浙江省立临时联合中学。

是月　浙江战时文化团体联合会成立，由战时作者协会、新闻学会、剧人协会、美术工作者协会、党义教育研究会、社教研究会、青年励志会等团体组成。

9月12日　温、台所属各县的战时青年服务团、文化界战时工作团、学生抗日联合会、儿童救亡总团、教育界救亡协会5个抗日团体被勒令解散。

9月20—26日　刘建绪第十集团军部所属陶广第二十八军在富阳和日军激战，持续1周。

9月21日　南京国民政府委员、著名教育家经亨颐在上海病逝。27日，国民政府明令褒扬，发治丧费5000元。经亨颐(1877—1938年)，字子渊，号石禅，晚号颐渊。浙江上虞人。中国近代教育家、书画家。

是月　汪伪建立杭县县署。

是月　浙江省铁工厂在丽水大港头成立，资金300万元，由省政府主席黄绍竑兼任董事长。

是月　省政府主席黄绍竑在永康县方岩设立“浙江省战时政工人员集训总队”，集训政工队员二三百人。黄绍竑向战时政治工作队集训总队训话，阐述政工队之组织经过及其性质与任务。

10月10日　国民党查封新四军驻温州办事处。中共浙江省委组织部长谢文卿、青年部长赖大超等7人先后被捕。

是月　中共萧山县工作委员会成立，属宁绍特委，杨源时任书记。

是月　重建中共江山县委，12月，扩大为中心县委，兼管常山、开化党的工作。

11月4日　南京国民政府军事委员会顾问、代理陆军大学校长蒋方震病逝于广西。蒋方震（1882—1938年），字百里，海宁人。

12月3日　宁波防守司令部司令王皞南因铺张结婚，玩视法令，积罪太多，蒋介石饬第三战区司令顾祝同查明严办，4日，在金华被执行枪决。

12月10日　金华开始拆毁城墙。

是月　中共浙江省委文化工作委员会成立，书记骆耕漠，委员邵荃麟、葛琴。

是月　中共四明特别区委员会成立。

民国28年(1939年)

1月5日　《浙西日报》《民族日报》先后在在於潜（今属临安）创刊。其中《民族日报》名义上由当时的浙江省主席黄绍竑出面，归浙西行署领导，实际上是由中国共产党领导、宣传团结抗日的报纸，社长王闻识、总编辑金瑞本、副总编辑陆鲁一等均为共产党员。1937年7月，建立中共《民族日报》特别支部，报社一度成为中共浙西特委秘密驻地。该报面向群众，面向游击区，记者经常深入游击区、敌后方采访和发行，甚至日伪统治的心脏地区杭州、上海也出现《民族日报》。1940年9月，该报改组，被国民党顽固派所控制。1945年底停刊。

1月17日　北京大学教授、著名学者钱玄同在北平病逝。7月18日，南京国民政府明令褒扬。钱玄同（1887—1939年），原名师黄，改名夏，字德潜，别号中季，后改名为玄同，吴兴（今湖州）人。

1月22日　日伪杭州市长何瓒于积善坊寓所被爱国青年刺成重伤，后毙命。

1月22日　第三战区顾祝同部克复富阳、余杭。

1月27日　《浙江地区治安委员会规定》颁布。该委员会是日军统治浙江的中枢机关，委员长由日本人担任。该委员会统领日军在浙江的军、警、宪、特，操纵各级傀儡政权，在沦陷区实行法西斯殖民统治。

是月　中共东南分局宣传部的机关刊物《东南战线》在金华创刊，主编骆耕漠。该刊共发行5期，1939年5月停刊。

2月初　中共浙西特委在安吉县青松乡成立，书记顾玉良。特委受中共中央东南局和浙江省委双重领导。

2月4日　诸暨遭日机轰炸。

2月5日　日机袭广西宜山，迁至该地的国立浙江大学校舍被毁。

2月20—28日　日机轰炸永嘉县城。

2月21日　俞秀松逝世。俞秀松(1899—1938年),又名寿松,字伯青,诸暨人。中国共产党早期党员之一。

2月23日　日军飞机轰炸孝丰县城,炸毁民房30余幢,炸死70余人。

3月19日　国民政府军委会政治部副部长周恩来由皖南赴金华,次日会晤省政府主席黄绍竑。

3月20日　日机8架次轰炸永嘉县城,投弹10多枚,炸毁房屋50间,炸死3人,伤15人。

3月21日　日军在炮火掩护下,袭击侵占富阳东洲沙,当地军民奋勇抗击,于23日收复失地。

3月21日　周恩来在天目山禅源寺出席省立浙西临时中学举行的开学典礼,发表抗日演说。

3月25日　周恩来抵桐庐,在县政府礼堂发表抗日演讲。后经窄溪转途富阳视察,并慰问了参加东洲沙保卫战的省抗敌自卫团第一支队。于27日经萧山临浦乘舟去绍兴。

是月　中共浙江省委机关由永嘉县城迁往丽水。

4月10日　日机10架窜犯安吉县城上空,投弹100余枚,炸毁大批房屋,死伤116人。

4月20—28日　日机多批轰炸永嘉县城,炸死25人,炸伤29人,毁房175间。

4月25日　抗日游击队袭击杭州笕桥机场,炸毁日机4架。

是月　中共南五区委发动江山纸槽工人罢工。

是月　省政府决定盐价增加每担1元。

5月7日　日机2架在德清杨坟投弹30余枚,炸毁民房30余幢,炸死乡民7人,伤20余人。

5月22日　日机轰炸温州城区,炸毁民房62间,炸死2人,伤6人。

是月　浙江战时大学定名为英士大学,以纪念二次革命志士陈英士(其美)。

6月1日　经济部在金华召开广东、广西、湖南、湖北、江西、福建6省交通会议,决定6省实行联运,以使农产品畅销内地,活跃战时经济。

6月3日　日机7架袭宁波,投弹19枚,死伤民众8人,炸毁房屋130余间。

6月6日　第三战区司令长官顾祝同向蒋介石报告江南部队作战部署,拟调第63师和钱塘江南岸守备队等向杭州、上柏、武康一带日军袭击。

6月7日　日机6架袭镇海,被击落1架。

6月23日　日军陷定海。

6月27日　日本海军通知各国政府,29日起对温州采取军事行动。并在瓯江口航道设置障碍,禁止船只进港,限令所有在港船舶必须于28日上午驶离温州,温州港海运暂停。

6月28日　日军陷玉环、坎门等岛。

6月29日　日机袭镇海。

7月12日　第三战区所部在象山港外与日军交战受挫,退抵佛渡山。

7月12日　一艘日舰驶入温州龙湾窥探,遭中国军方炮击后逃遁。

7月15日　在中共浙江省委文化工作委员会领导下，以浙江省战时儿童保育会名义在金华创办《浙江妇女》月刊。1942年2月因日军入侵内地而停刊。

7月21日　中共浙江第一次代表大会在平阳召开，出席会议代表26人，列席代表9人。大会共开了14天。正式产生了中共浙江省委，书记刘英。会后发表告全浙民众书，号召全浙人民团结起来，保卫浙江，打退敌人的进攻。

7月27日　永嘉县纸山6000多纸工因“永嘉纸类运销处”停止收购土纸，致使数万纸工生计断绝，向瞿溪镇进发。当局派军警镇压，打死1人，打伤多人。群众夺取了军警武器，并俘虏几名军警，引起双方对峙。最后，永嘉县县长同意抚恤死者、发还所欠纸款、撤销运销处和恢复土纸自由买卖等。

8月8日　日军封锁海门港口，不准外船出入。

8月12日　考试院公布《公务员高等考试分为初试再试加以训练办法》9条，定9月20日(后延为10月11日)分别在包括永康(后改为丽水)在内的7地举行初试。

8月15日　浙江省政府在31个县设置稽征办事处，开始征收战时特种货物捐。

8月27日　日军在象山海面六横岛登陆。

9月8日　三民主义青年团(简称“三青团”)永嘉筹备处成立。

9月16日　日海军当局通告各领事馆次日起封锁温州港口，各国船只务必于次晨8时前离去，各国在温州侨民亦应一律撤退。

9月17日　出席中共“七大”的浙江代表从丽水出发，去皖南新四军军部集中。旋奉党中央电令，省委书记刘英偕杨思一、张麒麟、郑丹甫由皖南回浙坚持工作，其余代表由金衢特委书记林一心带队，于1940年底到达陕北。

10月3日　日驻华舰队司令宣布封锁温州海面，第三国停泊温州海面之军舰船只须于6日晨八时前驶出。

10月6日　日军一列车在沪杭路临平段附近触雷，铁道伏军乘机出击，毙伤敌官军300余人。

10月14日　第三战区一部冲入杭州市区，巷战竟夜。城内伪机关及艮山门、拱宸桥一带多处起火。

10月中旬　温州18艘满载货物的货船在瓯海口遭日军劫掠，损失总额约黄金5000两。

是月　中共萧山县工作委员会改名为中共萧山县委员会，华松林任书记。

12月1日　金华、兰溪、永康3县举行不买日货宣誓大会。晚，10万多人举火炬游行，高呼“肃清仇货开展对敌经济战”“不买卖仇货就是增加抗战力量”等口号。

12月11日　两浙盐务管理局在金华世樟村召开增产会议，要求次年产盐600万担。板晒区每板产量应达450斤。启封所有私板，准予晒盐。

12月12日　6架日机飞临奉化溪口镇上空，以蒋介石故居丰镐房和别墅文昌阁为主要目标进行轰炸。蒋经国的生母毛福梅被附近爆炸的弹片击中，并被压在断墙之下，窒息而亡。这次轰炸，丰镐房5死1伤，文昌阁被夷为平地。蒋经国替母立碑：“以血洗血。”

12月13日　刘建绪第十集团军的一部攻入杭州、富阳、余杭城内，纵火焚毁日军仓库。

又于萧山、绍兴间设伏袭击日军，小获胜利。

民国29年(1940年)

1月20日　宁波大火，和丰纱厂机件全毁，损失500万元。

1月22日　日军乘漫天大雪，偷渡钱塘江，在萧山西北的六百亩头登陆，占领萧山县城。继而在白马山及浦阳江两岸迂回进扰，企图袭取诸暨，断中国军队后路。2月15日，日军又分三路进犯义桥、龛山、衙前、临浦。日军占领萧山，结束了自1937年日军占领杭州后，与中方隔钱塘江对峙的态势，使浙江战局发生了很大变化。

是月　中共浙江省委将宁绍特委分为宁属特委和绍属特委。绍属特委书记杨思一，下辖余姚、嵊县、诸暨中心县委、上虞、新昌、绍兴县工委以及萧山县委；宁属特委(3月成立)书记王文祥，下辖鄞县、慈溪县委和镇海、奉化、定海县工委。

3月2日　由宁波驶往镇海的景升轮，因遇空袭警报，人慌船倾，沉没于江北岸码头，380余人罹难。

3月5日　蔡元培病逝于香港养和医院。蔡元培(1868—1940年)，字鹤卿，号孑民，绍兴人。学者、教育家。

3月12日　《浙江日报》在永康城北岭张村创刊。

3月17—18日　日军直逼长兴，第三战区司令长官部第三十三旅工兵营协同浙西行署炸毁长兴煤矿。

是月　金华成立中共中央东南局领导的“东南文委”，领导浙赣地区的革命文化工作。书记邵荃麟，成员有夏征农、钱俊瑞、冯定、骆耕漠。

4月15日　日机轰炸衢州，死伤31人，毁屋28间，财产损失达1万元。

4月16—18日　日机出动36架次，3次轰炸象山石浦，毁屋380余间。

是月　为配合国民党在浙江的第一次反共高潮，第八区行政督察专员兼保安司令张宝琛、平阳县长张韶舞等进驻平阳北港，设立督剿办事处，“清剿”浙南瑞安、平阳、泰顺地区。中共浙南特委发表《告各界同胞书》，揭露国民党顽固派的阴谋和反动罪行。9月，进攻暂告结束。

5月15日　中共浙南特委发出《为反对顽固分子倒行逆施活动的斗争给各县的指示信》，指示信强调：“在基本地区，应有武装力量的准备工作”，“坚持人不犯我，我不犯人，人若犯我，我必犯人的自卫立场”。

6月3日　浙江省各地粮荒，宁、绍尤甚。中共嵊县中心县委发动4000多饥民进城请愿，要求当局惩办奸商，保证供应。800多绍兴农民前往参加。是日晚上，嵊县县长方志超派自卫队镇压，打伤13人，逮捕5人。后，省主席黄绍竑下令惩办勾结奸商走私资敌的官吏，并调拨粮食供应灾区。

是月　中共处属特委改为闽浙边委，书记张麒麟，下辖庆元、松阳、景宁县工委以及龙泉、遂昌、浦江、云和、龙云边、龙庆县委。

7月1日　撤南田县，合原管乡村与宁海东南18乡镇、临海东北5镇为三门县，县治初在象山健康塘，后迁海游。

7月15—16日　日舰30余艘封锁镇海口，进攻宁波、镇海等地，镇海、宁波一度失守。同时，日舰聚集瓯江口，窥探永嘉、瑞安、平阳一带，并炮轰永嘉、瑞安城区。

7月17—22日　日军占领镇海，纵火焚烧民房8370余间，206人被烧死、杀死，8000余人无家可归。中国军队向日军进行反攻。双方以戚家山为中心展开争夺战。从19日到21日，多次得而复失。最终，中国军队收复了戚家山，日军撤退。22日，收复镇海。这次反击战共毙敌400人、伤600余人。宁波各界募集慰劳品，组织慰劳团，慰劳抗日将领。

是月　中共浙江省委分金衢特委为金属特委和衢属特委。金属特委书记王明扬（后朱惟善），下辖金华、义乌、浦江、东阳、永康县委、兰溪中心县委、建德县工委以及建桐浦富、富阳、浦江3个特派员。次年，改为特派员制，特派员陈雨笠。衢属特委，书记张贵卿，下辖江山县委以及龙游、常山、淳遂县工委。

8月27日　日机轰炸江山县城。

是月　金华霍乱流行，死者甚众。省卫生实验处处长陈万里赴婺视察，并设临时防疫院。

9月　杭县、余杭、临安3县联合成立战时初中补习学校在临安樟村开办。

是月　日伪定海盐务管理处强令定海、岱山民众按板将产盐缴售日伪禬民盐业公司，至1945年共被垄断收盐128万担。

10月4日　侵华日军进行细菌战，在衢县上空投放鼠疫菌，至12月底发病22例，死亡21人。次年大流行，死亡254人。至1946年，死于鼠疫者达2000余人。

10月9日　日机轰炸永嘉城区，投燃烧弹2枚，16日投弹7枚，毁民房78间，伤8人。

10月27日　侵华日军进行细菌战，在宁波城区投下带鼠疫菌的面粉、麦子、跳蚤等。

是月　中共中央东南局召集福建、浙江部分干部开会。会议强调必须独立自主抓武装建设，坚决执行“长期隐蔽，积蓄力量，等待时机”方针，并决定改党委制为特派员制。

11月27—28日　日机侵入金华，喷洒鼠疫杆菌，鼠疫流行。

12月　龙泉“闽浙赣三省边区绥靖指挥部”调兵进攻浙南根据地，中共浙南特委在各地建立武工队自卫。

民国30年（1941年）

1月20日　长兴城内日军千余人分3路进犯合溪镇，遭到川军新编二十一师六十一团的回击，歼敌300余人。

1月22日　日军侵占萧山城厢镇，日伪“萧山维持会”成立。

是月　国民党成立闽浙赣三省边区绥靖指挥部，以省保安三团兵力对浙南基本地区进行清剿。

是月　中共处属特委重建，书记顾春林（后傅振军代），下辖缙云、云和县委、景宁工委，丽水、青田等地也建立了党组织。

2月1日　毛泽东电刘少奇、陈毅，指出：目前华中指导中心应着重鄂豫皖边区、江南根据地和苏鲁战区三个基本战略区。其中江南根据地包括苏南、皖南、浙东以及闽浙赣边四方面。刘少奇等接电后，决定由苏南区党委书记谭震林负责开辟浙东、浙西工作，又派谭启龙在上海组织闽浙皖赣四省联络站，负责打通与这四个省的联系。

2月25日　日军沪杭路一辆运货火车行驶至嘉兴附近遇地雷爆炸。沪杭甬铁路交通被阻断7小时。

是月　中共浙西特委组建中共长兴县工作委员会(简称工委)。

是月　金华至桂林、重庆长途电话开通。

3月1日　日机14架在永嘉县城投弹25枚，炸死18人，伤20多人，毁房100多间。

3月3日　日伪中央储备银行杭州支行成立，强行发行中央储备银行券，并于8月1日起禁止法币在杭州流通。

3月3日　日机27架次轰炸江山县城及火车站，炸死22人，伤9人，毁民房38间。次日又炸。

3月20日至4月30日　日机先后8次轰炸长兴县城镇，投弹92枚，炸死32人，伤74人，炸毁民房491间。

是月　中共浙江省委机关由丽水迁往平阳；4月初又迁回永嘉城区。

4月1日　日机轰炸开化，全城一片火海。15日，日机9架再犯开化，炸死20余人，毁屋449间。

4月10日　日机27架轰炸武义，死伤数十人，毁屋60余间。

4月13日　日伪发动宁绍战役。宁绍战役是日军对中国浙江、福建、广东、广西4省沿海登陆封锁作战的重要组成部分，其作战目的是在浙江沿海封锁港口，掠夺物资，并企图占领宁绍地区。宁绍战役中，国民党驻浙正规军和杂色部队不下10万人，但在入侵日军面前一触即溃。绍兴、镇海、宁波、慈溪、余姚等地先后沦陷。日军仅用半个多月时间，即占领了杭甬线曹甬段两侧、杭州湾以南整个地区。日军发动的宁绍战役达1月之久，使浙东人民蒙受空前浩劫。日军所到之处，烧杀抢劫，掠夺萤石矿产，逼迫中国工人在极其残酷的条件下为其采矿。

4月16日　日机8架轰炸永嘉城区，炸死6人，伤多人。

4月17日　日伪在瑞安登陆，温属永嘉、瑞安、平阳、乐清、玉环，台属临海、黄岩、海门先后沦陷。中共浙南特委指示开展游击战争。

4月19日　日机4架轰炸永嘉岩头镇，死伤妇孺4人。

4月20日　抗日游击队2000余人冒雨进袭杭州市，先将龙井、翁家山、六和塔、茅家埠、湖墅、昭庆寺等处日伪歼灭。十时许，分由清波、钱塘、艮山三门冲入杭垣，发生巷战，旋即退至城郊。续在梅家坞、龙门坑、留下、三墩与敌伪激战2日，接触数十次，毁敌卡车6辆，日伪死伤340余，俘日7名，伪30余名，获枪30余支，并毁坏公路桥梁电线多处，钱江大桥炸毁一段，光华公司及日军仓库同时炸毁。抗日游击队大队长在翁家山与敌作战，与所率全部士兵同殉。

5月1日　日机轰炸浦江，炸死7人，毁屋12间。2—21日，又轰炸4次，死伤30多人，毁屋525间。

5月10日　中共苏南区委浦东工委派姜文光率抗日武装50余人进入三北地区(镇海、慈溪、余姚三县北部),取得国民党“宗德指挥部第三大队”番号(简称“宗德三大”),揭开了建立浙东敌后抗日游击根据地的序幕。

5月15日　日机12架轰炸义乌,毁屋1134间,死5人,伤1人。

5月17日　9架日机轰炸衢州城,毁房30余间,死30多人。

5月18日　日军护矿队、“华中矿业公司”临工临押500名劳工强占象山茅洋碘石矿。

5月20日　中共中央东南局与中原局合并为华中局,书记刘少奇。中共浙江省委书记刘英任华中局委员。

6月　在富阳盐场等处设点收购余姚、钱清、金山3个盐场运出的流散盐27万担。翌年敌伪封锁加严,仅收购13.16万担。

是月　以京杭国道为界,中共浙西特委分成浙西特委和浙西北特委,由苏皖区党委领导。浙西特委书记顾玉良,下辖安吉、武德县委、长兴县工委、於潜中心县委、横湖中心区委;浙西北特委书记朱辉,下辖吴兴县委,海北工委、嘉桐工委(嘉兴县委)以及苏(州)西、(无)锡南部分党组织。

7月7日　中共中央指示浙江省委,再次强调继续执行隐蔽精干政策,并任命刘英为华中局特派员,领导浙闽赣三省工作。

是月　永嘉城区发生流行性疫病“登革热”。

8月14日　驻萧山日军向义桥等地发射毒气弹,致60余人中毒。

是月　中共上海职工委派人来杭建立秘密活动站。

是月　遵照中共中央对白区工作的指示,中共浙江省委部署台属地委建立台州至苏北水陆两路地下交通线:一条从三门经宁波至上海;一条从三门经沈家门到上海,再从上海到南通。至次年5月,通过这两条交通线,100多名暴露身份的党员、干部撤至苏北。

9月　义乌封锁鼠疫区,隔离防治。鼠疫延续4年之久,死亡630人。

是月　国民党临时浙江省会在方岩举行献机典礼,献机4架。

10月　根据中共苏南区党委指示,由吕炳奎、王仲良、蔡群帆组成中共浙东军政分会,书记吕炳奎,统一领导三北地区的抗日武装斗争。又在“暂三纵”“五支四大”建立党的工作委员会,分别由王仲良、蔡群帆负责。

11月14日　日机18架轰炸衢州城。

是月　浙江省水泥厂在清湖建成投产。

12月　义乌鼠疫死亡100余人,注射防疫针者16000余人。

是年　两浙盐区自9月1日起40%的销税税率,产税征收实物,按场价折算,除省政府加价及偿本费外,原中央地方场、岸正附税名目取消。11月,税率划一,不论产区、销区一律每担征50元,连同加价(每担1元)及偿本费(每担8元)共征59元。少数不征省政府加价地区每担征58元,渔盐工业用盐每担征3元。

民国31年(1942年)

1月　东阳鼠疫蔓延。

是月　两浙盐区灶荡地，原由盐务机关经收灶课，列入盐务预算，是月起，改为田赋征实，移归浙江田赋管理处征收。

是月　浙区战时食盐收运处奉令裁撤。收运业务、机构及人员均移交两浙盐务管理局，至年底结束。

2月8日　由于叛徒出卖，中共浙江省委书记刘英在省委联络点温州小南门恒丰盐店被国民党特务逮捕。接着，省委秘书周义群、顾春林等亦被捕，中共浙江省委遭破坏。3月27日，衢属地区党组织特委书记张贵卿于在龙游县会泽里被捕，衢属各县党组织也遭破坏。

是月　第三战区司令长官顾祝同、浙江省政府主席黄绍竑在衢州召开各县县长及八十六军团以上军官会议，部署衢州保卫战。

3月11日　象山沦陷。

是月　第三战区司令长官顾祝同在金华召开军事会议，部署金兰会战，保卫衢州空军基地。

是月　中共浙南特委决定将永嘉县的江北地区与南区分开，江北地区建立中共瓯北县委，书记胡景瑊。

4月18日　美军12架B—25型飞机轰炸日本东京后，原定在衢州机场降落，因迷失方向，分别在三门、象山、宁海、江山、遂安、临安等地跳伞降落，飞行员50余人均被军民所救。指挥机坠落在临安县境内，机队队长、空军中校杜立特被护送至天目山，受到浙西行署的欢迎与接待。

5月15日　日本侵略军发动浙赣战役。为防止美国空军利用浙西南的空军基地轰炸日本本土，同时也为了掠夺浙江中部地区的萤石矿产资源，从4月下旬开始，日军急速拼凑驻上海的第十三军和驻南昌的第十一军，并从华北方面军抽调兵力，组成作战部队，总兵力为7个师团又3个混成旅团，共14万余人。中国担负此次战役任务，以第三战区为主力，抽调第九战区一部，总兵力为4个集团军40个师，共30余万人，抗击日军的进攻。浙赣战役自5月15日开始至8月30日结束，历时3个半月，日军打通了长达573公里的铁道线，侵占浙赣48座城市，侵扰面积达10多万平方公里。日军飞机先后空袭各城市600多次。中国民众死亡达21万多人，军队阵亡4万多人。日本侵略军伤2.8万人，亡1600多人，日军第十五师团师团长酒井直次中将亦毙命。8月中旬，日军开始撤退。8月底，中国军队进驻日军撤退地区。

6月1日　日机轰炸永嘉城区，投弹6枚，炸死5人。8—11日，又炸城区与江北，死伤多人。

6月1日　汪伪萧山县政府成立，到1945年日军投降时瓦解。

6月3日　中共华中局、新四军军部指示：谭启龙率张文碧、刘亨云以及新四军一师部分干部由江苏浦东转浙东，并由3人组成浙东行动委员会，书记谭启龙，统一领导浙东党组织。

6月6日　遵照中共浙东军分会决定，“五支四大”四中队、“三纵二大”、四明游击指挥部独立大队组成南进支队（代号“达谊”，对外番号“三支二大”），并由余姚挺进会稽。中旬，绍属特委书记杨思一、部队领导人蔡群帆在诸暨枫桥江下村主持召开会稽地区党和南进支队干部联席会议，拟以枫桥为中心建立会稽山游击根据地。

是月　江山洪水泛滥。

是月　日军在进攻建德、金华时，使用毒气杀害中国军民。

7月18日　中共浙东敌后第一次干部扩大会议在慈海宓家埭召开，谭启龙作《目前国内外形势与我党发展浙江敌后游击战争建立根据地的方针》的报告。

7月28日　中共浙东区党委正式成立，由谭启龙、何克希、顾德欢、杨思一4人组成，谭启龙任书记，何克希兼军事委员，杨思一任组织委员，顾德欢任宣传委员。浙东区党委统一领导浙东和上海外围浦东地区的敌后抗日战争。12月2日，经中央批准，区党委改组，谭启龙、何克希、张文碧3人为委员，谭启龙为书记。

是月　中共浙东区党委所属各工委先后成立。计有三北工委（后称三北地委），书记王仲良；四明工委（后称四明地委），书记王文祥；三东工委（后称三东地委），书记吕炳奎，副书记王起；会稽工委，书记杨思一；浦东地委，书记姜杰；另有敌军工委，书记金子明（后朱人俊）；海上工委，书记周一光，并正式成立三北总办事处，主任王仲良。

8月13日　第三战区三北游击司令部在慈北鸣鹤场成立。何克希（更名何静）任司令，连柏生任副司令，谭启龙（化名胡志萍）任政委，刘亨云（更名刘云）为参谋长，张文碧为政治部主任。司令部成立后，统一整编浙东的主力部队为三、四、五支队（简称“三五支队”）。此外，三北游击司令部所属的部队还有南进支队、特务大队、新国民兵团、海防中队和特务连，共计1261人。

是月　日军一一六四细菌战部队，将霍乱、赤痢、伤寒等细菌用飞机空投兰溪，致军民染疾而死者甚多。

是月　日军在江山散发毒米粿，毒死民众多人。

9月5日　中共华中局、新四军军部指示：浙东游击队应向敌后发展，以隐蔽方式保存实力，在沿海山区打下长期坚持游击战的基础。

9月22日　中共浙东区党委在慈北鸣鹤场召开会议，作出《关于长期坚持浙东斗争的决定》，制定“坚持三北，开辟四明，在四明山完全占领后，再争取控制会稽山”的工作方针，决定“坚持浦东斗争，并积极发展杭州湾沿岸工作”。

10月1日　日伪在浙江全面发动“清乡运动”，分浙江省第一清乡区（太湖东南第二期）、杭州地区、浙江余姚地区进行，采取“三分军事，七分政治”的办法，以日军为主体，汪伪军为辅助，对抗日武装力量进行军事扫荡，然后由汪伪军警在日本人的实质性指导下开展政治、经济、文化思想等方面的“清乡”。

10月2日　日本轮船“里斯本丸”满载着从东南亚战场俘获的大批英军官兵和劫夺的金银财宝，在从香港赴日本航程中，途经舟山群岛青浜岛东北约2海里的东霍洋面时，被潜艇鱼雷击中沉没，船上英俘大多葬身大海，其中有200名被当地渔民救起后安顿在青浜岛上。10月3日，日军飞机轰炸出事海域。4日，日军将藏身于青浜岛上的英俘搜捕押解而去。未被发现的3名英军军官，则在渔民保护下安然脱险。重遭日军俘虏的英军官兵，被送至上海后运赴日本本土战俘集中营，由非交战国土耳其、葡萄牙、西班牙、瑞士、瑞典受托和国际红十字会看管。

10月13日　弘一法师在福建泉州温陵养老院圆寂。弘一法师(1880—1942年),俗名李叔同,祖籍平湖,出生于天津。诗人、书法篆刻家、音乐美术教育家、早期话剧活动家。

是月　谭启龙、何克希、张文碧率中共浙东游击队挺进四明山区,控制姚南、慈南部分地区;连柏生、刘亨云等坚持在三北作战,开辟慈东、慈西地区。

11月10日　中共浙南特委发出《当前浙南党的中心任务》的指示,提出"避免敌人的进攻和粉碎敌人的进攻"的总方针。

11月28日　中共三北游击司令部反击进犯三北根据地的"忠义救国军"艾庆璋部。至12月15日,经周家路、登州街、黄家埠、谢家塘、小越等大小29次战斗,歼灭大部分顽军,取得了浙东第一次反顽自卫战的胜利。1943年11月19日,国民党军进攻三北根据地,三北游击司令部所属部队予以反击,浙东第二次反顽自卫战爆发。至翌年9月,国民党军迫于金兰前线告急(日军再次发起浙赣战役),全部撤出四明山地区,第二次反顽自卫战遂告结束。1945年6月21日,国民党军以10个团的兵力进犯四明山抗日根据地。苏浙军区第二纵队奋起还击。至30日,将顽军全部击溃,浙东第三次反顽自卫战取得胜利。

12月　中共南进支队、诸北八乡抗日自卫大队奉调三北,留下的10多名伤病员重建小三八部队,至次年4、5月间,发展至六七十人,并设诸北办事处,初步开辟会稽山抗日游击根据地。

是年　南京国民政府统一全国缉私机构,成立缉私署,两浙盐务税警拨归缉私署统辖。1944年5月,缉私署裁撤,原两浙税警拨还两浙局。

民国32年(1943年)

1月19日　省政府召开物价管制会议,决定全省限价。第一期为粮、盐、油、棉、纱、布、燃料、纸张、蔬菜、火柴10种日用品。会后,省会各机关举行物价管制宣传周,工商界表示服从限价政策。

是月　浙江省首次物价评议会在丽水召开,白米每元7两(十六两制)、糙米8两、谷每百市斤140元、每斤棉花27元、猪肉10元。

是月　省公务员生活补助费月增140元。"禄米"改称"公粮",按年龄每人每月发给4市斗至8市斗。

是月　日伪军窜扰萧山、富阳等地农村,遭中国抗日武装痛击,死伤数十人。

2月18日　浙江省三青团代表大会开幕。会上正式成立三青团浙江省支团,宣铁吾任干事长,陈苍正任书记。

是月　中共浙东区党委在姚南杜徐召开扩大会议,决定巩固和发展浙东抗日游击根据地、抗日民族统一战线以及武装力量,合并原四支队与五支队,组成新五支队,支队长王胜、政委王仲良(后邱相田);原三支队和新国民兵团合并成新三支队,支队长林有璋(后余龙贵)、政委钟发宗(后林有璋)。

3月　中共华中局派新四军政治部组织部长张凯至浙东,传达关于配合盟军登陆浙东沿海、加强部队整训、积极向南发展的指示,并派大批干部到达浙东,加强领导。随后沙文汉也至四明山，传达华中局代理书记饶漱石指示：分散浙东部队至天台山、会稽山、浙南等地隐蔽活动，仅留少数武装坚持四明，建立一套秘密组织，保证地下党的斗争。浙东区党委根据实际情况未执行部队分数股隐蔽活动的指示。

是月　浙江省民政厅选定永嘉、云和、黄岩试办户口普查，5月1日为普查标准日。

是月　日伪军2000余人"清乡"，三北地区五支队、海防大队奋起还击，挫败日伪进攻。

4月23日　中共三北游击司令部第三支队、特委大队、教导大队对盘踞四明山梁弄的伪军发起进攻。经16个小时的激战，攻克梁弄，推动了姚江两岸和四明山地区的政权建设。不久，三北游击司令部南山总办事处成立。8月，中共浙东区党委和三北游击司令部先后进驻梁弄和横坎头，梁弄成为浙东抗日根据地的指挥中心。

是月　根据《盐务总局暂行组织规程》有关规定，两浙盐务管理局取消外籍人员任职，在任英籍副局长成忠宣离去。

是月　衢州脑膜炎流行，死亡近千人。

5月　日军在金华修筑飞机场，累计劳役民夫36万余工，先后杀害5000多人。

是月　中共浙东区委根据中共中央关于到敌占区大中城市开展工作的指示，派人到杭州建立中共杭州市临时工作委员会，书记柯里，下辖一个基层支部。

6月26—28日　日军第二次占领衢州城。

6月下旬至8月底　江山县80天未雨，受灾农田132722亩。

7月10日　渔盐购配销业务由渔业管理处移交两浙盐务管理局办理。

7月15日　中共浙南特委在青田举行扩大会议，传达华中局关于开展闽浙地区工作的指示，通过了《关于今后工作任务的决定》，指出必须加强组织工作和群众工作，积极发展新区，开展整风运动。

是月　抗日武装袭击余杭县八言桥日伪军，击毁敌军车一辆，并击毙伪余杭县长乔炯。

8月6日　日宪兵抄查杭州市商店、住宅，收缴无线电、收音机千余架。

是月　中共浙南特委发出《关于整顿三风运动给各级党的指示信》，阐述了整风运动对建设浙南党的意义及其要求。

是月至11月　兰溪恶性疟疾流行。

9月　全省行政会议分别在天目山、衢县、临海、丽水四区分区举行。

10月　江(山)、常(山)公路建成通车。

是月　国民党在枫林成立闽、浙、赣三省边区绥靖指挥部第十四督剿处，曹集云为主任，对瓯北地区发动武装"清乡"，在瓯北的共产党组织遭到严重破坏。

11月16日　财政部电复浙江田赋粮食管理处，浙江省城镇地价税因估价过低与乡地征实负担失平，本年度城镇地价税率准暂改为2%。

是月　新四军六师十六旅旅长王必成、政委江渭清率部自苏南茅山根据地南进，连克郎溪、广德、长兴煤山地区，开辟苏浙皖边区敌后抗日根据地。

是月起至12月　食盐官销公卖店先后在龙泉、丽水、碧湖、仙居、临海、天台、龙游、泰顺、云和、青田10处设立。

12月18日　中共金萧地委成立，杨思一任书记。21日，金萧支队成立，蔡群帆任支队长，杨思一任政治委员。金萧支队的前身是浙东游击纵队三支队二大队第六中队、诸北的“小三八”及义乌八大队、坚勇大队会合的部队。1945年2月25日，调往四明山与三支队合并，组建新的金萧支队，支队长彭林，政治委员杨思一。1945年奉命北撤，改编后属华东野战军一纵三旅。解放战争时期，留下的秘密工作者和少数武装坚持在金萧地区进行武装斗争。1948年9月13日，在浦江县马剑石门村成立浙东人民解放军金萧游击支队（第一支队），蒋明达任队长，张凡任政治委员。金萧支队经过数年的斗争，队伍不断壮大。至解放时，共有3个大队，3000余人。

12月22日　新四军浙东游击纵队成立，何克希为司令员，谭启龙为政治委员，刘亨云为参谋长，张文碧为政治部主任。纵队下辖第三支队、第五支队、金萧支队、浦东支队、三北自卫总队、四明自卫总队、司政后机关及直属教导大队、警卫大队、海防大队等。1945年1月，苏浙军区成立后，浙东游击纵队编为苏浙军区第二纵队。

是月　中共苏南区党委浙西特派员罗希明来杭州市区开展工作，建立中共杭州城区支部。

是年　温台所属5个盐场设厂，利用苦卤煎制卤冰。

是年　衢州所属5县皮肤病流行，患疥疮、脓疱疮、头癣、下肢溃疡者数万人。

民国33年（1944年）

1月7日　永嘉县政府储藏库起火，损失2000余万元。中旬，永嘉县城西部鼠疫疫情严重，划为封锁区。

1月15日　中共抗日民主政权浙东敌后临时行政委员会在余姚茭湖村成立，主席连柏生，下设秘书处、民政处、财经处、文教处，并颁布《浙东敌后临时行政委员会施政纲领（草案）》。1945年1月，浙东行政公署委员会成立，浙东敌后临时行政委员会即行撤销。

1月20日至2月7日　中共苏皖区委扩大会议在长兴仰峰岕等地举行。

2月7日　伪杭州市长谭书奎在西湖饭店门口被潜入市区的抗日武装击毙。

2月17日　抗日武装会攻杭州凌家桥吴家炮台日伪据点，毁炮台、焚营房，并召民众开会宣抚。

2月23日　浙江省农业增产会举行首次常会，决定修正组织规程，修正浙江省农业增产计划，并交由建设厅汇集呈部。

是月　永嘉青年远征军370人出发赴缅甸抗日。

3月29日　新四军第十六旅第四十八团在广德至张渚公路杭村袭击了向苏浙皖边抗日根据地的郎（溪）广（德）长（兴）边境地区进行“扫荡”的日伪军，歼灭日军1个中队，毙伤日伪军70余名，缴获九二式步兵炮1门。

是月　余杭简易师范学校建立。9月，杭县简易师范学校建立。

是月　江山、衢县、龙游等县天花、脑膜炎、恶性疟疾、痢疾流行，死者近万人，美国红十字会捐赠药品防治。

4月3日　国民党浙江省党部以增加生产为本年度重要工作，发起春耕运动。

4月8日　浙江省献铁献机会召开首次委员会，商讨组织规划并促各县成立献铁献机会。

4月13日　中共浙东区党委改原《时事简讯》为《新浙东报》，作为区党委的机关报。该报1945年10月1日停刊，共出231期。

4月中旬　因屡遭汪伪、国民党顽军进攻，金萧支队至义乌西部后，确定了分散游击、长期坚持的方针，各队分散活动。

4月22日　杭州市保甲委员会成立。

4月24日　杭州市区禁烟局举办存土登记，通令所属土膏行商来局申请登记并补贴税证。

5月4日　日军六十师团及汪伪军共500余人侵占萧山河上店。次日，国民兵团收复河上店。

5月23日　浙江大学停办，南京国民政府照准，除通知财政部暨浙江省政府外，并呈报中央政治委员会备案。

6月7日　新四军浙东游击纵队第三支队一、四中队在镇海县庄市区常备队的配合下，奇袭镇海虹桥伪舟山岛警备司令部第四总队据点，俘上校总队长卫文达和日本侵略军少佐军事顾问吉永久寿秀等28人。

6月15日　中共浙东敌后临时行政委员会召开扩大会议，谭启龙作《当前浙东敌后斗争形势与今后行政工作的方针任务》的报告，连柏生作总结报告。

是月　永嘉县城鼠疫流行，患者千余人。

是月　中共闽浙临时边委负责人宣恩金至镇海龙山，向谭启龙介绍坚持斗争的情况。谭指示，国统区工作应坚决执行“隐蔽精干”的政策，实行社会化、群众化、职业化。后临时边委决定改变斗争方式，暂停以武力方式解决经费问题，而搞生产自救，同时发挥各人特长，以社会职业为掩护，开展群众工作。

7月　日军“登部队”在余姚盐场设立“登部队军用盐庵东办事处”，强行压价收盐34万担。

月底　中共浙东敌后临时行政委员会召开秋收工作会议，决定团结各阶层人民武装保卫秋收，反对日伪抢粮。

8月17日　浙东三北地区军民在长达120里的公路线上大规模破坏敌伪交通线和通信设施。

8月23—26日　新四军十六旅在长兴、宜兴一线发动长兴战役，攻克长兴县城外围据点13处、堡垒50座，毙伤日伪百余名，俘虏伪军400余人，受新四军军部首长电令嘉奖。后向太湖沿岸推进，再克据点4个、堡垒10余座。

8月25日　浙东游击纵队海防大队一中队70余名指战员进驻岱山以西大渔山岛，突遭日伪500余人以及2架飞机联合围攻，激战近7小时，毙伤日伪100余人，终因敌众我寡，弹尽粮绝，除26人突围外，余均牺牲。

8月26日　中共华中局、新四军军部发出关于向东南发展游击战争的方针和部署，指示新四军一师十六旅“积极开展沪铁路沿线以及杭州等城市工作”，“第一步先进占武康、安吉、吴兴之间地区，第二步再向京杭国道以东沪杭路以北苏嘉路以西发展”。

8月29日　中共华中局发出《关于开展宁、沪、杭、鄞等大城市和交通要道工作的指示》，要求浙东区党委组织宁波城工委、沿海和铁路工委，负责宁波以及从吴淞至宁波沿海与杭甬铁路一带工作。

9月9日　日军自海陆两路会攻，第三次占领温州。

9月25日　中共浙东抗日根据地第一届军政会议在慈北洪魏召开，与会代表100多人，谭启龙作《目前形势与我军今后任务》的报告。后会议移至余姚袁马举行，11月5日结束。

9月27日　中共中央向华中局发出“关于发展苏浙皖地区总的方针和部署”指示，强调必须把浙江的工作视为发展的主要方向。苏南部队的中心工作应放在太湖西南岸、沿京杭国道伸入天目山周围，浙东区党委应加强金华、义乌等敌伪区的工作，苏南地区必须加强干部配备。建议派叶飞等率两个主力团，由华中局抽调苏南、浙江一批干部随同渡江，会合十六旅共同担任南进任务。

9月28日　中共浙南特委发出《关于目前环境与今后任务的决定》《关于准备游击战争的决定》，指出日寇可能长期占领温州，应积极准备伺机发动游击战争。

10月10日　中央苏南区党委机关报《苏南报》在长兴白岘创刊，社长兼主编欧阳惠林，后改名为《苏浙报》。

10月20日　驻乐清的日军翻译石沧庚（台湾籍）反正，投奔乐清警备第四中队，提供有关日军的情报，并发表《告台湾同胞书》。

是月　中共浙东区党委决定改浙东游击纵队教导大队为浙东抗日军政干校，校长何克希。又举办党训班以开展整风运动，主任谭启龙。

11月2日　中共中央电华中局、新四军军部决定成立苏浙军区，司令员粟裕、政委谭震林统一指挥苏南以及全浙。后粟裕同军部首长张云逸、赖传珠等初步拟定发展东南计划，获中共中央批准。

11月15日　乐清县城沦陷，23日为陆军收回。

是月　国民党在奉化、嵊县、新昌、宁海、天台五县成立边区“剿匪”司令部，“搜剿”中共领导的抗日武装，并“围剿”四明山红色根据地。

12月2—4日　约7个团国民党顽军进攻新四军十六旅，王必成率部在广德、长兴交界的牛头山、青岘岭与顽敌激战，毙伤顽军600余人，俘200余人，缴获大批武器弹药，巩固了郎广长抗日根据地。

12月上旬　杭州日伪军押送公教人员及民众共80人，至瓶窑充当苦力，其中俞士奎、胡阿毛等30余人乘日军不备，夺步枪8支、机枪1挺，与日伪军混战，经40分钟，弹尽无援，大部分殉难，仅逃出8人。

12月14日　新四军十六旅冒雪攻克浙皖交界要地长兴泗安镇，毙伤伪军中校团副等20余人，俘敌400余人，缴获大批武器。

12月17日　四明山“著匪”王鼎山、单孝升等300余人投奔浙东新四军，被改编为浙东游击纵队嵊新奉抗日别动总队，总队长王鼎山。

12月26日　朱生豪逝世。朱生豪(1912—1944年)，嘉兴人。系中国翻译莎士比亚作品较早和最多的译者。

12月27日　粟裕率新四军一师主力由苏中渡江南下，执行中共中央关于向东南敌后发展、控制苏浙皖边和发展浙东沿海地区的战略任务。

民国34年(1945年)

1月6日　粟裕率新四军一师师部以及三旅七团和300多名地方干部，与王必成、江渭清的十六旅会合于长兴仰峰山。刘先胜、陶勇率另一部于次日到达长兴。13日，苏浙军区成立，统一指挥苏南和浙东部队，粟裕为司令员，谭震林为政治委员(未到职，粟裕兼任政委)，刘先胜为参谋长，钟期光为政治部副主任(后任主任)。苏浙军区下辖3个纵队，第十六旅改编为第一纵队，王必成任司令员，江渭清任政委；浙东游击纵队改编为第二纵队，何克希任司令员，谭启龙任政委；第一师第三旅的3个团改编为第三纵队，陶勇任司令员，阮英平任政委。2月5日，苏浙军区成立大会在长兴县槐坎温塘举行。苏浙军区成立后，多次向浙西日伪军出击，并取得胜利，开辟了浙西抗日根据地。以粟裕为司令的浙西抗日根据地，成为当时全国19块解放区之一和华中8个战略区之一的苏浙皖边抗日根据地的重要组成部分。

1月21—31日　中共领导的浙东敌后各界临时代表大会在余姚梁弄召开。与会代表108人，谭启龙、何克希、连柏生分别作政治、军事和行政工作报告，通过了区党委提出的施政纲领以及《浙东敌后各界临时代表大会致毛泽东暨中共中央电》等。经民主选举，产生浙东临时参议会，议长谭启龙。会后正式成立浙东行政公署，主任连柏生。抗战胜利后，部队北撤时建制撤销。

1月22日　侵占永嘉的日军乘船艇驶入飞云江，在瑞安东南方登陆，午后侵入瑞安县城。国民党军反击，于23日克复瑞安县城。

是月　日军运往杭州军盐及汪伪公司的食盐被共产党游击队在杭州湾截获30余船。

是月　中央卫生署拨款30万元用于衢州城鼠疫防治。

2月3日　国民党忠义救国军破坏钱塘江大桥，炸毁该桥两孔，敌伪交通顿告中断。

2月11日　新四军苏浙军区一部开辟莫干山敌后地区，解放武康(今并入德清县)、德清两县。

2月14日　国民党军第二十八军、忠义救国军等5个团向新四军苏浙军区发起进攻。苏浙军区自成立后，多次向浙西日伪军出击并取得胜利，开辟了浙西抗日根据地。但在敌后进军的过程中，遭到国民党顽军的大规模“清剿”，苏浙军区部队被迫自卫还击。16日晚，第一、三纵队全线出击，乘胜解放孝丰县城。18日，占领报福镇。此役歼灭顽军1700余人，控制了天目山以北地区，取得了浙西第一次反顽自卫战的胜利。3月6日，国民党军12个团进犯孝丰。苏浙军区奋起反击，迫使顽军退守天目山以北，共歼顽军1700多人，取得浙西第二次反顽自卫战的胜利。5月27日，国民党军以42个团共6.6万多人的兵力，向临安、天目山、孝丰进攻。29日，苏浙军区部队奋起反击。至6月下旬，浙西第三次反顽自卫战结束，共毙伤顽军3500余人，俘顽军2800余人。

2月22日　苏浙公学正式创立。苏浙公学由新四军苏浙军区在长兴县槐坎台基村创办，以培养训练抗战建国专门人才等为目的，苏浙军区司令员粟裕兼任校长。公学设军事、经济、文化三个系。到1945年10月苏浙军区北撤为止，共办了2期，为根据地培训了1000余名干部。

2月25日　在中共乐清县委策动下，国民党乐清县警备第四中队、第二中队在虹桥镇宣布起义。中共乐清县委邱清华、周丕振带领游击武装旋即进入虹桥，与起义部队共同组建乐清人民抗日游击总队，周丕振为总队长。驻芙蓉镇的乐清警备第五中队受虹桥起义的影响，第2天也进入中共控制地区，参加抗日行列。

3月12日　新四军苏浙军区第一纵队进入余杭县西北地区，在太平乡茅塘村设立被服厂等后勤基地。

3月16日　浙江行政公署四明分区行政专员公署成立，辖南山、鄞县、上虞3个县及嵊新奉办事处。

3月21日　中共华中局电浙南特委龙跃，指示目前浙南发展方向应在瓯江以南敌后地区和闽北沿海地区，面向浙东逐步蔓延，愈撒得开、霸得远愈好，若敌大举进攻，则可发动各种形式的群众自卫运动和群众性的游击运动。

3月23日　浙江大学学生代表大会通过《为促进民主宪政宣言》（简称《国是宣言》），并于是日开始向全国各地寄发。《宣言》提出结束一党专政，成立一个公允合理的新组织，这个组织必须包括各党各派的代表及无党派的才高望重的人士，由这个组织来负责领导选举召开新的国民代表大会，制订真正代表人民利益的宪法。

3月27日　中共浙南特委代表孙经邃召集乐清、瓯北两县主要干部开会，传达浙南特委决定，成立瓯北中心县委，合乐清、瓯北两县抗日武装为永乐人民抗日游击自卫总队，下辖8个中队，总队长余龙贵，政委胡景瑊，副总队长周丕振，政治部主任邱清华。

是月　中共余杭县委和余杭县抗日民主政府建立，萧松甫任书记、县长。

4月1日　浙东行政公署颁布《浙东行政区抗币条例》《浙东银行条例》，决定成立浙东银行，发行抗币，董事长兼总经理吴山民。

4月23日　新四军一师副师长叶飞率一师部分主力以及300余名地方干部，会合粟裕部，编为苏浙军区四纵队，司令廖政国，政委韦一平，叶飞任苏浙军区副司令。

4月27—29日　苏浙军区第三纵队在余杭云会乡西南击溃浙江保安队第三团千余人。

4月28日　针对世界反法西斯战争即将胜利的新形势，中共浙南特委作出《关于目前政治形势与浙南党的任务的指示》，拟以“在隐蔽与精干的原则下，巩固与发展力量，准备迎接新的环境到来”为浙南党工作的总方针。

5月1日　中共浙西区党委、浙西行政公署成立，下辖天东、天北地委以及杭嘉湖工委各3个专署。区党委由金明、张彦、朱克靖、顾玉良组成，书记金明，组织部长张彦，行政公署主任朱克靖。

5月1日　浙东总工会正式成立，产生执委秦芸等9人。

5月5日　中美合作所之浙东特种破坏组以水雷引火爆炸浙赣铁路浦阳江铁桥，计全毁桥墩2座、桥面钢梁2段、炸斜桥墩2座，桥面钢梁亦多炸毁，敌伪交通顿告中断。

5月12日　浙东青年联合会筹备会成立，主任朱人俊。

5月19日　苏浙军区第四纵队十一支队南渡富春江，与谭启龙所率浙东纵队一部会师。不久返回浙西。

5月19日　鉴于顽军封锁皖南到浙西粮道，天目山地区粮荒严重，苏浙军区决定，以战备姿态分兵就粮，开展对敌伪顽的斗争。

5月29日　国民党挺进第四纵队田岫山部第三次公开投敌，被日本侵略军收编为“中央税警团第三特遣部队”，新四军浙东游击纵队发起讨田战役。6月7—22日，直捣田部老巢许岙，歼敌1000余人。6月30日，乘胜解放了上虞县城。7月6日，全歼田岫山残部于嵊县开元附近，田岫山率少数随从逃跑。

是月　中共三北地委和四明地委合并成立新的四明地委，书记王仲良，副书记刘清扬，下辖慈镇、余姚、嵊新奉中心县委和余上、南山、鄞县、上虞县委。

6月4日　浙西国民党军在上官云相指挥下向新四军进攻，是日新四军退出新登。8日又撤出临安与全部天目山地区。19日，浙西国民党军继续向新四军发动进攻，新四军于是日进行自卫反击，与国民党军苦战5昼夜将其击溃。

6月8日　中共华中局指示浙南特委，要求浙南党采取隐蔽发展方针，组织愈灰色愈好，在敌后活动愈广泛、愈普遍愈好。

6月9日　三战区一部收复浙东沿海平阳。18日，攻克永嘉、温州两县城。26日，收复黄岩。

6月28日　中共浙东临时议会、浙东行政委员会举行联席会议，一致拥护中共中央关于在延安召开中国解放区人民代表会议的提议，并指派已在延安的朱宝庭等代表浙东出席解放区人民代表会议。

6月30日　美机于象山大目洋炸沉日舰2艘，爵溪渔民执棒击落水日军，共溺杀200余人。

6月30日　华中新四军解放上虞。

7月1日　三战区一部克复天台。

7月11日　原国民党“挺进第五纵队”司令张俊升致电新四军军部，宣布脱离国民党。该部后经新四军军部批准，被改编为浙东游击纵队二旅，张任纵队副司令兼二旅旅长，政委王仲良。

是月　中共浙西地委成立，书记韦一平(后周林)，副书记陈扬、顾玉良，下辖孝丰、安吉、吴兴、武德、临安、余杭6个县委。

8月1日　苏浙军区四纵5000余人南渡富春江，转战金萧地区。不久即奉调返回浙西。

8月初　中共华中局决定苏南、浙西区党委合并为苏浙区党委，粟裕(书记)、金明(副书记)、吴仲超(组织部长兼苏南行政公署主任)、叶飞、江渭清5人为委员。

8月7日　新四军苏浙军区第一、三、四纵队向附近各日伪据点发起全面出击，先后收复溧阳等苏南诸县及浙江长兴、安吉、吴兴县双林镇等城镇。至此，苏浙解放区北起京(宁)沪铁路，东起太湖，南至安吉、孝丰，西至宣(城)芜(湖)公路的广大地区连成一片，总面积达10.87万平方公里，人口400余万，主力以及地方武装5万余人。

8月11日　浙东妇女联合会筹备会成立，谢飞等17人当选为筹备委员，并选举已在延安的陈学昭为浙东出席全国解放区妇女代表大会代表。

8月12日　苏浙军区、浙东游击纵队向附近日伪发出最后通牒，命令所有日军立即停止抵抗，所有伪军立即向新四军反正。从17日起，新四军浙东游击纵队开始对盘踞在浙东的日伪军发起大反攻。在不到半个月的时间内，基本消灭了盘踞在四明、三北、会稽、浦东地区顽抗的日伪军。据统计，从1941年5月到1945年8月，浙东游击队经过大小战斗643次。解放南汇、上虞2座县城，攻克据点110多个，解放同胞400万人，毙伤俘大批日伪军。

8月12日　为做好迎接抗战胜利，接管浙江、江苏、安徽3省和南京、上海2个特别市的行政事宜，新四军军部任命叶飞为浙江省政府主席，黄克诚为江苏省政府主席，罗炳辉为安徽省政府主席，粟裕为南京特别市市长，刘长胜为上海特别市市长。又令苏浙军区控制京沪杭交通要道，占领上海、南京、杭州3城。

8月16日　三战区一部收复嵊县。

8月19日　新四军收复长兴县城。驻长苏浙军区发表《对日本驻军通牒》《对伪军伪警及一切伪组织的紧急通告》。

8月19日　中共浙东区委率部解放被日军控制的庵东盐区，在庵东镇成立浙东盐务管理局。10月6日奉命北撤。

8月中旬　中共苏浙军区城区部指示原苏南区党委系统在杭负责人翁迪尼，要求杭州地下党组织准备里应外合，配合解放杭州。

9月1日　中共苏南、浙西两区党委合并成立苏浙区党委后，《苏南报》改名为《苏浙报》，至10月印发《告别民众书》后，随军北撤。

9月4日　第三战区长官司令部副长官韩德勤和参谋长张世希在富阳宋殿(今受降镇)接受在浙江省等地日军投降，驻杭日军第一三三师团长之代表、师参谋长樋泽一治大佐向中方呈交了投降日军的兵力、驻地、指挥系统、官长姓名等图表。

9月7日　陈纯白进入市区，从日伪市长吴念中处接收了伪杭州市政府。

9月9日　省保安处长竺鸣涛来杭，成立杭州警备司令部。

9月9日　谭启龙致信中共浙南特委龙跃，要求浙南党不要寄希望于国共谈判，而要继续执行“隐蔽精干”的方针，坚持浙南阵地。

9月13日　第三战区司令长官顾祝同抵达杭州成立司令长官部，进行对浙江省的接收工作。

9月14、18日　中共浙东区党委两次发出紧急通知，指出“内战危机紧迫”。

9月16日　杭州市市长周象贤接收伪市府。

9月17日　郁达夫在印度尼西亚被日本宪兵秘密杀害。郁达夫(1896—1945年)，原名文，字达夫，富阳人。现代文学家。

9月20日　中共华中局转发中央电令：除留下秘密工作者和少数武装外，浙东游击纵队以及地方党政干部必须在7天内全部撤离浙东，开赴苏北。

9月22日　中共华中局就北撤工作具体安排电示浙东区党委，反复强调新四军北撤后，少数不能转移的地方干部必须以保密、精干的原则开展各项工作。

9月23日　中共浙东区党委在上虞丰惠镇召开扩大会议，传达中共中央、华中局、新四军军部关于北撤的命令和指示，研究和确定北撤的具体部署、路线、领导分工等问题，并拟组织浙东游击纵队留守处。

9月29日　淞沪警备司令部逮捕伪浙江省长丁默村。

9月30日　新四军浙东游击纵队、浙东党政机关及地方工作人员约15000人开始分批北撤，于11月中旬到达苏北涟水。

10月2日　苏浙军区主力5万余人分批北撤，20日到达苏北解放区，整编为新四军一纵一旅和华中野战军六纵、八纵。其中四纵一部在江苏武进阴沙乘"中安轮"渡江时遇险沉没，纵队政委韦一平、苏浙军区政治部秘书长王绍杰等800余人遇难。

10月4日　浙东游击纵队五支队在何克希率领下，于海盐澉浦登陆北撤时，遭国民党7个团1万多人围攻，经16小时激战，胜利突围，经奉贤渡黄浦江到青浦观音堂集结，与谭启龙率领的部队会合会，渡过长江北上。11月中旬，到达苏北涟水，与苏浙军区主力会师，旋整编为新四军一纵三旅以及新四军独立一旅。

10月5日　中共苏浙区党委在宜兴张渚召开会议，决定建立中共苏浙皖特委，下辖茅山、郎广、浙西、太滆4个工委。其中浙西工委下辖吴兴、德清、武康、安吉、孝丰、余杭、临安7县，书记兼浙西留守处主任杜大公。

10月15日　浙江省主席黄绍竑、杭州市市长周象贤抵沪晋谒宋子文及翁文灏，报告接收敌伪机构物资及有关财政、金融、工商业暨拘捕汉奸、查封逆产等各项情形。

10月19日　三十二集团军总司令李默庵从上海至宁波部署2万多兵力进入四明山区，"清剿"浙东根据地。坚持在四明、金萧地区的部分党员和少数武装开展自卫斗争。

10月22日　浙东游击纵队留守处代表黄明前往宁波，与国民党三十二集团军副总司令兼前进指挥部指挥官陈沛谈判。对方不同意设留守处，并商定11月1日前撤离全体伤病员和工作人员。但10月31日第一批伤员撤离陆埠时，即遭阻拦，黄明前往交涉，被扣押。伤病员派出6名代表前去交涉，除一人脱离外，均被枪杀。晓岭后方医院也遭破坏，伤病员和工作人员除少数脱险外，均被抓走。

10月24日　省立图书馆收藏书籍30多万册，其孤山分馆的文澜阁并藏有珍本四库全书，是国内具有较大规模的图书馆之一。杭州市沦陷后，遭受浩劫。该馆大学路馆地的大楼被敌拆筑仓库，孤山分馆房屋残存，内部损毁很多。该馆藏书除四库运渝保存幸免于难，至于善本散佚三分之一，杂志报纸荡然无存。

是月　杭州逮捕首批汉奸140余人。

11月10日　浙江大学龙泉分校先期迁回杭州市大学路原校址，举行回杭开学典礼，竺可桢校长报告八年来内迁经过。教育部长朱家骅来杭参加开学典礼。1939 年因抗战危机，竺可桢率浙大千名师生家属，历时两年半，将学校迁至贵州湄潭办学。

11 月 25 日　中共浙南特委指示各县，指出目前工作应从坏的方面打算，特别要从政治和组织工作上周密计划，准备随时迎接国民党的进攻。

12 月 1 日　在上海设松江盐务分局，办理袁浦场及苏五属一带产收运销业务，隶两浙盐务管理局。翌年 6 月结束，移交上海盐务办事处接办。

12 月 5 日　中共浙南特委派曾绍文至永乐人民抗日游击自卫总队，传达有关隐蔽精干的指示，决定精简部队，撤销"永乐人民抗日游击自卫总队"的番号和建制，动员大部分战士返回原籍，部分骨干充实地方工作。

12 月 7 日　中国童子军杭州市分会举行复员会议。

是月　联高、联初、联师等校迁回杭州，恢复杭高、杭初、杭师等校名。

民国 35 年(1946 年)

1 月 2 日　省主席黄绍竑提出"教育第一"，并确定 1946 年为浙江省教育年。同时，拨积谷 30 万担，募捐谷 10 万担，以作发展教育补助经费。

1 月 5 日　金华专员公署及省立金华师范联合办理以肃清奴化教育影响为目的的收复地区国民教育讲习会，在金华开讲，同时省教育厅令一区(杭州等县属)、二区(吴兴等县属)、三区(绍兴等县属)、六区(鄞县等县属)等专员公署及杭州市政府参照办理，以肃清奴化教育。

1 月 6 日　国民党在衢州成立"衢州绥靖公署"，作为闽浙皖赣四省边区"剿共"的总指挥机构。主任余汉谋。

1 月 6 日　经教育厅调查，浙江省中小学校及社教机关在抗战时期的各项财产损失，为 33000 亿元。

1 月 15 日　浙江省政府第 1437 次会议议决，改订本省公路票价及养路费率，计票价木炭车每客每公里 24 元，油车每公里 30 元，养路费率每吨每公里 24 元，自 1946 年元旦起实施。

1 月 17 日　浙西北地区农民举行了大规模暴动，自发起来进行反奸清算斗争。抗战胜利后，浙西北国民党地方政权中的县长、乡长、保长等，很多是日伪时期的汉奸。从 1945 年 9 月起，杭县、崇德、桐庐、桐乡、富阳、萧山、诸暨、绍兴等县农民纷纷到杭州请愿，要求对这些汉奸进行清算惩办，但当局置之不理。于是，杭县、嘉兴、崇德、桐乡、吴兴、德清 6 县 30 余个镇的农民，先后于 1946 年 1 月、3 月、4 月举行了暴动。

1 月 23 日　杭州市政府教育局提高市立小学教职员薪水，其中市小校长月薪提高至 1 万元，高级任教员为 9500 元，专科教师为 9000 元。同时为发展国民教育，除原有的 36 校外，本学期再增设市小 26 所，以资普及。

1 月 27 日　中央拨款 3 亿元修筑浙江省公路。

2 月 1 日　浙江省盐税奉令减低，并提高收购价格，兴办盐民趋利事业。

2 月 2 日　杭(州)湖(州)公路正式通车。

2 月 8 日　杭州拱埠日侨管理所有日侨 1213 名，其中，女性 380 名，下月起全部遣回日本。

2月12日　浙江省公私立中等以上学校，截至1945年度，共有214所，包括：专科学校1所，省立中学17所，省立师范10所，省立职校10所，省立补习学校2所，市立中学1所，县立中学47所，县立职校1所，县立师范60所，私立中学46所，私立职校7所，私立补中12所。

2月20日　温州米价暴涨，工人罢工，商人罢市，群众上街游行示威。24日，杭州5万群众行动起来，捣毁米店200多家，占全市米店的5/6。因军警镇压，重伤2人，死1人。抢米风潮很快遍及全省。3月，乐清县商人因米价上涨而罢市。4月，玉环群众游行请愿。黄岩出现抢米风潮。5月，温州米价再次上涨；6月8日，全市无米可供，上万群众上街示威游行，捣毁米行；9日至11日，全市继续罢工、罢课、罢市，迫使国民党当局同意平粜。同时，平阳、瑞安、青田、泰顺等地也爆发了抢米风潮。

2月28日　米价飞涨，浙江省教育厅召开校长会议商讨应对措施。

是月　中共宁波工委成立，书记王起，隶属华中分局领导，后划归上海局领导。1948年6月，因叛徒出卖而遭破坏。

3月1日　杭(州)屯(溪)公路全线通车。

3月1日　浙江高等法院判处冯阿牛等17名汉奸无期徒刑或10年以上有期徒刑。

3月9日　中国劳协浙江分会举办失业工人登记。据统计，计火柴、丝织、人力车、脚夫、丝光纱线染炼等失业工人，共有1597名之多。

3月17日　戴笠因所乘飞机失事而丧命。戴笠(1896—1946年)，字雨农，江山人，时任国民政府军统局局长。

3月17日　杭州钱塘江海塘被江潮损毁严重，行总浙闽分署请款抢修。

3月17日　两路管理局的新式汽油火车首开杭州，该火车分别命名“太湖号”及“西湖号”，每次载客220人。票价较普通客车为高，往返无锡者为12000元，杭州为16000元，孩童半票。

3月26日　浙江水陆交通已通车的路线有：杭州至富阳，杭州至平湖，江山至浦城，丽水至浦城，永康至嵊县，江山至淳安，诸暨至江山等线；杭徽原已通车近因雨阻断；沪杭公路已可通车；京杭国道，杭州已通至长兴，约计通车路线约2000公里；水道交通，瓯江计928公里，有交通船598艘；灵江477公里，有汽船200艘；衢江401公里，有交通船56艘；浙西内河杭州至吴兴90公里，有汽船5艘；吴兴至苏州102公里，有汽船6艘；其他尚有杭州至嘉兴、萧山至绍兴各线，亦有内河汽船总计汽船约在30余艘。

3月26日　浙江省政府改组，任命沈鸿烈为主席。

是月　浙江省生活指数分别为：食物类价格2800倍，衣服类价格3200倍，燃料类价格为4000倍，金属类价格为2700倍，建筑材料价格为3500倍。

是月　中共浙南特委派政治交通至华中分局，华中分局以及粟裕、谭震林等领导对浙南工作作了指示，要求在隐蔽的同时，采取各种方式打进各种反动的灰色的机关部队，坚持斗争。

是月　原中共浙东区党委派王槐秋、方晓等秘密进入杭州，与已在杭的杭州市临时工委书记柯里等会合，并改杭州市临时工委为杭州市工委，书记王槐秋。后杭州市工委划归中共中央上海分局领导。5月，上海分局改为上海中央局，决定暂取消杭州市工委建制。柯里、方晓任特派员。翌年12月，又恢复杭州市工委，书记柯里，副书记方晓，党员140名。

是月　杭州空军军官学校在萧山长兴乡（今浦沿）征用土地1270余亩，建造西兴机场。

4月3日　嘉兴日俘已分批遣送回国，嘉兴日兵管理处奉令结束。

4月4日　浙江省交通处为修复鄞（县）奉（化）新（昌）三县公路，成立修复鄞奉新路工程处，拨款5000万元。

4月16日　永嘉学联召开各校学生自治会代表会议，成立永嘉学生锄奸运动筹备会，要求当局法办原敌伪永嘉维持会长王永山，查封其财产。18日，温州专员张宝琛召开各界座谈会，为汉奸王永山辩解，即遭学生代表驳斥。后专员公署被迫接受学生要求，查封王永山财产。

4月20日　杭县五杭乡第十、十一保保民千余人暴动。

4月21日　教育部拨款4800万元恢复浙江省职业教育。

4月21日　奉化成立人民自由保障委员会，推举胡开瑜、陈志坚等7人为常务委员。

4月25日　浙赣铁路已由杭州通至诸暨。

是月　盐警恢复区、队编制。两浙及苏五属警队编为10个区，1个直辖分区。

5月11日　省教育厅公布全省专科和中学数目，具体为：省立专科1所、省立中学13所，市立中学1所，县立中学51所，私立中学53所，省立师范11所，县立师范65所，省立职校6所，县立职校4所，私立职校11所，私立补习学校12所，共计224所。

5月12日　省政府通令各县，取消竹、木、纸、油、茶、茧、火腿、土布、棉花等10余种浙江土产的特产捐。

5月13日　因战争影响，杭州市与杭县界渐已模糊，决定依1936年纪录会同复勘。

5月15日　为清算日本战犯罪行，省高等法院发掘杭州市郊万人坑，掘出骷髅百余具，半数系活埋致死。

5月29日　浙江省各县田粮处裁并各县财政科，原有联运管理处裁并交通管理处。

5月31日　中央拨款4.5亿元抢修浙江省境内公路。

是月　盐务总局批示，两浙晒盐按千盐石米（每石150市斤）比例核定收购价。

6月4日　浙江大学教授会发表宣言，要求以生活指数为根据，制订教授待遇标准，提高研究经费，且列入国家常年预算之内。

6月7日　为提高公务员待遇，浙江全体公务员辞职。后经调整，浙江省公务员待遇，其基本数55000元，加倍数240倍，相差京沪基本数15000元，加倍数140倍。

6月7日　浙江大学全体在杭教授，以中央调整公教人员待遇不合理，除了派员参加浙江公教人员要求合理待遇运动委员会外，同时召开全体教授会，决定：(1)电呈教育部及南京国民政府主席请求，依照立法院原建议案基本数20万元加成数1000倍办理；(2)发表全体停教宣言；(3)派代表向教育部及行政院请愿，并与京沪各校联络；(4)在请愿未有结果之前，停教待命。

6月12日　浙江大学、杭州高中、杭州高商、杭州高蚕、建国中学、高工、中山、市中、杭师、清华、杭州、师范学院、求是、宗文、安定、树范16所大中学学生，是日起罢课，要求迅速停战协商，顺应公教人员提高待遇运动，反对开放内河航行权让与外轮行驶。13日，浙大等20余所学校5000多名学生集会游行，著名经济学家马寅初发表演说并参加游行。

6月15日　中国空军军官学校在笕桥行复校礼，空军总司令周至柔、浙江省政府主席沈鸿烈等及该校官生千余人到会。

6月17日　温州专员张宝琛调任，当张去职离温时，《温州日报》却吹捧其“政绩昭著”，瓯海中学遂组织学生赴报馆，质问报社负责人，砸毁“言论公正”牌子。军警包围瓯海中学，永嘉学联组织学生支援，并会同英士大学代表向专员公署请愿，新任专员余森文接受要求，下令撤兵，风潮始平息。

6月18日　浙江接收敌伪产业总值200亿元。敌伪产业局驻浙办事处接收杭州区敌伪产业，计分工厂、房地产、物资三大类，估计时值共约70亿元。其中工厂31单位，值22亿；房地产、特产两共值50亿，最近标售物资6亿余元，其余均陆续标价拍卖充国库收入。

6月18日　据统计，战时受敌伪盘踞，杭州市公家损失约3000亿元，人民损失约7000亿元，共1万亿元。

是月　上海党组织负责人林枫在上海会见浙西特派员罗希明，将原属苏南党组织系统的嘉兴、桐乡等县工作划归上海党组织领导。

7月5日　苏浙皖三省缫丝工业同业公会分电行政院及苏、浙、皖三省政府，要求续贷120亿元，后准予贷给100亿元，其中浙江可配获半数。

7月5日　浙江省各地霪雨成灾，萧绍海塘内倾。

7月5日　杭州孤山圣因寺文澜阁《四库全书》5月11日由重庆启运，于是日安全抵杭。

7月8日　浙江判结汉奸案件计43起，其中判处死刑的有杭州市伪商会会长王五权、杭州敌宪密控长李宝和、郑春辉3人；判处无期徒刑的有伪浙江民政厅长张鹏声等3人；伪浙江财政厅长陆善炽判徒刑15年，伪浙江省党部主任委员孙雪庐判徒刑7年，伪《浙江日报》总编辑何治平刑期为3年6个月。

7月15日　杭州市敌伪产业全部标售，计有工厂、物资、房地产等共值70亿元。

7月16日　浙江省社会处为明了杭州市各业工人生活程度，以谋改善，特按月编制工人生活费指数，以1937年1—6月份平均价格为基期，选取必须物品29项，派员分赴各区调查统计。6月份生活指数仍继续上升，分别为：食物类480884倍，衣著类715565倍，杂项类282111倍，房租类205533倍。

7月17日　浙江省塘工局成立，直属省政府。

7月17日　浙江省为整治沿海渔业，在定海县设立浙江省渔业局。

7月20日　浙江全省行政会议在杭州开幕，27日闭幕。

7月24日　定海田螺盐民暴动，捣毁盐警队部及场务所。

7月27日　长兴县监狱发生暴动，共产党员魏元明等5人成功越狱。

7月31日　浙江省决定在各县设民众义勇队，以原有保甲系统为指挥系统，确保“清乡”

成果。

是月　为了解全面内战爆发后的形势，中共四明地区特派员赴华中分局请示汇报，要求派遣干部加强浙东革命力量。次年1月，华中分局3名干部到四明，传达华中分局关于发动群众、建立武装、恢复游击根据地的指示。

8月8日　浙江省中等学校统计共200余所，较战前增加2倍。

8月10日　中外水利专家抵杭，考察钱江大桥并视察海塘抢修工程。

8月14日　浙江省政府为整理金华江水利工程，成立工程机构，拟定整治办法。

8月15日　浙江省为处理佃业纠纷，由省政府会议通过暂行办法，决议恢复乡镇调解县区佃业仲裁会。

8月18日　京(南京)杭(州)国道全线修复。

9月1日　浙江省参议会成立典礼，张强、吕公望选为正副议长。24日，会议闭幕，会议接获提案凡378件，决议案共达208件。

9月3日　杭州市开始实行警管区制。最先试办区域是第三区。5日，杭州参会通过实施警管区制，由市警察局付诸实施。

9月9日　敌产处理局驻浙办事处所接收之敌伪工厂共31单位，奉令标卖，价格约为13亿元。

9月10日　浙江省参议会推金越光等3人为代表赴京请愿，要求中央减赋，达到四折征收之目的。21日，请愿代表返杭，粮食部同意照五成征案。

9月18日　中共浙南特委致信乐清中心县委，指示应将活动重点放在永乐黄边、永仙黄边以及海上，有计划地挺进括苍山，并建立根据地。并指示，玉环与海上是将来水路通福建、浙东的重要地带，应加强该地区党和军队的工作。

9月20日　中共华中分局致信浙东党组织，要求开展武装斗争，以武装保护群众工作，在斗争中发展党组织，尤其在敌后力量薄弱地区建立游击根据地，开展秘密工作和争取两面派工作，争取知识分子参加革命。

9月27日　中共华中分局致信浙南特委，指出“全面内战已经爆发，和平业已绝望”，要求浙南特委发动游击战争，扩大武装部队和活动地区，建立根据地；放手发动群众，开展反卖国反侵略的民族民主运动；在开展武装斗争和群众运动中发展党组织；做好争取青年知识分子和积极开展统一战线的工作；向江山和武夷山发展，往南与福建党、北与浙东党取得联系。

9月28日　浙江省政府决定裁员，各厅处均将裁减4至20名不等。

9月30日　行总浙闽分署为推进救济业务，会同浙江省政府有关各厅处，组织工赈委员会。

是月　衢州所属各县恶性疟疾流行，发病10余万例，病死1万多人。

10月4日　浙江省主席沈鸿烈到上海筹募8亿基金，以修复钱江义渡、西兴码头等。

10月12日　杭州市屋荒严重，纠纷时起。经杭州市房屋纠纷委员会统计，自是年4月成立，至10月9日止，该会收到请求调解案件共275件，经定期调解者235件，内调解成功者55件，调解不成功者53件，自动请撤销者37件，续行调解者93件，近日收到而尚未定期调解者

40件。

是月中旬　钱江、椒江及曹娥江沿岸洪水泛滥，据各县呈报灾情，计有新登、临安、长兴、吴兴、武康、绍兴、萧山、上虞、遂安、开化、桐乡、富阳、桐庐、余杭、建德、寿昌等23个县，共计受灾区为353个乡镇，受灾田亩831.264万亩，被毁房间5480间。

10月18日　江山疟疾流行，中央昆虫实验院医药昆虫室何琦博士、任道性医师和美籍疟疾顾问保尔来江山调查。

10月20日　中共浙南特委作出把开展游击战争作为首要任务的决定，要求加强思想工作、支部领导、培养干部、发展党的组织、开展新地区与加强城市工作。并取消特派员和联络员制，加强党委的集体领导，健全支部生活。

10月28日　杭州市散兵游勇充斥，军人无票看戏、无票坐车、强占民房、强迫买卖、赌博等问题突出。省宪兵队为使社会安定，加强冬防，准备加强宪保组训团体，划分警备区夜巡，增设闹市宪兵队，控制机动部队，促进保甲联防，联络有关机关，协助严拿游勇散兵，彻查烟毒赌博，增加车巡等。

10月31日　杭州市中国银行行长金润泉委托本市粮商大兴、元泰协、永丰等11家粮行，代办糙米1万石，规定价格为每石34500元，以于明年青黄不接时备用。

11月2日　浙赣铁路江(山)衢(州)段通车。

11月10日　“倒风”袭击杭州。抗战胜利以后，因为接收机构的错综复杂，造成国内工商业的不安状态，“倒风”遍及各业，其中尤以茶行为最，在36天的时日中，申报闭歇的已有28家，已呈请市政府备案而办理闭歇手续的营业单位10月份有28家。

11月11日　浙江省发放本年度壮丁安家费，每名发给安家费2万元，征集费5000元。

11月15日　浙江全省县长考试举行，为15年来第一次举行。

11月16日　杭州市政府扩大组织，其法律地位仍为省辖市，其组织可设教育、财政、卫生、工务、警察5局，人事、会计2室，秘书处增设民政处。

11月25日　海宁硖石镇为请求豁免粮食营业税，会同杭州市粮食业，联合全省粮食业推定代表，分赴本省及中央各有关机关请愿，并另由代表将请愿书敬呈蒋介石。财政部以粮食关系民本、影响物价，为减轻民众负担，稳定粮食及物价起见，准予免征营业税一年。

11月26日　前浙江省伪省长项致庄被枪决。

11月29日　浙江房荒严重，尤以武康、富阳、长兴、杭县、萧山、诸县为甚。总浙行署拟普遍在农村建造草房济急。现已在武康等县农村各盖100所，凡直系血统3口以上者，均可免费供给。

12月5日　萧山南沙广50万亩，近告坍江，地方政府急求抢救。17日，萧山连日风雪，江潮扩大，南沙坍江益形严重。塘工程局设计筑挑水坝4道，经费11亿元，其中由行厅浙署出1/4，中央与省补1/4，其余由地方筹款。

12月10日　浙江省政府经南京国民政府财政部电准，为谋各县政务平衡发展起见，由税收较为宽裕县份就征起税额内提成协济贫瘠县份，并就各县市征收较多之杭州、鄞县、绍兴、永嘉、嘉兴、海宁、吴兴7县市提三成，平湖、余姚、兰姚、嘉善、杭县、金华、黄岩、瑞安、温岭、平阳10县提二成，按月存省库统筹。

12月14日　中央航空公司31号运输机在长兴弁山坠毁，机上6人全部遇难。

12月19日　杭州市府为解决本市房荒，订立筹建平民住宅计划大纲。平民住宅规定分散4处，式样一楼一底者建筑100幢，平屋建筑500间，工程局设计，基地仿地政科计划，利用公地或征取民地，经费2/10由市政府投资，余由金融机关贷款。出租办法包括分幢出售，分期付款；分间出租，不计利润等。

12月31日　杭州各中等以上学校学生为抗议美军在北平强奸北大女学生沈崇的暴行，决定罢课一天，以示抗议。并推派代表5人向省政府当局提出，要求美军当局惩凶、公开道歉等4项条件。

是月　中共浙南特委吸收347名青年和学生参加游击战争，经青训班学习，大多分配到部队，少数留在地方。

月底至次年初　中共浙南特委在特委、县委两级机关开展整风运动，重新学习党的整风文件。

民国36年(1947年)

1月1日　为响应北平学生发动的抗议美军暴行运动，浙大、杭高、医专、之大、艺专、杭师等校2000余学生，在杭州进行了示威大游行，散发了《告同胞书》。

1月9日　温州各县中学数千学生召开抗议美军暴行大会，发表《抗美暴行宣言书》，之后游行，国民党永嘉县妇女会也响应、参加。

1月14日　浙江省政府根据南京国民政府指令，将全省政府11个行政区改划为11个"清剿区"。

1月28日　钱塘江口试航成功，行总"潘恩"号载重222吨轮船抵达杭州四堡，为钱塘江有史以来的新纪录。

1月30日　省训练团特设县政研究班，以本省县长考试录取者、县长检定合格者、本省呈报中央之储备县长、中央分发之县长为学员。3月1日开班，前3月学习研究，后3月赴各县考察，期满以县长派用。

是月　经中共中央批准，浙东党的工作划归上海分局领导。上海会议召开，确定以台属地区作为发展浙东游击战争的中心、出发点、立足点。

是月　中共四明工委成立，书记刘清扬兼，副书记陈布衣，先后下辖鄞慈、慈镇、山心、姚虞、余上和嵊新奉县工委。

是月　中共台属工委成立，书记邵明，副书记许少春，先后下辖三门、椒路、嵊新奉、嵊新东、宁海(宁新、宁天新)和临海6个工委。

2月3日　浙江省编并2000余乡镇工作已全部完成，第二步编并保甲工作开始。原多为十进，后拟以15户为甲，15甲为保，平均二保并一保。

2月5日　浙江省教育会、农会、妇女会、商会联合会、邮务工会、会计师公会、律师公会、民船船员工会联合会、全省渔业联合会、公路工会11个团体为响应浙江省参会拥护和平统一宣言,特代电请各报社、各通讯社转电全国呼吁停战。

2月8日　杭州市禁法会议在市政府举行,决定自16日起至月底止,市发动烟毒总检查,由警局会同宪兵队,挨区进行,查到烟民,即令强戒。

2月22日　杭州市爆发机织业工潮。机织业职工千人及学徒等共万余人因要求月薪加倍未遂,全体罢工。

是月　中共处属特委、闽浙临时边委合并组成新的处属特委,书记搏振军,下辖缙云、云和、丽水、遂昌县委。

是月　中共华中分局决定撤销苏浙皖特委,建立苏浙皖边区工委,书记钱敏,副书记孙章禄,下辖苏南、浙西以及安徽宣城、郎溪、广德、宁国地区。

3月1日　钱江大桥开放。晨6时至下午5时为开放时间,凡载重15吨以下有照汽车,在火车不经过时,均可单程通过,每车收费分5000元、10000元、30000元三级,行人禁止通行。

3月1—31日　沪杭工商界联合举办的国货展览会在杭县政府旧址开幕,以推广国货,促进生产,与营业所直接发生关系,减轻市民负担。

3月初　中共浙东工委在宁海岔路乡白岭根村召开会议,顾德欢主持。会议传达了上海会议精神,拟将台属工委的工作重心放在临海,成立临海中心县委。

3月16日　杭州市人力车夫万余人因反对加租、不满公会理事及与三轮车营业冲突等原因,是日起全面罢工。17日,市政府经与有关方面协商后,同意暂停加租;取消临时三轮车;放长公共汽车停车站;改选公会理监事等。罢工平息。

3月19日　上海各报刊抵杭州时因报贩与火车站路警发生冲突,引起报贩全体罢工,致各报均堆积在车站,未能送出。

是月　中共三东工委成立,书记詹步行,下辖定海、镇海、奉化县特派员和江南工委。

4月5日　南京国民政府教育部指定浙江省立湘湖师范、杭州师范等6所学校,切实贯彻教学过程之研究,每所学校奖给研究鼓励金100万元。

4月7日　杭州电机丝织业发生工潮,千余工人在关东港一带集合,要求增加工资六成。

4月14日　浙江省会附近杭县、海宁、余杭、新登、富阳、诸暨、萧山、武康8县改为直属省政府管辖,原第一行政区专署裁撤,于是月底结束,专员谭计全改任省政府要职。

4月14日　中共上海分局代表林枫向浙东工委传达上海分局指示,要求学习谭震林抗战时期在苏南东路工作的经验,发展武装斗争。

4月19日　杭州市米价贵至18万元,平价形同虚设,当局成立购销委员会,竭力设法疏通米源处。民食调节会定价售米,每石最高为12.7万元,并由警局严禁食米走私、黑市、及通令各产区从速压平粮价。

5月2日　杭州物价暴涨,粮店关门以待米价上涨。市民群起捣毁300多家粮店,冲击警察局二分局。3日,米商聚众3万余人,持旗结队赴市府请愿要求:严办捣毁米店凶手;调查被毁损失;政府切实保障今后不再发生同样事件,等等。宪兵赶到,逮捕40余人。杭州米风潮后,市政府拟定继续每日抛售100担平价米,标价提至每担16万元,但因粮商拒售,市面上仍无米可买。

5月7日　行政院拨30亿元救济浙江省房荒。

5月16日　浙江大学通过罢课决议，推举学生自治会主席于子三为罢课请愿执行委员会主席，李景先、崔兆芳等7人为代表，参加京沪苏杭等地大专院校学生晋京请愿团赴南京请愿。20日，会集在南京的上海、苏州、杭州的学生代表和南京各校学生6000余人，举行抢救教育危机联合大游行，并向正在开会的国民党参政会请愿，游行队伍在珠江路口惨遭国民党军警宪特的镇压，学生重伤21人，轻伤97人，被捕20余人。24日，“五二〇”血案消息传到杭州，浙大、医专、艺专、浙大附中、杭高、杭师、英大等校3000余人举行反饥饿、反内战、反迫害示威。

5月18日　为响应中共四明工委关于建立浙东第二战场的决定，顾德欢、陈布衣等率队渡过姚江，挺进三北地区。

5月22日　中共浙南特委开办第一期军政干部训练班，参加者10人，主要学习毛泽东军事著作。后又开办第二期，参加者30人。

5月26日　钱塘江工局1946年度工程共13处，已完工者有：陈文港土培塘、绍兴修复涵闸、绍兴萧山间半毁石塘、绍兴新城石塘、上泗乡修闸培堤等工程。

是月　根据中共浙南特委建议并经华东局批准，浙南特委划归闽浙赣区（省）党委领导，特委书记龙跃参加闽浙赣区（省）党委。至次年11月，下辖浙闽边委（浙闽边中心县委）、泰顺县委、鼎平县委、平阳县委、青景丽县委、瑞安县委、永嘉县委、乐清中心县委（括苍中心县委）、福鼎县委以及梅山区委。

是月　杭州丝织业、棉织业、纺织业、染织业、营造业、电报电话业工人，以及宁波织布业工人相继罢工，要求增加工资，保障生活安定。

6月3日　温州9所中等以上学校学生，以及工人、市民近千人举行反内战、反饥饿、反迫害大会，并游行示威。除杭州、温州外，金华、丽水、瑞安、嘉兴、湖州、平阳、玉环、泰顺等地学生也进行了抗议活动。

6月15日　各地私田发现螟害。浙江省农业改建所建议省政府，成立防治农作物病虫害督导团，各县成立防治大队，指导农民使用机械药物防治病虫。

6月22日　浙江省农业改建所为提倡介绍新式药械，以防治病虫灾害，经商准农业部病虫药械制造厂在杭州设置供应站，委托浙江农业改建所代办。

6月22日　浙江省为安置东北义军，在杭州清泰门拨地80亩建造忠义新村，内设工厂农场等。

是月底　中共路西地区工委在浦江上塘坞成立，书记蒋明达，先后下辖路西、金义、江东、路东各县工委以及龙兰寿特派员。

是月　中共浙江工委以浙东行政公署临时办事处名义，发表《告浙东各界同胞书》，宣布浙东游击纵队三五支队又回来了，号召浙东人民团结起来，武装起来，积极开展人民爱国自卫的群众性游击战争，为恢复扩大浙东民主根据地，开辟浙东第二战场而斗争。

是月　中国民主同盟杭州市区分部成立。次年，经改组转入地下活动。

是月　中共浙南特委与国民党温州专员余森文建立秘密统战关系，并指派永嘉县委书记曾绍文具体负责联络工作。

7月11日　经粮食部核定，浙江省本年度田赋，嘉兴、吴兴、绍兴、杭县等48县征实，其余28县均折币。

7月15日　会稽山人民抗暴游击司令部成立，司令彭林（挂名，已北撤），副司令蒋忠（布告署名张任伟），政委马青，副政委蒋明达，参谋长兼大队长张任伟。

7月19日　中共上海局派王槐秋至台属传达工作意见，要求选择中心区大胆放手开展工作，加强两面派工作，搞灰色武装，加强与浙南的联系等。

7月21日　浙江省教育厅电各县市，自本年8月起，切实办理彻底弄清全省文盲工作。各县市应将12—35岁之文盲，尽先令其入学，以后再肃清35岁以上至40岁之文盲。

7月22日　浙江省政府决定9月11日起，举行全省各县行政人员考试，各科录取名额340名，分杭州、金华、鄞县、永嘉4地同时举行。

是月　中共苏浙皖边游击大队成立，大队长彭海涛，开辟广（德）宁（国）孝（丰）根据地。

是月　中国农工民主党杭州市临时工作委员会成立。

是月　在缙云、丽水、武义交界的雪峰山成立浙江壮丁抗暴自救军第三总队，总队长宣恩金，政委傅振军，政治部主任李文辉。路南武装为一大队，大队长应习，处属武装为二大队，大队长李文辉。

8月4日　浙江省新设公私中学20所。

8月5日　中共浙东工委指示台属工委，强调继续贯彻独立自主发展游击战争的方针，并加强与四明、会稽的联系。

8月10日　为防止粮荒与米潮之再发生，浙江省政府拟订全省民食购销计划，经中央同意，今年决定举办粮货700亿元，押汇押贷200亿元以便贮谷30万石，控制食粮，对各缺粮县份，统筹支配，必要时将实施定量分配，以杜绝抢米事件。

8月10日　浙江省民政厅推行公墓制。

8月11日　杭州《西湖日报》报社被捣毁。

8月11日　杭州市政府通令：自是月11日自行禁烟，染有烟毒嗜好者，统限8月底以前完全戒绝，自9月1日起，如有查获，一律枪毙。

8月16日　本年28县田赋折币粮价订定，计淳安、定海、象山等县稻谷每担折12万元，武康、孝丰、安吉、开化等12县折10万元，云和、昌化等12县折9万元，泰顺、磐安折8万元，所定折价，自开征日起两个月后，另照市价重新核定。

8月23日　浙赣路杭州到衢州工程竣工。

8月31日　杭州至上饶铁路开行直达车。

夏　浙江省报灾共计9县，分别是：东阳、浦江、义乌涝灾；宁波、瑞安虫灾；永嘉旱、虫灾；上虞、龙泉水灾，临海旱灾。省政府电呈行政院，请予拨赈。

是月　为反饥饿、反内战和要求增加工资，杭州铁业工人举行罢工游行，武林铁工厂、杭州纱厂和华丰造纸厂的机械工人，也参加了罢工并游行。

9月4日　县政机构整饬办法规定：凡1947年度县预算在20亿元以上者，列为一等县，设5科2室；20亿元以下各县列为二等县，设4科2室；军事科一律裁撤，改设军事指导员。

9月7日　省水利局派员调查旱、虫灾详情，计灾区全省达1/3地区，大都为滨海各县，共29县。其中，旱、虫、灾为三门、瑞安等9县，旱灾者仙居、乐清、海宁、杭县等18县，嵊县、绍兴受风雹旱灾。水利局呈报行政院及农业、水利两部，请拨救济款50亿元，紧急贷款100亿元。19日，浙江省受灾县份增至34县。

9月12日　浙江省与福建省成立浙闽边境联防协定。

9月12日　浙江省提高公费生的副食费，杭州市区月支48000元，浙江区月支34000元，不敷10660万元。

9月20日　浙江省童子军支会发起童子军教育年会，规定每年举行一次，由各省、市轮流负责筹备。30日，中国童子军教育会在杭州青年会开幕，江苏、甘肃、台湾、南京、北平、天津等10省市支会及本省各市县代表120余人到会。浙江童子军会总干事周伯平代主席，会议于10月1日闭幕。

是月　临浦设官盐仓。

是月　杭州党组织决定在浙大建立党的秘密外围组织——新民主青年社，简称YF。不久在浙大附中、杭高、女中、杭师、之江、艺专、医专、艺研、建国、弘道、市中、商工、高商、高医、安定等大中学生中发展了成员。

10月3日　浙江省为加强治安，决定余杭、临安、於潜、昌化、分水5县辖第二区专员公署。

10月7日　农林部畜牧实验所浙江绵羊场在海宁硖石成立，该场占地1000余亩，场长许竞武。

10月8日　浙江省盐务局宣布放弃贷款制度，商民购运不加限制。

10月14日　杭州市工潮迭起，百货、绸、布业纠纷未决；理发业罢工，要求涨价一倍；织造业拉机工人亦罢工。15日，杭州市绸布、绸厂劳资纠纷解决。28日，市百货业劳资纠纷解决。

10月15日　世界女青年会代表大会在杭州开幕，有英国、加拿大、印度、缅甸等20余国代表及来宾20余人到会。宋美龄到会演讲。大会27日闭幕，选出美国人包恩慈为新任会长。

10月29日　于子三遇害。于子三(1925—1947年)，山东牟平人。浙江大学农学院农艺系学生，为浙大中共地下党秘密外围组织新民主青年社成员。

是月　中共上海局成立外县工委，书记张执一，副书记林枫。浙东工作直属外县工委领导，上海局、华中局党组织先后遣大批干部赴浙东工作。

是月　中共浙南特委第八次扩大会议决定筹建中国人民解放军浙南游击纵队。

11月2日　省各县警保队改为常备自卫队，县隶县政府，由县长指挥，各县设立多至9个中队。

11月8日　中央令国行在浙江代购稻谷30万石，该行为免刺激市价，决定按市价收购

1947年度省属赋谷。

11月11日　首届工业节开幕，浙江省工业协会举行庆祝活动。

11月11日　由于物价高涨，浙江省80余所私立中学以经费不敷达60余亿元，省政府决定拨款补助1/5。校方已决定停止第二期学费。

11月25日　浙江省200亿元粮贷，由省政府核定分配如下：杭州市88亿元，省直属区14县共12亿元，第二区6县共10亿元，第三区11县共15亿元，第四区8县共8亿元，第5区7县共6亿元，第七区8县共12亿元。

是月　兰溪城南发现流行性腺鼠疫。

是月　中共浙南特委在上海成立党支部，联络和指导在上海、杭州各地大学的温州籍党员和进步学生，发展新党员，主动配合上海等地的地下党开展学生运动，并及时向浙南特委提供上海学运经验，动员和介绍上海等地学运骨干和进步学生到浙南参加游击战争，为浙南输送马克思列宁主义书籍、进步刊物等。

12月4日　浙江省1947年全省行政会议在省政府大礼堂举行。省会各地机关长官、专员、市长、绥靖指挥官及水警局长等120余人出席。会议定期8天，旨在检讨过去，策划将来，建立行政基础等。12日，会议闭幕。

12月7日　杭州至南昌间铁路公路联运。

12月9日　省政府令各县区乡镇修筑碉堡。

12月10日　浙江省拟增加地方武力4个团，以加强"清剿"工作，经费由中央将土酒烟箔归解省税。

12月27日　林枫向中共浙东工委传达上级指示，要求浙东正式成立指挥部或司令部，建立分区，以分区为独立单位，建立一个主力，能在3个区内担负军事行动，把军事斗争与群众运动结合起来，并要求加强海上力量，建立海边工委。后浙东工委发出《今后四明党的方针任务与主要的策略步骤》的指示，指明四明党的总方针任务是恢复四明游击根据地，建立浙东第二战场，配合解放军主力的全面反攻与邻区兄弟的斗争，争取革命高潮的最后到来。

是月　中共中央上海局青年组为加强对学生运动的领导，决定在中共浙大支部基础上，扩建为中共杭州工作委员会，书记先后由洪德铭、陈句明担任，党员120人左右。该组织与原有的另一个中共杭州市工委不发生横向关系。

民国37年(1948年)

1月8日　原中共浙东工委改临时工委，书记顾德欢，副书记马青，委员王起。是日至20日，在慈溪孔岙(今属余姚)召开扩大会议，决定撤销"浙东人民游击队第三支队"番号，建立"浙东人民解放军第三支队"，支队长刘发清，政委马青，参谋长张任伟，政治部主任诸敏；撤销原三支队"四中""五中"建制，将2个中队合并为"钢铁部队"，抽调"会稽山抗暴游击司令部"一部编入三支队为"坚强部队"。

1月9日　定本年为浙江省建设年，计划全部修复战时破坏的公路。

1月13日　中共浙东临委作出《对东海地区工作的决定》，改三东工委为东海工委，书记詹步行，下辖定海、镇海、奉化各县特派员和江南工委，号召东海地区党组织由隐蔽斗争转向公开的武装斗争。

1月14日　1948年度浙江省征兵配额将两期征集，1—3月为一期，8—10月为第二期。省军管区已分饬各团管区依所辖县市的实际情形，决定配额。

1月27日　为应对旱灾情况，省政府决定举办多项水利工程，包括：闸口段水站、余姚牟山湖、富阳城率皇天畈、乐清乌牛港、衢县黄陵堰、金华湖海塘等，经费374亿元。

1月30日　浙赣路杭州至南昌火车通行。

1月30日　鄞奉(化)、奉新(昌)两公路贯通。

2月初　王槐秋调任中共台属工委副书记，并根据中共浙东临委指示，整编台属部队为浙东人民解放军三支队二大队，大队长周象银，政委邵明。

2月4日　省政府为适应战乱需要，恢复保安司令部。

2月15日　省政府为配合军事需要，将原有7区改划为9区，同时设各区专员。第一区专署设吴兴，第二区专署设余姚，第三区专署设衢县，第四区专署设淳安，第五区专署设瑞安，第六区专署设黄岩，第七区专署设云和，第八区专署设义乌，第九区专署设临安。省府直辖区为杭州市、杭县、萧山3县市。

2月15日　杭州市鱼行贩因反对抽分2%行佣，一致罢市。

2月17日　浙江省本年度被列为加强粮食增产元首要区，以40县为增产区域，并择交通线10县为重要据点，目标160万担。中央允拨农具贷款30余亿元，垦荒贷款300余亿元，办有机肥料厂一所，经费12亿元。

2月17日　海宁县及临海县等地上年旱灾，农田收成惨落，行政院拨给救济费10亿元，交由省政府分配。

2月18日　浙江省级机关裁员4000余人。

2月20日　浙东师管区通令各县政府及军事联合办事处、各交通要点及站埠派队检查，禁止合龄壮丁出境。

2月24日　浙江省1948年度上半年预算完成，中央补助额公教员生补助旨照上年12月份标准计，共1162亿元，事业经费140余亿元。

3月1日　鄞县绥靖地区政治工作队奉浙江省绥靖办事处令，为配合军事需要，成立“清乡”机构，实施户口总清查。

3月6日　浙江省为加强绥靖工作，在全省开展“清剿”工作，同时组织训导民众。

3月7日　杭州市开始举行绿化杭州工作。除修葺湖滨公园、平湖秋月、中山公园等名胜外，大量种植绿树，农改所拨树苗18万株，经费由省政府拨一半。

3月13日　浙江省获中央核准本年度水利工程贷款为370亿元。

3月14日　内政部人口局公布1947年全国人口平均密度为每平方公里40.75人。各省市以行政区域论，以江苏人口最密，次为山东、河北，浙江居第四，每平方公里187.5人。

3月15日　中华民国第一届国大代表选举结束，当选代表千余人，其中浙江省53人。

3月19日　中央决定在浙江省设立农业推广示范区，第一期先在以金华为中心的25个县施行，第二期推广为50县，第三期遍及全省。

3月20日　卫生部为防止浙赣两省鼠疫，将原驻汉口第三医防大队调杭，与南昌的第一大队分驻浙赣路沿线各地，加强防疫。

3月25日　浙江省7行政区改为6区。省直辖区：杭县、萧山、海宁、杭州市。第一区：署设吴兴，辖吴兴、长兴、於潜、余杭、临安、昌化、安吉、孝丰、德清、武康、嘉兴、嘉善，平湖、海盐、崇德、桐乡。第二区：署设余姚，辖绍兴、余姚、鄞县、定海、镇海、奉化、慈溪、象山、嵊县、上虞、新昌及诸暨。第三区：署设金华，辖衢县、东阳、兰溪、永康、江山、金华、义乌、浦江、龙游、汤溪、武义、磐安。第四区：署设淳安，辖淳安、常山、遂安、开化、寿昌、建德、桐庐、分水、新登、富阳。第五区：署设乐清，辖临海、黄岩、宁海、温岭、仙居、三门、天台、永嘉、平阳、乐清、瑞安、玉环。第六区：署设丽水，辖丽水、青田、龙泉、缙云、景宁、庆元、松阳、云和、宣平、遂昌、文成、泰顺。

3月25日　浙江省立医药专科学校奉教育部令，改为浙江省立医学院。

3月27日　调整食盐税，每担正税法币35万元，附税10万元。

是月　中共处属特委在缙云越王山鲤鱼孔召开会议，提出壮大武装力量，巩固扩大根据地，迎接革命新高潮的任务。

4月2日　京、沪、杭铁路与浙江公路局实施联运。

4月初　中共领导的"东海游击总队"在舟山成立，王起任总队长兼政委，江之铭任副总队长，王博平任政治部主任。

4月7日至5月15日　中共浙南特委在瑞安高楼牛兰坑召开扩大会议，通过《关于今后任务的具体决定》《关于今后党建工作中几个根本问题的决定》《关于民主政权之决定》《关于军队建设的规定》《部队政治工作条例》，以及浙南农民联合会、妇女联合会、新民主主义青年联合会3个临时章程。

4月8—15日　第六届全省运动大会举行，共有15000人参加大会。参加比赛单位119个，运动员2803人。

4月16日　中共上海局对浙东工作发出指示，要求开展武装斗争，发展游击根据地或小块解放区，把内线的防卫局面变成外线的进攻局面，广泛发动群众，加强统一战线工作，培养干部，壮大健全党组织。

4月17日　浙江省各区保安司令部各成立一个保安独立营，由4个连编成，计士兵652人，除由各区原有之独立队并入外，征集26～30岁壮丁补充。

4月23日　浙江省政府决议征出入杭州市区货车之复路费。计京杭路至小河7公里，沪杭路至七堡12公里，杭复路至古荡7公里，杭淳路至梵村12公里，至钱塘江大桥7公里及万松岭、路凤山，阀直待及三廊庙大桥间公路，缴至修复各该路所需经费足额为止，客运不征。

4月28日　中共浙东临委对路南地区工作发出指示，要求依靠现有力量，选择人民生活较苦、较有斗争条件的地方，结合武装斗争和群众斗争，开辟新的游击区，逐步锻炼、壮大和巩固部队。

4月28日　萧绍汽车公司决定自5月1日起办理杭绍通车及钱江西岸联运，接送京沪杭路及萧绍路旅客。

4月28日　浙江省参议员杨明控告省主席沈鸿烈为监委选举违法要求确认无效案，浙高院宣判，原告之诉驳回，讼费由原告负担。

5月1日　《浙江新闻》报正式出刊，由许历父等主持。

5月9日　中美天文学家10余人在余杭赐璧坞设立日食观测站，观测日环食。

5月14日　南京国民政府决定，上半年度拨给各省市基本教育补助费共8000亿元，其中浙江为245亿元。

5月18日　中共华中局工委指示浙东临委，浙东工作划归华中局工委领导，并要求对发展武装、发动群众，二者不能忽视其一。

5月27日　浙江省沿海各县粮食滑海情形严重，粮商在浙赣线竞购食米。杭州警局是日在艮山门外一次扣获私米达700余包。省政府饬水警局严密防范。

5月27日　中共武装浦东人民解放总队到达四明山后，省主席沈鸿烈等急忙部署“清剿”。浙东人民解放军三五支队在上王岗与“浙保”一团2000多人激战1天，毙伤敌人100余人，俘获30多人，解放军牺牲10余人。

是月　中共浙东临委对浙东工作主要发展方向作出决定，一是发展台属，创造浙东大块中心根据地，打通和浙南的联系；二是依靠路西发展浙西，打通和皖南的联系。

是月　浙东人民解放军六支队成立，支队长应飞，政委卜明。

6月9日　浙江外海水上警察局第三大队在温州所属海面上截获越境捕鱼的日本轮船。

6月10日　中共浙东临委发出《关于加强四明党的领导机构的决定》，任陈布衣为四明工委书记，朱之光、张凡为副书记，并将五支队划归四明工委领导。

6月11—12日　沪杭钱塘江水路试航成功。

6月14日　由于米价暴涨，宁波爆发抢米风潮，遍及全城48家大小米店，当局进行镇压，被捕群众20多人。

6月20日　兰溪、建德、浦江、桐庐4县边区成立中共江东县工作委员会及民主政权江东县政府。

6月22日　浙江省政府委员兼主席沈鸿烈呈请辞职，准免本兼各职。任命陈仪为浙江省政府委员兼主席，30日，陈仪在杭州就职。

7月2日　陆军副总司令汤恩伯调任衢州绥靖公署主任。3日，飞衢州视事。

7月15日　为配合军事“肃清”中共武装，省政府改划原7区为9区，并调整各区专员。又立杭州、杭县、萧山3市县为直辖区。

7月16日　浙江省1948年度第一学期收费标准，经省政府决定，公私立中学学费和杂费皆缴纳食米。杭州市公私立小学学杂费亦缴纳食米。

7月下旬　蒋介石、蒋经国、孔祥熙等在莫干山屋脊头召开“新经济”会议，策划发行纸币“金圆券”。

7月31日　浙赣路线全线接通，全长1153公里，为东西交通主要干道。

是月　岱山盐民捣毁东沙角、邵家山盐仓，烧毁麻袋。

8月3日　浙江省保安团由原来的7团扩编至9团,各县增加自卫队至130余大队,每县至少一大队。

8月6日　浙江省政府确定推行土地改革的原则。

8月9日　针对自1929年起始终未解决的海宁、新昌、天台三界"新昌飞地"问题,省政府核定以1929年内三县会勘而未报的县界为三县新县界。

8月12日　省保安司令部设9个勘乱工作队,专事辅助"剿匪"军事,共有员383名,兵1671名。

8月13日　中共四明"机动"部队出击台属地区,又于18日会合"铁流"部队,合编为浙东人民解放军第四支队,支队长刘发清,政委邵明。

8月17日　各地物价上涨,杭州市现钞奇缺。19日,杭州央行为解决钞荒,发行百万大钞12亿元。

8月18日　中共东海游击总队政委王起率280人在六横岛登陆,歼国民党自卫队和警察所。21日,国民党军舰、炮艇包围了六横岛,经一整天激战,东海总队只有少数人突围。9月10日,国民党调动海陆空军进行逐岛"清剿"。在这次"清剿"中,东海游击总队又遭严重损失。余部隐蔽坚持斗争,12月初上四明山,次年进入台属地区。

8月21日　币制改革后,浙江省政府拟具县管制物价办法,严禁私抬物价,要求各商各业按全国各地各种物品及劳务价格,照1948年8月19日各该地多种物品价格,依兑换率折合金圆出售。

8月23—24日　中共浙东工委负责人顾德欢等在天台华顶山拜经台召开会议,决定抓紧有利时机,加速开辟台属地区,发展武装力量。

8月30日　浙江省政府拨付杭高校建设费,第一期为1927亿元,第二期为1280亿元。

是月　中共苏浙皖边工委成立天西临时军政委员会,统一领导天目山西部地区的斗争,书记钱敏。后又将原游击大队扩编为"苏浙皖边游击支队"。

9月1日　浙赣铁路全线通车,分三段行驶,分别为杭州南昌直达、南昌至樟树区间、樟树西岸至株洲直达。

9月4日　衢州绥靖公署主任汤恩伯在舟嵊列岛成立绥靖区。

9月5日　中共路西工委改称金萧工委,书记张凡,副书记蒋明达,先后下辖路西、路北、江东、东南、江西等县以及严衢工委、江北、天目特派员。

9月6日　浙江改革县政,县长调动科室不动,县预算可不经参议会通过,县长可拒绝地方士绅人事,地方士绅不得保释罪犯。

9月13日　浙东人民解放军金萧支队(一支队)成立,支队长蒋明达、政委张凡。

9月27日　浙江省参会代表晋京,请减省本年田赋缴借。行政院批准减轻一斗。

9月29日　中共浙南特委发出《关于秋收斗争的指示》,在泰顺、景宁、平阳、瑞安、永嘉、乐清、青田、鼎平等县98乡领导群众开展秋收斗争,对一般地主实行二五减租,对恶霸地主实行抗租、抗债,开展反恶霸的清算斗争。

9月30日　为加强管制,行政院在上海、平津、广州3区设置的经济管制督导区继续扩大，其中上海区（督导员蒋经国）下辖京、沪、苏、浙、皖2市3省。

是月　中共浙南特委抽调第一县队、括苍支队一个中队、浙南第三县队部分人员组成浙南人民解放军一支队，支队长余龙贵。

是月　中共处属特委改“浙江壮丁抗暴自救军第三总队”为“浙南人民解放军第三支队”，支队长宣恩金，政委傅振军。

10月2日　浙江省参会请求减低田赋征借及绥靖费。行政院电令省政府，征借部分减免1/4，即7.5升（原额每元征借3斗）；绥靖续费原定每元1.2斗，减为7.5升，并由中央按市价拨款收购，将谷价归省。

10月4—7日　中共“台东会议”举行，提出今后工作的发展方向：一是打开台属地区，联系浙南、永康、处属；二是从路西向富春江前进，打通与皖南的联系。并组建中共台东临时工委，书记邵明，组建中共台西临时工委，书记诸敏。

10月14日　浙江省政府通过物资管理方案，包括物资调节、物资检查及购物审议等。

10月16日　中共浙东临委分别指示路南、会稽地区，要求路南应将发展重心放在西南，但也必须向东发展；要求会稽应将工作重心放在向南发展上。

10月18日　浙江省工业会成立。

10月20日　杭县府所在地划定设拱宸桥，经省政府批准，报中央备案。11月27日，杭县县治迁入拱宸桥省农改所旧址。

10月20日　浙江省物资检查会成立。

10月27日　中共浙东临委在天台华顶寺召开干部会议，确定浙东工作的总方针是：继续独立自主地创立浙东游击根据地。

10月28日　省政府订定粮食紧急措施办法：凡正规粮商持证采粮，不得限制或禁运，但在杭州市只准过境，不作为购粮起运地；个人以其本身劳力肩挑负贩者，准许其无证自由流通，禁止运入“匪”区。另外，杭州市粮源缺乏，类似抢米风潮时有发生，影响社会秩序，省政府为安定民心，决议拨省资谷10万石，交杭州市民调会调剂民食。

10月30日　浙江省市民意机构纷纷向省政府请愿，要求开放商品限价。11月3日，杭州限价开放后，浙江省各县市商品价格上涨，省审议委会以“货售于市、利合于法”为准绳，希望新闻界严加督促。省政府指令各县市必须核本定价，违者严惩，加紧管理市场，严密取缔投机囤积。同时，取消浙江省粮食管理办法，各地恢复自由运销。

11月6日　杭州举办贫民平粜。限额20000户，每户1斗，价五六元。是日，省政府为统筹米源，请田粮处长陈诒首赴赣，以15万盐换赣米。

11月9日　沪杭铁路杭州站全体员工以物价飞涨、食米缺乏、生活艰难为由开始罢工。后杭州站允许每一员工借支金圆券100元、米2斗，两路员工开始复工。

11月13日　陈布雷服安眠药自杀。陈布雷（1890—1948年），原名训恩，字彦及，慈溪人。曾任国民党中央政府委员会代理秘书长、总统府国策顾问等职。

11月13日　各地物价下降，食米跌势尤猛。杭商市物价全面下降，白米240元。省政府购买的赣米、鹰潭等地5000石日内运杭，赣米最高价130元，纱布丝绸均一跌再跌，日用品亦疾退。

11月14日　杭洗染业工人罢工。

11月17日　流亡学生3000余人抵杭州。

11月19日　杭州市粮行业公会理事长钟渭泉因操纵米价企图暴利被捕。22日，首次传讯，并传粮行粮店业理监事个别侦查。12月16日，以违犯戡乱时期危害国家紧急治罪条例五条一项十款等20余条，及违反粮食管理第四条、刑法第五条等罪判决钟渭泉死刑。

11月30日　中共浙南地委发出《对目前斗争的指示》，要求以武装斗争为工作中心，主动向敌进攻，坚决消灭地主武装与一切力量薄弱的敌人。

11月30日　浙赣路樟树大桥竣工，京沪、浙赣、粤汉三路实现联运。

是月　浙南特委改称浙南地委，书记龙跃，先后下辖青景丽办事处、浙闽边中心县委（鼎平县委、福鼎工委）、括苍中心县委（乐清县委、楠溪中心区委、永乐黄边区委、玉环区委）、永青办事处（永嘉县委、青田县委）、青景丽、瑞安、平阳县委和梅山直属区委。中国人民解放军浙南游击纵队在瑞安板寮正式宣告成立，龙跃任司令兼政委。

12月1日　京沪、沪杭两铁路局奉令戒严。

12月3日　由上海驶往宁波的招商局江亚轮因严重超载等原因，于下午6时45分驶至吴淞口外30里许铜沙洋面（白龙港）时，突然爆炸沉没，除近千人获救外，约有3000人死亡，其中绝大多数为宁波旅客。

12月4日　浙江省政府令各校提前结束学期，之江大学提前于16日考试。

12月8日　东北学生与安徽临进中学学生流亡杭州，杭州市当局分别将东北学生安顿于华藏寺，将临进中学学生安顿于灵隐寺。是日，东北学生数人前往灵隐寺游玩，与临进学生相遇，因言语争执发生冲突，互相殴打。临进中学学生五六百人包围华藏寺，东北学生亦集合起来与之对抗。

12月11日　浙江省1948年度征兵总额共计18万名。

12月14日　中共台西临时干部会议在新昌莲花心召开，顾德欢作了《目前时局与浙东工作上的新问题》的报告，要求适应集中力量，选择敌人最空隙、薄弱的地方重点进攻，创造大块中心根据地，并拟成立浙东临时人民政府，加强政权建设，用行政力量大刀阔斧地开展工作。

12月14日　杭州市商会为了反对市政府提高营业税额及清查营业税办法，聚众3000多人到市参议会请愿，要求取法20倍限额、免除清查等。

12月23日　省政府决定：全省各行政区除第一区（吴兴、嘉兴、长兴、海宁、嘉善、海盐、平湖、崇德、桐乡、德清10县）、第三区（衢县、江山、遂昌、龙游、常山、开化6县）及第九区（富阳、於潜、余杭、临安、昌化、安吉、孝丰、新登、武康9县）3个区以外，其余第二、四、五、六、七、八6区共53县市，自25日起一律宣布临时戒严。

12月28日　中共浙东临委指示会稽中心县工委，要求其争取时间，进一步开展会稽工作，并决定由周芝山全力负责。

是月　中共台属党组织加强策反工作，秘密与国民党临海县长汪振国、黄岩县长朱焯、温岭县长卢伯炎等商谈和平解放县城等事宜。

是月　中共杭州地下党组织传达上级指示，布置各级组织发动群众反南迁、反破坏，开展群众性的护校、护厂斗争，应变自卫，迎接解放。

民国38年(1949年)1—9月

1月4日　大昌轮船局从湖州开往上海的申湖班客轮由于超载，在吴江卢墟附近沉没，约150名旅客丧生。

1月5日　省政府订立中等教育计划，每50万人口地区设立一高级中学，人口众多处添设1或2所初级中学。

1月9日　订立浙江省农产物产增产计划。

1月10日　永嘉鼠疫复发。

1月11日　全省上年度新赋征起已近半数，省政府为加紧征收，对大户拒纳田赋者，通令批押限缴，并予严格奖惩。

1月12日　省政府向杭州市银行借款400万元，发公教人员薪津。

1月13日　浙保安司令部为加强省内治安力量，地方武力增加二旅二团，所需兵额约2200人。

1月14日　为应付物价暴涨，要求借支工薪，浙赣铁路工人包围路局，封锁杭州里西湖交通要道。

1月14日　浙江省公私中学收费标准决定。私校由校方自订，省高中住校生7.5斗，通学生6.5斗，省初中住校生7.2斗，通学生6斗。县高中住校生8斗，县初中住校生8.2斗，通学生7.2斗，县校另缴学米30斤，以提高教职员待遇，各私中住校生约6担米。

1月14日　浙江省自决定实施温和的土地改革后，对限田政策已初步展开，是日通令各县市，凡无主土地满3个月后，未赴地政机关登记者，一律由所在乡镇公所执行代管。浙江省土地改革10年计划，已订立最高所有额，五口以下之家为25亩，以上者50亩，僧道老弱孤寡准留非自耕5亩，宗祠50亩，超额分给佃农、半自耕农夫。

1月15日　浙江省政府通令禁止请愿罢工。

1月20日　浙江和平促进会正式成立，由农、工、商、学、自由职业等法团代表及社会贤达组成。推竺可桢、刘湘女、周仰松、鲍祥龄、余绍宋、吕公望、张强7人为常务委员，余绍宋为主任委员。22日，浙江和平促进会发表通电呼吁停战。

1月20日　杭州市与嘉兴、湖州两县同列为浙江省本年首先实施土地改革之区域。杭州市府拟定办法，先调查佃农雇农，指导申请领耕农地，并准备预缴二成地价之实物，由市府发行粮食债券收购，领地农民分年以农获物偿还其余八成地价。

1月中旬　中共武装金萧支队外线出击，西渡富春江，进抵皖南歙县，与皖浙总队唐辉部会师，打通了与皖南的联系。回师途中，经历赵家坪、三溪口、大老坞口、渌渚、富春江战斗，五战五捷。

1月21日　蒋介石宣布“引退”，由京飞杭，宿空军军官学校校长官邸。次日，偕蒋经国、俞济时等飞往宁波，又转乘车至奉化溪口，住蒋母坟庄。

1月23日　由中国力余社发起的浙江省学术团体和平座谈会举行，到会代表40人，决定组织和平建国策进会，推陈伯昂、屠铁珊、陈功懋等为起草章程委员。

1月25日　衢县绥靖署奉令结束改编，成立陆军训练司令部。

1月25日　浙东游击队700余人会师新昌回山，中共浙东临委在此召开扩大会议，通过《关于浙东胜利前夜的形势和我们的任务》的决议，提出更有规模地、大胆地对敌人开展军事上、政治上的进攻，更有规模地、大刀阔斧地发动群众。并拟成立浙东人民解放军第二游击纵队，司令马青，政委顾德欢，副司令刘发清，参谋长张任伟，政治部主任诸敏，下辖金萧、会稽、浙东主力、台属、四明、路南6个支队，顺次编为一至六支队。

1月27日　"建元"号与"太平"号两艘轮船在舟山洋面白漆门互撞沉没，造成500余人死亡。

1月31日　浙江省戡乱组织一律撤销。

是月　中共上海局指示杭州工委，要求密切注意和有力制止敌人撤退前对工厂、铁路、桥梁等的破坏，特别要保护好钱塘江大桥，迎接解放大军，配合接管城市。

2月6日　中共浙南地委致电闽浙赣省委，通报浙南地区开展武装斗争情况。

2月6日　浙江省保安司令部与省会警察局合组巡查队。

2月7日　浙赣铁路因当局强制军用，客车停开。

2月10日　浙东人民解放军第二游击纵队主力攻克天台县城，歼敌300余人，俘敌107人，缴获大批枪支弹药和物资。按原计划，部队旋又撤出天台县城，上天台山休整。17日，浙东人民解放军第二游击纵队主力分两路攻打三门县城(海游镇)和亭旁镇，并克两镇，俘获甚众，又召开万人庆祝大会(系浙江省第一个解放的县城)。随即成立中共三门县委和县人民政府。

2月10日　中共华中工委指示浙东临委，要求做好接管城市的准备工作，配合迎接解放大军。

2月11日　京沪杭警备副总司令周岩奉命来杭成立浙江警备司令部，凡运用之武力，均由该部全盘统一指挥。12日，浙江警备司令部成立，迁入杭州市膺白路柳浪新村青年中学旧址，开始办公。

2月15日　农林复兴委员会与浙江省政府签订合同，将有15万美元运用于浙江省。

2月17日　浙南游击纵队一支队攻克泰顺县城。22日，又于泰顺东北的洪溪尾伏击敌人援兵，歼敌360余人，获中共华东局和闽浙赣省委嘉奖。

2月18日　行政院第44次会议通过，浙江省政府委员兼主席由周岩出任。周岩谈主浙方针，以治界为第一要义，声明各县市城内不驻兵。

2月21日　浙江省参议会第一届第五次大会召开。议长张强致辞，要求新任主席周岩确保治安，澄清吏治，勤求民意，争取民心。张强以浙江地区为江防首道防线，要求以军事配合政治经济社会力量，确保陆上、海上、江上之治安，并特别请政府遵从民心。

2月24日　留杭流亡学生总数达7000余人。因市区连日发生纠纷，市教育局决定先将城隍山、六通寺两处之流亡学生1000余人遣送宁波天童寺，其余亦分别遣送他处。

2月25日　周岩主浙后，向省参会报告施政方计，多数参议员反对周岩所强调的征兵征粮一事，认为应停止，以争取民心。

2月28日　浙东农民协会筹备会成立，主任王起，颁发乡村(保)农民协会简章草案，要求各地组织村(保)和乡农民协会。

月底　中共浙东临委发出《浙东当前工作的具体部署与领导上的重要问题》的指示，对浙东部队配合大军南下以及大军到达后的任务、浙东各项工作的开展作了规定。

是月　根据中共中央指示，中共浙江省筹(准)备委员会在安徽蚌埠成立，书记谭震林，副书记谭启龙，并抽调了一批准备南下浙江的干部，总计8000余人。

是月　中共闽浙边城工委在金华成立，并拟在有条件的县成立临时工委，加强武装斗争和统战策反工作，迎接大军解放。

是月　衢州绥靖公署改编为陆军第九编练司令部。

3月2日　前浙江省主席陈仪因劝说国民党京沪杭警备总司令汤恩伯起义，事情泄露，被当局软禁，送至衢州“休养”，后被转押至台湾，1950年6月被杀害。陈仪(1883—1950年)，绍兴人。1948年6月任浙江省政府主席。

3月5日　中共浙南地委召开扩大会议，确定了解放浙南的方针政策和军事部署，通过了《施政纲领》等文件，充实了各级党的领导机构，并拟成立浙南临时行政委员会(行政公署)和17个县民主政府。

3月10日　浙江土地改革继续推行，省政府议会通过成立土地改革委员会，专门负责推广各县土地改革工作。

3月13日　国民党松阳县长祝更生率县自卫总队300余人起义。14日，丽水县长张慕槎、县自卫总队副总队长胡允孚率部在碧湖起义。

3月15日　浙东行政公署(浙东人民政府)发布《减租减息增资条例》，规定农民协会作为办理减租减息增资等事宜的合法机关。

3月15日　中共浙东临委创办《浙东简讯》，在此前后，台属、金萧、路东、路南地区亦各自出版报刊。

3月16日　为预防今年粮荒，浙江省立当局特请中央贷款50亿元，自海外采购。4月10日，中央核定贷款数为20亿元。

3月28日　浙江省为改进农业经营方式，决定推行合作农场，以建立现代化农业社会。

3月29日　中共浙东临委在诸暨陈蔡召开排以上干部会议，顾德欢作题为《目前形势与整军工作》的报告，在总结浙东工作成就的基础上，对整军的重要性、要求、方法等作了具体阐述。

3月29日　浙江省警备司令部会同浙江保安司令部供应局军民合作站点检驻军数目。据报，杭州市驻军有32000人。

是月　中共上海局决定将中共杭州工委与原属上海局外县工作委员会的中共杭州市工委合并，成立中共杭州市委员会，并派外县工委书记林枫到杭任市委书记。

是月　中共浙东主力离开台属后，台东临时工委随之撤销，台属工委恢复，书记邵明，副书记王槐秋。已重建台属武装，番号仍为浙东第二游击纵队四支队，代号“春雷”，支队长邵明兼政委。

是月　中共会稽临时工委成立，书记王起，副书记周芝山，先后下辖诸暨县工委、诸义东县临工委、嵊县县工委、绍兴县临工委。

是月　中共闽浙边城市工作委员会成立。

4月1日　浙南人民临时行政委员会成立，主席龙跃，副主席郑丹甫、郑海啸，行政委员13人。

4月2日　中共华东局指示浙东临委，强调不宜过分统一集中，仍应以分散的游击战为行动方针，要注意保存干部和实力，等待会师大军。据此精神，临委决定二、五支队各回原地活动，开展分散的游击战，迎接大军南下。

4月5日　浙江省政府实施裁员，共裁员570人、工人533人，任职一年以上者发生活费及无价配米3月，未满一年者发2月。

4月7日　国民党预备干部训练团第一总队约3000人，在原“预干局”代局长兼“预干团”团长又兼第一总队长贾亦斌的率领下起义。“预干团”的干部、学员绝大多数来自原国民党青年军，被称为蒋介石父子的“子弟兵”“太子军”。预干团起义，震动了京沪杭地区。起义队伍以行军演习为名，由嘉兴出发，行至乌镇宣布起义，向莫干山、天目山方向挺进。得知消息后，国民党政府派军队追击，双方激战多日，起义队伍除在战斗中伤亡和沿途跑散数百人外，其余大部分被国民党军押回嘉兴整编。

4月上旬　中共浙东临委在诸暨陈蔡召开扩大会议，分析了胜利前夜的浙东形势，讨论了接管城市的准备工作，并决定马青任浙东行署主任，王起任临委城工委主任。

4月11日　昌化县长裘正率县自卫队起义。

4月11日　中共浙东临委发出《关于建立浙东人民解放军第二游击纵队部整理与加强各地部队的统一领导与建设的决定》，司令马青，政委顾德欢，参谋长张任伟，政治部主任诸敏。在大军到达浙东前，以二纵司令部、政治部统一领导、指挥浙东各地的主力以及地方武装。

4月12日　省政府划全省为金处属、温台宁属、湖绍属3个“清剿”区。

4月14日　中共浙南地委决定在瓯江北岸建立双溪县。5月2日，双溪县民主政府正式宣布成立。

4月15日　中共浙东临委、行署、第二游击纵队政治部发布《为迎接胜利告浙东各界人士书》，号召浙东各界人士加紧作最后努力，迎接解放。

4月19日　中国人民解放军江南军区直属吴（江）嘉（兴）湖（州）独立团成立，团长刘先胜。

4月21日　中共浙南地委发出《迎接解放军渡江南进宣言》，号召浙南党政军民“动员起来，开展全面斗争，迎接与配合解放军作战，解放全浙南和全浙江”。

4月22日　中国人民解放军横渡长江，迅速进军江南。中共浙东临委召开会议，部署迎接解放，并要求各地应加强对干部的教育和政策学习，防止被胜利冲昏头脑。

4月22日　蒋介石由宁波飞抵杭州，在杭城召开军事会议，部署江南作战计划。

4月24日　浙江大学教师、工友、学生代表组成“应变委员会”，严仁赓为主席，苏步青为副主席。“应变委员会”团结全校师生员工，进行储粮、储油、筑墙、巡逻等护校活动，使浙江大学完整无损地保留下来。

4月24日　中国人民解放军第三野战军第七、八、九、十兵团追击南京、镇江和芜湖一带向南溃逃的国民党七个军，以吴兴、长兴地区为目标，分别沿长兴、吴兴和郎溪、广德、宣城迂回包围。27日夜，第九、十兵团在吴兴会师，完成合围任务，对敌展开猛烈攻击。28日，解放湖州，29日，围歼战胜利结束，歼敌10万余人。

4月25日　杭州进入战时状态，省保安司令部颁禁令7条。

4月25日　中共领导的浙南行政公署正式成立，主席龙跃，副主席郑丹甫、郑海啸。浙南行政公署成立后，原各县的行政筹委会陆续改建为民主政府，至5月结束。

4月25日　杭州市商会、民众团体等开会，讨论应变措施，市参议会是日贴安民布告，杭州市参议会全体议员决留杭，与市民共患难，并为维持安宁计，特邀救火会、义警队及邮工等组织巡逻队，当即彻夜巡逻市区。

4月26日　省政府决定设立3个行署，浙东行署设在宁波，由二区专员周灵钧任主任；浙南行署设在永嘉，由五区专员周琦任主任；浙西行署设在於潜，由九区专员谭乃大任主任。杭嘉湖地区有李延年兵团部署，最高指挥机构设在杭州。

4月27日　杭城防部成立，由陆军三一八师师长彭淮霖任司令。

4月28日　省政府是日起开始疏散，2/3员工自杭遣散，首批疏散文卷公物及人员专车赴宁波。

4月29日　浙江省警备司令周岩召集杭州城防指挥官及有关军事官员，在省政府举行军事会议，商讨军事部署及治安问题。

4月30日　杭州城防部队撤离，省政府空寂无人，市政府科秘人员撤往宁波，省主席周岩、杭州市市长俞济民仍留杭州。商店全部打烊。银圆每枚收价已近200万元，《东南日报》等报社负责人已出走，入夜全市遂成死市。

4月30日　陈毅部二十三军3万余人在吴兴集中，东指嘉兴。

4月30日　国民党军队主动撤离天目山的孝丰、安吉。

是月　何应钦至杭州布置炸毁钱塘江大桥计划，中共杭州市委领导工人开展斗争，大桥未遭破坏。市委书记林枫部署开展护厂、护路、护校斗争。此外，宁波、嘉兴、绍兴、金华、温州等地也开展了护厂、护路、护校、护桥的斗争。

5月1日　杭州城防指挥部撤离后，浙保第四团、二团来杭担任警备任务，杭州市市长俞济民暨各局科长仍到府办公。俞济民下令：有未曾请假擅自离职之市府高级职员20余人一律撤职。

5月2日　淳安、武康、余杭解放。

5月3日　中国人民解放军第三野战军第七兵团解放杭州。全市自来水和供电未断，市内电话照常通话；次日，市内公共汽车开始行驶，商店大多照常营业；至9日，市公用事业全部恢复。全市50所大、中学及150余所小学照常上课。此前，中国人民解放军于2月17日解放三门县，为浙江省境内第一个解放的县；于4月28日解放湖州。

5月4日　浙江军区成立，为二级军区，统一领导二十一、二十二、三十五军和地方武装。军区建立后，即着手建立全省统一的地方武装。自5月起，以部分南下主力和原在当地坚持敌后斗争的游击队（浙东人民解放军第二游击纵队、中国人民解放军浙南游击纵队、苏浙皖游击支队等）为基础，逐步将全省部队整编为10个军分区、一个警备旅、10个警备团、66个县大队。

5月6日　中国共产党浙江省委员会（以下简称省委）正式宣布成立。谭震林为书记，谭启龙为副书记。委员有王建安、吉洛（姬鹏飞）、杨思一、张登（沙文汉）、林枫、龙跃。谭震林主持召开第一次省委会议，确定解放初期的主要工作任务是迅速分配干部，实行战略展开，集中干部接管城市。此前，根据中共中央指示，2月大军南下途中，在安徽蚌埠成立了中共浙江省筹备委员会，谭震林为书记，谭启龙为副书记，委员有杨思一、黄知真、李丰平、陈洪等。

5月6日　中国人民解放军解放衢州。

5月7日　中国人民解放军华东军区杭州市军事管制委员会建立（简称杭州市军管会），谭震林任主任，谭启龙、汪道涵为副主任。

5月7日　金华、绍兴、嘉兴和温州解放。

5月8日　杭州市军管会开始全面接管在杭官僚资本企业及国民党党政机构。随后，各地军管会也先后接管国民党在当地的党政军及财政、文教等机构。按照省委决定，对金融、贸易、邮政、电讯、公路、铁路、税收等部门和企业，均按系统由上而下进行接管，并派遣军事代表，监督与保证正常的工作和生产秩序。到8月底，接管工作全部完成，总计接管国民党党政机关和官僚资本企业502家，各类职员5万余人。

5月9日　省委机关报——《浙江日报》创刊，陈冰任社长。6月18日，浙江日报社务委员会成立。10月31日，省委党报委员会成立。

5月9日　杭州市军管会派军代表接管两浙盐务管理局后，成立浙江省盐务管理局，主管全省盐务行政、生产、运销及盐税稽征、缉私等工作。

5月10日　省委在杭州召开庆祝南下的同志与坚持浙江斗争的同志胜利会师大会。6月18日，省委又召开直属机关干部大会，欢迎坚持浙南敌后10余年艰苦斗争的前浙南地委的同志。

5月10日　中国人民银行杭州分行在接管原国民党政府中央银行杭州分支机构的基础上成立，并在湖州，嘉兴、金华、建德、余杭、绍兴、宁波、衢州、温州，丽水、台州等11个地区建立了分支机构。

5月10日　中国人民解放军解放丽水。

5月11日　省委决定成立中国共产党杭州市委员会（以下简称杭州市委），谭震林任书记（兼）。25日，杭州市人民政府成立，谭震林任市长（兼）。6月，中共中央决定增补江华为省委委员。8月，江华任杭州市委书记、市长。

5月22日　杭州市军管会召开工商界座谈会，阐述了党中央关于发展生产、繁荣经济、公私兼顾、劳资两利、城乡互助、内外交流等各项政策，号召工商界共同努力，迅速恢复与发展生产。

5月23日　杭州市军管会发布命令，命令国民党、三青团、青年党、民社党以及所有公开和隐蔽的特务机关等一切反动组织即日解散。

5月25日　中国人民解放军七兵团二十二军解放宁波。5月28日，宁波市军管会成立，二十二军政委丁秋生为主任。

5月29日　省委做出关于接管中对旧机构人员处理问题的指示，要求对旧机构人员共分三类处理。

5月29日　温岭、黄岩两县县长起义，统治台州的国民党党政军机关崩溃；7月17日，台州内陆全部解放；后确定5月29日为台州解放日。

5月29日　浙江新华广播电台(后改名浙江人民广播电台)开始正式播音。

5月下旬　全省开始出现第一次物价大波动。

6月1日　为解决国民党遗留的极度困难的财政经济问题，尽快恢复公营工矿业和农业生产，省委决定成立省财政经济办事处，谭震林兼主任。同日，全省最大的煤矿——长兴煤矿开始复工。9日，经沪杭铁路工人日夜抢修，遭国民党军队破坏的13座桥梁已全部修理竣工。至12日，沪杭线交通大部分恢复。到8月1日全线贯通。

6月6日　杭州市军管会委派林乎加、刘亦夫接管浙江大学。

6月12日　杭州市军管会公布了华东军区6月10日颁布的《华东区金银管理暂行办法》，禁止银圆买卖流通，明令取缔银圆交易所。下旬，杭州市公安部门开展打击金融投机倒把活动，取缔金银外币交易所，市场物价迅速回落。

6月15日　谭震林主持召开了第一次省委扩大会议，确定了7—9月的工作任务，决定把党的主要力量由接管城市转入农村，并发动群众，开展剿匪反霸、生产救灾和征粮斗争。

6月16日　浙江省贸易总公司成立，统一领导全省国营贸易事业。为加强城乡物资交流，扶持生产，调剂供求，稳定物价，全省各地国营贸易公司也先后建立。1950年4月12日，华东贸易部通知，取消省贸易总公司，充实健全省商业厅。

6月21日　浙江军区召开第一次剿匪工作会议，部署剿匪任务。7月29日，再次下达剿匪计划，把全省划分为四个清剿区：衢州、建德、金华地区为第一清剿区；嘉兴、临安地区为第二清剿区；宁波、绍兴地区为第三清剿区；温州、台州、丽水地区为第四清剿区。

6月29日　全省139家私营行庄有133家登记复业，至年底实际复业130家。

是月　沪杭铁路恢复通车。

是月　全省公路经解放军工兵部队和原公路系统员工努力抢修，已有16条线路恢复通车：杭州至宁波线，杭州至淳安线，杭州至吴兴线，杭州至绍兴线，杭州至临安线，杭州至萧山线，金华至永康线，金华至武义线等，共长约1000公里。

7月3日　为解放浙江最后一块陆地，中国人民解放军第三野战军第二十二军、第二十一军六十一师和浙江第二、六军分区发动宁(海)象(山)战役，分南北两路钳形插入象山半岛。

5日解放宁海县城,8日解放象山县城,9日宁象战役结束。

7月6日　省委发出关于整编地方武装的指示,对各地方武装及起义投降部队进行改编。

7月24日　4906号台风在普陀、平湖县登陆,最大风力12级以上,受灾农田150万亩。

7月28日　浙江大学举行校务委员会成立典礼大会,杭州市军管会任命刘潇然为副主任委员,暂代主任委员职务。校务委员会由18位委员组成,其中常务委员7人。

7月29日　中共中央批准浙江省人民政府正式成立,谭震林为主席。省政府共设办公厅、民政厅、财政厅、教育厅、实业厅、商业厅、工矿厅、公安厅、司法厅(暂缺,工作暂由民政厅兼理)、卫生厅和秘书处、人事处等共9厅2处。张劲夫任办公厅主任。同时根据党中央指示,各城市军管会暂不取消。8月18日,省政府在杭州举行成立大会。至此,全省行政区域共设杭州、宁波、温州3个省辖市;嘉兴、宁波、衢州、建德、温州、台州、丽水、金华、临安、绍兴10个专区;嘉兴、湖州、衢州、金华、兰溪、绍兴6个专区辖市(县级);78个县;县辖区488个;乡(镇)2354个,人口共计1998.54万人。

7月29—30日　杭州各界团体及民主党派、民主人士集会,成立杭州市各界劳军总会及分会,推选马寅初为主任委员。

8月1日　省立杭州师范学校校务委员会成立。

8月5日　省财政经济办事处经呈准成立省粮食局。1951年8月21日,改名为浙江省政府财政厅粮食局。

8月25日　杭州市军管会决定国立英士大学停办,部分学生转入国立浙江大学,学校的仪器、文卷等由浙江大学接管。10月,英士大学农学院并入浙江大学农学院,增设畜牧兽医系。江苏南通农学院农经系随后亦并入浙江大学农学院。次日,马寅初出任国立浙江大学校长。

8月29—31日　杭州市政府召开第一届各界人民代表会议。

8月30日　省委下发《关于杭州市召开各界代表会的简报并浙江省各地召开代表会的决定》,要求宁波、绍兴、嘉兴、吴兴、余姚、金华、兰溪、衢州等8个城市在9月8日前召开各界代表会,其他各城均须在10月中旬前分别召开。

9月3—6日　省政府公安厅在杭州召开首次全省公安会议。7日,省委发出《关于建设浙江省各级公安组织的指示》。

9月8日　中华全国新闻工作者协会筹备委员会杭州分会成立,此为浙江省新闻工作者协会之前身。

9月10—20日　中国共产党浙江省第一次代表会议在杭州举行。会议听取了谭震林关于今后工作方针与任务的报告,以及谭启龙、汪道涵有关农村发动群众和财经工作的报告;总结了解放4个月来新区农村工作的经验;确定了今后一年左右党的工作的基本方针是"必须继续贯彻把全党的工作重心转向农村,适当地照顾城市",把农村工作四大任务扩展为六大任务:剿匪、反霸、减租、征粮、生产、组织群众;并用一年左右时间完成土地改革的准备工作。会议通过了《关于今后工作方针与任务的决议》及减租、剿匪和组织工作等决定。

9月17日　省委和浙江军区联合发出《关于彻底完成浙江地区剿匪任务的指示》，提出以军事清剿、政治瓦解、发动群众武装自卫相结合，以发动群众武装自卫为主的方针，要求坚决完成省第一次党代会决议中关于"一年左右基本上肃清全省境内一切有组织的武装匪特"的任务。到12月底，全省共歼匪4.7万人，大股匪特基本消灭。

9月22—24日　浙江省第一届农民代表会议在杭州举行。会议决定以《华东区农会组织章程(草案)》为省、县、乡农会组织章程，成立省农民协会筹委会。

9月24日　省委初级党校建立。1956年5月18日改为中共浙江省委党校。1957年3月6日与浙江行政学院合并，仍称中共浙江省委党校。

中华人民共和国时期

1949 年 10—12 月

10 月 1 日　中华人民共和国成立。次日，省和杭州市各机关、部队、工厂、学校、团体隆重举行升旗典礼，全省各地也纷纷举行盛大庆祝集会和游行，庆祝中华人民共和国成立。

10 月 3 日　省会杭州 10 万人隆重集会并举行示威大游行，响应“国际和平斗争日”，庆祝人民政协胜利闭幕。

10 月 6—14 日　浙江省首届工人代表会议通过了《关于劳资关系暂行处理办法》和《关于处理劳资争议暂行办法》的决议，指出一切劳资纠纷的解决，都要符合“劳资两利”的原则，以达到“发展生产，繁荣经济”的目的。

10 月 14 日　华东人民革命大学学员 1020 人奉调来浙江参加农村发动群众工作。

10 月 15—18 日　中国新民主主义青年团浙江省第一届代表会议在杭州举行。会上成立了浙江省青年团工作委员会。

10 月 20—22 日　浙江省第一届学生代表会议在杭州召开。

10 月 23 日　省政府发出《关于当前开展合作社工作的指示》，要求各地有计划有步骤地开展合作社工作，并决定成立省合作社事业指导委员会，建立省供销合作总社，以加强业务指导。同月，浙江省供销合作总社成立，隶属省商业厅。1951 年 5 月，省供销合作总社从商业厅划出，自上而下成独立系统，受省政府和全国供销合作总社双重领导。

10 月 23 日　杭州市上城区上羊市街居民委员会成立，经 200 余位居民代表民主选举产生正、副主任。12 月 1 日，杭州市政府颁布《关于取消保甲制度建立居民委员会的工作指示》，明确提出“人民民主管理城市”的原则。

10 月 30 日　中国人民解放军解放磐安。至此，浙江大陆全部解放。

是月　省政府发出《关于目前建立乡村政权的指示》，提出由乡、村农协会分别召开乡、村农协会员大会，废除保甲制，建立乡、村人民政权。

是月　全省出现了以纱布、五金带头涨价的物价猛涨风。这是解放后继 5 月、7 月后的第三次物价大波动，以这次最为严重。自 11 月 25 日始，全省国营商业机构按照政务院关于全国大中城市统一行动的部署，实行抛售物资、平抑物价、紧缩信贷、加强市场管理、坚决打击投机奸商非法活动等措施，银行、税务、公安、交通等部门密切配合，收效显著。至 12 月 2 日，物价迅速下降。10 日，物价已趋稳定。

11 月 1 日　省政府办公厅主办的《浙江政报》创刊。这是解放后浙江创办的第 1 份期刊。

11月2日　省内航运全部恢复，并增辟新航线3条。

11月8—12日　浙江省第一届妇女代表会议在杭州举行。会议通过省民主妇女联合会章程，成立省民主妇女联合会，选出省妇联执行委员会。

11月14日　中共中央主席、中央人民政府主席毛泽东致电解放军第三野战军副司令员、华东军区副司令员粟裕，对解放舟山定海的作战部署作出指示。12月5日和1950年1月11日、3月28日，又3次致电粟裕，多次提出意见并作出指示。

11月30日　中国人民保险公司浙江省分公司（以下简称人保省分公司）成立。开办火险、运输险及运输兵险等业务。12月1日，人保省分公司正式对外营业。1952年4月30日，人保省分公司由省人民银行移交省财政厅领导，业务仍由人保总公司领导。

是月　省政府办公厅发布《关于省府机关学校之规定》，并建立省政府第一、第二、第三、第四等4所机关学校及中国人民银行浙江省分行机关学校。至1950年9月，全省共开办机关学校64所，学员6000人。

12月1日　解放后全省第一个手工业生产合作社——温州市粗篾篓生产合作社成立。

12月6日　省教育厅向各市、县政府及全省公私立大、中学校发出《关于开展工读，解决就学困难的指示》。次年4月1日，省委发布《关于工读运动的指示》，随即全省大、中学校的工读互助运动掀起热潮。学校适当调整课程，使学生以工养读。至1951年上半年，工读互助活动逐步淡化。

12月10日　浙赣铁路全线通车。

12月29日　省委作出《关于推销公债问题的指示》。

是年　杭州广济医院在国内首次进行胸膜外肺松懈术及胸膜外气胸术，并在国内最早开展肺区段切除。

是年　全省工农业总产值为18.75亿元，其中农业产值13.19亿元，工业产值5.56亿元；各项税收完成率达92%～97%；全部职工平均工资304元。

是年　全省卫生机构数合计288个，医疗床位数合计6081张。

是年　全省总人口数为2083.07万人。

1950年

1月1日　杭州市军管会交际处划归省政府直属领导。同时组建省政府交际处，负责内宾、外宾的接待工作。

1月1日　中国茶叶公司杭州支公司成立（其前身为1949年5月26日建立的浙江土产公司茶叶部），受中国茶叶公司华东区公司和省商业厅双重领导。1950年3月，改名为中国茶叶公司杭州分公司。1952年2月改组为中国茶叶公司浙江省公司。

1月5日　中国人民银行浙江分行开始发售1950年第一期人民胜利折实公债共400万份（每份折实单位含大米6斤、面粉1.5斤、白细布4尺、煤炭16斤）。同日，杭州市人民胜利折实公债推销委员会正式成立。至5月3日，全省共认购415.5万份，超额完成任务。

1月7日　省委发出《紧急动员，迅速完成征粮任务的指示》，要求在农历年底前把完成征粮任务作为农村压倒一切的突击任务。至2月14日，已征粮7.8亿公斤，如期完成任务。省、专区及县三级党、政机关由主要干部组成巡视组，深入区、乡两级检查帮助工作。对征了过头粮的都作了减免或部分退还，对工作中发生强迫命令的作了批评和纠正。

1月10日　为引导私营银行钱庄收储的资金投向，杭州市、宁波市公私营金融业联合放款处先后成立。后参加联放处的私营行庄，有的参加了公私合营，有的停业倒闭，至1951年6月以后，业务逐步收缩。

1月15日　华东区浙西血吸虫病防治所在嘉兴建立。9月，华东区浙东血吸虫病防治所在衢县建立。全省开展了有组织、有计划地防治主要地方病的工作。

1月16日　全省第一次实业工作会议在杭州召开。

1月21—30日　浙江军区召开第一次党委扩大会议。会议决定1950年的主要任务是：彻底肃清全省土匪，巩固革命秩序，巩固和扩大地方武装，巩固和建立海防，支援前线。

1月22日　省委发出《关于划乡建乡工作指示》。为领导生产建设，准备土改，提高行政效率，决定划小乡级政权范围。划乡建乡的基本方针是应有计划、有步骤、有掌握地彻底摧毁旧的保甲制度，建立人民民主专政巩固的基层政权。至9月底，全省共建立5367个乡人民政府。

1月23日　省委发布《关于肃清反革命活动的指示》，抽派干部加强公安机构和公安武装，加强对公安工作的领导，坚决执行“首恶必办，胁从不问，立功受奖”的方针。

1月28日至2月1日　省政府实业厅、商业厅会同省农民协会筹委会在杭州召开省首届茶农代表大会，提出“增产红茶，保持绿茶，改进生产技术，提高品质，争取外销，并提倡早采嫩摘”的生产方针。

1月30日　杭州市各界认购公债已达173.1万份，超过配销任务23.1万份。至3月31日，全市公债实销已达151.91万份，超过原配销额1.91万份。

是月　经华东局公安部批准，杭州市人民警察学校改建为浙江省公安干部学校。

1—2月　龙泉县因修建城区街道和桥梁需用砖石，拆毁建于北宋的崇因寺双塔和建于五代的金沙寺塔，寺内所藏唐宋写经、木刻经卷和彩色佛像画等被付之一炬。

2月5日　在省政府领导下，钱塘江历史上最大的护堤工程——陈汶港混凝土石块斜坡塘工程完成，全长1604.1米。从此，杭嘉湖等地沿江数百万亩耕地免受江潮侵害，数十万人民的生命财产得到安全保障。

2月6日　全省第一次民政会议召开。会议研究制定了民政工作方针、任务、职责等事项，要求各级迅速建立民政工作机构。

2月8日　省委发布《关于目前处理劳资关系的指示》，指出解放后各城市在处理劳资关系上曾发生不少偏向，必须坚决克服目前在处理劳资关系上的右倾偏向。必须明确私营企业与国营企业的区别，明确劳资两利政策的基本精神。党的支部和工会的责任是一方面说服资方多对国家尽义务，踊跃认购公债和纳税，同时监督其逃税行为；一方面鼓励和支持工人向资方提出合理的要求。在营业不振、赔本负债的私营企业中，党与工会应引导工人具体研究企业的实际状况，照顾资方的实际困难。

2月14日　省委向毛泽东主席、华东局提交《一月份综合报告》，提出1月份中心工作是征粮，浙江省征粮任务只能完成16亿斤，各地在征粮任务结束后即转入了以生产为全部工作之中心；公债推销认购无问题并可超过；新旧年关是劳资纠纷最多的一月，估计全浙将有近万工人因此失业。

2月15日　中共浙江省纪律检查委员会建立。2—7月，全省13个地、市委也相继建立了纪律检查委员会。

2月21日　国民党4架飞机空袭杭州市，在笕桥机场、火车站、发电厂等处投弹13枚。23日，市协商委员会决定开展反轰炸宣传周活动。并以卫生局和公安局为主体成立救护总站和消防组织，各公私医院、诊疗所、医师小组等编为50个防空救护站。全市消防人员进行演习，新装置消防汽车和水龙头。全市各机关、工厂、学校、居民委员会普遍成立防空组织，各公私工厂普遍装置防空设备。

2月22日　省委召开扩大会议，着重讨论生产度荒问题。春节后，全省山区和沿海有64个县发生不同程度的春荒，受灾人口90余万人，因灾死亡65人，匪特乘机骚乱破坏。省委强调生产度荒工作要充分发动群众，领导群众生产自救，力争做到粮食自给。4月5日，省委发出《省委关于领导生产度荒，粉碎匪特骚动破坏的指示》，省民政厅发放急救粮100万公斤。至6月上旬，中央机关送来节约救灾捐款2000万元，华东军政委员会拨给救济粮150万公斤，支持群众生产度荒。

2月25日　中国科协杭州分会召开细菌战犯与浙江鼠疫座谈会。会议揭露抗日战争时期日本侵略者在宁波、衢州撒布带鼠疫杆菌的谷物，致使全省16个县出现鼠疫蔓延的大量事实。

是月　浙江省茶叶改进所成立，负责全省茶叶生产技术业务工作。

是月　省政府将省立杭州高级工业学校、宁波高级工业学校、杭州市私立大陆高级测量科职业学校合并为浙江省工业干部学校。

是月　全省开展拥军慰问活动，各地分别给3.8万户烈军属分送光荣匾、光荣牌、慰问信、慰问品，优待烈军属2.9万户、8万余人。

是月　由于1月下旬以来国民党飞机轰炸骚扰，暗藏敌人造谣惑众，投机商人乘机捣乱，引起解放后全省第四次物价大波动，仅棉布和大米价格就上涨1～2倍。省委按照中央部署，采取统一财政物资调度、国营公司放手抛售物资、大力回笼货币等措施，迅速制止物价上涨。3月上旬，杭州等主要城市物价下降；中旬，其他城市物价随之下降；下旬，偏僻县城物价也相继下降。

3月16日　省政府召开专员会议，讨论贯彻执行中央人民政府政务院《关于统一国家财政经济工作的决定》。会议提出了5项具体措施：保证完成税收任务；加强盐税工作；加强编制工作，完成统一编制任务；建立各级人民政府检查委员会，对政府工作进行全面检查；加强对市场物价的领导。

3月18日　浙江省编制委员会成立。

3月中旬　省政府发布《浙江省各县水利委员会暂行组织通则》。

3月20—27日　浙江省农民代表大会在杭州召开，会议选举产生了省农民协会委员会。

3月26日　省政府根据政务院《统一全国国营贸易实施办法的决定》，发布《为贯彻执行统一全国国营贸易实施办法的几个具体规定的命令》。决定撤销省贸易总公司所属各地贸易公司及浙江土产、民生、棉业、泰生等公司，撤销省盐务局所属各地盐店等机构。并于4月改组建立了粮食、百货、土产、盐业、花纱布、茶叶、油脂、蚕丝、石油、煤业等10个省专业公司和143处所属分支公司、办事处、收购站、茶厂等。5月20日，省政府又作出《关于发展国营贸易机构的决定》，决定增设126个支公司、办事处、收茶处等贸易机构，至8月底建立完毕。同月，省政府又发布《关于执行中央贸易部在大中城市建立零售公司开展零售贸易决定的指示》。6月后，杭州、宁波、温州等市的零售公司相继成立，主要经营粮食、棉布、食油等生活必需品的销售业务。

3月28日　省政府发布设置浙江省人民法院的通令。省法院隶属于省政府。

3月28日　全省私营银行钱庄开始连续倒闭。至4月底，杭州倒闭19家，连同3月以前倒闭的合计27家，占原有45家的60%。

3月30日　经华东局批准，浙江省第一届各界人民代表会议筹备委员会由48人组成，谭震林为主任，王建安、谭启龙、何燮侯等为副主任。

是月　浙江省文物管理委员会成立，省政府委托省文教厅代管。

是月　华东军政委员会批准设立浙江省参事室。

是月　省政府决定对盐区实行“盐场特区化、领导一元化”，在主要盐区建立特区人民政府。1953年撤销特区建制。

4月4日　省总工会筹委会创办的浙江省工人干部学校在杭州开学。

4月8日　省委决定，在省委统一领导下，设立8个专门工作委员会：财经工作委员会，书记谭震林；农村工作委员会，书记谭启龙；城市工作委员会，书记江华；组织工作委员会，书记杨思一；统战工作委员会，书记沙文汉；宣传工作委员会，书记林乎加；党报工作委员会，书记谭启龙；青年工作委员会，书记林乎加。

4月10日　省委作出《关于召开各界人民代表会议决定》，对会议的代表名额、产生及会议内容作出规定。

4月13日　《浙江省人民政府严禁鸦片烟毒令》颁发。要求按照政务院通令，限期禁绝烟毒；在烟毒较盛地区，设置禁烟禁毒委员会；各市、县政府应会同人民团体，依靠群众，推行禁烟禁毒令。在收烟时期，要求查禁收烟种烟。

4月16—22日　全省首届水产会议召开。会议提出“建立组织机构，发动与组织渔民，有重点、有计划地恢复生产，积极支援前线，打破海上封锁，争取全面出海”的方针。

4月19日　省人民政府召开第一次全省行政会议，通过《关于召开浙江省第一届各届人民代表会议的决定》。

4月25日　杭州市人民政府公布《西湖风景区管理条例》。

4月28日　杭州市工会干部与工人积极分子座谈会召开。谭震林在会议上就城市在恢复经济中所发生的一些工厂和商店倒闭、歇业，市场萧条，工人失业等问题，分析了原因，提出了系列解决办法，包括以生产自救为基本方针、调整工商业、贯彻财经统一、加强城乡物资交流等措施。

是月　浙江省人民检察署建立，隶属于省政府。

5月3日　省政府发布《浙江省各市县户口管理暂行办法》。

5月4日　省政府实业厅成立省种子公司，以执行农业部五年普及良种的计划。并在嘉兴、金华、绍兴、宁波、温州、丽水、临安(杭临)等7个专署设立种子管理站。

5月11日　省编委召开执行新编制方案动员大会。

5月11日　中国蚕丝公司浙江分公司成立，属中国蚕丝公司和省政府商业厅双重领导。原华东区蚕丝公司杭州公司筹备处的工作结束。

5月15日　省委发出《关于执行中央〈关于在报纸刊物上展开批评和自我批评的决定〉的规定》，要求各级党组织认真学习和执行中央的决定：一切在报刊上发表的批评意见，被批评者应在看到报纸后的10天内在同一报刊上给予答复；各级党的纪律检查委员会，应经常注意报刊上的批评稿件，并按中央与省委的规定检查其结果，经常向所属党委及上级纪委作报告；报刊编辑部要教育记者和通讯员正确对待批评稿件，并每月向党委宣传部汇报处理群众批评意见的结果，报刊对群众提出的询问、建议与要求应及时给予帮助和处理。

5月17日　中国人民解放军解放定海县城，舟山本岛解放。18日，舟山群岛全部解放。舟山战役历时9个月，歼敌8500余人。此前13—16日，国民党12.5万军政人员逃离沈家门等地，至台湾。逃离时抓走壮丁5373人，数十人因不愿去台，在西码头被枪杀。20日，浙江军区决定成立舟山群岛军管会及舟山群岛警备司令部，由王一平任军管会主任，张秀龙任警备司令。

5月30日　省委、省政府分别发出《关于加强广播工作的通知》，要求各级党政领导坚决贯彻新闻总署《关于建立广播收音网的决定》，迅速配置收音机，开展组织收听工作。同日，《浙江日报》发表题为《更好地发挥广播电台作用》的社论。8月20日，全省第一期收音员短期训练班在杭州举办。结业后，学员带收音机回县建立县收音站。

5月30日　绍兴漓渚出土的铜器、陶瓷、石器、墓志、造像等文物共17箱运抵北京，交中国历史博物馆收藏陈列。

是月　省财委、省商业厅召开全省工商联筹备会代表联席会。

是月　教育部部长马叙伦将其在杭州的存书1944册(内有稿本、抄本及明刊本90余种)，全部移送浙江大学。

是月　省水利局编成《浦阳江查勘报告》。这是解放后浦阳江全水系第一个流域勘查报告。

是月　浙江大学王淦昌研制成功探测铀矿的计算器，交省地质调查所应用。

是月　省政府作出《关于正确执行〈婚姻法〉的指示》。至6月下旬，《婚姻法》的宣传、执行已开始深入各县区，全省7个市、77个县、区和部分乡均建立了婚姻登记制度。

是月　省乡村工业改进所成立，隶属省工矿厅。改进所先后分设衢州、丽水、嘉善、温州、临安、奉化、台州、余姚等办事处(工作组)和上海、济南联络站，工作人员240余人，事业资金

46万元。采取组织、辅导、加工、订购等形式，帮助恢复台州麻帽、渔网、余姚金丝草帽、萧山花边、嘉善砖瓦、富阳等地的土纸、竹浆以及雨伞等乡村手工业生产。1951年7月，经省财经委批准，该所改称为浙江省手工业改进所。1952年5月，省财经委决定，省手工业改进所合并于省合作社联合社，自8月1日起正式改变领导关系，办理交接工作。至11月27日，省手工业改进所的工作全部结束。

6月7日　省各届人民代表会议筹备委员会召开第一次会议，讨论通过《浙江省第一届各界代表会议筹备委员会组织规则》《浙江省第一届各界人民代表会议名额分配方案》。

6月7日　中国人民保卫世界和平委员会浙江省分会成立。

6月9日　省委作出《关于执行华东局整党指示与土地改革教育方案的指示》，指出整风的重点是：在领导干部中集中力量克服严重的官僚主义作风，在一般干部中着重克服严重的命令主义作风。整风采用分期轮训、召开党代会和在职学习等方式进行。中旬，省、地、县三级党校或干校训练班开始分期分批轮训干部，要求至10月结束。10月下旬，区、乡开展整风。全省参加整风学习的干部共计8万余人，为开展土地改革运动在思想组织上作了必要准备。

6月15日　省委印发《关于干部福利工作指示》，规定干部福利工作方针、福利经费来源及福利事业范围，并建立干部福利工作的组织和制度，成立省干部福利委员会。

6月17日　省政府颁布的《浙江省整理土地暂行办法》指出：整理土地必须充分运用旧土地材料，适当利用旧人员和原来技术，发动群众核对评议，并采取典型调查和发动群众相结合的办法评定面积和产量，编造分户土地清册，要求9月中旬完成。通过整理土地，全省共查出黑田368万亩，为贯彻农业税的合理负担政策，为土改运动提供了正确的土地数据。

6月17日　《浙江日报》报道，浙江各地因政府大力收购茶茧等土特产，人民币已大量流入农村。由于物价稳定，广大农民基本扭转了10余年来重货轻币的心理，乐于以货币交易和储存。

6月26日　省委根据一年来发动群众开展减租运动的情况，发出《关于1950年减租工作领导掌握问题的指示》，指出减租应区分3种地区分别布置。

6月26日　省防汛总指挥部成立，谭震林兼任总指挥。同时要求各专署、县、市也相应成立防汛指挥部。1952年6月，省防汛总指挥部改称省防汛抗旱指挥部。

6月26日至7月5日，省商业厅召开全省第一届工商行政会议。会议研究确定了调整公私工商关系的7项具体措施。

是月　全省合作社首届代表会议召开，浙江省合作联合会正式成立。至7月底，省合作社基层社已发展到1741个，社员279万人，占全省人口的14%。

6—7月，宁海县在剿匪中缴获一批由台湾国民党当局偷运进入的假人民币。省公安厅通知各地公安机关严查假币。至1954年，全省公安机关共破获从台湾走私进入的假人民币案件197起。

6—8月　全省各主要城市的私营工厂都开始建立“劳资协商会议”或“公私关系委员会”，开始逐步废除过去欺压、侮辱工人的不合理制度，改善了职工的劳保福利待遇。

7月5日　省委作出《关于抽调与招收知识青年参加土地改革工作的决定》，抽调4000名在职知识青年，另招收工人及青年学生3000名，经短期培训后参加土地改革工作。

7月8日　杭州市军管会决定办理反动党团及特务人员登记工作。至1951年1月底，登记工作基本结束。全省共登记国民党区分部委员以上，三青团分队长以上，青年党、民社党支部书记以上及中统、军统特务分子与武装土匪125230名，其中在党政部门内部任职者8519名。并缴获电台8部，各种枪支200余支。

7月26—30日　中共浙江省第三次代表会议在杭州召开。会议主题是：克服脱离实际、脱离群众的官僚主义、命令主义作风，有步骤有秩序地进行土改工作。

7月下旬　浙江省人民政府工矿厅改名为浙江省人民政府工业厅。

是月　省委作出《关于抽调机关土改骨干的决定》，要求各专署、县政府抽调土改骨干二分之一或三分之一，加上抽调与招收的7000名知识青年，组成1300个土改工作队。全省共有计划地训练了土改干部3.6万人。9月、11月先后成立省委农村工作团和土改工作团。至11月20日止，全省进行土改典型试验的有64个县，占总县数的84%；209个区，约占总区数的一半。为全省范围内开展土改运动在干部力量、情况调查和领导经验等方面作了较为充分的准备。

8月1日　中华人民共和国成立后浙江新建的第一家大型企业——浙江麻纺厂（原名杭州麻纺厂）举行开工典礼，正式建成投产。该厂于1949年8月下旬破土动工。当年生产麻袋59.45万条。1951年生产麻袋596万条，基本满足国内需要，并有少量出口，结束了中国麻袋依靠进口的历史。1953年第三期建设完工后，年产麻袋2359万条，占全国产量的40%。

8月1—8日　浙江省第一届各界人民代表会议第一次会议在杭州举行。省政府主席谭震林向会议作了《浙江省人民政府一年来工作概况及今后工作任务的报告》，副主席谭启龙作了《为有步骤有秩序地完成土地改革任务而奋斗的报告》，省财政经济委员会主任张劲夫作了《关于财经工作的报告》。会议选举产生了浙江省第一届各界人民代表会议协商委员会，谭震林为主席，谭启龙、吴宪、何燮侯、汤元炳为副主席。

8月4日　杭州市丝织业184家工厂组成23个联营处。接着宁波、绍兴、金华，嘉兴、吴兴、衢州等市县也相继成立了工商各业的联营组织。联营形式有产销联营、购销联营、工商联购，性质分私资联营、公私联营，范围遍及工业和商业各个部门。联营组织解决了私营工商业在产、供，销方面的困难，也为私营工商业接受社会主义改造准备了有利条件。

8月5日　省政府发出《关于执行政务院〈关于救济失业工人的指示〉的指示》。

8月23日　省政府批准成立浙江省劳动局。

8月25日　省委下发《省委第四次扩大会议关于如何开好县市各界人民代表会议的指示》，阐明各界人民代表会议的作用、目的和应有的正确态度，并对代表的产生和比例、会议的时间及指导思想等提出了意见。

8月25日　全省第一个大型国营农场——富阳皇天畈农场开始兴办，复垦荒田6000亩。1952年3月基本建成，场地总面积8394亩。

8月26日　省政府发出布告，规定凡属于《中华人民共和国土地改革法》所规定应予没收或征收之土地、耕畜、农具、粮食等，一律禁止以任何方式非法转移、分散或隐藏，在正式没收分配前一律由原所有者妥为保护。

8月28日　省政府教育厅改为浙江省政府文化教育厅，主管全省文化教育事业。

是月　经中共中央华东局批准，成立中共浙江省委常务委员会。谭震林任书记，谭启龙任副书记，江华、王建安、杨思一、张雨帆、林乎加、张劲夫任常务委员。

是月　浙江省农林厅成立。

9月上旬　全省财政经济状况开始好转。自三四月份物价稳定后，由于虚假购买力受到抑制，私营工商业发生严重困难。省委、省政府采取一系列措施：收购土特产以提高农民购买力；从价格、经营范围、税收、加工订货、工业贷款等方面调整公私关系；改善劳资关系，从而大大推动了市场交易和城乡物资交流，使全省原来近30%的私营工厂商店关厂歇业的严重情况开始好转，开业和复业的厂店逐月增加，失业工人逐渐减少。

9月13日　省委发出《关于镇压反革命分子破坏秋收土改加强保卫工作的指示》，指出：秋征后将在2600多个乡的中心地区进行土改，防止地主匪特骚乱破坏，保证土改的顺利进行，是当前最迫切的紧要任务。要求各地根据政务院7月23日发出的《关于镇压反革命活动的指示》，坚决镇压匪特活动，严厉制裁破坏分子，预防并及时扑灭一切反革命骚乱和暴动。

9月21—28日　省委召开第一次土改试点总结会议。会议认为全省土改试点工作基本正常，但也出现求快急躁现象。11月23—29日，省委召开第二次土改试点总结会议，明确了放手发动群众的条件、界限与要求。省委决定在全面展开土改之前，由地委、县委分工集训土改干部，在思想组织上做好整顿。

9月25日　省委发出《关于土改工作纲要（草案）》，主要对地委对于全地区土改的布置与领导问题、工作队的组织与人选问题、区的土改工作是整个土改主要的环节、土改中几个关键问题作出规定。

是月　经中央人民政府内务部同意，华东军政委员会将浙江省所辖太湖区域划属苏南人民行政公署，俟该地区土改任务完成后再行移交。1952年7月1日办理移交手续。

是月　江华指示在杭州市西湖乡龙井村筹办龙井茶场。茶场接收抗战后的荒芜茶场和寺庙茶园，以及土改没收的地主茶园共1000多亩，分布于龙井、狮峰、梅家坞、五云山、虎跑5个产制区。市建设局拨款1.1亿元（旧币，下同），省农林厅拨款1亿元和银行贷款1亿元，年产制茶叶25吨。1958年，茶场移交中国农业科学院茶叶研究所。

10月8日　中华人民共和国成立后浙江建成的第一座小型水电站——金华湖海塘水电及灌溉工程建成并试发电，26日向金华市正式供电。工程于当年1月开工兴建，9月竣工，装机容量200千瓦，年发电量50万度，灌溉土地3万亩。

10月14日　省总工会筹委会与杭州市总工会常委会联席会议决定，从15日起，省、市总工会合署办公。1951年8月1日，省、市总工会又分开办公。

10月18日　省编委通知，全省编制工作划归各级政府民政部门负责接办。

10月19日　中国人民志愿军赴朝参战。全省各民主党派、人民团体和各界群众纷纷投书报社，发表声明予以声援支持，并掀起了寄发慰问信、捐献慰问品的热潮。

10月30日　省委根据中央10月10日下达的《关于纠正镇压反革命活动的右倾偏向的指示》精神，发出《关于贯彻执行中央坚决镇压反革命分子的指示》，要求各级党委既要纠正乱捕乱杀的“左”的偏向，又要纠正片面宽大的右的偏向，在12月底清理完全部积案。11月28日，省委又制订了《关于严厉镇压反革命活动的几个暂行规定》。从11月起，全省各地都成立了清理积案委员会、裁判委员会和人民法庭，结合土改运动，依法制裁土匪、特务及不法地主，镇反运动在全省普遍展开。

11月7日　省中苏友好协会正式成立。

11月11日　省政府命令绍兴专署为中国茶叶公司所属农场划拨需要的土地。这是浙江解放后第一次商拨的国有土地。

11月22日　华东军政委员会批准成立“浙江省人民政府土地改革委员会”，负责指导全省土改工作。至12月份，全省土改工作的典型试验阶段宣告结束，进入全面展开阶段。

11月23日　省委召开公安、司法、检察部门负责人联席会议，对镇压反革命斗争作进一步具体部署。

是月　省政府第23次行政会议通过《人民文化馆工作暂行规定》。

是月　省委宣传部根据政务院10月28日发布的《关于改进和发展全国出版事业的指示》中“筹建改进和扶植地方出版事业”的要求，拨款1亿元创办大众出版社。1951年4月13日，经省政府批准，浙江人民出版社成立，大众出版社自行消失。

12月1—4日　温州因传染鼠疫死亡4人。5日，市卫生局召开紧急防疫会议，决定实行疫区封锁和隔离等办法，并进行预防注射和捕鼠宣传等措施。中央人民政府卫生部获悉后即电示防治办法，赶运足够25万人防疫用的鼠疫活菌菌苗，并电华东军政委员会卫生部派员前往疫区，进行急救工作。

12月2日　省政府民政厅专门设立地政科，负责农村土地改革中土地之清丈、登记、确定产权，调解土地房屋纠纷，处理土地产权、租赁关系等事项。

12月2—6日　省一届协商委员会举行第一次扩大会议。

12月5日　省委根据华东局关于提早完成土地改革的指示，将土改工作从“谨慎小心，稳步前进”的实验阶段，转入“放手发动群众，大胆开展运动”的新阶段。

12月7日　杭州市总工会(筹)创办《工人生活》报。1951年12月8日，《工人生活》报改为省总工会(筹)的机关报，并改名为《浙江工人报》。

12月15日　杭州市军管会发布公告，取缔反动会道门。至1952年7月，全省取缔反动会道门(包括支派化名)264种。

12月28日　省委下发《关于在厂矿交通企业中清理反革命分子和开展民主改革的计划》，要求通过民主斗争，有领导地放手发动和依靠工人群众，揭露和控诉封建把头制、抄身制、童工制等各种压迫工人的制度，摧毁压在工人头上的反动势力，实行8小时工作制和职工劳动保险制度，改进职工福利。

是月　省政府发出《关于机关职工业余文化补习学校的实施办法》《浙江省城市职工业余教育实施方案》，对干部业余文化补习学校的学制、课程、教材、学习时间、经费、领导等问题作出具体规定。

是月　国营经济在全省已占领导地位。国家金融已占绝对优势，私营行庄只剩 35 个，资金仅 6 万余元，国营交通比重达到 70%，经济命脉已掌握在国家手中。但国营经济在工商业中比重还较小，国营工业在工业总产值中约占 17.2%，国营贸易加上合作社贸易约占总贸易的 16.5%。

是年　浙江卫生实验院成立。

是年　国立杭州艺术专科学校改称中央美术学院华东分院。

是年　全省国内生产总值 17.42 亿元，人均国内生产总值 83 元；全社会固定资产投资 0.21 亿元；财政总收入 1.69 亿元；全部职工年平均工资 328 元。

是年　全省卫生机构数合计 309 个，医疗床位数合计 7761 张。

是年　全省总人口数为 2121.45 万人。人口自然增长率为 18.26‰。

1951 年

1 月 4 日　浙江省农业改进所改名为浙江省农业科学研究所，隶属省农林厅。

1 月 4 日　杭州市军管会发布《关于决定管制和冻结美国在杭财产的布告》。同日，对美商美孚火油公司等在杭产业实行军事管制。5 月 6 日，征用英国亚细亚火油公司在杭财产。12 月，征用美国美孚、德士古两家火油公司在杭财产。

1 月 5 日　杭州市基督教、天主教及教会学校、医院等团体集会，一致通过拥护政务院发布的《关于处理接受美国津贴的文化教育、救济机关及宗教团体的方针的决定》。市基督教会及有关的学校医院及救济福利团体等宣布坚决割断与帝国主义的联系，从 1951 年起，完全自力更生，实行自办。

1 月 9 日　杭州市政府发出公告，对接受外国津贴及外资经营的文化教育、救济机关和宗教团体限期在 6 天内按规定登记呈报。至 12 日，之江大学、广济医院、基督教杭州男女青年会及杭州天主教堂等 73 个单位已前往登记。1 月 16 日，为肃清帝国主义文化侵略的影响，省政府决定设立"浙江省办理接受外国津贴及外资经营的文化教育救济机关及宗教团体登记处"，并立即开始办理登记事宜。

1 月 14 日　政务院第 65 次会议通过，提请中央政府批准，任命谭震林为浙江省人民政府委员会主席，谭启龙、周建人、沙文汉、包达三为副主席。

1 月 15 日　省委办公厅转发省商业厅《关于目前联营工作中的情况和经验的报告》，指出发展公私联营和私资联营，既能加强国家对私人资本的领导，又能充分发挥私人资本的积极性，使生产经营集中而有序化；公私联营已属于国家资本主义性质，是一种实现对私人资本的领导与改造的较固定的组织形式，值得推广和发展。

1 月 19 日　省政府公布《浙江省颁发土地房产所有证的指示》和《浙江省颁发土地房产所有证暂行实施细则》。规定凡土地改革完成后，一律由政府发给土地所有证，并承认一切土地所有者自由经营、买卖及出租其土地的权利，以保障胜利果实。

1 月 20 日　中国人民保卫和平反对美帝侵略委员会浙江省分会和杭州市分会联合召开

理事扩大会议，通过《关于响应总会号召，发起慰问中朝部队，救济朝鲜难民的决议》。4月25日，又开展在世界和平理事会关于五大国缔结和平公约宣言上的签名运动。全省有1478万人签名，捐款达204亿元(旧币)。

2月5日　省政府发出1095号令，要求加强对市县各界人民代表会议常设机构之日常领导，凡已建立市协商委员会与县常务委员会者，应即设置专人择址挂牌办公。

2月10—14日　省首届农业劳动模范代表会议在杭州召开，共评选、表彰了45名省级农业劳动模范。

2月14日　省委发出《关于改正错划富农成份与处理富农出租土地的办法》。规定：凡是土地数量较多、无地少地农民可以分得适当数量土地、而当地富农出租土地又不太多的地区暂不进行征收，富农出租土地留待土改结束后再行研究；凡在当地土地数量较少富农出租土地又较多的地区、无地少地农民对征收富农出租土地要求很迫切而又难以说服、不征收富农出租土地不能适应解决当地无地少地农民土地要求者，则经地委批准，可在土改中进行征收富农出租土地。

2月15日　浙江省人民政府委员会正式成立，成立大会暨主席、副主席和委员就职典礼在杭州举行。省一届协商委员会全体委员出席会议。

2月16—20日　省人民政府委员会召开第一次扩大会议。会议听取并讨论谭震林所作题为《关于省人民政府20个月来的工作概况及1951年的工作任务》的报告，以及有关领导关于土改、财经、政法、文卫、工运等方面的工作报告。

2月21日　省一届协商委员会及杭州市协商委员会与中国人民抗美援朝总会浙江分会及杭州市分会召开联席会议，检查4个月来抗美援朝的工作，提出今后努力方向，并通过《关于进一步开展抗美援朝保家卫国反对美帝重新武装日本运动的决议》。

2月24日　省政府发布《关于颁发土地房屋所有证的指示》，规定已完成土地改革的乡村，应销毁旧有土地契证，宣布农民的土地所有权。

2月28日　省政府发出《为推广红茶工作的指示》，提出“大力增产红茶，推行绿茶改制工作”。3月13日，浙江省茶叶计划产销协商委员会成立。4月7日，改组为省茶叶收购指导委员会。

2月28日至3月9日　省委在杭州召开全省工会工作会议，决定加强对工会的领导，健全工会机构。

是月　浙江省干部学校改名为华东人民革命大学浙江分校。华东军区政治部主任舒同兼任校长，省委宣传部部长林乎加兼任副校长。

3月10日　全省第一次广播收音工作会议在杭州召开。7月4日，省委宣传部发出《关于在全省范围建立区镇收音站的通知》，要求年内全省建立收音站130处，一般每县2处。

3月23日　省政府发布《土地改革工作报告》，对全省土改工作的基本情况、具体步骤和运动中存在的主要问题等作了分析。

3月23日　省政府决定自4月起，将全省行政部门供给人员的个人生活费用一律按包干制办法供给。

3月23日　谭震林签署省人民政府训令，组成浙江省公私合营企业公股清理小组，对隐藏在民族资本企业中的官僚资本进行彻底的清查和处理。

3月下旬　省委召开第六次扩大会议，总结一年来的工作。会议肯定了在抗美援朝、镇压反革命、土地改革、稳定物价等方面所取得的成绩，认为全省已度过解放后最困难时期，今后必须把党的工作重心转回城市，依靠城市领导农村，依靠工人领导农民。并将中央提出的“三年准备，十年计划经济建设”作为今后工作的基本方针。

4月5日　省政府农林厅提出农业“三改”，即中稻改晚稻、籼稻改粳稻、低产作物改高产作物，推动稻—麦两熟制的发展。

4月6日　杭州人民广播电台改为浙江、杭州人民广播电台。浙江台以频率1150千赫播出，杭州台以频率670千赫播出。

4月10日至5月底　浙江省土特产展览交流大会在杭州举行。大会设水利农具、丝绸、茶叶、水产、土产馆等12个展馆，征集展品9000种、近3万件。展览历时51天，参观者40余万人，省内交易总额1653亿元(旧币)。除西藏、内蒙古、云南外，各省市的参观团达392个，苏联、朝鲜等13国的国际友人也应邀进馆参观。

4月16—18日　省一届协商委员会举行第二次全体会议，中心议题是镇压反革命。会议听取有关领导《关于本省结束土地改革工作的报告》《关于镇压反革命工作的报告》《关于开展城乡内外物资交流工作的报告》和《关于目前农业生产工作情况的发言》，通过了《关于坚决镇压反革命的决议》。

4月中旬　根据公安部批示和2月全省专员会议提出对犯人进行劳动改造的要求，省劳改总队建立。

4月27—28日　杭州、宁波、温州、绍兴、嘉兴、吴兴、金华、衢州、兰溪等9城市及上海、南京和苏南地区5城市公安机关按照华东局的统一部署行动，逮捕了一批惯匪、匪首、恶霸、特务、汉奸、封建把头。

是月　《浙江省土地改革中山林处理办法(草案)》颁布，规定：地主的山林予以没收。祠堂、庙宇、寺院、教堂、学校和团体的山林，工商业者的山林，富农出租的山林予以没收。富农自己经营及雇工经营的山林予以保存等。

是月　全省第一批进行土改的49个县已如期实现预定计划。共有4651个乡完成土地分配，占全省5338个乡的87.2%，分配土地占全省耕地总面积的93%。省委、省政府决定春耕农忙暂停土改工作，第二批土改的县待1951年秋至1952年春再进行。

5月2—6日　浙江省首次工人劳动模范大会在杭州召开。全省共评出劳动模范116名。

5月7日　毛泽东主席在谭震林《关于杭州逮捕反革命情况的报告》上批示指出，杭州的经验可在一切尚未这样做的城市应用。特别是吸收党外人士参加审查反革命案卷一事，各地必须认真地做，坚决打破我们党内存在着的关门主义和神秘主义。21日，毛泽东又批转《关于谭震林同志在城市镇反中必须首先打倒恶霸及必须吸收民主人士参加审查反革命案件两个经验报告的通报》。

5月18日　省委、省政府、浙江军区联合发布剿匪指令。全省组成316个武装工作队共

3000多人。凡有匪特活动的地区，普遍建立清匪委员会。从而做到统一党政军民力量，结合土改、镇反，开展清匪斗争。至年底，歼匪7400多人，基本上肃清了全省大陆的武装匪特。

5月31日　省委发出《关于结束土改转入城市工作的指示》，指出1951年必须抓紧农业生产以争取更大的丰收作为秋收前全部工作的重心，在争取农业丰收任务前提下贯彻土地改革、镇压反革命、抗美援朝三大运动，达到充分发动群众，深入农村，巩固农村，在三大运动中完成参军工作。

是月　按照中央军委的指示，全省各级地方党委书记兼任各级人民武装部政治委员。

是月　浙江省人民监察委员会成立。

6月7—21日　浙江省合作社第一届代表会议在杭州召开。同月，浙江省供销合作总社改为浙江省合作社联合社。

6月15日　浙江省一届协商委员会同杭州市协商委员会与抗美援朝浙江分会及杭州市分会召开联席会议，发出《致全省各市、县各界人民代表会议协商委员会的通知》，要求响应抗美援朝总会的"六一"号召，开展爱国增产捐献运动。

6月17日　第一批回国疗养的志愿军伤病员268人到达嘉兴市，省委、省政府暨嘉兴地委、专署在火车站隆重举行欢迎仪式，谭震林致慰问词。会后连夜派专人乘轮船护送至湖州市及南浔镇疗养。18日，又护送第二批志愿军伤病员886人至南浔镇疗养。

6月20日　省、市各界人民举行集会，欢送杭州市抗美援朝志愿医疗手术大队出发赴朝鲜服务。该大队共分3个手术队，由省立杭州医院、浙江大学附属医院及广济医院组成。

6月中旬　省政府建立省清理积案委员会，并吸收民主人士组成省裁判委员会，负责审查各地呈省批核的死刑缓刑案件。全省各专区、县的清理积案委员会和裁判委员会也于6月底普遍成立。至12月，全省共清理案件32574件，基本上清理完毕镇反收缩以前的积案。

6月30日　省委发出《关于执行中央协助民主党派发展与巩固组织的方针的决定》，要求各地党委有计划地帮助民主党派正确地巩固与发展组织，更好地发挥民主党派的作用。把"动员一批进步分子、中左分子和适当数量的中间分子加入进去，并帮助他们训练干部以巩固其组织，提高其水平"作为1951年统战工作的主要任务。

是月　浙江大学校长马寅初调任北京大学校长，沙文汉继任校长。

7月14日　谭震林在经济作物地区合作社、手工业社联席会议上作报告，对发展合作社提出任务。7月中旬，省委召开地委书记、农委书记会议，研究加强合作社及手工业工作。19日，省委发出《关于合作社工作的指示》。至7月底，全省合作社基层社已发展到1741个，社员279万人，占全省人口的14%；干部1万人。

7月16日　省农林厅水产局组织海洋和淡水水产资源调查队，对浙江省渔业资源情况进行首次调查。

是月　中共中央决定江华任省委副书记，并先后增补张爱萍、沙文汉为省委常委。

是月　浙江省政法委员会建立。1954年12月撤销。

8月10日　浙江省政府人事厅成立，原省政府人事处撤销。

是月　中国新民主主义青年团浙江省委创办《农村青年》半月刊，1955年更名《浙江青年》。1956年1月改为《浙江青年报》。

9月　省文教厅与浙江大学合办的浙江师范专科学校开学。首期招生244名，开设数学、物理、化学、生物、历史、地理6个专修科。

10月1日　衢县黄坛口水力发电工程动工兴建。这是解放后浙江兴建的第一个中型水电站，装机4台，总容量3万千瓦。同时随着长兴煤矿的修复和浙江麻纺厂、黄坛口水电站等工程的相继动工兴建，拉开了浙江工业建设的序幕。

10月12日　华东军政委员会水利部邀集交通大学教授、华东交通部总工程师等专家，在杭州共同踏勘、研讨京杭大运河与钱塘江沟通工程方案。

11月1—6日　省第一届运动会在杭州举行。杭州市运动员俞樟炎以28″6的成绩打破男子200米低栏全国纪录。

11月6日　省委转发《关于检查结束土改工作报告的通知》。

11月8日　杭州市军管会发布命令，取缔被帝国主义操纵、以宗教活动为掩护的国际性秘密反动组织"圣母军"，同时公布《对于"圣母军"人员登记及退团办法》。温州、宁波、丽水、台州等地也相继开展取缔工作。

11月9—21日　省政府召开全省第二次行政会议，中心议题是关于加强人民民主专政的思想建设及肃清反革命残余。会议总结第一阶段"镇反"工作6条经验，部署下一阶段任务，提出凡是应该捕必须捕的，一律捕起来；凡是应该杀、必须杀的，一律坚决杀掉，一直到彻底肃清5类敌人为止。并对劳改、清理中内层、边防、取缔反动会道门、加强经济保卫与机关保卫、加强群众性治安保卫工作、加强"镇反"运动的宣传等各项工作提出了具体要求。

11月19日　吴兴县嘉业堂藏书楼楼主刘承干写信给浙江图书馆，愿将嘉业堂藏书楼与四周空地并藏书、木刻书版连同楼内各项设备捐献该馆。12月29日，省文教厅批准由浙江图书馆接收。

11月20日　杭州市成立西湖疏浚工程处，采用机械化设备施工，全面疏浚西湖。1950年5月30日，杭州市政府决定有计划地疏浚西湖，整治苏堤、白堤。国家先后共投资453.83万元，挖出土方720.38万立方米，使湖面平均深度达1.8米，蓄水量由原来的300万立方米增至1000万立方米。

是月　《人民日报》报道，浙江大学农艺系1950年把月光花嫁接到甘薯上，单株产量达17市斤。是年提高到31市斤，创甘薯栽培新纪录。这是该校两年来运用米丘林学说的一项优异成绩。

12月12—13日　省委两次召开省级机关处、局以上党员干部会议，动员开展"三反"(反对贪污、反对浪费、反对官僚主义)运动。

12月25日　省委下发的《浙江省委整党计划》指出：全省有党员6万余人，其中干部党员2万人。为了保证党的纯洁，提高党员的政治水准和战斗力，必须有计划有准备地对党组织进行一次普遍的整理。至1953年底，除温州外，全省整党基本结束。有5086名党员被开除、劝退或取消党员资格，占参加整党党员总数的8%。

12月31日　全省剿匪斗争基本结束。自1949年5月以来，总计歼灭武装土匪9万多人。

是年　西泠印社将房产、土地及所藏文物捐赠给人民政府。

是年　省人民医药公司第一制造厂王世昌等在国内首次研制成红汞，1952 年出口东南亚等地，成为中国第一种出口的原料药。

是年　金华、湖州、嘉兴市(县级市)重建。

是年　全省国内生产总值 21.05 亿元，人均国内生产总值 98 元；全社会固定资产投资 0.28 亿元；财政总收入 2.86 亿元；全部职工平均工资 340 元。

是年　全省卫生机构数合计 561 个，医疗床位数合计 8999 张。

是年　全省总人口数为 2162.36 万人，人口自然增长率为 19.01‰。

1952 年

1 月 1 日　省委向中央、华东局呈送《关于“三反”运动的第一次综合报告》。

1 月 2 日　省高等学校院系调整委员会首次会议决定，对全省高等院校作如下调整：浙江大学工学院与之江大学工学院合并为浙江大学；浙江大学医学院与浙江医学院合并成立浙江医学院；以浙江大学文学院与之江大学文理学院为基础，成立浙江师范学院；之江大学财经学院改为独立的浙江财经学院。

1 月 4 日　省委决定成立省委工商工作委员会。

1 月 16 日　省委遵照中央和华东局关于反对行贿、反对偷税、反对盗骗国家财产、反对偷工减料和反对盗窃经济情报(即“五反”)的指示，以杭州市为重点，部署发动“五反”运动。

1 月 19 日　省文教厅、省工业厅联合发出《关于工业技术学校转由业务部门、文教部门共同领导的指示》。此后，各中等技术学校改由省文教厅与省级有关业务厅局共同领导，各有分工。

1 月 22 日　省委发出关于加强工人政治教育的指示，要求在 1953 年前应对全省 6 万名产业工人普遍进行一次共产主义与共产党的教育，并结合整党、建党与各种训练干部的工作，对其中约占三分之一的积极分子进行较有系统的训练。

月底　全省第一个初级农业生产合作社——新登县松溪乡新堰村许桂荣合作社成立。

是月　省工业厅、农林厅、文教厅决定，省杭州蚕丝职业学校和国立湖州高级蚕丝职业学校合并，成立浙江省蚕桑技术学校。同时以杭州蚕校制丝科为基础，成立浙江省制丝技术学校。

2 月 5 日　全省已捕获大贪污犯(贪污旧币 1 亿元以上)48 名，其中省级机关有 25 名。另有贪污分子(贪污旧币 1000 万元以上)319 名已被检举或自动坦白了罪行。

2 月 6 日　省委发出《关于全省“三反”运动的紧急部署》，要求各地迅速制订本地、本市“打虎”计划。

2 月下旬　全省除沿海少数岛屿的 28 个乡外，99.5%的地区完成了土地改革。土改期间(1950 年春至 1952 年 2 月)依法没收征收土地 l447 万余亩，340 万户农民分得了土地，分得土地的农民超过全省农村总人口的 70%。通过土改，不仅贫雇农分得大量土地，中农也大部分补进了土地。

是月　根据政务院《关于整顿和发展中等技术教育的指示》，省立蚕丝学校分为浙江省制丝技术学校（隶属省工业厅）和浙江省蚕桑技术学校（隶属省农业厅）。年底，浙江省制丝技术学校与浙江工业干部学校纺织科合并，成立浙江省杭州纺织工业学校。

3月下旬　省委批转省委农村工作委员会3月20日提交的《关于试办农业生产合作社问题的报告》，认为在土改完成后，常年互助组已有较好的基础，并有较强的干部去领导的条件下，应有计划地试办农业生产合作社。每个地委应试办一两个。

4月18日　全省第一个高级农业生产合作社——慈溪县五洞闸集体农庄建立。

5月9日　省委发出《关于开展县级机关"三反"运动的指示》。全省县及县以下单位的"三反"运动普遍开展起来，至10月底基本结束。

5月22日　省委发出《关于试办农业生产合作社的指示》，要求有计划、有领导地普遍发展临时性季节性的互助组，有基础的地区以推广提高巩固常年互助组为重点，摸索组织农业生产合作社的经验。至12月底，全省组织常年互助组6.8万个，入组农户54.2万户；组织临时互助组19.6万个，入组农户137.2万户。参加各种形式互助组的农户占农村总户数的39%强。

5月29日　杭州市军管会将以宗教为掩护，秘密组织反动"圣母军"并包庇隐藏潜逃反动分子，违抗政府法令的前天主教杭州教区总主教、不法法籍侨民梅占魁依法驱逐出境。

是月　杭州市电信局首创人工电报交换机，并在全国省会城市推广。

6月5日　中国人民解放军浙江省公安总队成立。总队部以绍兴军分区为基础组建。1955年，省公安总队撤销。

是月　省农林厅召开第一次全省中等农业学校教育工作会议。根据中央精神，农业学校由省文教厅和农林厅共同领导。

是月　省机构编制委员会决定，浙江省种子公司扩建为浙江省种子管理局。

7月19日　台州、温州、宁波、金华、临安专区共42个县1个市先后遭受台风袭击，导致山洪暴发，江河水位陡涨，灵江、瓯江、飞云江等江河两岸大水泛滥成灾。被淹田地407.6万亩，损失稻谷约2亿公斤；造成伤亡499人，一度产生生活困难的约有100万人。7月25日，华东军政委员会浙江灾区慰问视察组赴灾区慰问视察。省政府拨发救济粮742万斤，救济款34.4亿元，帮助群众抢险救灾。

是月　浙江省妇女工作委员会成立。

是月　省文教厅决定在全省范围内添置16所中等师范学校、7所中等技术学校、2所工农中学、8所普通中学。

8月9日　省委发出《关于召开市、县各界人民代表会议代行人民代表大会职权的指示》，要求争取在明年春耕前，全省各市、县普遍召开各界人民代表会议代行人民代表大会职权，以扩大人民政府的群众基础。是月，省政府派出工作组，分别帮助绍兴市、绍兴县和萧山县召开代行人民代表大会职权的各界人民代表会议。

是月　浙江省建筑工业管理局成立。

9月4日　省委作出《关于司法改革工作情况及部署的报告》，认为旧的司法部门存在严重问题，应该在全省各级人民法院进行司法改革。

9月29日　省政府批准，宁波市设海曙、镇明、江东、江北、郊区5个区人民政府。

是月　中央决定调整浙江省委部分领导成员，谭启龙任省委书记，江华继任副书记，杨思一、林乎加为省委常委。10月，中央批准增补顾德欢、霍士廉、王必成、李丰平等为浙江省委常委。11月，中央又批准林枫为浙江省委常委。

10月1—7日　浙江省第一届工会会员代表大会召开，大会以民主方式产生了省总工会委员会。

10月22日　台州专署所属宁海县划归宁波专署领导。

10月27日　华东军政委员会批准，杭州市所辖杭县划归省政府直接领导。

11月15日　中央人民政府委员会第18次会议任命谭启龙为浙江省人民政府主席。

11月20日　省抗美援朝分会召开全省第2次各界人民抗美援朝代表会议，总结了两年来全省抗美援朝运动所取得的伟大成绩。全省人民共捐款3390万余元，可买战斗机226架，超过原计划的77%，居全国各省捐献数之首。在慰劳中朝战士和救济朝鲜难民方面，共捐款204万余元。全省先后有100余万人报名参军，4.8万名青年学生报考军事干校，城乡有80%以上的人口订立和执行了爱国公约。

是月　省粮食局和粮食公司合并为省粮食厅。

12月18—25日　省第二届第一次各界人民代表会议在杭州召开。会议代行人民代表大会的职权，选举谭启龙为省人民政府主席，霍士廉、周建人、李丰平、包达三为副主席。会议还选举产生了省第二届各界人民代表会议协商委员会，谭启龙为主席，江华、何燮侯、林枫、汤元炳为副主席。

12月27日　省委转发省农委《关于试办农业生产合作社的总结报告的批语》，对浙江省农业生产合作社运动的开展提出巩固提高、反对冒进的要求。

是年　绍兴黄酒被列为全国“八大名酒”之一。

是年　全省共有86个县市召开了各界人民代表会议；1374个乡镇召开了人民代表会议，选举产生了乡镇的人民政府委员。

是年　全省国内生产总值24.53亿元，其中工业生产总值2.29亿元，人均国内生产总值112元；财政总收入3.88亿元；全社会固定资产投资合计0.54亿元；社会消费品零售总额11.06亿元；全部职工平均工资355元。

是年　全省卫生机构数1543个，医疗床位数12201张。

是年　全省总人口数为2212.81万，人口自然增长率为24.14‰。

1953年

1月5日　省委发出《关于加强农村基层组织建设的指示》，要求召开乡人民代表大会，民主选举乡长、副乡长、乡人民政府委员会及乡人民代表会议主席、副主席。

1月27日　省委发出《关于反对官僚主义、反对命令主义、反对违法乱纪的指示》。

是月　杭州铁路分局改称为杭州运输分局。

2月4日　省政府批准，纺织工业管理处与浙江丝织公司合并，成立浙江省人民政府工业厅纺织工业管理局。

2月10日　省政府批准，温州市建立东区、南区、西区、北区、中区和郊区人民政府。

2月28日　华东军政委员会水利部撤销，所属钱塘江水利工程局划归省农林厅领导，杭州一带水文站划归省农林厅水利局领导。

3月4日　省政府决定成立省统计局，并发文对省统计局的隶属关系、职责及各级政府统计机构、各级政府业务部门统计机构的设置作了明确指示。

4月3日　华东人民革命大学浙江分校改名为浙江行政学院。

4月6日　浙江省人民政府委员会正式成立，并举行第一次全体会议。

4月16日　浙江省选举委员会经中央人民政府政务院批准成立，江华任选委会主席，负责办理各级人民代表大会选举事宜。

是月　浙江省文史研究馆成立，马一浮任馆长。

5月21日　经政务院批准，绍兴、嘉兴、湖州、金华4专署辖市改为省辖市，仍由各专署领导监督。

6月5—9日　中国新民主主义青年团浙江省第一次代表大会在杭州召开。

6月15日　省委农村工作部在向省委报送的《关于全省目前互助合作运动情况与意见的报告》中指出：在互助合作运动中产生了强迫命令违犯自愿互利原则，排斥单干农民与部分地区发生贪多贪大追求高级形式，盲目积累公共财产侵犯农民私有财产的“左”的急躁冒进偏向，已严重挫伤了农民的生产积极性。决定当年各地委、县委一律暂停试办新的合作社。7月5日，省委批转了这个报告，要求各级党委根据实际情况参酌执行，并注意加强对互助合作运动的领导。

6月29日，省委批转省委统战部关于本省少数民族情况与意见的报告。指出过去对党的民族政策未予足够重视，应该建立省的民族事务委员会来统一与加强对少数民族工作的管理和领导。凡是少数民族数量多的县区应按中央指示建立少数民族自治区，并组织干部学习中央有关民族政策的各项指示，切实纠正大汉族主义或“汉化”思想，对少数民族中的生产、生活困难，各有关部门必须切实照顾解决，尤其是畲民的疾病和回民的失业问题，有关部门要认真设法解决。

7月1日　全省从是日零时起，进行中华人民共和国成立以来首次人口普查登记。

7月10日　省委下发关于建立工业生产委员会的决议。

8月23日　浙江省抗美援朝志愿卫生工作队，自1952年6月间响应祖国号召，离开杭州去朝鲜前线从事医务工作，经过1年零1个月的工作，完成任务，回国返杭。

是月　杭州市在苏联城市规划专家穆欣的帮助下，编制浙江省第一个现代城市规划。

9月7日　省委执行华东局《关于粮食收购工作的指示》：各级党委必须深刻认识，粮食的增产和收购工作，是今后相当长一个时期内党在农村中最重要、最艰巨的政治任务。

11月10日　省委作出关于加强对省人民政府各部门工作领导的决定。为加强省委对省人民政府各部门的领导，特别是加强对财政经济工作的领导，省委规定有关领导同志代表省委分别负责领导省府各部门的工作；为加强各业务部门的政治思想领导，各厅、局、院、署、行必须设立专职或兼职的政治副职干部，负责干部教育、业务宣传、党的工作及人事工作等；省人民政府各部门凡需提交省委讨论的问题，应先向省委分工负责领导该部门工作的同志请示批准；省政府各部门如需召开全省性的会议，应先将会议目的、要求等重要事项请示省委指定分工负责同志，经审查同意后报请省委批准召开；每月省政府各厅、局、院、署、行分党组或党组小组向省委作一次专题报告，每季作一综合简报；各部门所发指示、计划及统计表格必须经各分工负责同志亲自审查，严加控制。

11 月 11 日　台湾国民党特务组织“大陈防卫部二处”派遣“第 40 组”特务陈时畴等 5 人，空降到括苍山区永嘉、仙居、黄岩 3 县接合部龙潭坑附近，被当地公安机关歼灭。

12 月 10 日　省委发出《关于私营工业通过国家资本主义方针实行社会主义改造的指示》，要求争取于 1954—1955 年两年内，将全省 10 人以上的私营工厂全部改造成为公私合营厂，使公营和公私合营工厂在全省工业总产值中达到 70%左右。

12 月 27 日　中共中央主席、中央人民政府主席、中央军委主席毛泽东在解放后首次来浙江视察工作，并自是日至 1954 年 3 月 14 日期间，在杭主持起草第一部《中华人民共和国宪法草案》(初稿)。

12 月 30 日　省政府通知，省盐务局改为省政府直属机构，改称浙江省人民政府盐务管理局。1954 年 4 月，全省各级盐务机构统由当地人民政府领导。

是年　中国第一个有关香料烟的标准由新昌县制订，以后修订为省标准。其他各省一直参照采用至 20 世纪 80 年代。

是年　新昌、嵊县烟叶先后出口民主德国、联邦德国、埃及等国，松阳、桐乡、崇德烟叶先后出口捷克斯洛伐克、匈牙利、埃及等国。

是年　全省国内生产总值 27.24 亿元，其中工业生产总值 3.27 亿元，人均国内生产总值 122 元；财政总收入 4.10 亿元；全社会固定资产投资合计 0.61 亿元；社会消费品零售总额 13.71 亿元，全部职工平均工资 398 元。

是年　全省总人口数为 2268.51 万人，人口自然增长率为 25.14‰。

1954 年

1 月 16 日　省委统战部发出的《关于公私合营的若干问题和处理意见》指出：没有公股公产又不欠国家钱的私营工厂实行公私合营，可由国家适当投资或与同行业已经实行公私合营的厂合并；申请公私合营的企业须通过股东会还是董事会，可按“自愿”原则，由资方自行决定，清理财产、核定资本须公平合理，实事求是；公私合营后，资本家原有在职人员一般应保持原位不动，以后逐步适当调整，生活可作适当照顾；公私合营后公私股代表的关系，应在保证公方代表领导权的同时，尊重资方的合法权益，使其有职有权，尽职尽责，遇事要善于协商等。

是月　省公安厅在温州地区组织开展系统侦破国民党派遣特务案的“浙南战役”，打击间谍特务的破坏活动。

3月　浙江省手工业管理局成立。

4月　省博物馆成立重建文澜阁委员会，重建年久失修的文澜阁。

是月　浙江省首届基层选举结束，全省1083万选民参加选举，选出基层人民代表大会代表209817名。全省88个县、市（新成立的洞头县除外）已普遍召开各界人民代表会议，五分之一的县、市代行人民代表大会职权。

5月22日　台州专署撤销，所辖临海、天台、三门3县划归宁波专署管辖；温岭、黄岩、仙居县及海门区（县级）划归温州专署管辖。

5—7月　浙江全省降水量为1142.5毫米，为常年的1.9倍，共出现9次洪水，以浦阳江、苕溪、钱塘江上游涨势最猛。这次洪水时间长，其中长兴72天、湖州81天、嘉兴135天在警戒水位以上，全省受涝农田522.47亩，倒塌房屋3331间，冲毁水利工程1.29万处，死亡440人。

6月18日　浙江省财政贸易部成立。

是月　浙江省计划委员会成立。

7月27日至8月5日　浙江省文学艺术工作者第一次代表大会在杭州召开。浙江省文学艺术工作者联合会正式成立。

7月　新登县农村有线广播站建成，为全省第一座县级有线广播站。

8月13—20日　浙江省第一届人民代表大会第一次会议在杭州召开，霍士廉向会议做《关于浙江省人民政府一年来工作情况及今后任务的报告》。

是月　浙江省农林厅林业局撤销，成立浙江省林业厅。

是月　中共中央任命江华为中共浙江省委书记，霍士廉为副书记，林乎加、李丰平、杨思一、顾德欢、王必成为省委常委。

10月10—11日　苏联共产党中央第一书记、苏联最高苏维埃主席团委员尼·谢·赫鲁晓夫率苏联政府代表团到浙江访问。

10月21日　省政府决定省气象科改称为浙江省人民政府气象局，属省政府建制，受中央气象局和省政府双重领导。

10月29日　印度总理贾瓦哈拉·尼赫鲁一行到杭州访问。

11月　省政府决定将办公厅所属行政处扩建为省人民政府机关事务管理局。

12月14—15日　缅甸总理吴努一行在杭州参观访问。

12月27日至1955年1月5日　省委审议浙江第一个五年计划。在五年计划中，农业粮食指标以1954年总产量75亿公斤为基础，要求在1955—1957年分别增产8.46%、6.67%、6.04%。在工业、商业的计划中，明确提出地方工业的方针必须为农业服务，并以搞好现有工业为主；商业也必须为工业、农业生产服务。

是月　依据1954年颁布的《中华人民共和国宪法》，浙江省人民检察署改为浙江省人民检察院，为独立的检察机关。

至是年　全省各地已经普遍建立婚姻登记制度。

至是年　全省由缺粮省转变为余粮省。

是年　全省国内生产总值28.65亿元，其中工业生产总值3.62亿元，人均国内生产总值125元；财政总收入4.65亿元；全社会固定资产投资合计0.76亿元；社会消费品零售总额14.35亿元；全部职工平均工资433元。

是年　全省总人口数为2325.54万人，人口自然增长率为25.96‰。

1955年

1月10—15日　省第一届人大第二次会议在杭州召开。通过关于《浙江省人民政府半年来工作情况及今后一年工作任务的报告》等各项决议。沙文汉当选为浙江省省长，霍士廉、李丰平、包达三、杨思一当选为副省长。会议还选举产生了省人民委员会委员及省高级人民法院院长、各地区中级人民法院院长。

1月14日　浙江省人民政府委员会改称浙江省人民委员会(简称省人委)。省人民政府党组改称为省人民委员会总党组。

1月17日　浙江省人民政府民政厅更名为浙江省民政厅。

1月17日　省委决定设立“浙江省资本主义工商业改造办公室”，归属省人委领导，为省人委第六办公室。

1月18日　中国人民解放军解放一江山岛。是日12时起，部队先后突击登陆，经3小时激战，全歼守敌1000余人。

1月31日　浙江省人民政府人事厅改称为浙江省人事局。

是月　浙江省人民法院改为浙江省高级人民法院，为独立的审判机关。

2月3日　浙江省人民政府工业厅改为浙江省工业厅。

2月8—25日　中国人民解放军先后解放北麂山、大陈岛、渔山列岛、披山岛等岛屿。

2月22—26日　中国人民政治协商会议浙江省第一届委员会第一次全体会议在杭州召开。江华当选为第一届省政协主席，杨思一、何燮侯、林枫、宋云彬、汤元炳、余纪一当选为副主席。余纪一兼任秘书长。会议通过《关于同意〈浙江省各界人民代表会议协商委员会工作报告〉》等诸项决议。

2月26日　中国人民解放军解放南麂山列岛。至此，浙江沿海所有敌占岛屿及全境全部解放。

2月28日　省人委第二次全体会议批准在嘉兴、温州、宁波、金华、衢州、舟山6个地区及杭州、宁波、温州3市设立中级人民法院。并批准在杭州、宁波、温州3市中级人民法院下面按地区、人口等条件设立若干基层人民法院及在杭县、萧山两县设立基层人民法院。

3月12日　衢州专署撤销，建立建德专署，专署驻建德县。划嘉兴专署的於潜、昌化两县，金华专署的建德、淳安、遂安、分水、桐庐、寿昌6县，衢州专署的开化和省直属的富阳县归建德专署管辖。划衢州专署的衢县、江山、龙游、宣平、松阳、常山、遂昌7县归金华专署管辖。7月12日，划省属新登县归建德专署领导。

3月中旬　全省农村已有90%的乡建立了党支部，一些尚未建立支部的乡也已发展党员；没有党组织和党员的乡仅占全省总乡数的3%。

3月21日　省委发出《关于山区合作化运动中处理山林问题的指示》，针对山区滥伐林木的现象，要求各级党委，特别是山区党委要切实加强对山林生产的领导，克服“重农轻林”的片面观点，保护山林。

3月25日　中央农村工作部向省委农村工作部发来电报，认为浙江农村紧张情况仍在延续与发展，而农业生产合作社的发展过猛，是促成紧张的重要因素之一，建议对合作社数量分别地区实行压缩。省委接受了这个方针，并在4月8日召开的全省县委书记会议上作了贯彻。

3月25日　著名画家、中央美术学院民族美术研究所所长黄宾虹逝世。黄宾虹，金华人，1865年出生。

4月11日　省人委成立省编制委员会，开始整顿机构紧缩编制。

4月11—16日　全省私营工业会议召开。提出贯彻《全省1955年对资本主义工业实行社会主义改造工作的初步方案》，贯彻稳步前进与积极的方针，提出全省1955年的任务是：扩展175户私营工厂为公私合营厂，国家为此将投资16.3万元；整顿巩固原有的公私合营厂，做好清产定股、人事安排、利润分配等工作，发动群众搞好生产；根据统筹兼顾方针，统一安排私营工业生产，加强加工订货的计划性。

4月16日　省人委遵照全国人民代表大会常务委员会第七次会议通过的关于设立全国人民代表大会办事处的决定，设立浙江省人民委员会全国人民代表大会代表办事处。

5月4—9日　浙江省第一次青年代表大会在杭州召开。

是月　浙江省文化教育部成立。

6月15日　省人委总党组撤销。

7月10—14日　马寅初根据浙江等地的人口调查情况，写成《控制人口与科学研究》一文，提交全国一届人大二次会议浙江代表组征求意见。

是月　省委决定调配约12000名专职办社干部，加强对全省现有近4万个农业生产合作社的领导。其中有3000多名干部决定从省、市、专区和县各级机关抽调，有8000多名从区乡干部和农技推广站等部门选拔。

8月15日　省委在讨论毛泽东关于农业合作化问题的讲话后，向中央报送关于农业合作化问题的报告。报告肯定了4年来浙江农业合作化运动的发展成绩，认为省委在1953年春反对“急躁冒进”和1955年春采取“坚决收缩”的方针是错误的，并在总结检查的基础上，制订了农业合作社发展和巩固计划。9月8日，毛泽东对浙江省委报告复电并作批语，指出：中央认为浙江省委的方针是正确的，浙江省委对于今春“坚决收缩”的错误方针所作的批评也是正确的。

是月　中共中央增补林乎加、李丰平为中共浙江省委副书记。

是月　中共中央批准成立省委书记处，江华、霍士廉、林乎加、李丰平为书记处书记。

9月　以浙江师范学院中学教师进修部为基础，成立浙江省教师进修学校，培训在职中等学校教师和教育行政干部以及进行中小学教研工作。

10月28日至11月2日　省卫生厅召开血吸虫病防治工作会议，会上嘉兴、海宁、上虞等基点工作组介绍“二管一灭”(管理粪便、水源,消灭钉螺)的经验。会议总结指出:坚决执行“结合生产,发动群众,全面预防,重点治疗,控制发展”的方针,是做好血吸虫病防治工作的关键,并要求在基点地区要争取基本消灭血吸虫病。

至10月　浙江全省已有2000多个乡进行农业合作化全面规划。

11月1日　《杭州日报》创刊。

11月5—18日　毛泽东在杭州,分别于15日、16日、17日先后召集柯庆施、江华、王任重等开会,研究农业合作化和资本主义工商业改造问题。

至是月,全省私营缫丝工业全行业实行公私合营,全省所有的私营棉纺工厂也已全部实行公私合营。

12月13—20日　中国共产党浙江省第五次代表会议召开。会议选举产生了中共浙江省监察委员会。

是月　省委决定,省工业部改为浙江省工业交通部。

是年　平湖新仓供销社通过与农业生产合作社签订购销合同,把供应农业生产资料和交售农副产品结合起来的经验,得到毛泽东肯定,收录他编辑的《中国农村社会主义高潮》一书,并写下编者按,使新仓经验走向全国。

是年　全省国内生产总值30.53亿元,其中工业生产总值3.30亿元,人均国内生产总值130元;财政总收入4.83亿元;全社会固定资产投资合计0.77亿元;社会消费品零售总额14.41亿元;全部职工平均工资442元。

是年　全省总人口数为2386.53万人,人口自然增长率为25.51‰。

1956年

1月1日　温州到福州公路全部修筑完成,元旦起分段通车。

1月3日　中国第一台制氧机由杭州通用机器厂制成。

1月3日　省委、省人委制订7年内全部完成扫除文盲工作的规划。团省委提出在1960年以前基本完成扫除全省农村文盲青年的任务。全省农村由此掀起扫除文盲的高潮。

1月5—9日　毛泽东召集陈毅、谭震林等及辽宁、陕西等16省的省委书记在杭州开会,多次补充、修改《农业十七条》,逐步形成《一九五六年到一九六七年全国农业发展纲要(草案)》(又称“四十条”)。1月23日,中共中央政治局讨论通过该草案。

1月9—12日　省政协举行一届四次常委(扩大)会议。会议决定在绍兴、金华等28个市县(区)逐步设立政协市、县地方委员会。

1月17—21日　根据工商业公私合营对各行业实行归口管理的需要,全省在省级建立了7个工业专业公司,增设了4个商业专业公司。之后,全省在工业领域新成立47家专业(或综合性)公司,在商业领域新成立60家专业(或综合性)公司。

1月20日　省委发出通知,接办杭州、宁波、温州、嘉兴、绍兴、金华、湖州7市的私立中小学。6月底,接办工作全部完成。

1月20日　浙江省除“四害”指挥部成立。根据规划,全省将在7年内消灭麻雀、老鼠、苍蝇、蚊虫和其他害兽害鸟，杭州、宁波、温州3市争取在3年内消灭“四害”。

1月21日　共青团中央书记处书记胡耀邦到大陈岛，向青年垦荒队赠送“建设伟大祖国的大陈岛”锦旗，并宣读贺信。此前温州市227名青年响应团中央号召，组织垦荒队开发被国民党军队逃跑时破坏的荒岛大陈岛。

是月　全省医药工业实行全行业公私合营。全省原有药厂12家，合营后并为3家，即浙江制药厂、公私合营民生药厂、温州市化学制药厂。

是月　中央宣传部批准浙江省委宣传部关于县报工作问题的报告，认为报告提出的关于县报的性质、任务、对象等问题的意见基本正确，党的县委机关报应有计划地发展。全省从1954年12月开始，有萧山、杭县等9个县委创办了县报。2月21日，省委宣传部向省委作了关于在全省普遍创办县报的报告；28日，省委批复同意。

2月1日　杭(州)甬(江)铁路通车到宁波市北郊庄桥站。

2月8—9日　省委在杭州召开第一次全省防治血吸虫病会议，讨论并落实5年消灭血吸虫病的规划和措施。

2月12日　省委决定筹建浙江钢铁厂(后改称杭州钢铁厂)。1957年4月，工程在半山脚下动工兴建。1958年2月26日，炼铁车间1号高炉炼出第一炉铁水；5月17日，炼钢车间1号高炉炼出第一炉钢水。

2月25日　省人委发文成立浙江省绿化委员会。

3月7日　浙江省水利厅成立，省农业厅水利局、钱塘江水利工程局同时宣布撤销。省水文分站撤销，成立浙江省水文总站。

3月9日　省人委通知：划温州专署直辖海门区归黄岩县管辖；撤销温州专署直辖矾山矿区，改设平阳县矾山镇。

3月16日　国务院批准省人委《关于调整浙江省区乡行政区域的决议》和《浙江省调整行政区域方案》。1956年，全省577个区调整为212个区；5768个乡合并为2532个乡；302个镇撤销69个，保留233个。

是月　全省开始普查水利资源，翌年基本结束，先后提出《钱塘江流域查勘报告》《浙江省瓯江飞云江流域普查报告》《曹娥江甬江查勘报告》。

4月14日　省人委决定成立浙江省农产品采购局，在各专署设农产品采购科，并在54个县、市建立农产品采购局。

4月19日　毛泽东、周恩来等党和国家领导人观看浙江昆苏剧团在北京演出的昆剧《十五贯》。毛泽东指出《十五贯》是个好戏，全国各剧种有条件的都要演。周恩来接见全体演职员时赞扬浙江做了一件好事，一出戏救活了一个剧种。4月21日，文化部在北京奖励浙江昆苏剧团5000元奖金。5月17日，周恩来在《十五贯》座谈会上，传达了毛泽东对《十五贯》的3条意见：好戏；推广到全国去；剧团要奖励。9月，《十五贯》由上海电影制片厂拍摄成彩色舞台艺术片。

5月2日　浙江省工商业联合会会员代表会议开幕。5日，浙江省工商业联合会正式成立。

5月10日　浙江省气象局撤销，全省各气象台、站归上海气象局与所在地政府双重领导。

是月　永嘉县委决定进行“生产到户”试点后在全县推广，取得良好效果。1957年3月8日，县委明令禁止。支持包产到户的县领导李云河等人被处分（改革开放后获平反）。

6月13日　浙江省人民委员会选举工作办公室成立。8月20日至9月3日，全省选举工作会议召开，检查第二届县、乡两级人大代表换届选举准备工作情况。12月，本届全省选举工作完成，全省共登记选民1294万余名，选举产生基层人大代表14万余名。

是月　全省第一次监察工作会议在杭州举行，会议批判了监察工作中存在的右倾保守思想。

7月1—30日　中共浙江省第二次代表大会在杭州召开。8月1日，省委二届一次全会召开，选举江华、李丰平、吕志先、沙文汉、吴宪、林乎加、陈伟达、杨思一、彭瑞林、霍士廉、顾德欢为省委常委。江华为省委第一书记，李丰平、林乎加、霍士廉为书记处书记。会议提出要将党的工作重点转移到经济建设上来。

7月16日　福州—温州—上海间开展货物水陆联运。

8月2日　凌晨2时，5612号强台风在象山港登陆，全省62个县市受灾，被淹农田40余万公顷，毁坏房屋71.5万间，全省死亡4926人，失踪141人。灾后，驻浙陆、海、空军出动官兵6.3万人、飞机16架次、汽车40余辆、舰艇多艘抢救灾民生命财产，在象山、余杭县灾区空投粮食2万余斤。国务院发布《关于做好对台风灾后抢救和善后工作的紧急措施指示》，并拨款1000万元救灾。省各界人民台风灾区慰问团、国务院工作组也先后抵达舟山、宁波、嘉兴灾区慰问。

8月24日　省委转批省委办公厅《关于开展征集革命历史档案工作的报告》，要求各级党委及其办公（秘书）部门指定专人有计划地开展收集革命历史档案和文物，并在1957年内基本完成收集工作。

9月24—29日　全省第一次档案工作会议召开。传达全国第二次党的档案工作会议精神，要求把全省党的档案工作从单纯的保管转变为统一集中管理，有计划地加以收集、整理和利用。

9月28日　省委发出《关于支援兴建新安江水电站的通知》，要求建立新安江水电站党委，满足工程物资供应，着手解决移民问题。之前，国务院批准将新安江水电站建设列入第一个五年计划。

是月　国务院批准设立浙江省地质局。

10月14日　省长沙文汉与杭州市人委代表、文艺界人士共同祝贺盖老舞台生涯60年。省人委拨款为盖叫天修缮其在杭州金沙港的寓所——“百忍堂”。25日，中国戏剧家协会上海分会和浙江省文化局等有关单位在上海举行“盖叫天舞台生涯六十年纪念会”。

10月15—20日　省人委召开畲族代表会议讨论畲族族称问题，会上一致同意“畲族”族称。12月8日，中央统战部发出《关于确定畲族的民族成份和民族名称问题》的电报，正式确定畲族为少数民族。

10月22日　省人委召开新安江移民工作会议，决定成立浙江省新安江移民安置委员会，部署新安江水库淹没地区移民安置任务。

是月　应邀参加中国共产党第八次全国代表大会的34个国家共产党代表(团)和德国统一社会党第一书记瓦尔特·乌布利希、尼泊尔王国首相坦卡·普拉萨德·阿查里雅、印度尼西亚总统苏加诺、巴基斯坦总理侯赛恩·沙希德·苏拉瓦底先后访问浙江。

11月19日　省委向中央报送的《关于本省高级合作化发展情况的报告》表明：从9月上旬到11月上旬，全省已发展高级合作社23284个，参加高级社的农户达470万余户，占全省总农户的94.44%，已实现高级形式的合作化。

11月20日　省人委决定宁波专署直辖庵东盐区划归慈溪县管辖。

11月21—27日　浙江省侨眷、归侨代表会议在杭州召开。是月，省人委华侨事务处成立。

是月　作为“活化石”银杏的唯一野生地，临安县天目山被列为全国第一批自然保护区，1986年7月被批准为国家级自然保护区。

12月24—29日　省委组织部、文教部及省教育厅共同召开第一次全省干部文化教育工作会议，提出1957年要基本扫除全省区级以上机关干部和乡级主要干部中的文盲、半文盲，组织不及初中毕业文化程度的干部7.7万人参加业余学习和离职文化学习。

是年　全省基本实现手工业合作化，手工业合作社(组)达到8428个，社组员达到77万余人，占全省手工业部门负责改造总人数的94.1%。全省共建立省、市、县手工业联社82个。

是年　新建杭州、宁波、温州3所师范专科学校；新办中学201所、中等师范学校7所、中等技术学校5所、小学448所；在35所初中内添办了高中班，在173所小学内添办了初中班。浙江师范学院在全省率先开办高师函授教育，浙江大学率先举办业余大专班。

是年　全省乡村电话网形成。

是年　全省国内生产总值33.54亿元，其中工业总产值4.43亿元，人均国内生产总值139元；社会消费品零售总额16.55亿元；全社会固定资产投资合计1.19亿元；财政总收入5.32亿元；职工平均工资510元。

是年　全省人口总数为2442.87万人，人口自然增长率为23.94‰。

1957年

1月1日　中国民用航空杭州站成立，这是浙江成立的第一个民航站。当日还首辟上海至广州，途中经停杭州、南昌并翌日飞返的民用航空线，全程1253公里。这也是中华人民共和国成立后浙江第一条跨省的民用航线。

是月　省人委批准：建德县新安江区划归建德专署直接领导。

2月21日　国务院批准温州港为对外开放港口。

2月27日　省委批转省委组织部关于干部下放问题的报告。3—5月，全省地、县两级机关共下放1万余名干部到基层单位工作，6月下旬至7月底又从省级机关下放干部809名。

截至8月底，全省共下放近3万名干部到农村、工矿企业、文教卫生等基层单位工作。

3月8日　中国丝绸工业第一座现代化联合工厂——杭州丝绸印染联合厂在杭州兴建，并分别于1958年5月、1960年底、1965年5月建成缫丝、丝织、印染车间。

3月21日至4月7日　毛泽东在杭州视察。3月23—24日，在杭州刘庄召开会议，听取李先念关于1956年财政收支情况和1957年财政预算的汇报，周恩来、陈云、薄一波等参加会议；4月3日，视察杭州浙江军区后勤部某部油库。其间，浙江省委领导汇报了浙江开展工农相互支援、城乡相互支援、工农商学四业协作的情况和问题，并形成《关于从发展农业生产看社会主义建设的协作问题的报告》。10月9日，毛泽东对报告作出批语：农、工、商、学必须协作，值得一阅。中共中央办公厅当天将浙江省委的报告连同毛泽东的批语，印发给参加八届三中全会的人员。

3月23日　浙江省第一次工业品展览会在杭州举办。

4月15日　由浙江省与上海市第一重工业局联合投资兴建的浙江钢铁厂绍兴分厂破土动工。11月26日，该厂1号高炉正式投产。

4月15—20日　钱塘江下游治理座谈会在杭州召开。会议决定成立钱塘江河口委员会和钱塘江河口研究站。7月，钱塘江河口研究站成立。

4月30日　《浙江日报》报道，省第一个五年计划中基本建设的投资计划提前8个月完成。实际完成的投资总额共达3.7亿元，投资总额比国民经济恢复时期增加了2.5倍。其中，工农业生产和交通运输建设方面的投资占62%，社会文化和职工福利建设方面的投资占38%。

是月　仙居县80%的农户退出农业合作社，入社农户从95.6%降至16%。省委第一书记江华率工作组进驻仙居县整顿，至是年秋后，全县入社农户恢复至77%。

5月2—15日　省政协一届三次全体会议在杭州召开。会议通过会议决议和关于提案审查意见的决议。会上和会后，组织省政协委员和各方面人士进行“大鸣大放”，旋即转为反右派斗争。

5月21日　省委下达《关于执行中央〈关于整风运动的指示〉的计划》，决定在全省进行一次以正确处理人民内部矛盾为主题，以反对官僚主义、宗派主义和主观主义为内容的整风运动。《计划》下达前后，省级各部门分别召开非党人士和知识分子座谈会，动员党外人士帮助共产党整风。此后，全省各民主党派、大专学校和省、地级机关以及杭州等7个城市都先后开展了整风运动。

5月25日　省人委作出决定，对龙泉县拆毁古塔、烧毁文物事件的主要责任人员予以严肃处分。6月1日，龙泉县人大召开会议，接受省人委的建议，罢免有关责任人的职务。6月10日，省人委发布《关于禁止盗掘古墓和再次贯彻保护古文物法令的通知》。

6月19日　省委发出《关于动员工人、农民讨论和驳斥右派反动言论的通知》，在全省范围内开展大规模的反右派斗争。27日，省委又发出《关于各县在反右派斗争中应注意问题的通知》，要求各县组织民主党派、知识分子和机关干部划清思想界限，澄清混乱思想，统一思想认识。

6月20日　省委发出《关于正确处理人民闹事问题的指示》，指出1957年以来人民闹事较过去有显著增加，要求开展大规模的社会主义思想教育运动，学习毛泽东《关于正确处理人民内部矛盾的问题》，认真解决工作中矛盾比较突出的方面，使干部学会正确处理人民内部矛盾。

是月　省人委批转《卫生厅、妇联、团省委关于开展节育工作的意见》。要求各市、县人委组织和指导有关部门及群众团体开展宣传教育，使群众自觉接受避孕方法，逐步做到有计划地进行生育。

是月　浙江代表马寅初在一届全国人大四次会议上，提出节制生育的“新人口论”。7月5日，《人民日报》发表《新人口论》一文，指出要提高人口素质，控制人口数量，并就此提出3条措施：进行人口普查，宣传晚婚节育的好处，实行计划生育。

7月10日　省人委举行会议，会上提出科学研究计划草案，决定成立科学工作委员会并设立科学研究基金。

8月19日　省人委通过《关于将现在的工业厅分设为重工业厅和轻工业厅的意见》。9月，国务院同意撤销浙江省工业厅，成立浙江省轻工业厅和浙江省重工业厅。12月18日，两厅正式分开办公。

是月　省人委经国务院批准，决定对利润较大的小商小贩恢复征收所得税。

9月3日　省委发出《关于加强思想工作和知识分子工作的领导的规定》，要求各级党委必须把思想工作和知识分子工作完全掌握起来，把报纸、刊物、广播、学校和卫生工作、文艺工作管起来。

9月4日　《人民日报》报道，浙江省级机关由1.1万名工作人员组成队伍开展大规模的反右派斗争，已有51个单位对机关内部右派分子的反动言行进行揭发、批判。

9月10—20日　毛泽东在杭州视察。11日到海宁观潮，赋《观潮》诗。当天下午，在杭州第一次畅游钱塘江。16日，到省委办公厅了解杭县农村整风及社会主义教育情况。

9月11日　省委下达《关于划分右派分子的标准》，确定划分右派分子的7种标准，把“对党的方针政策有意歪曲”“反对无产阶级专政”等行为列入其中。

9月23日　国务院批准设立台州专署，驻临海县城，辖区为原宁波专区的临海、宁海、天台、仙居、三门5县和原温州专区的温岭、黄岩2县。原嘉兴专区的余杭、临安2县划归建德专署管辖。原金华专区的诸暨县和原省直辖的萧山县划归宁波专署管辖。原省直辖的杭县划归杭州市管辖。

10月13—25日　毛泽东视察杭州。

是月　省人委任命霍士廉为浙江省代省长。

12月12日至1958年1月5日　毛泽东在杭州先后两次召开华东6省市党委第一书记会议，主要讨论经济建设的领导方法、政治与业务的关系、技术革命等问题。

12月16日　省人委下达《关于建立民族乡问题的通知》。

12月17—18日　毛泽东在杭州召集周恩来以及江华等开会，主要讨论《中国共产党浙江省委员会向中国共产党浙江省第二届代表大会第二次会议的工作报告》。23日，毛泽东约江华、胡乔木、田家英等座谈浙江省委报告的修改问题。按照毛泽东的指示，这篇报告28日由《人民日报》发表，题为《坚持党的正确路线，争取整风运动在各个战线上全胜》。

12月25日　省委发出《关于执行中央〈关于在国家薪给人员、民主党派、高等学校学生中的右派分子处理原则〉的通知》，指出处理右派分子是巩固反右派斗争胜利的组织措施，必须正确掌握“严肃和宽大相结合”的方针，对每一个右派分子根据不同情况区别对待。

12月30日至1958年1月15日　省一届人大六次会议召开。听取审查《浙江省人民委员会工作报告》等报告，并通过相应决议。会议选举周建人为省长，陈伟达、任一力为副省长。

是月　浙江省森林工业局撤销，并入浙江省林业厅。

是年　在整风运动中由于反右派斗争扩大化，全省有4589名中小学教师被错划为“右派分子”而受到错误处理。许多民主党派成员被错划为“右派分子”。全省错划为“右派分子”的有：民革党员62人、民盟盟员201人、民建成员121人、民进成员57人、农工党党员126人、九三学社成员31人。1962年对部分人进行甄别平反，1979年全部作了纠正。

是年　慈溪县成为全国第一批棉花超《纲要》的县市之一。

是年　周恩来总理指示要尽快恢复龙泉青瓷等五大名窑的生产。1959年，龙泉青瓷恢复委员会成立。

是年　全省国内生产总值37.27亿元，其中工业总产值6.49亿元，人均国内生产总值151元；社会消费品零售总额17.35亿元；全社会固定资产投资合计1.75亿元；财政总收入6.52亿元；职工平均工资523元。

是年　全省卫生机构数4414个，医疗床位数18524张。

是年　全省人口总数为2503.34万人，人口自然增长率为25.62‰。

1958年

1月5日　毛泽东在杭州视察小营巷卫生工作。他先后考察了该巷61号、56号、42号墙门内的居民住宅并与群众合影，号召要把以除“四害”为主要内容的爱国卫生运动推向高潮。他还视察了浙江省农科所，实地观看双轮双铧犁耕地情况，指示要设立专门部门进行农具研究工作。

1月14日　省委召开地、市委负责人会议，提出7年成为“四无省”(无苍蝇、无蚊子、无老鼠、无麻雀——后改为无蟑螂)的目标。15—21日，全省第一次以除“四害”、讲卫生为中心的爱国卫生运动及消灭血吸虫病积极分子大会在吴兴南浔镇召开。

1月16日　省人委召开专员和市、县长会议，部署和研究第三届县、乡两级人大代表换届选举工作。31日，省选举委员会成立。5月底，本届基层选举基本结束，共登记选民1372万余名，参选选民1282万余名，选出基层人大代表15.25万名。

2月1日　萧(萧山)甬(宁波)铁路正式通车。

2月21日　省委决定：原省直辖的嘉兴、湖州2市划归嘉兴专署领导；绍兴市划归宁波专署领导；金华市划归金华专署领导。

3月16日　省委发出《关于紧缩机构、下放干部几项措施的决定》，决定撤并省级机关部分机构。包括：省供销合作社和省商业厅合并，对外保留供销社名义。省手工业管理局、省手工业生产联合社、省盐务管理局并入省轻工业厅，对外保留省手工业生产联合社的名义；省体育运动委员会与省教育厅合署办公；省人委会宗教、民族、华侨3个事务处与省委统战部合署办公，对外保留名义；省文联和省文化局合并成立一个党组，对外保留文联名义。

3月16日　省委发出《关于改变专署的性质、任务和调整机构编制的规定》，将行署由实际上的一级政府恢复为督导性质的省人委派出机构。

3月18日　省委发出《关于浙江工农业发展纲要（草案）》，要求提前实现《一九五六至一九六七年全国农业发展纲要（修正草案）》，号召“全党办工业、全民办工业、县县办工业、乡镇办工业、大家都要办工业”。省委随后举行地、市委负责人会议，提出1959年地方工业总产值要超过农业总产值，到1962年，全省基本实现农业电气化、机械化和肥料化学化。

3月20日　浙江第一个民族乡——景宁县外舍畲族乡成立。

3月22日　省委决定建立长广煤矿公司，统一开发长兴、广德（划浙江部分）煤田。9月，第一对矿井——牛头山3号井破土动工。1959年3月，长广煤矿被正式列为国家重点建设项目，规划其建设规模为191万吨/年，总投资16640万元。

3月25日　全省第一所民办农业职业中学在海宁县永福乡创办。至7月，全省各县半日制农业中学和各类农业职业中学有8797所，次年调整到917所。

3月29日　浙江省第一辆自行车由杭州市运输公司试制成功。

3月31日　省人委批准：建德专署直辖新安江区恢复为镇，划归建德县领导。

是月　全省第一座3000吨级高桩框架结构双栈桥的永久性码头——海门一号码头动工兴建。

4月1日　全省第一台拖拉机由杭州动力机厂试制成功。

4月2日　省委、省人委决定省商业厅与供销社、水产、盐务以及木材系统所属的部分购销机构合并，在省人委下设商业厅。

4月5—6日　浙江省科学工作委员会举行成立大会。6月16日，中国科学院浙江分院成立。周建人分别兼任主任、院长。

4月8日、11日　国务院批准撤销杭县，分别并入余杭县、杭州市；撤销武康县，并入德清县；撤销宣平县，分别并入武义、丽水两县。

4月11日　省政协举行一届二十三次常委会议，通过关于处理右派分子的决定。在1957年反右派斗争扩大化中，省政协一届委员中共有48人被错划为“右派分子”。

4月18日　浙江水泥厂在江山县动工兴建，年产火山灰质矽酸盐水泥30万吨，生产规模比当时杭州水泥厂大6倍，可供应浙江及赣东、闽北、皖南等地经济建设的需要。

5月7日　省委决定将原省级财贸系统的合作、商业、财政、粮食、银行5所干校合并成为省财贸干校。

5月29日　国务院批准：撤销云和县，并入丽水县；撤销洞头县，并入玉环县。

6月25日　浙江省第一届曲艺会演大会在杭州举行。

6月26日　省委发出《关于创造万斤水稻丰产典型经验的通知》，要求各级领导大胆试验，努力创造晚稻亩产1万斤以上的新纪录。

6月26日　省人委召开会议，通过关于建立围垦海涂指挥机构的议案，以及关于将农业科学研究所、化学工业研究所和工业设计院改由省人委直接领导的议案。

7月1—5日　全省血吸虫病防治工作现场会在嘉善县召开。截至是年6月底，全省共治疗血吸虫病人近54万人，为解放几年来总和的3倍；消灭钉螺占全省有螺总面积的60%。

7月5日　全省第一个人民公社——诸暨县红旗共产主义建设公社成立。9月20日，浙江第一个人民公社县联社也在诸暨县成立。

7月8日　浙江第一条110千伏输电线路——黄坛口至新安江输电线路及全省第一座110千伏变电所——圹坞降压站建成，供新安江水电站施工用电。

7月22日　全省第一辆自制“西湖”牌汽车出厂。

7月28日　省委发出指示，要求在全省范围内迅速建立初级市场，恢复农村集市贸易。

是月　中国第一套自行设计的每小时制氧150立方米的空气分离设备在杭州通用机器厂试制成功。

是月　全国第一个少年科学院——交口少年科学院在临安县交口小学成立。

是月　浙江创办的综合性高等学校——杭州大学成立。9月，省委决定浙江师范学院与新建杭州大学合并，定名为杭州大学。1960年7月，省委决定杭州大学和省委党校合并(对外仍挂两块牌子)，成立社会科学大学；1961年11月，又决定两校分开办学。

是月　温州市省辖市建制撤销，改属温州专署管辖。

是月　国务院批准杭州市为全国首批对外开放城市之一。

8月9日　浙江省教师进修学院和浙江省文化艺术干部学校合并，改名为浙江文教学院。

8月12日　全省第一次农业科学研究工作会议在杭州召开。

8月21日　省人委决定撤销省重工业厅、建筑工程局，成立省冶金、机械、化学、煤炭、电力、建筑等6个工业厅。

8月23日　省委和铁道部研究，决定撤销杭州铁路办事处，正式成立杭州铁路局，负责领导管理全省铁路工作。

8月27日　省委发出《关于发展人民公社的意见》，指出全省人民公社的规模应当根据生产发展和农村建设的需要，根据自然条件和领导条件来确定，一般以2000户左右为宜。

8月27日　省工商联第七次常委会、民建省工委第八次委员会联席(扩大)会议召开，对工商联、省民建委员中的右派分子作出处理，通过《全省工商界整风运动情况的报告》。据统计，全省工商界共有818人被错划为右派分子。

是月　全省高等学校、中等学校师生响应党中央“全民办工业”、“全党全民办钢铁”的号召，掀起大办工厂、大炼钢铁热潮。不少学校师生停课参加劳动，学校正常的教学秩序受到影响。

9月1日　省委、省人委调整城镇粮食供应标准，城镇居民的口粮标准由原来综合计算的每人每月平均成品粮25.24斤提高到27斤。

9月5日　国务院批准:撤销遂安县,并入淳安县;撤销汤溪县,并入龙游、金华2县(1958年11月20日省人委批复,划归龙游县的行政区域全部并入金华县)。

9月11日　省委发出《关于一九五八年钢铁生产的决定》,要求超额完成当年国家分配的钢铁生产任务,即生铁必须达到40万吨,钢12万吨;提出省、地领导工作重心转向工业,并实行全党全民大动员,广泛进行大办钢铁工业的宣传教育,在全省范围内掀起大炼钢铁的高潮。

9月12日　浙江省电力工业厅成立。

9月20—28日　毛泽东在杭州视察工作。

是月　经省委、省人委批准,浙江天目林学院、温州林学院成立。

是月　浙江大学与浙江电机厂研制出国际上第一台并网运行的3000千瓦双水内冷凸板式同步发电机(每分钟1500转),又与上海电机厂合作创制国际上首台并网运行的12000千瓦双水内冷稳极式汽轮发电机(每分钟3000转)。1960年5月,国内第一座试验型露天式12000千瓦双水内冷汽轮发电机在杭州半山电厂投产。

10月6日　中国农科院茶叶研究所在杭州成立。

10月15日　浙江省科学技术协会成立大会暨第一次代表大会在杭州举行。

10月18日　省委发出《关于巩固人民公社的指示》,规定人民公社体制一般以三级为宜,实行政社合一,推行基本工资加奖励制度,逐步实行粮食供给制。

10月25日　省委机关刊物《共产党员》创刊。

10月27日至11月2日　省二届人大一次会议、省政协二届一次会议同时在杭州召开。会议听取、通过省长周建人《浙江省人民委员会工作报告》等报告。选举周建人为省长,霍士廉、李丰平、吴宪、陈伟达、任一力为副省长;选举江华为省政协主席,李丰平、何燮侯、林枫、汤元炳、余纪一、徐赤文、吴化文为省政协副主席。

是月　全国机械制茶现场会在余杭举行。此后,茶叶逐步推行机制。

11月21日　国务院批准:撤销定海、岱山、嵊泗、普陀4个县,合并设舟山县;撤销磐安县,并入东阳县;撤销武义县,并入永康县;撤销松阳县,并入遂昌县;撤销常山县,并入衢县;撤销文成县,并入瑞安县;撤销宁海县,并入象山县;撤销三门县,分别并入临海县、象山县;撤销新昌县,并入嵊县;撤销镇海县,并入宁波市;撤销海盐县,并入平湖县、海宁县;撤销嘉善县,并入嘉兴县;撤销崇德县,并入桐乡县;撤销孝丰县,并入安吉县;撤销於潜县,并入昌化县;撤销余杭县,并入临安县;撤销新登县、分水县,并入桐庐县;撤销寿昌县,并入建德县;撤销庆元县,并入龙泉县。

是月　浙江自制的第一架"西湖"牌照相机和第一架"先锋"牌万次闪光器在杭州照相器材厂试制成功。

12月2—3日　朝鲜民主主义人民共和国内阁首相金日成率朝鲜政府代表团访问杭州。

12月8日　省人委召开会议,决定成立浙江省工业生产委员会和浙江省基本建设委员会。

12月16日　省委发出《关于动员青年支援宁夏回族自治区社会主义建设的指示》,指出中央决定自1959年至1963年5年内，从浙江省动员30万青年支援宁夏回族自治区。此后5年中，全省共有10万青年奔赴宁夏支援当地建设。

12月17日　省委、省人委发布《关于开展土壤普查和土地规划工作的指示》，并成立浙江省土壤普查规划工作委员会。1959年1月25日，全省土壤普查工作全面展开，至年中基本结束，并完成《土壤鉴定土地规划报告》。

是月　国务院先后批准：撤销建德专署，将原辖的临安、昌化2县划归嘉兴专署领导，开化、桐庐、建德、淳安4县划归金华专署领导。撤销台州专署，将原辖的天台、象山2县划归宁波专署领导，临海、仙居、温岭、黄岩4县划归温州专署领导。划宁波专署的萧山、建德专署的富阳归杭州市管辖。撤销鄞县，分别并入宁波市、奉化县(1959年3月31日省人委通知，原鄞县划归奉化县的行政区域，全部划归宁波市)。

是年　全省共设5个专区、3个地级市、4个县级市、51个县和5个市辖区。

是年　据40个县市截至9月底的调查资料，全省手工业社转为合作工厂、地方国营工厂、人民公社工厂以及划归有关部门归口的有2989个，占原有合作社数的66.34%，社员186854人，占原有社员数的67.27%。

是年　中国第一座机械化蒸谷米厂——湖州蒸谷米厂建成。

是年　由周大风创作的浙江民歌《采茶舞曲》蜚声全国。1987年，《采茶舞曲》被联合国教科文组织作为亚太地区优秀民族歌舞得以保存。这是中国历代茶歌茶舞得到的最高荣誉。

是年　中央美术学院华东分院改称浙江美术学院。

是年　全省国内生产总值43.75亿元，其中工业总产值11.80亿元，人均国内生产总值173元；社会消费品零售总额18.73亿元；全社会固定资产投资合计6.08亿元；财政总收入11.93亿元；职工平均工资451元。

是年　全省人口总数为2563.54万人，人口自然增长率为24.95‰。

1959年

1月20日　省委发出《关于贯彻执行中共中央、国务院〈关于干部参加体力劳动的决定〉的指示》，对干部参加劳动做出具体规定。

3月21—24日　毛泽东在杭州视察。24日，对浙江省委关于整顿人民公社的10项规定加写批语，并拟题为《浙江的十项规定》予以批转。《规定》内容包括：定基本核算单位、定领导人员、定任务、定分配计划、定集体福利、定劳动计酬方法、定劳动力、定生产小队的部分所有制、定工业管理体制等。

4月6—10日　毛泽东在杭州召开中央政治局扩大会议，周恩来、刘少奇、朱德、陈云、邓小平、谭震林等参加。

4月10日　民建省工委与省工商联实行合署办公。

4月11日　浙江出海渔民在江苏省吕泗洋海面遭受暴风袭击，死亡1479人，直接经济损失约2000多万元。24日，毛泽东做出批示，并要求认真解决气象预报及收音机等问题。

5月1日　《浙江日报》报道，省内第一个现代化制糖厂——瑞安糖厂诞生。

5月3日　省委批转省冶金工业厅党组《关于钢铁工业整顿方案的报告》，指出钢铁工业必须进一步整顿。全省确定12个钢铁基地，包括半山钢铁厂（即杭州钢铁厂）、闲林埠钢铁厂、萧山钢铁厂、绍兴钢铁厂等，其余钢铁企业有计划有步骤地停产。

5月7日　嘉兴县马家浜村发掘出一处以狩猎经济为基础的早期新石器时代遗址，这一遗址后被命名为"马家浜遗址"。

5月28日　省委批转省卫生厅党组《关于部分地区发生浮肿病的情况调查及防治意见的报告》。自2月至5月17日，全省已有9200多人发生浮肿病，死亡68人，涉及兰溪等10多个县。省委要求已发生浮肿病地区的党委必须迅速采取有效措施进行防治和抢救，严格控制病情继续发展；没有发病的地区亦应引起重视；要组织力量，帮助病情严重的地区作好防治工作。

6月9日　中国国际贸易促进委员会浙江省暨杭州市分会成立，为全省对外民间经贸团体。

6月17日　省委发出通知，要求各县以县人民委员会的名义发布《关于保留社员自留地的布告》，规定每人自留地的数量不少于全社人均土地数的3%，最多不超过5%。

6月20日　省委发出《关于整顿农村公共食堂的指示》，要求从有利生产、便利群众出发，坚持自愿，积极办好；因地因时制宜，采取多种多样的组织形式，公共食堂的规模一般以生产小队为单位设立为宜，居住分散、交通不便的山区，不要勉强举办食堂。

6月26日至7月3日　全省日用小商品生产会议召开。7月21日，省委批转的《关于全省日用小商品生产会议情况的报告》指出，积极恢复和发展小商品生产，迅速改变市场面貌，满足广大群众生产和生活的需要，是全党的一项重要任务，要求各地党委督促有关部门切实抓好。

6月30日　省人委通过关于成立浙江省轻工业厅手工业管理局的议案。

是月　全省第一个大型盐场——三门盐场诞生，这是浙江第一个流、枝、滩结合的新型盐场。

8月9—15日　省公安厅在诸暨县召开农村治安工作现场会，推广诸暨农村治安工作经验。

8月11日　杭州民航气象台成立，笕桥航空哨并入该台。

8月13日　省委发出《关于贯彻执行中央〈关于反对右倾思想的指示〉的通知》。11月，省委召开地、市委第一书记会议，进一步明确反右倾斗争必须坚持"从团结的愿望出发，经过批评或者斗争，使矛盾得到解决，从而在新的基础上达到新的团结"，以及"批判从严、处理从宽"的方针，并要求全省的反右倾斗争在1960年2月底以前结束。

8月21日　毛泽东专列从江西南昌到浙江，途经金华、诸暨、萧山。沿途，毛泽东在专列上听取中共金华地委和金华、兰溪、永康、诸暨县委的工作汇报。22日，毛泽东视察萧山西兴人民公社，听取萧山县委工作汇报。

8月21日　绍兴被列为全国开放城市。

9月13日至10月3日　省体育代表团192人参加在北京举行的第一届全国运动会，获得3枚金牌、3枚银牌和3枚铜牌，共打破14项全国纪录、40项省纪录。姜玉民获女子100米、200米和400米赛冠军，并三次打破全国纪录。

9月26日　杭州半山钢铁厂千余职工举行庆功大会，庆贺五大工程建成和相继投入生产。

是月　省委向毛泽东汇报京杭大运河与钱塘江沟通工程问题。11月28日，省委向中央提出关于钱塘江下游综合治理工程初步规划方案的报告。12月18日，周恩来总理批示原则同意该计划。12月27日，钱塘江治理工程委员会成立。次年3月8日，省委批准成立钱塘江治理工程局。

是月　根据中共中央关于特赦改恶从善罪犯的指示，省委决定成立省公安、检察、法院等单位领导参加的省特赦领导小组并开展特赦工作。至同年12月结束，共特赦罪犯2321名。

是月　省委决定在杭州创办浙江中医学院。

是月　省水利科学研究所测验队与上海河道工程管理局航标测量队合作完成杭州湾全测，完成测线13893千米，绘成1∶50000地形图7幅，后编绘调制成杭州湾全图1幅。

10月1日　省、市电台在湖滨现场直播“浙江省暨杭州市人民庆祝中华人民共和国成立10周年大会”和群众游行实况。

10月1日　南湖革命纪念馆建成并对外开放。年初，嘉兴县委决定建造南湖革命纪念馆。纪念馆工程包括4个部分：修建革命文物陈列室，开辟湖滨公园，修整烟雨楼，仿造一艘与当年“一大”开会时所用的式样大小一样的游船。

10月5日　省委批转省委组织部《关于第一批摘掉确实悔改的右派分子帽子的情况报告》。

11月7日　省电力工业厅与省水利厅合并为浙江省水利电力厅。

11月10日　衢州黄坛口水力发电站4号机组安装完毕，29日经国家验收委员会验收，证明工程质量完全符合国家设计标准。至此，全省第一座中型水电站全部建成。

是月　省电台成立电视组，在杭州玉皇山顶安装4层5单元电视接收天线，组装了1台功率为40瓦的电视发射机，试验收转上海电视台节目。

12月10日至1960年1月4日　毛泽东组织陈伯达、胡绳、邓力群等在杭州刘庄研读苏联《政治经济学教科书》社会主义部分。毛泽东多次发表意见，对建立适合中国国情社会主义建设道路的问题进行思索，并提出一些重要观点。认为社会主义这个阶段，又可能分为两个阶段，第一阶段是不发达的社会主义，第二阶段是比较发达的社会主义。在我们这样的国家，完成社会主义建设是一个艰巨的任务，建成社会主义不要讲得过早了。自12月10日至1960年2月9日，这个读书小组先杭州后上海又广州，读书历时整整两个月。

12月16日　浙江省水力发电工程局成立。

12月30日至1960年1月9日　中共浙江省第三次代表大会在杭州举行。大会审查通过了中共浙江省委的工作报告，选举产生中共浙江省第三届委员会和省委监察委员会。1960年1月9日，省委三届一次全会选举江华为省委第一书记，霍士廉、林乎加、李丰平、曹祥仁、陈伟达、吴宪为书记处书记，吕志先、李维新、林维先、郑平、周荣鑫为省委常委，选举郑平为省委监察委员会书记。

是月　新安江水力发电厂成立，该厂先后归新安江水力发电工程局和省水利电力厅管理，1962 年 4 月 1 日划归华东电业管理局管理。

是年　开始纠正 1958 年高等教育事业发展过多、过快所带来的问题，对 1958 年新办的高等学校分别采取留、停、并、改的办法进行调整，保留四年制、五年制本科大学 12 所，二年制专科学校 7 所，五年一贯制专科学校 14 所。

是年　省文管会开展全省文物普查工作，新发现 36 处近代民主革命时期的重要遗址、257 处古代文化遗址和 313 处各种纪念性建筑。其中重要的遗址有吴兴县邱城、钱山漾和杭州水田畈等 3 处。普查中对以往考古资料进行整理，查出历史文物 1664 件，太平天国文物 328 件。

是年　省电台的播音工作开始采用遥控录音，由播音员直播改为录音播出，在全国属首创，以后在全国各地先后推广。

是年　浙江大学制造出国内第一枚电子管，杭州大众牙刷厂试制出省内第一块扬声器磁体。浙江由此开始发展电子技术。

是年　省职工教育的领导管理体制从原来由行政主管，改为在党委统一领导下，由各级工会负责管理，其他组织协助管理。

是年　全省国内生产总值 47.35 亿元，其中工业总产值 14.17 亿元，人均国内生产总值 183 元；社会消费品零售总额 20.38 亿元；全社会固定资产投资 7.13 亿元；财政总收入 15.64 亿元；职工平均工资 460 元。

是年　全省人口总数为 2598.25 万人，人口自然增长率为 15.47‰。

1960 年

1 月 1 日　杭州市邮电大楼举行落成典礼，大楼的主要设备——国产 5000 门“步进制”式自动电话机正式交付使用。

1 月 4 日　国务院批准：撤销舟山专署，设舟山县，划归宁波专署领导。

1 月 7 日　国务院批准：撤销玉环县，所设洞头区划归温州市，其余划归温岭县；撤销浦江县，所设梅江人民公社划归兰溪县，其余划归义乌县；撤销龙游县，并入衢县；撤销景宁县，并入丽水县。

2 月 1 日　省委、省人委发出《关于省级机关各级干部参加体力劳动的通知》。要求省级机关和企事业单位的干部，除年老体弱的以外，每人每年至少要参加体力劳动 1 个月；凡是没有经过劳动锻炼、缺乏基层工作经验的干部，特别是青年知识分子，必须有计划地继续分批下放，进行一年左右的劳动锻炼。

2 月 16 日　省委决定，成立浙江农业大学和浙江省农业科学院，并按业务对口实行校、院合并统一领导，一套班子、两块牌子。

2 月 23 日　省委决定，浙江省体育运动委员会重新单独建制。

3 月 10 日　省委发出《关于整顿和办好公共食堂的指示》，并提出办好公共食堂的 10 项标准。5月10日，省委又发出《关于进一步整顿和提高农村公共食堂问题的通知》，要求以整风精神反对贪污浪费等不正之风，认真办好食堂。7月9日，省委再发通知，要求以各县人委名义公布《关于办好农村公共食堂的布告》，并提出办好食堂的8条规定。

3月13—19日　毛泽东先后视察金华、杭州、绍兴、宁波等地。14日，视察金华双龙水电站和解放军驻浙某部高炮三连。15日，带领谭震林等对杭甬铁路沿线农村进行调查，并在专列上召开华东地区省、市委书记会议，主要讨论农业问题。3月18日，在杭州观看浙江婺剧团演出的《牡丹对课》，并在演出结束后接见演员，称赞这出戏改得好，反映了老不如少、神仙不如凡人、人定胜天的主题。

3月18—21日　尼泊尔王国首相毕什韦什瓦·普拉萨德·柯伊拉腊和夫人访问杭州。18日，毛泽东在杭州接见尼泊尔贵宾。

3月19—24日　水电部在新昌召开全国水文工作会议，苏联、朝鲜等国水文专家与会。会议交流了新昌水文站自动化无偏角水文缆道测流技术。

3月25日　省人委第16次会议通过调整科研单位和大专院校的提案，决定将浙江农学院、天目林学院、舟山水产学院合并，成立浙江农业大学；将浙江农业科学研究所、林业科学研究所、淡水水产研究所、海洋水产研究所和中科院茶叶研究所合并，成立浙江农业科学院；将浙江医学院、浙江中医学院、浙江卫生实验院、浙江中医研究所合并，成立浙江医科大学和浙江医学科学院；成立浙江体育学院、浙江工学院。

3月29日至4月5日　全省第一次民兵代表会议在杭州举行。会议选举出207名出席全国民兵代表会议的代表。

3月31日　省委批准，在淳安新建全国第一家县办精制茶厂——淳安茶厂。

4月3日　省委批转省委组织部《关于加强和调整科学研究机构及今后发展计划的报告》。计划将省级工、建、交系统从13个科研所(室)发展到21个科研机构，人数增加600人，发展到1375人。

4月3—6日　全省工人暨大学生运动会在杭州举行。

4月17日　省委决定，省围垦海涂指挥部改组为省农垦指挥部，负责全省开垦荒山、荒地和围垦海涂等扩大耕地面积的工作。

4月17日　衢州化工厂合成氨一期工程建成投产。衢州化工厂是1958年5月11日开始动工兴建的大型化工企业，它的建成填补了全省有机化工和化肥工业的空白。

4月22日　新安江水电站第一台7.25万千瓦水轮发电机组开始发电，向浙西地区110千伏系统送电；同年9月26日，并入刚建成的全省第一条220千伏输电线路，向华东电网送电。这也是华东电网最大的水力发电站，于1957年4月1日开工建设，至1977年10月20日，9台机组全部建成发电，总装机容量为66.25万千瓦。

是月　洞头北沙女子民兵排的代表汪月霞出席全国民兵代表大会，受到毛泽东、朱德、周恩来等党和国家领导人接见。6月，洞头第一个女子民兵连——北沙女子民兵连成立。

5月2日　省委发出《关于发动全党全民大办工业小土群、小洋群的指示》，要求全省在工业方面开展以煤、铁为中心，大搞原材料、电力、交通运输、化工和各行各业的小土群、小洋群运动。

5月2日　浙江省16岁的运动员陈效邠，在北京举行的全国游泳、跳水表演赛上，以1分8秒2的成绩打破女子100米自由泳全国纪录。20世纪60年代初期，陈效邠是女子100米自由泳全国纪录的创造者、保持者，也是浙江第一个在国际大赛上获得奖牌的游泳运动员。

5月4日　省委发出《关于进一步做好粮食供应工作的通知》，指出从1959年7月到1960年3月底，全省共销售粮食15.9亿千克，第二季度又安排了6.7亿千克。大多数群众的口粮已经得到妥善安排，公共食堂经过整顿也得到巩固；但前一时期，有少数地方不断发生人口外流、浮肿病，甚至饿死人的严重情况，说明在粮食供应和群众生活安排等方面，还存在不少问题。为此，省委决定再拨出1亿千克粮食，安排早稻登场以前农村人民的口粮，解决晚稻种子不足的问题，适当解决城市人民定量不足的问题。

5月21—22日　朝鲜民主主义人民共和国内阁首相金日成一行在杭州访问。21日，毛泽东在杭州会见金日成一行。

5月21—25日　毛泽东在杭州视察。

5月27日　根据省委指示，除由省水电厅掌握富春江、乌溪江、钱塘江等工程局及22万伏输变电等重点工程单位外，其余水力、水电、火电、输变电工程都下放给地方管理。

5月30日至6月7日　毛泽东在杭州，继续审阅《毛泽东选集》第四卷的题解和注释，审阅第二个五年计划后3年（1960—1962年）的计划报告。

6月1日　中共中央转发了浙江省委批转的省计划委员会《关于当前工业、基建中的几个问题的报告》。中央认为报告中反映的片面追求高速度、基本建设战线拉得过长等问题，在全国带有普遍性，要求各省、市、自治区党委引起重视，搞好生产调整、整顿、提高工作。

6月7—8日　阿尔巴尼亚人民共和国人民议会主席团主席哈奇·列希一行访问杭州。毛泽东在杭州会见了哈奇·列希一行。

6月18日　省委发出通知，将中西药业务经营机构移交卫生部门统一管理，原省商业厅所属的中西药公司与卫生厅的药政处合并，成立省卫生厅药政管理局，实行政企合一，对外仍挂省中西药公司牌子，一套班子、两块牌子。

至是月底　全省对1958年、1959年两年下放的11514名干部调整处理结束，其中调回机关工作的7626人，转到工矿企业工作的400人，在农业生产战线工作的474人，继续下放劳动锻炼的3014人。

至是月底　据不完全统计，全省已有630多万人参加了注音识字和普通话学习。自中共中央发布关于推行注音识字的指示后，全省各地立即掀起注音识字和推广普通话运动的热潮，大大加快了扫盲工作的进程。

7月1日　浙江军区改称为浙江省军区。

7月3日　省委向各地、市、县委，各人民公社党委转发金华地委上报的《部分公社核实产量不实事求是》等3个材料，要求各级党委要抓住一批生动的、正面反面的教材教育干部，认真批判和纠正"共产风"、浮夸风、命令风，树立严肃执行党的方针、政策的观念，提倡踏踏实实、实事求是的作风。28日，中共中央将上述材料批转全国各地。

7月5日　省委发出《关于组织夺铁保钢战役的决定》，决定在工业战线上，第三季度集中力量打一个夺铁保钢的战役，实现钢铁生产的优质高产低成本。

7月6日　省商业厅、省文化局联合发出通知：人民公社所在地的新华书店门市部、供销社书店，改由公社经营，建立公社新华书店。

7月27日至8月9日　第5号、第7号、第8号台风接连袭击浙江，造成严重灾害，全省农田受淹500万亩，房屋倒塌4.48万间，死亡394人。

8月10日　受台风影响，全省连日暴雨，山洪暴发，26处小型水库被冲毁。在建的平阳桥墩中型水库垮坝失事，死亡299人，毁房1.5万间，淹没农田13万亩。这是省内第一个中型水库施工失事事件。

8月13日　省委批转省商业厅党组《关于一部分针织品实行凭布票和凭购货证供应的报告》，提出由于灾害造成棉花减产，根据全国统一布置，从8月15日起，将针织品分为3类，分别实行凭布票、凭购货证不限量和自由购买3种供应办法。

8月15日　国务院批准：撤销昌化县，并入临安县；撤销富阳县，并入桐庐县。撤并后的临安、桐庐两县划归杭州市领导。

8月30日　省委发出《关于坚决执行中央〈关于大力紧缩社会集团购买力的指示〉的通知》，要求各级党委教育干部和职工发扬艰苦朴素的革命传统，反对铺张浪费。

是月　牛头山至长兴运煤轻轨铁路建成通车。

9月28日　全省第一座220千伏变电所——杭州变电所投运。该所装有一组由3台3万千伏安单相变压器组成的主变压器组。

是月　省内第一条220千伏电力载波电路开通。该电路从新安江经杭州到上海，全长335.55千米。

10月1日　省电台将在玉皇山试验的电视发射设备迁至杭州菩提寺路的省电台播音馆，正式以“浙江人民广播电台电视台”的呼号，用2频道试播节目。

10月21日　省委印发《关于降低国家机关17级以上党员干部的工资标准的通知》，旨在进一步缩小高低工资之间的差距，以利于更加密切领导与群众的关系；同时明确非党员干部的工资一律不予降低。

11月4日　省委向各县传达中共中央《关于农村人民公社当前政策问题的紧急指示信》（即“十二条”）。《指示信》针对“一平二调”（“一平二调”是平均主义和无偿调拨的简称。“一平”是指在人民公社范围内把贫富拉平，搞平均分配；“二调”是指对生产队的生产资料、劳动力、产品以及其他财产无代价地上调）的“共产风”指出：“一平二调”破坏农业生产力，必须彻底纠正。14日，省委常委联系农村发生饿、病、死、逃、荒的严重情况，讨论《指示信》，从领导思想上总结经验教训。20日，省委向中共中央、华东局提交《关于贯彻执行人民公社当前政策问题的报告》。针对当时农村由于大刮“共产风”而发生饿、病、逃、荒的严重情况，提出要坚决贯彻中共中央北戴河会议精神，大办农业，大办粮食，发动群众生产自救，多种蔬菜瓜果，渡过饥荒，为明年的生产发展创造条件。1961年3月6日，省委从浙江实际出发，制定《关于贯彻执行〈中央关于农村人民公社当前政策问题的紧急指示信〉的若干补充规定》，对人民公社实行“三级所有，队为基础”中遇到的一些政策问题作出10条补充规定。

11月15日　国务院同意杭州商品检验组改为杭州商品检验局。11月29日，外贸部批复，要求按国务院文件精神建立浙江商检机构。1962年6月，省委决定成立杭州商品检验局。

是月　全省第一部《地方家畜家禽良种志》问世。全书整理收入金华猪、湖羊、萧山鸡、仙居鸡、绍兴麻鸭等21个品种的资料和照片。

12月3—8日　毛泽东在杭州视察工作。

12月20日　省委发出《关于开展农村集市贸易的通知》。此后，农村集市贸易迅速恢复和发展。至1961年，全省农村集市恢复到1348个，贸易成交6.5亿元。

12月22—24日　柬埔寨国家元首诺罗敦·西哈努克亲王和夫人一行访问杭州。

12月30日　省计划委员会作出《关于调整1960年基本建设计划安排的决定》，将1960年的基建投资从6.7亿元调整为6.1亿元，缓建1443个基建项目。

是年　从下半年起，省委根据中共中央有关人民公社的政策、条例，对全省农村生产关系和经济政策进行较大调整。全省各地人民公社实行公社、生产大队、生产队三级所有制。截至1961年底，全省公社数调整为2979个，比1959年底的631个增加2348个；生产大队44093个，比1959年增加14877个；生产队343976个，比1959年增加142203个。调整后，全省每个公社平均有1884户，每个大队平均有130户，每个生产队平均有17户。

是年　全省国内生产总值47.25亿元，其中工业总产值15.43亿元，人均国内生产总值181元；社会消费品零售总额20.25亿元；全社会固定资产投资合计8.91亿元；财政总收入16.90亿元；职工平均工资473元。

是年　全省人口总数为2619.86万人，人口自然增长率为11.64‰。

1961年

1月5日　省委发出《关于整风整社运动的简报》，指出前一时期广泛宣传中共中央《关于农村人民公社当前政策问题的紧急指示信》，发动广大干部和社员，揭发“共产风、浮夸风、强迫命令风、生产瞎指挥风、干部特殊化风”，坚持边整边改，处理“一平二调”，大大调动了广大社员的积极性。到12月31日，全省粮食征购已入库21亿斤，冬种粮食作物的面积比1960年扩大了200万亩。

1月6日　省委发出《关于严肃执行粮食管理制度的通知》，要求各地所有征购的粮食必须全部入库，不能交给群众代保管，不能私立小仓库；国家仓库的粮食，没有合法的支拨凭证，任何单位和个人都不能动支。

1月8日　毛泽东听取省委江华、林乎加汇报时，对退赔、瞎指挥、自留地、食堂等问题作出指示，基本原则是要增产；要把饿、病、逃、荒、死的原因去掉，做到不饿、不病、不逃、不荒、不死；虚报浮夸，以少报多，这种人不能说是决心搞社会主义的。

1月10日　省委发出的《关于整顿县以上工矿企业劳动力的通知》指出，全省工矿企业职工近两年进行了较大压缩：1959年精简42.5万人，占当时职工总数的三分之一；1960年实际减少职工1万人。3月3日，省委常委扩大会议提出再精简30万人。6月，根据中央提出3年内减少城镇人口2000万以上，其中1961年至少要减少1000万人的紧急要求，省委确定全省第一步精简40万职工的计划。到1961年底，实际精简31.4万人。

1月17日　全省因省内盐源紧张，实行食盐凭证定量供应。

1月22日　毛泽东指示组成3个调查组，分赴广东、湖南、浙江三省农村调查。田家英率调查组，在嘉善县和富阳县各选择一个差的和好的生产队进行调查。2月6日、8日，毛泽东多次听取田家英和浙江省委负责人有关汇报并进行了谈话，谈话涉及纠正"五风"、退赔、自留地等问题，并再次谈到生产队规模太大，把生产小队改成基本核算单位的问题。3月22日，中央工作会议通过《农村人民公社工作条例（草案）》（简称"六十条（草案）"）。

是月　省公安厅人民武装警察总队建立海上巡逻队。

2月1—7日　省教育厅召开全省中、小学教育改革试点工作座谈会，全省教改试点学校从1960年的141所中学、1700余所小学调减为原则上每县保留中、小学各1所。试验中小学10年制的学校以大体保持原12年制学校的学力程度为原则。

2月1—9日　毛泽东在杭州视察工作，并听取省委汇报工作；其间会见法国参议员密特朗。

2月7日　省委作出《关于继续压缩工业劳动力支援农业的决定》，要求城镇工业招的农民工（临时工）一律返回农村；农村公社工业占用的劳动力一般限在农业劳动力总数的3%以内，超出的应进一步压缩。

2月10日　省卫生厅、商业厅、粮食厅转发卫生部《不能将中药材做代食品的通知》。通知列出党参等58种，浙江省又增列前胡等36种，共计94种中药材不能做代食品。

2月20日　省委批转省商业厅党组《关于贯彻执行中央〈关于一九六一年三月至八月不发布票的通知〉的报告》，省委指出，这是在全国连续两年受灾，棉花减产的情况下，不得不采取的一种权宜措施。

2月25日　省委批转省轻工业厅党组《关于恢复与健全公社工业、手工业管理机构的报告》。3月14日，省人委决定将轻工业厅手工业管理局改组，成立省轻工业厅公社工业手工业管理局。7月17日，省委决定，手工业工作从轻工业厅划出，单独成立省手工业管理局。8月3日，省人委通知恢复省手工业管理局建制。

3月4日　国务院公布杭州六和塔、岳飞墓、宁波保国寺等为第一批全国重点文物保护单位。

3月11日　省委作出《关于安排当前教育工作的决定》，对各级各类学校作出调整：将原有全省52所高等学校调整为28所，其中16所高等学校改为中等专业学校，合并和取消8所高等学校。

3月26日　省委批准，省统计局从省计委划出，恢复独立建制。

4月15日　省人委将良渚文化遗址、杭州灵隐寺、绍兴鲁迅故居、宁波天一阁等14处列为第一批省级文物保护单位。

4月22日　省人委颁发的《关于农产品收购和农村集市贸易几个政策的规定》指出：除

统购农产品3种、合同订购农产品38种外，其他农产品允许在国家市场管理法令许可范围内自由购销。

4月24—25日　老挝王国政府首相梭发那·富马亲王一行在浙江访问，毛泽东在杭州会见了老挝贵宾。

4月26日　杭州第一路无轨电车正式通车。这条线路从城站至拱宸桥，全长12.5千米。

4月28日　省委发出《关于调整人民公社编制的通知》，核定全省公社和镇的编制2.8万名，各地包干使用，区委编制10～15名。并要求全省3000人口以上的镇，应当建立镇人民公社和党的镇委会。

5月7—9日　省林业厅与民航合作，首次在黄岩县方山播区实施飞机直播造林成功，撒播黑松种子，面积0.5万亩。翌年调查，成活率达80%。

5月24日　省委发出《同意〈关于民主党派、无党派民主人士、非党高级知识分子副食品供应问题的补充报告〉》，决定向这部分群体月供应增加一定量的肉、食油、白糖、蛋或粮食定量

7月1日　省电台电视台第一次正式向杭州观众播出自办电视节目。主要内容有剧场实况转播和专题节目。半年多时间里，先后摄制完成《鲁迅故乡》《四明山》等10多部电视片。

7月13—15日　朝鲜劳动党中央委员会委员长、内阁首相金日成率领的朝鲜党政代表团在浙江访问，毛泽东在杭州两次会见金日成。

7月20日　省人委通知：恢复嘉善、余杭两县。余杭县归杭州市领导。

7月27日　省委批转省财政厅、省人民银行党组《关于迅速恢复农村信用合作社的报告》。同日，省委还批转了《农村信用合作社工作条例(草案)》。

是月　根据“包下来，包到底，安排使用，教育改造”的方针，中共中央重申“五不变”(即定息、高薪、学衔、政治安排、生活待遇5个不变)方针，全省各地先后重新安排和任命一批工商业者担任各级领导和各类职务。

8月2日　省委发布《关于社办企、事业和社员养猪、自留地等问题的规定》。明确原有的城镇工业划归城镇公社领导，原来的手工业合作社实行独立核算，自负盈亏，原来是社员家庭副业的，分散归社员个人经营。社办事业及公社和生产大队举办的农场一律停办。为鼓励社员发展养猪，各级养猪场暂时坚决停办。社员的自留地，应该占到当地人均占有耕地的7%。

8月14日　省委决定省供销社与省商业厅分开，重建浙江省供销合作社。

8月14—21日　毛泽东在杭州视察。16—21日，67岁的毛泽东3次畅游钱塘江。

8月16—17日　加纳共和国总统兼政府首脑克瓦米·恩克鲁玛在浙江访问，毛泽东在杭州会见了加纳贵宾。

8月19日　国务院发出《关于调整行政区划必须同群众商量的通知》，指出：最近二三年来，有些地区把县、市行政区划搞得过大，变动过多，对于加强领导，发展生产不利。此后，全省被撤并的大多数县陆续恢复。

8月24日　省委转发省委财贸部《关于绍兴县恢复和建立供销合作社情况的报告》指

出，全省供销合作社系统自1958年与国营商业合并后，影响了农村商业工作更好地为农业生产和农民生活服务。恢复和建立供销合作社，对于开展物资交流，改进市场管理，更好地支援工农业生产和组织人民生活有重要作用。省委要求各地应在取得试点经验的基础上，迅速恢复和建立供销社。

至是月底　全省各级行政机关实有86303人，比上年8月减少10909人，精简11.2%，其中省、地、市、县分别精简49.3%、27.8%、4.8%、11.1%。

9月3—10日　在德意志民主共和国莱比锡举行的美术作品书籍展览会上，浙江人民出版社出版的《浙江工艺美术作品选》和《浙江新石器时代出土文物图录》两书博得好评。

9月15日至10月7日　省总工会在杭州召开全省工会工作会议和省总三届六次会议，明确工会在社会主义时期的作用和任务。10月5日，省委批转省总工会党组《关于加强和改进工会工作的报告》，要求各级党委和企业党委进一步加强对工会工作的领导，各级党委要在日常工作中将工会工作列入议事日程，定期讨论和检查工作。

是月　根据中共中央《关于轮训干部的决定》，省委开始在全省范围内开展重新教育干部的学习运动，组织各级干部学习《社会主义建设的几个问题》等书。10月25日至1962年底，共轮训县委书记以上干部1900余人次，公社书记2.9万人次。

10月1日　杭州市等地开始对卷烟实行凭票定量供应。

10月4日　6126号强台风在省内登陆，中心风力达12级以上，浙东沿海地区的临海、黄岩、温岭、象山、嵊县等地先后受到10级到12级以上大风的侵袭，台州、宁波、嘉兴等地区暴雨洪水成灾，死亡337人，毁房16.6万间，冲坏水利工程6000多处，淹田504万亩。

10月10日　省人委颁发《浙江省商贩管理暂行办法》，对商贩的经营范围和经营方式、采购活动管理、价格管理及必须遵守的规则等作出明确规定。

10月10日　浙江绍剧团在中南海怀仁堂演出《孙悟空三打白骨精》，毛泽东、刘少奇等领导人观看了演出。1960年，该剧由上海天马电影制片厂拍成彩色戏曲片；1963年，该片获第二届《大众电影》百花奖最佳戏曲片奖。

10月10日　浙江省纪念辛亥革命50周年大会在杭州举行。同日，各界人士前往辛亥革命烈士徐锡麟、秋瑾、陶成章以及章太炎先生等墓地祭扫。

10月12日　尼泊尔国王马亨德拉和王后一行到杭州访问。

10月25日　省委通知：在省、市人民委员会下设工商行政管理局，与各级商业局合署办公。12月11日，浙江省工商行政管理局正式成立，与省商业厅合署办公。

是月起　浙江茶叶实行凭证、凭券供应。

11月6日　省人委发出《关于农村集市贸易管理规定》《关于市场管理若干问题的规定》，规定8种投机倒把违法活动应加以取缔。同时印发农村集市贸易管理委员会工作简则。

12月3—8日　毛泽东在杭州视察。主要听取有关地区的情况汇报，调查了解国内形势、农村形势、党的工作等问题，为中共中央召开扩大会议（即“七千人大会”）做准备。

12月30日　省人委通知：恢复富阳、宁海、新昌、文成、武义、常山、海盐7个县。

是月　省财政厅《关于全省“一平二调”大账匡算》显示：全省总农业户数502万户，以平均每户200元计算，全省平调总数约为10亿元左右。

是月　全省供销社系统将“大跃进”期间过渡到供销社的小商贩划出55562人（约占农村小商贩总人数的55%），重新组织合作商店和合作小组。至1961年底，全省有基层供销社2000多个，手工业社（组）6000多个。

是年　全省国内生产总值40.56亿元，其中工业总产值11.02亿元，人均国内生产总值154元；社会消费品零售总额20.80亿元；全社会固定资产投资合计3.56亿元；财政总收入10.75亿元；职工平均工资481元。

是年　全省人口总数为2633.19万人，人口自然增长率为7.74‰。

1962年

1月8日　著名学者马寅初在嵊县农村调查人口问题时指出，中国目前存在两大问题：一是人口太多、增长太快；二是科学技术落后。如果这两大问题不解决，经济就上不去，人民生活也改善不了。

1月15日　省委批转省委整编小组《关于一九六一年全省精简职工情况和继续精简职工的意见》，要求在春耕前，全省必须再精简职工10万人，以完成第一步精简职工40万人的计划，并继续抓紧进行压缩城镇人口的工作。1961年以来，全省已精简职工62万人，减少城镇人口46.3万人。当年任务是全民所有制单位职工再精简7.6万人，减少城镇人口40万。

1月29日　毛泽东委托中共中央总书记邓小平召开舟嵊地区有关单位领导人会议，专题研究解决该地区党、政、军统一领导和嵊泗列岛划归浙江省的问题。

是月　省公安厅人民武装警察总队改编为中国人民武装警察部队浙江省总队，属军队编制。1963年2月改称为中国人民公安部队浙江省总队。

2月4日　《浙江日报》报道，省级机关和各市县根据1959年9月中共中央、国务院关于确实表现改好了的右派分子的处理问题的有关决定，摘掉一批右派分子的帽子，这批被宣布摘帽的有2100多人。

2月19日　省委批转省教育厅党组《关于1962年教育工作安排的报告》。经过1961年的调整，全省共有高等学校20所，中等技校55所（其中18所省人委未正式批准），中等师范学校51所（包括轮训机构7所），普通中学775所，小学28913所。全省各类学校学生总数为3185872人，比调整前减少25%。

2月20日　中共浙江省委人民武装委员会（简称武委会）在原民兵工作组的基础上组成。3月10日，省武委会召开会议，研究成立各级武委会、武委会的职责和加强民兵工作领导等问题。4月24—29日，浙江省第一次地、市、县武委会扩大会议在杭州召开，会议讨论经济建设与国防建设的关系问题，研究1962年到1965年民兵建设规划。

2月23—27日　毛泽东在杭州视察并听取有关工作汇报。

2月26日　省计经委发出《关于厂矿企业整编定点的通知》，要求对已有企业分别采取留、并、撤、转4种办法进行精简整顿。7月1日，省计经委又下达《工业企业调整规划（草案）》，规定企业由2427个减少到1910个，其中工交系统的企业由1220个减少到858个，职工由 62 万人减少到 37.3 万人。

2 月下旬　全省水库移民工作会议召开。1956 年以来，新安江等 12 处水库已移民 23 万余人。

4 月 6 日　浙东著名藏书家、“伏跗室”主人冯孟颛逝世后，其家属遵照遗嘱将藏书 109746 卷及书楼“伏跗室”全部捐献给国家。“伏跗室”所藏图书有不少珍贵版本，久为学术界所重视。次年对外开放。

4 月 12 日　中共中央批复浙江省委关于行政区划的调整报告，同意恢复台州、舟山两个地委的建制。

4 月 12 日　省委通知，撤销地、市、县委书记处，第一书记改称书记，书记处书记改称副书记。

5 月 28 日　国务院批准：恢复鄞县、玉环、云和、定海、普陀、岱山、嵊泗、三门等 8 县；设大衢县，以合并于舟山县的原岱山县的衢山区行政区域为大衢县的行政区域；撤销舟山县；恢复台州、舟山两个专署，玉环、三门县和原属温州专署的临海、温岭、黄岩、仙居县及原属宁波专署的天台县，划归台州专署领导；云和县划归温州专署领导；定海、普陀、岱山、嵊泗、大衢县划归舟山专署领导；鄞县划归宁波专署领导。

5 月 30 日至 6 月 8 日　毛泽东在杭州视察，其间主持召开了有关东南沿海战略问题的会议。

6 月 4 日　省军区召开各军分区、各师负责人参加的作战会议，贯彻党中央《关于准备粉碎蒋匪帮进犯东南沿海地区的指示》，传达华东局上海会议精神，明确战备动员和作战准备的任务和指导思想；6 日，省委决定建立省委支援前线工作领导小组；9 日，省军区在平阳县设立前线指挥部。其间，全省整顿组建了 1295 个武装基干民兵连，征招新兵 9.5 万名，还调运大批战备物资，作好了战斗准备。

6 月 7 日　省卫生厅、省妇联、省总工会、团省委联合发出《关于开展计划生育工作的通知》，要求继续深入细致地开展宣传教育，推广行之有效的避孕方法，医疗部门要认真做好避孕技术指导。

7 月 3 日　省文管会和省博物馆纪念民族英雄岳飞、于谦、张煌言“民族英雄纪念馆”在杭州岳庙开放。

7 月 20 日　省委决定撤销各级农村工作部，人民公社的经营管理工作由各级农业部门负责。

是月　根据中共中央关于撤销各省、市科学分院的通知，撤销中科院浙江分院。7 月 31 日，省人委在杭举行第 39 次会议，通过了撤销中科院浙江分院的提案，原中科院浙江分院社会科学研究所更名为浙江省哲学社会科学研究所。

8 月 13 日　经国务院批准，设立浙江省对外贸易局，与省供销合作社合署办公。

8 月 18 日　国务院批准，将富春江、乌溪江两水利发电工程局划归水电部领导；9 月，两局并入新安江水利发电工程局。

8 月 20 日　杭州师范学院、浙江教育学院和浙江体育学院三校合并后改办为浙江师范学院;乌溪江化工学院改名为浙江化工学院;浙江纺织专科学校改名为浙江丝绸专科学校。

9月6日　6214号台风在福建闽江口登陆后,穿过浙江中部,恰与北方冷空气交会,出现特大暴雨,甬江、曹娥江、灵江、瓯江、飞云江、鳌江均出现特大洪水,受淹农田1054万亩,棉田20.5万亩,冲毁水库191处,淹没电灌机埠647处,倒房4.06万间,死亡224人。

是月　省科学工作委员会改称为浙江省科学技术委员会。

是月　省政府和省军区领导机关给洞头县北沙公社(今北沙乡)女子民兵连记集体一等功。1978年9月,省党政军领导机关授予该连"洞头先锋女子民兵连"称号。1979年9月,全国妇联授予该连"三八红旗先进集体"称号。

12月18—26日　全省手工业合作社第一次社员代表大会在杭州召开。会上成立了浙江省手工业合作社联合社。

12月22日　省委办公厅转发中组部关于成立全国农产量调查总队浙江分队的文件,任务是根据全国统一制定的方案进行农作物抽样调查,及时报告本省的农产量。

12月22日　国务院批准恢复镇海县,以合并于宁波市的原镇海县行政区域为镇海县的行政区域。镇海县归宁波专署领导;撤销绍兴、嘉兴、湖州、金华4市,改设镇人民委员会,分别归绍兴、嘉兴、吴兴、金华县人民委员会领导。

是月　省委批准省冶金、煤炭厅所属地质与设计机构合并,成立冶金煤炭地质大队及省冶金煤炭设计院。

是年　全省国内生产总值43.35亿元,其中工业生产总值10.61亿元,人均国内生产总值163元;社会消费品零售总额22.49亿元;全社会固定资产投资1.87亿元;财政总收入10.36亿元;职工平均工资515元。

是年　全省总人口数为2707.24万人,人口自然增长率为27.41‰。

1963年

1月2—6日　毛泽东在杭州听取全国工业交通工作会议、浙江省委和杭州市委等有关工作情况汇报。并分别会见了锡兰总理西丽玛沃·班达拉奈克夫人等国外宾。

1月15日　省财政厅、省卫生厅联合发出《关于绝育手术费用列入公费医疗经费内开支的联合通知》,从当年1月1日起执行。

1月18日　省人委批转省文化局《关于分批调整专、县新华书店管理体制的请示报告》,恢复专区、县书店和专区、县文化行政部门双重领导,财务由省新华书店统一管理。

1月29日　象山港军民捕获从福建近海北上的台湾国民党派遣特务。之后,从6月至11月,台湾"国防部特种军事情报室"连续派遣5股武装特务潜入浙江沿海地区,均被中国人民解放军边防部队、公安机关和民兵抓获。

2月8日　省卫生厅下达《关于积极开展计划生育工作的批示》,要求各级卫生部门立即行动起来,把计划生育列为部门重要任务之一,在一切城镇和人口稠密的农村,继续深入开展节制生育和计划生育的宣传教育,积极做好避孕指导,搞好避孕用具和药品供应。

4月11—19日　中共浙江省第四次代表大会在杭州召开。江华代表省委作工作报告。

对第二个五年计划工作做了总结，提出第三个五年计划的初步设想和今后的有关任务。19日，省委四届一次全会选举江华、霍士廉、林乎加、曹祥仁、陈伟达、吴宪、赖可可、周贯五、吕志先、李维新、王起为省委常委。江华当选为省委第一书记，霍士廉、林乎加、曹祥仁、陈伟达、吴宪当选为书记处书记。选举于一川为省委监察委员会书记。

4月12日　玉环县建制恢复，属台州专署。

4月16日　省卫生厅党组书记李兰炎在省四届党代会上作了题为《提倡计划生育，加速社会主义建设》的发言，建议全省在“三五”“四五”“五五”期内把人口自然增长率分别压缩到2%、1.5%、1%以下。

4月26日至5月3日　毛泽东在杭州召集有部分中央政治局委员和大区书记参加的中央工作会议，讨论了农村社会主义教育问题，制定《中共中央关于目前农村工作中若干问题的决定(草案)》(即“前十条”)稿。

是月　省委决定，撤销省林业厅，成立浙江省农业厅林业局。

5月6—24日　毛泽东继续在杭州主持讨论《中共中央关于目前农村工作中若干问题的决定(草案)》的第一稿，同时主持讨论起草《关于国际共产主义运动总路线的建议》。

5月9日　毛泽东对浙江省7个(平阳县城西人民公社党委书记廖锡龙等)干部参加劳动的好材料作出批示(即“五九”批示)，充分肯定了干部参加劳动的重大意义，对改进干部作风起到了很大的促进作用。

5月9日　国务院批准设立丽水专署，专署驻丽水县；同时决定金华专署的建德、淳安两县划归杭州市领导。

5月19—22日　中共中央总书记、国务院副总理、国防委员会副主席邓小平在杭州视察。

6月11日　沈钧儒在北京逝世。沈钧儒，嘉兴人，1875年出生，生前曾任最高人民法院院长、全国政协副主席、全国人大常委会副委员长、中国民主同盟中央主席等职。

6月30日　省委决定，将省冶金工业厅、煤炭工业厅、机械工业厅和农业机械厅合并为浙江省重工业厅。

7月1日　省委向中共中央、华东局作《关于超额完成精减职工和继续完成减少城镇人口、吃商品粮人口的报告》，报告表明，从1961年以来，全省共精减职工71.1万人，减少城镇人口77万人，减少吃商品粮人口23.6万人，超额完成了精减职工的任务。

8月30日　省委转发省人事局党组《关于全省各级行政机关整编情况和今后意见的报告》显示，1962年1月到1963年4月，全省共精简干部2.29万人。

9月19日　省人委第54次会议决定，成立浙江省计划生育委员会。

10月25日　各国驻华外交使团共29个国家63位外宾在外交部副部长黄镇等陪同下，参观新安江电厂。

10月28日　浙江省第四届运动会在杭州举行。

11月3—10日　毛泽东在杭州召集刘少奇、邓小平等，调研有关工作。

11月10日　温州地区军民1万多人隆重集会，庆祝在瓯江口永嘉县全歼台湾国民党“反共挺进军第11支队”的胜利。台州地区5000多人在温岭县为8月27日在三蒜岛全歼“浙江省反共救国军独立第三十支队”的民兵和人民群众举行了祝捷授奖大会。

11月13日　省委、省人委批转省计划生育委员会《关于计划生育的报告》。要求各级党委和政府把节制生育和计划生育工作列入议事日程，定期讨论、检查。特别是杭、宁、温三市和人口稠密的县，更要加强领导。16日，浙江省计划生育技术指导委员会成立。

11月20日　毛泽东为《诸暨县枫桥在社会主义教育运动中开展对敌斗争的经验》作出批示，对枫桥的做法给予充分肯定，并要求印发到县一级党委和公安局，经过试点向全国推广。12月5日，省委转发了《诸暨县枫桥在社会主义教育运动中开展对敌斗争的经验》。1964年1月14日和1965年1月16日，中共中央两次发文推广“枫桥经验”。

12月11日　中共中央华东局批转《浙江省委、省人委批准省计生委“关于计划生育工作的报告”》。指出计划生育工作是一件关系我国社会主义建设的大事，也是一件移风易俗的大事，各级党委必须切实加强领导，指定一名负责同志经常来抓这项工作。

12月25日　省委决定，成立中共浙江省委科学、高等教育工作委员会，撤销原省委高等教育委员会。

12月27日　国防部授予海军温州水警区奋勇救火不幸牺牲的战士赵尔春“爱民模范”称号，其生前所在班被命名为“赵尔春班”。

是月　日本岐阜市“日中不再战”纪念碑在杭州柳浪闻莺公园落成。

是年　西泠印社建社60周年，张宗祥出任西泠印社第三任社长。

是年　全省国内生产总值46.60亿元，其中工业生产总值10.79亿元，人均国内生产总值169元；社会消费品零售总额21.45亿元；全社会固定资产投资2.24亿元；财政总收入11.01亿元；职工平均工资515元。

是年　全省总人口数为2800.47万人，人口自然增长率为32.81‰。

1964年

1月1日　杭州、宁波两卷烟厂划归轻工业部管理。

1月9日　地质部发文决定，将各省、市、自治区地质局改由以地质部为主的部与省、市、自治区双重领导，浙江省地质局改为地质部浙江省地质局。

2月19日　省人委下达《关于实行计划生育若干问题的暂行规定（草案）》规定：提倡晚婚，以男子30岁，女子25岁结婚比较适宜；职工实行节育手术，休息期间工资照发；农村女社员施行人流或绝育手术，休息期间生活困难的酌予补贴。3月3日，省人委批转省计生委《全省计划生育工作经验交流会会议纪要》，要求杭、甬、温三市及各专署所在城镇，实行计划生育的干部、职工达到80%、群众达到60%，其他各城镇的干部、职工达到60%、群众达到40%。

3月19日　省委决定，将省人委人事局改为浙江省人事局。全省的行政监察工作也由省人事局统一管理。

3月24日　省委就社会主义教育运动、“五反”运动情况和今后部署问题分别向中央、华东局报告。报告说，从1963年11月中旬开始，全省在城市和农村中普遍宣读中央关于农村社会主义教育运动问题的两个文件，到1964年2月下旬，全省受教育面在90%以上。

4月5日　黄岩路桥中学师生参观长潭水库，遭遇大风，游艇沉没，师生死104人，其他人员12人，共116人。

4月23日至5月2日　毛泽东在杭州为更好地宣传、贯彻“双十条”问题多次听取汇报和作出指示。4月27日晚，他观看了京剧《芦荡火种》并给予很高评价。

5月14日　省委在转发冯白驹《关于血吸虫病防治工作情况和今后意见的报告》时指出，血吸虫病是全省流行最广、危害最大的一种疾病。同日，成立以冯白驹为组长的省委防治血吸虫病领导小组。

6月5日　国务院批准：撤销大衢县，并入岱山县。

6月7日　阿拉伯也门共和国总统阿卜杜拉·萨拉勒在周恩来等陪同下，到杭州访问。

6月10日　省人委决定撤销省重工业厅煤炭处，建立浙江省煤炭工业公司，与长广公司合署办公，隶属省重工业厅。

是月　省委先后召开常委会议和常委扩大会议，传达中央6月工作会议精神，讨论城乡社会主义教育运动问题。会议决定，全省的社教运动必须按中央指示的标准进行，时间从1964年开始，准备搞5年至7年。

7月1日　第二次全国人口普查结果表明，浙江省总人口为28318573人，其中男性14790590人，女性13527983人，性别比为1.09；少儿人口系数41.2%，劳动年龄人口系数54.58%，老年人口系数4.19%，总负担系数83.27%；育龄妇女占总人口的比例为20.69%；每万人中各类文化程度所占比重：大学28人，高中113人，初中425人，小学2859人。

7月1日　省科委主办的《浙江科技小报》创刊。1978年更名为《浙江科技报》。

7月18日　省人委发出《关于调整镇建制的通知》，决定将1963年底全省183个镇压缩到164个，撤销镇建制的地方原镇属居民一律转为乡村人口。

是月　省地质局测绘处改隶国家测绘总局，为国家测绘总局省测绘管理处。

8月6日　北京—杭州—广州直达航线正式通航。

9月5日　中央同意从宁波专区划出诸暨、上虞、嵊县、新昌、绍兴5个县，建立绍兴专区，同时成立中共绍兴地委和绍兴专员公署，绍兴专署驻绍兴县。

9月11—14日　毛泽东在杭州会见日本共产党中央委员会总书记宫本显治一行等多国外宾。召集李富春、李先念、薄一波等多次研究开展社会主义教育运动等工作，并听取浙江省委关于深入开展“四清”工作的情况汇报。

9月22—29日　省政协三届一次全体会议在杭州召开。会议听取省委第一书记、省政协主席江华所作的政治报告，选举江华为省政协主席，选举陈伟达、毛齐华、汤元炳、余纪一、王琎、吴山民、唐巽泽为副主席。

9月24—29日　省三届人大举行第一次会议。会议听取审查省长周建人所作的《浙江省人民委员会工作报告》等报告，并通过相关决议。会议选举周建人为省长，霍士廉、吴宪、任一力、李维新、王起、冯白驹、刘剑、王芳为副省长。选举吴仲廉为省高级人民法院院长。

10月1日　省市委、省市人委举行国庆宴会，庆祝中华人民共和国成立十五周年。

10月15日　省委转发省委整编精简委员会《关于三年来精简工作的总结报告》披露，3年来，全省共精减全民所有制职工67.4万人，减少城镇人口92.3万人，减少吃商品粮人口131.4万人，超额完成省委确定的精减任务。

10月31日　国务院批准：恢复洞头县，划温州市洞头、大门两个区归洞头县管辖，县治设在北岙镇。洞头县归温州专署领导。

11月5日　马里共和国总统莫迪博·凯塔和夫人在浙江访问。

12月12日　甬籍爱国港胞、香港总商会会长王宽城捐赠人民币100万元办学。1966年6月建校舍于鄞县横街头，定名为东恩中学。

12月15日　省委、省人委决定关闭全省粮食市场，取消粮食集市贸易，任何单位、个人一律不许在集市上直接买卖粮食，由国家设立粮食交易所。棉花、黄麻、蚕茧、牛皮、羊毛、木材等不得在集市上进行交易；其他统购、派购农产品在没有完成国家收购任务前，也不得在集市上交易。

12月29日　省委决定改变省统计局的隶属关系，将省统计局划归省计划经济委员会管理。

12月29日　省委决定，省水产厅、省气象局与省农业厅合署办公，建立一个党组，对外仍保留省水产厅、气象局名义。1966年12月29日恢复并单独建立省气象局党组。

是月　浙江人民出版社出版专业志《浙江土壤志》。

是年　全省国内生产总值51.75亿元，其中工业生产总值12.98亿元，人均国内生产总值182元；社会消费品零售总额22.14亿元；全社会固定资产投资2.90亿元；财政总收入12.38亿元；职工平均工资600元。

是年　全省总人口数为2874.56万人，人口自然增长率为27.97‰。

1965年

1月27日　省人委批转省民政厅关于国家征用土地情况和意见的报告。同年10月14日，省人委发布《关于严禁浪费建设用地的通知》。

2月28日　国务院总理周恩来在接见全国安置工作会议代表时强调：动员城镇青年和闲散劳动力下乡，目的是为了缩小三个差别，实现城乡、工农、脑体三个结合，是一项长期工作。为贯彻这一重要指示，省委决定全年动员安置4.02万人。

是月　《人民日报》报道，从1964年7月到1965年1月，浙江沿海地区军民共歼灭7股台湾国民党特务196人，其中击毙28人，俘获168人，缴获击沉船只8艘。

3月2日　省委、省人委就打击投机倒把活动情况向中央、国务院及华东局报告。两个月中共破获较大投机倒把案件692起，涉及864人。

3月7日　巴基斯坦伊斯兰共和国总统穆罕默德·阿尤布·汗等贵宾到杭州访问。

3月25—30日　省贫下中农代表会议召开。会议正式成立浙江省贫下中农协会，选举江华为省贫协主席。

是月　国家计委决定长广煤矿公司不纳入煤炭部华东工业公司，仍为煤炭部直属企业，部省共管体制不变。

5月4日　省委批转省委宣传部《关于组织高校师生参加社教运动的安排意见》。主要是促进农村“四清”运动，文科为一年半，理工医类为半年左右，林科为半年至一年。

5月10日　省委向中共中央，华东局汇报诸暨、上虞、萧山3县的“四清”运动情况时，提出争取在3年之内，完成全省三分之一以上县的“四清”任务。21日，中共中央办公厅将此报告转发全国。

6月1—16日　毛泽东在杭州调研视察工作。11日，接见中共中央华东局书记处成员，就粮食、社会主义教育、文艺等问题做了重要讲话，省委书记江华等参加接见；13日，亲赴谢家花园看望越南领导人胡志明；15日，与周恩来研究第二次亚非会议的有关问题；16日，听取余秋里关于编制第三个五年计划的汇报和谷牧关于三线建设情况的汇报。

6月21日　省人委批准浙江日报印刷厂加挂浙江新华印刷厂牌子，由浙江日报统一领导，书刊印刷业务由出版部门统一安排。

是月　根据全国烟草生产会议决定，杭州、宁波两卷烟厂卷烟生产开始实行统一牌号、统一配方。

8月14日　省人委发出《关于做好1965年选举工作的通知》。到年底，有少数地方完成选举工作。后由于“文化大革命”的原因，这届选举工作被迫中断。

8月20日　6513号台风在福建福清登陆后沿浙闽沿海北上，浙闽沿海发生大暴雨，其中浙江全省受淹农田149.5万亩，死亡146人，伤111人，倒塌房屋1.25万间，经济损失1.68亿元。

是月　浙江师范学院自杭州迁金华。

是月　农业部在萧山召开全国络麻生产工作会议，号召全国麻区推广萧山络麻高产经验。

9月10日　省人委根据“统一领导、分级管理”的原则，决定将杭州第一棉纺织厂、萧山棉纺织厂等17家企业由省轻工业厅下放给杭州市领导。

10月4日　经国务院批准，决定将省商业厅、省粮食厅、省供销合作社、省对外贸易局合并成立浙江省商业厅。

10月21—25日　老挝人民革命党总书记凯山·丰威汉在浙江访问。

11月29日至12月8日　全省安置工作会议召开。1962年以来全省精减动员88万人回乡下乡，调整了城乡劳动力比例并充实了农业战线。但有15万人安置工作不落实、不巩固。会议对下一步工作作出部署。

12月16—24日　毛泽东在杭州就印发《论十大关系》一事作出批示。当日，毛泽东发表有关教育制度的讲话，同时与哲学、史学工作者谈话，就有关问题发表意见。

12月29日　国防部授予海军航空兵第四师第十团(配属东海舰队)“海空雄鹰团”称号。“海空雄鹰团”先后参加解放一江山岛战役，击落击伤入侵中国领空的战斗机、无人驾驶高空侦察机30余架，圆满完成了20多项重大战备训练任务。该团先后有140人被记战功。

12月30日　省人民委员会发出通知：经省人委第十五次会议通过并报国务院同意，省三届人大三次会议延期到1966年举行(后因“文化大革命”未举行)。

是月　浙江大学研制成功2000万幅/秒可控型转镜式高速摄像机,1966年又研制成功250万幅/秒等待型转镜式高速摄像机,成功拍摄了中国第一套250万幅/秒的核爆炸过程照片。

是年　浙江省首次组织建筑人员赴几内亚参加该国人民大会堂和糖厂建设。

是年　全省国内生产总值55.67亿元,其中工业生产总值15.09亿元,人均国内生产总值191元;社会消费品零售总额23.79亿元;全社会固定资产投资2.82亿元;财政总收入13.20亿元;职工平均工资601元。

是年　全省卫生机构数合计6249个,医疗床位数38167张。

是年　全省总人口数为2957.35万人,人口自然增长率为28.39‰。

1966年

1月1日　按中央气象局通知:全省气候服务站改为气象服务站;观测员改为气象员;补充订正天气预报改为气象站天气预报。

是月　全省各级农业银行机构撤销,并入同级人民银行。

2月9日　省人委批准建造浙江省人民体育馆。1969年竣工,总面积1.26万平方米,观众座位5308个。

2月17日　陈叔通在北京逝世。陈叔通,杭州人,1876年出生,生前曾任全国人大常委会副委员长、全国政协副主席、全国工商联主任委员等职。

3月17—20日　毛泽东在杭州召开中央政治局常委扩大会议,讨论有关重要工作,并明确提出“备战、备荒、为人民”的思想。国务院总理周恩来、中华人民共和国主席刘少奇、全国人大常委会委员长朱德等参加会议。

4月14日　根据国务院批转农业部、外贸部《关于由农业部门接管对外植物检疫工作的报告》精神,浙江决定对外植检业务于5月1日起,由杭州商品检验局移交省农业厅管理,并成立中华人民共和国农业部杭州植物检疫站。

4月16—24日　毛泽东在杭州召集中共中央政治局常委扩大会议并作长篇讲话。24日,政治局常委扩大会议初步通过毛泽东修改审定的中共中央通知稿和中央文化革命小组名单。周恩来、刘少奇、邓小平等参加会议。

5月13日　省人委规定,集体所有制单位要转为全民所有制单位的,由各专员公署、市、县人民委员会提出意见,报省人委审查批准。

5月16日　中共中央政治局扩大会议通过由毛泽东在杭州主持制定的《中共中央关于全面发动文化大革命的通知》(简称《五一六通知》)。

6月2日　《浙江日报》转载《人民日报》社论《横扫一切牛鬼蛇神》和北京大学聂元梓等7人攻击北京大学党委和北京市委的大字报,在杭高校的部分师生反应强烈。浙江大学、杭州大学、浙江美术学院、浙江农业大学、浙江医科大学等高校师生在校园里贴出“声援北京大学七位同志一张大字报”的标语和大字报,标志着浙江“文化大革命”运动的开始。

6 月 3 日　浙江大学马列主义教研室贴出题为《横扫阻碍无产阶级文化大革命的一切清规戒律》的大字报，首先遭到冲击的是高校和各地区的党政负责人，全省部分地区和单位开始混乱。

6 月 4 日　经省物价委员会同意，一律取消卷烟城乡差价。

6 月 5 日　省委根据刘少奇、邓小平主持召开的中共中央政治局扩大会议的精神，决定抽调省级机关和省军区系统的干部，组成工作组或联络组，派驻在杭州的大专院校和新闻、文化等单位。各地（市）相继派出工作组进驻一些中学和文艺团体，协助党组织领导文化大革命。

6 月 9—12 日　毛泽东在杭州主持中央政治局扩大会议（又称“六月会议”）。9 日，刘少奇、周恩来、邓小平向毛泽东汇报“文化大革命”情况。10—12 日，毛泽东主持召开会议，讨论“文化大革命”问题。10 日，毛泽东把各大区负责人召集到杭州谈话，要求各地坚决支持“文化大革命”，放手发动群众揭露问题，把“文化大革命”进行到底。同日，他还会见了越南领导人胡志明。

6 月 14 日　杭州茶厂制成国内第一台静电茶叶拣梗机。

是月　省委决定组成以省委常委陈冰为组长的浙江省文化革命小组。9 月 10 日，省委正式公布省委文化革命小组组成名单。

是月　由于“文化大革命”的影响，省政协受到冲击。此后至 1976 年 10 月“文化大革命”结束，省政协除偶有学习活动外，正常工作基本停止。

7 月 10 日始　钱塘江上游连续暴雨，新安江水库水位从 6 月 19 日的 98.77 米，到 7 月 12 日涨到 103.08 米。12 日，新安江水库建成以来第一次试泄洪，9 孔泄洪闸全开，最大泄流量为每秒 1580 立方米，7 月 14 日关闸。

8 月 14 日　宁波地区暨宁波市各界群众约 5 万人集会，庆祝中共八届十一中全会公报和《关于无产阶级文化大革命的决定》的发表。因骤下大雨和人多拥挤，秩序混乱，通道阻塞，导致发生踩死 21 人、重伤 14 人的重大事故。

8 月 22 日　省委、省人委为加强计划生育工作，决定从当年应届初中毕业生或相当于高中程度的知识青年中招收 1000 名学生，由省教育厅、省卫生厅下达招生计划，经各卫校培养成一支具有计划生育技术的专业队伍。

8 月 26 日　是日始，全省红卫兵破“四旧”之风转向冲击毁坏古迹、文物。杭州的平湖秋月碑、虎跑的老虎塑像、岳坟的秦桧像等被砸，各地的许多寺院、古墓等也相继遭劫。当红卫兵冲击全国重点文物保护单位——灵隐寺时，根据省委指示，省军区和杭州市委协调行动，组织浙江大学、杭州钢铁厂等单位人员和当地农民共同守护。至 8 月底，周恩来发出“灵隐寺暂加封闭”的电示，这座古刹才得以幸存。

9 月 12—13 日　浙江第一批统一组织、统一安排赴京的红卫兵和革命师生 12000 多人奔赴北京。

9 月 15 日　由工厂、农村、院校、机关等造反派组成的联合组织——浙江省炮打司令部联络站成立。

是月　毛泽东视察浙江，了解开展“文化大革命”运动情况。

10月5日　省委领导先后遭到批斗。10月13日，全省掀起“炮轰省委”“批判资产阶级反动路线”的高潮，省委工作难以开展，基层党组织被迫停止活动。

10月10日　省军区某部三连战士蔡永祥为保护满载几千人的列车和钱塘江大桥，英勇献身。31日，省市各界6万多人隆重集会追悼蔡永祥。解放军总政治部和南京军区党委分别予以表彰，南京部队党委决定追认蔡永祥为中共正式党员，并追记一等功。1968年10月28日，蔡永祥烈士事迹陈列馆在钱塘江大桥北端落成。

10月15日　由煤炭工业部批准的长广煤矿公司牛头山五号井开工，建设规模为年产15万吨，是调整后国家批准浙江的第一个新建井。1967年4月5日，省重工业厅批准调整为年产21万吨，并增建牛五井至牛头山铁路支线。1970年7月1日投产，总投资965.51万元。

11月3日始　普陀山万余尊大小佛像全毁，3.4万卷经籍付之一炬，无数历史文物被破坏。普陀山文物馆部分珍贵文物由政府转移至定海保管。

11月13日　省级机关造反派组织召开“浙江省暨杭州市向资产阶级反动路线猛烈开火大会”，作出“撤销省委文革小组，浙江的文化大革命由省委常委直接领导”的决定。17日，在杭大专院校的部分红卫兵冲击省委机关，省级机关各党组织呈瘫痪半瘫痪状态。

11月30日　省委批转省公安厅党组《关于专（市）公安机关开展文化大革命的意见》中指出：“根据周总理在中央工作会议上的指示，公安机关是专政机关，为了文化大革命的保卫工作，正常执行职务，公安机关的文化大革命可以分期分批地进行，搞法也同其他单位有所不同。”12月15日，省委通知，公安机关的“文化大革命”暂缓开展。

11—12月　根据纺织部的指示，杭州东方红丝织厂（都锦生）、向阳丝织厂（福华）、杭州丝绸印染联合厂（杭丝联）3厂分别制订为越南培训丝绸技术干部、工人、实习生的规划，总计培训60名人员。

是月　省人委因“文化大革命”无法坚持工作，根据中共中央、中央军委指示，浙江省军区成立“抓革命促生产”指挥部。

12月27日　省委、省人委发出文件，决定恢复浦江县。1967年1月31日，国务院又下文通知暂缓恢复浦江县。浦江县正式恢复系1968年5月。

12月30日　“浙江省革命造反联合总指挥部”（简称“省联总”）在杭州成立。

是年　全省粮食亩产达874斤，提前一年率先在全国实现《全国农业发展纲要（草案）》规定的800斤指标。

是年　浙医二院等研制成功国内第一台一舱二室二门的大型高压氧治疗舱。

是年　国家海洋局在杭州建立第二海洋研究所。

是年　天目林学院更名为浙江林学院。

是年　绍兴县60万亩粮田平均亩产1118斤，为全省第一个亩产超千斤县。

是年　是“三五”计划实施的第一年。经过调整，经济工作逐步走上正轨，但下半年由于受“文化大革命”冲击，经济发展受到影响，增长幅度比上年下降。当年，全省国内生产总值58.28亿元，其中工业生产总值15.28亿元，人均国内生产总值195元；社会消费品零售总额

26.13亿元；全社会固定资产投资2.91亿元；财政总收入14.04亿元；全部职工平均工资595元。

是年　全省总人口为3033.39万人，人口自然增长率为25.36‰。

1967年

1月　省委发出《关于切实做好下乡青年安置巩固工作的通知》。

2月16日　省粮食厅发出通知，经省委同意，恢复粮食厅机构和职能。

是月　新安江水库移民工作基本结束，淳安县迁往各地的移民共28万余人。

3月14日　宁波地区（专区改称地区）革命委员会、宁波市革命委员会同时成立，宣布党、政、财、文一切权力归革委会。11月23日，解放军宁波军事管制委员会成立，下设文化革命、生产两个办公室，3月14日成立的地区、市革委会随之解体。1969年1月30日，宁波地区革委会、宁波市革委会重新建立。

3月15日　中共中央、国务院、中央军委决定对浙江实行军事管制，成立中国人民解放军浙江省军事管制委员会（简称省军管会），省军区政委龙潜任军管会主任。

3月28日　吴兴、金华等23县的238个公社遭受龙卷风、冰雹灾害袭击，房屋倒塌1.5万间，死亡189人。

4月9日　台州地区革命委员会成立。

是月　全省有4万左右下乡知识青年涌入杭州等城市。在中共中央下达《关于处理上山下乡知识青年外出串连、请愿、上访的通知》和《关于上山下乡的知识青年和其他人员必须坚持在农村抓革命促生产的紧急通知》以及省里召开电话会议后，虽经多方劝阻做工作，仍有大批下乡知青滞留城镇。省安置领导小组向省军管会报告：1967年集中力量做好巩固工作，不再动员上山下乡。

6月2日　省文史馆馆长马一浮病逝。马一浮，祖籍浙江绍兴，出生于1883年。

是月　省打击投机倒把办公室成立。7月11日，省军管会发出《关于加强市场管理、严厉打击投机倒把活动的通告》，规定除主要农副产品不许上市、严禁票证买卖外，农村人民公社、生产队和社员也不能长途贩运，禁止弃农经商。

7月10日　省军管会生产委员会印发《关于1966年中等专业学校、半工半读学校毕业分配问题的通知》，规定中专和半工半读毕业生分配原则：面向基层、面向工厂、面向农村，可以到全民单位，也可到集体单位，可以当工人，也可以当农民。

8月22日　中共中央作出《关于改组浙江省军管会和省军区的决定》，任命南萍为省军管会主任；任命二十军军长熊应堂为省军区代司令员，南萍为代政委。

9月8日　中国人民解放军空军某部，击中台湾国民党美制U2型高空侦察机1架，坠落在海宁市伊桥公社新桥生产大队。

9月10—16日　毛泽东在杭州了解浙江“文化大革命”的情况。

11月17日　杭州市宣布撤销城区集贸市场。

11月30日　省内第一个县革命委员会——长兴县革委会成立。

12月13—16日　浙江省工人革命派代表大会在杭州召开，成立省工代会。

12月19日　浙江省红卫兵代表大会在杭州召开，成立省红代会。

12月20日　杭州市革命委员会成立。

是年　总参谋部测绘局完成浙江沿海岛屿1∶10000地形图测量。

是年　绍兴、丽水等地区发生流行性脑膜炎，发病36099例，死1443人。

是年　由于武斗，交通堵塞，能源缺乏，全省经济发展不仅没有完成计划，而且比上年全面下降。当年，全省国内生产总值56.35亿元，其中工业生产总值14.23亿元，人均国内生产总值184元；社会消费品零售总额27.83亿元；全社会固定资产投资2.37亿元；财政总收入10.91亿元；职工平均工资612元。

是年　浙江省总人口为3103.41万人，人口自然增长率为22.22‰。

1968年

3月24日　浙江省革命委员会（简称省革委会）和省革委会党的核心小组正式成立。省革委会主任南萍，第一副主任陈励耘，副主任赖可可、熊应堂、周建人、王子达、张永生、华银凤。省革委会集党、政、财、文大权于一身，实行“一元化”领导。省军管会同日撤销。省人民代表大会和省人民委员会由省革委会取代。省革委会下设办事组、政治工作组、生产指挥组和人民保卫组。3月25—31日，省革委会举行第一次全体委员会议。

3月24日　计划生育机构被撤销，只留下少数人处理日常工作。

3月24日　省民政厅被撤销，改设省革委会生产指挥组内务办公室。

4月8日　省公安机关军事管制委员会成立，对公安、检察、法院实行军事管制。

4月20日　金华地区革命委员会成立。

5月15日　绍兴地区革命委员会成立。

6月　杭州红太阳广场（现武林广场）开工建设，总面积4.73公顷，1969年8月竣工。9月，省革委会决定建设毛泽东思想胜利万岁展览馆（现浙江展览馆）。

7月8—13日　省革委会毕业生工作领导小组召开会议，研究贯彻毛泽东关于妥善安排好大中小学各类毕业生的指示和中央关于毕业生分配应坚持“面向农村、面向边疆、面向工矿、面向基层”的方针中的有关问题。

7月11日　舟山专区224名知识青年响应毛泽东“知识青年到农村去，接受贫下中农再教育，很有必要”的口号，赴宁夏青铜峡县插队落户。

8月6日　省革委会印发《关于下达1967年大专院校毕业生分配计划的通知》，规定当年全省2736名高校毕业生，首先分配去工农业生产第一线，大多数回生源所在地基层单位，一面工作，一面劳动。

8月10日　省革委会党的核心小组讨论清理阶级队伍问题时，原省委委员42人，清队中28人受审查；原地委书记和厅、局长一级干部400人，清队中有133人被当作敌我矛盾处理。全省被关押揪斗的约数十万人。

是月　杭州机床厂继1967年国庆制成具有世界先进水平的MM7120型精密平面磨床

后，试制成功更大、用途更广的 MM7132×160 型精密平面磨床。这两种磨床的试制成功，填补了中国机床产品的空白。

9 月 12 日　嘉兴地区革命委员会成立。

10 月 31 日　国务院批准浙江新安江水库移民 10 万人迁往江西省安置。

是月　省革委会为安排一部分家居城镇的 1966—1968 年中学毕业生，决定从社会上招收 3 万名新工人，其中 80%是“老三届”毕业生（即 1966—1968 年间的初、高中毕业生）。加上本年度动员下乡的 1.35 万名城镇知识青年，城乡一共只安置不到 4 万人，城镇中积累了约 20 万名知识青年不能升学和就业，成为一大社会问题。

11 月 15 日　国产第一台 7.25 万千瓦双水内冷水轮发电机组在新安江水电站安装投产。

11 月 18 日　丽水地区革命委员会建立。

11 月 25 日　温州地区革命委员会和温州市革命委员会建立。

是月　省革委会办事组设立外事办公室，合并原省暨市人委外办、交际处及所属的中国国际旅行社杭州分社、杭州华侨旅行服务社。

12 月 22 日　省、市 6 万军民集会动员知识青年到农村插队落户，杭州市 130 名中学毕业生和近千名知识青年表示到黑龙江省安家落户。

12 月 25 日　中国自行设计、自行施工、自行安装的大型水电站——富春江水电站提前两年建成发电。

是年　根据毛泽东关于“学制要缩短”的指示，全省小学修业年限由 6 年改为 5 年，初、高中的修业年限分别由 3 年改为 2 年。

是年　初中恢复招生，农村实行由当地贫下中农推荐，县市教育部门和学校批准的招生办法。部分城镇中学下伸农村办学，部分公社完小附设初中班。废除升留级制度。

是年　全省国内生产总值 54.94 亿元，其中工业生产总值 12.41 亿元，人均国内生产总值 175 元；社会消费品零售总额 26.48 亿元；全社会固定资产投资合计 2.08 亿元；财政总收入 9.44 亿元；职工平均工资 599 元。

是年　浙江省总人口为 3173.18 万人，人口自然增长率为 22.44‰。

1969 年

1 月 7 日　省革委会生产指挥组宣布撤销省统计局，撤销全国农产量调查总队浙江分队。全省统计工作由生产指挥组计划科研办公室掌管。

1 月 15—24 日　省首届贫下中农代表大会在杭州召开，成立了“浙江省贫下中农代表大会委员会”。与此同时，驻浙三军组织了解放军毛泽东思想宣传队，陆续赴全省农村，参加农村的“斗批改”运动。

1 月 23 日　省革委会和杭州市革委会在杭州联合召开“坚决贯彻执行伟大领袖毛主席关于‘知识青年到农村去’的最新指示广播动员大会”。

是月　富春江电站水库开始移民，至 1970 年 12 月底实际安置移民 4.35 万人。

2 月 1 日　湖申客班“302”轮拖 152 号客班，由上海驶往湖州途中，与大庆“25 号”油轮发生碰撞，客轮被撞沉，24 名旅客遇难。

是月　杭州味精厂试制成功以粗粮为原料直接生产的酶解法葡萄糖，并成功应用在发酵味精工业生产上，从而使中国发酵工业和葡萄糖工业生产技术达到了世界先进水平。

是月　中国第一台大型滑阀式 H-10 真空泵在浙江水泵厂试制成功。

3 月 11—18 日　省革委会教育革命办公室在衢县召开全省中、小学教育革命第二次现场会议，决定把农村公办小学下放到生产大队，教师回队任教，工资实行工分加补贴的“经验”。至年底，全省大多数县农村公办小学下放大队，有 5.67 万名公办小学教师回队任教。此种做法于 1971 年底得到纠正。

3 月 12 日　省革委会发出《关于组织大专院校干部、师生到工农兵中去接受再教育的意见》，大专院校组织干部、师生分期分批到农村人民公社插队劳动，办“五七”干校（农场）和到工厂劳动，接受工农兵的再教育。

3 月 14 日　省革委会批复省精简领导小组《关于省革委会机构设置和人员编制方案的报告》，决定撤销省人事局。

3 月 19 日　国务院决定由浙江承担援建乌干达共和国水稻农场。这是中国援建乌干达的第一个项目。

4 月 15 日　省革委会发出《关于接管旧工会财权等有关事项的通知》，宣布“停止旧工会活动”“接管旧工会财权”“处理旧工会人员”。文件下发后，对全省工会工作造成极为严重的后果。1979 年 6 月 4 日，省委决定撤销该文件，对强加给全省工会组织和工会干部的一切诬蔑不实之词一律推倒，彻底平反。

5 月 5 日　省革委会生产指挥组批转《全省计划生育工作座谈会纪要》，要求各级革委会把计划生育、提倡晚婚晚育当作一项重要工作来抓，抓紧、抓深、抓落实。

5 月 29—31 日　省革委会生产指挥组召开手工业管理体制问题座谈会，决定对手工业社队进行一次全面整顿，禁止单干。凡产品不列入国家计划的手工业社队都下放给人民公社管理；凡是所谓方向不对头的社队要坚决停办。

是月　浙江知识青年赴内蒙古插队落户。

7 月 1 日　原第一轻工业部直属企业杭州、宁波卷烟厂分别下放由杭州市、宁波地区革委会领导。

7 月 5 日　分水江出现历史特大洪水，沿江 19 个公社 115 个村庄遭灾，损毁房屋 2.3 万间，死亡 520 人。其中桐庐县印渚公社 8300 亩农田有 6500 亩被冲淹，毁房 3231 间，淹死 378 人，该公社南堡大队被洪水夷为平地，死亡 219 人。次年 6 月 3 日，《人民日报》《解放军报》刊登题为《泰山压顶不弯腰》的报道，介绍桐庐县南堡大队战胜特大洪灾的事迹。6 月 4 日，省革委会发出《关于进一步学习南堡大队的通知》，全省掀起学南堡的热潮。

7 月 29 日　著名历史学家范文澜在北京去世。范文澜，绍兴人，1893 年出生。

9 月 17 日　省革委会批复，同意浙江大学、杭州机床厂合办机械制造专业工人试点班，从有实践经验的工人中招收 30 名新生。

10 月 11 日　著名历史学家吴晗因遭迫害，在北京逝世。吴晗，义乌人，1909 年出生。

10月29日　省革委会生产指挥组成立计划办公室。

12月24日　《人民日报》报道，1969年浙江省粮食总产量超过历史最高水平，粮棉产量跨过《全国农业发展纲要》指标。是年全省粮食作物平均亩产850斤，皮棉亩产连续4年稳定在100斤以上。蚕茧总产量比“文化大革命”前的1965年增长了50%以上；茶叶总产量比1965年增长了40%左右；全省生猪饲养量，已连续4年达到平均每户2.5头以上。

12月24—29日　省革委会召开第十一次常委扩大会议，研究部署全省夺煤大会战。会议提出：1970年煤产量达到200万吨，1971年达到300万吨；全省开展一个“为革命找煤，为革命报煤，为革命节煤”的群众运动。

12月31日　为贯彻国家计划委员会、商业部通知，全省大幅度降低药价。其中中西药品、医疗器械、化学试剂等商品价格降低29%，按同年量计算一年可减轻患者负担4222万元。药价水平与1950年比，中药材下降60%，药品下降78%左右。商业库存因降价减值2397万元。

是年　始建于唐景福二年(893年)的杭州鼓楼被拆除。

是年　国营、合作社商业再度合并。省特产公司与土产公司合并成立省土特产公司，隶属于省商业厅。

是年　全省国内生产总值62.70亿元，其中工业生产总产值17.01亿元，人均国内生产总值195元；社会消费品零售总额28.46亿元；全社会固定资产投资3.33亿元；财政总收入12.48亿元；职工平均工资588元。

是年　浙江省人口总数为3252.98万人，人口自然增长率为22.93‰。

1970年

1月3—11日　省革委会生产指挥组在常山召开全省小型水利水电现场会议，传达贯彻水电部南方山区小型水利水电座谈会精神和小水电“以小型为主，自办为主，设备自行制造为主”的方针，落实全省小水电年装机3万千瓦的任务。

1月27日　省革委会生产指挥组提出1970年国民经济计划纲要，强调要建立一个小而全的地方工业体系，并加强工业对农业的支持。计划要求生产粮食205亿～210亿斤，棉花165万担，钢16万吨，汽车300辆。

2月1日　省革委会发出《关于在解放军农场锻炼的大专院校毕业生分配问题的通知》，决定将1966、1967两届大专院校毕业生主要分配去山区、边远地区的农村及工矿企业工作。7月，省革委会决定，1969年、1970年、1971年中等专业学校、技工学校、半工半读学校毕业生，主要去山区、农村、工矿企业当普通农民和普通工人。

2月9日　省劳动局撤销。

2月9日　省革委会发出通知，决定生产指挥组下设农林局、水利电力局、水产局等14个局，原省人委所属厅局一律撤销，原省级厅局革委会、革命(生产)领导小组一律撤销。

2月20日　省革委会生产指挥组决定，从1970年4月起，全省各地区、市、县气象台站管理体制下放。由各地区、市、县革委会建制领导。

是月　省革委会通知，省轻工业厅归省革委会生产指挥组辖属，改为局建制，并正式建立省革委会生产指挥组轻工业局（下设省轻工业局）。

4月13日　省革委会党的核心小组决定，建立14个局党的核心小组和革命领导小组，省商业局主管商业、供销、粮食、外贸、工商行政管理。

4月13日　省革委会宣布，中国人民银行浙江省分行与浙江省财政厅合并建立浙江省财政金融局。

4月13日　省电力管理局与省水利电力厅合并，成立浙江省水利电力局。

4月20日　省革委会通知，省革委会核心小组同意成立浙江粮油公司革委会，省粮食厅同时撤销。

4月22日　浙江省第一个按照“九大”党章建立的县委——中共德清县委员会成立。

4月26日　中国第一颗人造地球卫星于9时11分和11时9分，准时飞经杭州上空，浙江人民广播电台收录了人造地球卫星从天空中发回的《东方红》乐曲和遥测讯号。

4月28日　省革委会决定建立生产指挥组内务局革命领导小组，主管原省民政厅和省劳动局两部门业务。

4月28日　省革委会决定建立生产指挥组轻工业局，原省级厅、局革委会和革命（生产）领导小组一律撤销。

是月　浙江省科学技术局建立，省科学技术协会机关撤销。

是月　省革委会撤销省农业厅革命领导小组，成立省革委会生产指挥组农林局，并建立局革命领导小组，负责全省的土地管理工作。

是月　援助朝鲜建设吉州特殊纸厂项目结束。该项目1961年春由省轻工业厅承担，中方提供设备材料，在吉州纸厂改建、扩建年产能力4100吨，品种有低压电缆纸等，华丰、民丰造纸厂参与援建，温州皮纸厂提供工业滤纸技术资料。

是月　省邮电管理局撤销，分别建立浙江省电信局和浙江省交通邮政局。

是月起　省革委会陆续建立和恢复44个委、办、局等工作部门，分别隶属于办事组、政治工作组和生产指挥组。

5月4日　马叙伦在北京逝世。马叙伦，杭州人，1884年出生，生前曾任全国政协副主席、中国民主促进会中央主席等职。

5月7日　南京部队浙江生产建设兵团正式成立。

5月16日　根据省革委会文件规定，重组省轻工业局，下设纺织组，负责全省纺织工业的行业管理。

6月30日　省革委会针对城乡户口管理混乱的实际情况，组织干部赴各市县进行户口普查，全省共有7395991户、32833343人，其中无户人员39108人，给予落实户口的13599人，并恢复建立了一些户口登记管理制度。

是月　杭州“704工程”正式动工建造。该工程有“三防”设备，地上地下各有200平方米的作战指挥室，还有坑道、直升机场，共耗资3100万元。1973年7月，省革委会决定改建为浙江宾馆。

7月1日　省电台调频广播正式开播，既为全省广播台、站传递省电台第一套节目，又使广大听众可以直接收听调频广播。

7月10日　省革委会生产指挥组批准杭州东风扇厂新建电视接收机车间基建项目，建设项目为年产黑白电视机1500架，投资7万元。这是浙江第一家生产电视机的企业。

7月22日　省公安机关军管会召开第四次全省公安机关军管工作会议，决定撤销农村派出所，改各市、县刑警队为治安保卫分队。

7月24日至8月14日　毛泽东在杭州视察。8月11日，毛泽东在杭州会见南也门人民共和国总统委员会主席鲁巴伊一行。12日，会见苏丹民主共和国革命指挥委员会主席、总理兼外交部长尼迈里一行。13日，接见刚果（布）留学生。

7月27日　省革委会发出《整顿大专院校的决定》。调整后保留6所省属高等学校：浙江大学、浙江农业大学（浙江林学院并入）、浙江医科大学（浙江中医学院并入）、杭州大学（浙江外国语专科学校并入）、浙江化工学院（杭州化工学校并入）、浙江美术学院。温州医学院下放给温州地区；浙江丝绸工学院下放给杭州市改办为中专学校；浙江师范学院撤销，其人员、设备、图书资料由省统一调配给金华、丽水、台州3个地区的中等师范学校。此后不久，又停办舟山水产学院。

是月　经省革委会党的核心小组批准，建立省革委会政治工作组人事局，内设办事组、干部组、工资福利组。

8月10日　经省革委会生产指挥组商业局同意，龙井茶、旗枪茶在全省城乡敞开供应。

8月16日　《人民日报》发表了江山县勤俭大队党支部《种田人就是要学好用好哲学》的文章。18日，省革委会发出了《关于向江山县勤俭大队学习，进一步掀起活学活用毛主席哲学思想群众运动新高潮的通知》。

8月30日　省革委会为支持夺煤大会战，决定修建杭州—湖州铁路并成立“杭湖铁路工程指挥部”，要求力争在1971年7月1日前通车。

是月　中共浙江省革委会核心小组改名为中共浙江省核心小组。组长南萍，第一副组长陈励耘，副组长赖可可、熊应堂。1971年1月，中共浙江省第五次代表大会选举产生省委后，省核心小组被撤销。

是月　省电台在杭州北高峰建成电视发射机房，安装功率1千瓦黑白电视发射机和30米高钢管两层蝙蝠形天线1副。同时在莫干山路建立收转中央电视台和上海电视台节目的转播台，用进口1瓦微波设备作为传输工具，将北京的电视信号通过黄山、莫干山传输到杭州。

是月　绍兴县革委会决定在禹陵建立绍兴农药厂，并计划于10月动工兴建。全国人大常委会副委员长周建人闻讯后，专程到禹陵视察，制止在禹陵建厂。

9月12日　浙江省广播事业管理局成立。

9月15日　省革委会发出《关于大专院校进行招生（试点）的通知》，决定：省属6所大专院校招收具有两年以上实践经验、年龄在25岁以下、有相当于初中以上文化程度的工人、贫下中农、解放军战士、青年干部和上山下乡及回乡知识青年入学；废除入学考试制度，实行“自愿报名、群众推荐、领导批准、学校复审”相结合的招生办法。11月30日，来自全省各地2700余名工农兵学员进入6所省属院校学习。还有200余名工农兵学员就读于同济大学、复旦大学、华东师范大学。自1966年起，高校连续3年停止招生，高校从13所撤并为7所。到1971年，全省高校在校学生仅为2959人，比1949年少141人。中等专业学校连续4年停止招生，1970年已无在校学生。

9月20日　省革委会组成慰问支边青年代表团，分赴黑龙江省、吉林省和内蒙古自治区，慰问和鼓励在边疆安家落户的浙江知识青年。

9月21日　省革委会批准建立省革委会政治工作组出版事业管理局。1975年11月改为浙江省出版事业管理局。

10月1日　省电台电视台成功转播中央电视台的国庆特别节目。杭州市民第一次从电视里看到北京天安门广场庆祝实况。在此后的一年多时间里，电视台每周自办节目3次，转播上海电视台节目3次。自办节目的内容主要是电视新闻。

11月5日　中共浙江省核心小组向中央上报《关于当前我省整党建党情况和今后意见的报告》。整党建党工作在全省逐步展开，各级党组织相继恢复。

11月6日　省革委会生产指挥组通知，将中国盐业公司所属的浙江盐业企业全部下放各级革委会管理。

11月20日　萧山、绍兴、上虞三县和解放军6297部队、浙江生产建设兵团等展开围涂大会战，到月底围出海涂12.8万亩。其中萧山县出动6万军民，围涂9.7万亩，当年开始向围垦区移民。

是月　省革委会召开全省工业会议。提出要建立“小而全”的工业体系，大力发展“五小”工业。并提出在夺煤大会战的基础上，开展钢铁大会战。到1971年，全省建起高炉51座，容积218.5立方米，电炉53座。这些突击建成的高炉、电炉，很快因质量差或原料、电力不足而停产。

12月26日　电视台从省电台划出，独立建制，成立浙江电视台(简称“省电视台”)并正式启用“浙江电视台”台标和呼号对外播出。

是年　浙江农业大学迁至临安，省革委会决定将天目山学院再次并入浙江农业大学，成为浙江农业大学林学系。

是年　诸暨皮革厂因原煤奇缺，严重制约生产，自行设计加工成国内第一台搁管式石煤炉，热效率为50%。1978年获全国科学大会奖。

是年　全省卫生机构数5073个，医疗床位数40054张。

是年　浙江省全年国内生产总值69.17亿元，其中工业生产总产值20.30亿元，人均国内生产总值211元；社会消费品零售总额28.84亿元；全社会固定资产投资4.36亿元；财政总收入15.42亿元；职工平均工资544元。

是年　浙江省人口总数为3315.84万人，人口自然增长率为20.20‰。

1971 年

1 月 11 日　根据中越两国协议，于 1968 年 9 月由杭丝联等承担培训的 62 名丝绸专业越南实习生学成回国。

1 月 20—28 日　中共浙江省第五次代表大会在杭州召开。省革委会党的核心小组组长南萍作了题为《紧跟伟大领袖毛主席，把无产阶级专政下继续革命进行到底》的工作报告。26 日至 2 月 1 日，省委五届一次全体委员会议召开，选举并经中央批准产生中共浙江省第五届常务委员会。省委第一书记南萍，省委书记陈励耘、熊应堂，省委副书记赖可可、谢正浩、柴启琨，省委常委周建人、王子达、沈策、戴克林、朱全林、孟昭玉、蒋宝娣。

1 月 27 日　著名地质学家、中国地质学奠基人之一、原南京国民政府行政院院长翁文灏在北京逝世。翁文灏，鄞县人，1889 年出生。

2 月 17—21 日　柬埔寨国家元首诺罗敦·西哈努克亲王和夫人在浙江参观访问。

3 月 1 日　根据财政部《关于实行财政收支包干的通知》，浙江省自 1971 年起施行“定收定支、收支包干、保证上缴（或差额补贴），结余留用，一年一定”的体制。1972 年 3 月 31 日，财政部发出《关于改进财政收入报告办法的通知》，中央对省包干体制又修改为：超过不满 1 亿元的仍归地方，超收在 1 亿元以上的部分，上缴中央 50%。

3 月 23 至 4 月 28 日　省委召开浙江省第十五次公安会议，传达全国第十五次公安会议精神，学习毛泽东“对公安工作要一分为二”的指示，重新评价新中国成立以来全省的公安工作。但会议《纪要》仍称浙江公安工作从中华人民共和国成立以来受到“反革命修正主义路线的严重干扰”。

4 月 6 日　舟山地区革命委员会成立，舟山地区军管会撤销。

5 月 14—21 日　柬埔寨国家元首诺罗敦·西哈努克亲王在杭州访问。

5 月 15 日　《工农兵画报》（1967 年春浙江美术学院群众组织创办）并入浙江人民出版社。1980 年划归浙江人民美术出版社。1981 年更名为《富春江画报》，1988 年 8 月更名为《今日生活》。

6 月 2 日　宁海县洞口庙小一型水库垮坝失事，冲毁下游村庄房屋 1943 间，死亡 186 人，损毁农田 2245 亩。

6—8 月，杭州出现历史罕见高温和旱情。建德县日最高气温 40℃以上达 22 天，最高气温达 42.9℃，干旱持续 95 天，受灾农田 8 万亩。

上半年　按照国务院和省革委会的规定，全省全民所有制单位改革临时工制度的工作顺利完成。14 万名 1970 年 9 月 20 日以前批准招用的，从事经常性、连续性、固定性生产或工作，身体健康，符合条件的全民所有制企业长期临时工转为固定工。下半年开始，集体所有制工建交企业的长期临时工，也参照全民企业的办法转正。

7 月 19 日　《浙江日报》报道，全省已有 27 个县（市）发现天然气。

8 月 17 日　省革委会生产指挥组发出《关于处理城镇青年上山下乡中若干问题的意见》，要求各地按照“统筹兼顾、适当安排”的方针，妥善安排好留在城镇的非支农支边对象的知识青年，对残疾人员、病退青年、特困青年等几种人，分别作了照顾性规定。

8月23日至9月2日　省委召开全省教育工作会议。11月，省委发出贯彻执行《全国教育工作会议纪要》的意见，要求以《纪要》中“两个估计”（“文化大革命前17年教育战线是资产阶级专了无产阶级的政”；“知识分子的大多数世界观基本上是资产阶级的”）的结论为依据，继续进行“教育革命”。

8月25日　金华电视调频转播台建成，这是浙江广电系统第一条微波干线的枢纽站，担负着中央电视台、省电视台、省电台节目的传送任务。

9月3—10日　毛泽东巡视南方抵达杭州，分别于3日和9日召集南萍等省委主要负责人谈话，强调要加强政治思想教育。

9月4日　省革委会下达《关于贯彻执行“国务院对计划生育工作的指示的通知”》，要求在“四五”期间，人口自然增长率在城镇降到10‰以下，农村降到15‰以下。

9月5日　著名国画家、美术教育家、中国美术家协会副主席潘天寿在杭州逝世。潘天寿，宁海人，1897年出生。

9月15日　省委召开驻浙部队“三支两军”（支左、支农、支工，军管、军训）工作座谈会。会议提出，浙江省不再建立统一的驻军“三支两军”领导小组和办事机构。已建立革委会的地方和单位，除中央规定实行军管的，其余的军管会应予撤销。

是月　《浙江日报》报道，浙江省第一批薄钢板在杭州钢铁厂轧制成功。

是月　《浙江日报》报道，全省公路总长达到12000千米，有的县已做到社社通汽车，队队有公路。

11月24日至12月5日　全省山区工作会议在丽水召开。会议批判了“分山至户”“分小小队”等“修正主义路线”和“资本主义倾向”，强调“以粮为纲，全面发展”。提出要巩固“三级所有，队为基础”，规定林木权谁造归谁所有。会议还要求全省24个山区县在三五年内实现粮食亩产超纲要，夺千斤，并在全省发展1000万亩油茶。竹木产区粮食购销指标5年不变，并确定全省拟发展油茶1000万亩。省农林局在会上提出大搞林业基地建设，贯彻“四主”（即商品性生产、集体造林、自力更生和杉木为主）原则的意见。为此，一些县开始了建设杉木用材林基地的实践。

12月17日　省革委会召开全省调整工资会议，贯彻国务院11月下达的《关于调整部分职工工资的通知》，部署全省调整职工工资工作。重点是解决工龄较长、工资较低的全民所有制企事业单位和国家机关职工的工资。

12月30日　省革委会发出通知，全省在各部队农场劳动锻炼的1969年、1970年、1971年三届大专院校毕业生开始分配工作。

至是月底　全省建成小钢铁厂28家，小铁矿（开采点）81家，小化肥厂30多家，小水泥厂（车间）80家，农机厂104家，小煤矿（窑）分布全省各地。

是年　省淡水水产研究所在平湖县全塘海涂区开展河蟹苗人工繁殖试验。1980年获国家科技发明二等奖。

是年　浙江美术学院定址桐庐县阳普大队，翌年迁回杭州。

是年　浙江省国内生产总值70.43亿元，其中工业生产总产值20.71亿元，人均国内生产总值210元；社会消费品零售总额30.67亿元；全社会固定资产投资6.25亿元；财政总收入为15.94亿元；职工平均工资539元。

是年　浙江省人口总数为3389.89万人，人口自然增长率为19.60‰。

1972年

1月30日　杭湖铁路通车。杭湖铁路自杭州至吴兴龙溪江畔，长94.8千米。2月1日，与湖牛（头山）段铁路接轨，至此杭长（兴）铁路全线贯通，全长165千米。

2月26—27日　美国总统理查德·尼克松在国务院总理周恩来等陪同下到杭州访问。双方在杭州继续就中美联合公报内容进行最后磋商并草签。此后，尼克松以前美国总统身份，又分别于1982年9月、1993年4月两次来杭参观访问。

是月　长江流域规划办公室会同江苏、浙江、上海联合进行太湖流域查勘，并研讨太湖流域治理规划。

3月28日　省革委会生产指挥组批复，化学制药工业企业自4月1日起从省卫生局划出，由省燃化局归口管理。

是月　浙江省高级人民法院建立革命领导小组。

是月　省革委会发出《关于加强劳动工资计划管理的通知》，针对不少单位无计划招收职工，增加数量很多，劳动力浪费严重等情况，强调没有省下达的计划一律不准增人，新增职工不得超过计划指标。各地各部门不得从生产建设兵团、国营农场和集体单位抽调人员；从农村招工需经省内务局批准。严格控制使用临时工，大力压缩现有临时工人数。恢复和健全工资基本制度，违反政策的工资开支，银行有权拒绝支付。但是，各地增人势头未得到有效控制。上半年，全省全民所有制单位新招固定职工5万多人，超计划2.4万人，加上前两年招收的25万人，新增职工总数已超过30万人，从而造成职工人数、工资总额、商品粮销量的“三个突破”。

是月　省革委会生产指挥组财政金融局改为浙江省财政金融局。

4月15日　省革委会生产指挥组同意省卫生局增设计划生育办公室。

4月26日　中央决定，谭启龙、铁瑛任省委书记。

是月　省革委会生产指挥组明确由省水电局主管围垦海涂工作，批准省水电局设围垦海涂处。解放后至1971年底，全省已围垦海涂97万亩。

5月25日　省革委会批准恢复设立浙江建设银行，并在9个地区设立支行，以加强对基建财务和拨款的监督。

是月　省革委会批准发展8300多公顷新盐田全面动工兴建，其中1300多公顷陆续投产。

是月　省轻工业局丝绸工业公司、中国纺织品进出口公司浙江省丝绸分公司恢复设立。

6月17日　国务院批准建立中华人民共和国温州海关，翌年3月正式建关。

是月　省革委会政工组成立统战办公室，配备专人分管民族工作。

7月18—19日　美籍华人、世界著名物理学家杨振宁博士一行来杭州访问。

7月24日　省委、省革委会根据国务院有关迅速控制人口增长速度的指示，重新加强计划生育工作的领导，决定成立省计划生育委员会(以下简称“省计生委”)。经过全省各级有关部门的共同努力，1972年全省人口自然增长率从前13年平均超过22‰降到18.46‰。

是月　浙江省第一座风力电站在绍兴东升公社松丝大队雄鹅峰建成，1976年迁至嵊泗县。

8月2日　温州、台州、金华、杭州地区18县因台风导致暴雨成灾，被淹农田7.7万公顷，倒塌房屋1.8万间，死亡82人。17日，7209号台风在平阳县境登陆，中心风力12级以上。飞云江、鳌江、瓯江下游发生大暴雨，降雨量创历史纪录。温州、台州、金华、丽水地区受淹农田15.66万公顷，毁损房屋10万余间，死亡80人。

8月23日　省委暨杭州市委外事工作领导小组成立。

8月23日　省革委会生产指挥组致函轻工业部，同意浙江承担援建巴基斯坦纺织厂，杭州市革委会生产指挥组于11月24日确定由杭一棉承担该项援外任务。

9月13日　省委批转省革委会人保组党委《关于恢复各级人民法院和人民法庭的请示报告》，同意恢复全省各级法院和各级调解委员会。11月20日，省委决定建立中共浙江省高级人民法院委员会。12月7日，浙江省高级人民法院恢复设立。到1973年上半年，全省82个人民法院全部恢复，255个人民法庭于1973年底也全部恢复。

9月23日　温州、台州、丽水地区受台风影响暴雨成灾，受淹农田8.3万公顷，毁损房屋2.1万间，死60人。

9月26—27日　伊朗法拉赫·巴列维王后和阿米尔·阿巴斯·胡韦达首相一行来杭州访问。

9月27—30日　美籍华人、世界著名数学家陈省身教授一行来嘉兴、杭州访问讲学。1985年11月，陈省身应聘为杭州大学名誉教授。此后，陈省身于1986年、1991年多次来杭访问讲学。

9月30日　省革委会办事组外事办公室改称为省革委会外事办公室。

是月　经国家计委批准，中国最大的潮汐电站——温岭县江厦潮汐试验电站开工兴建。电站设计安装6台双向机组，总容量3200千瓦。1980年5月4日，江厦潮汐试验电站1号发电机组竣工发电，装机容量500千瓦。1985年12月24日，江厦潮汐试验电站5台发电机组全部竣工发电，装机规模居世界第3位。27日，通过国家验收。

10月4日　为集中力量办好《浙江日报》和解决报刊用纸紧张的问题，省委决定嘉兴、绍兴、宁波、舟山、台州、丽水、温州8个地区的报纸自10月份起停办。

10月14—16日　为贯彻执行同年4月国务院批转公安部关于清查扣留人犯的报告，省委召开地、市和8个县人保组长会议。到9月底止，共清查1829人(缺杭州地区)，判刑的917人，缓刑、戴帽、管制93人，教育释放787人，平反冤假错案32人。

10月22—26日　美籍华人、世界著名物理学家李政道博士来杭州访问。此后，李政道于1988年10月再次来杭州访问，并应聘为浙江大学名誉教授和浙江近代物理研究中心筹委会主任。1991 年 6 月，李政道来杭州主持浙江近代物理中心落成仪式。

11 月 18 日　省革委会决定恢复劳动教养工作，并对收容范围、条件以及劳教期限和审批权限等问题作了规定。

11 月 28 日　省委发出《关于停止从社会上招收职工的紧急通知》，规定从《通知》下达之日起，全省全民所有制单位一律停止招工；省已下达的各种新增职工计划和补员计划停止执行；已经办理招工手续尚未进厂的，不准进厂；临时工、季节工到期辞退，不得留用和超计划使用，一律停止转正；集体转全民停止执行。为贯彻紧急通知，省里抽调人员赴各地检查督促，并查处违反招工政策的单位和人员。

12 月 11 日　省革委会生产指挥组通知各地、各部门：据国家计委劳动局电告并经省委同意，在浙各部属单位的招工计划，一律停止执行。

是年　全省公办学校教职工进行工资调整。调整面占教职工总数的比例，高等学校为 25%，中小学为 61%，一般调高一级，少数调高二级，自 1971 年 7 月起执行。

是年　常山县建材厂利用石煤烧制水泥成功，为全国首创。

是年　浙江省国内生产总值 84.39 亿元，其中工业生产总值 26.34 亿元，人均国内生产总值 247 元；社会消费品零售总额 33.55 亿元；全社会固定资产投资合计 6.96 亿元；财政总收入 17.90 亿元；职工平均工资 561 元。

是年　浙江省总人口数为 3450.79 万人，人口自然增长率为 18.46‰。

1973 年

1 月 3 日　省革委会生产指挥组印发《污水排入地面水的卫生制度》《地面水中有害物质最高允许浓度》和《居住区大气中有害物质最高允许浓度》等“三废”管理试行办法。6 月，国家和省财政共拨款 700 万元用于环境保护基本建设投资，主要用于杭嘉湖地区“三废”治理。

1 月 8 日　省革委会政工组教育局、省军区体育系统军事接管办公室联合发出通知，要求本年内全省有 10%小学和 30%左右的中学试行国家《体育锻炼标准》。

1 月 12 日　省革委会生产指挥组决定，将省医药公司由省卫生局划归省商业局领导。

1 月 15—24 日　省革委会在杭州召开全省计划生育工作会议，研究尽快降低浙江人口自然增长率的措施。会议要求 1973 年全省人口自然增长率下降到 15‰。3 月 1 日，省革委会下发《浙江省计划生育工作若干问题的规定（试行）草案》，要求各地采取有力措施，切实抓好计划生育这件大事。

1 月 17—18 日　扎伊尔共和国总统蒙博托一行来杭州访问。

是月　省革委会政工组教育局制发《浙江省中小学教学计划（试行草案）》，提出中小学校要坚持走“五七指示”的道路。规定中学设置 12 门课程，小学设置 6 门课程。此前，各地中、小学的课程均由当地本着“教育要革命”的精神自行安排，中学只开设 7～8 门课程。

是月　省委决定撤销省委政工组，建立省委组织口和宣传口。

3 月 10 日　省教育局在杭州举行杭州大学、浙江农业大学首届工农兵学员毕业典礼。

3 月 30—31 日　喀麦隆总统哈吉·阿赫马杜·阿希乔一行来杭州访问。

是月　余杭、德清等沿运河一带发生大面积死鱼事件。9月又发生一次。仅德清县3月份就死鱼1.4万担，死羊1.3万头，死牛26头。经省调查组调查核实情况后，责成杭州市排放污水的14家主要责任工厂赔款20万元。

是月　根据水电部和省革委会部署，水电部十二局组成瓯江流域规划查勘组，查勘18座电站坝址和库区。6月，提出《瓯江流域规划查勘报告》，推荐紧水滩、滩坑为第一期工程。

4月1日　省革委会生产指挥组根据国务院规定发出通知，恢复蚕茧奖售政策，每收购百元茧款的蚕茧，奖售化肥40千克，其中10%以磷肥兑现。

4月11日　省委发出《关于我省"三支两军"问题的意见》，肯定驻浙部队在"三支两军"中的工作成绩，也指出存在许多问题，并就军代表撤留问题提出具体意见。此后，"三支两军"人员陆续撤回部队。

4月18日　全省计划会议把人口增长指标纳入国民经济和社会发展规划，提出控制人口的指标。

4月19日　省革委会批准成立浙江省钱塘江工程管理局，统一负责钱塘江治理规划和海塘整修加固工作，属省水电局领导。

4月23日　省委通知撤销省革委会毛泽东思想学习班，恢复设立中共浙江省委党校。

4月25日　省委决定建立经济工作领导小组，负责全面协调经济工作。

5月5日　省革委会决定外贸机构设置从省商业局划出，单独设置浙江省对外贸易局。

5月8日　中共中央决定谭启龙任中共浙江省委第一书记、省革委会主任、省军区第一政委。免去南萍、熊应堂的党、政、军职务。

5月12日　省委决定建立省农业、粮食、外贸、地质、交通、第一轻工业和第二轻工业等7个局。

5月25日　根据中央有关部门的指示精神，省委决定恢复中国国际贸易促进会浙江省暨杭州市分会。

5月31日至6月17日　全省科技工作会议召开。会议提出科技工作的重点要放在为农业、基础工业和水产等业提供科学技术。会议大力倡导培养工人科技人员。要求重视科技工作，科研机构不应随意撤销、改厂、转向，恢复被不适当撤销的科研机构，不适当改行的科技人员要调整归队。

6月5日　省革委会批准瓯江翻水站工程列入基本建设计划。1979年，工程全面铺开，1980年12月基本建成。这是全省最大的翻水站，装机5台，总容量4000千瓦，设计提水流量每秒15立方米，为温州、瑞安37万亩农田、城乡人口和工矿企业用水补充水源。

6月23日　杭州、金华地区部分县因大雨洪涝成灾，被淹农田7.2万公顷，毁损房屋1.7万间，死100人。

是月　余姚县罗江公社在河姆渡建造排涝站时，发现古文化遗存。经考古测定为新石器时代早期文化遗址，定名为"河姆渡文化"，为中华文明摇篮之一。1982年2月，国务院公布"河姆渡遗址"为全国重点文物保护单位。

7月17日　国务院批准恢复庆元县建制。

8月7日　省电视台用自制300瓦彩色电视发射机等设备，以6频道首次转播中央电视台彩色电视节目，每周3次。

8月30日　省委决定建立省知识青年上山下乡办公室。

9月2日　省革委会和省军区联合决定，调整气象部门领导关系，恢复省气象局。省气象局由省军区领导为主改属省革委会领导，全省气象部门同时由军队领导为主改属同级革委会领导。

9月15—16日　周恩来陪同法兰西共和国总统乔治·蓬皮杜来杭州访问。

10月5日　省委发出《关于知识青年上山下乡若干问题的试行规定》等文件，其中对城镇中学毕业生的分配问题作如下规定：年满17岁的，除国家计划直接升学以及不动员下乡的几种人之外，其余的都动员下乡。凡属动员下乡的对象，任何单位都不得擅自安排其工作。不动员下乡的对象是：病残不能参加农业劳动的，独生子女，多子女身边只有一个子女的，父母死亡弟妹年幼无人照顾的，父母病残生活不能自理无人照顾的，中国籍的外国人子女和归侨学生。安置经费标准：插队落户的，每人补助480元；到兵团、农场的，每人补助400元。

10月20日　省委决定，成立省委编制工作领导小组及其办公室，办公室设在省革委会政工组。

10月29日　省人保组更名为浙江省公安局。

是月　全省最大的宁海县胡陈港堵港蓄淡工程动工，总库容0.82亿立方米，设计灌溉面积11.2万亩，新围海涂1.25万亩。1977年9月，工程完工，1979年10月正式竣工验收。

11月27日　省革委会政工组人事局批复金华地区革委会政工组干部办公室，明确高中毕业出国留学3年，按大学专科定级；出国留学4年，按大学本科定级。

是月　省委、省革委会慰问团开始在内蒙古、宁夏、新疆开展慰问浙江籍知识青年活动。12月6—13日，全省知识青年上山下乡工作会议在杭州召开。全省已有43.8万名知识青年“上山下乡”。会议提出，1974年全省需动员下乡的城镇知识青年约11万人。

12月11—16日　省革委会召开全省计划生育工作会议，贯彻全国第一次计划生育工作会议精神，把计划生育内容概括为“晚、稀、少”的概念，即结婚年龄要晚，男不小于25周岁，女不小于23周岁；生育间隔要稀，隔4年左右为好；生育数量要少，要求不超过两个。

是年　在全国外贸出口烟叶专业会议上，桐乡县晒红烟被列为出口名烟，该县被定为全国名晒烟出口基地县。

是年　浙江省国内生产总值86.99亿元，其中工业生产总值28.98亿元，人均国内生产总值250元；社会消费品零售总额36.48亿元；全社会固定资产投资合计6.23亿元；财政总收入20.81亿元；职工平均工资572元。

是年　浙江省总人口数为3512.92万人，人口自然增长率为17.16‰。

1974年

1月7日　杭州市委决定学习上海市利用民兵维护城市秩序的经验，建立民兵组织。此后，台州、金华、温州、宁波及全省大部分市、县先后成立民兵指挥部和类似组织。但民兵指挥部一建立就连续发动武斗。1975年2月20日，中共中央电示：撤销杭州、宁波、温州"民兵指挥部"。

1月20日　乌溪江湖南镇电站水库开始移民，涉及衢县、遂昌两县7个乡，至1980年结束，迁出居民2.3万人。

2月7日　中国科学院副院长、著名气象学家竺可桢在北京逝世。竺可桢，绍兴人，1890年出生。

2月14日　省委批转《省知识青年上山下乡工作会议纪要》，要求各地按照毛泽东"统筹解决"的指示，切实解决下乡知青的实际问题，做好下乡动员工作。对不动员下乡和"病退""特照"回城的知识青年，在计划招工时，由劳动部门根据招工条件逐步吸收。

是月　因煤炭供应严重不足，至2月中旬，全省已有15家造纸厂、7家陶瓷厂、3家搪瓷厂、4家玻璃厂、3家火柴厂、2家肥皂厂停产，10家罐头厂全部处于半停工状态。

是月　经国务院科教组同意，在金华原址重建浙江师范学院。省革委会决定，将已分散到金华、丽水、台州3个地区及杭州大学、浙江农业大学的原浙江师范学院人员原则上调回浙江师范学院。同时决定，浙江中医学院从浙江医科大学分出改为单独建制。

5月21日　中国浙江省工艺美术展览在塞内加尔首都达喀尔举行。该展览还先后于8月在多哥首都洛美、12月在毛里求斯首都路易港进行展出。

5月22—23日　塞浦路斯总统马卡里奥斯一行在杭州访问。

6月5日　浙江省第一所教育和培养工人新干部和工人理论骨干的社会主义新型学校——浙江工人政治学校开学。

8月6日　省革委会在莫干山召开第一次全省环境保护会议，传达并贯彻第一次全国环境保护会议精神，对1974年和1975年两年全省环保工作作出部署。11月30日，省革委会批转生产指挥组关于《省环境保护会议情况报告》，要求各级革委会将环境保护工作列入议事日程、落实措施、定期检查，并决定成立省革委会环境保护领导小组及其办事机构。

8月19日　7413号台风在三门县登陆，由于风暴潮最大增水出现在天文潮高潮位时间，浙东沿海与杭州湾两岸均出现历史最高潮位。台风暴雨使全省受灾农田达323.7万亩，其中海水淹没面积79.36万亩，成灾面积133万亩，江堤海塘决口2641处，计420千米，倒塌房屋2.25万间，冲毁水库41座，桥梁455座，死亡147人。

8月28日　省革委会根据国务院要求下达《关于改进财政管理体制的试行意见》，规定省对地区实行"收入按固定比例留成，超收适当分成，支出按指标包干，结余留归地方"的体制。这是根据收入连年下降，短收地区不断增多的状况而实施的一种收支两条线的体制。

是月　全省轻工业生产陷入低谷。1—7月，机制纸只完成年计划的33.4%；日用陶瓷厂15家中14家停工，完成年计划的23.88%；其他火柴、肥皂、保温瓶、搪瓷、日用玻璃、灯泡、罐头、乳制品、蜡纸、皮胶等产品完成年计划的8.8%～51%。轻工业产品生产下降，市场供应紧张。

9月23日　浙江省测绘局成立。

11月27日　省委发出通知，要求突击提干、突击发展党员暂缓办理。29日，省委又就制止“双突”，停止武斗和放人、收缴封存武器等问题发出通知。指出：“双突”违背党的章程和原则，是极端错误的，本通知下达后，再继续搞的，一概无效。

是月　杭州无线电一厂与杭州大学试制成功“西湖”牌电子计算机，为浙江电子工业填补了一项空白。

12月19日　省委常委召开会议，研究传达贯彻中央解决浙江问题学习班精神的意见。22—25日，又召开各地、市、各军分区和驻浙部队负责人会议，阐述了省委关于停止武斗、释放人员、收缴武器、停止“双突”和实现社会稳定等意见。

是年　建德县李家乡新桥村发现一颗古人类牙齿，经鉴定属智人类，距今10万年左右，定名为“建德人”。

是年　省委提出把金华地区建成浙江省第二个商品粮基地的号召，明确由省水电局主管黄土丘陵开发工作。国家农林部把浙江省列为全国10个开荒重点省区之一，每年基建拨款1000万元。

是年　杭州市开始使用液化石油气。

是年　浙江省农田基本建设指挥部成立，指挥机构设在省水电局内。1979年2月，该指挥部撤销。

是年　宁波“四大工程”（港口、炼油厂、发电厂、渔业基地）在镇海开始兴建。1月12日，国家计委批准在镇海建设镇海港区，1975年9月防波大堤合龙，1978年建成煤炭码头2座。6月2日，农林部及省、地选点清水浦建立海洋渔业基地。7月9日，国家计委批复在镇海新建年加工原油250万吨的炼油厂和算山原油码头，次年5月23日浙江炼油厂动工兴建，1977年建成试车，1978年12月建成。1977年12月23日，浙江炼油厂万吨级原油码头建成，这是浙江第一座万吨级原油码头。12月19日，水电部选定在临江虹桥建造镇海发电厂，次年5月27日开始土建，2台12.5万千瓦机组分别于1978年12月和1979年9月竣工并网发电。1975年11月19日，建立“支援四大工程办公室”，拨出新围塘地3282亩作为炼油厂海涂水库。

是年　由于开展“批林批孔”运动等，全省国民经济发展受到严重影响。全省国内生产总值86.57亿元，其中工业生产总值25.34亿元，人均国内生产总值245元；社会消费品零售总额37.33亿元；全社会固定资产投资合计5.53亿元；财政总收入15.43亿元；职工平均工资583元。

是年　浙江省总人口数为3560.87万人，人口自然增长率为14.76‰。

1975年

1月27日　省委发出《关于认真贯彻中央(74)32号文件的通知》，指出杭州、嘉兴、宁波、绍兴、舟山5个地区，萧山、富阳等40个县（市）已提前实现国务院“四五”人口规划指标。

2月8日　毛泽东视察南方到浙江。回北京后，于6月下旬派王洪文等人来浙江，调查研究和协助处理浙江问题。

是月　浙江生产建设兵团撤销。省农林局会同有关县、市农业部门收回余杭乔司、南湖、平山、长岗，萧山一场、二场、红垦、钱江、棉麻试验场，湖州农垦场、茶场，温岭东浦、东片，嘉兴等14个农垦场。

是月　省计划、工业会议召开。根据中央有关会议精神，着重解决全省工业生产普遍大幅度下降，主要工业品未完成计划，企业领导班子“软、懒、散”等问题。同时，会议部署了1975年全省国民经济计划。

是月　浙江省接收安置特赦战犯23名，其中年老体弱、无依靠、生活有困难者由民政部门给予救济。

是月　省革委会批准建立临安西天目山、龙泉凤阳山、开化古田山、泰顺乌岩岭4个自然保护区。

4月16—21日　省水利电力局在杭州召开全省水文工作会议，传达全国水文工作和水源保护会议精神。此为1963年以后规模最大的一次全省水文工作会议。

4月30日　省革委会批复，同意建立浙江燃料化学工业学校、浙江机械工业学校、浙江水电学校、浙江财政银行学校。7月，又先后批复同意建立浙江地质技工学校、宁波商业学校，并同意水电部在浙江建立新安江水电厂技工学校和浙西供电局技工学校。

5月5日　省委发出《关于撤销省公安机关军管的通知》。

5月14日　省委转发省计生委《关于全省计划生育工作情况的报告》。要求1975年计划生育率达到40%，节育率达到70%以上，人口自然增长率降到13‰以下。“五五”期末人口自然增长率控制在10‰以下，总人口不超过3800万；“六五”期末人口自然增长率稳定在8‰左右，总人口控制在4000万。

6月12日　平阳县革委会外事办公室成立，是为浙江最早成立的县级外事机构。

6月20日至8月4日　省委召开工作会议，会议根据中央指示精神，解决浙江存在的问题。7月13日，会议向中共中央、毛泽东报送《关于正确处理突击发展的党员和提拔的干部的请示报告》。17日，中央批准并将该报告以中央〔1975〕16号文下发，认为浙江省委提出的问题带有普遍性。19日，会议开始传达贯彻中央该文件。到1978年7月，全省共清除或除名突击发展而不够条件的党员1.4万名。

6月27日　浙江第一艘千吨级沿海货轮“浙海504轮”在浙江造船厂下水。

7月8日　省革委会发出《关于建立和健全工商行政管理机构的通知》。

7月17日　中央决定调整充实浙江省领导班子：任命谭启龙为省委第一书记，铁瑛、赖可可、张文碧为省委书记，陈伟达、罗毅、陈作霖为省委副书记，陈冰、武世鸿、张子石、冯克、吕剑光为省委常委。

是月　萧山县宁围公社农机厂试制汽车万向节获得成功，改名为宁围万向节厂。1984年改厂名为“杭州万向节厂”，为中国汽车工业公司三大定点生产万向节的工厂之一。

8月12日　7504号台风在温岭县登陆，中心风力12级以上，台州、温州、宁波、金华等地受淹农田13.53万公顷，毁屋12.85万间，死199人。

8月16日　教育部批复，同意恢复浙江丝绸工学院、浙江水产学院。

8月23日　根据省委指示，杭州市委召开批派性大会。会议要求坚决肃清派性流毒，搞好安定团结，把国民经济搞上去。9月9日、10月14日，省委又连续两次召开批派性大会。

8月31日　省委决定建立组织和宣传、文教领导小组。9月1日，决定建立农业领导小组。10月，决定省革委会设秘书长和办公室。

是月　高等学校招生工作全面开展，农业院校一般实行“社来社去”办法，林、医、师类院校根据农村需要，其个别专业进行“社来社去”的试点。

9月5日　永康县人民银行干部周长庚写信给毛泽东，建议改变1962年中央关于公社工作“六十条”中社队“一般不办企业”的规定，应积极发展农村工业，为农村剩余劳动力寻找出路。毛泽东和邓小平先后作了批示，印发中央有关部门和北方农业会议，引起了重视。

9月15日　著名美术教育家、画家丰子恺逝世。丰子恺，桐乡人，1898年出生。

9月26日　省委决定恢复建立省委组织部、省委宣传部、省计划委员会、省基本建设委员会、省农业办公室和省财贸办公室。撤销省革委会办事组、政工组和生产指挥组。同时，重点调整派性严重地区、单位的领导班子，着力解决各级领导班子“软、懒、散”问题，重新任命了一批干部。

10月25日　浙江第一座现代化大型焦炉在杭州钢铁厂点火烘炉。

11月12日　省级机关首批奔赴农村的千余名农业学大寨工作队队员举行誓师大会。省、地、县先后共有3万余名工作队员到农村帮助工作。

11月24日　省革委会同意恢复和建立省航空、航海、射击、综合军事体育项目4所运动学校。

12月27日　省委宣传部转发省革委会政工组教育局《关于进一步办好政治夜校，开展工农业余教育的意见》，全省各地相继办起政治文化夜校4.2万所，学员177万余人。

是年　全国经济形势明显好转。浙江全省国内生产总值84.23亿元，其中工业生产总值25.48亿元，人均国内生产总值235元；社会消费品零售总额38.73亿元；全社会固定资产投资合计5.95亿元；财政总收入13.37亿元；职工平均工资583元。

是年　全省卫生机构数合计6299个，医疗床位数52330张。

是年　浙江省总人口数为3614.47万人，人口自然增长率为13.18‰。

1976年

1月25日　省委、省革委会向上山下乡知识青年发出慰问信，希望广大知识青年坚定地走与工农兵相结合的道路，扎根农村、边疆干革命。

是月　省水电局组织省水文总站、水电勘察设计院、钱塘江工程管理局等单位编制《浙江省可能最大暴雨图集》，并于1981年4月正式出版。

3月29日　省推广沼气办公室成立，办公室设在省计划委员会内。

是月　全省完成对原国民党县团以上党、政、军、特人员的释放和安置工作。

4月4日　清明节前后，杭州和其他地区有成千上万的群众走上街头，以献花圈，写诗词、贴大字报等形式缅怀年初去世的国务院总理周恩来，表达对王洪文等“四人帮”一伙乱党乱国行径的愤怒。此事件被错误地定性为“反革命政治事件”（又称“四·四事件”）。4月24

日，省委、省军区党委联合召开党员大会，提出要彻查杭州市发生的类似天安门广场事件的幕后策划者。5—8月，全省先后逮捕、拘留、隔离审查42人。7月20日，省、市召开有10万人参加的“批判邓小平，批斗反革命分子大会”。

4月5—12日　省文化局召开余姚河姆渡遗址第一期发掘工作座谈会。1977年10月，河姆渡遗址进行第二次发掘，出土大量文物，据此进一步确定河姆渡遗址是一个新的文化类型，为研究中国东南沿海地区的原始文化提供了重要资料。1978年5月18日，新华社报道了河姆渡村发现距今7000多年的原始社会遗址的消息，指出发掘的近7000件文物证明，早在六七千年以前，中国劳动人民不仅在黄河流域，而且在长江流域就有着灿烂的原始文化，从而改变了过去认为江南文化发展较晚的观点。

4月9日　省、市10万人集会。省委负责人在会上表示完全拥护中共中央的两个决议，支持对“天安门广场政治事件”采取果断措施；要求把“批邓、反击右倾翻案风斗争”进行到底。是日，全省各地组织了数百万人的游行集会。

5月1日　被列为国家重点科研项目的玉环县漩门港促淤工程动工。堵港坝顶长150米，宽10米，最大坝高50米，可促淤围涂12.3万亩；同时，可供淡水1.1亿立方米，使全县14万亩农田旱涝保收。翌年10月1日，工程竣工并通车，玉环岛从此与大陆相通。

5月7日　省委召开庆祝毛泽东《五・七指示》发表10周年和《五・九批示》发表13周年座谈会，要求进一步落实《五・七指示》和《五・九批示》，做“限制资产阶级法权”的促进派。毛泽东1963年5月9日批示的《浙江省七个干部参加劳动的好材料》中提到的7个单位的代表参加座谈会。

5月14日　省革委会批转省计生委《关于我省“四五”人口规划执行情况和“五五”人口规划意见的报告》，要求按照“晚、稀、少”的原则，推广综合性节育措施；到“五五”期末，全省晚婚率和计划生育率达到80%以上；人口自然增长率控制在9‰左右，总人口不超过3800万。

5月15日　省、市10万军民集会，庆祝“文化大革命”10周年。

是月　曹娥江支流范洋江范洋畈电力排涝站建成，装机10台，共1550千瓦，最大流量20立方米每秒，为全水系由集体兴建的最大电力排涝站。

6月8日　省委决定建立宁波港、浙江炼油厂、镇海发电厂、镇海清水浦渔业基地建设工程会战领导小组。

6月16—21日　省首届上山下乡知识青年代表大会召开，1000多名上山下乡知识青年代表和上海、黑龙江、吉林、内蒙古、宁夏、新疆等省、市、自治区的代表出席大会。会议交流了经验，推荐了3名全国先进知识青年；号召广大知识青年做“限制资产阶级法权”的促进派，走与工农兵相结合的道路。

6月19日　省、市举行纪念毛泽东主席畅游长江10周年，广泛开展群众性体育活动的动员大会。省委决定成立活动组委会，在全省组织群众性的游泳活动。

是月　全省第一台高温高压5万千瓦双水内冷发电机组在杭州半山发电厂投产并网发电。机组的投产，使半山发电厂发电能力比原来提高4.5倍。

8月7日　河北唐山大地震发生后，省委、省革委会发出关于支援唐山抗震救灾的通知，提出“灾区人民需要什么，我们就生产什么，支援什么”。11日，省委和杭州市委召开支援灾区抗震救灾动员大会。会后，全省迅速组织向灾区运送大批物资和药品，并向灾区派出800多人参加的17支医疗队。

9月9日　中共中央主席毛泽东逝世。省委、省革委会致电中共中央、全国人大常委会、国务院、中央军委，对毛泽东的逝世表示沉痛哀悼。省、市各界从是日起，在杭州举行吊唁仪式。18日，省、市20多万军民在浙江展览馆举行追悼大会。同日下午，全省各地、市、县也都举行了追悼大会。

10月11日　省委作出《关于学习毛泽东思想，继承毛主席遗志的决定》，表示坚决拥护中央关于建立毛泽东主席纪念堂的决定以及出版《毛泽东选集》和筹备出版《毛泽东全集》的决定；要求在全省迅速掀起学习马列著作和毛泽东思想的群众运动。同日下午，省、市10万余人举行集会游行，表示拥护中央的两项决定。随后，宁波、台州、舟山、嘉兴、绍兴、丽水、金华、温州地区也分别举行拥护中央的两项决定的群众大会。

10月18—23日　全省统计工作会议召开。是月，省委批准恢复浙江省统计局，归省计委领导，不独立建制。

10月21日　省、市30多万军民集会，庆祝粉碎王洪文、张春桥、江青、姚文元“四人帮”篡党夺权阴谋的胜利。大会通过给中共中央、中央军委的致敬电。会后举行大规模的庆祝游行。同日，温州、绍兴、台州、舟山、金华、丽水、嘉兴、宁波等地也举行了集会和游行。连续几天，全省有2500多万军民参加各地的集会游行，欢呼胜利。

12月10日　浙江省对“四人帮”反党集团的揭发批判逐步形成高潮。12月30日，省、市10多万军民举行大会，揭发批判“四人帮”及其在浙江的代理人和党羽篡党夺权的罪行。

是年　浙江省根据财政部通知，将地、县(市)的财政体制统一改为“定收定支，收支挂钩，总额分成，一年一定”的体制。取消原来地方按固定比例提取留成的做法，改为按固定数额提取留成的办法。

是年　杭州至北京、南京、上海全自动电话开通，结束人工接续长途电话的历史。

是年　浙江省国内生产总值87.27亿元，其中工业总产值27.00亿元，人均国内生产总值240元；社会消费品零售总额39.66亿元；全社会固定资产投资为6.12亿元；全年财政总收入完成13.72亿元；职工平均工资579元。

是年　浙江省总人口为3662.82万人，人口自然增长率为12.91‰。

1977年

1月上旬至2月上旬　全省出现严寒天气，接连下了3次大雪和暴雪，浙北、浙中积雪达10—38厘米。大部分地区的平均气温在0℃到－2℃之间，比常年同期低2℃到4℃；浙北、浙中有19个县(市)的极端最低气温在－10℃以下，安吉、萧山、富阳最低气温分别是－17.4℃、－15.0℃、－14.4℃，创历史纪录；杭州西湖结冰封冻，冰上可以行人、骑车。

1月　中共中央调整省委、省革委会领导班子。铁瑛任省委第一书记、省革委会主任。

3月8日　省委召开全省棉花生产会议。会议指出，浙江省从1964年至1970年曾连续

7年棉花亩产超《纲要》，但自1971年以来，又已连续6年下《纲要》。要求各地尽最大努力把棉花生产搞上去。

3月21—25日　全省环境保护工作会议召开，重点研究加强环保队伍自身建设，加速老企业的“三废”治理，以及搞好新建企业环保等问题。

3月22—28日　全省赤脚医生合作医疗代表大会召开，有1000多名代表出席大会。会议表彰了159个先进单位和“赤脚医生”，要求把医疗卫生工作的重点放到农村去，全心全意为人民服务，为贫下中农服务。

3月26日　省革委会发出通知，决定恢复设立浙江水产学院。

是月　镇海电厂一期工程开工，装机总容量为105万千瓦，两台12.5万千瓦的机组分别于1978年12月和1979年9月投产并网发电。

4月2日　省委发出关于撤销省委〔1976〕2号文件的通知，明确宣布把1976年清明节前后杭州人民对周恩来的悼念活动定性为“反革命政治事件”是错误的。1978年11月19日，省委再次作出决定，宣布1976年清明节前后，杭州市和其他地方的干部群众悼念周恩来，反对江青反革命集团的所谓“杭州清明节事件”和其他地方的类似活动，完全是革命行动，对因此受到迫害而尚未平反的人员，要彻底平反，恢复名誉。

4月2—12日　全省外贸工作会议召开。会议传达贯彻全国外贸计划会议精神，总结交流工作经验，部署今后外贸工作任务。

4月9日　省委、省革委会召开大庆式企业命名大会，授予杭州齿轮箱厂等11个企业为大庆式企业称号。

4月18日　上虞县曹娥江公社赵家渡口渡船严重超载，到江心翻船，74人全部落水，39人遇难。

4月20—27日　全省外事工作会议召开。会议要求各单位订出切实可行的规划，在巩固、提高原有开放单位的同时，开辟一批新的对外开放单位，特别是反映浙江特点的丝绸、茶叶、蚕桑、络麻、竹器、木雕、石刻、绸伞、扇子、花编等项目。

5月13日　中国人民银行通知，中国人民保险公司杭州分公司于6月1日正式挂牌，经办对外贸易货运保险业务。

5月16日　省委召开电话会议，进一步部署农业学大寨的任务和措施。

5月22日至6月2日　全省工业学大庆会议召开。参加会议的代表5200多人，是全省工业战线解放以来规模最大的一次会议。会议要求到1980年，全省至少有三分之一的企业建成大庆式企业。170多个重点企业中，要有100个以上建成大庆式企业。会议向先进企业、先进集体、先进工作者颁发了锦旗和奖状。会后，大庆报告团先后在杭州、绍兴等地介绍事迹经验，全省80多万人听取报告。

6月15日　省革委会发出《关于建立和健全县农业科学研究所的通知》，要求尚未建立农科所的31个县在年内都要建立。

6月23日　省委召开向科学技术进军动员大会。

7月9—13日　省委书记铁瑛带领800多人的学习参观团赴大庆油田参观学习。

7月12日　省委决定，在省委组织部设立纪律检查处，逐步恢复在“文化大革命”中被“四人帮”破坏的纪律检查工作。

7月12日　省委决定，恢复设立浙江省供销合作社。

7月23日　省、市10万人集会，庆祝中共十届三中全会召开，拥护全会通过的关于追认华国锋任中共中央主席、中央军委主席的决议；关于永远开除王洪文、张春桥、江青、姚文元党籍，撤销其党内外一切职务的决议以及关于恢复邓小平中共中央副主席、中央军委副主席等职务的决议。大会结束后举行了庆祝游行。到24日，全省有1000万军民集会游行，庆祝会议召开。

是月　浙江丝绸科学研究院(原省轻工业厅丝绸科学研究所)成立，由纺织工业部与浙江省(计经委)双重领导。

是月　杭嘉湖南排工程澉浦长山闸动工兴建，1979年建成。1984年1月通过验收交付使用。1978年11月，南排工程长山河动工开挖，计划至1985年冬完成二期工程，使长山河与京杭运河沟通，从而与杭嘉湖平原水网连成一体。杭嘉湖南排工程是经水利部批准，被国家计委列为浙江农田水利基本建设重点工程之一。工程计划在杭州湾北域古运河西侧开挖3条宽100米到150米，深5米的出海干河。全部工程建成后，杭嘉湖平原将出现3条新河和一系列配套工程，使杭嘉湖地区的350万农田排涝能力得到很大提高。

8月7—18日　全省科学工作会议召开。会议讨论制定《浙江省1978年至1985年科学技术发展规划纲要》，授予10个单位以先进红旗，表彰了52个先进集体和28名先进个人，奖励了74项科技成果。10月17日，省委决定成立浙江省科学技术委员会。

8月17日　省委批准撤销省革委会生产指挥组水利电力局，分别成立浙江省水利局、浙江省电力局。

8月17—30日　省委召开全省农田基本建设和水产、林业会议，制定《浙江省1976—1985年农田基本建设规划设想(草案)》。会议要求苦干三四年，全省建设旱涝保收、高产稳产农田2000万亩，平地改土2000万亩，实现粮食亩产超“双纲”(亩产超过1600斤)。

是月　浙江大学完成“天气图自动填图分析机”的总装工作，填出首张天气图，填补了国内空白；同时，完成为大庆油田研制的石油破乳的“非离子表面活性炭”项目，并达到世界先进水平。

是月　省冶金研究所会同杭州钢铁厂一起研制成功一种新型的化肥工业用钢，为国内的新钢种填补了一项空白。

是月　省农科院蚕桑研究所蚕种组育成4个新品种，在产茧量、茧质、茧丝长等主要经济指标超过国内同种茧的水平，生茧丝长、介舒丝长达到世界先进水平。

9月3—5日　南斯拉夫社会主义联邦共和国总统约瑟普·布罗兹·铁托一行125人在杭州访问。

9月20日　浙江电视台第四频道发射机和电视塔建成，经试播后，发射性能良好。该频道的投入使用，使浙江电视台的发射功能比原来增加20倍，直接收看的范围扩大4倍以上，而且抗干扰能力强，图像和声音的清晰度都比过去好。

9月21日　省委召开向科学技术现代化进军动员大会。

9月30日　全省恢复高等学校招生统一考试试点工作在桐乡县进行。试点工作后，招生考试制度在全省恢复，高等学校、中等专业学校招生实行统一考试，德、智、体全面衡量，择优录取的原则。

9月30日　新安江水电站最后一台大型水轮发电机组提前3个月安装完毕并正式投产发电。

是月　江山县老虎山水泥厂利用石煤烧制水泥成功，1978年获全国科学大会奖，煤炭部为此在江山召开现场会。

10月6日　浙江炼油厂常减压装置主体工程和配套工程基本建成，炼油厂工程指挥部召开祝捷誓师大会和年内出油誓师大会。

10月22日　省委决定撤销省夺煤指挥部和燃料化学工业局，建立浙江省煤炭工业局。

10月22日至11月6日　省委召开全省教育工作会议。会议研究部署了1977年高等学校、中等专业学校、技工学校的招生工作，决定高校招生不再延用"文化大革命"期间不考试的做法，恢复统一考试、择优录取的办法。会议还研究了增加生源的问题，提出1978年在校大、中学生人数应分别比1977年增加28%和6%。

10月25日　省教育局发出《关于招收研究生的通知》，要求师资条件和科研基础较好的高等学校，从1977年起在办好普通班的同时，积极招收研究生。

是月　省革委会决定撤销省革委会人事局革命领导小组，恢复设立浙江省人事局。

是月　省第二轻工业局革命领导小组撤销，改名为浙江省第二轻工业局。

是月　《浙江日报》报道，省地质工作者经过努力，发现一种新的矿种——沸石，并已探明有相当规模的储量。沸石是一种铝硅酸盐矿物，具有吸附、分离、催化等性能，用途十分广泛。过去主要由人工合成，不但成本高，也不能大量应用于工农业生产。这是全国首次发现的新矿种，对促进工业、农业、科学技术和国防发展都具有积极意义。

11月12日　省委批转省公安局党组《关于结合工业学大庆、农业学大寨活动，大力推广落实"枫桥经验"的请示报告》。全省开始普遍推广"枫桥经验"，落实群众性治安保卫工作。

11月30日　省委决定：成立省财政局、中国人民银行浙江省分行，撤销浙江省财政金融局。

是月　杭州西湖灯泡厂生产的普通灯泡在全国灯泡产品质量评比中获第一名。

12月2日　省革委会决定撤销省内务局，分设浙江省民政局、浙江省劳动局。

12月16—24日　政协浙江省第四届委员会第一次全体会议在杭州召开。这是省政协继1964年9月召开三届一次会议以后的一次重要会议。会议听取并审议了三届省政协常委会报告，通过《中国人民政治协商会议浙江省四届委员会第一次全体会议决议》，选举四届省政协委员会。铁瑛任省政协主席，陈伟达、陈冰、毛齐华、吴宪、何克希、汤元炳、余纪一、林辉山、陈立、蔡堡、李蓝炎、吴又新、王季午、周庆祥、杨海波、陈礼节、江希明、崔东伯为副主席。

12月18—22日　省第五届人民代表大会第一次会议在杭州召开。大会听取并审议了铁瑛代表省革委会所作的题为《高举毛主席的伟大旗帜，贯彻执行党的十一大路线，为把浙江建成社会主义工业省而奋斗》的工作报告，并通过了关于工作报告的决议，同时选举产生了省革委会主任、副主任和委员。铁瑛当选为省革委会主任，陈伟达、陈作霖、张子石、蒋宝娣、冯克、袁芳烈、王芳、王博平、刘亦夫、陈安羽、翟翕武为副主任。

12月21日　省委宣传部批复同意恢复浙江人民出版社和省新华书店独立建制。

12月26日　省环境保护领导小组办公室成立。

是月　杭州汽车发动机厂设计研制的6130型卧式汽车发动机获得成功，为中国汽车发动机生产填补一项空白。

是月　全省最大的港口——宁波新港煤码头简易投产，进港铁路建成通车，实现省委提出的年内“能靠船、能卸煤、能运出”的奋斗目标。

是年　在宁波地区农学院基础上，创建浙江农业大学宁波分校。1984年改名为浙江农村技术师范专科学校。

是年　上虞县调查并试掘汉代、六朝窑址，发现东汉及三国、两晋时期的青瓷窑址，从而确定中国青瓷始于东汉，上虞是青瓷的发源地。

是年　浙江省国内生产总值100.00亿元，其中工业总产值37.07亿元，人均国内生产总值271元；社会消费品零售总额42.16亿元；全社会固定资产投资为8.00亿元；全年财政总收入完成19.64亿元；职工平均工资521元。

是年　浙江省总人口为3707.10万人，人口自然增长率为12.39‰。

1978年

1月7日　省委召开理论工作座谈会，讨论揭批“四人帮”和加强党的思想理论建设问题。17日，省委召开加强理论工作动员大会，要求理论战线认真学习马列主义、毛泽东思想，彻底清算“四人帮”破坏理论工作的罪行，拨乱反正，解放思想，整顿壮大理论队伍，完整准确地掌握毛泽东思想体系，把理论工作搞上去。

1月8日　中央决定在宁波北仑山建立港口。13日，省革委会成立北仑港筹建小组，并着手开展设计、施工的准备工作。

1月17日　省委、省革委会决定成立省农垦局，将省水利厅围垦处划归省农垦局。1983年仍划归省水利厅。

是月　省革委会决定撤销省农林局，分别成立浙江省农业局、浙江省林业局。

2月10日　根据国务院确定对浙江省试行“增收分成”的财政管理体制的要求，省革委会发出《关于改进财政管理体制的通知》，规定从1978年起，对各地(市)县(市)的财政体制改为“定收定支，收支挂钩，增收分成，下年使用”的办法。

3月1日　省革委会批转省教育局《关于办好一批重点中小学的意见》，规定省、地(市)、县三级都要有自己的重点学校。省、地(市)要办好一批全日制重点中小学和半工(农)半读的农业中学、五七干校。全省力争在1985年内使重点中小学逐步达到全部中小学的三分之一。《意见》还决定，在省、地(市)重点高中试办文理科分班，并从三年级起开设外语。当时确定省办重点中学18所，地(市)、县重点中学186所，重点小学314所。

3月23日　浙江省人民检察院恢复设立。

3月24日　省委批转省人事局党组《关于解决科技人才用非所学问题座谈会纪要》，指出全省科技人才用非所学情况严重存在，应迅速解决好这一问题。到年底，全省用非所学的6600多名科技人员，已有6030人调整归队。

是月　全省高校打破常规，克服困难，挖掘潜力，在完成原定的1977年招生计划之外，扩大招生名额2217名，其中试招走读生610名。

是月　在全国科学大会上，浙江省有233个单位的科技成果获奖。

4月14日　省革委会批转省环境保护领导小组《关于开展我省东海水域污染调查监测工作的报告》。根据国家有关会议精神，1978年和1979年，对东海沿海污染分枯水期、丰水期、平水期进行三次采样，对154个站点的水质、底质、生物、沉积物进行监测，同时配合进行社会调查。

4月14日　省革委会批复省水利局同意建立省河口海岸研究所，与省钱塘江工程管理局合署办公。

4月17日　经国家出版局和省委宣传部同意，西泠印社列为专业出版单位；1993年8月，新闻出版署批复同意西泠印社更名为西泠出版社；1995年，新闻出版署发文，同意恢复西泠印社名称。

4月19日　浙江省旅行游览事业管理局成立，原属省外办领导的国际旅行社杭州分社划归省旅游局。

4月27日　省革委会批转《浙江省1978—1985年人口增长规划》。要求"六五"期间，全省人口自然增长率控制在7‰以下，年均净增长27万人，至1985年总人口控制在4000万人以内。

是月　杭州市委根据省委指示正式发文，为在1976年"四·四事件"中遭"四人帮"及其帮派体系迫害的干部群众彻底平反。10月13日，省委、杭州市委召开大会，宣布对所谓"杭州四·四反革命政治事件"给予彻底平反昭雪。

是月　省革委会决定恢复设立浙江林学院。1979年2月获国务院正式批准。

是月　海宁县发掘千金角徐婆桥良渚文化墓葬26座，出土文物470余件。这是浙江第一次发掘数量众多的良渚文化类型墓葬，为研究良渚文化的性质提供了重要资料。

是月　绍兴亭山公社出土铜句鑃两件，上有铭文。是中华人民共和国成立以来浙江首次发现的有长篇铭文的青铜器。

是月　省委批准建立省社会科学研究所筹建领导小组。8月，省社科所筹建领导小组向省委常委会汇报"全国理论与实践问题讨论会"精神，并召开有1000余人参加的大会，传达"全国理论与实践问题讨论会"精神。

5月7日　根据国务院关于实行奖励和计件工资制度的通知，全省开始有条件、有计划地实行奖励和计件工资制。

5月8日　根据中共中央关于全部摘掉右派分子帽子的决定，省委成立省摘掉右派分子帽子工作领导小组。1980年5月19日，省委批转省右派摘帽办公室《关于结束摘帽办公室工作问题的报告》，意味着全省右派摘帽工作结束。

5月11日 《光明日报》发表题为《实践是检验真理的唯一标准》的特约评论员文章。新华社当天转发了这篇文章。5月16日，浙江人民广播电台全文播出；6月10日，《浙江日报》全文转载，浙江省关于真理标准问题的讨论由此开始。

5月18—19日 罗共中央主席、罗马尼亚社会主义共和国总统尼古拉·齐奥塞斯库和夫人一行来杭州访问。

5月25—29日 中共浙江省第六次代表大会在杭州召开。大会听取并审议了铁瑛代表五届省委所作的题为《动员起来，为实现新时期总任务而奋斗》的工作报告，并通过了关于工作报告的决议；选举产生了中共浙江省第六届委员会。5月30日，省委六届一次全会选举铁瑛为省委第一书记，李丰平、陈伟达、陈作霖为省委书记，王芳、张敬堂为省委副书记，牟翰清、蒋宝娣、冯克、袁芳烈、王金友、薛驹、王耀亭、李朝龙、王家扬、翟翕武为省委常委。张敬堂为省纪律检查委员会书记。

5月31日至6月5日 全省1978年高等院校、中等专业学校招生工作会议在诸暨召开。会议要求在德、智、体全面考核的情况下，打破常规，广开才路，不拘一格选拔人才。并特别提出，政审不能唯出身，主要看本人的政治表现；对于录取知识分子子女的问题，一定要明确知识分子是劳动人民的一部分，不能把录取他们的子女同录取工农子女对立起来。重视考生的文化水平，不是什么分数挂帅和智育第一，而是坚持德、智、体全面考核，择优录取的原则。

是月 经国务院批准，浙江大学归中国科学院和浙江省双重领导，以中国科学院为主。并明确着重培养科技人才。1980年11月，该校改由教育部主管。

6月5—7日 省委召开城市工作会议，要求逐步把城镇整顿好、规划好、建设好、管理好。并强调要把积极做好按政策留城和回城待业青年的安置工作，作为城镇整顿的一项重要内容。

6月6日 绍兴、宁波、温州被列为对外开放城市。

6月9日 解放以来全省规模最大的一次科技成果展览会在杭州开幕。展览会共展出农业、工业、理化、电子自动化、医药卫生、能源等方面的科技成果707项，其中171项曾获全国科学大会奖。

6月15日 杭州大学举行哲学社会科学讨论会，来自全国138个科研单位和高等院校的学者、专家和哲学社会科学工作者共200余人参加会议。会议澄清了一些重大理论是非，对活跃学术空气，营造民主的学术氛围起到促进作用。

6月19—20日 西班牙国王胡安·卡洛斯和王后在杭州访问。

6月21—28日 全省农业科学技术大会召开，全省农业机械化会议和农村人民公社经营管理工作会议同时召开。会议讨论了《浙江省农业科学技术的八年规划纲要(草案)》、《三年基本实现农业机械化的规划(草案)》以及《关于认真落实农村经济政策，改进人民公社经营管理的规定(草案)》。

6月23日 省革委会发文，决定建立浙江煤炭工业学校和恢复杭州化工学校。

6月23—27日 省委组织部召开全省落实干部政策座谈会，要求各地重点解决“文化大革命”以来的干部政策问题，要分轻重缓急，有计划、有步骤地加以研究解决。

6月24日　省委印发《关于恢复浙江省编制委员会的通知》，规定由省编委统一管理全省各级国家机关和省级事业单位、企业行政管理机构的机构编制工作。

6月25—26日　利比里亚总统威廉·理查德·托尔伯特一行来杭州访问。

是月　省卫生系统承担中国援中非共和国医疗队的派出任务。截至1991年8月，先后派出112名医务人员，累计为所在国诊治病人174万人次。

7月6日　省委发出《关于认真落实农村经济政策，改进人民公社经营管理若干问题的规定》提出，落实农村经济政策重点是落实按劳分配政策，纠正分配上的平均主义，建立生产责任制。对侵犯群众利益的“土政策”应公开宣布一律废除。要重申自留地种植由社员自行安排，允许社员饲养家禽家畜，经营家庭副业，允许在房前屋后和自留山种植竹木果树，归社员所有。8月，省委又进一步制定《关于认真落实农村经济政策，改善人民公社经营管理的若干规定（草案）》，以规章的形式保证党的农村经济政策的全面落实。是年，浙江省早稻单产、总产创历史最高水平，1840万亩早稻单产总产均比上年增长一成半左右。全省68个县实现了县县增产，还涌现出一批早稻亩产上《纲要》的县、区、社和一季超千斤的大队、生产队。

7月6—7日　省社会科学研究所（筹）召开真理标准问题讨论会。各大专院校、省委党校、干校、新闻出版系统和省、市机关宣传理论工作者共60余人参加讨论会。8日，省委宣传部举办全省高等学校马列主义理论课教师备课会，深入讨论实践是检验真理的唯一标准问题。

7月25日　省委批转省纪委《关于开展和加强党的纪律检查工作的报告》，要求已建立纪律检查委员会的地方，要积极开展纪律检查工作；尚未建立的，也要先配备必要的干部，加强这方面的工作，随着党代会的召开，再把纪律检查委员会建立起来。

7月29日　省委决定镇海县划归宁波市管辖。1982年8月获国务院正式批准。

是月　杭州橡胶厂生产的“朝阳”牌力车轮胎在全国质量评比中获第一名。慈溪县化工厂生产的“凤凰”牌肥皂被评为全国同类产品的一类产品。

8月10日　省科学技术协会第三届委员会举行成立大会，同时宣布省内36个自然科学学会恢复。

8月14日　根据国务院批转教育部《关于高等学校恢复和提升教师职务问题的请示报告》，省革委会召开省高等学校教授、副教授授职大会，宣布授予281人以教授、副教授、副研究员职称。

8月16—27日　全省教育工作会议召开。这是粉碎“四人帮”后浙江省教育战线规模最大的一次会议。会议讨论修订了1978—1985年教育事业发展规划，要求全面贯彻落实全国教育工作会议精神，大力办好教育事业，为实现新时期的总任务服务。

8月16—28日　全省文学艺术创作大会召开。

8月17日　省委批复，设立杭州市半山区。

8月29日　省革委会同意浙江省财政学校分设为浙江省银行学校和浙江省财政学校。

9月1—13日　省委召开扩大会议，着重讨论发展农业等工作。会议期间，省革委会举行五届二次全体委员会议，通过关于设立嘉兴、绍兴、宁波、金华、台州、温州、丽水、舟山8个地区行政公署的决定。

9月16日　省委批转省委教育卫生部《关于调整浙江省普通高等学校领导管理体制的意见》，规定面向全省的高等学校，由省委、省革委会统一领导，有关部门和地区分工管理；主要面向本地区的高等学校，由所在地区直接领导。并确定杭州大学为省重点大学。

9月16日　省革委会决定，将“文化大革命”期间所称的地区革委会改为地区行政公署，地区革委会主任、副主任改为地区行政公署专员、副专员。

9月19日　省革委会批转省劳动局《关于实行奖励和计件工资制度试点情况的报告》。

9月19日　省革委会批准，宁波市区的镇明、海曙、江东、江北4个区改为市辖区一级政权建制。

9月23日　中华人民共和国宁波海关成立。

9月29日　省血防小组召开纪念毛泽东《送瘟神》诗发表20周年座谈会。会议宣布，经过20年的努力，浙江共治愈130多万名血吸虫病人，灭螺面积达95%以上，全省20多个县市基本消灭了血吸虫病。

是月　省委常委连续召开讨论会，联系浙江实际，深入讨论检验真理的标准问题。提出要以实践第一的观点来总结20多年正反两方面的经验，要敢于从实际出发，实事求是地研究解决新的历史条件下提出的各种新问题。

是月　杭州灯泡厂普通灯泡在全国质量评比中又获第一。杭州红旗造纸厂一号卷烟纸在全国卷烟纸质量评比会上获第一。嘉兴东风造纸厂生产的电容器纸在质量评比中获全国第一，为国内首创产品。

是月　中华全国供销合作总社在杭州筹建杭州茶叶、蚕茧加工研究所。后改为中华全国供销合作总社杭州茶叶研究所。

10月5日　省革委会批准，调整全省电力工业管理体制。各地(市)先后成立电力(业)局，受省电力局和地(市)双重领导。除小火电外，省、地、县电力部门统一管理电力生产、基建，所需的生产、基建和维修材料，统一归口分配下达。

10月5—12日　省委宣传部召开理论与实践问题讨论会。是月，宁波、台州、丽水、嘉兴、舟山、绍兴等地区分别召开讨论会，联系本地实际讨论检验真理的标准问题。

10月12日　省哲学学会、经济学学会、历史学会和教育学会在中断活动多年之后重新成立，召开成立大会，并分别选举产生会长、副会长、秘书长。

10月18日　省商业局转发省革委会《关于贯彻执行〈国务院转发商业部、国家计委、财政部关于加强酒类专卖管理工作的报告〉的通知》，要求建立各级酒类专卖管理机构。

10月18—24日　省第六届体育运动会在杭州举行，进行了田径、射击比赛和篮球、排球、足球决赛。共有15个代表团、1000名运动员参加。

是月　杭州大学恢复招收研究生。

是月　《东海》文学月刊复刊。此前(1975年1月)，该刊以《浙江文艺》刊名出刊。

11月20日　中国大型炼油企业之一浙江炼油厂投产，炼油装置及其他各种配套设备联合试运行出油一次成功，经过精制的催化汽油采样化验后，质量符合国家标准。年加工原油能力为 250 万吨。1982 年 12 月，改名为镇海石油化工总厂。

11 月 25 日　浙江省开始执行国务院批转的财政部《关于国营企业试行企业基金的规定》。

是月　杭州大学召开全国性的中共党史讨论会，这是粉碎“四人帮”后首次讨论中国社会主义时期历史的全国性学术会议。会议决定发起筹建中共党史学习研究会(即后来的全国中共党史研究会、全国中共党史学会)。

12 月 2 日　浙江省开始执行国务院批转的财政部《关于减轻农村税收负担的报告》。减免税从 1979 年开始。

12 月 4 日　国务院正式批准宁波港对外开放。

12 月 8 日　省粮食局发出通知，宣布各地可根据需要，常年开放粮食市场，允许农民和完成征购任务的生产队出售多余的粮食和食油，允许缺粮缺油的农民、职工、居民购买自己食用的粮、油。

12 月 8—17 日　全国第一次沿海滩涂资源考察会议在萧山召开，到会代表参观萧山围垦地区。会议确定温州地区为全国沿海滩涂资源综合调查试点单位。

12 月 18—22 日　铁瑛、陈作霖等中央委员、候补委员参加中共十一届三中全会。这次全会开始全面认真地纠正“文化大革命”及以前的“左”倾错误，及时作出把全党工作重点转移到社会主义现代化建设上来的战略决策，在思想上、政治上和组织上全面恢复和确立了马克思主义的正确路线。

12 月 19 日　省田径运动员、运动健将叶佩素在第八届亚运会田径比赛中，以 4133 分的成绩获得女子五项全能冠军，夺得一枚金牌。另一田径运动员沈丽娟以 17 米 70 的成绩获女子铅球金牌，并第五次刷新全国纪录。

12 月 23 日　省委决定恢复设立浙江省物价委员会。

12 月 27 日　省委同意将浙江省新闻纪录电影摄制组扩建，恢复建立浙江电影制片厂。

是月　全省大、中、小学开始执行教育部修订后分别重新颁发试行的全日制中、小学和全国重点高等学校《暂行工作条例(试行草案)》。

是月　杭州全面整修岳飞墓庙，重塑岳飞塑像。

是月底　全省有 6939 所医疗卫生机构，8009 名卫生人员，61800 张病床。

是月底　全省有畜牧兽医、茶叶、测绘、地质、园艺、植物、地理、气象等 20 个省级学会恢复活动，并改选理事会。

是年　截至年末，全省共有 67.62 万名知识青年上山下乡迁出城镇。其中在人民公社插队落户的有 52.90 万人，迁往农场的有 3.13 万人，迁往建设兵团的有 3.04 万人，迁往外省的有 8.55 万人。

是年　为执行“旅检”需要，省农业局设立动植物检疫站，同时恢复农业部杭州植物检疫站，继续担任内外检工作。翌年 5 月，农业部下文批准建立中华人民共和国杭州动植物检疫站。1981 年，国家农委同意内、外检机构分设，内检由省农业行政部门管理，外检由农业部动植物检疫总所直接领导，并在宁波、温州、椒江、舟山等港口设立动植物检疫所，负责外检工作。

是年　西湖再度开始疏浚，至1985年累计挖泥24万立方米，使西湖平均水深恢复到1.8米左右。

是年　恢复建立浙江省群众艺术馆，各地市级群众艺术馆、县级文化馆和乡镇文化站也相继恢复建立。全省共有乡镇文化站1049个、文化馆76个、公共图书馆63个、博物馆19家。

是年　新建的普通高等学校有杭州师范学院，宁波、温州、嘉兴、台州、丽水师范专科学校和浙江工学院、浙江林学院、浙江冶金经济专科学校；恢复和新建中等师范学校14所，中等专业学校17所，技工学校22所。

是年　浙江省已办社队企业6.7万家，从业人员160万人左右，占农村劳动力总数的11%。社队企业产值为26.5亿元，比上年增长22%，相当于全省人民公社三级经济的40%，社队工业产值相当于全省工业总产值的六分之一多。产值超1亿元以上的县有鄞县、余姚、慈溪、绍兴、萧山等。

是年　浙江省国内生产总值123.72亿元，其中工业总产值46.97亿元，人均国内生产总值331元；社会消费品零售总额46.86亿元；全社会固定资产投资达23.23亿元；全年财政总收入完成27.45亿元；全省职工平均工资544元。

是年　浙江省总人口为3750.96万人，人口自然增长率为12.34‰。

1979年

年初　为加强全省口岸管理，省革委会批准成立省口岸办公室，负责全省口岸协调与管理工作。省内宁波、温州、舟山、台州、嘉兴市及有口岸的县(区)政府先后成立口岸办(委)，负责协调管理本地区口岸工作。

1月2日　杭州海关成立，隶属省外贸局，对外称杭州海关，对内为省外贸局海关管理处，管理宁波、温州海关工作。1980年，改为隶属海关总署。

1月8日　温州开放梧埏、状元、瞿溪等11个粮油市场，允许农民和完成粮油征购任务的生产队出售多余粮食和食油。

1月11日　中共中央发出《关于地主富农分子摘帽问题和地富子女成份问题的决定》。2月2日，省、绍兴地区和诸暨县三级公安机关联合组成工作组，到诸暨枫桥区开展“四类分子”(地主分子、富农分子、反革命分子、坏分子)摘帽试点工作。2月5日，《人民日报》发表《摘掉一顶帽，调动几代人》的长篇通讯，介绍枫桥区“四类分子”摘帽工作的试点经验。2月7日，省革委会发出《关于对“四类分子”摘帽审批手续的通知》，这项工作在全省全面展开。到4月中旬，摘帽22万余人，占93.17%；到1984年底，24万余人全部摘帽。

1月13日　省委转发省委统战部《关于贯彻中央批转上海市委〈关于落实党对民族资产阶级政策的若干问题的请示报告〉的意见》。

1月26—27日　卢森堡大公国首相加斯东·托恩在杭州参观访问。

是月　杭州—香港不定期包机航班开辟。1980年11月4日，杭州—香港航线正式开航，每周3班。

是月　省委摘掉右派分子帽子工作办公室、省民政局发出《关于右派摘帽人员社会救济问题的通知》，规定对全省右派摘帽人员中年老体弱、丧失劳动能力、无生活来源的，发给社会救济费，使其能维持当地一般居民或社员的生活水平。

是月　杭州市停止动员城镇知识青年上山下乡。

2月5—15日　全省理论工作务虚会召开。会议对30年来宣传理论工作的主要经验教训及一些重大的理论原则问题进行了讨论，并研究了全党工作重点转移后理论工作的根本任务。

2月6日　浙江广播电视大学开学。

2月6日　省革委会发出《关于统筹解决知识青年问题的通知》。全省开始全面落实知识青年政策，知青开始大批返城。至1981年底，省内下乡知青99%以上得到适当安排。

2月21日　杭州市与日本岐阜市结为友好城市，这是浙江与国外缔结的第一对友好城市。

2月25日至3月3日　全省统战工作会议在杭州召开。这是粉碎"四人帮"后召开的第一次全省统战工作会议。会议着重讨论了新时期统一战线工作任务和统战工作的重点如何为党的工作重心转移服务的问题，研究了落实党的各项统战政策问题。

是月　余姚韩陶制衣厂开办，是为全省社队工业首家外资补偿贸易企业。

3月1日　省委批转省高级人民法院党组《关于复查纠正冤、假、错案的情况和今后意见的报告》，指出各级党委要切实加强对复查处理"三类案件"(因反对林彪、"四人帮"和为邓小平鸣不平而被判刑的错案)和纠正其他冤、假、错案的领导，加快工作进度。

3月10—14日　省科学大会在杭州召开。会议贯彻全国科学大会"科学技术是生产力""知识分子是工人阶级的一部分""四个现代化关键是科学技术现代化"等精神，讨论了浙江科学技术发展规划，重点解决科学技术为经济建设服务的问题。会议还奖励了20世纪60年代以来重要科技成果548项。

3月16日　省革委会下发的《关于发展社队企业若干问题的座谈纪要》指出：社队企业已成为浙江国民经济的一个组成部分，对于壮大社会主义集体经济，让农民富裕起来，日益显示出它的优越性。《纪要》进一步明确社队企业可以发展的行业，并要求从财政、信贷上扶持社队企业，省和县要将国家支持人民公社投资的相当一部分，另从地方机动财力中拨出一定的资金支援穷社、穷队发展企业，并明确各级社队企业管理局的工作任务。

3月23日　省革委会批转省财政局《关于农业税问题的请示报告》，为减轻生产队的农业税负担，从1979年5月1日起降低部分经济作物的产品税率，并实行扩大耕地面积部分免税、一定5年不变的政策。

3月28日　东阳县横店首次试行企业经济承包责任制，6家企业签订了1979年经济承包合同。

3月30日　省革委会批转省财政局《关于1979年财政管理体制的报告》，从1979年起重新划定各县、市的分成比例；对县办国营企业也实行利润留成办法；对计划亏损企业，实行地方、国家按 2∶8 比例负担的办法。

3 月 30 日　中国科学院院士、著名生物学家、教育家童第周在北京逝世。童第周，鄞县（今宁波市鄞州区）人，1902 年出生，生前曾任全国政协副主席等职。

是月　杭州钱江业余补习学校创办，1980 年 1 月更名为钱江业余学校。这是“文化大革命”后浙江省民主党派、工商联创办的第一所学校。

是月　省文联和省作家协会、省戏剧家协会、省美术家协会、省音乐家协会、省曲艺家协会活动先后恢复。此后，省民间文艺家协会（1979 年）、省电影家协会（1980 年）、省舞蹈家协会（1980 年）、省摄影家协会（1980 年）、省书法家协会（1982 年）、省电视艺术家协会（1988 年）相继成立。

4 月 7 日　省革委会给舟山行署发出《关于普陀山整修开放问题的批复》。28 日，舟山地区建立普陀山管理局，开始整修普陀山普济、法雨、慧济三大寺和观音洞、梅福庵、紫竹林。同时，省财政拨款 40 万元作为维修费。

4 月 8 日　宁波市基督教百年堂恢复活动，是为“文化大革命”后全国最早恢复的基督教堂。

4 月 9 日　萧山县工商行政管理局正式批准成立浦沿公社电力安装工程队（东冠集团前身），开浙江省社队企业跨省劳务输出先河。

4 月 13 日　省革委会发出《关于种足种好棉花和实行棉花超购奖励的通知》，规定从 1979 年下半年起对超购棉加价 30%，并返回全部超购棉花的棉籽油。

4 月 14 日　杭州市革委会批准市园林管理局制订《西湖风景区及公园、风景点游览管理规则》和《违反游览管理规则罚款暂行办法》，对西湖水体、公园、风景点安全等列举 22 条禁止行为。

是月　省委批转省人事局党组《关于农村人民公社（镇）的行政编制和干部配备的报告》，为解决干部缺额，适应加速全省农业现代化建设需要，同意增拨 12000 名招干指标，为全省公社（镇）充实一批年轻干部。

5 月 22 日　省劳动局、省计划生育领导小组办公室下达《关于选招计划生育专职人员的通知》，规定每个农村公社配备一名计划生育专职人员。为此，国家下达浙江省该项全民招工指标为 3005 名。

是月　杭州边防检查站成立，隶属省公安边防总队，查验监管范围为杭州航空口岸。

6 月 1 日　宁波港对外开放。1981 年 9 月 11 日，北仑港区、镇海港区对外轮开放。

6 月 13 日　省高级人民法院经济审判庭正式成立，开始受理各厂矿企业等生产经营单位之间在产、供、销以及基本建设等领域发生的经济合同纠纷案件。

6 月 23 日　省委办公厅通知，同意恢复省人民政府民族宗教事务处（同时又是省委统战部民族宗教工作处）。

7 月 1 日　全国渔业系统第一家渔工商联合企业在舟山地区普陀县螺门人民公社正式成立。到 1983 年底，舟山渔区共办起 18 家渔工商联合企业，参加渔工商的渔业劳力和鱼产量分别占到全舟山渔业劳力数的66.5%和水产品总产量的68.3%。1985年,国家全面放开水产品市场价格,国家计划调拨的渔用柴油逐年减少,群众性冷库大量增多,渔工商联合企业开始出现分化、改制,并逐渐退出历史舞台。

7月1—20日　全省第一次马克思主义人口理论学习讨论会在余杭县委党校举行。

7月1日至9月30日　为保护海洋产卵带鱼及其幼体,浙江省开始在禁渔区线外实施群众渔业3个月伏季休渔制度。这是贯彻落实新时期渔业工作指导方针第一条“大力保护资源”而实施的一项具体措施,开创全国伏季休渔先河。

7月22日　浙江省进出口领导小组成立。

7月26日　杭州市开放灵隐寺、凤凰寺、鼓楼堂、思澄堂、天主堂等场所,恢复杭州市佛教协会、道教协会筹备会、伊斯兰教协会筹备委员会、基督教三自爱国运动委员会、天主教教友爱国会等宗教组织活动。

8月5日至1981年9月2日　省、地、县三级科学工作者先后4次赴遂昌县九龙山、龙泉县凤阳山、缙云县大洋山、庆元县百山祖进行综合科学考察。考察表明,这些地区植物资源有种子植物、苔藓植物、蕨类植物和大型真菌等3800多种,可以利用的淀粉植物、纤维植物、中药材植物、脂肪及油料植物、芳香原料植物、饲料植物、土农药植物、观赏植物等600多种;野生动物有2618种。列入国家重点保护的珍稀动植物103种,其中植物42种,动物61种。

8月9日　省革委会发出《关于发展城镇街道集体所有制企业的规定(试行草案)》,指出城镇街道集体所有制企业,可以由镇办、街道办、居民区办,也可以由几个人合办,并且允许个体经营。国家对城镇街道集体所有制企业实行低税、免税政策。

8月22日　宁波港对外开放后,首艘外轮日籍“湖山丸”抵港。

是月　国家外汇管理局浙江分局成立。

是月　浙江省华侨投资公司成立,1982年更名为浙江省国际信托投资公司。

是月　温州永嘉县桥头镇桥一村村民做起贩卖纽扣生意。随后,桥头很快自发形成以众多个体户为经营主体的桥头纽扣批发市场并闻名全国。

是月　沈家门台湾渔民接待站成立。1985年3月改为普陀县台湾同胞接待站。

9月3日　省革委会召开第三次全会扩大会议,通过并下发《关于计划生育若干问题的规定》。主要内容有:提倡晚婚晚育;生育子女不得超过两个,两胎间隔时间4年以上;只生一个孩子的发给《独生子女优待证》,每年领取儿童保健费;生育多子女的夫妇双方要缴纳多子女费。

9月10日　国务院批准恢复设立湖州、嘉兴、绍兴、金华、衢州5个市(县级)。

9月15日　省革委会颁发《关于农村集市贸易管理的暂行规定》,开放杭州、宁波、温州三市的农副产品市场,允许三类农副产品上市交易。

9月18日　中央办公厅电告:胡耀邦同志看了浙江省委9月6日给中央的《关于城镇待业人员安置工作情况的报告》后作出批示,指示要把报告提出的关于发展城镇街道企业,安置好待业青年的问题,以及要求中央在今后若干年内从财力、物力方面给予支持的建议,转请有关部门和地方抓紧研究解决。按照中共中央办公厅通知规定,省委办公厅连续3次向中央报告浙江省就业工作情况。1979年,全省共安置城镇待业人员34万人,其中有22万人安排到各种集体所有制单位,占65%。

9月18—19日　丹麦王国女王玛格丽特二世和亨里克亲王在杭州参观访问。

9月27日　宁波港第一艘中国籍"胜利"4号油轮装载2975吨石脑油,驶往日本千叶港。

是月　省委决定在桐乡县进行县、乡人大代表直接选举试点。桐乡作为全国县人大代表直接选举5个试点县之一,民政部工作组到县进行直接指导。选举工作于11月上旬圆满结束。1980年2月,省人大常委会在桐乡召开选举工作试点现场会。

10月4日　省革委会发出《关于扩大国营工业企业经营管理自主权试点的暂行办法》,指出扩大国营工业经营管理自主权,是改革经济管理体制的重要步骤,对于贯彻国民经济"调整、改革、整顿、提高"的方针,搞活经济,加快现代化建设具有重要意义。同时决定74个全民所有制工业企业进行试点。

10月14日　杭州制氧机厂与联邦德国林德公司签订由杭州制氧机厂向林德公司出售制氧机板翅式换热器加工技术合同,是为中国机械工业首次向工业发达国家转让技术。

10月16日　省委发出《关于当前农村执行经济政策上的几个问题的通报》,要求各地在保证经济发展和集体经济占绝对优势的条件下,允许和鼓励社员发展家庭副业,不能当资本主义倾向批判。

10月27日　省革委会发出《关于提高主要副食品销价后给职工副食品价格补贴的通知》。规定从1979年11月1日起,为全民所有制企事业单位和国家机关的固定职工每人每月发给副食品价格补贴5元。

10月31日　省革委会发布《关于集体所有制工业扩大企业经营管理自主权试点的暂行办法》,并确定103个集体所有制企业进行试点。

是月　杭州王星记扇厂厂长签订全国第一份厂长承包责任制书。

是月　泰顺雪溪石拱桥建成,主孔净跨60米,系省内单孔跨度最大的石拱桥。

11月4日　浙江人民广播电台恢复播出广告节目。

11月17日　省革委会发出《关于恢复和健全统计机构的通知》,批准恢复设立浙江省统计局。

是月　中国与联合国开发计划署签订协议,在镇海县小港笠山建立小型风力发电实验站,援款113万美元,是为浙江接受的第一个多边援助项目。1981年5月12日,笠山风力发电试验站竣工。

12月1日　省委颁发《省委、省革委会转发社队企业管理局关于贯彻执行国务院〈关于发展社队企业若干问题的规定(试行草案)〉的实施办法》。确定:对社队企业应该分别不同情况,实行低税或免税政策。除继续执行1978年《浙江省农村工商税收征税办法》以外,自1978年起,新办的社队企业,从投产经营的月份起,免征工商税和所得税3年;财政部1978年规定利用饲料粮酿酒的社办酒厂,工商税减按20%税率征收。

12月5日　省委决定建立省司法厅。1980年5月1日,浙江省司法厅正式建立。

12月11—20日　省政协四届二次全体会议在杭州召开。会议审议通过省政协常委会工作报告、四届二次全体会议政治决议和提案审查情况报告，选举毛齐华为省政协主席。

12月13—18日　省五届人大二次会议举行。会议根据《中华人民共和国地方各级人民代表大会和地方各级人民政府组织法》的规定，取消浙江省革命委员会，恢复浙江省人民政府，选举产生省长、副省长；设立常务委员会，作为省人民代表大会的常设机关。此后，全省各设区的市、县（市、区）人民代表大会也先后设立常务委员会，相继恢复人民政府。会议选举铁瑛为省五届人大常委会主任，选举李丰平为省长。

12月19日　省五届人大常委会举行第一次会议，通过《浙江省县级以下各级人民代表大会代表选举（试行）细则》，就选举委员会的设立和任务、代表名额、选区划分、选民登记、代表候选人的提名推荐、投票选举等问题作了较为详细的规定。这是省人大常委会建立后第一次行使地方立法权。决定设置办公厅，这是省人大常委会首次设立办事机构。此后，省五届至十一届人大常委会都设若干工作委员会（五届称委员会），省八届人大常委会设立研究室。省八届人大一次会议决定设立法制、财政经济、教育科技文化卫生、民族华侨4个专门委员会，九届、十届设法制、内务司法、财政经济、教育科技文化卫生、民族华侨、农业和资源环境6个专门委员会，省十一届人大将农业和资源环境委员会分设为农业与农村委员会、环境与资源保护委员会。

12月25日　宁波市基督教、天主教和衢州麻蓬天主堂分别举行“文化大革命”后第一个圣诞节活动。

是月　省人民检察院成立经济检察处，开展对八类经济案件（即贪污、行贿受贿、偷税抗税、挪用救灾抢险等物款、盗伐滥伐森林、重大责任事故、玩忽职守、假冒商标）检察。是年，全省有83%的检察院成立了经济检察机构，立案查处经济犯罪案件413件。

是月　遵照省委指示，为贯彻落实国务院《关于发展社队企业若干问题的规定（试行草案）的通知》，首届浙江省社队企业产品展销会在杭州举办。

是年　绍兴师范专科学校、温州地区教师进修学院、温州市教师进修学院相继创办。

是年　绍兴地区产茶15091吨，茶叶产量跃居全国首位，成为全国最大的茶叶生产基地。

是年　绍兴、上虞外荡重点推广网箱养鱼，其中绍兴县网箱养鱼面积居全国首位。国家水产总局在绍兴县召开全国网箱养鱼现场经验交流会，推动网箱养鱼发展。

是年　长兴县狄家斗村生产队长徐意群与社员协商后，悄悄把30亩零散的油菜田承包到户，实现全年油菜籽总量翻番。此举拉开全省推行家庭联产承包责任制序幕。

是年　省遥感地质站首次利用卫星图像，编制国内第一张浙江省1∶50万卫星影像图。

是年　浙江省地区生产总值157.75亿元，其中工业增加值55.59亿元，人均地区生产总值417元；社会消费品零售总额58.97亿元；全社会固定资产投资26.11亿元；全年财政总收入25.87亿元；全省职工平均工资647元。

是年　浙江省总人口为3792.33万人，人口自然增长率为12.09‰。

1980年

年初　按照省政府提出的“交通建设水陆并举，以水为主，先求其通”的方针，杭甬运河沿线的绍兴、上虞、余姚、宁波等市县分别对杭甬运河进行整治沟通。1983 年 7 月 1 日，整治工程完成通航。

1 月 9 日　省革委会外事办公室改名为省外事办公室。9 月 11 日，改称省人民政府外事办公室。

1 月 12 日　省政府批转省人民银行《关于恢复我省国内保险业务的报告》。

1 月 28 日　中国人民保险公司浙江省分公司成立。

2 月 9 日　省编委批准建立浙江省环境保护检测站。

2 月 24—27 日　省人大常委会作出《关于认真做好市、县选举工作的决议》。同时，听取、审议省民政局《关于桐乡县直接选举试点情况和今年上半年扩大试点意见的汇报》，省高级人民法院《关于实施刑法、刑事诉讼法的汇报》。这是省人大常委会第一次作出决议、决定，也是第一次听取和审议“一府两院”工作情况汇报。

是月　省广播事业管理局实行局、台分开管理体制。

是月　浙江第一家律师事务所——绍兴县法律顾问处成立，标志着浙江律师制度开始恢复重建。

3 月 8—16 日　省委、省政府召开全省农业工作会议。会议明确农业生产的任务是：坚持农、林、牧、副、渔并举和“以粮为纲，全面发展，因地制宜，适当集中”的方针，在继续抓好粮食生产的同时，加快发展各种经济作物，进一步调整农业产业结构，提高林、牧、渔在农业产业中的比例，大力发展社队企业，尽快使农民富起来。至此，全省农业生产指导方针开始有较为明显的转变。

3 月 15 日　省社队企业管理局下发《关于社队企业主管部门收取管理费的通知》，规定管理费的提取标准，工业企业按销售收入的 0.3%～0.5%；加工修理和劳务企业为收入的 0.5%～1%。

3 月 20 日　省政府批转省口岸办公室《关于沿海地区走私情况和取缔意见的报告》，首次就打击走私问题作出明确规定。年底，省政府发出《关于坚决打击走私和投机倒把活动的通知》，此是省政府为打击走私工作发出的第一个正式文件。翌年 3 月，省打击走私领导小组成立，下设办公室。全省打击走私工作开始步入轨道。

3 月 26 日　省委决定成立浙江省经济委员会；28 日，省委决定成立浙江省计划委员会、省农业委员会。6 月 20 日，省委、省政府决定各地、市、县成立经济委员会和农业委员会。

3 月 26 日　宁波—温州—香港海运航线正式通航。

3 月 29 日　省委、省政府作出《关于高级知识分子问题的几项规定》，要求充分发挥他们的专长，逐步改善他们的工作、生活条件，处理好历史遗留问题，并重视中年知识分子的培养、提高、选拔。

是月　省交通局与中国远洋运输总公司协商同意，并经交通部批准，组建中国远洋运输总公司浙江省公司。24 日，公司“姚江”轮自宁波起航，装载浙江出产物资首航香港成功。这是中华人民共和国成立后浙江省货轮首次从事外贸运输，标志着浙江外贸运输事业的新起步。

是月　东海第一个海洋污染监测站在嵊泗县滩浒岛建成。

是月　浙江对住在农村的年老体弱、丧失劳动能力烈士的父母和配偶、抗日战争时期入伍的复员军人等部分优抚对象实施定期定量补助，这是定期定量补助工作进一步走向制度化的一个重要步骤，奠定了抚恤补助制度的基本框架。

4月21日　省政府下发《关于实行"划分收支、分级包干"财政管理体制的通知》，确定全省实行省和市县两级包干，各地区除舟山地区以外，都不作一级财政。

4月23—29日　浙江省佛教协会第一届代表会议召开，正式成立省佛教协会。浙江省天主教代表会议在杭州召开，会上成立省天主教爱国会。浙江省基督教三自爱国运动委员会第二届代表会议在杭州召开。

4月30日　宁波东方眼镜制造有限公司在鄞县白岳乡投产，为省内社队企业首家外商合资企业。

5月7日　几内亚总统塞古·杜尔在杭州参观访问。

5月10日　省公安局复称浙江省公安厅，省民政局更名为浙江省民政厅，省教育局更名为浙江省教育厅，省第一轻工业局改为浙江省轻工业厅，省粮食局改为浙江省粮食厅。

5月17日　省政府第六次常务会议决定，独生子女保健费发放时间为自出生后至年满14周岁止，凭独生子女光荣证领取。但每个儿童领取保健费的年限不得超过10年。

5月17日　省水利局改为浙江省水利厅。

5月21日　中共中央、国务院、中央军委表彰东阳无线电厂CA型矩形插座用于发射太平洋运载火箭成功。

5月30日　省军区政治部、省民政厅、省军队转业干部安置工作小组等单位联合转发总政治部、民政部、国务院军队转业干部安置工作小组等部门《关于贯彻将1969年至1975年期间军队复员干部改办转业若干具体问题的报告》。

是月　省农业局更名为浙江省农业厅，省水产局更名为浙江省水产厅。

是月　省公安局边防处改为省边防保卫局，隶属省公安厅。1999年，称省公安边防总队，隶属公安部。

是月　经省政府批准，浙江省劳动教养管理委员会正式成立。

是月　经中国科学院动物研究所专家考察确定，长兴管埭公社尹家边大队划为扬子鳄保护区。

是月　遂昌上龙潭大桥竣工，1孔净跨108米双曲拱，系省内跨径最大的双曲拱桥梁。

是月　温州首创实行住宅商品化，出售蒲鞋市商品房1万平方米。

6月8—9日　阿根廷共和国总统豪尔赫·拉斐尔·魏地拉在杭州参观访问。

6月19日　省政府第三次全国人口普查领导小组成立，开始进行第三次人口普查。1982年10月30日，《关于浙江省1982年人口普查主要数字公报》发布，结果显示：1982年7月1日零时浙江省总人口为3888.5万人。

6月24—30日　省人事局召开解决干部夫妻分居调配工作会议，并印发会议纪要。据统计，1976年至1980年6月底，全省共解决干部夫妻分居19051对。至年底，全省又解决

3822对干部夫妻分居问题。

6月27日　北仑港10万吨级码头主体工程竣工。这是国内建成的第一个具有现代化水平的卸矿码头主体工程。

6月30日至7月2日　杭州伊斯兰教第一次代表会议召开，成立杭州市伊斯兰教协会。此后，嘉兴、宁波、衢州等市相继成立伊斯兰教协会等组织。

7月5日　省委组织部、省人事局联合印发《关于集体所有制干部管理的试行意见》，将集体所有制干部纳入党委组织部和政府人事部门管理范围。

7月7日　为加速海门的经济和港口建设，省政府批复同意建立海门特区，属台州地区行政公署管辖。

7月8日　香港新艺行与省第二轻工业公司所属家具杂品工业公司合资建立省首家中外合资企业——杭州西湖藤器有限公司。

7月8日　杭州房地产企业公司与香港均威置业有限公司在杭州合作建造华侨新村，系浙江利用外资举办的首家中外合作企业项目。

7月24日　省政府颁发《浙江省科学技术研究成果奖励试行条例》，设立浙江省优秀科技成果奖。为表彰和鼓励全省在生产第一线对科技成果推广作出优异成绩的科技人员，浙江在成果奖励工作一开始就设立推广奖，是国内成果奖励中最早奖励推广成果的省份。

是月　省科学技术委员会、省财政厅下发《关于试行浙江省有偿科研经费管理办法》。这一改革在国内首次冲破了科技三项费用无偿使用的禁区。

是月　杭州商检局更名为杭州进出口商品检验局。1999年，原浙江商检局、杭州市卫检局、杭州动植检局三检合一，成立浙江出入境检验检疫局，隶属国家质检总局。

是月　诸暨县栎江公社桥亭十一生产大队的99名村民在一份联产到劳“分田”协议书上签字。《浙江日报》头版以大篇幅报道该村“分田”之举。

8月4日　省委决定省第二轻工业局改名为浙江省第二轻工业厅。

8月11日　温州市革委会批准市工商行政管理局对个体工商户进行全面整顿、登记、发证工作，率先在全国发放第一份(批)个体工商执照。

8月16日　浙江省第一艘自营远洋油轮“兰江”号从宁波港首航日本。

8月25日至9月27日　为适应浙江省法制建设需要，全省第一期律师培训班举办，有66人参加培训。律师在浙江省法制建设事业中开始出现。

是月　省林业局改为浙江省林业厅。

是月　杭州市将1956年社会主义改造时定为资本主义工商业者的小商、小贩、小手工业者及其他劳动者3300多人从原资本主义工商业者中区别出来。

是月　上海同济大学校长李国豪、省建委顾问余森文到桐庐县规划设计风景区。余森文建议新安江水库更名为千岛湖。1984年12月15日，省地名委员会发文同意“千岛湖”为风景区名。9月19日，新安江风景区规划建设领导小组成立。1985年12月5日，改为淳安县千岛湖管理局。

是月　紧水滩水电站库区移民开始动迁。该电站水库淹没龙泉、云和县12个公社、52

个大队，耕地16804亩，山林34295亩。按照移民安置“后靠为主，适当外迁”的方针，至1988年，龙泉、云和、丽水县(市)共安置移民4721户、22500人。

9月6日　省政府批转省基本建设委员会《关于试行城市(镇)住宅商品化生产的意见》。

9月25—26日　意大利共和国总统山德罗·佩尔蒂尼在杭州参观访问。

是月　杭州海关设立杭州机场办事处;2005年成立杭州萧山机场海关，隶属杭州海关。

10月1日　浙江电视台10瓦彩色发射机在杭州北高峰投入使用。

10月1日　平阳县金乡镇(现属苍南县)信用社在全国首家试行利率浮动。

10月20日　由浙江电视台主办的全国第一份通俗电视艺术刊物《大众电视》创刊，1982年开始向国外发行。1982—1984年连续举办3届“繁荣电视剧奖”。1985年开始在全国范围内举办由观众直接投票产生的电视剧“大众电视金鹰奖”。1999年以后，“金鹰奖”改由中国广播电视协会主办;刊物改由浙江广电集团和中国广播电视学会(协会)主办。

10月31日　宁波市甬港联谊会成立，香港甬港联谊会代表团专程来甬参加活动。

是月　杭州铁路运输人民检察院重建，由上海铁路运输人民检察分院领导。

是月　省政府在绍兴召开全省地名工作会议，首次全面部署开展地名普查。此次地名大普查，全省各地、市、县投入近12万人，历时两年多时间，普查地名约256000条，其中政区地名约54000条，自然村名约137000条，街巷名称约10000条，具有地名意义的行政、企事业单位名称约6000条，具有地名意义的人工建筑物名称约8500条，名胜古迹名称约2600条，自然地名约33000条。

11月21日　浙江省台湾同胞联谊会成立。

11月21—22日　新加坡共和国总理李光耀在杭州参观访问。

12月18日　中国银行杭州分行正式营业。

是月　国务院批准，温州洞头港、舟山绿华和黄兴、台州大陈岛4个锚地作为出口鲜活海产品长期性外轮交货点，允许外籍船舶进境装运海产品。

是月底　“文化大革命”前成立并活动的36个省级学会全部恢复，并新建21个省级学会，总数达到57个。

是年　省第七届县、乡两级人大换届选举逐步展开。这是浙江省人大代表直接选举扩大到县一级以后，首次进行县、乡人大代表直接选举。截至1980年底，全省县、乡两级人大换届选举工作基本完成。据72个县(市、区)参选率统计，64个县(市、区)在96%以上，一次选举成功的选区和代表占90%左右。

是年　新建的普通高等学校有浙江医科大学杭州分校、杭州高等专科学校、杭州电子工业学院。浙江化工学院并入浙江工学院。新建职工大学9所、中等专业学校5所。

是年　全省共确定重点小学214所。

是年　省作协首次主办浙江省优秀文学作品评奖活动，11位作家的作品获奖。此后，作为浙江省唯一的省级文学专项奖，每2～3年评选一次。

是年　国家拨款修缮蒋介石故居溪口丰镐房。

是年　浙江省地区生产总值179.92亿元，其中工业增加值73.71亿元，人均地区生产总值471元;社会消费品零售总额74.87亿元;全社会固定资产投资33.25亿元;全年财政总收入31.13亿元;全省职工平均工资702元。

是年　浙江省总人口为3826.58万人,人口自然增长率为9.3‰。

1981年

1月1日　浙江省外贸总公司成立。

1月1日　全省范围内恢复举办有奖储蓄活动。

1月3日　省政府批准成立省高等学校教授职称评审委员会。

1月6日　省政府下发的《关于当前工商行政管理若干问题的暂行规定》指出:城乡集市贸易是社会主义商业的补充,要按照国家的政策,加强管理,做好工作,继续搞活,发挥其积极作用;工商行政管理部门是国家管理工商企业和市场活动的机关。《规定》严格控制一、二类农副产品在完成国家收购任务之前上市;禁止无证开业,禁止个体户搞长途运输。

1月6日　省政府决定恢复设立驻北京办事处。

1月14日　国务院批准,撤销吴兴、嘉兴、绍兴、金华、衢县5县,分别并入湖州、嘉兴、绍兴、金华、衢州5市。其中湖州市、嘉兴市隶属嘉兴地区行政公署领导;绍兴市隶属绍兴地区行政公署领导;金华市、衢州市隶属金华地区行政公署领导。

是月　民间文学季刊《山海经》创刊。

2月11—14日　省政府在杭州召开全省计划生育工作会议,研究贯彻中共中央《公开信》。提倡一对夫妇只生育一个孩子,限制生两个孩子,不能生三个孩子;继续提倡晚婚晚育;人口自增率控制在10‰以下。

是月　大型文学季刊《江南》创刊。

3月3日　省委、省政府批转省城镇待业青年安置领导小组《关于1981年劳动就业工作意见的报告》,要求大力发展集体经济,广开就业门路,招工对象主要是18岁以上的下乡知青。对病残下乡知青,要逐个安置落实。

3月9日　省人大常委会通过《浙江省防治环境污染暂行条例》和《浙江省排污收费和罚款暂行规定》。

3月13日　省政府决定将杭州商检局改为浙江省进出口商品检验局,为省政府直属单位。

3月17日　省委办公厅转发省委落实对原国民党起义、投诚人员政策领导小组《关于落实对原国民党起义、投诚人员政策工作意见的报告》,要求全省各地进一步落实有关政策。同年9月,这项工作基本结束。

3月18日　省政府决定成立省海岸带和海涂资源调查领导小组,开展浙江海岸带综合调查研究工作。这项调查历时6年,共组织12个厅局、21个科研单位1700余人参加的16个专业组,对浙江海岸带的环境和资源状况进行全面系统的调查研究,于1985年12月完成《浙江省海岸带和海涂资源综合调查报告》及20个专业和专题报告,为合理开发利用海洋资源、大力发展海洋经济提供了科学依据。调查成果后获1986年省科技进步一等奖。

3月23—29日　省石化厅在杭州举办浙江省化工、炼油技术交易会。会上进行技术转让洽谈、技术讲座和技术咨询等活动，交易会共签订技术转让合同66个。这是国内最早采用技术交易会形式开展技术交易活动的单位之一，是在科技成果的商品化和市场化交易，加快科技成果转化，促进产学研结合的一个创举。

3月27日　著名作家、翻译家茅盾在北京逝世。茅盾，原名沈德鸿，字雁冰，桐乡乌镇人，1896年7月出生，生前曾任全国政协副主席、中国文联副主席、中国作家协会主席等职。

3月27日　省政府颁发《浙江省农村工商税收征税规定》，确定社队企业利润按20%征收工商所得税，年利润3000元以下的免征；为农业生产和社员生活服务的社队企业免税；取消社队企业开办初期一律免税3年的规定，分别情况区别对待。

3月30日　省政府印发《关于贯彻执行国务院颁发的专业干部业务技术职称暂行规定的通知》。10月20日，省人事局印发《浙江省关于专业干部评定业务技术职称有关问题的意见(试行)》。

是月　杭州西湖恢复手划船运营。

4月5日　美国纽约县律师协会访华团一行20人访问杭州，是为改革开放后国外律师对浙江的首次访问。

4月11—13日　瑞典王国政府首相费尔丁在杭州参观访问。

4月12—25日　中共中央总书记胡耀邦视察杭州、宁波、舟山和德清等地。其间，他听取了省委的工作汇报，考察了旅游、西湖建设、海运和内河运输业、发展多种经营、城镇建设、人民生活以及精神文明建设等方面的工作。

4月13日　省政府批转省教育厅《关于进一步办好重点中学的报告》，同意将省、市(地)、县三级原来的183所重点中学调整为80所。

4月15—30日　浙江省首次单独组团参加广州第49届中国出口商品交易会，出口成交7619万美元。此后，浙江每年组团参加春、秋两季广交会。

4月27日　省委办公厅、省政府办公厅转发省委统战部《关于解决寺庙管理问题的意见》提出：党委和政府要切实加强对宗教工作的领导；寺内事务应由其自行管理，由当地宗教部门具体领导；寺内文物应由寺庙管理，文管部门进行监督和指导；凡寺庙的经济收入，应归寺庙所有和使用。

是月　全省开展第一次联合打击走私行动，海军、公安边防、渔政管理等部门31艘船艇参加海上缉私，取缔乐清、平阳、瑞安、永嘉4县和温州市区大小贩私市场共计18处。

5月2日　省委决定成立中共浙江省政法委员会。

5月23—25日　省委在杭州召开中华人民共和国成立后的全省第一次宗教工作会议，初步清理了宗教工作中"左"的思想。

是月　省委、省政府部署林业"三定"(稳定山权林权、划定自留山和确定林业生产责任制)试点。9月12—19日，省委、省政府召开全省林业会议，着重讨论颁发山林所有权证，划分自留山和加强林业生产责任制问题。会后，林业"三定"工作全面铺开。10月12日，省委、省政府联合发布《关于稳定山林所有权和落实林业生产责任制若干问题的规定》。

6月2日　省政府决定建立浙江省与美国新泽西州友好省州关系委员会，负责管理浙江与美国新泽西州的友好交往工作。

6月18日　国务院批准设置苍南县。划平阳县矾山镇及灵溪、矾山、马站、金乡、钱库、宜山、桥墩7个区的72个人民公社归苍南县管辖，县治设在灵溪镇。

是月　杭州水处理中心在西沙永兴岛建成日产200吨海水淡化站，1984年又完成淡化水脱硼离子交换装置。该海水淡化装置是世界上电渗析淡化海水容量最大的装置，也是世界上唯一配有脱硼水处理的装置。该成果1982年获国家海洋局科技进步一等奖，1985年获国家科技进步三等奖。

7月13日　省政府发出的《关于当前劳动就业工作中几项政策措施的通知》规定：凡1981年4月1日以后，为安置待业青年而新办的城镇企业，可以免税3年；并允许一业为主，兼营其他；允许自行采购企业需要的原材料、燃料等。

7月21日　国务院批准，海门特区改设椒江市，隶属台州地区行政公署领导。此后，临海章安区、黄岩洪家区和三甲区陆续划属椒江市。

7月24日　《人民日报》"情况汇编"第329期刊登《浙江温州地区社队企业大肆骗钱》。文中指出"行骗严重的永嘉县就有社队企业一千七百多个"。胡耀邦对该材料作出重要批示。8月13日，省委对如何贯彻执行胡耀邦的批示进行认真讨论，决定严肃认真地解决温州存在的严重问题，并组成检查组到温州检查。

8月20日　中共中央书记处研究室第282期简报刊登《1956年永嘉县试行包产到户的冤案应该彻底平反》一文，并加按语肯定永嘉"当年首创这种责任制"。

8月21日　香港石昇贸易有限公司在杭州设立代表机构，为外商、港商在浙江设立的首家代表机构。

8月25日　国务院办公厅转发杭州西湖风景名胜区联合调查组《关于杭州西湖风景名胜区情况调查报告》，指出杭州西湖是国内外闻名的风景游览区，是国内重要的旅游资源，要求浙江省政府尽快划定西湖风景名胜区的范围，提出保护和建设规划，并报国务院审批。

是月　省政府决定将省地名普查工作领导小组改设为浙江省地名委员会。

9月5日　省委批转省农业委员会党组《关于目前农业生产责任制情况和意见的报告》。在以家庭为基础的联产承包责任制迅速发展的情况下，该文件不适当地重申了1979年省委提出的坚持农村集体经济三级所有、队为基础的原则。

9月5日　省委下达《关于建立浙江省计划生育委员会的通知》，并明确其为正厅(局)级机构。

9月22日　中共中央、国务院批准：温州地区和温州市合并，建立温州市人民政府，实行市管县的新体制。

9月22—23日　16号台风袭击台州，全地区普降大雨，江河水位猛涨，受淹农田109.9万亩，倒塌房屋750余间，受淹居民6万多户，死亡13人，伤50余人。

9月24日　浙江省暨杭州市各界代表近2000人，举行纪念鲁迅诞辰100周年大会。同日，绍兴地、市各界代表1500余人也在绍兴举行纪念大会。省政府决定设立浙江省鲁迅文学奖金，并拨款20万元作为基金。

10月12日　全省第一次人民调解工作会议召开。

10月13—16日　省司法厅在湖州召开全省各地、市公证工作座谈会。全省公证工作开始起步。

是月　紧水滩水电站动工兴建。该水电站位于云和县紧水滩镇，是瓯江干流梯级开发第一级电站，总库容14.7亿立方米。1988年12月31日，6台机组全部投入运行。

11月18日　浙江首家境外贸易机构亚利公司(富春有限公司的前身)在香港注册成立，次年2月18日正式开业。

是月　省委统战部建立落实台属政策办公室，落实台属政策先在奉化县和杭州市下城区试点。而后，全省有53个县、市、区进行落实台属政策的试点工作。1982年5月，省委召开试点工作座谈会。

12月12日　国务院批准设置瓯海县，划温州市的梧埏、永强、三溪、藤桥、西岸5个区、3个镇、24个人民公社归瓯海县管辖，隶属温州市领导。县治设在温州市区。

是月　省汽车运输公司温州分公司所属温州汽车西站建成投入使用，该汽车站系全省最大的汽车客运站。

是月　临海双港区创办金属薄膜厂，因资金不足，双港区委书记带头以股份形式向社会筹资2万元，每股500元，入股者参加企业分红。对此，《浙江日报》开展专题讨论，评说不一。

是年　省首批18所重点中学全部执行部颁六年制教学计划，其他中学逐步将五年制过渡为六年制。

是年　全省74个气象台站1951—1980年的气候资料整编完成。

是年　浙江省地区生产总值204.86亿元，其中工业增加值84.08亿元，人均地区生产总值531元；社会消费品零售总额85.99亿元；全社会固定资产投资34.16亿元；全年财政总收入34.34亿元；全省职工平均工资709元。

是年　浙江省总人口为3871.51万人，人口自然增长率为11.66‰。

1982年

1月1日　温州市首家股份合作企业苍南毛纺厂成立。该企业系苍南县钱库区李家车村农民在筹资创办李家车针织厂的基础上，扩大119股，每股出资600元，并改名为苍南毛纺厂。

年初　温州市8名个体经营户被以“投机倒把罪”等罪名关押或缉查(时称柳市“八大王”案)。1983年，中共中央1号文件《当前农村经济政策的若干问题》印发后，农村经济政策进一步放宽，该8人中被羁押者或被无罪释放，或被取保候审，外逃人员也回到家乡。至1984年5月，涉案人员相继平反纠正，对1982年初在打击严重经济犯罪时被错作投机倒把犯罪分子处理的合法经营大户——乐清柳市机电、目录、矿配等“八大王”宣布无罪释放，并予以恢复名誉。

1月10日　省民政厅、省农委联合发出《关于完善生产责任制中做好农村五保户、困难户照顾工作的通知》，规定五保户供养标准要达到相当于当地一般社员的实际生活水平。当年，全省农村接受国家救济和集体补助的社会困难户101万余人，供给补助金额609万余元，扶持贫困户4.6万户。

1月19日　根据胡耀邦批示，省农委和省社队企业管理局联合去社队工业发展较快的绍兴、鄞县、临安等市县，专门对发展社队工业问题进行调查。28日，省农委将《社队工业问题调查》报告上报国家经委、国家农委和农业部。

1月30日　国务院批准，析遂昌县，恢复松阳县建制，辖松阳、古市、靖居、玉岩4个区，古市、西屏2个镇、23个人民公社。县治设西屏镇。

是月　大陈海域发现油气盆地构造，定名为龙井油田。

2月8日　国务院公布全国24个有重大历史价值和革命意义的城市为国家第一批历史文化名城，杭州市、绍兴市名列其中。

2月23日　国务院公布杭州飞来峰造像、宁波天一阁、河姆渡遗址为全国重点文物保护单位。

2月24日　新华社报道，浙江省政府与煤炭工业部正式签订全国第一个全资建设煤矿协议。

是月　浙江省绿化委员会成立。

3月19日　《浙江日报》报道，1979—1981年，全省安置72万待业人员，基本解决城镇待业青年和下乡知识青年安置问题。

3月25日至4月20日　省科委、省经委、省科协联合在杭州举办浙江省首届科技交易会，650多个单位的2008个项目参展。参加交易和参观达4.8万人次，共签订技术转让合同150份、新产品开发合同273份、协作攻关合同95份。这次交易会的举办，拉开全省有组织、大规模开展技术开发、技术转让、技术服务和技术咨询活动的序幕，推动了以“四技”服务为主业的科技中介服务机构发展和技术市场的形成。

是月　中国首次专业性的茶叶出口交易会在杭州举行，共接待欧洲、美洲、亚洲、大洋洲四大洲外商150余人。

是月　永嘉县江北和二大队农民朱炳新从半工半副的承包户手中转包到25亩粮田，开全国土地适度规模经营先河，成为温州“第一种粮大户”。

4月15日至5月2日　浙江省友好代表团访问日本静冈县。其间，签署建立友好省县关系协议书。

4月22—24日　几内亚比绍共和国国家元首、革命委员会主席若奥·贝尔纳必·维埃拉在杭州参观访问。

春　台州地区建立联产承包责任制的生产队有47218个，占生产队总数的96.76%。

5月10日　著名人口学家马寅初在北京逝世。马寅初，嵊州人，1882年出生。

5月18—22日　省基督教第三届代表会议召开，成立浙江省基督教协会，并选举产生第三届省三自爱国运动委员会和第一届省基督教协会领导成员。

5月20—25日　省社队企业管理局召开地区(市)社队企业管理局局长会议。会议充分肯定社队企业的成绩和作用。对打击经济领域严重犯罪活动，要求严格区分犯罪与非罪、犯罪与不正之风、犯罪与经营管理不善的界限。

是月　萧山县广播站自创的“有线广播多通道、多功能装置”传输系统，通过广电部技术鉴定。“多通道、多功能装置”能在一对广播专线上同时传送4个通道，发挥7项功能，萧山是全国第一个在全县范围内使用这种传输系统的县。

6月2日　省委、省政府联合发出《关于加强绿化荒山，改造疏林山的通知》，要求对山林生产实行“三定”，按照“锄头到斧头”一包到底的原则，把荒山、疏林山承包给集体和个人，并且规定承包关系可以一定几年或长期不变。

6月20日　省科委、省农委、省农业厅、省林业厅、省水产厅、省水利厅、省农机局、浙江科技报社联合发出《关于在全省开展推荐评选优秀公社农民技术员活动的通知》和《关于在全省推荐评选优秀公社农民技术员和公社农科组织先进集体活动的细则》。1983年1月23日，中华人民共和国成立以来第一次全省优秀农民技术员和农业科技先进工作者表彰大会在杭州举行，全省有477名优秀农民技术员和107名农业科技先进工作者获奖。

是月　省政府转发省民政厅《关于进一步做好农村烈军属优待工作的几点意见》，强调在稳定和完善农村生产责任制过程中，要切实把烈军属和革命伤残军人的生产和生活安排好。当年，全省享受优待的烈军属有12.84万户，优待金额1753万元。

7月12日　省贸促分会在杭州举办日本工业缝纫机展览会，是为浙江首次组织国际产品、设备和技术交流的国际经贸展览。

是月　确定国道、省道干线公路网，其中国家干线公路网6条，省境内总长2087.74千米；省干线公路网69条，总长5184.37千米。

8月7日　省委常委会讨论解决计划生育工作的几个实际问题：计划生育必须专门建立机构，编委要列入编制；要充实领导骨干，配备专职干部。从省、地、市、县、公社以至大队都要有专人管理这项工作。计划生育必要的经费要给予解决。要加强避孕节育科学研究，避孕药具和器械必须列入生产计划，保证及时供应。9月23日，省政府下达《关于健全充实各级计划生育工作机构的通知》，要求各地、市、县应根据中央指示，迅速加强和充实计划生育管理机构的领导力量和人员配备。

8月10日　杭州市政府决定对市区中河、东河进行综合治理，并成立中东河综合治理总指挥部。次年3月破土动工，总投资2.2亿元。

8月13日　国务院批准，宁波地区镇海县划归宁波市领导。

是月　宁波—温州—香港航线从不定期航行改为每月上、中、下旬各1次的定期航行，开辟浙江第一条散杂货定期班轮航线。该航线也是浙江远洋运输的第一条定期班轮航线。

9月17日　国务院作出《关于中国人民银行专门行使中央银行职能的决定》，中国人民银行浙江省分行由此履行央行职能。

9月29—30日　日本国内阁总理大臣铃木善幸在杭州参观访问。

是月　义乌县委决定正式开放小商品市场。1992年5月，义乌第四代小商品市场开业，从此告别棚顶市场的历史，跨入现代大型市场行列。8月，经国家工商行政管理局批准，义乌小商品市场更名为中国小商品城。2002 年 9 月，作为第五代小商品市场的义乌国际商贸城一期市场投入使用。2005 年 9 月，国际商贸城二期全面建成，标志着义乌市场发展进入一个从量的扩张向量质并重发展的新阶段。义乌小商品市场以中国小商品城为核心，10 多个专业市场、30 多条专业街相互支撑，拥有经营面积 260 万平方米，经营商位 5.8 万个，从业人员 20 多万人，日客流量 20 多万人次，展销商品种类 40 多万种，成为全国小商品最大集散地。

10 月 27 日　省政府批转省物价委员会、省第二轻工业厅、省商业厅《关于贯彻执行国务院逐步放开小商品价格，实行市场调节的意见》，首批 197 种小商品实行工商企业协商定价。

11 月 8 日　国务院公布第一批 44 个国家级重点风景名胜区。西湖风景名胜区和富春江—新安江—千岛湖风景名胜区、普陀山名列其中。

12 月 16—19 日　温州市委、市政府召开表彰农村专业户、重点户会议，提出允许雇佣少数学徒；允许其他农户产品（除粮食、木材外），在完成国家统购、派购任务后产销直接见面；允许个体行商和流动购销专业户在国家计划指导和工商行政部门统一管理下长途运销等 10 项政策措施。

12 月 25 日　浙江省人民政府台湾同胞接待办公室设立，以适应对台工作和接待台胞的需要。

12 月 28 日　温岭县社队企业局同意牧屿镇王华森等人联合创办温岭县牧南工艺品厂，为台州地区最早登记的股份合作企业。这也是全国首家由工商部门核发营业执照的股份合作企业。

是年　浙江省试行国务院科技干部局发出的《科学技术人员兼职、流动的暂行办法》，允许科技人员兼职。

是年　地矿部上海海洋地质局在浙闽沿海大陆架东部始新世——中新世西湖凹陷和平湖构造带上发现高产油气流。

是年　国务院发布《城市流浪乞讨人员收容遣送办法》，收容遣送制度由此建立。到 2007 年底，全省有县以上救助管理站 65 个，11 个地级以上城市已全部建立救助管理站，并有 10 个地级以上城市依托救助管理站建立流浪未成年人救助保护机构，全省救助管理机构共接待各类求助人员 16.1 万人次，救助 15.5 万人次。

是年　浙江省地区生产总值 234.01 亿元，其中工业增加值 87.21 亿元，人均地区生产总值 599 元；社会消费品零售总额 93.77 亿元；全社会固定资产投资 41.72 亿元；全年财政总收入 36.64 亿元；全省职工平均工资 740 元。

是年　浙江省总人口为 3924.32 万人，人口自然增长率为 12.37‰。

1983 年

1 月 1 日　停刊 22 年的《浙江工人报》复刊。

1 月 23 日　国务院批准组建中国浙江国际经济技术合作公司，标志着浙江自营开拓对外工程承包和劳务合作业务开始起步。

2 月 9—18 日　中共中央顾问委员会主任、中央军委主席、全国政协主席邓小平到浙江视察工作。17日，邓小平在与省委主要领导的谈话中，着重谈了教育、科技、知识分子工作以及领导班子年轻化等问题。

2月21日　省政府作出《关于集体商业全面推广承包制的决定》，提出承包的形式可以由职工联合承包，也可以办夫妻店，分配不受国营企业规定限制，“高不封顶，低不保底”。

2月25日至3月3日　浙江省首次青年文学创作会议在杭州召开。以后每隔5年左右召开一次。

3月2日　省委组织部、省人事局联合转发中央组织部、劳动人事部《关于整顿“以工代干”问题的通知》。1985年，全省整顿“以工代干”工作基本结束，共有110255名“以工代干”人员办理了转干手续，其中机关9815人、事业单位42322人、企业单位58118人。

3月中旬　全省节能工作会议在杭州召开。会议提出定额管理，择优供应，实行节能有奖、超额耗能受罚的新的能源管理方法。

是月　中共中央决定：王芳任中共浙江省委书记，薛驹、陈法文、吴敏达任副书记。

4月9日　国务院公布浙江灵隐寺、净慈寺、天童寺、阿育王寺、七塔寺、大佛寺、国清寺（含塔头寺）、中下方广寺、高明寺、普济寺、法雨寺、慧济寺、江心寺13座佛教寺院和杭州抱朴道院，为汉族地区佛道教全国重点寺观。

4月10日　省高级人民法院就进一步复查纠正冤假错案一事发出通知，对中共十一届三中全会以来全省法院复查纠正冤、假、错案工作作了回顾。截至1982年底，共复查办结中华人民共和国成立以来各个历史时期判处的刑事案件63302件，从中改判纠正17814件。其中，复查“文化大革命”十年中判处的案件39819件，平反纠正10695件。绝大部分当事人平反纠正后的安置就业、户粮关系、生活困难补助等善后工作得到解决。

4月12—15日　中共中央总书记胡耀邦在浙江视察。

4月17日　中共中央办公厅、国务院办公厅联合批复《浙江省省级党政机关机构改革方案》。方案提出通过改革，省级机关机构由原来的93个裁减合并为61个，新增设机构4个，共设置机构65个，减少28个，精简30.1%。

4月20—29日　省政协五届一次全体会议在杭州召开。会议审议通过省政协四届常委会工作报告、五届一次全体会议政治决议和提案审查情况报告，选举王家扬为省政协主席，选举汤元炳、张忍之、蔡堡、吴又新、朱之光、陈礼节、江希明、孙章禄、何志斌、周春晖、冯梯云、蒋次升、邱清华、曹萱龄为副主席。

4月22—28日　省六届人大举行第一次会议。会议听取、审查省长李丰平《政府工作报告》，听取、审查关于《浙江省1983年国民经济和社会发展计划（草案）》《浙江省1982年财政决算和1983年财政预算（草案）》的报告和《浙江省第五届人大常委会工作报告》，审议省高级人民法院工作和省人民检察院工作的两个书面报告，并通过相应决议。会议选举李丰平为省六届人大常委会主任，选举陈安羽、刘丹、刘子正、商景才、厉裔华、吴植椽、王启东、朱祖祥、余纪一、邢子陶、李克昌为副主任。选举薛驹为浙江省省长，选举张兆万、吴敏达、沈祖伦、李德葆、徐起超、许行贯、王钟麓为副省长。

5月16日　国务院批准杭州市城市总体规划，确定杭州市为“历史文化名城和全国重点风景旅游城市”。

5月24日　省委批转省委组织部《关于做好“文化大革命”前冤假错案复查工作的意见》。1984年5月，省委组织部、省劳动人事厅又提出善后工作处理的补充意见。

6月5日　省委组织部、省人事局联合印发《关于科学技术人员实行合理流动的试行办法》。

6月6日　省统计局发布《关于1982年浙江省国民经济和社会发展计划执行情况的公报》。这是自“文化大革命”以后第一次公布全省国民经济计划执行情况。

6月23日　省政府发出《关于贯彻执行国务院〈关于加强市场和物价管理的通知〉的通知》，要求所有从事商业活动的国有、集体和个体经营者都要坚持社会主义方向，严格执行牌价，明码标价，不得擅自调价、提价，严禁套购倒卖；出售商品不准掺假、以次充好、短斤缺两，违者严肃处理。

6月27日　温州市赴大陈岛31名青年志愿垦荒队员联名致信中共中央总书记胡耀邦，报告大陈岛建设成绩。胡耀邦批示要宣传垦荒队员不畏艰苦，坚持建设大陈岛27年的事迹，鼓舞人们特别是青年奋发图强。29日，新华社发布此“批示”的消息。随后，中央、省主要新闻单位相继对大陈岛进行宣传报道。

7月1日　杭甬运河全线通航。它是京杭古运河的延伸，从杭州市郊三堡到宁波镇海，把钱塘江、曹娥江、甬江三个水系联系起来，全长252千米。

7月7—9日　中非共和国复兴军事委员会主席、国家元首安德烈·科林巴上将在杭州参观访问。

7月12日　浙江省首次在香港举办出口商品展销会。

7月13日　国务院批准恢复设立磐安县。

7月27日　国务院批准：撤销宁波地区行政公署，所设鄞县、慈溪、余姚、奉化、宁海、象山6个县划归宁波市管辖；撤销嘉兴地区行政公署，嘉兴市和湖州市升为地级市，分别设城区和郊区。所设嘉善、平湖、海宁、海盐、桐乡5个县划归嘉兴市管辖。所设德清、长兴、安吉3个县划归湖州市管辖；撤销绍兴地区行政公署，绍兴市升为地级市，设立越城区，恢复绍兴县。所设上虞、诸暨、嵊县、新昌4个县和绍兴县划归绍兴市管辖。

7月30日　省委、省政府联合发出的《关于政社分设若干问题的意见》指出，政社分设是一项重大体制改革，一般应以社建乡、以大队建村。同年，全省经过试点，由点到面分期分批开展政社分设工作，到1984年9月全面完成。

8月10日　浙江省广播电视厅正式挂牌。

8月10—17日　全省山区工作会议在杭州召开。会议要求正确认识山区经济发展的形势，认真落实林业生产责任制，调动千家万户的积极性活跃山区经济。20日，省委、省政府作出决定，继续放宽山区政策，各种山林都放手承包到户，实行联产承包；积极发展林业专业户、重点户。9月16日，省委、省政府联合发出《关于加快林业建设全面发展山区经济的意见》，明确“包字上山”“治山致富”的林业发展方针。

8月22日　省政府作出《关于发展小水电事业的若干规定》，要求坚持大中小并举和国家办电与地方办电相结合的方针,“自建、自管、自用”为主的方针和“以电养电”的政策,充分调动各级办电的积极性。是年,新增小水电158处,装机容量3万多千瓦。

9月3日　全省发展集体和个体经济、安置城镇青年就业先进表彰大会召开,122个先进集体和个人受到表彰。

9月3日　经省政府批准,遂昌县九龙山自然保护区建立。

9月12—24日　省委召开组织工作会议,要求各级党委和组织部门抓紧实现各级领导班子的革命化、年轻化、知识化、专业化,加强第三梯队建设。

9月13日　国务院批准恢复设立龙游县。

9月20—26日　教育部在东阳县召开现场会,向全国推广浙江建立农村初中实验中心的经验。到当年,为改变农村初中理科实验教育落后的状况,全省已建近800个农村初中实验中心,90%的农村初中学生可到就近的实验中心做物理、化学和生物实验。

10月6日　中共中央办公厅、国务院办公厅发出《中央领导同志对在西湖风景区违章建房问题的批示》。8日,杭州市政府发布命令,立即冻结西湖风景区在建违章建筑。

10月21日　省政府发出《关于制止国家机关工作人员和财贸干部职工以家属名义从事商业活动的通知》,严禁“亦官亦商”“以权经商”。

11月初　温岭县城关镇西门村村民吴松青购置1辆“凤凰”牌大客车经营客运。这是浙江第一个从事个体汽车旅客运输的专业户。

11月8日　省政府在江山县丰足乡碓边自然村大头山和常山县西阳山建立“寒武—奥陶系界线剖面”花岗石碑。

11月12日　中华人民共和国成立以来浙江最大的航道枢纽建设工程——京杭运河与钱塘江沟通工程动工。工程包括船闸1座,闸上下游航道6.97千米,桥梁11座,全线可通300吨级船舶。1984年12月24日主体工程三堡船闸竣工,1988年12月全线通水,1989年1月31日试航成功,6月3日通过国家验收。

11月15日　按照中央〔1982〕55号文件和整党决定的要求,省委决定成立清理“三种人”(指在“文化大革命”中追随林彪、江青反革命集团造反起家的人,帮派思想严重的人和打砸抢分子)工作领导小组,分期、分批开展清理工作。至1987年11月,清理工作基本结束。

11月15—23日　省科协在杭州组织举办东方大港讨论会。会议提出的建设东方大港的建议,在全国六届人大二次会议上被列为第73号重大议案。

11月16日　《人民日报》发表《一个有独创精神的厂长——步鑫生》,并配发中共中央总书记胡耀邦在《内参》上的批示。批示充分肯定了步鑫生的改革经验和首创精神。新华社为此加“编者按”。1984年2月9日,省委办公会议听取省委联合调查组关于海盐衬衫总厂情况调查的汇报,决定在整党中把它作为典型,发动干部讨论,统一对改革的认识。2月19日,胡耀邦对浙江省委的决定再次作出批示。2月26日,新华社公开报道了浙江省委的决定,中央整党工作指导委员会办公室加按语。

11月17—19日　博茨瓦纳共和国总统奎特·马西雷在杭州参观访问。

11月18日　国务院批准椒江市海门港正式对外开放。1989年5月8日,国务院、中央军委同意海门港对外轮开放。1990 年 10 月 6 日，海门港对外开放开港仪式举行，巴拿马籍“新海昌”号轮成为海门港开放后到港的第一艘外轮。

11 月 25 日　省政府批转省物价委员会、省商业厅、省轻工业厅等部门《关于进一步放开小商品价格的补充意见》，提出进一步放开 882 种小商品，实行工商协商定价。

11 月 26 日至 12 月 1 日　中共浙江省第七次代表大会在杭州召开。王芳代表中共浙江省委作《沿着十二大确定的正确道路全面开创浙江社会主义现代化建设的新局面》的报告。大会听取和审查了六届省委的工作报告；听取和审查了省纪委的工作报告；并选举产生了中共浙江省第七届委员会和省顾问委员会、省纪律检查委员会。12 月 2 日，省委七届一次全会选举王芳为省委书记，薛驹、陈法文、吴敏达为省委副书记，张兆万、罗东、沈桂芳、张秀夫、厉德馨、王维澄、马骥良为省委常委。同日，省顾委和省纪委分别举行第一次全会，选举铁瑛为省顾委主任，陈作霖为省纪委书记。

是月　省政府办公厅转发省地名委员会《关于开展我省沿海岛礁地名标准化工作的报告》，沿海各市、县先后开展岛礁名称普查，至 1985 年 12 月普查基本结束，共普查全省群（列）岛、岛、礁、洋、海湾、沙滩、港湾、水道、河口等各类地名 5307 条。同时，按照国务院、中央军委要求，对岛礁名称进行标准化处理，分批审批命名、更名各类海域地名 2790 条，填补了浙江省海域标准地名史料空白。

12 月 12 日　国务院批准公布全国 100 个中国式农村电气化试点县名单，新昌、天台、缙云、武义、仙居、庆元、泰顺、云和、龙泉、临安 10 个县入选。翌年 10 月，云和县划分为云和县和景宁畲族自治县，全省试点县改为 11 个。1987 年 10 月，省政府又批准嵊县和开化县为农村电气化试点替补县。1986 年 12 月 10 日，新昌县农村电气化初级阶段通过省级验收，次年 3 月 31 日获水利部批准，成为浙江省第一个初级农村电气化县。

12 月 26 日　省人大常委会通过《关于维护妇女儿童合法权益的决议》。

12 月 30 日　全省第一条微波线路（杭州至上海）投入运行。

是月　浙江室内装饰成套用品公司与史格拉皮巴有限公司、远东商业有限公司在加拿大合资创办加华家具制造有限公司，是为浙江在境外开展直接投资、创办海外企业之始。

是月　“钱潮”牌万向节被农牧渔业部评为部优产品，成为浙江省乡镇企业中首只部优产品。是年，鲁冠球率先进行承包改革。后万向集团不仅成为中国最大的汽车零部件企业，而且稳步进入金融、农业等领域。

是年　浙江省第一届戏剧节举办。以后每两年举办一届。

是年　浙江省地区生产总值 257.09 亿元，其中工业增加值 102.55 亿元，人均地区生产总值 650 元；社会消费品零售总额 104.24 亿元；全社会固定资产投资 44.04 亿元；全年财政总收入 41.79 亿元；全省职工平均工资 760 元。

是年　浙江省总人口为 3963.1 万人，人口自然增长率为 9.52‰。

1984 年

1 月 12 日　省委决定，撤销省委调查部，建立浙江省国家安全厅。

1月20日　省委批准，建立浙江省经济体制改革领导小组。

1月25日　省委决定，省物价委员会改称为浙江省物价局。

是月　国务院批准合并海曙、镇明两区，成立新的海曙区，并设立滨海区，均属宁波市管辖。

是月　浙江开始实施世界银行贷款项目。

2月9日　省人大常委会通过《关于在全省普及小学义务教育扫除文盲议案实施情况的报告》，并于9月起对少数民族小学生实行免收学费入学。

2月10日　邓小平从南方视察回京途经金华，专列停靠期间接见了金华地委、行署有关领导。

2月21日　省航运公司宁波分公司将中国第一艘沿海双体客轮“浙江605”轮投入宁波—沈家门—普陀山客运航线。

是月　国务院批准合并宁波市郊区和江北区，成立新江北区。

3月2日　省委机构改革领导小组批复同意省司法厅下设劳动改造管理局（后称省监狱管理局），管理全省20余个省属监狱和市属监狱单位。

3月2日　省委决定，省社会科学研究所改为浙江省社会科学院，同时建立省社会科学学会联合会。

3月5日　省委决定，原国防科学技术办公室改为浙江省国防科学技术公司，保留省国防科学技术工业办公室的牌子。

3月7日　民政部转发省民政厅《关于诸暨县大力开展家财保险开创救灾工作新局面的调查报告》，并在全国民政系统推广浙江经验。当年，浙江省投保家财保险农户达122万户。

3月8日　省政府批转省供销社《关于深入进行供销社体制改革的试点方案》，对经营范围、人事制度、分配制度、价格管理制度等方面的深入改革提出意见。

3月21日　中共中央总书记胡耀邦在台州地区科委报送国家科委、省科委的《关于要求设立大陈岛技术开发实验基地建设课题和拨给技术开发经费的报告》上批示，要求放开手脚，吸引外资，搞好海岛开发。

3月31日　胡耀邦在《国内动态清样》第807期《王星记扇厂的承包合同该不该兑现?》一文上批示，要求“浙江查明处理”。4月3日，省委书记王芳批示表示同意。4月7日，杭州市二轻工业总公司召开“杭州王星记扇厂1983年承包合同兑现大会”。

4月12日　胡耀邦在玉环县大鹿山林场职工写给他的汇报信上批示，赞扬他们的创业精神。

4月12—15日　胡耀邦视察浙江。

4月23日　苍南县龙港镇成立，进行农民集资建设小城镇改革试点探索。1987年，全国第一座农民城——龙港镇在温州崛起。

4月26日　省委召开常委扩大会议，听取对省委常委整党集体对照检查的意见。至5月2日告一段落。7月21日，《人民日报》以“浙江省委对照检查总结经验教训提出工作指导思想”为题予以报道，同时刊发中央整党工作指导委员会办公室按语。

5月4日　中共中央、国务院正式批准宁波、温州为全国首批14个沿海港口开放城市。

5月25日　浙江人民广播电台开办的调频立体声广播正式开播。

5月30日　省科协与省教育厅等单位联合举办全省首届青少年科学创造发明比赛(后改为浙江青少年科技创新大赛)。之后连续举办,每年有1万多个项目参加县级以上的评审推荐,参加活动的学生达上万人次。

是月　省文化厅抽调全省越剧表演的优秀年轻演员正式组建浙江小百花越剧团,为越剧艺术注入新活力。

是月　省政府批准成立浙江省地方志编纂室,负责全省地方志事业的指导、组织和管理工作,由省社科院代管。

6月3—6日　省委、省政府首次召开打击走私表彰奖励大会,表彰奖励先进集体67个,先进个人87名。

6月23日　省委、省政府决定,撤销省级68个非常设机构。

6月23日　省政府办公厅发出《关于认真做好第二次工业普查准备工作的通知》。1988年10月,发布《第二次全国工业普查浙江省全部工业基本情况公报》。

6月30日　国务院批复省政府,同意设立景宁畲族自治县。1985年4月22日,景宁畲族自治县正式成立。

7月7—9日　塞内加尔共和国总统阿卜杜·迪乌夫在杭州参观访问。

7月14日　省委办公厅、省政府办公厅联合印发省委、省政府批准的《关于科技人员的使用、流动和引进问题的若干规定(试行)》。

7月16—19日　省委、省政府、省军区联合在大陈岛召开浙江省军民共建文明岛经验交流会议,表彰22个军民共建文明岛先进单位。

7月20日　省政府发出《关于二胎生育政策的暂行规定》。

7月20—22日　莫桑比克解放阵线党主席、国家总统萨莫拉·莫伊塞斯·马谢尔元帅在杭州参观访问。

7月28日至8月12日　浙江省有7名运动员和1名教练员参加在美国洛杉矶举行的第23届奥林匹克运动会,共获2枚金牌、2枚银牌、1枚铜牌。其中,楼云获男子体操跳马冠军;吴小旋获女子小口径标准步枪射击冠军,是中国第一个夺得奥运会金牌的女运动员,也是中国第一位打破奥运会纪录的运动员。

7月29日　周建人在北京逝世。周建人,绍兴人,1888年11月出生,生前曾任浙江省省长、全国人大常委会副委员长、全国政协副主席、中国民主促进会中央主席等职。

8月2日　省委决定,成立浙江省科技干部局。

8月3日　邓小平在北戴河听取国务委员谷牧关于宁波情况的汇报后指出:把全世界的"宁波帮"都动员起来建设宁波。27—28日,谷牧在杭州听取宁波、温州两市对外开放工作汇报,传达邓小平的谈话,并决定派对外经济贸易部顾问卢绪章到宁波,帮助搞好对外开放工作。

8月6日　中远浙江省公司"鳌江"轮利用甲板捎带形式,在宁波港镇海港区装载浙江省首批集装箱运往香港，再中转运往西欧4个港口。10月29日，该公司"衢江"轮又在宁波港装载96只国际标准集装箱，从香港转运北美、西欧各地，标志着浙江国际集装箱运输的正式起步。1985年4月，这条航线定期航班正式开通（每月两班），为浙江第一条集装箱定期轮航线。

8月10日　由省乡镇企业局、浙江日报社、浙江省乡镇企业厂长研究会发起，在全省开展评选乡镇企业百名优秀厂长、百名办厂能人活动。9月21日召开表彰大会。

8月12日　省政府颁发《浙江省科学技术成果奖励条例》。

8月27日　省委组织部、省劳动人事厅提出《关于大力选拔培养少数民族干部的意见》。

是月　"天坛"牌特级珠茶在西班牙马德里举办的第23届世界优质食品评选大会上被授予金质奖章，这是中华人民共和国成立以来浙江省出口商品获得的第一枚国际奖章。

9月8—12日　浙江省首届青少年运动会举行。

9月25日　瓯江大桥建成通车。桥长726米，宽12米，引桥长1300米，是温州境内第一座跨江大桥。10月，大桥开始征收车辆过桥费，标志着浙江开始对利用贷款集资建造的公路桥梁、隧道等征收通行费。

9月27—29日　3000名日本青年来中国访问，其中有49个青年代表团到杭州参加中日青年联欢活动，并进行参观访问和对口交流座谈。

是月　中华人民共和国成立后浙江省第一家城市信用社——温州市府前金融服务社正式挂牌。

是月　湖州莫干山举行价格放开讨论会，来自全国各地的中青年经济学者参加了会议，也使湖州成为全国经济学界关注的焦点。讨论的结果，对中国价格体制改革的基本走向产生重大影响，迈出了建立社会主义市场经济体制关键性一步。

至是月底　全省农村政社分设工作全部完成，共建立3040个乡政府。

10月18日　国务院批复《关于宁波市进一步对外开放规划的请示报告》，指出要把宁波建成为华东地区重要的工业城市和对外贸易口岸，批准在小港兴办宁波经济技术开发区，面积3.9平方千米。这是浙江第一个国家级经济技术开发区。

10月28—30日　香港寰球集团董事会主席包玉刚和夫人黄秀英1950年后首次访问家乡宁波，捐赠相当于人民币5000万元的美元创建宁波大学。12月20日，邓小平、胡耀邦在北京分别会见包玉刚。1985年1月4日，邓小平听取谷牧关于宁波情况的汇报后，称赞包玉刚捐资办学是有远见的爱国之举。9月25日，邓小平题写"宁波大学"校名。

是月　省委书记王芳率领杭州市领导等晋京向国务院负责同志汇报杭州工作。国务院办公厅印发《关于讨论杭州市改革和开放问题的会议纪要》，提出"把杭州建设成为我国东南部的旅游中心和国际上第一流的风景旅游城市"。

11月1日　世界粮食计划署（WFP）无偿援助项目开始实施。该项目获得世界粮食计划署小麦等援助物资按规定折算为1179.6万美元。项目落实在慈溪、上虞、绍兴3个县47个公社的216个生产大队，内容为新建标准化鱼塘2万亩。1987年10月31日，项目完成。

11月20日　由国家海洋二所牵头组建的南大洋考察队从上海港出发，前往南极半岛西北，对南设得兰群岛周围、阿得雷德岛北部约10万平方千米海域进行多学科海洋综合调查。考察成果《南大洋考察报告》和《南大洋考察图集》填补了国内科学史上的空白，扩大了中国在国际南极科学考察活动中的影响，获1988年度国家科技进步二等奖。

是月　浙江省专利管理处成立，1985年浙江省专利事务所成立。1987年4月，省政府转发省科委《关于加强专利工作的意见》，同年发出《浙江省处理专利纠纷暂行办法》。

12月5日　经省政府批准，武林大学(浙江树人大学的前身)在杭州成立。这是浙江第一家民办大学。1985年2月26日，筹建中的"武林大学"改为"浙江社会大学"；12月10日，省政协同意将"浙江社会大学"改为"浙江树人大学"。1994年，经国家教委批准，成为国家承认学历的民办全日制高等学校，纳入国家教育事业发展规划。2000年9月，浙江树人大学与浙江电子工业学校、浙江轻工业学校、浙江对外经济贸易学校四校合并组建新的浙江树人大学。

12月6日　国务院批准撤销温州市城区，设立鹿城区、龙湾区，均属温州市辖区。

12月25日　经省政府批准，温州大学成立。

12月31日　奉化溪口蒋介石故居和蒋母墓道分别修理和修复竣工，并对中外游客开放。

是月　全省98.75%的村已通有线广播，通村率居全国第一位。

是月　舟山海洋渔业公司与塞内加尔辛帕士公司合资建立中非渔业有限公司。次年2月27日，舟渔公司4艘8101型渔轮参加中国第一支远洋渔业船队，赴西非塞内加尔渔场作业生产。

是年　浙江省各级政府根据《中共中央关于1984年农村工作的通知》精神，在全省普遍开展延长土地承包期工作。

是年　全省县以下党政机关普遍推行选聘合同制，全省共选聘合同制乡镇干部5000多人；县以上党政机关和事业单位试行干部招聘合同制，在湖州、衢州等市和磐安、云和、景宁等县招聘机关干部1000多人。

是年　全省开始进行厂长负责制试点。至1985年底，试点企业达654家，其中500家为国营企业。

是年　国务院批准开放内地居民赴港澳地区探亲旅游。经杭州市公安局出入境管理处批准，年内有714名市民出境探亲、旅游。

是年　浙江省将乡镇、街道文化站确定为全民所有制文化事业单位，定性、定编、定职能、定任务，是全国最早启动文化站建设的省份之一。

是年　省基督教"两会"创办浙江神学院，每年招收两年制学生35人、一年制进修生20人。

是年　衢州市开始重修孔氏南宗家庙。1988年10月竣工。

是年　嵊县(今为嵊州市)生产出第一条领带。1999年起，嵊州相继举办8届中国领带越剧节以及多种规模的领带产业学术研讨会。当年年产领带3亿条，占国内市场的80%，占国际市场的33%。

是年　浙江省地区生产总值 323.25 亿元，其中工业增加值 127.91 亿元，人均地区生产总值 810 元；社会消费品零售总额 125.82 亿元；全社会固定资产投资 64.89 亿元；全年财政总收入 46.67 亿元；全省职工平均工资 913 元。

是年　浙江省总人口为 3993.091 万人，人口自然增长率为 6.53‰。

1985 年

1 月 5 日　全省第一家地方航空服务公司——杭州飞达航空服务公司成立。

1 月 11 日　香港实业家邵逸夫向浙江大学捐资 1000 万港元，后浙江大学建成科学馆，命名为“邵逸夫科学馆”。

是月　国家计委和交通部批复浙江省运量最大的内河航道——长湖申航道的建设标准。

2 月 1 日　中国人民银行同意在浙江设立中国投资银行分支机构。

2 月 15 日　中国人民银行浙江省分行与中国工商银行浙江省分行宣布正式分设。分设后，人民银行专门行使中央银行职能，工商银行是从事城镇信贷和储蓄业务的专业银行。

2 月 24 日　根据民政部、财政部有关通知精神，省民政厅、省财政厅决定从当年 1 月 1 日起，将革命烈士家属、因公牺牲军人家属、病故军人家属的定期定量补助改为定期抚恤金，并对标准作适当调整。至此，抚恤革命烈士家属制度基本建立。

2 月 25 日　公安部公布宁波市、温州市、绍兴市为甲类开放地区。3 月 1 日，公布金华市、椒江市为乙类开放地区。4 月 19 日，公布湖州市、嘉兴市为甲类开放地区。8 月 17 日，省政府宣布余姚、慈溪、奉化、镇海、绍兴、新昌、嵊县、诸暨、上虞、瓯海、永嘉、乐清、瑞安 13 个县为甲类开放地区；鄞县、宁海、泰顺、文成、兰溪、义乌、东阳、永康、武义 9 个县为乙类对外开放地区。同年 12 月 23 日，国家调整对外开放格局，取消甲、乙类地区差别，统称为对外开放地区。

2 月 28 日　中共中央、国务院同意在长江三角洲、珠江三角洲和闽南厦漳泉三角地区开辟沿海经济开放区。嘉兴市及所辖的嘉善县、桐乡县、海宁县和湖州市所辖的德清县被列为长江三角洲经济开放区市、县。

是月　杭州西湖引(钱塘江)水工程开工。1986 年 9 月 30 日通水。

3 月 10 日　国家计委批准《温州民用机场设计任务书》，要求力争在开工两年后基本具备通航条件并投入使用。10 月 27 日，《温州机场建设工程总承包合同》在杭州正式签署，规定温州机场按国家批准的二级机场规模标准，由中美国际工程公司实行全过程承包。

3 月 14 日　国务院作出关于温州进一步对外开放有关问题的批复，要求充分发挥优势，把温州建设成为中国东南沿海重要的工业、外贸、港口城市和对外经济联系的窗口。

3 月 17 日　省委组织部、省劳动人事厅印发《关于国家机关工作人员实行年休假制度的通知》，全民所有制事业单位参照执行。

3 月 20 日　中国自行设计、建造的第一座 30 万千瓦压水堆核电站——秦山核电站在海盐开工。一期工程于 1991 年建成投入运行，二期工程于 1996 年开工，三期工程于 2003 年建成。2015 年 1 月 12 日，秦山核电站厂扩建项目方家山核电工程 2 号机组并网发电。至此，秦山核电基地9台机组全部投产发电，总装机容量656.4万千瓦，年发电量约500亿千瓦时。秦山核电站的建成结束中国大陆无核电的历史，是中国和平利用核能的重大突破，从而使浙江成为全国第一个水、火、核发电并举的省份。

3月25日　省工商局发出《关于开展“重合同、守信用”活动的通知》。到年底，全省有555家企业被命名为“重合同、守信用”单位。

3月30日　全省10个市、地全部进入全国长途电话自动拨号交换网，全省长途电话通信提高到新的水平。

是月　生产作业单位核算制在全省沿海渔区全面推行，全省渔区由此进入以产权制度改革为主要内容的深化改革阶段。

4月23日　省乡镇企业局发文首次委托浙江大学、浙江工学院等院校为乡镇企业代培收费大专生，计划招生280名。学员参加全国统一考试，毕业后承认学历。学员以乡镇企业职工为主，毕业后回原单位工作。1986年7月，全省乡镇企业首批244名大专生毕业。

4月24日　省政府发出《关于加强物价管理和监督检查，制止就地转手倒卖活动的通知》。暂定生铁、钢材、汽车、水泥、有色金属、废钢铁、尿素、石油、化学纤维、呢绒、彩电以及名牌黑白电视机、电冰箱、洗衣机、自行车、缝纫机、摩托车等17个品种为管理目录。

4月24—27日　中共中央总书记胡耀邦结束对南太平洋5国的友好访问后到杭州，听取省委工作汇报，并视察钱塘江大桥等单位。

4月27日　国务院批准，撤销金华地区，实行市管县体制。金华市升为地级市，城区设婺城区，郊区设金华县，原金华地区的永康、武义、东阳、磐安、义乌、浦江等县划归金华市管辖；衢州市升为地级市，城区设柯城区，郊区设衢县；原金华地区的龙游、开化、常山、江山等县划归衢州市管辖。

是月　杭州出现第一辆个体出租车。

5月12日　《解放日报》头版登载消息《温州三十三万人从事家庭工业》，并发表评论员文章《温州的启示》，率先提出“温州模式”。报道说：“如今‘乡镇工业看苏南，家庭工业看浙南’，已为人们所公认。温州农村家庭工业的发展道路，被一些经济学家称之为广大农村走富裕之路的又一模式——‘温州模式’。”是年，省委组织调查组到温州调查，将当时温州经济发展的特点归结为四句话：“以家庭经营为基础，以专业市场为依托，以购销员为骨干，小商品、大市场。”

5月15日　国务院批准，撤销兰溪县，设立兰溪市（县级），由金华市代管。

5月16日　省政府发出《关于林业政策的补充规定》，取消木材、毛竹派购，开放木竹交易市场，提倡产销直接见面，允许多渠道经营和长途运销。价格由产销双方自行议定，按质论价。

5月17—23日　首次浙江省暨杭州市人才交流大会在杭州举行，11个市（地）和55个省直单位领导率团参加。14500人参加应聘，现场签约录用620人，达成智力合作项目411项。

6月6日　经对外经济贸易部批准，浙江被列为全国开展对东欧易货贸易的9个省、市之一，可直接同波兰、捷克斯洛伐克两国进行易货贸易。

6月10日　中共中央总书记胡耀邦视察杭州。

6月13日　省人大常委会通过《浙江省实行九年制义务教育条例》，自1985年9月1日起施行。这标志着浙江发展国民基础教育工作进入新阶段。

6月14日　省内第一个农民服务社在苍南县宜山区铁龙乡成立。

6月17日　省高级人民法院依法审结美国爱司科公司诉中国粮油食品进出口公司浙江水产分公司补偿贸易合同纠纷。这是省高级人民法院经济审判庭设立以来审结的第一宗涉外经济纠纷案件。

是月　丽水至花桥线严山岭隧道竣工，长1034米，是省内干线公路最长的公路隧道。

是月　受共青团中央委托，浙江省组织少儿艺术团赴南斯拉夫参加第25届国际儿童艺术节，并赴保加利亚参加第三届和平旗帜联欢大会。

是月　苍南县钱库、金乡和乐清县柳市镇出现3家私人钱庄。同月，省乡镇企业局开展以"浙江乡镇企业的主要集资形式"为主题的调查。

7月1日　国务院批准，撤销镇海县，设宁波市镇海区。

7月2日　经国务院批准，由国家计委批复北仑港电厂计划任务书。电厂建设规模为240万千瓦，第一期工程安装两台60万千瓦机组，其中一台60万千瓦机组及其配套工程的建设费用由世界银行贷款。这是中国第一个利用世界银行贷款建设的大型火力发电工程。1986年4月22日，作为国家"七五"期间能源建设重点项目之一，北仑港电厂工程开工。

7月7—8日　孟加拉国总统侯赛因·穆罕默德·艾尔沙德在杭州参观访问。

7月8日　省政府决定下放漓渚铁矿等29家省属企业行政管理权。

7月13日　浙江援建的西藏体育馆、西藏大学、西藏电教馆3项工程胜利完成。其中，西藏体育馆获国家优质工程银质奖；西藏电教馆进度居9省市43个援藏项目之首，工程质量达到全优标准。

7月16日　国务院批准撤销余姚县，设立余姚市(县级)。

7月30日　国内首台最大的具有现代化水平的1500～2000立方米/时液压斗轮挖掘机在杭州重型机械厂试制成功，并通过出厂验收。

8月7日　国务院、中央军委批准：在宁波西南的栎社附近新建宁波民航机场，按二级机场规模建设。机场于1987年7月开工，1990年6月30日交付使用。1992年9月2日，开通宁波—香港航线，是为宁波航空对外开放之始。

8月15日　农牧渔业部在杭州浙江展览馆举办全国首届渔业渔机展览会。11月16日，在浙江展览馆举办第二届国际渔业及加工展览会，17个国家和地区的70多家厂商、机构参展。

8月19日　省政府公布18个省级风景名胜区：天台山、南雁荡山、仙都、莫干山、溪口雪窦山、东钱湖、中雁荡山、大若岩—楠溪江、仙岩、南北湖、大佛寺、五泄、北山双龙、六洞山、方岩、南明山—东西岩、石门洞、嵊泗列岛。

8月30日至9月1日　马耳他共和国总统阿加塔·巴巴拉女士在杭州参观访问。

是月　杭州钱塘江汽车轮渡工程开工。1986年3月19日正式通航，轮渡为钱塘江大桥分流一半车辆，日均达3000余辆。

9月4日　全省最长的外海客运航线——温州龙港至上海航线首次试航。

9月10日　全省各地隆重庆祝中华人民共和国成立以来的第一个教师节，庆祝活动内容包括：表彰优秀教师和先进教育工作者，向从事教育工作30年以上的教师颁发光荣证，向夫妇同为教师的家庭授予“教师之家”光荣匾，等等。浙江省暨杭州市在杭州省人民大会堂召开大会，省市领导和两千余教师欢聚一堂，共庆教师节。

9月12日　省委决定，撤销省教育厅党组，建立浙江省教育委员会党组。

9月19日　省政府召开省级有关部门负责人参加的颁发居民身份证工作联席会议，决定在全省逐步开展颁发居民身份证工作。

9月19日　省政府颁布《浙江省衡器管理办法》，对在浙江制造、修理、销售、进口、使用和检定衡器的单位和个人必须遵守的基本原则，以及对违反本办法行为的处罚，作出明确规定。

9月26日　中央顾问委员会主任邓小平为南湖革命纪念馆题写馆名。

是月　浙江省租赁有限公司成立。

是月　杭州市园林文物局与《杭州日报》、浙江电视台等单位发起的评选“西湖新十景”活动揭晓，虎跑梦泉、龙井问茶、云栖竹径、满陇桂雨、九溪烟树、吴山天风、玉皇飞云、宝石流霞、阮墩环碧、黄龙吐翠入选。

10月13日　中国与欧洲共同体达成联合开发大陈岛新能源协议，协议内容包括风力发电、潮汐发电、太阳热能利用、生物质能等12个项目。

10月13日　省民航局和杭州旅游公司联合举办首次杭州—上海空中旅游业务。

10月26日　中国第一个现代化大型驳油平台——宁波港“北仑”号驳油平台正式投产。

10月27日　全省第一座卫星电视地面接收站在舟山建成。

11月5日　华东地区最大的城市立交桥杭州清泰立交桥建成通车。该桥长1212米、宽24米。

11月11日　省航运公司宁波分公司第一艘万吨级货船“浙海501”轮投入营运。

11月16日　省内第一条民用航空线——杭州至宁波线正式通航。

11月23日　经国家科委批准，浙江大学在全省首家设立仪器仪表和机械设计与制造两个学科博士后科研流动站。

11月25—26日　马来西亚总理马哈蒂尔·穆罕默德在杭州参观访问。

12月4日　由中国社科院考古研究所及省、市文物考古所组成的临安城考古队，经过3个月的考古发掘，挖掘出一条南宋官窑龙形窑床、两组作坊遗迹和大批瓷片。

12月9—11日　全省个体劳动者首次代表大会召开。大会成立了浙江省个体劳动者协会，通过协会章程，并选举产生省个体劳动者协会第一届委员会。

12月10日　国务院成立宁波经济开发协调小组。协调小组由国家经委、国务院特区办、国务院口岸办等部门、浙江省和宁波市的负责人组成。主要协调国务院有关部委同省有关部门的关系，加强对宁波开发工作的指导，解决宁波经济开发中有关重大问题。

12月16日　杭州市第一座人行天桥交付使用。天桥位于解放路、延安路交叉口，宽4米，桥下净空5.2米，通行能力为每小时1万人次。

12月17日　宁波市在香港的对外经济贸易窗口——宁波开发有限公司在香港正式开业。

12月18日　水利电力部在宁波召开全国喷灌区划会议。会议肯定并推广浙江开展喷灌区划工作的经验。浙江首先完成县、地、市一级的喷灌区划，成为全国第一个完成省级喷灌区划的省份。

12月19日　省政府发布《关于加强小城镇建设的决定》。

12月21日　全省最大的涤纶长丝生产企业浙江涤纶厂通过竣工验收并正式交付使用。该厂1984年在绍兴建成投产，主要工艺设备从日本和英国引进，年产涤纶长丝5000吨。

12月23日　经国务院批准：设立金华县，县政府驻婺城区，归金华市管辖；设立衢县，县政府驻柯城区，归衢州市管辖。

12月26日　杭州市民用管道煤气设施在半山建成，开始向居民供气。

12月28—31日　胡耀邦视察宁波、奉化、象山、椒江等地。29日，胡耀邦专程上大陈岛看望老垦荒队员和岛上军民，希望他们继续发扬艰苦创业的愚公精神，把“东海明珠”大陈岛建设得更加繁荣昌盛。

12月30日　临海上盘乡岙里村发现翼龙化石，被认定为浙江临海晚白垩世翼龙新属种。1989年，省政府发文公布临海市上盘镇岙里村为临海翼龙化石产地保护区。

是月　历时6年的全省县级农业资源调查和农业区划工作顺利完成。开展这项工作的80个县级单位共形成960余份成果报告和5000多幅图件、实物。

是年　省委、省政府发文，开始筹建浙江革命烈士纪念馆，选址杭州云居山万松岭路1001号，至1991年分两期筹建完成。纪念馆馆区占地104.9亩，主要建筑有浙江革命烈士纪念碑、烈士纪念馆、巨幅铜浮雕壁、大型花岗岩烈士群雕、陆军监狱牺牲烈士纪念亭等，合计建筑面积7100平方米。

是年　省内4条国道线开始改造，分别为320国道、104国道、329国道、330国道，至1990年改造完成。这4条国道连贯全省11个地市，在浙江公路网中构成主骨架，对浙江的国民经济发展具有重要作用。

是年　中国水稻研究所和台州地区农科所合作育成“汕优10号”杂交水稻新品种。该成果1989年被国家计委和农业部列为全国科技攻关扩繁品种、1993年获国家科技进步一等奖。当年推广种植面积达120万公顷。

是年　浙江小百花越剧团越剧《五女拜寿》获文化部优秀戏曲片奖以及第五届中国电影金鸡奖最佳戏曲片奖，在境内外公演500多场。

是年　嘉兴农校探索教育改革，当年招收不包分配的种植中专试点班，1987年起招收不包分配的蚕桑班。1991年6月27日至7月1日，全国改革中专招生分配制度为科教兴农服务座谈会在嘉兴市召开，讨论《继续深化和推进面向农村建设的中专招生分配制度改革的意见》，同时提出在全国农业部门推广嘉兴农校的改革经验。

是年底　全省所有的县都建立了律师工作机构，标志着全省律师制度的全面恢复。

是年　浙江省地区生产总值429.16亿元，其中工业增加值178.68亿元，人均地区生产总值1067元；社会消费品零售总额172.27亿元；全社会固定资产投资102.2亿元；全年财政总收入58.25亿元；全省职工平均工资1159元。

是年　浙江省总人口为4029.56万人，人口自然增长率为6.56‰。

1986年

1月3日　省委组织部、省委统战部、省劳动人事厅转发中央组织部、中央统战部、劳动人事部《关于积极协助民主党派调配干部的通知》，要求各市、地和省级有关单位认真执行。

1月3—7日　省政府在杭州召开全省交通工作座谈会，提出在今后相当长的一段时期内，交通运输应贯彻"先缓解，后适应"的方针。并确定"七五"期间前三年拨款7000万元，重点用于"三三四一"工程项目，即改造杭州—枫泾线、杭州—父子岭线、杭州—宁波线、金华—丽水—温州线4条公路，改造和新建温州港、舟山港、乍浦港、椒江港4个沿海港口，改造京杭运河浙境段、长湖申线、杭甬运河3条内河航道，新建飞云江大桥和甬江隧道。

1月13日　省计经委批准扩建乍浦港一期工程，并列入省"七五"重点项目。12月12日工程开工，1991年12月竣工，1992年7月4日通过国家验收。

1月16日　著名出版家胡愈之在北京逝世。胡愈之，上虞人，1896年出生，生前曾任全国人大常委会副委员长、中国民主同盟中央代理主席等职。

1月19日　经杭州市经委批准，由杭州玻璃总厂牵头，组成十省一市13个单位参加的东南玻璃纤维股份有限公司。这是省内第一个跨行业、跨所有制的企业集团。

1月27日　省内第一座自行设计、自行施工的浅万吨级煤码头在台州发电厂提前竣工并通过验收。

1月28日　第一次全省优秀粮食专业户表彰大会在杭州举行，80个县(市、区)的975个农户获得"优秀粮食专业户"奖章。

1月28日　省政府颁发《浙江省村镇建设管理办法》。

是月　公安部公布244个对外国人开放地区，浙江列入开放地区的有杭州市、宁波市、绍兴市、温州市、嘉兴市、湖州市、金华市和椒江市、普陀县(普陀山游览区)9个市、县。

2月1日　舟山定海鸭蛋山至宁波镇海白峰汽车轮渡码头建成。2日，鸭蛋山至白峰海峡汽车轮渡航线正式通航。这是浙江第一条大陆与海岛间开辟的滚装客运航线。

2月23日　金华婺州公园"虎年元宵灯会"发生挤压踩踏死亡35人、受伤33人的特大伤亡事故。事后，有关责任人受到查处。

3月1日　国务院批准，撤销丽水县，设立丽水市(县级)，由丽水地区行政公署管辖；撤销临海县，设立临海市(县级)，由台州地区行政公署管辖。

3月7日　省政府公布余姚、兰溪、萧山、临安、富阳、桐庐、建德、淳安、余杭、慈溪、奉化、宁海(城关镇、南溪温泉)、瓯海、永嘉、乐清、瑞安(不含岛屿)、绍兴、新昌、嵊县、诸暨、上虞、嘉善、平湖、海宁、海盐、桐乡、德清、金华、东阳、义乌、永康、武义、浦江33个县(市)为对外开放地区。

3月12日　中国第一台空气等离子弧切割机在温州通过省级鉴定。

3月14日　《浙江日报》报道，国内规模最大、有效使用面积最多的人工气候箱群在中国水稻研究所皇天畈基地落成。人工气候箱群共有15台（组）、35个气候箱，有效使用面积83平方米。

3月15日　温州瑞安飞云江大桥主体工程开工建设。该工程是“七五”期间省重点建设项目，总造价3310万元，全桥长1721米、宽13米。

3月23日　首届中日兰亭笔会在绍兴兰亭开幕，与会代表200余人。

是月　省航运公司杭州分公司与中国国际旅行社杭州分社合营组建的古运河旅游公司投入“古运河”“天堂”号船组营运杭州至苏州旅游线，这是浙江水运企业组建的第一家跨行业水路客运公司。

4月1日　省政府召开土地检查清理汇报会议。到3月底止，大部分市、地、县的土地清查工作基本结束。据不完全统计，查出各种违法占地面积62000多亩，其中耕地43000多亩。至此，补办手续的有8500多亩，退地还耕的1790亩，拆屋还田131亩，罚款的648亩，共有45人分别受到党纪、政纪处分。

4月1—4日　国际小水电会议在杭州举行，来自38个国家和地区的250多位小水电专家参加会议。

4月7日　公安部正式公布：中国71个口岸准予中外籍人员入出境，包括浙江的杭州机场和宁波、温州港。12个口岸经特殊批准方可入出境，包括浙江台州海门和舟山沈家门。

4月18日　国务院、中央军委批复浙江《关于要求舟山港对外开放的请示》，同意将沈家门、定海、老塘山3个港区合并为一港，统称舟山港，并同意舟山港对外开放。1987年4月1日，经国务院批准，舟山港正式对外国籍船舶开放。5月5日，舟山市在沈家门举行舟山港开港典礼。

4月18日　省政府颁布《浙江省科学技术进步奖励条例》。

4月20日　浙江省与联邦德国石荷州在杭州签署缔结友好省州关系的协议。

4月21日　在全国优秀农产品商品基地会上，浙江有3种水果和5种名优茶获得农牧渔业部优质产品奖杯。3种水果是：玉环文旦柚、苍南四季抛柚和常山胡柚。5种茶是：开化“开化龙顶”、余杭“径山茶”、长兴“紫笋春”、淳安“鸠坑毛尖”和遂昌“遂昌银猴”。

4月21—25日　省首届少数民族传统体育运动会在景宁畲族自治县召开，全省11个市、地的畲、回、满、苗等民族的130多名运动员、教练员等参加运动会。

4月22—24日　省委、省政府、省军区召开会议，部署县级人民武装部归地方建制工作。8月2日，省委向中央书面报告浙江人武部归建工作顺利结束。

4月23日　省内最大的杂货码头在宁波北仑地区开工。

5月9日　省政府颁发《浙江省征收电力建设资金实施办法》。

5月16日　浙江老年大学成立。

5月21日　全省首次城镇房屋普查结束。截至1985年12月31日，全省城镇房屋建筑面积共 20023 万平方米，其中住宅 10585 万平方米，人均使用面积 14.32 平方米，居住面积 7.77 平方米。

5 月 23 日　中国第一台大报版激光照排机由杭州通讯设备厂研制成功，并通过国家经委、电子工业部部级技术验收。

5 月 29 日　中国精度最高的 SRP-151 摄影光刻机在浙江大学研制成功，并通过中国科学院正式鉴定，为中国发展大规模集成电路提供了先进手段。

5 月 30 日　杭州汽轮机厂为大庆设计制造的 30 万吨乙烯装置配套 EHNG50/60/0 型 25000 千瓦抽气背压式工业汽轮机，在杭州通过空负荷试车鉴定。这台工业汽轮机是该厂自行设计制造的第一台高压类大型机组，也是国内生产的抽气压力最高的一种工业汽轮机。

5 月 31 日　全省规模最大的文化设施——杭州市文化中心工程破土动工。

是月　余杭长命乡反山发现良渚文化墓葬群。经省考古研究所两次发掘，从 11 座墓中出土琮、璧、钺等玉器 1226 件。

是月　嵊泗县被列为全国海岛开发建设 4 个示范县之一。

是月　《建德县志》出版。这是社会主义时期浙江省第一部正式出版的县志。

6 月 5 日　浙江举行第一次开展世界环境日纪念活动，主题是“环境与和平”。同日纪念大会在省科学会堂举行。

6 月 6 日　浙江大学研制成功中国第一台 LRZ-1 型激光喇曼光谱仪，并通过国家科委正式鉴定。它的功能和主要指标达到国外 20 世纪 80 年代初同类仪器的水平。

6 月 7 日　浙江省与巴西巴拉拿州签署友好关系协议书，建立友好省州关系。

6 月 19 日　浙江人民广播电台试验播出中波调幅立体声广播。这是全国第一家中波调幅立体声广播。

6 月 20 日　省航运公司、宁波市经济技术开发公司、香港港瑞投资公司联合经营的宁波花港有限公司“甬兴”号高速双体客轮首航宁波至普陀山航线。这是全省第一家中外合资水路客运企业和第一艘高速客船。

6 月 25 日　省首次出口商品交易会在杭州举行。来自全国各地和世界各大洲 25 个国家和地区的 800 多名代表、客商参加交易会。成交额超过 1 亿美元。1988—1990 年，先后在杭州举办了第二至第四届交易会。

6 月 29 日　宁波市从瑞典引进的 AXE10 型万门程控数字电话设备割接开通，并接入试运转。这是省内引进的第一套长、市合一程控电话。

7 月 4 日　中国民航局正式批准与省政府合资组建浙江航空公司。1987 年 10 月 4 日，公司正式成立。

7 月 6 日　《浙江日报》报道，中国自行设计和建造的第一座双库全潮发电站——玉环县海山双库全潮发电站，在沿海茅埏岛建成发电，为开发沿海潮汐能源提供了新的试验基地。

7 月 8 日　《人民日报》刊登新华社记者专稿《唯实的思想，创造性的实践——温州市发展家庭工商业的调查》，介绍了温州市 4 条基本经验：坚定不移清“左”，开拓思路创新；唯实，不唯上；敢吃第一口，敢迈第一步；少些关停堵截，多些疏通引导。并发表评论员文章《“唯实”

才有发展——温州发展家庭工商业的启示》。12日,胡耀邦对新华社"国内动态清样"《温州模式理论讨论会建议成立"温州试验区"》一文作出批示给予肯定。

7月15日 杭州—香港直拨长途电话开通。

7月19日 国家旅游局批准在杭州建立中国丝绸博物馆、中国茶叶博物馆、杭州南宋官窑博物馆、杭州胡庆余堂中药博物馆,四项特殊旅游项目总投资4430万元。12月4日设立筹建处,1987年全面开工建设。

7月30日 经国家发明奖励评审委员会评定,浙江大学变渗透度含油轴承获国家级发明奖。

8月23日 温州市委、市政府向省委、省政府报送《关于建立温州试验区有关问题的报告》,提出把放手发展个体、私营、股份合作经济和进一步完善市场体系作为试验的主要内容之一。10月4日,省委、省政府向党中央、国务院上报《关于建立温州试验区的报告》。

8月27日 浙江省对外律师事务所成立。

8月28日 据新华社讯,国务院同意16个中等城市为全国第一批机构改革试点城市,绍兴市名列其中。

9月10日 宁波大学建成开学。11月26日举行开学典礼,国务院副总理万里、香港寰球集团董事会主席包玉刚等国内外来宾及学校师生1000余人参加典礼。

9月13日 省广电厅和国家广电部联合筹建的浙江广播电视高等专科学校举行开学典礼,首批招生40名。这是浙江第一所、也是全国第二所广播电视高等学校。

9月18日 由500多名科技人员历时6年完成的全省海岸资源综合调查重大成果通过省级验收。它表明,浙江省沿海具有港口、岛屿、水产、能源、滩涂和旅游六大优势资源。

9月26日 新建的可同时容纳3万人进场交易的小商品市场在义乌县稠城镇隆重开业。

9月28日 温州第一家规范化的股份合作企业——苍南县桥墩门啤酒厂开业。同年10月5日,该厂股东大会全票通过中国第一部股份合作企业章程。

是月 浙江省首届音乐舞蹈节举办。

10月6日 杭州友好饭店落成开业,为国内通过友好城市渠道建造的首家中外合资饭店。

10月14日 省委、省政府召开援藏工程表彰大会,向省建筑总公司、省建筑四公司、省设备安装公司、省建筑设计院诸暨建筑总公司、宁波第一建筑公司颁发锦旗。

10月18日 鲁迅故乡绍兴各界人士集会,纪念鲁迅逝世50周年。19日,省市各界人士在杭州西湖孤山举行鲁迅铜像揭幕仪式。

10月23日 黄岩县委、县政府印发县农村工作部制定的《合股企业的若干政策意见》和《个体经济的若干政策意见》。前者是全国县级政府关于股份合作企业的第一个政策性文件。

10月24日 根据国务院规定,浙江省从1986年10月1日起开征房产税和车船使用税。

10月27日 省劳动人事厅印发《关于"五大"毕业生使用问题的若干意见》,明确"五大"毕业生可以当干部,也可以当工人,所在单位可本着用其所学、发挥专长的原则,逐步合理调整其工作岗位。

10月29日　全国农村改水工作会议在宁波召开。全省农村已有1000多万人口饮用清洁卫生水，自来水普及率居全国第3位。鄞县获中央爱卫会授予的“农村改水先进县”锦旗。

10月30日　《浙江日报》报道，全省11个市(地)的林业区划工作顺利完成。经专家考察鉴定，全部符合省定标准。

10月30日　全省首次新优名特产品展销会在杭州举行。参加展销的有省一轻、二轻等10个主管部门的1200多家企业，展销的产品共有2700多种。经过用户和专家评审，共评选出500个优质产品，并发给浙江省新、优、名特产品“金鹰奖”杯和奖状。

10月31日　根据省政府1985年12月26日《关于清理整顿公司工作若干问题的通知》，对全省21272家公司、中心，已清理整顿21161家，占总数的99.5%，其中予以保留的7604家，占总数的35.7%；不具备公司应有条件而改称的5156家，占总数的24.2%；注销的8176家，占总数的38.4%；因违法经营被吊销执照的225家，占总数的1.1%。

11月1日　全国第一家民间股份制金融企业——温州鹿城城市信用社开业。

11月3日　林业部同意在淳安县千岛湖建设森林公园，总面积为142.5万亩。1990年更名为千岛湖国家森林公园。

11月4日　年产52万吨尿素的成套设备装置在镇海石化总厂通过国家鉴定。这是中国自行设计、制造的第一套具有当代国际先进水平的大型尿素成套设备。

11月10日　国务院批准宁波市城市总体规划。

11月14日　浙江省与美国印第安纳州签署两省州友好交流备忘录。

11月17日　萧山县信用合作资金同业拆借市场开业，为浙江省首家。

11月22日　国务院批复同意撤销海宁县，设立海宁市(县级)，隶属嘉兴市。

12月10日　220千伏紧(水滩)丽(水)金(华)输变电工程竣工投运。至此，全省大陆10个地区220千伏电网输变电系统全部形成，同时并入华东电网。

12月17日　国务院批准宁波为第二批国家历史文化名城。

12月18日　全国科技扶贫试点县工作座谈会在杭州召开。

12月24日　杭州至福州同轴电缆正式开通投产。电缆全程750千米，在浙江省境内为507千米，纵贯杭州、萧山、金华、丽水、温州等14个市、县，是中华人民共和国成立以来浙江规模最大的邮电通信建设工程。

12月31日　浙江省经登记发照的城乡个体工商业户累计达71.46万户、98.84万人，分别居全国第6位和第7位，分别比1985年增长12.14%和14.57%。个体工商业的商品零售额达32.92亿元，占全省社会商品零售额的15.41%。全省有21名个体工商业户被评为全国先进个体劳动者。

是月　省政府在杭州召开首届软科学研究工作座谈会。会上明确提出软科学研究是决策研究，是政府决策科学化的前提等重要观点，并将此项研究正式列为科研计划的一部分。

是年　国务院批准西天目山自然保护区升格为国家级森林和野生动物类型自然保护区，更名为浙江天目山国家级自然保护区。

是年　浙江省地区生产总值502.47亿元，其中工业增加值206.63亿元，人均地区生产总值1237元;社会消费品零售总额203.49亿元;全社会固定资产投资127.39亿元;全年财政总收入68.61亿元;全省职工平均工资1346元。

是年　浙江省总人口为4070.07万人,人口自然增长率为10.02‰。

1987年

1月1日　杭州市第一家由国营商业改为股份制的企业——杭州大江南皮业股份有限公司开业。

1月8日　省政府颁布《浙江省地名管理实施办法》。

1月14日　温州市工商银行金融市场成立并首次开盘,为全省第一家综合性多功能金融市场。

1月16日　杭州市256路程控自动转报系统开通,每天可转发20万份电报。到6月3日,杭州至全国25个省、市、自治区及全省各市、县全部实现电报转接自动化。

1月16日　浙江合资开办的第一家境外工厂——杭州中药二厂"加拿大A.T.B.健康产品有限公司"在杭州签约。

1月19日　省政府决定成立浙江省中医管理局。

1月19日　省政府办公厅下发《关于调整我省部分市、县开放类别的通知》,将衢州市、丽水市和衢县、龙游县、天台县、青田县、缙云县、磐安县以及普陀县的沈家门镇列为对外国人开放地区;定海县城关镇、嵊泗县茶园镇和岱山县高亭镇列为控制开放地区。

1月23日　国务院批复,同意撤销舟山地区和定海、普陀两县,设立舟山市(地级),实行市管县体制。舟山市设立定海、普陀两区,以原定海、普陀两县的行政区域为两区的行政区域,市人民政府驻定海区。原舟山地区的岱山、嵊泗两县由舟山市管辖。3月10日,舟山市正式成立。

1月27日　世界卫生组织确定,浙江省医学科学院计划生育研究所为世卫组织人类生殖研究合作中心。该所研制成功的长效避孕药炔诺酮针剂,为世界卫生组织向全世界推荐的两种最佳长效避孕针之一。

2月7日　"甬兴"轮宁波至上海航线正式通航。这是国内第一条中外合资经营、跨省际的高速客轮航线。

2月7日　经交通部批准,宁波至香港的杂货、集装箱班轮列为国际定期班轮,每月开航6班。

2月10日　省政府决定,设立浙江省劳动争议仲裁委员会和浙江省社会劳动保险委员会。

2月17日　中国工商银行杭州、嘉兴、湖州、绍兴四市资金市场在杭州建立。

2月18日　国家教委批准建立温州师范学院。

2月20日　富春有限公司在香港隆重开业,香港900余名各界人士参加开业活动。该公司是浙江在香港的对外经济贸易和国际经济技术合作的窗口。

2月24日　国务院决定,宁波市在国家计划中实行单列,赋予相当省一级的经济管理权限，并继续在宁波市进行经济体制综合改革试点。

是月至3月　全国政协副主席、著名社会学家费孝通教授赴温州考察后，应省政协和省民盟的邀请，在杭州作题为《小商品、大市场》的学术报告，对“温州模式”的成因、特点、意义、弱点和发展趋势，作了深入透彻的分析。

3月9日　新华社报道，1986年全国有20个城市工业总产值超过100亿元，其中有浙江的杭州、宁波两市。

3月12日　省委办公厅、省政府办公厅发出关于区级建制和乡级经济管理机构问题的通知指出，根据省内实际情况，除一部分县(市)需撤销区一级建制外，大多数的县(市)可继续保留区一级建制。通知还明确规定，组织、管理经济是乡(镇)政府的重要行政职能。

3月12日　省总工会向省政府提出《关于建立省级劳动模范和先进集体评选制度的建议》，建议每年全省评选100名，由省政府命名为省劳动模范；5年召开一次全省性的劳动模范先进集体表彰大会。后省委、省政府批示同意建立这项制度。

3月14日　杭州港三堡内河码头工程开工建设。这是国内内河水系配套设施较为完善、机械化程度较高的件杂货码头，也是浙江最大的内河码头。1990年3月16日举行竣工典礼。

3月16日　国内民航干线上海—武汉—杭州航班开通，每周两班。

3月25日　中共中央决定，薛驹任中共浙江省委书记。

3月26日　安吉县供销社深化改革，建立全省第一个“供销社社务管理委员会”，取代原来的理事会、监事会两会制，真正体现了供销社民办性质。

3月27日至4月5日　浙江首次在美国举办的大型综合性贸易展览——中国浙江省出口商品展览会在洛杉矶举行。展览期间，参观者达3万多人次，接待客户968家，成交金额5478万美元。

是月　省人大常委会根据《浙江省人民代表大会代表工作条例》有关规定，制发代表视察证，并于4月首次组织省人大代表持证视察。

是月　萧山湘湖印染厂与上海、杭州等地4家国营棉纺印染企业集资联营创办的萧山纺织厂投产。该厂占地110亩，总投资2058万元，是全国乡镇纺织企业中最大的纺织厂。

4月1日　根据国务院通知，浙江省开征耕地占用税。

4月1日　华东电网第一套光纤数字通信设备在500千伏瓶窑变电所至省电力工业局中心调度所试运行，5月正式开通。

4月13日　省政府颁发《浙江省乡、镇人民政府暂行工作条例》。

4月13—15日　冈比亚共和国总统达乌达·凯拉巴·贾瓦拉访问杭州。

4月15日　国务院批复同意撤销瑞安县，设立瑞安市(县级)，以原瑞安县行政区域为瑞安市行政区域。

4月28日　省政府办公厅转发省科委《关于加强专利工作的意见》。嗣后，又颁发《浙江省处理专利纠纷暂行办法》，明确省专利管理处和宁波、温州市专利管理处有依法行使专利纠纷处理权。此后，全省专利事业得到迅速发展。

4月29日　省内第一家城镇信用社——苍南县龙港镇龙湖城镇信用合作社在龙港镇开业，这是省内首家由7家专业户集资创办的股份制有限金融组织。

是月　省内首家全民所有制非银行金融机构——绍兴市信托投资公司成立。

5月5日　国内民航干线上海—宁波—北京航班开通，每周两班。

5月5日　舟山市在沈家门举行舟山港开港典礼，正式对外国籍船舶开放。第一艘6000吨级的日轮“第八义宗丸”抵达舟山港。

5月6日　国家教委批准建立浙江财经学院，这是浙江第一所培养财经类本科生的高等院校。

5月11日　由18个省市物资贸易中心联合主办的全国首届生产资料交易会在杭州举行，交易会进销总金额达10.78亿元，销售物资总额达5.4亿元。

5月13日　浙江第一个中澳合资企业——亚大肥皂有限公司举行开工投产典礼。

5月14日　在余杭县瑶山良渚文化遗址的考古发掘中，首次发现具有重要价值的5000年前祭坛遗址。

5月16日　省政府颁发《浙江省无线电管理暂行规定》。

是月　全省第一家农村信用合作联社——绍兴县信用合作联社成立。

6月14日　国家民航局批准香港港龙航空公司开辟香港—杭州的包机航线，并于6月26日首航。

6月19日　省政府颁发《浙江省对台小额贸易管理试行办法》。

6月22日　省检察院召开第一次新闻发布会，通报浙江省近年来发生的玩忽职守案件情况，要求各级检察院排除阻力和干扰，坚决查处玩忽职守案件，以保障改革、开放和搞活方针的顺利进行。

6月30日　省建材系统首次承包的非洲布基纳法索石灰窑建设和技术输出任务圆满完成，工程质量受到该国政府和人民好评。

是月　中国人民银行批准温州市为全国利率改革试点城市。9月21日，《温州市利率改革试行方案》实施，这是温州市金融系统为适应当地情况，在全国率先实行综合性的利率改革。

7月1日　利用世界银行贷款的“浙江滩涂开发项目”开始执行。该项目总投资为23929万元，其中国内配套资金12428万元。

7月4日　经国务院批准，杭州市钢材市场正式开放。

7月6日　省委向中共中央报告《浙江省整党工作总结》。浙江的整党从1983年12月开始，到1987年3月底结束。全省共有6.35万个单位，139.49万名党员参加整党，占应参加整党党员的99.6%。通过整党，党的思想、作风、纪律、组织4个方面都比整党前有了进步。

7月8—15日　省科协与杭州市科协联合举办首届科普宣传周。

7月9日　舟山市轮船公司与岱山县轮船公司合营的载客定额606人的“蓬莱”号客轮举行首航仪式。7月10日正式投入上海—岱山—沈家门航线营运。这是浙江第一艘由地方政府、运输企业自筹资金经营的大型客轮。

7月9日 浙江首家外商独资企业——立新装饰材料有限公司成立。

7月10日 杭州市第一家试行承包经营责任制的国营大中型企业——杭州机床厂与主管局签订承包经营合同。

7月11日 温州引进设备配件公司成立。这是国内首家以生产、研制引进设备配件的专业性集团企业。

7月16日 据省委组织部向中共中央组织部报送的《关于我省基本完成落实知识分子政策任务的情况报告》显示，浙江各级党组织狠抓落实知识分子政策，解决历史遗留问题，取得了显著的成绩。据不完全统计，中共十一届三中全会以来，全省共发展79966名优秀知识分子入党；提拔7726名知识分子担任县(处)级以上领导职务；为10.34万名知识分子调整和改善住房。

7月17日 经国务院批准，省政府决定成立浙江省土地管理局和浙江省新闻出版局，两局均为省政府职能部门。

7月25日 省人大常委会批准《杭州市环境噪声管理条例》。此为省人大常委会首部批准的地方性法规。

7月27日 7号强台风在温州瓯海登陆并带来大暴雨。全省有1000多个乡镇受灾，受灾人口470万；洪涝耕地面积501.6万亩，其中成灾面积174.7万亩，减产粮食3亿千克；倒塌房屋15600间，死亡116人，冲毁堤塘291.5千米，直接经济损失5.64亿元。这也是中华人民共和国成立以来浙江遭受的罕见的严重自然灾害。

7月28日 省编委发文同意设立浙江省公路稽征局，隶属省交通厅，与省公路管理局、公路运输管理局合署办公；市(地区)设公路稽征处，县(市)设公路稽征所，隶属市(地区)、县交通局，实行省交通厅与地方双重领导、以地方为主的领导体制。

7月30日 省公安厅、省交通厅根据国务院《关于改革道路交通管理体制的通知》，部署道路交通体制改革和交通监理机构的交接工作。至12月，省、市(地)、县交通监理机构和业务工作移交公安机关管理。

7月31日至8月4日 全国首次县级和县级市党政领导干部年度考核试点工作在椒江市进行。中央组织部青年干部局和北京、上海、天津等10个省、市、自治区党委组织部派员参加试点工作。

是月 省医学科学研究院毛江森等人通过10年研究，成功研制出中国首批甲肝试验性减毒活疫苗。该疫苗的成功研制，使国内甲肝严重流行的局面得到有效控制，并成为中国第一个获得国外认可并正式出口的生物制品。

8月3日 经贸部批准宁波市享受省级审批利用外资项目管理权限，赋予宁波市经贸委省级外贸管理权限和同意组建宁波市外贸专业分公司。

8月5日 省政府转发省财政厅《关于开征耕地占用税的报告》，决定从当年4月1日起在全省征收耕地占用税，并继续征收造地费和菜地建设费。

8月5日 舟山港老塘山码头一期工程(万吨级杂货泊位1个，总投资1300万元)竣工验收，质量评为优良。该码头是国内“七五”计划沿海港口建设的120个深水泊位之一，也是浙江地方港口第一个万吨级码头。

8月6日　新华社播发金华市乳品业大发展的消息：金华市农民饲养的奶牛已达1.25万头，每年产鲜奶2万多吨，成为中国南方最大的奶牛基地。金华市已有20余家乳品厂，年加工能力达100多吨，成为仅次于内蒙古海拉尔的全国第二个乳品工业基地。

8月9日　《浙江日报》报道，全省88个县级地方党委换届工作结束。新选出的党委常委，50岁以下的中青年干部占91.3%，其中有68人当选为县(市、区)委书记；具有大中专以上文化程度的达63.7%。

8月15日　首次中日书法学术交流会在杭州西泠印社举行。

8月18日　温州市政府颁发《温州市挂户经营管理暂行规定》，这是全国最早的一个地方性挂户经营管理规定。

8月22日　省政府决定成立浙江省安全生产委员会。

8月24日　省工商局、省供销社联合发出《关于加强棉花、黄红麻市场管理的通知》，决定不开放棉花市场，已经开放的棉花市场一律关闭。棉花和计划内黄红麻由供销社统一收购，其他任何部门、单位和个人不得插手收购。

8月28日　省政府颁发《浙江省处理专利纠纷暂行办法》。

8月30日　全省开始实行假劣药案件报告制度。

是月至10月　省人大常委会在全省范围首次开展以宪法为核心的执法检查活动。

9月1日　浙江首次政府法制工作会议在杭州召开。会议根据全国政府法制工作会议精神，研究了加强政府法制工作问题。

9月1日　经省卫生厅严格考查，确认开化、安吉两县达到基本消灭血吸虫病标准。至此，浙江全省实现基本消灭血吸虫病。

9月4日　国务院批复同意宁波市滨海区更名为北仑区。

9月12日　浙江省台湾同胞接待站在杭州成立。接待站下设接待、贸易、宣传、法律咨询4个部，分别向来浙江的台胞提供膳宿、交通、游览、参观、文娱、医疗及法律咨询等服务。

9月15日　杭州市对市区居民购买猪肉临时实行凭票定量供应。

9月15日　杭州联谊股份有限公司董事会成立。这是省内首家以乡镇企业为龙头，联合来自全国各地的8家大型全民企业共同组建的股份公司。

9月19日　第一次公开以记者身份到大陆进行探亲旅行采访的台湾《自立晚报》记者李永得、徐璐在杭州游览西湖，会见亲友。

9月26日　第一座由中国自行设计和主持施工的特大桥梁钱塘江大桥通车50周年。亲自主持设计建造大桥的全国政协副主席、中国科协名誉主席茅以升重访钱塘江大桥。

是月　瑞安市振中工程机械厂建立全省第一个私营企业党组织——瑞安市振中工程机械厂党支部。

10月5日　经省哲学社会科学规划领导小组讨论通过，建立由80多位专家、学者组成的马克思主义哲学组，经济学一组，经济学二组，经济学三组，语言文学组，历史学组，教育学组，社会学、法学、人口组等8个学科组，并在余杭临平召开省哲学社会科学"七五"规划重点课题审定会议，审定了全省“七五”期间第一批哲学社会科学重点课题63项。

10月5日　经省经贸厅批准，沈家门渔港的兴隆贸易公司为浙江第一家经营对台小额贸易企业。

10月10日　省政府批复省二轻总公司、省手工业联社，同意建立浙江省二轻企业集团。

10月10日　原交通部宁波港务局改称宁波港务局，由宁波市政府和交通部双重领导，以宁波市领导为主。

10月12日　浙江最大的IBM-4381电子计算机在杭州正式投入运行。

10月16日　省内第一个县城管道煤气工程在富阳县落成供气。

10月20日　省计经委、省委组织部、省总工会在杭州联合召开贯彻《全民所有制工业企业厂长工作条例》《中国共产党全民所有制工业企业基层组织工作条例》《全民所有制工业企业职工代表大会条例》，全面推行厂长负责制工作会议，部署加快企业领导体制改革。

10月22日　省政府决定，各市、县人民政府和地区行政公署建立土地管理局，乡镇配备土地管理员。

10月26日　经省政府批准，《温州私营企业管理暂行办法》公布实施。这是全国最早的一个地方性私营企业管理办法。

10月28日　浙江海外联谊会在杭州正式成立。

11月5日　省内第一个县级联户家庭工业协会在新昌县成立。

11月6日　浙江省同澳大利亚西澳州建立友好省州关系。

11月7日　温州市政府颁发《关于农村股份合作企业若干问题的暂行规定》。这是国内有关农村股份合作企业最早的地方性文件。

11月8日　浙江人民广播电台和日本静冈放送社联合举办“培育更大的友谊花”广播特别节目，实行双向传送。这是全国广播首次异国双向对话直播。

11月9日　经国务院批准，省政府决定，从1987年12月1日起，在全省开征粮食附加税。凡应依法缴纳产品税、增值税、营业税的乡(镇)村的工业、建筑、交通运输业(包括家庭和联办的企业)，均为粮食附加税的纳税义务人。税率按纳税义务人取得的销售收入或营业收入的6%计算。这项资金由省统一安排，专门用作对国家收购粮食价格过低的补偿和增加农业投入。

11月13日　省政府决定，对有突出贡献的优秀运动员实行退役保险制度。

11月14日　全省第一个农村程控电话分局在绍兴柯桥建立。

11月15日　国内第一套以残渣油为原料生产合成氨和尿素的大型化肥装置，通过国家验收，在镇海石化总厂全部建成投产。

11月18日　省政府决定建立浙江省监察厅，作为省政府的直属机构。

11月27日　国务院批复，同意撤销萧山县，设立萧山市(县级)，以原萧山县行政区域为萧山市行政区域；同意撤销江山县，设立江山市(县级)，以原江山县行政区域为江山市行政区域。

11月29日　位于瓯江支流、装机7.8万千瓦的石塘水电站完成截流。该电站是中国水电工程第一个实行招标承包制的试点工程。

11月30日　浙江大学半导体材料研究所研制成功减压充氮直拉硅单晶技术，打破了国际公认的氮不能作直拉硅单晶保护气的理论，在国内外首创以纯氮作保护气制备直拉硅单晶新技术。

12月8日　杭州中药二厂向社会发行为期半年的债券，成为浙江第一家公开发行短期债券的工业企业。

12月20日　被列为全国铁路"中取华东"战役重点工程的钱塘江第二大桥铁路桥正式开工建设。1991年12月21日，创造中国桥梁建设两项世界之最的钱塘江第二大桥在杭州落成。全国人大常委会委员长万里为大桥建成剪彩，国务院致电祝贺。

12月23日　浙江第一艘直接开往香港的客货班轮——"雁荡山"轮在温州首航。

12月25日　浙江革命烈士纪念碑奠基仪式举行。1991年，浙江革命烈士纪念馆对外开放，后于2009年启动改扩建工程。2012年3月31日，改扩建后的浙江革命烈士纪念馆新馆正式对外开放。新馆内设序厅、基本陈列厅、红色影像馆和烈士资料室等功能设施，运用多种现代手段，全面展示浙江自资产阶级民主革命时期至改革开放新时期的385位著名烈士事迹。

12月26日　由商业部和浙江省、杭州市联合投资兴建的全省最大蛋品冷库——杭州食品公司冷库通过竣工验收并正式投产。

12月28日　中国远洋运输总公司浙江省公司"衢江"号集装箱班轮从宁波港首航日本神户港。该轮系浙江省口岸至日本的第一艘集装箱班轮，每月两个往返航次。

12月29日　省政府决定，成立浙江省住房制度改革领导小组。

12月29日　浙江省重点工程、全国第一座用煤气作燃料、国产烧成砖为锡槽底砖的300吨级浮法玻璃生产线在杭州玻璃总厂建成投产，年产量为140万重量箱。

12月30日　省乡镇企业农业发展基金开征，按职工每人每月10元计征，税前列支。

是月　省人大常委会通过《浙江省技术市场管理条例》。该《条例》成为全国最早出台的地方性技术市场法规之一，在全国也产生了较大影响。

是月　浙江航空公司首辟杭州—黄岩—上海航线，每周3班。

是年　根据文化部、公安部、国家工商行政管理局联合下发的《关于改进舞会管理的通知》，解除对营业性舞会的禁令，赋予文化经营活动以合法地位。

是年　浙江省地区生产总值606.99亿元，其中工业增加值249.69亿元，人均地区生产总值1478元；社会消费品零售总额242.58亿元；全社会固定资产投资156.2亿元；全年财政总收入76.36亿元；全省职工平均工资1493元。

是年　浙江省总人口为4121.19万人，人口自然增长率为10.09‰。

1988年

1月10日　浙江省首次邮品拍卖活动在杭州举行。

1月13日　国务院公布第三批全国重点文物保护单位，浙江有13处入选：金华太平天国侍王府、天宁寺大殿，绍兴鲁迅故居、秋瑾故居、古纤道，杭州胡庆余堂、闸口白塔，桐乡茅盾故居，鄞县它山堰，东阳卢宅，湖州飞英塔，慈溪上林湖越窑遗址和龙泉大窑龙泉窑遗址。

1月13日　省政府召开贫困县经济开发工作会议，宣布对贫困县采取的6条优惠政策。2月8日，省政府发布《关于加快贫困县经济开发有关政策的通知》，要求大力发展横向经济联合，支持和鼓励专业技术人员向贫困地区流动，继续减免税收，有计划地组织劳务输出，实行对口支援等。

1月15日　浙江省茶叶集团在杭州成立。该集团以省茶叶公司为主体，由87个从事茶叶生产、收购、加工、出口及科研和教育等的单位以入股形式联合组建。

1月17日　浙江省二轻企业集团在杭州成立。该集团为省政府计划单列的综合性投资、开发、经营、服务的经济实体，拥有10余家独资经营的子公司和科研机构，全省有71家企业加入。

1月21日　省政府印发《关于科研机构和科技人员的若干政策规定》，规定科技人员可通过辞职、停薪留职等形式流动。

1月22—30日　省政协六届一次全体会议在杭州召开。会议审议通过省政协五届委员会工作报告、六届一次全体会议政治决议和提案审查情况报告，选举商景才为政协第六届浙江省委员会主席，选举汤元炳、厉德馨、吴又新、何志斌、周春晖、蒋次升、邱清华、詹少文、王承绪、丁德云、李朝龙、苏纪兰、薛艳庄为副主席。

1月23日至2月4日　省七届人大在杭州举行第一次会议。会议听取、审查省长薛驹所作《政府工作报告》，听取、审查《关于浙江省1988年国民经济和社会发展计划草案的报告》《关于浙江省1987年预算执行情况和1988年预算草案的报告》《浙江省人大常委会工作报告》《浙江省高级人民法院工作报告》《浙江省人民检察院工作报告》，并通过相应决议。会议选举陈安羽为省七届人大常委会主任，选举吴敏达、吴植椽、厉裔华、王启东、朱祖祥、王裕民、杨彬为副主任。选举沈祖伦为浙江省省长，选举许行贯、王钟麓、李德葆、柴松岳为副省长。

1月25日　省委办公厅、省政府办公厅发出通知，要求各地按照省委、省政府原定部署，在两三年内使全省的村级经济普遍建立和加强起来。3月和10月，省里两次从省级机关抽调干部，向文成、永嘉、泰顺、景宁、云和、庆元、青田、缙云、磐安、天台、仙居、常山12个较贫困的山区县派出两批工作组，继续帮助这些县加强村级建设。

1月28日　省政府决定，全省从1988年起开始住房制度改革，用3年多一点时间基本完成。

1月28日至2月10日　邓小平在杭州视察工作。其间，当得知全省的工农业总产值已经从1982年的300多亿元增长到900多亿元时，邓小平连声说："一个浙江变成了三个浙江，好！好！"对浙江经济发展予以充分肯定。

1月29日　省测绘局向省政府报告，拟对外公布重新测定的浙江最高峰黄茅尖的海拔高程。1987年10月，省测绘局对黄茅尖的高程重新测定为1928.629米。

1月30日　省委、省政府向中共中央、国务院上报关于加快发展外向型经济若干政策问题的报告。

2月1日　省政府颁布《浙江省测绘工作管理办法》。

2月4日　省内电子行业首家综合性经济联合组织——西湖电子集团公司在杭州成立。

2月8日　杭州市政府召开肝炎防治工作联席扩大会议，通报杭州毗邻地区以及全市肝炎流行情况，提出紧急控制病情蔓延对策。3月25日，杭州市委、市政府宣布，在采取了一系列严格的防治措施后，甲肝流行趋势得到控制。

2月8日　浙江第一个民族镇——丽水老竹畲族镇成立。

2月8日　泰顺县35千伏电网并入浙江电网运行。至此，全省大陆各县实现35千伏及以上电压等级的联网。

2月9日　改革开放后浙江省首家“当铺”——温州金城典当服务商行开业。

2月15日　经财政部同意，浙江在全国首次试行50元面额国库券有奖有息推销。

2月21日　省政府印发《浙江省城镇房屋所有权登记发证办法》。

3月1日　1988年中国丝绸交易会在杭州召开。来自日本、美国、法国等10多个国家和全国25个省市以及港澳地区的600多名客户参加。浙江在会上成交额达3800万美元，居全国之首。

3月2日　中国首届茶花展览会在杭州玉泉和植物园举办。

3月5日　省政府决定在全省逐步开展农民技术人员职称评定工作，并成立职称评定领导小组。

3月14—28日　民主柬埔寨主席诺罗敦·西哈努克亲王和夫人一行访问杭州、绍兴、宁波、舟山等地。

3月16日　国内干线杭州—成都航班开通，每周两班。

3月18日　国务院决定适当扩大沿海经济开放区。其中包括杭州所辖的萧山市、余杭县、富阳县、桐庐县、临安县；绍兴市及所辖的绍兴县、上虞县、嵊县；嘉兴市所辖的平湖县、海盐县；湖州市所辖的长兴县；宁波市所辖的余姚市、慈溪县、奉化县、宁海县、象山县、鄞县；温州市所辖的瓯海县、乐清县、瑞安市、平阳县、苍南县、永嘉县；台州市所辖的椒江市、临海市、黄岩县。至此，浙江省开放地区扩大到37个市县，开放地区总面积占全省的44%，人口占全省的63%，国内生产总值占全省的77%，对外开放格局基本形成。

3月22日　省政府批复中国人民银行浙江省分行，同意建立浙江省融资公司。

3月27日　《浙江日报》报道，省委、省政府决定选拔懂技术、会管理并有一定政策水平和组织领导能力的科技人员到贫困县担任县级领导，负责该县科技工作。首批选派到泰顺、文成、景宁、磐安、永嘉、云和等地任职的7名科技人员分别去有关县任职。

3月30日　全国首届木制玩具标准化专业会议在云和县召开。

是月　黄岩县轮窑厂公开拍卖给个人，组建股份合作企业，这是全国最早以拍卖形式转让给个人的乡镇集体企业。

4月1日　中华人民共和国舟山海关成立。

4月1日　杭州市市长专线电话正式开通。

4月4日　省政府颁发《浙江省国营企业劳动争议处理实施细则》。

4月6日　省政府作出《浙江省鼓励台湾同胞投资的暂行规定》。

4月6日　省政府发出《关于实行对外贸易承包经营责任制若干问题的通知》《关于鼓励发展来料加工装配业务的补充规定》。

4月9日　省政府商经南京军区同意，将江山市和常山、开化两县列为对外国人开放地区。

4月10日　国务院批准舟山市（军事禁区和军事管理区除外）列入沿海经济开放区。

4月14日　省政府颁发《浙江省农村五保户供养工作暂行规定》，规定凡农村中基本丧失劳动能力、无依无靠、无生活来源的老年人、残疾人和未成年的孤儿，均应实行五保供养。

4月22日　省政府批转省财政厅、省经贸厅《关于建立省外贸出口商品风险基金报告》。

4月25日　省体改办、省工商局、省计经委联合发布《关于企业集团（公司）登记管理的暂行规定》。

4月27日　省政府下发《关于鼓励与省外联合、发展外向经济的暂行规定》。

4月30日　省政府下发《浙江省女职工劳动保护暂行规定》。

是月　杭甬（杭州—宁波）高速公路钱江二桥公路桥开工建设，拉开了省内高速公路建设的序幕。

5月1日　省内第一个行政审判庭在杭州市中级人民法院正式建立。

5月2日　国内民航干线乌鲁木齐—西安—杭州航班开通。

5月4日　义乌县建立全省首家人才劳务市场。

5月7日　省政府同意组建浙江省残疾人联合会。

5月10日　国务院批准，设立东海产卵带鱼保护区。保护区范围：北纬28度30分至30度30分，东经124度30分以西到机动渔船底拖网禁渔区线海域。禁渔时间：每年从5月1日至6月30日禁止拖网、对网（大洋网）渔船以及其他以捕捞产卵带鱼为主要作业的渔船进入保护区生产。

5月11日　与新西兰合资成立的中新渔业发展有限公司浙江省远洋渔业船队从舟山第二海洋渔业公司起航，于6月10日顺利到达瓦努阿图共和国帕莱库拉基地。

5月13日　省政府批准30个县（市、区）为革命老根据地县（市、区）：庆元县、遂昌县、松阳县、景宁畲族自治县、龙泉县、缙云县、青田县、丽水市、云和县、永嘉县、平阳县、苍南县、文成县、瑞安市、泰顺县、瓯海县、乐清县、余姚市、慈溪县、镇海区、永康县、义乌县、武义县、诸暨县、上虞县、长兴县、安吉县、开化县、淳安县、仙居县。

5月17日　鄞县柘岭隧道建成，长1226米，是省内县乡公路最长的隧道。

5月23日　浙江广播电视中心工程举行奠基典礼。1991年底，主楼正式落成。1992年1月31日，省电台、省电视台播出系统迁入莫干山路111号广电中心。2月1日清晨，省电台三套节目、省电视台一套节目从广电中心播出。

5月24日　浙江省电视剧制作中心在杭州举行成立大会。

5月25日　国务院批准撤销义乌县，设立义乌市（县级），以原义乌县行政区域为义乌市行政区域；撤销东阳县，设立东阳市（县级），以原东阳县行政区域为东阳市行政区域。

5 月 25 日　省内最大的粮库——金华第二粮库通过部级验收。

5 月 30 日　省广播电视厅建立广播电视节目收听率、收视率的经常性调查网络。由省级广播电视厅组建广播电视反馈网络，在国内尚属第一家。

5 月 31 日　联合国环境规划署授予萧山市山一村环境保护“全球 500 佳”的称号，表彰他们在保护农业生态环境，促进经济方面作出的贡献。此后，鄞县上李家村、奉化市滕头村、绍兴县夏履镇也分别在 1992—1997 年获得联合国环境规划署授予的环境保护“全球 500 佳”称号。

是月　省政府批准省科委关于设立省自然科学基金的请示，当年拨款 200 万元，并成立浙江省自然科学基金委员会。至 1990 年，已资助基础研究和应用基础研究 595 项，获国家和部、省级科技进步奖 17 项，发表论文 2227 篇，资助的博士后、博士、硕士研究生 673 人。

6 月 7 日　杭州市文物考古研究所宣布，在万松岭南面凤凰山脚路中段首次发掘出南宋皇城房屋建筑遗址。

6 月 10 日　省财政厅下发《关于支持沿海开放地区发展外向型经济的暂行规定》。

6 月 12 日　省政府决定，撤销省经济体制改革领导小组，其办公室改名为浙江省人民政府经济体制改革办公室。

6 月 14 日　省计经委、省审计局联合发出《关于工业企业承包经营责任审计的通知》。

6 月 24—25 日　埃塞俄比亚人民民主共和国总统门格斯图·海尔·马里亚姆访问杭州。

6 月 25 日　浙江第一家群众性海洋渔业集团公司——普陀海洋渔业集团公司成立。

6 月 28 日　省内最大的高炉在杭州钢铁厂建成投产，高炉容积 348 立方米，年产生铁 20 万吨。

7 月 4 日　建设部批复省政府，国务院原则同意富春江—新安江风景名胜区总体规划。该风景区由平丘、峡谷、千岛湖、灵栖、瑶琳等五大景区组成，总面积 1123 平方千米。

7 月 14 日　温州高频瓷厂兼并温州电瓷厂，成立温州高频电瓷总厂。这是温州市首家实行“企业兼并”的单位。

7 月 17 日　省委发出《关于禁止党政机关和党政干部经商、办企业的通知》，规定各级党委机关和国家权力机关、行政机关、审判机关、检察机关及其所属的职能部门，今后一律不准经商、办企业。已办的要进行清理整顿，分别不同情况，或立即停止，或同机关完全脱钩。

7 月 29 日　宁海、奉化、嵊县、新昌、三门等县发生严重洪涝灾害。5 个县降雨量均超过 300 毫米，邮电通信受到严重破坏。受灾人口达 250 万，成灾人口 150 多万；受淹农田 110 万亩，成灾 80 多万亩，其中冲毁 42 万亩；倒塌民房 3.2 万间；伤亡 2077 人，其中死亡 256 人，失踪 300 多人。直接经济损失达 8 亿元以上。

8 月 1 日　国务院公布第二批国家重点风景名胜区，其中有浙江的天台山风景名胜区、嵊泗列岛风景名胜区和永嘉楠溪江风景名胜区。

8 月 1 日　浙江省证券公司开始试营业。

8 月 4 日　国务院批准，舟山市、黄岩县、临海市、玉环县、温岭县列入对外国人开放地区。

8月7日　省政府确定，兰溪化工总厂在全省率先试行国营大中型企业股份制试点。

8月8日　当年第7号台风于零时在象山县登陆，经奉化、余姚、上虞、嵊县、绍兴、萧山、杭州、湖州等地，于10时进入安徽省境内。台风中心经过地区的最大风力达10～12级，雨量在100毫米左右。遭受这次台风灾害的有宁波、舟山、绍兴、杭州、嘉兴、湖州、台州7个市地41个县市。这次台风造成的损失是浙江解放以来最严重的一次。据不完全统计，受灾人口1050万人，成灾512万人；受灾农作物326.7万亩，其中成灾241.6万亩，绝收24.7万亩，冲毁农田10万亩，冲毁防洪堤944处、174千米，堰坝648处，泵站71处；死亡160人，重伤1232人，失踪34人；倒塌民房66935间，倒塌校舍12.8万平方米；倒断通信线杆3.6万根，广播线杆5万多根；损坏高压输电线路754条。直接经济损失达10亿元以上。

8月11日　省检察院成立"经济罪案举报中心"，与控告申诉检察处合署办公，接受人民群众对经济罪案的举报。11月3—5日，省检察院召开全省检察机关第一次举报工作会议，研究如何深入持久地开展举报工作。是年，全省检察机关受理各种举报13606件，其中属犯罪线索的6990件，在举报工作的震慑下，有96名违法犯罪分子到检察机关投案自首。至1989年底，全省各级检察机关均成立了经济罪案举报中心。

8月17日　省委决定，建立中共浙江省委高等学校工作委员会。

8月29日　温州造船厂和日本联合设计、由温州造船厂制造的中国首艘300吨一级汽油轮"雁松"号下水。

是月　地质矿产部和省政府发出《关于改变浙江省地质矿产局领导体制的通知》，决定把省地质矿产局由地矿部、省政府双重领导，以地矿部为主的领导体制，改变为省政府、地矿部双重领导，以省政府为主的新的领导体制，并更名为省地质矿产厅，列入省政府行政序列，这是全国第一个进入政府行政序列的省级地矿部门。

9月1日　经国务院批准，民政部批复省政府，同意撤销湖州市城区、郊区建制，实行市直接领导乡镇的体制。

9月16日　省委决定，建立中共浙江省委企业工作委员会。

9月16日　省政府颁发《浙江省能源利用监测暂行规定》。

9月17日至10月2日　在第24届奥运会上，浙江体操选手楼云获得金牌、铜牌各1枚；女排选手汪亚君、赛艇选手曹棉英、体操选手王文静、铅球选手黄志红也都分别获得名次；浙江教练员周琦年带领的中国赛艇队取得了突破性优异成绩。

9月26日　省人大常委会审议通过《浙江省保护消费者合法权益条例》。

10月1日　浙江省正式开征印花税。

10月1日　桐乡濮院羊毛衫市场开业。2006年，市场成交额达115亿元，成为全国最大的羊毛衫集散地之一。

10月13日　经国务院批准，撤销奉化县，设立奉化市(县级)，以原奉化县行政区域为奉化市行政区域；撤销慈溪县，设立慈溪市(县级)，以原慈溪县行政区域为慈溪市行政区域。两市均由宁波市代管。

10月14日　新华社报道，国家能源投资公司和上海、浙江、江苏、安徽四省市决定，在安吉县境内集资兴建首座大型抽水蓄能电站——天荒坪抽水蓄能电站。1991年8月30日，国家计委批准建设方案，建设规模为6台30万千瓦机组，总装机容量180万千瓦。该电站由国家能源投资公司和四省市集资建设。1992年3月正式动工兴建。1993年10月15日，电站主机设备引进合同在北京签字，国务院总理李鹏出席签字仪式。

10月20日　杭州市海外旅游公司被国家旅游局批准为一类旅行社，杭州市首次获得旅游外联权。

10月24日　杭州市首次颁发国有土地使用证，杭州军分区6宗20多万平方米土地达到领证要求。

10月28日　浙江省纪念中共十一届三中全会10周年理论讨论会在杭州召开。

11月1日　浙江正式开征土地使用税。

11月3日　省内最大的年产原煤45万吨的矿井——长广煤矿公司牛头山7号井通过验收并正式投产。

11月17日　经省政府批准，全省乡(镇)农业技术服务组织人员的事业编制共3213人，每个乡(镇)农业技术推广服务站各配备1名。

是月　尖峰水泥集团在全国建材行业率先开展股份制改革，5年后成为中国建材行业第一家上市公司。

12月9日　省政府决定，将省电力工业局改建为浙江省电力公司，成为独立核算、自负盈亏的经济实体，具有法人地位。

12月12日　杭州市首次颁发城镇房屋所有权证，31家单位、81个私房主领到房屋所有权证和共有权证。

12月20日　省高级人民法院对国内第一宗"农民告县政府"的苍南县舥艚镇河道清障案作出终审判决。这起"农民告县政府"案虽然败诉，却开启了中国司法审判"民告官"的先河。

12月20日　省内首家合作制律师事务所——绍兴市对外经济律师事务所成立。

12月22—27日　中共浙江省第八次代表大会在杭州召开。大会分别听取、审议和通过了薛驹代表七届省委所作的工作报告以及省顾问委员会、省纪律检查委员会的工作报告，同意七届省委提出的今后5年浙江改革和建设的指导方针和主要任务，选举产生了新的八届省委、省顾问委员会和省纪律检查委员会。28日，中共浙江省第八届委员会举行第一次全体会议，选举李泽民、沈祖伦、葛洪升、陈法文、罗东、许行贯、徐永清、吴仁源、孙家贤、夏仲烈、刘锡荣为省委常委，李泽民当选为省委书记，沈祖伦、葛洪升当选为省委副书记。同日，在省顾委八届一次会议上，薛驹当选为省顾委主任；在省纪委八届一次会议上，陈法文当选为省纪委书记。

12月31日　京杭运河与钱塘江沟通工程竣工，总投资7391.63万元。该工程的建成，使古运河可直接与长江、黄河、淮河、海河、钱塘江五大水系沟通。

12月31日　继萧山、绍兴、余杭、海宁、慈溪、余姚、鄞县、桐乡、黄岩、兰溪、上虞11个县

(市)之后,又有乐清、瑞安、平湖、温岭4个县(市)财政收入超亿元。至此,全省财政收入超亿元县(市)已达15个。其中萧山、绍兴两县(市)位列全国十大"财神"县。

是月　椒江区被中共中央组织部作为全国第一批县(市、区)党代表大会常任制试点单位。经过20年实践,椒江坚持和完善党代表大会常任制制度体系和运行机制已形成经验。

是月　省委、省政府决定开展水稻籼粳亚种间杂种优势利用的研究(即"8812"计划)取得丰硕成果,先后共获省部级以上科技进步奖18项,通过省级以上审定新组合77个,国家审定14个,浙江省审定45个,其中7个组合被农业部认定为超级稻品种,为全国各省之最。育成组合在省内外累计推广面积超过1亿亩,新品种权转让直接收入2000多万元,有力促进了农业科技创新和粮食安全。

是月　经省政府批准,浙江省人民教育基金会成立。全省各市(地)也分别成立了市(地)人民教育基金会。教育基金会的职责是向社会各界及其他方面募集资金,为发展浙江教育事业服务。

是月　温州飞云江大桥建成,全长1766.86米,桥面净宽为10米+2×1.80米,跨径组合为17×51米+5×62米+15×35米,是国内最大跨径简支梁桥和浙江省最长的公路大桥,是浙江交通建设实行公开投标的首个项目。

是年　省人大常委会通过并颁布《浙江省文物保护管理条例》,并于1998年、2005年分别两次进行审议修正,为浙江省文物保护工作提供了有力的法律依据。

是年　经省政府批准,由省财政拨出专款设立自然科学基金,以加强浙江省科学技术基础研究和应用研究中的基础工作,对35岁以下的青年科学工作者与留学回国人员申请的课题予以优先考虑。

是年　省政府确定在甘肃、宁夏、江西等10个省区的贫困地区联合开发26个项目,总投资7324万元。

是年　浙江省地区生产总值770.25亿元,其中工业增加值315.36亿元,人均地区生产总值1853元;社会消费品零售总额325.88亿元;全社会固定资产投资188.95亿元;全年财政总收入85.55亿元;全省职工平均工资1841元。

是年　浙江省总人口为4169.85万人,人口自然增长率为9.19‰。

1989年

1月4日　省委办公厅、省政府办公厅发出《关于认真执行党政机关在职人员不兼企业职务的规定的通知》。

1月5日　省政府颁布《浙江省医疗事故处理实施细则》。

1月6日　全国首家微机控制城市区域报警中心系统在杭州诞生。

1月8日　全省最大的药材加工中心——春江医药有限公司在杭州开业。

1月11日　省政府批复同意省交通厅关于公路、航运、沿海港口和航运公司管理体制改革方案,将公路管理、航运管理改为条块结合,以块为主的领导体制;厅属沿海港口和省航运公司所属4个内河分公司及钱塘江海运公司,成建制下放给所在地的省辖市管理;省航运公司改称浙江省海运总公司。

1月13日　嘉兴市与日本富士市在富士市文化中心签订缔结友好城市协议书，成为中日第100对友好城市。

1月25日　省卫生厅下发的《浙江省农村区、乡卫生院承包经营管理试行办法》在全省试行。

1月26—30日　全省第一次监察工作会议在杭州召开。

1月27日　经省人大常委会审议通过，《浙江省渔业管理实施办法》颁布施行，标志着浙江省渔业法律法规体系的基本建立。

2月23日　省政府颁发《浙江省文化市场管理暂行办法》。这是浙江第一个关于文化市场管理的地方性政府规章。

3月6日　省政府决定，从是年起，对杭州、宁波、温州、绍兴、嘉兴、湖州、金华、衢州、舟山9个市的城市环境综合整治实行定量考核，并列为环境保护目标责任制的一项重要内容。

3月10日　省政府发出通知，增列富阳县新登镇等143个镇为重点工业卫星镇，按规定享受沿海经济开放区的优惠政策。

3月25日　连接六横岛与大陆的海底电缆正式投入使用。这条电缆北起宁波郭巨，南至舟山六横龙山，总长8700米，是浙江最长的海底电缆。

3月25日　中国制鞋行业最大的中外合资企业——特丽雅皮鞋有限公司在杭州成立。

3月31日　经联合国儿童基金会、世界卫生组织和卫生部联合组成检查组，对浙江计划免疫第一个85%目标进行全面评审并宣布，浙江提前实现规定目标。

是月　改革开放后浙江第一个户外广告群在绍兴柯桥出现。

是月　兰溪的浙江凤凰化工股份有限公司首次向社会发行浙江股票史上第一只较为规范的股票——“凤凰化工”。1990年12月19日，在上海证券交易所挂牌交易。

4月24日　中国东方航空公司3482号运七客机在由宁波飞往厦门航线中遭一歹徒劫持，机组人员在旅客的密切配合下，挫败了劫机阴谋，飞机安全降落在福州机场，歹徒引爆身亡。

5月8日　经国务院同意、国家海关总署批准，设中华人民共和国海门海关，隶属杭州海关。1990年10月6日正式开关。

5月20日　浙江省基本消灭丝虫病表彰大会在杭州召开。

5月25日　省政府发出《关于同苏联和东欧国家开展地方易货贸易的通知》。

6月4—9日　针对北京发生的政治风波，省委召开常委会议，一致表示坚决拥护党中央、国务院、中央军委采取的果断措施，并对稳定全省局势作出部署。7日晚，省委、省政府发言人发表重要讲话，呼吁全省共产党员和全省人民团结起来，稳定杭州、稳定浙江。9日，省委、省政府致电党中央、国务院、中央军委，表示坚决拥护党中央采取的果断措施。

6月12日　省委、省政府召开省和杭州市机关干部大会，传达部署学习邓小平在接见首都戒严部队军以上干部时的重要讲话，要求全省党员、干部群众认真学习讲话，统一思想认识，夺取当年各项工作的新胜利。

6月17日　国务院批准普陀山风景名胜区总体规划。建设部批准普陀山为岛屿型国家重点风景名胜区，其范围包括普陀山、洛迦山、豁沙山3岛及朱家尖东部部分区域，总面积41.95平方千米。

6月24日　湖州市地方建材协会成立，这也是省内第一个乡镇企业行业协会。

6月27日至7月4日　省内中、西部地区连降暴雨和大暴雨，雨量普遍达到300—500毫米，部分地区达到600毫米。暴雨持续时间之长，降雨量之大，在梅雨季节为历史罕见，给全省工农业生产和人民生命财产造成重大损失。遭受洪涝灾害的有衢州、金华、杭州、绍兴、丽水5个市地，兰溪、龙游、开化、衢县、富阳、常山、江山、金华、建德等27个县市，687个乡(镇)，6541个村，受灾人口325.2万人，其中成灾人口193.6万人；468个村庄、24.8万人一度被洪水包围，死亡47人，重伤125人。直接经济损失约5.6亿元。

7月1日　省人大常委会批准《浙江省景宁畲族自治县自治条例》，并于9月17日公布实施。这是浙江唯一一部关于民族自治的地方法规。

7月6日　杭州市中东河综合治理(一期)工程通过国家验收。这是一项以治河治水为中心改善市容的城市基础设施工程，总投资22035万元，是省内最大的城建项目。

7月13日　省人大常委会办公厅将省政府提请的《浙江省城乡个体工商户税收征收管理办法(草案)》在《浙江日报》全文刊登，向社会征求意见。这是浙江省法规草案首次登报公开征求意见。

7月20—24日　浙江中部、南部和东部地区遭受第9号台风袭击，受灾的有台州、温州、丽水、金华、绍兴、宁波、衢州7个市地43个县市，823个乡镇，11241个村庄。受灾人口559.8万人，其中成灾人口337万人；死亡122人，失踪21人，重伤901人。直接经济损失约10亿元。

8月3日　省委、省政府决定在廉政建设方面首先抓好9件事：(1)进一步清理整顿公司。(2)坚决制止高干子女经商。(3)严禁用公款请吃送礼。(4)刹住领导干部低价购买高档耐用消费品的歪风。(5)杜绝在人员调动、招收、分配、安置工作中的不正之风。(6)坚决制止党政干部违法违纪违章建私房和用公款高标准装修住房。(7)严格控制领导干部出国。(8)严格按规定用车，严格禁止进口小轿车。(9)集中力量查处一批大案要案。

8月8日　省农田水利建设重点工程乌溪江引水工程在渠首所在地衢州市柯城区石室乡横路举行开工典礼。

8月12日　金华市委推出"两公开、一监督"(公开办事程序，公开办事结果，接受群众监督)的廉政制度。

8月21日　浙江省政府监察举报中心在杭州成立。

8月22日　中国首家渔业气象台——舟山海洋渔业气象台在定海成立，与市气象台合署运行。

8月24日　省政府发出《关于进一步清理整顿公司的通知》。

8月28日　绍兴县所属柯桥、钱清、下方桥、皋埠、安昌、马山、漓渚7个邮电支局引进8100门程控电话，8月28日割接开通，实现市农话联网，在省内首家建成本地数字通信网。

9月4日　浙江第一个海运国际客运站——宁波港国际客运站落成启用。

9月15日　第23号台风在温岭县松门镇登陆，风力达12级以上。台风登陆后，横穿浙江内陆地区，造成全省大部分地区普降暴雨、大暴雨，局部地区降特大暴雨，给工农业生产和人民财产造成严重损失。遭受台风灾害的有台州、绍兴、金华、湖州、嘉兴、杭州、宁波7个市地，黄岩、椒江、温岭、临海、三门、天台、新昌、嵊县、磐安、诸暨、长兴、临安、嘉善等37个县市。据不完全统计，受灾乡镇834个，村庄8172个；受灾人口681.29万人，其中成灾人口301.8万人；死亡162人，失踪354人，重伤692人。初步估算，直接经济损失达13亿元。

9月27日　经国务院批准：撤销诸暨县，设立诸暨市（县级），以原诸暨县的行政区域为诸暨市的行政区域，行政管理委托绍兴市政府代管；撤销黄岩县，设立黄岩市（县级），以原黄岩县的行政区域为黄岩市的行政区域，行政隶属关系不变。

9月29日　舟山至香港定期海上货运航线正式开通，第一艘货轮"芝山"号首航香港。

10月1日　杭州市江干区四季青服装市场开业。

10月9日　中国水稻研究所落成典礼在杭州举行。

10月12日　省政府办公厅批转省公安厅等9个部门联合下发的《关于外出人口和外来人口计划生育管理职责分工和考核意见的通知》。

10月16—18日　庆祝普陀山修复开放10周年等活动举行，有12个国家和中国港澳台地区佛教界人士1000余人和中国内地游客2万余人参加活动。

10月20日　中断40多年的宁波石浦—上海的客运航线恢复通航，客轮停靠上海最繁忙的十六铺码头。

10月23日　省政府发布《关于加快绿化荒山发展林业若干经济政策的规定》。

10月25日至11月1日　国务院研究室第二次派员到温州调查有关"温州模式"问题。12月2日，国务院研究室印发了送阅件《关于温州问题的调查报告》，认为"温州模式"不是资本主义模式。

10月29日　省委、省政府作出《关于深化改革、绿化荒山、振兴浙江林业的决定》。

10月30日　经省计委验收，桐乡县成为全国第一个由大电网供电的农村初级电气化县。1990年，该县被国家能源部誉为"大电网供电区农村初级电气化的典范"，其成果在北京全国农业展览馆中的中国电气化展览厅展出。

10月31日　由香港著名实业家邵逸夫捐资建造的邵逸夫医院奠基仪式在杭州举行。该院占地100亩，将设400张床位。

11月10—12日　绍兴县华舍镇举办全国轻纺产品看样订货会，成交额达6000多万元。这是全国乡镇一级首次举办产品看样订货会。

11月15日　坐落在富阳县新民乡的全省第一所盲童学校开学。

11月21日　杭州市举行首次骨灰撒江活动，201位亲属将70位先逝者的骨灰撒入钱塘江。

11月24日　国家计委函复省计经委，同意建设杭甬高速公路。公路起自杭州，经钱塘江二桥、萧山、绍兴、上虞、余姚、段塘，止于宁波市，全长约150千米。工程总投资控制在18

亿元以内。

12月2日　经省政府批准，舟山嵊泗县嵊山和泗礁、岱山县高亭3个港口成为对外开放二类口岸。

12月12日　省政府公布第三批省级重点文物保护单位，共118处。

12月15日　省测绘局组织科研人员对省内大陆面积进行量算，取得准确的数据，并经有关专家评审和确认。这次量算以总参测绘局出版的5万分之一地形图为基础，量算全省大陆面积为101411平方千米。

12月17日　中国第一艘沿海岛际间的豪华型旅游快速客轮“梅岑”号在舟山沈家门举行交接仪式。该轮为全封闭全空调客轮，船体长60.5米、宽10.6米，可载客650名，航行于普陀山至上海芦潮港之间，全程只需4小时。

12月21日　《浙江省渔船渔港管理费征收使用管理暂行办法》发布，规定自1990年1月1日起执行。浙江省渔业资源有偿使用制度开始建立。

12月28日　杭州市首次有偿出让土地使用权，出让面积2200平方米，使用年限50年，受让单位为省供销社。

是年　浙江省开始进行农村宅基地有偿使用试点工作，至1991年，包括国家、省和温州市土地管理局在乐清县的联合试点在内，全省有39个县(市、区)的136个乡(镇)完成试点工作。

是年　省科委开始组织实施开发高新技术的火炬计划。该计划的实施，使浙江高新技术研究与开发进入一个全面发展时期，高新技术改造传统产业得到快速发展，高新技术产业不断壮大，有力推动了各地产业结构的优化调整，促进经济持续快速增长。

是年　全省共组织近10万人参加扫盲学习，有6万多人脱盲。至年底，全省所有县(市、区)15～40周岁青壮年的非文盲率都达到基本扫除文盲县的标准(即85%以上)；有22个县(市、区)青壮年非文盲率达到95%以上的较高标准。

是年　浙江省地区生产总值849.44亿元，其中工业增加值346.5亿元，人均地区生产总值2023元；社会消费品零售总额346.01亿元；全社会固定资产投资179.49亿元；全年财政总收入98.21亿元；全省职工平均工资2031元。

是年　浙江省总人口为4208.88万人，人口自然增长率为8.79‰。

1990年

1月1日　杭州市区经营规模最大的室内集市贸易市场——龙翔桥农副产品市场扩建竣工营业。

1月17日　世界上首株大麦原生质体再生绿色植株在中国水稻研究所培育成功。这是世界上继水稻、小麦、玉米等禾本作物获原生质体绿色植株之后，在大麦上首次获得成功。这项成果将为大麦的遗传操作提供手段。

1月17日　国务院批准同意撤销杭州市拱墅区、半山区，设立新的拱墅区。以原拱墅区、半山区的行政区域为新设拱墅区的行政区域。

1月18日　浙江医科大学附属二院眼科医生姚克在瑞士研究猪眼动脉内皮依赖性调节，在世界上首次证实眼动脉能释放内皮依赖性舒张因子和收缩因子，使血管进行自我调节。

1月22日　根据省编委、省劳动人事厅、省检察院联合发文批准，省检察院经济检察处易名为“贪污贿赂侦查局”。1996年4月6日，该局易名为“反贪污贿赂局”。

2月19—20日　全省清理整顿公司工作座谈会在杭州举行。至1989年底，全省已撤并各类公司2501家；808名在公司兼职的党政机关干部已辞去一头；共查出公司中的违法违纪案件1367件，已结案处理1105件，违法金额17366万元。

是月　全省第一次银行行长会议在杭州召开。这标志着在中央银行宏观调控和监管下，全省和各银行加强协作、发挥金融整体功能，支持全省经济持续稳定协调发展。

3月8日　浙江省与法国上诺曼底大区正式缔结友好关系签字仪式在杭州举行。

3月8日　省地质矿产研究所在青田县叶蜡石矿床中发现新矿物，被命名为“绿泥间蜡石”，并获得国际新矿物及矿物命名委员会承认。这是中国发现的第一例间层黏土新矿物，在世界上也属首例。

是月　杭州高新技术产业开发区建立。开发区位于杭州市区，总面积近10平方千米。1991年3月6日，被国务院批准为国家级高新技术产业开发区。2002年6月，杭州市委、市政府调整高新区和滨江区管理体制，杭州高新开发区(滨江)总面积85.64平方千米。杭州高新技术产业开发区人均创利连续多年在全国53个国家级高新区中位居前三位，为省级高新技术产业园区的建立和发展起到示范带动作用。

4月12日　浙江省电力公司在杭州成立。

4月13日　浙江第一艘科研实验船——1500吨超浅吃水船“钱塘”号在浙江第一码头下水。

5月19日　中外合资舟山兴中石油转运有限公司成立，投资3000万美元，在岙山岛兴建20万吨油码头、30万立方米储油罐及相应设备，为全国最大商业性石油转运基地。

5月22日　全国第一次海岛市县长联席会在舟山市召开。

5月30日　国务院办公厅转发国家技术监督局等部门《关于温州市乐清县生产和销售无证、伪劣产品的调查情况及处理建议》。6月25日，省政府发出《关于进一步整顿乐清县低压电器市场，坚决打击生产销售无证、假冒、伪劣产品的活动的通知》。8月18日，省委、省政府召开会议，听取省政府检查组关于乐清县查处生产和销售无证、伪劣产品情况的汇报。8月20日，省政府召开电话会议，部署深入开展、坚决打击生产和销售无证、假冒、伪劣产品活动的工作。8月下旬，国务院七部局组成联合工作组赴温州督查乐清的查处工作。

5月30日　省政府下发《关于稳定发展乡镇企业若干问题的通知》。要求各级政府坚定发展乡镇企业的信心，充分发挥重点县(市)和骨干企业的作用，依靠科技进步调整乡镇企业经济结构，鼓励乡镇企业全方位开展各种经济联合，进一步搞活乡镇企业的流通经营，强化企业内部管理，正确引导联户和户办企业健康发展和切实加强对乡镇企业的领导。

6月5日　省政协举行纪念鸦片战争150周年座谈会。

6月8日　省委召开常委会议，提出浙江对外开放总体设想：在全省形成不同水平、不同层次的外向型经济发展格局，设立一批相对集中连片的开发区和侨胞、台商投资区；继续支持办好老的开发区，积极建立新的开发区，支持有条件的市、县，有计划、有控制地设立一批自费开发的侨胞、台商投资区。全省设立投资区或开发区的重点是搞好宁波小港、温州龙湾、杭州钱江和高新技术产业四个小区。在改善投资“硬”环境方面，今后若干年，除了抓紧电力等能源基础建设外，重点抓好“五港”（北仑、温州、乍浦、舟山、椒江）、“二路”（沪杭甬高速公路和金温铁路）、“三场”（杭州、宁波、温州机场）的建设。

6月11—16日　浙江省出口商品展览会在联邦德国汉堡市举行。这是浙江在西欧举办的首次大型综合性展销会，来自13个国家和地区的1000多位经济贸易界人士参加展览会，出口成交额达5540多万美元，进口成交额达35万美元。

6月14日　省政府决定，凡1985—1989年期间获全国五一劳动奖章的先进个人，可以享受省级劳动模范待遇。从是年起，获全国五一劳动奖章者同时被授予省劳动模范称号。

6月30日　宁波栎社机场建成正式通航。宁波庄桥机场的民航业务全部转移到栎社机场。

7月1日　第四次全国人口普查表明，浙江全省总人口为4144.60万人，其中男性2136.31万人、女性2008.29万人。

7月1日　新昌县在全省率先实行城镇住房制度改革，主要内容是：鼓励个人购房，组织集资建房，统一公房租金标准，实行超面积加租和收取公房租赁保证金。

7月4日　温州机场正式通航。至1998年8月底，开通全国52条航线，年均旅客吞吐量164万人，在全国142个航站中排名第20位。

7月5日　香港金山轮船国际有限公司董事局主席董建华一行赴定海探亲祭祖，参观舟山水产学校。翌年4月30日至5月1日，董建华及其家属一行来定海参加舟山航海学校奠基典礼，并举行教学仪器（价值45万美元）捐赠仪式。

7月13日　台州大陈岛300吨级客货码头通过竣工验收，结束了岛上没有客货运码头的历史。

7月16日　省政府同意省总工会建议，决定从7月1日起，1956—1964年期间获得省级先进生产（工作）者称号的职工，在退休时仍保持荣誉的，可以比照省级劳动模范，提高退休费本人原标准工资的5%（提高标准后退休费不得超过本人原标准工资）。

7月23日　长达800余米的临海市桐岩岭隧道通车，标志着台州公路主干线从此结束了翻山越岭的历史。至此，台州地区境内共有公路隧道29座，总长7600余米，为全省之冠。

7月24日　省委办公厅转发省政法委《关于推广诸暨市枫桥区在新形势下坚持和发展“枫桥经验”的报告》。

7月28日　省委研究决定，建立浙江省社会主义学院。

7月28日　浙江省海外交流协会在杭州成立。

8月14日　省计生委、省编委、省劳动人事厅联合下发《关于增加计划生育部门行政编制的通知》。经国家编制委员会、人事部同意，决定给全省地方计划生育部门增加行政编制300名。

8月17日至9月上旬　浙江省连续遭受12号、15号、17号、18号4次台风侵袭，暴雨成灾，造成的损失是中华人民共和国成立以来最为严重的一次。累计遭灾县(市)130个(次)，受灾人口2796.37万人(次)，死亡264人，重伤1182人，直接经济损失达39.14亿元。

8月18日　杭州万向节厂通过国家一级企业考评，成为中国乡镇企业首家国家一级企业。

8月23日　绍兴县结束农村电话“摇把子”的历史，实现全县电话程控化，成为全国邮电通信先进县。

9月3日　杭州教育学院与杭州高等农业专科学校正式合并，命名为杭州教育学院。

9月30日　经国务院批准，平阳县南麂列岛被列为中国首批建立的5个国家级海洋自然保护区之一。1998年12月，该保护区加入联合国教科文组织世界生物圈保护区网络。2002年，被联合国发展署、全球环境基金会、中国国家海洋局列入中国南部沿海生物多样性管理项目。

10月1日　海门港正式对外开放，成为中国对外开放的第49个港口。

10月4日　省工商局核准成立全省首家乡镇企业集团公司——浙江横店企业集团公司。1993年3月1日，国务院经贸办下文批准成立东阳市横店集团。该集团也成为全国首家由国务院经贸办批准成立的乡镇企业集团。

10月13日　省委、省政府召开座谈会，热烈欢迎浙江体育健儿参加第11届亚运会胜利归来。浙江有17位选手参加本届亚运会，共获得金牌11块、银牌4块和铜牌1块。

10月18日　中国第一家专业戏曲博物馆——嵊县越剧博物馆在嵊县落成并举行开馆典礼。

11月9—11日　北仑港电厂5万吨级煤码头通过验收。该码头泊位是全国最大的自备码头。第一期工程建成一个5万吨级卸船泊位和一个3000吨级的装船泊位，年吞吐能力800万吨。

11月12日　浙江新造载客量最多的客轮(共有728个客位)正式投入椒江至上海航线营运。

11月12日　中国首家引进国外先进技术生产体外临床诊断试剂的中美合资企业——宁波雅培生物技术有限责任公司投产。

11月13—18日　省七届人大常委会第19次会议在杭州举行。会议决定任命葛洪升为浙江省副省长、浙江省代省长。1991年3月5—13日，省七届人大举行第四次会议，会议选举葛洪升为浙江省省长。

11月14日　国家“七五”重点建设项目、全国最大的磁带厂——杭州磁带厂建成。杭州磁带厂和日本TDK株式会社在杭州举行磁带项目合同装置交接仪式。

11月16日　国务院批准金温铁路合资建设。这是中国引进境外投资建设的第一条地方铁路。铁路从金华新东孝火车站出岔，经过武义、永康、缙云、丽水至温州，全长250.7千米。

12月1日　中国自行设计的第一艘海洋生态环境监测船“舟海环监”号在舟山船厂建成

下水。

12月4日　由国家海洋局杭州水处理中心承担的国家“七五”科技攻关项目膜法水处理技术在杭州通过部级鉴定。浙江膜材料研究已达国际同类产品水平，并初步形成具有中国特色的新兴产业。

12月8日　全省实现县城以上城市电话自动化，并全部进入长途自动交换网，成为全国第二个县以上电话全部进入长途自动交换网的省份。

12月14日　由省农业科学院和日本有关方面合作进行的国内规模最大的蔬菜无土栽培研究基地——东南沿海地区蔬菜无土栽培研究中心在杭州近郊建成。

12月15日　浙江第一个海河直达联运港——乍浦港内河港建成通航。

12月15日　浙东南沿海第一座现代化大型灯塔——北麂山灯塔建成发光。

12月20日　中国首次利用西班牙贷款引进的2万门程控电话在杭州八七分局正式开通，使杭州市电话总容量超10万门，其中程控电话占86%。

12月26日　经国务院批准，撤销龙泉县，设立龙泉市（县级），原龙泉县的行政区域为龙泉市的行政区域。

12月29日　全省9个省辖市全部建成烟尘控制区，烟控区总面积达275平方千米，成为全国率先完成此项工作的省份。

12月31日　省计经委转发国家计委批准建设杭州至宁波高速公路。高速公路自杭州东郊彭埠至宁波市东南郊的大朱家附近，正线长145千米，工程总投资要求控制在21亿元以内。

是年　省农业科学研究院陈剑平主持的大麦和性花叶病毒研究，在国际上首次获得大麦和性花叶病病毒在禾谷多黏菌介体内存在且能增殖的直接证据，解决了有关真菌体病毒研究领域里长期未能解决的难题，修正了国际植物病毒界认为病毒在真菌介体内不增殖的学说。该成果被评为1991年全国十大科技成就之一。

是年　全省技工学校招生制度开始改革，毕业生实行“双证”制。全省技工学校招收国家计划外自费上学、自谋职业的学生占招生总数的1/5，共培训在职职工、待业青年、军地两用人才等共12156人。

是年　淳安县千岛湖已成为中国最大的人工养殖淡水鱼鱼库，湖内各类淡水鱼鱼种有83种，鲜鱼的年捕捞量已达500万千克以上。

是年　省内第一条海岛通信光缆在舟山定海到沈家门之间铺设完毕并通过省级验收，光缆总长23.25千米。

是年　浙江省地区生产总值904.69亿元，其中工业增加值363.74亿元，人均地区生产总值2138元；社会消费品零售总额353.75亿元；全社会固定资产投资186.96亿元；全年财政总收入101.59亿元；全省职工平均工资2220元。

是年　浙江省总人口为4234.91万人，人口自然增长率为9.02‰。

1991 年

1月1日　位于杭州市西湖区的中国茶叶博物馆正式对外开放。该博物馆是国家旅游局批准的“七五”重点旅游项目，总建筑面积2849平方米，融建筑与园林于一体，设有展览及制茶工艺区、学术业务交流区、品茗游览区等。

1月1日　庆元县的百山祖冷杉人工繁殖成功，使昔日全球仅存4株的珍稀树种扦插成活300株。

1月4日　杭州市上城区小营巷街道成为全国城市居民区环境卫生示范点，并被列为世界卫生组织“健康保健初级教育示范中心”。

1月10日　在交通部国道检查评比中，320国道浙江省境内段总分获第一。这是浙江公路部门首次在全国性公路检查评比中名列第一。

1月14日　全国首次冬季飞播造林工作在省内进行，完成飞播面积30多万亩。

1月25日　全国最大的城市一级污水处理工程——杭州四堡污水处理厂正式投产。该厂日处理污水40万吨，受益人口近百万。

1月25日　省内最大的科技活动中心——浙江省科技馆举行开馆典礼。

2月5日　省内最大的专业性固定式修船码头——温州海运公司5000吨级航修码头通过竣工验收。

2月6日　国内第一个碱法草浆万吨中段废水处理工程在嘉兴民丰造纸厂通过竣工验收并正式投入使用。

2月23日　省委发出《关于恢复和建立省级机关部门党组以及党的纪检机构有关问题的通知》。

3月8日　由中国作家协会主办的茅盾文学奖在北京评选揭晓，浙江文艺出版社出版的《都市风流》获茅盾文学奖。这是1981年设立茅盾文学奖后，地方出版社首次获此殊荣。

3月9日　民航义乌机场启用。机场位于义乌市区西北，年吞吐旅客10万人次，总投资530万元。1994年10月28日，义乌机场扩建工程正式通过竣工验收，并于12月5日正式复航。扩建后的机场规模由3C级升至4C级。

3月20—24日　全省卫生工作会议在杭州召开，提出全省1991年开始全面实施农村初级卫生保健。

3月21日　北仑港发电厂首台60万千瓦机组并网发电。至此，该厂5台60万千瓦机组全部建成投产，成为20世纪国内最大的火力发电厂。

4月9—11日　省委、省政府在磐安县召开全省扶贫和老区工作会议。会议提出到1995年稳定解决温饱问题的目标：90%以上的贫困户达到人均收入500元，人均口粮250千克，部分农户过上比较富裕的生活。

4月11日　浙江海门制药集团成立，为全省医药行业第一家企业集团。

4月13日　由浙江大学等4所大学联合承担的全国第一个国家重点化学工程联合实验室在杭州通过国家验收。

4月14日　国内规模最大、拥有电器自控装置的大型蚕种催青室——桐乡县农林局蚕种催青大楼通过专家验收。

4月16日　浙江省政府经济建设咨询委员会成立。

4月24—30日　首届中国杭州国际茶文化节在中国茶叶博物馆揭幕。来自16个国家以及全国各地的5400多位客人参加。展出品种数万种，3天成交额超6亿元。

4月26—27日　斐济总统佩纳亚·卡纳坦巴图·加尼劳和夫人一行访问杭州。

5月6日　杭州发电设备厂首套销往瑞典的630千瓦水轮发电机组运抵上海港。这是中国水电成套设备首次销往欧洲市场。

5月6日　全国第一家跨区域的外汇调剂公开市场——浙江省外汇调剂公开市场在杭州开业。

5月16日　香港南洋商业银行向中外合资天美制药有限公司贷款310万美元合同签字仪式在杭州举行。这是境外金融部门首次向省内中外合资企业提供贷款。

5月17日　浙江省海洋开发工作第一个指导性规划——《浙江省海洋功能区划》经审查通过。

5月20日　浙江省6万余名村干部领取养老保险证。

5月27日　首届中国国际书学交流会在绍兴举行，中国、美国、日本、韩国等国35名书学家参加交流活动。

5月31日　浙江残疾儿童康复中心举行竣工仪式。

5月31日　省计经委批准同意建设甲肝疫苗第一期工业性试验基地。

5月31日　华东地区最长的“人工天河”——永康大渡槽竣工通水。该渡槽长达3269米，设计流量每秒8立方米，灌溉面积1333.33公顷。

是月　全省第一所综合性残疾儿童康复机构——浙江残疾儿童康复中心落成。

6月1日　省检察院驻金融系统检察室成立。

6月3—6日　著名美籍华人数学家、美国加利福尼亚大学教授、杭州大学名誉教授陈省身和世界著名物理学家、诺贝尔物理学奖获得者李政道在浙江访问讲学。

6月6日　绍兴海关开关。

6月15日　经国务院批准，撤销平湖县，设立平湖市（县级），原有的行政区域和隶属关系不变。

6月17日　全球性全天候的3000吨级大型远洋拖网渔轮“明珠”号在舟山解缆起锚，首航北太平洋的白令海渔场作业。这是浙江第一艘集捕捞、加工、冷藏等于一体的多功能远洋渔轮，揭开了浙江渔业史上新的一页。

6月20日　嘉兴南湖革命纪念馆新馆全面竣工并通过验收。25日，浙江省庆祝中国共产党成立70周年大会暨嘉兴南湖革命纪念馆落成典礼举行。

6月29日　人事部、全国博士后管委会批准，在浙江大学、杭州大学、浙江农业大学分别设立博士后科研流动站。

6月29日　浙江最大的风力发电设施——中国和德国合作兴建的10台30千瓦风力发

电试验场在嵊泗县泗礁岛正式运行。

是月　省政府办公厅转发《浙江省儿童少年事业发展规划(1991—1995)》。这是浙江首个儿童少年事业发展的5年规划,也是全国第一个省级儿童少年事业发展规划。

是月　太湖流域发生全域性洪涝灾害。7月5日,浙江省及嘉兴市和上海市一起坚决迅速执行国务院《关于太湖流域汛情及防汛部署意见》,炸掉嘉善县境内的红旗塘堵坝,引太湖洪水入黄浦江。7月8日,中共中央总书记江泽民等到嘉善县西塘镇考察洪涝灾情,看望受灾群众。江泽民在听取省委和嘉兴市委的汇报后,作出"要齐心合力把水利建设搞好"的重要指示。1992年10月,嘉兴市人民政府被国家防汛总指挥部和水利部授予1991年全国"抗洪抢险先进集体"称号。

7月1日　舟山市第一海运公司开通定海至嘉兴乍浦海上客运航线。同年,嵊泗李柱山至上海芦潮港航线开通。

7月7—15日　国务院研究室第三次派员赴温州调查个体、私营经济问题,并写出《温州个体、私营经济考察报告》,对温州的个体、私营经济进行分析并提出建议。

7月15日　省政府下发《关于进一步办好城乡市场的通知》,部署加快培育建设城乡市场。

7月15—20日　国务院农村试验区办公室在温州市举行全国股份合作企业研讨会。

7月19日　南京军区某部丽水籍见习排长周丽平在安徽颍上县抗洪抢险中,为抢救搁浅船只英勇献身。其生前所在部队批准他为"革命烈士"。中央军委主席江泽民签署命令,授予他"抗洪救灾模范"和"一级英模"称号。8月6日,省委、省政府、省军区联合发出《关于广泛开展向抗洪抢险英雄周丽平同志学习活动的决定》。

7月20日　铁路宁波北站开通经欧亚大陆桥直达欧洲的铁路货运通道。

7月25日　国务院、中央军委批复同意空军衢州机场实行军民合用。1992年5月10日,衢州民用航空站正式建立。1993年11月26日举行通航仪式。

7月26日　省政府下达《关于清理整顿公路检查站的通知》,根据"依法设站、合理布局、控制数量、提倡联合"的原则,对国道、省道原有的415个公路检查站进行撤并,调减为124个。

是月　省检察院和杭州市检察院共同办理夏某某诉富阳县公安局治安行政处罚抗诉案,省高级人民法院采纳了检察机关抗诉意见,撤销二审判决。此案是全国首例行政抗诉案件,被收入《最高人民检察院公报》和《中国法律年鉴》。

8月18日　省内最大有色金属项目、省重点工程浙江铝业股份有限公司1.25万吨电解铝工程正式投产。

8月24日　浙江省丝绸出口创汇骨干企业——浙江制丝一厂通过国家一级企业正式考评,成为全国缫丝行业首家通过"国家一级"正式考评的企业。

8月26日　杭州市区管道煤气首批用户点火仪式在曙光新村举行,400多家住户用上管道煤气。

9月3日　世界最大的茶叶数据库在杭州建成。

9月5日　杭州市上城区校办小厂杭州娃哈哈营养食品厂兼并市属国营大厂杭州罐头食品厂。10月6日，杭州娃哈哈食品企业集团公司成立。

9月13日　淳安县城排岭镇更名为千岛湖镇。

9月28日　国内水深条件最好、装卸设备最先进的5万吨级北仑集装箱码头建成投产。

10月6日　国内第一座海洋生态环境监测站在舟山建成。

10月6日　新华社报道，全国第一例城市污水排放入海工程——宁波经济技术开发区污水排海工程建成。此为国家环保局示范工程。

10月7日　省政协在杭州举行纪念辛亥革命80周年报告会。

10月11日　杭州辛亥革命纪念碑在西子湖畔落成。

10月14日　湖州海关开关。16日，嘉兴海关开关。

10月20—26日　中共中央总书记、中央军委主席江泽民视察杭州、宁波、舟山、温州、台州、绍兴等地，26日听取省委工作汇报后作重要讲话。其间还看望驻浙部队指战员、武警官兵和公安干警，检阅海军东海舰队舰列。

10月25日　富春江上第一桥——桐庐富春江大桥建成通车。桥全长1400米，其中主桥长659米，是浙江第一座自行设计的80米大跨径预应力连续梁桥。大桥连通320国道与104国道。

10月28日　国家“七五”重点工程、铁路“中取华东”第一条新线——宣杭线全线贯通。铁路西起安徽宣城，东达浙江长兴，全长119千米，与已有的杭长线贯通，成为从河南商丘到杭州的南北第二通道。

10月28日　杭嘉湖南排南台头围堰工程开始施工。该工程被列为浙江省重点水利工程，主要由1个出海闸、1条主干河和3条配套河组成。南台头干河从桐乡市莲花桥港永兴港口向东经大横港、彭城港、盐嘉塘，至南台头闸入杭州湾，全长40.62千米。

是月　省政府公布首批省级历史文化名城和省级历史文化名镇、名村。省级历史文化名城：温州、余姚、湖州、舟山定海、金华、东阳；省级历史文化名镇：余杭塘栖镇、萧山衙前镇、宁波江北慈城镇、余姚梁弄镇、象山石浦镇、永嘉岩头镇、湖州南浔镇、海宁盐官镇、桐乡乌镇镇、绍兴东浦镇、绍兴柯桥镇、绍兴安昌镇、诸暨枫桥镇、江山二十八都镇、温岭市箬山镇（2001年并入石塘镇）；省级历史文化名村：乐清仙溪镇南阁村、永嘉岩头镇苍坡村、余姚市梁弄镇横坎头村、遂昌县焦滩乡独山村。

11月1日　经中共中央、国务院批准，浙江省119名在自然科学、社会科学方面作出突出贡献的专家、学者、技术员获《政府特殊津贴证书》，享受政府特殊津贴。

11月1日　由浙江电视台承办的第一届西湖电视博览会在杭州举行。日本、新加坡、泰国、捷克斯洛伐克等10多个国家以及全国广播电视界的200多位代表应邀参加。此后又连续组织两届西湖电视博览会活动。

11月3日　由嘉兴自行车厂与香港大志企业有限公司合资经营、与英国兰令国际有限公司技术合作的浙江第一家中外合资自行车企业——浙江菲利普自行车公司成立。

11月10日　浙江建造的第一艘达到国际“劳氏级”标准的出口千吨级货轮在钱江船厂

顺利下水。

11 月 20 日　杭甬高速公路杭州至萧山段建成，实现浙江省高速公路零的突破。12 月正式通车。

11 月 20 日　被列为太湖流域十项骨干工程之一的东西苕溪防洪工程的旄儿港工地动工。这是全省最大的水利工程。

11 月 26 日　全国第一个学生营养午餐中心在杭州四季青乳品厂成立。

12 月 1 日　绍兴县阮社乡通过吨粮田工程建设合格乡验收，成为全省第一个吨粮田建设合格乡。

12 月 10 日　太湖环湖大堤浙江段工程大会战拉开序幕。这是浙江参与建设的“八五”期间太湖流域治理十大骨干工程中的六项之一，其他五项工程为太浦河（浙江段）工程、杭嘉湖南排工程、东西苕溪防洪工程、红旗塘（浙江段）工程和杭嘉湖北排通道（浙江段）工程。太湖大堤工程第一战役在长兴县鼎甲桥乡丁新段太湖沿岸动工。

12 月 14 日　国内第一条 900 兆赫蜂窝式移动通信系统生产线在邮电部杭州通信设备厂建成投产。

12 月 23 日　嘉兴制丝针织联合厂、嘉兴航空箱包厂的法人代表分别与工业主管部门、职工代表签订全员劳动合同制合同书，两厂所属的 3682 名职工成为省内首批全员劳动合同制职工。这标志着全省劳动用工制度改革和分配制度改革的正式开始。

12 月 24 日　湖州市区凤凰住宅小区规划设计方案通过国家建设部审定，并被列入全国第三批城市住宅建设试点。这是浙江第一个被列入全国计划的试点区。

12 月 27 日　沪杭铁路复线全线开通。

12 月 27 日　具有一流设施的现代化杭州汽车东站正式启用。客运汽车东站位于艮山西路 71 号，1988 年 8 月 6 日开工建设，总投资 1667 万元，建筑面积 15114 平方米，日发送旅客 2.5 万人，是华东地区旅客发送量最大的公用型、科技型汽车客运站之一。

是年　中国远洋运输总公司浙江省公司由初建时的 3 艘船 7000 载重吨，发展到 9 艘船（5 艘杂货轮、4 艘多用途集装箱船）4.98 万载重吨。该公司经营宁波至香港的集装箱和件杂货班轮每月 10 班，其中 3 班为国家级核心班轮，航线密度居全国首位；经营宁波至日本神户、横滨的全集装箱班轮每月 5 班，居全国各港的第 4 位。同时，开展对中国台湾“不倒箱”运输业务。浙远班轮和集装箱运输有力地促进了浙江省对外贸易的发展。

是年　宁波港北仑港区建成国内大型国际集装箱专用码头深水泊位 3 个，总长 710 米，可供第三、四代大型集装箱船舶停靠作业。年吞吐能力 10 万个国际标准集装箱。工程于 1989 年 5 月 3 日开工，这是宁波港第一次利用世界银行贷款建设的项目。第一次采用国际公开招标确定水土工程施工单位和装卸设备供应单位，第一次选聘国际咨询公司的专家进行监理。

是年　浙江民营企业家王均瑶向湖南省民航局提出包机申请。几经周折，拿到民航局和空军的批准文件。次年 4 月 5 日，以经营专线航班为主的全国首家航运包机公司——天龙包机业务公司建立。几年后，王均瑶的天龙包机公司率先开通温州至香港的航班。

是年　浙江省地区生产总值1089.33亿元，其中工业增加值438.36亿元，人均地区生产总值2558元；社会消费品零售总额404亿元；全社会固定资产投资239.75亿元；全年财政总收入108.94亿元；全省职工平均工资2422元。

是年　浙江省总人口为4261.37万人，人口自然增长率为8.09‰。

1992年

1月8日　全国最大的轻纺专业市场——绍兴轻纺市场东交易区开业。全省市场建设工作现场会同时在绍兴召开。

1月11日　全国最大的香菇市场在庆元县正式开业。

1月20—22日　省作家协会在杭州召开全省代表大会。此后，按章程规定，省作代会每5年召开一次。

1月22日　宁波至美国东海岸集装箱干线开通，北仑港集装箱码头被列入国家远洋干线海运。

2月14日　杭州金鱼电器公司与日本松下电器产业株式会社合作建立的杭州金松洗衣机有限公司（总投资6.37亿日元）签约仪式在杭州举行。这是中国洗衣机行业首个与外资合作项目。

2月20日　乐清至北京超长途客运班车开通，全程1953千米，是全国公路客运里程最长的班线。

2月26日　中国丝绸博物馆正式开馆。

是月　浙江茅盾文学院成立。翌年7月更名为浙江文学院，为省作协下属事业单位。

3月9日　经国务院批准，撤销瓯海县，设立温州市瓯海区（县级），以原瓯海县的行政区域为瓯海区的行政区域。

4月1日　经国务院批准，建德县撤县设市，以原建德县的行政区域为建德市的行政区域。

4月20日　国内最大的水产品交易市场在舟山市沈家门建成开业。

4月27日　经省委、省政府领导同意，省委办公厅、省政府办公厅转发省委政策研究室、省政府经济研究中心《关于〈浙江经济年鉴〉改为〈浙江年鉴〉的报告》，要求各地各部门关心支持《浙江年鉴》的编辑出版和发行工作。

5月4—5日，省委、省政府在杭州召开全省撤区扩镇并乡工作会议，并发出《关于做好撤区扩镇并乡工作的通知》。至月底，全省顺利完成“撤、扩、并”任务，共撤销354个区。3170个乡镇扩并为1879个，乡镇平均人口从1.2万人增加到2.02万人，乡镇平均面积从32平方千米扩大到53平方千米。

5月9日　中德合作培养高等应用性工程专门人才的试点学校——杭州应用工程技术学院命名大会在杭州举行。

5月17日　全国第一个GSM全数字蜂窝移动通信领示系统在嘉兴市开通。1993年9月18日，全国第一个数字移动电话通信网在嘉兴开通，首批数字移动电话机投放市区用户。

5月20日　中央宣传部在北京颁发1991年度“五个一工程”奖。浙江省委宣传部获组织工作奖；浙江人民美术出版社出版的《孙子兵法（连环画丛书）》获优秀图书奖；省电视剧制作中心拍摄的电视剧《中国神火》等获入选作品奖。

5月21—22日　印度总统拉马斯瓦米·文卡塔拉曼一行访问杭州。

5月27日　全国规模最大的室内市场在义乌市正式开业，市场建筑面积6万平方米，拥有7100多个摊位。

5月30日　浙江省和日本静冈县缔结友好关系10周年庆祝大会在杭州举行。“中日友好面向二十一世纪纪念石像”揭幕式在杭州长桥公园举行。

6月1日　经国家工商总局批准，绍兴轻纺市场更名为“绍兴中国轻纺城”。绍兴轻纺市场于1988年10月1日建成开业。到2007年，市场成交额已达574.98亿元，连续15年蝉联全国纺织品专业市场首位，被称为“世界布市”。

6月1日　国家计委批复舟山朱家尖机场工程规模为3C级，总投资6100万元，由地方政府筹措解决。12月22日，朱家尖机场跑道软基处理试验正式动工。1994年12月27日，省计经委批复同意机场工程开工建设。

6月上旬　浙江第一家拍卖市场在宁波成立。

6月15日　载重16万吨的巴拿马装运矿石船哈德逊湾号靠泊北仑港10万吨级矿石中转码头，为靠泊最重吨位的矿船。

6月16日　浙江第一艘全垫升气垫船在宁波慈溪—嘉兴乍浦间通航。这艘气垫船由中国自行研制，它具有独特的两栖性，能够越沼泽、过河滩，可载客50人，时速60千米，能抗6至7级大风。

6月16日　国内链条行业第一个跨省企业集团——杭州盾牌链传动（集团）公司成立。

6月18日　中国规模最大的激光照排机生产基地——杭州电子激光科技开发公司成立。

6月20日　省政府发出《关于扩大13个县市部分经济管理权限的通知》。13个县市为：萧山、余杭、鄞县、慈溪、余姚、海宁、桐乡、绍兴、黄岩、嘉善、平湖、海盐、椒江。

6月20日　杭州人民广播电台调频立体声广播更名为西湖之声广播电台，并从10月25日起实行24小时播出。这是全省第一家全天候播出的广播电台。

6月25日　首届环太平洋先进材料与工艺会议在杭州召开，15个国家和地区的300多名专家、学者参加了会议。

6月26日　文成希望小学举行奠基仪式，12月学校建成开学。这是浙江第一所乡级希望小学。

6月27—29日　全省科技工作会议在杭州召开。省委书记李泽民在会上宣布，省委、省政府决定确立“科技兴省”战略，强调要真正把经济建设转移到依靠科技进步和提高劳动者素质的轨道上来。

7月1日　省内最长斜拉桥——宁波甬江大桥建成通车，主桥长202米。

7月1日　杭州公交小公共汽车公司开业，国有中巴正式上街营运。

7月1日　由省政府主管、新华社浙江分社主办的《浙江经济报》创刊。

7月2日　省内首家合资联营信托投资公司——中国农业银行浙江省信托投资公司在杭州成立。

7月6日　国务院正式同意开放宁波航空口岸。9月2日，宁波至香港空中航线开通。

7月6日　中国农村综合实力百强县市评比揭晓，浙江省12个县市榜上有名，其中绍兴县列第8名，萧山市列第10名。

7月14日　金华市中心医院外一科成功地为一名女患者实施区域性全胰切除手术，突破医学“禁区”，此前国内尚无成功先例。

7月21日　经国务院批准，龙泉市、云和县、遂昌县、仙居县、三门县被列入对外国人开放地区。

7月25日至8月9日　在第25届奥运会上，浙江运动员共获1金1银。浙江运动员吕林与北京运动员王涛合作，获乒乓球男子双打冠军。

8月3日　浙江评出首批工艺美术大师，倪东方等24位技术人员获此称号。

8月8日　经国家工商总局批准，义乌小商品市场更名为义乌中国小商品城。

8月8日　全国最大的珍珠市场——诸暨珍珠市场在诸暨山下湖镇开业。

8月22日　省政府批准建立嘉兴、湖州、绍兴、舟山、椒江5个经济开发区，并将金华市、衢州市（不含所属县）和丽水市列为浙江省开放城市。

8月22日　纪念龚自珍诞生200周年学术讨论会在杭州举行。

8月24日　经国务院批准，撤销永康县，设立永康市（县级），由金华市代管。

8月28—31日　第16号强热带风暴带来大风、大雨、大潮，全省58个县市受灾，死亡148人，重伤535人。造成直接经济损失31.5亿元。

是月　省工商局会同省消费者协会、省标准计量局、《浙江日报》、《钱江晚报》等5家单位联合组织开展的浙江省著名商标消费者评选活动结束。经评选，“娃哈哈”“朝阳”等75个商标被评为浙江省著名商标，100个商标被评为消费者满意商标。

9月1日　全省首家依法宣布破产的国有工业企业——绍兴市第一塑料厂宣告破产。

9月2日　杭州市委、市政府召开新闻发布会公布，出让市委、市政府大院土地使用权，并向国内外公开招标。12月3日正式签订出让合同。

9月12日　世界领先水平的高科技产品——浙江省首创的甲肝疫苗投放市场。

9月14日　由海宁市工商局、供销总社、许村镇政府联合投资1300万元、建筑面积2万平方米的全国最大被面市场——浙江许村被面市场举行竣工开业仪式。

9月18日　浙江省服装进出口公司、中国纺织品进出口总公司和交通银行杭州分行联合组建的浙江中大集团股份有限公司宣告成立，这是省内首家外贸股份制公司。此后，相继成立了由浙江省纺织品进出口公司等联合组建的浙江省裕达股份有限公司和由浙江省针织品进出口公司改组的东方股份有限公司。

9月22日　省政府批复温州市政府，同意建立温州扶贫经济开发区。

9月22日　浙东、浙北遭受19号台风袭击，全省有42个县市受灾，死亡53人，重伤323

人，直接经济损失22亿元。

9月27日　杭州弹簧垫圈厂针对美国最大的弹簧垫圈生产商I. T. W公司向美国国际贸易委员会指控中国的11家外贸进出口公司和生产企业以低于成本价在美国倾销，给美国工业造成了实质性损害的反倾销起诉，独自出资8万美元聘请了美国律师，委托美国SW公司代表中方应诉。

是月　为深化专业作家体制改革，完善广大业余作家健康成长的环境和条件，培养造就更多的社会主义文学事业专业人才，省作协制定并公布《合同制作家试行条例》。翌年1月，余华、王旭烽被聘为第一批合同制作家，合同期两年。2000年，省作协完善合同制作家签约制度，确定了合同制作家向青年作家倾斜的政策，先后聘任12人次青年作家为合同制作家。2005年，将合同制作家制度和“浙江现实主义文学精品工程”“文学解读浙江创作工程”签约结合起来，至2008年，共有46名(次)作家先后成为省作协的合同制签约作家。

10月1日　宣(城)杭(州)铁路全线开通运营。

10月4日　国务院正式批准建立杭州之江国家旅游度假区。

10月7—8日　南非非洲人国民大会主席纳尔逊·曼德拉一行访问杭州。

10月10日　嘉兴市与中国丝绸工业总公司、中国丝绸进出口公司及江苏、四川、浙江省丝绸公司签订在嘉兴筹建全国茧丝绸交易市场的协议，第一期投资2225万元，占地面积6.27公顷。

10月18日　经国务院批准，撤销上虞县，设立上虞市(县级)，由绍兴市代管。

10月21日　经国务院批准，宁波经济技术开发区与北仑港工业区合并，合并后统称宁波经济技术开发区，实行经济技术开发区的政策，规划总面积为29.6平方千米。

10月21日　经国家计委批准，舟山民航机场正式动工兴建。

10月24日　省政府办公厅发出通知，将鄞县、宁海、平阳、苍南、象山县(不含西沪港)，洞头县的本岛、大门岛、鹿西岛、半屏岛、三盘岛，嵊泗县的马迹山岛、绿华岛、大洋山岛和泗礁岛青沙乡、南长途沙滩以及普陀区朱家尖岛部分地区调整为对外国人开放地区。

10月25日　位于杭州西湖风景区玉皇山麓的南宋官窑博物馆正式开馆。同日，南宋官窑国际学术研讨会在杭州召开。

10月27日　经国务院批准，龙泉凤阳山、庆元百山祖省级自然保护区晋升为浙江凤阳山—百山祖国家级自然保护区，总面积37.1万亩。属东南沿海季风区中山丘陵森林生态系统为主的生物多样性自然保护区，有国家重点保护植物39种、重点保护动物60余种，以本地模式标定名的植物70余种。次年10月6日，浙江凤阳山—百山祖国家级自然保护区正式成立。

10月28日　中国首家备灾救灾机构——中国红十字会杭州救灾中心成立。

10月28日　省政府印发《关于放开粮食购销和价格的通知》，决定从1993年1月1日起，在全省范围内放开粮食购销和价格，并给城镇职工适当增加补贴。

11月1日　国内首家金融信息电台——浙江金融信息广播电台开播。

11月1日　苍南县举办金乡商标文化节活动。金乡被誉为“中国第一商标城”，全国

50%的商标制作出自金乡。

11月4日　全省第一个人才市场在绍兴县挂牌营业。6月上旬在《人民日报》《光明日报》刊出广告，至8月31日，全国各地8400余名教授、高级工程师、博士生、硕士生、本科生以及华侨等来函来电联系应聘。

11月6日　浙江最大的百货零售企业——杭州解放路百货商店改组为杭州解放路百货商店股份有限公司。

11月7日　中国国际信托投资公司与宁波市政府开发北仑区大榭岛合作备忘录以及土地成片出让协议书在宁波签署。次年3月5日，国务院批准中国国际信托投资公司成片开发宁波大榭岛，实行经济技术开发区的优惠政策。

11月7日　省内第一个工商企业界与海外经济界进行经济、技术、贸易交往和联系的民间组织——平湖市工商策进会成立。

11月11日　首届浙江省食品博览会在杭州开幕。

11月12日　国家批准兴建中国首条合资铁路——金温铁路。金温铁路北起金华，南至温州，总长251.5千米，总投资1.72亿美元。18日，国内第一家合资创办的地方铁道开发公司——金温铁道开发有限公司开业。公司由省地方铁路公司和香港联盈兴业有限公司合资创办。

11月12日　由中国青春宝集团公司和泰国正大集团合资创办的正大青春宝药业有限公司开业。

11月16日　河姆渡遗址博物馆在余姚市落成，中共中央总书记江泽民为博物馆题写馆名。

11月17日　浙江省治理太湖四大工程全面展开，每天有50万名民工奋战在浙北水利工地。11月30日，治理太湖两大骨干工程——湖州长兜港拓浚和环湖大堤全部竣工。

11月19日　国务院批准设立宁波保税区。

11月24日　横贯东部发达地区的“八五”国家重点工程——南沿海光缆通信干线全部正式开通。该工程浙江段途经6个市(地)、26个县(市)，全长800千米，为浙江省增加2.4万条长途光缆电路。

11月30日　省农业科学院在国际上首次完成全球满江红物种研究，并正式在杭州通过鉴定。

12月1日　国家重点工程宁波北仑港区二期工程全面投产。

12月1日　全国首家信用卡专营公司——中国银行杭州信用卡公司成立。

12月8日　省首届粮食交易会在嘉善商城开幕。

12月15日至1993年1月4日　邓小平在杭州视察。这是他第16次浙江行，同时这也成为他一生中最后一次浙江之行。

12月22日　嘉兴发电厂一期工程(2台30万千瓦)正式开工建设。规划装机总容量240万千瓦，由国家能源投资公司和浙江省政府合资建设，总投资14.41亿元。

12月23日　省政府办公厅发出通知，将岱山县大衢山岛斗镇、万良乡部分地区及该镇、乡之间的公路调整为对外国人开放地区。

12月28日　浙江省证券登记中心开业。

12月29日　浙江省个体劳动者第二次代表大会暨私营企业第一次代表大会在杭州举行。

12月29日　省政府研究决定，将慈溪匡堰镇等54个镇列为重点工业卫星镇，享受沿海经济开放区的优惠政策。

是月　浙江开始对交通投资体制进行改革。省政府出台的《关于加快交通基础设施建设的通知》中，提出由地方政府以“四自”(自行贷款、自行建设、自行收费、自行还贷)办法，提前建设国家和省近期难以安排而中长期规划又必需的交通基础设施。“四自”政策的出台，吸引了境外资本、民营资本和社会其他各类经济组织的资本投入，部分解决了公路建设资金严重紧缺的问题，形成了国家投资、地方自筹、社会各方集资和利用外资的多元化、多渠道的投资格局。

是月　宁波港镇海港区国内最大的27.5万吨级原油码头开始打桩，并于1994年9月竣工，年吞吐能力1089万吨。

是年　浙江省体育奖券发行办公室挂牌成立，负责发行即开型体育奖券。从1992年到1996年，浙江连续发行4年即开型体育奖券，名称均为“黄龙洞体育中心”奖券，其主要目的是为建设黄龙体育中心筹集社会资金。4年时间，共发行“黄龙洞体育中心”奖券6000余万元，为黄龙体育中心的先期筹备建设提供了有力支持。

是年　省政府对茶叶收购不再下达计划，彻底放开，实行自由购销。

是年　浙江省第一个由中外合资企业出资进行土地成片开发的项目在宁波签订协议，开发经营土地为0.66平方千米。

是年　中国科技五金城创建，成立后与永康五金产业互促共进，实现了永康五金制造业的规模扩张与整体提升。

是年　浙江省地区生产总值1375.70亿元，其中工业增加值581.73亿元，人均地区生产总值3212元；社会消费品零售总额493.87亿元；全社会固定资产投资361.18亿元；全年财政总收入118.36亿元；全省职工平均工资2884元。

是年　浙江省总人口为4285.91万人，人口自然增长率为8.15‰。

1993年

1月1日　中国最大的外商独资企业——协和石油化工集团(中国)有限公司在宁波市北仑经济开发区正式成立。

1月5—13日　省政协七届一次全体会议在杭州召开。会议审议通过省政协六届常委会工作报告、七届一次全体会议决议和提案审查情况报告，选举刘枫为政协第七届浙江省委员会主席。选举孙家贤、汤元炳、陈法文、吴仁源、詹少文、丁德云、苏纪兰、薛艳庄、阙端麟、耿典华、张克健、汪希萱为副主席。

1月6日　省政府印发《关于发展生猪生产、搞活生猪流通的通知》，决定从1993年起放开生猪购销计划和价格，实行市场调节。

1月6—16日　省八届人大举行第一次会议。会议听取、审查省长葛洪升所作《政府工作报告》，听取、审查《关于浙江省1992年国民经济和社会发展计划执行情况、1993年国民经济和社会发展计划的报告》《关于1992年财政预算执行情况和1993年财政预算草案的报告》《浙江省人大常委会工作报告》《浙江省高级人民法院工作报告》《浙江省人民检察院工作报告》，并通过相应决议。会议选举李泽民为省八届人大常委会主任，选举许行贯、王启东、杨彬、李德葆、孔祥有、郑树、毛昭晰为副主任。选举万学远为省长，选举柴松岳、刘锡荣、龙安定、张启楣、许运鸿、徐志纯为副省长。

1月16日　浙江第一个国家级企业集团——巨化集团，经国务院经济贸易办公室批准成立。巨化集团公司是以衢州化学工业公司为核心，由浙江、江苏、上海、厦门、深圳等地52家企业及科研单位联合组建而成，注册资金9.8亿元。

1月18日　全省最大的股份制试点企业——娃哈哈美食城股份有限公司在杭州成立。

1月25日　杭州西泠电器集团在上海《文汇报》头版花100万元，用整版篇幅刊登产品广告。这是中华人民共和国成立以来全国大报首例头版整版广告。

1月28日　全省最大的陶瓷品市场——杭州陶瓷品市场开业。

2月10日　省政府批准设立金华经济开发区。

2月11日　31.8万吨级的超级油轮英国“兰姆帕斯”号，载着19万吨原油，靠泊在刚建成的舟山港岙山23万吨级码头，这是国内码头接卸的最大吨位油轮。

2月13日　国务院经贸办下文批准成立横店集团。该集团为国务院经贸办批准成立的全国首家乡镇企业集团。

2月18日　省政府决定建立浙江工业大学，同时撤销浙江工学院。

2月18日　省政府发文，批准设立衢州经济开发区。该开发区1992年8月开始筹建，总面积4平方千米，首期开发1平方千米。

2月19日　义乌中国小商品城、绍兴中国轻纺城双双跨入全国十大集贸市场行列，连续3年被评为国家级和省级文明集贸市场。

2月24日　中共中央总书记江泽民为南湖革命纪念馆题词：“发扬党的优良传统，坚持党的基本路线，努力夺取建设有中国特色社会主义的新胜利。”

2月24日　省编委批复同意浙江省人才交流中心增挂“浙江省人才市场”牌子。3月18日，市场举行开业仪式。

2月25日　全省工业部门首家投资性股份制公司——浙江机械投资开发股份有限公司在杭州成立。

是月　舟山港建成23万吨级承台式油码头（1号泊位）和10万立方米、5万立方米储油罐各2只及相应输油设施，码头泊位长555.7米，采用蝶形敞开墩式结构，年吞吐能力600万吨。为浙江沿海第一个20万吨级以上深水泊位。

3月25日　宁波国际银行正式成立，为1950年后在浙江开办的首家外资银行。

3月26日　国家计委批准沪杭高速公路项目建议书。公路全长131千米，1994年9月1

日正式开工建设，1998 年 12 月 29 日举行通车典礼。

3 月 26 日　经国务院批准，撤销桐乡县，设立桐乡市(县级)，行政区域不变，由嘉兴市代管。

4 月 1 日　铁路杭州东站正式启用。

4 月 4 日　国务院批准设立杭州经济技术开发区。

4 月 6 日　省委办公厅、省政府办公厅发出《关于促进个体、私营经济健康发展的通知》，规定除国家法律、法规和明文禁止个体、私营经营的行业和商品外，均允许个体工商户、私营企业依法开业和经营。

4 月 8 日　全国最大的劳务市场——温州劳务中心市场开业。

4 月 12 日　全国第一个残疾人磁卡公用电话在杭州开通启用。

4 月 15 日　省政府发出《关于切实加强土地管理、制止乱占滥用耕地的通知》。

4 月 21 日　中国首条移动电话生产线在杭州通信设备厂通过部级验收并投入批量生产。

4 月 28 日　国产中文无线寻呼机在奉化市波导公司开发成功，填补了国内空白。

4 月 28 日　中华人民共和国成立以来最大的一套制氧机出口项目——出口印度 1 万立方米制氧机设备的 2900 万元卖方信贷合同签字仪式在杭州举行，中国银行浙江省分行、省机械设备进出口公司负责人分别在贷款合同上签字。

4 月 30 日　宁波海事法院首次依法扣押一艘外轮，并在被扣押的“蒂玛拉”轮提供 20 万美元保证金后，于 5 月 4 日解除扣押。

5 月 3 日　全长 1240 米的省道丽水—浦城线云和赤石岭隧道正式通车，使原线路缩短 4.51 千米。为全省干线公路最长的隧道。

5 月 6 日　浙江省传统医药国际交流中心建立。

5 月 15 日　省八届人大常委会决定建立接待代表日制度，规定每月的 10 日为常委会负责人接待和走访省人大代表日。

5 月 20 日　国务院批准设立萧山经济技术开发区，这是省内首家县(市)政府设立的国家级开发区。

5 月 20 日　华东地区第一个海岛机场——舟山朱家尖机场工程正式开工建设。

5 月 20 日　在鲁昂国际博览会上，“中国浙江馆”获最佳展馆奖，“越泉”牌女儿红黄酒及“钱江”啤酒获单项商品金奖。

5 月 22 日　全国第一家省会城市有线电视台——杭州有线电视台正式开播。

6 月 10 日　根据国家民航局通知，即日起浙江民航在全省范围内取消购票乘机介绍信。

7 月 1 日　浙江有线电视台娱乐频道开播，信号通过杭州有线电视网和多路微波等手段覆盖杭州市区及萧山、余杭等 4 万余个有线电视用户，成为国内第一个无自建网络的有线电视台。

7 月 1 日　由浙江农业大学动物科学学院培育的“浙农大 1 号意蜂”正式通过鉴定，标志着中国蜜蜂遗传育种技术跨入国际先进行列。

7 月 7 日　鄞县邱隘镇、东阳市横店镇、绍兴县杨汛桥镇被列为国家社会发展综合实验区。

7 月 20 日　省政府办公厅转发省教委、省计经委、省财政厅、省人事厅《关于进一步深化本省中等专业教育改革的几点意见》，改革中专毕业生“统包统分”和“包当干部”的分配制度，逐步由传统的计划分配向市场调节就业过渡。

7 月 22 日　国内首家全国性美术专业报纸——《美术报》诞生。该报由浙江日报社和浙江美术学院联合创办。

7 月 27 日　新建的杭州机场国内出港大厅正式启用。9 月 1 日，杭州机场新建国际联检厅正式投入使用。

是月　省教委制定《浙江省民办中小学管理办法(试行)》，为社会团体和公民个人创办中小学提供了政策依据，保证、促进了全省民办中小学的健康发展。

8 月 1 日　省级公费医疗改革试行办法正式执行，实行以医疗单位管理公费医疗经费为主，享受单位、享受人员、医疗单位共同承担经济责任，由公费医疗管理部门检查监督的综合管理体制。

8 月 1 日　为保护东海渔场幼带鱼资源，经国务院批准，自 1993 年起，在每年 8 月 1 日至 10 月 30 日的禁渔期内，禁渔区向外平推 30 海里。

8 月 6 日　东阳市横店镇成为国家社会发展综合实验区。

8 月 18 日　省政府发出《关于开展全省第三产业普查工作的通知》，开始进行全省第一次第三产业普查。1994 年 12 月 27 日，发布的全省第一次第三产业普查主要数据公报显示：1992 年全省第三产业增加值为 449.0 亿元，第三产业比重由年报数的 25.0%，调整为普查数的 32.9%。

8 月 23 日　省政府印发《关于认真清理各类开发区的通知》，就分类清理全省各地的开发区作出安排。

8 月 27 日　鄞县 660 个行政村全部开通程控电话，成为全省第一个村村通程控电话的县。

9 月 2 日　国家级工程技术研究中心——国家液体分离膜工程技术研究中心在杭州高新技术产业开发区奠基。

9 月 14 日　经国家科委批准，舟山市六横岛正式被列为全国海岛资源综合开发试验区。

9 月 18 日　经国务院批准，撤销乐清县，设立乐清市，原有的行政区域和隶属关系不变。

9 月 18 日　由青田旅外侨胞捐资兴建的省内首家华侨历史陈列馆——青田华侨历史陈列馆在鹤城镇开馆。

9 月 21 日　全省首家地产市场——杭州地产市场开业。

是月　杭州三堡二线船闸开工建设。该船闸是经省政府 1993 年批准的第一批 28 项交通设施“四自工程”中唯一的一项水运工程。

是月　省内首次拍卖经济作物用地使用权在嵊县举行。

是月　新昌丝织总厂实行国有资产个人风险承包，这在全省大中型企业中属首次。7 月始，新昌县在全省率先进行资产承包经营制试点。11月，《新华社内参》连续刊载介绍新昌国有工业企业转换经营机制的文章。翌年2月，新华社播发长篇报道并配发评论员文章，介绍新昌发展国有工业的经验。

10月3日　萧山市发生观潮伤亡事故，79人被潮水卷入钱塘江，其中死亡49人。

10月21日　省政府召开首次全省海洋工作会议。会后，省政府先后印发了《浙江省海洋开发纲要(1993—2010)》和《关于加快开发海洋、发展海洋经济的若干政策措施的通知》。

10月23日　在西泠印社第九次社员大会上，中国佛教协会主席赵朴初当选为社长。

10月30日　经国家经贸委批准，国内拆船业首家股份制企业——中国(舟山)精通拆船洗船有限公司成立。

11月8日　省珠算协会国华珠算博物馆在临海开馆，为全国规模最大的珠算博物馆。

11月11日　浙江省与韩国全罗南道正式建立友好交流关系。

11月17—20日　1993年浙江省股票认购证换领单在全省公开发售，共发售换领单折合认购证144768730号。

11月18日　经中国人民银行批准，省内第一家中外合资银行——浙江商业银行在宁波正式开业。浙江商业银行是中国银行浙江省分行、香港南洋商业银行、浙江省国际信托投资公司和交通银行宁波分行4家共同投资的有限责任公司，注册资本为4000万美元。

11月24—28日　新加坡内阁资政李光耀一行在宁波、杭州访问。

11月26日　衢州机场正式通航，成为继杭州、宁波、温州、黄岩、义乌之后的省内第六个航空港。

11月26日　龙泉市、遂昌县程控电话顺利开通。至此，全省县以上邮电局全部实现通信交换程控化。

11月29日　金华—南昌—广州自办汽车集装箱邮路协议签订暨开通仪式在金华举行，这是浙江第一条跨省汽车集装箱邮路。

12月6日　全国首份电子报纸——《杭州日报》(电子版)诞生。

12月6日　绍兴市轻纺原料染料市场在绍兴经济开发区落成，为全省规模最大的轻纺原料市场。

12月9日　经国务院批准，嘉兴市城区更名为嘉兴市秀城区。

12月14日　以“四自”办法建设的104国道绍兴段“南连北建”两条复线共长45千米，按二级和二级加宽标准完成改建并正式通车。这是浙江第一个由地方执行“四自”政策建成的“四自”工程项目。

12月15日　国务院发布《关于实行分税制财政管理体制的决定》，从1994年1月1日起在浙江实行分税制财政管理体制。

12月15日　浙赣复线重点工程金华单绕二期工程全部完成并开通。30日，径游至湄池至长兰站复线开通。至此，1993年浙赣复线施工全部完成计划。

12月19—24日　中共浙江省第九次代表大会在杭州召开。大会听取和审查了李泽民代表第八届省委所作的工作报告；审查中共浙江省顾问委员会报告；审查中共浙江省纪律检查委员会的报告;并分别通过了关于上述3个报告的决议。24日,中共浙江省第九届委员会举行第一次全体会议,选举李泽民为省委书记,万学远、刘枫、柴松岳、卢展工为省委副书记,刘锡荣、李金明、王其超、徐永清、梁平波、斯大孝、许运鸿、张友余为省委常委,王其超为省纪委书记。会议讨论通过《中共浙江省委关于加强自身建设的决定》。

12月20日　全省74个市县全部开通移动电话。

12月22日　云和县云和镇信用社局村分社内勤刘玲英面对歹徒抢劫分社,挺身而出,因同歹徒搏斗身负重伤。后被省政府授予"浙江省劳动模范"称号,省委作出《关于开展向刘玲英同志学习活动的决定》。全国总工会授予其全国五一劳动奖章,共青团中央授予其"见义勇为青年英雄"和"全国新长征突击手"称号。

12月26日　浙江省纪念毛泽东同志诞辰100周年座谈会在杭州举行。

12月26日　经国内蚕桑技术专家审定,湖州市三区蚕桑推广技术中的"小蚕一日两回育"和方格蔟推广应用,在数量和经济效益上都为全国第一。

12月30日　省政府办公厅发文公布,经国务院批准,增列松阳县、庆元县、景宁县为对外国人开放地区。

12月31日　全省第一个保税集团——浙江飞羊保税集团在嘉兴成立。

是年　经国务院批准,杭嘉湖内河航道嘉兴段改造工程被列为国家"八五"建设项目,工程设计总投资4.23亿元,其中嘉兴市自筹1.03亿元。

是年　浙江省地区生产总值1925.91亿元,其中工业增加值876.26亿元,人均地区生产总值4469元;社会消费品零售总额772.11亿元;全社会固定资产投资683.83亿元;全年财政总收入166.64亿元;全省职工平均工资3932元。

是年　浙江省总人口为4313.3万人,人口自然增长率为7.03‰。

1994年

1月1日　浙江人民广播电台2套节目、浙江电视台1套节目通过"中星五号"卫星覆盖全省、全国及周边41个国家和地区,覆盖人口达20亿,为根本解决全省约30%的人听不到省广播电台广播、约15%的人看不到省电视台节目的问题奠定了基础。浙江卫视节目在全国县级以上有线网入网率达96.1%,居全国省市台首位。

1月10日　省委宣传部、省工商局在杭州联合召开浙江市场发展新闻发布会,通报至1993年底,全省共建成城乡商品交易市场3800个,商品交易总额651亿元,居全国第一位。义乌中国小商品城和绍兴中国轻纺城全年成交额分别居全国同类专业批发市场第一、第二位。

1月18日　经国务院批准,撤销富阳县,设立富阳市(县级),以原富阳县的行政区域为富阳市的行政区域。

1月20日　浙江省最大鲜肉批发市场、杭州市"菜篮子"工程大型配套项目杭州肉类批发市场正式运转。

2月7日　省卫生厅建立"浙江省医疗卫生国际交流中心"。

2月7日　第二届全国农村综合实力百强县(市)评选揭晓,富阳县、临安县、乐清市、瑞安市、嘉善县、平湖市、海盐县、德清县、玉环县步入“百强”行列。

2月18日　经国务院批准,撤销温岭县,设立温岭市(县级),以原温岭县的行政区域为温岭市的行政区域。

3月25日　全省共评出农民高级技师258人。这是浙江首次为农民科技人员评定高级技术职称。

3月30日　经省政府批准,成立浙江景宁梅墟扶贫经济开发区,后省政府批准改名为浙江景鄞扶贫经济开发区。1995年6月被国家民委确定为“国家民委扶贫开发试验区”,1997年7月批准设立“中国少数民族工业城”,吸纳全国各地少数民族参与发展。

3月31日　淳安县经贸旅游总公司“海瑞”号游船载着台湾长风旅行社台胞旅游团,由安徽省歙县出发,到达淳安县千岛湖阿慈岛附近水域时遭抢劫。犯罪分子用炸药、汽油燃烧游船,船上32人全部遇难,其中台胞24人。4月17日,公安机关破案。经审判,3名罪犯被依法判处死刑,于6月19日伏法。

4月5日　经国务院批准,撤销余杭县,设立余杭市(县级),原余杭县的行政区域为余杭市的行政区域。

4月5日　国务院批复同意泰顺县乌岩岭自然保护区为国家级保护区。

4月5日　缙云县壶镇小学领导和老师带领学生235人到左库水库春游。其间,因学校无人指挥和管理,致使两船超载下沉,128名学生落水,其中43人溺亡。有关责任人事后分别受到惩处。

4月7日　省重点工程、省内第一个由省、县(市)合资兴建的萧山发电厂2号机组投入商业运行,标志着总投资5.67亿元、装机容量25万千瓦的萧山发电厂一期工程全部竣工。

4月18—20日　浙江省首届影视剧本交易、合作洽谈会举行。交易会共收到影视剧本近百部,28部影视作品入围,10部影视作品交易成功,总成交额48.9万元。

4月20日　永康恒丰公司成为全国最大的电动工具出口基地。

4月24日　首届浙江省国际传统针灸气功交流会在杭州召开。

4月28日　省科委和省海洋管理局在省旅游局召开浙江省海岛旅游资源成果鉴定会。这次海岛旅游资源调查历时3年,调查海岛128个,记录景点430余个,收集照片310余张,完成设施汇总、旅游规划、资源分布、旅游交通等图表148张,撰写调查报告14卷,共4万余字。

是月　浙江省开始合伙律师事务所试点,第一家合伙制律师事务所——浙江同济律师事务所成立。

5月8日　全省首家民间慈善机构——杭州广宇慈善协会成立。

5月9日　林业部批复同意天目山国家级自然保护区面积由原来的10.5平方千米扩大到40.5平方千米。

5月10日　杭州市首家房地产评估事务所成立。

5月14日　省内最大的医药合资企业——杭州默沙东制药有限公司在杭州正式成立。

5月17日　全省11个市(地)、74个县(市)完成移动电话联网工作,实现了移动电话在全省自动漫游。5月15日,与香港正式开通移动电话的人工漫游业务。

5月28日　由省物资贸易中心和杭州天杭实业公司联合投资组建的省内规模最大的生产资料市场——浙江物资综合市场开业。

5月28日　省内唯一的大型图书专业批发市场——杭州图书城开业。

是月　中国最大的扬声器软件生产出口基地——浙江天乐集团公司在嵊县成立。

6月8—18日　全省连续3次遭受暴雨、大暴雨的袭击,造成直接经济损失39.9亿元。11个市(地)59个市县遭受不同程度的洪水灾害,受灾人口707.9万人;死亡66人;农作物受灾面积41.25万公顷,成灾面积18.9万公顷,绝收面积6.5万公顷,毁坏耕地1.15万公顷;县级城镇进水11个,普通集镇进水90个;损坏房屋7.7万间,倒塌房屋2万间。

6月18日　全省第一家经国家科委批准的生产力促进中心——杭州丝绸生产力促进中心成立。

6月18日　省内第一份协调企业与职工双方劳动关系的"企业劳动集体合同"在宁波天安股份有限公司签订。

6月24日　由省医学科学院毛江森研究员等人完成的"甲型肝炎减毒活疫苗毒种"科研成果获得国家发明奖和国家专利。

6月26日　杭州市本地电话网零时开通,七县(市)电话号码同时升至7位。这在全国省会城市中尚属首例。

7月9日　宁波镇海至上海金山车客轮渡开通,甬沪之间从此可缩短行程362千米,减少行车时间6小时左右。

7月15日　省内首家完成股份制改组的国有特大型企业——镇海炼油化工股份有限公司成立。

7月28日　乌溪江引水工程全线试通水成功。

8月1—8日　全国首届沙滩排球巡回赛在普陀山千步沙举行。

8月8—9日　第14号台风造成全省312个乡镇728个行政村530万人受灾,成灾人口289万人;倒塌民房6174间,损坏民房1.27万间;死亡7人;农作物受灾面积17.87万公顷,成灾面积13.07万公顷,绝收面积4800公顷。直接经济损失5.1亿元。

8月15日　经国务院批准,浙江省国家税务局和浙江省地方税务局正式成立。

8月21—22日　第17号台风在瑞安市登陆。强台风正面袭击温州等地,造成特大风暴潮灾害。全省共有10个市(地)40多个县(市)遭受台风袭击。受灾乡镇1059个、行政村20243个,受灾人口1392.82万人,成灾人口835.62万人,有184个城镇进水,被洪水围困217万人,死亡1126人;倒塌民房208306间,损坏民房934138间;受灾农田50.21万公顷,成灾面积30.64万公顷,绝收面积8.21万公顷;9万多家企业停工停产;损坏电力线路4681千米、通信线路2397千米、公路1056千米、堤防946千米。直接经济损失达177.6亿元。

8月22日　经国务院批准,撤销台州地区,设立地级台州市。市政府驻新设立的椒江区。同时撤销黄岩市、椒江市。台州市新设椒江区、黄岩区和路桥区。台州市辖玉环、三门、天台、仙居4个县,椒江、黄岩、路桥3个区和温岭、临海2个市。

8月30日　320国道杭州珊瑚沙至富阳段拓宽改建工程竣工通车,标志着浙江省一级公路零的突破。

9月1日　119/120次直快列车改为特快31/32次,结束了浙江无进京特快列车的历史。

9月20日　浙江省博物馆新馆开馆。新馆占地面积2.04公顷,分浙江历史文物、浙江古代青瓷等7个陈列馆,展出文物近千件。

9月22日　国内首家完全按照《公司法》规定设立的专业证券公司——浙江证券有限责任公司正式成立。

9月22—27日　海宁市举办首届全国皮革服装展销会,成交额达2.4亿元。2000年9月1日,海宁中国皮革博览会暨第七届全国皮革服装展销会隆重举行,成交额逾10亿元。至2006年,已连续成功举办13届。

9月28日　桐乡市成为全省第一个通过验收的全国科技工作先进市(县)。

9月30日　国务院同意开放温州航空口岸(限中国籍飞机飞行)。

是月　全省最大的文化设施项目——浙江图书馆新馆奠基。1998年1月6日,浙江图书馆新馆主楼落成。2000年11月18日,浙江图书馆举行百年馆庆暨新馆开馆典礼。

是月　宁波港镇海港区国内最大的27.5万吨级原油码头竣工,工程于1992年12月开始打桩。年吞吐能力1089万吨。

10月8日　东海石油温州后勤基地一期工程落成,并正式开业投入服务。该基地的建成,填补了中国近海石油作业海上补给基地最后一个空白。

10月15日　省内第一份私营企业与职工之间的集体合同在杭州贝尔电信有限公司签订。

10月20日　浙江省名中医馆建立。

10月23日　省政府首次授予在浙江省累计捐赠额折合人民币超过1000万元的包玉刚、邵逸夫、应明皓、李惠利、陈经纶、陈廷骅、沈炳麟、赵安中、陈元钜、包玉书、包素菊、包丽泰、顾国和、顾国华14位境外人士"爱乡楷模"称号。

10月25日　国家级中药博物馆——胡庆余堂中药博物馆在杭州正式开馆。

11月8日　128(人工)、129(自动)全省邮电联网无线寻呼台开通。

11月15日　浙江镇海炼油化工股份公司在中国香港发行H股6亿股,筹资达14.28亿港币。这是省内企业首次在境外进行股权融资获得成功。1997年,该公司又在欧洲发行2亿美元可转换债券,并在英国伦敦证券交易所上市。

11月18日　省粮油食品进出口公司改组为浙江省粮油食品进出口股份有限公司。这是自《中华人民共和国公司法》颁布以来,浙江省设立的第一家外贸行业股份制企业。

11月18日　由杭州热电厂和泰国协联(能源)有限公司共同投资2.6亿元的浙江省首家中外合资热电企业——杭州协联热电有限公司开业。

11月18日　中国大陆最大的外商独资石油化工项目,总投资30亿美元以上的协和石油化工集团(中国)有限公司破土动工。该项目包括500万吨炼油、30万吨乙烯、20万吨聚酯和

20 万吨级的原油码头以及自备电厂等。

11 月 19 日　国内造纸业最大项目——中外合资总投资 4 亿美元的 35 万吨白纸板二期工程在宁波中华纸业股份有限公司举行奠基仪式。

11 月 19 日　浙江省国营中型企业破产拍卖敲响第一槌，金华市味精厂被尖峰集团以比 1350 万元的底价高 50 万元的价格“收购”。

11 月 28 日　浙江省农口系统第一家投资性质的股份公司——浙江农村投资股份有限公司成立。

11 月 28 日　省内首家旅游企业集团——省中旅（集团）公司在杭州成立。

12 月 4 日　中共中央、国务院批准《浙江省党政机构改革方案》，核定省级党政机构设置 53 个，其中省委机构 8 个、政府机构 45 个，共减少 7 个，精简 33.8%。另设委厅管理机构 13 个。核定省、市、县行政编制 79110 名，减少 27204 名，精简 25.6%，乡镇行政编制精简 35.6%。

12 月 6—7 日　巴基斯坦伊斯兰共和国总统法鲁克·艾哈迈德·汗·莱加利到浙江进行友好访问。

12 月 12 日　国际小水电中心在杭州成立。

12 月 14 日　宁波海运总公司所属 5 万吨级“金色大地”号轮首航顺利抵达美国新奥尔良港，成为宁波海运为冲出亚洲进行洲际营运、直接参与国际航运市场竞争的第一船。

12 月 16 日　由中科院上海药物研究所和浙江康恩贝集团股份有限公司共同承担研制开发的国家级重点新产品天保宁（银杏叶片、胶囊）通过新产品成果鉴定，并填补国内空白。

12 月 30 日　省政府发布《浙江省地名管理办法》，自发布之日起施行。

12 月 30 日　省、市重点工程京杭运河杭州市河整治工程全线竣工。

是年　中央对省级财政体制实行“分税制”，即按税种划分中央和地方收入，将税种划分为中央税、地方税、中央与地方共享税，并建立规范化的中央与地方的转移支付制度。与中央对省财政体制的调整相适应，省对市县财政体制也作了变动，规定市、县地方财政收入基数按 1993 年地方决算总收入扣除固定比例分成收入、专项收入、中央和省上划收入后的数字核定。从 1994 年起，市、县财政收入比基数增长部分，省与市（地）、县按“二八”比例分成，对少数贫困县和海岛县作适当照顾。

是年　全省乡镇工业总产值达 4496 亿元，占全省工业总产值的 72.9%，乡镇企业在全省财政收入中所占的比重已由上年度的 53.3%上升到 57.4%；农民人均 2250 元的收入中，很大部分来自乡镇企业。乡镇企业已成为浙江经济的主力军。

是年　在省级文化系统事业单位试行全员聘用制。这是全省事业单位聘用制度的首次尝试。

是年　全省开展“全省文化先进县”“浙江东海明珠工程”创建活动。到 2008 年，全省共有 20 个全国文化先进县、36 个省级文化先进县、485 个浙江东海文化明珠乡镇。

是年　浙江省地区生产总值 2689.28 亿元，其中工业增加值 1243.37 亿元，人均地区生产总值 6201 元；社会消费品零售总额 1133.18 亿元；全社会固定资产投资 1006.39 亿元；全年财政总收入 209.39 亿元;全省职工平均工资 5597 元。

是年　浙江省总人口为 4341.2 万人,人口自然增长率为 6.6‰。

1995 年

1 月 1 日　外汇兑换券停止流通。

1 月 5 日　由宁波市承建的中国援外项目——苏丹恩图曼友谊医院竣工。苏丹总统巴希尔为竣工仪式剪彩、揭幕。

1 月 12 日　玉溪水利枢纽工程举行奠基典礼,系浙江第一家利用外资引进国外机组、实行股份制和工程监理的中型水电工程。

1 月 15 日　丽水和舟山地区本地电话网同时开通,电话号码升为 7 位。至此,浙江 11 个市(地)本地电话网全部建成,电话号码全部升至 7 位。

1 月 19 日　巨化集团公司氟化工程通过国家竣工验收,正式交付使用。该工程总投资 4.7 亿元,是"八五"期间国家氟化学工业的特大引进装置工程和省重点建设工程。1991 年 7 月 1 日举行奠基仪式,1993 年 10 月 11 日投入生产。

1 月 28 日　全国最大的电动工具合资项目——杭州博世电动工具有限公司在杭州签约设立。

是月　嵊县人民法院审结全省首例不正当竞争引起的行政诉讼案。

是月　省委组织部、省人事厅印发《关于在全省开展计算机应用能力培训考核工作的通知》,并组织全省干部进行计算机应用学习。

2 月 7 日　省乡镇企业局发文公布浙江万达集团公司等 26 家乡镇企业被审定为国家大型企业。

2 月 8 日　全国对港澳、对台文化交流工作会议在宁波举行。

2 月 10 日　省委办公厅、省政府办公厅发出关于建立首批省级爱国主义教育基地的通知。浙江省革命烈士纪念馆等 30 个单位名列其中。

2 月 15 日　省委、省政府召开开展"扶贫建校"活动大会,发动社会各界力量帮助贫困地区建设 100 所初中。建设所需经费 1.5 亿元,除省政府拨出教育扶贫资金外,余款要通过当地和社会筹集。至是年底,第一期工程筹资 2630 万元,有 15 个项目建成并投入使用,还有 98 个项目破土动工。

2 月 16 日　农业部印发《关于公布首批中国乡镇企业名牌产品的通知》,公布 100 个产品为首批中国乡镇企业名牌产品,其中浙江省乡镇企业产品 10 个。

2 月 22 日　全国第一家外汇远程交易站——中国外汇交易中心宁波分中心成立。

2 月 26 日　浙江实施"五自"水库工程,即在水库建设与管理中,实施"自行筹资、自行建设、自行收费、自行还贷和自行管理"。省政府设立"五自"专项资金,对省批准建设的"五自"水库工程给予补助和政策扶持。

是月　国务院发文批准台州临海红光液化气专用码头对外开放。12 月,经过验收,码头正式对外运营。

3月1日　浙江因消灭荒山成绩显著，被党中央、国务院授予“实现荒山造林绿化规划省”称号。

3月14日　由加拿大、中国儿童健康基金会合作兴建的“南浔镇爱幼中心”在南浔举行奠基仪式。

3月15日　长兴县白岘乡首次发现浙江省遗存的傩文化(面具文化)。

3月27日　从上海出发的“金龙”号轮渡船经过4个多小时航行，跨越56海里，到达舟山定海西码头，开通舟山—上海的首条轮渡航线。“金龙”号渡轮可载车40辆，载客400人，是国内自行设计、建造的最大轮渡船。

3月28日　世界银行以联合融资方式为浙江省电力发展项目提供1.5亿美元等值贷款签字仪式在北京人民大会堂举行。项目主要包括在北仑港电厂两台60万千瓦火电机组基础上再安装3台60万千瓦燃煤机组及附属设备；架设50万伏配套输电线路以及对杭州、宁波两城市的现有电网进行改造。

4月4日　浙江第一个强制戒毒所——杭州市公安局强制戒毒所成立。

4月16日　浙江金洲集团与云南西双版纳景洪市林业局签订租赁原始森林2.5万亩合同书。租期70年。

4月17日　利比里亚籍38.5万吨超级油轮“凯达”号完成清舱作业后，驶离舟山港马峙锚地。由此，舟山港创下中国沿海港口接纳吨位最大船舶的纪录。

4月24日　由澳大利亚专家和省人民医院心胸外科专家共同完成全省首例重症冠心病“四桥”搭建术。

4月27—28日　浙江省乡镇企业深化改革座谈会在萧山市召开。5月8日，印发《乡镇企业深化改革座谈会纪要》。截至3月底，全省约有2.5万家乡(镇)村集体企业开展了不同形式的改制，其中推行股份合作制企业7500多家。

5月1日　浙江省机关、事业单位及部分企业开始实行每周5天、40小时工作制。

5月10日　法国巴盖邮船公司1.27万吨级五星级豪华型“海国明珠”号旅游船抵达普陀山，成为舟山对外开放后首次迎来的国际邮船。来自11个国家和地区的423名游客游览普陀山。

5月15日　从深圳汕头直航杭州的“浙海1166”号江海直达散货集装箱两用货轮，满载1500吨聚乙烯塑料颗粒等货物，一次靠泊六堡杭州海运码头成功。标志着钱塘江内河航道不能航行千吨级以上重载船舶的历史从此结束，杭州可直达沿海城市的航线扩展到北起连云港、南至广西防城港等广阔海域。

5月15—16日　中共中央总书记、国家主席、中央军委主席江泽民在浙江先后视察杭州万向集团公司、绍兴黄酒集团、浙江海尔曼斯集团公司、杭州制氧机集团公司、杭州玻璃集团公司，并与企业领导干部进行座谈。他强调指出：国有企业必须搞好也完全能够搞好，全党全国都要坚定这个决心和信心。

5月18日　省委、省政府在杭州召开会议，欢送为西藏选派的45名干部赴藏工作。

5月18日　省市(地)粮食局长会议决定：在粮食收购问题上要敞开收购，不要限收拒收，要按质论价，不要压级压价；要保证兑现收购款，不要打“白条”；要坚决执行省政府已出台的各项粮油收购政策，做到取信于民。

5月18日　330国道青田城区过境公路——鹤城沿江大桥建成通车。大桥全长2.96千米，其中沿江大桥1.92千米，属全省最长公路桥，按二级汽车专用道标准设计，总投资4310万元。

5月20日　浙东啤酒股份有限公司以120万元的年薪聘请德国专家鲁道夫·巴利希为公司副总经理兼总工程师。聘请国外专家直接参与企业生产管理，在全国啤酒行业尚属首例。

5月20日　南宋太庙遗址在杭州成功发掘，并被国家文物局列为1995年全国十大考古新发现之一。

5月22日　省政府召开蚕茧生产和经营管理工作电视电话会议，要求坚决执行国务院蚕茧收购政策，稳定体制，统一价格，强化管理。为此，省委、省政府决定，1995年蚕茧继续实行统一经营，统一价格；并要求做到一手收茧一手付款，坚决不打“白条”。

5月26日　核工业部二六九中学转为金华市女子职业中学。这是中华人民共和国成立后浙江第一所女子中学。

5月30日　省政府印发《浙江省国家公务员制度实施方案》。方案实施范围包括：各级国家行政机关；经各级机构编制委员会认定的具有行政职能、从事行政管理活动、使用事业编制的单位。实施内容为《国家公务员暂行条例》的各项管理制度。

是月　省检察院制定《追究错案责任制（试行）》，明确按照谁办案谁负责的原则，对办错的案件坚决纠正，及时赔偿。

6月15日　平阳鳌江口岸对外开放。

6月28日　浙江首家按现代企业制度改制的国有资产授权经营的独资企业杭州汽轮动力集团有限公司成立。它是全国百家现代企业制度试点首批进入实施阶段的3家企业之一。

6月28日　省委、省政府隆重表彰在奔小康和社会主义新农村建设中作出显著成绩的100个小康示范村、100名奔小康带头人和100名脱贫致富带头人。

6月29日　湖州市第一医院护理部主任邹瑞芳获世界护理界最高荣誉奖——南丁格尔奖。这是自1983年中国护理工作者首次获此奖以来的浙江省第一位获得者。当天，国家主席、中国红十字会名誉会长江泽民在北京为邹瑞芳等颁奖。

是月　湖州市城区织里镇被确定为全国小城镇综合改革试点镇，开全国中小城镇户籍制度改革之先河。

7月1日　经国务院同意，国家首次在东海、黄海区实施伏季休渔制度，浙江省9473艘应休渔拖网、帆张网渔船全部按时停港休渔。1979年，浙江省开创性地实施3个月伏季海洋休渔制度，经过努力，这一行为最终上升为一项全国性强制性制度。休渔制度是国家保护渔业资源最重要的一项举措。

7月1日　嘉善县法院依法撤销对被告人的有罪判决，并给予国家赔偿。这是浙江省法院首次依据国家赔偿法对刑事错案当事人作出国家赔偿。

7月4日　首届浙江鲁迅文学艺术奖在杭州揭晓并颁奖。这是全省文学艺术界最高荣誉奖，每两年评选一次。

7月13日　中国自行设计、建造和管理的第一座核电站——秦山30万千瓦核电站正式通过国家工程竣工验收。

7月14日　金华市太平天国侍王府纪念馆西院二进后檐墙的两幅著名壁画《望楼兵营图》和《王府图》上墙安装复位。国家文物局共拨出90万元用于太平天国侍王府文物的保护。

8月7日　国内首届公益广告拍卖在杭州举行。

8月8日　全国最大的一级渔港——浙江省嵊泗中心渔港主体工程防浪堤竣工。防浪堤全长1350米，总投资3500万元，可抵御25年一遇台风袭击。渔港能容纳4000条渔船停泊。

8月15日　省政府办公厅转发省体委关于《浙江省贯彻〈全民健身计划纲要〉的实施意见》。全省实施全民健身计划工作，从1995年起到2010年分3个五年计划实施。

8月16日　温州机场经国家口岸办验收合格，即日起正式对外开放。

8月30日　经国务院批准，撤销嵊县，设立嵊州市（县级），由绍兴市代管。

9月2日　浙江省暨杭州市纪念抗日战争胜利50周年大型文艺晚会隆重举行。

9月8日　省政府召开大会，庆祝浙江建成亚洲最大电视电话会议网。同日，杭州至全省各县（市）的分组交换网、数字数据网和电视电话会议网正式开通。

9月11日　省委、省政府召开电话会议，部署粮食产销和棉花工作。会议强调在棉花工作中坚定不移地贯彻执行"两统一""三不放开"的政策，即棉花由供销社统一收购、统一经营，不放开市场、不放开经营、不放开价格。

9月15日　当日起对经浙江省口岸进出境的货物按比例收取口岸管理费。

9月18日　省政府印发《浙江省妇女发展规划（1996—2000）》。

9月22日　经省委、省政府、省军区批准，浙江省国防动员委员会成立。

9月29日　中国小商品城集团股份有限公司在义乌正式成立。

9月29日　国务院、中央军委正式批准新建杭州萧山民用机场。

是月　国务院专家调查组到江苏、浙江两省调查处理江浙边界水污染纠纷。此前，江苏省吴江市盛泽镇的大量工业废水严重污染毗邻的嘉兴市北部渔业水域。苏、浙两省就落实边界联合监察和应急预防措施，避免类似污染事故再次发生，以及对浙江受害渔民的经济补偿等项达成协议。

10月7日　世界首张用绫绢印刷的新闻类报纸在湖州日报社面世。

10月13—15日　民政部在杭州召开全国农村社会养老保险工作会议。

10月19日　桐乡供电局调度自动化通过部颁标准验收，成为全省首个实现农村电气化、用电标准化、调度自动化的"农电三化"县（市）。

10月19日　第三届中国综合实力百强县评选揭晓，绍兴县等23个县（市）入选。其中义乌、长兴、象山、奉化4县（市）首次跻身全国百强县行列。

10月23日　杭州市首次实现国际邮件直封，杭州国际邮件互换局向美国旧金山、日本东京和中国香港直发航空函件和包裹总包。

10月25日　嘉兴市郊区通过部颁标准的大电网供电农村电气化县验收。至此，嘉兴市5县(市)及郊区都实现了农村电气化，成为全国第一个大电网供电的地级农村电气化市。

10月25日　继北京、上海之后第3个中国公用Internet网接点在杭州正式开通。

10月底　舟山市292个渔业村(社、公司)，除桃渔公司5对渔轮外，全部实行股份合作制。全市共有股份合作捕捞单位8981个，渔船9875艘，占全市渔船总数的82.3%；股金总额20.68亿元，占全市渔业资产总额的77.74%。

11月2日　浙江省与意大利瓦莱达奥斯塔自治区建立友好交流关系协议书签字仪式在杭州举行。

11月2日　农业部印发《关于公布首批全国乡镇企业集团的通知》，公布万向集团等327家企业为首批全国乡镇企业集团，其中浙江省有30家。

11月8日　宁波甬江隧道历经8年建设，正式开通，为国内首条在软土地基上采用沉管法施工的水下隧道。全长3822米(其中江中管段长420米)，单管双车道结构。

11月15日　省政府发出《关于开展第一次全省农业普查的通知》，规定普查标准时点为1996年12月31日，时期资料为1996年度。1998年3月12日，《浙江省第一次农业普查主要数据汇总结果公报》显示：1996年末，全省从事生产经营活动的农村住户920.3万户，农村从业人员2286.7万人。

11月18日　全国首家海洋气象广播电台——舟山海洋气象广播电台在普陀山落成开播。

11月20日　省编委发文通知：将测绘管理工作统一归口到建设行政主管部门；在市(地)设测绘管理机构，对外挂市(地)测绘管理处牌子，以加强测绘管理和执法。

11月21日　宁波镇海经上海至韩国釜山国际集装箱班轮航线开通。

11月21—24日　省教委在金华市召开全省普通高中工作会议，印发《关于改革和发展我省普通高中教育的若干意见》，提出至21世纪初全省普通高中教育改革和发展的总体思路。会议向镇海中学等14所省重点中学、杭州外国语学校等10所特色中学、宁波三中等8所省级综合性高中颁发牌证。至年底，经过评估确认省一级重点高中21所、省二级重点高中1所。

11月28日　浙赣铁路复线浙江段全线开通。浙赣复线是“七五”与“八五”时期的国家重点工程，浙江段全长294.6千米，工程总投资21亿元。

12月3日　全国首家县级旅游质量监督所——淳安县旅游质量监督所成立。

12月23日　杭州市供水抗咸工程长度为982米的输水渠道全部贯通。

12月30日　经卫生部组织考核，宣布浙江省达到“基本消灭麻风病”要求。

是月　宁波进出口商品检验局直属国家进出口商品检验局。1994年，宁波商品、卫生、动植物“三检合一”，成立宁波出入境检验检疫局，直属国家质检总局。

是月　浙江化纤联合股份有限公司6万吨聚酯切片设备试车成功，填补全省没有化纤聚合原料生产的空白。

是年　绍兴中国轻纺城成为全国乃至亚洲最大的纺织面料现货交易市场。1999 年 5 月，建立浙江省首家纺织业生产力促进中心。

是年　省教委和省人事厅联合向社会公开招聘具有合格学历教师 1000 名，经过统一考试，择优录取，充实乡镇教师队伍。

是年　温州市龙湾区的联托运户自发组成全国第一家联托运业商会。此为中国第一家物流商会。

是年　浙江省设立财政社会保障管理机构，确保全省国有企业下岗职工基本生活费和离退休人员养老金按时足额发放，完成由下岗职工基本生活保障制度向失业保险制度并轨工作。加强失业保险制度建设，加大就业再就业投入，完善促进就业再就业政策。推进建立统一的企业职工基本养老保险制度，建立和完善基本医疗保险制度、失业保险制度以及工伤、生育保险制度改革。支持建立覆盖城乡的最低生活保障、被征地农民社会保障、新型农村合作医疗、城镇居民基本医疗保险及医疗救助、城镇“三无”和农村“五保”对象集中供养和贫困家庭子女免费入学等“新五保”制度。全省覆盖城乡、多层次的社会保障体系基本建立。当年全省财政社会保障支出 14.33 亿元。

是年　浙江对外来农村劳动力跨地区流动就业全面实行《就业许可证》《就业登记卡》制度，标志着浙江农村劳动力跨地区流动有序化工程开始启动。

是年　浙江省地区生产总值 3557.55 亿元，其中工业增加值 1645.51 亿元，人均地区生产总值 8149 元；社会消费品零售总额 1472.66 亿元；全社会固定资产投资 1357.9 亿元；全年财政总收入 248.5 亿元；全省职工平均工资 6619 元。

是年　浙江省总人口为 4369.63 万人，人口自然增长率为 5.91‰。

1996 年

1 月 8 日　乐清柳市中国电器城开业，占地面积 102 亩，建筑面积 16.7 万平方米，是全国电器行业最大的商城。

1 月 9 日　国务院批准乍浦港正式列为国家一类口岸，对外籍船舶开放。

1 月 10 日　省政府决定，成立浙江省国有资产管理委员会。

1 月 11 日　省委办公厅、省政府办公厅下发《关于实行计划生育“一票否决制”的通知》。

1 月 14 日　省政府下发《关于鼓励优势企业兼并弱势企业若干政策问题的通知》，就被兼并企业的债务处理、被兼并企业的职工安置等有关政策问题制定相关政策。

1 月 15 日　省委、省政府决定，命名绍兴县等 33 个县（市、区）为“浙江省首批小康县”。

1 月 26 日　浙赣铁路复线全线开通暨金华铁路新客站启用庆典在金华举行。浙赣复线全长 945 千米，累计投资 53.25 亿元，建成通车后，年运输能力从 2000 万吨增加到 5000 万吨。

2 月 1 日　浙江省公路建设整条成网建设，实施“三八双千工程”，即从当年开始，用 3 年时间，全面拓宽 104 等国省道主要干线 1000 千米，形成杭州向各地级市辐射的一级或二级加宽公路网；同时用 8 年时间，建成沪杭甬等高速公路约 1000 千米，形成杭州向各地级市辐射的高速公路网。

2月8日　全国第一家由广播电视系统自行创办的省级教育电视台——浙江教育电视台正式开播。节目通过无线和有线方式同时播出。

2月12日　湖州市丝得莉集团公司所属湖州第二服装厂在中国商检浙江质量评审中心、湖州商检局召开的ISO9000质量体系认证大会上获证，为全国首家获得该认证的乡镇企业。

2月13日　省委、省政府下发《关于"九五"期间进一步加强扶贫工作的通知》，提出"九五"期间进一步加强扶贫工作的总体目标：两年脱贫，三年奔小康。

2月15日　浙江省第一艘风帆助航集装箱船"明州22"号离开宁波北仑港集装箱码头，前往日本横滨、名古屋。船载重为2500吨、航速为11.5海里/小时，是新型集装箱船。该船的建成填补了国内空白，标志着中国海洋船舶利用风能技术已达到国际先进水平。

是月　根据国务院通知，省政府办公厅发出《关于整顿矿业秩序维护国家对矿产资源所有权实施意见的通知》，对全省矿业秩序整顿工作进行部署。至1998年11月底结束，全省矿业秩序全面好转。

3月25日　国家液体分离膜工程技术研究中心在杭州挂牌。

4月7日　为纪念著名桥梁专家茅以升诞辰100周年，浙江省和杭州市在钱塘江大桥畔举行茅以升教授铜像揭幕仪式。

4月9日　省政府办公厅印发《关于落实在浙的中国科学院院士、中国工程院院士有关待遇的通知》。

4月19日　德清二轻系统化工技术开发有限公司开发成功的两种新型高效催化剂产品，对汽车尾气无公害的世界难题有很大作用。这项新技术已在美国等10个发达国家获取专利。

4月22日　国际能源总署小水电专家会议在杭州召开。根据联合国意见，水利部和对外经贸部决定在杭州建造国际小水电中心。

5月4日　省级机关首次从应届高校毕业生中招收录用国家公务员考试在杭州大学举行，482人应考。

5月7日　中国与加拿大合作开发的农业项目杭州奶牛繁育中心建成。

5月7日　7200吨级全集装箱远洋货船"明州12"轮首航日本。该轮投入宁波至日本门司、大阪、神户定期班轮航线。

5月7日　省委、省政府制定《关于深入实施科教兴省战略加速科技进步的若干意见》。

5月9日　省委、省政府决定，即日起扩大杭州市区行政区划范围，将原属萧山市的浦沿镇、长河镇、西兴镇和余杭市的三墩镇、九堡镇、下沙乡（包括围垦地区）成建制地划入杭州市区。浦沿、长河、西兴和三墩镇划入西湖区，九堡镇、下沙乡划入江干区。

5月15日　临安天目山自然保护区纳入联合国教科文组织国际生物圈保护区网络。

5月20日　根据国务院的统一部署，省政府下发《关于全面开展勘界工作的通知》。次年1月2—4日，省政府在杭州召开全省勘界工作会议，部署相关工作。勘界工作至2001年，共勘定省、市、县三级行政区域界线162条，11928.18千米，埋设各级各类界桩609个，解决各类边界争议1176处，使省内各级行政区域界线全面法定化，有助于加强全省行政区域界线的法制化管理。

5月21日　省政府下发通知，提出在全省逐步建立最低生活保障制度。到1998年6月底，全省所有县(市、区)都实施了最低生活保障制度，在全国率先建立覆盖城乡的最低生活保障制度。当年全省共有最低生活保障对象170149人，其中城镇12927人、农村157222人；各级政府年投入保障金6240.31万元，其中用于城镇对象1123.76万元、农村对象5116.55万元。

5月26日　金华双龙大桥建成通车。大桥建设历时3年半，投资9500万元，总长1641米，以168米的主桥单跨被誉为“华东第一拱”。

5月27日　省政府办公厅发出《关于开展第一次全省基本单位普查的通知》，规定普查标准时点为1996年12月31日。1998年5月5日，发布的普查结果公报显示：1996年12月31日，全省除农户和个体经营户外，共有法人单位28.1万个，产业活动单位35.7万个。

5月28日　经中华人民共和国海关总署批准，宁波保税区海关正式开关。

6月2日　秦山核电站二期主体工程开工建设。该工程是中国第一座国产化商用核电站，装机容量为两台60万千瓦压水堆核电机组。

6月5日　“700年前的承诺”号仿古船在宁波起航，将在韩国的新安、木浦和日本的福冈、大阪停靠，最后到达京都。该船原型为元代末年从宁波始发，驶往日本途中在黄海海面沉没的一艘满载陶瓷的商船。

6月10日　浙江最大的现代化铁路编组站——乔司编组站正式启用。

6月13—14日　卢旺达共和国总统巴斯德·比齐蒙古一行在浙江访问。

6月17日　浙江金洲集团独资组建的延安油矿管理局杏子川金圣石油钻采公司一号井出油。当年共打出8口油井，实现销售收入550万元，利润380万元。这是浙江乡镇企业第一个产生效益的中西部合作项目。

6月19日　省农业厅下发《关于开展帮扶农村计划生育户率先致富活动的通知》，计划在“九五”期间帮扶1万户农村计划生育户率先致富。8月12日，省民政厅也下发了《关于农村开展计划生育户率先致富活动的通知》，提出帮扶任务1万户，凡人口在50万以上的县直接帮扶150户，50万以下的县为100户。

6月29日　遂昌造纸厂封存两个蒸球，停止草浆生产，结束半个世纪以来自制草浆造纸严重污染松阴溪的历史。至年底，庆元、景宁、松阳造纸厂先后封存蒸球，停止制浆，结束排放造纸黑液。上述4家造纸厂的污染源整治，有效地保护了瓯江水系及福建松溪的水质，使浙江污染最重的河流之一的松阴溪、小溪、竹口溪基本恢复一江碧水。

是月　玉环县陈屿镇中共福山外来人员之家党支部成立，为省内第一个外来人员党支部。

是月　宁波北仑港区建成20万吨级(可兼靠30万吨级船舶)矿石中转码头，年吞吐能力1200万吨，结束了中国港口不能接卸超大型散货船的历史。

7月1日　浙江最大的集装箱滚装码头——定海鸭蛋山至宁波白峰大吨位车渡码头改建工程通过竣工验收，9月25日投入使用。

7月3日　《农业部关于确认全国大中型乡镇企业的通知》下发，审核确认全国4531家大中型乡镇企业。其中，浙江省被列入特大型乡镇企业1家（横店集团），大型一档乡镇企业7家，大型二档乡镇企业111家，中型一档乡镇企业116家，中型二档乡镇企业257家。

7月9日　省政府办公厅批转省人事厅《关于鼓励出国留学人员来浙江工作的意见》。

7月10日　浙江省第一例试管婴儿在浙江医科大学附属妇产科医院诞生。婴儿为女婴，体重3800克。

7月19日至8月4日　在第26届奥运会上，浙江选手获得金牌1枚、银牌2枚、铜牌1枚。浙江举重运动员占旭刚在奥运会上获得70公斤级金牌，并三破世界纪录，同时也使浙江省成为1984年中国重返奥运舞台以来，连续三届都为国家贡献金牌的省（市）份之一。国家体委授予浙江省体委“第26届奥运会贡献奖”。

7月22日　由中国东风汽车公司、日本日产柴汽车工业株式会社、日本住友商事株式会社、新加坡陈昌父子汽车（星）有限公司联合投资的杭州东风日产柴汽车有限公司成立，填补了浙江重型汽车的生产空白。

7月22日　浙江医科大学肿瘤研究所在郑树教授主持下，经过5年攻关，在国际上首次发现两个新的大肠癌相关基因。

7月28日　舟山朱家尖机场建成通航。

7月30日　浙江省庆祝“八一”建军节暨首批预备役军官授衔大会在杭州举行。

8月1—2日　浙江省遭受8号台风袭击，温州、台州、丽水、舟山、宁波、嘉兴6个市（地）的38个县（市、区）受灾，直接经济损失39亿多元。

8月7日　省委办公厅、省政府办公厅联合批转省委组织部、省人事厅等部门《浙江省跨世纪学术和技术带头人培养规划（1996—2010）》（简称“151人才工程”）。

8月8日　浙江大学和浙江医科大学合办的浙江大学医学中心在杭州挂牌。

8月8日　省政府印发《关于浙江省轻工业厅转为经济实体问题的通知》，省轻工业厅转为浙江省轻纺集团公司，其行政管理职能交由省政府有关部门承担。

8月14日　省政府下发《关于实施“五自”水库工程加快发展水利供水事业的通知》，要求运用财政、税收、信贷等经济手段扶持实施“五自”水库工程。

8月18日　省内最大的扶贫建校工程——金穗民族中学在武义县柳城畲族镇落成。

8月22日　省委、省政府决定对市、县党政领导实行科技进步目标责任制，并决定开展创建科技进步先进县活动。

8月22日　省委、省政府下发《浙江省科学技术“九五”发展规划》，提出“九五”期间全省科技工作将重点围绕八类关键技术和三项科技产业化工程展开。

8月30日　民航总局批文同意浙江航空公司归属中国航空股份有限公司，并更名为中航浙江航空公司。自10月7日起使用“中航”呼号、“F6”航班号和“CAG”3家代码。

是月　根据地矿部批复，地矿部浙江地质矿产勘查开发局系地矿部派驻浙江的正厅（局）

级事业单位，与省地矿厅为一套工作班子，实行地矿部与浙江省政府双重领导、以部为主的管理体制。

是月　舟山兴中公司岙山基地20万吨级油码头升级为25万吨级码头，成为国内最大油品转运码头。

9月4日　省委召开全省法制建设工作电视电话会议，研究部署依法治省工作。

9月5日　杭州市政府下发《关于实行杭州市区居民最低生活保障制度的通知》，规定每年根据市区社会平均工资水平和物价指数，由市财政局、民政局、劳动局和总工会商定市区居民最低生活保障线标准，报市政府批准公布。1996年的标准为月人均150元，自10月1日起执行。

9月5—6日　赤道几内亚共和国总统奥比昂·恩圭马·姆巴索戈访问浙江。

9月20日　原中国人民保险公司浙江省分公司正式分设为中保财产保险有限公司浙江省分公司和中保人寿保险有限公司浙江省分公司。

10月14日　浙江省和法国上诺曼底大区在杭州签署三项协议：《浙江省与上诺曼底大区教育和培训及科研合作协议》《浙江省·上诺曼底大区工商合作协议》和《建立中法管理培训中心协议》。

10月25日　浙江全省行政村实现村村通电。

10月26日　杭州九源基因工程有限公司应用基因重组技术研制而成的基因工程药品“吉粒芬”投入规模生产，杭州市制药工业步入国际先进基因工程行列。

10月28日　经国务院批准，临安撤县设市(县级)，由杭州市代管。

11月2日　中国科学院院士、著名物理学家、教育家严济慈在北京逝世。严济慈，字慕光，东阳人，1901年1月出生，生前曾任全国人大常委会副委员长、九三学社中央副主席及名誉主席等职。

11月5日　省委召开学习“寀卢经验”现场会。“寀卢经验”是指东阳市李宅镇寀卢村农民在不改变家庭联产承包责任制的前提下，以改善农业生产条件为基础，走出一条“农技＋农机＋社会化服务＝高产高效”的新路子。

11月12日　杭州市城市建设发展公司和香港中森投资有限公司在香港签订合资建设经营杭州天目山路“四自”工程合同。

11月15日　国家计委在浙江大学投资建设的中国首家工业自动化国家工程研究中心通过国家验收。该中心是中国高校唯一拥有博士点、博士后流动站、国家重点学科、国家重点试验室和国家工程研究中心的五星级科研单位。

11月20日　国务院公布第四批全国重点文物保护单位，衢州孔氏南宗家庙、兰溪诸葛与长乐古建筑群、武义延福寺、余杭良渚遗址、绍兴大禹陵、苍南蒲壮所城、宁波镇海口海防遗址、瑞安玉海楼、奉化蒋氏故居共9处浙江历史文化遗址名列其中。

11月23日　德意志联邦共和国总统罗曼·赫尔佐克一行访问浙江。

11月26日　中国核工业总公司和加拿大原子能有限公司关于合作建设秦山坎杜型核电站的商务合同在上海签署。

12月6日　浙江省第一条高速公路——杭甬高速公路全线通车，公路全长145千米。省委、省政府在宁波段塘举行公路试通车典礼暨表彰大会。

12月8日　浙江第一所外来人员学校在玉环成立。学校为外来人员开设刑法、劳动法、婚姻法等课程。

12月12日　经国务院批准，设立杭州市滨江区，属杭州市管辖。

12月17日　省委组织部、省人事厅印发《关于从乡镇机关选聘制干部中择优录用部分国家干部的通知》。

12月18日　省委组织部、省人事厅印发《关于面向社会公开招考录用国家公务员(机关工作人员)的通知》，对招考机关和招考的范围、对象、条件、办法等作出规定。

12月18日　浙江省与林业部联合建设的林业部竹子研究开发中心在杭州奠基。

12月22—24日　浙江省山区开发暨扶贫工作会议在丽水召开。

12月30日　万向集团技术中心被批准为国家级企业技术中心。

是年底　全省有各类商品交易市场4388个，其中城市市场1066个。全年各类商品市场成交额达2545.3亿元，名列全国第一。

是年　浙江省地区生产总值4188.53亿元，其中工业增加值1983.9亿元，人均地区生产总值9552元；社会消费品零售总额1776.67亿元；全社会固定资产投资1617.53亿元；全年财政总收入291.75亿元；全省职工平均工资7413元。

是年　浙江省总人口为4400.09万人，人口自然增长率为5.51‰。

1997年

1月1日　浙江经济广播电台和全省40多家调频电台组成的浙江卫星调频广播网正式开播，从而形成覆盖全省的调频电台网。

1月15日　全国小城镇综合改革试点工作会议在国内首座农民城——苍南县龙港镇召开。会议提出，要加快小城镇综合改革试点工作步伐，努力建设一批能带动城乡经济协调发展的新型小城镇。

1月18日　省委决定，将中共浙江省委高校工作委员会改名为中共浙江省委教育工作委员会，行使原省教育委员会党组职能，与省教育委员会合署办公。

1月28日　杭州西兴大桥(钱塘江第三大桥)通车。这是杭州市“八五”期间的一项重要工程，全长5700余米，主桥长1280米，6项指标创全国之最。

1月28日　东海平湖油气田岱山原油中转站在岱山虯龙山嘴举行奠基仪式。全部工程包括建造4.1千米岛上输油管线、5万立方米储油罐、2万吨级原油外输码头和2万吨级油轮专用航道。次年12月投入试运行。

是月　上虞港通航，标志着绍兴无出海港口的历史结束。

是月　全国第一次渔农业普查结果显示，1996年末，舟山市从事生产经营活动的渔农村住户19.37万户，其中渔农业户占62.18%，非渔农业户占37.82%；农村从业人员32.86万户，海洋捕捞从业人员6.63万人。渔业捕捞作业渔船10457艘，总吨位62.52万吨，总动力

116.48万千瓦。

2月11—14日　中央电视台播放《启动》《流动》《冲动》《推动》4集《温州人》专题片，集中报道温州改革开放、温州人艰苦创业的事迹。

2月14日　浙江首次面向社会，打破身份、地域限制，公开招考录用国家公务员。当年报名应考21053人，实际录用1444人，其中从高校毕业生中录用326人，从社会录用1118人（其中农民44人）。

2月14日　省政府发布《关于加强环境保护若干问题的通知》。

2月28日　在全国城市住宅小区建设扩大试点会议上，湖州小区建设作为成功经验向全国推广。

2月28日　东经120度、北纬30度交点标志塔在富阳市大源镇正式动工。这是中国建造的第一座经纬度整数点标志塔。

3月16日　浙江组织开展《浙江省大比例尺海洋功能区划》编制工作。至2001年底，省政府批准实施《浙江省海洋功能区划》，在全国率先建立了省、市、县三级大比例尺海洋功能区划体系。2006年10月26日，国务院批复同意《浙江省海洋功能区划(修编)》。

3月18—19日　省政府召开全省旅游工作会议。会议期间，省政府下发《关于加快旅游业发展若干意见的通知》，确定将旅游业作为全省的支柱产业。

3月23日　经林业部批准，金华双龙洞森林公园为国家级森林公园。

3月25日　铁道部重点工程——铁路金华东一级三场竣工，铁路金华东站正式投入使用。

3月26日　据全国农经年报统计会议消息，浙江省农村经济总收入与农民人均经营性纯收入连续两年居全国第3位。

3月31日　全国最长的高速公路隧道——长4000多米的温岭大溪岭至乐清湖雾岭隧道左线贯通。1999年1月17日竣工并通过验收。隧道全长4116米，总投资3.62亿元。隧道中采用排式纵向通风方式，属国内首例。

是月　经国家林业部批准，平湖九龙山森林公园被定为国家森林公园。

4月2日　中国境内第一个联合国附属机构——国际小水电中心综合楼在杭州开工建设。

4月3日　浙江大学举行建校100周年庆祝大会。江泽民、李鹏等党和国家领导人为校庆题词。来自海内外的校友、社会各界知名人士、国内外著名大学校长以及全校师生员工4万余人参加庆祝大会。

4月18日　遂昌县三仁畲族乡好川村开始发掘新石器时代遗址。好川遗址属良渚文化晚期，距今4000多年。

4月24日　省政府决定，对全省测量标志进行第二次普查。

4月30日　湖州铁公水中转港区建成。该工程是浙江首次利用世界银行贷款改造内河航道的项目之一，被列为省重点建设工程。

5月1日　浙江省最高落差旅游索道——建德市大慈岩索道竣工试营业。大慈岩索道为单线循环式双人吊厢，全长640米、上下落差200米，每小时可单向运行300人次。

5月3日　杭州大学举行建校100周年庆祝大会。江泽民、李鹏等党和国家领导人为校庆题词。来自海内外的校友、社会各界知名人士、国内外著名大学校长以及各级领导和全校师生员工2万余人参加庆祝大会。

5月15日　浙江首家在境外上市的地方企业——浙江沪杭甬高速公路股份有限公司H股在香港联合交易所正式挂牌上市交易。2000年5月5日，该公司股票在伦敦交易所成功上市。

5月16日　浙江医药行业“三强”——新昌制药股份有限公司、仙居药业集团股份有限公司、浙江省医药有限公司联合组建的大型医药集团浙江医药集团股份有限公司在杭州宣告成立。

5月19日　99次沪港列车首开，杭州至香港九龙直通列车从此开通。

5月26日　宁波北仑海关正式开关。

5月28日　钱塘江标准堤塘首期2.5千米试验段竣工。

6月3日　杭州中佳制药厂获中国药品认证委员会颁发的GMP(药品生产管理规范)认证证书，成为国内首家取得该项认证的内资制药企业。

6月6日　杭州凤凰山麓南宋皇城遗址范围内发现御用船坞码头遗迹，证实南宋时杭州水运繁荣，钱塘江和运河自古相通。

6月8日　省渔政局组织全省各地马力大、航速快的6艘渔政船，创建浙江海上渔政执法特编船队，开创了浙江海洋渔政管理工作的新局面，后被农业部誉为“浙江模式”在全国推广。

6月12日　省内第一座由省、地、县股份合资兴建的景宁上标二级电站竣工投运，装机容量1万千瓦。

6月16日　省委发出《关于认真贯彻落实中共中央、国务院进一步加强土地管理切实保护耕地的通知》，全省落实中央规定的两个“冻结”，即冻结县改市审批，冻结除国家和省重点建设项目以外的非农建设占用耕地的审批。

6月16日　金华海关正式开业，服务监管范围为金华、衢州两市。

6月18日　中共中央总书记、国家主席江泽民为镇海口海防历史纪念馆题写馆名，中共中央政治局常委、全国人大常委会委员长乔石为纪念馆题词。

6月24日　有87年历史的杭州城站火车站停止营运，开始重建。

是月　由20家不同所有制企业自愿联合组建的浙江桃花海洋渔业集团成立，成为浙江省水产系统首家乡镇渔业企业集团。

7月1日　调整后的舟山市岛屿基本数据公布，舟山岛屿数由原来的1339个调整为1390个。

7月1日　浙江省10个市(地)和69个应开通110报警服务台的县(市、区)公安机关全部开通110报警服务台。

7月8日　中国嘉陵工业股份有限公司与吉利集团实行“强强联合”，创立浙江嘉陵吉利摩托车有限公司。

7月12日　常山县城南开发区第51幢棉纺厂职工住宅楼突然倒塌，压死36人，压伤3人。1998年1月22日，常山县人民法院对“7·12”塌楼系列案作出一审判决。10名责任人员因重大责任事故罪、受贿罪、玩忽职守罪分别被判刑。

7月12—13日　马来西亚最高元首端古·贾阿法·伊卜尼·端古·阿卜杜勒·拉赫曼访问浙江。

7月14日　省工商局根据《浙江省著名商标认定和保护条例》的规定，决定对1992年和1994年两届认定的197件原浙江省著名商标予以重新认定，其中185件符合条件，给予重新认定。

7月15日　省政府决定在全省开展严厉打击成品油走私、整治成品油市场专项行动。重点打击海上直接卸驳交易和擅自将保税油、“三资”企业自用油流入市场的活动，取缔无照经营成品油，查处非法贩卖、运输、储存成品油行为。经过一两年的专项打击行动，成品油走私风潮得以平息。

7月28日　舟山民航机场举行通航仪式，上海东方航空公司B2235航班满载97名旅客从舟山机场起飞首航上海。8月8日正式通航。

7月29日　全国第一座现代化民兵综合训练基地在温岭市落成。该基地占地22亩，建筑面积5389平方米，总投资1200万元。

是月　舟山水产联合公司进入1996年全国自营出口额最大的前100家企业，位列第65位，在全国水产企业中独此一家。

8月1日　杭州市民用煤凭票限量供应办法被取消。至此，杭州市区日用品凭票供应的历史宣告结束。

8月7日　杭州西湖引水入中河工程竣工正式通水，西湖水以每秒0.5立方米的流量注入中河。

8月17—19日　浙江遭受“9711”号台风袭击。台风于8月18日在温岭市石塘镇登陆。台风登陆时，正值天文大潮，灾情十分严重。据不完全统计，浙江受灾人口超千万，200万名群众被洪水和海水围困，直接经济损失近200亿元。

8月18日　万向集团获得美国通用公司订单，成为第一家进入美国主机配套市场的中国汽车零部件企业。

8月28日　省政府召开会议，全面部署开展社会团体清理整顿专项检查工作。到年底，专项检查工作基本结束，共清理整顿4329个社会团体，其中未经登记管理机关登记的非法社会组织163个，因交叉重复而合并的534个，注销1226个，撤销363个，2206个被限期整改。符合条件保留的9719个(其中基金会68个)。

是月　浙江省统一设置“96315”消费者举报投诉电话。

9月3日　全国首家省级私营企业工会联合会在杭州成立。

9月18日　浙江最大的渔港防波堤工程——坎门渔港防波堤工程正式开工。防波堤轴长1846.91米，形成有效水域面积3.7平方千米，可锚泊3000余艘大型渔船。

9月29日　东海石油勘探取得历史性突破，距温州市150海里的东海丽水凹陷丽水36

—1—1 探井喷油点火成功。

9月29日　省政府办公厅批转省人事厅《浙江省人才资源发展规划(1996—2010年)》。

是月　浙江广播电视系统援助的西藏那曲地区有线广播电视工程竣工并开通使用,使居住在藏北高原的那曲群众能收看到19套图像清晰的电视节目,解决了当地群众看电视难的问题。

是月　东方航空公司开通上海—舟山—厦门—舟山—上海航线,浙江航空公司开通杭州—舟山—杭州、温州—舟山—厦门、晋江—舟山—晋江航线。

10月6—10日　'97宁波国际服装节举行。总成交额达32亿元,其中宁波市20家名牌服装企业共成交25.98亿元。至2008年,宁波国际服装节共举办12届。

10月7日　纪念钱江大桥通车60周年暨茅以升建桥揭碑仪式在杭州举行。

10月7—8日　首届海外宁波人国际学术研讨会举行。

10月8日　国内首套GPS卫星车辆调度管理系统在杭州市区16路公交线上正式投入使用。

10月9日　省委组织部、省人事厅、省科委、省教委等部门联合印发《浙江省跨世纪学术和技术带头人培养规划(1996—2010年)实施意见》。

10月14日　浙江开展千里高标准海塘建设重大工程。为从根本上扭转海塘屡建屡毁的被动局面,省委、省政府作出"建千里海塘、保千万生灵"的重大决策。经3年多时间的建设,投资50多亿元,修建了1000多千米高标准海塘。从根本上提高了浙江沿海防台御潮能力,改善了沿海城镇投资环境和沿海生态环境,推动了效益农业发展,成为浙江水利史上的一座里程碑。

10月25日　浙江省暨杭州市举行庆祝首届省环卫工人节大会。

10月26日　浙江丝绸工学院举行建校100周年庆祝大会。

10月30日　"海天佛国"标志性建筑——普陀山南海观音铜像建成并举行盛大佛像开光法会。同日,国内第一所由佛教界创办的慈善医院——普济医院在普陀山开业。

是月　浙江有线电视台采编播设备均由模拟改数字,成为全国率先实现数字化的电视台。

11月1日　浙江首家地市级农村科学研究院——嘉兴市农业科学研究院成立。

11月10日　省重点工程台州发电厂四期工程33万千瓦8号机组并网发电成功。至此,台州发电厂总装机容量已达141万千瓦,跻身全国特大型火力发电厂行列。

11月14日　湖州铁公水中转港发挥重要枢纽的中转功能,港口吞吐设计能力110万吨,是国内最大的内河中转港。

11月18日　浙江大学机械厂试制成功的国内首台新一代CG3000型单晶生长炉生产出高质量单晶硅棒。

11月29日　国内第一代全数字化彩电由杭州西湖电子集团有限公司研制开发成功并投放市场。

12月5日　《浙江省地图编制出版管理办法》经省政府常务会议审议通过,自1998年1

月 1 日起施行。

12 月 9 日　缙云县城烟尘控制区通过省验收，浙江成为全国第一个所有县城均建成烟尘控制区的省份。

12 月 12 日　舟山港驻泊的希腊籍 23 万吨“海王”号油轮安全离开岙山石油转运基地码头，舟山港历史上首次运用自行主导 20 万吨级以上巨轮靠离泊成功。

12 月 23 日　省委、省政府发出《关于大力发展个体私营等非公有制经济的通知》。

12 月 24 日　利用外资引进奥地利发电机组的中型水利枢纽工程——玉溪水利枢纽并网发电，这是浙江首家引进外资和国外设备的水利枢纽工程，也是浙江最早实行业主法人负责制、工程项目全面监理制的股份制水电工程。

12 月 26 日　钱塘江杭州市城市防洪堤工程正式开工。该工程按 100 年一遇洪水标准、基础按 500 年一遇标准实施。

12 月 29 日　温州(洞头)半岛工程动工兴建。它由灵霓海堤、灵昆大桥、温州浅滩围垦、深水港口和洞头五岛相连 5 大部分组成。

12 月 30 日　文成、泰顺两县宣布脱贫。至此，温州市实现无贫困县。

12 月 31 日　中房湖州公司开发建设的湖州马军巷小区获 1997 年度中国建筑工程“鲁班奖”。

是月　全国第一座日产 500 吨反渗透海水淡化站在嵊泗县嵊山岛建成投产。工程总投资 616 万元，能使海水脱盐 90%，饮用水达到国家标准，每吨淡化水成本 7.28 元。

是月　国家发改委、国家广电总局提出在全国开展广播电视“村村通”工程。浙江从 1998 年 1 月起正式开展这项工程建设，仅用两年时间，便完成 2135 个行政村通广播电视，使全省基本实现行政村“村村通”。

是月　宁波港镇海港区建成国内最大的 5 万吨级液体化工专用泊位，宁波港成为中国大陆港规模最大的液体化工储存和中转基地。

是月　浙江基本普及九年制教育和基本扫除青壮年文盲两项工作通过国家教委的总验收，成为继江苏、广东之后全国第 3 个通过验收的省份。1997 年，全省小学适龄儿童入学率为 99.88%，初中适龄少年入学率为 93.90%。

是年　省文化厅组织“浙江越剧小百花全国万里行”巡演活动，途经 10 余个省市的 50 多个县市，行程 2.6 万千米，演出 180 余场，观众达 27 万余人次。

是年　农业部、外经贸部联合授予横店集团、万向集团、茉织华实业(集团)有限公司等“全国乡镇企业出口创汇十强企业”称号。

是年　至年底全省县级土地详查和市地级土地详查汇总工作全面完成，省级汇总工作也基本完成。全省土地利用现状调查，从 1986 年开始试点，1993 年县级调查结束，1995 年市(地)级调查结束，前后历时 10 年，有 2500 多名科技人员参加调查，查清了全省 10 万多平方千米土地的利用类型、面积和分布状况。

是年　浙江省地区生产总值 4686.11 亿元，其中工业增加值 2285.24 亿元，人均地区生产总值 10624 元；社会消费品零售总额 1951.96 亿元；全社会固定资产投资 1694.57 亿元；全年财政总收入340.52亿元;全省职工平均工资8386元。

是年 浙江省总人口为4422.28万人,人口自然增长率为4.93‰。

1998年

1月1日 玉环海滨环卫清洁有限公司成立,接管玉环城关镇所有主街道的清扫工作,在全国推出第一把“市场化扫帚”。

1月4日 1997年中国十大科技进展公布,中国水稻研究所研究员黄大年主持研究的世界上首次配制出转基因杂交稻成果名列榜首。

1月11—18日 省政协八届一次全体会议在杭州召开。会议审议通过省政协七届常委会工作报告、八届一次全体会议决议和提案审查情况报告,选举刘枫为政协第八届浙江省委员会主席,选举龙安定、耿典华、丁德云、陈文韶、阙端麟、李青、汪希萱、程炜、王务迪、陈昭典为副主席。

1月12—21日 省九届人大举行第一次会议。会议听取、审查代省长柴松岳所作《政府工作报告》及其他有关报告,并通过相应决议。会议选举李泽民为省九届人大常委会主任,选举斯大孝、张友余、孔祥有、徐志纯、祝耀祖、李志雄、孙优贤为副主任。选举柴松岳为浙江省省长,选举鲁松庭、卢文舸、叶荣宝、章猛进、李长江、黄兴国为副省长。

1月21日 东海平湖油气田岱山原油中转站动工。11月30日,东海石油钻井平台原油通过海底输油管线输达岱山,并顺利输入5万立方米原油贮罐。12月26日,中转站正式投产运行,首批1.98万吨原油运往南京。

1月23—24日 贝宁共和国总统马蒂厄·克雷库访问杭州。

2月8日 浙江水晶电子集团在椒江成立,规模为全球人造石英生产企业之首。

2月11日 国务院正式批准建设杭金衢高速公路。

2月13日 浙江省暨绍兴市纪念周恩来诞辰100周年大会在绍兴举行。

2月23日 省政府办公厅发出《关于禁止向太湖流域水体超标排放污染物的紧急通知》。自1999年1月1日起执行。

3月6日 经国家教育委员会批准,浙江水产学院、舟山师范专科学校正式合并,成立浙江海洋学院,并于9月20日举行挂牌仪式。

3月9日 国内最大粉末涂料投资项目——宁波粉末涂料有限公司与美国福禄集团合作投资项目签约。

4月1日 省政府颁布《浙江省事业单位登记管理办法》。

4月1日 省政府颁布《浙江省海域使用管理办法》。这是浙江第一部实行海洋综合管理的法律文件。为贯彻实施《中华人民共和国海域使用管理法》,经修订完善,省政府于2006年7月24日发布新的《浙江省海域使用管理办法》。到2007年,浙江省海域使用管理已拓展至所有用海领域。

4月1日 省政府下发《关于加快培育“小型巨人”企业的通知》。

4月6日 教育部正式批文,1995年9月筹建的金华理工学院,定名为金华职业技术学院，成为全国第一所采用“民办公助”机制的高职院校。

4月9日　钱塘江南岸的杭州高新技术产业开发区软件园成立。11月26日，科技部举行授牌仪式，命名其为国家火炬计划软件产业基地。

4月10日　宁波市港区联动正式运作，保税区与北仑港区实施与国际管理接轨的“一线放开，二线管住”的监管模式。

4月16日至5月20日　浙江省、地第二轮土地承包浙南片试点在遂昌县北界镇进行。要求在第一轮土地承包到期后，把土地承包期再延长30年，并向农户核发土地承包权证，使绝大多数农户的承包土地继续保持稳定。

4月20日　省电力工业局发出《关于小火电调停的紧急通知》，对全省装机总容量为109万千瓦的小火电厂实行调停。

4月27日　由德国麦德龙集团投资、位于鄞县中心区的上海锦江麦德龙购物中心有限公司宁波商场试营业，将国际先进的销售方式和管理技术引入宁波流通领域。

4月29日　民航总局批复同意舟山机场更名为舟山普陀山机场。

5月1日　浙江省有线广播电视主干传输网全线贯通各市(地)，浙江由此初步实现广播电视“天上一颗星、地上一张网”的发展目标。

5月5日　杭州市吴山地区开发建设指挥部正式挂牌运转。6月10日，吴山地区开发建设(一期)工程全面启动。该工程以吴山文化广场、城隍阁、吴山庙会景区及一批旅游、文化建筑为主，同时改造河坊街和四宜路，预计投资8亿元，计划3～4年完成。

5月8日　杭州汽车制造厂总投资5.8亿元的东风日产柴汽车项目建成投产，第一辆15吨载重车驶下生产线。

5月11—12日　省委、省政府在舟山召开全省海洋工作会议，要求继续发挥海洋资源优势，念好“港、渔、景、油”四字经；重点发展海洋渔业、港口海运业、临港型工业、加工贸易、转口贸易和海洋旅游，形成浙江特色；使海洋产业真正成为浙江省国民经济的重要力量。

5月13日　纪念于谦诞辰600周年暨祭扫于谦墓仪式在杭州举行。

5月22—24日　苏里南共和国总统尤勒斯·阿尔伯特·韦登博斯一行访问杭州。其间，韦登博斯总统出席了杭州市和苏里南帕拉马里博市结为友好城市的签字仪式。

5月26日　温州大桥建成通车。大桥总投资12.538亿元，全长17.1千米，为全国最长的公路桥梁。

6月3日　浙江省暨杭州市首次公开销毁毒品，纪念虎门销烟159周年。

6月5日　省委、省政府印发《关于加快海洋开发若干政策的通知》。主要内容是落实现行促进海洋开发的各项政策措施，开发海洋资源，发展海洋产业，扶持海岛基础设施建设，形成充满活力的海洋开发新机制，实施“科技兴海”工程。

6月6日　杭州市政府批准正大青春宝药业有限公司国有股权有偿转让方案，决定将国有股的50%有偿优惠转让给该公司的职工持股会。公司总经理冯根生认购303万股。

6月6日　省委、省政府召开全省环境保护工作会议。会上，省政府与宁波等6个市(地)政府签订了任期环境保护目标责任书。

6月8日　中国首座商用重水堆核电站——秦山核电站三期工程正式开工。工程系中国和加拿大两国合作建设项目，采用加拿大成熟的坎杜6型商用重水堆核电技术，总装机容量为两台70万千瓦重水堆核电机组。1999年5月7日，工程被列入国家重点建设项目。2002年11月19日，1号机组(首次)并网发电，并于同年12月31日投入商业运行；2号机组于2003年6月12日并网发电，7月24日正式投入商业运行。2005年9月22日，工程通过国家竣工验收。

6月11日　金(华)温(州)铁路全线通车。铁路北起金华新东孝，南至温州龙湾，全长251.51千米。它的建成填补了浙赣线以东地区的路网空白，为浙西南地区开辟了一条新的运输大通道。

6月19日　金(华)丽(水)温(州)高速公路被列入省重点建设项目。8月15日，在永康与金华、武义两县境段的工程承包协议签订，标志着金丽温高速公路建设开始启动。

6月23日　浙江省规模最大、功能最全的舟山船舶交易市场正式投入营运。

6月25日　全省103个市(县、区)“96315”消费者举报投诉电话全部开通，全面开展创建文明规范工商所(局)活动。

7月1日　杭州市区及7县(市)开始实施总量排污收费。

7月初　杭嘉湖北排工程正式开工。该工程是继南排工程、太浦河工程之后的又一项治太工程。工程西起白米塘，南至澜溪塘、麻溪，东至王江泾—芦墟一线，面积达700多平方千米。

7月4日　国内首条年产3000千米MI电缆生产线在湖州久立集团投产。该生产线是由国家计委立项的国家重大科技成果产业化项目，所产MI电缆用铜芯铜护套和氧化镁等无机材料制造，在国际上被称为最安全的电缆。

7月6日　温州市在国外开办的首个市场——巴西圣保罗中华商城开业。

7月28日　杭州之江国家旅游度假区综合开发、武义省级温泉旅游度假区、海宁盐官观潮胜地公园及百里文化长廊3个项目被国家旅游局列为中国旅游业发展优先项目。

8月8日　吉利波音汽车制造有限公司生产的“吉利”牌家用汽车正式投产下线。是年起，吉利在临海建成第一个轿车生产基地。

是月　省委、省政府召开中华人民共和国成立以来首次全省文化工作会议。

9月9日　杭州市专业气象台开始每天发布人体舒适度预报。舒适度指数按人体感受从冷到热分为11级。

9月15日　新浙江大学成立大会在杭州隆重举行。中共中央总书记江泽民、全国人大常委会委员长李鹏为新浙大题词。中共中央政治局常委、国务院副总理李岚清出席成立大会并讲话。新浙大设玉泉、西溪、华家池、湖滨、之江5个校区，占地4300亩，在校全日制学生3万人，在校教职员工1万余人，拥有除军事学以外的所有学科门类。新浙大由张浚生任党委书记，潘云鹤任校长。

9月16日　省委在杭州召开党员领导干部大会，传达中共中央关于浙江省委主要领导职务任免的决定。张德江任浙江省委委员、常委、书记。

9月29日　浙江省首个电子出版物批发市场——杭州市电子出版物批发市场开张营业。

9月29日　第15届中国戏剧梅花奖在杭州颁奖，杭州越剧团花旦演员谢群英获本届梅花奖。

是月至12月　新华社发表一系列有关探究温州个体私营经济的报道：《走马看温州》（《半月谈》）、《温州个体私营经济崛起之谜》（《内参》）、新华社通稿9月7—10日《藏富于民的“老百姓经济”——温州非公有制经济印象》等4篇系列报道。这是新华社20年来首次正面多角度公开报道温州个体私营经济。这是中央新闻媒体第一次对温州人民在改革开放20年中的伟大创举进行的全面、高度、总结性的报道。

10月5日　省政府办公厅下发《关于加快发展乡镇企业的通知》，强调发展乡镇企业是解决农村、农民、农业问题和促进国民经济持续增长的一项必须长期坚持的根本方针，发展乡镇企业是实现农业现代化和中国特色工业化的必由之路，发展乡镇企业对实现浙江省经济和社会跨世纪发展目标有着极端重要的作用。

10月6日　江泽民视察嘉兴市郊区七星乡东进现代农业示范园区、嘉兴宏达食品有限公司，并参观嘉兴市农业科技成果展示会。结束后他还主持召开座谈会，就农业和农村工作广泛听取党委、政府、农业主管部门和农业专家等各方意见，并就沿海发达地区加快实现农业现代化进程发表重要讲话。他还要求沿海发达地区争取率先基本实现农业现代化。

10月6日　宁波经澳门至台北/高雄航线试航成功，11月正式开通。

10月6日　洞头大桥开工。这是洞头五岛相连工程中长度最长、投资最大的关键性工程，全长1472米，宽9.5米，项目总投资8500万元，计划工期25个月。其开工标志着五岛相连工程进入全面实施阶段。

10月8日　温州市政府印发《温州市区出租汽车客运经营权有偿使用暂行办法》。19日，市区首次拍卖300个出租车经营权，并规定可长期经营，可继承和转让，每个经营权底价20万元，共有4180个单位和个人参加竞争。

10月8—9日　全省旅游工作会议在金华召开，这是第一次以省委、省政府名义召开的全省旅游工作会议。

10月9日　首届中国国际茶博览交易会暨金泰国际茶文化艺术作品展在杭州开幕。

10月17日　省政府率先在全国制定出台《浙江省鼓励技术要素参与收益分配的若干规定》，共16条。内容为高等院校和科研院所的科技人员在完成本职工作和不侵犯本单位经济利益的前提下，可兼职创办科技型企业；经单位同意，科技人员也可到其他单位兼职从事技术性工作；在国有企业、科研院所改制时，对职务成果作价入股的，可按不低于20％的比例划给该成果完成者和成果转化的主要实施者；以高新技术成果入股，作价金额占公司注册资本比例最高不超过35％。

10月18日　浙江有线电视台公共频道开播，播出以体育、音乐、歌舞和农村等为题材的节目，为浙江省观众提供全新视角的文化服务。

是月　金华县特大税案告破。经金华市公安机关侦查结案，抓获犯罪嫌疑人89名，挽回税款损失12.34亿元。

11月4日　省委、省政府贯彻中央有关指示召开电视电话会议，要求年底前完成军队、武警部队和政法机关与所办经营性企业彻底脱钩，今后省内军队、武警部队和政法机关不再从事经商活动。11月28日，浙江省军队企业移交省政府的交接仪式在杭州举行。

11月8日　全国最大的矿石中转港——宝山钢铁(集团)公司嵊泗马迹山矿砂中转港建设工程动工，工程总投资13.28亿元，建设项目有25万吨兼靠30万吨级矿石中转码头、3.5万吨级装船码头、3000吨级船舶工作码头各1座及其他配套设施。2001年12月9日竣工试车。2004年9月，国务院批准舟山港口岸马迹山港正式对外籍船舶开放。海关总署组织国家有关部门进行正式验收。

11月30日　舟山朱家尖海峡大桥顺利合龙。桥长2706米，桥梁净宽12米，主跨净高23米，可通航1000吨级船舶。大桥接线公路总长10.27千米，总投资1.99亿元。大桥于1997年3月8日动工，1999年5月31日正式通车。

12月1日　杭州市区开始禁止销售含铅汽油。杭州市区及余杭市、临安市开始禁止销售含磷洗涤用品。

12月3日　省委召开纪念党的十一届三中全会20周年大会。

12月13日　省政府发出《关于调整浙江省高速公路管理体制的批复》，决定撤销浙江省高速公路建设指挥部，其职能移交省交通厅公路管理局及省高等级公路投资有限公司；原省交通厅公路管理局改称为省公路管理局，统一负责全省公路(含高速公路)的建设、养路和路政、收费等管理工作。

12月16日　宁波—舟山海底光缆工程动工。

12月17日　温州商业银行开业，这是温州首家具有独立法人地位的地方性股份制商业银行，由市区35家城市信用社发起，地方财政入股共同组建，资金总额3亿元，下设29家支行、94个网点，实行"一级法人，统一核算"管理体制。

12月21日　杭州市证券监管机构移交给中国证券监督管理委员会。

12月21—25日　中共浙江省第十次代表大会在杭州召开。大会通过省委书记张德江代表第九届省委所作的报告和关于省委报告的决议；通过省纪律检查委员会工作报告和关于省纪委报告的决议。25日，第十届省委和省纪委分别举行第一次全体会议，选举产生常委、书记、副书记。张德江为书记，柴松岳、刘锡荣、李金明、梁平波、周国富为副书记，吕祖善、袁兴华、黄兴国、王国平、沈跃跃、李从军、俞国行为省委常委；刘锡荣当选为省纪委书记。

12月28日　宁波国际航空货运报关报验中心正式启用，宁波国际航空货运业务同时开通。至此，宁波空港结束了没有国际货运的历史。

12月28日　民航华东管理局同意《关于要求审批实施民航浙江省局局场分离方案的请示》，要求民航浙江省局于1999年1月1日起实施局场分离。

12月29日　沪杭高速公路正式通车，第一次将环杭州湾的三个中心城市上海、杭州、宁波用高速公路连接起来。同时通车的还有全长13.54千米的杭州市区石桥至大井的高速公路连接线公路。

12月31日　省政府印发《关于鼓励社会力量参与办学的若干规定》。

12月31日　浙江省邮电分营工作总结暨省邮政局成立电视电话会议在杭州召开。

是月　浙江有线电视台在全省率先实行频道制改革。总监实行聘用制，干部职工实行全员签约上岗制。

是年　宁波港接卸中外船舶超过5000艘次，其中10万吨级以上巨轮470多艘次，居中国大陆港口首位；全年货物吞吐量超过8700万吨，居中国大陆港口第2位。

是年　浙江开始实施农村电影“2131”工程（即在21世纪初实现一村一月放映一场电影的目标）。

是年　为做好农村基层党建工作，嵊州市雅璜乡率先开展《民情日记》活动。嵊州市在全市宣传和推广这一做法。

是年　浙江省地区生产总值5052.62亿元，其中工业增加值2484.97亿元，人均地区生产总值11394元；社会消费品零售总额2120.78亿元；全社会固定资产投资1847.93亿元；全年财政总收入401.80亿元；全省职工平均工资9259元。

是年　浙江省总人口为4446.86万人，人口自然增长率为4.82‰。

1999年

1月1日　新组建的中国人民银行杭州中心支行正式运作。

1月5日　中国绍兴黄酒集团的“古越龙山”商标被国家工商局认定为中国驰名商标，是全国黄酒行业中唯一的驰名商标。

1月9—11日　温州市成功销售1.5亿元赈灾专项和常规福利彩票，其中第一天销售1.2亿元，创造中国福利彩票销售史上规模最大、日销量最高的纪录。

1月15日　省政府召开加快高速公路建设动员大会。到2002年，随着一系列交通工程的建成，浙江将实现省城到地市“4小时交通圈”的历史性突破。

1月18日　杭州市举行国有土地使用权首次拍卖活动。

1月18日　国际地质地层委员会在澳大利亚墨尔本对“长兴灰岩”作为世界标准问题进行表决，100多位各国地质专家全部投赞成票，其结果已获得联合国教科文组织世界文化与遗产委员会核准，永久性标志的“金钉子”确定打在“长兴灰岩”中的二叠世与三叠世分界线上，作为古生代与中古代的世界标准分界线。

1月18—20日　省政府召开全省工商管理体制改革工作会议，全面实施省以下工商行政管理机关垂直管理的领导体制。

1月21日　国家广电总局发文，重新核准浙江省设立无线广播电视台24家、有线广播电视台12家、县级广播电视台62家。至此，浙江成为全国唯一一个省、市、县三级完整设立广播电视播出机构的省份。

1月31日　省政府下发《关于大力推进高新技术产业化的决定》。

是月　首届“浙江青年文学之星”评比揭晓。此后，此项评选活动每年度进行一次。至2007年，共评选年度“浙江青年文学之星”10位。

2月5日　省委、省政府在杭州召开全省计划生育和环境保护工作座谈会。会上，省政府与11个市(地)签订1999年度环境保护目标责任书。

2月11日　香港浙江省同乡会联合会在香港成立。

2月24日　西南航空公司一架图154型飞机(航班号4509)从成都飞往温州，在瑞安市阁苍镇柏树村坠毁。机上50名乘客、11名机组人员全部遇难。

是月　绍兴大酒店被国内贸易局授予国家一级酒店称号，成为浙江首家获此殊荣的酒店(饭店)。

3月18日　浙江省318名乡镇企业评估人员通过考试，获得农业部乡镇企业注册评估师资格。

3月23日　杭州市首家高科技股份公司——数源科技股份有限公司正式成立。

3月25日　教育部批准建立湖州师范学院。7月13日，省政府批复湖州师范专科学校、湖州师范学校、湖州教师进修学院联合组建湖州师范学院。12月5日，学院成立大会举行。这也是湖州历史上第一所本科院校。

3月29日　省委书记张德江考察温州个私经济，强调发展个私经济要做到"四个不限"：不限发展比例，不限发展速度，不限经营方式，不限经营规模；"三个加大"：加大政策扶持力度，加大依法保护力度，加大环境整治力度；"三个有"：使个体私营企业经营者经济上有实惠，社会上有地位，政治上有荣誉。

4月6日　省委召开省级领导班子和领导干部"三讲"教育动员大会。7月5日，省级领导班子和领导干部"三讲"教育工作总结大会在杭州举行。至年底，全省共有38名省级领导干部、709名市(地)厅局级领导干部和3900多名县处级干部接受"三讲"教育。

4月17日　"雅戈尔"牌服装被外经贸部列为首批名牌出口商品。

4月20日　省委、省政府在诸暨召开全省学习推广"枫桥经验"现场会。

4月25日　中国首辆空调无轨电车在杭州试制成功。

4月28日　浙江粮食集团挂牌，全省粮食系统实现政企分开，政策性经营与商业性经营彻底分家。

4月28日　乍嘉苏高速公路浙江段动工典礼在嘉兴举行。这是按"四自"形式修建的高速公路，全长155千米，其中浙江段53.861千米，工程总投资26.44亿元。2003年11月20日通过省交通厅组织的竣工验收。

5月10日　浙江省第一个公安110信箱在湖州市公安局开通。

5月13—15日　全省村务公开工作经验交流会在金华召开。

5月18日　江泽民为杭州高级中学百年校庆题词"重视基础教育，提高国民素质"。

5月26日　舟山大陆引水应急工程启动，工程总投资3.1亿元，需铺设输水管道71.76千米。

5月31日　舟山朱家尖海峡大桥建成通车。系华东地区第一座特大型跨海大桥，全长5388米，其中桥长2706米，可通航1000吨级船舶，总投资2.63亿元。

6月5日　省政府印发《浙江省大力引进国内外人才的若干规定》，明确将采取具体措施，实施优惠政策，鼓励和欢迎国内外人才采取调动、兼职、咨询、讲学、科研和技术合作、技术入股、投资兴办企业等各种方式，到浙江长期工作或短期服务。

6月10日　省人大常委会颁布《浙江省海塘建设管理条例》。

6月14—16日　全国农村卫生改革学术研讨会在金华举行。来自全国各地的160余名领导、专家充分肯定金华农村医改的“多湖模式”、嘉兴和湖州农村医改的“秀洲模式”及“德清模式”。

6月15日　杭州市市长公开电话12345正式开通。

6月15日　浙江乡镇企业再上新台阶研讨会在杭州召开。到1998年底，全省乡镇企业的总产值、增加值、营业收入、利税等8项主要经济指标均列全国第一位。

6月18日　中共德力西集团委员会正式成立。2000—2001年，江泽民、胡锦涛等中央领导先后视察德力西集团，充分肯定德力西的发展特色和党建工作。2004年11月23日，新华社、《人民日报》、《中国人事报》等中央媒体就德力西集团开展的“党员人才工程”作了专访，引起中央组织部、人事部的高度关注。

6月18日　全省11个市(地)、85个县(市、区)的“148”法律服务专用电话全部开通。

6月21日　经国务院批准，嘉兴市郊区更名为秀洲区，属嘉兴市辖区。

6月23日至7月1日　杭州市、嘉兴市等地连降暴雨，发生历史上罕见的洪涝灾害。25日晚，余杭北湖分洪闸开闸分洪，5.3平方公里分洪区一片汪洋。28日凌晨，新安江水库水位达到汛限水位106.5米，29日13时起开启5孔闸门泄洪(共9孔闸门)；至14时，开启7孔闸门，下泄流量达每秒5500立方米。30日中午，坝前水位达108.17米，开启8孔泄洪，下泄流量每秒6700立方米。

6月28日　铁路宁波北站海关监管点正式启用。宁波口岸海、陆、空全方位主体交通运输网络形成。

6月30日　浙江省提前一年超额完成国家下达的3年压缩落后棉纺锭28.1万锭的计划，两年共压锭28.36万锭，在全国率先完成压锭任务。8月12日，省政府宣布:浙江在全国率先完成整顿压缩缫丝加工能力工作。

是月　国务院批准《浙江省土地利用总体规划》，这是全国第一个被批准的省级土地利用总体规划。

是月　台州温岭创建“民主恳谈”活动。2001年，台州市委出台文件在全市推广。

7月10日　省政府办公厅发出《关于确定义乌中国小商品城等20家交易市场为省重点市场的通知》，要求各地落实有关扶持政策措施，进一步规范和完善管理，促进全省商品交易市场持续发展。

7月14日　工商银行椒江支行通过ISO9000体系认证。这是全国首家获此认证的县(市、区)级国有商业银行。

7月20日　由杭州市政府、浙江大学及省邮电管理局联合发起，市政府与浙江大学合作，并吸纳社会力量参与的浙江大学城市学院在杭州成立。10月4日，学院举行开学典礼。

7月21日　省政府印发《浙江省环境监理办法》，于1999年9月1日起施行。

7月22日　巨化集团公司聚四氟乙烯工程通过国家竣工验收。该工程是中俄化工合作领域规模最大、档次较高的项目。

7月25日　省人大常委会审议通过《浙江省历史文化名城保护条例》，将历史文化名城保护纳入法制化管理轨道。

7月25日　省人大常委会审议通过《浙江省职工基本养老保险条例》，自1999年10月1日起施行。

是月　浙江省第二次测量标志普查工作经省、市(地)两级验收圆满完成。此次普查工作历时3年，全省79个有普查任务的市县(区)对本辖区内的所有测量标志进行了一次全面认真的普查。

8月2日　省政府发出《关于开展1000万亩商品粮基地建设的通知》，提出用6年时间，全省建成1000万亩标准农田，并将1000万亩标准农田建设列入本届省政府的“六个一千”工程。全省标准农田建设由此全面展开，浙江省耕地保护工作开始由数量型保护向数量、质量、生态型保护转变。

8月9日　省民政厅印发《浙江省最低生活保障制度示范县实施方案》，决定在全省11个市各选择1个县(市、区)，进行最低生活保障制度示范单位建设。到2001年，全省基本建立了“城乡联动、整体覆盖、标准有别、动态管理”的最低生活保障制度。2001年8月15日，省政府颁布《浙江省最低生活保障办法》。从10月1日起实施。截至2007年12月，全省共有低保对象65.17万人。1996年至2007年，全省共支出最低生活保障金33.31亿元，其中城镇8.55亿元、农村24.76亿元。

8月11日　中国首部自主开发的可视电话在杭州远见智能数字设备有限公司诞生。

8月16日　国务院批准浙江铝业股份有限公司依法宣布破产。

是月　省电影公司投资建设全国第一家多厅多功能影院——庆春电影大世界，为全国各地建设新型影院提供了示范。

9月13日　第22届万国邮联大会代表1300余人分两批来杭州参观游览。这是杭州接待的规模最大的国际代表团。

9月14日　杭州市被中国心理卫生协会确立为全国唯一的心理卫生示范城市。

9月14日　浙江扬帆船舶集团公司与德国签订建造5艘4350吨级多用途集装箱船合同，标志着舟山船舶制造业跻身国际市场。

9月15日　浙江省政协和杭州市政协联合举行座谈会，庆祝人民政协成立50周年。

9月18日　省政府印发《关于进一步加快开发区发展若干意见的通知》。省财政从1999年至2002年，3年安排1.2亿元，用于开发区基础设施、技术创新、重点项目的贷款贴息和补助。

9月26日　首届中国舟山国际沙雕大赛在朱家尖南沙开赛。来自墨西哥、荷兰等10支国际参赛队和中央美术学院等10支国内参赛队及1支主题沙雕队参加大赛。

9月28日　湖州市与永康市土地整理新增耕地折抵建设用地指标调剂使用签约仪式在湖州举行，这是浙江省第一次跨地区有偿调剂使用土地整理折抵建设用地指标。

9月29日　全省第一家规范的行政服务中心——上虞市便民服务中心建立。中心实行“一窗受理,一口收费,集中踏勘,并联审批,综合验收”的新型审批运作模式。

9月30日　浙江省暨杭州市庆祝中华人民共和国成立50周年大会在杭州隆重举行。会上,省委、省政府向离休干部颁发纪念章,对353名省级劳动模范和47个省级模范集体进行表彰。

10月1日　省电视台运用全省有线电视传输网,联合有关市地,推出100小时连续直播的国庆特别节目《共和国万岁》。节目从9月28日上午开播。这档节目被省档案馆作为珍贵史料收入馆藏。

10月9日　根据国务院文件精神,省政府下发《关于公布浙江省二类口岸清理整顿结果的通知》,决定保留泗礁等5个二类口岸,合并嵊山等4个二类口岸,整顿平阳二类口岸,撤销北麂等2个二类口岸。

10月9日　宁波—上海—福冈国际航线延伸航班开通。

10月18—21日　中国科协首届学术年会在杭州举行,3000余名全国科技工作者和企业代表出席会议。

10月26日　省人大常委会公布《浙江省实施〈中华人民共和国村民委员会组织法〉办法》和《浙江省村民委员会选举办法》。

是月　国务院批复成立浙江海事局,隶属交通部。

11月1日　舟山大陆连岛一期工程——岑港大桥(岑港大田岙至里钓山岛)动工兴建,桥长792.25米。12月28日,响礁门大桥动工,全长951米。2001年7月和2002年12月,两桥先后合龙。

11月5日至12月1日　’99北京青田石雕精品希望工程义卖展示会在中国工艺美术馆举行,共展出参卖作品500多件,总值3000万元。义卖和拍卖资金全部捐助给“希望工程”。

11月13日　新华社发布消息:近20年来,浙江国有工业和国有控股工业的总资产增长39倍,浙江成为国有经济大省。

11月23日　全省第一个地市级个体私营企业协会联合党委——中共温州市城区个体私营企业联合会党委成立。

11月29日　国家重点工程金华国家粮食储备库竣工并通过验收。

12月3日　由嵊州市工艺竹编厂制作的浙江赠送澳门特别行政区的礼品大型竹编“沧海还珠”从嵊州启运。

12月6日　仙居县供销社在全国首创资产运营新模式,在基层供销社全面推行“资产承包,统包结合,双层经营”体制改革,于10月底全面完成,全系统自1989年以来首次扭亏为盈。

12月7日　历时3年多,投资120多亿元,全省高标准城市防洪工程体系基本建成,县城达到50年一遇标准,重要城市达到百年一遇以上标准。

12月10日　省委、省政府印发《关于实施新世纪人才工程的决定》。

12月10日　太湖流域综合整治工程之一的红旗塘工程浙江段正式开工。工程干河西起秀洲区油车港镇的沈石荡，东至浙沪边界的西泾港，横穿嘉善县北部低洼区，全长 21.9 千米，总投资 3.25 亿元。

12 月 22 日　省委、省政府印发《浙江省城市化发展纲要》。

12 月 22 日　全国第一家按合作制要求组建的地市级联社——绍兴市农村信用合作社成立。

12 月 23 日　新型便携电话“小灵通”在杭州市开通。

12 月 24 日　省政府颁布《浙江省流动人口计划生育管理办法》，自 2000 年 1 月 1 日起施行。

12 月 28 日　省人大常委会审议通过《浙江省人民代表大会常务委员会任免国家机关工作人员办法》。

12 月 28 日　浙江省慈善总会首次会员代表大会召开，标志着全省慈善事业迈上新台阶。截至 2007 年底，全省 101 个市、县（市、区）均已建立慈善组织，慈善工作网络基本形成，并向乡镇延伸。全省慈善组织募集善款累计达 46 亿元，建立企业“留本冠名基金”规模达 42 亿元，居全国前列。

12 月 28 日　杭州铁路新客站开通运营。

12 月 28 日　绍兴丝织厂成为全国丝绸行业第一家“债转股”企业。

12 月 31 日　万向集团等企业入选 520 家国家重点企业。浙江省乡镇企业发展模式引起全社会关注，乡镇企业发展的一些指标跃居全国第一。

12 月 31 日　浙江全省电话总数已达到 342 万门，电话普及率为每百人 52.34 部，居全国首位。

是月　国务院三峡建设委员会首批下达给浙江省三峡工程重庆库区农村移民外迁安置的任务 7000 名，2003 年 1 月下达第二批安置任务，两批合计 9100 名。2000 年 7 月，省政府下发《关于做好三峡工程库区农村移民安置试点工作的通知》，明确移民安置工作的总体原则和有关安置政策，并进行安置试点工作。至 2004 年 8 月安置工作结束，全省实际接收安置 2104 户 9128 人，分别安置在经济较为发达的杭州、嘉兴、湖州 3 个市的 15 个县（市、区）125 个乡、镇（街道）553 个行政村。

是月　省检察院在国内率先建立讯问全程同步录音录像制度，以及时全面固定讯问内容，强化监督制约，提高执法水平和办案质量。2006 年 1 月，最高人民检察院在宁波召开现场会，向全国推广这一做法。

是年　舟山岙山石油中转码头经验收后正式对外籍船舶开放，成为全国最大的商用石油转运码头。

是年　舟山港货物吞吐量首次超过 2000 万吨，达到 2082.43 万吨，进入全国沿海大港行列，居第 9 位。

是年　北仑 20 万吨级铁矿码头获全国土木工程最高荣誉——“詹天佑奖”。北仑 20 万吨级矿石中转码头是全国最大的散货码头，该工程曾先后获得交通部 1996 年度水运工程质量奖、1998 年度优质水运工程设计一等奖、1998 年度中国建筑工程“鲁班奖”。

是年　省政府决定将自谋职业作为退役士兵安置的主渠道，由政府发给一次性安置补助金，全面推行退役士兵安置改革。并制订“三年三步走”的实施方案。即从1999年冬至2002年冬，除重点安置对象(指服役满10年的转业士官、荣获二等功或三等功以上奖励或被授予大军区以上荣誉称号人员)外，其余安置对象基本实行自谋职业，城镇退役士兵自谋职业比例逐年提高。

是年　浙江小百花越剧团成功赴美国作商业演出。浙江曲艺杂技总团首次赴台湾演出大型滑稽戏《究竟谁是爹》和《苏州两公差》，为大陆滑稽戏首登台湾舞台演出，受到台湾观众的热烈欢迎。

是年　以申办2003年中国艺术节为契机，大力推进文化设施建设，浙江西湖美术馆等工程竣工开馆。

是年　正泰集团等3家温州企业的商标被认定为“中国驰名商标”。

是年　全省积极推进中小学布局调整，通过“联合、改制、撤并、帮扶”等措施，加大对薄弱学校的调整力度，共减少小学3074所、初中152所，调整幅度为历年来最大。

是年　全省政府采购工作全面铺开，省级和全省11市均建立政府采购制度，成立政府采购中心。

是年　省财政厅等联合转发财政部等五部委《关于印发〈行政事业性收费和罚没收入实行“收支两条线”管理的若干规定〉的通知》，对加强行政事业性收费和罚没收入“收支两条线”管理提出明确而具体的要求，推动全省的“收支两条线”管理工作规范开展。

是年　浙江省地区生产总值5443.92亿元，其中工业增加值2679.68亿元，人均地区生产总值12214元；社会消费品零售总额2305.86亿元；全社会固定资产投资1886.04亿元；全年财政总收入477.4亿元；全省职工平均工资10632元。

是年　浙江省总人口为4467.46万人，人口自然增长率为4.29‰。

2000年

1月1日　6时46分，温岭市石塘镇喜迎新千年中国大陆第一缕阳光(据国家天文观察中心测算，中国大陆2000年第一缕阳光首先照临温岭市石塘镇)，隆重举行“千年曙光碑”揭幕仪式。

年初　民政部和省民政厅决定在温州市率先开展全国民办非企业单位复查登记试点工作。6月16日，温州市残疾人职业技能培训中心等16个民办非企业单位成为全国第一批领取登记证书的单位。9月25日，省委办公厅、省政府办公厅下文，全省全面启动民办非企业单位复查登记工作。截至2001年底，全省民办非企业单位复查登记工作圆满完成，共核准登记6681个。新的民办非企业单位管理体制基本建立。

1月5日　省人事厅印发《关于做好普通中等专业学校毕业生就业工作的通知》，规定从当年起，不再下达全省中专毕业生就业计划，实行在政府宏观政策指导下，面向市场，供需见面，双向选择。

1月5日　全国首家网上报警服务台在嘉兴开通。

1月7日　省委出台《关于加强非公有制企业党建工作的若干意见》。2003年9月29日，省委办公厅下发《浙江省非公有制企业党组织工作暂行规定》，就充分发挥党组织作用提出具体要求。到2006年底，全省非公有制企业共有党员28.47万名，党组织25634个。

1月10日　省政府印发《浙江省全面推进科研院所体制改革实施意见》。

1月10日　萧山市临浦镇，建德市乾潭镇，嘉兴市秀洲区余新镇、新丰镇，舟山市定海区白泉镇，宁波市江北区慈城镇，鄞县集仕港镇，奉化市溪口镇8个镇被国务院经济体制改革办公室中国小城镇改革发展中心列为全国小城镇综合改革试点单位。

1月26日　省委、省政府下发《关于进一步扩大对外开放　加快发展开放型经济的决定》。

1月28日　经国家林业局批准，衢县紫微山升格为国家森林公园，成为全国首家在集体林区组建的国家级森林公园。

2月15日　省农业厅与省粮食局联合向全省农民发布2000年粮食产销信息，这在全国尚属首次。

2月18日　温州市首次拍卖海涂围垦水产养殖经营权。3块堤塘总面积393公顷的海涂围垦水产养殖10年经营权，被温州保利水产养殖有限公司以总价1980余万元买走。

2月29日　由香港开航的“金牛星”国际豪华邮轮首次抵达舟山港洛迦山外引航员登轮点。这是国际高规格旅游船首次将浙江省的著名景点纳入全年挂港计划的首航。

3月5日　省政府批复同意《浙江省医学科学院普康生物技术公司改制实施方案》。甲肝疫苗发明者毛江森在改制后的公司中获得2033.1万元股份，占公司总股本的29.05%。

3月8日　省政府下发《浙江省高等教育改革和发展规划(2000—2020年)》。

3月9日　安吉县建成亚洲最大的竹子博物馆。

3月13日　海盐县六里乡茶园石料三厂采矿权和设备以280万元价格竞拍成功。此为全省首次公开拍卖采矿权。

3月17日　省委、省政府公布《省政府机构改革方案》。根据方案，省政府机构总数比改革前精简11个，省政府机关行政编制精简48%。6月10日，省委公布《省委机构改革方案》，根据方案，省委机关行政编制精简20%。

3月22日　教育部发文批准成立省属多科性本科院校嘉兴学院。嘉兴学院是由浙江经济高等专科学校、嘉兴高等专科学校合并组成。自此，嘉兴没有本科院校的历史宣告结束。

3月30日　“中国浙江”网站开通。该网站由省委宣传部、省政府新闻办公室主办，汇集全省新闻宣传信息资源，成为浙江省在国际互联网上的信息总汇。

3月30日　余姚市河姆渡遗址被国家文物局列入20世纪中国十大考古成果之一。河姆渡遗址是7000余年前的中国新石器时代村落遗址，被发现于1973年。

是月　宁波南苑饭店被评定为五星级饭店，为浙江首家五星级饭店。

是月　国家一级群众渔港——岱山中心渔港通过验收并投入使用。

4月9—11日　中央政法委、中央综治委在诸暨召开全国政法综治宣传工作会议。会议提出要在全国大力推广“枫桥经验”。

4月12日　安吉县被农业部、财政部等7个部委列入全国生态农业示范县，成为浙江首个国家级生态农业示范县。

4月26日　丽水职业技术学院(筹)挂牌。该学院是在丽水农业学校与丽水工业学校基础上创建的一所综合性多学科全日制高等职业技术学院。

5月5日　浙江沪杭甬高速公路股份有限公司股票在伦敦交易所成功上市，成为浙江第一家在该交易所实施股票上市的企业。

5月10—15日　中共中央总书记江泽民视察江苏、浙江、上海。在浙江期间，先后考察温州、杭州的一些非公有制企业，就非公有制经济组织中加强党的建设问题进行调研。

5月16日　玉环县第一个村级"民主听证会"在楚门镇筠岗村召开。此后在玉环全县推广，并引起全国关注。

5月20日　经国务院批准，撤销丽水地区行政公署，设立丽水市(地级)；撤销丽水市(县级)，设立莲都区，属丽水市(地级)辖区。至此，全省11个地级行政机构均撤地设市。

5月22日　桐庐县出土智人头盖骨化石，填补了从"建德人"到"河姆渡人"之间的历史空白，这是浙江有史以来最重大的古人类考古发现。

5月24日　衢州南宗孔府复建工程竣工。该工程总投资1400万元，在原孔府4200平方米占地面积的基础上，新增占地面积9700平方米，建筑特色采用清朝中晚期建筑风格。

5月25日　省政协举行首次委员约谈活动。

是月　鲁冠球当选为中国乡镇企业协会会长。

6月1日　杭州软件专业孵化器挂牌运作，30家企业先期入驻。此为中国首个专门为软件企业设立的孵化器。

6月3日　香港知名实业家安子介在香港逝世。安子介，祖籍舟山定海，1912年出生于上海，生前曾任全国政协副主席、香港特别行政区筹备委员会副主任委员等职。

6月18日　由嘉兴市职教中心等7所职业学校和韩泰轮胎(嘉兴)有限公司等6家企业组成的嘉兴市第一职教集团成立。此为浙江省首家职教集团。

6月24日　国内首座公路、铁路合建在同一平面上的跨海特大桥——宁波大榭大桥合龙。大桥主桥及西岸铁路引桥长1661.75米，1997年4月开工，总投资4.5亿元。

6月25日　浙江日报报业集团成立。

6月27日　省政府印发《浙江省生态环境建设规划》。

6月29日　省人大常委会决定：每年的12月9日为成人节。

7月14日　省委在杭州举行建设文化大省座谈会。

7月28日　《浙江日报》发表特约评论员文章《弘扬浙江精神，开拓浙江未来》，对省委概括的浙江精神——"自强不息、坚忍不拔、勇于创新、讲求实效"作了阐述和评论。

8月10日　中国人民银行上海分行批准永康市为"票据贴现专营窗口"试点县(市)。这是国内第一个"票据贴现专营窗口"试点县(市)。

8月16日　来自三峡库区重庆市奉节县的首批外迁农村移民共56户，顺利到达嘉善县各安置点。2002年8月30日，最后一批1895名三峡库区移民迁入浙江。至此，浙江全面完成7003名三峡库区移民安置任务。

8月18日　首届全省规模的劳动力交流大会——2000年浙江省劳动力市场中高级技能、技术人才交流大会在宁波召开。

8月26日　宁波至中东的“波斯湾快航”国际集装箱班轮运输干线正式开通。

8月29日　省政府下文确定全省136个建制镇(含县城)为省中心镇。

9月4日　义乌市建成全国首家中小学宽带教育网。

9月12日　国务院批准设立浙江杭州出口加工区,该加工区总规划面积2.92平方千米。系全国首批15个出口加工区之一,也是浙江唯一的出口加工区。

9月15日至10月1日　在第27届奥运会上,浙江运动员获得1金2铜等好成绩。举重运动员占旭刚获得77公斤级冠军,成为中国举重队第一个连续两届奥运会夺得冠军的运动员,也是男子举重唯一两次夺冠的运动员。

9月24日至10月1日　首届浙江英国书展在伦敦举行。

9月28日　浙江广播电视大学宽带专用网现代远程教育系统第一期工程竣工和开通仪式在杭州举行,使全省广播电视大学从以广播电视等媒体为标志的第二代远程教育进入以多媒体、计算机网络技术为标志的第三代远程教育。

9月28日　省交通厅与中国远洋运输集团根据国家体制改革的要求,终止合作经营中远集团浙江省公司。中远集团持有的50%股份全部转让给浙江。

9月28日　浙江第一所以培养信息技术应用人才为主的高等院校——绍兴托普信息技术学院开学。

9月30日　工行温州市分行正式通过ISO9002质量保证体系认证,成为全国首家全面通过此项认证的商业银行。

10月8日　由温州民营企业家创办的“中国商品批发市场”在阿拉伯联合酋长国迪拜市正式开业。

10月12日　浙江省首家职工法律维权协会——义乌市职工法律维权协会成立。

10月17日　“浙江政府采购网站”开通。

10月20日　省政府下发《浙江省鼓励发展风险投资的若干意见》。

10月20日至11月10日　2000年西湖博览会在杭州举行。前来参加博览会的观众、客商和游客达400万人次,会展总成交(营业)额69.61亿元,招商引资总额达137.3亿元和3.11亿美元。这是自1929年举办“西湖博览会”以来,首次恢复举办西博会。此后,西博会每年举行一次。

10月29日　省人大常委会审议通过《浙江省法律援助条例》,自2001年1月1日起施行。

10月31日　云和县邮政局与丽水市信托投资公司证券营业部共同开发的远程大户顺利开通并正式对外营业。这是浙江邮政系统首次介入证券市场领域。

11月3日　浙江省“村村通”广播电视工程通过国家级验收,成为国家首批基本实现“村村通”的7个省份之一。

11月7日　浙江人民广播电台6套节目全部实现调频播出。

11月8日　由中国和奥地利合资组建、总投资达19亿元的甬金高速公路宁波段项目正式签约。这是全省引进外资数额最大的公路建设项目。

11月11日　第五届茅盾文学奖颁奖大会在茅盾故里——桐乡市乌镇举行。浙江省作家王旭烽的长篇小说《茶人三部曲》(一、二)获奖,为首位获该奖的浙江作家。

11月14日　在2000年度中国建筑工程"鲁班奖"评选中,杭州市建工集团杭建公司承建的铁路杭州新客站和杭州游泳健身中心获奖,实现杭州市属建筑施工企业在"鲁班奖"评奖中零的突破。

11月23—24日　省政府在杭州召开的全省林业工作会议上郑重宣告:"十年绿化浙江"的战略目标如期实现。

11月24日　东阳、义乌两市水资源共享签字仪式在东阳举行。根据合同,义乌将出资2亿元,一次性买断东阳横锦水库每年4999万立方米水的永久使用权,并支付每立方米0.1元水费。此举开创中国水权交易先河。

12月12日　省广电局在杭州召开新闻发布会,宣布浙江电视台、浙江有线电视台、浙江教育电视台合并。2001年1月1日,合并后的"浙江电视台"以新的频道呼号正式开播。

12月21日　省委常委会讨论通过《浙江省建设文化大省纲要(2001—2020年)》并于31日印发。

12月21日　温州"虎"牌打火机正式一次性获得33个国家的注册商标。这在国内企业品牌经营中尚属首次。

12月22日　省内第一家"债转股"后成立的新企业——绍兴丝织厂有限责任公司成立。

12月26日　上虞至三门高速公路正式通车。

12月28日　全省经贸工作会议宣布:经过3年努力,浙江在全国率先基本完成国有企业改革脱困的阶段性任务。

12月28日　省内最大的内河散货码头——设计吞吐量为300万吨/年的杭州管家漾散货码头通过竣工验收并交付使用。

12月28日　全省第一个地级"电话市"在嘉兴建成。

12月30日　杭州萧山机场正式启用,该机场第一个航班——中航浙江航空公司A320飞机执行的杭州—广州F6 5949航班顺利起飞。同月29日晚,杭州笕桥机场在保障好最后一个航班后,所有民航保障人员、设备连夜转场至萧山机场。

12月31日　经国务院同意,撤销金华县,设立金华市金东区。

是月　省委、省政府决定开展以自然村为目标的广播电视"村村通"工程建设,省委宣传部、省广电局等部门出资5800万元支持工程建设,先后解决13000余个自然村群众收听收看广播电视问题。

是月　浙江出版联合集团组建。2003年,浙江出版联合集团被列为全国文化体制改革试点单位。2006年底,浙江出版联合集团在全国省级出版集团中,率先完成了整体改制,实现"三个转变"(单位性质从事业转变为企业,人员身份从国有事业单位干部转变为劳动合同制的企业员工，运行机制从国有事业单位管理模式转变为现代企业运行机制），出版单位成为市场竞争主体。

是月　浙江省火电建设公司成为全国第一家通过2000版ISO9001标准审核认证的施工企业。

是月　省检察院设立职务犯罪预防处。此后，11个市检察院成立预防职务犯罪的专门工作机构，各县（市、区）检察院落实专人，普遍加大预防职务犯罪工作的力度。

是月　安吉天荒坪抽水蓄能电站最后一台机组建成发电。这是全国已建和在建的单个厂房中装机容量最大、水头最高、电站综合效率达到80%以上的抽水蓄能电站。

是年　省文化厅举办省首届广场文化艺术节，推动各类群众性文化艺术活动蓬勃发展。

是年　浙江小百花越剧团董柯娣、杭州市黄龙越剧团孟科娟获第17届中国戏剧“梅花奖”。

是年　全省中等师范学校加快布局调整。29所中等师范学校并入高等师范院校的有11所，并入非师范院校的9所，改为教师进修学校的5所，转办高中段学校的3所，仅浙江幼儿师范学校暂时保留。

是年　省第二中医院、中医药研究院、精神卫生研究院3家组合成省立同德医院。2001年，浙江省中医院整体兼并杭州下沙经济开发区医院。2004年，省建工医院成建制划转为浙江中医药大学附属新华医院。

是年　浙江省沿海海域和港口、对外开放水域的水上安全监督管理职能划出，由交通部浙江海事局管理。

是年　宁波港货物吞吐量首次超过亿吨，达到1.15亿吨，跻身世界亿吨大港行列。港口货物吞吐量居中国大陆港口第2位。

是年　省委组织部、省人事厅、省工商局联合组织全省非公有制企业人才队伍现状调查。至年底，全省18.9万家非公有制企业共有从业人员400.76万人，专业技术和管理人才72.83万人，占从业人员总量的18.2%，是全省国有企业人才总量的两倍。

是年　浙江省地区生产总值6141.03亿元，其中工业增加值2945.7亿元，人均地区生产总值13416元；社会消费品零售总额2553.59亿元；全社会固定资产投资2267.22亿元；全年财政总收入658.42亿元；全省职工平均工资12414元。

是年　进行第五次全国人口普查。据2001年4月7日发布的《浙江省2000年第五次全国人口普查主要数据公报》显示：2000年11月1日零时，浙江省总人口为4677.0万人。人口自然增长率为4.17‰。同时据调查，浙江的人口平均预期寿命已从1990年的70.03岁提高到当年的74.97岁，其中男性为72.19岁，女性为77.45岁，达到发达国家水平。

2001年

1月1日　希腊籍国际第五代集装箱“华盛顿”轮顺利抵达宁波北仑港区。该轮总吨位74561吨，可装载6252只标箱，是靠泊北仑港最大的国际集装箱船舶。

1月16日　全国最大保税油品基地——中化兴中石油转运（舟山）有限公司通过英国标

准协会(BSI)审核的ISO9002质量体系认证。

1月17日　安吉县委、县政府作出“生态立县——生态经济强县”的决定，探索出经济社会可持续发展的新路子。

1月18日　全国第一条国产化“湿改干”生产线——浙江虎山集团江山水泥股份有限公司“水泥湿磨干烧节能环保技术开发项目”通过国家“星火计划”验收。

1月21日　杭州华大基因研究发展中心在杭州成立。4月1日，运算速度最高可达每秒4000亿次的曙光3000超级计算机正式落户华大基因研发中心。至此，杭州华大完成基因组学和生物信息学两个前沿学科的基础平台建设，一个完整的世纪级基因组信息学中心在杭州诞生。

2月2日　经国务院批准，撤销萧山市，设立萧山区，属杭州市辖区。

2月13日　安吉县成立全省第一家中小企业协会。

2月25日　省湿地资源调查组公布历时4年的全省湿地资源调查结果：全省共有面积在100公顷以上的湿地80.2万公顷，相当于全省土地总面积的7.6%。

3月5日　省政府召开全省城镇医药卫生体制改革工作会议。是日，省财政厅和省卫生厅制定的《浙江省医院药品收支两条线管理办法》实施。

3月9日　经国务院批准，撤销余杭市，设立余杭区，属杭州市辖区。

3月29日　省政府印发《关于建设文化大省若干文化经济政策的意见》，鼓励社会力量投身文化事业建设，发展文化产业。

3月31日　省政府印发《浙江省省级单位职工基本医疗保险暂行规定》。8月1日，省级单位职工基本医疗保险制度全面实施。

4月1日　国家高性能计算中心在杭州成立并举行揭牌仪式。同时揭牌的还有浙江省基因组信息学重点实验室和浙江大学基因组信息学研究所。

4月1日　湖州籍海军航空兵某部飞行中队长王伟在海南岛东南海域上空执行对美军用侦察机跟踪监视的任务中，所驾驶的飞机被美机撞毁后跳伞落海牺牲。17日，省委作出决定，在全省广泛开展向王伟学习活动。19日，共青团中央、全国青联追授王伟“中国青年五四奖章”。中央军委主席江泽民签署命令，授予王伟“海空卫士”称号。

4月20日　交通部同意嘉兴乍浦港正式对外国籍船舶开放。至此，浙江沿海主要港口全线对外开放。

4月20日　厦门航空公司开通杭州—曼谷往返定期航线，每周2班。这是杭州萧山机场开航后的首条国际航线。

4月22日　“浙东千里海塘纪念碑”揭碑仪式在椒江举行。

4月23日　杭州市首次骨灰树葬活动在龙居寺公墓举行。

4月28日　宁波大榭海关正式开关。

4月29日　省政府出台《关于引进海外高层次留学人才的意见》。

5月16日　杭州邮政185客户服务中心正式投入运行，成为全省邮政系统首个开办“185”的单位。截至11月15日，全省11个市邮政局相继开通185客户服务中心。

5月25日　中国科学院国家天文台在杭州宣布，经国际小行星命名委员会批准，命名14147号小行星为“温岭曙光”星。这是国家天文台第一次以县级城市命名小行星。

6月1日　杭州市中医院对外公布：该院中医妇科实验室于4月发现一例异常染色体核型，经国家医学权威机构确认为世界首次发现的人类异常染色体核型。

6月22—23日　浙江省农业科学技术大会在杭州召开。会上，省委、省政府隆重表彰为全省农业科技事业发展作出杰出贡献的10名农业科技突出贡献者和100名农业科技先进工作者。

6月25日　国务院公布第五批全国文物保护单位，印山越国王陵、八字桥、吕府、蔡元培故居、斯宅古民居建筑群等44.5处浙江省文保单位名列其中。

6月28日　省委在嘉兴隆重举行纪念中国共产党成立80周年大会。会议表彰了省先进基层党组织、优秀共产党员和优秀党务工作者。

是月　宁波市成立口岸大通关领导小组，全面实施口岸大通关建设。“中国电子口岸”（电子执法系统）在宁波口岸正式启用。

7月2日　省政府发文，决定组建浙江省交通投资集团有限公司，实行国有资产授权经营。

7月3日　省劳动保障厅在杭州召开新闻发布会，宣布省政府确定每年7月的第一周为全省劳动者权益保护周。

7月28日　舟山大陆连岛工程首座跨海大桥——岑港大桥顺利合龙。该桥全长792米，桥面净宽22.5米，按一级公路标准设计，主跨度50米，净高17.5米，可通航300吨级船舶。

8月2日　全国单体容量最大的工业污水处理项目——绍兴污水处理厂投入试运行。

8月3日　中央宣传部、解放军总政治部决定，将中共金华市委常委、金华军分区政委范匡夫作为模范实践“三个代表”重要思想、永远保持共产党员先进性的典型。中央电视台一套“焦点访谈”栏目中播出专访。范匡夫先进事迹报告会在北京人民大会堂举行。

8月15日　省政府颁布《浙江省最低生活保障办法》，并于10月1日起正式施行。这是全国首部省级城乡一体的最低生活保障办法。2003年，省政府办公厅印发《关于进一步做好最低生活保障工作的通知》，要求各地根据经济社会发展适时调整保障标准，加大对最低生活保障对象的扶持。2006年，全省有62.9万人领取低保金。

8月15日　外经贸部宣布，浙江巨化氟化学有限公司和四川鸿鹤化工股份有限公司对原产于英国、美国、荷兰、法国、德国和韩国的进口二氯甲烷倾销指控成立。这一历时一年之久的浙江省企业涉及国家最多的首例反倾销案获得成功。

8月23日　全省第一所特困生免费学校——舟山市千荷实验学校在定海区白泉镇皋泄中学举行奠基仪式。次年1月23日开学，来自舟山市的256名贫困学子成为首批学生。

8月28日　万向集团所属万向美国公司正式收购美国UAI公司，这是中国乡镇企业首次在海外收购上市公司。

8月30日　为应对于2001年6月30日正式生效的《中韩渔业协定》对浙江海洋捕捞业带来的严重影响，省政府出台以“主攻养殖、减船减人、减税减费”为主题的政策性文件。到

2007年底，全省有4441艘海洋捕捞渔船享受减船转产政策补助而淘汰报废，涉及捕捞渔民2.2万人，上交功率指标43.82万千瓦，使浙江省海洋捕捞能力盲目增长得到有效遏制。

8月31日　秦山核电站二期1号(60万千瓦)汽轮发电机组实现非核蒸汽冲转一次成功，标志着中国跨上自行制造最大核电汽轮机组的台阶。

9月15—30日　国务院先后批复同意浙江省政府与安徽省政府、福建省政府、江苏省政府联合勘定的行政区域界线协议书。

9月25日　首届“中国湖州·国际湖笔文化节”举行。

9月26日　省政府印发《关于当前城镇职工基本养老保险若干问题的通知》，就巩固基本养老保险扩面、实行并完善“低门槛准入、低标准享受”办法、调整和衔接其他人群养老保险政策、加强养老保险费征缴、多渠道筹集养老保险基金、完善养老保险调剂金制度等作出规定。是月，全省参加养老保险职工数达459.49万人，离退休人员养老金均按时足额发放，企业养老金社会化发放率达99.9%。

是月　据《浙江蓝皮书2002年浙江发展报告(社会卷)》披露，浙江共有设市城市35个，其中特大城市1个、大城市2个、中等城市7个，建制镇987个，城镇人口2277万人，城市化水平为48.7%。

是月　湖州市妇幼保健院副主任技师卢宝庭发现世界范围内从未发现过的一种人类染色体异常核型。

10月18日　全省最大的高教园区——杭州下沙高教园区(一期)建成，浙江工程学院、杭州电子工业学院、中国计量学院、浙江司法警官职业学院、杭州职业技术学院5所高等院校喜迎1.8万名新生入学。

是月　杭州西湖文化广场正式奠基。

11月2日　中远浙江省公司改制工作基本完成，浙江远洋运输有限公司组建。同日，省交通厅正式将浙江远洋运输有限公司移交省政府新组建的省交通投资集团有限公司。公司拥有各类运输船舶13艘，总载重吨达到33万余吨。

11月2日　中国杭州首届运河文化研讨会在杭州开幕，国内经济、历史、文学、考古、建筑、旅游等方面专家聚集一堂，为运河发展出谋划策。

11月7日　宁波港集装箱吞吐量首次超100万标箱。

11月8日　定海五峙山列岛鸟类自然保护区被列入唯一的省级海洋鸟类自然保护区。

11月8—9日　省政府召开改革开放以来的第一次全省基础教育工作会议，提出“十五”期间全省基础教育发展思路和奋斗目标。

11月13日　省委、省政府召开全省精神文明建设表彰大会，首批浙江省文明城市、创建文明城市工作先进县(市)、全国创建文明小城镇示范点和第二批省级文明社区等先进集体获命名表彰。

11月20日　在日本北九州召开的联合国亚洲太平洋经济社会委员会相关会议上，宁波被确定为亚太地区环保网络城市成员，同时还被推荐为中国唯一的示范项目城市。

11月22日　由于江苏盛泽的污水侵入，致使嘉兴秀洲区及嘉善县北部部分农田和水域遭受严重污染，大批农作物和养殖水产品死亡。24日18时，在中央领导的直接关心下，经过水利部和国家环保总局两天两夜的协调，浙江省与江苏省两地领导本着团结治污的精神，就嘉兴与江苏盛泽边界的水污染纠纷达成《协调意见》。2002年1月25日，嘉兴、吴江环保部门对吴江流入嘉兴的水质进行联合检查，结果表明王江泾断面水质已得到明显改善，水体基本稳定在Ⅲ类左右，盛泽水污染治理初见成效。1月29日，国家王江泾水质自动监测站正式启动运行。

11月23日　浙江舞台设计研究院有限公司正式挂牌。这是全国文化系统国办科研院所第一家多元化股份制企业。

11月23日　嘉兴市开通市、县(市、区)、乡卫生主管部门和医院互通的生育健康监测系统。这是国内第一个生育健康监测系统。

12月10日　浙江玻璃股份有限公司在香港正式挂牌上市。这是国内首家发行H股的私营企业。

12月10日　经国务院批准，撤销衢县，设立衢江区，属衢州市辖区。

12月12日　省卫生厅宣布，曾是血吸虫病重灾区的浙江省已消灭血吸虫病。

12月13日　民航总局发文同意杭州萧山机场更名为“杭州萧山国际机场”。

12月15日　省公安厅宣布：公民只要带上身份证、户口簿，就可以按需申领出国护照。

12月17日　省政府印发《浙江省卫生现代化建设纲要(2001—2020)》。

12月20日　全省工商系统1249个应脱钩市场已全部将市场产权、债务、机构、人员成建制地移交给当地政府部门。至此，浙江省市场办管脱钩工作全部结束。

12月24日　省内首条采用股份制形式建筑的高速公路——甬台温高速公路台州段全线建成并通车。

12月24日　杭州萧山国际机场航站楼工程获2001年度中国建筑工程“鲁班奖”。

12月26日　浙江广播电视集团成立。

12月28日　省委组织部、省人事厅、省科技厅、省教育厅、省财政厅等单位联合印发《浙江省“新世纪151人才工程”(2001—2010年)实施意见》。

12月31日　民营企业家涉足轿车制造业第一家——“吉利”汽车被列入国家经贸委汽车目录，被评为2001年“中国乡镇企业十大新闻”之一。

至是年　全省2170万个农村劳动力中，已有1200万个富余劳动力从事第二、第三产业。55%的农村劳动力实现大转移。非农产业成为农民收入的主要来源。浙江实现了农民人均年收入连续16年居全国省、区之冠。是年，全省农民人均纯收入4582元，其中有3236元来自非农产业；近3年，浙江农村企业平均每年增加就业38.6万人，居全国之首。1999—2001年3年间，全省城镇由农村迁入的人口近200万。2001年浙江的城市化率达到42%，比1999年提高6个百分点，提升速度居全国前茅。

是年　全省高校完成基本建设总投资70亿元，竣工面积300.37万平方米，一年的竣工面积是中华人民共和国成立后43年的总和。

是年　据不完全统计，浙江已有在沪企业50000家，其中2000多家具有一定实力，投资总额约500亿元。与其他各省市相比，浙江在上海的投资总额、创办企业总数和拥有资产总额均居首位。

是年　省内第一家依托商品专业市场的大型物流企业——义乌市联托运开发总公司成立。到2002年底，该公司货运网络覆盖全国除台湾以外的250多个城市。

是年　全省有行业协会294家。至2007年，达到2630家。

是年　省民政厅、省农业厅、省建设厅联合下发《关于村规模调整工作的指导意见》，提出“积极稳妥、因地制宜、规模适度、精心组织、依法实施”的工作原则，有效推动和规范村规模调整工作。至2007年底，全省村委会总数减至32213个，比1995年减少25.1%。

是年　温州康奈鞋业启动“走出去、走进去、走上去”国际化战略，在欧美地区开辟品牌专卖网络。2007年，康奈集团率先在全国同行中获全国质量奖。

是年　华立集团与出售技术的一方——飞利浦半导体公司达成战略联盟，通过资本运营方式，并购飞利浦CDMA移动通信，并购了飞利浦CDMA的国际顶端技术。这是中国企业第一次在国际市场上并购移动通信核心技术。

是年　长兴县开始发放扶持民办学校和职业学校的教育券，后来相继推出扶贫助学教育券、补助薄弱高中和民办高中的教育券，开创教育经费拨款体制改革新尝试。

是年　浙江省地区生产总值6898.34亿元，其中工业增加值3181.93亿元，人均地区生产总值14713元；社会消费品零售总额2839.59亿元；全社会固定资产投资2776.69亿元；全年财政总收入917.76亿元；全省职工平均工资15770元。

是年　浙江省总人口为4519.84万人，人口自然增长率为3.77‰。

2002年

1月15日　中国质量管理协会质量保证中心向海盐县颁发证书，确认海盐县28个行政部门的行政审批流程通过ISO9001认证。这是全国地方政府开展审批制度改革、设立“集中办事大厅”以来首个拿到“国际通行证”，相关行政审批服务事项被全世界100多个国家认可的地方。

1月19日　省委正式公布《浙江省公民道德规范》。

2月1日　经国务院批准，撤销鄞县，设立鄞州区，属宁波市辖区。

2月27日　国内第一所宽带运行的城市网络大学——浙江大学求是网上学院正式开通运行。

3月14日　中国科学院发布的2002年《中国可持续发展战略报告》显示，浙江省的环境指数排名西藏自治区、海南省之后，列全国第3位。

3月21日　由温州烟具企业代表组成的交涉团飞抵德国，为制止欧盟通过打火机CR法规进行努力。这是中国加入世贸组织后，中国民间第一次组团到国外就贸易争端进行正面交涉。

3月23日　总投资2.3亿美元的中奥(奥地利)合资宁波至金华高速公路宁波段工程总承包协议签字仪式举行。9月30日，全长42千米的甬金高速公路宁波段开工。

3月28日　中国驰名商标、浙江省著名商标授证大会在杭州举行，浙江省10家企业获得中国驰名商标、98家企业获得浙江省著名商标。至此，全省中国驰名商标、浙江省著名商标分别达到28件、454件，中国驰名商标总数居全国第4位。

3月30—31日　全国统一进行首次国家司法考试。浙江有11272名考生参加考试。5月底，首次全国司法考试成绩公布，浙江有1186名考生成绩合格，合格率为11.06%，高于全国平均水平4个百分点。

4月2日　省科协与省统计局联合开展首次浙江省公众科学素养调查。调查结果表明，全省公民具备基本科学素质比例为2.10%，高于全国平均水平。

4月4日　由舟沪合资组建的洋山同盛港口建设有限公司在嵊泗成立，上海国际航运中心洋山深水港区建设正式启动。

4月10日　遂昌县水利局首次对水电站的资源开发权进行规范化公开招标。此举开创全国先河，敲响全国公开拍卖小水电资源开发权第一槌。

4月12日　2001年度全国十大考古新发现评选活动揭晓，萧山跨湖桥新石器时代遗址、杭州雷峰塔遗址、杭州南宋恭圣仁烈皇后宅遗址和杭州老虎洞南宋窑址名列其中。

4月15日　由中国自主设计、自主建造、自主管理、自主运营的第一座大型商用核电站——秦山核电站二期1号60万千瓦核电机组并网发电。

4月15日　国家重点科技攻关项目——70千瓦潮流实验发电站在岱山县官山岛附近建成。这是亚洲第一座潮流实验发电站。

4月27日　省政府印发《关于建立浙江省常山黄泥塘“金钉子”地质遗迹省级自然保护区的批复》，批准建立浙江省第一个地质遗迹自然保护区。

4月28日　省委书记张德江出席纪念谭震林同志诞辰100周年座谈会并讲话。

5月13日　全省除舟山(独立电网)及自行管理的小水电自供区、趸售区、转供区外，全部实现城乡居民生活用电同网同价。

5月16—17日　全省城市化工作会议在杭州举行。自1998年省第十次党代会作出“不失时机地加快推进浙江省城市化进程”的战略决策后，3年多来，浙江城市化水平(即城市人口占总人口的比重)已从1998年度的36%提高到2001年度的42%。

是月　浦江县检察院就浦江县良种场(国有事业单位)低价拍卖处理国有资产案，代表国家利益以原告身份向该县法院提起民事公诉。法院采纳检察机关意见，判决拍卖成交确认书和房地产买卖合同无效。该案系浙江省首例民事公诉案。

6月8日　中国首届森林风景资源博览会暨天目山森林旅游节在临安开幕。

6月10日　覆盖全省11个市、拥有50万家企业信用信息的“信用浙江网”开通试运行，成为全国数据容量最大的省域企业信用数据库。至2006年，陆续公布6000多家企业的失信行为，有力地加强了对企业信用的监督和管理。

6月12—16日　中共浙江省第十一次代表大会在杭州召开。会议通过张德江代表第十届省委所作的工作报告。大会选出中共浙江省第十一届省委、省纪委，并通过关于第十届省委工作报告的决议、关于省纪委工作报告的决议，选举产生浙江省出席党的十六大代表。16

日，中共浙江省第十一届委员会举行第一次全体会议。会上，全体委员以无记名投票方式，差额选举产生张德江、柴松岳、李金明、梁平波、周国富、乔传秀、吕祖善、袁兴华、黄兴国、王国平、俞国行、张曦、斯鑫良、陈敏尔为省委常委；张德江当选为书记，柴松岳、李金明、梁平波、周国富、乔传秀当选为副书记。李金明当选为新一届省纪委书记。

6月21日　国务院批准设立国家级宁波出口加工区。

6月24—26日　全国农村“三个代表”重要思想学习教育活动总结表彰会议在杭州召开，中共中央政治局常委、中央书记处书记胡锦涛出席会议并发表重要讲话。会议表彰全国农村“学教”活动先进集体和基层干部标兵。省委书记张德江作大会发言。

6月27日　嘉善县政府与上海杉达大学正式签约创建光彪学院，引进全省第一家县级成建制的民办大学。12月8日，上海杉达大学嘉善光彪学院举行奠基仪式。

6月28日　全省第一个省级农业高科技示范园在萧山开园。

7月3日　全省建设“信用浙江”工作电视电话会议在杭州召开。是月，省政府出台《关于建设“信用浙江”的若干意见》。

7月10日　经国务院批准，省委、省政府决定在全省范围内进行农村税费改革，此项改革从7月1日起实行。通过改革，全省农村居民人均负担可减少63%，年人均税费负担可从2001年的92元降到34元左右。

7月18日　全国第一个楼道党支部——杭州下城区王马社区科普楼党支部诞生。下城区委相继出台一系列有关社区党建和楼道党支部建设文件，全面推广社区党组织为民服务工作法。

7月30日　《浙江省企业工资支付管理办法》经省政府常务会议通过后施行，确定在浙江省建立企业最低工资标准制度。

是月　省政府下发《关于加强基层文化建设的若干意见》，部署民族民间艺术抢救保护工作，标志着浙江省非物质文化遗产保护工作率先启动。

8月2日　省政府常务会议讨论通过《浙江省最低生活保障办法》，要求扩大享受低保待遇的范围，不仅特困职工成为保险对象，而且贫困村民也可以申请最低保障，从而在全国率先实现最低生活保障的城乡一体化。

8月12日　2002年国际数学家大会的卫星会议之一——弦理论会议在杭州召开，丘成桐、史蒂芬·霍金等百余名中外著名数学家和物理学家出席。15日，浙江大学聘任英国剑桥大学卢卡斯数学教授霍金为名誉教授。

8月16日　省政府常务会议讨论通过《浙江省归正人员安置帮教工作办法》，于2002年10月1日起正式实施。

8月17日　东芝杭州有限公司、东芝信息机器(杭州)有限公司在杭州出口加工区举行奠基典礼。5月17日，日本东芝公司宣布，投资70亿日元在杭州出口加工区建立东芝全球性的笔记本电脑生产基地，年生产能力为240万台，居世界第一。

8月29日　全省首家空中急救中心——舟山市空中急救中心正式成立。

9月2日　省科协公布浙江首次公众科学素养调查结果：2.1%的浙江人具备基本科学

素养，比全国平均水平高出0.7个百分点。

9月5日　湖州泰翔航空科技有限公司（浙江锦江药业有限公司和美国AEC直升飞机制造公司等共同组建的高科技企业）生产的国内最轻的载人轻型直升飞机进行试飞。

9月20日　国内第一个沙雕主题广场——舟山朱家尖国际沙雕广场正式建成启用。

10月12日　省委在杭州召开全省领导干部会议，宣布中共中央关于浙江省政府主要领导职务变动的决定。中央决定：习近平任浙江省委委员、常委、副书记，提名为浙江省省长候选人。是日，省人民代表大会常务委员会决定，习近平任浙江省副省长、代省长。

10月13—14日　联合国秘书长安南访问杭州，浙江大学授予其名誉博士学位。

10月14日至11月10日　第五届亚洲艺术节在杭州举行。这是浙江省、杭州市首次主办和承办的政府间国际艺术节。

10月15日　国家外汇管理局浙江省分局宣布，浙江成为全国唯一一个进行境外投资外汇管理改革的试点省份。

10月16日　由省政府、科技部和国家知识产权局共同主办的国内首家网上技术市场——中国浙江网上技术市场正式运行。市场实行综合集成、全省联动、共建共享的管理体制，由省科技厅和11个市政府共同承办。

10月17日　国务院正式同意宁波口岸大榭港区对外国籍船舶开放，并设立边检、检验检疫机构。

是月　浙江省广播电视监测中心挂牌成立，正式开展对全省广播电视安全监测工作。

是月　湖州港成为浙江第一大内河港口，在全国十大内河港口排名中升至第5位。

11月4日　温州珊溪水利枢纽工程竣工。该枢纽工程是中华人民共和国成立以来浙江投资最大的水利项目。

11月7日　“浙江省政府奖学金”设立，每年由省本级财政拨出700万元，奖励3000名家庭经济困难且品学兼优的普通高校全日制在校本专科生。

11月18日　萧山跨湖桥新石器时代文化遗址考古发掘工作取得重大突破，一艘7600余年前的独木舟被发现，填补中国新石器时代人类水上交通工具研究的空白。

11月21日　省委召开全省领导干部会议，宣布中共中央关于浙江省委主要领导职务变动的决定。中共中央决定：习近平任浙江省委书记。

11月28日　杭宁（杭州—南京）高速公路浙江段全线建成通车。这是浙江通往江苏的第一条高速公路，为浙江新增一条出省通道。

是月　省教育厅印发《浙江省高标准高质量普及九年制义务教育要求及实施办法（试行）》，要求全省高标准高质量普及九年制义务教育评估验收工作从2003年开始，每年进行一次。

12月2日　比利时英特布鲁国际啤酒集团以4200万美元并购宁波开开集团，为宁波利用外资的新方式。

12月6日　公安部综合调查组进行的2001年度中国群众安全感调查显示，浙江省有87.7%的被调查群众认为有安全感，高出全国平均水平6.35个百分点，居全国首位。

12月18—19日　省委十一届二次全体(扩大)会议召开。省委书记、代省长习近平代表省委常委会作题为《认真贯彻落实党的十六大精神，全面建设小康社会，加快推进现代化建设》的报告，全会审议通过《中共浙江省委关于认真贯彻落实党的十六大精神，加快全面建设小康社会，提前基本实现现代化的决定》。

12月20日　浙江省“地方立法网”正式开通。这是由省级人大主办的全国第一家地方立法方面的专门网站。

12月20日　经浙江省委、中国人民银行批准，温州市成为全国唯一的金融改革综合试验区，新一轮金融改革全面启动。

12月20日　浙江宏发能源有限公司、金华八达集团有限公司与金华市国资办签订协议，两公司以5559.2万元的价格购买市电力开发公司的资本金，公司国有资产一次性退出，为全省电力资产重组国有资产开了先河。

12月21日　总投资13亿元的马迹山矿石中转码头，经过4年建设和近1年试运行，通过国家有关部门竣工验收，正式投产运行。

12月24日　外来务工者朱林飞被选为义乌市人大代表。这是全国首位外来务工者当选为县级人大代表。

12月28日　杭(州)金(华)衢(州)和金(华)丽(水)高速公路建成通车。至此，浙江省4小时公路交通圈正式实现。

12月31日　浙江“百乡扶贫攻坚计划”全面完成。2002年，100个贫困乡镇农民人均收入达1922元，比3年前增长32.6%。

12月31日　省环保局宣布：浙江省环境保护“碧水、蓝天、绿色”工程取得阶段性成果，300个重点环保项目投入资金503.9亿元，为建设天蓝水碧、地绿山青的环境打下基础。

是月　浙江省在全国率先实现高速公路联网收费，省内1307千米高速公路做到“一卡通”。

是年　义乌中国小商品城成交额达229.98亿元，连续11年位居全国集贸市场榜首。其中外贸出口105亿元，居全国市场第一。

是年　浙江省第一家货运(物流)信息交易中心“杭州市传化物流基地”建立，基地既连接省内11个市的有关管理机构和企业，又连接省外网站的公共性信息平台。

是年　台州市政府以银座城市信用社为核心组建成立台州市商业银行。2006年，泰隆城市信用社升格为浙江泰隆商业银行、浙江银泰城市信用社整体改建为浙江民泰商业银行，台州成为全国唯一拥有3家地方商业银行的地级市。

是年底　全省开展合作医疗的乡镇440个，占乡镇数的30.41%；开展合作医疗的行政村6567个，占行政村数的17.46%；参加合作医疗的农业人口数652.88万人，占农业人口总数的19.28%。

是年　浙江省地区生产总值8003.67亿元，其中工业增加值3640.84亿元，人均地区生产总值16978元；社会消费品零售总额3166.15亿元；全社会固定资产投资3596.31亿元；全年财政总收入1166.58亿元；全省职工平均工资18227元。

是年　浙江省总人口为4535.98万人，人口自然增长率为3.79‰。

2003年

1月5—6日　省委书记、代省长习近平赴舟山调研，强调海洋是浙江的一大优势，要发挥海洋资源优势，加快海洋经济发展。

1月8日　杭州市望江立交工程建成通车，市区最后一个铁路平交道口消失。

1月11日　经国务院批准，设立吴兴区和南浔区，属湖州市辖区。

1月12日　为满足高速交通运输的需求，杭州市气象台在做好冰冻预报的同时，推出能见度预报。此举为国内首创。

1月15—21日　省政协九届一次全体会议在杭州召开。会议审议通过省政协八届常委会工作报告、九届一次全体会议决议和提案审查情况报告，选举李金明为政协第九届浙江省委员会主席，龙安定、李青、陈昭典、张蔚文、王玉娣、吴国华、徐鸿道、彭图治、冯培恩、徐冠巨为副主席。

1月16—23日　省十届人大举行第一次会议。会议听取、审查代省长习近平所作《政府工作报告》及其他有关报告，并通过相应决议。会议选举习近平为省十届人大常委会主任，选举俞国行、鲁松庭、徐志纯、卢文舸、叶荣宝、葛圣平、李志雄、孙优贤为副主任。选举吕祖善为浙江省省长，选举章猛进、王永明、巴音朝鲁、盛昌黎、陈加元、钟山为副省长。

1月20日　浙江绿色农产品认定委员会宣布，28个农产品通过认定，成为全省第一批“浙江绿色农产品”。

1月26日　舟山市委、市政府举行大陆引水工程试通水典礼。

1月28日　吉利集团自主开发的第一辆国产跑车“美人豹”在台州路桥基地下线，终结中国没有国产跑车的历史。9月28日，“美人豹”被中国国家历史博物馆作为永久收藏品和展示品收藏。是年底，在中国企业工业设计创新奖评选中，该车获得大赛唯一的“中国工业设计创新特别奖”。

是月　浙江启动万里清水河道建设，通过河道清淤疏浚、清障固堤、护岸绿化、配水保洁等一系列措施，改善河道水环境。至2007年，全省累计整治建设清水河道13400多千米，落实15000千米河道保洁管理任务。

是月　省编委批复同意浙江人民广播电台、浙江电视台划转省广播电视集团。两台保留副厅级事业单位建制，对外台号不变，但不再保留独立法人资格；同意将浙江省广播电视报社等49个事业单位成建制划转省广播电视集团，划转后事业编制、经营形式、机构规格不变。

是月　国务院三峡建设委员会下达浙江省第二批三峡工程重庆库区农村移民外迁安置任务2100名。

2月9日　由杭州制氧机集团公司自行设计和制造的中国第一套大型空分设备——上海宝山钢铁厂3万立方米/小时空分设备一次开车成功。

2月14日　新华社报道，由中科院中国现代化研究中心发布的《中国现代化报告2003》推出现代化“排行榜”，浙江位列初等发达地区。

2月28日　省政府同意以衢州职业技术学院、浙江工业大学浙西分校为基础，筹建衢州学院。该学院一期工程建筑面积21.8万平方米，投资4.8亿元，2004年8月建成，9月开学。

3月6日　省委、省政府启动千万农民饮用水工程建设。2003—2007年，全省累计完成投入60.5亿元，新增农村供水规模215万吨/日，受益行政村9213个，总受益人口833万人，全省农村安全饮用水覆盖率提高到86%。

3月10日　经国务院批准，在乍浦正式设立嘉兴出口加工区。这是浙江继杭州、宁波之后获得国务院批准设立的第3个国家级出口加工区。

3月12日　西子电梯集团以1.3亿元溢价整体收购杭州锅炉集团全部职工股份，并对该公司增资扩股，正式挂牌成立西子联合控投有限公司。

3月17日　中国科学院院士、著名数学家、教育家苏步青在上海逝世。苏步青，平阳人，1902年9月出生，生前曾任全国政协副主席、中国民主同盟中央名誉主席等职。

3月18日　《浙江生态省建设总体规划纲要》在北京通过专家论证，由此，浙江拉开全面建设生态省序幕。7月11日，省委、省政府召开生态省建设动员大会，全面启动生态省建设，努力打造“绿色浙江”。浙江是继海南、吉林、黑龙江、福建之后，经国家环保总局批准的第5个生态省建设试点省。

3月27日　省委召开工作会议，省委书记习近平强调要学习上海、江苏经验，积极参与长江三角洲地区合作，进一步提高浙江省对内对外开放水平。

3月27日　省委、省政府作出向全省100个欠发达乡镇派遣科技特派员的决定。10天内，从省农科院、浙江大学等涉农高校、科研院所派出的首批100名科技特派员即入驻乡镇。2004年，科技部、人事部向全国推广浙江经验。2005年，省委、省政府决定全面推行科技特派员制度，在全省1279个乡镇全部派遣科技特派员。2006年，浙江被列为联合国UNIP科技特派员试验区。

3月30日　浙江万里教育集团和英国诺丁汉大学签订意向书，在宁波创办诺丁汉大学中国校区。这是外国名牌大学首次在中国正式建立分校。

是月　省政府成立浙江省港口规划建设委员会，并正式提出宁波—舟山港资源整合战略构想，突破行政区划界限，整合宁波、舟山港口资源，推进两港一体化进程。

是月至11月　宁波市海曙区辖内全部59个社区居委会实行社区居委会直接选举，诞生浙江省第一批直选产生的居委会主任。此次直选为全国首例县级行政区实行全行政区社区直选。

4月8日　宁波鄞州农村信用合作联社改制为宁波鄞州农业合作银行(核准简称“鄞州银行”)并正式挂牌营业，是全国首家进行农村信用社体制改革的银行单位。

4月9日　温州半岛工程开工，温州城市发展由瓯江时代向东海时代跨越，从滨江城市向滨海城市迈进。2006年4月29日，温州市委、市政府在洞头滨海新城举行温州半岛工程建设通车典礼。

4月9—11日　省委书记习近平先后赴安吉、桐庐、杭州等地，就省重点工程建设、生态县建设、块状经济等情况进行专题调研。他强调要着力推进省重点工程建设；要大力推进生态建设，努力打造“绿色浙江”；要加快发展块状经济，不断提升浙江省整体实力和竞争力。

4月14日　省委召开常委扩大会议，传达贯彻全国非典型肺炎（简称“非典”）防治工作会议精神，研究部署全省“非典”防治工作。17日，全省“非典”防治工作会议在杭州召开。

4月14日　缅甸来华青年志愿者交接仪式在宁波举行。这是国内青年组织首次引进国外人力资源开展志愿服务工作。

4月18日　传化物流基地建成启用。该基地由浙江传化集团投资控股，占地面积37.33公顷，总投资3亿元，是浙江首个现代化物流基地。

4月22日　国家重点工程宣杭铁路复线工程全线开工。该复线起自安徽宣城，经长兴县至杭州，全长224千米，总投资34.1亿元。

4月24日　习近平到淳安县下姜村调研，并为其指明了发展方向。下姜村先后成为张德江、习近平、赵洪祝三任省委书记的联系点，全村也从一个偏僻、贫穷的深山小村发展成一个基层组织健全、产业特色明显、村容村貌整洁、群众生活宽裕的小康建设示范村。

4月24日　省卫生厅“非典”科技攻关小组成功检测到“非典”病毒特异性核酸，培养和分离到“非典”病毒，完成对该病毒全基因序列的测定，成为继军事医学科学院后中国第二家登录国际基因库的单位。研制出“非典”实验室早期特异性诊断方法和特异性检测“非典”病毒基因的实时荧光核酸扩增诊断试剂，为“非典”病人、疑似病人的鉴别诊断提供实验室的科学依据，也为今后抗“非典”病毒药物研制、疫苗开发等奠定了基础。

5月16日　省劳动和社会保障厅、省国土资源厅、省财政厅等5部门联合在全国率先下发《关于建立被征地农民基本生活保障制度的指导意见》，标志着以“土地换社保”的制度安排在全省全面启动，失土农民有了基本生活保障。接着，进一步规范完善被征地农民社会保障制度，规定对2003年起被征地的农民应做到应保尽保。

5月19日　国家广电总局批复同意杭州、宁波、温州、嘉兴、湖州、绍兴6个城市为全国有线数字电视第一批试点城市。

5月19日　浙江省最大的示范性门诊大楼——浙江大学医学院附属一院门诊大楼正式启用。

5月31日　金华市金融机构各项存款余额首次超过1000亿元，达到1004.82亿元，至此，全省有杭州、宁波、温州、绍兴、金华5个市存款余额超1000亿元。

是月　因“非典”影响，全省接待国内旅游者90万人次，同比下降91.7%；旅游收入3.5亿元，同比下降94.9%；接待入境旅游人数2万人次，同比下降72.6%；旅游外汇收入762.3万美元，同比下降68.5%；出境旅游为零。

6月5日　省文物考古研究所和萧山博物馆专家宣布：2002年11月在位于跨湖桥遗址东北约2千米处丁孙村出土的遗物，与跨湖桥出土的遗物一脉相承，距今约有8000年历史。丁孙遗址的发现，为跨湖桥文化的命名提供了基本条件。

6月5—6日　省委、省政府在杭州召开“千村示范、万村整治”工作会议，提出今后5年，全省要对1万个左右的村进行全面整治，把其中1000个左右的中心村建设成全面小康示范村。至2007年底，累计完成示范村1181个、整治村10303个，全省村庄整治率达到35.39%。

6月15日至7月16日　省经贸委主办浙江省首届工业品网上交易会，全省3052家企业的2万余种产品在互联网上摆开“大卖场”。历时1个月的网交会，访问量达200多万人次，协议成交14.2亿元，实际成交4.57亿元。

6月16日　全长18千米的天然气利用工程高压管线开工，总投资16亿元的杭州天然气利用工程建设全面启动。

6月16日　浙江江南生物科技有限公司的“地中海贫血基因检测试剂盒（基因芯片法）”经国家食品药品监督管理局批准，获得生物制品第一类新药证书。这是中国批准的第一张基因生物制品类药证。

6月17日　省政府出台《浙江省“五大百亿”工程实施计划》和《关于实施“五大百亿”工程的若干意见》。“五大百亿”工程总投资达3000多亿元，以进一步改善浙江经济发展的硬环境。

6月20日　杭州市老龄工作会议召开。至2002年末，全市60岁以上老年人达87.99万人，占全市总人口的13.82%，杭州已进入老年型社会。

6月22—23日　日本旅行商考察团考察杭州、嘉兴等地，就“非典”过后日本市场复苏的产品、线路以及安全防范措施进行探讨。此次考察团是“非典”过后国家旅游局邀请的第一个境外旅行商考察团。

6月24—25日　省委、省政府召开全省工业大会。会议提出到2010年，基本形成国内领先，具有较强国际竞争力的先进制造业基地，成为中国新型工业化道路的先行地区。

6月27日　省人大常委会作出《关于建立公民旁听省人民代表大会常务委员会会议制度的决定》。

6月29日　宁波港用30小时30分卸完希腊籍20万吨巨轮“命运女神”号装载的169691吨巴西铁矿石，创全国单船卸货最快纪录。

是月　浙江被中共中央确定为全国两个文化体制改革综合试点省份之一（另一个为广东省）。8月，《浙江省文化体制改革综合试点总体方案》上报中央审批。省委书记习近平用4个整天时间专题调研文化体制改革和文化大省建设，实地考察20多个文化单位。

是月　省委办公厅、省政府办公厅转发《省信息化工作领导小组关于浙江省电子政务建设指导意见》，推动电子政务建设进入快速发展轨道，加快服务型政府建设。

是月　湖州大亨玻璃制品有限公司生产出世界上独一无二的最宽（1.3米）锂系平板微晶玻璃。这种玻璃为高新技术材料，具有高强度、低膨胀、无辐射等特点，可用于家电、航天、化工、电子等领域。

上半年　嘉兴市首次出现人口负增长。1—6月，全市上报出生人口10412人，死亡11458人，人口自然增长率为－0.31‰。

7月1日　国家邮政局、杭州市的重点建设项目杭州第二邮政枢纽正式启用，为浙江规模最大、最先进的邮政枢纽。

7月4日　省委在全国率先制定出台《浙江省反腐倡廉防范体系实施意见（试行）》，促进反腐倡廉工作的制度化、规范化和法制化。同时，省委常委会向全省公开作出6项廉政承诺，带头自觉接受监督。

7月5—6日　全国高校首次“日本细菌战受害调查研讨会”在义乌举行。侵华日军细菌战中国受害诉讼原告团团长王选呼吁:全国人民动员起来,对细菌战进行科学调查,谋求二审诉讼的胜利。

7月10—11日　省委十一届四次全体(扩大)会议召开。省委书记习近平作题为《兴起学习贯彻“三个代表”重要思想新高潮,努力开创浙江各项事业新局面》的报告。会议强调,兴起学习贯彻“三个代表”重要思想新高潮,必须紧密结合浙江实际,进一步发挥“八大优势”,推进“八项举措”(即“八八战略”)。

7月10日　杭州市开始发放《集体土地所有权证》,西湖区杨家牌楼村领到00001号证书。

7月10日　绍兴纺织高新技术产业基地发展规划通过科技部火炬中心、中国纺织行业协会、省科技厅等专家评审。自此,绍兴市成为全国首个纺织高新技术产业基地。

7月11日　省委书记习近平出席全省生态省建设动员大会并讲话,强调要全面启动生态省建设,努力打造“绿色浙江”。

7月18日　零时,三峡电送至浙江。这是三峡电厂首次向浙江电网供电,此次浙江分到6.2万千瓦三峡电。

7月21日　省财政厅下发《关于农业特产税改为征收农业税有关问题的通知》,明确从2003年起,对原在非计税土地上征收农业特产税的部分农业特产品改为征收农业税。改征农业税后统一按照农业税减免政策执行。

7月25日　浙江遭遇中华人民共和国成立50多年来罕见的酷暑和干旱,成为全国旱情最为严重的地区之一。此日全省大部分地区气温都在38℃～40℃之间,丽水市达到42.5℃。从5月1日至7月24日,全省累计雨量异常偏少,大部分地区只有常年同期雨量的40%～60%。7月31日,丽水市区最高气温43.2℃,是丽水有史以来气温最高纪录,也是浙江省最高气温。

是月　浙江大虎打火机有限公司打赢中国加入世界贸易组织后民营企业反倾销第一案,是中国加入WTO后民营企业打赢的首场国际官司。

8月7日　浙沪卫视互相落地。至此,浙江卫视实现在全国所有省会城市、计划单列城市落地。

8月15日　长三角市长峰会一致通过接纳台州市加入长三角城市经济协调会,地处长江三角洲边缘的台州市正式成为“长三角”第16位成员。

8月18日　省委、省政府在杭州召开全省海洋经济工作会议,提出建设海洋经济强省的目标。

8月21日　杭州市中医院与美国格林斯玛投资有限公司共同筹建中外合作杭州爱德医院的合作经营合同签订仪式在杭州举行。这是杭州首个中外合作医院。

8月25日　全省数字浙江建设工作会议在杭州召开。9月,省政府出台《数字浙江建设规划纲要(2003—2007)》。

8月26日　全省实施新型农村合作医疗制度，每位农民每年只需交30元钱，就能报销不同比例的医药费。

8月27日　省政府印发《浙江省先进制造业基地建设规划纲要》。按照《纲要》提出的目标，至2010年，浙江将基本建成国内领先的先进制造业基地；2020年，浙江制造业全面融入世界现代化制造业体系。9月17日，省政府出台《关于推进先进制造业基地建设的若干意见》。

8月28日　省政府发出《关于加快建立被征地农民社会保障制度的通知》。

8月29日　中共中央总书记胡锦涛考察金华李子园牛奶食品有限公司在江西于都县兴办的农业龙头企业，对“李子园”带动老区农民脱贫致富奔小康表示满意。

9月6日　省政府下发《关于调整企业最低工资标准的通知》，决定即日起对浙江省行政区域内的所有企业调整最低月工资标准，同时实行最低小时工资标准制度，企业最低工资标准每月至少390元，每小时工资至少3.5元。

9月10日　义乌市国际商贸城土地使用权拍卖创出“天价”，4个地块总面积2.8万平方米、建筑占地面积为5773.6平方米的土地，中标总金额9.2亿元。其中1号地块中标金额3.2亿元，以建筑面积计算，每平方米价格高达22万多元。

9月10日　西湖水环境综合保护工程引水工程正式通水，每天向西湖注入清水40万立方米，年引水量1.2亿立方米，西湖水实现一月一换。

9月11日　省政府下发《关于加快建立覆盖城乡的新型社会救助体系的通知》。

9月12日　省政府办公厅转发省老龄办、省民政厅《关于加强城市社区老龄工作意见的通知》，将全省老龄工作规范化社区建设概括为“3587工程”，即建立和完善社区老龄工作的3个组织，建立健全社区为老年人服务的5个网络，开展社区老龄工作的8项任务，实现社区老龄工作规范化的7项标准。至2006年末，全省有1902个社区达到规范化建设要求，占同期参加创建总数的94%。

9月15日　全国首创的嘉兴市“市长电话”手机短信平台13757312345和“市长电话”外商服务热线(8)2512345正式开通。

9月20—30日　省科协举办首届“中国浙江科普节”。

9月22日　杭金衢高速公路二期工程(衢州翁梅至常山窑上)建成通车。至此，杭金衢高速公路全线建成通车，为全省新增一条出省通道。杭金衢高速公路是浙江省通往江西省的第一条高速公路，标志着上海—瑞丽的国道主干线在浙江境内全线贯通。

9月24日　号称“世界散货船王”的“AMYN”轮靠泊舟山港马迹山港区码头，创下舟山港历史上重载进港靠泊散货船舶载重吨位最大(322398吨)、吃水最深(21.64米)、实际排水量最大(331895吨)3项纪录。

9月25日　省委、省政府召开全省抗击“非典”先进表彰大会，51个先进集体和301名先进个人受到表彰。

9月27日　国务院批复浙江省政府，同意杭州航空口岸扩大对外国籍飞机开放。

9月30日　杭州西湖综合保护工程杨公堤、新湖滨、梅家坞茶文化村三大景区竣工开放，恢复“一湖二塔三岛三堤”西湖全景。

10月1日　省委、省政府印发《关于建设海洋经济强省的若干意见》。

10月7—16日　首届“中国浙江学术节”在杭州举行。

10月8日　建设部、国家文物局联合发文公布全国第一批历史文化名镇(村)，嘉善县西塘镇、桐乡市乌镇和武义县俞源乡俞源村、武阳镇郭洞村榜上有名。

10月8日　首届“浙江作家节”在杭州宋城景区开幕，主题为“作家贴近生活，社会关注文学”。此项活动每年举办一次。

10月10—31日　中央军委主席江泽民视察杭州、宁波、绍兴、湖州、嘉兴等地，并在杭州会见加拿大总理克雷蒂安。

10月11—14日　首届世界温州人大会在温州举行，来自60个国家和国内118个城市的1500名温州人与会，共谋发展。

10月14日　绍兴市政府印发《关于建立新型农村合作医疗制度的实施意见》，在全省率先实行三条保障线的衔接，将保障面扩大到全社会。

10月22—26日　由外经贸部、浙江省政府、中国国际贸促会等联合主办的中国义乌国际小商品博览会在义乌博览中心举行。本届博览会总成交额62亿元，创历史新高。

10月30日　国家统计局公布2002年度最发达100个县(市、区)名单，浙江26个县(市、区)榜上有名，数量居全国第一，其中萧山区和绍兴县跻身前10名。

10月30日　省政府印发《浙江省关于进一步完善地方财政体制的通知》。为调动市县特别是欠发达地区组织财政收入的积极性，省财政将1995年财政政策整合为“两保两挂”、“两保一挂”政策，涵盖全省除计划单列的宁波外的63个市、县(市)。“两保两挂”是一种补助和奖励并举的政策，实施范围为经济欠发达及海岛等市、县(市)；“两保一挂”是一种奖励政策，实施范围为经济发达及相对发达市、县(市)。

10月30日　由浙江造船有限公司制造的5.1万吨巴拿马型散货船“RM MAHANAIM”在奉化湖头渡基地下水。此为浙江自行建造的最大吨位的出口船舶。

10月31日　省水利厅宣布，从当年起，全省将投资85亿元，用10年时间改善1000多万农村人口的饮用水条件，解决100多万农村人口饮用水困难问题。

是月　国家茧丝绸协调办公室、中国丝绸协会首次评定六大“中国绸都”，杭州、湖州、嘉兴名列其中。

11月8日　长30.107千米的苏(州)嘉(兴)杭(州)高速公路北段正式通车。至此，这条北起江苏常熟、南到浙江杭州的高速公路全线贯通。

11月8日　全省最大的民营医院——中国医科大学绍兴华宇医院建成开业。

11月9日　杭州举行首次大型市政基础设施项目冠名权拍卖，2条隧道、2座立交桥共拍得金额215万元。

11月11日　省发展计划委员会、省统计局联合发布《2002年浙江省社会发展评估报告》，对全省11个市的经济实力、科技和教育、人口和卫生、生活质量与水平、文化与体育、资源与环境、社会保障与社会秩序七大领域51项指标进行测算和评价。按社会发展水平高低排序，依次为杭州、宁波、绍兴、嘉兴、舟山、金华、台州、湖州、温州、衢州、丽水市；按社会发展速度快慢排序，依次为绍兴、杭州、宁波、嘉兴、台州、金华、丽水、湖州、温州、衢州、舟山市。

11月16日　国家舞台艺术十大精品剧目评选揭晓，浙江小百花越剧团创演的越剧《陆游与唐琬》当选，成为浙江第一个国家舞台艺术精品剧目。

11月16—22日　舟山市普陀山风景区管理局、普陀山佛教协会举办首届中国普陀山南海观音文化节。

11月17日　新加坡“浙江中心”揭牌成立。此为浙江在境外设立的首个商务促进机构。

11月17—20日　APEC（亚太经合组织）中小企业服务联盟成立会议在宁波召开，19个中介组织正式成立APEC中小企业服务联盟。

11月18日　西泠印社成立100周年。西泠印社是国内研究金石篆刻历史最悠久、影响最广泛的学术团体。

11月19日　省政府办公厅转发省科技厅、省人事厅等部门联合制定的《关于引进大院名校联合共建科技创新载体的若干意见》。至2007年底，全省引进共建包括浙江清华长三角研究院、中科院材料所、浙江加州国际纳米技术研究院、中国纺织科学研究院、香港科技大学先进制造研究所等创新载体530家，累计引进科技人员13437人，其中副高职称以上科技人员3065人，引进科技成果1178项，专利1037项，投入研发经费18.98亿元。

11月23日　西气东输工程浙江段全线贯通。

11月25日　中央社会治安综合治理委员会和中共浙江省委联合召开纪念毛泽东同志批示“枫桥经验”40周年暨创新“枫桥经验”大会。省委书记习近平在会上指出，要充分珍惜“枫桥经验”，大力推广“枫桥经验”，不断创新“枫桥经验”。

11月27日至12月7日　香港特别行政区政府与浙江省人民政府联合举办的“浙江·香港周”在杭州举行。

是月　省检察院与省监察厅、省建设厅共同制定《浙江省建设市场不良行为记录和管理办法》，在国内首创建立行贿犯罪档案查询制度。此后，交通、水利、卫生、电力等主管部门把这项制度作为工程招投标准入的必经程序在系统内推行。2005年，最高人民检察院制定《关于行贿犯罪档案查询工作暂行规定》，在全国推广。

12月1日　《浙江省突发公共卫生事件预防与应急办法》施行。

12月3日　省委、省政府在衢州召开“山海协作工程”情况汇报会，省内发达地区与欠发达地区新一轮合作交流拉开序幕。

12月4日　省委组织部、省人事厅转发中共中央组织部、人事部关于进一步加强和完善党政机关考试录用工作的通知，从2004年起，全省各级党政机关补充担任主任科员以下非领导职务国家公务员（机关工作人员），实行定期公开考试，每年招考一次，建立健全机关正常补员制度，严格执行“凡进必考”制度。

12月7日　被誉为“中国第一爆”的镇海发电厂12.5万千瓦发电机组（150米高）烟囱在起爆后15秒内定向倾倒，烟囱爆破取得成功。

12月8日　浙江省第三次历史文化遗产普查成果在杭州揭晓，新发现历史文化遗产

7473处。

12月8日　杭州湾跨海大桥建设工程全面开工。工程于6月8日在慈溪举行奠基仪式。11月15日，主体工程第一桩在北岸桥址——嘉兴市海盐郑家埭南部海面顺利施工。杭州湾跨海大桥是国道主干线——同三线跨越杭州湾的便捷通道，北起海盐县郑家埭，跨越杭州湾海域后，止于宁波市慈溪市庵东镇北，全长36千米，是世界上已建和在建中最长的跨海大桥。大桥按双向六车道高速公路设计，设计时速100千米，设计使用年限100年。大桥总投资约118亿元，民间资本占总资本的一半。

12月13日　首届浙江省民营企业峰会在杭州召开，1000多名来自全国各地的民营企业家和政府官员、著名经济学家与会。民营企业峰会从第二届起改名为“浙江·中国民营企业峰会”，每年举办一次。

12月18日　在世界银行公布的《对中国23个城市投资环境调查报告》中，杭州市列综合总分第一，并和上海同被列为投资环境最佳城市。

12月22—23日　省委十一届五次全体(扩大)会议召开。省委书记习近平代表省委常委会作题为《充分发挥“八个优势”、深入实施“八项举措”，扎实推进浙江全面、协调、可持续发展》的报告。会议审议通过《中共浙江省委关于贯彻落实党的十六届三中全会精神，进一步完善浙江社会主义市场经济体制的决定》。

12月23日　中国和加拿大合作的最大贸易项目——秦山核电站三期工程全面建成。

12月25日　杭州市地铁一号线试验段秋涛路站开工，浙江地铁建设迈出第一步。

12月26日　杭州市最后一条通乡公路——淳安县左口乡通乡公路通过竣工验收。这是浙江最后竣工的通乡公路，从此全省实现“乡乡通公路”。2005年，全面完成通乡公路等级化、路面硬化。

12月28日　国家民航总局和省政府签署协议，民航把在杭州萧山国际机场所持的股份以及宁波栎社机场、温州永强机场整体移交给浙江省政府。民航浙江省安全监督管理办公室正式成立。

12月28日　杭州绕城高速公路全线贯通，系国道主干线上海至云南瑞丽及全省公路网络主骨架的重要组成部分，与沪杭、杭甬、杭宁、杭金衢、杭千、杭徽、杭浦、杭绍甬、杭长、申嘉湖杭十条高速公路及104、320两条国道和01、02、03三条省道相连接，是杭州交通贯通全省、连接全国的公路主枢纽。公路全长123千米，是全国已建里程最长的绕城公路。

12月29—30日　省委、省政府召开全省人才工作会议，强调要大力实施人才强省战略，开创浙江现代化建设新局面。2004年1月16日，省委、省政府作出《关于大力实施人才强省战略的决定》。

12月30日　甬台温(宁波—台州—温州)高速公路全线建成通车。这条高速公路起自宁波大碶，讫于温州苍南分水关，与福建省福宁高速公路相连接，全长357千米，是浙江通往福建的第一条高速公路，为浙江新增一条出省通道。其建成通车标志着国内最长的国道主干线——同(江)三(亚)线全线贯通。

12月31日　省政府与清华大学共建浙江清华长三角研究院协议和备忘录在杭州正式

签约。2005年4月10日，浙江清华长三角研究院揭牌暨总部大楼奠基仪式在嘉兴科技城举行。

12月31日　全省国税总收入超1000亿元，达到1139.61亿元，比上年增长31.12%。其中国税部门直接组织的收入827.15亿元，增长20.2%。

是月　总投资9.8亿元的岙山—镇海进口原油管道工程在舟山海域成功实施管道首穿。

是月　经省政府批准，南京军区同意，舟山港对外开放范围进行调整，陆、海域开放面积从原来的360平方千米增加到720平方千米。新增的开放区域包括：衢山岛在内的衢山港区、衢山锚地；岱山高亭港区、五虎礁锚地；秀山海域、秀山全岛；六横岛涨起港、台门港；金塘大鹏岛等。

是月　浙江国祥制冷工业有限公司的"国祥制冷"股票A股在上海证券交易所上市，成为大陆台资企业首家在沪深两市上市的公司。

是月　湖州市委、市政府决定，2004年起，考核干部取消GDP指标。这一做法受到《人民日报》、新华社、中央人民广播电台、中央电视台等中央及省内外媒体关注，纷纷在显著位置、黄金时段作报道。

是月　《瑞安市志》出版。至此，全省所有市(地)、县(市)级社会主义时期首轮志书编纂、出版工作全部完成。

是年　省科协与世界卫生组织、世界粮农组织、世界营养联盟联合举办国际食品安全会议，首次发表有关食品卫生、营养与安全的《浙江宣言》。

是年起　浙江省分3个阶段推进新型农村合作医疗工作。第一阶段从2003年8月起，浙江被列为全国新型农村合作医疗4个试点省份之一，省政府出台《关于建立新型农村合作医疗制度的实施意见(试行)》，确定27个县(市、区)开展试点，覆盖全省农业人口的30%，参合人数831万人。第二阶段从2005年起，省政府出台《关于积极稳妥推进新型农村合作医疗工作的指导意见》，提出积极稳妥推进的要求，到2006年从制度安排上覆盖全省所有农民。第三阶段从2007年起，新型农村合作医疗进入巩固提高和深化完善阶段，省政府制定《关于进一步完善新型农村合作医疗制度的意见》，规范制度建设，建立起长效工作机制。全省86个有农业人口的县(市、区)已全部实施新型农村合作医疗，参加新型农村合作医疗的人数达3093万人。

是年起　衢州市委、市政府按照"培训农民、提高农民、转移农民、富裕农民"的思路，在全省率先开展农民素质培训工程，走出一条欠发达地区农民培训新路子。

是年　在总结富阳市试点经验的基础上，以市县为单位初步建立重点优抚对象医疗保障制度，同时在桐乡市开展规范完善在乡重点优抚对象优抚标准自然增长机制试点工作。次年9月，省民政厅和省财政厅联合下发《关于规范建立在乡重点优抚对象优抚标准自然增长机制的通知》。至2005年底，全省各地基本建立与当地经济社会发展水平相适应的抚恤补助优待标准自然增长机制。

是年至2006年　全省利用体彩公益金建成国家级全民健身活动中心3个、国家级全民健身活动基地2个、全国职工体育示范基地2个、国家级青少年户外活动营地1个、省级全民健身活动中心4个、健身广场和体育主题公园3个、全民健身路径工程8087个、全省各级各类健身活动点24600多个。

是年　浙江省地区生产总值9705.02亿元，其中工业增加值4462.97亿元，人均地区生产总值20444元；社会消费品零售总额3511.26亿元；全社会固定资产投资4993.57亿元；全年财政总收入1468.89亿元；全省职工平均工资20853元。

是年　浙江省总人口为4551.58万人，人口自然增长率为3.28‰。

2004年

1月1日　《浙江省失业保险条例》正式实施，包括农民工在内的全体职工享受失业保险待遇。到8月底，全省纳入社会保障范围的被征地农民约97.7万人，约占全省被征地农民的一半；51.3万人纳入最低生活保障，农村孤寡老人集中供养率达54.5%。农村新型合作医疗制度在47个县(市、区)实施，参加农民达到1200万人。

1月1日　浙江省博物馆、中国丝绸博物馆在全国率先实行向社会公众常年免费开放。省博物馆在全国省级博物馆中率先免费开放后，当年参观人数达到105万人次，免费前每年参观总人数仅20万人次。5月1日起，省内文化文物系统的博物馆、纪念馆全部对未成年人实行免费或优惠开放。至2008年，全省免费开放的博物馆、纪念馆达80多家。

1月2日　常山国家地质公园正式开园。

1月4日　全省工商局长会议宣布，浙江私营企业总数已达30万家，居全国第2位；2003年，浙江个私经济增加值列全国首位；全省4036个商品市场年成交额连续13年位居全国之首；义乌中国小商品城、绍兴中国轻纺城成交额分别为248亿元和246亿元，分列全国同类市场之首。

1月5日　省民政厅下发《关于开展民办非企业单位“诚信服务，真情回报社会”主题活动的通知》，在全国率先开展民办非企业单位诚信建设活动。此项工作后在全国推开。

1月7日　中国第一套水下DGPS高精度定位系统在杭州千岛湖通过专家组验收，使中国成为世界上继美、法、德后少数几个掌握水下高精度定位技术的国家之一，并被列入“2004年中国十大科技进展”。

1月9日　嘉兴市政府颁布《嘉兴市本级社会保险费征缴管理暂行办法》，全市五县(市)两区全面实现社会保险费“五费合征”(养老保险费、医疗保险费、失业保险费、工伤保险费和生育保险费统一征收)，成为全省首个全面实行“五费合征”的地级市。

1月15日　500千伏宁(波)温(州)输电线路竣工投运。线路全长282.38千米，是全省最长的输电线路。

1月16日　省委、省政府发布《中共浙江省委、浙江省人民政府关于大力实施人才强省战略的决定》。《决定》共分10个方面30条，着重从加快高层次人才、高技能人才和紧缺急需人才培养；重视发挥现有人才作用，积极做好留学和海外高层次人才引进工作；完善人才评价和激励机制；加强人才市场体系建设；优化人才环境；推进非公有制经济组织和社会组织人才资源开发等方面提出任务要求和政策措施。

2月2日　在义乌市经商的阿拉伯国家和中国新疆等地区的2000多名穆斯林，在该市伊斯兰教临时活动场所欢度古尔邦节。在义乌经商的中外穆斯林商人多达5000余人，义乌成为华东地区穆斯林商人最为集中的城市。义乌市委、市政府十分重视他们的宗教信仰，专门设立临时场所，配备专职阿訇，满足他们的宗教生活需要。

2月3日　省委、省政府召开全省民营经济工作会议。15日，省委、省政府发出《关于推动民营经济新飞跃的若干意见》24条，在进一步优化民营经济结构、推进民营企业创新、改善民营经济发展环境、加强对民营企业服务和监管等方面推出重大举措。

2月3日　由浙江广播电视集团主办，浙江电视台经济生活频道和《钱江晚报》共同承办的首届“浙江商人年度风云人物”评选活动揭晓，10人当选为“首届浙江商人年度风云人物”，10人获“首届浙江商人年度风云人物资深贡献奖”。

2月4日　省计划生育委员会更名为浙江省人口和计划生育委员会，同时调增相关职能。

2月6日　省国税局、省地税局联合举办国、地税征管工作协作会议。此后，全省各地国地税协作机制纷纷建立。

2月14日　省政府下发《关于在全省开展第一次经济普查的通知》，普查的标准时点为2004年12月31日，时期资料为2004年度。2005年12月21日、22日、23日，连续发布浙江省第一次经济普查公报第一号、第二号、第三号。

是月　浙江国际海运职业技术学院在舟山成立。

3月1日　省农村工作指导员领导小组召开第一次会议，决定全面建立农村工作指导员制度，全省3.7万个行政村都配有1名驻村工作人员。3月31日，省直机关派出100名农村工作指导员，赴各地开始驻村工作。

3月5日　由中国商业联合会举办的粽子行业标准审定会在嘉兴市召开。会议审查通过国家经贸委批准浙江五芳斋实业股份有限公司起草的《粽子商业行业标准》，填补了中国传统小吃食品无行业标准的空白。

3月9日　全省首届知名商号授证大会在省人民大会堂召开，省工商局向首批认定的224家浙江省知名商号授证。

3月13日　《浙江省人民政府北京大学合作协议》签字仪式在北京举行。

3月15日　经国务院验收组验收合格，海关总署印发《关于杭州航空口岸对外国籍飞机开放前准备工作的验收纪要的函》并批复浙江省政府。至此，杭州航空口岸正式对外籍飞机开放。

3月20日　甬舟国际集装箱码头有限公司成立，宁波—舟山港口一体化迈出实质性步伐。

3月23日　教育部正式批复同意筹建诺丁汉大学中国宁波校区，校名定为“宁波诺丁汉大学”，是中国首家引进国外教育资源并具有独立法人资格的中外合作大学。4月15日，学校开工建设，9月17日开学。

4月2日　全国首个国家级影视产业实验区——浙江横店影视产业实验区授牌仪式暨

新闻发布会在杭州举行。

4月6日　美国西格集团与宁波市体育中心正式签订市游泳健身中心为期6年的委托管理协议，开国内大型公益性体育设施由外资企业进行委托经营管理先河。

4月16日　世界500强德国博世公司独资的博世电动工具（中国）有限公司杭州生产厂正式投产。该厂占地面积7.7万平方米，总投资2.84亿元，是亚洲最大的电动工具生产基地。

5月1日　《浙江省中小学校学生人身安全事故预防与处理办法》正式实施。

5月10日　省农村税费改革领导小组办公室宣布：在浙江农村延续20多年的劳动积累工和义务工当年起全面取消。

5月10日　中国核工业集团公司暨核电秦山联营公司在北京人民大会堂举行新闻发布会，宣布中国首个国产化商业核电站——秦山核电站二期工程1号、2号机组全面建成投产，标志着中国实现由自主建设小型原型堆核电站到自主建设大型商用核电站的重大跨越。

5月10日上午　编号为B3837的中国海监飞机从普陀山机场起飞，执行首次海洋巡航执法飞行。东海区自此拥有海洋巡航执法专机。

5月10—11日　省委十一届六次全体（扩大）会议召开。省委书记习近平代表省委常委会向全会作《建设“平安浙江”，促进社会和谐稳定》的报告。全会审议通过《中共浙江省委关于建设“平安浙江”促进社会和谐稳定的决定》。

5月14日　省委办公厅、省政府办公厅发出《关于实施“千万农村劳动力素质培训工程”的通知》。至2005年，全省共培训农村劳动力175.2万人，其中转移培训60.5万人，43万名农民经培训实现转移就业，53.4万名农民获得职业资格证书和“绿色证书”。2006年，全省完成农村劳动力转移就业技能培训70.2万人，挂职就业人数55.7万人，挂职就业率达到79.4%，资助6.1万名农村未升学初高中毕业生接受职业技能培训。

5月23日　按照国务院统一部署，2003年以来全省开展各类开发区（园区）治理整顿工作，开发区（园区）从原来的758个减少到134个，县级及以下开发区全部撤销。

5月27日　全国第一座展示中国儿童服饰文化发展史的专业博物馆——中国童装博物馆在湖州织里镇落成。织里也是全国最大的童装产销基地和棉坯布集散中心。

5月30日　浙江电视台《留学世界》付费电视频道试播仪式在浙江大学城市学院举行。《留学世界》频道是浙江第一家经国家广电总局批准成立的付费电视频道。

是月　经全国高等学校设置评议委员会评议，教育部同意杭州商学院、杭州电子工业学院、浙江工程学院分别正式更名为浙江工商大学、杭州电子科技大学、浙江理工大学，温州师范学院与原温州大学合并筹建新温州大学；浙江广播电视高等专科学校、宁波高等专科学校、丽水师范专科学校分别升格并更名为浙江传媒学院、宁波工程学院、丽水学院；浙江卫生学校升格为浙江医学高等专科学校。2006年2月，浙江中医学院更名为浙江中医药大学。

是月　省打击走私、海防管理、口岸管理三个机构合并为一。省委、省政府组建浙江省打击走私与海防口岸管理办公室，为省政府打击走私与海防口岸管理委员会的常设正厅级办事机构。6月5日正式成立。

6月2日　由9家温州民营企业出资筹建的中瑞财团成立。这是国家工商总局核准的全国首家无地域限制的以“财团”命名的控股有限公司。

6月8日　省政府办公厅印发《浙江省突发性地质灾害应急预案(试行)》。这是浙江第一份省级地质灾害应急预案。

6月8日　省人事厅印发《关于实施浙江省万名高层次人才引进工程的通知》，决定至2007年底，为全省引进1万名以上经济社会发展急需的各类高层次人才。

6月18日　武义县建立和村党支部、村委会并列的村务监督委员会制度，产生全国首个村务监督委员会。

6月21日　国家工商总局新认定15件商标为“中国驰名商标”，浙江省“洁丽雅”“AAA”“五芳斋”“华立”4件商标榜上有名。至此，浙江拥有36件“中国驰名商标”，居全国首位。

6月29日　省内首次居民生活用电价格听证会在杭州举行。

是月　浙江新和成股份有限公司的“新和成”股票在深圳证交所挂牌上市交易。这是全国首家在中小企业板块上市的公司。

是月　经中国方圆标志认证委员会浙江分会和省质量技术监督部门专家考核验收，安吉县递铺镇成为浙江省第一个通过ISO9001质量体系认证的乡镇政府。

7月1日　全省第一个市域农村垃圾集中处理系统在平湖市当湖镇启动。

7月21—23日　中央军委主席江泽民到宁波、舟山视察和检阅海军、陆军部队。

8月1日　纪念邓小平同志诞辰100周年暨邓小平关于“把全世界的‘宁波帮’都动员起来建设宁波”指示发表20周年大会在宁波举行。

8月8日　浙江雁荡山国家地质公园正式开园。11月21日，在国土资源部组织的中国世界地质公园推荐评审会上，雁荡山以总分第一名通过评审，被列入中国世界地质公园候选名录。2005年2月14日，雁荡山被联合国教科文组织授予“世界地质公园”称号，这是浙江第一个世界级品牌，也是浙江地质遗迹保护与地质公园建设的重大突破。

8月12日　第14号台风“云娜”于当晚8时在温岭市石塘镇登陆。台风登陆时近中心最大风力12级以上。全省75个县(市、区)、765个乡镇受灾，受灾人口1299万，倒塌房屋6.43万间，死亡164人，失踪24人，直接经济损失181.28亿元。“云娜”为1956年以来在浙江沿海登陆的最强台风。

8月13日　乐清市龙西、仙溪、福溪等乡镇发生百年不遇特大泥石流，福溪乡西庄村发生山体滑坡，共造成34人死亡、8人失踪。

8月13—29日　在第28届奥运会上，浙江共获得4枚金牌、1枚银牌、1枚铜牌，同时创造了浙江在历届奥运会上参加运动员人数最多、金牌总数和奖牌总数最多的纪录。获得奥运冠军的浙江选手是：朱启南(射击)、孟关良(划艇)、罗雪娟(游泳)、周苏红(排球)。

8月18日　国内首家民资绝对控股的商业银行——浙商银行正式开业。

8月20日　省委隆重举行纪念邓小平诞辰100周年座谈会。

8月25日　全国工商联公布2003年度上规模民营会员企业经营状况调研、排序结果，在上榜的500家上规模民营企业中，浙江有183家，占总数的36.6%，数量居全国首位。至此，浙江进入全国500家上规模民营企业的数量已连续6年排名第一。

8月26日　在信用联社多年发展的基础上，萧山农村合作银行破茧而出。2008年，该银行还成为全省首批试点村镇银行主发起人之一。

是月　浙江三峡移民安置工作结束，全省实际接收安置2104户9128人，分别安置在经济较为发达的杭州、嘉兴、湖州3个市的15个县(市、区)125个乡、镇(街道)553个行政村。

9月3日　省政府出台《关于加快建立和完善医疗救助制度的通知》，决定对城乡低保对象、农村“五保”对象、城镇“三无”人员实行医疗救助。

9月8日　省委书记习近平宣布，浙江已基本普及从学前三年到高中段的15年教育，成为全国省区中第一个基本普及15年教育的省份。2004年，全省初中毕业生升入高中段学校比例达到85%以上，提前一年实现目标。

9月10日　铁道部和省政府在杭州签署关于浙江省铁路建设有关问题的会谈纪要。《纪要》涉及的铁路建设项目总投资超过1000亿元。

9月10日　由文化部主办、浙江省政府承办的第七届中国艺术节在杭州黄龙体育中心隆重开幕。中共中央总书记、国家主席胡锦涛致信祝贺。省委书记习近平宣布开幕，省长吕祖善致欢迎词。全国各地共有100多台文艺演出、展览和活动等参加为期16天的艺术盛会。

9月25日　国家统计局公布2003年全国百强县(区、市)名单，杭州市萧山区(列第7位)、绍兴县(列第10位)等30个县(市、区)榜上有名，上榜数比2002年增加4个，总数仍居全国第一。

是月　全省农村市场商品准入制度渐次推行，“百县万村放心店工程”深入开展，流通领域“四位一体”检测体系日趋成熟。

10月1日　即日起，全省执行新的企业最低工资标准。新的月最低工资标准分为440元、510元、560元和620元4档；非全日制工作的最低小时工资分别调高为3.8元、4.4元、4.8元和5.4元。

10月8日　全省首个贸易服务平台——宁波海港口岸通关中心正式投入使用。

10月13日　省政府办公厅发出《关于清理整顿后开发区(园区)土地处置的意见》。通过当年土地市场治理整顿，全省各类开发区(园区)从原有的758个减少到134个，规划面积从4573.83平方千米减少到1116.09平方千米，开发区(园区)个数和规划面积分别下降82.3%和75.6%。《意见》决定从是年4月开始暂停农用地转用审批，暂停涉及基本农田保护区调整的种类规划的修改，暂停新批的县改市(区)和乡改镇涉及土地利用的各类规划的修改。坚决停止不符合国家产业政策和市场准入条件的钢铁、水泥、电解铝等项目及高尔夫球场、高档别墅的土地供应，遏制部分行业过度投资，促进用地结构调整。

10月16日　杭州市钱塘江复兴大桥通车，全长1376米，是世界上唯一一座双层桥面钢管混凝土索杆拱桥。

10月19日　经国务院批准，授予金华市因公出国(境)和邀请外国人来华审批权。金华市是非沿海开放经济区首个获此审批权的地级市。

是月　浙江历史上最大的扶贫工程——丽水滩坑水电站工程正式动工，水库淹没影响涉及青田、景宁两县10个乡镇81个行政村，需搬迁移民50301人。按照工程建设进度要求，滩坑水电站移民分4个水平年完成。

11月1日 "东海2004"浙江省反恐怖综合演习在杭州举行。此为浙江省第一次举行省级反恐怖综合演习。

11月2日 杭州名校集团化战略开始实施，市属5个教育集团（杭州二中教育集团、杭州学军中学教育集团、杭州四中教育集团、杭州中策职校教育集团、杭州绿城育华教育集团）成立。

11月8日 省委、省政府发出《关于建设旅游经济强省的若干意见》。

11月8日 杭州市颁发首批外国人永久居留证。

11月9日 中国佛学院教育学院奠基典礼在舟山朱家尖镇香莲村举行。

11月9—10日 温黄平原地区遭大暴雨、特大暴雨。降雨量：椒江155毫米，路桥231毫米，温岭254.4毫米。11月出现这样强的大暴雨天气，是1949年以来的第一次。

11月11日 省人大常委会审议通过《农民专业合作社条例》，对合作社的产生、组织形式、法律地位、权益保障等作出全面规定。这是全国第一部专业合作社条例。

11月16日 省政府办公厅下发《关于进一步做好流动儿童少年义务教育工作的意见》规定：流动儿童少年流入地县级政府负责本行政区域内流动儿童少年的义务教育工作。2004年，全省流动儿童少年接近58万人，其中已入学者超过56万人，入学率达97%。

11月18日 北仑发电厂5台60万千瓦火力发电机组脱硫工程正式开工，为国内最大的烟气脱硫工程。

11月25日 由宁波港集团有限公司和中国外轮理货总公司共同出资组建的宁波外轮理货有限公司成立，为省内首家改制成功的外轮理货公司。

11月25日 杭浦（杭州至上海浦东）高速公路正式开工建设。该高速公路起点位于杭州市区东北的大井枢纽，终于浙江与上海交界处的界河，与上海市境内的莘奉金高速公路（A4）相连，全长111.58千米，批准概算92.70亿元。2008年1月28日在平湖市举行通车典礼。

11月26日 温福铁路浙江段工程在瑞安市飞云镇破土动工。温福铁路北起温州南站，途经瑞安、平阳、苍南和福建省福鼎等地，南至福州站，全长298千米，其中浙江段69千米。该项目一次建成电气化双线，设计时速200千米，项目总投资174.8亿元，其中浙江段投资48.8亿元，计划2008年建成，是国内建设标准最高的铁路之一。

11月30日 浙江首个先进制造基地建设专项规划出台，成为国内首个制定制造业主体式规划的省份。

11月30日 国家统计局首次发布年度中国综合实力地级以上百强城市名单，浙江杭州、宁波、绍兴、温州、嘉兴、台州、金华、湖州和舟山9个市入围，其中杭州市跻身十强。

是月 国家海洋局杭州水处理中心和舟山市六横镇政府签署工程合作协议，在六横岛建造中国规模最大、日产水量达1万吨的海水淡化工程。

12月6日 国家广电总局在北京举行首批国家级动画基地授牌仪式，杭州高新技术产业开发区、中国美术学院成为全国首批13家国家动画产业基地和国家动画教学研究基地。杭州成为全国唯一一个具有国家动画产业基地和教学研究基地的城市。

12月8日　省旅游局和省农业银行联合举办浙江旅游“双突破”(实现接待国内旅游者人数超过1亿人次、接待入境旅游者人次超过250亿人次)暨金穗旅游卡全省发行庆祝活动。

12月9日　根据省委建设“平安浙江”的要求,省司法厅与省民政厅、省普法办公室联合下发《关于开展民主法治村(社区)达标活动的通知》,制定《浙江省“民主法治村”星级评分标准(试行)》和《浙江省“民主法治社区”星级评分标准(试行)》。该达标活动每年进行,以推动城乡基层民主法制建设。

12月9日　“中国浙江”政府门户网站正式开通。

12月16日　浙江启动千万亩十亿方节水工程。2004—2007年,全省共实施项目118个(不包括宁波市),完成总投资8.38亿元,累计完成骨干渠道防渗衬砌2400千米及相应渠系建筑物的配套改造。新增节水灌溉面积275万亩,改善灌溉面积460万亩,平均新增年节水能力3.1亿立方米,取得巨大经济、社会和生态效益。

12月17日　跨湖桥遗址考古学术研究会宣布:距今8000～7000年前的“跨湖桥文化”被正式命名。

12月18日　省委办公厅、省政府办公厅印发《实行浙江省特级专家制度暂行规定》《关于促进人才柔性流动的实施办法》《浙江省实行引进人才居住证制度暂行规定》《浙江省专业技术资格评价与职务聘任暂行规定》等10个政策文件。

12月20日　省委、省政府宣布:从2005年开始,浙江全面停征农业税。这意味着浙江农民将告别延续2000年的“皇粮国税”。

12月25日　沪杭铁路电气化改造工程正式开工,工程总投资11.8亿元。

12月25日　杭州市发放首批市民卡。

12月31日　省委统战部等6家单位印发《关于表彰浙江省非公有制经济人士优秀中国特色社会主义事业建设者的决定》,决定授予43名非公有制经济人士“浙江省优秀中国特色社会主义事业建设者”称号;7名非公有制经济人士为“全国优秀中国特色社会主义建设者”。

12月31日　杭州绕城公路权益转让签字仪式在杭州举行。香港国汇有限公司和浙江国业实业发展有限公司以9.8亿美元资金接过杭州绕城公路25年经营权。

是月　浙江启动“908”专项调查。对全省近岸海域、重要河口港湾水体环境,海岛、海岸带、海域的使用情况和沿海地区社会经济基本情况进行全面调查。到2007年已取得阶段性成果,为实现“数字海洋”奠定基础。

至是年　全省农民负担合计减少29.46亿元,人均负担从改革前的92元下降到14.41元,减幅为84%。是年农民人均负担水平仅占当年农民人均收入的0.24%。

是年　科技部中国科技发展战略研究小组发布的2004年度《中国区域创新能力报告》显示,浙江以41.19分列上海、北京、广东和江苏之后,跃居全国第5位。

是年　“浙江省万校标准化建设工程”启动。该工程以农村教育为工作重点,全面统筹城乡教育发展,加快推进薄弱学校改造、新增破危房改造和新一轮中小学布局结构调整,提高教育现代化水平。

是年　按教育部部署，浙江开始实行高等学校招生统一考试自主命题。

是年　衢州“农技 110”被外交部、人事部推荐申报联合国“公共服务奖”，2005 年被省委宣传部等部门评为文明办网示范单位，2006 年、2007 年被评为浙江农民信箱工作先进集体。

是年　省政府印发《浙江省环境污染整治行动方案》，与各地市签订省、市长环境污染整治责任书。同时，将污染整治任务分解到每年的生态省建设责任书考核中，年终进行考评，重点污染治理任务如污水处理工程、重点监管区整治等实行“一票否决”。

是年　浙江先后出台海运运力发展补助、海运企业净增运力水路运输管理费专项补助、内河挂桨机船拆解改造政府补贴等政策，积极扶持运力发展，淘汰营运水泥船和挂桨机船，推进船型标准化，运力发展和调整取得阶段性成果。

是年　“母婴健康工程”扩展到 25 个县(市、区)。该工程于 2001 年起在部分经济欠发达县(市、区)实施，主要目标是降低孕产妇和儿童死亡率。省财政连续 3 年每年拨款 130 万元资助丽水、衢州等 13 个欠发达市、县(市、区)。《浙江省妇女发展规划(2006—2010 年)》继续实施第二轮工程，范围扩展到 36 个县(市、区)。工程的实施使全省妇女儿童卫生保健状况有新的改善，根据检测评估，2007 年浙江孕产妇死亡率控制在 8.6/10 万，孕产妇死亡率为全国各省(区)最低。

是年　浙江菲达环保科技股份有限公司填补中国电除尘行业研究试验空白，开创以废治废的国际先河。

是年　浙江省构建以“千镇连锁超市、万村放心店”工程为重点的覆盖城乡的“食品安全三张网”，力求使每一个乡镇都有连锁超市，每一个行政村都有放心店。

是年　浙江省地区生产总值 11648.7 亿元，其中工业增加值 5491.33 亿元，人均地区生产总值 24352 元；社会消费品零售总额 4055.5 亿元；全社会固定资产投资 6059.78 亿元；全年财政总收入 1805.16 亿元；全省职工平均工资 23101 元。

是年　浙江省总人口为 4577.22 万人，人口自然增长率为 4.95‰。

2005 年

1 月 10 日　省委、省政府在全国率先制定并实施《浙江省统筹城乡发展、推进城乡一体化纲要》。

1 月 11 日　义乌市工商局向香港人陈金霖颁发在内地开设个体工商户营业执照。这是自内地与香港、澳门关于建立更紧密经贸关系的安排(简称 CEPA)补充协议生效后，浙江颁发的第一张同时也是全国第一张港澳居民个体工商户营业执照。

1 月 20 日　省文物局、浦江县政府在浦江县博物馆举行“浦江上山遗址考古成果新闻发布会”。上山遗址位于浦阳江上游黄宅镇渠南村，是迄今发现保存丰富栽培稻遗存的年代最早的新石器时代遗址之一，证明其所在的长江下游地区是世界稻作农业的最早起源地之一。上山遗址出土的 4 个夹碳陶标本加速器质谱(AMS)碳 14 年代测定的结果表明，该遗址年代距今约 11000～9000 年，属新石器时代早期，比河姆渡遗址早 3000 年左右。

1月26日　浙江获得“首届中国国际动漫节”主办权。此次动漫节由国家广电总局和省政府主办，杭州市政府、省广电局和浙江广电集团承办。

是月　全省第一个专门管理流动人口的机构——“新嘉善人”管理委员会(后改为嘉善县新居民事务局)成立，全面拉开构建新居民管理制度帷幕。

2月1日　国家发改委正式批准舟山金塘大桥和西堠门大桥项目立项。金塘大桥全长约27千米，采用双向四车道高速公路标准建设，路桥宽26米，桥梁主通航孔可满足5万吨级船型双向通航要求。工程总投资70亿元。

2月3日　杭州萧山国际机场跻身全国十大机场行列。

2月6日　浙江省被评为全国所有公路基本无“三乱”地区。

2月23日　香港东亚银行正式落户杭州。

2月28日　全国规模最大的皮革专业市场、国家级皮革服装批发中心市场——海宁中国皮革城扩建工程破土动工。10月18日，建筑面积18.6万平方米的皮革城(新城)正式启用。海宁皮革业崛起于1984年，1994年9月22日，全国最大的皮革服装市场开张。

3月6日　中共中央总书记、国家主席、中央军委主席胡锦涛与出席十届全国人大三次会议的浙江代表团全体成员一起参加政府工作报告分组审议。胡锦涛希望浙江发扬成绩，再接再厉，紧紧抓住发展机遇，充分利用发展优势，积极挖掘发展潜力，努力在全国建设小康社会、加快推进社会主义现代化过程中，继续走在全国的前列。

3月7日　日本三井住友银行有限公司杭州分行开业。

3月9日　金华电业局“标准化良好行为企业”国家试点工作顺利通过国家标准化管理委员会组织的检查确认，成为全国供电系统第一家标准化AAAA级企业。

3月15日　省公安厅、省人事厅联合发文，自3月1日起实行引进人才居住证制度。

3月16日　省政府公布第五批省级文物保护单位(共计163处)和与现有省级文物保护单位合并项目(共计16处)。

3月17日　省计划生育科学技术研究所人类精子库正式开始运行。这是浙江首家经卫生部批准的人类精子库，也是中国第6家人类精子库。

3月30日　世界上在航的最大吨位油轮——比利时籍40万吨级超大型油轮“泰欧”轮成功靠泊宁波港大榭实华原油码头，刷新靠泊中国最大吨位船舶纪录，同时也使宁波港成为国内第一个成功接卸40万吨级巨轮的港口。

3月31日　经严格论证，印度国家药品监督局正式通过对浙江省医学科学院生产的甲肝疫苗的临床验证，允许其在印度销售和使用。此举开创中国人体疫苗走出国门的先例。

是月　国务院批复同意宁波航空口岸扩大对外籍飞机开放。

是月　杭州市余杭区塘栖镇唐家埭村在村民委员会换届选举中，创造“自荐海选”选举方式，在全国农村基层民主选举中首开先河，开创基层民主选举方式新阶段。

是月　在湖州钱山漾遗址考古发掘中，考古人员在一处人工营建的土台上发现规模大、相对完整的马桥文化时期聚落，在太湖流域尚属首次发现；在土台北部发现大规模建筑基址。此发现在太湖流域史前考古中十分罕见，为破解距今4000年前后的古文化聚落形态提供了很好的实例。

4月2日　杭州大剧院管理公司正式成立，德国SBS公司持有75%股份，杭州文广电视集团持有25%股份。由此，杭州大剧院成为国内首个由中外合资公司管理的大剧院，开创国内文化企业外资控股的先例。

4月9日　全国首家中外合资寿险机构——中宏人寿宁波分公司正式开业。

4月13日　“倡导茶为国饮，打造杭为茶都”高级论坛在杭州开幕。4月15日，在2005年中国(杭州)西湖国际茶文化博览会开幕式上，中国茶叶学会等10个国内权威机构将“中国茶都”匾牌授予杭州。

4月15日　国家宗教局组织召开首届世界佛教论坛研讨会，确定舟山市为首届世界佛教论坛承办地，并将论坛主题定为“和谐世界，从心开始”。

4月15日　杭州萧山国际机场公司与香港机场管理局签订增资认购协议。机场公司通过增资扩股、引进战略投资者的方式，与香港机场管理局合资共同投资和经营管理杭州萧山国际机场。机场公司评估后，经省国资委确认的净资产出资，计36.959亿元，占股份的65%；香港机场管理局以港币现汇方式出资，折合人民币19.901亿元，占35%的股份。

4月18日　宁波中科集成电路设计中心研发成功“凤芯2号”芯片。该芯片可广泛用于DVD、数字电视、视频监控器和手机等产品，是中国芯片发展史上的重大突破。

4月19日　省委办公厅、省政府办公厅下发《浙江省村级组织工作规则(试行)》，标志着村级组织工作走向制度化。这是全国第一个省级正式出台的规范村级组织的工作规则。

4月19日　浙江首家与境外合资的旅行社——港中旅国际(杭州)旅行社有限公司正式成立。

4月21日　杭州市商业银行与澳洲联邦银行签署建立战略伙伴关系的法律文书。8月29日，中国银监会批准澳洲联邦银行入股杭州市商业银行。澳洲联邦银行将斥资6.25亿元，获取杭州市商业银行19.9%的股权。

4月29日　省政府印发《浙江海洋经济强省建设规划纲要》，提出到2010年基本达到海洋经济强省目标、到2020年争取全面建成海洋经济强省的总体要求。

4月29日　由舟山东方玻璃钢船舶制造有限公司为阿拉伯联合酋长国制造的玻璃钢围网作业渔船“海航2”号在岱山下水。这是浙江首艘自行设计建造的大型玻璃钢出口渔船。

4月30日　全国首个国家湿地公园——杭州西溪国家湿地公园开园。2月2日，国家林业局确定杭州西溪湿地为全国第一个国家湿地公园试点地。

是月　省社会科学联合会与《钱江晚报》联合推出“浙江人文大讲堂”系列人文讲座活动。作为探索建立浙江社科普及长效工作机制的一种有益尝试，“人文大讲堂”既为社会公众做出积极有效服务，也为自身建立经常性社科普及品牌作出新尝试。

5月9日　省工商局颁发中国大陆首批农民专业合作社法人营业执照，同时下发全国首份《农民专业合作社示范章程》。

5月11日　青田县方山乡龙现村稻田养鱼被联合国粮农组织农业遗产保护委员会列入首批世界农业遗产保护项目。

5月13日　浙江最后一条草浆生产线——浙江天听亚伦纸业集团公司草浆生产线被拆除。该草浆生产线是钱塘江上游污染源之一。

5月15日　浙江美术馆在杭州破土动工。

5月16日　《浙江劳模风采》个性化邮票邮册首发式在杭州举行。在"国家名片"邮票上宣传介绍浙江省劳动模范,为中国邮政史上第一次。

5月17日　嘉兴市秀城区更名为嘉兴市南湖区,属嘉兴市辖区。

5月19日　中国首台重型燃气轮机发电机组——"半山一号"在杭州点火成功。6月2日,中国首台9FA重型燃机——浙江半山天然气发电工程1号39万千瓦发电机组并网发电。12月27日,中国最大的天然气发电工程——半山天然气发电工程在杭州建成投产,总装机容量达到154万千瓦,浙江有了首个百万千瓦级的"绿色电厂"。该工程是国家重点建设项目,是国家"西气东输"工程下游用户中的重要配套项目和最大发电项目,也是中国第一次引进世界上重型燃机先进制造技术的项目。

5月20日　全省农村教育工作现场会在丽水召开。部署全省农村中小学实施"家庭经济困难学生资助扩面工程""爱心营养餐工程""食宿改造工程"和"教师素质提升工程",全面推进全省农村教育均衡发展。

5月24—26日　浙江首届国际旅游文化节在杭州宋城隆重开幕。

5月28日　省政府公布浙江首批非物质文化遗产名录64项,包括36个民间表演艺术类项目、23个民间造型艺术类项目和5个民俗风情类项目。浙江是全国首个由省政府公布非物质文化遗产名录的省份。

5月29—31日　浙江省第六次律师代表大会召开。会上选举产生的省律师协会会长、副会长和常务理事,均由执业律师担任,成为省律师协会实行行业自律的重要标志。全省律师行业的自律性管理进入新阶段。

5月31日　省科协举办全省科技工作者状况调查培训班,全省首次科技工作者状况调查工作正式启动。

5月31日至6月5日　首届中国国际动漫节在杭州举行。这是中国第一次举办的国家级、国际性动漫盛会,直接参与者120万人次,总成交额约3亿元,签订招商引资项目总投资约2.5亿元。

6月1日　省民政厅和省测绘局联合编制的《浙江省行政区划图》出版发行。

6月21日　省委、省政府召开全省循环经济工作大会。8月19日,省政府出台《浙江省循环经济发展纲要》。

6月21日　省委书记习近平在《光明日报》发表署名文章《弘扬"红船精神",走在时代前列》,指出"开天辟地、敢为人先的首创精神,坚定理想、百折不挠的奋斗精神,立党为公、忠诚为民的奉献精神,是中国革命精神之源,也是'红船精神'的深刻内涵"。

6月23日　省委办公厅、省政府办公厅下发《关于进一步健全完善村务公开和民主管理制度的通知》。浙江省村务公开重视建制工作走在全国前列。

6月25日　浙江第一批农村部分计划生育家庭奖励扶助金在江山市发放。随后,全省农村部分计划生育家庭奖励扶助制度在桐庐、宁海、乐清、长兴、海宁、诸暨、金东、江山、普陀、路桥、遂昌11个县(市、区)展开试点,并相继发放首批奖扶金。

6月27日　省委颁发《关于进一步加强中国共产党领导的多党合作和政治协商制度建设的实施意见》,对浙江多党合作和政治协商制度的原则、内容、方式、程序等作出科学规范,并制定一系列具体落实措施。

7月1日　浙江第一次实施京杭运河等3条主干航道禁止挂桨机船进入航行。

7月1日　由扬帆集团承造的首艘出口德国的900集装箱船“马士基·富士”号交付船东。该船总吨位11500吨,是舟山市已建最大吨位集装箱船。

7月7日　全省日用电量首次超过4亿千瓦时,整点统调最高用电负荷达1823.3万千瓦,均创历史纪录。

7月14日　中国首个脱硫与发电同步运行的大型电力项目——温州发电厂三期工程正式投产,为全国燃煤电厂大规模采用脱硫技术走出一条经济可行的新路。

7月16日　经中国农业科学院等单位组成的专家组现场实割验收,江山市贺村镇花园村农民蔡兴泉种植的超级水稻新品种“中早22”最高亩产达693.71千克,创全国早稻单产最高纪录。

7月20日　省血液中心严力行教授等发现4个HLA新等位基因,世界卫生组织确认并命名。

7月25日　浙江在网上直播省十届人大常委会第十九次会议。此为浙江首次对省人大常委会会议进行网上直播,属全国创新之举,得到网民热烈响应,仅浙江在线和浙江人大门户网站,就有近8000人在线“旁听”,点击率超过10万次。

7月26日　文澜阁《四库全书》首次在杭州历史博物馆向公众展示,展期10天。

7月28—29日　省委十一届八次全体(扩大)会议召开。省委书记习近平代表省委常委会向全会作题为《加快建设文化大省,为在全面建设小康社会、提前基本实现现代化进程中走在前列提供强大力量》的工作报告。全会审议并通过《中共浙江省委关于加快建设文化大省的决定》。

8月5日　国家环保总局宣布新建17个国家级自然保护区,长兴地质遗迹自然保护区位列其中。该保护区保护了全球最完整的二叠—三叠系界线层型剖面和点位,被国际地质科学联合会正式确定为全球对比标准点位(金钉子),是地球史上3个最重要的断代界线之一。

8月5日　受省科协委托,省心理卫生协会成立危机干预专家组和心理危机干预快速反应队伍,为全省突发性重大事件或重大灾害提供心理卫生服务。

8月6日　第9号台风“麦莎”于凌晨在玉环县干江镇登陆,登陆时近中心最大风力12级以上。全省紧急转移人员124万。至7日,温州、台州等8个市的49个县(市、区)、623个乡镇、840.3万人受灾,直接经济损失65.6亿元。

8月11日　宁波大田—联邦快递宁波分公司成立,是全球快递巨头联邦快递在浙江的第一家分公司。

8月15日　省委书记习近平到安吉县天荒坪镇余村调研,首次提出“绿水青山就是金山银山”的重要论述。2017年10月18日，中共中央总书记习近平在党的十九大报告中指出，坚持人与自然和谐共生，必须树立和践行“绿水青山就是金山银山”的理念，坚持节约资源和保护环境的基本国策。

8月17日　国家旅游局向全国转发浙江省地方标准《绿色饭店》评定标准。10月13日，国家旅游局正式致函委托浙江省旅游局组织起草《绿色饭店》国家行业标准。

8月18日　香港商标主管部门正式受理唐狮公司“唐狮 tonlion”商标在港注册事宜，是宁波企业多个在港遭抢注知名商标中首个被赢回的商标。

8月22日　省科技厅宣布，浙江省国家级火炬计划项目数首次跃居全国首位。在2005年国家级火炬计划项目申报中，浙江279个项目获得国家立项批准。

8月24日　由香港招商局国际有限公司、宁波港集团和中信集团三方合资建设的大榭招商国际码头正式开港，总投资34.5亿元。

8月30日　省政府召开全省农村卫生工作会议，全面部署实施“农民健康工程”。9月20日，省政府出台《关于加强农村公共卫生工作的实施意见》。

8月30日　全省第一家铁路、公路、水路粮食联运全天候中转站——嘉兴市粮食批发市场投入使用。

是月　省政府正式批准划定宁波港口岸开放范围。

9月1日　《杭州西湖风景名胜区总体规划》获建设部批准并颁布实施。

9月1日　庆元县后坑木拱廊桥获2005年联合国教科文组织第六届亚太地区文化遗产保护一等奖。庆元县现存木拱廊桥22座，占全国现存97座古廊桥的22.68%，数量居全国第一。

9月2日　浙江省举行纪念中国人民抗日战争暨世界反法西斯战争胜利60周年座谈会。

9月11日　第15号台风“卡努”在台州路桥区金清镇登陆，近中心最大风力12级以上。台州市受淹总面积达695.78平方千米，受灾人口达370.72万人，倒塌房屋4562间，死亡8人，直接经济损失20.07亿元。

9月16日　建设部、国家文物局公布第二批中国历史文化名镇(村)名单，湖州市南浔镇、绍兴县安昌镇、宁波市慈城镇、象山县石浦镇榜上有名。

9月16日　位于台州的中共星星集团第二次代表大会作出决议，在企业中试行党代表大会常任制。此举在全国非公企业中属首例。

9月19日　省政府下发《关于开展第二次全省农业普查的通知》，普查的标准时点为2006年12月31日，时期资料为2006年度。2008年3月17日，《浙江省第二次农业普查主要数据公报》显示：2006年末，全省共有农业生产经营户609.0万户，农业从业人员509.7万人。

9月20日　国家统计局根据2004年统计数据公布中国十强县最新排名，杭州市萧山区、绍兴市绍兴县分列第7位和第9位。

9月20日　杭州市颁布《企业工资集体协商试行办法》，这是全国第一部有关企业工资集体协商的地方性法规。

9月20日　淳安千岛湖大桥建成通车。大桥主桥墩桩长53米至64米，为中国深水钻孔桩之最；915米长的V形连续钢结构，是国内同类桥梁的第一连。

9月26日　国内第一个博物馆遗址式景区——德清防风古国文化园建成开园。

9月28日　全国首家跨省合作创办的广播频道——黄山交通旅游广播（FM100.4）正式开播，该频道是由浙江广电集团交通之声、旅游之声与黄山广播电视局、黄山人民广播电台联合打造的股份制广播频道。

9月28日　杭州交通经济广播通过ISO9001：2000质量管理体系认证及美国ANAB认证，成为全国城市电台首家通过ISO9000认证的媒体。

9月30日　省政府办公厅转发省发改委的《2004年全省社会发展形势分析报告》显示，2003年浙江社会发展水平综合评价指数、生活水准指数和公益服务指数均列全国第3位，社会经济总指数列第4位。2004年浙江各项指数在全国的位次基本保持上述水平。

是月　中国社会科学院古脊椎动物与古人类研究所有关专家指出，安吉溪龙上马坎旧石器时代遗址是迄今为止发现的太湖流域最早的古人类活动遗迹，距今时间超过80万年，安吉由此成为太湖流域人类共同发源地。该遗迹的发现，填补了浙江旧石器时代考古空白，被编入国家文物局《2002年中国考古重要发现》一书。

是月　全国唯一的生态环保科研项目——利用森林生态系统治理水源污染在安吉县报福镇实施。

10月1—13日　浙江省全国人大代表分组赴宁波、绍兴、台州和萧山等地进行专题调研，为在全国人代会上提出议案、建议作准备。这是浙江全国人大代表首次开展专题调研活动，也是全国人大代表闭会期间开展活动的一种创新。

10月7日　省卫生厅、省科技厅、省统计局公布的全省居民营养与健康状况调查显示，浙江城乡居民的膳食、营养状况有明显改善，营养不良和营养缺乏患病率继续下降，与膳食结构生活方式相关的慢性病患病率迅速上升。

10月9日　宁波市中级人民法院判决名为FROST NATIONAL BANK的美国银行在一起经济案件中败诉。这是浙江首起国际托收诉讼纠纷案。

10月17日　2005年《中国国家地理》评选出中国最美丽的地方，杭州西湖与青海湖、喀纳斯湖、纳木错湖、长白山天池被评为中国最美丽的五大湖。

10月18日　世界最大的家电生产基地——杭州松下工业园投产。

10月22日　国家统计局发布根据经济社会综合发展指标测算的“2005全国百强县（市）”名单，浙江省有30个县（市）进入百强。

10月27日　甬台温铁路开工建设。该铁路起自宁波，经台州至温州，全长282.42千米，总投资约163亿元，计划总工期4年，由铁道部和浙江省合资建设。

11月16日　省民政厅、省财政厅、省林业厅等单位联合下发《关于规范生态墓地建设的通知》。同月23—25日，民政部在宁海县召开“生态墓地建设研讨会”，向全国推介浙江省生态葬法改革经验。

11月18日　《临安城遗址——皇城遗址保护规划》通过专家评审。遗址保护范围占地面积84公顷。规划分4个阶段实施，从2005年起至2025年止，总投资概算约11.03亿元。

11月22日　省见义勇为基金会成立10周年纪念大会暨第十届浙江省见义勇为先进分子表彰大会在杭州省人民大会堂举行。

11月26日　江南文学会馆开馆。

11月28日　省政府决定，从2005年12月1日起，将浙江省最低工资标准调整为490元、560元、610元、670元4档；非全日制工作的最低小时工资标准调整为4.2元、4.8元、5.2元、5.7元4档。

11月30日　全省1268个乡镇中有760个乡镇开设3000多家连锁门店，覆盖面积59.9%。在各地村庄，共创建农村放心店17346家，覆盖面达64%。

11月30日　衢(州)常(山)铁路开工建设。这是国内首个民资参建的铁路干线项目，标志着一直由国家垄断的铁路建设投融资市场正式向民资开放。

11月30日至12月1日　蒙古国总统那木巴尔·恩赫巴亚尔访问杭州。

12月2日　省政府成立宁波—舟山港管理委员会。管委会设在省交通厅，与宁波舟山港口一体化工作领导小组办公室合署办公。12月16日，省政府发文批准从2006年1月1日起使用“宁波—舟山港”名称，同时不再使用“宁波港”和“舟山港”名称。

12月2日　第五届全国县域经济基本竞争力评价结果揭晓(不包括区)，当年浙江共有27个县(市)进入百强榜，继续保持上榜县(市)个数全国最多的成绩。评价结果显示，浙江县域经济集纳人口在全国列第11位；人均GDP列全国第2位，县域经济GDP总量和地方财政一般预算收入分别列全国第2位和第3位。

12月5日　国内首条数字航道——京杭运河嘉兴段数字航道建设正式启动。

12月6日　省统计局发布关于浙江城市化发展最新进程的调查统计报告，全省城市化水平为54%，高出全国平均水平12.2个百分点。

12月15日　嵊州甘霖镇小黄山遗址发现越国贵族墓。在21日举行的学术研讨成果发布会上认定，小黄山遗存为长江下游迄今发现最早的新石器文化，“小黄山文化”也是国内考古重大发现。次年5月，小黄山遗址被列为当年全国十大考古新发现之首。

12月21日　全省新型社保救助体系基本覆盖困难群众。全省已有175.32万名被征地农民纳入社保，其中60余万名参保人员已按月领取保障或养老金；城镇“三无”人员集中供养率达到97%。

12月21日　国家“863”科技计划的40千瓦潮流能发电实验电站实用化项目，在岱山县城仙洲桥下建成发电。这是世界第二座、亚洲第一座潮流能发电站。

12月22日　杭州市萧山区萧围东线治江围涂工程开工。围涂总面积1187公顷，工程总投资约12.94亿元，总工期6.5年。萧山区自1966年开展大规模围垦以来，累计围涂造地3.33万公顷，是萧山土地总面积的1/4，被联合国粮农组织称为“人类造地史上的奇迹”。这次围涂造地之后，萧山区不再有可围垦的区域。

12月23日　金丽温(金华—丽水—温州)高速公路全线建成通车。这条高速公路与甬台温、沪杭甬、杭金衢等高速公路形成浙江第一个高速公路大环网，实现各主要城市之间高速公路多道对接，大大改善浙中、浙西南欠发达地区投资环境。

12月27日　衢州市衢江区莲花镇犁头山村吴金有获得“2005年全国十大种粮标兵”称号，为浙江省第一位获此荣誉者。

12月28日　甬金(宁波—金华)高速公路全线建成通车。这条高速公路对发挥路网整体效应，推动浙江东中西部的经济交流合作，密切环杭州湾和浙中两大产业带的联系，完善宁波—舟山港的集疏运陆上系统等，具有十分重要的作用。

12月28日　省纪委、省监察厅发出通报，严肃查处东阳市画水镇工业功能区环境污染案及“4·10”群体性事件有关责任人员。

12月29日　省委、省政府发出《关于推进欠发达地区加快发展的若干意见》。

12月30日　曹娥江大闸枢纽工程开工。该工程是浙东引水的一项龙头工程，是中国在强涌潮河口地区建设的第一大闸，也是浙江“五大百亿”工程项目。2007年12月15日，工程通水成功。

12月30日　杭州绕城高速公路25年经营权以78亿元转让给杭州国益路桥经营管理有限公司和杭州国业路桥经营管理有限公司。

是月　国际地质科学联合会确认，长兴县“金钉子”保护区D剖面的西侧200米C剖面已成为二叠系晚期和中期界线的全球层型标准点位即“金钉子”标准剖面。这使长兴成为全球唯一在同一剖面上同时拥有两颗“金钉子”的地方。

是月底　全省27个万人以上岛屿配齐车渡码头，60个3000人以上岛屿建有交通码头，13个3000人以下岛屿大部分建有交通码头，结束了绝大部分海岛人民进出海岛上下客靠礁石、埠头，用小渡船驳客的历史，有效保障了海岛人民的生命安全。

是年起　实施近10年的针对外来劳动力的就业证卡管理制度在浙江停止执行。

是年　浙江在全国率先全面停征农业税。并对种粮农民实施直接补贴、良种补贴、农机购置补贴、保护价收购等扶持政策，同时建立农业救灾防灾机制，全省有农业生产的所有县(市、区)实施政策性农业保险。在全面免征农业税的同时，逐步取消村提留款制度，全省农民人均负担降低到7.78元。

是年　浙江国有企业国有资产总量继续保持较快增长，国有企业净利润、利润率、利润总额等主要经济指标继续位居全国前列，其中全省国企净利润、国有及国有控股企业实现净利润、销售利润率均居全国第2位；实现利润总额居全国第3位；所有权权益、年末国有资产总量、销售收入3项指标均居全国第4位；净资产居全国第5位；资产总额居全国第6位。

是年　浙江省农村全面建设小康实现程度达到64%，比上年提高5.1个百分点，连续3年居全国各省区第1位。

是年　浙江省在全国率先开展保险合同格式条款备案审查，引起中国保监会、中国保险行业协会和各保险公司高度重视，各大保险公司开始着手修改部分问题条款。

是年　浙江省公民科学素质调查表明，全省公民具备基本科学素质比例为2.55%，比2002年提高0.45个百分点，高于全国平均水平。

是年　省政府决定，为参加农村新型合作医疗的农民免费提供两年一次健康体检，并建立健康档案。体检经费由各级财政按照每人每年10元的标准另外安排，2008年增加到每人每年15元。2005年下半年至2007年底，为2416万名参合农民进行免费健康体检，建立档案1180余万份，并对体检出来的207万名患病对象纳入社区卫生服务的重点对象，加强跟踪服务，初步实现"无病早防、小病早发现、大病早治疗"。

是年　全省共设立城乡社区卫生服务中心800家，设立社区卫生服务站3000余个，初步建立覆盖全省、多层次、多形式的城乡医疗卫生服务新格局。

是年　城市医院支援农村卫生工程启动，全省每年将有300名以上城市医生常年在基层医疗机构工作。同时《浙江省乡村卫生专业技术人员高级资格评价与职务聘任规定》显示，对长期在农村工作的卫技人员将给予职称晋升方面的政策优惠，为稳定农村卫技人员队伍和吸引医学大中专毕业生到农村工作提供政策支持。

是年　浙江健儿在国际、国内各类比赛中，共夺取世界冠军143个(其中奥运冠军10个)、亚洲冠军231个、全国冠军1145.5个。改革开放以来，浙江省14次获得"为国家体育事业作出突出贡献奖"。

至年末　全省高速公路总里程达到1866千米("十五"期间，浙江省新增高速公路1239千米)，排名从全国第9位跃居到全国第6位。通达全省、贯通省外的高速公路主骨架基本形成。

是年　浙江省地区生产总值13437.85亿元，其中工业增加值6349.34亿元，人均地区生产总值27703元；社会消费品零售总额4631.69亿元；全社会固定资产投资6696.25亿元；全年财政总收入2115.36亿元；全省职工平均工资25572元。

是年　浙江省总人口为4602.11万人，人口自然增长率为5.02‰。

2006年

1月1日　历经6年建设，舟山大陆连岛工程的一期工程建成通车。工程由5座跨海大桥和接线公路组成，起于舟山本岛329国道鸭蛋山环岛，途经里钓、富翅、册子、金塘4岛，跨越岑港、响礁门、桃夭门、西堠门、灰鳖洋5条水道和海域，终于宁波镇海炼化西侧，与宁波绕城高速公路相接，全长约50千米，其中桥长约25千米，为舟山地区首条高速公路，也是舟山岛连接大陆的首条高速公路。整个工程分两期施工。第一期由岑港、响礁门、桃夭门3座大桥及相关接线组成，全长约17千米，按双向四车道高速公路标准设计施工。

1月1日　《杭州市人民调解条例》施行。此为中国首部专断"家务事"的法规。

1月4日　省政府颁布《关于鼓励支持和引导个体私营等非公有制经济发展的实施意见》。这份被称为"非公三十二条"的实施意见，成为国务院"非公有制经济三十六条"在浙江的深化措施。

1月17日　浙江省星级饭店第1000家暨杭州西湖国宾馆荣膺五星级授牌仪式在杭州举行。

1月18日　省高级人民法院在省十届人大四次会议上，向人大代表郑重作出"三项承诺"，努力做到不使有诉求的群众因经济困难打不起官司，不使有理有据的当事人因没有关系打不赢官司，不使胜诉当事人的合法权益因执行不力、不公得不到保护。

1月18日　南京军区批准舟山港口岸六横港区105平方千米区域对外开放。至此，舟山市的金塘、衢山、六横3个经济大岛全部对外开放。

是月　全省高等教育毛入学率达到34%，比全国平均水平高出13个百分点，居全国省区首位。

是月　由浙大中控公司主持、联合浙江大学等单位共同起草制定的EPA标准得到国际电工委员会正式承认，实现中国在自动控制领域国际标准零的突破。

2月1日　杭州钱江四桥（复兴大桥）获中国建筑行业工程最高奖——“鲁班奖”。2007年1月15日，又获中国土木工程最高奖——“詹天佑金像奖”。

2月5日　省委书记习近平在《浙江日报》上发表署名文章《与时俱进的浙江精神》，提出“求真务实、诚信和谐、开放图强”的浙江精神。

2月6日　经国家发改委批准，嘉兴市高等级公路投资有限公司为发行人，开始公开发售25亿元、10年期的交通建设债券。这是中国第一家获准在全国发行企业债券的地级市国有企业。

2月10日　省政府出台《浙江省文化建设“四个一批”规划（2005—2010）》。提出“十一五”期间建设一批重点文化设施、发展一批重点文化产业、培育一批重点文化产业区块、壮大一批重点文化企业。

2月11日　杭州七格污水处理厂一、二期工程特许经营权成功转让，天津创业环保股份有限公司以8.58亿元获得25年特许经营权。

2月24日　绍兴、宁波、台州三地城市公交IC卡实现互联互通。这是全国首次在真正意义上实现公交IC卡互联互通，也是建设部第一次启用互联互通标志。

2月25日　国家重点项目册子岛原油中转基地正式投产。该项目一期总投资7.25亿元，占地69公顷，年接卸能力达2000万吨，为全国特大型原油储运中转站。

3月14日　省科技厅宣布，2004年度《中国区域创新能力报告》显示，浙江省以41.19分跃居全国第5位，比上一次2001年的排名上升两位。

3月18日　全球最大的玻璃纤维池窑拉丝生产线——桐乡巨石集团年产10万吨无碱玻纤池窑拉丝生产线正式投产。8月20日，由巨石集团自行设计、总投资达11亿元、年产12万吨的无碱池窑玻纤生产线正式奠基，刷新单线玻纤生产能力世界纪录。

3月20—21日　省委、省政府在杭州召开全省自主创新大会，讨论通过《浙江省科技强省建设与“十一五”科学技术发展规划纲要》。会后，省委、省政府出台《加快提高自主创新能力，建设创新型省份和科技强省的若干意见》。

3月24—25日　省委、省政府在杭州召开全省农村综合改革工作会议，全面部署改革工作。同时下发《关于全面进行农村综合改革的通知》。

3月27日　中国越剧诞辰100周年纪念大会在杭州举行。

是月　全省电话用户总数超过5000万，达到5029万。按全省常住人口计算，电话普及率超过100部/百人，达到世界发达国家水平。

4月1日　舟山金塘大桥全线动工。大桥全长26.54千米，总投资约77亿元，是继东海大桥、杭州湾大桥后国内第三长跨海大桥，在舟山大陆连岛5座大桥中规模最大、投入最多。

4月6日　土库曼斯坦总统尼亚佐夫访问杭州。

4月6日　世界最大的特种纺织品制造企业美国飞佛集团在宁波经济技术开发区落户并正式投产。

4月6日　上海舟基集团有限公司投资建设的岱山仙草潭船舶修造基地项目举行开工仪式。项目占地总面积112.4万平方米，岸线总长7000米，总投资22亿元。船坞总规模为107万吨级，为国内最大。项目一期于2007年12月投产。

4月7—9日　浙江省首个国际性文化产业展会——2006年中国义乌(国际)文化产业博览会在义乌梅湖会展中心举行。

4月10日　由杭州锅炉集团和日本三菱重工合作开发的两台地铁盾构机刀盘发运日本神户。这是杭产地铁设备首次出口。

4月12日　省政府发布《浙江省突发公共事件总体应急预案》。5月9日，省政府发布5件社会安全类突发公共事件专项应急预案。5月11日，省政府发布8件应急保障类突发公共事件专项应急保障行动方(预)案。标志着浙江应急预案框架体系初步形成，应急体系建设和管理逐步走上规范化轨道。

4月12日　《浙江省个人开业律师事务所试点工作方案》颁发。同月，省内第一家个人开业律师事务所——浙江徐正保律师事务所挂牌开业。

4月13—16日　以“和谐社会，从心开始”为主题的首届世界佛教论坛成功举办。来自世界各地三大语系佛教的领袖、主要国家佛教组织负责人和世界37个国家、地区的佛教高僧出席在杭州举行的开幕式。

4月14日　省政府办公厅转发省教育厅、省财政厅、省物价局关于《浙江省义务教育中小学生免除学杂费的实施意见》，决定从2006年秋季开始，免除全省义务教育阶段500万名中小学生全部学杂费。浙江也由此成为全国第一个全部免除城乡义务教育中小学学杂费的省份。

4月22日　2006杭州世界休闲博览会暨第八届西湖博览会开幕式在杭州萧山区举行。10月16日，《世界休闲杭州共识》在杭州正式发表。

4月25日　省委、省政府作出《关于全面推进社会主义新农村建设的决定》。

4月25日　杭州悍马集团研制成功8000万像素数码照相机。这是国内首创的实用化数字航空测量照相机，售价高达1000万元。

4月25—26日　省委召开十一届十次全体(扩大)会议。省委书记习近平代表省委常委会作报告，会议审议通过《中共浙江省委关于建设“法治浙江”的决定》。

4月28日　秦山核电站二期工程国家竣工验收暨扩建工程开工仪式在海盐举行。

4月30日　省委、省政府发出通知，决定在全省学习推广义乌市推进全面建设小康社会、走科学发展之路的经验。

是月　浙江文化领域国有资产“第一拍”——浙江教育书店65%国有净资产以380万元

拍出，这个价格是起拍价130万元的近3倍，由义乌市一家民营企业拍得。

是月　省编办下文，同意省地方志编纂委员会办公室由正处级升格为副厅级。

是月至10月　省人大法制委员会和省人大常委会法制工作委员会牵头组织《浙江省殡葬管理条例》立法质量评估工作，并提交常委会审议。这是省人大常委会自1979年行使地方立法权以来，第一次开展地方性法规的立法质量评估工作。

5月8日　经省政府同意，省农业厅出台《浙江省村内“一事一议”筹资筹劳实施办法》，规定从2006年起全面取消固定向农民收取的村提留金。自此，全省农民实现固定负担为“零”。

5月9日　价值600多万元的4辆“青年”牌尼奥普兰豪华大客车从金华驶往连云港出口到沙特阿拉伯，实现中国超百万豪华客车出口零的突破。

5月20日　国务院发出《关于公布第一批国家级非物质文化遗产名录的通知》，公布第一批518个国家级非物质文化遗产名录，浙江省占44个，列全国第一。

5月20日　首届中国商帮峰会在杭州举行。出席会议的十大商帮是：晋商、徽商、浙商、苏商、沪商、京商、粤商、闽商、鲁商、豫商。

5月20日　即日起，舟山市政府在舟山渔场4167平方千米的海域内，设立临时人工增殖放流保护区，对增殖渔业资源实行封闭式保护与管理。

5月23日　首届中国民营经济科学发展论坛暨长三角(浙江)民营经济研究会成立大会在省人民大会堂举行。

5月31日至6月2日　第二届文化遗产保护与可持续发展国际会议在绍兴召开。会议发表了旨在促进文化遗产保护与可持续发展的《绍兴宣言》。

6月2日　省财政厅下发《关于对部分乡镇实行“乡财乡用县管”财政管理方式的指导性意见》，指导各市县按照预算管理权不变、资金所有权和使用权不变、财务审批权不变的“三不变”原则，对经济欠发达、财政收入规模较小的乡镇进行财政管理方式的改革。

6月3日　2006浙商大会暨浙商论坛在杭州举行。大会组委会发布“浙商创新奖”“浙商社会责任奖”“回乡投资模范浙商”“2006浙商(省外)十大商业地产精英”等荣誉榜。

6月5日　安吉县被国家环保总局授予全国首个“国家生态县”称号。

6月8日　全球最大的冷室、热室压铸机生产企业和主要的注塑机制造商——“力劲机械”在北仑开业。

6月9日　省水利厅宣布，“千万农民饮用水工程”实施3年来，全省喝上洁净水农民新增482.6万人，农村安全自来水覆盖率达到75.5%，居全国省区之首。

6月12日　省委、省政府发布《关于推进“品牌大省”建设的若干意见》。

6月12—13日　中共中央总书记、国家主席、中央军委主席胡锦涛在上海考察期间，考察嵊泗县洋山深水港区。

6月13—14日　全省文化体制改革工作会议对新一轮“村村通”工程建设作出部署。省委、省政府决定通过3年努力，实现全省绝大多数行政村和大部分20户以上自然村通有线电视。14日，省委办公厅、省政府办公厅下发《关于实施新一轮广播电视村村通工程的通知》。

6月23日　温州大学正式挂牌成立。该校由原温州师范学院、原温州大学合并组建。

6月23日　位于普陀区六横镇的浙江舟山煤炭中转码头工程全面动工。该工程总投资28.5亿元，一期工程设计煤炭年吞吐量3000万吨。建成后是华东地区最大的煤炭中转基地。

6月26日　钱币专家从舟山朱家尖出土的大量古钱中，考证其中9枚陶币系国内首次发现，比先前公认的国外陶币使用记载早1000年，具有重大文物价值。

6月28日　浙江省首次开展的"十大时代先锋"评选活动揭晓，郑九万、邵钦祥、王法金、徐亚芬、李涛、杨德仁、朱汉华、陆鑫泉、赵林中、蒋定军10人当选为"十大时代先锋"。

6月28日　中共浙江省委在嘉兴举行纪念中国共产党成立85周年暨总结保持共产党员先进性教育活动大会。省委书记习近平在会上作题为《在推进科学发展的实践中保持和发展党的先进性》的讲话。会议表彰了省先进基层党组织、优秀共产党员、优秀党务工作者和"十大时代先锋"。当天，南湖革命纪念馆新馆奠基仪式举行。该馆占地面积2.73公顷，建筑面积19800平方米。2007年3月5日，新馆正式开工建设，总投资约18750万元。

6月30日至7月2日　老挝人民革命党中央委员会总书记、国家主席朱马里·赛雅颂一行访问浙江。

6月　浙江省被中央机构编制委员会办公室列为全国事业单位改革5个试点省市之一。

7月1日　N892次嘉兴至上海快速（城际）列车开行。至此，嘉兴结束无始发旅客列车历史。

7月7日　岱山新建成的中国海防博物馆开馆。至此，岱山县已相继建成台风博物馆、海洋渔业博物馆、盐业博物馆、灯塔博物馆、岛礁博物馆等6座海洋系列博物馆。

7月10日　建德市举行农村部分计划生育家庭奖扶金首发仪式，标志着2006年浙江省开始全面发放农村部分计生家庭奖扶金。

7月19日　浙江省全民科学素质工作领导小组成立。其后，全省所有市、县（市、区）均建立实施《全民科学素质行动计划纲要》工作领导小组，并制定《纲要》实施工作方案。针对农民、未成年人、城镇劳动人口、领导干部与公务员的四大素质行动，科学教育与培训基础、科普资源开发与共享、科普基础设施、大众传媒科技传播能力建设等"四项基础工程"和"九项任务"实施方案相继出台。根据浙江实际，还增加了心理素质与心理健康工程方案，为全国首次组织实施该类项目。

7月25日　省发改委印发《浙江省文化产业项目投资指南》，首次对省文化产业的市场准入、重点领域和扶持优惠措施等全面梳理，积极鼓励和引导非公有制资本投资文化产业。

7月26日　省财政厅与中国人民银行杭州中心支行联合下发《关于深化省级财政国库集中支付改革的通知》，明确从2006年10月1日起，进一步扩大省级预算单位纳入国库集中支付改革的范围，对所有非在杭州以及部分在杭州有代表性的省级预算单位实施国库集中支付改革。

7月27日　全省第一个内河集装箱专用港区——嘉兴内河港国际集装箱港区和全省第一条千吨级航道——湖嘉申航道嘉兴段一期工程同时开工建设。

7月27日　全国工商联公布2005年度上规模民营企业调研排序，杭州有59家企业入围500强，占11.8%，连续4年位居全国第一。

7月29日　普陀区虾峙镇3艘钢质渔船联合组建成立"舟山市普陀区恒宇渔业有限公司"。这是舟山渔区首批具有企业法人资格的国内捕捞渔船，标志着舟山市渔区改革向渔船法人制深化。

7月30日　浙江省发布首份GDP能耗公报。公报显示，2005年浙江产出1万元GDP消耗0.9吨标准煤，低于全国平均水平。

是月　25名县(市、区)党政正职跨市交流。此为全省改革开放以来首次实行县(市、区)党政正职的集中跨市交流。

8月1日　国内桥梁建筑史上首次直升机牵引先导索过海工程在舟山大陆连岛工程西堠门大桥施工中采用并获成功。

8月2日　浙江在全国率先出台《浙江省市、县(市、区)党政领导班子和领导干部综合考核评价实施办法(试行)》，今后考核领导干部，将体现科学发展观要求，淡化单纯经济增长指标，将"绿色"GDP、社会保障等类新指标列入考核内容。并首次考核地方政府负债率，约束举债搞"形象工程"等行为，群众评价首次进入考评体系，10项定性指标考核通过民意调查进行，是干部考核体系的一次创新。

8月3日　浙江电网统调整点(10点40分)最高用电负荷达到2430.9万千瓦，再创历史新高。

8月10日　第8号超强台风"桑美"在苍南县马站镇登陆，登陆时近中心最大风力17级，为50年来登陆中国大陆的最强台风。此次台风灾害造成浙江直接经济损失127.3亿元。

8月11日　宁波—舟山港北仑四期3号、4号泊位及配套工程通过国家验收。北仑四期集装箱码头工程建设规模为5座5万～10万吨级专用集装箱泊位，码头总长1785米，改变中国不能停靠超大型国际集装箱船舶的历史；设计吞吐能力200万标准箱，总投资40.68亿元。

8月15日　绍兴在全国第一个建立外来民工子女"入学绿卡"制度。

8月24日　磐安县大盘山国家级自然保护区发现植物新物种——小果蔷薇的变种，专家组为之取名"大盘山蔷薇"。

8月25日　中国文物保护基金会决定，命名东阳横店明清民居博览城为"中国古民居保护基地"，为全国首家。横店明清民居博览城占地60公顷，有从浙、皖、赣、闽四省拆迁修复重建的明、清等时期的古民居200幢。

8月28日　省政府下发《关于解决农民工问题的实施意见》，首次就农民工问题发布政策性文件，作出农民工工资不得低于当地最低工资标准、招农民工必须签订劳动合同、做好农民工的社会保险工作、取消暂住证、实行居住证等规定，以保护农民工合法权益，为农民工全面融入城市扫清障碍。

8月29日　省委书记习近平到大陈岛视察，看望岛上的老垦荒队员。后又于2010年4月给大陈岛老垦荒队员回信。

8月29日　汇丰银行杭州分行开业。

8月29—30日　全省“千村示范，万村整治”工作现场会在台州召开。

8月30—31日　贝宁共和国总统托马·博尼·亚伊访问浙江。

8月31日　中国渔政渔港监督管理局和中国渔政指挥中心联合发文，对浙江省渔政执法总队在查处北太平洋非法大型流网作业工作中取得的突出成绩给予通报表扬。浙江是依法没收从事非法捕捞生产的远洋渔船的唯一省份。

是月　在第23届世界魔术大会魔术决赛中，浙江曲艺杂技总团魔术师戴滨淳表演的《牌技》获舞台魔术手彩类金奖，实现中国在世界魔术顶级赛事中最高奖零的突破。

9月6日　2006年中国名牌产品揭晓，浙江共有89个产品榜上有名，其中新增57个，上榜总数居全国各省(区、市)首位，为历年上榜中国名牌产品数量最多的一次。浙江拥有的中国名牌产品累计达195个，居全国第2位。

9月7日　满载巴西铁矿的挪威籍世界最大散货船“博格斯坦”号靠泊嵊泗马迹山码头。该轮载重吨36.47万吨，建成20年来首次靠泊亚洲港口。舟山引航站成功接靠此轮，创下中国引航史上重载进港船舶中载重吨最大(322398吨)、吃水最深(21.64米)、实际排水量最大(331895吨)3项纪录。至此，世界上6艘载重吨在30万吨以上的散货船全部靠泊过马迹山码头。

9月15日　浙赣电气化铁路全线通车。

9月16日　杭州萧山国际机场有限公司与香港机场管理局在杭州正式签署合资经营合同。12月18日，杭州萧山国际机场合资公司成立仪式在杭州举行，成为国内首家整体对外合资的民用机场。

9月16日　宁波市与微软(中国)有限公司签署合作备忘录，签约共建“宁波微软技术中心项目”，这是宁波市引进的首家世界500强信息技术企业研发机构。

9月20日　国家统计局公布2006年度中国大企业集团竞争力500强，浙江有109家企业上榜，居全国各省(区、市)第1位。7家企业进入前30强。

9月20日　《浙江省卫生强省建设与“十一五”卫生发展规划纲要》出台，要求重点实施农民健康工程、公共卫生建设工程、城乡社区健康促进工程、科教兴卫工程等“六大工程”。

9月29日　国家统计局发布2005年度全国“百强县”名单，浙江30个县(市)进入百强，数量与上年持平，为全国最多。其中，萧山区、绍兴县保持在全国十强行列，分列第7位和第10位。鄞州区、义乌市、慈溪市、余杭区均进入前十五强。

9月30日　西湖综合保护第五批三大项目(灵隐景区综合整治一期、吴山景区综合整治一期和“龙井八景”恢复)竣工。至此，历时5年的西湖综合保护工程基本结束。

是月　舟山万邦永跃船舶修造有限公司投资7588万元的马峙30万吨级及10万吨级船坞工程完工，经鉴定工程质量、等级均为合格。其中30万吨级船坞规模为全国并列第一。

10月1日　运河(杭州段)综合整治与保护开发一期工程竣工典礼在杭州运河广场举行。

10月7日　浙江华联三鑫石化有限公司二期60万吨PTA项目成功实现投料试生产，加上一期装置45万吨的年产能，华联三鑫成为国内最大的PTA生产制造基地。

10月9日　由国家杂交水稻工程技术研究中心、中国水稻研究所、省农业厅作物局组成的专家组，对婺城区白龙桥镇筱溪村83.8公顷“袁隆平超级稻”示范方进行现场验收。专家随机抽样3块田，现场实割实测产量，折干谷平均公顷产量为10020千克；郑善辉户种植的0.1公顷攻关田公顷产量达10375.5千克。

10月14日　国家统计局公布全国小城镇综合实力“千强镇”，浙江省266个强镇榜上有名。

10月16—28日　由文化部、浙江省政府主办的2006年中国越剧艺术节在绍兴举行。此次越剧艺术节是越剧诞生百年来的一次全国性盛会，全国各地有20台新品剧目入选展示，代表中国越剧艺术的最高水平。

10月19日　洞头县大瞿村通电，至此，浙江“户户通电”工程完成，农村“无电户”告别无电历史。

10月22日　全球第一个以具体市场为基础的小商品类指数——义乌中国小商品指数正式诞生。

10月22—26日　2006中国义乌国际小商品博览会在义乌梅湖会展中心举行。本届义博会设展位4000个、9万平方米，规模居全国日用消费品类展会第一。

10月25—28日　第十五届中国金鸡百花电影节在杭州举行。

10月28日　全长128千米的杭千(杭州—千岛湖)高速公路全线通车。

10月30日　申苏浙皖高速公路浙江段全线建成通车，其中浙江段全长88.2千米，是浙江通往安徽的第一条高速公路。至此，浙江通往周边四省一市都有一条或一条以上高速公路。

是月　舟山市普陀区东港海涂造地15年来，建成配套设施齐全的4平方千米新城区，有居民2万余人。东港开发区是浙江唯一不占用耕地的省级经济开发区，规划开发总面积12平方千米，相当于沈家门老城区的3倍。

秋　浙江开始实行城乡义务教育阶段学生免缴杂费，义务教育逐步纳入公共财政保障范围。

11月1日　浙江首部全面规范安全生产的综合性地方法规《浙江省安全生产条例》正式实施。

11月1日　舟山市岱山、嵊泗两县城乡各类用电按浙江电网目录电价执行，平均电价为每千瓦时0.68元。至此，浙江省最后两县电价实现与省网同价，结束了海岛用电价格高于大陆的历史。

11月1日　省发改委核准舟山液体化工品中转基地工程项目。整个工程总投资40亿元，其中一期投资8亿元。该项目是省政府在香港招商引资时由舟山港务局引进，落户于舟山本岛的马岙岸段。

11月2日　全国783个城市、景区、城镇、乡村参加评选的“2006年最令人向往的二十大旅游胜地”揭晓，杭州市获“金牌单位”称号，位列城市第一。

11月2—3日　科摩罗联盟总统艾哈迈德·穆罕默德·桑比访问浙江。

11月5日　“中国塑料价格指数”在余姚诞生。

11月11日　2006年中国投资环境论坛在杭州举行。同日，世界银行发布《政府治理、投资环境与和谐社会：中国120个城市竞争力的提升》报告，杭州、青岛、绍兴、苏州、厦门和烟台成为全国六大“金牌城市”。

11月16日　省政府公布《浙江省军人抚恤优待办法》，自2007年1月1日起施行。

11月19日　浙江省与新加坡政府自成立浙江—新加坡经贸理事会以来，双方合作在省内诞生的首个项目“新加坡杭州科技园”在杭州经济技术开发区奠基，科技园占地42.9公顷，建筑面积6864万平方米。

11月19日　宁波—舟山港舟山港域货物吞吐量超1亿吨。从1987年舟山港对外开放，当年完成港口货物吞吐量204万吨到超1亿吨，不到20年时间。

11月20日　中国环境监测总站编制的2005年度《全国生态环境状况评价报告》显示，浙江生态环境状况指数为87.1，列全国第1位。

11月20日　水利部批准丽水市为“中国水电第一市”。全市水电资源可开发装机容量327.8万千瓦，约占全省的40%。已建水电站681座，装机容量142.64万千瓦；在建水电站133座，装机容量107.29万千瓦。

11月22日　省发改委发布的《2005年浙江省社会发展形势分析报告》显示，当年浙江社会发展总体水平居全国第4位，在各省区中列第1位。

11月27日　省政府办公厅发布《浙江省计划生育公益金管理办法》，规定公益金资金的来源包括财政拨款、社会各界的捐助、公益金的利息收入以及其他合法收入。

11月27日　省政府审议通过《浙江省导游人员管理办法》，并于2007年1月1日正式施行。此为浙江首部针对导游人员制定的专项管理办法。

11月28日　中国第一台国产百万千瓦等级超超临界燃煤发电机组——华能玉环发电厂1号发电机组比计划提前6个月投产发电。

11月28日　萧甬铁路正式开始实施电气化改造。该工程总投资近10亿元，2008年完工并投入使用。

11月30日　省人大常委会审议通过《浙江省预防职务犯罪条例》，自2007年3月1日起实施。

11月30日　省人大常委会审议通过《浙江省企业商号管理和保护规定》，2007年3月1日起正式实施。这是国内首部专门保护企业商号的地方性法规。

12月1日　舟山钓梁围垦北Ⅰ促淤坝动工，舟山市有史以来最大的围垦工程项目实质性启动。工程投资3.23亿元，建成后可形成2万亩土地资源，形成13千米港口岸线，可建造10万吨级码头5座。

12月8日　杭州市最后4个有30多年历史的煤矿关闭。至此，杭州结束采煤历史。

12月12日　首届浙江慈善大会在杭州召开。会议期间，省委办公厅、省政府办公厅印发了《关于加快发展慈善事业的通知》。

12月12日　遂昌县湖山香炉岗地热资源勘查探采结合井工程竣工。担负勘查的浙江省水文地质大队宣布：湖山温泉单井日出水量1500立方米，居浙江第一；水温40℃，在人工温泉中居浙江第二。

12月15日　全省增值税防伪税控一机多票系统推行工作全面到位，累计推行164647户，推行总量列全国第一。

12月21—25日　全国5A级旅游景区创建试点验收组对西湖、雁荡山、普陀山3个旅游景区创建工作进行验收检查，一致同意通过验收。

12月27日　宁波—舟山港第700万个集装箱起吊，表明宁波—舟山港吞吐量的增幅继续在全国港口中保持领先地位，浙江港口经济取得突破性进展。

12月27日　省旅游局公布杭州华庭云栖度假酒店等41家饭店为浙江省绿色饭店。至此，浙江省"绿色饭店"总数达到229家，位列全国第一。

12月28日　2006年全省高速公路建设目标完成暨台金高速公路东段建成通车仪式在临海举行。年内，共有10个高速公路项目建成通车，总长516千米。至此，全省高速公路累计通车里程达到2382千米。

12月30日　台州市路桥区举行新桥镇洁具行业党支部统战联络处成立仪式。这是全省在行业协会中成立的第一家统战工作机构。

是年起　省财政厅对市县实行优化收入结构奖励性转移支付办法。按照"谁保护，谁受益""谁贡献大，谁多得益"的原则，对钱塘江源头地区的10个市县实行省级财政生态环保专项转移支付，当年安排财政资金2亿元。

是年起　省财政厅除建立在村民自愿基础上的村级组织生产公益事业"一事一议"筹资筹劳外，全省不再存在由政府及部门规定的专门面向农民征收的税费、集资和"两工"等项目。

是年　浙江农村全面建设小康的综合实现程度达68.1%，农村居民人均纯收入为7335元，人均可支配收入达6208元，首次超越农村全面小康社会标准。

是年　全省104个县以上工会建立职工法律维权中心，配备专职工作人员373名；35个市、县工会建立人民调解委员会。全省县以上工会全年受理职工来访、来电、来信25054件，办结24263件，办结率达96.4%。

是年　全省大力推动农村客运网络化进程，全省经过验收的通等级公路的行政村全部开通班车，约2300万农民出行得到保障。城乡客运一体化让600多万农民享受与城里人相近的出行方式。对农村客运政策性规费减免达到1830万元。

是年　中国水稻研究所张慧廉研究员的科研成果"印水型水稻不育胞质的发掘及应用"获国家科学技术进步奖一等奖。该成果得到大面积推广应用，开创中国杂交水稻高产制种新时代。

是年　浙江省启动实施"乡村卫技人员素质提升工程"，以乡村医生注册为抓手，对全省5万名乡村医生进行全科医学知识培训。

是年　杭州市余杭区与浙江大学法学院课题组共同制订完成《法治余杭评估体系研究报告》。2008年，余杭区正式运用"量化考核评估体系"，成为中国内地首个"法治指数"评级城市。

是年　浙江率先启动政策性农业保险试点和农村住房保险，出台相关补贴政策，并将两大政策性保险纳入了公共财政建设的重要内容。

是年　至年底全省乡村康庄工程提前15个月完成5年目标任务(5.5万千米)，2003年以来总投资2017亿元，完成建设里程55726千米，全省61个县完成“双百”目标。绿色通道工程提前19个月完成5年目标任务(13885千米)，自2003年以来，全省绿色通道工程累计投资11.5亿元，建成15170千米。超额完成干线畅通工程5年目标任务，全面完善全省重要县道影响行车安全路段的标志标线等安全设施。

是年　浙江省地区生产总值15742.51亿元，其中工业增加值7590.57亿元，人均地区生产总值31874元；社会消费品零售总额5325.35亿元；全社会固定资产投资7593.66亿元；全年财政总收入2567.66亿元；全省职工平均工资27567元。

是年　浙江省总人口为4629.43万人，人口自然增长率为4.87‰。

2007年

1月6日　由民营企业瑞安市华盛水产品加工厂投资5600万元建造的“华盛渔加1号”顺利下水。这是国内第一艘海上水产干制品加工船，也是亚太地区最大的海上流动加工渔船。

1月17日　省发改委、省民政厅联合下发《浙江省行业协会与行政机关脱钩的实施意见》，规定在民政部门登记的各类行业性社会团体(包括生产、流通及其他服务行业的行业协会)，凡与行政机关合署办公的、与行政机关会计合账的、现职行政机关工作人员兼任行业协会职务的，都应实行机构分设、人员分离、财务分开、职能分开。到10月底，全省1346个应脱钩的行业协会全部完成脱钩。

1月17日　浙江省和杭州市首家保安押送公司——浙江安邦护卫公司启动。

1月19日　中国社科院国情调研重大课题成果集《浙江经验与中国发展——科学发展观与和谐社会建设在浙江》首发式暨学术研讨会在杭州举行。

1月19日　全球规模最大的酒店集团——洲际酒店集团与宁波凯洲实业有限公司签订协议，确定将其旗下世界著名的皇冠假日酒店品牌引进宁波，宁波凯洲大酒店更名为宁波凯洲皇冠假日酒店。这是浙江首家冠以皇冠假日品牌的酒店。

1月27日　省政府印发《关于实施义务教育经费保障机制改革的通知》，主要内容有：一是全部免除义务教育阶段学生学杂费；二是做好家庭经济困难学生资助工作；三是提高中小学公用经费保障水平；四是建立校舍维修改造长效机制；五是巩固完善教师工资保障机制。

1月28日　国产动车组从杭州城站出发赴上海，开始中国铁路高速列车的“处女行”。列车时速200千米以上，杭州到上海只需1小时左右。

1月28日至2月1日　省政协九届五次全体会议在杭州召开。会议选举周国富为政协第九届浙江省委员会主席。

2月1日　浙江电子口岸举行开通仪式。

2月2日　省委办公厅、省政府办公厅联合下发《浙江省事业单位参照〈中华人民共和国公务员法〉管理工作实施意见》。

2月4日　20个宁波服装品牌在世界顶级时装展会——德国杜塞尔多夫国际时装展代表中国服装界举办专场时装秀。这是宁波自主品牌服装首次在世界顶级时装展会上发布时装。

2月5日　西子联合控股有限公司公开发布《企业社会责任报告》，成为中国第一个全面地、科学地、系统地实施企业社会责任的民营企业。这也是浙江民营企业发布的第一份系统性的企业社会责任报告。

2月16日　国务院原则同意修订后的《杭州市城市总体规划(2001—2020年)》。到2020年，杭州市城市人口控制在450万人左右，城市建设用地控制在400平方千米以内。

是月　浙江改革进程第一次有了来自权威部门量化的评价。省发改委发布的《浙江"十五"改革报告》显示：2000年和2005年浙江市场化水平均居全国第一，评价得分由8.46上升到9.29。2000—2005年，浙江所有制结构得分从9.95提高到10.91，政府职能转变得分从9.07提高到9.51，市场发育得分从7.85提高到7.94，均列全国前三位。对改革进程进行全面系统客观的回顾和评价，并对全社会公开发布改革报告，这在浙江尚属首次。

3月1日　绍兴公祭大禹陵典礼升格为国家级祭典。

3月20日　全球最具规模的快递公司——美国联邦快递公司与杭州萧山国际机场有限公司签订租赁运营协议，宣布其联邦快递中国区转运中心落户杭州。转运中心总投资2600万元，每小时最高可处理9000个包裹。

3月20日　省民政厅下发通知，决定在全省100个农村社区实施"农村老年福利服务星光计划"试点，率先在全国实现"星光计划"由城市向农村拓展。

3月25日　省委分别召开省委常委(扩大)会议和领导干部会议，宣布中共中央关于浙江省委主要领导职务变动的决定：赵洪祝任浙江省委委员、常委、书记。

3月28日　杭州地铁一期工程正式破土动工。

3月30日　省委、省政府召开全省建设"平安浙江"电视电话会议，要求切实把"平安浙江"建设作为浙江经济、政治、文化和社会建设的重要内容，作为浙江和谐社会的有效载体。

是月底　全省县乡人大换届选举工作基本结束。这是乡级人大任期改为5年后，浙江首次进行的县、乡人大同步换届选举。

是月　浙江公安高等专科学校升格为浙江警察学院，杭州师范学院更名为杭州师范大学。浙江国际海运职业技术学院、浙江体育职业技术学院正式建校。经省政府同意，新筹建温州科技职业技术学院(筹)、浙江汽车职业技术学院(筹)、浙江横店影视职业学院(筹)3所高职院校。

4月2日　浙江第一家五星级酒店——宁波南苑饭店荣膺国际五星钻石奖，成为全省首家问鼎该全球服务领域最高奖项的酒店。

4月12日　省政府在杭州召开全省标准渔港建设暨海洋与渔业工作会议。会议决定，今后5年，全省将投资35.6亿元，在舟山、宁波、台州、温州等沿海地区建设80个标准渔港，力争使全省95%以上海洋捕捞渔船能就近安全避风。会前，省政府还印发了《关于加快标准渔港建设的若干意见》，对全省标准渔港建设给予全面支持，并大幅度提高省级财政补助标准。

4月12日　省高级人民法院对浙江上风实业股份有限公司与宁波联众国际物流有限公司海上货运代理合同欠款纠纷上诉案进行公开审理，并首次通过互联网进行网上直播。这在全国法院系统中尚属首次。

4月19日　省发改委、省统计局联合发布的《浙江省2005年城乡统筹发展水平综合评价报告》指出，预计到2010年，浙江将初步进入城乡统筹发展的全面融合阶段。对省域城乡统筹发展水平进行量化分析和评价，并向社会公开发布，这在全国尚属首次。

4月29日　省民政厅、省发改委印发全国第一个社会福利发展专项规划——《浙江省社会福利发展"十一五"规划》，提出要发展完善以老年人为主体，涵盖孤儿、重点优抚对象、残疾人以及其他困难群众的福利项目，努力形成政府主导，部门协作，社会参与，法制保障，机构福利服务、公共福利服务与公益服务相结合，覆盖城乡的新型社会福利体系。

5月25日　《浙江省港口管理条例》经省人大常委会审议通过，2007年10月1日起正式实施。这是浙江省港口管理的首个法规。

5月25日　杭州都市经济圈市长联席会议第一次会议在杭州举行，杭州、湖州、嘉兴、绍兴四市共同审议签署了《杭州都市经济圈合作发展协调会章程》。

6月1日　《浙江省最低生活保障家庭收入核定办法(试行)》正式施行。

6月1日　玉环县在全省率先推行"医前救助"政策。规定：凡城镇"三无"人员，农村"五保"户，新中国成立前的老党员、老交通员、老游击队员、老优抚人员以及城乡低保户，每人每年都可享受一次"医前救助"，医疗费3500元以内全额由政府补助，超出部分可向民政部门申请救助，一年最高限额为5万元。

6月2日　黄菊在北京逝世。黄菊，嘉善人，1938年9月出生，生前曾任中共中央政治局常委、国务院副总理等职。

6月9日　宁波恒富船业(集团)有限公司与德国CONTI航运有限公司签约，为其建造4艘75300吨巴拿马型散装货船。这是浙江承接的单船吨位最大合同，也是单笔金额最高的造船订单，总造价达1.6亿美元。

6月12日　省政府出台《关于加快发展城乡社区卫生服务的意见》，为全省城市常住人口购买健康教育、预防、保健等基本公共卫生服务。由政府出钱统一为全省所有城乡居民购买基本公共卫生服务，是浙江的一个创举。

6月12—16日　中共浙江省第十二次代表大会在杭州召开。会议通过赵洪祝代表第十一届省委所作工作报告。6月16日，省委第十二届一次全会选举赵洪祝为省委书记，吕祖善、夏宝龙为省委副书记，王华元、王国平、斯鑫良、陈敏尔、王辉忠、巴音朝鲁、李强、王贺文、黄坤明、葛慧君为省委常委。王华元为省纪委书记。

6月26日　世界上最长的跨海大桥——杭州湾跨海大桥全线贯通。

是月　《浙江省非物质文化遗产保护条例》颁布实施。

是月　国务院公布首批国家级非物质文化遗产名录，浙江省39项(44个子项)上榜，居全国第一。

7月1日　首班直升机从普陀山机场通航东极岛，朱家尖与东极岛直升机固定航班正式开通，飞行用时16分钟。

7月1日　宁波世纪华丰控股有限公司在非洲的利比亚接下合同金额高达33.5亿元人民币的境外承包大单。这是宁波市企业承接到的最大的境外承包工程，也是浙江最大的国际工程承包单笔合同。

7月1日　嘉兴市在全省地级市中率先实行不安全食品召回制度。

7月3日　由国家人口计生委、全国政协人口资源环境委员会、北京大学主办的纪念马寅初《新人口论》发表50周年暨马寅初诞辰125周年座谈会在北京召开。

7月12日　省工商局发布《2006年度浙江民营经济发展报告》显示，最能反映民营经济综合实力的指标——个体私营经济总产值、销售总额、社会消费品零售额、出口创汇额等，浙江继续位居全国第一。在全国500强民营企业中，浙江省占203席，总量居全国第一，浙江省上榜500强的企业数已连续9年居全国首位。中国社科院公布的全国民营企业自主创新50强中，浙江占19席；全国民营企业自主创新十大领军人物中，浙江有4位。

7月16日　江山市贺村镇花园村蔡兴泉户1.24亩“中早22”早稻实际亩产达734.5千克，创全国早稻亩产最高纪录。

7月19日　美国花旗银行杭州分行开业。

7月28—29日　中共中央总书记、国家主席、中央军委主席胡锦涛视察浙江。他先后深入杭州的企业和社区，就贯彻落实科学发展观、加强党的建设进行调研。

7月30日　《浙江省旅行社行业发展状况报告书》发布。这是国内第一部反映省级旅行社行业发展的报告。

7月31日　省人事厅印发《浙江省事业单位公开招聘人员暂行办法》，自2007年10月1日起实施。

7月31日　杭州出入境检验检疫局成立。

是月　首届全省民企运动会举行，共有40多家民营企业报名参赛，赛事经费也全部采用民间筹资的方式落实。

是月　国家质检总局正式批复，同意在舟山筹建国家海洋食品质量监督检验中心。

8月2日　钱江潮水在七堡一号坝卷走30多人，22人获救。9月15日，《杭州市钱塘江防潮安全管理办法》颁布实施。

8月17日　国家旅游局在北京召开全国AAAAA级旅游景区颁牌大会，浙江的西湖、雁荡山、普陀山三个旅游景区获得全国首批AAAAA级旅游景区称号。

8月20日　浙江省邮政储蓄首家小额贷款营业所——义乌市稠州路小额贷款营业所试营业。这是浙江邮政储蓄继开办定期存单小额质押贷款业务后，首次开办信贷业务。

8月22日　国家环保总局、国家统计局、国家发改委发布《2007年上半年各省、自治区、直辖市主要污染物排放量指标公报》。其中，浙江省化学需氧量(COD)减排幅度列全国第一，为2.48%；浙江省二氧化硫的减排幅度列全国第四，下降幅度为4.05%。

是日　第七届全国县域经济百强县(市)揭晓,全省有25个县(市)跻身百强,其中慈溪市、绍兴县、义乌市、余姚市名列前10名,和山东并列为百强县最多的省份。

9月12日　浙江造船有限公司为德国CONTI公司建造的首艘4250标准集装箱船在奉化湖头渡造船基地顺利下水。这是浙江建造的最大的集装箱出口船。该船总长265米,型宽32.25米,型深19.3米,设计航速24.5节。

9月17日　从当年下学期开始,青田县黄垟乡成为全省首个实现全免费教育乡镇。

9月24日　《浙江省社会信用体系"十一五"规划》颁布实施,对率先建立健全社会信用体系提出了可衡量的指标,这也是浙江历史上第一个关于社会信用体系建设的专项规划。

9月25日　全国首个地市级新居民服务管理机构——嘉兴市新居民事务局正式成立,嘉兴由此成为全省首个给外来就业人员发放居住证的城市。

9月28日　省人大常委会通过《关于修改〈浙江省人口与计划生育条例〉的决定》。修改的内容主要有两项:一是取消再生育间隔的规定;二是对达到法定结婚年龄未办理结婚登记而生育第一胎的,若在生育后6个月内办理结婚登记的,视为合法生育,不征收社会抚养费。

9月28日　嘉兴市纪委、市监察局、市环保局等六部门联合建立的查处环境污染违法违纪案件部门联动协作机制正式向社会公布并启动。此举开全省先河。

9月28日　中国首条民资参建的干线铁路——衢常铁路正式开始运行。该铁路2004年4月开工,全长45千米,总投资7.75亿元。

9月29日　嘉兴市委外宣小组办公室和市政府新闻办公室联合举行新闻发布会,就嘉兴在全国率先出台《嘉兴市城乡居民社会养老保险暂行办法》政策的有关情况向全国40多家知名媒体作介绍。嘉兴是全省第一个完善农村原有养老保险制度,对城乡居民参加社会养老保险给予财政补贴的地级市。

是月　嘉兴市制定出台《嘉兴市主要污染物排污权交易办法(试行)》,在全市实施排污权有偿转让。国家环保总局为此拨付30万元作为启动资金,并将建立排污权储备交易中心。嘉兴成为全国首个试点推行排污权交易的地市,取得成功后将在全国推广。

10月12日　省委宣传部和省广电局联合召开推进有线数字电视联合发展和安全播出专题会议,研究和部署进一步推进全省有线数字电视联合发展和安全播出工作。这标志着以华数数字有限公司为平台的全省有线数字电视联合发展进入实质性阶段。

10月15日　《宁波市外来务工人员社会保险暂行办法》出台并组织实施。由此把全市285万名外来务工人员全部纳入社会保险体系,破解了实现"全民社保"的最后一道难题,在全国率先实现社保制度城乡居民全覆盖。

10月17日　嘉兴市水利建设史上最大的工程——杭嘉湖南排后续工程通过国家验收委员会竣工验收。至此,历时16年建设的杭嘉湖南排后续工程全部竣工。

10月21日　中国首个纺织指数——"中国·柯桥纺织指数"向全球发布。

10月27日　国家统计局公布2007年度中国大企业集团竞争力500强名单,浙江上榜企业总数位居全国各省(区、市)第一位。

10月27日　在第九届中国杭州西湖博览会开幕式上,三评"西湖十景"正式揭晓,分别是:灵隐禅踪、六和听涛、岳墓栖霞、湖滨晴雨、钱祠表忠、万松书缘、杨堤景行、三台云水、梅坞春早、北街梦寻。

10月28日　能容纳5000辆标准小汽车的特种船舶“汽车滚装船”,在舟山中远船务公司开工制造。5000车位滚装船是中国首艘自主开发、自主设计、自主制造、自主产权、自主使用的主流汽滚船。

11月5—6日　省委召开十二届二次全体(扩大)会议。会议深入学习贯彻党的十七大精神;听取讨论赵洪祝代表省委常委会所作的工作报告;审议通过《中共浙江省委关于认真贯彻党的十七大精神,扎实推进创业富民创新强省的决定》。

11月6日　由省旅游局、省旅游协会主办,省旅游局信息中心、新浪网、浙江电视台公共频道、浙江电台旅游之声和《钱江晚报》承办的“浙江最值得去的五十个景区”评选活动圆满结束。活动评选产生杭州西湖、舟山普陀山、温州雁荡山等“浙江最值得去的五十个景区”和杭州龙门古镇、宁波东钱湖、湖州莫干山等“浙江五十个优秀景区”。

11月6日　总部位于杭州的阿里巴巴集团旗下的电子商务网站——阿里巴巴网络有限公司在香港上市,并超过腾讯、百度,成为中国首个市值超200亿美元的互联网企业。1998年12月,阿里巴巴在杭州建立。2005年8月,阿里巴巴和全球最大门户网站雅虎达成战略合作,兼并雅虎在中国的所有资产,成为中国最大的互联网公司。阿里巴巴也是全球最大的网上贸易市场。

11月8日　杭州萧山国际机场旅客吞吐量首次超1000万人次,成为继北京、上海、广州、深圳、成都和昆明机场之后,达到千万人次级别的机场。是日,杭州萧山国际机场二期工程开工典礼在国际航站楼工地现场举行。

11月9日　恒生银行杭州分行开业。

11月11日　《丽水日报》报道,在庆元发现起源于侏罗纪、原始森林中“辈分”最高的植物“活化石”——金毛狗蕨。金毛狗蕨于1999年被列为国家二级重点保护野生植物。

11月12日　中科院宁波材料所、日本GMC Hillstone株式会社直线电机联合实验室在宁波成立。该实验室拥有国际上最先进的直线电机技术,是中国技术最先进的直线电机实验室。

11月16—18日　第一届中国国际渔业博览会在舟山朱家尖举行。

11月18日　中国第一家摄影博物馆——中国丽水摄影博物馆开馆。

11月23日　在华非洲留学生台州实习基地建立,宝石控股集团等11家企业为实习点。这是中非民间商会和中非青年俱乐部在中国建立的首个留学生实习基地。

11月27日　全国首个旅游景区信用报告在乌镇发布,乌镇也成为中国首个获得信用评定的旅游景区并摘取“AA+”信用殊荣。

11月28日　沪杭甬高速公路拓宽工程全线完成并通车。拓宽工程分3期进行,于2000年10月开工建设,经过7年改造建设,公路全线由原有的双向四车道拓宽为双向八车道,公路日益拥挤状况得到缓解。

11月28日　丽水海关举行开关仪式。

12月1日　杭州西湖风景名胜区获建设部授予的国家级风景名胜区综合整治十佳单位称号。

12月6日　省工商局召开网络经济监管新闻发布会，正式启用全国首个工商营业执照网上标志。

12月16日　经过1000多天的奋战，世界第二、全国第一的悬索桥——舟山大陆连岛工程西堠门大桥顺利实现主桥贯通。大桥全长5426米，其中主桥长2588米。

12月17日　全国首个蜗牛养殖"国际交流示范项目"落户庆元县。

12月17—18日　密克罗尼西亚联邦总统莫里在浙江访问。

12月18日　遂昌金矿国家矿山公园揭碑开园。公园内拥有黄金博物馆、黄金览胜、明代金窟、黄金冶炼观光区、淘金河体验区等特色旅游项目，是浙江唯一一个国家级矿山公园。

12月20日　省政府新闻办公室召开的新闻发布会宣布：为期3年的"811"环境污染整治行动目标如期实现。全省环境污染和生态破坏趋势基本得到控制，突出的环境污染问题基本得到解决，并在全国率先全面建成县以上城市污水、生活垃圾集中处理设施，率先建成环境质量和重点污染源自动监控网络。21日，省政府决定实施"811"环境保护新三年（2008—2010）行动，基本解决各地突出存在的环境污染问题，继续保持环境保护能力建设全国领先、生态环境质量全国领先。

12月20日　全省循环经济现场会在宁波召开，浙江建设全国循环经济试点省工作全面启动。

12月21日　中国科学院微电子研究所和杭州中科微电子有限公司联合宣布，中国首款全球卫星导航接收芯片在杭州研发成功。此前，该产品完全依赖进口。自主开发的芯片成本只有进口价格的1/6。

12月24日　在中国共产主义青年团十五届六中全会上，传化集团团委获全国五四红旗团委标兵称号。这是全国首个获此荣誉的民营企业团委。

12月25日　龙丽、丽龙高速公路暨丽水连接线通车典礼在莲都区富岭互通收费广场举行。它的开通对改善沿线衢州、丽水两市六县（市、区）的投资环境、构造新的区域优势，创造新的发展机遇意义重大。

12月27日　嘉兴最后一个人工渡口——嘉善三店渡被刚建成通车的三店塘大桥所取代，渡口最后一艘摆渡船随之停运。水乡嘉兴从此彻底告别渡运。

12月31日　全省共有会计师事务所307家，其中有限责任所183家，合伙所124家；注册会计师执业会员3326人，从业人员约11000多人；资产评估机构188个，其中，专营机构118个，兼营机构70个，注册资产评估执业会员1325人；会计代理记账机构547个。全省持有会计从业资格证书71.47万人，实际从事会计工作者63.35万人。全省具有初级会计专业技术资格16.34万人、中级会计专业技术资格5.41万人，取得高级会计师任职资格6113人。

是月　美国高盛集团购下浙江扬帆集团20%的股份。高盛集团是一家国际领先的投资银行和证券公司，是世界500强企业之一。

是年　诸暨大唐袜业产量130多亿双，占全国的65%、全球的1/3强，完成工业产值330

亿元，成为“国际袜都”。建镇不过20年的大唐，依靠袜子产业，人均纯收入超过万元。

是年 对钱塘江源头地区的10个市县实行省级财政生态环保专项转移支付，2007年安排6亿元，全面实施省对主要水系源头所在45个市、县（市）的生态环保财力转移支付制度。

是年 全国福利彩票发行达20年。全省共发行销售各类福利彩票143.14亿元，为国家筹集福利资金47.63亿元，先后利用福利彩票资金（公益金）资助各类社会福利事业、社会保障事业、公益事业项目近1万个，有力促进了浙江社会福利事业的发展。

是年 全省28.92万家非公有制企业建立党组织的有45361家，其中规模以上企业覆盖率达到100%。

是年 省总工会、省委宣传部联合开展“劳动伟大——浙江最具影响力劳动模范”评选活动，在中华人民共和国成立以来802位全国劳动模范中筛选出贡献特别突出的32位候选人进行公投选举，产生10位浙江省最具影响力的劳动模范。他们是：受毛泽东主席多次接见的“土地赤子”陈双田、连续三届当选全国人大代表的章凤仙、一辈子与锅炉打交道的陈有生、被誉为商界“常青藤”的鲁冠球、连续8年申请回国的“海洋之子”苏纪兰、43年坚守灯塔的叶中央、将贫困村变成全国十大名村的新农村领头雁傅企平、“活雷锋”孔胜东、35年护理伤残荣誉军人的殷顺民、13年里从普通电焊工成长为全国顶尖高手的农民工陈立虎。

至年末 全省完成电信业务总量1280.2亿元，居全国第2位。电信业对浙江GDP的直接贡献率达到6.9%。全省电话用户总数达到5945.3万户，其中固定电话用户达2417.1万户，移动电话用户3528.2万户，普及率分别为48.5线/百人和70.8部/百人，均居全国第一。互联网网民总数达到1509万人，宽带用户539万户，建成以光缆为主，无线、卫星、微波为辅的覆盖全省的广播电视传输网络，覆盖率为98.84%；有线电视用户终端数近900万户，其中数字电视用户150万户。

至年末 全省提前完成村村通电话和村村通广播电视工程，行政村宽带接入率95%，宽带接入用户数539万户，互联网普及率30.3%。加入互联网的中小企业超过10万家，全省电子商务网上交易额超过5000亿元。

至年末 全省拥有医疗卫生机构15870所，比1978年增加2.3倍；卫生人员275047名，比1978年增加3.4倍；病床155622张，比1978年增加2.5倍。全省累计审批设置民营医院242家，已开业194家，其床位约占全省医院床位总数的10%。其中核定为营利性医疗机构130家，核定为非营利性医疗机构64家。建立惠民医院或具有惠民医院性质的医疗机构共计85家，设立济困或扶贫病床7618张。

是年 浙江省地区生产总值18780.44亿元，其中工业增加值9095.65亿元，人均地区生产总值37411元；社会消费品零售总额6214.04亿元；全社会固定资产投资8420.43亿元；全年财政总收入3239.89亿元；全省职工平均工资30854元。

是年 浙江省总人口为4659.34万人，人口自然增长率为4.81‰。

2008年

1月10日 《浙江省地图集》首发。这是第一部全面、直观、形象地反映浙江自然地理特征和社会经济发展的大型综合性地图集。

1月15—20日　省政协十届一次全体会议在杭州召开。会议审议通过省政协九届常委会工作报告、十届一次全体会议决议和提案审查情况报告。会议选举周国富为省政协主席，选举楼阳生、盛昌黎、徐冠巨、王永昌、陈艳华、黄旭明、徐辉、姚克、冯明光为副主席。

1月16—22日　省十一届人大举行第一次会议。会议听取、审查省长吕祖善所作的《政府工作报告》和其他有关报告，并通过相应决议。会议选举赵洪祝为省人大常委会主任，选举王永明、徐宏俊、吴国华、刘奇、程渭山、张家盟、冯明为副主任。选举吕祖善为省长，选举陈敏尔、陈加元、钟山、茅临生、金德水、葛慧君、王建满、郑继伟为副省长。

1月26日至2月3日　浙江省经历4次大范围降雪，其中杭州积雪31厘米。连续大范围降雪给全省道路及春运工作带来前所未有的影响，全省公路大范围封道，班线大部分停开，累计滞留旅客16.4万人，约59万人退票。全省全行业直接经济损失5.366亿元，其中客运损失3.7亿元，货运损失1.24亿元。

1月28日　杭浦、杭州湾跨海大桥北岸接线、申嘉湖三条高速公路通车典礼在平湖市举行。三条高速公路总投资157.5亿元，建设总里程186千米。

是月　浙江命名32个单位为省级非物质文化遗产传承基地，18个年节活动保护示范地为省民族传统节日保护基地和7个省级非物质文化遗产生态保护区(试点)。

2月20日　省政府发出《关于在全省开展第二次经济普查的通知》，普查的标准时点为2008年12月31日，时期资料为2008年度。

2月24日　国务院批准设立宁波梅山保税港区。这是国务院批准设立的第五个保税港区。

是月　国家有关部门公布地理标志证明商标，浙江新增4件地理标志证明商标，总数达50件，约占全国的1/5，名列各省第一。

3月26日　浙江图书馆和宁波天一阁博物馆入选国务院批准公布的首批51家全国古籍重点保护单位。

3月28日　上海市、嘉兴市社保部门负责人签订医疗费用代办报销服务协议，上海医疗保险参保人员在嘉兴定点医院就诊所产生的医疗费用，可由嘉兴社保部门代办报销。此举开创国内跨省市医保代办服务的先河。

4月25日　省内首家政府公共实训基地在绍兴的浙江工业职业技术学院落成。

5月1日　世界上最长的跨海大桥——杭州湾跨海大桥建成通车。大桥由中国自行设计、自行投资、自行建造、自行管理，可以抵抗12级以上台风。大桥建设中共获得250多项技术创新成果，形成9大系列自主核心技术，创造了多项世界第一。建成通车后，宁波至上海的公路里程缩短了120千米，大大缓解了沪杭甬高速公路的压力，形成上海、杭州、宁波之间的“两小时交通圈”。杭州湾跨海大桥是一座科技含量极高的特大型交通基础设施。其中5项关键技术通过国家鉴定，其成果总体达到国际领先水平，是中国跨海大桥建设史上的一个重要里程碑。2011年7月17日，经过两天的现场察看和资料查证，大桥以总分97.02的高分通过了交通运输部组织的竣工验收，工程质量等级为优良。

5月1日　诸暨市山下湖镇聘请5位外来建设者担任首批劳动关系协调员。这种做法在浙江省尚属首创，旨在营造和谐相处、共建共享的社会环境，调动广大外来建设者的积极性。

5月13日　当闻讯5月12日四川省汶川县发生8级强烈地震后，省委常委会召开紧急会议，传达中共中央政治局常委会有关精神，研究部署支援四川灾区抗震救灾工作。此后，全省上下迅速行动起来，以捐款捐物等各种方式帮助灾区人民渡过难关。6月17日，汶川大地震后，浙江上下全面部署开展抗震救灾活动，至是日，全省为四川捐赠款物36亿元。全省138万余名党员缴纳“特殊党费”近4.2亿元。

5月22日　中共中央总书记、国家主席、中央军委主席胡锦涛考察湖州银格户外旅游用品有限公司和泰普森休闲用品有限公司等两家帐篷生产企业，并在德清县召开部分救灾帐篷生产企业负责人座谈会。截至6月1日，浙江共向灾区累计发运帐篷47892顶，累计生产过渡安置房10700套，运达灾区3181套。

6月27日　省委召开工作会议，专题研究部署兴起文化大省建设新高潮、推动浙江社会主义文化大发展大繁荣工作。大会审议并通过《浙江省推动文化大发展、大繁荣纲要(2008—2012)》。

6月28日　民政部专家组在杭州宣布：根据现有文献资料确认，杭州市上城区上羊市街居民委员会为新中国第一个居委会。

是月　第二批国家级非物质文化遗产名录公布，浙江省72项(85个子项)上榜，再次位居全国第一。

7月4日　浙江省对口支援青川县灾后重建指挥部在四川省青川县挂牌成立，标志着浙江对口支援青川各项工作走向常态化、正规化。17日，省委、省政府召开对口支援青川县灾后恢复重建工作会议，出台《浙江省支援青川县灾后恢复重建方案》，明确由全省11个市及29个经济较发达县(市、区)对口支援青川县36个乡镇。

是月　浙江正式启动全国首个《基本公共服务均等化行动计划(2008—2012)》，以实现基本公共服务覆盖城乡、区域均衡、全民共享，促进社会公平正义和人的全面发展。规划5年内全省各级财政投资2000多亿元，实现社会保障、社会事业、公用设施三大方面的14项基本目标，扩大基本公共服务覆盖面、提高基本公共服务均等化程度。

是月　位于东阳市南马伏虎山的北宋青瓷龙窑遗址抢救性发掘工作结束。这是浙江省已发掘的保存最完整的北宋时期龙窑。

8月4日　杭州市举行“无线数字城市”试运行启动仪式，成为全国首个“无线数字城市”。

8月7日　淮浙煤电一体化项目凤台电厂60万千瓦1号机组投产仪式在淮南凤台举行。该项目是浙江首个跨省开发的大型电力能源项目。

8月8—24日　在第29届北京奥运会上，浙江运动员取得2金4银1铜的优异成绩。浙江体操选手江钰源、皮划艇选手孟关良获得金牌。

8月15日　国家茶产业工程技术研究中心在杭州启动。这是浙江农业系统成立的第一个国家级工程技术研究中心。

8月15日　《光明日报》报道，世界著名数学难题"法伯相交数猜想"被浙江大学数学中心刘克峰教授和他的博士生徐浩成功证明。

8月16日　国家重点建设项目、浙江省单机容量最大的常规水电机组——滩坑水电站1号20万千瓦机组投入商业运营。

8月18—21日　澳大利亚联邦总督迈克尔·杰弗里访问浙江。

是月　省政府出台《浙江省单位GDP能耗考核体系实施方案》，并组织召开全省节能降耗工作现场会，明确将各市政府纳入能耗考核体系，实施节能奖惩制。

9月3日　全省竞争性选拔干部工作正式启动，公开选拔20名省级机关副厅级领导干部、10名本科高校副职领导干部、8名省属企业副职领导人员，面向基层公开选调省级机关5名正处级领导干部、10名副处级领导干部和66名主任科员以下公务员。这次竞争性选拔推出的职位数量是浙江历史上最多的一次。9月23日，竞争性选拔省环保局副局长职位面试实况通过电视和网络现场直播，这是浙江首次直播副厅级职位干部选拔面试工作。10月28日，选拔工作结束。

9月6—17日　世界残疾人奥运会在北京举行。浙江运动员杜剑平获男子100米自由泳S3级别金牌，为中国体育代表团夺得此届残奥会首枚金牌，他还以4枚金牌的成绩成为中国体育代表团获得金牌最多的运动员。

9月19日　中国最长、跨度最大的仿古木拱廊桥濛洲桥在庆元县落成。

9月25日　省委、省政府召开浙江省特级专家授证大会，首批20位特级专家获颁证书。

10月6日　绍兴市政府获联合国人居署颁发的联合国人居奖荣誉奖，成为中国仅有的两个市政府之一。

10月12日　中国地质科学院地质研究所吕君昌博士在东阳海锣岩山发现恐龙脚印化石，这是浙江省境内发现的第一个恐龙脚印化石。

10月18日至11月8日　第十届中国杭州西湖国际博览会在杭州举办。此届西博会第一次获批冠名"国际博览会"。

10月23日　省经贸委、省委宣传部等部门联合出台《关于保护和促进浙江老字号发展的若干意见》。这是全国首个关于保护和促进老字号发展的地方性规定。

10月25日　杭州作家麦家的长篇小说《暗算》获茅盾文学奖。11月2日，由中国作家协会主办的第七届茅盾文学奖颁奖典礼在乌镇举行。

10月25日　浙江林学院举行庆祝建校50周年活动。

10月26—27日　菲律宾总统阿罗约访问浙江。

10月28—31日　中共中央政治局常委、中央书记处书记、国家副主席习近平到嘉兴、宁波、绍兴、杭州等地考察调研。

是月　浙江运达风力发电工程有限公司研制的WD52－800千瓦风力发电机组成功并网发电。这是世界上第一台以竹子为主要材料制成桨叶的发电机组。

是月　浙江公安机关出入境管理部门可直接为在大陆的台湾居民补发或换发5年有效台湾居民来往大陆通行证，及为事先未办妥入境证件或签注直抵杭州口岸的台湾居民，现场办理台胞证及签注业务。

是月　浙江杭州棋院的16岁棋手宋容慧在第一届世界智力运动会上初段战胜了包括朴智恩在内的众多世界名手，夺得女子个人赛冠军。

11月6日　由世界手工艺理事会、浙江省政府等联合主办的2008世界手工艺大会在杭州举行。同日，第九届中国工艺美术大师作品暨国际艺术精品博览会开幕。

11月15日　杭州萧山湘湖段地铁施工现场发生塌陷事故，风情大道长达75米的路面坍塌，并下陷15米。正在路面行驶的11辆车陷入深坑，数十名地铁施工人员被埋。事故导致死亡21人，受伤24人。后经国家安监总局等部门组成的事故调查指导小组认定，该事故属重大责任事故，有21人被分别追究责任。

11月21日　宁波—舟山港年集装箱吞吐量首次超1000万标箱，成为国内第4个千万等级的世界大港。

11月26日　中国海上最大的人工深水航槽在舟山虾峙门口外建成并正式开通启用，标志着以后30万吨级超大型船舶无须过驳，可满载进出宁波—舟山港。

11月28日　浙江省认定首批169个“浙江老字号”。

12月3日　省委、省政府在杭州举行浙江省纪念改革开放30周年大会。当月，省地方志办公室编纂的《浙江省改革开放30年大事记》一书由浙江人民出版社出版。

12月4日　中国最大的私立公益美术馆——华茂美术馆在宁波开馆，并免费向社会开放。收藏、陈列徐万茂购藏的自元代以来中国著名书画家的艺术珍品及俄罗斯风格的油画作品近千件。

12月14日　嘉绍大桥暨南北线接线工程开工仪式在上虞举行。该工程是《国家高速公路网规划》中沈阳至海口国家高速公路常熟至台州并行线的主要路段，也是浙江省公路交通规划中跨杭州湾的第二个通道。该项目全线按八车道高速公路标准建设，建设总工期为4年。

12月15日　杭州—台湾空运直航通航。

12月18日　“连横纪念馆——台湾文化展”在杭州葛岭玛瑙寺揭幕，中国国民党荣誉主席连战出席开幕典礼。

12月18日　杭州钱塘江沿岸的钱江隧道、京杭运河二通道、九堡大桥（钱江八桥）、半山隧道、之江大桥（钱江七桥）五大工程同时开工，杭州由“西湖时代”向“钱塘江时代”又迈进一大步。

12月19日　截至当天，太湖流域杭嘉湖地区所有126个建制镇全部建成污水处理设施，提前4年完成国务院下达给浙江的目标任务，实现太湖流域镇镇建有污水处理设施。

12月25日　“2008中国最具幸福感城市”评选在昆明揭晓，杭州连续5年位居榜首并获得金奖。宁波、绍兴同时入围。

12月26日　国内首座大跨度悬索桥——杭州江东大桥通车。该桥采用的三跨空间缆自锚式悬索为国内首创。

12月27日　由铁道部、浙江省、杭州市共同出资建设，投资总额达120.8亿元的杭州东站扩建工程正式开工。杭甬铁路客运专线、宁杭铁路客运专线同日开工。

12月30日　浙江出台全国首部村民代表议事规程《浙江省村民代表会议工作规程(试行)》。全省3万多个行政村,98%以上已建立村民代表会议制度,统一的“游戏规则”有益于村民代表会议发挥有效作用,进一步落实村民自治。

是月　“龙井茶”千年品牌成功注册地理标志证明商标,使龙井茶历史品牌保护纳入法制化管理轨道。此后只有在西湖、钱塘、越州三个浙江主产区的18个市县培植生产的龙井茶才能以此冠名。

是年　全省农业增加值达到1095亿元,比上年增长3.9%,首次超1000亿元;农村居民人均纯收入达到9258元,比上年增加993元,连续24年位居全国各省区之首。

是年　浙江省境外投资总额首次超过9亿美元,其中中方投资达到8.6亿美元,超过“十五”总和,创下历史最高水平。

是年　浙江省行业电子商务网站数量已接近全国的1/4,位居全国第一。其中,杭州集聚了全省70%以上的电子商务网站。

至是年　经国务院和中央军委批准,浙江先后开放8个一类口岸(其中5个海港口岸分别为宁波、舟山、温州、台州和嘉兴港,3个航空口岸分别为杭州、宁波和温州机场),以及5个外轮海面交货点和接卸点;经省政府批准,先后开放12个二类口岸(后经清理整顿撤并为6个,国家“十一五”口岸发展规划中划入相应的一类口岸);经海关总署批准,设立一批陆路外贸货物海关监管点(封关点)和邮政国际邮件交换点。至此,全省海港口岸共对外开放和启用85个码头(171个泊位),已开辟至欧洲、美国、中东和东南亚等地远洋国际集装箱班轮航线201条,其中干线113条,月航班达860余班。全省空港口岸先后开辟至日本、韩国、新加坡、泰国、马来西亚、阿拉伯联合酋长国等国以及香港、澳门特别行政区的10余条国际和地区定期航线,平均每周航班达228架次。

是年　浙江省地区生产总值21462.69亿元,其中工业增加值10328.72亿元,人均地区生产总值41405元;社会消费品零售总额7533.3亿元;全社会固定资产投资9323亿元;全年财政总收入3730.06亿元;全省城镇单位在岗职工平均工资34146元。

是年　浙江省总人口为4687.85万人,人口自然增长率为4.58‰。

2009年

1月1日　台州至金华高速公路通车,公路全长157千米,其中位于丽水境内的苍岭隧道长达7530米,为全国第二长、全省最长的公路隧道。

1月6日　2008年度“风云浙商”暨改革开放30年功勋企业家颁奖典礼在杭州举行。30位企业家获得“改革开放30年功勋企业家”称号。

1月7日　“台塑4号”轮停靠宁波市北仑化工码头,这是海峡两岸开通直航后抵达浙江省的首艘台湾船舶。

1月11日　省委、省政府出台《关于加快推进残疾人事业发展的实施意见》。此前,省政府办公厅印发《浙江省扶残助残爱心城市(区)创建办法》,为创建“扶残助残爱心城市”设立一系列具体指标。创建活动每年组织一次验收、评选，达到创建标准的爱心城市由省政府予以命名。由政府主导推动这一创建活动，在全国尚属首创。

1月11日　工业和信息化部在北京发布《2008年中国政府网站绩效评估报告》，浙江政府门户网站在32家省级政府网站中排名第三，仅次于北京、上海，连续3年名列各省、自治区第一。

1月13日　浙江慈善大会在杭州举行。改革开放30年来，全省慈善事业快速发展。1994年，省慈善总会成立。至2006年，各市、县(市、区)全部建立慈善机构，并向基层乡镇和社区延伸。据不完全统计，全省历年筹募善款累计已达90多亿元，各类慈善基金会注册资金总规模近16亿元。浙江慈善事业发展整体水平走在全国前列。

1月15日　省高级人民法院在杭州首次为51名初任高级法官、审判员及助理审判员举行法官授职仪式。

1月16日　全省"关注森林"工作会议确定：浙江的省树为樟树，省花为兰花。同时确定浙江省4种特色树和4种特色花：吉祥之树——金钱松，长寿之树——银杏，富民之竹——毛竹，造福之树——榧树；高洁之花——梅花，清纯之花——荷花，天香之花——桂花，幸福之花——山茶花。会上，义乌市、江山市被授予"浙江省森林城市"称号，余姚市泗门镇、绍兴县夏履镇、温岭市大溪镇被授予"浙江省森林城镇"称号。

1月20日　杭州市委、市政府召开新闻发布会，宣布向六城区67万名特定人群发放消费券。

1月21日　杭州雷峰塔天宫银质鎏金阿育王塔首次与世人见面。作为唯一收藏银、铜、铁多种质地阿育王塔的浙江省博物馆，藏有阿育王塔17座，其中地宫出土的银质鎏金阿育王塔为国家一级文物。

是月起　全省经济普查填表登记工作全面展开。此次普查登记的对象是省内从事第二产业和第三产业活动的全部法人单位、产业活动单位和个体经营户，涉及除农业以外的19个行业门类、90个大类、378个中类和875个小类，涉及的经济总量约占全省生产总值的94%以上。

2月12日　省委、省政府召开全省旅游发展电视电话会议。第一批旅游经济强县(市、区)在会上受到表彰。5月6日，省委、省政府下发《关于推进旅游业转型升级加快建设旅游经济强省的若干意见》。

2月12日　杭州西溪创意产业园迎来首批入驻的文化名家及文创机构。西溪产业园占地约0.9平方千米，其中西区为艺术村落区，有近50幢别墅提供给文化名家，作为工作室、艺术创作和展示空间；东区为创意产业区，由创意产业机构和研发中心等组成。

2月19日　省政府新闻办举行新闻发布会，解读省政府发布的《关于实施免费婚前医学检查和免费孕前优生检测的意见》及实施政策情况。从2009年起，浙江全面实施免费婚前医学检查和免费孕前优生检测。此举旨在遏制新生儿出生缺陷高发态势，提高全省出生人口素质。4月28日，省政府召开电视电话会议，专题部署优生"两免"政策实施工作。在全省范围内全面实施免费婚检和免费孕检，这在全国尚属首次。

2月26日　杭州市交通管理部门试点规范市民拼车出行，杭州成为国内第一个政府鼓励市民拼车出行的城市。方案规定三个前提：平等自愿、非营利性、有车一族。

2月26日　沪杭客运专线建设工程在上海枫泾镇奠基，专线全长160千米，为双线电气化铁路，全封闭、全立交设计，每小时速度可以达到350千米，总投资292.9亿元。

是月　经过近半年的考古发掘，一座大型宋代造纸作坊遗址在富阳高桥镇泗洲村露出全貌。国家文物局专家组认定，富阳泗洲宋代造纸作坊遗址是中国发现的年代最早、规模最大、工艺流程最完整的造纸作坊遗址。

3月1日　杭州钢铁集团公司与宝钢集团签订《关于宁波钢铁有限公司的股权收购协议》和《关于宁波钢铁有限公司的合资合同》。这是国家钢铁产业调整振兴规划出台后国内首例钢铁企业间的重组。

3月2日　全省排污权交易试点工作启动仪式在杭州举行。这标志着全省排污权有偿使用和交易试点工作进入实施阶段。

3月15日　浙江在全国率先出台由省工商局、省农业厅联合公布的《浙江省农村土地承包经营权作价出资农民专业合作社登记暂行办法》。

3月20日　杭州开始发放第二批消费券，总额超过6亿元。升级版消费券包含政府消费券、社会消费券、旅游消费券、转移性消费券和教育培训消费券5大类，覆盖更多受益面人群，使用范围也更广。26日首次发放总额过亿元的教育培训消费券，明确在杭高校应届毕业生、在杭高校杭州市困难家庭子女、义务教育阶段外来务工人员子女等几类群体，每人可以领到300～2000元不等的教育培训消费券，分别可用于参加教育培训、技能培训或抵缴学费。

3月31日　浙江省援建的青川酒家垭隧道贯通。隧道全长2282米，是四川省最长的地方公路隧道项目，也是四川省内灾后恢复重建的第一个重大交通项目。

至是月　浙江已拥有国家地理标志证明商标68件，总数占全国的20%，绝对数及占比均居全国第一。

4月1日　省劳动和社会保障厅出台《关于贯彻实施企业职工带薪年休假制度的若干意见》，明确带薪年休假的计算方法、休假安排以及未休假应获得工资报酬等事项。

4月1日　全省统一下调城镇个体劳动者基本养老保险缴费比例。部分城镇个体劳动者已按原缴费标准一次性趸缴2009年基本养老保险费的，可按新标准进行调整。

4月10—12日　首届浙江教育博览会在杭州举行。这是中华人民共和国成立60年来浙江首次举办的大规模教育类博览会。

4月15日　由舟山金海湾船业有限公司建造的11万吨级油轮正式交付，创下浙江省船舶建造史上最大吨位的纪录，也标志着浙江迈入10万吨级以上造船大省的行列。

4月19日　中国核工业集团公司三门核电一期工程开工。工程是国务院于2004年7月批准实施的首个核电自主化依托项目，也是中美能源合作建设的最大项目，厂址位于三门县。作为中国三代核电AP1000自主化依托项目，全球首台AP1000核电机组正式落户三门。

4月22日　全国首个执行悬赏举报网在杭州市西湖区法院开通。

5月5日　省政府决定，组建省地震救援总队（省综合救援总队）。

5月5日　由浙江日报报业集团牵头组建的省内首个国有文化产业投资基金——东方星空文化基金在杭州正式启动，首期注册资本为2.5亿元。这是国内首个由传媒集团牵头组建的文化产业投资基金。

5月9日　中央军委在金华召开追授孟祥斌“舍己救人模范军官”荣誉称号命名大会，号召广大官兵向孟祥斌学习。孟祥斌生前系解放军金华某部干部。2007年11月30日，他因奋不顾身抢救一跳江女青年而牺牲，年仅28岁。

5月15日　甬台温铁路全线铺通。这条铁路为国家Ⅰ级双线电气化铁路，全长282.4千米，是国家和省级重点项目。

5月18日　浙江省军区成立60周年庆祝大会在杭州举行。

5月18日　据《2009长三角城市发展报告》显示，浙江11市城镇居民人均可支配收入连续8年位列全国各省区第一。

5月18日　全国社会治安综合治理先进集体、先进工作者表彰大会在北京召开，诸暨枫桥镇因连续被评为全国综治先进集体而获“长安杯”。

5月26日　玉环县大麦屿港被国家交通运输部列入两岸海上直航港口，是浙江距台湾最近的港口，两地距离只有163海里，成为浙江与台湾第一条朝发夕至的海上高速货运航线。

5月31日　集疾病预防控制、卫生监督执法、医疗紧急救援等于一体，具有全国一流水准的杭州市公共卫生中心建成并启用。新建的120急救指挥调度系统将市120指挥调度中心和全市各地的分中心、急救站点、医院连成一体，统一呼救受理、指挥、调度。

至是月　浙江已有全国重点文物保护单位132处，省级文物保护单位382处，市、县级文物保护单位2762处，文物保护点2万余处。到2008年底，全省文物普查新登记的不可移动文物约4.5万处。

6月4日　省环保厅通报2008年全省环境质量状况。据中国环境监测总站的权威发布，2008年全省生态环境质量总体评价为优，继续位居全国前列。11个市的生态环境状况指数从高到低依次为：丽水、温州、台州、杭州、衢州、舟山、金华、绍兴、宁波、湖州和嘉兴。

6月5日　浙江与新加坡友好合作的标志性项目——新加坡杭州科技园正式开业。新加坡总理李显龙出席开业仪式。

6月5日　由省文化厅、《浙江日报》、《今日浙江》、《钱江晚报》、浙江之声广播电台联合举办的“浙江省非物质文化遗产普查十大新发现”揭晓。平阳“鳌江大龙”、开化长篇叙事山歌“九娘歌”、象山石浦“富岗如意信俗”、金华传统体育“岳家拳”、海盐传统戏剧“海盐腔”、衢州民俗“喝山节”、江山婺剧“变脸”、建德“新叶昆曲”、三门民间舞蹈“缠足苦”、嘉善的“京砖烧制技艺”上榜。

6月11日　300多名义乌市场经营户乘包机从义乌直飞阿拉伯联合酋长国，参加6月中旬在迪拜举办的2009年中国义乌国际小商品博览会迪拜展。这是“义博会”第一次在境外办展。

6月11日　良渚国家遗址公园正式动工开建。

6月16日　省教育厅决定对杭州外国语学校（简称杭外）分步进行体制调整，用3年左右时间，将杭外的办学性质由国有民办学校转变为公办学校，并缩小办学规模，从 2010 年开始只面向杭州市区招生。

6 月 22 日　由中国自主设计、制造的第一艘 5000 个车位的汽车滚装船在舟山成功下水。

6 月 22 日　教育部科技发展中心发布全国 100 所高校 2008 年的专利授权量，浙江大学专利授权量达 1023 件，居全国高校首位，其中技术创新层次较高的发明专利授权量为 748 件，首次跃居全国高校第一。

6 月 26 日　省委在中共浙江省第一次代表大会会址——温州市平阳县凤卧镇举行纪念省第一次党代会召开 70 周年活动，并召开座谈会。

6 月 26 日　锦屏—苏南±800 千伏特高压直流输电线路工程浙江段正式开工建设。该工程是世界上输送容量最大、送电距离最远的输电工程，该线路在浙江境内的长度约 114 千米。

6 月 26 日　洞头(温州)陆域引(供)水工程正式通水，海岛 12 万名群众不再靠天喝水。

6 月 26 日　温州市龙湾区人民法院下达全省首份"人身保护令"，也是浙江第一份反家庭暴力领域的人身保护裁定。

7 月 28 日　西湖文化广场落成暨省科技馆、省自然博物馆开馆庆典仪式举行。广场位于杭州市中心，占地 12.9 公顷，建筑面积 35 万平方米。广场集科技、文化、娱乐、演出、展览、健身、休闲为一体，功能齐全、设施完备。

7 月 30 日　在国务院公布的第二批全国古籍重点保护单位中，杭州图书馆等 6 个单位名列其中，数量居全国第二位。另有浙江大学图书馆等 14 家单位的 297 部古籍入选第二批《国家珍贵古籍名录》，入选数量居全国第五位。

8 月 9 日　第 8 号台风"莫拉克"在福建省霞浦县沿海登陆，由此带来的强降水给浙江造成巨大经济损失。全省 11 个市 72 个县(市、区)971 个乡镇 692.7 万人受灾；8 个市(县)城区受涝；倒塌房屋 5117 间；291.9 千公顷农作物受灾；公路、桥梁及供电线路等基础设施严重被毁；24801 家工矿企业停产；因灾死亡 4 人，失踪 2 人；直接经济损失达 74.6 亿元。

8 月 21—23 日　巴基斯坦总统扎尔达里一行访问浙江。

9 月 11 日　浙江省庆祝人民政协成立 60 周年大会在省人民大会堂举行。

9 月 14 日　经叔平在北京逝世。经叔平，上虞人，1918 年 7 月出生，生前曾任全国政协副主席、全国工商联主席等职。

9 月 23 日　"时代领跑者——新中国成立以来最具影响的劳动模范"评选活动揭晓，60 位劳动模范名单正式公布，浙江万向集团董事局主席鲁冠球名列其中。

9 月 25 日　省委、省政府在杭州表彰首届浙江省道德模范，林萍等 20 名分别获"助人为乐模范""见义勇为模范""诚实守信模范""敬业奉献模范""孝老爱亲模范"称号的道德模范受表彰。

9 月 26 日　庆祝中华人民共和国成立 60 周年大型文艺晚会暨首届浙江文化艺术节在杭州钱江新城市民广场开幕。

9 月 28 日　在中华人民共和国成立 60 周年前夕，由省地方志办公室编纂的《浙江 60 年发展历程纪实(1949—2009)丛书》由浙江人民出版社出版,并在杭州省人民大会堂举行首发仪式。该丛书由三本分册组成,其中《蓬勃发展的进程纪实——浙江 60 年大事记》一书记载了浙江从 1949 年 5 月杭州解放后至 2009 年 6 月期间浙江发生的大事要事。

9 月 28 日　省内首座 2 兆瓦屋顶光伏电站并网发电。

10 月 16—28 日　第十一届全国运动会在山东省举行,浙江代表团获得了 16 金 27 银 25 铜、总积分 1515 分的好成绩,奖牌榜和积分榜双双进入前十。

10 月 25 日　2009 首届中国(安吉)休闲农业与乡村旅游节暨中国美丽乡村节在安吉县开幕。

10 月 31 日　中国科学院和中国工程院院士、著名科学家钱学森在北京逝世。钱学森,祖籍杭州,1911 年 12 月出生于上海,生前曾任全国政协副主席、中国人民解放军总装备部科技委高级顾问等职。

11 月 2 日　首届中国湿地文化节暨中国杭州西溪第三届国际湿地论坛在杭州举行。

11 月 10 日　原国务委员、浙江省委原书记王芳的遗体在杭州火化。王芳因病于 2009 年 11 月 4 日在杭州逝世,享年 90 岁。

12 月 25 日　舟山跨海大桥通车仪式在舟山金塘大桥互通区举行。

12 月 26 日　杭州、宁波、余姚等 20 个城市被评为“2009 年度中国最具幸福感城市”,杭州还获得“建国六十年特别大奖”。

是年　浙江省地区生产总值 22990.35 亿元,其中工业增加值 10518.21 亿元,人均地区生产总值 43842 元;社会消费品零售总额 8622.26 亿元;全社会固定资产投资 10742.32 亿元;全年财政总收入 4122.04 亿元;全省城镇单位在岗职工平均工资 37395 元。

是年　浙江省总人口为 4716.18 万人,人口自然增长率为 4.63‰。

2010 年

1 月 1 日　按省政府《关于建立城乡居民社会养老保险制度的实施意见》,从即日起,全省 60 周岁以上的老人,无论是城镇居民还是农民,只要还没有享受到养老保险,符合待遇领取条件就可以享受由政府提供的每月不少于 60 元的基础养老金。浙江也由此成为全国所有省区中率先实现养老保险全覆盖的省份。

1 月 1 日　即日起,浙江全省将全面推行高清洁汽油即国Ⅲ标准汽油。与国Ⅱ汽油相比,国Ⅲ汽油的最大变化是硫含量显著降低,从原来的小于 500ppm 降至小于 150ppm。

1 月 6 日　浙江林业科学研究院生态监测组在杭州选择了午潮山、西溪国家湿地公园、北山路以及武林商圈的银泰商场 4 个点,通过负氧离子浓度、可吸入颗粒物浓度和有害气体浓度等多个指标,衡量各监测点的空气质量。一般空气中负氧离子浓度越高,空气就越清新。在 4 个监测点中,午潮山上的浓度指标最高,达 3000 个/立方厘米,其他依次为西溪湿地公园、北山路和银泰商场。

1 月 12 日　由浙江省委、省政府主办的“2010 香港 · 浙江周”活动在香港拉开序幕。全国政协副主席董建华及省领导赵洪祝、李强等出席“‘2010 香港 · 浙江周’开幕式——浙港服务业合作与展望”及签约仪式。开幕式上，省铁路投资集团有限公司与中银集团投资公司共同发起成立“浙商产业投资基金”。这也是浙江首支产业投资基金，意味着今后浙江铁路投资将向全球募资。

1月12日　中国首家以“慈善救助”为宗旨、以青少年中的特殊群体为对象的公募基金会——中华少年儿童慈善救助基金会在北京人民大会堂正式成立。该基金由浙江新湖集团股份有限公司捐款5000万元设立。

1月14日　“‘2010澳门·浙江周’开幕式——浙澳商贸及旅游合作推介会”在澳门举行。澳门特别行政区行政长官崔世安及省领导赵洪祝、李强等出席开幕式。

1月15日　国家统计局浙江调查总队和省统计局当天发布消息：2009年浙江农村居民人均纯收入达10007元，成为中国首个农村人均年收入超万元的省区。

1月17日　杭州市政府“让民意领跑政府”的“开放式决策”获“第五届中国地方政府创新奖”，并成为此次获得该奖项全国10个政府创新项目之一，也是浙江唯一一个获奖项目。

1月18日　由浙江在线新闻网站打造的无线门户网站“掌上浙江”正式开通。用户只要在手机浏览器上输入网址www.minizj.com，就可以随时随地阅读新闻、了解资讯，参与互动。

1月20日　省政府网上办事大厅正式开通。

1月20日　浙江省海外交流协会五届二次会议公布一项调查显示，浙江籍海外侨胞和港澳同胞已有150万人，分布在170个国家和地区，以温州、丽水、宁波人为主。

2月10日　经国家环境保护模范城市考核组考核验收、环境保护部公示和审议，临安市正式被环境保护部命名为“国家环境保护模范城市”，成为全国第一批以“十一五”创模考核新指标核查命名的国家环境保护模范城市。

3月6日　出席十一届全国人大三次会议的中共中央政治局常委、国家副主席习近平来到浙江代表团，与代表一起审议政府工作报告。

3月22日　纪念2010年“世界水日”“中国水周”主题活动暨中国水利博物馆开馆仪式在杭州市萧山区举行。

3月28日　浙江吉利控股集团有限公司在瑞典哥德堡与美国福特汽车公司签署最终股权收购协议，以约18亿美元获得沃尔沃轿车公司100%的股权及相关资产，创下中国收购海外整车资产的最高金额纪录。沃尔沃目前在全球有数万名员工，其中约1.6万人在瑞典。

4月1日　凌晨1时30分左右，司机周某在沪杭甬高速公路彭埠收费站，因饮酒驾驶领到了一次记12分的罚单。这也是全国高速交警作出的第一例酒驾扣12分的处罚。

4月6日　全省文化工作表彰大会在杭州召开。浙江小百花越剧团的越剧《梁山伯与祝英台》和《五女拜寿》分别获180万元和100万元重奖，浙江越剧团越剧《九斤姑娘》获奖励60万元。

4月27日　经专家到宁海实地考察评审，中国民间文艺家协会决定正式授予宁海县为全国唯一的“中国古戏台文化之乡”，并在宁海建立“中国古戏台文化研究中心”。

5月4日　浙江歌舞剧院有限公司、浙江曲艺杂技总团有限公司、浙江话剧团有限公司成立。

5月9日　由荷兰皇家航空公司执飞的杭州至阿姆斯特丹往返直达航线正式开通。该航线为浙江历史上第一条真正意义上的洲际直达定期客运航线。

5月22日　浙江第一所以外语外贸为主要特点的省属本科院校——浙江外国语学院揭牌成立。该学院的前身是创建于1955年的浙江教育学院。学院成立后，将重点培养高素质的专门外语人才和具有较强跨文化交际能力的涉外复合型应用人才。

5月24日　地处杭州的中国水稻研究所披露：由中科院有关专家和中国水稻研究所研究员钱前等人组成的科研团队在世界上率先成功克隆出一个对水稻增产起着关键作用的水稻高产基因。

5月27日　中国工农红军第十三军成立80周年纪念活动在永嘉县举行。

5月28日　省十一届人大常委会第十八次会议第二次全体会议，对省政府关于农业法及相关法律法规实施情况审议意见处理落实情况进行满意度测评。出席会议的52名委员绝大多数表示满意。这也是省人大常委会创新监督方式，首次对政府工作进行测评。

6月3日　省政府新闻办、省文化厅、省文物局联合在杭州发布浙江旧石器时代考古重大成果。经中国科学院古脊椎动物与古人类研究所运用古地测年法，对省文物考古研究所在安吉上马坎遗址和长兴七里亭遗址、银锭岗遗址、合溪洞遗址4个旧石器时代遗址进行的考古遗址地层分析后证实，这些重大发掘成果将浙江人类活动史上推至100万年前。

6月6日　浙江农林大学揭牌成立，为全省唯一一所以农林学科为特色的多学科性大学。

6月18日　上海世博会走进"浙江时间"——2010上海世博会浙江活动周在世博园宝钢大舞台拉开帷幕。主题为"城市，让生活更美好"的上海世博会是中国举办的首届世界博览会，在为期184天的展会中，共有190个国家、56个国际组织参展，并创下多项展会的"世界之最"。

6月20日　洞头先锋女子民兵连建连50周年纪念活动在洞头举行。中共中央政治局常委、中央书记处书记、国家副主席习近平致信祝贺。

6月23日　求是杂志社、浙江日报报业集团在京正式签署协议，合作重组红旗出版社。

6月25日　由浙江教育出版社与广东教育出版社联合出版，集著名学者王国维全部著作、译作、书信日记、诗文题跋和古籍校注之大成的20卷840余万字的《王国维全集》首发式在杭州举行。

6月26日　中国唯一一所专门培养海上执法人才的现役院校——公安海警学院在宁波正式成立。

7月7日　由中共浙江省委十二届七次全会通过的《中共浙江省委关于推进生态文明建设的决定》正式公开发布。

7月15—26日　第六届世界合唱比赛在绍兴举行，来自83个国家和地区的2万多名合唱歌手参赛。

7月29日　浙江首支省级产业投资基金、总规模为50亿元的浙商产业投资基金在杭成立。

7月31日　浙江大学金融研究院暨浙江省金融研究院挂牌成立。

8月2日　在巴西首都巴西利亚举行的第34届世界遗产大会上，经联合国教科文组织世界遗产委员会批准，“中国丹霞”被正式列入《世界遗产名录》。浙江江郎山在此项目联合申报名单内，浙江“申遗”终于取得零的突破。

8月2日　中国浙江吉利控股集团有限公司在伦敦宣布：吉利集团已完成对美国福特汽车公司旗下沃尔沃轿车公司的全部股权收购。

8月22日　多哥总统福雷·埃索齐姆纳·纳辛贝一行访问浙江。

9月28日　衢州学院举行揭牌仪式。学院前身为创办于1985年的浙江工业大学浙西分校，原由巨化集团公司举办，2003年改由衢州市政府举办。该学院的成功组建，也实现了全省所有地级市至少“一本一专”的高等教育布局。

9月28日　浙江第一份全英文新闻周刊《Zhejiang Weekly》正式创刊。周刊由中国日报社和浙江日报报业集团共同创办，钱江晚报社承办。

10月12日　浙江省第十四届运动会在嘉兴开幕。本届省运会分设青少年部和行业系统部两个部的比赛，共产生金牌1528枚。

10月26日　沪杭高速铁路正式投入运营。这条铁路于2009年2月开工建设，全长202千米，设计时速350千米，由上海虹桥站引出，途经上海闵行、松江、金山三区和浙江嘉兴、杭州两市，全线设车站9座。

11月8日　浙江省首届体育大会在丽水市体育中心主体育场开幕。大会由省政府主办，省体育局与丽水市政府承办，提倡淡化锦标、淡化金牌，突出体现“重在参与、重在交流、重在快乐、重在健身”的导向。大会设48个大项、349个小项和行业体协7个非奥运项目，有11个市级代表团和14个行业体协代表团参赛。

11月18日　首届省政府质量奖颁奖大会在杭州举行。万向钱潮、中天建设、正泰电器、雅戈尔和康奈集团5家企业获得首届省政府质量奖，每家企业获省政府奖励100万元。省政府质量奖每年评定一次，是浙江省质量领域的最高荣誉。

11月27日　第十六届亚洲运动会在广州闭幕。浙江运动员共获得26金11银7铜，超过历史最好成绩，其中个人项目获得9金，集体与合作项目获得17金。

11月27日　全国首个较全面反映民营企业生存和发展状态的指数——浙江民营企业景气指数发布。该指数(英文简称ZEPI)是根据浙江工商系统掌握的大量民营企业数据，结合抽样调查和有关部门代表性经济指标，按照国际通行的合成指数法编制。它从民营企业生存状态、运行动态、发展心态、环境生态四个维度，以及企业家信心、新设企业、投资等三大支线，反映区域内民营企业发展运行状况。

12月2—3日　全省教育工作会议在杭州召开。会议确定浙江中长期教育改革发展的总体目标是：到2015年，基本实现教育现代化，教育发展水平位居国内前列；到2020年，实现教育现代化，建成教育强省，教育主要发展指标达到届时发达国家平均水平。

12月10—11日　第三届世界太极拳健康大会在杭州黄龙体育中心举行，共有来自10多个国家和地区的1500多名运动员、教练员参加，共进行了拳术、器械等83个项目的比赛。

12月17日　国家“十一五”规划重点建设工程仙居抽水蓄能电站开工仪式举行。

12月19日　2010年亚洲残疾人运动会在广州闭幕。代表中国参赛的浙江运动员共获得金牌18枚、银牌16枚和铜牌8枚，成绩为历届之最。

12月21日　浙江图书馆迎来建馆110周年华诞。

12月22日　省社会主义学院举行庆祝建院20周年暨多党合作宣传教育基地揭牌仪式。

至是年　浙江全省城镇职工、城镇居民基本医保和新型农村合作医疗制度（简称“新农合”）已经覆盖4706万人，比2008年底增加了200万人，占全省人口的91%。浙江省“新农合”人均筹资水平已经达到全国最高的237元，其中政府财政补助就占了70%。

是年　浙江专利申请、授权量双双超10万件。浙江专利授权总量达130190件，同比增长13.56%，超过广东，首次跃居全国第二。宁波市的专利授权总量在全国15个副省级城市中跻身第二位。同时，浙江省专利申请总量达177066件，同比增长46.66%，继续保持全国第三位。

是年　由省地方志办公室组织编纂的《浙江历史大事记》由浙江人民出版社出版发行。大事记上起浙江历史发端，下迄1949年10月1日中华人民共和国成立，全面记载了浙江自古以来自然、政治、经济、文化、社会等各方面的大事、要事。

是年　浙江省国内生产总值27722.31亿元，其中工业增加值12657.78亿元，人均地区生产总值51711元；社会消费品零售总额10387亿元；全社会固定资产投资12376.04亿元；全年财政总收入完成4895.41亿元；全省城镇单位在岗职工平均工资41505元。

是年　浙江省总人口为4747.95万人，人口自然增长率为4.73‰。

2011年

1月11日　中国银行浙江省分行、国家开发银行浙江省分行与温州市交通投资集团签署温州市高速公路重大项目融资协议。中行浙江省分行作为牵头银行，全面负责组建总金额达236亿元的银团贷款，系省内最大金额的银团贷款项目。

1月12日　全省交通运输工作会议披露：“十一五”期间，浙江完成交通基础设施投资3035亿元，居全国首位。新增高速公路1517千米，11个市高速公路已贯通成网。

1月13日　首届中国农产品品牌大会在杭州开幕。会议同时举行中国农产品市场与品牌建设大会、中国农产品品牌建设高峰论坛、中国农事节庆活动高峰论坛等活动。

1月13日　据宁波海关统计，2010年宁波全市累计实现外贸进出口829.1亿美元，同比增长36.3%，成为全省首个外贸总额超800亿美元的城市，并首次进入全国十强。

1月15—20日　省政协十届四次会议在杭州召开。19日，会议选举乔传秀为省政协主席。

1月30日　浙江省科技厅、上海市科委联合在大黄鱼故乡——舟山发布消息：经科研人员近1年的努力，大黄鱼基因测序、组装和序列图谱绘制完成，破译了大黄鱼生命密码，为推动大黄鱼养殖业的发展奠定了理论基础。这也是世界上首个完成的石首鱼科鱼类基因组序列图谱。

是月　全国首只以知名海归人士抱团帮扶海外高层次人才初创企业发展为主题的创投基金——浙江海邦人才创业投资合伙企业在杭州成立。该基金由多位浙江籍知名海归企业家共同发起设立，基金首期规模1.5亿元。该基金的成立使海内外资本、行业、技术和人才等资源得以积聚，为来浙江创业的海外高层次人才提供各类帮助。

2月19日　浙江籍著名越剧表演艺术家，新越剧创始者、践行者，上海越剧院名誉院长袁雪芬在上海逝世，享年89岁。

是月　国务院发文正式批复《浙江省义乌市国际贸易综合改革试点总体方案》。这是继国家设立9个综合配套改革试验区后、经国务院批准设立的又一个综合改革试点，是浙江第一个国家级综合改革试点，也是全国首个由国务院批准的县级市综合改革试点。

3月1日　《浙江日报》报道，国务院正式批复《浙江海洋经济发展示范区规划》。这意味着浙江诞生了首个纳入国家发展战略的规划，这也是全国第一个海洋经济示范区规划。示范区的战略定位包括“一个中心、四个示范区”，即建设中国的大宗商品国际物流中心和海洋海岛开发开放改革示范区、现代海洋产业发展示范区、海陆协调发展示范区及海洋生态文明和清洁能源示范区。根据规划，到2020年，全省海洋生产总值力争超12000亿元，海洋新兴产业增加值占35%左右，现代海洋产业体系建立，全面建成海洋经济强省。

3月1日　省网络文化协会在杭州成立，协会由全省从事网络文化信息服务的275个企事业单位组成，涵盖省内新闻、政务、文化教育和社会商业等各类网站和一些互联网企业、网络运营商、科研单位。

3月14日　舟山群岛新区正式写入国家“十二五”规划纲要，成为继上海浦东新区、天津滨海新区、重庆两江新区之后，中国的第4个“新区”，也是中国首个群岛新区。7月7日，国务院新闻办在北京举行新闻发布会，宣布国务院正式批复同意设立浙江舟山群岛新区。这是继上海浦东新区、天津滨海新区、重庆两江新区后设立的又一个国家级新区，也是中国首个以海洋经济为主题的国家战略层面新区。

3月22日　省政府新闻办举行新闻发布会发布的《浙江省老年人口基本状况暨人口老龄化对策》显示，浙江省高龄老年人口增速加快，全省80岁以上的高龄老人一年净增5万人，已达121.09万人；百岁老人一年净增186人，达1234人。浙江正加速从老龄化社会向高龄化社会转型。

是月　省第一地质大队在浙西北地区发现一超大型钪多金属矿床，初步探明钪资源量超过70吨，价值约700亿元。

4月1日　国务院总理温家宝听取《浙江沿海及海岛综合开发战略研究综合报告》的汇报。该报告是中国工程院组织院士、专家进行系列专题研究取得的重大成果之一，由钱正英院士任组长、徐匡迪院士等任顾问，中国工程院、国家开发银行和浙江省政府联合完成。报告系统分析了浙江沿海及海岛的基本情况，提出了综合开发的战略思路、发展目标和一系列政策建议。国务院副总理李克强出席会议。

4月1日　省委外宣办举行的建设“平安浙江”新闻发布会披露，经过6年多的平安创建，浙江全省总体呈现“四降一高”良好态势:刑事发案、群体性事件、信访总量、生产安全事故总体逐年下降,其中生产安全事故已连续7年实现“零增长”;人民群众安全感满意率持续保持较高水平,均居全国前列。

4月1日　按省《关于加快实施城乡居民社会养老保险制度的意见》,从即日起,全省凡年满80周岁的高龄老人,在享受城乡居民基础养老金待遇的同时,每月还可享受不低于30元的高龄补贴。截至2010年底,全省80岁及以上的高龄老人已达121.09万人。

4月13日　浙江人民出版社成立60周年庆祝大会在杭州举行。60年来,浙江人民出版社共出版各类图书1.3万种,有889种图书分获中宣部“五个一工程”入选作品奖、中国出版政府奖(国家图书奖)、中华优秀出版物奖(中国图书奖)等多种奖项。

是月　省政府出台《关于加快建设质量强省的若干意见》,通过实施企业质量管理668工程,推进600家企业实施卓越绩效模式,600家企业实施精细化管理,8000家企业实施5S管理、全面质量管理等各种有效的质量管理方法,努力实现从“制造大省”向“品质强省”转变。

5月6日　省政府新闻办召开新闻发布会,省统计局发布浙江省2010年第六次全国人口普查主要数据,宣布当年全省常住人口为5442.69万人。

5月8日　浙江工商大学举行建校百年庆祝大会。经百年发展,该校已拥有管理学、经济学等九大学科,下设23个学院和50多个研究机构,在校生达33400余人。

5月8日　瑞安市人民法院对胡某涉嫌危险驾驶罪一案作出一审判决,以危险驾驶罪判处被告人胡某拘役3个月,并处罚金2000元。这也是浙江首例因醉酒驾驶而被刑事处罚的案件。

5月12日　陈慕华在北京逝世。陈慕华,青田人,1921年6月出生,生前曾任全国人大常委会副委员长、国务院副总理、国务委员等职。

5月12日　省委外宣办举行“90年光辉历程中的浙江印迹”新闻发布会,省委党史研究室发布浙江党史的9件大事:中共一大在嘉兴南湖胜利闭幕;中国工农红军第十三军在浙江的战斗;浙东抗日根据地成为抗日战争时期全国19个根据地之一;永嘉县委在全国首创“包产到户”;“枫桥经验”成为维护社会和谐稳定的一面旗帜;宁波“四大工程”为浙江滨海工业发展奠定基石;温州农村家庭工业的发展被称为“温州模式”,声震海内外;义乌经验为浙江乃至全国的市场经济发展提供了范例;国务院正式批复《浙江海洋经济发展示范区规划》,浙江诞生了首个纳入国家发展战略的规划。

5月15日　浙江第一所特殊高等教育机构——浙江特殊教育职业学院(筹)在华强中等职业学校揭牌。

5月23日　浙江发放首批浙江海外高层次人才居住证(“浙江红卡”),并开通《浙江人才手机报》。全省已有“千人计划”人才213名,入选国家“千人计划”人才69名,引进的各类留学人才1.2万名。持“红卡”的海外高层次人才在创业、融资、子女就学、落户、签证、购房等方面可享受有关优惠政策。

6月1日　在遭火劫360年、分隔海峡两岸60多年后,660年前元代著名画家黄公望凝聚毕生功力和学养境界的“天下第一神品”《富春山居图》,在台北故宫博物院合璧展出。

6月9日　浙江首家老年病医院——浙江省老年医疗中心奠基。

6月11日　省红十字会第六次会员代表大会在杭州召开。5年来,全省红十字会系统募集款物总计高达17.25亿元,投入救灾救助14.66亿元,受助困难群众达359万多人次。

6月13日　浙江首部省级大型古旧地图集《浙江古旧地图集》首发。该地图集由省测绘与地理信息局历时3年组织编制而成,分上、下两卷,收录了从南宋到民国期间的古旧地图共800余幅,包括宋“临安三志”之一的《咸淳临安志》和《严州图经》等珍贵地图,为古代、近代浙江自然环境变异及社会文化变迁等提供了客观依据。

6月15—16日　全省服务业发展大会在杭州举行。省政府发布了《关于进一步加快发展服务业的若干政策意见》。

6月16日　暴雨持续倾泻浙江,钱塘江流域遇20年来最大洪水。

6月20日　钱塘江干流中上游发生超历史特大洪水,其中兰江洪峰水位达33.72米,为1955年以来最高水位。

6月18日　中共中央党史研究室第一研究部、中共中央编译局马列部、杭州师范大学和义乌市委在杭州联合主办“陈望道与《共产党宣言》——纪念中国共产党成立90周年暨陈望道诞辰120周年学术研讨会”。

6月22日　《中国共产党浙江历史》(第二卷)首发式在杭州举行。该书由省委党史研究室编写,全面反映从浙江解放到党的十一届三中全会召开的29年中,省委在党中央的领导下,带领全省人民进行社会主义革命和开展大规模社会主义建设的不平凡历程。

6月24日　在联合国教科文组织巴黎总部召开的世界遗产委员会第35届年会上,经世界遗产委员会批准,“西湖文化景观”被正式列入《世界遗产名录》。西湖文化景观由此也成为浙江首个世界文化遗产,也是当年入选《世界遗产名录》的唯一中国遗产。

6月28日　省委宣传部、省委党史研究室、省社科联等联合在杭州召开浙江省纪念中国共产党成立90周年理论研讨会。

6月30日　浙江省庆祝中国共产党成立90周年大会在嘉兴举行。会上表彰了先进基层党组织、优秀共产党员、优秀党务工作者和“十大之江先锋”。同日,南湖革命纪念馆新馆正式开馆。

是月　国务院批复同意温州机场升级为一类口岸,允许对外国籍飞机开放。

7月1日　首趟从杭州开往北京南站的G32次列车载着近700名旅客离开杭州,标志着杭京高铁正式通车运营。

7月1日　由省保密局与杭州电子科技大学共建的全国第一所省级保密学院——浙江保密学院成立揭牌暨签约仪式举行。

7月2日　杭州滨江区白金海岸小区一位两岁女童突然从10楼坠落,刚好途经此地的杭州阿里巴巴(中国)网络技术有限公司31岁女员工吴菊萍,奋不顾身用双手托住女孩,自己却受伤昏倒在地并造成左手多处粉碎性骨折。吴菊萍舍己救人的事迹在社会引发强烈反响,被群众誉为“最美妈妈”,后获“全国三八红旗手”“第三届全国道德模范”等称号。

7月10日　来自世界各地的1万多名青田籍华人、华侨,回乡参加世界青田人大会。青田全县50万人口中华侨有25万，遍布120多个国家和地区。

7月10日　省政府新闻办召开的新闻发布会公布：浙江全省已有国有控股企业近5800家，资产总额达2万多亿元。

7月14日　由国家安全部政治部、浙江省委宣传部、宁波市委主办的“朱枫烈士骨灰安放仪式”在镇海革命烈士陵园举行。朱枫曾在党的隐蔽战线上作出了重要贡献。当天还举行了朱枫烈士铜像揭幕、朱枫故居“国家安全教育基地命名及揭牌仪式”等纪念活动。

7月23日　北京至福州的D301次列车行驶至温州市双屿路段时，与杭州开往福州的D3115次列车追尾，造成D301次列车4节车厢掉落高架桥。事故当场造成32人死亡，有191名伤员被送医院救治。事故发生后，国务院总理温家宝、副总理张德江，省委、省政府、国家有关部门主要领导分别赶赴现场指挥救援工作，并看望受伤人员，悼念遇难者和慰问亲属。

7月27日　省档案馆新馆建设工程开工仪式在杭州举行。2017年6月，浙江省档案馆新馆正式启用。

7月27日　全省深化医药卫生体制改革领导小组会议在杭州举行。会议宣布：浙江已基本实现全民医保，并提前一年实现基本药物制度全覆盖。

7月29日　中国科学院发布《中国科学发展报告2011》，首次完成的中国各地国内生产总值（GDP）质量内涵与排序显示，北京、上海、浙江、天津和江苏位列前五。

7月31日　在上海游泳世锦赛男子1500米自由泳决赛中，浙江运动员孙杨以绝对优势夺冠并打破由澳大利亚运动员保持10年之久的世界纪录。

8月2日　浙江小百花艺术中心动工典礼在杭州举行。该项目为省重点工程，由展览厅、大小剧场、排练厅、多功能厅和办公楼等多个单元建筑组成。

8月4日　“天下浙商家乡行”活动在省人民大会堂举行启动授旗仪式。作为中国第一大商人群体，在外浙商已有600万人，其中海外浙商有150万人，已形成了相当于“本土经济”规模的“省外浙江人经济”和“海外浙江人经济”。

8月8日　嘉善经济开发区升级为国家级经济技术开发区，授牌仪式在嘉善县举行。

8月12日　中国自主研制成功的第一个靶向抗癌新药“凯美纳”由浙江贝达药业有限公司研发成功，并在北京人民大会堂宣布正式上市，这也是浙江省近10年来第一个国家一类新药。

8月29日　宁波大宗商品交易所挂牌成立。当年宁波大宗商品现货交易规模位居全国沿海城市首位。

9月1日　省委和国土资源部在杭州召开命名大会，分别授予省第七地质大队党委“地勘先锋”和省第七地质大队“全国模范地质队”称号。

9月1日　武警杭州士官学校举行挂牌暨开学仪式。

9月2日　国内首个以智慧城市为主题的博览会——2011中国（宁波）智慧城市技术应用与应用产品博览会开幕。

9月3日　由兰溪市政府主办的纪念兰溪籍著名戏剧家、戏剧理论家、文学家李渔诞辰400周年文艺晚会在兰溪举行。次日，该市还举办了纪念李渔诞辰400周年暨首届李渔学术研讨会。

9月17日　浙江交响乐团在意大利都灵MITO音乐节亮相，这是世界最高水平的交响音乐节。浙江交响乐团也成为第一个跻身MITO音乐节的中国交响乐团，并由此拉开其赴奥地利、捷克、德国等欧洲6国的巡演大幕。

9月23日　省委、省政府召开万人规模的电视电话会议，推进全省战略性新兴产业发展。

9月23日　省委办公厅、省政府办公厅下发《关于印发〈浙江通志〉编纂工作实施方案的通知》，标志着《浙江通志》编纂工作的正式启动。

9月27日　毛里求斯总统阿内罗德·贾格纳特一行访问浙江。

9月27日　省政协在杭州举行纪念辛亥革命100周年系列史料首发式，《辛亥革命浙江史料汇集（十卷）》《辛亥革命浙江大事记》《辛亥革命浙江人物谱》等一批珍贵史料面世。

9月29日　全省"建设美丽乡村、深化千万工程"现场会在桐庐县举行。会议表彰了2011年度浙江省美丽乡村创建先进县。

9月29日　浙江首家国有文化上市公司"浙报传媒"（600633.SH）正式登陆沪市。

是月　杭州被英国广播公司（BBC）评为"全球8个提供最棒的公共自行车服务城市"之一。从最初的61个服务点、2800辆公共自行车发展到2431个服务点、60600辆公共自行车，从原先日均租用量2607人次发展到23万人次。3年里，杭州向全国以至世界递交了一个公共自行车服务系统的成熟样本。

是月　浙江籍中国中医科学院终身研究员屠呦呦因为在发现青蒿素过程中的突出贡献而获得美国拉斯克临床研究奖。这也是首获此奖的中国科学家。

10月8日　纪念辛亥革命100周年座谈会在杭州召开。

10月8日　杭州城区部分区域开始实施机动车工作日（星期一至星期五）高峰时段区域"错峰限行"交通管理措施。杭州成为继北京之后全国第二座实施高峰限行的城市。

10月11日　由中国残联和国家体育总局主办、浙江省政府承办的第八届全国残疾人运动会开幕式在杭州举行。主题为"生命阳光，情满浙江"的本届残运会是历届中规模最大、人数最多的一次，共设田径、游泳等18个大项，参赛人数超过5000名。19日，运动会在杭州圆满闭幕。比赛共决出金牌723枚，浙江代表团以总分1922分和109枚金牌的成绩荣登总分榜和金牌榜首位。

10月21日　浙江电机制造企业卧龙控股集团有限公司宣布，以1.015亿欧元成功收购奥地利最大电机制造企业ATB集团98%的股权，成为ATB新的控股股东。这也是中国企业在奥地利最大的并购项目。

10月24日　以华数数字电视传媒集团有限公司为基础，由省、市、县（市、区）广播电视播出机构共同参与组建的省属国有股份制文化骨干企业——浙江华数广电网络股份有限公司在杭州挂牌成立，标志着全省广播电视有线网络"一省一网"整合发展迈出关键性一步。

10月24日　浙江大学全球浙商研究院在首届世界浙商大会专题活动"全球创业与转型升级"开幕式上宣布成立。

10月25日　首届世界浙商大会在省人民大会堂开幕。中共中央政治局常委、国家副主席习近平等发来贺信。大会表彰了一批优秀浙商。来自全球的浙商代表及各界人士共1800多人参加开幕式。当天，还举行了首届世界浙商大会论坛、《天下浙商》(七卷本)首发仪式，世界浙商网也于当日正式启动。

10月25日　浙江省预防腐败局成立揭牌仪式在杭州举行。

10月27日　浙江省与美国密苏里州结成友好省州关系，两省州在杭州签署了友好交流与合作备忘录。

10月27日　由浙江师范大学主办的第一届中非智库论坛在杭州开幕。该论坛是经外交部、商务部批准设立的以"民间为主、政府参与、坦诚对话、凝聚共识"为宗旨的中非学术交流高端平台。

是月　浙江公安机关成功破获"6·30"跨国特大电信诈骗案，并包专机从柬埔寨押解60名犯罪嫌疑人回到杭州。此案仅浙江警方已查证的诈骗案件就多达1119起，涉案金额7321万元。这也是浙江警方多年来最大规模的一次国外押解。

是月　岱山县衢山镇渔民捕获30吨野生大黄鱼。

11月5日　首届中国国际漫画展在杭州黄龙世贸中心开幕。

11月8日　浙江省农业科学院建院100周年庆祝大会在省人民大会堂举行。

11月8日　中国首张无居民海岛使用权证书落户象山县旦门山岛，宁波龙港实业有限公司董事长黄益民获由国家海洋局颁发的编号为"11001"的证书。

11月9日　第七届中国商品市场峰会在台州举行。会上据中国社科院首次发布的"中国商品市场百强"榜单和《中国商品市场发展报告》蓝皮书显示，全国市场百强中，浙江占据半壁江山，数量居全国第一。截至2010年底，全省共有商品交易实体市场4146家，全年成交总额1.27万亿元，全国4940个亿元市场中，浙江占有700个，位居全国第一。

11月11日　由国家发改委指导，省政府和国家海洋局主办的首届中国海洋经济投资洽谈会在宁波开幕，当天共有106个项目签约，投资总额达3600亿元。

11月14—15日　浙江省科学技术协会第九次代表大会在杭州举行。据第八次全国公民科学素质调查显示，浙江公民具备基本科学素质的比例达5.6%，高于全国3.27%的平均水平，位居各省区之首。全省已建成院士专家工作站121家，柔性引进院士116人。

11月16—18日　中共浙江省委十二届十次全体(扩大)会议在杭州举行。全会审议通过了《中共浙江省委关于认真贯彻党的十七届六中全会精神，大力推进文化强省建设的决定》。

11月22日　由新华社开发建设的覆盖浙江全省的新型多媒体资讯传播平台——"新华频媒"正式亮相。

11月23日　浙江福利彩票年发行量超80亿元座谈会在杭州召开。自1987年8月福利彩票在浙江发行以来，已累计销售380亿元，筹集公益金120多亿元。

11月24日　浙江—新加坡经贸理事会第七次工作会议在舟山举行。理事会成立8年来，两地贸易额年均增长22.2%，2010年双方贸易额达到25.21亿美元。

11月25日　省政府在杭州召开全省农村公路建设总结表彰会议，标志着浙江全省通村公路建设8年奋战、3年攻坚目标任务全面完成，所有乡镇和具备建路条件的行政村都通上了等级公路并实现了路面硬化。

11月25日　首届中国（金华）国际商贸发展大会暨第十二届金华工业科技合作洽谈会开幕。

11月26日　全国高职教育改革与发展研讨会在金华职业技术学院开幕。

12月2日　省委在杭州举行浙江省纪念钱学森诞辰100周年座谈会。

12月3日　中国民俗学会授予的首个国字号民俗研究机构——中国钱王传说研究中心在临安成立。钱镠，今临安市锦城镇钱坞垄人，系五代吴越国的创建者，吴越文化的主要开创者，中国经济文化中心从北方转移到南方的开拓者，苏杭“人间天堂”的奠基者。

12月13日　在西泠印社第八届理事会第六次会议上，饶宗颐当选为西泠印社第七任社长，刘江当选为执行社长。

12月14日　香港文汇报浙江分社揭牌仪式在杭州举行。

12月20日　《浙江省风景名胜区条例》宣传贯彻工作会议在杭州召开。至是年，浙江共有18个国家级风景名胜区、41个省级风景名胜区，国家级风景名胜区数量位居全国首位，风景名胜区总面积占全省陆域面积的5.9%，远高于全国平均水平。

12月22日　钱塘江中上游航运复兴工程最关键的节点性工程——富春江船闸扩建改造工程正式启动。

12月31日　浙江杭州未来科技城（海创园）一期6个项目同时动工。该项目是中组部、国资委确定的全国4个未来科技城之一，是第三批国家级海外高层次人才创新创业基地。

是月　省政府出台《关于加强和改进民间融资管理的若干意见（试行）》，这是国内首个引导和规范民间融资的管理办法。

是年　全省农村居民人均纯收入达到13071元，比上年增加1768元，连续27年位居全国各省、自治区首位。据国家统计局浙江调查总队调查：扣除价格因素，当年浙江农村居民人均纯收入实际增长9.5%，比上年加快0.9个百分点，城乡居民收入比从2007年的2.49∶1降低至2.37∶1，城乡居民收入相对差距进一步缩小。

是年　浙江省实现外贸进出口总值3094亿美元，比2010年增长22%，居全国第5位；全年出口超2000亿美元，首超上海，列全国第3位。

是年　浙江加大“人才强省战略”专项资金投入，全年已投入海外引才“千人计划”专项资金1.6亿元，全省市县两级财政人才专项资金投入普遍达到本级财政一般预算支出0.5%以上，总量达32.6亿元。至2011年，全省“千人计划”引进人才383人，其中，入选第6批国家“千人计划”27人，累计达93人，新增人选和总数均居全国第4位。3年中，全省共引进海外高层次人才15000余名，每年引进硕士以上海外人才保持在2000名以上，聘请国（境）外专家近3万人次。

是年　从2007年至2011年5年间，全省慈善公益类社会组织已超过2万家，累计募集善款100亿元，189家基金会资产总量超过26亿元，慈善公益金年均支出15亿元，慈善资金惠及困难群众超过500万人次，注册志愿者达318万人。全省慈善机构筹集善款从25亿元增至100亿元，援助的困难群众由“十一五”初期的百万人次增加到500万人次，慈善捐款数额和惠及人数均居全国前列。

是年　浙江专利授权总量达130190件，同比增长13.56%，超过广东，首次跃居全国第二。宁波市的专利授权总量在全国15个副省级城市中跻身第二位。同时，浙江省专利申请总量达177066件，同比增长46.66%，继续保持全国第三位。

是年　浙江省群众安全感满意率达96.08%，连续8年保持较高水平，被公认为全国最安全的省份之一。全省11个市、89个县（市、区）获得平安市、县（市、区）称号，基本实现“满堂红”。

是年　浙江共有中共党员344.16万名，其中女党员占26.18%；少数民族党员占0.56%；35岁及以下的党员占29.51%；大专及以上学历的党员占37.85%；学生党员占3.73%。

是年　浙江省每百人中有17人是老人，60岁以上的老年人口占户籍总人口的17.25%，约823.23万人。过去5年以年均4.07%的速度增长。高龄老人增速明显快于老年人口增长，80岁及以上的高龄老人5年间年均增长5.25%，达126.6万人。

是年　浙江省地区生产总值32318.85亿元，其中工业增加值14683.03亿元，人均地区生产总值59249元；社会消费品零售总额12028亿元；全社会固定资产投资14077.25亿元；全年财政总收入5925亿元；全省城镇单位在岗职工平均工资46660元。

是年　浙江省总人口为4781.31万人，人口自然增长率为4.07‰。

2012年

2月1日　温州市举行世界温商大会。温州有60多万人在世界131个国家和地区创业发展，有175万人在全国各地经商创业，在全国204个地级以上城市成立了温州商会。温商已在全国创办工业企业3万多家，创办各类市场2000多个，建立了覆盖全国、连接世界的温州人营销网络。

2月13日　省政府召开全省地方志工作电视电话会议。会上，省政府向全省从事地方志工作20年以上人员代表颁发了荣誉证书，向《浙江通志》总编、副总编代表颁发了聘书，向《浙江通志》编纂责任单位领导颁发了责任书。当日，《浙江日报》第一版发表长篇通讯《百川归海，志卷长留——追记全国方志系统先进工作者何百川》。

2月13日　杭州市举行推进十大产业发展工作会议，明确了包括文创、旅游休闲、金融服务、电子商务、信息软件、先进装备制造、物联网、生物医药、节能环保、新能源等重点发展的十大产业。“十二五”期间，杭州市、区县（市）两级财政集中200亿元资金用于扶持十大产业发展。

2月28日　普利兹克建筑奖暨凯悦基金会在美国洛杉矶宣布：49岁的中国建筑师、中国美术学院建筑艺术学院院长王澍获2012年度普利兹克建筑奖。普利兹克奖有“建筑界的诺贝尔奖”之称，每年度授予一位作出杰出贡献的在世的建筑师，王澍成为中国获此殊荣的第一人，也是最年轻获奖者之一。

3月14日　36.2万吨的新加坡籍油轮“祁连山号”在舟山港岙山基地卸下13万吨原油。该油轮长333米，宽60米，是舟山港接靠的最大一艘船舶。

3月15日　嘉兴南湖区举行第一次排污权网络电子拍卖会，7家企业报名参加拍卖会。经过两个多小时的竞拍，8吨COD全部成交，每吨的平均成交价为15.55万元，平均竞价次数为58次。通过专门成立的区排污权储备交易中心，该区所有新建企业或是企业扩建、技改，必须花钱“买”来达到项目排污量1.2倍以上的排污权，才被允许开工。

3月17日　国内首个传媒领域的专业孵化器——传媒梦工场正式落户杭州玉皇山南国际产业园区。

3月20日　由省中小企业局和浙江工业大学共同发起组建的国内首家面向中小企业的大型研究机构——中国中小企业研究院在杭州挂牌成立。

3月21日　温州肯恩大学校园建设工程开工奠基暨揭牌仪式在温州举行。

3月21日　浙江省戏剧发展促进会在杭州成立。

3月22日　全国人体器官捐献试点工作总结会在杭州召开。会议发表了《中国人体器官捐献试点工作总结会宣言》(《杭州宣言》)。

3月23日　中国气象频道(浙江应急)正式开通，频道定位为公共突发事件预警信息发布、防灾减灾科普宣传和公共气象服务品牌窗口。杭州所有华数数字电视用户只要打开121频道，就可免费收看最新的天气资讯和插播的以浙江本地气象为主的应急防灾减灾节目。

3月25日　温州直飞台北首航。航班空中飞行时间只有55分钟，是两岸最短的航程。

3月28日　国务院总理温家宝主持召开国务院常务会议，决定设立温州市金融综合改革试验区，会议还确定了温州市金融综合改革的12项主要任务。

3月31日　国家发改委国际合作中心在海南博鳌首次发布了《中国区域对外开放度指数研究报告》。在中国大陆地区中，上海、北京、广东分列开放度总指标前三位，浙江位居第七。

4月4日　浙江省与日本静冈县结好30周年庆典大会在静冈县举行。

4月8日　2012中国·遂昌汤显祖文化节开幕。同日，遂昌县与莎士比亚诞生地英国斯特拉夫德市成功牵手并共同举办汤显祖莎士比亚文化合作新闻发布会，还现场开通汤显祖莎士比亚文化交流网。

4月9日　省委外宣办“科学发展成就辉煌”主题新闻发布会宣布：“平安浙江”建设8年来，2011年全省群众安全感满意率为96.08%，比上年提高0.26个百分点。浙江被公认为全国最安全的省份之一。

4月14日　首届世界“宁波帮”大会在宁波举行。据统计，宁波有30多万海外侨胞旅居在全球64个国家和地区，70多万人在国内投资创业。“宁波帮”已累计在家乡投资开办1600多家企业，投资总额近百亿美元，并向宁波捐款12亿多元，向全国捐款75亿多元。

4月19日　长安福特马自达浙江(杭州)项目签约仪式在杭州举行。该项目在杭州大江东前进工业园区投资75亿元建设整车生产基地，2015年一期投产年产能达25万台乘用车。

8月29日，投资达7.6亿美元的杭州新整车厂破土动工。这也是福特近半世纪来最大的一次扩张，项目2015年投产后，长安福特马自达汽车年产能将超120万辆。

4月25—26日　全省金融工作会议暨温州市金融综合改革试验区工作动员大会在杭州召开。

4月28日　由中国南车股份有限公司和省铁路投资集团有限公司共同投资的浙江南车轨道车辆产业园项目在萧山空港经济开发区奠基动工。该项目总投资16亿元，将形成年组装铝合金地铁车辆300辆与相应维修能力，以及年产288辆城轨或城际车辆牵引系统、24千米信号系统的生产能力，实现年销售产值30亿元以上。

是月起　省有关部门将对经查证核实的食品安全事件举报人进行奖励，其中对一起案值较大案件的举报人给予30万元的最高奖励。浙江已在全省范围内聘请了1008名食品安全群众监督员，开通了全省统一举报电话“96317”，有关部门还联合出台了《关于印发浙江省食品领域违法行为举报奖励办法的通知》，对举报八大类食品领域违法行为经查证属实，依据违法行为查处后罚没金额大小或判处刑期长短给予一次性奖励，最高奖励金额可达30万元。

5月3日　浙江省第三次全国文物普查总结表彰会在杭州举行。据国务院第三次全国文物普查办公室最终审定确认，浙江共调查登记不可移动文物73943处，包括新发现不可移动文物61728处，复查登记不可移动文物12215处。调查总数、登记总数、新发现数均为全国第一。

5月7日　在中国与中亚国家建交20周年之际，中国—中亚合作论坛在桐乡市开幕。

5月10日　浙江淘汰落后产能情况通报会披露：全省有97家企业必须在9月底前拆除列入计划的落后产能的主体设备、生产线。这些企业涉及炼钢、水泥、造纸、印染、化纤、铅蓄电池、制革等7个行业。

5月12日　首届中国转型发展论坛在浙江大学紫金港校区举行，论坛由浙江省公共政策研究院暨浙江大学公共政策研究中心主办。

5月15日　浙江省与国家海洋环境预报中心、国家海洋环境监测中心在杭州签署《关于共同建设浙江省海洋防灾减灾中心》合作协议。

5月18日　国内首个国际纪录电影专项大奖——“新纪录奖”在杭州正式签署设立，该奖是由中央新影纪录电影基金设立的国际纪录电影专项大奖，代表国际电影界对纪录电影的权威评判。奖项每年颁发一次，并选择、联合国际上最具影响力的电影节（展）或电影机构合作，在不同国家和地区举办颁奖典礼。

5月28日　何水法美术馆开馆仪式暨“百花迎春——2012抱华楼国际花卉画邀请展”开幕式在富阳抱华楼举行。

5月28日　经国家广电总局批复同意，中国（浙江）影视产业国际合作实验区授牌仪式在海宁市举行。

5月28日　《浙江省公民道德建设纲要》颁布实施新闻发布会在杭州举行，浙江的做法在全国尚属首创。

5月29日　当天上午，杭州长运客运二公司驾驶员吴斌驾驶大客车从无锡回杭州途中，突然被飞来的一块铁片砸中，导致肝脏破损、肋骨骨折……他用尽一切力气将车稳稳停下，确保了24名乘客安全，自己却因伤势过重不幸去世。为此，省政府追授吴斌为“省劳动模范”，评定其为烈士。后吴斌还被中华全国总工会追授全国五一劳动奖章，获第四届全国道德模范（全国敬业奉献模范）等荣誉。

6月6—10日　中共浙江省第十三次代表大会在杭州召开。会议通过赵洪祝代表第十二届省委所作工作报告。10日，省委第十三届一次全会选举赵洪祝为书记，夏宝龙、李强为副书记，任泽民、王辉忠、黄坤明、葛慧君、蔡奇、刘力伟、龚正、陈德荣、王新海、赵一德为常委。省纪委第十三届一次全会选举任泽民为省纪委书记。

6月10日　浙江大学和舟山市政府在杭州签订协议，共建以海洋教学与科研为特色的浙江大学舟山校区（浙江大学海洋学院）。

6月12日　柴达木浙江工业园格尔木区在青海省海西州格尔木市正式挂牌成立。

6月19日　浙江省举行纪念安子介先生诞辰100周年座谈会。

6月19日　中国城市国际协会向临海市授牌，并向全球推介“中国宜居城市”临海市。临海是全国第一个荣登“中国宜居城市榜”的县级城市。

6月21日　中共中央政治局常委、国务院副总理李克强在北京人民大会堂会见全国模范地质队——浙江省第七地质大队先进事迹报告团。

6月28日　由省政府与中核集团合作共建的中国核电城在海盐奠基，同时10个核电关联产业项目当场签约，总投资逾32亿元。

7月11日　国务院批复舟山港口岸5个港区扩大开放，新增开放面积109平方千米，此次获批也创造了全国海港口岸一次性得到批复区域最广、项目最多的纪录。此次扩大开放的共有高亭、定海、老塘山、沈家门和泗礁等5个港区，直接涉及17个重大项目，其中在民营油品、液体化工、海洋工程、油污水处理等项目的开放上均是首次突破。

7月27日　上海、宁波、绍兴等8个城市在绍兴宣布“一卡通”正式实现互联互通。在8个城市中的任何一个，只要办理一张“全通卡”，无论坐公交、坐出租车，还是坐轮船、乘地铁，甚至租用公共自行车，都可以刷卡消费，使“一卡在手，走遍神州”的梦想变成现实。

7月27日至8月12日　在第30届奥运会上，浙江有21名运动员出征伦敦奥运会，共获4金2银2铜和打破2项世界纪录与2项3次奥运会纪录的优异成绩。浙江游泳运动员叶诗文获女子200米、400米混合泳2项冠军，并在女子400米混合泳决赛中以4分28秒43的成绩打破世界纪录；孙杨获男子400米、1500米自由泳2项冠军，实现了中国男子游泳项目在奥运史上金牌零的突破。8月31日，欢迎伦敦奥运会浙江健儿凯旋暨庆功表彰大会在杭州省人民大会堂召开。

8月2日　长三角区域高速公路联网不停车收费全面开通仪式在杭州举行，五省一市车辆在长三角高速公路网正式实现快捷畅行。高速公路不停车收费（英文简称ETC）是世界上最先进的收费方式，它在通过收费站时无须停车便能缴费，大大提高了高速公路运转效率。

8月9日　第11号强台风“海葵”给浙江造成重大损失，共有652.9万人受灾，直接经济损失236.3亿元。

8月14—15日　首届全国党史文化论坛在杭州举行。

8月20日　公安部、浙江省政府、宁波市政府共建公安海警学院协议签署仪式在杭州举行。该学院创建于1983年，是公安部直属的全国唯一专门培养公安海上执法人才、特色鲜明的现役制高等院校。协议的签署标志着学院正式成为全国公安系统唯一一所省部共建现役制警校。

8月23日　全省扩大有效投资推进大会在杭州召开，并面向民间资本招商推介441个重大建设项目，总投资达11830亿元，这也是国务院促进民间投资“新36条”42项实施细则出台后浙江首次面向民间资本集中招商的重大项目。另有48个银行融资项目当场签约。

9月3日　浙江与澳大利亚西澳州结好25周年庆祝大会在西澳州珀斯会展中心举行。12月3日，系列庆祝活动在杭州举行。

9月6日　联合国人居署在意大利那不勒斯举行的第六届世界城市论坛上，授予安吉县联合国人居奖。该奖是联合国人居署于1989年创立的全球人居领域最高奖项，主要表彰为人类居住条件改善作出杰出贡献的政府、组织、个人和项目等，每年评选一次。安吉也是中国自1990年参与联合国人居奖评选以来唯一获此殊荣的县。

9月11日　省委、省政府致电，祝贺浙江省残疾人运动员在伦敦残奥会上取得15枚金牌、6枚银牌、5枚铜牌的优异成绩。

9月12日　一场暴风雨裹挟着雷鸣闪电袭击杭城后，位于西湖风景区一公园附近延伸至西湖湖面上的“集贤亭”突然倒塌。该景点为清代西湖十八景之一“亭湾骑射”，原由清代浙江总督李卫重建射亭并名为“聚贤亭”。此次倒塌的集贤亭为2002年前后西湖南线整治时重建。

9月16日　首届中国·海宁潮国际博览会开幕。

9月18日　“西湖游览网”上线，游客可通过网上和服务终端预订支付，凭手机短信、二维码彩信快捷进入西湖有关景点。

9月25日　温州成为全国首个社会资本办医试点城市。

10月8日　省政府、教育部、宁波市政府共建宁波大学合作协议签约仪式在杭州举行。

10月9—10日　全省“深化千万工程、建设美丽乡村”现场会在丽水召开。

10月11日　温州国家高新技术产业开发区建设动员会在温州召开。这是浙江继杭州、宁波、绍兴之后的第四个“国字号”高新区，该区位于温州城市东部，规划面积25平方千米。按照“创新高地·科技新城”的发展目标，重点培育激光与光电、电子商务与信息软件、文化创意三大主导产业。

10月11日　省政府在杭州召开舟山港综合保税区新闻发布会。经国务院批复同意，舟山港综合保税区采取“一区两片”模式，设置本岛分区和衢山分区，总规划面积5.85平方千米。综合保税区是中国开放层次最高、优惠政策最多、功能最齐全、手续最简化的特殊开放区域。

10月12日　浙江省党的文献编辑工作暨中共浙江省委文献研究室成立座谈会在杭州召开。

10月18日 浙江股权交易中心成立暨区域性股权交易市场启动仪式在杭州举行。

10月19日 华数传媒借壳*ST嘉瑞正式在深圳证券交易所挂牌上市。

10月24日 省政府参事室成立60周年纪念会暨参事、馆员聘任仪式在杭州举行。

10月25日 省首届"高校优秀教师"表彰会在杭州举行。当年起浙江始设"高校优秀教师奖",每两年评定一次,首届评定100名。

10月26日 全省公安系统英雄模范和立功集体表彰大会在杭州省人民大会堂举行。会上,省政府分别授予5个县(市、区)公安局为模范公安局、20个单位为模范公安基层所队和20名民警为模范人民警察。

10月27日 "曾在曹家——曹其镛先生夫妇捐赠中国古代珍贵漆器特展"在浙江省博物馆武林馆区开展。

10月30日 中国国际广播电台与海宁市签约,合作共建影视译制基地,基地落户中国(浙江)影视产业国际合作区(海宁)。

11月5日 浙江省首次举行大规模科技成果竞价拍卖会,共有18项科研成果参与,涉及新材料、电子信息等多个领域。其中,最高起拍价为500万元,最低起拍价为8万元。18项科技成果总起拍价1633万元,最后成交价2115万元,无一流拍。

11月11日 "11·11购物狂欢节"正式开启,第一分钟就有1000万人同时涌入天猫和淘宝,13小时销售额超百亿元,创下零售新纪录。这一数字大幅超越了上年美国电子商务行业的最高纪录——美国最大网上购物节的12.5亿美元(约合78亿元人民币)。

11月24日 浙江首条地铁——杭州地铁1号线开通试运营。历经10年谋划、5年建设的杭州地铁1号线全长47.97千米,共设车站31座,是杭州规模最大、投资最多、技术条件最复杂的城市基础设施工程。1号线按照"Y"形干线图,南起萧山湘湖站,在九堡客运中心站分岔,分别到达下沙和余杭临平站。

12月3日 阿里巴巴集团宣布:截至11月30日,阿里巴巴集团旗下淘宝、天猫当年的交易额超10000亿元,相当于上年全国社会消费品零售总额的5.4%。进入一年万亿元零售门槛的企业,全世界只有沃尔玛和阿里巴巴。这个数字标志着中国流通业进入电商时代,同时也意味着杭州成为电商时代中国消费品流通的制高点。

12月5日 中国民办教育发展大会暨中国民办教育协会2012年年会在温州开幕。

12月18日 省委召开全委扩大会议,宣布中共中央关于浙江省委主要领导职务变动的决定。中共中央决定,夏宝龙任浙江省委书记。

12月21日 全国非公有制企业党建论坛在宁波举行。

12月21日 全省历史文化名城名镇名村保护工作会议暨《浙江省历史文化名城名镇名村保护条例》宣传贯彻会议披露,浙江的古建筑和近现代建筑有6万多处,总量居全国第一。浙江共有国家历史文化名城7座、中国历史文化名镇16个、中国历史文化名村14个。浙江还重点保护20座历史文化名城、300个历史文化名镇名村街区以及1万幢历史建筑。

12月25日 省委、省政府召开浙江省申报人类与国家级非物质文化遗产、杭州西湖文化景观申报世界文化遗产工作总结表彰会。经多年努力,浙江入选联合国教科文组织人类非物质文化遗产代表作名录和急需保护的非物质文化遗产名录项目数全国最多，入选国家级非物质文化遗产名录项目数连续3次列全国首位。

12月26日　浙江省第一所音乐艺术本科院校——浙江音乐学院正式动工兴建。

12月30日　投资100多亿元、历经5年多建设的杭州萧山国际机场二期工程竣工投运。工程包括第二国内航站楼、国际航站楼及可起降世界最大客机空客A380的第二跑道。投运后机场总面积达到10平方千米，是原先的2倍；航站楼面积达到37万平方米，是原先的3.7倍，能满足年旅客吞吐量3300万人次的需求。至此，萧山机场已成为华东地区第三、国内前十和全球百强机场，货运吞吐量居全国机场第7位，航空口岸规模居全国第5位。

12月30日　浙商发展研究院(浙商智库)正式揭牌成立。该研究院由浙江日报报业集团主办，《浙商》杂志社负责营运。

12月31日　杭州未来科技城(海创园)8个项目集中动工。自2010年7月挂牌后，杭州未来科技城已累计引进海外高层次人才367名，其中国家千人计划人才17名，省千人计划人才34名；落户海归研发项目142个，融资总规模达16亿元。此次开工建设的8个项目以研发和总部为主，总投资额43亿元。

是年　浙江省地区生产总值34665.33亿元，其中工业增加值15338.02亿元，人均地区生产总值63374元；社会消费品零售总额13588.34亿元；全社会固定资产投资17095.96亿元；全年财政总收入6408.49亿元；全省城镇单位在岗职工平均工资50813元。

是年　浙江省总人口为4799.34万人，人口自然增长率为4.6‰。

2013年

1月17日　国务院以国函〔2013〕15号文件正式批复《浙江舟山群岛新区发展规划》。这是党的十八大提出海洋强国战略以后，全国首个颁布的以海洋经济为主题的国家战略性区域规划。

1月24—29日　省政协十一届一次会议在杭州举行。乔传秀代表十届政协常委会作工作报告。会议通过有关决议并选举产生了新一届省政协主席、副主席等人员。选举乔传秀为省政协主席，选举陈加元、陈艳华、姚克、汤黎路、张鸿铭、张泽熙、陈小平、吴晶、蔡秀军为副主席。

1月30—31日　省十二届人大一次会议在杭州举行。代省长李强作政府工作报告。会议通过了关于政府工作报告、浙江省2012年国民经济和社会发展计划执行情况及2013年国民经济和社会发展计划等报告的决议，选举产生了新一届省人大常委会和省政府领导。选举夏宝龙为省人大常委会主任，选举茅临生、程渭山、冯明、王永昌、厉志海、姒健敏为副主任；选举李强为省长，选举龚正、毛光烈、黄旭明、郑继伟、朱从玖、梁黎明、孙景淼、卢子跃为副省长。

2月15日　2013世界温州人大会举行，135个项目现场签约，总投资额达2376亿元，引进资金2220亿元。其中，温商回乡投资创业创新项目占签约项目总数的63%。

2月15日　第56届世界新闻摄影比赛——荷赛获奖作品在荷兰阿姆斯特丹揭晓。在4位获奖的中国摄影师中，浙江储永志、郑晓群、傅拥军分别各占一席。这也是浙江新闻摄影界在荷赛中取得的最好成绩。

3月19日　中国保险业龙头——中国人寿集团下属资产管理公司与浙江省签下40亿元保险资金投资金融项目。这次签约也是中国人寿保险资金投资与浙江首次合作。

3月25日　第九届国际新闻摄影比赛(华赛)评比揭晓新闻发布会在杭州举行,浙江日报报业集团李震宇的《农村来的年轻工人》获新闻人物与肖像类(组照)金奖。华赛创办于2005年,是经中宣部和国务院新闻办批准的高规格的新闻摄影国际性赛事。本届华赛由中国新闻摄影学会主办,浙江日报报业集团等承办,共收到来自世界70多个国家和地区3000余位摄影记者和摄影师3万多幅作品,其中国外参评作品占72%。

3月27日　舟山群岛新区建设动员大会在舟山举行。会上,省领导授予舟山市负责人"中共浙江舟山群岛新区工作委员会"和"浙江舟山群岛新区管理委员会"牌匾,并宣读了省委、省政府关于设立新区党工委和管委会的决定。

3月28日　省委宣传部在临安召开全省农村文化礼堂建设工作现场会,对农村文化礼堂建设工作作出部署。这项工作被列入当年省政府十件实事项目之一,首期在全省范围内建成1000家文化礼堂。

4月6日　杭州市疾控中心发布消息,该中心5日从上城区滨盛农副产品商行活禽摊点采集到的12份样本中,检出其中5份含有H7N9禽流感病毒核酸阳性。杭州为此连夜组织对该商行内存放的全部活禽进行扑杀,并暂停活禽交易。

4月12日　在第29届中国兰亭书法节上,中国书法家协会主席张海向绍兴市政府授予中国书法兰亭奖长期承办地牌匾,意味着此奖项永久落户书法圣地绍兴。该奖因《兰亭序》而得名,由中国文联和中国书协颁发,是当代书法艺术领域的最高奖项。

4月22日　舟山群岛新区重大项目推进会在定海、普陀、舟山海洋产业集聚区等6个地点同时举行,总投资达377.4亿元的43个重大项目集中开工。

4月23日　全国首个以县域为单位的国家级区域规划——嘉善县域科学发展示范点建设方案,经国务院同意,由国家发改委批复。当天,嘉善县召开科学发展示范点建设动员大会。

5月15日　联合国教科文组织"文化:可持续发展的关键"国际会议在杭州召开。

5月18日　太湖文化论坛第二届年会在杭州开幕。全国政协主席俞正声出席开幕式,并发表题为《加强国际合作,建设生态文明》的主旨讲话。莫桑比克总统格布扎等分别在开幕式上致辞。太湖文化论坛成立于2008年,以加强中外文化交流为宗旨,诚邀世界各国知名人士共商不同文明对话与合作大计,共建和谐文化和和谐世界。会议闭幕时发布了以"加强国际合作,建设生态文明"为主题的《杭州宣言》。

5月19日　中国老年学学会在北京授予丽水市"中国长寿之乡"称号,丽水也成为全国设区市中首个获此殊荣的城市。调查显示,到2012年底,丽水存活百岁及以上老人占户籍总人口比例超过7/10万;根据2010年第六次全国人口普查数据,丽水人口平均预期寿命为78.33岁,比全国平均水平高3.5岁;到2012年底,丽水有80岁及以上高龄老人67223名,占户籍总人口262.59万的2.56%。

6 月 21 日　中宣部、浙江省委在北京人民大会堂举行杭州“最美现象”思想道德建设先进经验报告会。

6 月 25 日　历时 3 年修建的龙庆高速公路正式通车，结束了庆元境内无高速公路的历史，也使得丽水市实现了县县通高速。龙庆高速公路主线长 54.764 千米，其中庆元境内长 21.198 千米，总投资 15.7 亿元。

7 月 1 日　杭州火车东站正式启用。当天，宁杭甬（南京—杭州—宁波）高铁同步开通。

7 月 5 日　省政府在丽水召开部分市长座谈会，提出以全面实施“四换三名”工程加快转型升级。“四换三名”工程即积极推进腾笼换鸟，大力发展高附加值、低能耗、低污染产业；积极推进机器换人，实现减员增效；推进空间换地，实现节约集约用地；推进电商换市，大力发展电子商务；着力培养名企、名品、名家，打造行业龙头。

7 月 6 日　省文物考古研究所在平湖举行的庄桥坟遗址出土原始文字学术研讨会上宣布，大约在距今 5000 年前，良渚先民就已开始使用原始文字。这也是迄今为止在中国发现的最早的原始文字。

7 月 19 日　嘉绍大桥暨南北接线（嘉绍跨江公路通道）正式通车。这是浙江高速公路交通规划中跨杭州湾的第二个通道，项目总投资 139.8 亿元，其中嘉绍大桥是项目的关键性控制工程，全长 10.137 千米，总投资 62.8 亿元，采用双向八车道高速公路标准建设，设计速度 100 千米/小时。通车后绍兴至上海的车程缩短近一半，并将长三角的高速公路形成了一个新的 3 小时高速循环圈。

是月　杭州市把千岛湖所在的淳安县作为“美丽杭州”建设实验区，对该县综合考评体系实现单列，把加强生态保护、发展生态经济等作为考核的核心内容，而不再考核工业经济总量等相关指标。

8 月 6 日　省党政代表团赴新疆阿克苏地区考察，并召开浙江—阿克苏地区和兵团一师对口支援工作座谈会。浙江对口支援阿克苏 3 年多来，共下达对口支援项目 329 个，完成投资 120.6 亿元；浙商与当地合作项目 100 个，协议资金 658 亿元；实施干部人才援疆项目 392 个。

8 月 9 日　杭州馒头山国家基本气候站气温最高达 41.6℃，创下杭州气温历史新高，奉化则以 43.5℃再创全省历史高温纪录。

8 月 22 日　肯尼亚总统肯雅塔一行访问浙江。

8 月 23 日　全省首届“群众最满意的平安村（社区）”颁奖仪式在杭州举行，表彰了 10 年来在平安浙江建设中涌现出来的 100 个先进平安村（社区）。活动共有 130 余万人次参与投票评选，最终余姚市谢家路村等 50 个村、杭州江干区景秀社区等 50 个社区入选“群众最满意的平安村（社区）”，并在此基础上评选产生了“十佳群众最满意的平安村”和“十佳群众最满意的平安社区”。

8 月 28 日　塞尔维亚总统尼科利奇一行在浙江访问。同日，中国—塞尔维亚经贸合作研讨会在杭州举行。

9 月 3 日　省政府咨询委员会第六届第一次全体会议在杭州召开。新一届省咨询委由

64 人组成。

9 月 16 日　首届“浙江最美村”评选揭晓，共选出 20 个“浙江最美村庄”、10 个“浙江最美乡镇”。

9 月 17 日　义乌市政府召开新闻发布会宣布，国务院已正式批复《义乌市国际贸易综合改革试点金融专项方案》，义乌专项金融改革正式启动。11 月 18 日，国家工商总局与省政府联合签署《关于共同推进义乌国际贸易综合改革试点战略合作协议》。26 日，“浙商回归”助推义乌国际贸易综合改革项目推介会签约项目总投资额达 500 多亿元。

9 月 25 日　经过 168 小时试运行，首个“落点”浙江的特高压工程——皖电东送淮南至上海特高压交流输变电工程正式投入商业运行，标志着浙江电网正式跨入特高压时代。

9 月 30 日　第十二届全运会浙江体育代表团庆功表彰会在杭州举行。本届全运会浙江运动员取得 35 金 20 银 39 铜并破 2 项亚洲纪录、4 项全国纪录的优异成绩，金牌、奖牌及总分均列综合成绩榜第 6 位，三项指标首次同时进入全国前六，并获“体育道德风尚奖代表团”称号。

10 月 9 日　《浙江日报》报道，2003 年以来，浙江在全省农村开展了“千村示范万村整治”工程，并取得明显成效。中共中央总书记习近平为此作出重要指示，强调要认真总结浙江省开展“千村示范万村整治”工程的经验并加以推广。同日，全国改善农村人居环境工作会议在桐庐召开。

10 月 9 日　由坦桑尼亚达累斯萨拉姆大学与中国国家汉办孔子学院总部合作开办的达累斯萨拉姆大学孔子学院举行揭牌仪式。达累斯萨拉姆大学是坦桑尼亚乃至东非地区最负盛名的高校，中方合作院校为浙江师范大学。浙江师范大学也是与非洲国家合作共建孔子学院最多的中国国内大学。

10 月 10 日　世界媒体峰会第二次主席团会议在杭州举行。峰会是由新华社主导发起的涵盖多媒体业态的全球媒体高端论坛合作机制，首届世界媒体峰会 2009 年 10 月在北京举办。《纽约时报》、美联社、俄塔社等世界知名媒体负责人参加此次峰会。

10 月 11 日　纪念毛泽东同志批示“枫桥经验”50 周年大会在杭州召开。之前，中共中央总书记习近平就坚持和发展“枫桥经验”作出重要指示强调，各级党委和政府要充分认识“枫桥经验”的重大意义，发扬优良作风，适应时代要求，创新群众工作方法，善于运用法治思维和法治方式解决涉及群众切身利益的矛盾和问题，把“枫桥经验”坚持好、发展好，把党的群众路线坚持好、贯彻好。

10 月 15 日　浙商博物馆开馆暨浙商文化软实力促进项目启动仪式在杭州举行。博物馆坐落在浙江工商大学校园内，全面展示了数千年来浙江经济的“人、物、事”，特别是改革开放以来浙江民营经济的成长壮大历程和 1000 多万天下浙商的创业创新史，是记录浙商历史、弘扬浙商精神、展示浙商成就、服务浙商发展的重要窗口。

10 月 19 日　2013 年度华东地区政务微博峰会暨腾讯·大浙网成立 1 周年高峰论坛在安吉县举行，论坛发布的华东地区政务微博白皮书显示，浙江党政机构、公务人员微博影响力和数量均居华东地区首位。

10月24日　“浙江党员教育云平台”开通。该平台将原来的党员教育网站、电视节目、手机信息进行整合，融网络、电视、手机等媒介于一体，实现了全省各级党员教育、远程教育视频内容资源统一编播。

10月25日　由海关总署、国家发改委等部委组成的联合验收组在宁波宣布：宁波梅山保税港区汽车整车进口口岸通过验收，正式启动运行。该口岸是全国第七个、浙江省唯一的沿海整车进口口岸，总规划面积1000亩，包括码头作业区、检测检验区、汽车堆场区、综合配套和增值服务区4个功能区域。

10月26日　以“创业创新闯天下、合心合力强浙江”为主题的第二届世界浙商大会在杭州省人民大会堂开幕。开幕式后举行了优秀浙商颁奖典礼，与会领导和著名浙商代表为获得功勋浙商奖、杰出浙商奖、创业创新奖、浙商新星奖的73名浙商颁奖。当天还举行了以“中国梦·浙商情——凝聚浙商正能量”为主题的第二届世界浙商论坛。世界浙商大会是浙江规格最高、规模最大的浙商精英聚会。

10月26日　中国科学家在杭州宣布，成功研发出人感染H7N9禽流感病毒疫苗株，该项目由浙江大学医学院附属第一医院联合香港大学、中国疾病预防控制中心等多个单位协同攻关完成。

10月29日　“基础四国”第十七次气候变化部长级会议在杭州开幕，来自中国、印度、巴西、南非四国的有关部门负责人、谈判代表、气候专家以及特邀的新加坡观察员，就相关气候变化议题进行磋商。

11月1日　浙江开始向社会实时发布县级城市环境空气质量指数，成为全国首个环境空气质量指数发布县(市、区)全覆盖的省份。

11月4日　省民政厅披露，国务院已批复同意调整绍兴市部分行政区划：同意撤销绍兴县，设立绍兴市柯桥区；撤销县级上虞市，设立绍兴市上虞区。

11月4日　全国首个旅游综合改革试点县落户桐乡市。

11月15日　省委、省政府下发《关于全面实施“河长制”进一步加强水环境治理工作的意见》，提出新一轮治水工作的总体目标。

11月19日　由省委、省政府批准成立的东海电影集团在杭州西溪创意园挂牌。集团在省电影有限公司(浙江时代电影院线母公司)基础上注资设立，是从事电影全产业链投资和经营管理的产业集团公司，为国有独资有限责任公司。

11月19日　由世界包装组织、世界包装组织亚洲包装中心等共同举办的2013年中国(杭州)世界包装产业高峰论坛在杭州举行，总部基地位于杭州的世界包装产业中心全球招商同时启动。该中心是国际组织在中国建立的世界性产业中心，是全球包装产业的高地和大平台。2012年，中国包装工业规模企业总产值超过1.5万亿元，成为仅次于美国的世界第二包装大国。

11月21日　全省“深化千万工程建设美丽乡村”现场会在温州举行。会议要求力争用四五年时间把农村污水治理好，努力把全省美丽乡村建设提升到一个新高度，加快走出“绿水青山就是金山银山”的发展新路。

11月22日　省十二届人大常委会第六次会议表决通过《温州市民间融资管理条例》，这是全国首部金融地方性法规和首部专门规范民间金融的法规。

11月22日　舟山港综合保税区一期顺利通过由海关总署牵头、国家10部委组成的国务院联合验收组验收，成为浙江首个通过正式验收的综合保税区，并于年内封关运行。

11月23日　杭州萧山国际机场年旅客吞吐量超2000万人次，成为继北京、广州、上海等城市后，中国内地第10个迈入“2000万级俱乐部”的机场。2003年，萧山机场首次跻身中国内地十大机场行列；2007年，年旅客吞吐量超1000万人次，进入世界繁忙机场行列；2009年，客货运吞吐量分别排名世界第86位和第73位，两大指标首次双双进入全球机场百强行列；2013年，机场年旅客吞吐量又超2000万人次，短短6年间客流量翻了一番。机场已开通航线160余条，通达国内外108个城市，国内航线实现省会城市全覆盖，每天有50家航空公司的500多个航班、约6万名旅客从杭州飞往世界各地。

是月　阿里巴巴的“淘宝城”在余杭西溪旁落成，阿里巴巴集团逾万名员工陆续搬进余杭未来科技城，并同时带动了上百家与淘宝有业务关联的企业入驻，使得未来科技城引进海外高层次人才达607名，其中国家“千人计划”37名、省“千人计划”36名。

12月1日　由求是《小康》杂志社联合浙江日报报业集团共同举办的“首届中国(浙江)全面小康论坛暨颁奖典礼”在杭州举行。该论坛每年一届，是唯一以全面小康为主题的国家级大型论坛。首届论坛以“率先小康，两富浙江”为主题，并揭晓了首届浙江全面小康十大示范县(市、区)和生态、人居、休闲示范县(市、区)。

12月2日　杭州市政府宣布，与全球最大电子商务服务商——阿里巴巴集团签署战略合作框架协议，全方位合作推进该市信息化和工业化深度融合，加快“全国电子商务中心”建设，并支持阿里巴巴集团在杭州打造电子商务全球总部及相关产业带，强化其在全球同行业的领军地位。当年，全国三分之一的综合性电子商务平台和专业网站已落户杭州，电子商务平台年成交额逾1.2万亿元，居全国首位。

12月6日　省政府召开常务会议，决定在全省实施大气污染防治行动计划。力争通过5年努力，全省环境空气质量明显改善，重污染天气大幅减少，到2017年，全省PM2.5浓度在2012年基础上下降20%以上。

12月20日　海外清华学子回国创新创业座谈会在杭州举行。自2009年浙江与清华大学共同组织开展了五届“海外清华学子浙江行”活动以来，已有200余名海外高层次人才落户浙江，其中入选国家“千人计划”、省“千人计划”40余人，落户项目总投资逾10亿元，带动投资近40亿元。

12月20日　首届浙江省文化产业项目推介会暨签约仪式举行，推介会集中亮相了近200个文化产业重点招商项目，涵盖广播影视、文化艺术、动漫游戏、创意设计等各门类，共有24个重点项目签约，信贷额度和直接投资额近1500亿元。

12月21日　电商营销大奖金麦奖在广州揭晓，该奖由国际四大广告营销奖之一的艾菲奖与淘宝天下旗下的《卖家》杂志共同打造。当年“双十一”取得350.19亿元销售额的天猫商城获大奖。

12月23日　省委常委会召开会议，专题研究“五水共治”工作（“五水共治”指治污水、防洪水、排涝水、保供水、抓节水）。

12月26日　中国科学院、中国工程院公布的2013年新增104名院士中，浙江籍院士共有13位，位列新增院士全国第一。至此，在1600余位“两院”院士中，浙江籍院士共有225位。

12月27日　首届“世界媒体500强”排行榜在香港发布，浙江日报报业集团入选，位列第271名。

是月　农业部公布全国首批“中国美丽田园”名单，江山江郎山彩色稻田榜上有名。

是年　浙江早稻亩产415.3千克，比上年增长3.2%，比全国早稻平均亩产392.2千克高23.1千克。继2011年全国夺冠后，浙江早稻单产当年再次夺魁。

是年　在1500多名“两院”院士中，浙籍院士已达200多人，全国排名第三。通过院士工作站这一平台，全国200多名院士及其团队与浙江企业等创新主体签约建立了长期合作关系，其中186名在外省工作的院士加盟浙江，成为“编外院士”，数量与浙籍院士大致相当。

是年　全省60岁及以上老年人口达到857.69万人，占总人口的17.87%。这表明浙江进入老年型社会20多年来，人口老龄化、高龄化和家庭小型化趋势不断加剧，已成为一个重大基本省情。

是年　以2011年全省文化发展水平指数为基准值100计算，2012年“浙江省文化发展指数”为104.21，比2011年提高4.21个百分点，全省文化发展水平继续提高，呈现稳步发展态势。

是年　当年全省常住人口城市化率达64%，浙江城市化已处于快速发展阶段后期，即将进入成熟阶段。

是年　浙江省公民具备基本科学素质的比例为6.98%，高于2010年的水平（5.61%）和全国平均水平（3.27%）。此次调查由中国科普研究所承担，对省内18～69周岁成人发放问卷1.2万份，有效收回1.1万份。其中，18～39岁年龄段公民具备基本科学素质比例最高，为13.45%；城镇居民具备基本科学素质的比例为10.86%，农村居民则为3.08%。

是年　浙江农民人均纯收入达16106元，比上年增长10.7%，连续29年居全国省区之首。同时全省城乡居民收入差距再次缩小，收入比由2012年的2.37∶1缩小到当年的2.35∶1。

是年　宁波实现外贸进出口总额逾1003.3亿美元，同比增长3.9%。由此宁波已成为浙江第一个外贸总额过千亿美元的城市，也是长三角地区继上海、苏州后第三个超千亿美元的城市。

是年　浙江省地区生产总值37756.59亿元，其中工业增加值15837.2亿元，人均地区生产总值68805元；社会消费品零售总额15970.84亿元；全社会固定资产投资20194.07亿元；全年财政总收入6908.41亿元；全省城镇单位就业人员平均工资56571元。

是年　浙江省总人口为4826.89万人，人口自然增长率为4.56‰。

2014 年

1月8日　舟山港综合保税区(一期)封关运行。舟山综保区一期规划面积2.83平方千米,重点培育进口高档食品消费品交易、船舶设备及重型装备交易等五大专业市场。2013年以来已投入建设资金18亿元,完成注册企业109家,总注册资本金35亿元。

1月13日　省十二届人大常委会第八次会议通过《关于修改〈浙江省人口与计划生育条例〉第十九条的决定》,明确将"夫妻一方为独生子女,已生育一个子女的"作为经批准后可以再生育一个子女的法定情形。浙江省因此成为全国首个通过修改计划生育地方性法规,将党的十八届三中全会提出的"单独两孩"政策予以落地的省份。

1月15日　省四套班子领导带头为"五水共治"捐款。当年是浙江"五水共治"全面铺开之年,为确保治水资金,在加大政府投入和吸引民间投资的同时,省级"三公经费"预算削减30%以上,省下来的钱用于治水。省委、省政府还号召全省各级领导干部和共产党员带头捐款治水。

1月16日　省委常委会召开专题会议,传达贯彻习近平总书记关于西湖景区会所问题的重要指示精神,责成杭州市委、市政府立即采取措施,整治关停西湖景区会所。同时决定迅速下发通知,要求全省各地全面排摸清理设立在风景区、公园、历史文化建筑等公共场所内的各类会所,切实保证还湖于民、还园于民、还景于民。到21日,西湖景区内30家高档经营场所已全部关停或转型成大众消费场所。

1月22日　南京军区在杭州举行"硬骨头六连"命名50周年纪念大会。陆军第一集团军"硬骨头六连"组建于1939年,1964年1月、1985年6月分别被国防部和中央军委授予"硬骨头六连""英雄硬六连"称号。

1月27日　省政府召开全省人感染H7N9禽流感防控工作电视电话会议。会议要求,从2014年7月1日起,设区市主城区永久性关闭活禽交易市场。2月15日,杭州市政府办公厅印发《建立人感染H7N9禽流感源头防控长效机制的实施办法》,明确表示,杭州主城区永久停止活禽交易。

1月30日　省政府正式批复实施《嘉善县域科学发展综合配套改革总体方案》。

是月　省政府确定在富阳市开展权力清单制度试点工作。3月7日,富阳在该市政务网上率先晒出1534项权力清单。这是全国第一个详细公开权力清单的县级政府。

2月7日　农历正月初八,是春节长假后很多商家开门、单位上班的第一天。与往年"开门炮"声此起彼伏所不同,当天杭城的"炮"声明显减少。由于杭州市自当年起禁放"开门炮",同时当天还查处了16起违规燃放烟花爆竹的行为,依法对燃放人处以100～500元的罚款,因此据市环境中心监测站监测,杭州多数监测点位的PM2.5数据都在20微克/立方米以下。

2月21日　国务院批复温州港口岸扩大开放。此次温州港共获批码头岸线长3966米、泊位13个。

2月24日　省委召开全面深化改革领导小组第一次会议。会议审议通过《省委全面深化改革领导小组工作规则》并研究了相关工作。

2月24日　省政府常务会议研究制定浙江大气重污染应急预案，决定成立大气重污染应急指挥部。

2月25日　杭州市城管委河道监管中心公布了城市河道中的47条黑臭河道，并表示这些影响城市环境、百姓生活质量的黑臭河将在当年全部消除。杭州市还宣布年内将全部淘汰黄标车，比原计划提前一年，同时还将加快新能源公交车的投放力度。

2月26日　省委、省政府在金华召开全省“五水共治”现场会，要求横下一条心，打好“五水共治”攻坚战。现场会以视频会议形式召开，全省1万多人在主分会场参加会议。

是月　根据杭州市新修订的《基本医疗保障办法》和《基本医疗保障办法主城区实施细则》，从当年9月1日起，在杭大学生可享受基本医保，个人缴纳60元最高可报销18万元，这一举措惠及45万余名大学生。

3月1日　《温州市民间融资管理条例》正式实施。这是全国首部地方性金融法规和首部专门规范民间金融法规。

3月4日　省环保厅披露，此后3年全省将投资800多亿元治理钱塘江，其中当年投资300多亿元开工735个项目，项目涉及工业整治、农业农村治理、基础能力建设、河道整治、生态保护修复、引用水源保护等方面。经过治理，当年基本消除黑臭河、垃圾河，到2017年钱塘江流域一至三类水质断面比例提高到76.6%，地表水省控断面全面消除劣五类水质。钱塘江流域的衢州、杭州、绍兴、金华及丽水市的相关负责人当天还与省政府签订“军令状”。

3月18日　杭州市政府和思科公司联合宣布，思科公司中国总部正式落户杭州上城区望江新城，从而实现了浙江省世界500强企业中国总部的“零突破”。美国思科公司是世界知名的互联网巨头，1994年进入中国市场，并已在中国设立了20个业务分支机构。

3月31日　省委召开全省建设平安浙江会议暨建设平安浙江10周年纪念大会。

4月1日起　省级公立医院全面实施药品零差率销售，往后病人在公立医院配药时，医院不再从药品赚钱。这意味着浙江省公立医院告别了长期以来“以药养医”的局面，在全国第一个实现公立医院综合改革全覆盖。

4月6日　浙江出台全国首个美丽乡村省级地方标准。

4月10日　省政府与阿里巴巴集团举行战略合作座谈会，省长李强与阿里巴巴集团董事局主席马云出席会议。双方战略合作包括推进阿里巴巴在浙江的电商平台、菜鸟物流等重点项目建设等10个方面。

4月10日　省委外宣办在建设平安浙江10周年新闻发布会上宣布，全省刑事发案、信访总量、生产安全事故总量连续10年保持“零增长”，群众安全感满意率一直保持全国较高水平，上年达到96.09%，被公认为全国最安全的省份之一。

4月10日　省农业、水利等部门披露，全省6条省级河道中污染最严重、治理难度最大的京杭大运河浙江段，已初步确定治理目标：到年底基本消灭流域内的107条垃圾河、黑河、臭河。为此运河已明确省级河长1名、市级河长4名、县级河长10名、乡镇级河长39名，运河流域省市县镇四级河长网络基本形成，基本实现全流域重点污染源在线监测全覆盖。

4月17日　省委、省政府召开全省新型城市化工作会议。

4月17日　经市人大常委会审议通过，杭州市首次向公众披露了2010—2020年杭州9大景区的控制性详细规划。往后几年内，按“严格控制、只出不进，创造条件、逐步外迁”的原则，杭州景区建筑总量不断缩减。改建建筑项目的建筑规模将严格按照“拆1建0.8”的比例控制。

4月22日　在第45个“世界地球日”之际，省有关部门披露，全省已批准建设15个省级以上地质公园（矿山公园）及地质遗迹保护区，其中已建成10个，建设总面积达到920平方千米。

4月27日　世界玩具巨头丹麦乐高集团在嘉兴创办亚洲首家制造企业。丹麦女王玛格丽特二世考察项目进展情况并出席企业开工奠基典礼。乐高集团是全球知名玩具生产企业，该项目总投资10亿美元，致力于玩具产品的设计、开发、生产和包装。

4月27日　义乌第9届文交会开幕，这是由文化部和省政府共同主办的全国文化行业唯一外贸主导型国家级展会，已成功举办8届。自第9届起，正式更名为中国（义乌）文化产品交易会，以“市场化、专业化、国际化”发展为目标，更加突出交易性和实效性。

5月3日　第十届中国国际动漫节落下帷幕，其间共有74个国家和地区的企业、机构参与，国际化程度为历届之最；136.2万人次参加各项活动，游客人数创新高；达成签约交易、意向合作项目285个，涉及金额112.4亿元，现场实际成交和消费涉及金额26.2亿元，总计138.6亿元，交易金额和节展效益都取得了新的突破。10年前，杭州动漫企业不到10家，原创动画几乎为零。自2009年开始，杭州原创动画产量和质量连续3年位居全国第一。到2014年，杭州已拥有动漫游戏企业200余家，从业人员超过万人。

5月4日　嘉兴五四文化博物馆在南湖畔开馆，将常年向公众免费开放。博物馆面积约1万平方米，内设五四新文化史料陈列馆、嘉兴百年风云人物展示馆等六大板块。其中核心展区五四新文化史料陈列馆以时间为轴，用照片、视频资料等多种展陈方式，展出有关五四新文化运动的大量史料。这也是继北京新文化运动纪念馆之后，国内第二座展陈五四新文化运动时期史料的博物馆。

5月5日　杭州开始调整实施机动车法定工作日“错峰限行”新的交通管理措施。包括限行时间在早晚高峰各延长和提前半小时；在限行时间内，禁止非浙A号牌的车辆在错峰限行区域以及绕城高速合围区域内的城市高架道路上通行。

5月9日　中国社科院财经战略研究院、社会科学文献出版社与中国社科院城市与竞争力研究中心在北京联合发布的《中国城市竞争力报告2014》显示，杭州、舟山两城市位列宜居城市前十，杭州同时位居2013城市可持续竞争力、知识城市竞争力、文化城市竞争力、信息城市竞争力十强，宁波也在2013和谐城市竞争力和2013信息城市竞争力榜单进入前十。报告还提出一个“重大发现”：沪苏浙皖，一个世界超级经济区已经浮现。

5月13日　由国家卫生计生委和浙江省委联合举办的省皮肤病防治所上柏住院部医疗队先进事迹报告会在北京人民大会堂举行。该院是全国最早的麻风病院之一，住院部医疗队则是一支以70后、80后年轻人为主的医疗团队，他们长期坚守在偏僻、封闭、艰苦的“中国麻风第一村”，无私奉献于麻风病防治事业。省委、省政府为此还作出决定，在全省各行各业广泛开展向省皮肤病防治研究所上柏住院部医疗队学习活动。

5月13日　土库曼斯坦总统别尔德穆哈梅多夫一行在浙江访问。

5月16日　省政府常务会议审议通过《浙江省活禽交易管理办法》规定,设区的市城区内限制活禽交易,具体范围由各市确定并公布;限制活禽交易的区域内不得设置活禽交易市场,不得从事活禽交易活动;县(市)也可以根据禽流感等疫病防控的需要,限制活禽交易区域。对限制活禽交易的区域的禽类产品供应,实行活禽定点屠宰上市。

5月17日　浙江佛学院(筹)揭牌暨雪窦山弥勒佛学院、温州佛学院、天台宗佛学院授牌仪式在奉化市雪窦山弥勒佛学院举行。浙江佛学院(筹)是2013年12月经国家宗教事务局批准筹建的4年制全国性佛教高等院校,由省佛教协会主办,下设雪窦山、温州、天台3所相对独立的分院。

5月28日　浙江省第二次公众人文社科素养调查新闻发布会披露,自2003年开展首次全省公众人文社科素养调查以来,全省人文社科知识普及成效显著,公众人文社科素养大幅提高。2013年浙江公众的人文社科素养指数为10.8,比2003年的7.5有了较大提高,增幅44.0%,年均提高3.71%。不同类型公众的人文社科素养均有显著提升,但增长速度不一,城乡差距依然较大。总体来看,人文社科素养与年龄负相关、与文化程度及收入水平正相关,但最高收入群体要低于中等收入群体。

是月　“一打三整治”正式启动。截至2015年6月,全省各地已核查的13407艘涉渔“三无”船舶已取缔13604艘(含本省核查漏报及查扣外省船),完成核查总数的101.5%。意味着全省沿海30个有取缔任务的县(市、区)和开发区都已基本完成取缔任务,基本实现了“三年任务一年完成”。

6月13日　杭州市政府正式对《杭州市城市总体规划(2001—2020年)修改(草案)》进行公示。有关部门介绍其“最大亮点是由原来侧重经济增长,转变为更加注重生态文明、社会民生和历史文化保护;在未来发展空间上,从‘量’的扩展转向‘质’的提升”。同时提出了“一主三副六组团”的城市规划结构,“一绕三纵五横”的快速路网等城市发展新思路。

6月16日　由省委、省政府授权省政府新闻办公室官方微博、微信“浙江发布”正式上线。当天,浙江日报报业集团新媒体矩阵的两大核心产品——“浙江新闻”移动客户端和浙江手机报(升级版)也同时亮相。

6月19日　杭州市政府出台《杭州市2014年大气污染防治实施计划》,提出年底前杭州市主城区将基本完成大气重污染企业搬迁任务,其中杭钢集团的搬迁工作将全面启动,主城区杭州炼油厂等7家企业也将关停。此外,全市还将关停255家大气重污染企业。

6月22日　在卡塔尔多哈举行的第38届世界遗产大会宣布,中国“大运河”申遗成功。大运河申遗涉及8个省、直辖市的沿线27个城市,其中杭州段河道总长度100千米。由此,杭州也成为拥有西湖、大运河的“双遗产”城市。

6月25日　省政府新闻办召开新闻发布会宣布,经国务院同意,国家发改委、财政部等部门联合下发《关于印发浙江省湖州市生态文明先行示范区建设方案的通知》,决定在湖州市开展生态文明先行示范区建设。这是浙江唯一一个国家级生态文明先行示范区,湖州市也是全国首个获批建设生态文明先行示范区的设区市。7月30日，示范区建设动员大会召开。

6月25日　全国首个省、市、县一体化的网上政务服务平台——浙江政务服务网开通运行，省级政府部门共保留行政权力4236项，精减幅度超过六成。

6月29日　浙江小百花越剧团成立30周年全国巡演北京站的最后一场演出、越剧新版《梁祝》在国家大剧院上演。30年来，小百花越剧团创作的作品先后多次获国家舞台艺术精品工程十大精品剧目、文华大奖等中国戏剧界最高奖项，培养了中国戏剧梅花奖获得者茅威涛等为代表的越剧艺术接班人。

7月1日　全省历史文化村落保护利用工作现场会在建德市召开。

7月2日　随着嵊泗菜园马关前进船厂内6艘"三无"渔船被逐一拆解，舟山市开始实施以"一打三整治"专项执法行动为主要内容的东海渔场修复振兴攻坚战，通过加大对违规生产执法检查的力度，铁腕修复东海渔场。

7月9日　国家商务部、财政部已正式批复金华启动开展现代服务业综合试点，金华由此正式成为全国现代服务业综合试点城市之一，而且是所有获批城市中唯一的地级市。

7月10日　舟山群岛新区重大基础设施项目浙能六横电厂1号机组通过168小时满负荷试运后投产发电。这也是国内首台超低排放与主体工程"同步设计、同步建设、同步投产"的百万千瓦燃煤发电机组。

7月15日　杭州召开的市委十一届七次全会透露，杭州将找准具有先发优势的软件、电子商务、物联网等产业，建设"六大中心"，让信息经济持续发力。并力争到2020年，建成国际电子商务中心，基本建成全国云计算和大数据产业中心、物联网产业中心、互联网金融创新中心、智慧物流中心、数字内容产业中心，打造以万亿元级信息产业规模为核心的信息经济产业群，率先成为特色鲜明、全国领先的信息经济强市。

7月18日　省政府常务会议通过《浙江省科学技术奖励办法》修订版。这是该办法自2002年制订以来首次修订。《办法》规定，科技重大贡献奖每两年评1次，人数不超过3人，奖金数额为每人50万元。办法还规定了评奖的具体程序和方式。

7月20日　在浙江省与法国戛纳所在的阿尔卑斯滨海省建立友好省关系10周年之际，安吉与戛纳市政府、亚太交流与合作基金会在戛纳签署合作协议，戛纳(中国)影视城项目正式落户安吉经济开发区。该项目总投资10亿美元，总占地400公顷。将已有60多年历史的戛纳电影节模式引入安吉，同时构建一个融影视、文化、旅游于一体的法国文化小镇，在安吉打造有中国特色、世界水平的一流电影节。

7月22日　舟山启动大黄鱼鱼苗增殖放流活动，220万尾大黄鱼鱼苗重回"故乡"东海。20世纪90年代，大黄鱼几乎在舟山海域绝迹，2000年前后，舟山开始增殖放流大黄鱼。2014年，舟山投入增殖放流专项资金1000多万元，放流各类鱼苗3.6亿尾，为浙江历年来人工增殖放流年度放流规模之最。

7月25日　由正泰和华峰作为主发起人的温州民商银行获银监会批准筹建。该银行的总股本为20亿元，股东全部是温州本土发展起来的民营企业。其定位主要是为温州区域的小微企业、个体工商户和小区居民、县域"三农"提供普惠金融服务，为实体经济发展提供高效和差异化的金融服务。

7月25日　高172米、底部直径138米、占地面积接近一个足球场的超大型海水加肋冷却塔落成并矗立于三门湾畔，这也是亚洲最大的海水冷却塔。由于三门湾地处浙江重要的养殖海域，因此冷却塔采用海水二次循环冷却技术，不往大海排放温水，这一首创技术也树立了国内沿海电厂温排水处理的新标杆。

7月28日　凌晨一场大火吞噬了宁波老外滩的标志性建筑物——天主教堂。火灾过火面积约500平方米，无人员伤亡。该教堂建于清同治十一年(1872年)，具有典型哥特式风格，是第六批全国重点文物保护单位，具有重要的历史、文化、艺术价值。

7月30日　省十二届人大常委会第十一次会议披露，截至6月底，全省垃圾河清理已完成6442千米，标志着全省逾九成的垃圾河已清理，同时也预示着黑臭河治理三年计划两年可基本完成。为有效推进治水，全省已全面建立了省、市、县(市、区)、乡镇(街道)四级河长体系，共有6名省级河长、189名市级河长、2344名县(市、区)级河长。同时当年省财政共安排30.2亿元水利专项资金，比上年增加了10亿元。

是月　浙江最大燃煤火电企业——省能源集团公司在国内首创超低排放清洁能源改造，实现了清洁煤电技术革命性突破，使燃煤电厂排放的烟气比寻常百姓家中燃气灶排出的烟气还干净，走出了一条燃煤发电环保新路。

是月　阿里云大数据服务平台正式向社会提供全方位服务，这一平台可在6小时内处理100PB数据，相当于1亿部电影。当年全球能够提供这种通用计算能力的公司只有谷歌、亚马逊和阿里云，这也标志着阿里已是毋庸置疑的全球领先电子商务平台。同时基于大数据和云计算，由阿里巴巴领衔投资的菜鸟网络，正全力建设全国智能骨干物流网络，当年已有承载高峰日2亿单物流订单的处理能力。

8月14日　斐济共和国总统埃佩利·奈拉蒂考一行在浙江访问。

8月18日　上影安吉影视产业园破土动工。这也是继纪中文化(安吉)影视基地、中国戛纳(安吉)影视城项目签约落户后，安吉打造的又一影视文化产业基地。该项目总投资约170亿元，项目用地规模约400公顷，分3期建设，拟于6年内完成。项目以影视文化为主题，系汇集影视拍摄、影视教育、影视文化旅游、休闲度假等多种元素于一体的综合性影视文化产业基地。

8月20—21日　浙江省企业领袖峰会暨全球光荣浙商论坛2014年会在嘉善国际木雕城举行。大会对获得首届光荣浙商、省工业大奖、省百强企业及“十大贡献奖”、第十三届省优秀企业家奖等奖项的个人和单位进行颁奖和表彰。

8月28日　铁路宁波货运北站正式开通。该站占地近80公顷，是华东地区规模最大的货运站，也是全国最先进的铁路货站之一。

至是月　全省所有乡镇(街道)都已建立了工会组织，符合条件的都已建立总工会，工会组建率、职工入会率均达到85%以上。

是月　由西子联合控股有限公司旗下西子航空生产的首件Q400飞机部件正式交付给全球第三大民用飞机制造商加拿大庞巴迪宇航公司。这也标志着该企业正式在有“现代工业皇冠”之称的航空制造领域占据一席之地。33年前，西子联合从杭州笕桥一个村办农机企业起步，2009年从400多个单位中脱颖而出，成为C919大飞机项目9个一级机体结构供应商中唯一的中国民营企业。

是月 《浙江日报》报道，在公布的全国106家国家级高新区综合排名中，杭州高新区（滨江）位列第五，稳居第一方阵。该区积极致力于聚集创新人才培育千亿产业，信息经济产值已占工业总产值比重的七成，当年上半年全区信息经济总收入同比增长35%，全年信息经济总量超千亿元。

9月3日 《浙江日报》报道，绍兴市柯桥区的重要电商平台——“网上轻纺城”自2012年开张以来，交易额每年以翻番的速度增长，当年上半年已达51.7亿元，预计全年可超百亿元。该区纺织产业生产总量占全国的10%，通过全力推进“电商换市”，力求在“虚拟市场”再造一座轻纺城。当年“网上轻纺城”已发展注册会员192万个，日访问量达230万人次，开通商铺70425家。

9月3日 省新闻办举行的浙江“千人计划”工作五周年发布会披露，浙江省自2009年实施海外高层次人才引进“千人计划”以来，共引进“千人计划”人才939名，其中入选国家“千人计划”333名，入选总数占全国8%，居全国第4位。

9月4日 中国保监会、省政府、宁波市政府举行宁波建设保险创新综合示范区大会，这是全国首个保险创新综合示范区。

9月6日 马来西亚最高元首哈利姆一行在浙江访问。

9月11日 浙江省暨杭州市庆祝人民代表大会成立60周年大会在省人民大会堂举行。

9月11日 宁波—舟山港合作交流会暨战略合作框架协议签约仪式在舟山群岛新区举行。根据《关于进一步完善全面战略合作加快推进宁波—舟山港一体化建设机制的协议》，两个集团将本着“平等互利、合作共赢”原则，积极推进宁波—舟山港开发。

9月12日 省政府在全省旅游发展大会提出，到2020年，全省旅游总收入要达到或超过1.4万亿元，增加值占GDP的比重达8%左右，把旅游业培育成能够支撑未来发展的大产业。

9月18—19日 全国推进地方政府工作部门权力清单进一步深化行政体制改革座谈会在杭州召开。

9月19日 在浙江清华长三角研究院成立10周年之际，为贯彻习近平总书记为长三角研究院成立10周年重要批示精神，浙江省与清华大学在嘉兴共同举行座谈会，共商深化省校合作，推动长三角研究院加快发展。研究院建院以来，逐步探索形成了“政、产、学、研、金、介、用”七位一体的创新发展模式，累计促成清华大学与浙江企事业单位科技合作项目408项，项目总投资超百亿元；促成200余位海外英才来浙江创业；促成海外项目落地孵化100余个，总投资超10亿元，带动社会投资近百亿元。会上还举行了“国家食品安全风险评估中心应用技术合作中心”“中国科协海外智力为国服务行动计划浙江工作基地”授牌仪式。

9月19日 阿里巴巴集团在美国纽交所上市，开盘价92.7美元。以开盘价计算，阿里巴巴市值约2383亿美元，在全球互联网上市公司中，市值仅次于Google。阿里巴巴此次IPO融资规模217.7亿美元，由此而成为美股史上IPO金额最高的企业。包括淘宝、天猫、聚划算等在内，2013年度阿里巴巴商品交易额（GMV）达到15420亿元，其中移动端交易额达到2320亿元。

9月20日　第十二届全国美术作品展览油画展在浙江美术馆开展。全国美术作品展览是中国美术界规格最高、规模最大的展览，每隔5年举办一次。本届展览分设中国画、油画、版画、雕塑等13个展区，其中油画展区花落杭州。

9月25日　杭州市小客车增量指标竞价结束，当月竞价的最低成交价为个人33000元、单位21000元，平均成交价为个人36808元、单位24402元。无论最低成交价还是平均成交价，均首次超3万元，比上月有大幅上升。

9月26日　省长李强与在沪浙商代表进行座谈。浙江约有50万人在上海经商创业，共创办了3万多家企业。

9月28日　在全国首个法定烈士纪念日到来之际，浙江省公安英烈纪念墙在杭州落成。中华人民共和国成立以来，浙江省公安机关已有140余名民警被追认为革命烈士。

9月29日　经中国银监会同意，由阿里巴巴蚂蚁小微金服等发起的民营网商银行获准筹建。

9月30日　台州湾循环经济产业集聚区管委会与广汽吉奥汽车有限公司在杭州签订“广汽吉奥台州基地合作协议”，该基地位于台州东部新区，总投资50亿元以上，计划打造年产30万辆整车规模。

10月3日　浙江青少年交响乐团成立暨首场音乐会在浙江音乐厅举行。

10月9日　“根·魂·梦”——中华文化和华侨华人社会国际学术研讨会在侨乡青田县召开，来自16个国家和地区的80余名专家学者和华侨华人代表参加会议。

10月13日　义乌机场航空口岸对外开放顺利通过国家验收，标志着义乌机场成为全省继杭州萧山国际机场、宁波栎社国际机场、温州龙湾国际机场之后，第四个对外开放口岸机场。

10月18日　浙江省第十五届运动会在绍兴轻纺城体育中心开幕。本届省运会改变了往届有大众体育部和行业体协参赛的模式，参赛对象全部来自全省各个体育学校、普通中小学业余训练点8～18岁的青少年儿童，是对全省业余训练工作的一次集中展示和检阅。28日运动会闭幕。

10月18日　代表世界手工艺最高水准的“2014世界工艺文化节”暨世界工艺50周年庆典活动在东阳中国木雕文化博览城开幕。开幕式上，联合国教科文组织授予东阳“世界木雕之都”称号。当天，还举行了中国木雕博物馆开馆仪式及中国（东阳）木雕竹编工艺美术博览会。

10月18日　嘉兴学院办学100周年庆祝大会举行。

10月28日　省博物馆漆器艺术馆开馆。2012年，浙籍香港实业家曹其镛夫妇向浙江博物馆捐赠了160件（组）宋、元、明、清精美漆器。在当天的开馆仪式上，他们又向省博物馆捐赠了雕漆舫式香盒，并将省政府奖励的1000万元捐给省浙博漆器研究基金会。省博物馆中国古代漆器研究中心同时揭牌成立。

10月28日　主题为“相聚美丽浙江·共创美好生活”的第十八届浙江旅外乡贤聚会在杭州开幕，来自63个国家和地区的浙江省“爱乡楷模”、海外重点侨团负责人、海外浙商知名人士代表等300多位乡贤参加活动。

10月28日　省政府新闻办召开的新闻发布会披露，全省共有浙江籍海外华侨华人、港澳同胞202.04万人，居住在省内的归侨、侨眷、港澳同胞眷属112.42万人，归国留学人员5.67万人，海外留学人员8.96万人。浙江籍海外华侨华人、港澳同胞分布在世界180个国家和地区。从全球分布状况来看，以欧洲居多，占54.2%。

10月30日　省第九届残疾人运动会在杭州开幕。运动会每4年举行一次，本届共设田径、游泳等7个项目475个小项，全省11个市共有500多名运动员参赛。

10月31日　继6月在全国率先晒出省级部门权力清单后，浙江43个省级部门的责任清单又在当天的浙江政务服务网上向社会公布，这也是全国出炉的第一张责任清单。清单包括43个部门的543项主要职责，细化具体工作事项3941项。

是月　在全省城市文明程度指数测评结果中，嘉兴市连续两年蝉联A类城市(全国文明城市或全国文明城市提名城市)第一，台州市则领跑B类城市(其他城市)。

11月3日　由世行提供贷款的浙江农村生活污水处理系统及饮水工程建设项目在安吉、富阳、天台、龙泉四地同时启动。整个项目总投资约24.6亿元，其中世界银行贷款2亿美元，国内资金配套2亿美元。这是浙江近10年来获得额度最大的一笔国际金融组织贷款项目，该项目也是全国性示范工程。

11月4日　秦山站核电一期工程扩建项目——方家山核电工程1号机组成功并网发电，这是全省首台百万千瓦级核电机组、也是秦山核电基地第八台机组，机组的成功并网发电实现了中国核电从30万千瓦到100万千瓦自主发展的一大跨越。该工程也是中国自主设计、自主建造、自主管理、自主运营的国产化百万千瓦级压水堆核电工程项目，是国内百万千瓦级核电机组自主化、国产化程度最高的核电站之一。

11月6日　浙江省传统戏剧之乡授牌暨展演晚会在建德市新叶古村举行，新叶村、诸暨十里坪村等22个县(市、区)、镇(街道)、村被授予首批省传统戏剧之乡称号。

11月13日　建成通车5周年前夕，舟山大陆连岛工程中的两座世界级大桥——金塘大桥、西堠门大桥，经由交通运输部组织验收，以高分通过竣工验收并获评优良工程。这也是舟山跨海大桥中技术要求最高的两座特大型跨海桥梁。

11月15日　由国家金融信息中心指数研究院研发和编制的中国美丽乡村幸福指数首次在北京发布。指数表明，2014年中国美丽乡村(安吉)幸福指数总得分为85.12分，安吉县由此成为首个样本，这也标志着中国美丽乡村有了科学规范的评测体系。2008年以来，安吉全县187个行政村已成功创建美丽乡村179个，创建覆盖面达到95.7%。

11月16日　中国考古学家在湖州命名一种新型考古学文化——“钱山漾文化”。学界认为，“钱山漾文化”与年代稍晚的“广富林文化”一起，可填补长江下游环太湖地区新石器时代晚期文化原序列中从良渚文化到马桥文化之间存在的缺环，对环太湖地区史前考古研究具有重要意义。

11月18日　首趟“义新欧”中欧货运班列满载82个标箱的出口商品，从义乌铁路西站开行，最快18天后抵达西班牙马德里，全程13052千米。这趟货运班列穿越7个国家，横贯欧亚大陆，是中国运行距离最长的中欧货运班列。当年1月20日，义乌首发“义新欧”（义乌—中亚五国）国际集装箱专列。

11月18日　浙江交响乐团原创大型交响乐《山·海·经》在北京音乐厅演出。这是交响三部曲《浙江组画》的第一部，被列为“浙江省文化精品工程”重点项目。

11月19日　以“互联互通共享共治”为主题的首届世界互联网大会在桐乡市乌镇隆重开幕。中共中央总书记、国家主席、中央军委主席习近平发来贺词。大会由国家互联网信息办公室、浙江省政府共同主办，是中国举办的规模最大、层次最高的互联网大会，也是世界互联网领域一次盛况空前的高峰会议。次日，国务院总理李克强在杭州会见出席首届世界互联网大会的中外代表并同他们座谈。大会于21日闭幕。在3天的议程中，来自近100个国家和地区的1000多名全球政界、商界、学界的精英代表，围绕“互联互通、共享共治”的主题，交流思想、分享经验，就移动互联网、网络安全、打击网络恐怖主义等议题，进行了广泛深入的探讨。

11月26日　经传统村落保护发展委员会评审认定，住房和城乡建设部、文化部等单位公布了第三批中国传统村落名录，全国共有994个村落榜上有名，浙江有86个村落跻身其中，占十二分之一。其中，丽水松阳县就达42个，成为入围名录最多的县。至此，三批名录加起来，浙江已有176个中国传统村落。

11月27日　杭州晓风文化创意有限公司、杭州通雅轩文化艺术有限公司等省内5家民营实体书店共获中央财政850万元扶持，主要用于购买软硬件设备、支付房租、弥补流动资金。浙江共有实体书店约7500家，因受网络书店和电子阅读冲击，经营状况普遍走弱。为此中央财政在部分试点城市对民营实体书店推出了扶持及免税政策，这在中国出版发行史上也是第一次。此外，杭州、温州也先后出台了实体书店扶持政策。

11月28日　总投资2.45亿美元的大型半潜式海上石油钻探生活辅助平台在舟山建造完成，并计划出口国外。该平台长122.4米，宽45米，最大高度48.1米，设计航速可达每小时11海里。平台生活区居住房间、餐厅、健身房、网吧、图书馆、医疗中心、电影院等各种娱乐生活设施配备齐全，可供750人同时生活和居住。

12月2日　长江三角洲地区三省一市主要领导座谈会在上海召开。会议提出，各地要积极参与“一带一路”和长江经济带国家战略，在新起点上推进长三角协同发展。

12月3—4日　中共浙江省委十三届六次全体（扩大）会议召开。会议审议通过了《中共浙江省委关于全面深化法治浙江建设的决定》。

12月4日　国务院公布的第四批国家级非物质文化遗产代表性项目名录显示，在全国上榜的306项项目中，浙江以30项的入选数位列各省（区、市）第一。这也是继2006年国务院公布第一批国家级“非遗”名录以来，浙江连续4次入选项目数量保持全国第一，总计入选217项。

12月8日　浙江省技术成果拍卖交易暨网上技术市场活动周在杭州开幕。在当天举行的科技成果竞价(拍卖)会上,177个起拍价共2.83亿元的项目,在379家企业一路加价后,最终以3.49亿元的高价成交。

12月10日　从杭州途经长沙至广州的杭长高铁全线开通。至此,浙江往东(沪杭)、往南(杭深)、往西(杭长)、往北(杭宁)的高铁及快速铁路都有了出省主通道,且与国家高铁主干网相连,大大方便了旅客出行。

12月12日　爱尔兰总统希金斯一行在浙江访问。

12月12日　宁波港集团年集装箱吞吐量首次超2000万标准箱,当年货物吞吐量超过5亿吨,宁波—舟山港由此超越韩国釜山港成为全球第五大集装箱港。

12月12日　杭州市政府宣布:次年元旦起,西湖景区小型机动车全年假日实施单双号限行,并限制高污染车辆进入环湖主要道路,倡导环保出行。

12月13日　国务院批复同意撤销县级富阳市,设立杭州市富阳区,以原富阳市的行政区域为富阳区的行政区域。

12月16日　全国无党派人士优良传统座谈会和全国党外知识分子工作会议暨网络人士统战工作交流研讨会在杭州召开。

12月24日　杭州千岛湖配供水一体化工程首批位于余杭等地的4个标段开工,标志着备受杭城市民关注的"五水共治"大型水利枢纽工程正式动工开建。该工程总投资96亿元,计划2018年建成通水,工程建成后将使杭州主城区和沿线县市部分区域约800万居民喝上优质水。

12月24日　嘉兴港口岸扩大开放获得国务院批复同意,意味着嘉兴港即将实现全港域对外开放。

12月25日　杭州港年吞吐量首次超1亿吨。

12月30日　经国家宗教事务局和中国道教协会批准,浙江道教学院(筹)揭牌仪式暨奠基典礼在中国道教重要发祥地之一、道教南宗祖庭天台山桐柏宫举行。学院规划占地面积30余亩,规划建设2万平方米的仿宋结构教学设施,配置教学楼、办公楼、图书馆、宿舍楼、科研楼、交流中心、餐饮楼及道教风格的健身设施等,建成后可容纳1000余人的教学和住宿。

是年　经过5年的试点实践,浙江已累计开展排污权交易3863笔,排污权有偿使用9537笔,排污权有偿使用和交易累计总额已达25亿元,占全国三分之二以上,总金额居全国首位。当年浙江11个设区市及60个县已开展排污权交易试点工作,市域覆盖率达到100%,县域覆盖率达到75%,覆盖范围全国最广。同时,各地还出台了103个排污权使用和交易政策,政策数量位居全国首位。

是年　全省城镇常住居民人均可支配收入为40393元,同比增长8.9%;农村常住居民人均可支配收入为19373元,同比增长10.7%;城镇和农村常住居民人均可支配收入分别为全国的1.4倍和1.85倍。在全国各省区中,浙江城镇居民人均可支配收入水平连续14年居全国第3位、省区第1位;农村居民人均收入水平连续30年居全国省区第1位。人均可支配收入水平首次超过北京,列上海之后居全国第2位。

是年　全省60岁及以上老年人口为945.08万人,占总人口的19.44%,同比增长

5.26%，增长率首次超过5%。其中嘉兴、湖州和舟山三市老龄化程度居全省前三位。

是年 “浙江省文化发展指数”为113.89，比上年提高13.89个百分点。该指数共分文化资源支撑力、文化价值引领力、公共文化服务力、文化产业竞争力、区域文化创新力和公众评价六大评价领域，其中“文化产业竞争力”指数增长势头最猛，对总指数的贡献达32.82%，“公共文化服务力”指数增长较快，对总指数的贡献达26.29%。指数同时显示，2014年，社会公众对社会文化生活的满意度达74.26分，比上年提高3.18分。该体系还公布了各市的发展指数。

是年 浙江省地区生产总值40173.03亿元，其中工业增加值16771.9亿元，人均地区生产总值73002元；社会消费品零售总额17835.34亿元；全社会固定资产投资23554.76亿元；全年财政总收入7521.7亿元；全省城镇单位就业人员平均工资61572元。

是年 浙江省总人口为4859.18万人，人口自然增长率为5‰。

2015年

1月1日 中国首座Hello Kitty主题乐园——位于安吉的凯蒂猫家园开业迎客。这是安吉天使乐园休闲旅游度假园区项目的重要组成部分。天使乐园系省“十二五”规划重点旅游开发项目，总规划范围19.5平方千米，建设用地规模约3平方千米，总投资70亿元。

1月5日 杭州市政府召开新闻发布会宣布，杭州《关于进一步加快萧山区余杭区与主城区一体化发展的若干意见》正式实施，标志着萧山、余杭开始全面融入杭州主城区。

1月6日 浙江被农业部批准为全国唯一的现代生态循环农业发展试点省。

1月7日 省经信委披露，关停“大烟囱”、整治低小散等举措，浙江已提前一年完成国家下达的淘汰落后产能的“十二五”规划目标。

1月18日 当天系解放一江山岛60周年纪念日，一江山岛战役遗址保护性开发一期工程竣工并正式向游人开放。

1月25日 在省十二届人大三次会议第三次全体会议上，《浙江省社会养老服务促进条例》以98.7%的赞成率获高票通过。这也是全国首部由人代会通过的社会养老服务地方性法规。

2月9日 杭州市两大“一号工程”——中国(杭州)跨境电子商务空港园区在萧山区开园，中国(杭州)智慧信息产业园在拱墅区开园。其中空港园区一期规划5平方千米，是杭州唯一一家既做进口、又做出口，既做直邮模式、又做保税模式的综合性跨境电子商务园区。并将通过3～5年的努力，形成集航空运输、口岸服务、分拨转运、保税仓储、线上交易、线下展示、支付金融、快递派送等于一体的全产业链体系。智慧信息产业园一期项目占地48亩，建筑面积15万平方米，由5幢现代楼宇组成，重点打造移动互联网产业、工业物联网产业、互联网金融产业、传感业、智慧云服务业五大产业。

2月13日 省政府命名第一批省级生态市。杭州、湖州、舟山、丽水为第一批省级生态市。

2月27日 省委常委会召开会议，专题研究推进淳安等26县加快绿色发展、生态富民、科学跨越。会议指出，26县要坚守绿水青山，共建两富两美。当天下午还召开了全省推进26县加快发展工作会议，部署26县摘掉“欠发达县”帽子加快发展有关工作。

2月28日　在北京召开的全国精神文明建设工作表彰大会宣布，温州、绍兴两市首次获全国文明城市称号，杭州、宁波和嘉兴三市则分别蝉联该荣誉。

是月　秦山核电厂扩建项目——方家山核电工程2号机组首次并网发电成功。至此，整个秦山核电基地的总装机容量达到654.6万千瓦，年发电量约500亿千瓦时，成为全国核电机组数量最多、堆型最丰富、装机容量最大的核电基地。

3月7日　省发改委披露，国家发改委、国台办等复函省政府，原则支持海峡两岸（温州）民营经济创新发展示范区建设。

3月10日　全省残疾人工作会议宣布，2014年浙江省残疾人小康实现程度为91.1%，比上年提高2.5个百分点，首次超90%，率先在全国基本实现全面小康。

3月12日　国务院印发《关于同意设立中国（杭州）跨境电子商务综合试验区的批复》，这也意味着全国唯一的跨境电子商务综合试验区正式落户杭州。当年杭州已经拥有杭州跨境贸易产业园（下沙园区）、中国（杭州）跨境电子商务产业园以及中国（杭州）跨境电子商务空港园区等三大跨境电子商务产业园，已基本完成跨境电商平台线下综合园区布局。

3月17日　国家发改委下发《关于开展中小城市综合改革试点工作的通知》，绍兴市、湖州市，临安市、慈溪市、桐乡市、云和县，乐清市柳市镇、东阳市横店镇8个地区列入试点名单，浙江成为试点类型最全、数量最多的省份。

3月20日　省银监局批复同意温州民商银行开业申请。该行是一个面向小微企业开展金融业务的银行业机构，也是民营银行试点政策实施以来浙江第一家获准开业的民营银行。

3月21日　省爱国卫生运动委员会办公室披露，在全国爱卫会公布的2012年至2014年周期国家卫生城市（区）名单中，温州市、台州市名列其中。浙江也由此成为全国首个所有设区市均跻身国家卫生城市的省份。

3月24日　一期总投资11.75亿美元、年产25万台中高端整车项目的长安福特杭州分公司在杭州大江东产业集聚区建成投产，全年产值超200亿元。作为世界级汽车整车生产基地，该项目是福特在中国投资的第一个中高端整车工厂，也是杭州引进的最大单体工业项目和首个国际级整车项目。每年可生产25万辆汽车，年产值500亿元。二期建成后，年产量可达50万辆，产值超千亿元。

3月25日　《浙江日报》报道，2015年1月1日以后浙江高考考生获得的体育、奥数、科技类竞赛等加分均不再保留，意味着浙江高考将取消五类加分项目。

4月9日　经财政部、住建部等国家有关部门组织的竞争性评审，嘉兴正式成为16个全国首批海绵城市建设试点之一，同时也是全省唯一的试点城市。“海绵城市”是指城市能够像海绵一样，在适应环境变化和应对自然灾害等方面具有良好的“弹性”。下雨时吸水、蓄水、渗水、净水，需要时将蓄存的水“释放”并加以利用。对于缓解城市内涝、减少城市径流污染、节约水资源、保护和改善城市生态环境都具有重要意义。

4月13日　杭州临江国家高新区正式挂牌成立，成为浙江第6个、杭州第2个国家级高新区。高新区地处钱塘江南岸，紧邻杭州湾出海口，位于中国(杭州)跨境电子商务综合试验区下沙园区和空港园区的咽喉之地，始建于2003年3月，2006年经国家发改委审核批准设立，2014年纳入杭州大江东产业集聚区。

4月16日　世界首款超级电容现代无轨储能式电车在宁波鄞州亮相：只要充电30秒，20吨重、12米长的大型公交车能持续行驶5千米以上。当天总投资10亿元的现代电车研发制造中心同时奠基。

4月20日　省国税、地税部门的负责人向阿里巴巴颁授了最高等级的企业纳税信用级别A级证书。2014年阿里巴巴集团纳税总额为109亿元，平均每天纳税约3000万元。阿里巴巴也成为国内首家年纳税额超过百亿元的互联网公司。

4月30日　金华施复亮(施存统)故居被命名为民建中央爱国主义教育基地。施复亮是著名爱国民主人士，民主建国会主要发起人和领导人之一。

5月7日　省委、省政府召开河长制工作电视电话会议，强调各地各部门要建章立制，强化执行，推动治水工作常态化长效化。

5月16日　“2015全球对冲基金西湖峰会”在杭州开幕。来自全球各地的金融业界领袖和精英围绕全球化背景下中国资本市场和对冲基金的发展、浙江财富管理中心打造等主题进行了对话和讨论。峰会还发布了《浙江打造财富管理中心倡议书》(即“西湖宣言”)。

5月16日　杭州“玉皇山南基金小镇”正式挂牌。小镇位于上城区玉皇山南，规划总占地面积为2平方千米，总建筑面积30万平方米，已聚集金融投资类机构160家，主动管理资产规模已经超过1000亿元。“全球对冲基金西湖峰会”永久落户山南基金小镇。

5月25—27日　中共中央总书记、国家主席、中央军委主席习近平在浙江调研。他先后到舟山、杭州，分别考察了舟山城市展示馆、岙山国家战略石油储备基地、长宏国际船舶修造有限公司、定海区新建社区和杭州城市规划展览馆、海康威视数字技术股份有限公司等单位，就抓好经济社会发展、做好“十三五”规划编制工作进行指导。考察期间，习近平还听取了浙江省委和省政府工作汇报，对浙江经济社会发展取得的成绩和各项工作给予肯定。他希望浙江干在实处永无止境，走在前列要谋新篇，要努力在提高全面建成小康社会水平上更进一步，在推进改革开放和社会主义现代化建设中更快一步，继续发挥先行和示范作用。

5月27日　习近平在杭州召开华东七省市党委主要负责同志座谈会，听取对“十三五”时期经济社会发展的意见和建议。

5月27日　《美丽乡村建设指南》国家标准在北京发布。该标准是全国首个指导以村为单位的美丽乡村建设推荐性国家标准，由安吉县作为第一起草单位制定而成，标志着美丽乡村建设标准化实践正式推向全国，并于当年6月1日起正式实施。

5月28日　省教育厅公布首批基本实现教育现代化县(市、区)名单。杭州上城区、下城区、拱墅区、江干区，宁波江东区、江北区、北仑区、慈溪市，嘉兴海宁市、桐乡市、海盐县，湖州德清县和绍兴上虞区13个县(市、区)榜上有名。

6月4日　省发改委发布首批省级特色小镇创建名单，包括杭州梦想小镇等37个小镇入围首批名单。特色小镇以产业为核心，着力聚焦信息经济、环保、健康、旅游、时尚、金融、高端装备制造等支撑全省未来发展的七大产业，兼顾茶叶、丝绸、黄酒、中药、青瓷、木雕、根雕、石雕、文房等历史经典产业。省发改委指出，特色小镇不是传统意义上的“镇”，而是产业、文化、旅游和一定社区功能叠加的发展空间平台。所有特色小镇都要建设成为AAA级以上景区，其中旅游产业类特色小镇要按AAAAA级景区标准建设。同时采用“宽进严定”的方式进行创建。

6月5—6日　全国农村基层党建工作座谈会在杭州召开。

6月8日　中国—中东欧国家合作发展论坛在宁波举行，论坛主题是“扩大开放合作，共建‘一带一路’，促进中国与中东欧国家共同发展”。当天，中国—中东欧国家投资贸易博览会会务馆在宁波东钱湖畔奠基，该项目用地面积14.4万平方米，总建筑面积约7万平方米，规划总投资约12.5亿元。

6月8日　国家发改委发布消息，选定北京、浙江等9省市开展建立国家公园体制试点，试点时间为3年。经省政府同意，开化县为浙江的试点区域。

6月14日　乔石在北京逝世。乔石，原名蒋志彤，舟山定海人，1924年12月出生，生前曾任中共中央政治局常委、中央纪委书记，全国人大常委会委员长等职。

6月27日　浙江中医药大学在北京召开新闻发布会，宣布由中国工程院院士、浙江中医药大学研究员李大鹏领衔的科研团队研发并具有自主知识产权的抗癌中药注射液在美顺利完成治疗胰腺癌的Ⅱ期临床试验，并经美国食品药品监督管理局（FDA）评审通过，进入Ⅲ期临床。这是中国第一个在美国本土进入此临床阶段的中药注射剂，标志着中国中药国际化迈出了具有里程碑意义的一步。

6月27日　浙江最大的风力发电场在磐安县维新乡廿四尖山巅正式投运。该项目共有34台80米高的风力发电机。后期还要建设包括11台机组的三期工程。

是月　瑞安、永嘉等15个县（市）顺利通过义务教育发展均衡县评估。这意味着浙江90个县（市、区）县域义务教育均衡全部达标，实现“满堂红”。

是月　第十一批国家“千人计划”入选名单公布，浙江有108人榜上有名，占全国的10.5%，比上一批增加22人，为历年之最；历年累计441人，单批次入选人数和总人数均居全国第四。

7月11日下午　当年第9号台风“灿鸿”（强台风级）在舟山朱家尖登陆，登陆时中心附近最大风力为14级（45米/秒）。至次日统计，已造成全省191.6万人受灾，直接经济损失58.6亿元，未接到人员死亡报告。

7月14日　全省公路和铁路两侧“四边三化”（即在公路边、铁路边、河边、山边等区域，开展洁化、绿化、美化行动）专项整治推进会在杭州召开。

7月24日　《浙江日报》全文刊发省委办公厅、省政府办公厅印发的《关于加快构建现代公共文化服务体系的实施意见》及《浙江省基本公共文化服务标准（2015—2020年）》。

8月7日　尉健行在北京逝世。尉健行，新昌人，1931年1月出生，生前曾任中共中央政治局常委、中央纪委书记等职。

8月9日　受13号台风“苏迪罗”在福建登陆的直接影响，温州、丽水等地出现了100～

120年一遇的高强度台风暴雨。截至当天15时，已造成全省超过158.4万人受灾，因灾死亡14人，失踪4人，直接经济损失达40.39亿元。灾害损失最严重的温州市直接经济损失达38.32亿元。

8月11日　由省委宣传部、浙江广电集团策划，浙江卫视担纲制作的三集大型政论纪录片《绿水青山就是金山银山》当晚起在浙江卫视播出。13日，省委在安吉天荒坪镇召开习近平"绿水青山就是金山银山"重要讲话发表10周年座谈会。

8月14日　全国农村精神文明建设工作经验交流会在湖州召开。

8月15日　在湖州市暨安吉县习近平"绿水青山就是金山银山"重要讲话发表10周年座谈会上，湖州市决定将每年8月15日确定为"湖州生态文明日"，该市也是全国首个地市级生态文明先行示范区。安吉则早在2004年就设立了全国首个县级生态日，并成为中国美丽乡村国家标准第一起草单位。

8月25日　为铭记抗日烈士的不朽功勋，经省委、省政府批准，省民政厅、省委党史研究室联合公布浙江省第一批抗日烈士和英雄群体名录，共40名烈士和1个英雄群体，刘英、郁达夫等榜上有名。

8月26日　以"共建中非命运共同体，开创民间友好新局面"为主题的第四届中非民间论坛在义乌举行。

是月　省内10个"文化产业重点县(市、区)"和30家"省重点文化企业"名单出炉。杭州滨江区和西湖区等上榜"文化产业重点县(市、区)"。浙报传媒控股集团有限公司、思美传媒股份有限公司、浙江华策影视股份有限公司、浙江大丰实业股份有限公司等30家企业入选"省重点文化企业"。这两项认定工作每两年组织开展一次，入选门槛很高。到2013年，全省文化产业实现增加值1880.4亿元，占GDP比重为5%，已成为国民经济支柱性产业。第七届全国文化企业30强中，浙江占据3席，位列全国省(区、市)第二。

9月1日　中国人民抗日战争胜利70周年纪念章发放仪式在省人民大会堂举行，仪式后还举行了"胜利之歌"——浙江省纪念中国人民抗日战争暨世界反法西斯战争胜利70周年交响音乐会。2日上午，浙江社会各界纪念中国人民抗日战争胜利70周年主题活动在杭州市富阳区受降村"侵浙日军投降仪式旧址"举行。3日下午，浙江省纪念中国人民抗日战争暨世界反法西斯战争胜利70周年座谈会在杭州召开。

9月5日　苏丹总统巴希尔一行在浙江访问。

9月6日　国务院批复同意杭州建设国家自主创新示范区。这是继北京中关村、武汉东湖、上海张江等之后，国务院批复的第10个国家自主创新示范区。

9月10日　义乌市行政复议局正式挂牌。这是全国首个专门设立的行政复议局。

9月11日　在德清举办的国际乡村旅游大会上，德清入选"世界十大乡村度假胜地"；湖州市被亚太旅游协会授予国际乡村旅游大会永久会址，大会每两年举办一届。

9月19日　第九届全国残疾人运动会暨第六届特殊奥林匹克运动会在成都闭幕，浙江代表团斩获98金72银51铜，打破8项世界纪录、26项全国纪录，成绩名列前茅。

9月22日　省民政厅和省工商联联合发布的全省慈善发展状况显示，全省11个市、90

个县(市、区)已全部建立慈善总会、红十字会等慈善组织。4年来,全省各类慈善组织募集善款超180亿元,福利彩票发行达530亿元,筹集公益金151亿元。

9月23日　中国社科院和中共浙江省委在杭州共同主办《中国梦与浙江实践》丛书首发式暨理论研讨会。全书共分总报告卷、经济卷、政治卷、文化卷、社会卷、生态卷和党建卷等卷,全景式、立体式地揭示了浙江通过实施“八八战略”取得的发展经验。

9月23日　浙江政务服务网“数据开放”专题网站正式上线。这是浙江省级单位首次面向社会公众集中、免费开放政府数据资源,也是国家《促进大数据发展行动纲要》发布后,全国各省份中第一个推出的政府数据统一开放平台。

9月23日　浙商成长基金在杭州正式成立。基金是由沪上知名浙商企业——复星集团牵头发起设立,致力于在全球范围内找寻投资机会,通过投资并购、产业整合、返乡投资来帮助浙江实现经济结构调整与产业升级。

9月24日　由浙江大学、省文物局编纂出版的《中国历代绘画大系》,至当年已完成《宋画全集》23册、《元画全集》16册,并将于2021年前全部完成。

9月28日　坐落于杭州西湖区之江板块象山区块的浙江音乐学院(筹)正式投入使用。学院以成建制划转杭州师范大学音乐学院为主体基础,通过整合全省高等音乐教育资源进行筹建的全日制普通本科高校,设有作曲系、指挥系、音乐学系、音乐教育学系等13个系(部)。

9月29日　全国司法行政戒毒工作会议在杭州召开。

是月　省物产集团整体上市方案获证监会正式核准,由此成为浙江首个完成混合所有制改革并实现整体上市的国有企业。

是月　“马云乡村教师计划暨首届马云乡村教师奖”在北京师范大学启动。,该计划每年为100名乡村教师提供总额1000万元的奖金资助和持续3年的专业发展支持。

10月5日　瑞典卡罗琳医学院在斯德哥尔摩宣布,将2015年诺贝尔生理学或医学奖授予85岁的中国宁波籍女药学家屠呦呦以及另外两名科学家,表彰他们在寄生虫疾病治疗研究方面取得的成就。这是中国科学家因为在中国本土进行的科学研究而首获诺奖,也是中国医学界和中医药成果所获得的最高奖项。在20世纪六七十年代极为艰苦的科研条件下,屠呦呦团队与中国其他机构合作,先驱性地发现了青蒿素,开创了疟疾治疗新方法,全球数亿人因此而受益。

10月9日　国家旅游局正式确定17家度假区创建成为首批国家级旅游度假区,浙江的东钱湖旅游度假区、太湖旅游度假区、湘湖旅游度假区入选。

10月13日　由国家旅游局、省政府主办的2015国际海岛旅游大会在舟山开幕,来自25个海岛国家、29个海岛城市的有关领导和代表团成员等参加会议。国际海岛旅游大会在世界上尚属首次举行。大会举行了世界海岛旅游舟山论坛、世界海岛旅游产品专卖会、国际(浙江)旅游重大项目投资洽谈会等16项活动。

10月13日　在中国首届休闲度假大会上,杭州千岛湖被授予中国休闲度假大会的永久会址。

10月14日　来自世界各地的2万多名云开发者云集杭州云栖小镇,参加由杭州市政府和阿里巴巴集团联合主办的2015杭州·云栖大会。

10月15日　台州天台山景区、神仙居景区成为新一批国家AAAAA级旅游景区。至此，浙江全省共完成14个国家AAAAA级旅游景区创建。

10月24日　浙商总会成立大会在杭州举行。阿里巴巴集团董事局主席马云当选为第一届理事会会长，银泰集团董事长沈国军为执行会长。

10月25日　以“创业创新闯天下、合心合力强浙江”为宗旨，以“经济新常态、浙商新机遇”为主题的第三届世界浙商大会在省人民大会堂开幕。开幕式现场签订浙商回归重大项目60个，总投资1111亿元。大会同时举行了优秀浙商颁奖典礼，表彰了获得杰出浙商奖、创业创新奖、浙商新星奖的76名浙商。世界浙商大会是浙江省规格最高、规模最大的浙商精英聚会，来自世界各地的浙商精英、著名专家，包括全球500强总部、世界名企、央企等单位负责人共1600余人出席大会。

10月29日　两艘9400标准箱集装箱船在舟山岱山金海重工长涂基地交付下水。这是浙江在建最大的集装箱船，同时也标志着浙江建造成功万箱级集装箱船已跻身全国前三名。

10月31日　“首届全球创客大会·2015星耀南湖精英峰会·光荣浙商2015年会”在嘉兴市南湖区举行。来自全国各地的500多名创客参加大会。大会还揭晓了“十大创客之城”“十大创投机构”“十大创客平台”“十大创投行业领军人物”“创客100人”“全球创客成果展获奖单位”六大榜单，并成立全球创客大会平台联盟。

11月11日　首届中国—北欧青年领军者论坛在义乌举行。中国和北欧的青年和企业界代表300多人参加论坛。

11月13日　首届中国(杭州)国际快递业大会在桐庐县召开。

11月13日晚上　丽水市莲都区雅溪镇里东村发生山体滑坡。至次日晚，已确认11人死亡，26人失联(后统计共有39人失联)。灾害发生后，国务院总理李克强等领导作出批示，省委省政府主要领导紧急指挥救援。

11月16日　国家主席习近平在土耳其安塔利亚举行的二十国集团领导人第十次峰会宣布，中国将于次年9月4—5日，在杭州举办主题为“构建创新、活力、联动、包容的世界经济”的二十国集团领导人第十一次峰会(G20峰会)。

至是月末　浙江共有31家企业在境内首发上市，占全国首发上市企业的16.06%，排名与广东并列全国第一。当年全省共有境内外上市公司372家，其中境内297家、境外75家，总市值达5.3万亿元(包括阿里巴巴1.3万亿元)，累计从资本市场融资7593亿元。

12月1日　G20杭州峰会筹备工作动员大会在杭州省人民大会堂举行。

12月2日　国务院常务会议决定，建设台州市小微企业金融服务改革创新试验区。

12月3日　《浙江日报》报道，“十二五”期间，浙江“大众创业、万众创新”热潮涌动，当年全省市场主体超456万个，每12名浙江人当中就有一个“老板”；全省每万人拥有企业数为245户，即平均41名浙江人里就有一家企业；从私营企业占企业总量的比重看，浙江占88.9%，为全国最高。

12月4日　省政府表彰第43届世界技能大赛浙江获奖选手和为参赛工作作出突出贡献

的单位及个人。其中,汽车喷漆项目金牌选手杨金龙被授予省五一劳动奖章,晋升省特级技师职业资格,这也是浙江首个特级技师。

12月11日　阿里巴巴集团控股有限公司在香港宣布,收购《南华早报》以及南华早报集团旗下的其他媒体资产。《南华早报》创办于1903年,是香港销量最高的英语报纸。这也是阿里巴巴集团首次收购海外媒体资产。

12月15日　在第二届世界互联网大会举办的新闻发布会上,省有关部门披露了浙江以"互联网+"为核心的信息经济的发展现状。当年浙江移动电话普及率为每百人135.8部手机,互联网用户为6668万户,互联网宽带普及率为每百人23.8户,工业机器人使用量约占全国的11%,居全国首位;上半年,全省信息消费总规模达1687.51亿元,信息产业总量已超万亿元。

12月16日　第二届世界互联网大会在桐乡市乌镇隆重开幕。国家主席习近平出席开幕式并发表主旨演讲,强调互联网是人类的共同家园,各国应共同构建网络空间命运共同体,推动网络空间互联互通、共享共治,为开创人类发展更加美好的未来助力。巴基斯坦总统侯赛因等分别致辞,中共中央政治局常委、中央书记处书记刘云山主持开幕式。大会主题为"互联互通·共享共治——构建网络空间命运共同体"。来自五大洲120多个国家和地区的政府代表、国际组织负责人、互联网企业领军人物、著名企业家、专家学者、大学生代表等共2000多名嘉宾参加盛会。18日,大会在发布了《乌镇倡议》、互联网金融发展报告、"互联网+扶贫"联合倡议、"数字丝路"建设合作宣言等20多项成果后,在乌镇圆满落幕。

12月24日　宁波舟山港2015年集装箱吞吐量超2000万标箱,宁波舟山港由此成为继上海、新加坡、深圳、香港之后全球港口年集装箱吞吐量"超2000万俱乐部"的第5个成员。

12月26日　新金温铁路正式开通运营。至此,全省陆上地市到杭州两小时铁路交通圈初步形成。除舟山外,全省10个市全部覆盖高铁、快速铁路,通达动车组列车。到年底,全省铁路营业里程超2500千米,路网密度为2.37千米/百平方千米,已超过全国平均水平。

12月28日　省有关部门召开的罕见病医保工作新闻通报会披露,从2016年1月1日起,浙江将戈谢病、肌萎缩侧索硬化症(渐冻症的一种)、苯丙酮尿症3种罕见病纳入医疗保障体系,这也是浙江首次将罕见病纳入医保。截至当年底,全省基本医疗保险参保人数已达5190万人,参保率达95%以上;县域内医保门诊政策范围内报销比例为50%、住院报销比例达75%,标志着浙江已进入全民医保时代。

12月29日　全省工业和信息化工作视频会议披露"十二五"期间全省工业和信息化发展成就:5年里,一是工业经济规模质量效益上了新水平,年均增长约7.6%;二是工业产业结构更加优化、工业整体竞争力大幅提升,高新技术产业、装备制造业增加值占规模以上工业比重分别提高10.4个百分点、1.6个百分点;三是工业创新动力持续增强,新技术新业态新模式快速兴起,预计全省科技进步贡献率达57%,5年提高6.4个百分点;四是工业绿色低碳安全发展成趋势、节能降耗目标任务全面完成,预计单位GDP能耗累计下降18%,全面完成国家下达的"十二五"目标任务。

是年　国务院批复,同意撤销宁波市江东区,将原江东区管辖的行政区域划归宁波市鄞州区管辖;撤销县级奉化市,设立宁波市奉化区。

是年　国务院正式批复嘉兴秀洲高新技术产业园区和湖州莫干山高新技术产业园区升级为国家高新技术产业开发区。至此,浙江共有8个高新区晋升国家梯队。

是年　国务院批复,同意撤销洞头县,设立温州市洞头区,将温州市龙湾区灵昆街道划归洞头区管辖,以原洞头县和龙湾区灵昆街道的行政区域为洞头区的行政区域。

是年　宁波舟山港完成货物吞吐量8.89亿吨,比上年增长1.8%,连续7年位居世界首位。

是年　义乌全年出口额达338.6亿美元,同比增长42.82%,占全省出口额的12%,约占全国的1.48%。

是年　浙江全体居民人均可支配收入为35537元,高出全国平均水平13571元,居全国各省区首位。其中,城镇常住居民人均可支配收入为43714元,农村常住居民人均可支配收入为21125元,分别连续15年、31年居全国各省区首位。

是年　全省党员总数为381.4万名,比上年净增6.6万名,增幅为1.8%。其中女党员占党员总数的28.7%,少数民族党员占0.6%,35岁及以下的党员占29.7%,大专及以上学历的党员占44.9%,学生党员占2.2%。全省有基层党组织20.4万个,比上年增加1433个,增幅为0.7%。

是年　浙江省地区生产总值42886.49亿元,其中工业增加值17217.47亿元,人均地区生产总值77644元;社会消费品零售总额19784.74亿元;全社会固定资产投资26664.72亿元;全年财政总收入8549.47亿元;全省城镇单位就业人员平均工资66668元。

是年　浙江省总人口为4873.34万人,人口自然增长率为5.02‰。

2016年

1月1日　全国首部劳动人事争议处理地方性法规——《浙江省劳动人事争议调解仲裁条例》正式实施。

1月4日　在“十三五”开局之年的第一个工作日,全省扩大有效投资重大项目集中开工仪式在杭州市城际铁路临安线项目现场举行。各地开工的614个项目总投资高达6652亿元,其中10亿元以上的项目139个,占全部项目投资的76.7%以上。从行业类别看,产业项目、综合交通项目的投资额分别占总投资的37.7%、33.3%。

1月7日　公车改革全面启动,全省各级党政机关和参公管理事业单位,在编在岗的厅局级及以下机关公务员、参公管理人员和机关行政编制工勤人员全部参加改革。改革取消公务用车1528辆,其中一般公务用车取消比例达76.3%。改革后,一般公务用车被取消,只保留必要的机要通信、应急、调研、特种专业技术用车和符合规定的一线执法执勤岗位车辆等。对参改人员适度发放公务交通补贴,用于保障补贴区域内普通公务出行。

1月12日　为庆贺浙江贝达药业研发的“小分子靶向抗癌药盐酸埃克替尼开发研究、产业化和推广应用”项目获2015年度国家科技进步一等奖,杭州市余杭区举行仪式,向以该企业董事长丁列明为代表的团队奖励1500万元。该项目是世界第三个、中国第一个拥有完全知识产权的小分子靶向抗癌药。

1月26日　教育部网站对外公示，浙江海洋学院拟更名为浙江海洋大学，中国计量学院拟更名为中国计量大学。浙江医学高等专科学校拟升格为杭州医学院。温州大学城市学院拟更名为温州商学院，变更为独立设置本科的高校。

是月　《宁波市生态保护红线规划》经市十四届人大常委会第二十八次会议表决通过，成为全省首个生态环境保护红线规划。

2月17日　省海洋港口一体化发展情况新闻发布会披露，省海港委已获中央编办批准组建。它将根据省政府授权履行有关省级经济管理权限，负责海洋和港口经济发展的宏观管理和综合协调，协调管理全省海洋港口发展建设工作。

2月25日　全国减灾救灾工作会议在杭州召开。

2月26日　中宣部、中央文明办在北京召开全国学雷锋志愿服务工作推进会，会上表彰了“四个100”先进典型(即100个最美志愿者、100个最佳志愿服务项目、100个最佳志愿服务组织和100个最美志愿服务社区)。浙江共有16个先进典型人物和集体获全国志愿服务“四个100”称号，获奖数量在全国各省(区、市)中位列第三。

是月　教育部批复同意设立“浙江大学爱丁堡大学联合学院”和“浙江大学伊利诺伊大学厄巴纳香槟校区联合学院”两所非法人中外合作办学机构。这标志着浙江大学在海宁建设的国际校区进入了实质性办学阶段。

3月4日　教育部正式发文批准建立浙江音乐学院。该院2012年7月经省政府批准筹建，为公办全日制普通本科高校，以本科教育为主，同时承担研究生培养任务。5月8日，学院正式成立。当年已拥有1676名学生、283名专职教师和数百名管理后勤人员。

3月14日　省政府出台《关于支持省重点建设高校的若干意见》，对中国美术学院、浙江工业大学、浙江师范大学、宁波大学、杭州电子科技大学5所重点建设高校实行“一校一策”，促使它们在发展中拥有更多改革自主权。

3月16日　2016年世界坐式排球洲际赛暨2016年里约残奥会积分赛在安吉开幕。来自18个国家的15支男队、13支女队报名参赛，参赛运动员达350人。这是世界坐排比赛历史上参赛队伍和参赛人数最多的一次，也是中国承办的最大规模的残疾人排球赛事。

3月23日　在科技部公布的2015年度国家级科技企业孵化器名单中，浙江安吉科技创业园有限公司、宁波市大学科技园发展有限公司等8个单位被确定为国家级科技企业孵化器，当年浙江累计拥有52家国家级科技企业孵化器。

3月27日　在越剧诞辰110周年之际，由省委宣传部等单位主办的中国越剧诞辰110周年暨“越看越来电”2016首届中国越剧电影展开幕式在浙江小百花越剧团举行。当天在越剧故乡嵊州也举办了纪念越剧诞辰110周年活动暨首届全国越剧戏迷大会。

3月31日　浙江加快推进残疾人全面小康进程新闻发布会宣布，浙江从当年开始推行困难残疾人生活补贴、重度残疾人护理补贴、康复补贴和社会保险补贴，符合条件的残疾人，可同时申领以上四类残疾人福利补贴，且四类补贴不计入城乡低保和低保边缘家庭的收入。该制度覆盖近80%的持证残疾人，164万人次残疾人受益。

4月1日　以化工新材料、含氟化学品、重工装备等产业为主导的中韩(衢州)国际产业合作园正式开园。该项目规划总面积约3000亩,由韩国晓星集团投资近70亿元,总投资120亿元以上。除工业项目外,韩国餐饮、美容医院、科研中心、教育培训等配套产业得以聚集,成为衢州产业转型升级、走向国际化的新引擎。

4月8日　汤显祖文化节暨汤显祖—莎士比亚逝世400周年纪念活动在遂昌举办。

4月13日　在"世界读书日"来临前夕,2016中国数字阅读大会在杭州举行。大会发布了2015年度中国数字阅读白皮书,揭晓了"悦读中国"四大年度奖项。中国数字阅读大会自2015年成功举办第一届后,已确定永久落户杭州,并已成为国内数字出版领域规格最高、规模最大的行业盛会。

4月16日　浙江师范大学建校60周年庆祝大会在金华举行。该校始于1956年创建的杭州师专,1965年南迁金华。60年来,已发展到拥有19个学院68个专业,全日制本专科在校生2.53万人,研究生5300余人,留学生2000余人,在职教职员工2830余人的全省首批重点建设高校。

4月20日　投资80亿元的吉利新能源整车项目签约落户杭州大江东。该项目首期年产10万辆纯电动乘用车,建设期为两年。

4月22日　《国务院关于同意将浙江省温州市列为国家历史文化名城的批复》正式下达。当年温州共有全国重点文物保护单位29处,省级文物保护单位87处,县(市、区)级文物保护单位742处,市级名录以上的"非遗"项目691项。

5月3日　杭州萧山国际机场公路高架主线正式通车。同日,杭州东湖高架和通城高架也同步开通。

5月4日　《浙江通志》编委会举行会议。自2011年这项工作正式启动以来,《浙江通志》已调整为规划113卷,约1亿字。这也是自清雍正《浙江通志》编成近300年来再修通志,全省数百家责任单位上千人直接参与编纂工作,预计到2020年基本完成。

5月8日　由省政府支持推动,中国美术学院主办、中国工业设计协会协办的首届中国设计智造大奖举行颁奖典礼。美国和浙江省设计师分别设计的"可以喝的书""水槽洗碗机"两件作品获得最高奖——金智奖。

5月10日　浙江省与德国石荷州结好30周年庆祝活动在杭州举行。

5月15日　老年教育理论研讨会暨浙江老年大学建校30周年成果汇报会在杭州举行。浙江老年大学成立于1986年,建校30年来,从创办之初的16个班级、428名学员,已发展到拥有26个专业、60门课程,156个教学班、12个社团研究会和逾万人的办学规模。

5月26日　全国全域旅游创建工作现场会在桐庐县召开。

5月26日　台州和中国航天空气动力技术研究院签署彩虹无人机产业项目,并即将进入项目建设阶段。由中国航天空气动力技术研究院自主研发的彩虹系列无人机是国内型谱最全、批量出口最早和出口量最大的无人机产品。该项目落户在台州湾循环经济产业集聚区东部新区,规划用地为1000亩,包括大型无人机制造、中小型无人机制造(含旋翼机)、无人机飞行应用技术研发等功能板块,一期工程形成年产中大型无人机20架、中小型无人机1000

架的生产能力。

5月26日　浙江希望工程实施25周年纪念大会在杭州举行，100名(个)个人和单位分获浙江希望工程25周年“贡献奖”“优秀建设奖”“园丁奖”“希望之星”和“模范希望小学”5类奖项。

5月28日　第四届中国(北京)国际服务贸易交易会在国家会议中心举行。浙江首次作为主宾省参加京交会，主题为“浙江服务服务全球”的“浙江主题日”活动也于当天举行。

5月31日　在“六一”国际儿童节即将到来之际，中共中央总书记习近平给大陈岛老垦荒队员的后代、台州市椒江区12名小学生回信，祝他们和全国的小朋友节日快乐。

5月31日　国家发改委正式印发《舟山江海联运服务中心总体方案》，并明确其定位：国际一流的江海联运综合枢纽港、国际一流的江海联运航运服务基地、国家重要的大宗商品储运加工交易基地和中国港口一体化改革发展示范。这标志着舟山江海联运服务中心迈入全面建设阶段。

是月　国务院公布了对全国省级政府的质量考核结果，浙江2014—2015年的质量建设工作被评为第一等次A级。

6月2日　主题为“城镇化与包容性增长”的亚太经合组织城镇化高层论坛在宁波开幕。

6月5日　首届中国生态文明奖在北京揭晓，安吉县榜上有名。

6月13日　第三届中国机器人峰会暨全球海归千人宁波峰会在余姚开幕。该峰会是国内规模最大、最具影响力的机器人盛会，被认为是机器人技术研究、产业发展的“风向标”。从当届开始，峰会永久落户余姚。

6月18日　二十国集团智库会议(T20)“创新、新经济与结构改革”国际会议在安吉开幕，包括联合国教科文组织代表和来自20多个国家(地区)的教育、经济、金融、社会科学等领域约200位嘉宾与会。

是月　经省特色小镇规划建设工作联席会议办公室组织考核，省政府审定，余杭梦想小镇等7个小镇为优秀小镇，另有9个为良好小镇，17个小镇为合格小镇，而南浔善琏湖笔小镇等3个小镇为警告小镇，奉化滨海养生小镇则为降格小镇。

7月4日　省十二届人大常委会第三十次会议在杭州举行。会议通过省人大常委会关于车俊任浙江省副省长、代省长职务的决定。

7月5日　台州市与中国中车集团举行战略合作签约仪式。中国中车是由中国北车、中国南车合并组建的上市公司，也是全球规模最大、品种最全、技术领先的轨道交通装备供应商。

7月10日　在俄罗斯索契举行的第九届世界合唱节上，温州市女声合唱团获无伴奏民谣组冠军和女声组亚军的优异成绩。世界合唱比赛是由国际文化交流基金会组织的世界上规模最大、档次最高、水平最高的合唱比赛，两年一度，被誉为合唱界的“奥运会”。温州市女声合唱团曾先后获第八届中国合唱节金奖、“金钟奖”金奖、“第九届中国艺术节合唱群星奖”第一名等，也是全国唯一一个获得合唱奖项大满贯的团队。

7月15日　省委召开法治浙江建设10周年纪念大会暨“七五”法治宣传教育部署会。

7月15日　杭州至美国旧金山直飞航线开航。这是浙江首条美洲客运航线，标志杭州机场国际化水平实现了重大突破。

是月　国家发改委正式复函浙江省政府，同意《钱江源国家公园体制试点区试点实施方案》，标志着浙江首个国家公园试点进入实质性操作阶段。这是继青海三江源、湖北神农架、福建武夷山之后，全国第四个获得正式批复的国家公园体制试点方案。钱江源国家公园体制试点区面积约252平方千米，包括古田山国家级自然保护区、钱江源国家级森林公园、钱江源省级风景名胜区3个保护地，以及连接以上自然保护地之间的生态区域。

8月5日　全省科技创新大会举行。

8月5日　杭州城西科创大走廊建设动员大会举行。

8月5—21日　在第31届奥运会上，浙江共有26名运动员参加了8个大项30个小项的比赛，获得2金、2银、3铜的优异成绩，浙江举重选手石智勇获69公斤级冠军，游泳选手孙杨获男子200米自由泳冠军。9月28日，欢迎里约奥运会、残奥会浙江健儿凯旋暨庆功表彰大会在省人民大会堂召开。在里约残奥会上，浙江有40名残疾人运动员出征，共获得12金、11银、12铜，打破6项世界纪录，创造了自参加残奥会以来浙江奖牌数的最好成绩。

8月10日　长约14.4千米、国内规模最大的城市隧道群紫之隧道正式开通，杭州"四纵五横"快速路网最西"一纵"随之完全贯通。从三墩附近的紫金港立交出发，经紫金港路、紫之隧道、之浦路，到之江转塘，只需约20分钟，再沿之浦路转之江大桥经彩虹快速路，可直抵滨江。

8月17日　据省环保厅介绍，浙江省已完成当年计划淘汰黄标车1.31万辆的目标任务。黄标车是指未达到国一排放标准的汽油车和未达到国三排放标准的柴油车，其排放污染是大气污染的主要来源之一。自2014年国家环保部对浙江下达了全年淘汰28.1万辆黄标车的任务以来，浙江已累计淘汰60.81万辆。这意味着浙江已全面告别黄标车，在全国率先达到这一目标。

是月　经过3年环境整治、产业转型和景观建设，杭州市萧山区湘湖三期保护与开发建设工程已基本完工。湘湖三期共2.9平方千米，加上已完工的一期、二期工程，湘湖湖面面积已相当于西湖。这样，总规划面积35平方千米的湘湖已成为杭州南部最大的国家级旅游休闲度假区。

9月3日　国家主席习近平在杭州出席2016年二十国集团工商峰会（B20）开幕式，并发表题为《中国发展新起点　全球增长新蓝图》的主旨演讲。二十国集团工商峰会是国际工商界参与全球经济治理和国际经贸规则制定的重要平台，来自二十国集团成员和嘉宾国1100余名工商界人士出席开幕式。9月4日，峰会在发布《2016年B20政策建议报告》并完成各项议程后在杭州闭幕。

9月3日　习近平同美国总统奥巴马、联合国秘书长潘基文在杭州共同出席气候变化《巴黎协定》批准文书交存仪式。《巴黎协定》于2015年12月在气候变化巴黎大会上通过。2016年4月，中美同时签署《巴黎协定》。

9月4日　二十国集团领导人第十一次峰会在杭州国际博览中心隆重举行。国家主席习近平主持会议并致开幕辞。他强调，面对当前挑战，二十国集团要与时俱进、知行合一、共建共享、同舟共济，为世界经济繁荣稳定把握好大方向，推动世界经济强劲、可持续、平衡、包容增长。峰会随后举行第一阶段会议，与会领导人围绕“加强政策协调、创新增长方式”议题深入交换了意见，取得重要共识。王沪宁、汪洋、栗战书、杨洁篪等参加活动。

9月4日　习近平和夫人彭丽媛当晚在杭州西子宾馆举行宴会，欢迎出席二十国集团领导人峰会的外方代表团团长及所有嘉宾。习近平发表致辞。宴会后，习近平和彭丽媛同贵宾们一同乘船，前往西湖岳湖观看主题为“最忆是杭州”的文艺晚会。

9月5日　二十国集团领导人峰会在杭州国际博览中心举行闭幕式，习近平主持会议并致闭幕词。会议通过了《二十国集团领导人杭州峰会公报》。

9月8日　由浙江人讲述浙江故事的大型人文纪录片《钱塘江》分别在中央电视台综合频道和纪录片频道播出。该片由省委宣传部、省新闻出版广电局等单位联合出品，2015年被列为中宣部、财政部文化产业发展专项资金支持项目，也是当年全国纪录片唯一获得资助的项目。

9月12日　全国首个工程师学院——浙江工程师学院（浙江大学工程师学院）正式成立。该学院定位为高水平专业型学院，主要开展研究生层次工程师培养和企业工程师培训。学院建在浙江大学城市学院校址，与城市学院共享办学资源。

9月19日　第十九届浙江旅外乡贤聚会暨海外侨团建设大会在杭州举行。来自世界67个国家和地区的500多位乡贤欢聚一堂，畅叙爱国爱乡之情，共商家乡发展大计。

9月19日　在陕西省延安市举行的2016森林城市建设座谈会上，金华被授予“国家森林城市”称号。

9月23日　富阳公望美术馆开馆，并举行“公望富春”名画回故乡特展，30余件故宫珍藏进入公望美术馆首展。公望美术馆系博物馆、美术馆、档案馆“三馆合一”，由中国美术学院建筑艺术学院院长王澍设计完成。

9月26日　省内唯一经省政府批准的大数据交易中心——浙江大数据交易中心在桐乡市乌镇正式上线，并迎来了首批数据服务交易。

9月28日　17时28分许，丽水市遂昌县苏村上村自然村发生山体滑坡。截至30日2时，灾害点已有15名群众脱险，挖掘出4名遇难者，仍有23人失联。29日，中共中央总书记习近平作出重要指示，要求全力开展抢险救援，最大限度减少人员伤亡。李克强等中央领导也分别作出批示。省委、省政府主要领导分别在第一时间指挥抢险救援。

10月8日　由原浙江医学高等专科学校更名的杭州医学院正式揭牌。该校是省卫计委直属的唯一一所医学院校，其前身为创建于1925年的浙江省立女子产科学校。当年3月，该校获教育部批复升格更名，并开始本科招生。

10月10日　由杭钢组建的浙江省环保集团有限公司成立。这是作为浙江黑色金属冶炼行业的龙头企业，杭钢在压减钢铁产能关停半山钢铁基地9个多月后转型升级的具体举措。

10月12日　杭州湾滨海新城开发建设正式拉开大幕，首批5个项目破土动工，总投资

43亿元。新城位于杭州湾跨海大桥南岸桥址两侧，规划面积78平方千米，先行启动建设面积为12.8平方千米，将布局3个主题小镇、3个主题湖、3个主题森林，规划建设企业总部、研发中心、文化公园、商业综合体等设施。

10月13日　2016杭州·云栖大会开幕。本届大会报名人数从上年的2万人增加到4万人左右，吸引了包括阿里巴巴、英特尔、思科、HTC等行业巨头的全世界上百家高新技术企业参展。

10月13日　由阿里巴巴、大华股份、中控集团、华三通信、富士康、数梦工厂、海康威视等13家著名企业通力合作、政府有关部门参与的“杭州城市数据大脑”(简称“城市大脑”)项目正式启动。该项目是政府部门和企业打通信息关卡，为智慧城市治理建设的一个共享数据的大平台。

10月14日　科技部在北京召开新闻发布会，宣布宁波成为首批国家科技成果转移转化示范区。

10月21日　浙江省“西湖友谊奖”二十周年颁奖大会在杭州举行，33位为浙江经济社会发展作出突出贡献的外国专家受表彰。“西湖友谊奖”自1997年设立以来，共有599位外国专家获此殊荣。20年来，全省累计引进境外专家38.6万人次。仅“十二五”期间，外国专家就帮助浙江企业新增专利申请5500余项，开展新产品研发和设计项目2万余个，引智成果转化新增产值共计600多亿元。

10月28日　浙江省、美国波音公司、中国商飞公司在杭州举行发布会宣布，全球著名的民用飞机制造商美国波音公司首个海外工厂——波音737完工和交付中心落户舟山。该项目于2017年5月11日正式开工。

10月31日　在国家文物局印发《大遗址保护“十三五”专项规划》，浙江有5处大遗址成功入选，分别是良渚遗址、上林湖越窑遗址、大窑龙泉窑遗址、临安城太庙遗址、安吉龙山古城遗址。还有两处跨省、直辖市的大遗址涉及浙江，为大运河和明清海防。其中安吉龙山古城遗址是第一次入围国家大遗址保护专项规划。

11月8日　在泰国清迈举行的第二届世界灌溉论坛暨国际灌排委员会第67届国际执行理事会宣布，湖州太湖溇港成功入选第三批世界灌溉工程遗产名录。

11月10日　经过3天严格的考核验收，世界卫生组织考官签署了创卫口岸评估报告，宁波北仑、镇海港区和栎社国际机场被正式授牌“国际卫生港口/机场”。至此，宁波所有对外开放的海港、空港口岸全部实现国际卫生港创建，成为全国首个全港创卫示范城市。国际卫生港是世卫组织对国际通航港口安全及卫生控制能力的一种国际认证。

11月15日　由国家网信办、科技部、工信部、省政府共同举办的第三届世界互联网大会·互联网之光博览会在桐乡乌镇国际会展中心开幕。博览会定位于“国际、创新、未来、体验、融合”，共设发展理念区、综合展区、主题展区、“双创”展区、新技术新产品发布区、项目对接交流区六大板块，精选了300多家中外互联网企业参展，集中展示中国互联网发展成就和国际前沿、可互动体验、引领未来的全球互联网创新技术成果。

11月16日　第三届世界互联网大会在桐乡乌镇隆重开幕。国家主席习近平在开幕式上通过视频发表讲话，代表中国政府和中国人民，并以他个人的名义，向大会召开表示热烈祝贺，向各位嘉宾致以诚挚问候。中共中央政治局常委刘云山出席开幕式并致辞。大会由世界互联网领先科技成果发布等多项活动组成。18日，会议完成各项议程后在乌镇落幕。

11月18日　嘉兴市政府与德国宝沃汽车集团签署战略合作框架协议，总投资200多亿元的德国宝沃汽车集团长三角产业基地项目落户嘉兴经济技术开发区。

11月19日　2016世界浙商上海论坛暨上海市浙江商会成立30周年大会在沪举行。上海市浙江商会在会上宣布，将在2017—2021年5年内，实施浙商回归2000亿元投资计划。在上海发展的浙商共有60万人，约占省外浙商的十分之一。

11月24日　国家科技部正式发函，同意浙江建设国家科技成果转移转化示范区，打造全国一流的科技成果交易中心，这是全国第一个覆盖全省域的国家科技成果转移转化示范区。

11月24日　省工商局、省民营企业发展联合会根据企业年报相关数据，公布了“2015年度浙江省民营企业百强榜单”。榜单显示，百强入围门槛首次超百亿元，达到107.53亿元，其中排名前三位的吉利控股、海亮集团、万向集团2015年度销售收入都超过了1000亿元；同上年相比，全省百强民企年销售额、净资产、纳税额、净利润平均增长分别达2.8%、14.6%、15.1%和10%，明显跑赢同期市场水平。

11月25日　嘉兴港口岸扩大开放通过国家验收。至此，嘉兴港全域对外开放。

11月27日　主题为“协同创新　转化成果　绿色发展　开放共享”的第十届中国产学研合作创新大会在杭州开幕。与会代表通过了旨在强化创新驱动、激发全社会创新创业活力的《杭州宣言》。

11月29日　“现代国家治理的术与数”——浙江首届大数据舆情高峰论坛在杭州召开。论坛发布的《浙江政务治理术与数的实践样板报告》显示，截至当年10月底，浙江政务新媒体已实现全省90个县(市、区)全覆盖，政务微信公众号6100余个，浙江成为全国首个微信公众号全覆盖的省份；年阅读人次达3.44亿，认证政务微博3200余个，覆盖粉丝1070余万，成为全国政务新媒体建设的佼佼者。

11月29日　由省委宣传部、省统计局编制的“2015年文化发展指数(CDI)评价报告及‘十二五’时期综合评价报告”显示，2015年浙江省文化发展指数为110.30，比上年提高了10.30个百分点。

11月30日　杭州市委、市政府召开全市城中村改造暨小城镇环境综合整治全面推进大会，宣布从当年起，确保用5年时间基本完成主城区246个城中村改造，用3年时间完成149个小城镇环境综合整治。

11月30日　随着杭新景高速衢州段的开通，杭新景高速公路全线通车。至此，浙江高速公路通车里程达4065千米。

11月30日　在埃塞俄比亚首都亚的斯亚贝巴召开的联合国教科文组织保护非物质文化遗产政府间委员会会议宣布，中国申报的包括衢州柯城区九华立春祭、三门祭冬、遂昌班春劝农等在内的“二十四节气——中国人通过观察太阳周年运动而形成的时间知识体系及其实践”被列入联合国教科文组织人类非物质文化遗产代表作名录。

是月　中共中央办公厅印发《关于在北京市、山西省、浙江省开展国家监察体制改革试点方案》，部署在3省市设立各级监察委员会，从体制机制、制度建设上先行先试、探索实践，为在全国推开积累经验。

12月1日　温州全市811万户籍人口的户口类型，统一为居民户口。温州城乡二元户籍制度至此终结。

12月1日　《浙江日报》报道，由独立第三方大数据分析机构标准排名研究院发布的2016中国“氧吧城市”50强排行榜显示，浙江共有两座城市上榜，其中丽水位列第39位，台州位列第49位。

12月2日　全国生态文明建设工作推进会议在湖州召开。中共中央总书记习近平会前对生态文明建设作出重要指示强调，要切实贯彻新发展理念，树立“绿水青山就是金山银山”的强烈意识，努力走向社会主义生态文明新时代。

12月2日　首届世界工业设计大会在杭州良渚梦栖小镇召开。

12月4日　在第三个国家宪法日到来之际，位于杭州北山路的中华人民共和国第一部宪法——“五四宪法”历史资料陈列馆开馆。中共中央总书记习近平对陈列馆开馆作出重要指示，强调要普及宪法知识，增强宪法意识，弘扬宪法精神，推动宪法实施。

12月7日　长三角区域大气污染防治协作小组第四次工作会议暨长三角区域水污染防治协作小组第一次工作会议在杭州召开。

12月8日　长三角地区主要领导座谈会在杭州举行。会议期间签订了《关于共同推进长三角地区协同创新网络建设合作框架协议》《关于共同推进小洋山区域开发等重大合作事项的框架协议》《关于共同推进宁杭生态经济发展带建设合作框架协议》和《关于新安江流域上下游横向生态补偿协议》等多项多边和双边协议。

12月10日　西湖高等研究院在杭州成立。该院落户西湖区云栖小镇，是一所新型非营利高端科研机构，分别设立生物学、前沿技术、理学、基础医学4个研究所。该院以探索与国际一流科研机构接轨的现代科研体制和创新人才培养模式为使命，致力于前沿基础科学研究和博士研究生培养。

12月13日　国务院批复同意浙江开展国家标准化综合改革试点工作。浙江也是全国唯一获批的省份。

12月13日　水利部、环保部等国家有关部委联合召开贯彻落实《关于全面推行河长制的意见》视频会议。浙江等地在会上作典型发言，向全国介绍河长制经验。自2013年浙江出台《关于全面实施“河长制”，进一步加强水环境治理工作的意见》后，经几年努力，当年全省垃圾河、黑臭河已基本消除。

12月13日　杭州萧山国际机场年旅客吞吐量首次超3000万人次大关，实现新量级的跨越，跃升至全球繁忙机场行列。萧山国际机场客运量2007年超1000万人次，2013年超2000万人次，当年又超3000万人次，因此而跻身国内十大机场和全球前65位客运机场。

12月15日，全省治危拆违推进会暨拆后土地利用和重点“三改”项目集中开工仪式在台州市黄岩区举行。当天全省有145个“三改一拆”拆后土地利用项目和重点“三改”项目集中开工,总投资385亿元,最迟2020年完成。

12月19日　随着当天停泊在北仑第二集装箱码头的“中海釜山”轮完成2500标准箱装卸作业,宁波舟山港年货物吞吐量超9亿吨,成为全球首个9亿吨大港。

12月20日　中国医学科学院医学信息研究所发布2016年度中国医院科技影响力综合排行榜、26个医学专业学科影响力排行榜。浙江大学医学院附属第一医院、第二医院、邵逸夫医院、浙江省肿瘤医院以及温州医科大学附属眼视光医院5家医院进入中国医院科技影响力综合排名100强。其中,浙江大学一院跻身全国前5位。

12月21日　在杭州举行的全球跨境电商峰会显示,当年1—10月,杭州跨境电商贸易额已达到63.56亿美元,是2014年的317倍,从而再次显示了跨境电商发展的“杭州速度”。

12月27日　在北京召开的2016中国“新型智慧城市”峰会上,中国互联网协会和蚂蚁金服研究院联合发布了中国335个城市的“互联网+”社会服务指数排名。杭州以383.14的高分位居榜首,其中医疗、交通、便民3个领域指数排名第一,同时还拥有包括全国第一个支持手机支付生活缴费的城市在内的10项“全国第一”。这标志着杭州已成为全国最具智慧的城市。

12月28日　省政府在杭州举行舟山江海联运服务中心建设推进会暨重大项目签约仪式,20个项目集中签约,总投资1270亿元。

12月29日　义甬舟开放大通道建设推进会暨金甬铁路项目开工仪式在奉化举行。

是月　省委、省政府批复杭州市、嘉兴市和长兴县、新昌县全面创新改革试验实施方案。

是月　安吉县正式发布《美丽乡村民主法治建设规范》。这也是全国首个民主法治村创建的县级地方标准。

是年　国家环保部办公厅复函,同意将安吉县列为“绿水青山就是金山银山”理念实践试点县。这是全国首个、也是唯一一个“绿水青山就是金山银山”理念实践试点县。

是年　全国首个公共图书馆地方服务标准——浙江省《公共图书馆服务规范》获批发布,意味着浙江在构建现代公共文化服务体系,推进城乡公共文化服务标准化、均等化方面再次走在了全国前列。截至年底,浙江全省已有县级以上公共图书馆98家、县图书馆乡镇分馆557个、农家书屋25335个。

是年　浙江省早稻平均亩产达426千克,超过历史最高亩产8千克,并且比全国平均亩产多37千克,居全国第一。

是年　浙江省群众安全感满意率达96.43%,创历史最高水平,连续13年位居全国前列;其中,丽水市达98.08%,居全省首位。浙江被公认为社会最安全、发展最均衡的省份之一。

是年　浙江大学医学院附属第二医院以高分通过JCI复评,被评审方认为是“迄今为止中国大陆认证最好的医院”。2013年,中国医院首次引进国际联合委员会(简称JCI)标准,按3年一复评要求,浙医二院因改进了近1000处服务细节,在当年复评中获此殊荣。

是年　民政部公布了第六批96处国家级烈士纪念设施名单,宁波的樟村四明山烈士陵园和安吉的孝丰烈士陵园分别入选。加上现有的浙江革命烈士纪念馆、温州革命烈士纪念馆、解放一江山岛烈士陵园和四明山烈士陵园，浙江已有6处国家级烈士纪念设施。

是年　在环保部发布的《关于授予浙江省杭州市等40个市、县、区“国家生态市、县、区”称号的公告》中，杭州、湖州两市，杭州萧山区、富阳区，湖州南浔区，宁波江北区、北仑区和嵊泗县、岱山县、缙云县、文成县9个县(区)榜上有名。截至当年，浙江已成功创建36个国家生态市、县、区，数量居全国前列，湖州市还成为全国唯一一个国家生态县区全覆盖的地级市。

是年　浙江省已建成省、市两级院士专家工作站607个，签约建站院士345名。工作站近八成以企业为主体，研发领域涵盖生物医药、新能源、新材料、先进制造业等。

是年　浙江省城乡居民人均可支配收入分别达到47237元和22866元，同比分别增长8.1%和8.2%，继续位居全国各省区首位。同时，2016年城乡居民收入比为2.066，较上年进一步缩小。

是年　全省中共党员总数为385.6万名，比上年净增4.2万名，增幅为1.1%；党的基层组织20.5万个，比上年增加649个，增幅为0.3%。

是年　浙江省地区生产总值47251.36亿元，其中工业增加值18655.12亿元，人均地区生产总值84916元；社会消费品零售总额21970.79亿元；全社会固定资产投资29571亿元；全年财政总收入9225.07亿元；全省非私营单位就业人员平均工资73326元。

是年　浙江省总人口为4910.85万人，人口自然增长率为5.7‰。

2017年

1月3日　2017年第一个工作日，全省扩大有效投资重大项目举行集中开工仪式，开工的624个项目总投资7903亿元。

1月4日　据省委组织部介绍，省委组织部、省人力社保厅联合出台《浙江省鼓励支持事业单位科研人员离岗创业创新实施办法(试行)》，其重要亮点是鼓励事业单位科研人员离岗创业，同时也对事业单位科研人员离岗创业创新的适用范围对象、离岗手续办理、人事和工资关系处理、社会保险关系处理、返岗安排、解聘辞聘、监督指导等方面进行了规范。

1月4日　蚂蚁金融服务集团旗下公司支付宝发布的2016年全民账单显示，杭州以人均支付18万元位居全国第一，成为名副其实的“移动之城”。杭州、温州、金华三地并齐头迈入“15万时代”。

1月5日　据省住建厅介绍，在住房和城乡建设部公布的全国第四批美丽宜居小镇、美丽宜居村庄示范名单中，龙泉市上垟镇等5个镇入选美丽宜居小镇示范，安吉县余村等20个村庄成为美丽宜居村庄示范，数量均位列全国第一。另外在前三批的美丽宜居小镇、美丽宜居村庄示范名单中，浙江共有6个镇、14个村入选，其中美丽宜居村庄的总量全国最多。第四批名单公布后，浙江的美丽宜居村庄总量继续居全国首位。

1月8日　省侨商会成立10周年暨换届大会在杭州召开。该商会是由海外华侨华人、港澳同胞以及省内归侨、侨眷(含港澳眷属、留学生及其家属)在浙江投资的企业及个人组成的非营利性社会团体，成立于2006年12月，10年来累计投资已超过500亿美元。

1月10日　全国农村集体产权制度改革工作电视电话会议披露，浙江农村产权制度改革领跑全国，全省村级集体经济总收入年均增长8%左右，村均集体收入达到123万元，成为各地学习的标杆。

1月13日　在全省林业局长会议上，国家林业局相关负责人宣读了国家林业局同意浙江省列为全国现代林业经济发展试验区的批复文件，并现场授牌。这也是全国唯一一个“全国现代林业经济发展试验区”。

1月14日　越共中央总书记阮富仲一行在浙江访问。

1月16日　省十二届人大举行第五次会议。会议选举车俊为浙江省省长。

1月18日　省政府印发《浙江省国家标准化综合改革试点工作方案》。浙江也是全国唯一的国家标准化综合改革试点省份。

1月22日　省监察委员会转隶组建会议在杭州召开。

1月22日　省委、省政府下发《关于印发〈浙江省生态文明体制改革总体方案〉的通知》。

2月9日　全省扶贫开发工作会议披露，2016年，全省低收入农户人均可支配收入达到10169元，首次超万元，增幅达19.2%。

2月10日　全省农业工作会议披露，2016年全省农林牧渔业增加值和总产值实现“双跨越”，其中增加值达2001.6亿元，比上年增长2.83%，首次超2000亿元；总产值达3149.2亿元，比上年增长2.55%，首次超3000亿元。

2月13日　亚洲最大原油码头——宁波舟山港大榭港区实华二期45万吨原油码头挂靠全球最大油船41.9万吨的“泰欧”轮，创下挂靠宁波舟山港单艘油轮实际装载量最高纪录。

2月20日　省政府下发《关于印发加快推进“最多跑一次”改革实施方案的通知》。月底，浙江公布首批“最多跑一次”事项，共40961项，其中省级750项、11个设区市本级平均674项。

2月27日　浙商产业投资基金暨浙商产业投资控股集团有限公司发起人会议在杭州举行，浙商产业投资基金正式设立。基金募集规模（浙商产业投资控股集团有限公司注册资本）为1000亿元，首期到位300亿元。包括盾安控股集团、浙江恒逸集团、和润集团有限公司、浙江新湖集团等40多家知名企业负责人参加会议。

3月1日　全省“最多跑一次”改革新闻发布会召开。“最多跑一次”改革是对“四张清单一张网”和“放管服”改革的再深化再推进，浙江也是全国最早建立行政服务中心的省份。到年底，全省基本实现群众和企业到政府办事“最多跑一次是原则、跑多次是例外”的要求，并覆盖80%左右的行政事项。

3月10日　《浙江日报》报道，随着上海段的漕河泾和大港2个量子通信中继站启用，全球首条量子保密通信商用干线——“沪杭干线”正式全线开通启用，杭州与上海之间量子安全级别的音频视频、电话会议、文件传输等信息通信已成为现实。

3月21日　在国务院公布的第九批19处国家级风景名胜区名单中，磐安县大盘山风景名胜区、临海市桃渚风景名胜区、浦江县仙华山风景名胜区榜上有名。当年在全国总计244处国家级风景名胜区中，浙江占22处，数量为全国第一。

3月22日　在“世界水日”到来之际，省委、省政府召开全省剿灭劣Ⅴ类水誓师大会，向全省发出剿灭劣Ⅴ类水决战决胜的冲锋号。会议表彰了“五水共治”年度先进，颁发了“大禹鼎”，市县乡村逐级签订了剿灭劣Ⅴ类水责任书。

3月22日　国际奥委会名誉主席雅克·罗格一行在浙江访问。

3月22日　包括“四个全面”战略布局在浙江的创造性实践研究等项目在内的第二期浙江文化研究工程在杭州正式启动。该工程是习近平总书记在浙江工作期间亲自部署实施的重大文化工程，是浙江文化大省建设“八项工程”之一，也是一项系统研究浙江历史文化和当代发展的里程碑式文化根基工程。

3月24日　浙江全面启动2020年实现天然气“县县通”工程项目。按专项行动计划要求，工程总投资约180亿元，新建管线1480千米。到2020年全省天然气管线长度将超过2500千米，天然气消费量将达到150亿立方米左右，从而大幅度提高天然气在全省经济社会发展和民生领域的利用水平。

3月28日　由浙江摄影出版社历时两年多完成的《赵孟頫书画全集》在湖州博物馆举行首发式。这也是国内第一部完整权威反映赵孟頫艺术全貌的鸿篇巨制。

3月29日　省政府正式批复嘉兴设立浙江省全面接轨上海示范区。

3月31日　温州市域铁路S1线一期工程首列市域动车组问世，并举行了试乘活动。市域铁路交通介于城际铁路和城市轨道交通之间，是为城市中心城与周边新城（郊区）或组团城市各城镇之间提供快速、大容量、公交化服务的轨道交通系统。温州是全国首个获批的市域铁路规划，该车是国内自主研制的第一列市域动车组，设计时速为140千米，填补了全国市域铁路客运装备领域空白，为温州乃至全国多地“1小时交通圈”建设提供了样板。

是月　浙江公布第二批省重要湿地名录，包括萧山湘湖湿地、洞头南北爿山鸟岛保护区、安吉南北湖省级湿地公园等48个湿地。至此，省重要湿地已达80个。据统计，全省当年有湿地总面积1665万亩，占全省国土面积的10.9%。已建有湿地及与湿地有关的自然保护区11个、自然保护小区30个，以及国家湿地公园11个、省级湿地公园20个。

4月1日　中国（浙江）自由贸易试验区挂牌暨建设动员大会举行。该试验区位于舟山市，实施范围119.95平方千米。试验区以制度创新为核心，以可复制可推广为基本要求，定位为建设成为东部地区重要海上开放门户示范区、国际大宗商品贸易自由化先导区和具有国际影响力的资源配置基地。

4月1日　国际古迹遗址理事会国际考古遗产管理专业委员会主席、国际古迹遗址理事会美国国家委员会主席道格拉斯·考莫一行考察良渚遗址，认为遗址价值重大，兼具真实性和完整性，具备突出的普遍价值，应提交全世界予以保护。

4月1日　钱壮飞纪念馆“全国国家安全教育基地”揭牌活动在湖州市革命烈士陵园举行。

4月5日　柬埔寨国王西哈莫尼一行在浙江访问。

4月9日　挪威首相索尔贝格在浙江访问。

4月11日　全国休闲农业和乡村旅游大会在安吉召开。会上发布了《全国休闲农业和乡村旅游安吉倡议》,一批全国休闲农业与乡村旅游示范县和星级企业(园区)受表彰。

4月14日　“中国作协网络文学研究院”落户杭州北山路省作协江南文学会馆。这也是国内首个网络文学研究基地。

4月17日　亚组委办公大楼在杭州正式挂牌,标志着杭州2022年第19届亚运会各项筹备工作全面展开。

4月19日　全国第一艘江海直达船开建仪式在舟山举行。

4月20日　首届三毛散文奖颁奖典礼在三毛故乡定海举行,共有18件作品获奖。颁奖活动由《人民文学》杂志社、省作协、定海区委区政府主办。

4月26日　省委召开领导干部会议,宣布中央决定:车俊任中共浙江省委书记。

4月28日　省十二届人大常委会第四十次会议在杭州举行,通过省人大常委会关于袁家军任浙江省副省长、代省长职务的决定。

是月　经国务院批准,同意撤销玉环县,设立县级玉环市,以原玉环县的行政区域为玉环市的行政区域。玉环市由台州市代管。

是月　由国家人力资源和社会保障部、国家卫生和计划生育委员会、国家中医药管理局共同组织的国医大师、全国名中医评选结果揭晓。浙江省中医院主任医师葛琳仪获评国医大师,王永钧、王坤根和范永升获评全国名中医。这也是在全国范围内第三次评选国医大师,首次评选全国名中医。葛琳仪则是浙江第2位国医大师。

5月2日　由文化部、中国文联、浙江省政府主办,中国美术馆、中国美术学院等共同承办的“民族翰骨——潘天寿诞辰120周年纪念活动”在北京举行。

5月12日　马来西亚总理纳吉布在浙江访问。

5月13日　中欧班列从义乌出发,在随后两周多的时间里穿越哈萨克斯坦、俄罗斯、白俄罗斯、波兰、德国、法国,最后抵达目的地西班牙马德里。这是当年第1000列往来中国和欧洲之间的国际货运列车,同时也是中国史上行程最长、途经城市和国家最多、境外铁路换轨次数最多的火车专列。

5月16日　巴基斯坦总理谢里夫在浙江访问。

5月18日　主题为“品茗千年,中国好茶”的首届中国国际茶叶博览会在杭州国际博览中心开幕,中国茶业国际高峰论坛同时举行。中共中央总书记、国家主席习近平致信祝贺。本届茶博会由农业部、浙江省人民政府主办,以成就展示、贸易洽谈、合作交流为主要内容,共有47国参展商、全国20个茶叶主产省茶企代表及1700余家国内外专业客商参展。

5月19日　天台县从即日起取消国清景区门票,免费开放。这也是浙江近5年来首个取消门票的国家AAAAA级旅游景区。

5月23日　杭州市政府召开新闻发布会宣布,国家发改委、民航总局已正式复函,支持杭州临空经济示范区建设。杭州由此新增一个国家级对外开放平台。

6月9日　在第十个国际档案日到来之际,省档案局(馆)新馆正式启用。省档案馆成立于1965年,是浙江省永久保管档案的基地和社会各界研究档案史料的中心,为国家一级档案馆。现有馆藏297个全宗,档案资料106万卷(件、册)。自1981年向社会开放以来,已接待国内外查档22万余人次，提供档案资料500余万卷(件、册)次。

6月10日　首个“文化和自然遗产日”浙江省主场城市(杭州·拱墅)系列活动启动，浙江省非物质文化遗产文献馆揭牌开馆。作为全国首家非遗主题文献馆，馆内服务面积达2000余平方米，设有服务大厅、休闲阅览区、沙龙区、活态展示区、多功能报告厅和运河文献典藏室(非遗资料室)等多个读者服务区域。

6月12—16日　中共浙江省第十四次代表大会在杭州召开。会议通过车俊代表第十三届省委所作工作报告。16日，大会通过十三届省委报告、省纪委工作报告等决议。选举产生新一届省委常委会，车俊为书记，袁家军、唐一军为副书记，葛慧君、赵一德、刘建超、任振鹤、陈金彪、徐加爱、冯飞、周江勇、冯志礼为省委常委。刘建超为省纪委书记。

6月14日　国务院总理李克强主持召开国务院常务会议，决定在浙江等5省(区)建设绿色金融改革创新试验区，推动经济绿色转型升级。

6月17日　2017丝路国际联盟大会在杭州国际博览中心开幕。这是由国际金融论坛主办的全球金融领域高级别常设对话、交流和研究机构。根据省政府与国际金融论坛的战略合作协议，丝路国际联盟总部及有关实体机构永久落户位于杭州市萧山区的湘湖金融小镇。

6月26日　杭州互联网法院获准设立。这是全国首家互联网法院，标志着中国涉互联网案件的集中管辖、专业审判揭开了新篇章。

6月28日　瑞典首相勒文在浙江访问。

6月29日　省质监局介绍，国家质检总局公布的2015—2016年度省级政府质量工作考核结果显示，浙江再次被评为第一等次A级。浙江也是全国唯一的国家标准化综合改革试点省，被命名的全国质量强市示范城市和创建城市总数均居全国第一。

7月3日　省轨道交通运营管理集团有限公司挂牌成立。这也是全国首个省级轨道交通统一运营管理平台。

7月6日　省十二届人大六次会议在杭州开幕。7日，大会选举车俊为省人大常委会主任，袁家军为省长。

7月9日　“未来已来”全球人工智能高峰论坛在杭州举行。中国(杭州)人工智能小镇同时开园。

7月14日　全国爱国卫生运动委员会公布最新一轮国家卫生城市(县城)名单，余姚、嵊州、乐清、江山等10个县级市和永嘉、武义、常山等20个县城被正式命名为国家卫生城市(县城)。至此，浙江省“创卫”工作取得“满堂红”，成为全国首个所有市县跻身国家卫生城市(县城)的省份。

7月18日　第五届金砖国家科技创新部长级会议在杭州举行。

7月27日　2017年金砖国家税务局长会议在杭州举行。会议期间，各国签署了《金砖国家税务合作备忘录》，发布了金砖国家税务局长会议公报。

7月29日　第二届金砖国家工业部长会议在杭州开幕。

是月　根据2016年度国家高新区评价结果显示，杭州高新区综合排名升至全国第三，较前一年提升3位，仅次于北京中关村和上海张江国家自主创新示范区。

8月4日　全省“三改一拆”和小城镇环境综合整治推进会在杭州举行。会上表彰了全省第一批“无违建县(市、区)”、第二批“基本无违建县(市、区)”,通报了第三批“无违建创建先进县(市、区)”。

8月4日　交通运输部公布了“十三五”期间全国首批50个全面推进公交都市创建城市名单,金华名列其中。

8月11日　长龙航空公司、浙江旅游职业学院、法国国立民航大学、萧山区政府签署合作协议,整合优势资源,筹划建立“中法航空大学(暂名)”,培养具有国际竞争力的航空专业人才。

8月24日　浙江与美国印第安纳州结好30周年庆祝大会在印第安纳会议中心举行,会上签署了两省州深化友好关系协议。

8月24日　国际奥委会主席巴赫一行在浙江访问。

8月25日　在首个全国“残疾预防日”到来之际,位于杭州滨江区的省政府重点民生实事工程——浙江康复医疗中心正式运行。这是一家以康复医疗为特色的公益性、综合性、示范性康复机构,一期占地面积46亩,建筑面积4.3万平方米,按国家三级康复医院标准建设。

8月28日　省卫计委发布《关于杭州全程健康医疗门诊部开展医技等共享服务试点的批复》,同意杭州“全程国际医疗商城”的医疗资源共享模式。这也意味着全国首家“共享医院”落户杭州。

9月2日　国内第一所以基础性、前沿性研究为目标,以深化科研体制改革、培养创新人才为宗旨,以博士生培养为起点的民办高水平科研教学机构——西湖高等研究院在杭州云栖小镇举行开学典礼,首届19名博士研究生从全国400多位申请人中选拔而出正式入学。该院是西湖大学(筹)的前身及筹建依托主体,下设理学、前沿技术、基础医学、生物学4个研究所。

9月3日　第十三届全国学生运动会在杭州黄龙体育馆开幕。这是将大学生运动会和中学生运动会合并后举办的第一届全国学生运动会,来自全国各省(区、市)、新疆生产建设兵团和香港、澳门特别行政区共34个代表团的5966名运动员参加游泳、田径、篮球、足球等10个项目的角逐。同日,全国学校体育工作座谈会在杭州召开。

9月6日　由省政府、浙江大学、阿里巴巴集团共同出资打造,以网络信息、人工智能为研究方向的之江实验室在杭州人工智能小镇挂牌成立。之江实验室是一家开放协同、混合所有制的新型科研机构,以大数据、云计算为基础,布局未来网络计算、泛化人工智能、泛在信息安全、无障感知互联、智能制造与机器人五大方向,谋划建设智能云、工业物联网、大脑观测及脑机融合、量子计算研究四大科学装置,努力成为全球一流的开放型、平台型、枢纽型创新基地。

9月8日　第十三届全国体育运动会在天津闭幕。浙江代表团以53金34银38铜的佳绩,远超上届沈阳全运会,竞技体育综合实力跻身全国三强。其中孙杨收获6金1银,成为有史以来单届全运会夺金最多的运动员。

9月10日　“传承太炎精神,弘扬中华优秀传统文化——《章太炎全集》出版研讨会”在北京师范大学举行。经几代出版人近40年的接力奋斗，全17种20册的《章太炎全集》得以全部出齐。

9月11日　杭绍台铁路PPP项目签约仪式在杭州举行。这是国家首批8个"社会资本投资铁路示范项目"之一，也是全国首条由民营资本控股的高铁PPP项目，项目合作期限34年，其中建设期4年，运营期30年。合作模式采用建设—拥有—运营—移交方式，合作期满后，项目设施无偿移交给政府方。

9月14日　省政府正式批复设立宁波"一带一路"建设综合试验区。

9月16日　杭州市临安区正式挂牌成立，成为杭州"第十区"。临安位于杭州市西部，下辖18个镇(街道)298个行政村。撤市设区后，杭州城区面积由4800多平方千米拓展到8000平方千米，成为长三角区域城区面积最大的城市。

9月18日　由省政府主办、主题为"共商油品、共享机遇——油品全产业链投资便利和贸易自由"的首届世界油商大会在杭州国际博览中心开幕。

9月21日　全国生态文明建设现场推进会在安吉召开。

9月21日　教育部、财政部、国家发改委公布的世界一流大学和一流学科(简称"双一流")建设高校及建设学科名单中，浙江大学入选一流大学建设名单，中国美术学院和宁波大学入选一流学科建设名单。

9月22日　由文化部、省政府主办的第三届中国—中东欧国家文化合作部长论坛在杭州开幕。会议通过了《中国—中东欧国家文化合作杭州宣言》《中国—中东欧国家2018—2019年文化合作计划》，签署了关于在马其顿共和国设立中国—中东欧国家文化合作协调中心的谅解备忘录。

9月22日　2017国际海岛旅游大会在舟山新落成的国际海岛旅游大会永久会址举行。

9月23日　第十五届亚洲艺术节在宁波开幕。

9月24日　省政府与国家体育总局在杭州签署共建中国(浙江)国家游泳队合作协议。

9月29日　浙江省石油股份有限公司成立暨揭牌仪式在杭州举行。

10月15日　2022年第19届亚运会杭州市场馆及设施建设行动大会暨亚运场馆开工活动在杭州奥体中心主体育馆游泳馆项目现场举行，标志着亚运会场馆及设施建设正式拉开序幕。

10月19日　第44届世界技能大赛在阿拉伯联合酋长国阿布扎比落下帷幕。浙江建设技师学院学生崔兆举和来自杭州技师学院的蒋应成分别获得瓷砖贴面、汽车喷漆两个项目的冠军，创造了浙江选手参加世界技能大赛的历史最佳成绩。世界技能大赛被誉为技能界的"奥林匹克"，每两年举行一次，是世界规模最大、水平最高、影响力最广的职业技能竞赛。

10月28日　浙江理工大学举行办学120周年庆祝大会。

10月29日　浙江生态文明干部学院在"绿水青山就是金山银山"理念的诞生地湖州正式挂牌成立。

10月31日　中共中央总书记习近平带领中共中央政治局常委李克强、栗战书、汪洋、王沪宁、赵乐际、韩正，专程从上海乘火车来到嘉兴南湖瞻仰红船，并参观南湖革命纪念馆。

11月14日　第五届全国文明城市和复查确认继续保留荣誉称号的往届全国文明城市名单揭晓，丽水、湖州、台州3个地级市和诸暨、海宁、长兴、余姚、桐庐、瑞安6个县级市（县）入选第五届全国文明城市。宁波、杭州、嘉兴、绍兴、温州经复查确认继续保留全国文明城市称号。

11月15日　江山市石门镇泉塘村泉塘畈“甬优12”百亩示范方经专家测产，平均亩产首次超1000千克，达1010.99千克。这也是浙江超级稻百亩示范方亩产首超1000千克。

11月17日　省机场集团有限公司揭牌仪式在杭州举行。公司注册资本金100亿元，下辖杭州机场、宁波机场、温州机场、舟山机场，托管衢州机场、台州机场、义乌机场等。

11月21日　省军民融合发展委员会举行第一次会议。

11月23日　在浙江省“非遗”藏品捐赠仪式上，陆光正、徐朝兴等26位“非遗”代表性传承人和工艺美术大师向正在筹建中的浙江省非物质文化遗产馆捐赠了38件“非遗”藏品。

11月23日　由文化部和宁波市共建共享的索非亚中国文化中心在保加利亚首都索非亚正式揭牌。

11月24日　国家科技成果转化服务（新昌）示范基地成立。这是浙江首个国家科技成果转化服务示范基地，也是全国唯一一个县级国家科技成果转化服务示范基地。

11月24日　纪念吴昌硕逝世90周年暨《吴昌硕全集》首发式在安吉举行。全集包括篆刻、书法、绘画、文献4个分卷，共12卷。收录作品近5100件，其中包括约1200件绘画、1500件篆刻（300方原石）、900件书法、1500页信札诗稿等。2016年，该项目被列入“十三五”国家重点出版物规划项目、国家出版基金项目。

11月25日　“全国首届智能体育大赛启动仪式暨智能体育产业峰会”在杭州开幕。智能体育产业以高端制造业为基础，是集合体育、科技、文化、生产、消费、金融等内容的高关联、生态型的新型产业。这也是中华全国体育总会主办的智能体育唯一赛事IP，是智能体育领域首次综合性赛事，也是智能体育最高的技术水平与竞技水平展示平台。

11月29日　以“聚力拥抱新时代，开放创新立潮头”为主题的第四届世界浙商大会在杭州开幕。开幕式上，浙商代表宣读了践行新时代浙商精神的《浙商宣言》，举行了大湾区建设暨“投资浙江，回归牵引”项目签约仪式，共有48个项目签约，总投资1548亿元。大会还举行颁奖典礼，表彰了“四个强省”领军企业、2017年全球浙商金奖获得者。来自世界各地的浙商代表，以及全国知名央企和世界500强企业代表、重要国际组织和“一带一路”沿线国家社会组织负责人代表、著名专家学者和海外高层次人才代表等2800余人参加开幕式，3.3万名浙商出席大会各类活动。

11月29日　省委、省政府下发《关于推进文化浙江建设的意见》。

是月　杭（州）黄（山）高铁位于杭州市萧山区所前镇境内的传芳特大桥贯通，标志着杭黄高铁主体工程全线贯通。

12月2日　国家考古遗址公园现场工作会在慈溪市召开。会上，国家文物局公布了第三批国家考古遗址公园名单，浙江上林湖越窑、大窑龙泉窑成功入选。

12月3日　第四届世界互联网大会在桐乡市乌镇隆重开幕。国家主席习近平发来贺信，强调要尊重网络主权，发扬伙伴精神，共同搭乘互联网和数字经济发展的快车。中共中央政治局常委王沪宁出席开幕式并发表主旨演讲。会议主题为“发展数字经济　促进开放共享——携手共建网络空间命运共同体”，来自五大洲80多个国家和地区的1500多名嘉宾参加大会。4日，大会首次发布《中国互联网发展报告2017》蓝皮书，报告首次设立中国互联网发展指数指标体系，填补了国内互联网领域综合性评估指标的空白。根据评估，浙江互联网发展综合指数居全国第三，仅次于广东、北京。5日，大会完成各项议程后在乌镇落幕。

12月4日　弘扬“红船精神”座谈会在嘉兴召开。中共中央政治局常委、中央书记处书记王沪宁出席会议并讲话。

12月4日　由浙商总会主办的2017健康大会在杭州召开，由31位大健康领域专家组成的大会智库成立。同时“院士创新基地”“健康特色小镇”“大健康产业基金”等项目也签约落户杭州，浙商总会大健康委员会和中国红十字基金会还共同发起成立了浙商博爱基金。

12月4日　“中国木雕艺术之乡”授牌仪式暨中国木雕艺术研讨会在乐清举行。中国民间文艺家协会授予乐清“中国木雕艺术之乡”的牌匾。

12月9日　首个“中国网络作家村”授牌活动暨首届“中国网络文学周”新闻发布会在杭州高新区（滨江）举行。中国作协宣布，首个“中国网络作家村”落户滨江白马湖畔。

12月16日　以“新金融、新科技、新业态、大湾区”为主题的首届钱塘江论坛主论坛在杭州举行。论坛旨在进一步聚集全球化资本、人才、科技等要素，提升浙江金融与产业互动对接、创新发展的能力，助推环杭州湾大湾区、钱塘江金融港湾和“一带一路”国际新金融服务枢纽建设。

12月17日　省长袁家军与世界旅游联盟组委会主任、国家旅游局局长李金早在北京见证战略合作备忘录签约。世界旅游联盟（WTA）总部落户杭州萧山。

12月18日　总投资60亿元的Ferrotec杭州中芯晶圆大尺寸半导体硅片项目在杭州大江东产业集聚区开工。这也是全国首条12英寸半导体硅片生产线以及国内规模最大的8英寸半导体硅片生产线，填补国内“大硅片”生产领域的空白。

12月20日　省慈善联合总会成立。该组织是对原省慈善总会与原省慈善联合会进行的改革重组。

12月22日　绍兴市旅委宣布，包括鲁迅故里等在内的绍兴37处国有景区向全球游客免费开放，另外大禹陵等8处景区向全国大中小学生研学旅游免费开放。

12月26日　由浙报数字文化集团股份有限公司投建的“富春云”互联网数据中心在杭州正式开园。该中心成为华东地区单体最大的数据中心，并向社会各界提供服务器托管、多线网络、机房定制、云计算等大量服务。

12月27日　宁波舟山港成为全球首个年货物吞吐量超“10亿吨”大港，年货物吞吐量连续9年位居世界第一。

12月27日下午　杭州地铁2号线实现全线通车。2号线起于萧山区朝阳站，止于余杭区良渚站。至此，杭州地铁线网的总里程超过107千米，日均客流量在106万人次左右的基础上又有提升。

12月27日　杭州全市61个城中村改造安置房及配套设施项目集中开工。项目总投资约340亿元，覆盖杭州10个区，关乎千万个家庭的安居生活。根据计划，到2020年，杭州主城区246个城中村将告别"脏乱差"，变身为都市新区。

12月28日　浙江生态文明干部学院"两山"讲习所在安吉正式挂牌成立。这是全国首个"两山"讲习所，旨在总结、推广"两山"实践转化经验，培训提升干部绿色发展能力。

12月28日　浙江省首届休闲文化节在杭州开幕。

12月30日　"独上高楼·王国维诞辰140周年纪念展"在清华大学艺术博物馆开展。此次展览展出了王国维和故交好友的日记书札、书法作品、学术文献等118件藏品，展示了王国维的学术与艺术成就。

是年　在科技部火炬中心公布的2016年度国家高新区最新排名中，杭州(滨江)、宁波国家高新区稳居全国高新区第一方阵。其中，杭州(滨江)国家高新区综合排名跃居全国第三位，比上一年度上升3位，创历史最好水平；知识创造和技术创新单项排名居全国第二位。

是年　国务院批复同意将龙泉市列为国家历史文化名城，龙泉由此成为浙江省第10座国家历史文化名城。

是年　截至上半年，浙江省属企业资产总额首次超万亿元，达10066亿元，同比增长6.4%；净资产4007亿元，同比增长9.4%。

是年　在住房和城乡建设部通报的2017年中国人居环境奖获奖名单中，浙江有6个项目获范例奖，占总数的十分之一。至此，浙江已累计获得联合国人居奖3个、迪拜国际改善居住环境最佳范例奖5个、中国人居环境奖5个、中国人居环境范例奖51个。

是年　以2015年全省文化发展指数为基准值100计算，2016年浙江省文化发展指数为112.30，提高了12.3个百分点。这也是浙江省文化发展指数连续第三年实现两位数增长。

是年　全国A股共有3483家上市公司，其中广东569家(含深圳272家)、浙江415家、江苏385家。

是年　全省共新设注册资本在500万元以下的小微企业30.7万家，比上年增长24.4%；全省在册小微企业数量达到168.3万家，比上年净增25.4万家。

是年　全省共发行销售福利彩票156.4亿元，为国家筹集公益金45亿元，销售总量再创历史新高，连续3年位居全国第二。

是年　全省共创建国家卫生乡镇58个、省级卫生乡镇574个，农村无害化卫生厕所普及率为96.65%。

是年　阿里巴巴纳税366亿元，相较上年的238亿元纳税规模增幅超50%，平均每天纳税超1亿元，带动生态上下游纳税超过2900亿元；带动产业链上下游直接、间接创造3300万个就业岗位。

是年　全省已完成城中村拆迁整治861个，完成改造31.84万户。

是年　2017年浙江城镇常住居民人均可支配收入51261元，首次超5万元；农村常住居民人均可支配收入24956元，分别连续17年、33年位居全国各省(区)第一。

是年　全省共有中共党员389.1万名，比上年净增3.5万名，增幅为0.9%；党的基层组织在上年20.5万个基础上又增加764个，增幅为0.4%。

是年 浙江省人民群众安全感满意率达到96.58%，再创历史新高，连续14年位居全国前列。

是年 浙江省地区生产总值51768.26亿元，其中工业增加值19474.48亿元，人均地区生产总值92057元；社会消费品零售总额24308.48亿元；全社会固定资产投资31125.99亿元；全年财政总收入10301.16亿元；全省非私营单位就业人员平均工资80750元。

是年 浙江省总人口为4957.63万人，人口自然增长率为6.36‰。

2018年

1月2日 新年上班第一天，省委召开全省全面深化改革大会。会上还印发了《中共浙江省委关于深化“最多跑一次”改革，推动重点领域改革的意见》。

1月2日 省卫计委批准成立“浙江大学医学院附属第二医院医疗集团”。集团由3个院区组成，分别为解放路院区、滨江院区和长兴院区。这也标志着浙医二院长兴院区发展迈入新时代。

1月3日 国家广电总局公布《关于第四届中国出版政府奖表彰决定》，浙江19个项目榜上有名。其中，网络文学作品《网络英雄传Ⅰ：艾尔斯巨岩之约》首次收获网络出版物奖，实现浙江网络文学的新突破。中国出版政府奖是国内出版领域的最高奖，每3年评选一次，旨在表彰和奖励全国出版业的优秀出版物、出版单位和个人。

1月4日 在安吉县召开的全国林业厅局长会议上，国家林业局命名安吉县为首个“全国乡村振兴林业示范县”。

1月11日 浙江大学于明坚教授团队成功实现了世界首例百山祖冷杉胚胎培养。百山祖冷杉是浙江特有的一种极小种群植物，仅生长在海拔1500多米的庆元县百山祖国家级自然保护区核心区内，总数只有3棵，有“植物活化石”之称。

1月15日 浙江大学牵头申报的超重力离心模拟与实验装置国家重大科技基础设施(CHIEF)获国家发改委批复同意建设。这也意味着浙江省“国字号”重大科技基础设施迎来零的突破。

1月17日 《浙江日报》报道，环保部发函浙江省环保厅，通报三门县、诸暨市、海盐县、景宁畲族自治县和松阳县5个县(市)达到国家生态县指标要求，通过考核验收。至此，浙江已成功创建39个国家生态县和湖州、杭州两个国家生态市，数量居全国前列。

1月17日 “最美浙江人”展示馆建成开放，“最美浙江人”微信公众号和“最美浙江人”网上展馆同步上线。展示馆位于浙江展览馆，面积近1000平方米，集中展示了“最美浙江人”宣传实践活动的经验和成果。

1月20日 浙江立法研究院在杭州成立。

1月23日 浙江省表彰国医大师全国名中医暨首批省国医名师命名大会在杭州召开，表彰了葛琳仪等国医大师和全国名中医，命名了7位浙江省首批国医名师。

1月24—29日 省政协十二届一次会议在杭州举行。乔传秀代表十一届省政协常委会作工作报告。会议选举葛慧君为新一届省政协主席，选举孙景淼、郑继伟、张泽熙、陈小平、吴晶、蔡秀军、陈铁雄、马光明、周国辉为副主席。

1月25—31日　省十三届人大一次会议在杭州举行。省长袁家军作政府工作报告。31日，会议通过关于政府工作报告、浙江省2017年国民经济和社会发展计划执行情况及2018年国民经济和社会发展计划等有关决议。大会选举车俊为省十三届人大常委会主任，选举梁黎明、姒健敏、李卫宁、李学忠、赵光君、史济锡为副主任；选举袁家军为省长，选举冯飞、朱从玖、王双全、高兴夫、成岳冲、王文序、彭佳学、陈伟俊为副省长。

是月　英国老牌权威报纸《每日电讯报》从过去100多年的历史里评出最杰出的20部间谍小说，浙江著名作家麦家的首部长篇小说《解密》为中国独占一席。

2月1日　国务院正式批复同意宁波、温州高新技术产业开发区建设国家自主创新示范区，区域范围为国务院有关部门公布的开发区审核公告确定的四至范围。这是继杭州国家自主创新示范区后，浙江第二个获批建设的国家自主创新示范区。

2月2日　浙江省世界湿地日活动披露，到2020年，全省湿地面积将不低于1500万亩(不包括水稻田)、自然湿地面积不低于1200万亩，同时将建设100个湿地公园或城市湿地公园。截至2017年底，浙江已有国际重要湿地1处，国家湿地公园12个，国家城市湿地公园4个，省级湿地公园37个，湿地及与湿地有关的自然保护区11个。

2月6日　浙江省文史研究馆新馆在杭州灵隐路18号正式启用。省文史馆成立于1953年。新馆原名“韩明德堂”，又名“怀庐”或“狷庐”，始建于民国时期，后被修缮改造成了集办公、文史创作、交流、展示等功能于一体的新馆。

2月24日　浙江吉利控股集团披露，吉利集团已通过旗下海外企业主体收购德国车企戴姆勒股份公司9.69%具有表决权的股份。戴姆勒总部位于德国斯图加特，旗下业务部门包括梅赛德斯—奔驰乘用车和戴姆勒金融服务等项目。此次收购完成后，吉利集团成为戴姆勒最大的股东。

2月27日　英国施普林格·自然出版集团旗下的杂志《科学报告》报道了发现于缙云县壶镇的新种类甲龙类化石研究成果，这种恐龙被正式命名为“中国缙云甲龙”。

3月1日　据新华社电，中共中央总书记、国家主席、中央军委主席习近平给浙江省余姚市梁弄镇横坎头村全体党员回信，勉励他们同乡亲们一道，再接再厉、苦干实干，努力建设富裕、文明、宜居的美丽乡村。

3月6日　据新华社报道，中央深改组会议审议通过《浙江省“最多跑一次”改革调研报告》，“最多跑一次”改革还被写入政府工作报告并向全国推广。

3月6日　历时两年编撰，由浙江美术名家学者吴山明等通力合作，浙江摄影出版社出版的《中国历代书画名家精品大系》第一辑正式面世。该书从历代名家中遴选了10位书画大家——赵孟頫、沈周、徐渭、八大山人、任伯年、蒲华、吴昌硕、齐白石、黄宾虹、潘天寿，并约请了相关研究领域的著名美术史论家、艺术家担任主编，每位大家自成一册，每册均从各地博物馆收藏的名家传世作品中精选出最具代表性的书画精品160余幅，向读者集中展示大师们的艺术风貌。

3月14日　据省海洋与渔业局介绍，在国家海洋局的支持指导下，作为全国唯一的省级“湾长制”试点，浙江已实现湾（滩）长制全域覆盖。

3月20日　第一届中国（宁波）海外工程师大会在宁波北仑开幕。来自20个国家和国内的370多位各行业顶尖专家及嘉宾，就航空航天、集成电路等门类的239个高科技项目进行现场路演和洽谈对接。

3月22日　首届浙江省亲水节暨“世界水日”主题宣传活动在仙居县举办。活动披露，2017年全省总用水量为179.5亿立方米，较上年减少1.65亿立方米，约相当于15个西湖的水，其中万元GDP用水量降近一成。

3月23日　据省商务厅介绍，在国家商务部发布的255个国家级外贸转型升级基地认定名单中，浙江共有39个基地入围，入围数量占全国总数的15.3%，位居全国第一位。

3月24日　《国美之路大典》在中国美术馆首发。该丛书由中国美术学院数百位师生参与编撰，历时十载，共计16卷39册，近1500万字、2万图版，是中国现代艺术教育史上最大规模的一次学术梳理，也是中国美术出版史上最具研究性的学术工程。

3月25日　由中国美术学院、中国美术馆共同主办的“中国·美术·学院——中国美术学院九十周年纪念展”在中国美术馆开幕。

3月28日　省社科院在杭州举行《践行“八八战略”建设“六个浙江”》首发式暨座谈会。该书系“六个浙江”研究丛书总论，是省社科院课题组共同攻关的重大理论研究成果，由中国社科文献出版社出版。

3月30日　浙江首个“诺贝尔经济学奖工作站”在浙江财经大学揭牌成立。该校还于2012年建成诺贝尔经济学奖文献馆，并与诺贝尔基金会正式建立合作关系，成为全球第一家诺贝尔基金会授权单位。

3月31日　之江实验室第一届学术咨询委员会委员聘任仪式在杭州举行。第一届学术咨询委员会委员共33人，由国内外知名院士、科学家、特级专家组成。

4月1日　据省教育厅介绍，教育部已正式批复同意设立西湖大学。根据复函，西湖大学系社会力量举办、国家重点支持的新型高等学校，由浙江省统筹管理和指导。该校前期将优先建设理学、医学、工学3个学科门类，主要开展基础性、前沿科学技术研究，着重培养拔尖创新人才。学校从举办博士研究生教育起步，全日制在校生规模不超过5000人。《浙江日报》4月18日报道，西湖大学第一届校董会正式成立，诺贝尔物理学奖获得者杨振宁任荣誉主席，第三届“千人计划”专家联谊会会长钱颖一任主席，中国科学院院士施一公任西湖大学首任校长。10月20日，西湖大学在杭州揭牌成立。

4月2日　由复旦大学历史地理研究中心编纂、西泠印社出版社出版的《中华大典·历史地理典》在杭州首发。《中华大典》是经由国务院正式行文批准启动的中华人民共和国成立以来最大的文化出版工程，先后被列为“十一五”“十二五”国家重大出版工程规划之首、国家出版基金重点支持项目，也是中国有史以来范围最大、字数最多、门类最全的类书。由复旦大学历史地理研究所邹逸麟、葛剑雄两位教授领衔主编的《中华大典·历史地理典》共分4个分典15册，计3092万字，按地域、政区、山川、总论、历史地图等专题，将传世历史文献中的有关资料搜集、辑录、标点和整理。

4月6日　津巴布韦总统姆南加古瓦一行在浙江访问。

4月8日　中国美术学院举行建校90周年庆典大会。当天，中国国际设计博物馆、中国美院良渚校区分别开馆开工。

4月9日　浙江红船干部学院在嘉兴正式成立。红船精神研究院同时挂牌。

4月9日　为落实军民融合深度发展，省机电集团有限公司重组国营九二六厂等国有独资军工企业，正式组建浙江省军工集团暨浙江省军工集团股份有限公司(筹)。

4月10日　全国铁路调整列车运行图，“复兴”号列车首次开行，北京到杭州最快只需4小时23分。

4月10日　由舟山建造的国内首艘江海直达船“江海直达1”号从舟山港鼠浪湖矿石中转码头出发，抵达马鞍山马钢港务原料总厂码头。其成功首航标志着中国航运业江海联运新时代的正式开启。

4月10日　浙商银行第一家境外分行——香港分行正式开业。

4月14日　在深圳举行的第十六届中国国际人才交流大会上，“2017魅力中国——外籍人才眼中最具吸引力的中国城市”评选结果正式发布，杭州连续第八次入选。这也是国内唯一一个完全由外籍人才参与评选的引才引智“中国城市榜”。

4月18日　“全国优秀古迹遗址保护项目”颁奖在北京举行，6个重要古迹保护项目获此殊荣，由浙江文化遗产保护企业浙江双林古建园林工程有限公司承担的武汉大学早期建筑——理学院文物保护工程榜上有名。这也是浙江企业首次获得这个文物保护领域的最高奖。

4月19—22日　康复国际2018年执委会在杭州召开，这也是该执委会首次在浙江召开。来自多个国家和地区的50多位执委及国际组织的代表参加会议。浙江积极实施精准康复服务行动，实施残疾儿童抢救性康复补贴制度，补贴标准全国各省最高，覆盖面全国最广。

4月23日　据新华社电，中共中央总书记习近平作出重要指示强调，要结合实施农村人居环境整治三年行动计划和乡村振兴战略，进一步推广浙江好的经验做法，建设好生态宜居的美丽乡村。截至2017年底，浙江累计有2.7万个建制村完成村庄整治建设，占全省建制村总数的97%；74%的农户厕所污水、厨房污水、洗涤污水得到有效治理；生活垃圾集中收集、有效处理的建制村全覆盖，41%的建制村实施生活垃圾分类处理。

4月24日　中国证券业协会绿色证券专业委员会成立大会暨中国绿色证券高峰论坛在湖州召开。本次会议由中国证券业协会、湖州市政府、亚洲金融合作协会与德国国际合作机构联合主办。来自87家证券公司、20家基金管理公司的代表与国内外相关专家、学者、企业家共襄盛会。

4月26日　全国改善农村人居环境工作会议在安吉县召开。国务院总理李克强对会议作出重要批示。

4月26日　中国人民大学国家发展与战略研究院在北京发布《绿色之路——中国经济绿色发展报告2018》，通过计算省(区、市)尺度和城市尺度的绿色发展指数，对31个省(区、市)、100 个城市的绿色发展之路进行了评价。评价显示,浙江绿色发展指数名列第一。

4 月 28 日　浙江民盟盟史馆开馆仪式在杭州举行。

是月　安吉县黄杜村 20 名农民党员给习近平总书记写信,汇报村里种植白茶致富的情况,并提出捐赠 1500 万株茶苗帮助贫困地区群众脱贫。习近平为此作出重要指示,强调要增强饮水思源、不忘党恩的意识,弘扬为党分忧、先富帮后富的精神,对于打赢脱贫攻坚战很有意义。接到习近平重要指示后,黄杜村举行了向湖南省古丈县等 3 省 4 县的 34 个贫困村捐赠白茶苗仪式,预计将带动 1862 户 5839 名建档立卡贫困人口增收脱贫。

是月　经国家知识产权局发函,同意建设中国(浙江)知识产权保护中心。

是月　《省级政府网上政务服务能力调查评估报告(2018)》在北京发布,浙江居 2017 年度省级政府网上政务服务能力全国首位。

5 月 3 日　据省工商局介绍,全省在册市场主体总量首次超 600 万户,在册企业数首次超 200 万户,每万人市场主体拥有量为 1074 户,位居全国榜首。

5 月 8 日　省工商局正式对外发布的《2017 年浙江省商标品牌发展报告》显示,截至 2017 年底,浙江省累计有效商标注册量为 1544827 件,全国排名第二,仅次于广东。

5 月 9 日　省委召开全省对外开放大会。会上宣布了省委、省政府决定推出 10 项新的对外开放重大举措;表彰了 2017 年度省外贸十强县(市、区)、十佳国际投资企业、十佳开放平台、十佳对外合作单位。

5 月 15 日　文化和旅游部、工业和信息化部联合发布第一批国家传统工艺振兴目录,共 14 大类别 383 项。其中浙江共有 22 个项目入选,涵盖纺染织绣、雕刻塑造、金属加工、陶瓷烧造、文房制作、漆器髹饰、印刷装裱、器具制作 8 大类别,涉及省内 9 市,数量居全国各省(区、市)前列。

5 月 15 日　全省高水平建设"四好农村路"三年行动计划暨"千项百亿"工程正式启动。"四好农村路"是指建设好、管理好、养护好、运营好的农村公路,计划通过 3 年投资 1000 亿元,提升改造农村公路 4 万千米。

5 月 16 日　文化和旅游部公布了第五批国家级非物质文化遗产代表性项目代表性传承人名单。在第五批共 1082 名代表性传承人名单中,浙江共有 74 人榜上有名,数量位列各省区市第一。自 2007 年以来,国家文化主管部门认定的五批共 3068 名国家级代表性传承人中,浙江共有 196 人入选,总人数位居全国第一。

5 月 17 日　俄罗斯鞑靼斯坦共和国总统明尼哈诺夫在浙江访问。

5 月 17 日　由中国作家协会、浙江省委宣传部、杭州市委宣传部主办的首届中国网络文学周在杭州市滨江区白马湖开幕。

5 月 17—19 日　全国首届"红色文化研究与学科建设"学术研讨会在杭州召开。会上,"浙江省红色文化研究会"揭牌并落户浙江理工大学。

5 月 18 日　孙孚凌在北京逝世。孙孚凌,祖籍绍兴,1921 年 9 月出生于黑龙江省黑河市,生前曾任全国政协副主席、全国工商联常务副主席及名誉副主席等职。

5 月 26 日　由中国科学技术协会、浙江省政府主办的第二十届中国科协年会在杭州国际博览中心开幕。

5月28日　省水利厅印发《浙江省美丽河湖建设实施方案(2018—2022年)》,开启新一轮治水探索。根据方案,未来5年,浙江将以“安全、生态、美丽、富民”为目标,重点实施以流域为单元的“百河综治”,完成河道综合治理5000千米,建成美丽河湖500条(个)。另据统计,自2003年启动万里清水河道建设以来,浙江已累计治理县乡河道近3万千米。

5月29日　全省深化“亩均论英雄”改革工作会议召开。

6月1日　长三角地区主要领导座谈会在上海召开。有关方面还就组建长三角地区一体化发展投资基金、5G先试先用、环保领域信用联合奖惩、打通省际断头路、共建G60科创走廊、推进“人工智能＋法院”、申宁杭合四城轨交扫码便捷通行、推进“互联网＋”医联体、协同做好中国国际进口博览会服务保障工作、推进工业互联网平台集群联动、建立协同优势产业基金等一批合作项目进行了现场签约。

6月7日　由商务部主办的第三次中国—中东欧国家经贸促进部长级会议在宁波召开。本次会议的主题是“深化16＋1经贸合作”,中东欧16国的经贸部长或代表率团与会。会议一致通过了《中国—中东欧国家电子商务合作倡议》《中国—中东欧国家服务贸易合作倡议》,决定建立中国—中东欧国家经贸官员研讨交流机制,并宣布在宁波正式启动建立首个“16＋1”经贸合作示范区。

6月7日　浙江大学医学院附属杭州市第一人民医院揭牌。这是第8所挂牌浙江大学医学院附属医院的医疗机构,也是浙江大学医学院第一家非直属附属医院。

6月12日　省公安厅和杭州市公安局出入境管理局联合为51名外籍人士颁发外国人永久居留身份证。

6月14日　省政府召开全省大花园建设动员部署会,强调要举全省之力全面推进大花园建设,加快打造“幸福美好家园、绿色发展高地、健康养生福地、生态旅游目的地”。

6月21日　由光明日报社、省委宣传部和嘉兴市委联合主办的首届“红船论坛”在嘉兴举行。

6月22日　国家卫生健康委员会在浙江大学医学院附属第二医院滨江院区召开“医疗技术能力和医疗质量水平双提升”新闻发布会。这也是国家卫健委首次在地方召开新闻发布会。发布会显示,浙江有51个专科列入国家临床重点专科建设项目,综合救治能力已进入国内第一方阵。

6月25日　重新设计布展后的良渚博物院在杭州美丽洲公园内开馆,展品汇集了省文物考古研究所、省博物馆、良渚博物院和余杭博物馆4家馆藏,共展出文物600余件(组),比原展陈数扩充近1倍。

6月27日　省政府召开全省大通道建设推进部署会,强调要聚焦三个“1小时交通圈”和十大标志性项目,着力打造互联互通、无缝对接、安全便捷、绿色智能的现代综合交通体系。

6月27至7月3日　大型人文纪录片《江河密码·一脉钱塘》在中央电视台十套《探索·发现》栏目播出,每集40分钟。该片讲述了钱塘江流域的自然环境、地方物产、民间艺术、乡风民俗、历史传说和精英人物故事。

6月28日　教育部、浙江省第一次部省会商会议在杭州举行。双方还签署了共同推进浙江大学"双一流"建设战略合作协议。

是月　杭州汽轮机股份有限公司中标全球功率最大的工业驱动机组。这不仅终结了国外对120万吨/年以上乙烯装置的垄断，更使杭汽股份成为世界最大功率工业驱动用汽轮机的制造者，同时也意味着在高端重大装备制造业领域，"浙江制造"再次取得里程碑式突破。

7月5日　两艘载有中国游客的游船在泰国普吉岛附近海域突遇特大暴风雨，发生倾覆事故。船上127名中国游客中，16人死亡、33人失踪。船上共有海宁海派家具有限公司员工及家属37人。

7月6日　2018年度亚太区智慧城市大奖公布，经过6轮筛选，组委会从参选的148个优秀智慧城市项目中评选出19个最佳项目，杭州城市大脑获交通组大奖。这也是杭州首次入围该奖项。

7月8日　习近平在《浙江省委关于"八八战略"实施15年情况报告》上作出重要指示，强调干在实处永无止境，走在前列要谋新篇，勇立潮头方显担当。希望浙江以改革开放40周年、"八八战略"实施15周年为新起点，努力在决胜全面建成小康社会、夺取新时代中国特色社会主义伟大胜利的征程中继续走在前列。7月10日，中共浙江省委召开"八八战略"与习近平新时代中国特色社会主义思想座谈会。

7月8日　主题为"携手共创新时代"的首届海峡两岸青年发展论坛在杭州开幕。

7月11日　《浙江画报》创刊60周年报告会在杭州举行。《浙江画报》创刊于1958年7月，是浙江唯一以摄影为主的图文并茂的综合性大型刊物，属于新闻、社会与摄影相结合的综合性图文读物。

7月12日　之江实验室举行首席科学家聘任仪式，中国工程院院士潘云鹤受聘为人工智能领域首席科学家，中国工程院院士邬江兴受聘为网络安全首席科学家。

7月16日　全省首届智力运动会在丽水开幕。运动会共设"五棋一牌"(围棋、国际象棋、五子棋、象棋、国际跳棋、桥牌)6个大项、62个小项。这也是全省规模最大、影响力最广的智力项目综合性运动会。

7月16日　据省民政厅介绍，浙江率先在全国全面实现县(市、区)域范围内低保标准城乡一体化。全省人均月低保标准达到744元，全省在册城乡低保对象74.4万人，占户籍人口的1.54%。

7月18日　《长三角地区一体化发展三年行动计划(2018—2020年)》正式印发。

7月19日　由连横纪念馆、两岸和平发展基金会共同主办的"连横纪念馆十周年庆系列活动"开幕式在杭州举行，中国国民党前主席、两岸和平发展基金会董事长连战出席并致辞。连横纪念馆成立于2008年12月，10年来接待参观游客近百万人次，接待台湾嘉宾参访团600余批次，是两岸共同弘扬中华优秀文化、扩大交流、增进共识的重要平台。

7月24日　省政府召开全省数字经济发展大会。

7月26日　教育部学位与研究生教育发展中心公布了全国首次专业学位水平评估结果，浙江大学、浙江工商大学等省内10所大学入选。

7月27日　全国人大重点督办建议现场会在杭州举行，作为全国首个国家标准化综合改革试点，截至当年6月，浙江省有效认证证书总数达24.7万张，占全国总量的13.84%，居全国第二。

7月28日　省内最大规模专业儿童康复中心——浙江中医药大学附属第三医院康复院区（浙江康复医疗中心）儿童康复中心医疗部正式对外接诊。

8月1日　国家市场监督管理总局公布了2016—2017年度国务院对省级政府质量工作考核结果，浙江省连续第三次被评为第一等次A级，与北京、上海、广东三省市并列全国第一方阵。

8月3日　省治水办披露，全省开启新一轮省级河长巡河行动。浙江已经形成省、市、县、乡、村五级联动的河（湖）长架构，并初步形成了一套以河（湖）长制为核心的治水长效机制和责任体系，全省各级河长共计5.7万名，各级湖长4000余名，实现水域全覆盖。其中，钱塘江、瓯江、苕溪、京杭运河浙江段、曹娥江、飞云江6条河道干流的最高层级河长由省级领导担任。

8月7日　据省外国专家局介绍，国家外国专家局、教育部联合下发通知，批准全国25家高校入选2018年度地方高校"学科创新引智计划"（简称国家"111计划"）。浙江共有浙江农林大学等6家省属高校9个学科入选国家"111计划"，列全国首位。该计划指从世界范围排名前100位著名大学及研究机构的优势学科队伍中，引进、汇聚1000余名优秀人才，形成高水平的研究队伍，建设100个左右世界一流的学科创新引智基地。

8月14日　据在加拿大萨斯卡通召开的国际灌排委员会第69届国际执行理事会全体会议公布的2018年（第五批）世界灌溉工程遗产名录，龙游县姜席堰成功入选。

8月15日，省工商局、省工商联、省民营企业发展联合会根据2017年度企业年报相关数据和有关部门的指标，联合公布了"2017年度浙江省民营企业百强榜单"。榜单反映，2017年销售额超千亿元的浙企从2016年的4家增加到8家，分别是吉利控股、海亮集团、青山控股、万向集团、天能集团、荣盛控股、恒逸集团和超威集团。

8月18日　马来西亚总理马哈蒂尔在浙江访问。

8月22日　中国计算机学会与杭州萧山区政府举行签约仪式，双方将在钱江世纪城打造一座计算机博物馆，这也是国内首座计算机博物馆。该博物馆将于当年年底动工建设，最快于2022年亚运会前投入使用。

8月29日　在沈阳举行的2018中国民营企业500强峰会，发布了中国民营企业500强榜单、中国民营企业制造业500强榜单以及中国民营企业服务业100强榜单，浙江分别有93家、97家、10家企业入围，入围企业数量已连续20年居中国民营企业500强榜单第一位。

9月2日　第十八届亚洲运动会在印度尼西亚雅加达落幕。第十九届亚运会将于2022年在杭州举行。在闭幕式现场，杭州市以"向往"为主题，表演了为时8分钟的精彩演出。杭州市市长徐立毅接过了亚运火炬和亚运会旗，意味着亚运会正式进入"杭州时间"。

9月5日　据省物价局介绍，千岛湖、普陀山等一批重点景区门票将在当月起陆续降价，到"十一"黄金周前全部完成调价。

9月6日　中非民营经济合作高峰论坛在杭州国际博览中心开幕。塞内加尔共和国总统马基·萨勒等出席开幕式并致辞。本届论坛以"深化中非民营经济合作"为主题，由全国工商联和浙江省政府共同主办。主论坛还发布了《首批中国民营企业在非境外经贸合作区清单》，并举行了合作项目签约仪式。

9月7日　多哥总统福雷一行在浙江访问。

9月8日　在之江实验室成立一周年之际，其人工智能领域的5个研究中心正式挂牌成立，分别为智能机器人研究中心、人工智能算法研究中心、网络大空间搜索研究中心、智能芯片研究中心和网络健康大数据研究中心。

9月11日　全省119家高风险药品生产经营企业签订落实企业主体责任承诺书。根据相关法律，省食药监管部门为药企划出"八条红线"，任何企业一旦触碰任何一条红线，将坚决收回药品生产质量管理规范证书并公开曝光，直至吊销《药品生产许可证》；涉嫌犯罪的，坚决移送公安机关追究刑事责任。

9月12日　海峡两岸青年就业创业基地和示范点授牌仪式在宁波举行。

9月13日　全省特色小镇规划建设工作现场推进会在余杭艺尚小镇召开。至此，全省已有7个省级特色小镇、115个省级创建小镇、64个省级培育小镇。据介绍，浙江特色小镇建设"宽进严定"，不搞"终身制"。

9月14日　省领导在省人民大会堂看望载誉归来的第18届亚运会浙江体育健儿。在第18届亚运会上，浙江共取得23金18银8铜的好成绩，金牌数和奖牌数均列各省(区、市)第2位，创造了浙江境外参加亚运会金牌的新纪录，也是浙江健儿在亚运赛场获奖牌最多的一次。

9月15日　第二十四次全国地方立法工作座谈会在杭州召开。中共中央政治局常委、全国人大常委会委员长栗战书出席会议并讲话。

9月16—26日　浙江省第十六届运动会在湖州市奥体中心举行。该届省运会共设置26个大项、32个分项、769个单项，是历届省运会设项最多最全的一届。各市、行业代表团参赛总人数超过1.2万人。本届省运会共决出现场金牌912枚、奖牌2579枚。与历届相比，取消了金牌总数、奖牌总数和总分数的排名，设立体育道德风尚奖和2014—2017周期浙江省竞技体育突出贡献奖。

9月18日　浙江出版传媒股份有限公司创立大会举行。

9月21日　浙江省女企业家协会30周年庆祝大会在杭州省人民大会堂举行。大会表彰了陈爱莲等40位杰出女企业家，发布《凝聚巾帼心，绽放新时代》倡议书。

9月20—21日　中宣部在长兴县召开县级融媒体中心建设现场推进会，对在全国范围推进县级融媒体中心建设作出部署安排，要求2020年底基本实现在全国的全覆盖，2018年先行启动600个县级融媒体中心建设。浙江已有42个县(市、区)挂牌成立统一的传媒中心或传媒集团，计划于2019年年底基本实现县级融媒体中心在全省的全覆盖。

9月21日　全省第一万家农村文化礼堂——建德市三都镇镇头村文化礼堂正式启用。

9月21日　随着新拓宽的萧山西小江和浦阳江大桥8车道路面的开通，历时近6年的杭金衢高速公路改扩建一期工程全线通车。这条浙江省内曾经最拥堵的高速公路从此实现全程 8 车道通行。

9 月 27 日　浙江“千村示范、万村整治”工程，被联合国环境规划署授予最高环保荣誉——2018 年“地球卫士奖”，并在纽约联合国总部举行了颁奖典礼。联合国称，这是“极度成功的生态恢复项目”。2003 年浙江启动“千万工程”，提出 5 年内建成全面小康建设示范村 1000 个以上、完成村庄整治 1 万个左右，以改善农村生态环境、提高农民生活质量。到上年底，全省共有 2.7 万个建制村完成村庄整治。

9 月 27—28 日　中共中央政治局常委、国务院总理李克强在舟山、台州考察调研，强调要更大力度推进改革开放，进一步激发市场活力，推动经济高质量发展。

9 月 28 日　经过 20 多年的努力，乐清湾跨海大桥全线通车。台州玉环至温州乐清车程缩至 20 分钟。

10 月 8 日　国家发改委批复新建上海经苏州至湖州铁路可行性研究报告，同意建设沪苏湖铁路，线路起自上海虹桥站，途经江苏省苏州市，终于湖州站。正线长 163.54 千米，设计速度目标值达 350 千米/小时，设站 6 座。建成后，湖州到上海最快只需三四十分钟。

10 月 11 日　杭州在云栖小镇正式启动“打造全国数字经济第一城”行动。杭州数字经济增加值占全市经济总量已超 25%，对全市经济增长贡献率逾 50%，占全省数字经济比重一半以上。预计当年总量将超 1 万亿元，到 2022 年将达到 1.2 万亿元以上。

10 月 15 日　国家林业和草原局在广东深圳召开会议，授予 27 个城市“国家森林城市”称号，舟山市、桐庐县、安吉县和江山市榜上有名。至此，全国“国家森林城市”已达 165 个。

10 月 17 日　杭州最长一条东西向快速路——文一路地下通道试通车。这条地下通道是连接杭州下沙和城西的大动脉，全长 5.8 千米，为双向 4 车道。开通后，从下沙高教园区通往蒋村，最快只需 45 分钟，将极大改善杭州城西的交通拥堵状况。

10 月 20 日　浙江农林大学庆祝建校 60 周年。该校创建于 1958 年，2010 年更名为浙江农林大学。经过 60 年建设，学校已发展成为以农林、生物环境学科为特色，涵盖八大学科门类的多科性大学，建立了学士、硕士、博士完整的人才培养和学位授权体系。学校现有在校生 3.2 万人、教职工近 2000 人，是浙江唯一一所以农林学科为特色的综合性大学。

10 月 30 日　武侠小说泰斗金庸先生在香港去世，享年 94 岁。金庸 1924 年 3 月出生于海宁市。

11 月 7 日　第五届世界互联网大会在桐乡乌镇开幕。国家主席习近平致贺信，希望大家集思广益、增进共识，共同推动全球数字化发展，构建可持续的数字世界，让互联网发展成果更好造福世界各国人民。本届大会以“创造互信共治的数字世界——携手共建网络空间命运共同体”为主题，来自 76 个国家和地区的约 1500 名嘉宾参会。

11 月 12 日　凌晨，上海世博中心数字大屏最终定格在 2135 亿元，标志着自 2009 年举办第一届“双 11”(指 2009 年 11 月 11 日举行的网络购物促销活动)以来，10 年时间，天猫“双 11”成交金额增长 4000 多倍。

11 月 12 日　纪念毛泽东同志批示学习推广“枫桥经验”55 周年暨习近平总书记指示坚持发展“枫桥经验”15 周年大会在绍兴召开。

11月19日　由联合国主办，中国自然资源部和浙江省人民政府共同承办的联合国世界地理信息大会在德清开幕。国务院总理李克强发来贺信表示祝贺。联合国秘书长古特雷斯致视频贺辞。为期3天的会议围绕衡量与监测可持续发展目标，共享数字经济、位置与大数据等议题进行讨论，来自83个国家和地理信息相关领域国际组织、学术界和产业界共计1200多人与会。会后还发布了《莫干山宣言：同绘空间蓝图，共建美好世界》。

11月22日　由中共中央对外联络部主办的第二届"中国—阿拉伯国家政党对话会"在杭州举行。来自17个阿拉伯国家的60多个主要政党领导人，以及中央党史和文献研究院、外交部、商务部等中央有关单位约200名中外方代表出席会议。对话会主题为"携手共建更加美好的世界"。会议通过了《中阿政党对话2018杭州宣言》。

11月27日　省"最多跑一次"改革办公室披露，除例外事项清单外，浙江省、市、县三级已实现"最多跑一次"事项100%覆盖。2016年发端于浙江的"最多跑一次"改革，是指群众和企业到政府办理一件事情，在申请材料齐全、符合法定受理条件时，从受理申请到形成办理结果全过程只需一次上门或零上门。为此，浙江已梳理公布省、市、县三级"最多跑一次"办事事项主项1411项、子项3443项，基本包括群众和企业到行政机关办理的所有权力事项和公共服务事项。11月30日，省十三届人大常委会第七次会议还全票审议通过《浙江省保障"最多跑一次"改革规定》，并将于2019年1月1日起施行。这也是全国"放管服"改革领域首部综合性地方法规。

11月27日　在省十三届人大常委会第七次会议上，浙江全口径、全覆盖的国有资产"家底"第一次以综合报告的形式出现。报告披露，截至2017年底，全省共有各级国有企业10862户，全省企业国有资产总额10.44万亿元，负债总额7.18万亿元，净资产3.26万亿元；全省行政事业性国有资产总额12718亿元，负债4112亿元，净资产8606亿元。据统计，2017年全省国有企业实现营业收入15287亿元，利润总额946亿元，收入利润率6.2%，上缴税费581亿元。

11月30日　宁波温州国家自主创新示范区建设推进大会在宁波举行。宁波温州国家自主创新示范区是2015年杭州国家自主创新示范区获批以来，党中央、国务院赋予浙江的又一重大创新平台，使浙江成为继广东后拥有2个国家自主创新示范区的省份。

12月　《浙江省改革开放40年大事记》由红旗出版社出版。该书由省委宣传部组织指导，省地方志办公室编纂，全面、系统、客观地记述了改革开放40年来浙江经济社会各项事业的发展历史和巨大变化。

12月25日　宁波舟山港梅山港区6号集装箱泊位通过交工验收，可靠泊2.2万标箱的全球最大集装箱船，标志着全国最大的集装箱码头初步建成。

12月26日　根据国家邮政局全国快递业数据监测系统显示，浙江当年快递业务量（发件量）正式超100亿件，总量已接近美国快递业80%的规模，是排名世界第三位的日本快递总量的两倍。全省快递业务量从2012年的8.2亿件增长到100亿件，年均增速逾50%，全国市场份额从原来的10%提升到20%。全国快递业20强城市，浙江占有6席。据统计，全省快递业日均服务超过4000万人次，快递业从业人员近30万人，快递服务法人企业及其分支机构接近1万家。

是年　浙江数字经济总量达2.33万亿元，较上年增长19.26%，占GDP的比重达41.54%，高出全国平均水平6.74个百分点，总量和增速均居全国第四。数字经济已成为浙江经济发展的重要引擎。

是年　按各省份的市场化程度排名，浙江省市场化指数居全国第一，该指数排名前五位的省份依次是浙江、上海、广东、天津和江苏。中国市场化指数课题从2000年开始进行，已持续近20年。它由政府与市场的关系、非国有经济的发展、产品市场的发育程度、要素市场的发育程度、市场中介组织的发育和法治环境等五个反映市场化特定方面的指数组成。

是年　全省民营经济以58.1%的税收、63.1%的投资、65.5%的生产总值、71.9%的研发投入(2017年)、78.0%的外贸出口、87%的就业岗位和91.2%的企业数量，持续保持良好发展态势。

是年　宁波临空经济示范区获国家发改委、民航局正式批复，成为继杭州之后全国第11个国家级临空经济示范区，浙江因此也成为全国唯一拥有两个国家级临空经济示范区的省份。

是年　舟山保税船用燃料油供应量达359.29万吨，结算量超过560万吨，跃升为国内第一大加油港，约占全国结算量的50%，并首次跻身全球十大供油港。

是年　浙江省人均月低保标准达到771元，位居全国第四、各省区第一位，并率先在全国实现县(市、区)城乡低保标准一体化。截至年底，全省在册城乡低保对象72.7万人，新增低保对象9.2万人，累计支出低保资金44亿元。

是年　浙江涉农贷款、农户贷款、农房抵押贷款余额3项金融支持乡村振兴主要指标均居全国第一。

是年　全省林业行业总产值超过6200亿元，比上年增长10%以上，其中森林休闲养生业首次跃居林业第一大产业。

是年　经省人力社保厅决定，在第44届世界技能大赛上获汽车喷漆项目冠军的杭州技师学院教师蒋应成晋升特级技师职业资格，这位还不满22岁的优秀青年工匠成为浙江首位“95后”特级技师。截至2017年底，浙江高技能人才总量已达278.7万人，占技能人才总量的28.8%。全省技工院校达77所，其中技师学院21所，在校生14.2万人。技工院校的毕业生初次就业率稳定在98%以上，招生人数也逐年增加。

是年　浙江省地区生产总值56197.15亿元，其中规模以上工业增加值14714亿元，人均地区生产总值98643元；社会消费品零售总额25007.9亿元；全年财政总收入11705.8亿元；全省非私营单位就业人员平均工资为88883元。

是年　浙江省常住人口为5737万人，人口自然增长率为5.44‰。

2019年1—6月

1月2日　钱塘江上游衢江畔的龙游港区桥头江作业区正式开港。至此，桐庐富春江船闸至衢州市区双港口175千米长的钱塘江中上游航道全线通航，浙江11个设区市全部通江达海。

是月　甬台温高速公路复线全线贯通。甬台温高速公路复线又称浙江沿海高速公路，工程起于宁波绕城高速公路，途经象山、宁海等14个县（市、区），终于苍南浙闽交界处，与福建省福鼎市的高速公路网相接，全长约380千米，投资近千亿元。它是浙江沿海融入长三角，构筑杭、甬、温都市圈，发展温台沿海产业带，保护和合理开发浙东沿海蓝色屏障的快速通道。公路全线贯通后，将从南北打通沿海纵向发展的高速通道，北接上海、宁波，南望海西经济区，解决甬台温沿海大交通的瓶颈问题，成为国家“一带一路”和长江经济带的南向主要交通动脉。

2月19日　浙江海港集团和上海港务集团在上海签署了小洋山综合开发合作协议。这是浙江接轨上海的重大标志性项目，也是浙、沪两地全面落实长三角一体化发展国家战略的创新务实之举。小洋山地处舟山嵊泗，位于“一带一路”和长江经济带的交会区，位置极其重要。根据协议，浙江海港集团和上海港务集团以股权合作方式对小洋山进行开发运营，双方合资后的盛东公司作为小洋山北侧唯一开发、建设、运营和管理主体。此举将有助于在此前洋山深水港区开发合作的基础上，实现小洋山全域一体化开发，形成更高层次对外开放的新平台。

3月15日　全省市县部门和乡镇（街道）“三定”规定完成制定，标志着市、县、乡三级机构改革已全面完成。2018年10月全省机构改革动员大会后，不到半年时间，全省11个设区市526个部门，89个县（市、区）3128个部门以及1375个乡镇（街道）便均已完成“三定”工作。

3月19日　《浙江日报》全文刊登省委办公厅、省政府办公厅印发的《关于全面推进县域医疗卫生服务共同体建设的意见》。

3月21日　经党中央、国务院批准，同意中国国际日用消费品博览会从2019年起更名为中国—中东欧国家博览会暨国际消费品博览会。据统计，宁波与中东欧国家贸易总量由2014年的24.43亿美元增长到2018年的36.96亿美元，占全国比重由4%提升到4.5%。宁波还在全国开设了33个中东欧商品直销中心，已成为全国最大的中东欧商品集散中心。

3月22日　全省教育大会在杭州举行。会议强调浙江要优先推进教育高质量发展，率先高水平实现教育现代化。

3月22日　杭港地铁公司宣布，联合支付宝推出基于区块链技术的电子发票。杭州市民、外来游客通过杭州地铁App、支付宝即可一键完成扫码过闸支付、开票和报销的全流程。这是国内支付宝赋能将区块链技术首次应用于出行，也是杭州地铁打造的“智慧出行”全流程服务的又一创新。自2018年3月起，杭州地铁所有的闸机都可支持扫码过闸，移动支付比例高达57%，位居全国第一。

3月23日　世界旅游联盟总部暨世界旅游博物馆建设项目在萧山区湘湖国家旅游度假区正式启动。项目包括世界旅游博物馆和配套酒店两部分，力争2020年底交付使用。

3月26日　重新编制后的《杭州西湖风景名胜区总体规划》开始向社会公示。本轮规划期限为2021—2035年。规划中最引人关注的变化在景区道路交通，力求体现鼓励公交优先、绿色出行的理念。此外，为保护西湖文化历史的完整性与连续性，规划还对西湖风景区范围进行微调，新增河坊街、南宋皇城遗址、梵村三块保护区，面积约 0.2 平方千米，即以后西湖景区的面积将增加至 59.26 平方千米。

3 月 27 日　全国首个影视产业文联——浙江省横店影视产业文学艺术界联合会在横店成立，标志着广大文艺工作者尤其是“横漂”新文艺群体有了新家。

3 月 29 日　全省建设平安浙江工作会议在杭州举行。会议强调全省各地各部门要深入贯彻落实习近平总书记关于社会治理和平安建设的重要论述精神，站在平安浙江建设 15 周年新起点上再出发，努力建设更高质量、更高水平的平安浙江。

3 月 29 日　浙江首个海上风电场——舟山六横海上风电场海底电缆铺设完工，63 台风机机组实现联网发电。风电场规划海域面积约为 50 平方千米，规划装机容量 252 兆瓦。

是月　中共中央办公厅、国务院办公厅转发了《中央农办、农业农村部、国家发展改革委关于深入学习浙江“千村示范、万村整治”工程经验扎实推进农村人居环境整治工作的报告》，并发出通知，要求各地区各部门结合实际认真贯彻落实。

是月　由宁波大学和宁波天一阁博物馆共同承担的国家社科基金重大项目《天一阁所藏文献分类整理与研究》课题结项鉴定会宣布：天一阁共藏有古籍 2.2 万种、15.8 万册，其中善本古籍 5313 种、34626 册。课题组还对天一阁所藏 515 种方志全部影印出版。这也是中华人民共和国成立以来对天一阁文献最系统最全面的清理。天一阁建于明朝中期，占地 2.6 万平方米，是亚洲现存最古老的图书馆和世界最早的三大家族图书馆之一。

4 月 2 日　省政府批复同意设立杭州钱塘新区，意味着杭州大江东产业集聚区和杭州经济技术开发区（下沙）正式整合。新设立的钱塘新区面积达 531.7 平方千米，托管管理范围包括江干区的下沙、白杨 2 个街道，萧山区的河庄、义蓬、新湾、临江、前进 5 个街道，以及大江东产业集聚区规划控制范围内的其他区域。新区将按“一个平台、一个主体、一套班子、多块牌子”的体制架构，保持原有 3 个国家级牌子（杭州经济技术开发区、浙江杭州出口加工区、萧山临江高新技术产业开发区）不变，同时在机构设置和人员编制等方面积极致力于改革创新。

4 月 3 日　杭州市人大常委会作出决定：从当年起，将每年的 9 月 26 日设立为“工匠日”，这也是全国首个“工匠日”。1937 年 9 月 26 日，中国自行设计、建造的第一座双层铁路、公路两用桥——杭州钱塘江大桥建成通车，至今依然是钱塘江上的标志性建筑，也是工匠精神的结晶。杭州为此将这一天设为“工匠日”。

4 月 8 日　杭州亚组委披露，杭州亚运会将于 2022 年 9 月 10—25 日举行。同时确定竞赛大项增至 37 个，包括 28 个奥运项目和 9 个非奥项目。其中在奥运项目上新增了马术，非奥项目龙舟则作为分项并入奥运项目中的皮划艇，同时新增克柔术、柔术和板球 3 个非奥项目。

4 月 12 日　省政府和国家标准化管理委员会在杭州联合召开 2019 年标准化工作联席会议。会上，市场监管总局宣布，由浙江省市场监管局为第一起草单位、以“最多跑一次”改革经验为基础的国家标准《审批服务便民化工作指南》在全国正式实施。其中，重点采纳了浙江“最多跑一次”改革的并联审批、多图联审、区域评估、“标准地”、限时联合验收等改革成果，以及浙江数据共享举措、政务服务系统建设模式、无差别全科受理等实践做法，形成可复制可推广的标准文本。据悉,这也是以浙江为主制定的首个政务服务领域国家标准。截至2018年底,共有35888家浙江企业自我声明公开标准136462项,涵盖185774种产品,3项关键指标连续3年位列全国第一,团体标准公开数位列全国省区第一。

4月28日　浙江省政府与中国电信集团、中国移动集团、中国联通集团、中国铁塔公司在杭州举行"5G+"行动联合发布会,聚力共推5G网络建设、产业发展和创新应用,赋能数字经济"一号工程"和高质量发展。活动吸引了阿里巴巴、华为、爱立信、诺基亚等100多家国内外知名企业及浙江大学、之江实验室等一批科研院所参会参展。四大电信集团和行业龙头企业集中发布展示了基于5G技术创新和应用的机器人、无人机、自动驾驶汽车、物流车等一批5G最新科技成果、数字化应用、解决方案和终端产品。会上,省政府还发布了《关于加快推进5G产业发展的实施意见》。

5月5日　按4月24日省委十四届五次全会对"警示教育月"活动所作部署,省委、省人大、省政府、省政协四套班子领导集体赴省法纪教育基地,参观廉政警示教育展,以此推动全省"警示教育月"活动深入开展。

5月6日　省推进长三角一体化发展工作领导小组召开第一次(扩大)会议。省委书记车俊要求,要深入贯彻习近平总书记重要指示精神,抢抓长三角一体化发展上升为国家战略的机遇,以更大格局、更高质量、更好环境、更强合力,推进接轨融入上海、推进长三角一体化发展、推进更高起点的深化改革和更高层次的对外开放,奋力书写新时代长三角一体化发展的浙江新篇章。

5月6日　由浙江图书馆、浙江师范大学合作编纂,国家图书馆出版社出版的《浙学未刊稿丛编》(第一辑)新书发布暨出版座谈会在杭州举行。《丛编》充分利用全国古籍普查的最新成果,系统梳理了南宋以降有关浙学的未刊稿抄本文献,主要收录浙江籍人士著作,以及外省人士有关浙学的撰述,全部为1950年后未曾刊印过的稿抄本及价值较高的孤罕印本。《丛编》共五辑,收录130余人著述约413部1870册。该项目旨在解决珍贵古籍借阅难问题,同时完善名录保护制度,为社会各界后续多方面的研究利用夯实了珍贵的文献基础。

5月7日　浙江大学社会治理研究院成立揭牌仪式暨《"最多跑一次"改革:浙江经验,中国方案》首发式举行。浙大社会治理研究院旨在倡导、开展、引领社会治理研究,以基层社会治理、社会组织、重大民生领域、公益慈善等为主要研究方向。

5月9日　《浙江日报》创刊70周年座谈会在杭州举行。

5月9日　博库数字出版传媒集团在杭揭牌。该集团由博库网络传媒集团、浙江省期刊总社、浙江电子音像出版社、浙江出版集团数字传媒公司4个单位整合组建而成,成为国内又一家大型数字出版集团。

5月17日　第四届中国—中东欧国家农业部长会议暨第十四届农业经贸合作论坛在杭州举行,围绕"农业数字化——乡村振兴的动力引擎"主题,展开对话交流,搭建深化合作平台。来自希腊、阿尔巴尼亚、立陶宛等中东欧17国和国内有关代表出席。会议审议通过了《中国—中东欧国家农业部长会议杭州共同宣言》。

5月18日　浙江树人大学树兰国际医学院在杭州成立。学院是由浙江树人大学与树兰医疗管理集团共建共办、致力于培养具有国际化视野的医学精英人才的实体化国际医学院。

5月18日　在第43个国际博物馆日到来之际，良渚博物院基本陈列“良渚遗址是实证中华五千年文明史的圣地”和浙江省博物馆“越地宝藏——100件文物讲述浙江故事”展览分别获“第十六届(2018年度)全国博物馆十大陈列展览精品奖推介”精品奖和优胜奖，中国丝绸博物馆获“最具创新力博物馆”称号。

5月18日　中国阳明心学高峰论坛永久会址落户绍兴后举办的首次论坛——第三届中国阳明心学高峰论坛在绍兴举行。王阳明专题文献数据库建设同时启动。数据库栏目由“生平概况”“传世著作”“学派传承”“后世影响”“阳明研究”等8部分组成，是目前国内唯一在建的以王阳明专题文献为内容的专题文献集成平台，将采取边建设边应用的模式为公众服务。

5月20日　浙江大学艺术与考古学院成立。学院整合了浙大艺术学系、文物与博物馆学系、艺术与考古博物馆、文化遗产研究院、中国古代书画研究中心等单位，拟设立考古与文博系、艺术史系、美术学系、设计艺术系4个学系和艺术与考古博物馆，现有专职教师和本硕博学生近500人。

5月22日　长三角地区主要领导座谈会在安徽芜湖召开，长三角四省市的党政主要领导等出席会议。会议对落实《长江三角洲区域一体化发展规划纲要》的重大事项作出部署。其间举行了以“长三角:共筑强劲活跃增长极”为主题的第一届长三角一体化发展高层论坛，召开了长三角区域大气污染防治协作小组第八次工作会议暨长三角区域水污染防治协作小组第五次工作会议、长三角地区合作与发展联席会议等重要会议，还举行了中国科技大学长三角科技战略前沿研究中心揭牌、长三角地区政务服务“一网通办”和长三角主要城市轨道交通扫码便捷出行互通开通仪式。

5月24日　国家一级珍贵文物“南宋徐谓礼文书”在武义博物馆新馆首次公开亮相。出土于武义县徐谓礼墓的徐谓礼文书，是国内出土的最为系统完整的宋代纸质文书，具有极高的研究价值。

5月25日　《浙江日报》报道，浙江年底前将拆除所有高速公路省界收费站。全省共有15个高速公路省界收费站，分别位于浙沪、浙赣、浙皖、浙闽边界。收费站拆除后，从2020年起，将统一按车(轴)型收费，高速公路ETC使用率要达到90%以上。

5月25日　在第五届全球私募基金西湖峰会上，中国国新控股有限责任公司、浙江省国资委、杭州市上城区政府三方举行国企改革“双百行动”发展基金落地签约仪式，标志着推动国企改革“双百行动”的市场化基金正式落地浙江。该基金注册地为上城区，总规模600亿元，首期规模300亿元。

5月26日　尼日尔共和国总统穆罕默杜·伊素福在浙江访问。

5月28日　由省文化产业促进会与浙江工商大学共建的省文化产业创新发展研究院(智库)揭牌成立。同期，全国首个文旅IP研究中心依托该院等成立。

5月31日　沪杭甬高速公路杭州市区段改建工程关键性控制工程——钱塘江新建大桥正式开工。大桥位于钱江二桥公路桥下游一侧，全长1350.8米，系“公轨合建”桥，预计2022年落成。建成后，大桥将串联起杭州萧山国际机场、钱江世纪城、钱江新城、东站枢纽、城西以及铁路西站枢纽(规划),成为杭州市民出行的又一重要通道。届时杭州主城区钱塘江上将会有10座公路桥(含3座公铁两用桥)、1座铁路桥,该区域也将成为“国内领先,省内第一”的集高架快速路、轨道快线、地面城市道路于一体的综合交通走廊。

是月　由浙江省地方志办公室编纂的《浙江通志·地方志专志》由浙江人民出版社正式出版。这是重修110多卷《浙江通志》中的重要一卷,也是浙江历史上第一部地方志专志。它较为全面、客观、系统地记载了作为“方志之乡”的浙江自古至今(以2010年为下限)地方志事业的发展变化历程。

6月2日　湖州南太湖新区正式成立。该新区在原湖州经济技术开发区、太湖旅游度假区的基础上整合提升组建,规划控制总面积225平方千米,将重点布局发展先进制造、数字经济、生物医药、旅游康养、商务会展、文化创意等绿色低碳循环产业。

6月4日　以“新时代:迈向绿色繁荣新世界”为主题的中国环境与发展国际合作委员会2019年年会在杭州举行。中共中央政治局常委、国务院副总理、中国环境与发展国际合作委员会主席韩正出席并讲话。省委书记车俊、联合国前秘书长潘基文等出席会议。生态环境部部长李干杰、省长袁家军致辞。

6月6日　全省“不忘初心、牢记使命”主题教育工作会议在杭州举行。省委书记、省委“不忘初心、牢记使命”主题教育领导小组组长车俊在会上强调,要深入学习贯彻习近平总书记在“不忘初心、牢记使命”主题教育工作会议上的重要讲话精神,以走在前列的政治自觉高标准开展主题教育,引导广大党员干部自觉践行党的初心和使命,加快推进“两个高水平”建设。

6月8日　首届中国—中东欧国家博览会暨国际消费品博览会、第21届中国浙江投资贸易洽谈会在宁波开幕。从当年起,中国—中东欧国家投资贸易博览会正式更名为中国—中东欧国家博览会暨国际消费品博览会,并升格为国家级涉外展会。这次展会吸引了1186家境内外企业参展,包括中东欧国家在内的2万余名境内外政府官员和客商参会。

6月12日　杭州至意大利罗马航线正式开通,该航线每周3班往返两地。

6月13日　中共中央政治局常委、国务院总理李克强在浙江杭州出席2019年全国大众创业万众创新活动周并发表重要讲话,强调要进一步提升“双创”水平,更好发挥稳就业促创新增强新动能作用。省委书记车俊在会上致辞。国务委员、国务院秘书长肖捷,全国政协副主席、中国科协主席万钢和浙江省领导袁家军、郑栅洁等出席活动。12—13日,李克强还分别对杭州拱墅区和睦新村的居家养老和小区改造、梦想小镇的“双创工作”、市行政服务中心“最多跑一次”改革、杭州跨境电子商务综合试验区和省公共信用信息平台运行等情况作了详细的考察调研。

6月13日　由《浙商》杂志社数据实验室独家推出的“浙商银行涌金票据池·2019浙商全国500强”发布。创造了3452.8亿元营业收入的阿里巴巴首次登顶,跨越3000亿元的还有吉利集团与物产中大,它们分别以营业收入3285.2亿元、3001.3亿元位列榜单第二、第三位。这也是“浙商全国500强”榜单发布的第11年。2009年首次发布时,榜单上的冠军企业营业收入不足500亿元。如今,榜单中营业收入超过500亿元的企业已达32家。

6月19日　由中宣部理论局、中共中央党史和文献研究院第七研究部等部门和丽水市委联合主办的“浙西南革命精神”学术研讨会召开。会上决定将“忠诚使命、求是挺进、植根人民”概括为“浙西南革命精神”。

6月21日　省推进长三角一体化发展大会在杭召开。省委书记车俊在会上强调，要紧扣国家规划纲要及浙江行动方案，创造性贯彻落实长三角一体化发展国家战略，全省域、全方位推动长三角高质量、一体化发展。会上，车俊和省长袁家军分别为浙江大学长三角一体化发展研究中心、浙江清华长三角研究院长三角科创与经济融合研究中心授牌。会上还成立了浙江省推进长三角一体化发展智库和专家咨询委员会。

6月24日　杭州地铁5号线首通段正式开通，这也是杭州正式开通的第4条地铁线路。首通段全长约17.76千米，东西向横穿杭州城北，经过拱墅区、西湖区、余杭区三个城区。5号线首通段通车后，杭州地铁运营里程已增加到135.36千米。

6月28日　省委举行“不忘初心、牢记使命”主题教育专题党课暨担当作为好干部表彰会议。省委书记车俊出席会议并上专题党课。会上，100名省“担当作为好干部”受到表彰。

编后记

浙江历史悠久，文化璀璨。自古至今，勤劳勇敢的浙江人民创造了一系列令人瞩目的辉煌业绩。作为浙江第一部贯通古今的历史大事记，由省地方志办公室负责编纂的《浙江通志·大事记》较为全面、客观、系统地展示了这一沧桑巨变的历史全过程。在编纂过程中，我们力求体现以下两方面的特点：

一方面，注重遵循地方志书的基本特征。由于“资料性文献”是国务院《地方志工作条例》赋予志书的基本特征，因此这部大事记严格遵循“事出有据”的原则，即所记大事均有出处，而且基本选自公开出版的历史文献。例如，仅20世纪70年代末改革开放以来，省地方志办公室就先后编纂出版了《浙江历史大事记》（历史发端—1949年10月1日，魏桥主编）、《浙江省改革开放30年大事记》（林吕建主编）、《蓬勃发展的进程纪实——浙江60年大事记（1949—2009）》（潘捷军主编）和《浙江省改革开放40年大事记》（潘捷军主编）等系列成果，即这部志书所载大事也基本取材于上述史料文献，编辑人员相应也积累了一定的编纂经验。同时在编纂过程中，编辑部还参考借鉴了历年《浙江日报》《浙江年鉴》和《中国共产党浙江历史》（1921—1978，中共浙江省委党史研究室著）等大量史料文献。这是这部大事记得以顺利编纂出版的主要基础和条件。需要说明的是，按大事记编纂惯例，同时也为方便读者阅读和节省篇幅，经专家评审决定，每件大事后不再一一注明出处。

另一方面，力求体现地方志书编纂的基本原则。如按“详今明古”原则，既力求“明古”，即系统概述自古以来发生在浙江的大事要事，以体现志书“纵述史实”“纵不断线”的编纂规律；同时又注重“详今”，即重点记载中华人民共和国成立70年以来特别是改革开放40多年来浙江经济和社会各项事业所发生的历史巨变，突出记载习近平新时代中国特色社会主义思想对浙江发展的指导引领过程。如按“述而不论”原则，大事记不同于其他研究形式，需客观准确记载历史发展过程。因此所记大事基本都直接选自有关史料文献，一般不作重新改写和分析评说，形式上力求言简意赅。如按“越境不书”原则，这部大事记主要记载了历代浙江境域范围内的发展变化，当然也记载了一些原属浙江后历代区域有所变化的大事要事，等等。

承担这部志稿编纂任务的编辑部成员是：潘捷军研究员作为主编，主要承担了全志的总体设计、审改统稿和现代（即1949.10—2019.6）部分内容的编写工作。袁新国副研究员作为副主编，主要承担了古代和近代（即历史发端—1949.9）的资料搜集、编写、核校和统稿任务。吕克军助理研究员、赵海良高级工程师、汤敏华处长和段愿助理研究员，按历史发展顺序分别承担了现代各阶段的资料搜集、编写和修改工作。应秀敏主要承担了文稿录入、编辑排版等工作。吕克军作为该卷编辑部主任，还协助主编做了大量的组织联络和协调服务工作。需要说明的是，编辑部人员基本都是省地方志办公室综合处在职工作人员，平时还承担了《浙江年鉴》编纂、《浙江通志》有关卷的指导和其他繁重的行政性事务工作，基本都是利用业余时间承担这部志稿的编纂任务。

在志稿编纂全过程中，得到了来自各方面领导和专家学者的精心指导。其中既有在国内外史学界都享有盛誉的著名浙籍学者，也有长期从事浙江历史文化事业管理工作的领导，还有的是或具有学术造诣或具有丰富实践经验的专家。陆续参加志稿指导评审的专家有：王永昌、陈高华、葛剑雄、邵清、曾林平、楼胆群、袁成毅、韩锴、王福群、章其祥、蒋文欢、姚晓东、赵玲华、袁朝明、林明达、梅锦连、胡光、毛少甫、邱阳、朱晓亮、高丹，等等。另外，在志稿编纂过程中，俞文华、李志廷、董郁奎、颜越虎、周祝伟等领导和有关专家也通过不同方式从不同侧面提出了积极的指导意见。对专家所提意见，我们都一一进行了认真的梳理分析，大部分已改在稿中，有的已作出说明，并以书面形式作了反馈。对上述专家和领导的贡献，在此一并表示真诚的谢意！

由于时间紧促、水平有限等多种原因，书中难免还存在一些不足之处，恳请各方人士给予批评指正。

“盛世修志，志载盛世”。在中华人民共和国成立 70 周年之际，《浙江通志·大事记》编辑部全体人员谨以此书为祖国 70 岁华诞敬献一份薄礼。

《浙江通志·大事记》编辑部

2019 年 9 月